LEGISLAÇÃO DE DIREITO ADMINISTRATIVO

Constituição Federal • Legislação

2012

Atualização gratuita na internet: **www.juridicorideel.com.br**
As atualizações de 2011 encontram-se destacadas em negrito e itálico

Expediente

Presidente e Editor	Italo Amadio
Diretora Editorial	Katia F. Amadio
Editora Assistente	Ana Paula Alexandre
Equipe Técnica	Bianca Conforti
	Flavia G. Falcão de Oliveira
	Marcella Pâmela da Costa Silva
Projeto Gráfico	Sergio A. Pereira
Diagramação	Projeto e Imagem
Produção Gráfica	Hélio Ramos
Impressão	RR Donnelley

Dados Internacionais de Catalogação na Publicação (CIP)
(Câmara Brasileira do Livro, SP, Brasil)

Brasil
  [Leis etc.]
  Legislação de direito administrativo / Anderson Jamil Abrahão, organização.
– 7. ed. – São Paulo : Rideel, 2012. – (Coleção de leis Rideel. Série compacta)

  Inclui Constituição Federal.
  ISBN 978-85-339-2044-6

  1. Direito administrativo – Legislação – Brasil I. Abrahão, Anderson Jamil.
II. Título. III. Série.

11-14374   CDU-35(81)(094)

Índice para catálogo sistemático:
1. Brasil : Legislação : Direito administrativo   35(81)(094)

Edição Atualizada até 6-1-2012

© Copyright - Todos os direitos reservados à

EDITORA RIDEEL

Av. Casa Verde, 455 – Casa Verde
CEP 02519-000 – São Paulo – SP
e-mail: sac@rideel.com.br
www.editorarideel.com.br
www.juridicorideel.com.br

Proibida qualquer reprodução, mecânica ou eletrônica,
total ou parcial, sem prévia permissão por escrito do editor.

1 3 5 7 9 8 6 4 2
0 1 1 2

LEGISLAÇÃO DE DIREITO ADMINISTRATIVO

Constituição Federal • Legislação

2012

Organização
Anderson Jamil Abrahão

7ª EDIÇÃO

Editora RIDEEL
Quem tem Rideel tem mais.

Índice Geral da Obra

Apresentação.. VII

Lista de Abreviaturas... IX

Índice Cronológico da Legislação por Tipo de Ato Normativo.. XI

Constituição Federal

Índice Sistemático da Constituição da República Federativa do Brasil............................ 3
Constituição da República Federativa do Brasil... 7
Ato das Disposições Constitucionais Transitórias... 102
Índice Alfabético-Remissivo da Constituição da República Federativa do Brasil
e de suas Disposições Transitórias 123

Lei de Introdução às normas do Direito Brasileiro... 151

Legislação Administrativa... 155

Súmulas

Vinculantes do Supremo Tribunal Federal... 537
Supremo Tribunal Federal 539
Tribunal Federal de Recursos... 543
Superior Tribunal de Justiça 543

Índice por Assuntos da Legislação Administrativa... 549

Apresentação

A Editora Rideel, reconhecida no mercado editorial pela excelência de suas publicações, oferece, em 2012, a nova Série Compacta.

Esta série contém 16 títulos:
- Constituição Federal
- Código Civil
- Código de Processo Civil
- Código Penal
- Código de Processo Penal
- Código Penal Militar e Código de Processo Penal Militar
- Código Comercial (contendo os Livros I a III do Código Civil de 2002)
- Código de Defesa do Consumidor
- Código Tributário Nacional
- Código Eleitoral
- Código de Trânsito Brasileiro
- Consolidação das Leis do Trabalho
- Legislação de Direito Previdenciário
- Legislação de Direito Administrativo
- Legislação de Direito Ambiental
- Legislação de Direito Internacional

Totalmente reformulada e com novo *layout*, a edição 2012 traz seu conteúdo rigorosamente revisto e atualizado, e mantém cada título organizado por conceituados nomes do cenário jurídico, preservando a tradicional qualidade Rideel.

Seu formato e projeto gráfico conjugam praticidade e comodidade e os diversos facilitadores de consulta continuam sendo um diferencial da obra, apreciados pelos profissionais, professores e acadêmicos do Direito, a saber:
- Índice Cronológico Geral, contendo todos os diplomas legais publicados na obra
- Notas remissivas a outros artigos, diplomas legais e súmulas
- Índices Sistemático e Alfabético-Remissivo para cada Código
- Índices por assuntos da legislação extravagante
- Atualizações de 2011 em destaque e apontamento especial para todas as novas normas inseridas no produto
- Tarjas laterais identificativas
- Indicação do número dos artigos no cabeçalho dos Códigos e do número das leis no cabeçalho da legislação

Todos os diplomas legais estão rigorosamente atualizados, e a Rideel oferece, gratuitamente, as atualizações publicadas até 31 de outubro de 2012, em seu *site* **www.juridicorideel.com.br**, disponíveis para *download* até 31 de dezembro de 2012.

Esta Editora, sempre empenhada em oferecer o melhor, continua seguindo seus objetivos de constante aprimoramento e atualização, mantendo-se sempre receptiva às críticas e sugestões pelo *e-mail*: sac@rideel.com.br.

O Editor

Lista de Abreviaturas Utilizadas nas Notas

ADCT	Ato das Disposições Constitucionais Transitórias	ECR	Emenda Constitucional de Revisão
		ER	Emenda Regimental
ADECON	Ação Declaratória de Constitucionalidade	FGTS	Fundo de Garantia do Tempo de Serviço
ADIN	Ação Direta de Inconstitucionalidade	IN	Instrução Normativa
ANEEL	Agência Nacional de Energia Elétrica	LC	Lei Complementar
Art.	Artigo	LCP	Lei das Contravenções Penais
Arts.	Artigos	LEP	Lei de Execução Penal
CADE	Conselho Administrativo de Defesa Econômica	LICC	Lei de Introdução ao Código Civil, cuja ementa foi alterada para Lei de Introdução às normas do Direito Brasileiro pela Lei nº 12.376, de 30-12-2010
c/c	combinado com		
CC/1916	Código Civil de 1916		
CC/2002	Código Civil de 2002		
CCom.	Código Comercial	MP	Medida Provisória
CDC	Código de Defesa do Consumidor	OAB	Ordem dos Advogados do Brasil
CE	Código Eleitoral	Port.	Portaria
CEF	Caixa Econômica Federal	Res.	Resolução
CF	Constituição Federal de 1988	Res. Adm.	Resolução Administrativa
CLT	Consolidação das Leis do Trabalho	Res. Norm.	Resolução Normativa
CNJ	Conselho Nacional de Justiça	RFB	Secretaria da Receita Federal do Brasil
CONAMA	Conselho Nacional do Meio Ambiente	RISTF	Regimento Interno do Supremo Tribunal Federal
CONTRAN	Conselho Nacional de Trânsito	RISTJ	Regimento Interno do Superior Tribunal de Justiça
CP	Código Penal		
CPM	Código Penal Militar	SDE	Secretaria de Direito Econômico
CPP	Código de Processo Penal	SEAE	Secretaria de Acompanhamento Econômico
CPPM	Código de Processo Penal Militar		
CTB	Código de Trânsito Brasileiro	SECEX	Secretaria de Comércio Exterior
CTN	Código Tributário Nacional	SF	Senado Federal
CTVV	Convenção de Viena sobre Trânsito Viário	STF	Supremo Tribunal Federal
		STJ	Superior Tribunal de Justiça
CVM	Comissão de Valores Mobiliários	Súm.	Súmula
		TDA	Títulos da Dívida Agrária
Dec.	Decreto	TFR	Tribunal Federal de Recursos
Dec.-lei	Decreto-lei	TJ	Tribunal de Justiça
Del.	Deliberação	TRF	Tribunal Regional Federal
DOU	Diário Oficial da União	TRT	Tribunal Regional do Trabalho
EC	Emenda Constitucional	TSE	Tribunal Superior Eleitoral
ECA	Estatuto da Criança e do Adolescente	TST	Tribunal Superior do Trabalho

Índice Cronológico da Legislação
por Tipo de Ato Normativo

Leis Complementares

- 76, de 6 de julho de 1993 – Dispõe sobre o procedimento contraditório especial, de rito sumário, para o processo de desapropriação de imóvel rural, por interesse social, para fins de reforma agrária...... 311
- 101, de 4 de maio de 2000 – Estabelece normas de finanças públicas voltadas para a responsabilidade na gestão fiscal e dá outras providências...... 417
- 103, de 14 de julho de 2000 – Autoriza os Estados e o Distrito Federal a instituir o piso salarial a que se refere o inciso V do art. 7º da Constituição Federal, por aplicação do disposto no parágrafo único do seu art. 22...... 432
- 123, de 14 de dezembro de 2006 – Institui o Estatuto Nacional da Microempresa e da Empresa de Pequeno Porte; altera dispositivos das Leis nºs 8.212 e 8.213, ambas de 24 de julho de 1991, da Consolidação das Leis do Trabalho – CLT, aprovada pelo Decreto-Lei nº 5.452, de 1º de maio de 1943, da Lei nº 10.189, de 14 de fevereiro de 2001, da Lei Complementar nº 63, de 11 de janeiro de 1990; e revoga as Leis nºs 9.317, de 5 de dezembro de 1996, e 9.841, de 5 de outubro de 1999 (Excertos)...... 504

Decretos-Leis

- 25, de 30 de novembro de 1937 – Organiza a proteção do patrimônio histórico e artístico nacional...... 155
- 2.848, de 7 de dezembro de 1940 – Código Penal (Excertos)...... 158
- 3.365, de 21 de junho de 1941 – Dispõe sobre desapropriação por utilidade pública...... 161
- 3.689, de 3 de outubro de 1941 – Código de Processo Penal (Excertos)...... 165
- 4.597, de 19 de agosto de 1942 – Dispõe sobre a prescrição das ações contra a Fazenda Pública e dá outras providências...... 165
- 4.657, de 4 de setembro de 1942 – Lei de Introdução às normas do Direito Brasileiro...... 151
- 9.760, de 5 de setembro de 1946 – Dispõe sobre os bens imóveis da União e dá outras providências...... 166
- 200, de 25 de fevereiro de 1967 – Dispõe sobre a organização da Administração Federal, estabelece diretrizes para a Reforma Administrativa e dá outras providências...... 211
- 201, de 27 de fevereiro de 1967 – Dispõe sobre a responsabilidade dos Prefeitos e Vereadores, e dá outras providências...... 231
- 271, de 28 de fevereiro de 1967 – Dispõe sobre loteamento urbano, responsabilidade do loteador, concessão de uso do espaço aéreo, e dá outras providências...... 234
- 900, de 29 de setembro de 1969 – Altera disposições do Decreto-Lei nº 200, de 25 de fevereiro de 1967, e dá outras providências...... 235
- 1.075, de 22 de janeiro de 1970 – Regula a imissão de posse, *initio litis*, em imóveis residenciais urbanos...... 235

Lei Delegada

- 4, de 26 de setembro de 1962 – Dispõe sobre a intervenção no domínio econômico para assegurar a livre distribuição de produtos necessários ao consumo do povo...... 192

Leis

- 1.079, de 10 de abril de 1950 – Define os crimes de responsabilidade e regula o respectivo processo de julgamento...... 183
- 1.579, de 18 de março de 1952 – Dispõe sobre as Comissões Parlamentares de Inquérito...... 191
- 4.132, de 10 de setembro de 1962 – Define os casos de desapropriação por interesse social e dispõe sobre sua aplicação...... 191
- 4.320, de 17 de março de 1964 – Estatui normas gerais de direito financeiro para elaboração e controle dos orçamentos e balanços da União, dos Estados, dos Municípios e do Distrito Federal...... 195
- 4.717, de 29 de junho de 1965 – Regula a ação popular...... 204
- 4.898, de 9 de dezembro de 1965 – Regula o direito de representação e o processo de responsabilidade administrativa civil e penal, nos casos de abuso de autoridade...... 207
- 5.172, de 25 de outubro de 1966 – Dispõe sobre o Sistema Tributário Nacional e institui normas gerais de direito tributário aplicáveis à União, Estados e Municípios (Excertos)...... 210

- 5.972, de 11 de dezembro de 1973 – Regula o Procedimento para o Registro da Propriedade de Bens Imóveis Discriminados Administrativamente ou Possuídos pela União 236
- 6.383, de 7 de dezembro de 1976 – Dispõe sobre o processo discriminatório de terras devolutas da União, e dá outras providências 236
- 6.454, de 24 de outubro de 1977 – Dispõe sobre a denominação de logradouros, obras, serviços e monumentos públicos, e dá outras providências 239
- 7.347, de 24 de julho de 1985 – Disciplina a ação civil pública de responsabilidade por danos causados ao meio ambiente, ao consumidor, a bens e direitos de valor artístico, estético, histórico, turístico e paisagístico (VETADO) e dá outras providências 240
- 8.112, de 11 de dezembro de 1990 – Dispõe sobre o regime jurídico dos servidores públicos civis da União, das autarquias e das fundações públicas federais 242
- 8.159, de 8 de janeiro de 1991 – Dispõe sobre a política nacional de arquivos públicos e privados e dá outras providências 269
- 8.429, de 2 de junho de 1992 – Dispõe sobre as sanções aplicáveis aos agentes públicos nos casos de enriquecimento ilícito no exercício de mandato, cargo, emprego ou função na administração pública direta, indireta ou fundacional e dá outras providências 271
- 8.617, de 4 de janeiro de 1993 – Dispõe sobre o mar territorial, a zona contígua, a zona econômica exclusiva e a plataforma continental brasileiros, e dá outras providências 275
- 8.629, de 25 de fevereiro de 1993 – Dispõe sobre a regulamentação dos dispositivos constitucionais relativos à reforma agrária, previstos no Capítulo III, Título VII, da Constituição Federal 276
- 8.666, de 21 de junho 1993 – Regulamenta o artigo 37, inciso XXI, da Constituição Federal, institui normas para licitações e contratos da Administração Pública e dá outras providências 281
- 8.730, de 10 de novembro de 1993 – Estabelece a obrigatoriedade da declaração de bens e rendas para o exercício de cargos, empregos e funções nos Poderes Executivo, Legislativo e Judiciário, e dá outras providências 313
- 8.987, de 13 de fevereiro de 1995 – Dispõe sobre o regime de concessão e permissão da prestação de serviços públicos previsto no art. 175 da Constituição Federal, e dá outras providências 315
- 9.051, de 18 de maio de 1995 – Dispõe sobre a expedição de certidões para a defesa de direitos e esclarecimentos de situações 322
- 9.074, de 7 de julho de 1995 – Estabelece normas para outorga e prorrogações das concessões e permissões de serviços públicos e dá outras providências 322
- 9.265, de 12 de fevereiro de 1996 – Regulamenta o inciso LXXVII do art. 5º da Constituição, dispondo sobre a gratuidade dos atos necessários ao exercício da cidadania 329
- 9.427, de 26 de dezembro de 1996 – Institui a Agência Nacional de Energia Elétrica – ANEEL, disciplina o regime das concessões de serviços públicos de energia elétrica e dá outras providências 329
- 9.452, de 20 de março de 1997 – Determina que as Câmaras Municipais sejam obrigatoriamente notificadas da liberação de recursos federais para os respectivos Municípios e dá outras providências 336
- 9.472, de 16 de julho de 1997 – Dispõe sobre a organização dos serviços de Telecomunicações, a criação e funcionamento de um órgão regulamentador e outros aspectos institucionais, nos termos da Emenda Constitucional nº 8, de 1995 337
- 9.478, de 6 de agosto de 1997 – Dispõe sobre a política energética nacional, as atividades relativas ao monopólio do petróleo, institui o Conselho Nacional de Política Energética e a Agência Nacional do Petróleo e dá outras providências 356
- 9.507, de 12 de novembro de 1997 – Regula o direito de acesso a informações e disciplina o rito processual do *habeas data* 369
- 9.636, de 15 de maio de 1998 – Dispõe sobre a regularização, administração, aforamento e alienação de bens imóveis de domínio da União, altera dispositivos dos Decretos-Leis nºs 9.760, de 5 de setembro de 1946, e 2.398, de 21 de dezembro de 1987, regulamenta o § 2º do art. 49 do Ato das Disposições Constitucionais Transitórias, e dá outras providências 371
- 9.782, de 26 de janeiro de 1999 – Define o Sistema Nacional de Vigilância Sanitária, cria a Agência Nacional de Vigilância Sanitária, e dá outras providências 380
- 9.784, de 29 de janeiro de 1999 – Regula o processo administrativo no âmbito da Administração Pública Federal 387
- 9.790, de 23 de março de 1999 – Dispõe sobre a qualificação de pessoas jurídicas de direito privado, sem fins lucrativos, como Organizações da Sociedade Civil de Interesse Público, institui e disciplina o Termo de Parceria, e dá outras providências 393

- 9.791, de 24 de março de 1999 – Dispõe sobre a obrigatoriedade de as concessionárias de serviços públicos estabelecerem ao consumidor e ao usuário datas opcionais para o vencimento de seus débitos 396

- 9.801, de 14 de junho de 1999 – Dispõe sobre as normas gerais para perda de cargo público por excesso de despesa e dá outras providências 396

- 9.868, de 10 de novembro de 1999 – Dispõe sobre o processo e julgamento da ação direta de inconstitucionalidade e da ação declaratória de constitucionalidade perante o Supremo Tribunal Federal 396

- 9.873, de 23 de novembro de 1999 – Estabelece prazo de prescrição para o exercício de ação punitiva pela Administração Pública Federal, direta e indireta, e dá outras providências 400

- 9.882, de 3 de dezembro de 1999 – Dispõe sobre o processo e julgamento da arguição de descumprimento de preceito fundamental, nos termos do § 1º do art. 102 da Constituição Federal 401

- 9.961, de 28 de janeiro de 2000 – Cria a Agência Nacional de Saúde Suplementar – ANS e dá outras providências 402

- 9.962, de 22 de fevereiro de 2000 – Disciplina o regime de emprego público do pessoal da Administração federal direta, autárquica e fundacional, e dá outras providências 408

- 9.984, de 17 de julho de 2000 – Dispõe sobre a criação da Agência Nacional de Águas – ANA, entidade federal de implementação da Política Nacional de Recursos Hídricos e de coordenação do Sistema Nacional de Gerenciamento de Recursos Hídricos, e dá outras providências 409

- 9.986, de 18 de julho de 2000 – Dispõe sobre a gestão de recursos humanos das Agências Reguladoras e dá outras providências 414

- 10.028, de 19 de outubro de 2000 – Altera o Decreto-Lei nº 2.848, de 7 de dezembro de 1940 – Código Penal, a Lei nº 1.079, de 10 de abril de 1950, e o Decreto-Lei nº 201, de 27 de fevereiro de 1967 436

- 10.192, de 14 de fevereiro de 2001 – Dispõe sobre medidas complementares ao Plano Real e dá outras providências (Excertos) 438

- 10.233, de 5 de junho de 2001 – Dispõe sobre a reestruturação dos transportes aquaviário e terrestre, cria o Conselho Nacional de Integração de Políticas de Transporte, a Agência Nacional de Transportes Terrestres, a Agência Nacional de Transportes Aquaviários e o Departamento Nacional de Infraestrutura de Transportes, e dá outras providências 439

- 10.257, de 10 de julho de 2001 – Regulamenta os arts. 182 e 183 da Constituição Federal, estabelece diretrizes gerais da política urbana e dá outras providências 457

- 10.520, de 17 de julho de 2002 – Institui, no âmbito da União, Estados, Distrito Federal e Municípios, nos termos do art. 37, inciso XXI, da Constituição Federal, modalidade de licitação denominada pregão, para aquisição de bens e serviços comuns, e dá outras providências 480

- 11.079, de 30 de dezembro de 2004 – Institui normas gerais para licitação e contratação de parceria público-privada no âmbito da administração pública 483

- 11.107, de 6 de abril de 2005 – Dispõe sobre normas gerais de contratação de consórcios públicos e dá outras providências 489

- 11.111, de 5 de maio de 2005 – Regulamenta a parte final do disposto no inciso XXXIII do caput do art. 5º da Constituição Federal e dá outras providências 492

- 11.182, de 27 de setembro de 2005 – Cria a Agência Nacional de Aviação Civil – ANAC, e dá outras providências 498

- 11.417, de 19 de dezembro de 2006 – Regulamenta o art. 103-A da Constituição Federal e altera a Lei nº 9.784, de 29 de janeiro de 1999, disciplinando a edição, a revisão e o cancelamento de enunciado de súmula vinculante pelo Supremo Tribunal Federal, e dá outras providências 510

- 11.770, de 9 de setembro de 2008 – Cria o Programa Empresa Cidadã, destinado à prorrogação da licença-maternidade mediante concessão de incentivo fiscal, e altera a Lei nº 8.212, de 24 de julho de 1991 513

- 12.007, de 29 de julho de 2009 – Dispõe sobre a emissão de declaração de quitação anual de débitos pelas pessoas jurídicas prestadoras de serviços públicos ou privados 514

- 12.016, de 7 de agosto de 2009 – Disciplina o mandado de segurança individual e coletivo e dá outras providências 514

- 12.232, de 29 de abril de 2010 – Dispõe sobre as normas gerais para licitação e contratação pela administração pública de serviços de publicidade prestados por intermédio de agências de propaganda e dá outras providências 518

- 12.353, de 28 de dezembro de 2010 – Dispõe sobre a participação de empregados nos conselhos de administração das empresas públicas e sociedades de economia mista, suas subsidiárias e controladas e demais empresas em que a União, direta ou indiretamente, detenha a maioria do capital social com direito a voto e dá outras providências 524

- 12.408, de 25 de maio de 2011 – Altera o art. 65 da Lei nº 9.605, de 12 de fevereiro de 1998, para descriminalizar o ato de grafitar, e dispõe sobre a proibição de comercialização de tintas em embalagens do tipo aerossol a menores de 18 (dezoito) anos 525

- 12.527, de 18 de novembro de 2011 – Regula o acesso a informações previsto no inciso XXXIII do art. 5º, no inciso II do § 3º do art. 37 e no § 2º do art. 216 da Constituição Federal; altera a Lei nº 8.112, de 11 de dezembro de 1990; revoga a Lei nº 11.111, de 5 de maio de 2005, e dispositivos da Lei nº 8.159, de 8 de janeiro de 1991; e dá outras providências 525

- 12.528, de 18 de novembro de 2011 – Cria a Comissão Nacional da Verdade no âmbito da Casa Civil da Presidência da República.. 532

Medida Provisória

- 2.228-1, de 6 de setembro de 2001 – Estabelece princípios gerais da Política Nacional do Cinema, cria o Conselho Superior do Cinema e a Agência Nacional do Cinema – ANCINE, institui o Programa de Apoio ao Desenvolvimento do Cinema Nacional – PRODECINE, autoriza a criação de Fundos de Financiamento da Indústria Cinematográfica Nacional – FUNCINES, altera a legislação sobre a Contribuição para o Desenvolvimento da Indústria Cinematográfica Nacional e dá outras providências.. 465

Decretos

- 20.910, de 6 de janeiro de 1932 – Regula a prescrição quinquenal 155

- 3.555, de 8 de agosto de 2000 – Aprova o Regulamento para a modalidade de licitação denominada pregão, para aquisição de bens e serviços comuns.. 432

- 3.722, de 9 de janeiro de 2001 – Regulamenta o art. 34 da Lei nº 8.666, de 21 de junho de 1993, e dispõe sobre o Sistema de Cadastramento Unificado de Fornecedores – SICAF.. 437

- 3.931, de 19 de setembro de 2001 – Regulamenta o Sistema de Registro de Preços previsto no art. 15 da Lei nº 8.666, de 21 de junho de 1993, e dá outras providências... 477

- 4.334, de 12 de agosto de 2002 – Dispõe sobre as audiências concedidas a particulares por agentes públicos em exercício na Administração Pública Federal direta, nas autarquias e fundações públicas federais............ 483

- 5.450, de 31 de maio de 2005 – Regulamenta o pregão, na forma eletrônica, para aquisição de bens e serviços comuns, e dá outras providências 493

- 6.204, de 5 de setembro de 2007 – Regulamenta o tratamento favorecido, diferenciado e simplificado para as microempresas e empresas de pequeno porte nas contratações públicas de bens, serviços e obras, no âmbito da administração pública federal... 511

- 7.153, de 9 de abril de 2010 – Dispõe sobre a representação e a defesa extrajudicial dos órgãos e entidades da administração federal junto ao Tribunal de Contas da União, por intermédio da Advocacia-Geral da União... 517

- 7.203, de 4 de junho de 2010 – Dispõe sobre a vedação do nepotismo no âmbito da administração pública federal... 523

Constituição Federal

Índice Sistemático da Constituição da República Federativa do Brasil

PREÂMBULO

TÍTULO I
DOS PRINCÍPIOS FUNDAMENTAIS

Arts. 1º a 4º 7

TÍTULO II
DOS DIREITOS E GARANTIAS FUNDAMENTAIS

Arts. 5º a 17 8
- Capítulo I – Dos direitos e deveres individuais e coletivos – art. 5º 8
- Capítulo II – Dos direitos sociais – arts. 6º a 11 15
- Capítulo III – Da nacionalidade – arts. 12 e 13 18
- Capítulo IV – Dos direitos políticos – arts. 14 a 16 19
- Capítulo V – Dos partidos políticos – art. 17 20

TÍTULO III
DA ORGANIZAÇÃO DO ESTADO

Arts. 18 a 43 21
- Capítulo I – Da organização político-administrativa – arts. 18 e 19 21
- Capítulo II – Da União – arts. 20 a 24 21
- Capítulo III – Dos Estados federados – arts. 25 a 28 27
- Capítulo IV – Dos Municípios – arts. 29 a 31 28
- Capítulo V – Do Distrito Federal e dos Territórios – arts. 32 e 33 31
  - Seção I – Do Distrito Federal – art. 32 31
  - Seção II – Dos Territórios – art. 33 31
- Capítulo VI – Da intervenção – arts. 34 a 36 31
- Capítulo VII – Da administração pública – arts. 37 a 43 32
  - Seção I – Disposições gerais – arts. 37 e 38 32
  - Seção II – Dos servidores públicos – arts. 39 a 41 35
  - Seção III – Dos Militares dos Estados, do Distrito Federal e dos Territórios – art. 42 38
  - Seção IV – Das regiões – art. 43 39

TÍTULO IV
DA ORGANIZAÇÃO DOS PODERES

Arts. 44 a 135 39
- Capítulo I – Do Poder Legislativo – arts. 44 a 75 39
  - Seção I – Do Congresso Nacional – arts. 44 a 47 39
  - Seção II – Das atribuições do Congresso Nacional – arts. 48 a 50 39
  - Seção III – Da Câmara dos Deputados – art. 51 40
  - Seção IV – Do Senado Federal – art. 52 41
  - Seção V – Dos Deputados e dos Senadores – arts. 53 a 56 41
  - Seção VI – Das reuniões – art. 57 42
  - Seção VII – Das comissões – art. 58 43
  - Seção VIII – Do processo legislativo – arts. 59 a 69 43
    - Subseção I – Disposição geral – art. 59 43
    - Subseção II – Da Emenda à Constituição – art. 60 44
    - Subseção III – Das leis – arts. 61 a 69 44
  - Seção IX – Da fiscalização contábil, financeira e orçamentária – arts. 70 a 75 46
- Capítulo II – Do Poder Executivo – arts. 76 a 91 47
  - Seção I – Do Presidente e do Vice-Presidente da República – arts. 76 a 83 47
  - Seção II – Das atribuições do Presidente da República – art. 84 48
  - Seção III – Da responsabilidade do Presidente da República – arts. 85 e 86 49
  - Seção IV – Dos Ministros de Estado – arts. 87 e 88 49
  - Seção V – Do Conselho da República e do Conselho de Defesa Nacional – arts. 89 a 91 ... 49

Subseção I –	Do Conselho da República – arts. 89 e 90	49
Subseção II –	Do Conselho de Defesa Nacional – art. 91	50
Capítulo III –	Do Poder Judiciário – arts. 92 a 126	50
Seção I –	Disposições gerais – arts. 92 a 100	50
Seção II –	Do Supremo Tribunal Federal – arts. 101 a 103-B	54
Seção III –	Do Superior Tribunal de Justiça – arts. 104 e 105	57
Seção IV –	Dos Tribunais Regionais Federais e dos juízes federais – arts. 106 a 110	58
Seção V –	Dos Tribunais e Juízes do Trabalho – arts. 111 a 117	60
Seção VI –	Dos Tribunais e Juízes Eleitorais – arts. 118 a 121	61
Seção VII –	Dos Tribunais e Juízes Militares – arts. 122 a 124	62
Seção VIII –	Dos Tribunais e Juízes dos Estados – arts. 125 e 126	62
Capítulo IV –	Das funções essenciais à justiça – arts. 127 a 135	62
Seção I –	Do Ministério Público – arts. 127 a 130-A	62
Seção II –	Da Advocacia Pública – arts. 131 e 132	65
Seção III –	Da Advocacia e da Defensoria Pública – arts. 133 a 135	65

TÍTULO V
DA DEFESA DO ESTADO E DAS INSTITUIÇÕES DEMOCRÁTICAS

Arts. 136 a 144		65
Capítulo I –	Do estado de defesa e do estado de sítio – arts. 136 a 141	65
Seção I –	Do estado de defesa – art. 136	65
Seção II –	Do estado de sítio – arts. 137 a 139	66
Seção III –	Disposições gerais – arts. 140 e 141	66
Capítulo II –	Das Forças Armadas – arts. 142 e 143	67
Capítulo III –	Da segurança pública – art. 144	67

TÍTULO VI
DA TRIBUTAÇÃO E DO ORÇAMENTO

Arts. 145 a 169		68
Capítulo I –	Do sistema tributário nacional – arts. 145 a 162	68
Seção I –	Dos princípios gerais – arts. 145 a 149-A	68
Seção II –	Das limitações do poder de tributar – arts. 150 a 152	70
Seção III –	Dos impostos da União – arts. 153 e 154	71
Seção IV –	Dos impostos dos Estados e do Distrito Federal – art. 155	72
Seção V –	Dos impostos dos Municípios – art. 156	74
Seção VI –	Da repartição das receitas tributárias – arts. 157 a 162	74
Capítulo II –	Das finanças públicas – arts. 163 a 169	76
Seção I –	Normas gerais – arts. 163 e 164	76
Seção II –	Dos orçamentos – arts. 165 a 169	77

TÍTULO VII
DA ORDEM ECONÔMICA E FINANCEIRA

Arts. 170 a 192		79
Capítulo I –	Dos princípios gerais da atividade econômica – arts. 170 a 181	79
Capítulo II –	Da política urbana – arts. 182 e 183	82
Capítulo III –	Da política agrícola e fundiária e da reforma agrária – arts. 184 a 191	83
Capítulo IV –	Do sistema financeiro nacional – art. 192	84

TÍTULO VIII
DA ORDEM SOCIAL

Arts. 193 a 232		84
Capítulo I –	Disposição geral – art. 193	84
Capítulo II –	Da seguridade social – arts. 194 a 204	84
Seção I –	Disposições gerais – arts. 194 e 195	85
Seção II –	Da saúde – arts. 196 a 200	86
Seção III –	Da previdência social – arts. 201 e 202	88
Seção IV –	Da assistência social – arts. 203 e 204	89
Capítulo III –	Da educação, da cultura e do desporto – arts. 205 a 217	90
Seção I –	Da educação – arts. 205 a 214	90
Seção II –	Da cultura – arts. 215 e 216	93
Seção III –	Do desporto – art. 217	94

Capítulo IV – Da ciência e tecnologia – arts. 218 e 219 94
Capítulo V – Da comunicação social – arts. 220 a 224 94
Capítulo VI – Do meio ambiente – art. 225 96
Capítulo VII – Da família, da criança, do adolescente, do jovem e do idoso – arts. 226 a 230 97
Capítulo VIII – Dos índios – arts. 231 e 232 99

TÍTULO IX
DAS DISPOSIÇÕES CONSTITUCIONAIS GERAIS

Arts. 233 a 250 100

ATO DAS DISPOSIÇÕES
CONSTITUCIONAIS TRANSITÓRIAS

Arts. 1º a 97 102

CONSTITUIÇÃO DA REPÚBLICA FEDERATIVA DO BRASIL

PREÂMBULO

Nós, representantes do povo brasileiro, reunidos em Assembleia Nacional Constituinte para instituir um Estado Democrático, destinado a assegurar o exercício dos direitos sociais e individuais, a liberdade, a segurança, o bem-estar, o desenvolvimento, a igualdade e a justiça como valores supremos de uma sociedade fraterna, pluralista e sem preconceitos, fundada na harmonia social e comprometida, na ordem interna e internacional, com a solução pacífica das controvérsias, promulgamos, sob a proteção de Deus, a seguinte CONSTITUIÇÃO DA REPÚBLICA FEDERATIVA DO BRASIL.

▶ Publicada no *DOU* nº 191-A, de 5-10-1988.

TÍTULO I – DOS PRINCÍPIOS FUNDAMENTAIS

Art. 1º A República Federativa do Brasil, formada pela união indissolúvel dos Estados e Municípios e do Distrito Federal, constitui-se em Estado Democrático de Direito e tem como fundamentos:

▶ No plebiscito realizado em 21-4-1993, disciplinado na EC nº 2, de 25-8-1992, foram mantidos a república e o presidencialismo, como forma e sistema de governo, respectivamente.

▶ Arts.18, *caput*, e 60, § 4º, I e II, desta Constituição.

I – a soberania;

▶ Arts. 20, VI, 21, I e III, 84, VII, VIII, XIX e XX, desta Constituição.
▶ Arts. 201, 202, 210 e 211 do CPC.
▶ Arts. 780 a 790 do CPP.
▶ Arts. 215 a 229 do RISTF.

II – a cidadania;

▶ Arts. 5º, XXXIV, LIV, LXXI, LXXIII e LXXVII, e 60, § 4º, desta Constituição.
▶ Lei nº 9.265, de 12-2-1996, estabelece a gratuidade dos atos necessários ao exercício da cidadania.
▶ Lei nº 10.835, de 8-1-2004, institui a renda básica da cidadania.

III – a dignidade da pessoa humana;

▶ Arts. 5º, XLII, XLIII, XLVIII, XLIX, L, 34, VI, *b*, 226, § 7º, 227 e 230 desta Constituição.
▶ Art. 8º, III, da Lei nº 11.340, de 7-8-2006 (Lei que Coíbe a Violência Doméstica e Familiar Contra a Mulher).
▶ Súmulas Vinculantes nº 6, 11 e 14 do STF.

IV – os valores sociais do trabalho e da livre iniciativa;

▶ Arts. 6º a 11 e 170 desta Constituição.

V – o pluralismo político.

▶ Art. 17 desta Constituição.
▶ Lei nº 9.096, de 19-9-1995 (Lei dos Partidos Políticos).

Parágrafo único. Todo o poder emana do povo, que o exerce por meio de representantes eleitos ou diretamente, nos termos desta Constituição.

▶ Arts. 14, 27, § 4º, 29, XIII, 60, § 4º, II, e 61, § 2º, desta Constituição.
▶ Art. 1º da Lei nº 9.709, de 19-11-1998, regulamenta a execução do disposto nos incisos I, II e III do art. 14 desta Constituição.

Art. 2º São Poderes da União, independentes e harmônicos entre si, o Legislativo, o Executivo e o Judiciário.

▶ Art. 60, § 4º, III, desta Constituição.
▶ Súm. nº 649 do STF.

Art. 3º Constituem objetivos fundamentais da República Federativa do Brasil:

I – construir uma sociedade livre, justa e solidária;

▶ Art. 29, 1, *d*, do Dec. nº 99.710, de 21-11-1990, que promulga a convenção sobre os direitos das crianças.
▶ Art. 10, 1, do Dec. nº 591, de 6-7-1992, que promulga o Pacto Internacional Sobre Direitos Econômicos, Sociais e Culturais.

II – garantir o desenvolvimento nacional;

▶ Arts. 23, parágrafo único, e 174, § 1º, desta Constituição.

III – erradicar a pobreza e a marginalização e reduzir as desigualdades sociais e regionais;

▶ Arts. 23, X, e 214 desta Constituição.
▶ Arts. 79 a 81 do ADCT.
▶ LC nº 111, de 6-7-2001, dispõe sobre o Fundo de Combate e Erradicação da Pobreza.

IV – promover o bem de todos, sem preconceitos de origem, raça, sexo, cor, idade e quaisquer outras formas de discriminação.

▶ Art. 4º, VIII, desta Constituição.
▶ Lei nº 7.716, de 5-1-1989 (Lei do Racismo).
▶ Lei nº 8.081, de 21-9-1990, dispõe sobre os crimes e penas aplicáveis aos atos discriminatórios ou de preconceito de raça, cor, religião, etnia ou procedência nacional, praticados pelos meios de comunicação ou por publicação de qualquer natureza.
▶ Lei nº 11.340, de 7-8-2006 (Lei que Coíbe a Violência Doméstica e Familiar Contra a Mulher).
▶ Dec. nº 3.956, de 8-10-2001, promulga a Convenção Interamericana para Eliminação de Todas as Formas de Discriminação contra as Pessoas Portadoras de Deficiência.
▶ Dec. nº 4.377, de 13-9-2002, promulga a Convenção sobre a Eliminação de Todas as Formas de Discriminação contra a Mulher, de 1979.
▶ Dec. nº 4.886, de 20-11-2003, dispõe sobre a Política Nacional de Promoção de Igualdade Racial – PNPIR.
▶ Dec. nº 5.397, de 22-3-2005, dispõe sobre a composição, competência e funcionamento do Conselho Nacional de Combate à Discriminação – CNCD.
▶ O STF, por unanimidade de votos, julgou procedentes a ADPF nº 132 (como ação direta de inconstitucionalidade) e a ADIN nº 4.277, com eficácia *erga omnes* e efeito vinculante, para dar ao art. 1.723 do CC in-

terpretação conforme à CF para dele excluir qualquer significado que impeça o reconhecimento da união contínua, pública e duradoura entre pessoas do mesmo sexo como entidade familiar (*DOU* de 13-5-2011).

Art. 4º A República Federativa do Brasil rege-se nas suas relações internacionais pelos seguintes princípios:

▶ Arts. 21, I, e 84, VII e VIII, desta Constituição.
▶ Art. 39, V, da Lei nº 9.082 de 25-7-1995, que dispõe sobre a intensificação das relações internacionais do Brasil com os seus parceiros comerciais, em função de um maior apoio do Banco do Brasil S.A. ao financiamento dos setores exportador e importador.

I – independência nacional;

▶ Arts. 78, *caput*, e 91, § 1º, III e IV, desta Constituição.
▶ Lei nº 8.183, de 11-4-1991, dispõe sobre a organização e o funcionamento do Conselho de Defesa Nacional, regulamentada pelo Dec. nº 893, de 12-8-1993.

II – prevalência dos direitos humanos;

▶ Dec. nº 678, de 6-11-1992, promulga a Convenção Americana sobre Direitos Humanos – Pacto de São José da Costa Rica.
▶ Dec. nº 4.463, de 8-11-2002, dispõe sobre a declaração de reconhecimento da competência obrigatória da Corte Interamericana em todos os casos relativos à interpretação ou aplicação da Convenção Americana sobre Diretos Humanos.
▶ Dec. nº 6.980, de 13-10-2009, dispõe sobre a estrutura regimental da Secretaria Especial dos Direitos Humanos da Presidência da República, transformada em Secretaria de Direitos Humanos da Presidência da República pelo art. 3º, I, da Lei nº 12.314, de 19-8-2010.

III – autodeterminação dos povos;
IV – não intervenção;
V – igualdade entre os Estados;
VI – defesa da paz;
VII – solução pacífica dos conflitos;
VIII – repúdio ao terrorismo e ao racismo;

▶ Art. 5º, XLII e XLIII, desta Constituição.
▶ Lei nº 7.716, de 5-1-1989 (Lei do Racismo).
▶ Lei nº 8.072, de 25-7-1990 (Lei dos Crimes Hediondos).
▶ Dec. nº 5.639, de 26-12-2005, promulga a Convenção Interamericana contra o Terrorismo.

IX – cooperação entre os povos para o progresso da humanidade;
X – concessão de asilo político.

▶ Lei nº 9.474, de 22-7-1997, define mecanismos para a implementação do Estatuto dos Refugiados de 1951.
▶ Dec. nº 55.929, de 14-4-1965, promulgou a Convenção sobre Asilo Territorial.
▶ Art. 98, II, do Dec. nº 99.244, de 10-5-1990, que dispõe sobre a reorganização e o funcionamento dos órgãos da Presidência da República.

Parágrafo único. A República Federativa do Brasil buscará a integração econômica, política, social e cultural dos povos da América Latina, visando à formação de uma comunidade latino-americana de nações.

▶ Dec. nº 350, de 21-11-1991, promulgou o Tratado de Assunção que estabeleceu o Mercado Comum entre o Brasil, Paraguai, Argentina e Uruguai – MERCOSUL.
▶ Dec. nº 922, de 10-9-1993, promulga o Protocolo para Solução de Controvérsias no âmbito do Mercado Comum do Sul – MERCOSUL.

TÍTULO II – DOS DIREITOS E GARANTIAS FUNDAMENTAIS

Capítulo I

DOS DIREITOS E DEVERES INDIVIDUAIS E COLETIVOS

Art. 5º Todos são iguais perante a lei, sem distinção de qualquer natureza, garantindo-se aos brasileiros e aos estrangeiros residentes no País a inviolabilidade do direito à vida, à liberdade, à igualdade, à segurança e à propriedade, nos termos seguintes:

▶ Arts. 5º, §§ 1º e 2º, 14, *caput*, e 60, § 4º, IV, desta Constituição.
▶ Lei nº 1.542, de 5-1-1952, dispõe sobre o casamento dos funcionários da carreira de diplomata com pessoa de nacionalidade estrangeira.
▶ Lei nº 5.709, de 7-10-1971, regula a aquisição de imóvel rural por estrangeiro residente no país ou pessoa jurídica estrangeira autorizada a funcionar no Brasil.
▶ Lei nº 6.815, de 19-8-1980 (Estatuto do Estrangeiro), regulamentada pelo Dec. nº 86.715, de 10-12-1981.
▶ Arts. 4º e 24 do Pacto de São José da Costa Rica.
▶ Súmulas Vinculantes nºs 6 e 11 do STF.
▶ Súm. nº 683 do STF.

I – homens e mulheres são iguais em direitos e obrigações, nos termos desta Constituição;

▶ Arts. 143, § 2º, e 226, § 5º, desta Constituição.
▶ Art. 372 da CLT.
▶ Art. 4º da Lei nº 8.159, de 8-1-1991, que dispõe sobre a política nacional de arquivos públicos e privados.
▶ Lei nº 9.029, de 13-4-1995, proíbe a exigência de atestado de gravidez e esterilização e outras práticas discriminatórias, para efeitos admissionais ou de permanência da relação jurídica de trabalho.
▶ Lei nº 12.318, de 26-8-2010 (Lei da Alienação Parental).
▶ Dec. nº 86.715, de 10-12-1981, que regulamenta a Lei nº 6.815, de 19-8-1980 (Estatuto do Estrangeiro).
▶ Dec. nº 678, de 6-11-1992, promulga a Convenção Americana sobre Direitos Humanos – Pacto de São José da Costa Rica.
▶ Dec. nº 4.377, de 13-9-2002, promulga a Convenção sobre a Eliminação de todas as Formas de Discriminação contra a Mulher, de 1979.
▶ Port. do MTE nº 1.246, de 28-5-2010, orienta as empresas e os trabalhadores em relação à testagem relacionada ao vírus da imunodeficiência adquirida – HIV.

II – ninguém será obrigado a fazer ou deixar de fazer alguma coisa senão em virtude de lei;

▶ Arts. 14, § 1º, I, e 143 desta Constituição.
▶ Súmulas nºs 636 e 686 do STF.

III – ninguém será submetido à tortura nem a tratamento desumano ou degradante;

▶ Incisos XLIII, XLVII, e, XLIX, LXII, LXIII, LXV e LXVI deste artigo.
▶ Art. 4º, *b*, da Lei nº 4.898, de 9-12-1965 (Lei do Abuso de Autoridade).
▶ Arts. 2º e 8º da Lei nº 8.072, de 25-7-1990 (Lei dos Crimes Hediondos).
▶ Lei nº 9.455, de 7-4-1997 (Lei dos Crimes de Tortura).
▶ Dec. nº 40, de 15-2-1991, promulga a Convenção contra a Tortura e Outros Tratamentos ou Penas Cruéis, Desumanos ou Degradantes.
▶ Art. 5º, nº 2º, do Pacto de São José da Costa Rica.
▶ Súm. Vinc. nº 11 do STF.

Constituição Federal – Art. 5º

IV – é livre a manifestação do pensamento, sendo vedado o anonimato;
- Art. 220, § 1º, desta Constituição.
- Art. 6º, XIV, e, da LC nº 75, de 20-5-1993 (Lei Orgânica do Ministério Público da União)
- Art. 1º da Lei nº 7.524 de 17-7-1986, que dispõe sobre a manifestação, por militar inativo, de pensamento e opinião políticos e filosóficos.
- Art. 2º, a, da Lei nº 8.389, de 30-12-1991, que institui o Conselho Nacional de Comunicação Social.
- Art. 13 do Pacto de São José da Costa Rica.

V – é assegurado o direito de resposta, proporcional ao agravo, além da indenização por dano material, moral ou à imagem;
- Art. 220, § 1º, desta Constituição.
- Lei nº 7.524, de 17-7-1986, dispõe sobre a manifestação, por militar inativo, de pensamento e opinião políticos ou filosóficos.
- Art. 6º da Lei nº 8.159, de 8-1-1991, que dispõe sobre a Política Nacional de arquivos públicos e privados.
- Dec. nº 1.171, de 22-6-1994, aprova o código de ética profissional do servidor público civil do Poder Executivo Federal.
- Art. 14 do Pacto de São José da Costa Rica.
- Súmulas nºs 37, 227, 362, 387, 388 e 403 do STJ.

VI – é inviolável a liberdade de consciência e de crença, sendo assegurado o livre exercício dos cultos religiosos e garantida, na forma da lei, a proteção aos locais de culto e a suas liturgias;
- Arts. 208 a 212 do CP.
- Art. 24 da LEP.
- Arts. 16, II, e 124, XIV, do ECA.
- Art. 3º, d, e e, da Lei nº 4.898, de 9-12-1965 (Lei de Abuso de Autoridade).
- Art. 39 da Lei nº 8.313, de 23-12-1991, que restabelece princípios da Lei nº 7.505, de 2-7-1986, institui o Programa Nacional de Apoio a Cultura – PRONAC.
- Arts. 23 a 26 da Lei nº 12.288, de 20-7-2010 (Estatuto da Igualdade Racial).
- Art. 12, 1, do Pacto de São José da Costa Rica.

VII – é assegurada, nos termos da lei, a prestação de assistência religiosa nas entidades civis e militares de internação coletiva;
- Art. 24 da LEP.
- Art. 124, XIV, do ECA.
- Lei nº 6.923, de 29-6-1981, dispõe sobre o serviço de assistência religiosa nas Forças Armadas.
- Lei nº 9.982, de 14-7-2000, dispõe sobre prestação de assistência religiosa nas entidades hospitalares públicas e privadas, bem como nos estabelecimentos prisionais civis e militares.

VIII – ninguém será privado de direitos por motivo de crença religiosa ou de convicção filosófica ou política, salvo se as invocar para eximir-se de obrigação legal a todos imposta e recusar-se a cumprir prestação alternativa, fixada em lei;
- Arts. 15, IV, e 143, §§ 1º e 2º, desta Constituição.
- Lei nº 7.210 de 11-7-1984 (Lei de Execução Penal).
- Lei nº 8.239, de 4-10-1991, dispõe sobre a prestação de serviço alternativo ao serviço militar obrigatório.
- Dec.-lei nº 1.002, de 21-10-1969 (Código de Processo Penal Militar).
- Art. 12 do Pacto de São José da Costa Rica.

IX – é livre a expressão da atividade intelectual, artística, científica e de comunicação, independentemente de censura ou licença;
- Art. 220, § 2º, desta Constituição.
- Art. 5º, d, da LC nº 75, de 20-5-1993 (Lei Orgânica do Ministério Público da União).
- Art. 39 da Lei nº 8.313, de 23-12-1991, que restabelece princípios da Lei nº 7.505, de 2-7-1986, institui o Programa Nacional de Apoio a Cultura – PRONAC.
- Lei nº 9.456, de 25-4-1997, institui a Lei de Proteção de Cultivares.
- Lei nº 9.609, de 19-2-1998, dispõe sobre a proteção da propriedade intelectual de programa de computador e sua comercialização no país.
- Lei nº 9.610, de 19-2-1998 (Lei de Direitos Autorais).

X – são invioláveis a intimidade, a vida privada, a honra e a imagem das pessoas, assegurado o direito à indenização pelo dano material ou moral decorrente de sua violação;
- Art. 37, § 3º, II, desta Constituição.
- Arts. 4º e 6º da Lei nº 8.159, de 8-1-1981, que dispõe sobre a Política Nacional de Arquivos Públicos e Privados.
- Art. 30, V, da Lei nº 8.935, de 18-11-1994 (Lei dos Serviços Notariais e de Registro).
- Art. 101, § 1º, da Lei nº 11.101, de 9-2-2005 (Lei de Recuperação de Empresas e Falências).
- Art. 11, 2, do Pacto de São José da Costa Rica.
- Súm. Vinc. nº 11 do STF.
- Súm. nº 714 do STF.
- Súmulas nºs 227, 387, 388, 403 e 420 do STJ.

XI – a casa é asilo inviolável do indivíduo, ninguém nela podendo penetrar sem consentimento do morador, salvo em caso de flagrante delito ou desastre, ou para prestar socorro, ou, durante o dia, por determinação judicial;
- Arts. 172 a 176 do CPC.
- Art. 150, §§ 1º a 5º, do CP.
- Art. 301 do CPP.
- Art. 266, §§ 1º a 5º, do CPM.
- Art. 11 do Pacto de São José da Costa Rica.

XII – é inviolável o sigilo da correspondência e das comunicações telegráficas, de dados e das comunicações telefônicas, salvo, no último caso, por ordem judicial, nas hipóteses e na forma que a lei estabelecer para fins de investigação criminal ou instrução processual penal;
- Arts.136, § 1º, I, b e c, e 139, III, desta Constituição.
- Arts. 151 a 152 do CP.
- Art. 233 do CPP.
- Art. 227 do CPM.
- Art. 6º, XVIII, a, da LC nº 75, de 20-5-1993 (Lei Orgânica do Ministério Público da União).
- Arts. 55 a 57 da Lei nº 4.117, de 24-8-1962 (Código Brasileiro de Telecomunicações).
- Art. 3º, c, da Lei nº 4.898, de 9-12-1965 (Lei do Abuso de Autoridade).
- Lei nº 6.538, de 22-6-1978, dispõe sobre os serviços postais.
- Art. 7º, II, da Lei nº 8.906, de 4-7-1994 (Estatuto da Advocacia e da OAB).
- Lei nº 9.296, de 24-7-1996 (Lei das Interceptações Telefônicas).
- Art. 11 do Pacto de São José da Costa Rica.

► Dec. nº 3.505, de 13-6-2000, institui a Política de Segurança da Informação nos órgãos e entidades da Administração Pública Federal.
► Res. do CNJ nº 59, de 9-9-2008, disciplina e uniformiza as rotinas visando ao aperfeiçoamento do procedimento de interceptação de comunicações telefônicas e de sistemas de informática e telemática nos órgãos jurisdicionais do Poder Judiciário.

XIII – é livre o exercício de qualquer trabalho, ofício ou profissão, atendidas as qualificações profissionais que a lei estabelecer;

► Arts. 170 e 220, § 1º, desta Constituição.
► Art. 6º do Pacto de São José da Costa Rica.

XIV – é assegurado a todos o acesso à informação e resguardado o sigilo da fonte, quando necessário ao exercício profissional;

► Art. 220, § 1º, desta Constituição.
► Art. 154 do CP.
► Art. 8º, § 2º, da LC nº 75, de 20-5-1993 (Lei Orgânica do Ministério Público da União).
► Art. 6º da Lei nº 8.394, de 30-12-1991, que dispõe sobre a preservação, organização e proteção dos acervos documentais privados dos Presidentes da República.

XV – é livre a locomoção no território nacional em tempo de paz, podendo qualquer pessoa, nos termos da lei, nele entrar, permanecer ou dele sair com seus bens;

► Arts. 109, X, e 139 desta Constituição.
► Art. 3º, a, da Lei nº 4.898, de 9-12-1965 (Lei do Abuso de Autoridade).
► Art. 2º, III, da Lei nº 7.685, de 2-12-1988, que dispõe sobre o registro provisório para o estrangeiro em situação ilegal em território nacional.
► Art. 22 do Pacto de São José da Costa Rica.

XVI – todos podem reunir-se pacificamente, sem armas, em locais abertos ao público, independentemente de autorização, desde que não frustrem outra reunião anteriormente convocada para o mesmo local, sendo apenas exigido prévio aviso à autoridade competente;

► Arts. 109, X, 136, § 1º, I, a, e 139, IV, desta Constituição.
► Art. 3º, a, da Lei nº 4.898, de 9-12-1965 (Lei do Abuso de Autoridade).
► Art. 2º, III, da Lei nº 7.685, de 2-12-1988, que dispõe sobre o registro provisório para o estrangeiro em situação ilegal em território nacional.
► Art. 21 do Dec. nº 592, de 6-7-1992, que promulga o Pacto Internacional sobre Direitos Civis e Políticos.
► Art. 15 do Pacto de São José da Costa Rica.

XVII – é plena a liberdade de associação para fins lícitos, vedada a de caráter paramilitar;

► Arts. 8º, 17, § 4º, e 37, VI, desta Constituição.
► Art. 199 do CP.
► Art. 3º, f, da Lei nº 4.898, de 9-12-1965 (Lei do Abuso de Autoridade).
► Art. 117, VII, da Lei nº 8.112, de 11-12-1990 (Estatuto dos Servidores Públicos Civis da União, Autarquias e Fundações Públicas Federais).
► Art. 16 do Pacto de São José da Costa Rica.

XVIII – a criação de associações e, na forma da lei, a de cooperativas independem de autorização, sendo vedada a interferência estatal em seu funcionamento;

► Arts. 8º, I, e 37, VI, desta Constituição.
► Lei nº 5.764, de 16-12-1971 (Lei das Cooperativas).

► Lei nº 9.867, de 10-11-1999, dispõe sobre a criação e o funcionamento de Cooperativas Sociais, visando à integração social dos cidadãos.

XIX – as associações só poderão ser compulsoriamente dissolvidas ou ter suas atividades suspensas por decisão judicial, exigindo-se, no primeiro caso, o trânsito em julgado;

XX – ninguém poderá ser compelido a associar-se ou a permanecer associado;

► Arts. 4º, II, a, e 5º, V, do CDC.
► Art. 117, VII, da Lei nº 8.112, de 11-12-1990 (Estatuto dos Servidores Públicos Civis da União, Autarquias e Fundações Públicas Federais).
► Art. 16 do Pacto de São José da Costa Rica.

XXI – as entidades associativas, quando expressamente autorizadas, têm legitimidade para representar seus filiados judicial ou extrajudicialmente;

► Art. 82, VI, do CDC.
► Art. 210, III, do ECA.
► Art. 5º da Lei nº 7.347, de 24-7-1985 (Lei da Ação Civil Pública).
► Arts. 3º e 5º, I e III, da Lei nº 7.853, de 24-10-1989 (Lei de Apoio às Pessoas Portadoras de Deficiência), regulamentada pelo Dec. nº 3.298, de 20-12-1999.
► Súm. nº 629 do STF.

XXII – é garantido o direito de propriedade;

► Art. 243 desta Constituição.
► Arts. 1.228 a 1.368 do CC.
► Lei nº 4.504, de 30-10-1964 (Estatuto da Terra).
► Arts. 1º, 4º e 15 da Lei nº 8.257, de 26-10-1991, que dispõe sobre a expropriação das glebas nas quais se localizem culturas ilegais de plantas psicotrópicas.

XXIII – a propriedade atenderá a sua função social;

► Arts. 156, § 1º, 170, III, 182, § 2º, e 186 desta Constituição.
► Art. 5º da LICC.
► Arts. 2º, 12, 18, a, e 47, I, da Lei nº 4.504, de 30-10-1964 (Estatuto da Terra).
► Art. 2º, I, da Lei nº 8.171, de 17-1-1991 (Lei da Política Agrícola).
► Arts. 2º, § 1º, 5º, § 2º, e 9º, da Lei nº 8.629, de 25-2-1993, que regula os dispositivos constitucionais relativos à reforma agrária.
► Art. 1º da Lei nº 8.884, de 11-6-1994 (Lei Antitruste).
► Arts. 27 a 37 da Lei nº 12.288, de 20-7-2010 (Estatuto da Igualdade Racial).
► Art. 1º da Lei nº 12.529, de 30-11-2011 (Lei do Sistema Brasileiro de Defesa da Concorrência) publicada no *DOU* de 1º-12-2011, para vigorar 180 dias após a data de sua publicação, quando ficarão revogados os arts. 1º a 85 e 88 a 93 da Lei nº 8.884, de 11-6-1994.

XXIV – a lei estabelecerá o procedimento para desapropriação por necessidade ou utilidade pública, ou por interesse social, mediante justa e prévia indenização em dinheiro, ressalvados os casos previstos nesta Constituição;

► Arts. 22, II, 182, § 4º, 184, caput, e 185, I e II, desta Constituição.
► Art. 1.275, V, do CC.
► LC nº 76, de 6-7-1993 (Lei de Desapropriação de Imóvel Rural para fins de Reforma Agrária).
► Lei nº 4.132, de 10-9-1962 (Lei da Desapropriação por Interesse Social).

Constituição Federal – Art. 5º

- Arts. 17, *a*, 18, 19, §§ 1º a 4º, 31, IV, e 35, *caput*, da Lei nº 4.504, de 30-11-1964 (Estatuto da Terra).
- Lei nº 6.602, de 7-12-1978, altera a redação do art. 5º do Dec.-lei nº 3.365, de 21-6-1941 (Lei das Desapropriações).
- Arts. 28, 29 e 32 da Lei nº 6.662, de 25-6-1979, que dispõe sobre a política nacional de irrigação.
- Arts. 2º, § 1º, 5º, § 2º, e 7º, IV, da Lei nº 8.629, de 25-2-1993, que regula os dispositivos constitucionais relativos à reforma agrária.
- Art. 10 da Lei nº 9.074, de 7-7-1995, que estabelece normas para outorga e prorrogações das concessões e permissões de serviços públicos.
- Art. 34, IV, da Lei nº 9.082, de 25-7-1995, que dispõe sobre as diretrizes para a elaboração da lei orçamentária de 1996.
- Dec.-lei nº 1.075, de 22-1-1970 (Lei da Imissão de Posse).
- Dec.-lei nº 3.365, de 21-6-1941 (Lei das Desapropriações).
- Súmulas nºs 23, 111, 157, 164, 218, 345, 378, 416, 561, 618 e 652 do STF.
- Súmulas nºs 56, 69, 70, 113, 114 e 119 do STJ.

XXV – no caso de iminente perigo público, a autoridade competente poderá usar de propriedade particular, assegurada ao proprietário indenização ulterior, se houver dano;

XXVI – a pequena propriedade rural, assim definida em lei, desde que trabalhada pela família, não será objeto de penhora para pagamento de débitos decorrentes de sua atividade produtiva, dispondo a lei sobre os meios de financiar o seu desenvolvimento;

- Art. 185 desta Constituição.
- Art. 4º, I, da LC nº 76, de 6-7-1993 (Lei de Desapropriação de Imóvel Rural para fins de Reforma Agrária).
- Lei nº 4.504, de 30-11-1964 (Estatuto da Terra).
- Art. 19, IX, da Lei nº 4.595, de 31-12-1964 (Lei do Sistema Financeiro Nacional).
- Art. 4º, § 2º, da Lei nº 8.009, de 29-3-1990 (Lei da Impenhorabilidade do Bem de Família).
- Art. 4º, II, e parágrafo único, da Lei nº 8.629, de 25-2-1993, que regula os dispositivos constitucionais relativos à reforma agrária.
- Súm. nº 364 do STJ.

XXVII – aos autores pertence o direito exclusivo de utilização, publicação ou reprodução de suas obras, transmissível aos herdeiros pelo tempo que a lei fixar;

- Art. 842, § 3º, do CPC.
- Art. 184 do CP.
- Art. 30 da Lei nº 8.977, de 6-1-1995, que dispõe sobre o serviço de TV a cabo, regulamentado pelo Dec. nº 2.206, de 8-4-1997.
- Lei nº 9.456, de 25-4-1997, institui a Lei de Proteção de Cultivares.
- Lei nº 9.609, de 19-2-1998, dispõe sobre a proteção da propriedade intelectual de programa de computador e sua comercialização no país.
- Lei nº 9.610, de 19-2-1998 (Lei de Direitos Autorais).
- Súm. nº 386 do STF.

XXVIII – são assegurados, nos termos da lei:

a) a proteção às participações individuais em obras coletivas e à reprodução da imagem e voz humanas, inclusive nas atividades desportivas;

- Lei nº 6.533 de 24-5-1978, dispõe sobre a regulamentação das profissões de Artista e de Técnico em Espetáculos de Diversões.

- Lei nº 9.610, de 19-2-1998 (Lei de Direitos Autorais).

b) o direito de fiscalização do aproveitamento econômico das obras que criarem ou de que participarem aos criadores, aos intérpretes e às respectivas representações sindicais e associativas;

XXIX – a lei assegurará aos autores de inventos industriais privilégio temporário para sua utilização, bem como proteção às criações industriais, à propriedade das marcas, aos nomes de empresas e a outros signos distintivos, tendo em vista o interesse social e o desenvolvimento tecnológico e econômico do País;

- Art. 4º, VI, do CDC.
- Lei nº 9.279, de 14-5-1996 (Lei da Propriedade Industrial).
- Lei nº 9.456, de 25-4-1997, institui a Lei de Proteção de Cultivares.
- Art. 48, IV, da Lei nº 11.101, de 9-2-2005 (Lei de Recuperação de Empresas e Falências).

XXX – é garantido o direito de herança;

- Arts. 1.784 a 2.027 do CC.
- Arts. 856, § 2º, 1.138 e 1.158 do CPC.
- Lei nº 8.971, de 29-12-1994, regula o direito dos companheiros a alimentos e sucessão.
- Lei nº 9.278, de 10-5-1996 (Lei da União Estável).

XXXI – a sucessão de bens de estrangeiros situados no País será regulada pela lei brasileira em benefício do cônjuge ou dos filhos brasileiros, sempre que não lhes seja mais favorável a lei pessoal do *de cujus*;

- Art. 10, §§ 1º e 2º, da LICC.

XXXII – o Estado promoverá, na forma da lei, a defesa do consumidor;

- Art. 48 do ADCT.
- Lei nº 8.078, de 11-9-1990 (Código de Defesa do Consumidor).
- Lei nº 8.884, de 11-6-1994 (Lei Antitruste).
- Art. 4º da Lei nº 8.137, de 27-12-1990 (Lei dos Crimes contra a Ordem Tributária, Econômica e contra as Relações de Consumo).
- Lei nº 8.178, de 1º-3-1991, estabelece regras sobre preços e salários.
- Lei nº 8.884, de 11-6-1994 (Lei Antitruste).
- Lei nº 12.529, de 30-11-2011 (Lei do Sistema Brasileiro de Defesa da Concorrência) publicada no *DOU* de 1º-12-2011, para vigorar 180 dias após a data de sua publicação, quando ficarão revogados os arts. 1º a 85 e 88 a 93 da Lei nº 8.884, de 11-6-1994.

XXXIII – todos têm direito a receber dos órgãos públicos informações de seu interesse particular, ou de interesse coletivo ou geral, que serão prestadas no prazo da lei, sob pena de responsabilidade, ressalvadas aquelas cujo sigilo seja imprescindível à segurança da sociedade e do Estado;

- Arts. 5º, LXXII, e 37, § 3º, II, desta Constituição.
- Lei nº 12.527, de 18-11-2011 (Lei do Acesso à Informação) *DOU* de 18-11-2011, edição extra, para vigorar 180 dias após a data de sua publicação, quando ficará revogada a Lei nº 11.111, de 5-5-2005.
- Dec. nº 5.301, de 9-12-2004, regulamenta a Lei nº 11.111, de 5-5-2005.
- Súm. Vinc. nº 14 do STF.
- Súm. nº 202 do STJ.

XXXIV – são a todos assegurados, independentemente do pagamento de taxas:

a) o direito de petição aos Poderes Públicos em defesa de direitos ou contra ilegalidade ou abuso de poder;

▶ Súm. Vinc. nº 21 do STF.
▶ Súm. nº 373 do STJ.

b) a obtenção de certidões em repartições públicas, para defesa de direitos e esclarecimento de situações de interesse pessoal;

▶ Art. 6º da LICC.
▶ Lei nº 9.051, de 18-5-1995, dispõe sobre a expedição de certidões para defesa de direitos e esclarecimentos de situações.
▶ Lei nº 9.307, de 23-9-1996 (Lei da Arbitragem).
▶ Art. 40 da Lei nº 11.101, de 9-2-2005 (Lei de Recuperação de Empresas e Falências).

XXXV – a lei não excluirá da apreciação do Poder Judiciário lesão ou ameaça a direito;

▶ Lei nº 9.307, de 23-9-1996 (Lei da Arbitragem).
▶ Súm. Vinc. nº 28 do STF.

XXXVI – a lei não prejudicará o direito adquirido, o ato jurídico perfeito e a coisa julgada;

▶ Art. 6º, caput, da LICC.
▶ Súmulas Vinculantes nºs 1 e 9 do STF.
▶ Súmulas nºs 654, 667, 678 e 684 do STF.
▶ Súm. nº 315 do TST.

XXXVII – não haverá juízo ou tribunal de exceção;
XXXVIII – é reconhecida a instituição do júri, com a organização que lhe der a lei, assegurados:

▶ Arts. 406 a 432 do CPP.
▶ Arts. 18 e 19 da Lei nº 11.697, de 13-6-2008 (Lei da Organização Judiciária do Distrito Federal e dos Territórios).

a) a plenitude de defesa;
b) o sigilo das votações;
c) a soberania dos veredictos;
d) a competência para o julgamento dos crimes dolosos contra a vida;

▶ Arts. 74, § 1º, e 406 a 502 do CPP.
▶ Súm. nº 721 do STF.

XXXIX – não há crime sem lei anterior que o defina, nem pena sem prévia cominação legal;

▶ Art. 1º do CP.
▶ Art. 1º do CPM.
▶ Art. 9º do Pacto de São José da Costa Rica.

XL – a lei penal não retroagirá, salvo para beneficiar o réu;

▶ Art. 2º, parágrafo único, do CP.
▶ Art. 2º, § 1º, do CPM.
▶ Art. 66, I, da LEP.
▶ Súmulas Vinculantes nºs 3, 5, 14, 21, 24 e 28 do STF.

XLI – a lei punirá qualquer discriminação atentatória dos direitos e liberdades fundamentais;

▶ Lei nº 7.716, de 5-1-1989 (Lei do Racismo).
▶ Lei nº 8.081, de 21-9-1990, estabelece os crimes e as penas aplicáveis aos atos discriminatórios ou de preconceito de raça, cor, religião, etnia ou procedência de qualquer natureza.

▶ Dec. nº 3.956, de 8-10-2001, promulga a Convenção Interamericana para eliminação de todas as Formas de Discriminação contra as Pessoas Portadoras de Deficiência.
▶ Dec. nº 4.377, de 13-9-2002, promulga a Convenção Sobre a Eliminação de Todas as Formas de Discriminação Contra a Mulher, de 1979.
▶ Dec. nº 4.886, de 20-11-2003, institui a Política Nacional de Promoção da Igualdade Racial – PNPIR.
▶ Dec. nº 5.397, de 22-3-2005, dispõe sobre a composição, competência e funcionamento do Conselho Nacional de Combate à Discriminação – CNCD.

XLII – a prática do racismo constitui crime inafiançável e imprescritível, sujeito à pena de reclusão, nos termos da lei;

▶ Art. 323, I, do CPP.
▶ Lei nº 7.716, de 5-1-1989 (Lei do Racismo).
▶ Lei nº 10.678, de 23-5-2003, cria a Secretaria Especial de Políticas de Promoção da Igualdade Racial, da Presidência da República.
▶ Lei nº 12.288, de 20-7-2010 (Estatuto da Igualdade Racial).

XLIII – a lei considerará crimes inafiançáveis e insuscetíveis de graça ou anistia a prática da tortura, o tráfico ilícito de entorpecentes e drogas afins, o terrorismo e os definidos como crimes hediondos, por eles respondendo os mandantes, os executores e os que, podendo evitá-los, se omitirem;

▶ Lei nº 8.072, de 25-7-1990 (Lei dos Crimes Hediondos).
▶ Lei nº 9.455, de 7-4-1997 (Lei dos Crimes de Tortura).
▶ Lei nº 11.343, de 23-8-2006 (Lei Antidrogas).
▶ Dec. nº 5.639, de 29-12-2005, promulga a Convenção Interamericana contra o Terrorismo.

XLIV – constitui crime inafiançável e imprescritível a ação de grupos armados, civis ou militares, contra a ordem constitucional e o Estado Democrático;

▶ Lei nº 9.034, de 3-5-1995 (Lei do Crime Organizado).

XLV – nenhuma pena passará da pessoa do condenado, podendo a obrigação de reparar o dano e a decretação do perdimento de bens ser, nos termos da lei, estendidas aos sucessores e contra eles executadas, até o limite do valor do patrimônio transferido;

▶ Arts. 932 e 935 do CC.
▶ Arts. 32 a 52 do CP.
▶ Art. 5º, nº 3, do Pacto de São José da Costa Rica.

XLVI – a lei regulará a individualização da pena e adotará, entre outras, as seguintes:

▶ Arts. 32 a 52 do CP.
▶ Súm. Vinc. nº 26 do STF.

a) privação ou restrição da liberdade;

▶ Arts. 33 a 42 do CP.

b) perda de bens;

▶ Art. 43, II, do CP.

c) multa;

▶ Art. 49 do CP.

d) prestação social alternativa;

▶ Arts. 44 e 46 do CP.

e) suspensão ou interdição de direitos;

▶ Art. 47 do CP.

XLVII – não haverá penas:
- Art. 60, § 4º, IV, desta Constituição.
- Arts. 32 a 52 do CP.
- Súm. Vinc. nº 26 do STF.

a) de morte, salvo em caso de guerra declarada, nos termos do artigo 84, XIX;
- Arts. 55 a 57 do CPM.
- Arts. 707 e 708 do CPPM.
- Art. 4º, nºs 2 a 6, do Pacto de São José da Costa Rica.

b) de caráter perpétuo;
c) de trabalhos forçados;
- Art. 6º, nº 2, do Pacto de São José da Costa Rica.

d) de banimento;
e) cruéis;
- Art. 7º, 7, do Pacto de São José da Costa Rica.
- Súmulas nºs 280, 309 e 419 do STJ.

XLVIII – a pena será cumprida em estabelecimentos distintos, de acordo com a natureza do delito, a idade e o sexo do apenado;
- Arts. 32 a 52 do CP.
- Arts. 82 a 104 da LEP.

XLIX – é assegurado aos presos o respeito à integridade física e moral;
- Art. 5º, III, desta Constituição.
- Art. 38 do CP.
- Art. 40 da LEP.
- Lei nº 8.653, de 10-5-1993, dispõe sobre o transporte de presos.
- Art. 5º, nº 1, do Pacto de São José da Costa Rica.
- Súm. Vinc. nº 11 do STF.

L – às presidiárias serão asseguradas condições para que possam permanecer com seus filhos durante o período de amamentação;
- Art. 89 da LEP.

LI – nenhum brasileiro será extraditado, salvo o naturalizado, em caso de crime comum, praticado antes da naturalização, ou de comprovado envolvimento em tráfico ilícito de entorpecentes e drogas afins, na forma da lei;
- Art. 12, II, desta Constituição.
- Arts. 76 a 94 da Lei nº 6.815, de 19-8-1980 (Estatuto do Estrangeiro).
- Lei nº 11.343, de 23-8-2006 (Lei Antidrogas).
- Art. 110 do Dec. nº 86.715, de 10-12-1981, que regulamenta a Lei nº 6.815, de 19-8-1980 (Estatuto do Estrangeiro).

LII – não será concedida extradição de estrangeiro por crime político ou de opinião;
- Arts. 76 a 94 da Lei nº 6.815, de 19-8-1980 (Estatuto do Estrangeiro).
- Art. 100 do Dec. nº 86.715, de 10-12-1981, que regulamenta a Lei nº 6.815, de 19-8-1980 (Estatuto do Estrangeiro).

LIII – ninguém será processado nem sentenciado senão pela autoridade competente;
- Art. 8º, nº 1, do Pacto de São José da Costa Rica.
- Súm. nº 704 do STF.

LIV – ninguém será privado da liberdade ou de seus bens sem o devido processo legal;
- Súmulas Vinculantes nºs 3 e 14 do STF.
- Súm. nº 704 do STF.
- Súmulas nºs 255 e 347 do STJ.

LV – aos litigantes, em processo judicial ou administrativo, e aos acusados em geral são assegurados o contraditório e ampla defesa, com os meios e recursos a ela inerentes;
- Lei nº 8.112, de 11-12-1990 (Estatuto dos Servidores Públicos Civis da União, Autarquias e Fundações Públicas Federais).
- Lei nº 9.784, de 29-1-1999 (Lei do Processo Administrativo Federal).
- Súmulas Vinculantes nºs 3, 5, 14, 21, 24 e 28 do STF.
- Súmulas nºs 701, 704, 705, 707 e 712 do STF.
- Súmulas nºs 196, 255, 312, 347 e 373 do STJ.

LVI – são inadmissíveis, no processo, as provas obtidas por meios ilícitos;
- Arts. 332 a 443 do CPC.
- Art. 157 do CPP.
- Lei nº 9.296, de 24-7-1996 (Lei das Interceptações Telefônicas).

LVII – ninguém será considerado culpado até o trânsito em julgado de sentença penal condenatória;
- Art. 8º, nº 2, do Pacto de São José da Costa Rica.
- Súm. nº 9 do STJ.

LVIII – o civilmente identificado não será submetido à identificação criminal, salvo nas hipóteses previstas em lei;
- Lei nº 12.037, de 1º-10-2009, regulamenta este inciso.
- Art. 6º, VIII, do CPP.
- Súm. nº 568 do STF.

LIX – será admitida ação privada nos crimes de ação pública, se esta não for intentada no prazo legal;
- Art. 100, § 3º, do CP.
- Art. 29 do CPP.

LX – a lei só poderá restringir a publicidade dos atos processuais quando a defesa da intimidade ou o interesse social o exigirem;
- Art. 93, IX, desta Constituição.
- Arts. 155, caput, I e II, e 444 do CPC.
- Art. 20 do CPP.
- Lei nº 9.800, de 26-5-1999, dispõe sobre sistemas de transmissão de dados para a prática de atos processuais.
- Art. 8º, nº 5, do Pacto de São José da Costa Rica.
- Súm. nº 708 do STF.

LXI – ninguém será preso senão em flagrante delito ou por ordem escrita e fundamentada de autoridade judiciária competente, salvo nos casos de transgressão militar ou crime propriamente militar, definidos em lei;
- Art. 93, IX, desta Constituição.
- Art. 302 do CPP.
- Dec.-lei nº 1.001, de 21-10-1969 (Código Penal Militar).
- Art. 244 do CPPM.
- Lei nº 6.880, de 9-12-1980 (Estatuto dos Militares).
- Art. 7º, nº 2, do Pacto de São José da Costa Rica.
- Súmulas nºs 9 e 280 do STJ.

LXII – a prisão de qualquer pessoa e o local onde se encontre serão comunicados imediatamente ao juiz competente e à família do preso ou à pessoa por ele indicada;

- Art. 136, § 3º, IV, desta Constituição.

LXIII – o preso será informado de seus direitos, entre os quais o de permanecer calado, sendo-lhe assegurada a assistência da família e de advogado;

- Art. 289-A, § 4º, do CPP.
- Art. 8º, nº 2, g, do Pacto de São José da Costa Rica.

LXIV – o preso tem direito à identificação dos responsáveis por sua prisão ou por seu interrogatório policial;

- Art. 306, § 2º, do CPP.

LXV – a prisão ilegal será imediatamente relaxada pela autoridade judiciária;

- Art. 310, I, do CPP.
- Art. 224 do CPPM.
- Art. 7º, nº 6, do Pacto de São José da Costa Rica.
- Súm. nº 697 do STF.

LXVI – ninguém será levado à prisão ou nela mantido, quando a lei admitir a liberdade provisória, com ou sem fiança;

- Art. 310, III, do CPP.
- Arts. 270 e 271 do CPPM.

LXVII – não haverá prisão civil por dívida, salvo a do responsável pelo inadimplemento voluntário e inescusável de obrigação alimentícia e a do depositário infiel;

- Art. 652 do CC.
- Art. 733, § 1º, do CPC.
- Arts. 466 a 480 do CPPM.
- Arts. 19 e 22 da Lei nº 5.478, de 25-7-1968 (Lei da Ação de Alimentos).
- Lei nº 8.866, de 11-4-1994 (Lei do Depositário Infiel).
- Dec.-lei nº 911, de 1-10-1969 (Lei das Alienações Fiduciárias).
- Art. 7º, 7, do Pacto de São José da Costa Rica.
- Súm. Vinc. nº 25 do STF.
- Súmulas nºs 280, 309 e 419 do STJ.

LXVIII – conceder-se-á *habeas corpus* sempre que alguém sofrer ou se achar ameaçado de sofrer violência ou coação em sua liberdade de locomoção, por ilegalidade ou abuso de poder;

- Art. 142, § 2º, desta Constituição.
- Arts. 647 a 667 do CPP.
- Arts. 466 a 480 do CPPM.
- Art. 5º da Lei nº 9.289, de 4-7-1996 (Regimento de Custas da Justiça Federal).
- Súmulas nºs 693 a 695 do STF.

LXIX – conceder-se-á mandado de segurança para proteger direito líquido e certo, não amparado por *habeas corpus* ou *habeas data*, quando o responsável pela ilegalidade ou abuso de poder for autoridade pública ou agente de pessoa jurídica no exercício de atribuições do Poder Público;

- Lei nº 9.507, de 12-11-1997 (Lei do *Habeas Data*).
- Lei nº 12.016, de 7-8-2009 (Lei do Mandado de Segurança Individual e Coletivo).
- Súm. nº 632 do STF.

LXX – o mandado de segurança coletivo pode ser impetrado por:

- Súm. nº 630 do STF.

a) partido político com representação no Congresso Nacional;
b) organização sindical, entidade de classe ou associação legalmente constituída e em funcionamento há pelo menos um ano, em defesa dos interesses de seus membros ou associados;

- Art. 5º da Lei nº 7.347, de 24-7-1985 (Lei da Ação Civil Pública).
- Súm. nº 629 do STF.

LXXI – conceder-se-á mandado de injunção sempre que a falta de norma regulamentadora torne inviável o exercício dos direitos e liberdades constitucionais e das prerrogativas inerentes à nacionalidade, à soberania e à cidadania;

- Lei nº 9.265, de 12-2-1996, estabelece a gratuidade dos atos necessários ao exercício da cidadania.

LXXII – conceder-se-á *habeas data*:

- Art. 5º da Lei nº 9.289, de 4-7-1996 (Regimento de Custas da Justiça Federal).
- Lei nº 9.507, de 12-11-1997 (Lei do *Habeas Data*).
- Súm. nº 368 do STJ.

a) para assegurar o conhecimento de informações relativas à pessoa do impetrante, constantes de registros ou bancos de dados de entidades governamentais ou de caráter público;

- Súm. nº 2 do STJ.

b) para a retificação de dados, quando não se prefira fazê-lo por processo sigiloso, judicial ou administrativo;

- Súm. nº 368 do STJ.

LXXIII – qualquer cidadão é parte legítima para propor ação popular que vise a anular ato lesivo ao patrimônio público ou de entidade de que o Estado participe, à moralidade administrativa, ao meio ambiente e ao patrimônio histórico e cultural, ficando o autor, salvo comprovada má-fé, isento de custas judiciais e do ônus da sucumbência;

- Lei nº 4.717, de 29-6-1965 (Lei da Ação Popular).
- Lei nº 6.938, de 31-8-1981 (Lei da Política Nacional do Meio Ambiente).

LXXIV – o Estado prestará assistência jurídica integral e gratuita aos que comprovarem insuficiência de recursos;

- Art. 134 desta Constituição.
- LC nº 80, de 12-1-1994 (Lei da Defensoria Pública).
- Lei nº 1.060, de 5-2-1950 (Lei de Assistência Judiciária).
- Art. 8º, nº 2, e, do Pacto de São José da Costa Rica.
- Súm. nº 102 do STJ.

LXXV – o Estado indenizará o condenado por erro judiciário, assim como o que ficar preso além do tempo fixado na sentença;

- Art. 10 do Pacto de São José da Costa Rica.

LXXVI – são gratuitos para os reconhecidamente pobres, na forma da lei:

- Art. 30 da Lei nº 6.015, de 31-12-1973 (Lei dos Registros Públicos).

► Art. 45 da Lei nº 8.935, de 18-11-1994 (Lei dos Serviços Notariais e de Registro).
► Lei nº 9.265, de 12-2-1996, estabelece a gratuidade dos atos necessários ao exercício da cidadania.
► Dec. nº 6.190, de 20-8-2007, regulamenta o disposto no art. 1º do Decreto-Lei nº 1.876, de 15-7-1981, para dispor sobre a isenção do pagamento de foros, taxas de ocupação e laudêmios, referentes a imóveis de propriedade da União, para as pessoas consideradas carentes ou de baixa renda.

a) o registro civil de nascimento;

► Art. 46 da Lei nº 6.015, de 31-12-1973 (Lei dos Registros Públicos).

b) a certidão de óbito;

► Arts. 77 a 88 da Lei nº 6.015, de 31-12-1973 (Lei dos Registros Públicos).

LXXVII – são gratuitas as ações de *habeas corpus* e *habeas data* e, na forma da lei, os atos necessários ao exercício da cidadania;

► Lei nº 9.265, de 12-2-1996, estabelece a gratuidade dos atos necessários ao exercício da cidadania.
► Lei nº 9.507, de 12-11-1997 (Lei do *Habeas Data*).

LXXVIII – a todos, no âmbito judicial e administrativo, são assegurados a razoável duração do processo e os meios que garantam a celeridade de sua tramitação.

► Inciso LXXVIII acrescido pela EC nº 45, de 8-12-2004.
► Art. 75, parágrafo único, da Lei nº 11.101, de 9-2-2005 (Lei de Recuperação de Empresas e Falências).
► Art. 7º, nº 5º, do Pacto de São José da Costa Rica.

§ 1º As normas definidoras dos direitos e garantias fundamentais têm aplicação imediata.

§ 2º Os direitos e garantias expressos nesta Constituição não excluem outros decorrentes do regime e dos princípios por ela adotados, ou dos tratados internacionais em que a República Federativa do Brasil seja parte.

► Súm. Vinc. nº 25 do STF.

§ 3º Os tratados e convenções internacionais sobre direitos humanos que forem aprovados, em cada Casa do Congresso Nacional, em dois turnos, por três quintos dos votos dos respectivos membros, serão equivalentes às emendas constitucionais.

§ 4º O Brasil se submete à jurisdição de Tribunal Penal Internacional a cuja criação tenha manifestado adesão.

► §§ 3º e 4º acrescidos pela EC nº 45, de 8-12-2004.
► Dec. nº 4.388, de 25-9-2002, promulga o Estatuto de Roma do Tribunal Penal Internacional.

CAPÍTULO II
DOS DIREITOS SOCIAIS

Art. 6º São direitos sociais a educação, a saúde, a alimentação, o trabalho, a moradia, o lazer, a segurança, a previdência social, a proteção à maternidade e à infância, a assistência aos desamparados, na forma desta Constituição.

► Artigo com a redação dada pela EC nº 64, de 4-2-2010.
► Arts. 208, 212, § 4º, e 227 desta Constituição.
► Lei nº 10.689, de 13-6-2003, cria o Programa Nacional de Acesso à Alimentação – PNAA.
► Lei nº 10.836, de 9-1-2004, cria o programa "Bolsa-Família", que tem por finalidade a unificação dos procedimentos da gestão e execução das ações de transferência de renda do Governo Federal, incluindo o "Bolsa-Alimentação".
► Art. 6º da Lei nº 12.288, de 20-7-2010 (Estatuto da Igualdade Racial).
► MP nº 2.206-1, de 6-9-2001, que até o encerramento desta edição não havia sido convertida em Lei, cria o Programa Nacional de Renda Mínima vinculado à saúde: "Bolsa-Alimentação", regulamentado pelo Dec. nº 3.934, de 30-9-2001.
► Dec. nº 3.964, de 10-10-2001, dispõe sobre o Fundo Nacional de Saúde.

Art. 7º São direitos dos trabalhadores urbanos e rurais, além de outros que visem à melhoria de sua condição social:

► Lei nº 9.799, de 26-5-1999, insere na CLT regras de acesso da mulher ao mercado de trabalho.
► Arts. 38 e 39 da Lei nº 12.288, de 20-7-2010 (Estatuto da Igualdade Racial).

I – relação de emprego protegida contra despedida arbitrária ou sem justa causa, nos termos de lei complementar, que preverá indenização compensatória, dentre outros direitos;

► Art. 10 do ADCT.

II – seguro-desemprego, em caso de desemprego involuntário;

► Art. 201, IV, desta Constituição.
► Art. 12 da CLT.
► Leis nºs 7.998, de 11-1-1990; 8.019, de 11-4-1990; 8.178, de 1º-3-1991; e 8.900, de 30-6-1994, dispõem sobre seguro-desemprego.
► Lei nº 10.779, de 25-11-2003, dispõe sobre a concessão do benefício de seguro-desemprego, durante o período de defeso, ao pescador profissional que exerce a atividade pesqueira de forma artesanal.
► Dec. nº 3.361, de 10-2-2000, regulamenta dispositivos da Lei nº 5.859, de 11-12-1972 (Lei do Empregado Doméstico).

III – Fundo de Garantia do Tempo de Serviço;

► Arts. 7º, 477, 478 e 492 da CLT.
► LC nº 110, de 29-6-2001, institui contribuições sociais, autoriza créditos de complementos de atualização monetária em contas vinculadas do FGTS, regulamentada pelos Decretos nº 3.913, de 11-9-2001, e 3.914, de 11-9-2001.
► Lei nº 8.036, de 11-5-1990, Dec. nº 99.684, de 8-11-1990 (Regulamento), e Lei nº 8.844, de 20-1-1994, dispõem sobre o FGTS.
► Dec. nº 3.361, de 10-2-2000, regulamenta dispositivos da Lei nº 5.859, de 11-12-1972 (Lei do Empregado Doméstico).
► Súm. nº 353 do STJ.

IV – salário mínimo, fixado em lei, nacionalmente unificado, capaz de atender a suas necessidades vitais básicas e às de sua família com moradia, alimentação, educação, saúde, lazer, vestuário, higiene, transporte e previdência social, com reajustes periódicos que lhe preservem o poder aquisitivo, sendo vedada sua vinculação para qualquer fim;

► Art. 39, § 3º, desta Constituição.
► Lei nº 6.205, de 29-4-1975, estabelece a descaracterização do salário mínimo como fator de correção monetária.
► Súmulas Vinculantes nºs 4, 6, 15 e 16 do STF.
► Súm. nº 201 do STJ.

V – piso salarial proporcional à extensão e à complexidade do trabalho;
- LC nº 103, de 14-7-2000, autoriza os Estados e o Distrito Federal a instituir o piso salarial a que se refere este inciso.
- OJ da SBDI-I nº 358 do TST.

VI – irredutibilidade do salário, salvo o disposto em convenção ou acordo coletivo;
- Súm. nº 391 do TST.
- Orientações Jurisprudenciais da SBDI-I nºs 358 e 396 do TST.

VII – garantia de salário, nunca inferior ao mínimo, para os que percebem remuneração variável;
- Art. 39, § 3º, desta Constituição.
- Lei nº 8.716, de 11-10-1993, dispõe sobre a garantia do salário mínimo.
- Lei nº 9.032, de 28-4-1995, dispõe sobre o valor do salário mínimo.

VIII – décimo terceiro salário com base na remuneração integral ou no valor da aposentadoria;
- Arts. 39, § 3º, e 142, § 3º, VIII, desta Constituição.
- Leis nºs 4.090, de 13-7-1962; 4.749, de 12-8-1965; Decretos nºs 57.155, de 3-11-1965; e 63.912, de 26-12-1968, dispõem sobre o 13º salário.
- OJ da SBDI-I nº 358 do TST.
- Súm. nº 349 do STJ.

IX – remuneração do trabalho noturno superior à do diurno;
- Art. 39, § 3º, desta Constituição.
- Art. 73, §§ 1º a 5º, da CLT.

X – proteção do salário na forma da lei, constituindo crime sua retenção dolosa;

XI – participação nos lucros, ou resultados, desvinculada da remuneração, e, excepcionalmente, participação na gestão da empresa, conforme definido em lei;
- Arts. 543 e 621 da CLT.
- Lei nº 10.101, de 19-12-2000 (Lei da Participação nos Lucros e Resultados).
- OJ da SBDI-I nº 390 do TST.
- OJ da SBDI-I Transitória nº 73 do TST.

XII – salário-família pago em razão do dependente do trabalhador de baixa renda nos termos da lei;
- Inciso XII com a redação dada pela EC nº 20, de 15-12-1998.
- Arts. 39, § 3º, e 142, § 3º, VIII, desta Constituição.
- Art. 12 da CLT.
- Leis nºs 4.266, de 3-10-1963; 5.559, de 11-12-1968; e Dec. nº 53.153, de 10-12-1963, dispõem sobre salário-família.
- Arts. 18, 26, 28, 65 a 70 da Lei nº 8.213, de 24-7-1991 (Lei dos Planos de Benefícios da Previdência Social).
- Arts. 5º, 25, 30 a 32, 42, 81 a 92, 173, 217, § 6º, 218, 225 e 255 do Dec. nº 3.048, de 6-5-1999 (Regulamento da Previdência Social).
- OJ da SBDI-I nº 358 do TST.

XIII – duração do trabalho normal não superior a oito horas diárias e quarenta e quatro semanais, facultada a compensação de horários e a redução da jornada, mediante acordo ou convenção coletiva de trabalho;
- Art. 39, § 3º, desta Constituição.

- Arts. 57 a 75 e 224 a 350 da CLT.
- OJ da SBDI-I nº 393 do TST.

XIV – jornada de seis horas para o trabalho realizado em turnos ininterruptos de revezamento, salvo negociação coletiva;
- Art. 58 da CLT.
- Súm. nº 675 do STF.
- Súm. nº 360 do TST.
- Orientações Jurisprudenciais da SBDI-I nºs 360 e 395 do TST.

XV – repouso semanal remunerado, preferencialmente aos domingos;
- Art. 39, §§ 2º e 3º, desta Constituição.
- Art. 67 da CLT.
- Lei nº 605, de 5-1-1949 (Lei do Repouso Semanal Remunerado).
- Dec. nº 27.048, de 12-8-1949, regulamenta a Lei nº 605, de 5-1-1949 (Lei do Repouso Semanal Remunerado).
- Orientações Jurisprudenciais nºs 394 e 410 do TST.

XVI – remuneração do serviço extraordinário superior, no mínimo, em cinquenta por cento à do normal;
- Art. 39, §§ 2º e 3º, desta Constituição.
- Art. 59 da CLT.

XVII – gozo de férias anuais remuneradas com, pelo menos, um terço a mais do que o salário normal;
- Art. 39, §§ 2º e 3º, desta Constituição.
- Arts. 7º e 129 a 153 da CLT.
- Súm. nº 386 do STJ.
- Súmulas nºs 171 e 328 do TST.

XVIII – licença à gestante, sem prejuízo do emprego e do salário, com a duração de cento e vinte dias;
- O STF, por unanimidade de votos, julgou parcialmente procedente à ADIN nº 1.946-5, para dar, ao art. 14 da EC nº 20, de 15-12-1998, interpretação conforme a CF, excluindo-se sua aplicação ao salário da licença gestante, a que se refere este inciso (*DJU* de 16-5-2003 e *DOU* de 3-6-2003).
- Art. 39, §§ 2º e 3º, desta Constituição.
- Art. 10, II, b, do ADCT.
- Arts. 391 e 392 da CLT.
- Arts. 71 a 73 da Lei nº 8.213, de 24-7-1991 (Lei dos Planos de Benefícios da Previdência Social).
- Lei nº 10.421, de 15-4-2002, estende à mãe adotiva o direito à licença-maternidade e ao salário-maternidade.
- Lei nº 11.770, de 9-9-2008 (Lei do Programa Empresa Cidadã), regulamentada pelo Dec. nº 7.052, de 23-12-2009.
- Dec. nº 4.377, de 13-9-2002, promulga a Convenção Sobre a Eliminação de Todas as Formas de Discriminação Contra a Mulher, de 1979.

XIX – licença-paternidade, nos termos fixados em lei;
- Art. 39, §§ 2º e 3º, desta Constituição.
- Art. 10, § 1º, do ADCT.

XX – proteção do mercado de trabalho da mulher, mediante incentivos específicos, nos termos da lei;
- Art. 39, §§ 2º e 3º, desta Constituição.
- Arts. 372 a 401 da CLT.
- Dec. nº 4.377, de 13-9-2002, promulga a Convenção sobre a Eliminação de Todas as Formas de Discriminação contra a Mulher, de 1979.

Constituição Federal – Art. 7º

XXI – aviso prévio proporcional ao tempo de serviço, sendo no mínimo de trinta dias, nos termos da lei;

▶ Arts. 7º e 487 a 491 da CLT.
▶ Lei nº 12.506, de 11-10-2011 (Lei do Aviso Prévio).

XXII – redução dos riscos inerentes ao trabalho, por meio de normas de saúde, higiene e segurança;

▶ Art. 39, §§ 2º e 3º, desta Constituição.
▶ Arts. 154 a 159 e 192 da CLT.

XXIII – adicional de remuneração para as atividades penosas, insalubres ou perigosas, na forma da lei;

▶ Art. 39, § 2º, desta Constituição.
▶ Arts. 189 a 197 da CLT.
▶ Súm. Vinc. nº 4 do STF.
▶ Orientações Jurisprudenciais nºˢ 385 e 406 do TST.

XXIV – aposentadoria;

▶ Art. 154 da CLT.
▶ Arts. 42 a 58 da Lei nº 8.213, de 24-7-1991 (Lei dos Planos de Benefícios da Previdência Social).
▶ Lei nº 9.477, de 24-7-1997, institui o Fundo de Aposentadoria Programa Individual – FAPI e o Plano de Incentivo à Aposentadoria Programa Individual.
▶ Arts. 25, 29, 30, 43 a 70, 120, 135, 167, 168, 173, 180, 181-A, 181-B, 183, 184, 187, 188, 188-A, 189, parágrafo único, e 202 do Dec. nº 3.048, de 6-5-1999 (Regulamento da Previdência Social).

XXV – assistência gratuita aos filhos e dependentes desde o nascimento até 5 (cinco) anos de idade em creches e pré-escolas;

▶ Inciso XXV com a redação dada pela EC nº 53, de 19-12-2006.
▶ Art. 208, IV, desta Constituição.

XXVI – reconhecimento das convenções e acordos coletivos de trabalho;

▶ Arts. 611 a 625 da CLT.
▶ Orientações Jurisprudenciais da SBDI-I Transitória nºˢ 61 e 73 do TST.

XXVII – proteção em face da automação, na forma da lei;

XXVIII – seguro contra acidentes de trabalho, a cargo do empregador, sem excluir a indenização a que este está obrigado, quando incorrer em dolo ou culpa;

▶ Art. 114, VI, desta Constituição.
▶ Art. 154 da CLT.
▶ Lei nº 6.338, de 7-6-1976, inclui as ações de indenização por acidentes do trabalho entre as que têm curso nas férias forenses.
▶ Lei nº 8.212, de 24-7-1991 (Lei Orgânica da Seguridade Social).
▶ Lei nº 8.213, de 24-7-1991 (Lei dos Planos de Benefícios da Previdência Social).
▶ Lei nº 9.307, de 23-9-1996 (Lei da Arbitragem).
▶ Art. 40 da Lei nº 11.101, de 9-2-2005 (Lei de Recuperação de Empresas e Falências).
▶ Dec. nº 3.048, de 6-5-1999 (Regulamento da Previdência Social).
▶ Súm. Vinc. nº 22 do STF.

XXIX – ação, quanto aos créditos resultantes das relações de trabalho, com prazo prescricional de cinco anos para os trabalhadores urbanos e rurais, até o limite de dois anos após a extinção do contrato de trabalho;

▶ Inciso XXIX com a redação dada pela EC nº 28, de 25-5-2000.
▶ Art. 11, I e II, da CLT.
▶ Art. 10 da Lei nº 5.889, de 8-6-1973 (Lei do Trabalho Rural).
▶ Súmulas nºˢ 308 e 409 do TST.
▶ Orientações Jurisprudenciais da SBDI-I nºˢ 359, 384 e 399 do TST.

a e *b*) *Revogadas*. EC nº 28, de 25-5-2000.

XXX – proibição de diferença de salários, de exercício de funções e de critério de admissão por motivo de sexo, idade, cor ou estado civil;

▶ Art. 39, § 3º, desta Constituição.
▶ Lei nº 9.029, de 13-4-1995, proíbe a exigência de atestados de gravidez e esterilização, e outras praticas discriminatórias, para efeitos admissionais ou de permanência da relação jurídica de trabalho.
▶ Dec. nº 4.377, de 13-9-2002, promulga a Convenção sobre a Eliminação de Todas as Formas de Discriminação contra a Mulher, de 1979.
▶ Port. do MTE nº 1.246, de 28-5-2010, orienta as empresas e os trabalhadores em relação à testagem relacionada ao vírus da imunodeficiência adquirida – HIV.
▶ Súm. nº 683 do STF.

XXXI – proibição de qualquer discriminação no tocante a salário e critérios de admissão do trabalhador portador de deficiência;

▶ Dec. nº 3.298, de 20-12-1999, dispõe sobre a Política Nacional para Integração da Pessoa Portadora de Deficiência e consolida as normas de proteção.

XXXII – proibição de distinção entre trabalho manual, técnico e intelectual ou entre os profissionais respectivos;

▶ Súm. nº 84 do TST.

XXXIII – proibição de trabalho noturno, perigoso ou insalubre a menores de dezoito e de qualquer trabalho a menores de dezesseis anos, salvo na condição de aprendiz, a partir de quatorze anos;

▶ Inciso XXXIII com a redação dada pela EC nº 20, de 15-12-1998.
▶ Art. 227 desta Constituição.
▶ Arts. 192, 402 a 410 e 792 da CLT.
▶ Arts. 60 a 69 do ECA.
▶ Arts. 27, V, e 78, XVIII, da Lei nº 8.666, de 21-6-1993 (Lei de Licitações e Contratos Administrativos).
▶ Art. 13 da Lei nº 11.685, de 2-6-2008 (Estatuto do Garimpeiro).
▶ Dec. nº 4.134, de 15-2-2002, promulga a Convenção nº 138 e a Recomendação nº 146 da OIT sobre Idade Mínima de Admissão ao Emprego.

XXXIV – igualdade de direitos entre o trabalhador com vínculo empregatício permanente e o trabalhador avulso.

Parágrafo único. São assegurados à categoria dos trabalhadores domésticos os direitos previstos nos incisos IV, VI, VIII, XV, XVII, XVIII, XIX, XXI e XXIV, bem como a sua integração à previdência social.

▶ Art. 7º da CLT.

- Leis nºs 5.859, de 11-12-1972, e 7.195, de 12-6-1984; Decretos nºs 71.885, de 9-3-1973, e 1.197, de 14-7-1994, dispõem sobre empregado doméstico.
- Arts. 93 a 103 do Dec. nº 3.048, de 6-5-1999 (Regulamento da Previdência Social).
- Dec. nº 3.361, de 10-2-2000, regulamenta dispositivos da Lei nº 5.859, de 11-12-1972 (Lei do Empregado Doméstico).

Art. 8º É livre a associação profissional ou sindical, observado o seguinte:

- Arts. 511 a 515, 524, 537, 543, 553, 558 e 570 da CLT.
- Súm. nº 4 do STJ.

I – a lei não poderá exigir autorização do Estado para a fundação de sindicato, ressalvado o registro no órgão competente, vedadas ao Poder Público a interferência e a intervenção na organização sindical;

- Súm. nº 677 do STF.

II – é vedada a criação de mais de uma organização sindical, em qualquer grau, representativa de categoria profissional ou econômica, na mesma base territorial, que será definida pelos trabalhadores ou empregadores interessados, não podendo ser inferior à área de um município;

- Súm. nº 677 do STF.

III – ao sindicato cabe a defesa dos direitos e interesses coletivos ou individuais da categoria, inclusive em questões judiciais ou administrativas;

- Orientações Jurisprudenciais da SBDI-I nºs 359 e 365 do TST.

IV – a assembleia-geral fixará a contribuição que, em se tratando de categoria profissional, será descontada em folha, para custeio do sistema confederativo da representação sindical respectiva, independentemente da contribuição prevista em lei;

- Súm. nº 666 do STF.
- Súm. nº 396 do STJ.

V – ninguém será obrigado a filiar-se ou manter-se filiado a sindicato;

- Art. 199 do CP.
- OJ da SDC nº 20 do TST.

VI – é obrigatória a participação dos sindicatos nas negociações coletivas de trabalho;

VII – o aposentado filiado tem direito a votar e ser votado nas organizações sindicais;

VIII – é vedada a dispensa do empregado sindicalizado, a partir do registro da candidatura a cargo de direção ou representação sindical e, se eleito, ainda que suplente, até um ano após o final do mandato, salvo se cometer falta grave nos termos da lei.

- Art. 543 da CLT.

Parágrafo único. As disposições deste artigo aplicam-se à organização de sindicatos rurais e de colônias de pescadores, atendidas as condições que a lei estabelecer.

- Lei nº 11.699, de 13-6-2008, dispõe sobre as Colônias, Federações e Confederação Nacional dos Pescadores, regulamentando este parágrafo.

Art. 9º É assegurado o direito de greve, competindo aos trabalhadores decidir sobre a oportunidade de exercê-lo e sobre os interesses que devam por meio dele defender.

- Arts. 37, VII, 114, II, e 142, § 3º, IV, desta Constituição.
- Lei nº 7.783, de 28-6-1989 (Lei de Greve).

§ 1º A lei definirá os serviços ou atividades essenciais e disporá sobre o atendimento das necessidades inadiáveis da comunidade.

§ 2º Os abusos cometidos sujeitam os responsáveis às penas da lei.

Art. 10. É assegurada a participação dos trabalhadores e empregadores nos colegiados dos órgãos públicos em que seus interesses profissionais ou previdenciários sejam objeto de discussão e deliberação.

Art. 11. Nas empresas de mais de duzentos empregados, é assegurada a eleição de um representante destes com a finalidade exclusiva de promover-lhes o entendimento direto com os empregadores.

- Art. 543 da CLT.

CAPÍTULO III

DA NACIONALIDADE

- Art. 5º, LXXI, desta Constituição.
- Dec. nº 4.246, de 22-5-2002, promulga a Convenção sobre o Estatuto dos Apátridas.

Art. 12. São brasileiros:

I – natos:
a) os nascidos na República Federativa do Brasil, ainda que de pais estrangeiros, desde que estes não estejam a serviço de seu país;
b) os nascidos no estrangeiro, de pai brasileiro ou mãe brasileira, desde que qualquer deles esteja a serviço da República Federativa do Brasil;
c) os nascidos no estrangeiro de pai brasileiro ou de mãe brasileira, desde que sejam registrados em repartição brasileira competente ou venham a residir na República Federativa do Brasil e optem, em qualquer tempo, depois de atingida a maioridade, pela nacionalidade brasileira;

- Alínea c com a redação dada pela EC nº 54, de 20-9-2007.
- Art. 95 do ADCT.

II – naturalizados:

- Lei nº 818, de 18-9-1949 (Lei da Nacionalidade Brasileira).
- Arts. 111 a 121 da Lei nº 6.815, de 19-8-1980 (Estatuto do Estrangeiro).
- Arts. 119 a 134 do Dec. nº 86.715, de 10-12-1981, que regulamenta a Lei nº 6.815, de 19-8-1980 (Estatuto do Estrangeiro).
- Dec. nº 3.453, de 9-5-2000, delega competência ao Ministro de Estado da Justiça para declarar a perda e a reaquisição da nacionalidade Brasileira.

a) os que, na forma da lei, adquiram a nacionalidade brasileira, exigidas aos originários de países de língua portuguesa apenas residência por um ano ininterrupto e idoneidade moral;
b) os estrangeiros de qualquer nacionalidade, residentes na República Federativa do Brasil há mais de

quinze anos ininterruptos e sem condenação penal, desde que requeiram a nacionalidade brasileira.

▶ Alínea *b* com a redação dada pela ECR nº 3, de 7-6-1994.

§ 1º Aos portugueses com residência permanente no País, se houver reciprocidade em favor de brasileiros, serão atribuídos os direitos inerentes ao brasileiro, salvo os casos previstos nesta Constituição.

▶ § 1º com a redação dada pela ECR nº 3, de 7-6-1994.

§ 2º A lei não poderá estabelecer distinção entre brasileiros natos e naturalizados, salvo nos casos previstos nesta Constituição.

§ 3º São privativos de brasileiro nato os cargos:

I – de Presidente e Vice-Presidente da República;
II – de Presidente da Câmara dos Deputados;
III – de Presidente do Senado Federal;
IV – de Ministro do Supremo Tribunal Federal;
V – da carreira diplomática;
VI – de oficial das Forças Armadas;

▶ LC nº 97, de 9-6-1999, dispõe sobre as normas gerais para organização, o preparo e o emprego das Forças Armadas.

VII – de Ministro de Estado da Defesa.

▶ Inciso VII acrescido pela EC nº 23, de 2-9-1999.
▶ LC nº 97, de 9-6-1999, dispõe sobre a criação do Ministério de Defesa.

§ 4º Será declarada a perda da nacionalidade do brasileiro que:

I – tiver cancelada sua naturalização, por sentença judicial, em virtude de atividade nociva ao interesse nacional;
II – adquirir outra nacionalidade, salvo nos casos:

a) de reconhecimento de nacionalidade originária pela lei estrangeira;
b) de imposição de naturalização, pela norma estrangeira, ao brasileiro residente em Estado estrangeiro, como condição para permanência em seu território ou para o exercício de direitos civis.

▶ Inciso II, alíneas *a* e *b*, com a redação dada pela ECR nº 3, de 7-6-1994.
▶ Lei nº 818, de 18-9-1949 (Lei da Nacionalidade Brasileira).
▶ Dec. nº 3.453, de 9-5-2000, delega competência ao Ministro de Estado da Justiça para declarar a perda e a reaquisição da nacionalidade brasileira.

Art. 13. A língua portuguesa é o idioma oficial da República Federativa do Brasil.

▶ Dec. nº 5.002, de 3-3-2004, promulga a Declaração Constitutiva e os Estatutos da Comunidade dos Países de Língua Portuguesa.

§ 1º São símbolos da República Federativa do Brasil a bandeira, o hino, as armas e o selo nacionais.

▶ Lei nº 5.700, de 1º-9-1971, dispõe sobre a forma e a apresentação dos Símbolos Nacionais.
▶ Dec. nº 98.068, de 18-8-1989, dispõe sobre o hasteamento da bandeira nacional nas repartições públicas federais e nos estabelecimentos de ensino.

§ 2º Os Estados, o Distrito Federal e os Municípios poderão ter símbolos próprios.

Capítulo IV
DOS DIREITOS POLÍTICOS

▶ Art. 5º, LXXI, desta Constituição.

Art. 14. A soberania popular será exercida pelo sufrágio universal e pelo voto direto e secreto, com valor igual para todos, e, nos termos da lei, mediante:

▶ Lei nº 4.737, de 15-7-1965 (Código Eleitoral).
▶ Lei nº 9.709, de 18-11-1998, regulamenta a execução do disposto nos incisos I, II e III do artigo supratranscrito.

I – plebiscito;

▶ Arts. 18, §§ 3º e 4º, e 49, XV, desta Constituição.
▶ Art. 2º do ADCT.

II – referendo;

▶ Arts. 1º, II, 2º, § 2º, 3º, 6º, 8º e 10 a 12 da Lei nº 9.709, de 18-11-1998, que regulamenta a execução do disposto nos incisos I, II e III deste artigo.

III – iniciativa popular.

▶ Art. 61, § 2º, desta Constituição.
▶ Arts. 1º, III, 13 e 14 da Lei nº 9.709, de 18-11-1998, que regulamenta a execução do disposto nos incisos I, II e III deste artigo.

§ 1º O alistamento eleitoral e o voto são:

▶ Arts. 42 a 81 e 133 a 157 do CE.

I – obrigatórios para os maiores de dezoito anos;

▶ Lei nº 9.274, de 7-5-1996, dispõe sobre anistia relativamente às eleições de 3 de outubro e de 15 de novembro dos anos de 1992 e 1994.

II – facultativos para:

a) os analfabetos;
b) os maiores de setenta anos;
c) os maiores de dezesseis e menores de dezoito anos.

§ 2º Não podem alistar-se como eleitores os estrangeiros e, durante o período do serviço militar obrigatório, os conscritos.

§ 3º São condições de elegibilidade, na forma da lei:

I – a nacionalidade brasileira;
II – o pleno exercício dos direitos políticos;

▶ Art. 47, I, do CP.

III – o alistamento eleitoral;
IV – o domicílio eleitoral na circunscrição;
V – a filiação partidária;

▶ Lei nº 9.096, de 19-9-1995 (Lei dos Partidos Políticos).
▶ Res. do TSE nº 23.282, de 22-6-2010, disciplina a criação, organização, fusão, incorporação e extinção de partidos políticos.

VI – a idade mínima de:

a) trinta e cinco anos para Presidente e Vice-Presidente da República e Senador;
b) trinta anos para Governador e Vice-Governador de Estado e do Distrito Federal;
c) vinte e um anos para Deputado Federal, Deputado Estadual ou Distrital, Prefeito, Vice-Prefeito e juiz de paz;

▶ Dec.-lei nº 201, de 27-2-1967 (Lei de Responsabilidade dos Prefeitos e Vereadores).

d) dezoito anos para Vereador.

▶ Dec.-lei nº 201, de 27-2-1967 (Lei de Responsabilidade dos Prefeitos e Vereadores).

§ 4º São inelegíveis os inalistáveis e os analfabetos.

§ 5º O Presidente da República, os Governadores de Estado e do Distrito Federal, os Prefeitos e quem os houver sucedido ou substituído no curso dos mandatos poderão ser reeleitos para um único período subsequente.

▶ § 5º com a redação dada pela EC nº 16, de 4-6-1997.
▶ Súm. nº 8 do TSE.

§ 6º Para concorrerem a outros cargos, o Presidente da República, os Governadores de Estado e do Distrito Federal e os Prefeitos devem renunciar aos respectivos mandatos até seis meses antes do pleito.

§ 7º São inelegíveis, no território de jurisdição do titular, o cônjuge e os parentes consanguíneos ou afins, até o segundo grau ou por adoção, do Presidente da República, de Governador de Estado ou Território, do Distrito Federal, de Prefeito ou de quem os haja substituído dentro dos seis meses anteriores ao pleito, salvo se já titular de mandato eletivo e candidato à reeleição.

▶ Súm. Vinc. nº 18 do STF.
▶ Súmulas nºs 6 e 12 do TSE.

§ 8º O militar alistável é elegível, atendidas as seguintes condições:

I – se contar menos de dez anos de serviço, deverá afastar-se da atividade;

II – se contar mais de dez anos de serviço, será agregado pela autoridade superior e, se eleito, passará automaticamente, no ato da diplomação, para a inatividade.

▶ Art. 42, § 1º, desta Constituição.

§ 9º Lei complementar estabelecerá outros casos de inelegibilidade e os prazos de sua cessação, a fim de proteger a probidade administrativa, a moralidade para o exercício do mandato, considerada a vida pregressa do candidato, e a normalidade e legitimidade das eleições contra a influência do poder econômico ou o abuso do exercício de função, cargo ou emprego na administração direta ou indireta.

▶ § 9º com a redação dada pela ECR nº 4, de 7-6-1994.
▶ Art. 37, § 4º, desta Constituição.
▶ LC nº 64, de 18-5-1990 (Lei dos Casos de Inelegibilidade).
▶ Súm. nº 13 do TSE.

§ 10. O mandato eletivo poderá ser impugnado ante a Justiça Eleitoral no prazo de quinze dias contados da diplomação, instruída a ação com provas de abuso do poder econômico, corrupção ou fraude.

§ 11. A ação de impugnação de mandato tramitará em segredo de justiça, respondendo o autor, na forma da lei, se temerária ou de manifesta má-fé.

Art. 15. É vedada a cassação de direitos políticos, cuja perda ou suspensão só se dará nos casos de:

▶ Lei nº 9.096, de 19-9-1995 (Lei dos Partidos Políticos).

I – cancelamento da naturalização por sentença transitada em julgado;
II – incapacidade civil absoluta;
III – condenação criminal transitada em julgado, enquanto durarem seus efeitos;

▶ Art. 92, I e parágrafo único, do CP.

▶ Súm. nº 9 do TSE.

IV – recusa de cumprir obrigação a todos imposta ou prestação alternativa, nos termos do artigo 5º, VIII;

▶ Art. 143 desta Constituição.
▶ Lei nº 8.239, de 4-10-1991, dispõe sobre a prestação de serviço alternativo ao Serviço Militar Obrigatório.

V – improbidade administrativa, nos termos do artigo 37, § 4º.

Art. 16. A lei que alterar o processo eleitoral entrará em vigor na data de sua publicação, não se aplicando à eleição que ocorra até um ano da data de sua vigência.

▶ Artigo com a redação dada pela EC nº 4, de 14-9-1993.
▶ Lei nº 9.504, de 30-9-1997 (Lei das Eleições).

Capítulo V

DOS PARTIDOS POLÍTICOS

Art. 17. É livre a criação, fusão, incorporação e extinção de partidos políticos, resguardados a soberania nacional, o regime democrático, o pluripartidarismo, os direitos fundamentais da pessoa humana e observados os seguintes preceitos:

▶ Lei nº 9.096, de 19-9-1995 (Lei dos Partidos Políticos).
▶ Lei nº 9.504, de 30-9-1997 (Lei das Eleições).
▶ Res. do TSE nº 23.282, de 22-6-2010, disciplina a criação, organização, fusão, incorporação e extinção de partidos políticos.

I – caráter nacional;
II – proibição de recebimento de recursos financeiros de entidade ou governo estrangeiros ou de subordinação a estes;
III – prestação de contas à Justiça Eleitoral;

▶ Lei nº 9.096, de 19-9-1995 (Lei dos Partidos Políticos).

IV – funcionamento parlamentar de acordo com a lei.

§ 1º É assegurada aos partidos políticos autonomia para definir sua estrutura interna, organização e funcionamento e para adotar os critérios de escolha e o regime de suas coligações eleitorais, sem obrigatoriedade de vinculação entre as candidaturas em âmbito nacional, estadual, distrital ou municipal, devendo seus estatutos estabelecer normas de disciplina e fidelidade partidária.

▶ § 1º com a redação dada pela EC nº 52, de 8-3-2006.
▶ O STF, por maioria de votos, julgou procedente a ADIN nº 3.685-8, para fixar que este parágrafo, com a redação dada pela EC nº 52, de 8-3-2006, não se aplica às eleições de 2006, remanescendo aplicável a tal eleição a redação original (*DOU* de 31-3-2006 e *DJU* de 10-8-2006).

§ 2º Os partidos políticos, após adquirirem personalidade jurídica, na forma da lei civil, registrarão seus estatutos no Tribunal Superior Eleitoral.

§ 3º Os partidos políticos têm direito a recursos do fundo partidário e acesso gratuito ao rádio e à televisão, na forma da lei.

▶ Art. 241 do CE.

§ 4º É vedada a utilização pelos partidos políticos de organização paramilitar.

TÍTULO III – DA ORGANIZAÇÃO DO ESTADO

Capítulo I
DA ORGANIZAÇÃO POLÍTICO-ADMINISTRATIVA

Art. 18. A organização político-administrativa da República Federativa do Brasil compreende a União, os Estados, o Distrito Federal e os Municípios, todos autônomos, nos termos desta Constituição.

§ 1º Brasília é a Capital Federal.

§ 2º Os Territórios Federais integram a União, e sua criação, transformação em Estado ou reintegração ao Estado de origem serão reguladas em lei complementar.

§ 3º Os Estados podem incorporar-se entre si, subdividir-se ou desmembrar-se para se anexarem a outros, ou formarem novos Estados ou Territórios Federais, mediante aprovação da população diretamente interessada, através de plebiscito, e do Congresso Nacional, por lei complementar.

> Arts. 3º e 4º da Lei nº 9.709, de 18-11-1998, que dispõe sobre a convocação do plebiscito e o referendo nas questões de relevância nacional, de competência do Poder Legislativo ou do Poder Executivo.

§ 4º A criação, a incorporação, a fusão e o desmembramento de Municípios, far-se-ão por lei estadual, dentro do período determinado por lei complementar federal, e dependerão de consulta prévia, mediante plebiscito, às populações dos Municípios envolvidos, após divulgação dos Estudos de Viabilidade Municipal, apresentados e publicados na forma da lei.

> § 4º com a redação dada pela EC nº 15, de 12-9-1996.
> Art. 5º da Lei nº 9.709, de 18-11-1998, que dispõe sobre o plebiscito destinado à criação, à incorporação, à fusão e ao desmembramento de Municípios.
> Lei nº 10.521, de 18-7-2002, assegura a instalação de Municípios criados por lei estadual.

Art. 19. É vedado à União, aos Estados, ao Distrito Federal e aos Municípios:

I – estabelecer cultos religiosos ou igrejas, subvencioná-los, embaraçar-lhes o funcionamento ou manter com eles ou seus representantes relações de dependência ou aliança, ressalvada, na forma da lei, a colaboração de interesse público;
II – recusar fé aos documentos públicos;
III – criar distinções entre brasileiros ou preferências entre si.

> Art. 325 da CLT.

Capítulo II
DA UNIÃO

Art. 20. São bens da União:

> Art. 176, §§ 1º a 4º, desta Constituição.
> Art. 99 do CC.
> Dec.-lei nº 9.760, de 5-9-1946 (Lei dos Bens Imóveis da União).

I – os que atualmente lhe pertencem e os que lhe vierem a ser atribuídos;

> Súm. nº 650 do STF.

II – as terras devolutas indispensáveis à defesa das fronteiras, das fortificações e construções militares, das vias federais de comunicação e à preservação ambiental, definidas em lei;

> Lei nº 4.504, de 30-11-1964 (Estatuto da Terra).
> Lei nº 6.383, de 7-12-1976 (Lei das Ações Discriminatórias).
> Lei nº 6.431, de 11-7-1977, autoriza a doação de porções de terras devolutas a Municípios incluídos na região da Amazônia Legal, para os fins que especifica.
> Lei nº 6.634, de 2-5-1979, dispõe sobre a faixa de fronteira.
> Lei nº 6.938, de 31-8-1981 (Lei da Política Nacional do Meio Ambiente).
> Dec.-lei nº 227, de 28-2-1967 (Código de Mineração).
> Dec.-lei nº 1.135, de 3-12-1970, dispõe sobre a organização, a competência e o funcionamento do Conselho de Segurança Nacional.
> Dec.-lei nº 1.414, de 18-8-1975, dispõe sobre o processo de ratificação das concessões e alterações de terras devolutas na faixa de fronteiras.
> Súm. nº 477 do STF.

III – os lagos, rios e quaisquer correntes de água em terrenos de seu domínio, ou que banhem mais de um Estado, sirvam de limites com outros países, ou se estendam a território estrangeiro ou dele provenham, bem como os terrenos marginais e as praias fluviais;

> Dec. nº 1.265, de 11-10-1994, aprova a Política Marítima Nacional – PMN.

IV – as ilhas fluviais e lacustres nas zonas limítrofes com outros países; as praias marítimas; as ilhas oceânicas e as costeiras, excluídas, destas, as que contenham a sede de Municípios, exceto aquelas áreas afetadas ao serviço público e a unidade ambiental federal, e as referidas no art. 26, II;

> Inciso IV com a redação dada pela EC nº 46, de 5-5-2005.
> Dec. nº 1.265, de 11-10-1994, aprova a Política Marítima Nacional – PMN.

V – os recursos naturais da plataforma continental e da zona econômica exclusiva;

> Lei nº 8.617, de 4-1-1993, dispõe sobre o mar territorial, a zona contígua, a zona econômica exclusiva e a plataforma continental brasileiros.
> Dec. nº 1.265, de 11-10-1994, aprova a Política Marítima Nacional – PMN.

VI – o mar territorial;

> Lei nº 8.617, de 4-1-1993, dispõe sobre o mar territorial, a zona contígua, a zona econômica exclusiva e a plataforma continental brasileira.
> Dec. nº 1.265, de 11-10-1994, aprova a Política Marítima Nacional – PMN.

VII – os terrenos de marinha e seus acrescidos;
VIII – os potenciais de energia hidráulica;
IX – os recursos minerais, inclusive os do subsolo;
X – as cavidades naturais subterrâneas e os sítios arqueológicos e pré-históricos;
XI – as terras tradicionalmente ocupadas pelos índios.

> Súm. nº 650 do STF.

§ 1º É assegurada, nos termos da lei, aos Estados, ao Distrito Federal e aos Municípios, bem como a órgãos da administração direta da União, participação no resultado da exploração de petróleo ou gás natural, de recursos hídricos para fins de geração de energia elétrica e de outros recursos minerais no respectivo território, plataforma continental, mar territorial ou zona econômica exclusiva, ou compensação financeira por essa exploração.

▶ Art. 177 desta Constituição.

▶ Lei nº 7.990, de 28-12-1989, institui, para os Estados, Distrito Federal e Municípios, compensação financeira pelo resultado da exploração de petróleo ou gás natural, de recursos hídricos para fins de geração de energia elétrica, de recursos minerais em seus respectivos territórios, plataforma continental, mar territorial ou zona econômica exclusiva.

▶ Lei nº 8.001, de 13-3-1990, define os percentuais da distribuição da compensação financeira instituída pela Lei nº 7.990, de 28-12-1989.

▶ Lei nº 9.427, de 26-12-1996, institui a Agência Nacional de Energia Elétrica (ANEEL), e disciplina o regime de concessões de serviços públicos de energia elétrica.

▶ Lei nº 9.478, de 6-8-1997, dispõe sobre a Política Energética Nacional, as atividades relativas a o monopólio do petróleo, institui o Conselho Nacional de Política Energética e a Agência Nacional de Petróleo – ANP.

▶ Lei nº 9.984, de 17-7-2000, dispõe sobre a Agência Nacional de Águas – ANA.

▶ Dec. nº 1, de 11-1-1991, regulamenta o pagamento da compensação financeira instituída pela Lei nº 7.990, de 28-12-1989.

§ 2º A faixa de até cento e cinquenta quilômetros de largura, ao longo das fronteiras terrestres, designada como faixa de fronteira, é considerada fundamental para defesa do território nacional, e sua ocupação e utilização serão reguladas em lei.

▶ Lei nº 6.634, de 2-5-1979, dispõe sobre a faixa de fronteira.

▶ Art. 10, § 3º, da Lei nº 11.284, de 2-3-2006 (Lei de Gestão de Florestas Públicas).

▶ Dec.-lei nº 1.135, de 3-12-1970, dispõe sobre a organização, a competência e o funcionamento do Conselho de Segurança Nacional.

Art. 21. Compete à União:

I – manter relações com Estados estrangeiros e participar de organizações internacionais;
II – declarar a guerra e celebrar a paz;
III – assegurar a defesa nacional;
IV – permitir, nos casos previstos em lei complementar, que forças estrangeiras transitem pelo território nacional ou nele permaneçam temporariamente;

▶ LC nº 90, de 1º-10-1997, regulamenta este inciso e determina os casos em que forças estrangeiras possam transitar pelo território nacional ou nele permanecer temporariamente.

▶ Dec. nº 97.464, de 20-1-1989, estabelece procedimentos para a entrada no Brasil e o sobrevoo de seu território por aeronaves civis estrangeiras, que não estejam em serviço aéreo internacional regular.

V – decretar o estado de sítio, o estado de defesa e a intervenção federal;
VI – autorizar e fiscalizar a produção e o comércio de material bélico;
VII – emitir moeda;
VIII – administrar as reservas cambiais do País e fiscalizar as operações de natureza financeira, especialmente as de crédito, câmbio e capitalização, bem como as de seguros e de previdência privada;

▶ LC nº 108, de 29-5-2001, dispõe sobre a relação entre União, os Estados o Distrito Federal e os Municípios, suas autarquias, fundações, sociedades de economia mista e outras entidades públicas e suas respectivas entidades fechadas de previdência complementar.

▶ LC nº 109, de 29-5-2001 (Lei do Regime de Previdência Complementar).

▶ Lei nº 4.595, de 31-12-1964 (Lei do Sistema Financeiro Nacional).

▶ Lei nº 4.728, de 14-7-1965 (Lei do Mercado de Capitais).

▶ Dec. nº 73, de 21-11-1966, regulamentado pelo Dec. nº 60.459, de 13-3-1967, dispõe sobre o sistema nacional de seguros privados e regula as operações de seguros e resseguros.

IX – elaborar e executar planos nacionais e regionais de ordenação do território e de desenvolvimento econômico e social;

▶ Lei nº 9.491, de 9-9-1997, altera procedimentos relativos ao programa nacional de desestatização.

X – manter o serviço postal e o correio aéreo nacional;

▶ Lei nº 6.538, de 22-6-1978, dispõe sobre os serviços postais.

XI – explorar, diretamente ou mediante autorização, concessão ou permissão, os serviços de telecomunicações, nos termos da lei, que disporá sobre a organização dos serviços, a criação de um órgão regulador e outros aspectos institucionais;

▶ Inciso XI com a redação dada pela EC nº 8, de 15-8-1995.

▶ Art. 246 desta Constituição.

▶ Lei nº 8.987, de 13-2-1995 (Lei da Concessão e Permissão da Prestação de Serviços Públicos).

▶ Lei nº 9.295, de 19-7-1996, dispõe sobre serviços de telecomunicações, organizações e órgão regulador.

▶ Lei nº 9.472, de 16-7-1997, dispõe sobre a organização dos serviços de telecomunicações, a criação e funcionamento de um Órgão Regulador e outros aspectos institucionais.

▶ Lei nº 10.052, de 28-11-2000, institui o Fundo para o Desenvolvimento Tecnológico das Telecomunicações – FUNTTEL.

▶ Dec. nº 3.896, de 23-8-2001, dispõe sobre a regência dos serviços de telecomunicações.

XII – explorar, diretamente ou mediante autorização, concessão ou permissão:

▶ Lei nº 4.117, de 24-8-1962 (Código Brasileiro de Telecomunicações).

▶ Dec. nº 2.196, de 8-4-1997, aprova o Regulamento de Serviços Especiais.

▶ Dec. nº 2.197, de 8-4-1997, aprova o Regulamento de Serviços Limitados.

▶ Dec. nº 2.198, de 8-4-1997, aprova o Regulamento de Serviços Público-Restritos.

a) os serviços de radiodifusão sonora e de sons e imagens;

▶ Alínea *a* com a redação dada pela EC nº 8, de 15-8-1995.

▶ Art. 246 desta Constituição.

▶ Lei nº 9.472, de 16-7-1997, dispõe sobre a organização dos serviços de telecomunicações, a criação e funcio-

namento de um Órgão Regulador e outros aspectos institucionais.
- Lei nº 10.052, de 28-11-2000, institui o Fundo para o Desenvolvimento Tecnológico das Telecomunicações – FUNTTEL.

b) os serviços e instalações de energia elétrica e o aproveitamento energético dos cursos de água, em articulação com os Estados onde se situam os potenciais hidroenergéticos;
- Lei nº 9.427, de 26-12-1996, institui a Agência Nacional de Energia Elétrica – ANEEL e disciplina o regime de concessão de serviços públicos de energia elétrica.
- Lei nº 9.648, de 27-5-1998, regulamentada pelo Dec. nº 2.655, de 2-7-1998, autoriza o Poder Executivo a promover a reestruturação da Centrais Elétricas Brasileiras – ELETROBRÁS e de suas subsidiárias.
- Lei nº 12.111, de 9-12-2009, dispõe sobre os serviços de energia elétrica nos Sistemas Isolados.

c) a navegação aérea, aeroespacial e a infraestrutura aeroportuária;
- Lei nº 7.565, de 19-12-1986 (Código Brasileiro de Aeronáutica).
- Lei nº 8.630, de 25-2-1993, dispõe sobre o Regime Jurídico da Exploração dos Portos Organizados e das Instalações Portuárias, regulamentada pelos Decretos nºs 1.886, de 29-4-1996, e 4.391, de 26-9-2002.
- Lei nº 9.994, de 24-7-2000, institui o Programa de Desenvolvimento Científico e Tecnológico do Setor Espacial.

d) os serviços de transporte ferroviário e aquaviário entre portos brasileiros e fronteiras nacionais, ou que transponham os limites de Estado ou Território;
- Lei nº 9.277, de 10-5-1996, autoriza a União a delegar aos Municípios, Estados da Federação e ao Distrito Federal a Administração e Exploração de Rodovias e Portos Federais.

e) os serviços de transporte rodoviário interestadual e internacional de passageiros;
f) os portos marítimos, fluviais e lacustres;
- Lei nº 10.233, de 5-6-2001, dispõe sobre a reestruturação dos transportes aquaviário e terrestre, cria o Conselho Nacional de Integração de Políticas de Transporte, a Agência Nacional de Transportes Terrestres, a Agência Nacional de Transportes Aquaviários e o Departamento Nacional de Infraestrutura de Transportes.
- Dec. nº 1.265, de 11-10-1994, aprova a Política Marítima Nacional – PMN.

XIII – organizar e manter o Poder Judiciário, o Ministério Público e a Defensoria Pública do Distrito Federal e dos Territórios;
XIV – organizar e manter a polícia civil, a polícia militar e o corpo de bombeiros militar do Distrito Federal, bem como prestar assistência financeira ao Distrito Federal para a execução de serviços públicos, por meio de fundo próprio;
- Inciso XIV com a redação dada pela EC nº 19, de 4-6-1998.
- Art. 25 da EC nº 19, de 4-6-1998 (Reforma Administrativa).
- Lei nº 10.633, de 27-12-2002, institui o Fundo Constitucional do Distrito Federal – FCDF, para atender o disposto neste inciso.
- Dec. nº 3.169, de 14-9-1999, institui Comissão de Estudo para criação do fundo de que trata este inciso.

- Súm. nº 647 do STF.

XV – organizar e manter os serviços oficiais de estatística, geografia, geologia e cartografia de âmbito nacional;
- Art. 71, § 3º, da Lei nº 11.355, de 19-10-2006, que dispõe sobre plano de carreiras e cargos do Instituto Brasileiro de Geografia e Estatística – IBGE.
- Dec. nº 243, de 28-2-1967, fixa as diretrizes e bases da Cartografia Brasileira.

XVI – exercer a classificação, para efeito indicativo, de diversões públicas e de programas de rádio e televisão;
- Art. 23 do ADCT.

XVII – conceder anistia;
XVIII – planejar e promover a defesa permanente contra as calamidades públicas, especialmente as secas e as inundações;
XIX – instituir sistema nacional de gerenciamento de recursos hídricos e definir critérios de outorga de direitos de seu uso;
- Lei nº 9.433, de 8-1-1997, institui a Política Nacional de Recursos Hídricos, cria o Sistema Nacional de Gerenciamento de Recursos Hídricos e regulamenta o inciso acima transcrito.

XX – instituir diretrizes para o desenvolvimento urbano, inclusive habitação, saneamento básico e transportes urbanos;
- Lei nº 5.318, de 26-9-1967, institui a Política Nacional de Saneamento e cria o Conselho Nacional de Saneamento.
- Lei nº 7.196, de 13-6-1984, institui o Plano Nacional de Moradia – PLAMO.
- Lei nº 10.188, de 12-2-2001, cria o Programa de Arrendamento Residencial e institui o arrendamento residencial com opção de compra.
- Lei nº 10.233, de 5-6-2001, dispõe sobre a reestruturação dos transportes aquaviário e terrestre, cria o Conselho Nacional de Integração de Políticas de Transporte, a Agência Nacional de Transportes Terrestres, a Agência Nacional de Transportes Aquaviários e o Departamento Nacional de Infraestrutura de Transportes.
- Lei nº 11.445, de 5-1-2007, estabelece diretrizes nacionais para o saneamento básico, regulamentada pelo Dec. nº 7.217, de 21-6-2010.

XXI – estabelecer princípios e diretrizes para o sistema nacional de viação;
- Lei nº 10.233, de 5-6-2001, dispõe sobre a reestruturação dos transportes aquaviário e terrestre, cria o Conselho Nacional de Integração de Políticas de Transporte, a Agência Nacional de Transportes Terrestres, a Agência Nacional de Transportes Aquaviários e o Departamento Nacional de Infraestrutura de Transportes.

XXII – executar os serviços de polícia marítima, aeroportuária e de fronteiras;
- Inciso XXII com a redação dada pela EC nº 19, de 4-6-1998.

XXIII – explorar os serviços e instalações nucleares de qualquer natureza e exercer monopólio estatal sobre a pesquisa, a lavra, o enriquecimento e reprocessamento, a industrialização e o comércio de minérios nucleares e seus derivados, atendidos os seguintes princípios e condições:
- Lei nº 10.308, de 20-11-2001, estabelece normas para o destino final dos rejeitos radioativos produzidos em

território nacional, incluídos a seleção de locais, a construção, o licenciamento, a operação, a fiscalização, os custos, a indenização e a responsabilidade civil.

▶ Dec.-lei nº 1.982, de 28-12-1982, dispõe sobre o exercício das atividades nucleares incluídas no monopólio da União e o controle do desenvolvimento de pesquisas no campo da energia nuclear.

a) toda atividade nuclear em Território Nacional somente será admitida para fins pacíficos e mediante aprovação do Congresso Nacional;

▶ Dec.-lei nº 1.809, de 7-10-1980, regulamentado pelo Dec. nº 2.210, de 22-4-1997, instituiu o Sistema de Proteção ao Programa Nuclear Brasileiro – SIPRON.

b) sob regime de permissão, são autorizadas a comercialização e a utilização de radioisótopos para a pesquisa e usos médicos, agrícolas e industriais;
c) sob regime de permissão, são autorizadas a produção, comercialização e utilização de radioisótopos de meia-vida igual ou inferior a duas horas;

▶ Alíneas b e c com a redação dada pela EC nº 49, de 8-2-2006.

▶ Lei nº 10.308, de 20-11-2001, dispõe sobre a seleção de locais, a construção, o licenciamento, a operação, a fiscalização, os custos, a indenização, a responsabilidade civil e as garantias referentes aos depósitos de rejeitos radioativos.

d) a responsabilidade civil por danos nucleares independe da existência de culpa;

▶ Alínea d acrescida pela EC nº 49, de 8-2-2006.

▶ Lei nº 6.453, de 17-10-1977, dispõe sobre a responsabilidade civil por danos nucleares e responsabilidade criminal por atos relacionados a atividades nucleares.

▶ Lei nº 9.425, de 24-12-1996, dispõe sobre a concessão de pensão especial às vítimas do acidente nuclear ocorrido em Goiânia, Goiás.

▶ Lei nº 10.308, de 20-11-2001, estabelece normas para o destino final dos rejeitos radioativos produzidos em território nacional, incluídos a seleção de locais, a construção, o licenciamento, a operação, a fiscalização, os custos, a indenização, a responsabilidade civil.

XXIV – organizar, manter e executar a inspeção do trabalho;

▶ Art. 174 desta Constituição.

XXV – estabelecer as áreas e as condições para o exercício da atividade de garimpagem, em forma associativa.

▶ Lei nº 7.805, de 18-7-1989, regulamentada pelo Dec. nº 98.812, de 9-1-1990, disciplina o regime de permissão de lavra garimpeira.

Art. 22. Compete privativamente à União legislar sobre:

I – direito civil, comercial, penal, processual, eleitoral, agrário, marítimo, aeronáutico, espacial e do trabalho;

▶ Lei nº 556, de 25-6-1850 (Código Comercial).
▶ Lei nº 4.504, de 30-11-1964 (Estatuto da Terra).
▶ Lei nº 4.737, de 15-7-1965 (Código Eleitoral).
▶ Lei nº 4.947, de 6-4-1966, fixa normas de direito agrário, dispõe sobre o sistema de organização e funcionamento do Instituto Brasileiro de Reforma Agrária – IBRA.
▶ Lei nº 5.869, de 11-1-1973 (Código de Processo Civil).
▶ Lei nº 7.565, de 19-12-1986 (Código Brasileiro de Aeronáutica).
▶ Lei nº 10.406, de 10-1-2002 (Código Civil).
▶ Dec.-lei nº 2.848, de 7-12-1940 (Código Penal).
▶ Dec.-lei nº 3.689, de 3-10-1941 (Código de Processo Penal).
▶ Dec.-lei nº 5.452, de 1-5-1943 (Consolidação das Leis do Trabalho).
▶ Dec.-lei nº 1.001, de 21-10-1969 (Código Penal Militar).
▶ Dec.-lei nº 1.002, de 21-10-1969 (Código de Processo Penal Militar).
▶ Dec. nº 1.265, de 11-10-1994, aprova a Política Marítima Nacional – PMN.
▶ Súm. nº 722 do STF.

II – desapropriação;

▶ Arts. 184 e 185, I e II, desta Constituição.
▶ Arts. 1.228, § 3º, e 1.275, V, do CC.
▶ LC nº 76, de 6-7-1993 (Lei de Desapropriação de Imóvel Rural para fins de Reforma Agrária).
▶ Leis nº 4.132, de 10-9-1962, 8.257, de 26-11-1991, e 8.629, de 25-2-1993, dispõem sobre desapropriação por interesse social.
▶ Dec.-lei nº 3.365, de 21-6-1941 (Lei das Desapropriações).
▶ Dec.-lei nº 1.075, de 22-1-1970 (Lei da Imissão de Posse).

III – requisições civis e militares, em caso de iminente perigo e em tempo de guerra;
IV – águas, energia, informática, telecomunicações e radiodifusão;

▶ Lei nº 4.117, de 24-8-1962 (Código Brasileiro de Telecomunicações).
▶ Lei nº 9.295, de 19-7-1996, dispõe sobre os serviços de telecomunicações e sua organização e sobre o órgão regulador.
▶ Lei nº 9.472, de 16-7-1997, dispõe sobre a organização dos serviços de telecomunicações, a criação e funcionamento de um Órgão Regulador e outros aspectos institucionais.
▶ Lei nº 9.984, de 17-7-2000, dispõe sobre a criação da Agência Nacional de Águas – ANA.
▶ Dec. nº 2.196, de 8-4-1997, aprova o Regulamento de Serviços Especiais.
▶ Dec. nº 2.197, de 8-4-1997, aprova o Regulamento de Serviços Limitados.
▶ Dec. nº 2.198, de 8-4-1997, aprova o regulamento de Serviços Público-Restritos.

V – serviço postal;

▶ Lei nº 6.538, de 22-6-1978, dispõe sobre serviços postais.

VI – sistema monetário e de medidas, títulos e garantias dos metais;

▶ Leis nº 9.069, de 26-9-1995, e 10.192, de 14-2-2001, dispõem sobre o Plano Real.

VII – política de crédito, câmbio, seguros e transferência de valores;
VIII – comércio exterior e interestadual;
IX – diretrizes da política nacional de transportes;

▶ Decretos nºs 4.122, de 13-2-2002, e 4.130, de 13-2-2002, dispõem sobre o Conselho Nacional de Integração de Políticas de Transportes.

X – regime dos portos, navegação lacustre, fluvial, marítima, aérea e aeroespacial;

▶ Lei nº 8.630, de 25-2-1993, dispõe sobre o Regime Jurídico da Exploração dos Portos Organizados e das Instalações Portuárias, regulamentado pelos Decretos nº 1.886, de 29-4-1996, e 4.391, de 26-9-2002.

► Lei nº 9.277, de 10-5-1996, autoriza a União a delegar aos Municípios, Estados da Federação e ao Distrito Federal a Administração e Exploração de Rodovias e Portos Federais.

► Lei nº 9.994, de 24-7-2000, institui o Programa de Desenvolvimento Científico e Tecnológico do Setor Espacial.

XI – trânsito e transporte;

► Lei nº 9.503, de 23-9-1997 (Código de Trânsito Brasileiro).

XII – jazidas, minas, outros recursos minerais e metalurgia;

► Dec.-lei nº 227, de 28-2-1967 (Código de Mineração).

XIII – nacionalidade, cidadania e naturalização;

► Lei nº 6.815, de 19-8-1980 (Estatuto do Estrangeiro).
► Dec. nº 86.715, de 10-12-1981, cria o Conselho Nacional de Imigração.

XIV – populações indígenas;

► Art. 231 desta Constituição.
► Lei nº 6.001, de 19-12-1973 (Estatuto do Índio).

XV – emigração e imigração, entrada, extradição e expulsão de estrangeiros;

► Lei nº 6.815, de 19-8-1980 (Estatuto do Estrangeiro).
► Dec. nº 840, de 22-6-1993, dispõe sobre a organização e o funcionamento do Conselho Nacional de Imigração.

XVI – organização do sistema nacional de emprego e condições para o exercício de profissões;

XVII – organização judiciária, do Ministério Público e da Defensoria Pública do Distrito Federal e dos Territórios, bem como organização administrativa destes;

► LC nº 75, de 20-5-1993 (Lei Orgânica do Ministério Público da União).
► LC nº 80, de 12-1-1994 (Lei da Defensoria Pública).

XVIII – sistema estatístico, sistema cartográfico e de geologia nacionais;

► Art. 71, § 3º, da Lei nº 11.355, de 19-10-2006, que dispõe sobre plano de carreiras e cargos do Instituto Brasileiro de Geografia e Estatística – IBGE.

XIX – sistemas de poupança, captação e garantia da poupança popular;

► Leis nºs 8.177, de 1º-3-1991, 9.069, de 29-6-1995, e 10.192, de 14-2-2001, dispõem sobre regras para a remuneração das cadernetas de poupança.
► Dec.-lei nº 70, de 21-11-1966 (Lei de Execução de Cédula Hipotecária).

XX – sistemas de consórcios e sorteios;

► Lei nº 5.768, de 20-12-1971, regulamentada pelo Dec. nº 70.951, de 9-8-1972, dispõe sobre a distribuição gratuita de prêmios, mediante sorteio, vale-brinde ou concurso, a título de propaganda, e estabelece normas de proteção à poupança popular.
► Súm. Vinc. nº 2 do STF.

XXI – normas gerais de organização, efetivos, material bélico, garantias, convocação e mobilização das Polícias Militares e Corpos de Bombeiros Militares;

XXII – competência da Polícia Federal e das Polícias Rodoviária e Ferroviária Federais;

► Lei nº 9.654, de 2-6-1998, cria a carreira de Policial Rodoviário Federal.

XXIII – seguridade social;

► Lei nº 8.212, de 24-7-1991 (Lei Orgânica da Seguridade Social).

XXIV – diretrizes e bases da educação nacional;

► Lei nº 9.394, de 20-12-1996 (Lei das Diretrizes e Bases da Educação Nacional).

XXV – registros públicos;

► Lei nº 6.015, de 31-12-1973 (Lei dos Registros Públicos).

XXVI – atividades nucleares de qualquer natureza;

► Lei nº 10.308, de 20-11-2001, dispõe sobre a seleção de locais, a construção, o licenciamento, a operação, a fiscalização, os custos, a indenização, a responsabilidade civil e as garantias referentes aos depósitos de rejeitos radioativos.

XXVII – normas gerais de licitação e contratação, em todas as modalidades, para as administrações públicas diretas, autárquicas e fundacionais da União, Estados, Distrito Federal e Municípios, obedecido o disposto no artigo 37, XXI, e para as empresas públicas e sociedades de economia mista, nos termos do artigo 173, § 1º, III;

► Inciso XXVII com a redação dada pela EC nº 19, de 4-6-1998.
► Art. 37, XXI, desta Constituição.
► Lei nº 8.666, de 21-6-1993 (Lei de Licitações).
► Lei nº 10.520, de 17-7-2002 (Lei do Pregão), regulamentada pelo Dec. nº 3.555, de 8-8-2000.

XXVIII – defesa territorial, defesa aeroespacial, defesa marítima, defesa civil e mobilização nacional;

► Lei nº 12.340, de 1º-12-2010, dispõe sobre o Sistema Nacional de Defesa Civil – SINDEC, sobre as transferências de recursos para ações de socorro, assistência às vítimas, restabelecimento de serviços essenciais e reconstrução nas áreas atingidas por desastre, e sobre o Fundo Especial para Calamidades Públicas.
► Dec. nº 5.376, de 17-2-2005, dispõe sobre o Sistema Nacional de Defesa Civil – SINDEC e o Conselho Nacional de Defesa Civil.
► Dec. nº 7.294, de 6-9-2010, dispõe sobre a Política de Mobilização Nacional.

XXIX – propaganda comercial.

► Lei nº 8.078, de 11-9-1990 (Código de Defesa do Consumidor).

Parágrafo único. Lei complementar poderá autorizar os Estados a legislar sobre questões específicas das matérias relacionadas neste artigo.

► LC nº 103, de 14-7-2000, autoriza os Estados e o Distrito Federal a instituir o piso salarial a que se refere o inciso V do art. 7º desta Constituição.

Art. 23. É competência comum da União, dos Estados, do Distrito Federal e dos Municípios:

I – zelar pela guarda da Constituição, das leis e das instituições democráticas e conservar o patrimônio público;

II – cuidar da saúde e assistência pública, da proteção e garantia das pessoas portadoras de deficiência;

► Art. 203, V, desta Constituição.
► Lei nº 10.436, de 24-4-2002, dispõe sobre a Língua Brasileira de Sinais – LIBRAS.
► Lei nº 12.319, de 1º-9-2010, regulamenta a profissão de Tradutor e Intérprete da Língua Brasileira de Sinais – LIBRAS.

▶ Dec. nº 3.956, de 8-10-2001, promulga a Convenção Interamericana para eliminação de todas as Formas de Discriminação contra as Pessoas Portadoras de Deficiência.
▶ Dec. nº 3.964, de 10-10-2001, dispõe sobre o Fundo Nacional de Saúde.

III – proteger os documentos, as obras e outros bens de valor histórico, artístico e cultural, os monumentos, as paisagens naturais notáveis e os sítios arqueológicos;

▶ LC nº 140, de 8-12-2011, fixa normas, nos termos deste inciso, para a cooperação entre a União, os Estados, o Distrito Federal e os Municípios nas ações administrativas decorrentes do exercício da competência comum relativas à proteção das paisagens naturais notáveis, à proteção do meio ambiente, ao combate à poluição em qualquer de suas formas e à preservação das florestas, da fauna e da flora.
▶ Dec.-lei nº 25, de 30-11-1937, organiza a Proteção do Patrimônio Histórico e Artístico Nacional.

IV – impedir a evasão, a destruição e a descaracterização de obras de arte e de outros bens de valor histórico, artístico ou cultural;

V – proporcionar os meios de acesso à cultura, à educação e à ciência;

VI – proteger o meio ambiente e combater a poluição em qualquer de suas formas;

▶ LC nº 140, de 8-12-2011, fixa normas, nos termos deste inciso, para a cooperação entre a União, os Estados, o Distrito Federal e os Municípios nas ações administrativas decorrentes do exercício da competência comum relativas à proteção das paisagens naturais notáveis, à proteção do meio ambiente, ao combate à poluição em qualquer de suas formas e à preservação das florestas, da fauna e da flora.
▶ Lei nº 6.938, de 31-8-1981 (Lei da Política Nacional do Meio Ambiente).
▶ Lei nº 9.605, de 12-2-1998 (Lei dos Crimes Ambientais).
▶ Lei nº 9.966, de 28-4-2000, dispõe sobre a prevenção, o controle e a fiscalização da poluição causada por lançamento de óleo e outras substâncias nocivas ou perigosas em águas sob jurisdição nacional.
▶ Lei nº 11.284, de 2-3-2006 (Lei de Gestão de Florestas Públicas).
▶ Lei nº 12.305, de 2-8-2010 (Lei da Política Nacional de Resíduos Sólidos).
▶ Dec. nº 4.297, de 10-7-2002, regulamenta o inciso II do art. 9º da Lei nº 6.938, de 31-8-1981 (Lei da Política Nacional do Meio Ambiente), estabelecendo critério para o Zoneamento Ecológico-Econômico do Brasil – ZEE.
▶ Dec. nº 6.514, de 22-7-2008, dispõe sobre as infrações e sanções administrativas ao meio ambiente e estabelece o processo administrativo federal para apuração destas infrações.

VII – preservar as florestas, a fauna e a flora;

▶ LC nº 140, de 8-12-2011, fixa normas, nos termos deste inciso, para a cooperação entre a União, os Estados, o Distrito Federal e os Municípios nas ações administrativas decorrentes do exercício da competência comum relativas à proteção das paisagens naturais notáveis, à proteção do meio ambiente, ao combate à poluição em qualquer de suas formas e à preservação das florestas, da fauna e da flora.
▶ Lei nº 4.771, de 15-9-1965 (Código Florestal).
▶ Lei nº 5.197, de 3-1-1967 (Lei de Proteção à Fauna).
▶ Lei nº 11.284, de 2-3-2006 (Lei de Gestão de Florestas Públicas).
▶ Dec.-lei nº 221, de 28-2-1967 (Lei de Proteção e Estímulos à Pesca).

▶ Dec. nº 3.420, de 20-4-2000, cria o Programa Nacional de Florestas.

VIII – fomentar a produção agropecuária e organizar o abastecimento alimentar;

▶ Lei nº 10.836, de 9-1-2004, cria o programa "Bolsa-Família", que tem por finalidade a unificação do procedimentos da gestão e execução das ações de transferência de renda do Governo Federal, incluindo o "Bolsa-Alimentação".
▶ MP nº 2.206-1, de 6-9-2001, que até o encerramento desta edição não havia sido convertida em Lei, cria o programa Nacional de Renda Mínima vinculado a saúde: "bolsa-alimentação", regulamentada pelo Dec. nº 3.934, de 30-9-2001.

IX – promover programas de construção de moradias e a melhoria das condições habitacionais e de saneamento básico;

▶ Lei nº 10.188, de 12-2-2001, cria o Programa de Arrendamento Residencial e institui o arrendamento residencial com opção de compra.
▶ Lei nº 11.445, de 5-1-2007, estabelece diretrizes nacionais para o saneamento básico, regulamentada pelo Dec. nº 7.217, de 21-6-2010.

X – combater as causas da pobreza e os fatores de marginalização, promovendo a integração social dos setores desfavorecidos;

▶ EC nº 31, de 14-12-2000, altera o ADCT, introduzindo artigos que criam o Fundo de Combate e Erradicação da Pobreza.
▶ LC nº 111, de 6-7-2001, dispõe sobre o Fundo de Combate e Erradicação da Pobreza, na forma prevista nos arts. 19, 80 e 81 do ADCT.

XI – registrar, acompanhar e fiscalizar as concessões de direitos de pesquisa e exploração de recursos hídricos e minerais em seus territórios;

▶ Lei nº 9.433, de 8-1-1997, institui a Política Nacional de Recursos Hídricos, e cria o Sistema Nacional de Gerenciamento de Recursos Hídricos.

XII – estabelecer e implantar política de educação para a segurança do trânsito.

Parágrafo único. Leis complementares fixarão normas para a cooperação entre a União e os Estados, o Distrito Federal e os Municípios, tendo em vista o equilíbrio do desenvolvimento e do bem-estar em âmbito nacional.

▶ Parágrafo único com a redação dada pela EC nº 53, de 19-12-2006.
▶ LC nº 140, de 8-12-2011, fixa normas, nos termos deste parágrafo único, para a cooperação entre a União, os Estados, o Distrito Federal e os Municípios nas ações administrativas decorrentes do exercício da competência comum relativas à proteção das paisagens naturais notáveis, à proteção do meio ambiente, ao combate à poluição em qualquer de suas formas e à preservação das florestas, da fauna e da flora.

Art. 24. Compete à União, aos Estados e ao Distrito Federal legislar concorrentemente sobre:

I – direito tributário, financeiro, penitenciário, econômico e urbanístico;

▶ Lei nº 4.320, de 17-3-1964, estatui normas gerais de direito financeiro para elaboração e controle dos orçamentos e balanços da União, dos Estados, dos Municípios e do Distrito Federal.
▶ Lei nº 5.172, de 25-10-1966 (Código Tributário Nacional).
▶ Lei nº 7.210, de 11-7-1984 (Lei de Execução Penal).

II – orçamento;
III – juntas comerciais;

► Lei nº 8.934, de 18-11-1994 (Lei do Registro Público de Empresas Mercantis), regulamentada pelo Dec. nº 1.800, de 30-1-1996.

IV – custas dos serviços forenses;

► Lei nº 9.289, de 4-7-1996 (Regimento de Custas da Justiça Federal).
► Súm. nº 178 do STJ.

V – produção e consumo;
VI – florestas, caça, pesca, fauna, conservação da natureza, defesa do solo e dos recursos naturais, proteção do meio ambiente e controle da poluição;

► Lei nº 4.771, de 15-9-1965 (Código Florestal).
► Lei nº 5.197, de 3-1-1967 (Lei de Proteção à Fauna).
► Lei nº 9.605, de 12-2-1998 (Lei dos Crimes Ambientais).
► Lei nº 9.795, de 27-4-1999, dispõe sobre a educação ambiental e institui a Política Nacional de Educação Ambiental.
► Lei nº 9.966, de 24-4-2000, dispõe sobre a prevenção, o controle e a fiscalização da poluição causada por lançamentos de óleo e outras substâncias nocivas ou perigosas em águas sob jurisdição nacional.
► Dec.-lei nº 221, de 28-2-1967 (Lei de Proteção e Estímulos à Pesca).
► Dec. nº 3.420, de 20-4-2000, cria o Programa Nacional de Florestas.
► Dec. nº 6.514, de 22-7-2008, dispõe sobre as infrações e sanções administrativas ao meio ambiente e estabelece o processo administrativo federal para apuração destas infrações.

VII – proteção ao patrimônio histórico, cultural, artístico, turístico e paisagístico;

► Lei nº 4.771, de 15-9-1965 (Código Florestal).
► Lei nº 5.197, de 3-1-1967 (Lei de Proteção à Fauna).
► Dec.-lei nº 221, de 28-2-1967 (Lei de Proteção e Estímulos à Pesca).

VIII – responsabilidade por dano ao meio ambiente, ao consumidor, a bens e direitos de valor artístico, estético, histórico, turístico e paisagístico;

► Arts. 6º, VII, b, e 37, II, da LC nº 75, de 20-5-1993 (Lei Orgânica do Ministério Público da União).
► Lei nº 7.347, de 24-7-1985 (Lei da Ação Civil Pública).
► Art. 25, VI, a, da Lei nº 8.625, de 12-2-1993 (Lei Orgânica Nacional do Ministério Público).
► Lei nº 9.605, de 12-2-1998 (Lei de Crimes Ambientais).
► Dec. nº 1.306, de 9-11-1994, regulamenta o Fundo de Defesa de Direitos Difusos, e seu conselho gestor.
► Dec nº 2.181, de 20-3-1997, dispõe sobre a organização do Sistema Nacional de Defesa do Consumidor – SNDC, e estabelece as normas gerais de aplicação das sanções administrativas previstas no CDC.
► Dec. nº 6.514, de 22-7-2008, dispõe sobre as infrações e sanções administrativas ao meio ambiente, estabelece o processo administrativo federal para apuração destas infrações.

IX – educação, cultura, ensino e desporto;

► Lei nº 9.394, de 20-12-1996 (Lei das Diretrizes e Bases da Educação Nacional).
► Lei nº 9.615, de 24-3-1998, institui normas gerais sobre desporto.

X – criação, funcionamento e processo do juizado de pequenas causas;

► Art. 98, I, desta Constituição.

► Lei nº 9.099, de 26-9-1995 (Lei dos Juizados Especiais).
► Lei nº 10.259, de 12-7-2001 (Lei dos Juizados Especiais Federais).

XI – procedimentos em matéria processual;

► Art. 98, I, desta Constituição.
► Lei nº 9.099, de 26-9-1995 (Lei dos Juizados Especiais).
► Lei nº 10.259, de 12-7-2001 (Lei dos Juizados Especiais Federais).

XII – previdência social, proteção e defesa da saúde;

► Lei nº 8.080, de 19-9-1990, dispõe sobre as condições para a promoção, proteção e recuperação da saúde e a organização e o funcionamento dos serviços correspondentes.
► Lei nº 8.213, de 24-7-1991 (Lei dos Planos de Benefícios da Previdência Social).
► Lei nº 9.273, de 3-5-1996, torna obrigatória a inclusão de dispositivo de segurança que impeça a reutilização das seringas descartáveis.
► Dec. nº 3.048, de 6-5-1999 (Regulamento da Previdência Social).

XIII – assistência jurídica e defensoria pública;

► LC nº 80, de 12-1-1994 (Lei da Defensoria Pública).
► Lei nº 1.060, de 5-2-1950 (Lei de Assistência Judiciária).

XIV – proteção e integração social das pessoas portadoras de deficiência;

► Art. 203, V, desta Constituição.
► Lei nº 7.853, de 24-10-1989 (Lei de Apoio às Pessoas Portadoras de Deficiência), regulamentada pelo Dec. nº 3.298, de 20-12-1999.
► Dec. nº 6.949, de 25-8-2009, promulga a Convenção Internacional sobre os Direitos das Pessoas com Deficiência.

XV – proteção à infância e à juventude;

► Lei nº 8.069, de 13-7-1990 (Estatuto da Criança e do Adolescente).
► Lei nº 10.515, de 11-7-2002, que institui o 12 de agosto como Dia Nacional da Juventude.

XVI – organização, garantias, direitos e deveres das polícias civis.

§ 1º No âmbito da legislação concorrente, a competência da União limitar-se-á a estabelecer normas gerais.

§ 2º A competência da União para legislar sobre normas gerais não exclui a competência suplementar dos Estados.

§ 3º Inexistindo lei federal sobre normas gerais, os Estados exercerão a competência legislativa plena, para atender a suas peculiaridades.

§ 4º A superveniência de lei federal sobre normas gerais suspende a eficácia da lei estadual, no que lhe for contrário.

CAPÍTULO III

DOS ESTADOS FEDERADOS

Art. 25. Os Estados organizam-se e regem-se pelas Constituições e leis que adotarem, observados os princípios desta Constituição.

► Súm. nº 681 do STF.

§ 1º São reservadas aos Estados as competências que não lhes sejam vedadas por esta Constituição.

► Art. 19 desta Constituição.

§ 2º Cabe aos Estados explorar diretamente, ou mediante concessão, os serviços locais de gás canalizado, na forma da lei, vedada a edição de medida provisória para a sua regulamentação.
- § 2º com a redação dada pela EC nº 5, de 15-8-1995.
- Art. 246 desta Constituição.
- Lei nº 9.478, de 6-8-1997, dispõe sobre a Política Nacional, as atividades relativas ao monopólio do petróleo, institui o Conselho Nacional de Política Energética e a Agência Nacional do Petróleo – ANP.

§ 3º Os Estados poderão, mediante lei complementar, instituir regiões metropolitanas, aglomerações urbanas e microrregiões, constituídas por agrupamentos de municípios limítrofes, para integrar a organização, o planejamento e a execução de funções públicas de interesse comum.

Art. 26. Incluem-se entre os bens dos Estados:

I – as águas superficiais ou subterrâneas, fluentes, emergentes e em depósito, ressalvadas, neste caso, na forma da lei, as decorrentes de obras da União;
- Lei nº 9.984, de 17-7-2000, dispõe sobre a criação da Agência Nacional de Águas – ANA.
- Art. 29 do Dec. nº 24.643, de 10-7-1934 (Código de Águas).

II – as áreas, nas ilhas oceânicas e costeiras, que estiverem no seu domínio, excluídas aquelas sob domínio da União, Municípios ou terceiros;
- Art. 20, IV, desta Constituição.

III – as ilhas fluviais e lacustres não pertencentes à União;

IV – as terras devolutas não compreendidas entre as da União.

Art. 27. O número de Deputados à Assembleia Legislativa corresponderá ao triplo da representação do Estado na Câmara dos Deputados e, atingido o número de trinta e seis, será acrescido de tantos quantos forem os Deputados Federais acima de doze.
- Art. 32 desta Constituição.

§ 1º Será de quatro anos o mandato dos Deputados Estaduais, aplicando-se-lhes as regras desta Constituição sobre sistema eleitoral, inviolabilidade, imunidades, remuneração, perda de mandato, licença, impedimentos e incorporação às Forças Armadas.

§ 2º O subsídio dos Deputados Estaduais será fixado por lei de iniciativa da Assembleia Legislativa, na razão de, no máximo, setenta e cinco por cento daquele estabelecido, em espécie, para os Deputados Federais, observado o que dispõem os artigos 39, § 4º, 57, § 7º, 150, II, 153, III, e 153, § 2º, I.
- § 2º com a redação dada pela EC nº 19, de 4-6-1998.

§ 3º Compete às Assembleias Legislativas dispor sobre seu regimento interno, polícia e serviços administrativos de sua Secretaria, e prover os respectivos cargos.
- Art. 6º da Lei nº 9.709, de 18-11-1998, que dispõe sobre a convocação de plebiscitos e referendos pelos Estados, Distrito Federal e Municípios.

§ 4º A lei disporá sobre a iniciativa popular no processo legislativo estadual.
- Art. 6º da Lei nº 9.709, de 18-11-1998, regulamenta a execução do disposto nos incisos I, II e III do art. 14 desta Constituição.

Art. 28. A eleição do Governador e do Vice-Governador de Estado, para mandato de quatro anos, realizar-se-á no primeiro domingo de outubro, em primeiro turno, e no último domingo de outubro, em segundo turno, se houver, do ano anterior ao do término do mandato de seus antecessores, e a posse ocorrerá no dia 1º de janeiro do ano subsequente, observado, quanto ao mais, o disposto no artigo 77.
- Caput com a redação dada pela EC nº 16, de 4-6-1997.
- Lei nº 9.504, de 30-9-1997 (Lei das Eleições).

§ 1º Perderá o mandato o Governador que assumir outro cargo ou função na administração pública direta ou indireta, ressalvada a posse em virtude de concurso público e observado o disposto no artigo 38, I, IV e V.
- Parágrafo único transformado em § 1º pela EC nº 19, de 4-6-1998.
- Art. 29, XIV, desta Constituição.

§ 2º Os subsídios do Governador, do Vice-Governador e dos Secretários de Estado serão fixados por lei de iniciativa da Assembleia Legislativa, observado o que dispõem os artigos 37, XI, 39, § 4º, 150, II, 153, III, e 153, § 2º, I.
- § 2º acrescido pela EC nº 19, de 4-6-1998.

Capítulo IV
DOS MUNICÍPIOS

Art. 29. O Município reger-se-á por lei orgânica, votada em dois turnos, com o interstício mínimo de dez dias, e aprovada por dois terços dos membros da Câmara Municipal, que a promulgará, atendidos os princípios estabelecidos nesta Constituição, na Constituição do respectivo Estado e os seguintes preceitos:

I – eleição do Prefeito, do Vice-Prefeito e dos Vereadores, para mandato de quatro anos, mediante pleito direto e simultâneo realizado em todo o País;
- Lei nº 9.504, de 30-9-1997 (Lei das Eleições).

II – eleição do Prefeito e do Vice-Prefeito realizada no primeiro domingo de outubro do ano anterior ao término do mandato dos que devam suceder, aplicadas as regras do artigo 77 no caso de Municípios com mais de duzentos mil eleitores;
- Inciso II com a redação dada pela EC nº 16, de 4-6-1997.

III – posse do Prefeito e do Vice-Prefeito no dia 1º de janeiro do ano subsequente ao da eleição;

IV – para a composição das Câmaras Municipais, será observado o limite máximo de:
- Caput do inciso IV com a redação dada pela EC nº 58, de 23-9-2009 (DOU de 24-9-2009), produzindo efeitos a partir do processo eleitoral de 2008.
- O STF, por maioria de votos, referendou as medidas cautelares concedidas nas Ações Diretas de Inconstitucionalidade nºs 4.307 e 4.310, com eficácia ex tunc, para sustar os efeitos do art. 3º, I, da EC nº 58, de 23-9-2009, que altera este inciso IV (DJE de 8-10-2009).

a) 9 (nove) Vereadores, nos Municípios de até 15.000 (quinze mil) habitantes;

b) 11 (onze) Vereadores, nos Municípios de mais de 15.000 (quinze mil) habitantes e de até 30.000 (trinta mil) habitantes;

c) 13 (treze) Vereadores, nos Municípios com mais de 30.000 (trinta mil) habitantes e de até 50.000 (cinquenta mil) habitantes;

▶ Alíneas *a* a *c* com a redação dada pela EC nº 58, de 23-9-2009 (*DOU* de 24-9-2009), produzindo efeitos a partir do processo eleitoral de 2008.

d) 15 (quinze) Vereadores, nos Municípios de mais de 50.000 (cinquenta mil) habitantes e de até 80.000 (oitenta mil) habitantes;
e) 17 (dezessete) Vereadores, nos Municípios de mais de 80.000 (oitenta mil) habitantes e de até 120.000 (cento e vinte mil) habitantes;
f) 19 (dezenove) Vereadores, nos Municípios de mais de 120.000 (cento e vinte mil) habitantes e de até 160.000 (cento e sessenta mil) habitantes;
g) 21 (vinte e um) Vereadores, nos Municípios de mais de 160.000 (cento e sessenta mil) habitantes e de até 300.000 (trezentos mil) habitantes;
h) 23 (vinte e três) Vereadores, nos Municípios de mais de 300.000 (trezentos mil) habitantes e de até 450.000 (quatrocentos e cinquenta mil) habitantes;
i) 25 (vinte e cinco) Vereadores, nos Municípios de mais de 450.000 (quatrocentos e cinquenta mil) habitantes e de até 600.000 (seiscentos mil) habitantes;
j) 27 (vinte e sete) Vereadores, nos Municípios de mais de 600.000 (seiscentos mil) habitantes e de até 750.000 (setecentos e cinquenta mil) habitantes;
k) 29 (vinte e nove) Vereadores, nos Municípios de mais de 750.000 (setecentos e cinquenta mil) habitantes e de até 900.000 (novecentos mil) habitantes;
l) 31 (trinta e um) Vereadores, nos Municípios de mais de 900.000 (novecentos mil) habitantes e de até 1.050.000 (um milhão e cinquenta mil) habitantes;
m) 33 (trinta e três) Vereadores, nos Municípios de mais de 1.050.000 (um milhão e cinquenta mil) habitantes e de até 1.200.000 (um milhão e duzentos mil) habitantes;
n) 35 (trinta e cinco) Vereadores, nos Municípios de mais de 1.200.000 (um milhão e duzentos mil) habitantes e de até 1.350.000 (um milhão e trezentos e cinquenta mil) habitantes;
o) 37 (trinta e sete) Vereadores, nos Municípios de 1.350.000 (um milhão e trezentos e cinquenta mil) habitantes e de até 1.500.000 (um milhão e quinhentos mil) habitantes;
p) 39 (trinta e nove) Vereadores, nos Municípios de mais de 1.500.000 (um milhão e quinhentos mil) habitantes e de até 1.800.000 (um milhão e oitocentos mil) habitantes;
q) 41 (quarenta e um) Vereadores, nos Municípios de mais de 1.800.000 (um milhão e oitocentos mil) habitantes e de até 2.400.000 (dois milhões e quatrocentos mil) habitantes;
r) 43 (quarenta e três) Vereadores, nos Municípios de mais de 2.400.000 (dois milhões e quatrocentos mil) habitantes e de até 3.000.000 (três milhões) de habitantes;
s) 45 (quarenta e cinco) Vereadores, nos Municípios de mais de 3.000.000 (três milhões) de habitantes e de até 4.000.000 (quatro milhões) de habitantes;
t) 47 (quarenta e sete) Vereadores, nos Municípios de mais de 4.000.000 (quatro milhões) de habitantes e de até 5.000.000 (cinco milhões) de habitantes;
u) 49 (quarenta e nove) Vereadores, nos Municípios de mais de 5.000.000 (cinco milhões) de habitantes e de até 6.000.000 (seis milhões) de habitantes;
v) 51 (cinquenta e um) Vereadores, nos Municípios de mais de 6.000.000 (seis milhões) de habitantes e de até 7.000.000 (sete milhões) de habitantes;
w) 53 (cinquenta e três) Vereadores, nos Municípios de mais de 7.000.000 (sete milhões) de habitantes e de até 8.000.000 (oito milhões) de habitantes; e
x) 55 (cinquenta e cinco) Vereadores, nos Municípios de mais de 8.000.000 (oito milhões) de habitantes;

▶ Alíneas *d* a *x* acrescidas pela EC nº 58, de 23-9-2009 (*DOU* de 24-9-2009), produzindo efeitos a partir do processo eleitoral de 2008.

V – subsídios do Prefeito, do Vice-Prefeito e dos Secretários municipais fixados por lei de iniciativa da Câmara Municipal, observado o que dispõem os artigos 37, XI, 39, § 4º, 150, II, 153, III, e 153, § 2º, I;

▶ Inciso V com a redação dada pela EC nº 19, de 4-6-1998.

VI – o subsídio dos Vereadores será fixado pelas respectivas Câmaras Municipais em cada legislatura para a subsequente, observado o que dispõe esta Constituição, observados os critérios estabelecidos na respectiva Lei Orgânica e os seguintes limites máximos:

a) em Municípios de até dez mil habitantes, o subsídio máximo dos Vereadores corresponderá a vinte por cento do subsídio dos Deputados Estaduais;
b) em Municípios de dez mil e um a cinquenta mil habitantes, o subsídio máximo dos Vereadores corresponderá a trinta por cento do subsídio dos Deputados Estaduais;
c) em Municípios de cinquenta mil e um a cem mil habitantes, o subsídio máximo dos Vereadores corresponderá a quarenta por cento do subsídio dos Deputados Estaduais;
d) em Municípios de cem mil e um a trezentos mil habitantes, o subsídio máximo dos Vereadores corresponderá a cinquenta por cento do subsídio dos Deputados Estaduais;
e) em Municípios de trezentos mil e um a quinhentos mil habitantes, o subsídio máximo dos Vereadores corresponderá a sessenta por cento do subsídio dos Deputados Estaduais;
f) em Municípios de mais de quinhentos mil habitantes, o subsídio máximo dos Vereadores corresponderá a setenta e cinco por cento do subsídio dos Deputados Estaduais;

▶ Inciso VI com a redação dada pela EC nº 25, de 14-2-2000.

VII – o total da despesa com a remuneração dos Vereadores não poderá ultrapassar o montante de cinco por cento da receita do Município;

▶ Inciso VII acrescido pela EC nº 1, de 31-3-1992, renumerando os demais.

VIII – inviolabilidade dos Vereadores por suas opiniões, palavras e votos no exercício do mandato e na circunscrição do Município;

▶ Inciso VIII renumerado pela EC nº 1, de 31-3-1992.

IX – proibições e incompatibilidades, no exercício da vereança, similares, no que couber, ao disposto nesta Constituição para os membros do Congresso Nacional

e, na Constituição do respectivo Estado, para os membros da Assembleia Legislativa;
► Inciso IX renumerado pela EC nº 1, de 31-3-1992.

X – julgamento do Prefeito perante o Tribunal de Justiça;
► Inciso X renumerado pela EC nº 1, de 31-3-1992.
► Dec.-lei nº 201, de 27-2-1967 (Lei de Responsabilidade dos Prefeitos e Vereadores).
► Súmulas nºs 702 e 703 do STF.
► Súm. nº 209 do STJ.

XI – organização das funções legislativas e fiscalizadoras da Câmara Municipal;
► Inciso XI renumerado pela EC nº 1, de 31-3-1992.
► Lei nº 9.452, de 20-3-1997, determina que as Câmaras Municipais sejam obrigatoriamente notificadas da liberação de recursos federais para os respectivos Municípios.

XII – cooperação das associações representativas no planejamento municipal;
► Inciso XII renumerado pela EC nº 1, de 31-3-1992.

XIII – iniciativa popular de projetos de lei de interesse específico do Município, da cidade ou de bairros, através de manifestação de, pelo menos, cinco por cento do eleitorado;
► Inciso XIII renumerado pela EC nº 1, de 31-3-1992.

XIV – perda do mandato do Prefeito, nos termos do artigo 28, parágrafo único.
► Inciso XIV renumerado pela EC nº 1, de 31-3-1992.

Art. 29-A. O total da despesa do Poder Legislativo Municipal, incluídos os subsídios dos Vereadores e excluídos os gastos com inativos, não poderá ultrapassar os seguintes percentuais, relativos ao somatório da receita tributária e das transferências previstas no § 5º do artigo 153 e nos artigos 158 e 159, efetivamente realizado no exercício anterior:
► Artigo acrescido pela EC nº 25, de 14-2-2000.

I – 7% (sete por cento) para Municípios com população de até 100.000 (cem mil) habitantes;
II – 6% (seis por cento) para Municípios com população entre 100.000 (cem mil) e 300.000 (trezentos mil) habitantes;
III – 5% (cinco por cento) para Municípios com população entre 300.001 (trezentos mil e um) e 500.000 (quinhentos mil) habitantes;
IV – 4,5% (quatro inteiros e cinco décimos por cento) para Municípios com população entre 500.001 (quinhentos mil e um) e 3.000.000 (três milhões) de habitantes;
► Incisos I a IV com a redação dada pela EC nº 58, de 23-9-2009 (DOU de 24-9-2009), para vigorar na data de sua promulgação, produzindo efeitos a partir de 1º de janeiro do ano subsequente ao da promulgação desta Emenda.

V – 4% (quatro por cento) para Municípios com população entre 3.000.001 (três milhões e um) e 8.000.000 (oito milhões) de habitantes;
VI – 3,5% (três inteiros e cinco décimos por cento) para Municípios com população acima de 8.000.001 (oito milhões e um) habitantes.
► Incisos V e VI acrescidos pela EC nº 58, de 23-9-2009 (DOU de 24-9-2009), para vigorar na data de sua promulgação, produzindo efeitos a partir de 1º de janeiro do ano subsequente ao da promulgação desta Emenda.

§ 1º A Câmara Municipal não gastará mais de setenta por cento de sua receita com folha de pagamento, incluído o gasto com o subsídio de seus Vereadores.

§ 2º Constitui crime de responsabilidade do Prefeito Municipal:
I – efetuar repasse que supere os limites definidos neste artigo;
II – não enviar o repasse até o dia vinte de cada mês; ou
III – enviá-lo a menor em relação à proporção fixada na Lei Orçamentária.

§ 3º Constitui crime de responsabilidade do Presidente da Câmara Municipal o desrespeito ao § 1º deste artigo.
► §§ 1º a 3º acrescidos pela EC nº 25, de 14-2-2000.

Art. 30. Compete aos Municípios:
I – legislar sobre assuntos de interesse local;
► Súm. nº 645 do STF.

II – suplementar a legislação federal e a estadual no que couber;
III – instituir e arrecadar os tributos de sua competência, bem como aplicar suas rendas, sem prejuízo da obrigatoriedade de prestar contas e publicar balancetes nos prazos fixados em lei;
► Art. 156 desta Constituição.

IV – criar, organizar e suprimir distritos, observada a legislação estadual;
V – organizar e prestar, diretamente ou sob regime de concessão ou permissão, os serviços públicos de interesse local, incluído o de transporte coletivo, que tem caráter essencial;
VI – manter, com a cooperação técnica e financeira da União e do Estado, programas de educação infantil e de ensino fundamental;
► Inciso VI com a redação dada pela EC nº 53, de 19-12-2006.

VII – prestar, com a cooperação técnica e financeira da União e do Estado, serviços de atendimento à saúde da população;
► Dec. nº 3.964, de 10-10-2001, dispõe sobre o Fundo Nacional de Saúde.

VIII – promover, no que couber, adequado ordenamento territorial, mediante planejamento e controle do uso, do parcelamento e da ocupação do solo urbano;
► Art. 182 desta Constituição.

IX – promover a proteção do patrimônio histórico-cultural local, observada a legislação e a ação fiscalizadora federal e estadual.

Art. 31. A fiscalização do Município será exercida pelo Poder Legislativo Municipal, mediante controle externo, e pelos sistemas de controle interno do Poder Executivo Municipal, na forma da lei.

§ 1º O controle externo da Câmara Municipal será exercido com o auxílio dos Tribunais de Contas dos Estados ou do Município ou dos Conselhos ou Tribunais de Contas dos Municípios, onde houver.

§ 2º O parecer prévio, emitido pelo órgão competente sobre as contas que o Prefeito deve anualmente prestar, só deixará de prevalecer por decisão de dois terços dos membros da Câmara Municipal.

§ 3º As contas dos Municípios ficarão, durante sessenta dias, anualmente, à disposição de qualquer contribuinte, para exame e apreciação, o qual poderá questioná-lhes a legitimidade, nos termos da lei.

§ 4º É vedada a criação de Tribunais, Conselhos ou órgãos de Contas Municipais.

Capítulo V
DO DISTRITO FEDERAL E DOS TERRITÓRIOS

Seção I
DO DISTRITO FEDERAL

Art. 32. O Distrito Federal, vedada sua divisão em Municípios, reger-se-á por lei orgânica, votada em dois turnos com interstício mínimo de dez dias, e aprovada por dois terços da Câmara Legislativa, que a promulgará, atendidos os princípios estabelecidos nesta Constituição.

§ 1º Ao Distrito Federal são atribuídas as competências legislativas reservadas aos Estados e Municípios.

▶ Súm. nº 642 do STF.

§ 2º A eleição do Governador e do Vice-Governador, observadas as regras do artigo 77, e dos Deputados Distritais coincidirá com a dos Governadores e Deputados Estaduais, para mandato de igual duração.

§ 3º Aos Deputados Distritais e à Câmara Legislativa aplica-se o disposto no artigo 27.

§ 4º Lei federal disporá sobre a utilização, pelo Governo do Distrito Federal, das Polícias Civil e Militar e do Corpo de Bombeiros Militar.

▶ Lei nº 6.450, de 14-10-1977, dispõe sobre a organização básica da Polícia Militar do Distrito Federal.
▶ Lei nº 7.289, de 18-12-1984, dispõe sobre o Estatuto dos Policiais Militares da Polícia Militar do Distrito Federal.
▶ Lei nº 7.479, de 2-6-1986, aprova o Estatuto dos Bombeiros Militares do Corpo de Bombeiros do Distrito Federal.
▶ Lei nº 12.086, de 6-11-2009, dispõe sobre os militares da Polícia Militar do Distrito Federal e do Corpo de Bombeiros Militar do Distrito Federal.
▶ Dec.-lei nº 667, de 2-7-1969, reorganiza as Polícias Militares e os Corpos de Bombeiros Militares dos Estados, dos Territórios e do Distrito Federal.

Seção II
DOS TERRITÓRIOS

Art. 33. A lei disporá sobre a organização administrativa e judiciária dos Territórios.

▶ Lei nº 8.185, de 14-5-1991 (Lei de Organização Judiciária do Distrito Federal).

§ 1º Os Territórios poderão ser divididos em Municípios, aos quais se aplicará, no que couber, o disposto no Capítulo IV deste Título.

§ 2º As contas do Governo do Território serão submetidas ao Congresso Nacional, com parecer prévio do Tribunal de Contas da União.

§ 3º Nos Territórios Federais com mais de cem mil habitantes, além do Governador nomeado na forma desta Constituição, haverá órgãos judiciários de primeira e segunda instância, membros do Ministério Público e defensores públicos federais; a lei disporá sobre as eleições para a Câmara Territorial e sua competência deliberativa.

Capítulo VI
DA INTERVENÇÃO

Art. 34. A União não intervirá nos Estados nem no Distrito Federal, exceto para:

I – manter a integridade nacional;

▶ Art. 1º desta Constituição.

II – repelir invasão estrangeira ou de uma Unidade da Federação em outra;

III – pôr termo a grave comprometimento da ordem pública;

IV – garantir o livre exercício de qualquer dos Poderes nas Unidades da Federação;

▶ Art. 36, I, desta Constituição.

V – reorganizar as finanças da Unidade da Federação que:

a) suspender o pagamento da dívida fundada por mais de dois anos consecutivos, salvo motivo de força maior;

b) deixar de entregar aos Municípios receitas tributárias fixadas nesta Constituição, dentro dos prazos estabelecidos em lei;

▶ Art. 10 da LC nº 63, de 11-1-1990, que dispõe sobre critérios e prazos de crédito das parcelas do produto da arrecadação de impostos de competência dos Estados e de transferências por estes recebidas, pertencentes aos Municípios.

VI – prover a execução de lei federal, ordem ou decisão judicial;

▶ Art. 36, § 3º, desta Constituição.
▶ Súm. nº 637 do STF.

VII – assegurar a observância dos seguintes princípios constitucionais:

▶ Art. 36, III e § 3º, desta Constituição.

a) forma republicana, sistema representativo e regime democrático;
b) direitos da pessoa humana;
c) autonomia municipal;
d) prestação de contas da administração pública, direta e indireta;
e) aplicação do mínimo exigido da receita resultante de impostos estaduais, compreendida a proveniente de transferências, na manutenção e desenvolvimento do ensino e nas ações e serviços públicos de saúde.

▶ Alínea e com a redação dada pela EC nº 29, de 13-9-2000.
▶ Art. 212 desta Constituição.

Art. 35. O Estado não intervirá em seus Municípios, nem a União nos Municípios localizados em Território Federal, exceto quando:

I – deixar de ser paga, sem motivo de força maior, por dois anos consecutivos, a dívida fundada;

II – não forem prestadas contas devidas, na forma da lei;

III – não tiver sido aplicado o mínimo exigido da receita municipal na manutenção e desenvolvimento do ensino e nas ações e serviços públicos de saúde;

▶ Inciso III com a redação dada pela EC nº 29, de 13-9-2000.
▶ Art. 212 desta Constituição.

IV – o Tribunal de Justiça der provimento a representação para assegurar a observância de princípios indicados na Constituição Estadual, ou para prover a execução de lei, de ordem ou de decisão judicial.

Art. 36. A decretação da intervenção dependerá:

I – no caso do artigo 34, IV, de solicitação do Poder Legislativo ou do Poder Executivo coacto ou impedido, ou de requisição do Supremo Tribunal Federal, se a coação for exercida contra o Poder Judiciário;

II – no caso de desobediência a ordem ou decisão judiciária, de requisição do Supremo Tribunal Federal, do Superior Tribunal de Justiça ou do Tribunal Superior Eleitoral;

▶ Arts. 19 a 22 da Lei nº 8.038, de 28-5-1990, que institui normas procedimentais para os processos que especifica, perante o STJ e o STF.

III – de provimento, pelo Supremo Tribunal Federal, de representação do Procurador-Geral da República, na hipótese do art. 34, VII, e no caso de recusa à execução de lei federal.

▶ Inciso III com a redação dada pela EC nº 45, de 8-12-2004.

▶ Lei nº 12.562, de 23-12-2011, regulamenta este inciso para dispor sobre o processo e julgamento da representação interventiva perante o STF.

IV – *Revogado*. EC nº 45, de 8-12-2004.

§ 1º O decreto de intervenção, que especificará a amplitude, o prazo e as condições de execução e que, se couber, nomeará o interventor, será submetido à apreciação do Congresso Nacional ou da Assembleia Legislativa do Estado, no prazo de vinte e quatro horas.

§ 2º Se não estiver funcionando o Congresso Nacional ou a Assembleia Legislativa, far-se-á convocação extraordinária, no mesmo prazo de vinte e quatro horas.

§ 3º Nos casos do artigo 34, VI e VII, ou do artigo 35, IV, dispensada a apreciação pelo Congresso Nacional ou pela Assembleia Legislativa, o decreto limitar-se-á a suspender a execução do ato impugnado, se essa medida bastar ao restabelecimento da normalidade.

§ 4º Cessados os motivos da intervenção, as autoridades afastadas de seus cargos a estes voltarão, salvo impedimento legal.

CAPÍTULO VII

DA ADMINISTRAÇÃO PÚBLICA

▶ Lei nº 8.112, de 11-12-1990 (Estatuto dos Servidores Públicos Civis da União, Autarquias e Fundações Públicas Federais).

▶ Lei nº 8.727, de 5-11-1993, estabelece diretrizes para consolidação e o reescalonamento pela União, de dívidas internas da administração direta e indireta dos Estados, do Distrito Federal e dos Municípios.

▶ Lei nº 9.784, de 29-1-1999 (Lei do Processo Administrativo Federal).

SEÇÃO I

DISPOSIÇÕES GERAIS

Art. 37. A administração pública direta e indireta de qualquer dos Poderes da União, dos Estados, do Distrito Federal e dos Municípios obedecerá aos princípios de legalidade, impessoalidade, moralidade, publicidade e eficiência e, também, ao seguinte:

▶ *Caput* com a redação dada pela EC nº 19, de 4-6-1998.
▶ Art. 19 do ADCT.
▶ Arts. 3º e 5º, I a VI, §§ 1º e 2º, da Lei nº 8.112, de 11-12-1990 (Estatuto dos Servidores Públicos Civis da União, Autarquias e Fundações Públicas Federais).

▶ Lei nº 8.727, de 5-11-1993, estabelece diretrizes para a consolidação e o reescalonamento, pela União, de dividas internas das administrações direta e indireta dos Estados, do Distrito Federal e dos Municípios.

▶ Lei nº 8.730, de 10-11-1993, estabelece a obrigatoriedade da declaração de bens e rendas para o exercício de cargos, empregos, e funções nos Poderes Executivo, Legislativo e Judiciário.

▶ Súm. Vinc. nº 13 do STF.

I – os cargos, empregos e funções públicas são acessíveis aos brasileiros que preencham os requisitos estabelecidos em lei, assim como aos estrangeiros, na forma da lei;

▶ Inciso I com a redação dada pela EC nº 19, de 4-6-1998.
▶ Art. 7º da CLT.
▶ Arts. 3º a 5º, I a VI, §§ 1º e 2º, da Lei nº 8.112, de 11-12-1990 (Estatuto dos Servidores Públicos Civis da União, Autarquias e Fundações Públicas Federais).
▶ Lei nº 8.730, de 10-11-1993, estabelece a obrigatoriedade da declaração de bens e rendas para o exercício de cargos, empregos e funções nos Poderes Executivo, Legislativo e Judiciário.
▶ Súm. nº 686 do STF.
▶ Súm. nº 266 do STJ.

II – a investidura em cargo ou emprego público depende de aprovação prévia em concurso público de provas ou de provas e títulos, de acordo com a natureza e a complexidade do cargo ou emprego, na forma prevista em lei, ressalvadas as nomeações para cargo em comissão declarado em lei de livre nomeação e exoneração;

▶ Inciso II com a redação dada pela EC nº 19, de 4-6-1998.
▶ Art. 7º da CLT.
▶ Arts. 11 e 12 da Lei nº 8.112, de 11-12-1990 (Estatuto dos Servidores Públicos Civis da União, Autarquias e Fundações Públicas Federais).
▶ Lei nº 9.962, de 22-2-2000, disciplina o regime de emprego público do pessoal da administração federal direta, autárquica e fundacional.
▶ Dec. nº 7.203, de 4-6-2010, dispõe sobre a vedação do nepotismo no âmbito da administração pública federal.
▶ Súm. nº 685 do STF.
▶ Súmulas nºs 331 e 363 do TST.
▶ OJ da SBDI-I nº 366 do TST.

III – o prazo de validade do concurso público será de até dois anos, prorrogável uma vez, por igual período;

▶ Art. 12 da Lei nº 8.112, de 11-12-1990 (Estatuto dos Servidores Públicos Civis da União, Autarquias e Fundações Públicas Federais).
▶ Lei nº 12.562, de 23-12-2011, regulamenta este inciso para dispor sobre o processo e julgamento da representação interventiva perante o STF.

IV – durante o prazo improrrogável previsto no edital de convocação, aquele aprovado em concurso público de provas ou de provas e títulos será convocado com prioridade sobre novos concursados para assumir cargo ou emprego, na carreira;

▶ Art. 7º da CLT.

V – as funções de confiança, exercidas exclusivamente por servidores ocupantes de cargo efetivo, e os cargos em comissão, a serem preenchidos por servidores de carreira nos casos, condições e percentuais mínimos previstos em lei, destinam-se apenas às atribuições de direção, chefia e assessoramento;

▶ Inciso V com a redação dada pela EC nº 19, de 4-6-1998.

VI – é garantido ao servidor público civil o direito à livre associação sindical;

VII – o direito de greve será exercido nos termos e nos limites definidos em lei específica;

▸ Inciso VII com a redação dada pela EC nº 19, de 4-6-1998.
▸ Dec. nº 1.480, de 3-5-1995, dispõe sobre os procedimentos a serem adotados em casos de paralisações dos serviços públicos federais.

VIII – a lei reservará percentual dos cargos e empregos públicos para as pessoas portadoras de deficiência e definirá os critérios de sua admissão;

▸ Lei nº 7.853, de 24-10-1989 (Lei de Apoio às Pessoas Portadoras de Deficiência), regulamentada pelo Dec. nº 3.298, de 20-12-1999.
▸ Art. 5º, § 2º, da Lei nº 8.112, de 11-12-1990 (Estatuto dos Servidores Públicos Civis da União, Autarquias e Fundações Públicas Federais).
▸ Dec. nº 6.949, de 25-8-2009, promulga a Convenção Internacional sobre os Direitos das Pessoas com Deficiência.
▸ Súm. nº 377 do STJ.

IX – a lei estabelecerá os casos de contratação por tempo determinado para atender a necessidade temporária de excepcional interesse público;

▸ Lei nº 8.745, de 9-12-1993, dispõe sobre a contratação de servidor público por tempo determinado, para atender a necessidade temporária de excepcional interesse público.
▸ Art. 30 da Lei nº 10.871, de 20-5-2004, dispõe sobre a criação de carreiras e organização de cargos efetivos das autarquias especiais denominadas Agências Reguladoras.
▸ MP nº 2.165-36, de 23-8-2001, que até o encerramento desta edição não havia sido convertida em Lei, institui o auxílio-transporte.

X – a remuneração dos servidores públicos e o subsídio de que trata o § 4º do artigo 39 somente poderão ser fixados ou alterados por lei específica, observada a iniciativa privativa em cada caso, assegurada revisão geral anual, sempre na mesma data e sem distinção de índices;

▸ Inciso X com a redação dada pela EC nº 19, de 4-6-1998.
▸ Arts. 39, § 4º, 95, III, e 128, § 5º, I, c, desta Constituição.
▸ Lei nº 7.706, de 21-12-1988, dispõe sobre a revisão dos vencimentos, salários, soldos e proventos dos servidores, civis e militares, da Administração Federal Direta, das Autarquias, dos extintos Territórios Federais e das Fundações Públicas.
▸ Lei nº 10.331, de 18-12-2001, regulamenta este inciso.
▸ Súm. nº 672 do STF.

XI – a remuneração e o subsídio dos ocupantes de cargos, funções e empregos públicos da administração direta, autárquica e fundacional, dos membros de qualquer dos Poderes da União, dos Estados, do Distrito Federal e dos Municípios, dos detentores de mandato eletivo e dos demais agentes políticos e os proventos, pensões ou outra espécie remuneratória, percebidos cumulativamente ou não, incluídas as vantagens pessoais ou de qualquer outra natureza, não poderão exceder o subsídio mensal, em espécie, dos Ministros do Supremo Tribunal Federal, aplicando-se como limite, nos Municípios, o subsídio do Prefeito, e nos Estados e no Distrito Federal, o subsídio mensal do Governador no âmbito do Poder Executivo, o subsídio dos Deputados Estaduais e Distritais no âmbito do Poder Legislativo e o subsídio dos Desembargadores do Tribunal de Justiça, limitado a noventa inteiros e vinte e cinco centésimos por cento do subsídio mensal, em espécie, dos Ministros do Supremo Tribunal Federal, no âmbito do Poder Judiciário, aplicável este limite aos membros do Ministério Público, aos Procuradores e aos Defensores Públicos;

▸ Inciso XI com a redação dada pela EC nº 41, de 19-12-2003.
▸ O STF, por maioria de votos, concedeu a liminar na ADIN nº 3.854-1, para dar interpretação conforme a CF ao art. 37, XI e § 12, o primeiro dispositivo com a redação dada pela EC nº 41, de 19-12-2003, e o segundo introduzido pela EC nº 47, de 5-7-2005, excluindo a submissão dos membros da magistratura estadual ao subteto de remuneração (DOU de 8-3-2007).
▸ Arts. 27, § 2º, 28, § 2º, 29, V e VI, 39, §§ 4º e 5º, 49, VII, e VIII, 93, V, 95, III, 128, § 5º, I, c, e 142, § 3º, VIII, desta Constituição.
▸ Art. 3º, § 3º, da EC nº 20, de 15-12-1998 (Reforma Previdenciária).
▸ Arts. 7º e 8º da EC nº 41, de 19-12-2003.
▸ Art. 4º da EC nº 47, de 5-7-2005.
▸ Lei nº 8.112, de 11-12-1990 (Estatuto dos Servidores Públicos Civis da União, Autarquias e Fundações Públicas Federais).
▸ Leis nº 8.448, de 21-7-1992, e 8.852, de 4-2-1994, dispõem sobre este inciso.
▸ Art. 3º da Lei nº 10.887, de 18-6-2004, que dispõe sobre a aplicação de disposições da EC nº 41, de 19-12-2003.
▸ Lei nº 12.042, de 8-10-2009, dispõe sobre a revisão do subsídio do Procurador-Geral da República.
▸ Lei Delegada nº 13, de 27-8-1982, institui Gratificações de Atividade para os servidores civis do Poder Executivo, revê vantagens.

XII – os vencimentos dos cargos do Poder Legislativo e do Poder Judiciário não poderão ser superiores aos pagos pelo Poder Executivo;

▸ Art. 135 desta Constituição.
▸ Art. 42 da Lei nº 8.112, de 11-12-1990 (Estatuto dos Servidores Públicos Civis da União, Autarquias e Fundações Públicas Federais).
▸ Lei nº 8.852, de 4-2-1994, dispõe sobre a aplicação deste inciso.

XIII – é vedada a vinculação ou equiparação de quaisquer espécies remuneratórias para o efeito de remuneração de pessoal do serviço público;

▸ Inciso XIII com a redação dada pela EC nº 19, de 4-6-1998.
▸ Art. 142, § 3º, VIII, desta Constituição.
▸ OJ da SBDI-I nº 353 do TST.

XIV – os acréscimos pecuniários percebidos por servidor público não serão computados nem acumulados para fins de concessão de acréscimos ulteriores;

▸ Inciso XIV com a redação dada pela EC nº 19, de 4-6-1998.
▸ Art. 142, § 3º, VIII, desta Constituição.

XV – o subsídio e os vencimentos dos ocupantes de cargos e empregos públicos são irredutíveis, ressalvado o

disposto nos incisos XI e XIV deste artigo e nos artigos 39, § 4º, 150, II, 153, III, e 153, § 2º, I;
- Inciso XV com a redação dada pela EC nº 19, de 4-6-1998.
- Art. 142, § 3º, VIII, desta Constituição.

XVI – é vedada a acumulação remunerada de cargos públicos, exceto, quando houver compatibilidade de horários, observado em qualquer caso o disposto no inciso XI:
- Inciso XVI com a redação dada pela EC nº 19, de 4-6-1998.

a) a de dois cargos de professor;
b) a de um cargo de professor com outro, técnico ou científico;
- Alíneas a e b com a redação dada pela EC nº 19, de 4-6-1998.

c) a de dois cargos ou empregos privativos de profissionais de saúde, com profissões regulamentadas;
- Alínea c com a redação dada pela EC nº 34, de 13-12-2001.
- Arts. 118 a 120 da Lei nº 8.112, de 11-12-1990 (Estatuto dos Servidores Públicos Civis da União, Autarquias e Fundações Públicas Federais).

XVII – a proibição de acumular estende-se a empregos e funções e abrange autarquias, fundações, empresas públicas, sociedades de economia mista, suas subsidiárias, e sociedades controladas, direta ou indiretamente, pelo Poder Público;
- Inciso XVII com a redação dada pela EC nº 19, de 4-6-1998.
- Art. 118, § 1º, da Lei nº 8.112, de 11-12-1990 (Estatuto dos Servidores Públicos Civis da União, Autarquias e Fundações Públicas Federais).

XVIII – a administração fazendária e seus servidores fiscais terão, dentro de suas áreas de competência e jurisdição, precedência sobre os demais setores administrativos, na forma da lei;

XIX – somente por lei específica poderá ser criada autarquia e autorizada a instituição de empresa pública, de sociedade de economia mista e de fundação, cabendo à lei complementar, neste último caso, definir as áreas de sua atuação;
- Inciso XIX com a redação dada pela EC nº 19, de 4-6-1998.

XX – depende de autorização legislativa, em cada caso, a criação de subsidiárias das entidades mencionadas no inciso anterior, assim como a participação de qualquer delas em empresa privada;

XXI – ressalvados os casos especificados na legislação, as obras, serviços, compras e alienações serão contratados mediante processo de licitação pública que assegure igualdade de condições a todos os concorrentes, com cláusulas que estabeleçam obrigações de pagamento, mantidas as condições efetivas da proposta, nos termos da lei, o qual somente permitirá as exigências de qualificação técnica e econômica indispensáveis à garantia do cumprimento das obrigações;
- Art. 22, XXVII, desta Constituição.
- Lei nº 8.666, de 21-6-1993 (Lei de Licitações e Contratos Administrativos).
- Lei nº 10.520, de 17-7-2002 (Lei do Pregão).
- Dec. nº 3.555, de 8-8-2000, regulamenta a modalidade de licitação denominada pregão.
- Súm. nº 333 do STJ.

XXII – as administrações tributárias da União, dos Estados, do Distrito Federal e dos Municípios, atividades essenciais ao funcionamento do Estado, exercidas por servidores de carreiras específicas, terão recursos prioritários para a realização de suas atividades e atuarão de forma integrada, inclusive com o compartilhamento de cadastros e de informações fiscais, na forma da lei ou convênio.
- Inciso XXII acrescido pela EC nº 42, de 19-12-2003.
- Art. 137, IV, desta Constituição.

§ 1º A publicidade dos atos, programas, obras, serviços e campanhas dos órgãos públicos deverá ter caráter educativo, informativo ou de orientação social, dela não podendo constar nomes, símbolos ou imagens que caracterizem promoção pessoal de autoridades ou servidores públicos.
- Lei nº 8.389, de 30-12-1991, institui o Conselho de Comunicação Social.
- Dec. nº 4.799, de 4-8-2003, dispõe sobre a comunicação de Governo do Poder Executivo Federal.

§ 2º A não observância do disposto nos incisos II e III implicará a nulidade do ato e a punição da autoridade responsável, nos termos da lei.
- Arts. 116 a 142 da Lei nº 8.112, de 11-12-1990 (Estatuto dos Servidores Públicos Civis da União, Autarquias e Fundações Públicas Federais).
- Lei nº 8.429, de 2-6-1992 (Lei da Improbidade Administrativa).
- Súm. nº 466 do STJ.
- Súm. nº 363 do TST.

§ 3º A lei disciplinará as formas de participação do usuário na administração pública direta e indireta, regulando especialmente:

I – as reclamações relativas à prestação dos serviços públicos em geral, asseguradas a manutenção de serviços de atendimento ao usuário e a avaliação periódica, externa e interna, da qualidade dos serviços;

II – o acesso dos usuários a registros administrativos e a informações sobre atos de governo, observado o disposto no artigo 5º, X e XXXIII;
- Lei nº 12.527, de 18-11-2011 (Lei do Acesso à Informação) DOU de 18-11-2011, edição extra, para vigorar 180 dias após a data de sua publicação, quando ficará revogada a Lei nº 11.111, de 5-5-2005.

III – a disciplina da representação contra o exercício negligente ou abusivo de cargo, emprego ou função na administração pública.
- § 3º e incisos I a III com a redação dada pela EC nº 19, de 4-6-1998.

§ 4º Os atos de improbidade administrativa importarão a suspensão dos direitos políticos, a perda da função pública, a indisponibilidade dos bens e o ressarcimento ao erário, na forma e gradação previstas em lei, sem prejuízo da ação penal cabível.
- Art. 15, V, desta Constituição.
- Arts. 312 a 327 do CP.
- Lei nº 8.026, de 12-4-1990, dispõe sobre a aplicação de pena de demissão a funcionário publico.
- Lei nº 8.027, de 12-4-1990, dispõe sobre normas de conduta dos servidores públicos civis da União, das Autarquias e das Fundações Públicas.
- Lei nº 8.112, de 11-12-1990 (Estatuto dos Servidores Públicos Civis da União, Autarquias e Fundações Públicas Federais).

► Art. 3º da Lei nº 8.137, de 27-12-1990 (Lei dos Crimes Contra a Ordem Tributária, Econômica e Contra as Relações de Consumo).
► Lei nº 8.429, de 2-6-1992 (Lei da Improbidade Administrativa).
► Dec.-lei nº 3.240, de 8-5-1941 sujeita a sequestro os bens de pessoas indiciadas por crimes de que resulta prejuízo para a Fazenda Pública.
► Dec. nº 4.410, de 7-10-2002, promulga a Convenção Interamericana contra a Corrupção.

§ 5º A lei estabelecerá os prazos de prescrição para ilícitos praticados por qualquer agente, servidor ou não, que causem prejuízos ao erário, ressalvadas as respectivas ações de ressarcimento.

► Lei nº 8.112, de 11-12-1990 (Estatuto dos Servidores Públicos Civis da União, Autarquias e Fundações Públicas Federais).
► Lei nº 8.429, de 2-6-1992 (Lei da Improbidade Administrativa).

§ 6º As pessoas jurídicas de direito público e as de direito privado prestadoras de serviços públicos responderão pelos danos que seus agentes, nessa qualidade, causarem a terceiros, assegurado o direito de regresso contra o responsável nos casos de dolo ou culpa.

► Art. 43 do CC.
► Lei nº 6.453, de 17-10-1977, dispõe sobre a responsabilidade civil por danos nucleares e a responsabilidade criminal por atos relacionados com atividades nucleares.

§ 7º A lei disporá sobre os requisitos e as restrições ao ocupante de cargo ou emprego da administração direta e indireta que possibilite o acesso a informações privilegiadas.

§ 8º A autonomia gerencial, orçamentária e financeira dos órgãos e entidades da administração direta e indireta poderá ser ampliada mediante contrato, a ser firmado entre seus administradores e o poder público, que tenha por objeto a fixação de metas de desempenho para o órgão ou entidade, cabendo à lei dispor sobre:

I – o prazo de duração do contrato;
II – os controles e critérios de avaliação de desempenho, direitos, obrigações e responsabilidade dos dirigentes;
III – a remuneração do pessoal.

§ 9º O disposto no inciso XI aplica-se às empresas públicas e às sociedades de economia mista, e suas subsidiárias, que receberem recursos da União, dos Estados, do Distrito Federal ou dos Municípios para pagamento de despesas de pessoal ou de custeio em geral.

► §§ 7º a 9º acrescidos pela EC nº 19, de 4-6-1998.

§ 10. É vedada a percepção simultânea de proventos de aposentadoria decorrentes do artigo 40 ou dos artigos 42 e 142 com a remuneração de cargo, emprego ou função pública, ressalvados os cargos acumuláveis na forma desta Constituição, os cargos eletivos e os cargos em comissão declarados em lei de livre nomeação e exoneração.

► § 10 acrescido pela EC nº 20, de 15-12-1998.

§ 11. Não serão computadas, para efeito dos limites remuneratórios de que trata o inciso XI do caput deste artigo, as parcelas de caráter indenizatório previstas em lei.

► Art. 4º da EC nº 47, de 5-7-2005.

§ 12. Para os fins do disposto no inciso XI do caput deste artigo, fica facultado aos Estados e ao Distrito Federal fixar, em seu âmbito, mediante emenda às respectivas Constituições e Lei Orgânica, como limite único, o subsídio mensal dos Desembargadores do respectivo Tribunal de Justiça, limitado a noventa inteiros e vinte e cinco centésimos por cento do subsídio mensal dos Ministros do Supremo Tribunal Federal, não se aplicando o disposto neste parágrafo aos subsídios dos Deputados Estaduais e Distritais e dos Vereadores.

► §§ 11 e 12 acrescidos pela EC nº 47, de 5-7-2005.
► O STF, por maioria de votos, concedeu a liminar na ADIN nº 3.854-1, para dar interpretação conforme a CF ao art. 37, XI e § 12, o primeiro dispositivo com a redação dada pela EC nº 41, de 19-12-2003, e o segundo introduzido pela EC nº 47, de 5-7-2005, excluindo a submissão dos membros da magistratura estadual ao subteto de remuneração (DOU de 8-3-2007).

Art. 38. Ao servidor público da administração direta, autárquica e fundacional, no exercício de mandato eletivo, aplicam-se as seguintes disposições:

► Caput com a redação dada pela EC nº 19, de 4-6-1998.
► Art. 28 desta Constituição.
► Lei nº 8.112, de 11-12-1990 (Estatuto dos Servidores Públicos Civis da União, Autarquias e Fundações Públicas Federais).

I – tratando-se de mandato eletivo federal, estadual ou distrital, ficará afastado de seu cargo, emprego ou função;

► Art. 28, § 1º, desta Constituição.

II – investido no mandato de Prefeito será afastado do cargo, emprego ou função, sendo-lhe facultado optar pela sua remuneração;

III – investido no mandato de Vereador, havendo compatibilidade de horários, perceberá as vantagens de seu cargo, emprego ou função, sem prejuízo da remuneração do cargo eletivo, e, não havendo compatibilidade, será aplicada a norma do inciso anterior;

IV – em qualquer caso que exija o afastamento para o exercício de mandato eletivo, seu tempo de serviço será contado para todos os efeitos legais, exceto para promoção por merecimento;

► Art. 28, § 1º, desta Constituição.

V – para efeito de benefício previdenciário, no caso de afastamento, os valores serão determinados como se no exercício estivesse.

► Art. 28, § 1º, desta Constituição.

Seção II

DOS SERVIDORES PÚBLICOS

► Denominação desta Seção dada pela EC nº 18, de 5-2-1998.
► Lei nº 8.026, de 12-4-1990, dispõe sobre a aplicação de pena de demissão a funcionário público.
► Lei nº 8.027, de 12-4-1990, dispõe sobre normas de conduta dos servidores públicos civis da União, das autarquias e das fundações públicas.
► Lei nº 8.112, de 11-12-1990 (Estatuto dos Servidores Públicos Civis da União, Autarquias e Fundações Públicas Federais).
► Súm. nº 378 do STJ.

Art. 39. A União, os Estados, o Distrito Federal e os Municípios instituirão conselho de política de adminis-

tração e remuneração de pessoal, integrado por servidores designados pelos respectivos Poderes.
► *Caput* com a redação dada pela EC nº 19, de 4-6-1998.
► O STF, por maioria de votos, deferiu parcialmente a medida cautelar na ADIN nº 2.135-4, para suspender, com efeitos *ex nunc*, a eficácia do *caput* deste artigo, razão pela qual continuará em vigor a redação original: "Art. 39. A União, os Estados, o Distrito Federal e os Municípios instituirão, no âmbito de sua competência, regime jurídico único e planos de carreira para os servidores da administração pública direta, das autarquias e das fundações públicas" (*DOU* de 14-8-2007).
► Art. 24 do ADCT.
► Lei nº 8.026, de 12-4-1990, dispõe sobre a aplicação de pena de demissão a funcionário publico.
► Lei nº 8.027, de 12-4-1990, dispõe sobre normas de conduta dos servidores públicos civis da União, das Autarquias e das Fundações Públicas.
► Lei nº 8.112, de 11-12-1990 (Estatuto dos Servidores Públicos Civis da União, Autarquias e Fundações Públicas Federais).
► Súm. Vinc. nº 4 do STF.
► Súm. nº 97 do STJ.

§ 1º A fixação dos padrões de vencimento e dos demais componentes do sistema remuneratório observará:

I – a natureza, o grau de responsabilidade e a complexidade dos cargos componentes de cada carreira;
II – os requisitos para a investidura;
III – as peculiaridades dos cargos.

► Art. 41, § 4º, da Lei nº 8.112, de 11-12-1990 (Estatuto dos Servidores Públicos Civis da União, Autarquias e Fundações Públicas Federais).
► Lei nº 8.448, de 21-7-1992, regulamenta este parágrafo.
► Lei nº 8.852, de 4-2-1994, dispõe sobre a aplicação deste parágrafo.
► Lei nº 9.367, de 16-12-1996, fixa critérios para a progressiva unificação das tabelas de vencimentos dos servidores.
► Súm. Vinc. nº 4 do STF.

§ 2º A União, os Estados e o Distrito Federal manterão escolas de governo para a formação e o aperfeiçoamento dos servidores públicos, constituindo-se a participação nos cursos um dos requisitos para a promoção na carreira, facultada, para isso, a celebração de convênios ou contratos entre os entes federados.

► §§ 1º e 2º com a redação dada pela EC nº 19, de 4-6-1998.

§ 3º Aplica-se aos servidores ocupantes de cargo público o disposto no artigo 7º, IV, VII, VIII, IX, XII, XIII, XV, XVI, XVII, XVIII, XIX, XX, XXII e XXX, podendo a lei estabelecer requisitos diferenciados de admissão quando a natureza do cargo o exigir.

► Dec.-lei nº 5.452, de 1-5-1943 (Consolidação das Leis do Trabalho).
► Súmulas Vinculantes nºs 4 e 16 do STF.
► Súmulas nºs 683 e 684 do STF.

§ 4º O membro de Poder, o detentor de mandato eletivo, os Ministros de Estado e os Secretários Estaduais e Municipais serão remunerados exclusivamente por subsídio fixado em parcela única, vedado o acréscimo de qualquer gratificação, adicional, abono, prêmio, verba de representação ou outra espécie remuneratória, obedecido, em qualquer caso, o disposto no artigo 37, X e XI.

► Arts. 27, § 2º, 28, § 2º, 29, V, e VI, 37, XV, 48, XV, 49, VII e VIII, 93, V, 95, III, 128, § 5º, I, c, e 135 desta Constituição.
► Lei nº 11.144, de 26-7-2005, dispõe sobre o subsídio do Procurador-Geral da República.
► Lei nº 12.042, de 8-10-2009, dispõe sobre a revisão do subsídio do Procurador-Geral da República.

§ 5º Lei da União, dos Estados, do Distrito Federal e dos Municípios poderá estabelecer a relação entre a maior e a menor remuneração dos servidores públicos, obedecido, em qualquer caso, o disposto no artigo 37, XI.

§ 6º Os Poderes Executivo, Legislativo e Judiciário publicarão anualmente os valores do subsídio e da remuneração dos cargos e empregos públicos.

§ 7º Lei da União, dos Estados, do Distrito Federal e dos Municípios disciplinará a aplicação de recursos orçamentários provenientes da economia com despesas correntes em cada órgão, autarquia e fundação, para aplicação no desenvolvimento de programas de qualidade e produtividade, treinamento e desenvolvimento, modernização, reaparelhamento e racionalização do serviço público, inclusive sob a forma de adicional ou prêmio de produtividade.

§ 8º A remuneração dos servidores públicos organizados em carreira poderá ser fixada nos termos do § 4º.

► §§ 3º a 8º acrescidos pela EC nº 19, de 4-6-1998.

Art. 40. Aos servidores titulares de cargos efetivos da União, dos Estados, do Distrito Federal e dos Municípios, incluídas suas autarquias e fundações, é assegurado regime de previdência de caráter contributivo e solidário, mediante contribuição do respectivo ente público, dos servidores ativos e inativos e dos pensionistas, observados critérios que preservem o equilíbrio financeiro e atuarial e o disposto neste artigo.

► *Caput* com a redação dada pela EC nº 41, de 19-12-2003.
► Arts. 37, § 10, 73, § 3º, e 93, VI, desta Constituição.
► Arts. 4º e 6º da EC nº 41, de 19-12-2003.
► Art. 3º da EC nº 47, de 5-7-2005.

§ 1º Os servidores abrangidos pelo regime de previdência de que trata este artigo serão aposentados, calculados os seus proventos a partir dos valores fixados na forma dos §§ 3º e 17:

► § 1º com a redação dada pela EC nº 41, de 19-12-2003.
► Art. 2º, § 5º, da EC nº 41, de 19-12-2003.
► Súm. nº 726 do STF.

I – por invalidez permanente, sendo os proventos proporcionais ao tempo de contribuição, exceto se decorrente de acidente em serviço, moléstia profissional ou doença grave, contagiosa ou incurável, na forma da lei;

► Inciso I com a redação dada pela EC nº 41, de 19-12-2003.

II – compulsoriamente, aos setenta anos de idade, com proventos proporcionais ao tempo de contribuição;

► Arts. 2º, § 5º, e 3º, § 1º, da EC nº 41, de 19-12-2003.

III – voluntariamente, desde que cumprido tempo mínimo de dez anos de efetivo exercício no serviço público e cinco anos no cargo efetivo em que se dará a aposentadoria, observadas as seguintes condições:

▶ Incisos II e III acrescidos pela EC nº 20, de 15-12-1998.
▶ Art. 2º, § 1º, da EC nº 41, de 19-12-2003.

a) sessenta anos de idade e trinta e cinco de contribuição, se homem, e cinquenta e cinco anos de idade e trinta de contribuição, se mulher;

▶ Art. 3º, III, da EC nº 47, de 5-7-2005.

b) sessenta e cinco anos de idade, se homem, e sessenta anos de idade, se mulher, com proventos proporcionais ao tempo de contribuição.

▶ Alíneas a e b, acrescidas pela EC nº 20, de 15-12-1998.

§ 2º Os proventos de aposentadoria e as pensões, por ocasião de sua concessão, não poderão exceder a remuneração do respectivo servidor, no cargo efetivo em que se deu a aposentadoria ou que serviu de referência para a concessão da pensão.

▶ § 2º com a redação dada pela EC nº 20, de 15-12-1998.

§ 3º Para o cálculo dos proventos de aposentadoria, por ocasião da sua concessão, serão consideradas as remunerações utilizadas como base para as contribuições do servidor aos regimes de previdência de que tratam este artigo e o art. 201, na forma da lei.

▶ § 3º com a redação dada pela EC nº 41, de 19-12-2003.
▶ Art. 2º da EC nº 41, de 19-12-2003.
▶ Art. 1º da Lei nº 10.887, de 18-6-2004, que dispõe sobre a aplicação de disposições da EC nº 41, de 19-12-2003.

§ 4º É vedada a adoção de requisitos e critérios diferenciados para a concessão de aposentadoria aos abrangidos pelo regime de que trata este artigo, ressalvados, nos termos definidos em leis complementares, os casos de servidores:

▶ Caput do § 4º com a redação dada pela EC nº 47, de 5-7-2005.
▶ Súm. nº 680 do STF.

I – portadores de deficiência;
II – que exerçam atividades de risco;
III – cujas atividades sejam exercidas sob condições especiais que prejudiquem a saúde ou integridade física.

▶ Incisos I a III acrescidos pela EC nº 47, de 5-7-2005.

§ 5º Os requisitos de idade e de tempo de contribuição serão reduzidos em cinco anos, em relação ao disposto no § 1º, III, a, para o professor que comprove exclusivamente tempo de efetivo exercício das funções de magistério na educação infantil e no ensino fundamental e médio.

▶ Arts. 2º, § 1º, e 6º, caput, da EC nº 41, de 19-12-2003.
▶ Art. 67, § 2º, da Lei nº 9.394, de 20-12-1996 (Lei das Diretrizes e Bases da Educação Nacional).
▶ Súm. nº 726 do STF.

§ 6º Ressalvadas as aposentadorias decorrentes dos cargos acumuláveis na forma desta Constituição, é vedada a percepção de mais de uma aposentadoria à conta do regime de previdência previsto neste artigo.

▶ §§ 5º e 6º com a redação dada pela EC nº 20, de 15-12-1998.

§ 7º Lei disporá sobre a concessão do benefício de pensão por morte, que será igual:

▶ Art. 42, § 2º, desta Constituição.

I – ao valor da totalidade dos proventos do servidor falecido, até o limite máximo estabelecido para os benefícios do regime geral de previdência social de que trata o art. 201, acrescido de setenta por cento da parcela excedente a este limite, caso aposentado à data do óbito; ou
II – ao valor da totalidade da remuneração do servidor no cargo efetivo em que se deu o falecimento, até o limite máximo estabelecido para os benefícios do regime geral de previdência social de que trata o art. 201, acrescido de setenta por cento da parcela excedente a este limite, caso em atividade na data do óbito.

▶ § 7º com a redação dada pela EC nº 41, de 19-12-2003.

§ 8º É assegurado o reajustamento dos benefícios para preservar-lhes, em caráter permanente, o valor real, conforme critérios estabelecidos em lei.

▶ § 8º com a redação dada pela EC nº 41, de 19-12-2003.
▶ Art. 2º, § 6º, da EC nº 41, de 19-12-2003.
▶ Súm. Vinc. nº 20 do STF.

§ 9º O tempo de contribuição federal, estadual ou municipal será contado para efeito de aposentadoria e o tempo de serviço correspondente para efeito de disponibilidade.

▶ Art. 42, § 1º, desta Constituição.

§ 10. A lei não poderá estabelecer qualquer forma de contagem de tempo de contribuição fictício.

▶ Art. 4º da EC nº 20, de 15-12-1998 (Reforma Previdenciária).

§ 11. Aplica-se o limite fixado no artigo 37, XI, à soma total dos proventos de inatividade, inclusive quando decorrentes da acumulação de cargos ou empregos públicos, bem como de outras atividades sujeitas a contribuição para o regime geral de previdência social, e ao montante resultante da adição de proventos de inatividade com remuneração de cargo acumulável na forma desta Constituição, cargo em comissão declarado em lei de livre nomeação e exoneração, e de cargo eletivo.

§ 12. Além do disposto neste artigo, o regime de previdência dos servidores públicos titulares de cargo efetivo observará, no que couber, os requisitos e critérios fixados para o regime geral de previdência social.

§ 13. Ao servidor ocupante, exclusivamente, de cargo em comissão declarado em lei de livre nomeação e exoneração bem como de outro cargo temporário ou de emprego público, aplica-se o regime geral de previdência social.

▶ Lei nº 9.962, de 22-2-2000, disciplina o regime de emprego público do pessoal da administração federal direta, autárquica e fundacional.

§ 14. A União, os Estados, o Distrito Federal e os Municípios, desde que instituam regime de previdência complementar para os seus respectivos servidores titulares de cargo efetivo, poderão fixar, para o valor das aposentadorias e pensões a serem concedidas pelo regime de que trata este artigo, o limite máximo estabelecido para os benefícios do regime geral de previdência social de que trata o artigo 201.

▶ §§ 9º a 14 acrescidos pela EC nº 20, de 15-12-1998.

▶ LC nº 108, de 29-5-2001, dispõe sobre a relação entre a União, e os Estados, o Distrito Federal e os Municípios, suas autarquias, fundações, sociedades de economia mista e outras entidades públicas e suas respectivas entidades fechadas de previdência complementar.

§ 15. O regime de previdência complementar de que trata o § 14 será instituído por lei de iniciativa do respectivo Poder Executivo, observado o disposto no art. 202 e seus parágrafos, no que couber, por intermédio de entidades fechadas de previdência complementar, de natureza pública, que oferecerão aos respectivos participantes planos de benefícios somente na modalidade de contribuição definida.

▶ § 15 com a redação dada pela EC nº 41, de 19-12-2003.

§ 16. Somente mediante sua prévia e expressa opção, o disposto nos §§ 14 e 15 poderá ser aplicado ao servidor que tiver ingressado no serviço público até a data da publicação do ato de instituição do correspondente regime de previdência complementar.

▶ § 16 acrescido pela EC nº 20, de 15-12-1998.
▶ Lei nº 9.717, de 27-11-1998, dispõe sobre regras gerais para a organização e o funcionamento dos regimes próprios de previdência social dos servidores públicos da União, dos Estados, do Distrito Federal e dos Municípios, bem como dos militares dos Estados e do Distrito Federal.
▶ Lei nº 9.783, de 28-1-1999, dispõe sobre contribuição para o custeio da previdência social dos servidores públicos ativos, inativos e pensionistas dos três Poderes da União.

§ 17. Todos os valores de remuneração considerados para o cálculo do benefício previsto no § 3º serão devidamente atualizados, na forma da lei.

▶ Art. 2º da EC nº 41, de 19-12-2003.

§ 18. Incidirá contribuição sobre os proventos de aposentadorias e pensões concedidas pelo regime de que trata este artigo que superem o limite máximo estabelecido para os benefícios do regime geral de previdência social de que trata o art. 201, com percentual igual ao estabelecido para os servidores titulares de cargos efetivos.

▶ Art. 4º, I e II, da EC nº 41, de 19-12-2003.

§ 19. O servidor de que trata este artigo que tenha completado as exigências para aposentadoria voluntária estabelecidas no § 1º, III, a, e que opte por permanecer em atividade fará jus a um abono de permanência equivalente ao valor da sua contribuição previdenciária até completar as exigências para aposentadoria compulsória contidas no § 1º, II.

§ 20. Fica vedada a existência de mais de um regime próprio de previdência social para os servidores titulares de cargos efetivos, e de mais de uma unidade gestora do respectivo regime em cada ente estatal, ressalvado o disposto no art. 142, § 3º, X.

▶ §§ 17 a 20 acrescidos pela EC nº 41, de 19-12-2003.
▶ Art. 28 da EC nº 19, de 4-6-1998 (Reforma Administrativa).

§ 21. A contribuição prevista no § 18 deste artigo incidirá apenas sobre as parcelas de proventos de aposentadoria e de pensão que superem o dobro do limite máximo estabelecido para os benefícios do regime geral de previdência social de que trata o artigo 201 desta Constituição, quando o beneficiário, na forma da lei, for portador de doença incapacitante.

▶ § 21 acrescido pela EC nº 47, de 5-7-2005, em vigor na data de sua publicação, com efeitos retroativos à data de vigência da EC nº 41, de 19-12-2003 (DOU de 6-7-2005).

Art. 41. São estáveis após três anos de efetivo exercício os servidores nomeados para cargo de provimento efetivo em virtude de concurso público.

▶ Súm. nº 390 do TST.

§ 1º O servidor público estável só perderá o cargo:

I – em virtude de sentença judicial transitada em julgado;
II – mediante processo administrativo em que lhe seja assegurada ampla defesa;
III – mediante procedimento de avaliação periódica de desempenho, na forma de lei complementar, assegurada ampla defesa.

▶ Art. 247 desta Constituição.

§ 2º Invalidada por sentença judicial a demissão do servidor estável, será ele reintegrado, e o eventual ocupante da vaga, se estável, reconduzido ao cargo de origem, sem direito a indenização, aproveitado em outro cargo ou posto em disponibilidade com remuneração proporcional ao tempo de serviço.

§ 3º Extinto o cargo ou declarada a sua desnecessidade, o servidor estável ficará em disponibilidade, com remuneração proporcional ao tempo de serviço, até seu adequado aproveitamento em outro cargo.

§ 4º Como condição para a aquisição da estabilidade, é obrigatória a avaliação especial de desempenho por comissão instituída para essa finalidade.

▶ Art. 41 com a redação dada pela EC nº 19, de 4-6-1998.
▶ Art. 28 da EC nº 19, de 4-6-1998 (Reforma Administrativa).

Seção III

DOS MILITARES DOS ESTADOS, DO DISTRITO FEDERAL E DOS TERRITÓRIOS

▶ Denominação desta Seção dada pela EC nº 18, de 5-2-1998.

Art. 42. Os membros das Polícias Militares e Corpos de Bombeiros Militares, instituições organizadas com base na hierarquia e disciplina, são militares dos Estados, do Distrito Federal e dos Territórios.

▶ *Caput* com a redação dada pela EC nº 18, de 5-2-1998.
▶ Art. 37, § 10, desta Constituição.
▶ Art. 89 do ADCT.

§ 1º Aplicam-se aos militares dos Estados, do Distrito Federal e dos Territórios, além do que vier a ser fixado em lei, as disposições do artigo 14, § 8º; do artigo 40, § 9º; e do artigo 142, §§ 2º e 3º, cabendo a lei estadual específica dispor sobre as matérias do artigo 142, § 3º, X, sendo as patentes dos oficiais conferidas pelos respectivos governadores.

▶ § 1º com a redação dada pela EC nº 20, de 15-12-1998.
▶ Súm. Vinc. nº 4 do STF.

§ 2º Aos pensionistas dos militares dos Estados, do Distrito Federal e dos Territórios aplica-se o que for fixado em lei específica do respectivo ente estatal.
▶ § 2º com a redação dada pela EC nº 41, de 19-12-2003.

SEÇÃO IV

DAS REGIÕES

Art. 43. Para efeitos administrativos, a União poderá articular sua ação em um mesmo complexo geoeconômico e social, visando a seu desenvolvimento e à redução das desigualdades regionais.

§ 1º Lei complementar disporá sobre:

I – as condições para integração de regiões em desenvolvimento;
II – a composição dos organismos regionais que executarão, na forma da lei, os planos regionais, integrantes dos planos nacionais de desenvolvimento econômico e social, aprovados juntamente com estes.

▶ LC nº 124, de 3-1-2007, institui a Superintendência do Desenvolvimento da Amazônia – SUDAM.
▶ LC nº 125, de 3-1-2007, institui a Superintendência do Desenvolvimento do Nordeste – SUDENE.
▶ LC nº 134, de 14-1-2010, dispõe sobre a composição do Conselho de Administração da Superintendência da Zona Franca de Manaus – SUFRAMA.

§ 2º Os incentivos regionais compreenderão, além de outros, na forma da lei:

I – igualdade de tarifas, fretes, seguros e outros itens de custos e preços de responsabilidade do Poder Público;
II – juros favorecidos para financiamento de atividades prioritárias;
III – isenções, reduções ou diferimento temporário de tributos federais devidos por pessoas físicas ou jurídicas;
IV – prioridade para o aproveitamento econômico e social dos rios e das massas de água represadas ou represáveis nas regiões de baixa renda, sujeitas a secas periódicas.

§ 3º Nas áreas a que se refere o § 2º, IV, a União incentivará a recuperação de terras áridas e cooperará com os pequenos e médios proprietários rurais para o estabelecimento, em suas glebas, de fontes de água e de pequena irrigação.

TÍTULO IV – DA ORGANIZAÇÃO DOS PODERES

CAPÍTULO I

DO PODER LEGISLATIVO

SEÇÃO I

DO CONGRESSO NACIONAL

Art. 44. O Poder Legislativo é exercido pelo Congresso Nacional, que se compõe da Câmara dos Deputados e do Senado Federal.

Parágrafo único. Cada legislatura terá a duração de quatro anos.

Art. 45. A Câmara dos Deputados compõe-se de representantes do povo, eleitos, pelo sistema proporcional, em cada Estado, em cada Território e no Distrito Federal.

§ 1º O número total de Deputados, bem como a representação por Estado e pelo Distrito Federal, será estabelecido por lei complementar, proporcionalmente à população, procedendo-se aos ajustes necessários, no ano anterior às eleições, para que nenhuma daquelas Unidades da Federação tenha menos de oito ou mais de setenta Deputados.

▶ Arts. 1º a 3º da LC nº 78, de 30-12-1993, que disciplina a fixação do número de Deputados, nos termos deste parágrafo.

§ 2º Cada Território elegerá quatro Deputados.

Art. 46. O Senado Federal compõe-se de representantes dos Estados e do Distrito Federal, eleitos segundo o princípio majoritário.

§ 1º Cada Estado e o Distrito Federal elegerão três Senadores, com mandato de oito anos.

§ 2º A representação de cada Estado e do Distrito Federal será renovada de quatro em quatro anos, alternadamente, por um e dois terços.

§ 3º Cada Senador será eleito com dois suplentes.

Art. 47. Salvo disposição constitucional em contrário, as deliberações de cada Casa e de suas Comissões serão tomadas por maioria dos votos, presente a maioria absoluta de seus membros.

SEÇÃO II

DAS ATRIBUIÇÕES DO CONGRESSO NACIONAL

Art. 48. Cabe ao Congresso Nacional, com a sanção do Presidente da República, não exigida esta para o especificado nos artigos 49, 51 e 52, dispor sobre todas as matérias de competência da União, especialmente sobre:

I – sistema tributário, arrecadação e distribuição de rendas;
II – plano plurianual, diretrizes orçamentárias, orçamento anual, operações de crédito, dívida pública e emissões de curso forçado;
III – fixação e modificação do efetivo das Forças Armadas;
IV – planos e programas nacionais, regionais e setoriais de desenvolvimento;
V – limites do território nacional, espaço aéreo e marítimo e bens do domínio da União;
VI – incorporação, subdivisão ou desmembramento de áreas de Territórios ou Estados, ouvidas as respectivas Assembleias Legislativas;

▶ Art. 4º da Lei nº 9.709, de 18-11-1998, que regulamenta o art. 14 desta Constituição.

VII – transferência temporária da sede do Governo Federal;
VIII – concessão de anistia;

▶ Art. 187 da LEP.

IX – organização administrativa, judiciária, do Ministério Público e da Defensoria Pública da União e dos Territórios e organização judiciária, do Ministério Público e da Defensoria Pública do Distrito Federal;
X – criação, transformação e extinção de cargos, empregos e funções públicas, observado o que estabelece o art. 84, VI, b;

XI – criação e extinção de Ministérios e órgãos da administração pública;
- Incisos X e XI com a redação dada pela EC nº 32, de 11-9-2001.

XII – telecomunicações e radiodifusão;
- Lei nº 9.295, de 19-7-1996, dispõe sobre serviços de telecomunicações, organizações e órgão regulador.
- Lei nº 9.472, de 16-7-1997, dispõe sobre a organização dos serviços de telecomunicações, a criação e funcionamento de um órgão regulador e outros aspectos institucionais.
- Lei nº 9.612, de 19-2-1998, institui o serviço de radiodifusão comunitária.

XIII – matéria financeira, cambial e monetária, instituições financeiras e suas operações;
XIV – moeda, seus limites de emissão, e montante da dívida mobiliária federal;
XV – fixação do subsídio dos Ministros do Supremo Tribunal Federal, observado o que dispõem os arts. 39, § 4º; 150, II; 153, III; e 153, § 2º, I.
- Inciso XV com a redação dada pela EC nº 41, de 19-12-2003.
- Lei nº 10.474, de 27-6-2002, dispõe sobre remuneração da Magistratura da União.
- Lei nº 11.143, de 26-7-2005, dispõe sobre o subsídio de Ministro do STF.
- Lei nº 12.041, de 8-10-2009, dispõe sobre a revisão do subsídio de Ministro do STF.

Art. 49. É da competência exclusiva do Congresso Nacional:
- Art. 48 desta Constituição.

I – resolver definitivamente sobre tratados, acordos ou atos internacionais que acarretem encargos ou compromissos gravosos ao patrimônio nacional;
II – autorizar o Presidente da República a declarar guerra, a celebrar a paz, a permitir que forças estrangeiras transitem pelo território nacional ou nele permaneçam temporariamente, ressalvados os casos previstos em lei complementar;
III – autorizar o Presidente e o Vice-Presidente da República a se ausentarem do País, quando a ausência exceder a quinze dias;
IV – aprovar o estado de defesa e a intervenção federal, autorizar o estado de sítio, ou suspender qualquer uma dessas medidas;
V – sustar os atos normativos do Poder Executivo que exorbitem do poder regulamentar ou dos limites de delegação legislativa;
VI – mudar temporariamente sua sede;
VII – fixar idêntico subsídio para os Deputados Federais e os Senadores, observado o que dispõem os artigos 37, XI, 39, § 4º, 150, II, 153, III, e 153, § 2º, I;
VIII – fixar os subsídios do Presidente e do Vice-Presidente da República e dos Ministros de Estado, observado o que dispõem os artigos 37, XI, 39, § 4º, 150, II, 153, III, e 153, § 2º, I;
- Incisos VII e VIII com a redação dada pela EC nº 19, de 4-6-1998.

IX – julgar anualmente as contas prestadas pelo Presidente da República e apreciar os relatórios sobre a execução dos planos de governo;
X – fiscalizar e controlar, diretamente, ou por qualquer de suas Casas, os atos do Poder Executivo, incluídos os da administração indireta;
XI – zelar pela preservação de sua competência legislativa em face da atribuição normativa dos outros Poderes;
XII – apreciar os atos de concessão e renovação de concessão de emissoras de rádio e televisão;
XIII – escolher dois terços dos membros do Tribunal de Contas da União;
- Dec. Legislativo nº 6, de 22-4-1993, regulamenta a escolha de Ministro do Tribunal de Contas da União pelo Congresso Nacional.

XIV – aprovar iniciativas do Poder Executivo referentes a atividades nucleares;
XV – autorizar referendo e convocar plebiscito;
- Arts. 1º a 12 da Lei nº 9.709, de 18-11-1998, que regulamenta o art. 14 desta Constituição.

XVI – autorizar, em terras indígenas, a exploração e o aproveitamento de recursos hídricos e a pesquisa e lavra de riquezas minerais;
XVII – aprovar, previamente, a alienação ou concessão de terras públicas com área superior a dois mil e quinhentos hectares.

Art. 50. A Câmara dos Deputados e o Senado Federal, ou qualquer de suas Comissões, poderão convocar Ministro de Estado ou quaisquer titulares de órgãos diretamente subordinados à Presidência da República para prestarem, pessoalmente, informações sobre assunto previamente determinado, importando em crime de responsabilidade a ausência sem justificação adequada.
- *Caput* com a redação dada pela ECR nº 2, de 7-6-1994.

§ 1º Os Ministros de Estado poderão comparecer ao Senado Federal, à Câmara dos Deputados, ou a qualquer de suas Comissões, por sua iniciativa e mediante entendimentos com a Mesa respectiva, para expor assunto de relevância de seu Ministério.
§ 2º As Mesas da Câmara dos Deputados e do Senado Federal poderão encaminhar pedidos escritos de informação a Ministros de Estado ou a qualquer das pessoas referidas no *caput* deste artigo, importando em crime de responsabilidade a recusa, ou o não atendimento, no prazo de trinta dias, bem como a prestação de informações falsas.
- § 2º com a redação dada pela ECR nº 2, de 7-6-1994.

Seção III

DA CÂMARA DOS DEPUTADOS

Art. 51. Compete privativamente à Câmara dos Deputados:
- Art. 48 desta Constituição.

I – autorizar, por dois terços de seus membros, a instauração de processo contra o Presidente e o Vice-Presidente da República e os Ministros de Estado;
II – proceder à tomada de contas do Presidente da República, quando não apresentadas ao Congresso Nacional dentro de sessenta dias após a abertura da sessão legislativa;
III – elaborar seu regimento interno;
IV – dispor sobre sua organização, funcionamento, polícia, criação, transformação ou extinção dos cargos, empregos e funções de seus serviços, e a iniciativa de

lei para fixação da respectiva remuneração, observados os parâmetros estabelecidos na lei de diretrizes orçamentárias;

▶ Inciso IV com a redação dada pela EC nº 19, de 4-6-1998.

V – eleger membros do Conselho da República, nos termos do artigo 89, VII.

SEÇÃO IV

DO SENADO FEDERAL

Art. 52. Compete privativamente ao Senado Federal:

▶ Art. 48 desta Constituição.

I – processar e julgar o Presidente e o Vice-Presidente da República nos crimes de responsabilidade, bem como os Ministros de Estado e os Comandantes da Marinha, do Exército e da Aeronáutica nos crimes da mesma natureza conexos com aqueles;

▶ Inciso I com a redação dada pela EC nº 23, de 2-9-1999.
▶ Art. 102, I, c, desta Constituição.
▶ Lei nº 1.079, de 10-4-1950 (Lei dos Crimes de Responsabilidade).

II – processar e julgar os Ministros do Supremo Tribunal Federal, os membros do Conselho Nacional de Justiça e do Conselho Nacional do Ministério Público, o Procurador-Geral da República e o Advogado-Geral da União nos crimes de responsabilidade;

▶ Inciso II com a redação dada pela EC nº 45, de 8-12-2004.
▶ Arts. 103-B, 130-A, 131 e 132 desta Constituição.
▶ Art. 5º da EC nº 45, de 8-12-2004 (Reforma do Judiciário).

III – aprovar previamente, por voto secreto, após arguição pública, a escolha de:
a) magistrados, nos casos estabelecidos nesta Constituição;
b) Ministros do Tribunal de Contas da União indicados pelo Presidente da República;
c) Governador de Território;
d) presidente e diretores do Banco Central;
e) Procurador-Geral da República;
f) titulares de outros cargos que a lei determinar;

IV – aprovar previamente, por voto secreto, após arguição em sessão secreta, a escolha dos chefes de missão diplomática de caráter permanente;

V – autorizar operações externas de natureza financeira, de interesse da União, dos Estados, do Distrito Federal, dos Territórios e dos Municípios;

VI – fixar, por proposta do Presidente da República, limites globais para o montante da dívida consolidada da União, dos Estados, do Distrito Federal e dos Municípios;

VII – dispor sobre limites globais e condições para as operações de crédito externo e interno da União, dos Estados, do Distrito Federal e dos Municípios, de suas autarquias e demais entidades controladas pelo Poder Público Federal;

VIII – dispor sobre limites e condições para a concessão de garantia da União em operações de crédito externo e interno;

IX – estabelecer limites globais e condições para o montante da dívida mobiliária dos Estados, do Distrito Federal e dos Municípios;

X – suspender a execução, no todo ou em parte, de lei declarada inconstitucional por decisão definitiva do Supremo Tribunal Federal;

XI – aprovar, por maioria absoluta e por voto secreto, a exoneração, de ofício, do Procurador-Geral da República antes do término de seu mandato;

XII – elaborar seu regimento interno;

XIII – dispor sobre sua organização, funcionamento, polícia, criação, transformação ou extinção dos cargos, empregos e funções de seus serviços, e a iniciativa de lei para fixação da respectiva remuneração, observados os parâmetros estabelecidos na lei de diretrizes orçamentárias;

▶ Inciso XIII com a redação dada pela EC nº 19, de 4-6-1998.

XIV – eleger membros do Conselho da República, nos termos do artigo 89, VII;

XV – avaliar periodicamente a funcionalidade do Sistema Tributário Nacional, em sua estrutura e seus componentes, e o desempenho das administrações tributárias da União, dos Estados e do Distrito Federal e dos Municípios.

▶ Inciso XV acrescido pela EC nº 42, de 19-12-2003.

Parágrafo único. Nos casos previstos nos incisos I e II, funcionará como Presidente o do Supremo Tribunal Federal, limitando-se a condenação, que somente será proferida por dois terços dos votos do Senado Federal, à perda do cargo, com inabilitação, por oito anos, para o exercício de função pública, sem prejuízo das demais sanções judiciais cabíveis.

SEÇÃO V

DOS DEPUTADOS E DOS SENADORES

▶ Lei nº 9.504, de 30-9-1997 (Lei das Eleições).

Art. 53. Os Deputados e Senadores são invioláveis, civil e penalmente, por quaisquer de suas opiniões, palavras e votos.

▶ Caput com a redação dada pela EC nº 35, de 20-12-2001.

§ 1º Os Deputados e Senadores, desde a expedição do diploma, serão submetidos a julgamento perante o Supremo Tribunal Federal.

▶ Art. 102, I, b, desta Constituição.

§ 2º Desde a expedição do diploma, os membros do Congresso Nacional não poderão ser presos, salvo em flagrante de crime inafiançável. Nesse caso, os autos serão remetidos dentro de vinte e quatro horas à Casa respectiva, para que, pelo voto da maioria de seus membros, resolva sobre a prisão.

▶ Arts. 43, III, e 301 do CPP.

§ 3º Recebida a denúncia contra o Senador ou Deputado, por crime ocorrido após a diplomação, o Supremo Tribunal Federal dará ciência à Casa respectiva, que, por iniciativa de partido político nela representado e pelo voto da maioria de seus membros, poderá, até a decisão final, sustar o andamento da ação.

§ 4º O pedido de sustação será apreciado pela Casa respectiva no prazo improrrogável de quarenta e cinco dias do seu recebimento pela Mesa Diretora.

§ 5º A sustação do processo suspende a prescrição, enquanto durar o mandato.

§ 6º Os Deputados e Senadores não serão obrigados a testemunhar sobre informações recebidas ou prestadas em razão do exercício do mandato, nem sobre as pessoas que lhes confiaram ou deles receberam informações.

§ 7º A incorporação às Forças Armadas de Deputados e Senadores, embora militares e ainda que em tempo de guerra, dependerá de prévia licença da Casa respectiva.

▶ §§ 1º a 7º com a redação dada pela EC nº 35, de 20-12-2001.

§ 8º As imunidades de Deputados ou Senadores subsistirão durante o estado de sítio, só podendo ser suspensas mediante o voto de dois terços dos membros da Casa respectiva, nos casos de atos praticados fora do recinto do Congresso Nacional, que sejam incompatíveis com a execução da medida.

▶ § 8º acrescido pela EC nº 35, de 20-12-2001.
▶ Arts. 137 a 141 desta Constituição.
▶ Arts. 138 a 145 do CP.

Art. 54. Os Deputados e Senadores não poderão:

I – desde a expedição do diploma:
a) firmar ou manter contrato com pessoa jurídica de direito público, autarquia, empresa pública, sociedade de economia mista ou empresa concessionária de serviço público, salvo quando o contrato obedecer a cláusulas uniformes;
b) aceitar ou exercer cargo, função ou emprego remunerado, inclusive os de que sejam demissíveis *ad nutum*, nas entidades constantes da alínea anterior;

II – desde a posse:
a) ser proprietários, controladores ou diretores de empresa que goze de favor decorrente de contrato com pessoa jurídica de direito público, ou nela exercer função remunerada;
b) ocupar cargo ou função de que sejam demissíveis *ad nutum*, nas entidades referidas no inciso I, *a*;
c) patrocinar causa em que seja interessada qualquer das entidades a que se refere o inciso I, *a*;
d) ser titulares de mais de um cargo ou mandato público eletivo.

Art. 55. Perderá o mandato o Deputado ou Senador:

I – que infringir qualquer das proibições estabelecidas no artigo anterior;

▶ Art. 1º do Dec. Legislativo nº 16, de 24-3-1994, que submete à condição suspensiva a renúncia de parlamentar contra o qual pende procedimento fundado nos termos deste inciso.

II – cujo procedimento for declarado incompatível com o decoro parlamentar;

▶ Art. 1º do Dec. Legislativo nº 16, de 24-3-1994, que submete à condição suspensiva a renúncia de parlamentar contra o qual pende procedimento fundado nos termos deste inciso.

III – que deixar de comparecer, em cada sessão legislativa, à terça parte das sessões ordinárias da Casa a que pertencer, salvo licença ou missão por esta autorizada;
IV – que perder ou tiver suspensos os direitos políticos;
V – quando o decretar a Justiça Eleitoral, nos casos previstos nesta Constituição;
VI – que sofrer condenação criminal em sentença transitada em julgado.

▶ Art. 92, I, do CP.

§ 1º É incompatível com o decoro parlamentar, além dos casos definidos no regimento interno, o abuso das prerrogativas asseguradas a membro do Congresso Nacional ou a percepção de vantagens indevidas.

§ 2º Nos casos dos incisos I, II e VI, a perda do mandato será decidida pela Câmara dos Deputados ou pelo Senado Federal, por voto secreto e maioria absoluta, mediante provocação da respectiva Mesa ou de partido político representado no Congresso Nacional, assegurada ampla defesa.

§ 3º Nos casos previstos nos incisos III a V, a perda será declarada pela Mesa da Casa respectiva, de ofício ou mediante provocação de qualquer de seus membros, ou de partido político representado no Congresso Nacional, assegurada ampla defesa.

§ 4º A renúncia de parlamentar submetido a processo que vise ou possa levar à perda do mandato, nos termos deste artigo, terá seus efeitos suspensos até as deliberações finais de que tratam os §§ 2º e 3º.

▶ § 4º acrescido pela ECR nº 6, de 7-6-1994.

Art. 56. Não perderá o mandato o Deputado ou Senador:

I – investido no cargo de Ministro de Estado, Governador de Território, Secretário de Estado, do Distrito Federal, de Território, de Prefeitura de Capital ou chefe de missão diplomática temporária;
II – licenciado pela respectiva Casa por motivo de doença, ou para tratar, sem remuneração, de interesse particular, desde que, neste caso, o afastamento não ultrapasse cento e vinte dias por sessão legislativa.

§ 1º O suplente será convocado nos casos de vaga, de investidura em funções previstas neste artigo ou de licença superior a cento e vinte dias.

§ 2º Ocorrendo vaga e não havendo suplente, far-se-á eleição para preenchê-la se faltarem mais de quinze meses para o término do mandato.

§ 3º Na hipótese do inciso I, o Deputado ou Senador poderá optar pela remuneração do mandato.

Seção VI

DAS REUNIÕES

Art. 57. O Congresso Nacional reunir-se-á, anualmente, na Capital Federal, de 2 de fevereiro a 17 de julho e de 1º de agosto a 22 de dezembro.

▶ *Caput* com a redação dada pela EC nº 50, de 14-2-2006.

§ 1º As reuniões marcadas para essas datas serão transferidas para o primeiro dia útil subsequente, quando recaírem em sábados, domingos ou feriados.

§ 2º A sessão legislativa não será interrompida sem a aprovação do projeto de lei de diretrizes orçamentárias.

§ 3º Além de outros casos previstos nesta Constituição, a Câmara dos Deputados e o Senado Federal reunir-se-ão em sessão conjunta para:

I – inaugurar a sessão legislativa;
II – elaborar o regimento comum e regular a criação de serviços comuns às duas Casas;

III – receber o compromisso do Presidente e do Vice-Presidente da República;
IV – conhecer do veto e sobre ele deliberar.

§ 4º Cada uma das Casas reunir-se-á em sessões preparatórias, a partir de 1º de fevereiro, no primeiro ano da legislatura, para a posse de seus membros e eleição das respectivas Mesas, para mandato de 2 (dois) anos, vedada a recondução para o mesmo cargo na eleição imediatamente subsequente.

▶ § 4º com a redação dada pela EC nº 50, de 14-2-2006.

§ 5º A Mesa do Congresso Nacional será presidida pelo Presidente do Senado Federal, e os demais cargos serão exercidos, alternadamente, pelos ocupantes de cargos equivalentes na Câmara dos Deputados e no Senado Federal.

§ 6º A convocação extraordinária do Congresso Nacional far-se-á:

▶ § 6º com a redação dada pela EC nº 50, de 14-2-2006.

I – pelo Presidente do Senado Federal, em caso de decretação de estado de defesa ou de intervenção federal, de pedido de autorização para a decretação de estado de sítio e para o compromisso e a posse do Presidente e do Vice-Presidente da República;
II – pelo Presidente da República, pelos Presidentes da Câmara dos Deputados e do Senado Federal ou a requerimento da maioria dos membros de ambas as Casas, em caso de urgência ou interesse público relevante, em todas as hipóteses deste inciso com a aprovação da maioria absoluta de cada uma das Casas do Congresso Nacional.

▶ Inciso II com a redação dada pela EC nº 50, de 14-2-2006.

§ 7º Na sessão legislativa extraordinária, o Congresso Nacional somente deliberará sobre a matéria para a qual foi convocado, ressalvada a hipótese do § 8º deste artigo, vedado o pagamento de parcela indenizatória, em razão da convocação.

▶ § 7º com a redação dada pela EC nº 50, de 14-2-2006.

§ 8º Havendo medidas provisórias em vigor na data de convocação extraordinária do Congresso Nacional, serão elas automaticamente incluídas na pauta da convocação.

▶ § 8º acrescido pela EC nº 32, de 11-9-2001.

Seção VII
DAS COMISSÕES

Art. 58. O Congresso Nacional e suas Casas terão comissões permanentes e temporárias, constituídas na forma e com as atribuições previstas no respectivo regimento ou no ato de que resultar sua criação.

§ 1º Na constituição das Mesas e de cada Comissão, é assegurada, tanto quanto possível, a representação proporcional dos partidos ou dos blocos parlamentares que participam da respectiva Casa.

§ 2º Às comissões, em razão da matéria de sua competência, cabe:

I – discutir e votar projeto de lei que dispensar, na forma do regimento, a competência do Plenário, salvo se houver recurso de um décimo dos membros da Casa;
II – realizar audiências públicas com entidades da sociedade civil;

III – convocar Ministros de Estado para prestar informações sobre assuntos inerentes a suas atribuições;
IV – receber petições, reclamações, representações ou queixas de qualquer pessoa contra atos ou omissões das autoridades ou entidades públicas;
V – solicitar depoimento de qualquer autoridade ou cidadão;
VI – apreciar programas de obras, planos nacionais, regionais e setoriais de desenvolvimento e sobre eles emitir parecer.

§ 3º As comissões parlamentares de inquérito, que terão poderes de investigação próprios das autoridades judiciais, além de outros previstos nos regimentos das respectivas Casas, serão criadas pela Câmara dos Deputados e pelo Senado Federal, em conjunto ou separadamente, mediante requerimento de um terço de seus membros, para a apuração de fato determinado e por prazo certo, sendo suas conclusões, se for o caso, encaminhadas ao Ministério Público, para que promova a responsabilidade civil ou criminal dos infratores.

▶ Lei nº 1.579, de 18-3-1952 (Lei das Comissões Parlamentares de Inquérito).
▶ Lei nº 10.001, de 4-9-2000, dispõe sobre a prioridade nos procedimentos a serem adotados pelo Ministério Publico e por outros órgãos a respeito das conclusões das Comissões Parlamentares de Inquérito.

§ 4º Durante o recesso, haverá uma Comissão Representativa do Congresso Nacional, eleita por suas Casas na última sessão ordinária do período legislativo, com atribuições definidas no regimento comum, cuja composição reproduzirá, quanto possível, a proporcionalidade da representação partidária.

Seção VIII
DO PROCESSO LEGISLATIVO

Subseção I
DISPOSIÇÃO GERAL

Art. 59. O processo legislativo compreende a elaboração de:

I – emendas à Constituição;
II – leis complementares;
III – leis ordinárias;
IV – leis delegadas;
V – medidas provisórias;

▶ Arts. 70 e 73 do ADCT.

VI – decretos legislativos;

▶ Art. 3º da Lei nº 9.709, de 18-11-1998, que dispõe sobre a convocação do plebiscito e o referendo nas questões de relevância nacional, de competência do Poder Legislativo ou do Poder Executivo.

VII – resoluções.

Parágrafo único. Lei complementar disporá sobre a elaboração, redação, alteração e consolidação das leis.

▶ LC nº 95, de 26-2-1998, trata do disposto neste parágrafo único.
▶ Dec. nº 4.176, de 28-3-2002, estabelece normas e diretrizes para a elaboração, a redação, a alteração, a consolidação e o encaminhamento ao Presidente da República de projetos de atos normativos de competência dos órgãos do Poder Executivo Federal.

Subseção II

DA EMENDA À CONSTITUIÇÃO

Art. 60. A Constituição poderá ser emendada mediante proposta:

I – de um terço, no mínimo, dos membros da Câmara dos Deputados ou do Senado Federal;

II – do Presidente da República;

III – de mais da metade das Assembleias Legislativas das Unidades da Federação, manifestando-se, cada uma delas, pela maioria relativa de seus membros.

§ 1º A Constituição não poderá ser emendada na vigência de intervenção federal, de estado de defesa ou de estado de sítio.

▶ Arts. 34 a 36, e 136 a 141 desta Constituição.

§ 2º A proposta será discutida e votada em cada Casa do Congresso Nacional, em dois turnos, considerando-se aprovada se obtiver, em ambos, três quintos dos votos dos respectivos membros.

§ 3º A emenda à Constituição será promulgada pelas Mesas da Câmara dos Deputados e do Senado Federal, com o respectivo número de ordem.

§ 4º Não será objeto de deliberação a proposta de emenda tendente a abolir:

I – a forma federativa de Estado;

▶ Arts. 1º e 18 desta Constituição.

II – o voto direto, secreto, universal e periódico;

▶ Arts. 1º, 14 e 81, § 1º, desta Constituição.
▶ Lei nº 9.709, de 18-11-1998, regulamenta o art. 14 desta Constituição.

III – a separação dos Poderes;

▶ Art. 2º desta Constituição.

IV – os direitos e garantias individuais.

▶ Art. 5º desta Constituição.

§ 5º A matéria constante de proposta de emenda rejeitada ou havida por prejudicada não pode ser objeto de nova proposta na mesma sessão legislativa.

Subseção III

DAS LEIS

Art. 61. A iniciativa das leis complementares e ordinárias cabe a qualquer membro ou Comissão da Câmara dos Deputados, do Senado Federal ou do Congresso Nacional, ao Presidente da República, ao Supremo Tribunal Federal, aos Tribunais Superiores, ao Procurador-Geral da República e aos cidadãos, na forma e nos casos previstos nesta Constituição.

§ 1º São de iniciativa privativa do Presidente da República as leis que:

I – fixem ou modifiquem os efetivos das Forças Armadas;

II – disponham sobre:

▶ Súmulas nºˢ 679 e 681 do STF.

a) criação de cargos, funções ou empregos públicos na administração direta e autárquica ou aumento de sua remuneração;

▶ Súm. nº 679 do STF.

b) organização administrativa e judiciária, matéria tributária e orçamentária, serviços públicos e pessoal da administração dos Territórios;

c) servidores públicos da União e Territórios, seu regime jurídico, provimento de cargos, estabilidade e aposentadoria;

▶ Alínea c com a redação dada pela EC nº 18, de 5-2-1998.

d) organização do Ministério Público e da Defensoria Pública da União, bem como normas gerais para a organização do Ministério Público e da Defensoria Pública dos Estados, do Distrito Federal e dos Territórios;

e) criação e extinção de Ministérios e órgãos da administração pública, observado o disposto no artigo 84, VI;

▶ Alínea e com a redação dada pela EC nº 32, de 11-9-2001.

f) militares das Forças Armadas, seu regime jurídico, provimento de cargos, promoções, estabilidade, remuneração, reforma e transferência para a reserva.

▶ Alínea f acrescida pela EC nº 18, de 5-2-1998.

§ 2º A iniciativa popular pode ser exercida pela apresentação à Câmara dos Deputados de projeto de lei subscrito por, no mínimo, um por cento do eleitorado nacional, distribuído pelo menos por cinco Estados, com não menos de três décimos por cento dos eleitores de cada um deles.

▶ Arts.1º, III, 13 e 14 da Lei nº 9.709, de 18-11-1998, que regulamenta o art. 14 desta Constituição.

Art. 62. Em caso de relevância e urgência, o Presidente da República poderá adotar medidas provisórias, com força de lei, devendo submetê-las de imediato ao Congresso Nacional.

▶ *Caput* com a redação dada pela EC nº 32, de 11-9-2001.
▶ Arts. 167, § 3º, e 246 desta Constituição.
▶ Art. 2º da EC nº 32, de 11-9-2001.
▶ Súm. nº 651 do STF.

§ 1º É vedada a edição de medidas provisórias sobre matéria:

I – relativa a:

a) nacionalidade, cidadania, direitos políticos, partidos políticos e direito eleitoral;

b) direito penal, processual penal e processual civil;

c) organização do Poder Judiciário e do Ministério Público, a carreira e a garantia de seus membros;

d) planos plurianuais, diretrizes orçamentárias, orçamento e créditos adicionais e suplementares, ressalvado o previsto no artigo 167, § 3º;

II – que vise a detenção ou sequestro de bens, de poupança popular ou qualquer outro ativo financeiro;

III – reservada a lei complementar;

IV – já disciplinada em projeto de lei aprovado pelo Congresso Nacional e pendente de sanção ou veto do Presidente da República.

§ 2º Medida provisória que implique instituição ou majoração de impostos, exceto os previstos nos artigos 153, I, II, IV, V, e 154, II, só produzirá efeitos no exercício financeiro seguinte se houver sido convertida em lei até o último dia daquele em que foi editada.

§ 3º As medidas provisórias, ressalvado o disposto nos §§ 11 e 12 perderão eficácia, desde a edição, se não forem convertidas em lei no prazo de sessenta dias, prorrogável, nos termos do § 7º, uma vez por igual período, devendo o Congresso Nacional disciplinar, por decreto legislativo, as relações jurídicas delas decorrentes.

§ 4º O prazo a que se refere o § 3º contar-se-á da publicação da medida provisória, suspendendo-se durante os períodos de recesso do Congresso Nacional.

§ 5º A deliberação de cada uma das Casas do Congresso Nacional sobre o mérito das medidas provisórias dependerá de juízo prévio sobre o atendimento de seus pressupostos constitucionais.

§ 6º Se a medida provisória não for apreciada em até quarenta e cinco dias contados de sua publicação, entrará em regime de urgência, subsequentemente, em cada uma das Casas do Congresso Nacional, ficando sobrestadas, até que se ultime a votação, todas as demais deliberações legislativas da Casa em que estiver tramitando.

§ 7º Prorrogar-se-á uma única vez por igual período a vigência de medida provisória que, no prazo de sessenta dias, contado de sua publicação, não tiver a sua votação encerrada nas duas Casas do Congresso Nacional.

§ 8º As medidas provisórias terão sua votação iniciada na Câmara dos Deputados.

§ 9º Caberá à comissão mista de Deputados e Senadores examinar as medidas provisórias e sobre elas emitir parecer, antes de serem apreciadas, em sessão separada, pelo plenário de cada uma das Casas do Congresso Nacional.

§ 10. É vedada a reedição, na mesma sessão legislativa, de medida provisória que tenha sido rejeitada ou que tenha perdido sua eficácia por decurso de prazo.

§ 11. Não editado o decreto legislativo a que se refere o § 3º até sessenta dias após a rejeição ou perda de eficácia de medida provisória, as relações jurídicas constituídas e decorrentes de atos praticados durante sua vigência conservar-se-ão por ela regidas.

§ 12. Aprovado projeto de lei de conversão alterando o texto original da medida provisória, esta manter-se-á integralmente em vigor até que seja sancionado ou vetado o projeto.

▶ §§ 1º a 12 acrescidos pela EC nº 32, de 11-9-2001.

Art. 63. Não será admitido aumento da despesa prevista:

I – nos projetos de iniciativa exclusiva do Presidente da República, ressalvado o disposto no artigo 166, §§ 3º e 4º;

II – nos projetos sobre organização dos serviços administrativos da Câmara dos Deputados, do Senado Federal, dos Tribunais Federais e do Ministério Público.

Art. 64. A discussão e votação dos projetos de lei de iniciativa do Presidente da República, do Supremo Tribunal Federal e dos Tribunais Superiores terão início na Câmara dos Deputados.

§ 1º O Presidente da República poderá solicitar urgência para apreciação de projetos de sua iniciativa.

§ 2º Se, no caso do § 1º, a Câmara dos Deputados e o Senado Federal não se manifestarem sobre a proposição, cada qual sucessivamente, em até quarenta e cinco dias, sobrestar-se-ão todas as demais deliberações legislativas da respectiva Casa, com exceção das que tenham prazo constitucional determinado, até que se ultime a votação.

▶ § 2º com a redação dada pela EC nº 32, de 11-9-2001.

§ 3º A apreciação das emendas do Senado Federal pela Câmara dos Deputados far-se-á no prazo de dez dias, observado quanto ao mais o disposto no parágrafo anterior.

§ 4º Os prazos do § 2º não correm nos períodos de recesso do Congresso Nacional, nem se aplicam aos projetos de código.

Art. 65. O projeto de lei aprovado por uma Casa será revisto pela outra, em um só turno de discussão e votação, e enviado à sanção ou promulgação, se a Casa revisora o aprovar, ou arquivado, se o rejeitar.

Parágrafo único. Sendo o projeto emendado, voltará à Casa iniciadora.

Art. 66. A Casa na qual tenha sido concluída a votação enviará o projeto de lei ao Presidente da República, que, aquiescendo, o sancionará.

§ 1º Se o Presidente da República considerar o projeto, no todo ou em parte, inconstitucional ou contrário ao interesse público, vetá-lo-á total ou parcialmente, no prazo de quinze dias úteis, contados da data do recebimento, e comunicará, dentro de quarenta e oito horas, ao Presidente do Senado Federal os motivos do veto.

§ 2º O veto parcial somente abrangerá texto integral de artigo, de parágrafo, de inciso ou de alínea.

§ 3º Decorrido o prazo de quinze dias, o silêncio do Presidente da República importará sanção.

§ 4º O veto será apreciado em sessão conjunta, dentro de trinta dias a contar de seu recebimento, só podendo ser rejeitado pelo voto da maioria absoluta dos Deputados e Senadores, em escrutínio secreto.

§ 5º Se o veto não for mantido, será o projeto enviado, para promulgação, ao Presidente da República.

§ 6º Esgotado sem deliberação o prazo estabelecido no § 4º, o veto será colocado na ordem do dia da sessão imediata, sobrestadas as demais proposições, até sua votação final.

▶ § 6º com a redação dada pela EC nº 32, de 11-9-2001.

§ 7º Se a lei não for promulgada dentro de quarenta e oito horas pelo Presidente da República, nos casos dos §§ 3º e 5º, o Presidente do Senado a promulgará, e, se este não o fizer em igual prazo, caberá ao Vice-Presidente do Senado fazê-lo.

Art. 67. A matéria constante de projeto de lei rejeitado somente poderá constituir objeto de novo projeto, na mesma sessão legislativa, mediante proposta da maioria absoluta dos membros de qualquer das Casas do Congresso Nacional.

Art. 68. As leis delegadas serão elaboradas pelo Presidente da República, que deverá solicitar a delegação ao Congresso Nacional.

§ 1º Não serão objeto de delegação os atos de competência exclusiva do Congresso Nacional, os de competência privativa da Câmara dos Deputados ou do Senado Federal, a matéria reservada à lei complementar, nem a legislação sobre:

I – organização do Poder Judiciário e do Ministério Público, a carreira e a garantia de seus membros;
II – nacionalidade, cidadania, direitos individuais, políticos e eleitorais;
III – planos plurianuais, diretrizes orçamentárias e orçamentos.

§ 2º A delegação ao Presidente da República terá a forma de resolução do Congresso Nacional, que especificará seu conteúdo e os termos de seu exercício.

§ 3º Se a resolução determinar a apreciação do projeto pelo Congresso Nacional, este a fará em votação única, vedada qualquer emenda.

Art. 69. As leis complementares serão aprovadas por maioria absoluta.

SEÇÃO IX

DA FISCALIZAÇÃO CONTÁBIL, FINANCEIRA E ORÇAMENTÁRIA

▶ Dec. nº 3.590, de 6-9-2000, dispõe sobre o Sistema de Administração Financeira Federal.
▶ Dec. nº 3.591, de 6-9-2000, dispõe sobre o Sistema de Controle Interno do Poder Executivo Federal.
▶ Dec. nº 6.976, de 7-10-2009, dispõe sobre o Sistema de Contabilidade Federal.

Art. 70. A fiscalização contábil, financeira, orçamentária, operacional e patrimonial da União e das entidades da administração direta e indireta, quanto à legalidade, legitimidade, economicidade, aplicação das subvenções e renúncia de receitas, será exercida pelo Congresso Nacional, mediante controle externo, e pelo sistema de controle interno de cada Poder.

Parágrafo único. Prestará contas qualquer pessoa física ou jurídica, pública ou privada, que utilize, arrecade, guarde, gerencie ou administre dinheiros, bens e valores públicos ou pelos quais a União responda, ou que, em nome desta, assuma obrigações de natureza pecuniária.

▶ Parágrafo único com a redação dada pela EC nº 19, de 4-6-1998.

Art. 71. O controle externo, a cargo do Congresso Nacional, será exercido com o auxílio do Tribunal de Contas da União, ao qual compete:

▶ Lei nº 8.443, de 16-7-1992, dispõe sobre a Lei Orgânica do Tribunal de Contas da União – TCU.

I – apreciar as contas prestadas anualmente pelo Presidente da República, mediante parecer prévio que deverá ser elaborado em sessenta dias a contar de seu recebimento;
II – julgar as contas dos administradores e demais responsáveis por dinheiros, bens e valores públicos da administração direta e indireta, incluídas as fundações e sociedades instituídas e mantidas pelo Poder Público federal, e as contas daqueles que derem causa à perda, extravio ou outra irregularidade de que resulte prejuízo ao erário público;
III – apreciar, para fins de registro, a legalidade dos atos de admissão de pessoal, a qualquer título, na administração direta e indireta, incluídas as fundações instituídas e mantidas pelo Poder Público, excetuadas as nomeações para cargo de provimento em comissão, bem como a das concessões de aposentadorias, reformas e pensões, ressalvadas as melhorias posteriores que não alterem o fundamento legal do ato concessório;

▶ Súm. Vinc. nº 3 do STF.

IV – realizar, por iniciativa própria, da Câmara dos Deputados, do Senado Federal, de Comissão técnica ou de inquérito, inspeções e auditorias de natureza contábil, financeira, orçamentária, operacional e patrimonial, nas unidades administrativas dos Poderes Legislativo, Executivo e Judiciário, e demais entidades referidas no inciso II;
V – fiscalizar as contas nacionais das empresas supranacionais de cujo capital social a União participe, de forma direta ou indireta, nos termos do tratado constitutivo;
VI – fiscalizar a aplicação de quaisquer recursos repassados pela União mediante convênio, acordo, ajuste ou outros instrumentos congêneres, a Estado, ao Distrito Federal ou a Município;
VII – prestar as informações solicitadas pelo Congresso Nacional, por qualquer de suas Casas, ou por qualquer das respectivas Comissões, sobre a fiscalização contábil, financeira, orçamentária, operacional e patrimonial e sobre resultados de auditorias e inspeções realizadas;
VIII – aplicar aos responsáveis, em caso de ilegalidade de despesa ou irregularidade de contas, as sanções previstas em lei, que estabelecerá, entre outras cominações, multa proporcional ao dano causado ao erário;
IX – assinar prazo para que o órgão ou entidade adote as providências necessárias ao exato cumprimento da lei, se verificada ilegalidade;
X – sustar, se não atendido, a execução do ato impugnado, comunicando a decisão à Câmara dos Deputados e ao Senado Federal;
XI – representar ao Poder competente sobre irregularidades ou abusos apurados.

§ 1º No caso de contrato, o ato de sustação será adotado diretamente pelo Congresso Nacional, que solicitará, de imediato, ao Poder Executivo as medidas cabíveis.

§ 2º Se o Congresso Nacional ou o Poder Executivo, no prazo de noventa dias, não efetivar as medidas previstas no parágrafo anterior, o Tribunal decidirá a respeito.

§ 3º As decisões do Tribunal de que resulte imputação de débito ou multa terão eficácia de título executivo.

§ 4º O Tribunal encaminhará ao Congresso Nacional, trimestral e anualmente, relatório de suas atividades.

Art. 72. A Comissão mista permanente a que se refere o artigo 166, § 1º, diante de indícios de despesas não autorizadas, ainda que sob a forma de investimentos não programados ou de subsídios não aprovados, poderá solicitar à autoridade governamental responsável que, no prazo de cinco dias, preste os esclarecimentos necessários.

▶ Art. 16, § 2º, do ADCT.

§ 1º Não prestados os esclarecimentos, ou considerados estes insuficientes, a Comissão solicitará ao Tribunal pronunciamento conclusivo sobre a matéria, no prazo de trinta dias.

§ 2º Entendendo o Tribunal irregular a despesa, a Comissão, se julgar que o gasto possa causar dano irreparável ou grave lesão à economia pública, proporá ao Congresso Nacional sua sustação.

Art. 73. O Tribunal de Contas da União, integrado por nove Ministros, tem sede no Distrito Federal, quadro próprio de pessoal e jurisdição em todo o Território Nacional, exercendo, no que couber, as atribuições previstas no artigo 96.

▶ Art. 84, XV, desta Constituição.
▶ Lei nº 8.443, de 16-7-1992, dispõe sobre a Lei Orgânica do Tribunal de Contas da União –TCU.

§ 1º Os Ministros do Tribunal de Contas da União serão nomeados dentre brasileiros que satisfaçam os seguintes requisitos:

I – mais de trinta e cinco e menos de sessenta e cinco anos de idade;
II – idoneidade moral e reputação ilibada;
III – notórios conhecimentos jurídicos, contábeis, econômicos e financeiros ou de administração pública;
IV – mais de dez anos de exercício de função ou de efetiva atividade profissional que exija os conhecimentos mencionados no inciso anterior.

▶ Dec. Legislativo nº 6, de 22-4-1993, dispõe sobre a escolha de Ministro do Tribunal de Contas da União.

§ 2º Os Ministros do Tribunal de Contas da União serão escolhidos:

▶ Súm. nº 653 do STF.

I – um terço pelo Presidente da República, com aprovação do Senado Federal, sendo dois alternadamente dentre auditores e membros do Ministério Público junto ao Tribunal, indicados em lista tríplice pelo Tribunal, segundo os critérios de antiguidade e merecimento;
II – dois terços pelo Congresso Nacional.

▶ Dec. Legislativo nº 6, de 22-4-1993, dispõe sobre a escolha de Ministro do Tribunal de Contas da União.

§ 3º Os Ministros do Tribunal de Contas da União terão as mesmas garantias, prerrogativas, impedimentos, vencimentos e vantagens dos Ministros do Superior Tribunal de Justiça, aplicando-se-lhes, quanto à aposentadoria e pensão, as normas constantes do art. 40.

▶ § 3º com a redação dada pela EC nº 20, de 15-12-1998.

§ 4º O auditor, quando em substituição a Ministro, terá as mesmas garantias e impedimentos do titular e, quando no exercício das demais atribuições da judicatura, as de juiz de Tribunal Regional Federal.

Art. 74. Os Poderes Legislativo, Executivo e Judiciário manterão, de forma integrada, sistema de controle interno com a finalidade de:

I – avaliar o cumprimento das metas previstas no plano plurianual, a execução dos programas de governo e dos orçamentos da União;
II – comprovar a legalidade e avaliar os resultados, quanto à eficácia e eficiência, da gestão orçamentária, financeira e patrimonial nos órgãos e entidades da administração federal, bem como da aplicação de recursos públicos por entidades de direito privado;
III – exercer o controle das operações de crédito, avais e garantias, bem como dos direitos e haveres da União;

IV – apoiar o controle externo no exercício de sua missão institucional.

§ 1º Os responsáveis pelo controle interno, ao tomarem conhecimento de qualquer irregularidade ou ilegalidade, dela darão ciência ao Tribunal de Contas da União, sob pena de responsabilidade solidária.

§ 2º Qualquer cidadão, partido político, associação ou sindicato é parte legítima para, na forma da lei, denunciar irregularidades ou ilegalidades perante o Tribunal de Contas da União.

▶ Arts. 1º, XVI, e 53, da Lei nº 8.443, de 16-7-1992, que dispõe sobre a Lei Orgânica do Tribunal de Contas da União – TCU.

Art. 75. As normas estabelecidas nesta seção aplicam-se, no que couber, à organização, composição e fiscalização dos Tribunais de Contas dos Estados e do Distrito Federal, bem como dos Tribunais e Conselhos de Contas dos Municípios.

▶ Súm. nº 653 do STF.

Parágrafo único. As Constituições estaduais disporão sobre os Tribunais de Contas respectivos, que serão integrados por sete Conselheiros.

Capítulo II

DO PODER EXECUTIVO

Seção I

DO PRESIDENTE E DO VICE-PRESIDENTE DA REPÚBLICA

▶ Lei nº 10.683, de 28-5-2003, dispõe sobre a organização da Presidência da República e dos Ministérios.

Art. 76. O Poder Executivo é exercido pelo Presidente da República, auxiliado pelos Ministros de Estado.

Art. 77. A eleição do Presidente e do Vice-Presidente da República realizar-se-á, simultaneamente, no primeiro domingo de outubro, em primeiro turno, e no último domingo de outubro, em segundo turno, se houver, do ano anterior ao do término do mandato presidencial vigente.

▶ *Caput* com a redação dada pela EC nº 16, de 4-6-1997.
▶ Arts. 28, 29, II, 32, § 2º, desta Constituição.
▶ Lei nº 9.504, de 30-9-1997 (Lei das Eleições).

§ 1º A eleição do Presidente da República importará a do Vice-Presidente com ele registrado.

§ 2º Será considerado eleito Presidente o candidato que, registrado por partido político, obtiver a maioria absoluta de votos, não computados os em branco e os nulos.

§ 3º Se nenhum candidato alcançar maioria absoluta na primeira votação, far-se-á nova eleição em até vinte dias após a proclamação do resultado, concorrendo os dois candidatos mais votados e considerando-se eleito aquele que obtiver a maioria dos votos válidos.

§ 4º Se, antes de realizado o segundo turno, ocorrer morte, desistência ou impedimento legal de candidato, convocar-se-á, dentre os remanescentes, o de maior votação.

§ 5º Se, na hipótese dos parágrafos anteriores, remanescer, em segundo lugar, mais de um candidato com a mesma votação, qualificar-se-á o mais idoso.

Art. 78. O Presidente e o Vice-Presidente da República tomarão posse em sessão do Congresso Nacional, prestando o compromisso de manter, defender e cumprir a Constituição, observar as leis, promover o bem geral do povo brasileiro, sustentar a união, a integridade e a independência do Brasil.

Parágrafo único. Se, decorridos dez dias da data fixada para a posse, o Presidente ou o Vice-Presidente, salvo motivo de força maior, não tiver assumido o cargo, este será declarado vago.

Art. 79. Substituirá o Presidente, no caso de impedimento, e suceder-lhe-á, no de vaga, o Vice-Presidente.

Parágrafo único. O Vice-Presidente da República, além de outras atribuições que lhe forem conferidas por lei complementar, auxiliará o Presidente, sempre que por ele convocado para missões especiais.

Art. 80. Em caso de impedimento do Presidente e do Vice-Presidente, ou vacância dos respectivos cargos, serão sucessivamente chamados ao exercício da Presidência o Presidente da Câmara dos Deputados, o do Senado Federal e o do Supremo Tribunal Federal.

Art. 81. Vagando os cargos de Presidente e Vice-Presidente da República, far-se-á eleição noventa dias depois de aberta a última vaga.

§ 1º Ocorrendo a vacância nos últimos dois anos do período presidencial, a eleição para ambos os cargos será feita trinta dias depois da última vaga, pelo Congresso Nacional, na forma da lei.

§ 2º Em qualquer dos casos, os eleitos deverão completar o período de seus antecessores.

Art. 82. O mandato do Presidente da República é de quatro anos e terá início em primeiro de janeiro do ano subsequente ao da sua eleição.

▶ Artigo com a redação dada pela EC nº 16, de 4-6-1997.

Art. 83. O Presidente e o Vice-Presidente da República não poderão, sem licença do Congresso Nacional, ausentar-se do País por período superior a quinze dias, sob pena de perda do cargo.

SEÇÃO II

DAS ATRIBUIÇÕES DO PRESIDENTE DA REPÚBLICA

Art. 84. Compete privativamente ao Presidente da República:

▶ Arts. 55 a 57 do CPM.
▶ Arts. 466 a 480 do CPPM.

I – nomear e exonerar os Ministros de Estado;
II – exercer, com o auxílio dos Ministros de Estado, a direção superior da administração federal;
III – iniciar o processo legislativo, na forma e nos casos previstos nesta Constituição;
IV – sancionar, promulgar e fazer publicar as leis, bem como expedir decretos e regulamentos para sua fiel execução;
V – vetar projetos de lei, total ou parcialmente;

▶ Art. 66, §§ 1º a 7º, desta Constituição.

VI – dispor, mediante decreto, sobre:

▶ Art. 61, § 1º, II, e, desta Constituição.

a) organização e funcionamento da administração federal, quando não implicar aumento de despesa nem criação ou extinção de órgãos públicos;
b) extinção de funções ou cargos públicos, quando vagos;

▶ Inciso VI com a redação dada pela EC nº 32, de 11-9-2001.
▶ Art. 48, X, desta Constituição.

VII – manter relações com Estados estrangeiros e acreditar seus representantes diplomáticos;
VIII – celebrar tratados, convenções e atos internacionais, sujeitos a referendo do Congresso Nacional;
IX – decretar o estado de defesa e o estado de sítio;
X – decretar e executar a intervenção federal;
XI – remeter mensagem e plano de governo ao Congresso Nacional por ocasião da abertura da sessão legislativa, expondo a situação do País e solicitando as providências que julgar necessárias;
XII – conceder indulto e comutar penas, com audiência, se necessário, dos órgãos instituídos em lei;

▶ Dec. nº 1.860, de 11-4-1996, concede indulto especial e condicional.
▶ Dec. nº 2.002, de 9-9-1996, concede indulto e comuta penas.

XIII – exercer o comando supremo das Forças Armadas, nomear os Comandantes da Marinha, do Exército e da Aeronáutica, promover seus oficiais-generais e nomeá-los para os cargos que lhes são privativos;

▶ Inciso XIII com a redação dada pela EC nº 23, de 2-9-1999.
▶ Art. 49, I, desta Constituição.
▶ LC nº 97, de 9-6-1999, dispõe sobre as normas gerais para a organização, o preparo e o emprego das Forças Armadas.

XIV – nomear, após aprovação pelo Senado Federal, os Ministros do Supremo Tribunal Federal e dos Tribunais Superiores, os Governadores de Territórios, o Procurador-Geral da República, o presidente e os diretores do Banco Central e outros servidores, quando determinado em lei;
XV – nomear, observado o disposto no artigo 73, os Ministros do Tribunal de Contas da União;
XVI – nomear os magistrados, nos casos previstos nesta Constituição, e o Advogado-Geral da União;

▶ Arts. 131 e 132 desta Constituição.

XVII – nomear membros do Conselho da República, nos termos do artigo 89, VII;
XVIII – convocar e presidir o Conselho da República e o Conselho de Defesa Nacional;
XIX – declarar guerra, no caso de agressão estrangeira, autorizado pelo Congresso Nacional ou referendado por ele, quando ocorrida no intervalo das sessões legislativas, e, nas mesmas condições, decretar, total ou parcialmente, a mobilização nacional;

▶ Art. 5º, XLVII, a, desta Constituição.
▶ Dec. nº 7.294, de 6-9-2010, dispõe sobre a Política de Mobilização Nacional.

XX – celebrar a paz, autorizado ou com o referendo do Congresso Nacional;
XXI – conferir condecorações e distinções honoríficas;

XXII – permitir, nos casos previstos em lei complementar, que forças estrangeiras transitem pelo Território Nacional ou nele permaneçam temporariamente;
▶ LC nº 90, de 1º-10-1997, regulamenta este inciso e determina os casos em que forças estrangeiras possam transitar pelo território nacional ou nele permanecer temporariamente.

XXIII – enviar ao Congresso Nacional o plano plurianual, o projeto de lei de diretrizes orçamentárias e as propostas de orçamento previstos nesta Constituição;
XXIV – prestar anualmente, ao Congresso Nacional, dentro de sessenta dias após a abertura da sessão legislativa, as contas referentes ao exercício anterior;
XXV – prover e extinguir os cargos públicos federais, na forma da lei;
XXVI – editar medidas provisórias com força de lei, nos termos do artigo 62;
XXVII – exercer outras atribuições previstas nesta Constituição.

Parágrafo único. O Presidente da República poderá delegar as atribuições mencionadas nos incisos VI, XII e XXV, primeira parte, aos Ministros de Estado, ao Procurador-Geral da República ou ao Advogado-Geral da União, que observarão os limites traçados nas respectivas delegações.

SEÇÃO III

DA RESPONSABILIDADE DO PRESIDENTE DA REPÚBLICA

Art. 85. São crimes de responsabilidade os atos do Presidente da República que atentem contra a Constituição Federal e, especialmente, contra:
▶ Lei nº 1.079, de 10-4-1950 (Lei dos Crimes de Responsabilidade).
▶ Lei nº 8.429, de 2-6-1992 (Lei da Improbidade Administrativa).

I – a existência da União;
II – o livre exercício do Poder Legislativo, do Poder Judiciário, do Ministério Público e dos Poderes Constitucionais das Unidades da Federação;
III – o exercício dos direitos políticos, individuais e sociais;
IV – a segurança interna do País;
▶ LC nº 90, de 1º-10-1997, determina os casos em que forças estrangeiras possam transitar pelo território nacional ou nele permanecer temporariamente.

V – a probidade na administração;
▶ Art. 37, § 4º, desta Constituição.

VI – a lei orçamentária;
VII – o cumprimento das leis e das decisões judiciais.

Parágrafo único. Estes crimes serão definidos em lei especial, que estabelecerá as normas de processo e julgamento.
▶ Lei nº 1.079, de 10-4-1950 (Lei dos Crimes de Responsabilidade).
▶ Súm. nº 722 do STF.

Art. 86. Admitida a acusação contra o Presidente da República, por dois terços da Câmara dos Deputados, será ele submetido a julgamento perante o Supremo Tribunal Federal, nas infrações penais comuns, ou perante o Senado Federal, nos crimes de responsabilidade.

§ 1º O Presidente ficará suspenso de suas funções:
I – nas infrações penais comuns, se recebida a denúncia ou queixa-crime pelo Supremo Tribunal Federal;
II – nos crimes de responsabilidade, após a instauração do processo pelo Senado Federal.

§ 2º Se, decorrido o prazo de cento e oitenta dias, o julgamento não estiver concluído, cessará o afastamento do Presidente, sem prejuízo do regular prosseguimento do processo.

§ 3º Enquanto não sobrevier sentença condenatória, nas infrações comuns, o Presidente da República não estará sujeito à prisão.

§ 4º O Presidente da República, na vigência de seu mandato, não pode ser responsabilizado por atos estranhos ao exercício de suas funções.

SEÇÃO IV

DOS MINISTROS DE ESTADO

▶ Lei nº 10.683, de 28-5-2003, e Dec. nº 4.118, de 7-2-2002, dispõem sobre a organização da Presidência da República e dos Ministérios.

Art. 87. Os Ministros de Estado serão escolhidos dentre brasileiros maiores de vinte e um anos e no exercício dos direitos políticos.

Parágrafo único. Compete ao Ministro de Estado, além de outras atribuições estabelecidas nesta Constituição e na lei:

I – exercer a orientação, coordenação e supervisão dos órgãos e entidades da administração federal na área de sua competência e referendar os atos e decretos assinados pelo Presidente da República;
II – expedir instruções para a execução das leis, decretos e regulamentos;
III – apresentar ao Presidente da República relatório anual de sua gestão no Ministério;
IV – praticar os atos pertinentes às atribuições que lhe forem outorgadas ou delegadas pelo Presidente da República.

Art. 88. A lei disporá sobre a criação e extinção de Ministérios e órgãos da administração pública.
▶ Artigo com a redação dada pela EC nº 32, de 11-9-2001.

SEÇÃO V

DO CONSELHO DA REPÚBLICA E DO CONSELHO DE DEFESA NACIONAL

SUBSEÇÃO I

DO CONSELHO DA REPÚBLICA

▶ Lei nº 8.041, de 5-6-1990, dispõe sobre a organização e o funcionamento do Conselho da República.
▶ Art. 14 do Dec. nº 4.118, de 7-2-2002, que dispõe sobre a organização da Presidência da República e dos Ministérios.

Art. 89. O Conselho da República é órgão superior de consulta do Presidente da República, e dele participam:
▶ Lei nº 8.041, de 5-6-1990, dispõe sobre a organização e o funcionamento do Conselho da República.

I – o Vice-Presidente da República;
II – o Presidente da Câmara dos Deputados;
III – o Presidente do Senado Federal;

IV – os líderes da maioria e da minoria na Câmara dos Deputados;
V – os líderes da maioria e da minoria no Senado Federal;
VI – o Ministro da Justiça;
VII – seis cidadãos brasileiros natos, com mais de trinta e cinco anos de idade, sendo dois nomeados pelo Presidente da República, dois eleitos pelo Senado Federal e dois eleitos pela Câmara dos Deputados, todos com mandato de três anos, vedada a recondução.

▶ Arts. 51, V, 52, XIV, e 84, XVII, desta Constituição.

Art. 90. Compete ao Conselho da República pronunciar-se sobre:

I – intervenção federal, estado de defesa e estado de sítio;

II – as questões relevantes para a estabilidade das instituições democráticas.

§ 1º O Presidente da República poderá convocar Ministro de Estado para participar da reunião do Conselho, quando constar da pauta questão relacionada com o respectivo Ministério.

§ 2º A lei regulará a organização e o funcionamento do Conselho da República.

▶ Lei nº 8.041, de 5-6-1990, dispõe sobre a organização e o funcionamento do Conselho da República.

Subseção II

DO CONSELHO DE DEFESA NACIONAL

▶ Lei nº 8.183, de 11-4-1991, dispõe sobre a organização e o funcionamento do Conselho de Defesa Nacional.
▶ Dec. nº 893, de 12-8-1993, aprova o regulamento do Conselho de Defesa Nacional.
▶ Art. 15 do Dec. nº 4.118, de 7-2-2002, que dispõe sobre o Conselho de Defesa Nacional.

Art. 91. O Conselho de Defesa Nacional é órgão de consulta do Presidente da República nos assuntos relacionados com a soberania nacional e a defesa do Estado democrático, e dele participam como membros natos:

▶ Lei nº 8.183, de 11-4-1991, dispõe sobre a organização e funcionamento do Conselho de Defesa Nacional.
▶ Dec. nº 893, de 12-8-1993, aprova o regulamento do Conselho de Defesa Nacional.

I – o Vice-Presidente da República;
II – o Presidente da Câmara dos Deputados;
III – o Presidente do Senado Federal;
IV – o Ministro da Justiça;
V – o Ministro de Estado da Defesa;

▶ Inciso V com a redação dada pela EC nº 23, de 2-9-1999.

VI – o Ministro das Relações Exteriores;
VII – o Ministro do Planejamento;
VIII – os Comandantes da Marinha, do Exército e da Aeronáutica.

▶ Inciso VIII acrescido pela EC nº 23, de 2-9-1999.

§ 1º Compete ao Conselho de Defesa Nacional:

I – opinar nas hipóteses de declaração de guerra e de celebração da paz, nos termos desta Constituição;
II – opinar sobre a decretação do estado de defesa, do estado de sítio e da intervenção federal;
III – propor os critérios e condições de utilização de áreas indispensáveis à segurança do território nacional e opinar sobre seu efetivo uso, especialmente na faixa de fronteira e nas relacionadas com a preservação e a exploração dos recursos naturais de qualquer tipo;
IV – estudar, propor e acompanhar o desenvolvimento de iniciativas necessárias a garantir a independência nacional e a defesa do Estado democrático.

§ 2º A lei regulará a organização e o funcionamento do Conselho de Defesa Nacional.

▶ Lei nº 8.183, de 11-4-1991, dispõe sobre a organização e o funcionamento do Conselho de Defesa Nacional.
▶ Dec. nº 893, de 12-8-1993, aprova o Regulamento do Conselho de Defesa Nacional.

Capítulo III

DO PODER JUDICIÁRIO

Seção I

DISPOSIÇÕES GERAIS

Art. 92. São órgãos do Poder Judiciário:

I – o Supremo Tribunal Federal;
I-A – O Conselho Nacional de Justiça;

▶ Inciso I-A acrescido pela EC nº 45, de 8-12-2004.
▶ Art. 103-B desta Constituição.
▶ Art. 5º da EC nº 45, de 8-12-2004 (Reforma do Judiciário).

II – o Superior Tribunal de Justiça;
III – os Tribunais Regionais Federais e Juízes Federais;
IV – os Tribunais e Juízes do Trabalho;
V – os Tribunais e Juízes Eleitorais;
VI – os Tribunais e Juízes Militares;
VII – os Tribunais e Juízes dos Estados e do Distrito Federal e Territórios.

§ 1º O Supremo Tribunal Federal, o Conselho Nacional de Justiça e os Tribunais Superiores têm sede na Capital Federal.

▶ Art. 103-B desta Constituição.

§ 2º O Supremo Tribunal Federal e os Tribunais Superiores têm jurisdição em todo o território nacional.

▶ §§ 1º e 2º acrescidos pela EC nº 45, de 8-12-2004.

Art. 93. Lei complementar, de iniciativa do Supremo Tribunal Federal, disporá sobre o Estatuto da Magistratura, observados os seguintes princípios:

▶ LC nº 35, de 14-3-1979 (Lei Orgânica da Magistratura Nacional).
▶ Lei nº 5.621, de 4-11-1970, dispõe sobre organização e divisão judiciária.

I – ingresso na carreira, cujo cargo inicial será o de juiz substituto, mediante concurso público de provas e títulos, com a participação da Ordem dos Advogados do Brasil em todas as fases, exigindo-se do bacharel em direito, no mínimo, três anos de atividade jurídica e obedecendo-se, nas nomeações, à ordem de classificação;

▶ Inciso I com a redação dada pela EC nº 45, de 8-12-2004.

II – promoção de entrância para entrância, alternadamente, por antiguidade e merecimento, atendidas as seguintes normas:

a) é obrigatória a promoção do juiz que figure por três vezes consecutivas ou cinco alternadas em lista de merecimento;
b) a promoção por merecimento pressupõe dois anos de exercício na respectiva entrância e integrar o juiz a primeira quinta parte da lista de antiguidade desta, salvo se não houver com tais requisitos quem aceite o lugar vago;
c) aferição do merecimento conforme o desempenho e pelos critérios objetivos de produtividade e presteza no exercício da jurisdição e pela frequência e aproveitamento em cursos oficiais ou reconhecidos de aperfeiçoamento;
d) na apuração de antiguidade, o tribunal somente poderá recusar o juiz mais antigo pelo voto fundamentado de dois terços de seus membros, conforme procedimento próprio, e assegurada ampla defesa, repetindo-se a votação até fixar-se a indicação;

▶ Alíneas c e d com a redação dada pela EC nº 45, de 8-12-2004.

e) não será promovido o juiz que, injustificadamente, retiver autos em seu poder além do prazo legal, não podendo devolvê-los ao cartório sem o devido despacho ou decisão;

▶ Alínea e acrescida pela EC nº 45, de 8-12-2004.

III – o acesso aos tribunais de segundo grau far-se-á por antiguidade e merecimento, alternadamente, apurados na última ou única entrância;
IV – previsão de cursos oficiais de preparação, aperfeiçoamento e promoção de magistrados, constituindo etapa obrigatória do processo de vitaliciamento a participação em curso oficial ou reconhecido por escola nacional de formação e aperfeiçoamento de magistrados;

▶ Incisos III e IV com a redação dada pela EC nº 45, de 8-12-2004.

V – o subsídio dos Ministros dos Tribunais Superiores corresponderá a noventa e cinco por cento do subsídio mensal fixado para os Ministros do Supremo Tribunal Federal e os subsídios dos demais magistrados serão fixados em lei e escalonados, em nível federal e estadual, conforme as respectivas categorias da estrutura judiciária nacional, não podendo a diferença entre uma e outra ser superior a dez por cento ou inferior a cinco por cento, nem exceder a noventa e cinco por cento do subsídio mensal dos Ministros dos Tribunais Superiores, obedecido, em qualquer caso, o disposto nos artigos 37, XI, e 39, § 4º;

▶ Inciso V com a redação dada pela EC nº 19, de 4-6-1998.
▶ Lei nº 9.655, de 2-6-1998, altera o percentual de diferença entre a remuneração dos cargos de Ministros do Superior Tribunal de Justiça e dos Juízes da Justiça Federal de Primeiro e Segundo Graus.

VI – a aposentadoria dos magistrados e a pensão de seus dependentes observarão o disposto no artigo 40;

▶ Inciso VI com a redação dada pela EC nº 20, de 15-12-1998.

VII – o juiz titular residirá na respectiva comarca, salvo autorização do tribunal;
VIII – o ato de remoção, disponibilidade e aposentadoria do magistrado, por interesse público, fundar-se-á em decisão por voto de maioria absoluta do respectivo tribunal ou do Conselho Nacional de Justiça, assegurada ampla defesa;

▶ Incisos VII e VIII com a redação dada pela EC nº 45, de 8-12-2004.
▶ Arts. 95, II, e 103-B desta Constituição.
▶ Art. 5º da EC nº 45, de 8-12-2004 (Reforma do Judiciário).

VIII-A – a remoção a pedido ou a permuta de magistrados de comarca de igual entrância atenderá, no que couber, ao disposto nas alíneas *a*, *b*, *c* e *e* do inciso II;

▶ Inciso VIII-A acrescido pela EC nº 45, de 8-12-2004.

IX – todos os julgamentos dos órgãos do Poder Judiciário serão públicos, e fundamentadas todas as decisões, sob pena de nulidade, podendo a lei limitar a presença, em determinados atos, às próprias partes e a seus advogados, ou somente a estes, em casos nos quais a preservação do direito à intimidade do interessado no sigilo não prejudique o interesse público à informação;

▶ Súm. nº 123 do STJ.

X – as decisões administrativas dos tribunais serão motivadas e em sessão pública, sendo as disciplinares tomadas pelo voto da maioria absoluta de seus membros;
XI – nos tribunais com número superior a vinte e cinco julgadores, poderá ser constituído órgão especial, com o mínimo de onze e o máximo de vinte e cinco membros, para o exercício das atribuições administrativas e jurisdicionais delegadas da competência do tribunal pleno, provendo-se metade das vagas por antiguidade e a outra metade por eleição pelo tribunal pleno;

▶ Incisos IX a XI com a redação dada pela EC nº 45, de 8-12-2004.

XII – a atividade jurisdicional será ininterrupta, sendo vedado férias coletivas nos juízos e tribunais de segundo grau, funcionando, nos dias em que não houver expediente forense normal, juízes em plantão permanente;
XIII – o número de juízes na unidade jurisdicional será proporcional à efetiva demanda judicial e à respectiva população;
XIV – os servidores receberão delegação para a prática de atos de administração e atos de mero expediente sem caráter decisório;
XV – a distribuição de processos será imediata, em todos os graus de jurisdição.

▶ Incisos XII a XV acrescidos pela EC nº 45, de 8-12-2004.

Art. 94. Um quinto dos lugares dos Tribunais Regionais Federais, dos Tribunais dos Estados, e do Distrito Federal e Territórios será composto de membros, do Ministério Público, com mais de dez anos de carreira, e de advogados de notório saber jurídico e de reputação ilibada, com mais de dez anos de efetiva atividade profissional, indicados em lista sêxtupla pelos órgãos de representação das respectivas classes.

▶ Arts. 104, II, e 115, II, desta Constituição.

Parágrafo único. Recebidas as indicações, o Tribunal formará lista tríplice, enviando-a ao Poder Executivo, que, nos vinte dias subsequentes, escolherá um de seus integrantes para nomeação.

Art. 95. Os juízes gozam das seguintes garantias:

I – vitaliciedade, que, no primeiro grau, só será adquirida após dois anos de exercício, dependendo a perda do cargo, nesse período, de deliberação do Tribunal a que o juiz estiver vinculado, e, nos demais casos, de sentença judicial transitada em julgado;
II – inamovibilidade, salvo por motivo de interesse público, na forma do artigo 93, VIII;
III – irredutibilidade de subsídio, ressalvado o disposto nos artigos 37, X e XI, 39, § 4º, 150, II, 153, III, e 153, § 2º, I.

▶ Inciso III com a redação dada pela EC nº 19, de 4-6-1998.

Parágrafo único. Aos juízes é vedado:
I – exercer, ainda que em disponibilidade, outro cargo ou função, salvo uma de magistério;
II – receber, a qualquer título ou pretexto, custas ou participação em processo;
III – dedicar-se à atividade político-partidária;
IV – receber, a qualquer título ou pretexto, auxílios ou contribuições de pessoas físicas, entidades públicas ou privadas, ressalvadas as exceções previstas em lei;
V – exercer a advocacia no juízo ou tribunal do qual se afastou, antes de decorridos três anos do afastamento do cargo por aposentadoria ou exoneração.

▶ Incisos IV e V acrescidos pela EC nº 45, de 8-12-2004.
▶ Art. 128, § 6º, desta Constituição.

Art. 96. Compete privativamente:

▶ Art. 4º da EC nº 45, de 8-12-2004.

I – aos Tribunais:
a) eleger seus órgãos diretivos e elaborar seus regimentos internos, com observância das normas de processo e das garantias processuais das partes, dispondo sobre a competência e o funcionamento dos respectivos órgãos jurisdicionais e administrativos;
b) organizar suas secretarias e serviços auxiliares e os dos juízos que lhes forem vinculados, velando pelo exercício da atividade correcional respectiva;
c) prover, na forma prevista nesta Constituição, os cargos de juiz de carreira da respectiva jurisdição;
d) propor a criação de novas varas judiciárias;
e) prover, por concurso público de provas, ou de provas e títulos, obedecido o disposto no artigo 169, parágrafo único, os cargos necessários à administração da Justiça, exceto os de confiança assim definidos em lei;

▶ De acordo com a alteração processada pela EC nº 19, de 4-6-1998, a referência passa a ser ao art. 169, § 1º.

f) conceder licença, férias e outros afastamentos a seus membros e aos juízes e servidores que lhes forem imediatamente vinculados;
II – ao Supremo Tribunal Federal, aos Tribunais Superiores e aos Tribunais de Justiça propor ao Poder Legislativo respectivo, observado o disposto no artigo 169:
a) a alteração do número de membros dos Tribunais inferiores;
b) a criação e a extinção de cargos e a remuneração dos seus serviços auxiliares e dos juízos que lhes forem vinculados, bem como a fixação do subsídio de seus membros e dos juízes, inclusive dos tribunais inferiores, onde houver;

▶ Alínea b com a redação dada pela EC nº 41, de 19-12-2003.
▶ Lei nº 10.475 de 27-6-2002, reestrutura as carreiras dos servidores do Poder Judiciário da União.

c) a criação ou extinção dos Tribunais inferiores;
d) a alteração da organização e da divisão judiciárias;

III – aos Tribunais de Justiça julgar os juízes estaduais e do Distrito Federal e Territórios, bem como os membros do Ministério Público, nos crimes comuns e de responsabilidade, ressalvada a competência da Justiça Eleitoral.

Art. 97. Somente pelo voto da maioria absoluta de seus membros ou dos membros do respectivo órgão especial poderão os Tribunais declarar a inconstitucionalidade de lei ou ato normativo do Poder Público.

▶ Súm. Vinc. nº 10 do STF.

Art. 98. A União, no Distrito Federal e nos Territórios, e os Estados criarão:

I – juizados especiais, providos por juízes togados, ou togados e leigos, competentes para a conciliação, o julgamento e a execução de causas cíveis de menor complexidade e infrações penais de menor potencial ofensivo, mediante os procedimentos oral e sumaríssimo, permitidos, nas hipóteses previstas em lei, a transação e o julgamento de recursos por turmas de juízes de primeiro grau;

▶ Lei nº 9.099, de 26-9-1995 (Lei dos Juizados Especiais).
▶ Lei nº 10.259, de 12-7-2001 (Lei dos Juizados Especiais Federais).
▶ Lei nº 12.053, de 22-12-2009 (Lei dos Juizados Especiais da Fazenda Pública).
▶ Súm. Vinc. nº 27 do STF.
▶ Súm. nº 376 do STJ.

II – justiça de paz, remunerada, composta de cidadãos eleitos pelo voto direto, universal e secreto, com mandato de quatro anos e competência para, na forma da lei, celebrar casamentos, verificar, de ofício ou em face de impugnação apresentada, o processo de habilitação e exercer atribuições conciliatórias, sem caráter jurisdicional, além de outras previstas na legislação.

▶ Art. 30 do ADCT.

§ 1º Lei federal disporá sobre a criação de juizados especiais no âmbito da Justiça Federal.

▶ Antigo parágrafo único renumerado para § 1º pela EC nº 45, de 8-12-2004.
▶ Lei nº 10.259, de 12-7-2001 (Lei dos Juizados Especiais Federais).
▶ Súm. nº 428 do STJ.

§ 2º As custas e emolumentos serão destinados exclusivamente ao custeio dos serviços afetos às atividades específicas da Justiça.

▶ § 2º acrescido pela EC nº 45, de 8-12-2004.

Art. 99. Ao Poder Judiciário é assegurada autonomia administrativa e financeira.

§ 1º Os Tribunais elaborarão suas propostas orçamentárias dentro dos limites estipulados conjuntamente com os demais Poderes na lei de diretrizes orçamentárias.

▶ Art. 134, § 2º, desta Constituição.

§ 2º O encaminhamento da proposta, ouvidos os outros Tribunais interessados, compete:

▶ Art. 134, § 2º, desta Constituição.

I – no âmbito da União, aos Presidentes do Supremo Tribunal Federal e dos Tribunais Superiores, com a aprovação dos respectivos Tribunais;
II – no âmbito dos Estados e no do Distrito Federal e Territórios, aos Presidentes dos Tribunais de Justiça, com a aprovação dos respectivos Tribunais.

§ 3º Se os órgãos referidos no § 2º não encaminharem as respectivas propostas orçamentárias dentro do prazo estabelecido na lei de diretrizes orçamentárias, o Poder Executivo considerará, para fins de consolidação da proposta orçamentária anual, os valores aprovados na lei orçamentária vigente, ajustados de acordo com os limites estipulados na forma do § 1º deste artigo.

§ 4º Se as propostas orçamentárias de que trata este artigo forem encaminhadas em desacordo com os limites estipulados na forma do § 1º, o Poder Executivo procederá aos ajustes necessários para fins de consolidação da proposta orçamentária anual.

§ 5º Durante a execução orçamentária do exercício, não poderá haver a realização de despesas ou a assunção de obrigações que extrapolem os limites estabelecidos na lei de diretrizes orçamentárias, exceto se previamente autorizadas, mediante a abertura de créditos suplementares ou especiais.

▶ §§ 3º a 5º acrescidos pela EC nº 45, de 8-12-2004.

Art. 100. Os pagamentos devidos pelas Fazendas Públicas Federal, Estaduais, Distrital e Municipais, em virtude de sentença judiciária, far-se-ão exclusivamente na ordem cronológica de apresentação dos precatórios e à conta dos créditos respectivos, proibida a designação de casos ou de pessoas nas dotações orçamentárias e nos créditos adicionais abertos para este fim.

▶ *Caput* com a redação dada pela EC nº 62, de 9-12-2009.
▶ Arts. 33, 78, 86, 87 e 97 do ADCT.
▶ Art. 4º da EC nº 62, de 9-12-2009.
▶ Art. 6º da Lei nº 9.469, de 10-7-1997, que regula os pagamentos devidos pela Fazenda Pública em virtude de sentença judiciária.
▶ Res. do CNJ nº 92, de 13-10-2009, dispõe sobre a Gestão de Precatórios no âmbito do Poder Judiciário.
▶ Súm. nº 655 do STF.
▶ Súmulas nºs 144 e 339 do STJ.
▶ Orientações Jurisprudenciais do Tribunal Pleno nºs 12 e 13 do TST.

§ 1º Os débitos de natureza alimentícia compreendem aqueles decorrentes de salários, vencimentos, proventos, pensões e suas complementações, benefícios previdenciários e indenizações por morte ou por invalidez, fundadas em responsabilidade civil, em virtude de sentença judicial transitada em julgado, e serão pagos com preferência sobre todos os demais débitos, exceto sobre aqueles referidos no § 2º deste artigo.

§ 2º Os débitos de natureza alimentícia cujos titulares tenham 60 (sessenta) anos de idade ou mais na data de expedição do precatório, ou sejam portadores de doença grave, definidos na forma da lei, serão pagos com preferência sobre todos os demais débitos, até o valor equivalente ao triplo do fixado em lei para os fins do disposto no § 3º deste artigo, admitido o fracionamento para essa finalidade, sendo que o restante será pago na ordem cronológica de apresentação do precatório.

▶ Art. 97, § 17, do ADCT.

§ 3º O disposto no *caput* deste artigo relativamente à expedição de precatórios não se aplica aos pagamentos de obrigações definidas em leis como de pequeno valor que as Fazendas referidas devam fazer em virtude de sentença judicial transitada em julgado.

▶ Art. 87 do ADCT.
▶ Lei nº 10.099, de 19-12-2000, regulamenta este parágrafo.
▶ Art. 17, § 1º, da Lei nº 10.259, de 12-7-2001 (Lei dos Juizados Especiais Federais).
▶ Art. 13 da Lei nº 12.153, de 22-12-2009 (Lei dos Juizados Especiais da Fazenda Pública).

§ 4º Para os fins do disposto no § 3º, poderão ser fixados, por leis próprias, valores distintos às entidades de direito público, segundo as diferentes capacidades econômicas, sendo o mínimo igual ao valor do maior benefício do regime geral de previdência social.

▶ Art. 97, § 12º, do ADCT.

§ 5º É obrigatória a inclusão, no orçamento das entidades de direito público, de verba necessária ao pagamento de seus débitos, oriundos de sentenças transitadas em julgado, constantes de precatórios judiciários apresentados até 1º de julho, fazendo-se o pagamento até o final do exercício seguinte, quando terão seus valores atualizados monetariamente.

▶ Súm. Vinc. nº 17 do STF.

§ 6º As dotações orçamentárias e os créditos abertos serão consignados diretamente ao Poder Judiciário, cabendo ao Presidente do Tribunal que proferir a decisão exequenda determinar o pagamento integral e autorizar, a requerimento do credor e exclusivamente para os casos de preterimento de seu direito de precedência ou de não alocação orçamentária do valor necessário à satisfação do seu débito, o sequestro da quantia respectiva.

▶ §§ 1º a 6º com a redação dada pela EC nº 62, de 9-12-2009.
▶ Súm. nº 733 do STF.

§ 7º O Presidente do Tribunal competente que, por ato comissivo ou omissivo, retardar ou tentar frustrar a liquidação regular de precatórios incorrerá em crime de responsabilidade e responderá, também, perante o Conselho Nacional de Justiça.

▶ Lei nº 1.079, de 10-4-1950 (Lei dos Crimes de Responsabilidade).

§ 8º É vedada a expedição de precatórios complementares ou suplementares de valor pago, bem como o fracionamento, repartição ou quebra do valor da execução para fins de enquadramento de parcela do total ao que dispõe o § 3º deste artigo.

▶ Art. 87 do ADCT.

§ 9º No momento da expedição dos precatórios, independentemente de regulamentação, deles deverá ser abatido, a título de compensação, valor correspondente aos débitos líquidos e certos, inscritos ou não em dívida ativa e constituídos contra o credor original pela Fazenda Pública devedora, incluídas parcelas vincendas de parcelamentos, ressalvados aqueles cuja execução esteja suspensa em virtude de contestação administrativa ou judicial.

▶ Orient. Norm. do CJF nº 4, de 8-6-2010, estabelece regra de transição para os procedimentos de compensação previstos neste inciso.

§ 10. Antes da expedição dos precatórios, o Tribunal solicitará à Fazenda Pública devedora, para resposta em até 30 (trinta) dias, sob pena de perda do direito de abatimento, informação sobre os débitos que preencham as condições estabelecidas no § 9º, para os fins nele previstos.

▶ Orient. Norm. do CJF nº 4, de 8-6-2010, estabelece regra de transição para os procedimentos de compensação previstos neste inciso.

§ 11. É facultada ao credor, conforme estabelecido em lei da entidade federativa devedora, a entrega de créditos em precatórios para compra de imóveis públicos do respectivo ente federado.

§ 12. A partir da promulgação desta Emenda Constitucional, a atualização de valores de requisitórios, após sua expedição, até o efetivo pagamento, independentemente de sua natureza, será feita pelo índice oficial de remuneração básica da caderneta de poupança, e, para fins de compensação da mora, incidirão juros simples no mesmo percentual de juros incidentes sobre a caderneta de poupança, ficando excluída a incidência de juros compensatórios.

§ 13. O credor poderá ceder, total ou parcialmente, seus créditos em precatórios a terceiros, independentemente da concordância do devedor, não se aplicando ao cessionário o disposto nos §§ 2º e 3º.

▶ Art. 5º da EC nº 62, de 9-12-2009, que convalida todas as cessões de precatórios efetuadas antes da sua promulgação, independentemente da concordância da entidade devedora.
▶ Arts. 286 a 298 do CC.

§ 14. A cessão de precatórios somente produzirá efeitos após comunicação, por meio de petição protocolizada, ao tribunal de origem e à entidade devedora.

§ 15. Sem prejuízo do disposto neste artigo, lei complementar a esta Constituição Federal poderá estabelecer regime especial para pagamento de crédito de precatórios de Estados, Distrito Federal e Municípios, dispondo sobre vinculações à receita corrente líquida e forma e prazo de liquidação.

▶ Art. 97, caput, do ADCT.

§ 16. A seu critério exclusivo e na forma de lei, a União poderá assumir débitos, oriundos de precatórios, de Estados, Distrito Federal e Municípios, refinanciando-os diretamente.

▶ §§ 7º a 16 acrescidos pela EC nº 62, de 9-12-2009.

SEÇÃO II

DO SUPREMO TRIBUNAL FEDERAL

Art. 101. O Supremo Tribunal Federal compõe-se de onze Ministros, escolhidos dentre cidadãos com mais de trinta e cinco anos e menos de sessenta e cinco anos de idade, de notável saber jurídico e reputação ilibada.

▶ Lei nº 8.038, de 28-5-1990, institui normas procedimentais para os processos que especifica, perante o STJ e o STF.

Parágrafo único. Os Ministros do Supremo Tribunal Federal serão nomeados pelo Presidente da República, depois de aprovada a escolha pela maioria absoluta do Senado Federal.

Art. 102. Compete ao Supremo Tribunal Federal, precipuamente, a guarda da Constituição, cabendo-lhe:

I – processar e julgar, originariamente:

▶ Res. do STF nº 427, de 20-4-2010, regulamenta o processo eletrônico no âmbito do Supremo Tribunal Federal.

a) a ação direta de inconstitucionalidade de lei ou ato normativo federal ou estadual e a ação declaratória de constitucionalidade de lei ou ato normativo federal;

▶ Alínea a com a redação dada pela EC nº 3, de 17-3-1993.
▶ Lei nº 9.868, de 10-11-1999 (Lei da ADIN e da ADECON).
▶ Dec. nº 2.346, de 10-10-1997, consolida as normas de procedimentos a serem observadas pela administração pública federal em razão de decisões judiciais.
▶ Súmulas nºs 642 e 735 do STF.

b) nas infrações penais comuns, o Presidente da República, o Vice-Presidente, os membros do Congresso Nacional, seus próprios Ministros e o Procurador-Geral da República;

c) nas infrações penais comuns e nos crimes de responsabilidade, os Ministros de Estado e os Comandantes da Marinha, do Exército e da Aeronáutica, ressalvado o disposto no artigo 52, I, os membros dos Tribunais Superiores, os do Tribunal de Contas da União e os chefes de missão diplomática de caráter permanente;

▶ Alínea c com a redação dada pela EC nº 23, de 2-9-1999.
▶ Lei nº 1.079, de 10-4-1950 (Lei dos Crimes de Responsabilidade).

d) o habeas corpus, sendo paciente qualquer das pessoas referidas nas alíneas anteriores; o mandado de segurança e o habeas data contra atos do Presidente da República, das Mesas da Câmara dos Deputados e do Senado Federal, do Tribunal de Contas da União, do Procurador-Geral da República e do próprio Supremo Tribunal Federal;

▶ Lei nº 9.507, de 12-11-1997 (Lei do Habeas Data).
▶ Lei nº 12.016, de 7-8-2009 (Lei do Mandado de Segurança Individual e Coletivo).
▶ Súm. nº 624 do STF.

e) o litígio entre Estado estrangeiro ou organismo internacional e a União, o Estado, o Distrito Federal ou o Território;

f) as causas e os conflitos entre a União e os Estados, a União e o Distrito Federal, ou entre uns e outros, inclusive as respectivas entidades da administração indireta;

g) a extradição solicitada por Estado estrangeiro;

h) Revogada. EC nº 45, de 8-12-2004;

i) o habeas corpus, quando o coator for Tribunal Superior ou quando o coator ou o paciente for autoridade ou funcionário cujos atos estejam sujeitos diretamente à jurisdição do Supremo Tribunal Fede-

ral, ou se trate de crime sujeito à mesma jurisdição em uma única instância;
▶ Alínea *i* com a redação dada pela EC nº 22, de 18-3-1999.
▶ Súmulas nºˢ 691, 692 e 731 do STF.

j) a revisão criminal e a ação rescisória de seus julgados;
▶ Arts. 485 a 495 do CPC.
▶ Arts. 621 a 631 do CPP.

l) a reclamação para a preservação de sua competência e garantia da autoridade de suas decisões;
▶ Arts. 13 a 18 da Lei nº 8.038, de 28-5-1990, que institui normas procedimentais para os processos que especifica, perante o STJ e o STF.

m) a execução de sentença nas causas de sua competência originária, facultada a delegação de atribuições para a prática de atos processuais;

n) a ação em que todos os membros da magistratura sejam direta ou indiretamente interessados, e aquela em que mais da metade dos membros do Tribunal de origem estejam impedidos ou sejam direta ou indiretamente interessados;
▶ Súmulas nºˢ 623 e 731 do STF.

o) os conflitos de competência entre o Superior Tribunal de Justiça e quaisquer Tribunais, entre Tribunais Superiores, ou entre estes e qualquer outro Tribunal;
▶ Arts. 105, I, *d*, 108, I, *e*, e 114, V, desta Constituição.

p) o pedido de medida cautelar das ações diretas de inconstitucionalidade;

q) o mandado de injunção, quando a elaboração da norma regulamentadora for atribuição do Presidente da República, do Congresso Nacional, da Câmara dos Deputados, do Senado Federal, das Mesas de uma dessas Casas Legislativas, do Tribunal de Contas da União, de um dos Tribunais Superiores, ou do próprio Supremo Tribunal Federal;

r) as ações contra o Conselho Nacional de Justiça e contra o Conselho Nacional do Ministério Público;
▶ Alínea *r* acrescida pela EC nº 45, de 8-12-2004.
▶ Arts. 103-A e 130-B desta Constituição.

II – julgar, em recurso ordinário:

a) o *habeas corpus*, o mandado de segurança, o *habeas data* e o mandado de injunção decididos em única instância pelos Tribunais Superiores, se denegatória a decisão;
▶ Lei nº 9.507, de 12-11-1997 (Lei do *Habeas Data*).
▶ Lei nº 12.016, de 7-8-2009 (Lei do Mandado de Segurança Individual e Coletivo).

b) o crime político;

III – julgar, mediante recurso extraordinário, as causas decididas em única ou última instância, quando a decisão recorrida:
▶ Lei nº 8.658, de 26-5-1993, dispõe sobre a aplicação, nos Tribunais de Justiça e nos Tribunais Regionais Federais, das normas da Lei nº 8038, de 28-5-1990.
▶ Súm. nº 640 do STF.

a) contrariar dispositivo desta Constituição;
▶ Súmulas nºˢ 400 e 735 do STF.

b) declarar a inconstitucionalidade de tratado ou lei federal;
c) julgar válida lei ou ato de governo local contestado em face desta Constituição;
d) julgar válida lei local contestada em face de lei federal.
▶ Alínea *d* acrescida pela EC nº 45, de 8-12-2004.

§ 1º A arguição de descumprimento de preceito fundamental decorrente desta Constituição será apreciada pelo Supremo Tribunal Federal, na forma da lei.
▶ Parágrafo único transformado em § 1º pela EC nº 3, de 17-3-1993.
▶ Lei nº 9.882, de 3-12-1999 (Lei da Ação de Descumprimento de Preceito Fundamental).

§ 2º As decisões definitivas de mérito, proferidas pelo Supremo Tribunal Federal, nas ações diretas de inconstitucionalidade e nas ações declaratórias de constitucionalidade, produzirão eficácia contra todos e efeito vinculante, relativamente aos demais órgãos do Poder Judiciário e à administração pública direta e indireta, nas esferas federal, estadual e municipal.
▶ § 2º com a redação dada pela EC nº 45, de 8-12-2004.
▶ Lei nº 9.868, de 10-11-1999 (Lei da ADIN e da ADECON).

§ 3º No recurso extraordinário o recorrente deverá demonstrar a repercussão geral das questões constitucionais discutidas no caso, nos termos da lei, a fim de que o Tribunal examine a admissão do recurso, somente podendo recusá-lo pela manifestação de dois terços de seus membros.
▶ § 3º acrescido pela EC nº 45, de 8-12-2004.
▶ Lei nº 11.418, de 19-12-2006, regulamenta este parágrafo.
▶ Arts. 543-A e 543-B do CPC.

Art. 103. Podem propor a ação direta de inconstitucionalidade e a ação declaratória de constitucionalidade:
▶ *Caput* com a redação dada pela EC nº 45, de 8-12-2004.
▶ Arts. 2º, 12-A e 13 da Lei nº 9.868, de 10-11-1999 (Lei da ADIN e da ADECON).

I – o Presidente da República;
II – a Mesa do Senado Federal;
III – a Mesa da Câmara dos Deputados;
IV – a Mesa de Assembleia Legislativa ou da Câmara Legislativa do Distrito Federal;
V – o Governador de Estado ou do Distrito Federal;
▶ Incisos IV e V com a redação dada pela EC nº 45, de 8-12-2004.

VI – o Procurador-Geral da República;
VII – o Conselho Federal da Ordem dos Advogados do Brasil;
VIII – partido político com representação no Congresso Nacional;
IX – confederação sindical ou entidade de classe de âmbito nacional.

§ 1º O Procurador-Geral da República deverá ser previamente ouvido nas ações de inconstitucionalidade e em todos os processos de competência do Supremo Tribunal Federal.

§ 2º Declarada a inconstitucionalidade por omissão de medida para tornar efetiva norma constitucional, será dada ciência ao Poder competente para a adoção das providências necessárias e, em se tratando de órgão administrativo, para fazê-lo em trinta dias.

▶ Art. 12-H da Lei nº 9.868, de 10-11-1999 (Lei da ADIN e da ADECON).

§ 3º Quando o Supremo Tribunal Federal apreciar a inconstitucionalidade, em tese, de norma legal ou ato normativo, citará, previamente, o Advogado-Geral da União, que defenderá o ato ou texto impugnado.

§ 4º *Revogado*. EC nº 45, de 8-12-2004.

Art. 103-A. O Supremo Tribunal Federal poderá, de ofício ou por provocação, mediante decisão de dois terços dos seus membros, após reiteradas decisões sobre matéria constitucional, aprovar súmula que, a partir de sua publicação na imprensa oficial, terá efeito vinculante em relação aos demais órgãos do Poder Judiciário e à administração pública direta e indireta, nas esferas federal, estadual e municipal, bem como proceder à sua revisão ou cancelamento, na forma estabelecida em lei.

▶ Art. 8º da EC nº 45, de 8-12-2004 (Reforma do Judiciário).

▶ Lei nº 11.417, de 19-12-2006 (Lei da Súmula Vinculante), regulamenta este artigo.

§ 1º A súmula terá por objetivo a validade, a interpretação e a eficácia de normas determinadas, acerca das quais haja controvérsia atual entre órgãos judiciários ou entre esses e a administração pública que acarrete grave insegurança jurídica e relevante multiplicação de processos sobre questão idêntica.

§ 2º Sem prejuízo do que vier a ser estabelecido em lei, a aprovação, revisão ou cancelamento de súmula poderá ser provocada por aqueles que podem propor a ação direta de inconstitucionalidade.

§ 3º Do ato administrativo ou decisão judicial que contrariar a súmula aplicável ou que indevidamente a aplicar, caberá reclamação ao Supremo Tribunal Federal que, julgando-a procedente, anulará o ato administrativo ou cassará a decisão judicial reclamada, e determinará que outra seja proferida com ou sem a aplicação da súmula, conforme o caso.

▶ Art. 103-A acrescido pela EC nº 45, de 8-12-2004.

Art. 103-B. O Conselho Nacional de Justiça compõe-se de 15 (quinze) membros com mandato de 2 (dois) anos, admitida 1 (uma) recondução, sendo:

▶ *Caput* com a redação dada pela EC nº 61, de 11-11-2009.

▶ Art. 5º da EC nº 45, de 8-12-2004 (Reforma do Judiciário).

▶ Lei nº 11.364, de 26-10-2006, dispõe sobre as atividades de apoio ao Conselho Nacional de Justiça.

I – o Presidente do Supremo Tribunal Federal;

▶ Inciso I com a redação dada pela EC nº 61, de 11-11-2009.

II – um Ministro do Superior Tribunal de Justiça, indicado pelo respectivo tribunal;

III – um Ministro do Tribunal Superior do Trabalho, indicado pelo respectivo tribunal;

IV – um desembargador de Tribunal de Justiça, indicado pelo Supremo Tribunal Federal;

V – um juiz estadual, indicado pelo Supremo Tribunal Federal;

VI – um juiz de Tribunal Regional Federal, indicado pelo Superior Tribunal de Justiça;

VII – um juiz federal, indicado pelo Superior Tribunal de Justiça;

VIII – um juiz de Tribunal Regional do Trabalho, indicado pelo Tribunal Superior do Trabalho;

IX – um juiz do trabalho, indicado pelo Tribunal Superior do Trabalho;

X – um membro do Ministério Público da União, indicado pelo Procurador-Geral da República;

XI – um membro do Ministério Público estadual, escolhido pelo Procurador-Geral da República dentre os nomes indicados pelo órgão competente de cada instituição estadual;

XII – dois advogados, indicados pelo Conselho Federal da Ordem dos Advogados do Brasil;

XIII – dois cidadãos, de notável saber jurídico e reputação ilibada, indicados um pela Câmara dos Deputados e outro pelo Senado Federal.

▶ Incisos II a XIII acrescidos pela EC nº 45, de 8-12-2004.

§ 1º O Conselho será presidido pelo Presidente do Supremo Tribunal Federal e, nas suas ausências e impedimentos, pelo Vice-Presidente do Supremo Tribunal Federal.

§ 2º Os demais membros do Conselho serão nomeados pelo Presidente da República, depois de aprovada a escolha pela maioria absoluta do Senado Federal.

▶ §§ 1º e 2º com a redação dada pela EC nº 61, de 11-11-2009.

§ 3º Não efetuadas, no prazo legal, as indicações previstas neste artigo, caberá a escolha ao Supremo Tribunal Federal.

§ 4º Compete ao Conselho o controle da atuação administrativa e financeira do Poder Judiciário e do cumprimento dos deveres funcionais dos juízes, cabendo-lhe, além de outras atribuições que lhe forem conferidas pelo Estatuto da Magistratura:

I – zelar pela autonomia do Poder Judiciário e pelo cumprimento do Estatuto da Magistratura, podendo expedir atos regulamentares, no âmbito de sua competência, ou recomendar providências;

II – zelar pela observância do art. 37 e apreciar, de ofício ou mediante provocação, a legalidade dos atos administrativos praticados por membros ou órgãos do Poder Judiciário, podendo desconstituí-los, revê-los ou fixar prazo para que se adotem as providências necessárias ao exato cumprimento da lei, sem prejuízo da competência do Tribunal de Contas da União;

III – receber e conhecer das reclamações contra membros ou órgãos do Poder Judiciário, inclusive contra seus serviços auxiliares, serventias e órgãos prestadores de serviços notariais e de registro que atuem por delegação do poder público ou oficializados, sem prejuízo da competência disciplinar e correicional dos tribunais, podendo avocar processos disciplinares em curso e determinar a remoção, a disponibilidade ou a aposentadoria com subsídios ou proventos proporcionais ao tempo de serviço e aplicar outras sanções administrativas, assegurada ampla defesa;

IV – representar ao Ministério Público, no caso de crime contra a administração pública ou de abuso de autoridade;

V – rever, de ofício ou mediante provocação, os processos disciplinares de juízes e membros de tribunais julgados há menos de um ano;

VI – elaborar semestralmente relatório estatístico sobre processos e sentenças prolatadas, por unidade da Federação, nos diferentes órgãos do Poder Judiciário;

VII – elaborar relatório anual, propondo as providências que julgar necessárias, sobre a situação do Poder Judiciário no País e as atividades do Conselho, o qual deve integrar mensagem do Presidente do Supremo Tribunal Federal a ser remetida ao Congresso Nacional, por ocasião da abertura da sessão legislativa.

§ 5º O Ministro do Superior Tribunal de Justiça exercerá a função de Ministro-Corregedor e ficará excluído da distribuição de processos no Tribunal, competindo-lhe, além das atribuições que lhe forem conferidas pelo Estatuto da Magistratura, as seguintes:

I – receber as reclamações e denúncias, de qualquer interessado, relativas aos magistrados e aos serviços judiciários;

II – exercer funções executivas do Conselho, de inspeção e de correição geral;

III – requisitar e designar magistrados, delegando-lhes atribuições, e requisitar servidores de juízos ou tribunais, inclusive nos Estados, Distrito Federal e Territórios.

§ 6º Junto ao Conselho oficiarão o Procurador-Geral da República e o Presidente do Conselho Federal da Ordem dos Advogados do Brasil.

§ 7º A União, inclusive no Distrito Federal e nos Territórios, criará ouvidorias de justiça, competentes para receber reclamações e denúncias de qualquer interessado contra membros ou órgãos do Poder Judiciário, ou contra seus serviços auxiliares, representando diretamente ao Conselho Nacional de Justiça.

▶ §§ 3º a 7º acrescidos pela EC nº 45, de 8-12-2004.
▶ Res. do CNJ nº 103, de 24-2-2010, dispõe sobre as atribuições da Ouvidoria do Conselho Nacional de Justiça e determina a criação de ouvidorias no âmbito dos Tribunais.

Seção III
DO SUPERIOR TRIBUNAL DE JUSTIÇA

▶ Lei nº 8.038, de 28-5-1990, institui normas procedimentais para os processos que especifica, perante o STJ e o STF.

Art. 104. O Superior Tribunal de Justiça compõe-se de, no mínimo, trinta e três Ministros.

Parágrafo único. Os Ministros do Superior Tribunal de Justiça serão nomeados pelo Presidente da República, dentre brasileiros com mais de trinta e cinco e menos de sessenta e cinco anos, de notável saber jurídico e reputação ilibada, depois de aprovada a escolha pela maioria absoluta do Senado Federal, sendo:

▶ Parágrafo único com a redação dada pela EC nº 45, de 8-12-2004.
▶ Lei nº 8.038, de 28-5-1990, institui normas procedimentais para os processos que especifica, perante o STJ e o STF.

I – um terço dentre juízes dos Tribunais Regionais Federais e um terço dentre desembargadores dos Tribunais de Justiça, indicados em lista tríplice elaborada pelo próprio Tribunal;

II – um terço, em partes iguais, dentre advogados e membros do Ministério Público Federal, Estadual, do Distrito Federal e Territórios, alternadamente, indicados na forma do artigo 94.

Art. 105. Compete ao Superior Tribunal de Justiça:

I – processar e julgar, originariamente:

a) nos crimes comuns, os Governadores dos Estados e do Distrito Federal, e, nestes e nos de responsabilidade, os desembargadores dos Tribunais de Justiça dos Estados e do Distrito Federal, os membros dos Tribunais de Contas dos Estados e do Distrito Federal, os dos Tribunais Regionais Federais, dos Tribunais Regionais Eleitorais e do Trabalho, os membros dos Conselhos ou Tribunais de Contas dos Municípios e os do Ministério Público da União que oficiem perante tribunais;

b) os mandados de segurança e os *habeas data* contra ato de Ministro de Estado, dos Comandantes da Marinha, do Exército e da Aeronáutica ou do próprio Tribunal;

▶ Alínea *b* com a redação dada pela EC nº 23, de 2-9-1999.
▶ Lei nº 9.507, de 12-11-1997 (Lei do *Habeas Data*).
▶ Lei nº 12.016, de 7-8-2009 (Lei do Mandado de Segurança Individual e Coletivo).
▶ Súm. nº 41 do STJ.

c) os *habeas corpus*, quando o coator ou paciente for qualquer das pessoas mencionadas na alínea *a*, ou quando o coator for tribunal sujeito à sua jurisdição, Ministro de Estado ou Comandante da Marinha, do Exército ou da Aeronáutica, ressalvada a competência da Justiça Eleitoral;

▶ Alínea *c* com a redação dada pela EC nº 23, de 2-9-1999.

d) os conflitos de competência entre quaisquer tribunais, ressalvado o disposto no artigo 102, I, *o*, bem como entre Tribunal e juízes a ele não vinculados e entre juízes vinculados a Tribunais diversos;

▶ Súm. nº 22 do STJ.

e) as revisões criminais e as ações rescisórias de seus julgados;

▶ Arts. 485 a 495 do CPC.
▶ Arts. 621 a 631 do CPP.

f) a reclamação para a preservação de sua competência e garantia da autoridade de suas decisões;

▶ Arts. 13 a 18 da Lei nº 8.038, de 28-5-1990, que institui normas procedimentais para os processos que especifica, perante o STJ e o STF.

g) os conflitos de atribuições entre autoridades administrativas e judiciárias da União, ou entre autoridades judiciárias de um Estado e administrativas de outro ou do Distrito Federal, ou entre as deste e da União;

h) o mandado de injunção, quando a elaboração da norma regulamentadora for atribuição de órgão, entidade ou autoridade federal, da administração direta ou indireta, excetuados os casos de competência do Supremo Tribunal Federal e dos órgãos da Justiça Militar, da Justiça Eleitoral, da Justiça do Trabalho e da Justiça Federal;

▶ Art. 109 desta Constituição.

- Arts. 483 e 484 do CPC.
- i) a homologação de sentenças estrangeiras e a concessão de *exequatur* às cartas rogatórias;
- Alínea *i* acrescida pela EC nº 45, de 8-12-2004.
- Art. 109, X, desta Constituição.
- Arts. 483 e 484 do CPC.

II – julgar, em recurso ordinário:

a) os *habeas corpus* decididos em única ou última instância pelos Tribunais Regionais Federais ou pelos Tribunais dos Estados, do Distrito Federal e Territórios, quando a decisão for denegatória;
b) os mandados de segurança decididos em única instância pelos Tribunais Regionais Federais ou pelos Tribunais dos Estados, do Distrito Federal e Territórios, quando denegatória a decisão;

- Lei nº 12.016, de 7-8-2009 (Lei do Mandado de Segurança Individual e Coletivo).

c) as causas em que forem partes Estado estrangeiro ou organismo internacional, de um lado, e, do outro, Município ou pessoa residente ou domiciliada no País;

III – julgar, em recurso especial, as causas decididas, em única ou última instância, pelos Tribunais Regionais Federais ou pelos Tribunais dos Estados, do Distrito Federal e Territórios, quando a decisão recorrida:

- Lei nº 8.658, de 26-5-1993, dispõe sobre a aplicação, nos Tribunais de Justiça e nos Tribunais Regionais Federais, das normas da Lei nº 8038, de 28-5-1990.
- Súmulas nºs 5, 7, 86, 95, 203, 207, 320 e 418 do STJ.

a) contrariar tratado ou lei federal, ou negar-lhes vigência;
b) julgar válido ato de governo local contestado em face de lei federal;

- Alínea *b* com a redação dada pela EC nº 45, de 8-12-2004.

c) der a lei federal interpretação divergente da que lhe haja atribuído outro Tribunal.

- Súm. nº 13 do STJ.

Parágrafo único. Funcionarão junto ao Superior Tribunal de Justiça:

- Parágrafo único com a redação dada pela EC nº 45, de 8-12-2004.

I – a escola nacional de formação e aperfeiçoamento de magistrados, cabendo-lhe, dentre outras funções, regulamentar os cursos oficiais para o ingresso e promoção na carreira;
II – o Conselho da Justiça Federal, cabendo-lhe exercer, na forma da lei, a supervisão administrativa e orçamentária da Justiça Federal de primeiro e segundo graus, como órgão central do sistema e com poderes correicionais, cujas decisões terão caráter vinculante.

- Incisos I e II acrescidos pela EC nº 45, de 8-12-2004.

SEÇÃO IV
DOS TRIBUNAIS REGIONAIS FEDERAIS E DOS JUÍZES FEDERAIS

Art. 106. São órgãos da Justiça Federal:

- Lei nº 7.727, de 9-1-1989, dispõe sobre a composição inicial dos Tribunais Regionais Federais e sua instalação, cria os respectivos quadros de pessoal.

I – os Tribunais Regionais Federais;
II – os Juízes Federais.

Art. 107. Os Tribunais Regionais Federais compõem-se de, no mínimo, sete juízes, recrutados, quando possível, na respectiva região e nomeados pelo Presidente da República dentre brasileiros com mais de trinta anos e menos de sessenta e cinco anos, sendo:

I – um quinto dentre advogados com mais de dez anos de efetiva atividade profissional e membros do Ministério Público Federal com mais de dez anos de carreira;
II – os demais, mediante promoção de juízes federais com mais de cinco anos de exercício, por antiguidade e merecimento, alternadamente.

- Art. 27, § 9º, do ADCT.
- Lei nº 9.967, de 10-5-2000, dispõe sobre as reestruturações dos Tribunais Regionais Federais das cinco Regiões.

§ 1º A lei disciplinará a remoção ou a permuta de juízes dos Tribunais Regionais Federais e determinará sua jurisdição e sede.

- Parágrafo único transformado em § 1º pela EC nº 45, de 8-12-2004.
- Art. 1º da Lei nº 9.967, de 10-5-2000, que dispõe sobre as reestruturações dos Tribunais Regionais Federais das cinco regiões.
- Lei nº 9.968, de 10-5-2000, dispõe sobre a reestruturação do Tribunal Regional Federal da 3ª Região.

§ 2º Os Tribunais Regionais Federais instalarão a justiça itinerante, com a realização de audiências e demais funções da atividade jurisdicional, nos limites territoriais da respectiva jurisdição, servindo-se de equipamentos públicos e comunitários.

§ 3º Os Tribunais Regionais Federais poderão funcionar descentralizadamente, constituindo Câmaras regionais, a fim de assegurar o pleno acesso do jurisdicionado à justiça em todas as fases do processo.

- §§ 2º e 3º acrescidos pela EC nº 45, de 8-12-2004.

Art. 108. Compete aos Tribunais Regionais Federais:

I – processar e julgar, originariamente:

a) os juízes federais da área de sua jurisdição, incluídos os da Justiça Militar e da Justiça do Trabalho, nos crimes comuns e de responsabilidade, e os membros do Ministério Público da União, ressalvada a competência da Justiça Eleitoral;
b) as revisões criminais e as ações rescisórias de julgados seus ou dos juízes federais da região;

- Arts. 485 a 495 do CPC.
- Arts. 621 a 631 do CPP.

c) os mandados de segurança e os *habeas data* contra ato do próprio Tribunal ou de juiz federal;

- Lei nº 9.507, de 12-11-1997 (Lei do *Habeas Data*).
- Lei nº 12.016, de 7-8-2009 (Lei do Mandado de Segurança Individual e Coletivo).

d) os *habeas corpus*, quando a autoridade coatora for juiz federal;
e) os conflitos de competência entre juízes federais vinculados ao Tribunal;

- Súmulas nºs 3 e 428 do STJ.

Constituição Federal – Arts. 109 e 110

II – julgar, em grau de recurso, as causas decididas pelos juízes federais e pelos juízes estaduais no exercício da competência federal da área de sua jurisdição.

▶ Súm. nº 55 do STJ.

Art. 109. Aos juízes federais compete processar e julgar:

▶ Lei nº 7.492, de 16-6-1986 (Lei dos Crimes Contra o Sistema Financeiro Nacional).
▶ Lei nº 9.469, de 9-7-1997, dispõe sobre a intervenção da União nas causas em que figurarem, como autores ou réus, entes da Administração indireta.
▶ Lei nº 10.259, de 12-7-2001 (Lei dos Juizados Especiais Federais).
▶ Art. 70 da Lei nº 11.343, de 23-8-2006 (Lei Antidrogas).
▶ Súmulas nºs 15, 32, 42, 66, 82, 150, 173, 324, 349 e 365 do STJ.

I – as causas em que a União, entidade autárquica ou empresa pública federal forem interessadas na condição de autoras, rés, assistentes ou oponentes, exceto as de falência, as de acidentes de trabalho e as sujeitas à Justiça Eleitoral e à Justiça do Trabalho;

▶ Súmulas Vinculantes nºs 22 e 27 do STF.
▶ Súmulas nºs 15, 32, 42, 66, 82, 150, 173, 324, 365 e 374 do STJ.

II – as causas entre Estado estrangeiro ou organismo internacional e Município ou pessoa domiciliada ou residente no País;

III – as causas fundadas em tratado ou contrato da União com Estado estrangeiro ou organismo internacional;

▶ Súm. nº 689 do STF.

IV – os crimes políticos e as infrações penais praticadas em detrimento de bens, serviços ou interesse da União ou de suas entidades autárquicas ou empresas públicas, excluídas as contravenções e ressalvada a competência da Justiça Militar e da Justiça Eleitoral;

▶ Art. 9º do CPM.
▶ Súmulas nºs 38, 42, 62, 73, 104, 147, 165 e 208 do STJ.

V – os crimes previstos em tratado ou convenção internacional, quando, iniciada a execução no País, o resultado tenha ou devesse ter ocorrido no estrangeiro, ou reciprocamente;

V-A – as causas relativas a direitos humanos a que se refere o § 5º deste artigo;

▶ Inciso V-A acrescido pela EC nº 45, de 8-12-2004.

VI – os crimes contra a organização do trabalho e, nos casos determinados por lei, contra o sistema financeiro e a ordem econômico-financeira;

▶ Arts. 197 a 207 do CP.
▶ Lei nº 7.492, de 16-6-1986 (Lei dos Crimes contra o Sistema Financeiro Nacional).
▶ Lei nº 8.137, de 27-12-1990 (Lei dos Crimes Contra a Ordem Tributária, Econômica e contra as Relações de Consumo).
▶ Lei nº 8.176, de 8-2-1991 (Lei dos Crimes contra a Ordem Econômica).

VII – os *habeas corpus*, em matéria criminal de sua competência ou quando o constrangimento provier de autoridade cujos atos não estejam diretamente sujeitos a outra jurisdição;

VIII – os mandados de segurança e os *habeas data* contra ato de autoridade federal, excetuados os casos de competência dos Tribunais federais;

▶ Lei nº 9.507, de 12-11-1997 (Lei do *Habeas Data*).
▶ Lei nº 12.016, de 7-8-2009 (Lei do Mandado de Segurança Individual e Coletivo).

IX – os crimes cometidos a bordo de navios ou aeronaves, ressalvada a competência da Justiça Militar;

▶ Art. 125, § 4º, desta Constituição.
▶ Art. 9º do CPM.

X – os crimes de ingresso ou permanência irregular de estrangeiro, a execução de carta rogatória, após o *exequatur*, e de sentença estrangeira após a homologação, as causas referentes à nacionalidade, inclusive a respectiva opção, e à naturalização;

▶ Art. 105, I, *i*, desta Constituição.
▶ Art. 484 do CPC.

XI – a disputa sobre direitos indígenas.

▶ Súm. nº 140 do STJ.

§ 1º As causas em que a União for autora serão aforadas na seção judiciária onde tiver domicílio a outra parte.

§ 2º As causas intentadas contra a União poderão ser aforadas na seção judiciária em que for domiciliado o autor, naquela onde houver ocorrido o ato ou fato que deu origem à demanda ou onde esteja situada a coisa, ou, ainda, no Distrito Federal.

§ 3º Serão processadas e julgadas na justiça estadual, no foro do domicílio dos segurados ou beneficiários, as causas em que forem parte instituição de previdência social e segurado, sempre que a comarca não seja sede de vara do juízo federal, e, se verificada essa condição, a lei poderá permitir que outras causas sejam também processadas e julgadas pela justiça estadual.

▶ Lei nº 5.010, de 30-5-1966 (Lei de Organização da Justiça Federal).
▶ Súmulas nºs 11, 15 e 32 do STJ.

§ 4º Na hipótese do parágrafo anterior, o recurso cabível será sempre para o Tribunal Regional Federal na área de jurisdição do juiz de primeiro grau.

▶ Súm. nº 32 do STJ.

§ 5º Nas hipóteses de grave violação de direitos humanos, o Procurador-Geral da República, com a finalidade de assegurar o cumprimento de obrigações decorrentes de tratados internacionais de direitos humanos dos quais o Brasil seja parte, poderá suscitar, perante o Superior Tribunal de Justiça, em qualquer fase do inquérito ou processo, incidente de deslocamento de competência para a Justiça Federal.

▶ § 5º acrescido pela EC nº 45, de 8-12-2004.

Art. 110. Cada Estado, bem como o Distrito Federal, constituirá uma seção judiciária que terá por sede a respectiva Capital, e varas localizadas segundo o estabelecido em lei.

▶ Lei nº 5.010, de 30-5-1966 (Lei de Organização da Justiça Federal).

Parágrafo único. Nos Territórios Federais, a jurisdição e as atribuições cometidas aos juízes federais caberão aos juízes da justiça local, na forma da lei.

▶ Lei nº 9.788, de 19-2-1999, dispõe sobre a reestruturação da Justiça Federal de Primeiro Grau, nas cinco regiões, com a criação de cem Varas Federais.

SEÇÃO V
DOS TRIBUNAIS E JUÍZES DO TRABALHO

▶ Art. 743 e seguintes da CLT.
▶ Lei nº 9.957, de 12-1-2000, institui o procedimento sumaríssimo no processo trabalhista.
▶ Lei nº 9.958, de 12-1-2000, criou as Comissões de Conciliação Prévia no âmbito na Justiça do Trabalho.

Art. 111. São órgãos da Justiça do Trabalho:

I – o Tribunal Superior do Trabalho;
II – os Tribunais Regionais do Trabalho;
III – Juízes do Trabalho.

▶ Inciso III com a redação dada pela EC nº 24, de 9-12-1999.

§§ 1º a 3º *Revogados*. EC nº 45, de 8-12-2004.

Art. 111-A. O Tribunal Superior do Trabalho compor-se-á de vinte e sete Ministros, escolhidos dentre brasileiros com mais de trinta e cinco e menos de sessenta e cinco anos, nomeados pelo Presidente da República após aprovação pela maioria absoluta do Senado Federal, sendo:

I – um quinto dentre advogados com mais de dez anos de efetiva atividade profissional e membros do Ministério Público do Trabalho com mais de dez anos de efetivo exercício, observado o disposto no art. 94;
II – os demais dentre juízes do Trabalho dos Tribunais Regionais do Trabalho, oriundos da magistratura da carreira, indicados pelo próprio Tribunal Superior.

§ 1º A lei disporá sobre a competência do Tribunal Superior do Trabalho.

§ 2º Funcionarão junto ao Tribunal Superior do Trabalho:

I – a Escola Nacional de Formação e Aperfeiçoamento de Magistrados do Trabalho, cabendo-lhe, dentre outras funções, regulamentar os cursos oficiais para o ingresso e promoção na carreira;
II – o Conselho Superior da Justiça do Trabalho, cabendo-lhe exercer, na forma da lei, a supervisão administrativa, orçamentária, financeira e patrimonial da Justiça do Trabalho de primeiro e segundo graus, como órgão central do sistema, cujas decisões terão efeito vinculante.

▶ Art. 111-A acrescido pela EC nº 45, de 8-12-2004.
▶ Art. 6º da EC nº 45, de 8-12-2004 (Reforma do Judiciário).

Art. 112. A lei criará varas da Justiça do Trabalho, podendo, nas comarcas não abrangidas por sua jurisdição, atribuí-la aos juízes de direito, com recurso para o respectivo Tribunal Regional do Trabalho.

▶ Artigo com a redação dada pela EC nº 45, de 8-12-2004.

Art. 113. A lei disporá sobre a constituição, investidura, jurisdição, competência, garantias e condições de exercício dos órgãos da Justiça do Trabalho.

▶ Artigo com a redação dada pela EC nº 24, de 9-12-1999.
▶ Arts. 643 a 673 da CLT.
▶ LC nº 35, de 14-3-1979 (Lei Orgânica da Magistratura Nacional).

Art. 114. Compete à Justiça do Trabalho processar e julgar:

▶ *Caput* com a redação dada pela EC nº 45, de 8-12-2004.
▶ Art. 6º, § 2º, da Lei nº 11.101, de 9-2-2005 (Lei de Recuperação de Empresas e Falências).
▶ Súm. Vinc. nº 22 do STF.
▶ Súmulas nºs 349 e 736 do STF.
▶ Súmulas nºs 57, 97, 137, 180, 222 e 349 do STJ.
▶ Súm. nº 392 do TST.

I – as ações oriundas da relação de trabalho, abrangidos os entes de direito público externo e da administração pública direta e indireta da União, dos Estados, do Distrito Federal e dos Municípios;

▶ O STF, por maioria de votos, referendou a liminar concedida na ADIN nº 3.395-6, com efeito *ex tunc*, para dar interpretação conforme a CF a este inciso, com a redação dada pela EC nº 45, de 8-12-2004, suspendendo toda e qualquer interpretação dada a este inciso que inclua, na competência da Justiça do Trabalho, a "(...) apreciação (...) de causas que (...) sejam instauradas entre o Poder Público e seus servidores, a ele vinculados por típica relação de ordem estatutária ou de caráter jurídico-administrativo" (DJU de 4-2-2005 e 10-11-2006).

II – as ações que envolvam exercício do direito de greve;

▶ Art. 9º desta Constituição.
▶ Lei nº 7.783, de 28-6-1989 (Lei de Greve).
▶ Súm. Vinc. nº 23 do STF.

III – as ações sobre representação sindical, entre sindicatos, entre sindicatos e trabalhadores, e entre sindicatos e empregadores;

▶ Lei nº 8.984, de 7-2-1995, estende a competência da Justiça do Trabalho.

IV – os mandados de segurança, *habeas corpus* e *habeas data*, quando o ato questionado envolver matéria sujeita à sua jurisdição;

▶ Arts. 5º, LXVIII, LXIX, LXXII, 7º, XXVIII, desta Constituição.
▶ Lei nº 9.507, de 12-11-1997 (Lei do *Habeas Data*).
▶ Lei nº 12.016, de 7-8-2009 (Lei do Mandado de Segurança Individual e Coletivo).

V – os conflitos de competência entre órgãos com jurisdição trabalhista, ressalvado o disposto no art. 102, I, o;
VI – as ações de indenização por dano moral ou patrimonial, decorrentes da relação de trabalho;

▶ Súmulas nºs 362 e 376 do STJ.

VII – as ações relativas às penalidades administrativas impostas aos empregadores pelos órgãos de fiscalização das relações de trabalho;
VIII – a execução, de ofício, das contribuições sociais previstas no art. 195, I, *a*, e II, e seus acréscimos legais, decorrentes das sentenças que proferir;

IX – outras controvérsias decorrentes da relação de trabalho, na forma da lei.

▶ Incisos I a IX acrescidos pela EC nº 45, de 8-12-2004.
▶ O STF, por unanimidade de votos, concedeu a liminar na ADIN nº 3.684-0, com efeito *ex tunc*, para dar interpretação conforme a CF ao art. 114, I, IV e IX, com a redação dada pela EC nº 45, de 8-12-2004, no sentido de que não se atribui à Justiça do Trabalho competência para processar e julgar ações penais (*DJU* de 3-8-2007).
▶ Súm. nº 736 do STF.

§ 1º Frustrada a negociação coletiva, as partes poderão eleger árbitros.

§ 2º Recusando-se qualquer das partes à negociação coletiva ou à arbitragem, é facultado às mesmas, de comum acordo, ajuizar dissídio coletivo de natureza econômica, podendo a Justiça do Trabalho decidir o conflito, respeitadas as disposições mínimas legais de proteção ao trabalho, bem como as convencionadas anteriormente.

§ 3º Em caso de greve em atividade essencial, com possibilidade de lesão do interesse público, o Ministério Público do Trabalho poderá ajuizar dissídio coletivo, competindo à Justiça do Trabalho decidir o conflito.

▶ §§ 2º e 3º com a redação dada pela EC nº 45, de 8-12-2004.
▶ Art. 9º, § 1º, desta Constituição.
▶ Lei nº 7.783, de 28-6-1989 (Lei de Greve).

Art. 115. Os Tribunais Regionais do Trabalho compõem-se de, no mínimo, sete juízes, recrutados, quando possível, na respectiva região, e nomeados pelo Presidente da República dentre brasileiros com mais de trinta e menos de sessenta e cinco anos, sendo:

▶ *Caput* com a redação dada pela EC nº 45, de 8-12-2004.

I – um quinto dentre advogados com mais de dez anos de efetiva atividade profissional e membros do Ministério Público do Trabalho com mais de dez anos de efetivo exercício, observado o disposto no art. 94;
II – os demais, mediante promoção de juízes do trabalho por antiguidade e merecimento, alternadamente.

▶ Incisos I e II acrescidos pela EC nº 45, de 8-12-2004.

§ 1º Os Tribunais Regionais do Trabalho instalarão a justiça itinerante, com a realização de audiências e demais funções de atividade jurisdicional, nos limites territoriais da respectiva jurisdição, servindo-se de equipamentos públicos e comunitários.

§ 2º Os Tribunais Regionais do Trabalho poderão funcionar descentralizadamente, constituindo Câmaras regionais, a fim de assegurar o pleno acesso do jurisdicionado à justiça em todas as fases do processo.

▶ §§ 1º e 2º acrescidos pela EC nº 45, de 8-12-2004.

Art. 116. Nas Varas do Trabalho, a jurisdição será exercida por um juiz singular.

▶ *Caput* com a redação dada pela EC nº 24, de 9-12-1999.

Parágrafo único. *Revogado.* EC nº 24, de 9-12-1999.

Art. 117. *Revogado.* EC nº 24, de 9-12-1999.

SEÇÃO VI

DOS TRIBUNAIS E JUÍZES ELEITORAIS

▶ Arts. 12 a 41 do CE.

Art. 118. São órgãos da Justiça Eleitoral:

I – o Tribunal Superior Eleitoral;
II – os Tribunais Regionais Eleitorais;
III – os Juízes Eleitorais;
IV – as Juntas Eleitorais.

Art. 119. O Tribunal Superior Eleitoral compor-se-á, no mínimo, de sete membros, escolhidos:

I – mediante eleição, pelo voto secreto:

a) três juízes dentre os Ministros do Supremo Tribunal Federal;
b) dois juízes dentre os Ministros do Superior Tribunal de Justiça;

II – por nomeação do Presidente da República, dois juízes dentre seis advogados de notável saber jurídico e idoneidade moral, indicados pelo Supremo Tribunal Federal.

Parágrafo único. O Tribunal Superior Eleitoral elegerá seu Presidente e o Vice-Presidente dentre os Ministros do Supremo Tribunal Federal, e o Corregedor Eleitoral dentre os Ministros do Superior Tribunal de Justiça.

Art. 120. Haverá um Tribunal Regional Eleitoral na Capital de cada Estado e no Distrito Federal.

§ 1º Os Tribunais Regionais Eleitorais compor-se-ão:

I – mediante eleição, pelo voto secreto:

a) de dois juízes dentre os desembargadores do Tribunal de Justiça;
b) de dois juízes, dentre juízes de direito, escolhidos pelo Tribunal de Justiça;

II – de um juiz do Tribunal Regional Federal com sede na Capital do Estado ou no Distrito Federal, ou, não havendo, de juiz federal, escolhido, em qualquer caso, pelo Tribunal Regional Federal respectivo;
III – por nomeação, pelo Presidente da República, de dois juízes dentre seis advogados de notável saber jurídico e idoneidade moral, indicados pelo Tribunal de Justiça.

§ 2º O Tribunal Regional Eleitoral elegerá seu Presidente e o Vice-Presidente dentre os desembargadores.

Art. 121. Lei complementar disporá sobre a organização e competência dos Tribunais, dos juízes de direito e das juntas eleitorais.

▶ Arts. 22, 23, 29, 30, 34, 40 e 41 do CE.
▶ Súm. nº 368 do STJ.

§ 1º Os membros dos Tribunais, os juízes de direito e os integrantes das juntas eleitorais, no exercício de suas funções, e no que lhes for aplicável, gozarão de plenas garantias e serão inamovíveis.

§ 2º Os juízes dos Tribunais eleitorais, salvo motivo justificado, servirão por dois anos, no mínimo, e nunca por mais de dois biênios consecutivos, sendo os substitutos escolhidos na mesma ocasião e pelo mesmo processo, em número igual para cada categoria.

§ 3º São irrecorríveis as decisões do Tribunal Superior Eleitoral, salvo as que contrariarem esta Constituição e as denegatórias de *habeas corpus* ou mandado de segurança.

§ 4º Das decisões dos Tribunais Regionais Eleitorais somente caberá recurso quando:

I – forem proferidas contra disposição expressa desta Constituição ou de lei;

II – ocorrer divergência na interpretação de lei entre dois ou mais Tribunais eleitorais;
III – versarem sobre inelegibilidade ou expedição de diplomas nas eleições federais ou estaduais;
IV – anularem diplomas ou decretarem a perda de mandatos eletivos federais ou estaduais;
V – denegarem *habeas corpus*, mandado de segurança, *habeas data* ou mandado de injunção.

Seção VII
DOS TRIBUNAIS E JUÍZES MILITARES

Art. 122. São órgãos da Justiça Militar:

▶ Lei nº 8.457, de 4-9-1992, organiza a Justiça Militar da União e regula o funcionamento de seus Serviços Auxiliares.
▶ Art. 90-A da Lei nº 9.099, de 26-9-1995 (Lei dos Juizados Especiais).

I – o Superior Tribunal Militar;
II – os Tribunais e Juízes Militares instituídos por lei.

Art. 123. O Superior Tribunal Militar compor-se-á de quinze Ministros vitalícios, nomeados pelo Presidente da República, depois de aprovada a indicação pelo Senado Federal, sendo três dentre oficiais-generais da Marinha, quatro dentre oficiais-generais do Exército, três dentre oficiais-generais da Aeronáutica, todos da ativa e do posto mais elevado da carreira, e cinco dentre civis.

Parágrafo único. Os Ministros civis serão escolhidos pelo Presidente da República dentre brasileiros maiores de trinta e cinco anos, sendo:

I – três dentre advogados de notório saber jurídico e conduta ilibada, com mais de dez anos de efetiva atividade profissional;
II – dois, por escolha paritária, dentre juízes auditores e membros do Ministério Público da Justiça Militar.

Art. 124. À Justiça Militar compete processar e julgar os crimes militares definidos em lei.

▶ Dec.-lei nº 1.002, de 21-10-1969 (Código de Processo Penal Militar).
▶ Art. 90-A da Lei nº 9.099, de 26-9-1995 (Lei dos Juizados Especiais).

Parágrafo único. A lei disporá sobre a organização, o funcionamento e a competência da Justiça Militar.

▶ Lei nº 8.457, de 4-9-1992, organiza a Justiça Militar da União e regula o funcionamento de seus Serviços Auxiliares.

Seção VIII
DOS TRIBUNAIS E JUÍZES DOS ESTADOS

Art. 125. Os Estados organizarão sua Justiça, observados os princípios estabelecidos nesta Constituição.

▶ Art. 70 do ADCT.
▶ Súm. nº 721 do STF.

§ 1º A competência dos Tribunais será definida na Constituição do Estado, sendo a lei de organização judiciária de iniciativa do Tribunal de Justiça.

▶ Súm. nº 721 do STF.
▶ Súm. nº 238 do STJ.

§ 2º Cabe aos Estados a instituição de representação de inconstitucionalidade de leis ou atos normativos estaduais ou municipais em face da Constituição Estadual, vedada a atribuição da legitimação para agir a um único órgão.

§ 3º A lei estadual poderá criar, mediante proposta do Tribunal de Justiça, a Justiça Militar estadual, constituída, em primeiro grau, pelos juízes de direito e pelos Conselhos de Justiça e, em segundo grau, pelo próprio Tribunal de Justiça, ou por Tribunal de Justiça Militar nos Estados em que o efetivo militar seja superior a vinte mil integrantes.

§ 4º Compete à Justiça Militar estadual processar e julgar os militares dos Estados, nos crimes militares definidos em lei e as ações judiciais contra atos disciplinares militares, ressalvada a competência do júri quando a vítima for civil, cabendo ao tribunal competente decidir sobre a perda do posto e da patente dos oficiais e da graduação das praças.

▶ §§ 3º e 4º com a redação dada pela EC nº 45, de 8-12-2004.
▶ Súm. nº 673 do STF.
▶ Súmulas nºs 6, 53 e 90 do STJ.

§ 5º Compete aos juízes de direito do juízo militar processar e julgar, singularmente, os crimes militares cometidos contra civis e as ações judiciais contra atos disciplinares militares, cabendo ao Conselho de Justiça, sob a presidência de juiz de direito, processar e julgar os demais crimes militares.

§ 6º O Tribunal de Justiça poderá funcionar descentralizadamente, constituindo Câmaras regionais, a fim de assegurar o pleno acesso do jurisdicionado à justiça em todas as fases do processo.

§ 7º O Tribunal de Justiça instalará a justiça itinerante, com a realização de audiências e demais funções da atividade jurisdicional, nos limites territoriais da respectiva jurisdição, servindo-se de equipamentos públicos e comunitários.

▶ §§ 5º a 7º acrescidos pela EC nº 45, de 8-12-2004.

Art. 126. Para dirimir conflitos fundiários, o Tribunal de Justiça proporá a criação de varas especializadas, com competência exclusiva para questões agrárias.

▶ *Caput* com a redação dada pela EC nº 45, de 8-12-2004.

Parágrafo único. Sempre que necessário à eficiente prestação jurisdicional, o juiz far-se-á presente no local do litígio.

Capítulo IV
DAS FUNÇÕES ESSENCIAIS À JUSTIÇA

Seção I
DO MINISTÉRIO PÚBLICO

▶ LC nº 75, de 20-5-1993 (Lei Orgânica do Ministério Público da União).
▶ Lei nº 8.625, de 12-2-1993 (Lei Orgânica do Ministério Público).

Art. 127. O Ministério Público é instituição permanente, essencial à função jurisdicional do Estado, incumbindo-lhe a defesa da ordem jurídica, do regime democrático e dos interesses sociais e individuais indisponíveis.

§ 1º São princípios institucionais do Ministério Público a unidade, a indivisibilidade e a independência funcional.

§ 2º Ao Ministério Público é assegurada autonomia funcional e administrativa, podendo, observado o disposto no artigo 169, propor ao Poder Legislativo a criação e extinção de seus cargos e serviços auxiliares, provendo-os por concurso público de provas ou de provas e títulos, a política remuneratória e os planos de carreira; a lei disporá sobre sua organização e funcionamento.

▶ § 2º com a redação dada pela EC nº 19, de 4-6-1998.
▶ Lei nº 11.144, de 26-7-2005, dispõe sobre o subsídio do Procurador-Geral da República.
▶ Lei nº 12.042, de 8-10-2009, dispõe sobre a revisão do subsídio do Procurador-Geral da República.

§ 3º O Ministério Público elaborará sua proposta orçamentária dentro dos limites estabelecidos na lei de diretrizes orçamentárias.

§ 4º Se o Ministério Público não encaminhar a respectiva proposta orçamentária dentro do prazo estabelecido na lei de diretrizes orçamentárias, o Poder Executivo considerará, para fins de consolidação da proposta orçamentária anual, os valores aprovados na lei orçamentária vigente, ajustados de acordo com os limites estipulados na forma do § 3º.

§ 5º Se a proposta orçamentária de que trata este artigo for encaminhada em desacordo com os limites estipulados na forma do § 3º, o Poder Executivo procederá aos ajustes necessários para fins de consolidação da proposta orçamentária anual.

§ 6º Durante a execução orçamentária do exercício, não poderá haver a realização de despesas ou a assunção de obrigações que extrapolem os limites estabelecidos na lei de diretrizes orçamentárias, exceto se previamente autorizadas, mediante a abertura de créditos suplementares ou especiais.

▶ §§ 4º a 6º acrescidos pela EC nº 45, de 8-12-2004.

Art. 128. O Ministério Público abrange:

▶ LC nº 75, de 20-5-1993 (Lei Orgânica do Ministério Público da União).

I – o Ministério Público da União, que compreende:
a) o Ministério Público Federal;
b) o Ministério Público do Trabalho;
c) o Ministério Público Militar;
d) o Ministério Público do Distrito Federal e Territórios;

II – os Ministérios Públicos dos Estados.

§ 1º O Ministério Público da União tem por chefe o Procurador-Geral da República, nomeado pelo Presidente da República dentre integrantes da carreira, maiores de trinta e cinco anos, após a aprovação de seu nome pela maioria absoluta dos membros do Senado Federal, para mandato de dois anos, permitida a recondução.

§ 2º A destituição do Procurador-Geral da República, por iniciativa do Presidente da República, deverá ser precedida de autorização da maioria absoluta do Senado Federal.

§ 3º Os Ministérios Públicos dos Estados e o do Distrito Federal e Territórios formarão lista tríplice dentre integrantes da carreira, na forma da lei respectiva, para escolha de seu Procurador-Geral, que será nomeado pelo Chefe do Poder Executivo, para mandato de dois anos, permitida uma recondução.

§ 4º Os Procuradores-Gerais nos Estados e no Distrito Federal e Territórios poderão ser destituídos por deliberação da maioria absoluta do Poder Legislativo, na forma da lei complementar respectiva.

§ 5º Leis complementares da União e dos Estados, cuja iniciativa é facultada aos respectivos Procuradores-Gerais, estabelecerão a organização, as atribuições e o estatuto de cada Ministério Público, observadas, relativamente a seus membros:

I – as seguintes garantias:

a) vitaliciedade, após dois anos de exercício, não podendo perder o cargo senão por sentença judicial transitada em julgado;
b) inamovibilidade, salvo por motivo de interesse público, mediante decisão do órgão colegiado competente do Ministério Público, pelo voto da maioria absoluta de seus membros, assegurada ampla defesa;

▶ Alínea b com a redação dada pela EC nº 45, de 8-12-2004.

c) irredutibilidade de subsídio, fixado na forma do artigo 39, § 4º, e ressalvado o disposto nos artigos 37, X e XI, 150, II, 153, III, 153, § 2º, I;

▶ Alínea c com a redação dada pela EC nº 19, de 4-6-1998.
▶ Lei nº 11.144, de 26-7-2005, dispõe sobre o subsídio do Procurador-Geral da República.
▶ Lei nº 12.042, de 8-10-2009, dispõe sobre a revisão do subsídio do Procurador-Geral da República.

II – as seguintes vedações:

a) receber, a qualquer título e sob qualquer pretexto, honorários, percentagens ou custas processuais;
b) exercer a advocacia;
c) participar de sociedade comercial, na forma da lei;
d) exercer, ainda que em disponibilidade, qualquer outra função pública, salvo uma de magistério;
e) exercer atividade político-partidária;

▶ Alínea e com a redação dada pela EC nº 45, de 8-12-2004.

f) receber, a qualquer título ou pretexto, auxílios ou contribuições de pessoas físicas, entidades públicas ou privadas, ressalvadas as exceções previstas em lei.

▶ Alínea f acrescida pela EC nº 45, de 8-12-2004.

§ 6º Aplica-se aos membros do Ministério Público o disposto no art. 95, parágrafo único, V.

▶ § 6º acrescido pela EC nº 45, de 8-12-2004.

Art. 129. São funções institucionais do Ministério Público:

I – promover, privativamente, a ação penal pública, na forma da lei;

▶ Art. 100, § 1º, do CP.
▶ Art. 24 do CPP.
▶ Lei nº 8.625, de 12-2-1993 (Lei Orgânica Nacional do Ministério Público).
▶ Súm. nº 234 do STJ.

II – zelar pelo efetivo respeito dos Poderes Públicos e dos serviços de relevância pública aos direitos assegurados nesta Constituição, promovendo as medidas necessárias a sua garantia;

III – promover o inquérito civil e a ação civil pública, para a proteção do patrimônio público e social, do meio ambiente e de outros interesses difusos e coletivos;
► Lei nº 7.347, de 24-7-1985 (Lei da Ação Civil Pública).
► Súm. nº 643 do STF.
► Súm. nº 329 do STJ.

IV – promover a ação de inconstitucionalidade ou representação para fins de intervenção da União e dos Estados, nos casos previstos nesta Constituição;
► Arts. 34 a 36 desta Constituição.

V – defender judicialmente os direitos e interesses das populações indígenas;
► Art. 231 desta Constituição.

VI – expedir notificações nos procedimentos administrativos de sua competência, requisitando informações e documentos para instruí-los, na forma da lei complementar respectiva;
► Súm. nº 234 do STJ.

VII – exercer o controle externo da atividade policial, na forma da lei complementar mencionada no artigo anterior;
► LC nº 75, de 20-5-1993 (Lei Orgânica do Ministério Público da União).

VIII – requisitar diligências investigatórias e a instauração de inquérito policial, indicados os fundamentos jurídicos de suas manifestações processuais;
IX – exercer outras funções que lhe forem conferidas, desde que compatíveis com sua finalidade, sendo-lhe vedada a representação judicial e a consultoria jurídica de entidades públicas.

§ 1º A legitimação do Ministério Público para as ações civis previstas neste artigo não impede a de terceiros, nas mesmas hipóteses, segundo o disposto nesta Constituição e na lei.
► Lei nº 7.347, de 24-7-1985 (Lei da Ação Civil Pública).

§ 2º As funções do Ministério Público só podem ser exercidas por integrantes da carreira, que deverão residir na comarca da respectiva lotação, salvo autorização do chefe da instituição.

§ 3º O ingresso na carreira do Ministério Público far-se-á mediante concurso público de provas e títulos, assegurada a participação da Ordem dos Advogados do Brasil em sua realização, exigindo-se do bacharel em direito, no mínimo, três anos de atividade jurídica e observando-se, nas nomeações, a ordem de classificação.

§ 4º Aplica-se ao Ministério Público, no que couber, o disposto no art. 93.
► §§ 2º a 4º com a redação dada pela EC nº 45, de 8-12-2004.

§ 5º A distribuição de processos no Ministério Público será imediata.
► § 5º acrescido pela EC nº 45, de 8-12-2004.

Art. 130. Aos membros do Ministério Público junto aos Tribunais de Contas aplicam-se as disposições desta seção pertinentes a direitos, vedações e forma de investidura.

Art. 130-A. O Conselho Nacional do Ministério Público compõe-se de quatorze membros nomeados pelo Presidente da República, depois de aprovada a escolha pela maioria absoluta do Senado Federal, para um mandato de dois anos, admitida uma recondução, sendo:
► Art. 5º da EC nº 45, de 8-12-2004 (Reforma do Judiciário).

I – o Procurador-Geral da República, que o preside;
II – quatro membros do Ministério Público da União, assegurada a representação de cada uma de suas carreiras;
III – três membros do Ministério Público dos Estados;
IV – dois juízes, indicados um pelo Supremo Tribunal Federal e outro pelo Superior Tribunal de Justiça;
V – dois advogados, indicados pelo Conselho Federal da Ordem dos Advogados do Brasil;
VI – dois cidadãos de notável saber jurídico e reputação ilibada, indicados um pela Câmara dos Deputados e outro pelo Senado Federal.

§ 1º Os membros do Conselho oriundos do Ministério Público serão indicados pelos respectivos Ministérios Públicos, na forma da lei.
► Lei nº 11.372, de 28-11-2006, regulamenta este parágrafo.

§ 2º Compete ao Conselho Nacional do Ministério Público o controle da atuação administrativa e financeira do Ministério Público e do cumprimento dos deveres funcionais de seus membros, cabendo-lhe:

I – zelar pela autonomia funcional e administrativa do Ministério Público, podendo expedir atos regulamentares, no âmbito de sua competência, ou recomendar providências;
II – zelar pela observância do art. 37 e apreciar, de ofício ou mediante provocação, a legalidade dos atos administrativos praticados por membros ou órgãos do Ministério Público da União e dos Estados, podendo desconstituí-los, revê-los ou fixar prazo para que se adotem as providências necessárias ao exato cumprimento da lei, sem prejuízo da competência dos Tribunais de Contas;
III – receber e conhecer das reclamações contra membros ou órgãos do Ministério Público da União ou dos Estados, inclusive contra seus serviços auxiliares, sem prejuízo da competência disciplinar e correicional da instituição, podendo avocar processos disciplinares em curso, determinar a remoção, a disponibilidade ou a aposentadoria com subsídios ou proventos proporcionais ao tempo de serviço e aplicar outras sanções administrativas, assegurada ampla defesa;
IV – rever, de ofício ou mediante provocação, os processos disciplinares de membros do Ministério Público da União ou dos Estados julgados há menos de um ano;
V – elaborar relatório anual, propondo as providências que julgar necessárias sobre a situação do Ministério Público no País e as atividades do Conselho, o qual deve integrar a mensagem prevista no art. 84, XI.

§ 3º O Conselho escolherá, em votação secreta, um Corregedor nacional, dentre os membros do Ministério Público que o integram, vedada a recondução, competindo-lhe, além das atribuições que lhe forem conferidas pela lei, as seguintes:

I – receber reclamações e denúncias, de qualquer interessado, relativas aos membros do Ministério Público e dos seus serviços auxiliares;

II – exercer funções executivas do Conselho, de inspeção e correição geral;
III – requisitar e designar membros do Ministério Público, delegando-lhes atribuições, e requisitar servidores de órgãos do Ministério Público.

§ 4º O Presidente do Conselho Federal da Ordem dos Advogados do Brasil oficiará junto ao Conselho.

§ 5º Leis da União e dos Estados criarão ouvidorias do Ministério Público, competentes para receber reclamações e denúncias de qualquer interessado contra membros ou órgãos do Ministério Público, inclusive contra seus serviços auxiliares, representando diretamente ao Conselho Nacional do Ministério Público.

▶ Art. 130-A acrescido pela EC nº 45, de 8-12-2004.

SEÇÃO II

DA ADVOCACIA PÚBLICA

▶ Denominação da Seção dada pela EC nº 19, de 4-6-1998.
▶ LC nº 73, de 10-2-1993 (Lei Orgânica da Advocacia-Geral da União).
▶ Lei nº 9.028, de 12-4-1995, dispõe sobre o exercício das atribuições institucionais da Advocacia-Geral da União, em caráter emergencial e provisório.
▶ Dec. nº 767, de 5-3-1993, dispõe sobre as atividades de controle interno da Advocacia-Geral da União.

Art. 131. A Advocacia-Geral da União é a instituição que, diretamente ou através de órgão vinculado, representa a União, judicial e extrajudicialmente, cabendo-lhe, nos termos da lei complementar que dispuser sobre sua organização e funcionamento, as atividades de consultoria e assessoramento jurídico do Poder Executivo.

▶ LC nº 73, de 10-2-1993 (Lei Orgânica da Advocacia-Geral da União).
▶ Lei nº 9.028, de 12-4-1995, dispõe sobre o exercício das atribuições institucionais da Advocacia-Geral da União, em caráter emergencial e provisório.
▶ Dec. nº 767, de 5-3-1993, dispõe sobre as atividades de controle interno da Advocacia-Geral da União.
▶ Dec. nº 7.153, de 9-4-2010, dispõe sobre a representação e a defesa extrajudicial dos órgãos e entidades da administração federal junto ao Tribunal de Contas da União, por intermédio da Advocacia-Geral da União.

§ 1º A Advocacia-Geral da União tem por chefe o Advogado-Geral da União, de livre nomeação pelo Presidente da República dentre cidadãos maiores de trinta e cinco anos, de notável saber jurídico e reputação ilibada.

§ 2º O ingresso nas classes iniciais das carreiras da instituição de que trata este artigo far-se-á mediante concurso público de provas e títulos.

§ 3º Na execução da dívida ativa de natureza tributária, a representação da União cabe à Procuradoria-Geral da Fazenda Nacional, observado o disposto em lei.

▶ Súm. nº 139 do STJ.

Art. 132. Os Procuradores dos Estados e do Distrito Federal, organizados em carreira, na qual o ingresso dependerá de concurso público de provas e títulos, com a participação da Ordem dos Advogados do Brasil em todas as suas fases, exercerão a representação judicial e a consultoria jurídica das respectivas unidades federadas.

Parágrafo único. Aos procuradores referidos neste artigo é assegurada estabilidade após três anos de efetivo exercício, mediante avaliação de desempenho perante os órgãos próprios, após relatório circunstanciado das corregedorias.

▶ Art. 132 com a redação dada pela EC nº 19, de 4-6-1998.

SEÇÃO III

DA ADVOCACIA E DA DEFENSORIA PÚBLICA

Art. 133. O advogado é indispensável à administração da justiça, sendo inviolável por seus atos e manifestações no exercício da profissão, nos limites da lei.

▶ Lei nº 8.906, de 4-7-1994 (Estatuto da Advocacia e da OAB).
▶ Súm. nº 329 do TST.

Art. 134. A Defensoria Pública é instituição essencial à função jurisdicional do Estado, incumbindo-lhe a orientação jurídica e a defesa, em todos os graus, dos necessitados, na forma do artigo 5º, LXXIV.

▶ LC nº 80, de 12-1-1994 (Lei da Defensoria Pública).

§ 1º Lei complementar organizará a Defensoria Pública da União e do Distrito Federal e dos Territórios e prescreverá normas gerais para sua organização nos Estados, em cargos de carreira, providos, na classe inicial, mediante concurso público de provas e títulos, assegurada a seus integrantes a garantia da inamovibilidade e vedado o exercício da advocacia fora das atribuições institucionais.

▶ Parágrafo único transformado em § 1º pela EC nº 45, de 8-12-2004.
▶ Súm. nº 421 do STJ.

§ 2º Às Defensorias Públicas Estaduais é assegurada autonomia funcional e administrativa, e a iniciativa de sua proposta orçamentária dentro dos limites estabelecidos na lei de diretrizes orçamentárias e subordinação ao disposto no art. 99, § 2º.

▶ § 2º acrescido pela EC nº 45, de 8-12-2004.

Art. 135. Os servidores integrantes das carreiras disciplinadas nas Seções II e III deste Capítulo serão remunerados na forma do artigo 39, § 4º.

▶ Artigo com a redação dada pela EC nº 19, de 4-6-1998.
▶ Art. 132 desta Constituição.

TÍTULO V – DA DEFESA DO ESTADO E DAS INSTITUIÇÕES DEMOCRÁTICAS

CAPÍTULO I

DO ESTADO DE DEFESA E DO ESTADO DE SÍTIO

SEÇÃO I

DO ESTADO DE DEFESA

Art. 136. O Presidente da República pode, ouvidos o Conselho da República e o Conselho de Defesa Nacional, decretar estado de defesa para preservar ou prontamente restabelecer, em locais restritos e determinados, a ordem pública ou a paz social ameaçadas por grave e iminente instabilidade institucional ou

atingidas por calamidades de grandes proporções na natureza.
- Arts. 89 a 91 desta Constituição.
- Lei nº 8.041, de 5-6-1990, dispõe sobre a organização e o funcionamento do Conselho da República.
- Lei nº 8.183, de 11-4-1991, dispõe sobre a organização e o funcionamento do Conselho de Defesa Nacional.
- Dec. nº 893, de 12-8-1993, aprova o regulamento do Conselho de Defesa Nacional.

§ 1º O decreto que instituir o estado de defesa determinará o tempo de sua duração, especificará as áreas a serem abrangidas e indicará, nos termos e limites da lei, as medidas coercitivas a vigorarem, dentre as seguintes:

I – restrições aos direitos de:
a) reunião, ainda que exercida no seio das associações;
b) sigilo de correspondência;
c) sigilo de comunicação telegráfica e telefônica;

II – ocupação e uso temporário de bens e serviços públicos, na hipótese de calamidade pública, respondendo a União pelos danos e custos decorrentes.

§ 2º O tempo de duração do estado de defesa não será superior a trinta dias, podendo ser prorrogado uma vez, por igual período, se persistirem as razões que justificaram a sua decretação.

§ 3º Na vigência do estado de defesa:
I – a prisão por crime contra o Estado, determinada pelo executor da medida, será por este comunicada imediatamente ao juiz competente, que a relaxará, se não for legal, facultado ao preso requerer exame de corpo de delito à autoridade policial;
II – a comunicação será acompanhada de declaração, pela autoridade, do estado físico e mental do detido no momento de sua autuação;
III – a prisão ou detenção de qualquer pessoa não poderá ser superior a dez dias, salvo quando autorizada pelo Poder Judiciário;
IV – é vedada a incomunicabilidade do preso.

§ 4º Decretado o estado de defesa ou sua prorrogação, o Presidente da República, dentro de vinte e quatro horas, submeterá o ato com a respectiva justificação ao Congresso Nacional, que decidirá por maioria absoluta.

§ 5º Se o Congresso Nacional estiver em recesso, será convocado, extraordinariamente, no prazo de cinco dias.

§ 6º O Congresso Nacional apreciará o decreto dentro de dez dias contados de seu recebimento, devendo continuar funcionando enquanto vigorar o estado de defesa.

§ 7º Rejeitado o decreto, cessa imediatamente o estado de defesa.

SEÇÃO II

DO ESTADO DE SÍTIO

Art. 137. O Presidente da República pode, ouvidos o Conselho da República e o Conselho de Defesa Nacional, solicitar ao Congresso Nacional autorização para decretar o estado de sítio nos casos de:

I – comoção grave de repercussão nacional ou ocorrência de fatos que comprovem a ineficácia de medida tomada durante o estado de defesa;

II – declaração de estado de guerra ou resposta a agressão armada estrangeira.

Parágrafo único. O Presidente da República, ao solicitar autorização para decretar o estado de sítio ou sua prorrogação, relatará os motivos determinantes do pedido, devendo o Congresso Nacional decidir por maioria absoluta.

Art. 138. O decreto do estado de sítio indicará sua duração, as normas necessárias a sua execução e as garantias constitucionais que ficarão suspensas, e, depois de publicado, o Presidente da República designará o executor das medidas específicas e as áreas abrangidas.

§ 1º O estado de sítio, no caso do artigo 137, I, não poderá ser decretado por mais de trinta dias, nem prorrogado, de cada vez, por prazo superior; no do inciso II, poderá ser decretado por todo o tempo que perdurar a guerra ou a agressão armada estrangeira.

§ 2º Solicitada autorização para decretar o estado de sítio durante o recesso parlamentar, o Presidente do Senado Federal, de imediato, convocará extraordinariamente o Congresso Nacional para se reunir dentro de cinco dias, a fim de apreciar o ato.

§ 3º O Congresso Nacional permanecerá em funcionamento até o término das medidas coercitivas.

Art. 139. Na vigência do estado de sítio decretado com fundamento no artigo 137, I, só poderão ser tomadas contra as pessoas as seguintes medidas:

I – obrigação de permanência em localidade determinada;
II – detenção em edifício não destinado a acusados ou condenados por crimes comuns;
III – restrições relativas à inviolabilidade da correspondência, ao sigilo das comunicações, à prestação de informações e à liberdade de imprensa, radiodifusão e televisão, na forma da lei;

- Lei nº 9.296, de 24-7-1996 (Lei das Interceptações Telefônicas).

IV – suspensão da liberdade de reunião;

- Lei nº 9.296, de 24-7-1996 (Lei das Interceptações Telefônicas).

V – busca e apreensão em domicílio;
VI – intervenção nas empresas de serviços públicos;
VII – requisição de bens.

Parágrafo único. Não se inclui nas restrições do inciso III a difusão de pronunciamentos de parlamentares efetuados em suas Casas Legislativas, desde que liberada pela respectiva Mesa.

SEÇÃO III

DISPOSIÇÕES GERAIS

Art. 140. A Mesa do Congresso Nacional, ouvidos os líderes partidários, designará Comissão composta de cinco de seus membros para acompanhar e fiscalizar a execução das medidas referentes ao estado de defesa e ao estado de sítio.

Art. 141. Cessado o estado de defesa ou o estado de sítio, cessarão também seus efeitos, sem prejuízo da responsabilidade pelos ilícitos cometidos por seus executores ou agentes.

Parágrafo único. Logo que cesse o estado de defesa ou o estado de sítio, as medidas aplicadas em sua vigência serão relatadas pelo Presidente da República, em mensagem ao Congresso Nacional, com especificação e justificação das providências adotadas, com relação nominal dos atingidos, e indicação das restrições aplicadas.

Capítulo II

DAS FORÇAS ARMADAS

► Dec. nº 3.897, de 24-8-2001, fixa as diretrizes para o emprego das Forças Armadas na garantia da Lei e da Ordem.

Art. 142. As Forças Armadas, constituídas pela Marinha, pelo Exército e pela Aeronáutica, são instituições nacionais permanentes e regulares, organizadas com base na hierarquia e na disciplina, sob a autoridade suprema do Presidente da República, e destinam-se à defesa da Pátria, à garantia dos poderes constitucionais e, por iniciativa de qualquer destes, da lei e da ordem.

► Art. 37, X, desta Constituição.
► LC nº 69, de 23-7-1991, dispõe sobre a organização e emprego das Forças Armadas.
► Lei nº 8.071, de 17-7-1990, dispõe sobre os efetivos do Exército em tempo de paz.

§ 1º Lei complementar estabelecerá as normas gerais a serem adotadas na organização, no preparo e no emprego das Forças Armadas.

► LC nº 97, de 9-6-1999, dispõe sobre as normas gerais para a organização, o preparo e o emprego das Forças Armadas.

§ 2º Não caberá *habeas corpus* em relação a punições disciplinares militares.

► Art. 42, § 1º, desta Constituição.
► Dec.-lei nº 1.001, de 21-10-1969 (Código Penal Militar).
► Dec. nº 76.322, de 22-9-1975 (Regulamento Disciplinar da Aeronáutica).
► Dec. nº 88.545, de 26-7-1983 (Regulamento Disciplinar para a Marinha).
► Dec. nº 4.346, de 26-8-2002 (Regulamento Disciplinar do Exército).

§ 3º Os membros das Forças Armadas são denominados militares, aplicando-se-lhes, além das que vierem a ser fixadas em lei, as seguintes disposições:

► § 3º acrescido pela EC nº 18, de 5-2-1998.
► Art. 42, § 1º, desta Constituição.
► Lei nº 9.786, de 8-2-1999, dispõe sobre o ensino do Exército Brasileiro.
► Dec. nº 3.182, de 23-9-1999, regulamenta a Lei nº 9.786, de 8-2-1999, que dispõe sobre o ensino do Exército Brasileiro.

I – as patentes, com prerrogativas, direitos e deveres a elas inerentes, são conferidas pelo Presidente da República e asseguradas em plenitude aos oficiais da ativa, da reserva ou reformados, sendo-lhes privativos os títulos e postos militares e, juntamente com os demais membros, o uso dos uniformes das Forças Armadas;
II – o militar em atividade que tomar posse em cargo ou emprego público civil permanente será transferido para a reserva, nos termos da lei;
III – o militar da ativa que, de acordo com a lei, tomar posse em cargo, emprego ou função pública civil temporária, não eletiva, ainda que da administração indireta, ficará agregado ao respectivo quadro e somente poderá, enquanto permanecer nessa situação, ser promovido por antiguidade, contando-se-lhe o tempo de serviço apenas para aquela promoção e transferência para a reserva, sendo depois de dois anos de afastamento, contínuos ou não, transferido para a reserva, nos termos da lei;
IV – ao militar são proibidas a sindicalização e a greve;
V – o militar, enquanto em serviço ativo, não pode estar filiado a partidos políticos;
VI – o oficial só perderá o posto e a patente se for julgado indigno do oficialato ou com ele incompatível, por decisão de Tribunal militar de caráter permanente, em tempo de paz, ou de Tribunal especial, em tempo de guerra;
VII – o oficial condenado na justiça comum ou militar a pena privativa de liberdade superior a dois anos, por sentença transitada em julgado, será submetido ao julgamento previsto no inciso anterior;
VIII – aplica-se aos militares o disposto no artigo 7º, VIII, XII, XVII, XVIII, XIX e XXV e no artigo 37, XI, XIII, XIV e XV;

► Súm. Vinc. nº 6 do STF.

IX – *Revogado*. EC nº 41, de 19-12-2003;
X – a lei disporá sobre o ingresso nas Forças Armadas, os limites de idade, a estabilidade e outras condições de transferência do militar para a inatividade, os direitos, os deveres, a remuneração, as prerrogativas e outras situações especiais dos militares, consideradas as peculiaridades de suas atividades, inclusive aquelas cumpridas por força de compromissos internacionais e de guerra.

► Incisos I a X acrescidos pela EC nº 18, de 5-2-1998.
► Arts. 40, § 20, e 42, § 1º, desta Constituição.
► Súm. Vinc. nº 4 do STF.

Art. 143. O serviço militar é obrigatório nos termos da lei.

► Lei nº 4.375, de 17-8-1964 (Lei do Serviço Militar), regulamentada pelo Dec. nº 57.654, de 20-1-1966.
► Dec. nº 3.289, de 15-12-1999, aprova o Plano Geral de Convocação para o Serviço Militar Inicial nas Forças Armadas em 2001.

§ 1º Às Forças Armadas compete, na forma da lei, atribuir serviço alternativo aos que, em tempo de paz, após alistados, alegarem imperativo de consciência, entendendo-se como tal o decorrente de crença religiosa e de convicção filosófica ou política, para se eximirem de atividades de caráter essencialmente militar.

► Art. 5º, VIII, desta Constituição.

§ 2º As mulheres e os eclesiásticos ficam isentos do serviço militar obrigatório em tempo de paz, sujeitos, porém, a outros encargos que a lei lhes atribuir.

► Lei nº 8.239, de 4-10-1991, regulamenta os §§ 1º e 2º deste artigo.
► Súm. Vinc. nº 6 do STF.

Capítulo III

DA SEGURANÇA PÚBLICA

► Dec. nº 5.289, de 29-11-2004, disciplina a organização e o funcionamento da administração pública federal, para o desenvolvimento do programa de cooperação federativa denominado Força Nacional de Segurança Pública.

Art. 144. A segurança pública, dever do Estado, direito e responsabilidade de todos, é exercida para a preservação da ordem pública e da incolumidade das pessoas e do patrimônio, através dos seguintes órgãos:

▶ Dec. nº 4.332, de 12-8-2002, estabelece normas para o planejamento, a coordenação e a execução de medidas de segurança a serem implementadas durante as viagens presidenciais em território nacional, ou em eventos na capital federal.

I – polícia federal;
II – polícia rodoviária federal;

▶ Dec. nº 1.655, de 3-10-1995, define a competência da Polícia Rodoviária Federal.

III – polícia ferroviária federal;
IV – polícias civis;
V – polícias militares e corpos de bombeiros militares.

§ 1º A polícia federal, instituída por lei como órgão permanente, organizado e mantido pela União e estruturado em carreira, destina-se a:

▶ § 1º com a redação dada pela EC nº 19, de 4-6-1998.

I – apurar infrações penais contra a ordem política e social ou em detrimento de bens, serviços e interesses da União ou de suas entidades autárquicas e empresas públicas, assim como outras infrações cuja prática tenha repercussão interestadual ou internacional e exija repressão uniforme, segundo se dispuser em lei;

▶ Lei nº 8.137, de 27-12-1990 (Lei dos Crimes contra a Ordem Tributária, Econômica e contra as Relações de Consumo).

▶ Lei nº 10.446, de 8-5-2002, dispõe sobre infrações penais de repercussão interestadual ou internacional que exigem repressão uniforme, para os fins de aplicação do disposto neste inciso.

II – prevenir e reprimir o tráfico ilícito de entorpecentes e drogas afins, o contrabando e o descaminho, sem prejuízo da ação fazendária e de outros órgãos públicos nas respectivas áreas de competência;

▶ Lei nº 11.343, de 23-8-2006 (Lei Antidrogas).

▶ Dec. nº 2.781, de 14-9-1998, institui o Programa Nacional de Combate ao Contrabando e o Descaminho.

III – exercer as funções de polícia marítima, aeroportuária e de fronteiras;

▶ Inciso III com a redação dada pela EC nº 19, de 4-6-1998.

IV – exercer, com exclusividade, as funções de polícia judiciária da União.

§ 2º A polícia rodoviária federal, órgão permanente, organizado e mantido pela União e estruturado em carreira, destina-se, na forma da lei, ao patrulhamento ostensivo das rodovias federais.

▶ Lei nº 9.654, de 2-3-1998, cria a carreira de Policial Rodoviário Federal.

§ 3º A polícia ferroviária federal, órgão permanente, organizado e mantido pela União e estruturado em carreira, destina-se, na forma da lei, ao patrulhamento ostensivo das ferrovias federais.

▶ §§ 2º e 3º com a redação dada pela EC nº 19, de 4-6-1998.

§ 4º Às polícias civis, dirigidas por delegados de polícia de carreira, incumbem, ressalvada a competência da União, as funções de polícia judiciária e a apuração de infrações penais, exceto as Militares.

▶ Art. 9º do CPM.

▶ Art. 7º do CPPM.

§ 5º Às polícias militares cabem a polícia ostensiva e a preservação da ordem pública; aos corpos de bombeiros militares, além das atribuições definidas em lei, incumbe a execução de atividades de defesa civil.

▶ Dec.-lei nº 667, de 2-7-1969, reorganiza as Polícias Militares e os Corpos de Bombeiros Militares dos Estados, dos Território e do Distrito Federal.

§ 6º As polícias militares e corpos de bombeiros militares, forças auxiliares e reserva do Exército, subordinam-se, juntamente com as polícias civis, aos Governadores dos Estados, do Distrito Federal e dos Territórios.

§ 7º A lei disciplinará a organização e o funcionamento dos órgãos responsáveis pela segurança pública, de maneira a garantir a eficiência de suas atividades.

▶ Dec. nº 6.950, de 26-8-2009, dispõe sobre o Conselho Nacional de Segurança Pública – CONASP.

§ 8º Os Municípios poderão constituir guardas municipais destinadas à proteção de seus bens, serviços e instalações, conforme dispuser a lei.

§ 9º A remuneração dos servidores policiais integrantes dos órgãos relacionados neste artigo será fixada na forma do § 4º do artigo 39.

▶ § 9º acrescido pela EC nº 19, de 4-6-1998.

TÍTULO VI – DA TRIBUTAÇÃO E DO ORÇAMENTO

▶ Lei nº 5.172, de 27-12-1990 (Código Tributário Nacional).

CAPÍTULO I

DO SISTEMA TRIBUTÁRIO NACIONAL

▶ Lei nº 8.137, de 27-12-1990 (Lei de Crimes contra a Ordem Tributária, Econômica e contra as Relações de Consumo).

▶ Lei nº 8.176, de 8-2-1991, define crimes contra a ordem econômica e cria o sistema de estoque de combustíveis.

▶ Dec. nº 2.730, de 10-8-1998, dispõe sobre o encaminhamento ao Ministério Público da representação fiscal para os crimes contra a ordem tributária.

SEÇÃO I

DOS PRINCÍPIOS GERAIS

Art. 145. A União, os Estados, o Distrito Federal e os Municípios poderão instituir os seguintes tributos:

▶ Arts. 1º a 5º do CTN.
▶ Súm. nº 667 do STF.

I – impostos;

▶ Arts. 16 a 76 do CTN.

II – taxas, em razão do exercício do poder de polícia ou pela utilização, efetiva ou potencial, de serviços públicos específicos e divisíveis, prestados ao contribuinte ou postos a sua disposição;

▶ Arts. 77 a 80 do CTN.
▶ Súm. Vinc. nº 19 do STF.
▶ Súmulas nºs 665 e 670 do STF.

III – contribuição de melhoria, decorrente de obras públicas.

▶ Arts. 81 e 82 do CTN.

Constituição Federal – Arts. 146 a 149

▸ Dec.-lei nº 195, de 24-2-1967 (Lei da Contribuição de Melhoria).

§ 1º Sempre que possível, os impostos terão caráter pessoal e serão graduados segundo a capacidade econômica do contribuinte, facultado à administração tributária, especialmente para conferir efetividade a esses objetivos, identificar, respeitados os direitos individuais e nos termos da lei, o patrimônio, os rendimentos e as atividades econômicas do contribuinte.

▸ Lei nº 8.021, de 12-4-1990, dispõe sobre a identificação dos contribuintes para fins fiscais.
▸ Súmulas nºs 656 e 668 do STF.

§ 2º As taxas não poderão ter base de cálculo própria de impostos.

▸ Art. 77, parágrafo único, do CTN.
▸ Súm. Vinc. nº 29 do STF.
▸ Súm. nº 665 do STF.

Art. 146. Cabe à lei complementar:

I – dispor sobre conflitos de competência, em matéria tributária, entre a União, os Estados, o Distrito Federal e os Municípios;

▸ Arts. 6º a 8º do CTN.

II – regular as limitações constitucionais ao poder de tributar;

▸ Arts. 9º a 15 do CTN.

III – estabelecer normas gerais em matéria de legislação tributária, especialmente sobre:

▸ Art. 149 desta Constituição.

a) definição de tributos e de suas espécies, bem como, em relação aos impostos discriminados nesta Constituição, a dos respectivos fatos geradores, bases de cálculo e contribuintes;

b) obrigação, lançamento, crédito, prescrição e decadência tributários;

▸ Súm. Vinc. nº 8 do STF.

c) adequado tratamento tributário ao ato cooperativo praticado pelas sociedades cooperativas;

d) definição de tratamento diferenciado e favorecido para as microempresas e para as empresas de pequeno porte, inclusive regimes especiais ou simplificados no caso do imposto previsto no art. 155, II, das contribuições previstas no art. 195, I e §§ 12 e 13, e da contribuição a que se refere o art. 239.

▸ Alínea d acrescida pela EC nº 42, de 19-12-2003.
▸ Art. 94 do ADCT.
▸ LC nº 123, de 14-12-2006 (Estatuto Nacional da Microempresa e da Empresa de Pequeno Porte).

Parágrafo único. A lei complementar de que trata o inciso III, d, também poderá instituir um regime único de arrecadação dos impostos e contribuições da União, dos Estados, do Distrito Federal e dos Municípios, observado que:

I – será opcional para o contribuinte;
II – poderão ser estabelecidas condições de enquadramento diferenciadas por Estado;
III – o recolhimento será unificado e centralizado e a distribuição da parcela de recursos pertencentes aos respectivos entes federados será imediata, vedada qualquer retenção ou condicionamento;

IV – a arrecadação, a fiscalização e a cobrança poderão ser compartilhadas pelos entes federados, adotado cadastro nacional único de contribuintes.

▸ Parágrafo único acrescido pela EC nº 42, de 19-12-2003.

Art. 146-A. Lei complementar poderá estabelecer critérios especiais de tributação, com o objetivo de prevenir desequilíbrios da concorrência, sem prejuízo da competência da União, por lei, estabelecer normas de igual objetivo.

▸ Art. 146-A acrescido pela EC nº 42, de 19-12-2003.

Art. 147. Competem à União, em Território Federal, os impostos estaduais e, se o Território não for dividido em Municípios, cumulativamente, os impostos municipais; ao Distrito Federal cabem os impostos municipais.

Art. 148. A União, mediante lei complementar, poderá instituir empréstimos compulsórios:

I – para atender a despesas extraordinárias, decorrentes de calamidade pública, de guerra externa ou sua iminência;

II – no caso de investimento público de caráter urgente e de relevante interesse nacional, observado o disposto no artigo 150, III, b.

▸ Art. 34, § 12, do ADCT.

Parágrafo único. A aplicação dos recursos provenientes de empréstimo compulsório será vinculada à despesa que fundamentou sua instituição.

Art. 149. Compete exclusivamente à União instituir contribuições sociais, de intervenção no domínio econômico e de interesse das categorias profissionais ou econômicas, como instrumento de sua atuação nas respectivas áreas, observado o disposto nos artigos 146, III, e 150, I e III, e sem prejuízo do previsto no artigo 195, § 6º, relativamente às contribuições a que alude o dispositivo.

▸ Lei nº 10.336, de 19-12-2001, institui a Contribuição de Intervenção no Domínio Econômico incidente sobre a importação e a comercialização de petróleo e seus derivados, gás natural e seus derivados e álcool etílico combustível – CIDE a que se refere este artigo.

§ 1º Os Estados, o Distrito Federal e os Municípios instituirão contribuição, cobrada de seus servidores, para o custeio, em benefício destes, do regime previdenciário de que trata o art. 40, cuja alíquota não será inferior à da contribuição dos servidores titulares de cargos efetivos da União.

▸ § 1º com a redação dada pela EC nº 41, de 19-12-2003.

§ 2º As contribuições sociais e de intervenção no domínio econômico de que trata o caput deste artigo:

I – não incidirão sobre as receitas decorrentes de exportação;
II – incidirão também sobre a importação de produtos estrangeiros ou serviços;

▸ Inciso II com a redação dada pela EC nº 42, de 19-12-2003.
▸ Lei nº 10.336, de 19-12-2001, institui Contribuição de Intervenção no Domínio Econômico incidente sobre a importação e a comercialização de petróleo e seus derivados, e álcool etílico combustível – CIDE.
▸ Lei nº 10.865, de 30-4-2004, dispõe sobre o PIS/PASEP-Importação e a COFINS-Importação.

III – poderão ter alíquotas:

a) *ad valorem*, tendo por base o faturamento, a receita bruta ou o valor da operação e, no caso de importação, o valor aduaneiro;

b) específica, tendo por base a unidade de medida adotada.

§ 3º A pessoa natural destinatária das operações de importação poderá ser equiparada a pessoa jurídica, na forma da lei.

§ 4º A lei definirá as hipóteses em que as contribuições incidirão uma única vez.

▶ §§ 2º a 4º acrescidos pela EC nº 33, de 11-12-2001.

Art. 149-A. Os Municípios e o Distrito Federal poderão instituir contribuição, na forma das respectivas leis, para o custeio do serviço de iluminação pública, observado o disposto no art. 150, I e III.

Parágrafo único. É facultada a cobrança da contribuição a que se refere o *caput*, na fatura de consumo de energia elétrica.

▶ Art. 149-A acrescido pela EC nº 39, de 19-12-2002.

Seção II

DAS LIMITAÇÕES DO PODER DE TRIBUTAR

Art. 150. Sem prejuízo de outras garantias asseguradas ao contribuinte, é vedado à União, aos Estados, ao Distrito Federal e aos Municípios:

▶ Lei nº 5.172 de 25-10-1966 (Código Tributário Nacional).

I – exigir ou aumentar tributo sem lei que o estabeleça;

▶ Arts. 3º e 97, I e II, do CTN.

II – instituir tratamento desigual entre contribuintes que se encontrem em situação equivalente, proibida qualquer distinção em razão de ocupação profissional ou função por eles exercida, independentemente da denominação jurídica dos rendimentos, títulos ou direitos;

▶ Art. 5º, *caput*, desta Constituição.
▶ Súm. nº 658 do STF.

III – cobrar tributos:

a) em relação a fatos geradores ocorridos antes do início da vigência da lei que os houver instituído ou aumentado;

▶ Art. 9º, II, do CTN.

b) no mesmo exercício financeiro em que haja sido publicada a lei que os instituiu ou aumentou;

▶ Art. 195, § 6º, desta Constituição.

c) antes de decorridos noventa dias da data em que haja sido publicada a lei que os instituiu ou aumentou, observado o disposto na alínea b;

▶ Alínea c acrescida pela EC nº 42, de 19-12-2003.

IV – utilizar tributo com efeito de confisco;
V – estabelecer limitações ao tráfego de pessoas ou bens, por meio de tributos interestaduais ou intermunicipais, ressalvada a cobrança de pedágio pela utilização de vias conservadas pelo Poder Público;

▶ Art. 9º, III, do CTN.

VI – instituir impostos sobre:

a) patrimônio, renda ou serviços, uns dos outros;

▶ Art. 9º, IV, *a*, do CTN.

b) templos de qualquer culto;

▶ Art. 9º, IV, *b*, do CTN.

c) patrimônio, renda ou serviços dos partidos políticos, inclusive suas fundações, das entidades sindicais dos trabalhadores, das instituições de educação e de assistência social, sem fins lucrativos, atendidos os requisitos da lei;

▶ Art. 9º, IV, *c*, e 14 do CTN.
▶ Lei nº 3.193, de 4-7-1957, dispõe sobre isenção de impostos em templos de qualquer culto, bens e serviços de partidos políticos e instituições de educação e assistência social.
▶ Súmulas nºs 724 e 730 do STF.

d) livros, jornais, periódicos e o papel destinado à sua impressão.

▶ Lei nº 10.753, de 30-10-2003, institui a Política Internacional do Livro.
▶ Art. 1º, *caput*, I e II, da Lei nº 11.945, de 4-6-2009, que dispõe sobre o Registro Especial na Secretaria da Receita Federal do Brasil.
▶ Súm. nº 657 do STF.

§ 1º A vedação do inciso III, *b*, não se aplica aos tributos previstos nos arts. 148, I, 153, I, II, IV e V; e 154, II; e a vedação do inciso III, *c*, não se aplica aos tributos previstos nos arts. 148, I, 153, I, II, III e V; e 154, II, nem à fixação da base de cálculo dos impostos previstos nos arts. 155, III, e 156, I.

▶ § 1º com a redação dada pela EC nº 42, de 19-12-2003.

§ 2º A vedação do inciso VI, *a*, é extensiva às autarquias e às fundações instituídas e mantidas pelo Poder Público, no que se refere ao patrimônio, à renda e aos serviços, vinculados a suas finalidades essenciais ou às delas decorrentes.

§ 3º As vedações do inciso VI, *a*, e do parágrafo anterior não se aplicam ao patrimônio, à renda e aos serviços, relacionados com exploração de atividades econômicas regidas pelas normas aplicáveis a empreendimentos privados, ou em que haja contraprestação ou pagamento de preços ou tarifas pelo usuário, nem exonera o promitente comprador da obrigação de pagar imposto relativamente ao bem imóvel.

§ 4º As vedações expressas no inciso VI, alíneas *b* e *c*, compreendem somente o patrimônio, a renda e os serviços, relacionados com as finalidades essenciais das entidades nelas mencionadas.

§ 5º A lei determinará medidas para que os consumidores sejam esclarecidos acerca dos impostos que incidam sobre mercadorias e serviços.

§ 6º Qualquer subsídio ou isenção, redução de base de cálculo, concessão de crédito presumido, anistia ou remissão, relativos a impostos, taxas ou contribuições, só poderá ser concedido mediante lei específica, federal, estadual ou municipal, que regule exclusivamente as matérias acima enumeradas ou o correspondente tributo ou contribuição, sem prejuízo do disposto no artigo 155, § 2º, XII, *g*.

§ 7º A lei poderá atribuir a sujeito passivo de obrigação tributária a condição de responsável pelo pagamento de imposto ou contribuição, cujo fato gerador

Constituição Federal – Arts. 151 a 153

deva ocorrer posteriormente, assegurada a imediata e preferencial restituição da quantia paga, caso não se realize o fato gerador presumido.

▶ §§ 6º e 7º acrescidos pela EC nº 3, de 17-3-1993.

Art. 151. É vedado à União:

I – instituir tributo que não seja uniforme em todo o Território Nacional ou que implique distinção ou preferência em relação a Estado, ao Distrito Federal ou a Município, em detrimento de outro, admitida a concessão de incentivos fiscais destinados a promover o equilíbrio do desenvolvimento socioeconômico entre as diferentes regiões do País;

▶ Art. 10 do CTN.
▶ Lei nº 9.440, de 14-3-1997, estabelece incentivos fiscais para o desenvolvimento regional.
▶ Lei nº 11.508, de 20-7-2007 (Lei das Zonas de Processamento de Exportação).

II – tributar a renda das obrigações da dívida pública dos Estados, do Distrito Federal e dos Municípios, bem como a remuneração e os proventos dos respectivos agentes públicos, em níveis superiores aos que fixar para suas obrigações e para seus agentes;

III – instituir isenções de tributos da competência dos Estados, do Distrito Federal ou dos Municípios.

▶ Súm. nº 185 do STJ.

Art. 152. É vedado aos Estados, ao Distrito Federal e aos Municípios estabelecer diferença tributária entre bens e serviços, de qualquer natureza, em razão de sua procedência ou destino.

▶ Art. 11 do CTN.

Seção III

DOS IMPOSTOS DA UNIÃO

Art. 153. Compete à União instituir impostos sobre:

I – importação de produtos estrangeiros;

▶ Arts. 60, § 2º, e 154, I, desta Constituição.
▶ Lei nº 7.810, de 30-8-1989, dispõe sobre a redução de impostos na importação.
▶ Lei nº 8.032, de 12-4-1990, dispõe sobre a isenção ou redução de imposto de importação.
▶ Lei nº 9.449, de 14-3-1997, reduz o Imposto de Importação para os produtos que especifica.

II – exportação, para o exterior, de produtos nacionais ou nacionalizados;

▶ Art. 60, § 2º, desta Constituição.

III – renda e proventos de qualquer natureza;

▶ Arts. 27, § 2º, 28, § 2º, 29, V e VI, 37, XV, 48, XV, 49, VII e VIII, 95, III, 128, § 5º, I, c, desta Constituição.
▶ Art. 34, § 2º, I, do ADCT.
▶ Lei nº 8.166, de 11-1-1991, dispõe sobre a não incidência do imposto de renda sobre lucros ou dividendos distribuídos a residentes ou domiciliados no exterior, doados a instituições sem fins lucrativos.
▶ Lei nº 9.430, de 27-12-1996, dispõe sobre a legislação tributária federal, as contribuições para a Seguridade Social, o processo administrativo de consulta.
▶ Dec. nº 3.000, de 26-3-1999, regulamenta a tributação, fiscalização, arrecadação e administração do Imposto sobre a Renda e proventos de qualquer natureza.
▶ Súmulas nºs 125, 136 e 386 do STJ.

IV – produtos industrializados;

▶ Art. 60, § 2º, desta Constituição.
▶ Art. 34, § 2º, I, do ADCT.
▶ Lei nº 9.363, de 13-12-1996, dispõe sobre a instituição de crédito presumido do Imposto sobre Produtos Industrializados, para ressarcimento do valor do PIS/PASEP e COFINS nos casos que especifica.
▶ Lei nº 9.493, de 10-9-1997, concede isenção do Imposto sobre Produtos Industrializados – IPI na aquisição de equipamentos, máquinas, aparelhos e instrumentos, dispõe sobre período de apuração e prazo de recolhimento do referido imposto para as microempresas e empresas de pequeno porte, e estabelece suspensão do IPI na saída de bebidas alcoólicas, acondicionadas para venda a granel, dos estabelecimentos produtores e dos estabelecimentos equiparados a industrial.
▶ Dec. nº 7.212, de 15-6-2010, regulamenta a cobrança, fiscalização, arrecadação e administração do Imposto sobre Produtos Industrializados – IPI.

V – operações de crédito, câmbio e seguro, ou relativas a títulos ou valores mobiliários;

▶ Art. 60, § 2º, desta Constituição.
▶ Arts. 63 a 67 do CTN.
▶ Lei nº 8.894, de 21-6-1994, dispõe sobre o Imposto sobre Operações de Crédito, Câmbio e Seguro, ou relativas a Títulos e Valores Mobiliários.
▶ Dec. nº 6.306, de 14-12-2007, regulamenta o imposto sobre Operações de Crédito, Câmbio e Seguro, ou relativas a Títulos e Valores Mobiliários – IOF.
▶ Sum. Vinc. nº 32 do STF.
▶ Súm. nº 664 do STF.

VI – propriedade territorial rural;

▶ Lei nº 8.847, de 28-1-1994, dispõe sobre o Imposto sobre a Propriedade Territorial Rural – ITR.
▶ Lei nº 9.393, de 19-12-1996, dispõe sobre a Propriedade Territorial Rural – ITR, e sobre o pagamento da dívida representada por Títulos da Dívida Agrária – TDA.
▶ Dec. nº 4.382, de 19-9-2002, regulamenta a tributação, fiscalização, arrecadação e administração do Imposto sobre a Propriedade Territorial Rural – ITR.
▶ Súm. nº 139 do STJ.

VII – grandes fortunas, nos termos de lei complementar.

▶ LC nº 111, de 6-7-2001, dispõe sobre o Fundo de Combate e Erradicação da Pobreza, na forma prevista nos arts. 79 a 81 do ADCT.

§ 1º É facultado ao Poder Executivo, atendidas as condições e os limites estabelecidos em lei, alterar as alíquotas dos impostos enumerados nos incisos I, II, IV e V.

▶ Art. 150, § 1º, desta Constituição.
▶ Lei nº 8.088, de 30-10-1990, dispõe sobre a atualização do Bônus do Tesouro Nacional e dos depósitos de poupança.

§ 2º O imposto previsto no inciso III:

I – será informado pelos critérios da generalidade, da universalidade e da progressividade, na forma da lei;

▶ Arts. 27, § 2º, 28, § 2º, 29, V e VI, 37, XV, 48, XV, 49, VII e VIII, 95, III, e 128, § 5º, I, c, desta Constituição.

II – *Revogado*. EC nº 20, de 15-12-1998.

§ 3º O imposto previsto no inciso IV:

I – será seletivo, em função da essencialidade do produto;

II – será não cumulativo, compensando-se o que for devido em cada operação com o montante cobrado nas anteriores;
III – não incidirá sobre produtos industrializados destinados ao exterior;
IV – terá reduzido seu impacto sobre a aquisição de bens de capital pelo contribuinte do imposto, na forma da lei.
▶ Inciso IV acrescido pela EC nº 42, de 19-12-2003.

§ 4º O imposto previsto no inciso VI do *caput*:
▶ *Caput* com a redação dada pela EC nº 42, de 19-12-2003.
▶ Lei nº 8.629, de 25-2-1993, regula os dispositivos constitucionais relativos à reforma agrária.

I – será progressivo e terá suas alíquotas fixadas de forma a desestimular a manutenção de propriedades improdutivas;
II – não incidirá sobre pequenas glebas rurais, definidas em lei, quando as explore o proprietário que não possua outro imóvel;
III – será fiscalizado e cobrado pelos Municípios que assim optarem, na forma da lei, desde que não implique redução do imposto ou qualquer outra forma de renúncia fiscal.
▶ Incisos I a III acrescidos pela EC nº 42, de 19-12-2003.
▶ Lei nº 11.250, de 27-12-2005, regulamenta este inciso.

§ 5º O ouro, quando definido em lei como ativo financeiro ou instrumento cambial, sujeita-se exclusivamente à incidência do imposto de que trata o inciso V do *caput* deste artigo, devido na operação de origem; a alíquota mínima será de um por cento, assegurada a transferência do montante da arrecadação nos seguintes termos:
▶ Art. 74, § 2º, do ADCT.
▶ Lei nº 7.766, de 11-5-1989, dispõe sobre o ouro, ativo financeiro e sobre seu tratamento tributário.

I – trinta por cento para o Estado, o Distrito Federal ou o Território, conforme a origem;
II – setenta por cento para o Município de origem.
▶ Arts. 72, § 3º, 74, § 2º, 75 e 76, § 1º, do ADCT.
▶ Lei nº 7.766, de 11-5-1989, dispõe sobre o ouro, ativo financeiro e sobre seu tratamento tributário.

Art. 154. A União poderá instituir:
I – mediante lei complementar, impostos não previstos no artigo anterior, desde que sejam não cumulativos e não tenham fato gerador ou base de cálculo próprios dos discriminados nesta Constituição;
▶ Art. 195, § 4º, desta Constituição.
▶ Arts. 74, § 2º, e 75 do ADCT.

II – na iminência ou no caso de guerra externa, impostos extraordinários, compreendidos ou não em sua competência tributária, os quais serão suprimidos, gradativamente, cessadas as causas de sua criação.
▶ Arts. 62, § 2º, 150, § 1º, desta Constituição.

Seção IV
DOS IMPOSTOS DOS ESTADOS E DO DISTRITO FEDERAL

Art. 155. Compete aos Estados e ao Distrito Federal instituir impostos sobre:
▶ *Caput* com a redação dada pela EC nº 3, de 17-3-1993.

I – transmissão *causa mortis* e doação de quaisquer bens ou direitos;
II – operações relativas à circulação de mercadorias e sobre prestações de serviços de transporte interestadual e intermunicipal e de comunicação, ainda que as operações e as prestações se iniciem no exterior;
▶ Art. 60, § 2º, do ADCT.
▶ LC nº 24, de 7-1-1975, dispõe sobre os convênios para a concessão de isenções do imposto sobre operações relativas à circulação de mercadorias.
▶ LC nº 87, de 13-9-1996 (Lei Kandir – ICMS).
▶ Súm. nº 662 do STF.
▶ Súmulas nºs 334 e 457 do STJ.

III – propriedade de veículos automotores;
▶ Incisos I a III acrescidos pela EC nº 3, de 17-3-1993.

§ 1º O imposto previsto no inciso I:
▶ § 1º com a redação dada pela EC nº 3, de 17-3-1993.

I – relativamente a bens imóveis e respectivos direitos, compete ao Estado da situação do bem, ou ao Distrito Federal;
II – relativamente a bens móveis, títulos e créditos, compete ao Estado onde se processar o inventário ou arrolamento, ou tiver domicílio o doador, ou ao Distrito Federal;
III – terá a competência para sua instituição regulada por lei complementar:
a) se o doador tiver domicílio ou residência no exterior;
b) se o *de cujus* possuía bens, era residente ou domiciliado ou teve o seu inventário processado no exterior;
IV – terá suas alíquotas máximas fixadas pelo Senado Federal.

§ 2º O imposto previsto no inciso II atenderá ao seguinte:
▶ *Caput* do § 2º com a redação dada pela EC nº 3, de 17-3-1993.
▶ LC nº 24, de 7-1-1975, dispõe sobre os convênios para a concessão de isenções do imposto sobre operações relativas à circulação de mercadorias.
▶ LC nº 101, de 4-5-2000 (Lei da Responsabilidade Fiscal).
▶ Dec.-lei nº 406, de 31-12-1968, estabelece normas gerais de direito financeiro, aplicáveis aos Impostos sobre Operações relativas à Circulação de Mercadorias e sobre Serviços de Qualquer Natureza.

I – será não cumulativo, compensando-se o que for devido em cada operação relativa à circulação de mercadorias ou prestação de serviços com o montante cobrado nas anteriores pelo mesmo ou outro Estado ou pelo Distrito Federal;
II – a isenção ou não incidência, salvo determinação em contrário da legislação:
▶ LC nº 24, de 7-1-1975, dispõe sobre os convênios para concessão de isenções do imposto sobre Obrigações Relativas a Circulação de Mercadorias.
▶ LC nº 87, de 13-9-1996 (Lei Kandir – ICMS).
▶ Súm. nº 662 do STF.

a) não implicará crédito para compensação com o montante devido nas operações ou prestações seguintes;

b) acarretará a anulação do crédito relativo às operações anteriores;

III – poderá ser seletivo, em função da essencialidade das mercadorias e dos serviços;

IV – resolução do Senado Federal, de iniciativa do Presidente da República ou de um terço dos Senadores, aprovada pela maioria absoluta de seus membros, estabelecerá as alíquotas aplicáveis às operações e prestações, interestaduais e de exportação;

V – é facultado ao Senado Federal:

a) estabelecer alíquotas mínimas nas operações internas, mediante resolução de iniciativa de um terço e aprovada pela maioria absoluta de seus membros;
b) fixar alíquotas máximas nas mesmas operações para resolver conflito específico que envolva interesse de Estados, mediante resolução de iniciativa da maioria absoluta e aprovada por dois terços de seus membros;

VI – salvo deliberação em contrário dos Estados e do Distrito Federal, nos termos do disposto no inciso XII, g, as alíquotas internas, nas operações relativas à circulação de mercadorias e nas prestações de serviços, não poderão ser inferiores às previstas para as operações interestaduais;

VII – em relação às operações e prestações que destinem bens e serviços a consumidor final localizado em outro Estado, adotar-se-á:

a) a alíquota interestadual, quando o destinatário for contribuinte do imposto;
b) a alíquota interna, quando o destinatário não for contribuinte dele;

VIII – na hipótese da alínea a do inciso anterior, caberá ao Estado da localização do destinatário o imposto correspondente à diferença entre a alíquota interna e a interestadual;

IX – incidirá também:

▶ Súmulas nºs 660 e 661 do STF.
▶ Súm. nº 155 do STJ.

a) sobre a entrada de bem ou mercadoria importados do exterior por pessoa física ou jurídica, ainda que não seja contribuinte habitual do imposto, qualquer que seja a sua finalidade, assim como sobre o serviço prestado no exterior, cabendo o imposto ao Estado onde estiver situado o domicílio ou o estabelecimento do destinatário da mercadoria, bem ou serviço;

▶ Alínea a com a redação dada pela EC nº 33, de 11-12-2001.
▶ Súmulas nºs 660 e 661 do STF.
▶ Súm. nº 198 do STJ.

b) sobre o valor total da operação, quando mercadorias forem fornecidas com serviços não compreendidos na competência tributária dos Municípios;

X – não incidirá:

a) sobre operações que destinem mercadorias para o exterior, nem sobre serviços prestados a destinatários no exterior, assegurada a manutenção e o aproveitamento do montante do imposto cobrado nas operações e prestações anteriores;

▶ Alínea a com a redação dada pela EC nº 42, de 19-12-2003.
▶ Súm. nº 433 do STJ.

b) sobre operações que destinem a outros Estados petróleo, inclusive lubrificantes, combustíveis líquidos e gasosos dele derivados, e energia elétrica;
c) sobre o ouro, nas hipóteses definidas no artigo 153, § 5º;

▶ Lei nº 7.766, de 11-5-1989, dispõe sobre o ouro, ativo financeiro, e sobre seu tratamento tributário.

d) nas prestações de serviço de comunicação nas modalidades de radiodifusão sonora e de sons e imagens de recepção livre e gratuita;

▶ Alínea d acrescida pela EC nº 42, de 19-12-2003.

XI – não compreenderá, em sua base de cálculo, o montante do imposto sobre produtos industrializados, quando a operação, realizada entre contribuintes e relativa a produto destinado à industrialização ou à comercialização, configure fato gerador dos dois impostos;

XII – cabe à lei complementar:

▶ Art. 4º da EC nº 42, de 19-12-2003.

a) definir seus contribuintes;
b) dispor sobre substituição tributária;
c) disciplinar o regime de compensação do imposto;
d) fixar, para efeito de sua cobrança e definição do estabelecimento responsável, o local das operações relativas à circulação de mercadorias e das prestações de serviços;
e) excluir da incidência do imposto, nas exportações para o exterior, serviços e outros produtos além dos mencionados no inciso X, a;
f) prever casos de manutenção de crédito, relativamente à remessa para outro Estado e exportação para o exterior, de serviços e de mercadorias;
g) regular a forma como, mediante deliberação dos Estados e do Distrito Federal, isenções, incentivos e benefícios fiscais serão concedidos e revogados;

▶ Art. 22, parágrafo único, da LC nº 123, de 14-12-2006 (Estatuto Nacional da Microempresa e da Empresa de Pequeno Porte).

h) definir os combustíveis e lubrificantes sobre os quais o imposto incidirá uma única vez, qualquer que seja a sua finalidade, hipótese em que não se aplicará o disposto no inciso X, b;

▶ Alínea h acrescida pela EC nº 33, de 11-12-2001.
▶ Conforme o art. 4º da EC nº 33, de 11-12-2001, enquanto não entrar em vigor a lei complementar de que trata esta alínea, os Estados e o Distrito Federal, mediante convênio celebrado nos termos do § 2º, XII, g, deste artigo, fixarão normas para regular provisoriamente a matéria.

i) fixar a base de cálculo, de modo que o montante do imposto a integre, também na importação do exterior de bem, mercadoria ou serviço.

▶ Alínea i acrescida pela EC nº 33, de 11-12-2001.
▶ Súm. nº 457 do STJ.

§ 3º À exceção dos impostos de que tratam o inciso II do caput deste artigo e o artigo 153, I e II, nenhum outro imposto poderá incidir sobre operações relativas a energia elétrica, serviços de telecomunicações, derivados de petróleo, combustíveis e minerais do País.

▶ § 3º com a redação dada pela EC nº 33, de 11-12-2001.
▶ Súm. nº 659 do STF.

§ 4º Na hipótese do inciso XII, h, observar-se-á o seguinte:

I – nas operações com os lubrificantes e combustíveis derivados de petróleo, o imposto caberá ao Estado onde ocorrer o consumo;
II – nas operações interestaduais, entre contribuintes, com gás natural e seus derivados, e lubrificantes e combustíveis não incluídos no inciso I deste parágrafo, o imposto será repartido entre os Estados de origem e de destino, mantendo-se a mesma proporcionalidade que ocorre nas operações com as demais mercadorias;
III – nas operações interestaduais com gás natural e seus derivados, e lubrificantes e combustíveis não incluídos no inciso I deste parágrafo, destinadas a não contribuinte, o imposto caberá ao Estado de origem;
IV – as alíquotas do imposto serão definidas mediante deliberação dos Estados e Distrito Federal, nos termos do § 2º, XII, g, observando-se o seguinte:
a) serão uniformes em todo o território nacional, podendo ser diferenciadas por produto;
b) poderão ser específicas, por unidade de medida adotada, ou *ad valorem*, incidindo sobre o valor da operação ou sobre o preço que o produto ou seu similar alcançaria em uma venda em condições de livre concorrência;
c) poderão ser reduzidas e restabelecidas, não se lhes aplicando o disposto no artigo 150, III, b.

§ 5º As regras necessárias à aplicação do disposto no § 4º, inclusive as relativas à apuração e à destinação do imposto, serão estabelecidas mediante deliberação dos Estados e do Distrito Federal, nos termos do § 2º, XII, g.

▶ §§ 4º e 5º acrescidos pela EC nº 33, de 11-12-2001.

§ 6º O imposto previsto no inciso III:
I – terá alíquotas mínimas fixadas pelo Senado Federal;
II – poderá ter alíquotas diferenciadas em função do tipo e utilização.

▶ § 6º acrescido pela EC nº 42, de 19-12-2003.

SEÇÃO V
DOS IMPOSTOS DOS MUNICÍPIOS
Art. 156. Compete aos Municípios instituir impostos sobre:

▶ Art. 167, § 4º, desta Constituição.

I – propriedade predial e territorial urbana;

▶ Arts. 32 a 34 do CTN.
▶ Súm. nº 589 do STF.
▶ Súm. nº 399 do STJ.

II – transmissão *inter vivos*, a qualquer título, por ato oneroso, de bens imóveis, por natureza ou acessão física, e de direitos reais sobre imóveis, exceto os de garantia, bem como cessão de direitos à sua aquisição;

▶ Arts. 34 a 42 do CTN.
▶ Súm. nº 656 do STF.

III – serviços de qualquer natureza, não compreendidos no artigo 155, II, definidos em lei complementar.

▶ Inciso III com a redação dada pela EC nº 3, de 17-3-1993.
▶ LC nº 116, de 31-4-2003 (Lei do ISS).
▶ Súm. Vinc. nº 31 do STF.
▶ Súm. nº 424 do STJ.

IV – *Revogado*. EC nº 3, de 17-3-1993.

§ 1º Sem prejuízo da progressividade no tempo a que se refere o artigo 182, § 4º, inciso II, o imposto previsto no inciso I poderá:

▶ Arts. 182, §§ 2º e 4º, e 186 desta Constituição.
▶ Súm. nº 589 do STF.

I – ser progressivo em razão do valor do imóvel; e
II – ter alíquotas diferentes de acordo com a localização e o uso do imóvel.

▶ § 1º com a redação dada pela EC nº 29, de 13-9-2000.
▶ Lei nº 10.257, de 10-7-2001 (Estatuto da Cidade).

§ 2º O imposto previsto no inciso II:

I – não incide sobre a transmissão de bens ou direitos incorporados ao patrimônio de pessoa jurídica em realização de capital, nem sobre a transmissão de bens ou direitos decorrentes de fusão, incorporação, cisão ou extinção de pessoa jurídica, salvo se, nesses casos, a atividade preponderante do adquirente for a compra e venda desses bens ou direitos, locação de bens imóveis ou arrendamento mercantil;
II – compete ao Município da situação do bem.

§ 3º Em relação ao imposto previsto no inciso III do *caput* deste artigo, cabe à lei complementar:

▶ § 3º com a redação dada pela EC nº 37, de 12-6-2002.

I – fixar as suas alíquotas máximas e mínimas;

▶ Inciso I com a redação dada pela EC nº 37, de 12-6-2002.
▶ Art. 88 do ADCT.

II – excluir da sua incidência exportações de serviços para o exterior;

▶ Inciso II com a redação dada pela EC nº 3, de 17-3-1993.

III – regular a forma e as condições como isenções, incentivos e benefícios fiscais serão concedidos e revogados.

▶ Inciso III acrescido pela EC nº 37, de 12-6-2002.
▶ Art. 88 do ADCT.

§ 4º *Revogado*. EC nº 3, de 17-3-1993.

SEÇÃO VI
DA REPARTIÇÃO DAS RECEITAS TRIBUTÁRIAS
Art. 157. Pertencem aos Estados e ao Distrito Federal:

▶ Art. 167, § 4º, desta Constituição.

I – o produto da arrecadação do imposto da União sobre renda e proventos de qualquer natureza, incidente na fonte, sobre rendimentos pagos, a qualquer título, por eles, suas autarquias e pelas fundações que instituírem e mantiverem;

▶ Art. 159, § 1º, desta Constituição.
▶ Art. 76, § 1º, do ADCT.
▶ Dec. nº 3.000, de 26-3-1999, regulamenta a tributação, fiscalização, arrecadação e administração do Imposto sobre a Renda e proventos de qualquer natureza.
▶ Súm. nº 447 do STJ.

II – vinte por cento do produto da arrecadação do imposto que a União instituir no exercício da competência que lhe é atribuída pelo artigo 154, I.

▶ Art. 72, § 3º, do ADCT.

Art. 158. Pertencem aos Municípios:

▶ Art. 167, IV, desta Constituição.
▶ LC nº 63, de 11-1-1990, dispõe sobre critérios e prazos de crédito das parcelas do produto da arrecadação de impostos de competência dos Estados e de transferências por estes recebidas, pertencentes aos Municípios.

I – o produto da arrecadação do imposto da União sobre renda e proventos de qualquer natureza, incidente na fonte, sobre rendimentos pagos, a qualquer título, por eles, suas autarquias e pelas fundações que instituírem e mantiverem;

▶ Art. 159, § 1º, desta Constituição.
▶ Art. 76, § 1º, do ADCT.

II – cinquenta por cento do produto da arrecadação do imposto da União sobre a propriedade territorial rural, relativamente aos imóveis neles situados, cabendo a totalidade na hipótese da opção a que se refere o art. 153, § 4º, III;

▶ Inciso II com a redação dada pela EC nº 42, de 19-12-2003.
▶ Arts. 72, § 4º, e 76, § 1º, do ADCT.
▶ Súm. nº 139 do STJ.

III – cinquenta por cento do produto da arrecadação do imposto do Estado sobre a propriedade de veículos automotores licenciados em seus territórios;

▶ Art. 1º da LC nº 63, de 11-1-1990, que dispõe sobre critérios e prazos de crédito das parcelas do produto da arrecadação de impostos de competência dos Estados e de transferências por estes recebidas, pertencentes aos Municípios.

IV – vinte e cinco por cento do produto da arrecadação do imposto do Estado sobre operações relativas à circulação de mercadorias e sobre prestações de serviços de transporte interestadual e intermunicipal e de comunicação.

▶ Arts. 60, § 2º, e 82, § 1º, do ADCT.
▶ Art. 1º da LC nº 63, de 11-1-1990, que dispõe sobre critérios e prazos de crédito das parcelas do produto da arrecadação de impostos de competência dos Estados e de transferências por estes recebidas, pertencentes aos Municípios.

Parágrafo único. As parcelas de receita pertencentes aos Municípios, mencionadas no inciso IV, serão creditadas conforme os seguintes critérios:

I – três quartos, no mínimo, na proporção do valor adicionado nas operações relativas à circulação de mercadorias e nas prestações de serviços, realizadas em seus territórios;

II – até um quarto, de acordo com o que dispuser lei estadual ou, no caso dos Territórios, lei federal.

Art. 159. A União entregará:

▶ Art. 167, IV, desta Constituição.
▶ Arts. 72, §§ 2º e 4º, e 80, § 1º, do ADCT.
▶ LC nº 62, de 28-12-1989, dispõe sobre normas para cálculo, entrega e controle de liberações de recursos dos Fundos de Participação.

I – do produto da arrecadação dos impostos sobre renda e proventos de qualquer natureza e sobre produtos industrializados quarenta e oito por cento na seguinte forma:

▶ Inciso I com a redação dada pela EC nº 55, de 20-9-2007.
▶ Art. 3º da EC nº 17, de 22-11-1997.
▶ Art. 2º da EC nº 55, de 20-9-2007, que determina que as alterações inseridas neste artigo somente se aplicam sobre a arrecadação dos impostos sobre renda e proventos de qualquer natureza e sobre produtos industrializados realizada a partir de 1º-9-2007.
▶ Art. 60, § 2º, do ADCT.

a) vinte e um inteiros e cinco décimos por cento ao Fundo de Participação dos Estados e do Distrito Federal;

▶ Arts. 34, § 2º, II e 60, § 2º, 76, § 1º, do ADCT.
▶ LC nº 62, de 28-12-1989, estabelece normas sobre o cálculo, a entrega e o controle das liberações dos recursos dos fundos de participação dos Estados, do Distrito Federal e dos Municípios.

b) vinte e dois inteiros e cinco décimos por cento ao Fundo de Participação dos Municípios;

▶ Art. 76, § 1º, do ADCT.
▶ LC nº 62 de, 28-12-1989, estabelece normas sobre o cálculo, a entrega e o controle das liberações dos recursos dos fundos de participação dos Estados, do Distrito Federal e dos Municípios.
▶ LC nº 91, de 22-12-1997, dispõe sobre a fixação dos coeficientes do Fundo de Participação dos Municípios.

c) três por cento, para aplicação em programas de financiamento ao setor produtivo das Regiões Norte, Nordeste e Centro-Oeste, através de suas instituições financeiras de caráter regional, de acordo com os planos regionais de desenvolvimento, ficando assegurada ao semiárido do Nordeste a metade dos recursos destinados à Região, na forma que a lei estabelecer;

▶ Lei nº 7.827, de 22-9-1989, regulamenta esta alínea.

d) um por cento ao Fundo de Participação dos Municípios, que será entregue no primeiro decêndio do mês de dezembro de cada ano;

▶ Alínea d acrescida pela EC nº 55, de 20-9-2007.
▶ Art. 2º da EC nº 55, de 20-9-2007, estabelece que as alterações inseridas neste artigo somente se aplicam sobre a arrecadação dos impostos sobre renda e proventos de qualquer natureza e sobre produtos industrializados realizada a partir de 1º-9-2007.

II – do produto da arrecadação do imposto sobre produtos industrializados, dez por cento aos Estados e ao Distrito Federal, proporcionalmente ao valor das respectivas exportações de produtos industrializados;

▶ Arts. 60, § 2º, e 76, § 1º, do ADCT.
▶ Art. 1º da LC nº 63, de 11-1-1990, que dispõe sobre critérios e prazos de crédito das parcelas do produto da arrecadação de impostos de competência dos Estados e de transferências por estes recebidas, pertencentes aos Municípios.
▶ Lei nº 8.016, de 8-4-1990, dispõe sobre a entrega das quotas de participação dos Estados e do Distrito Federal na arrecadação do Imposto sobre Produtos Industrializados – IPI, a que se refere este inciso.

III – do produto da arrecadação da contribuição de intervenção no domínio econômico prevista no art. 177, § 4º, 29% (vinte e nove por cento) para os Estados e o Distrito Federal, distribuídos na forma da lei, observada

a destinação a que se refere o inciso II, c, do referido parágrafo.
▶ Inciso III com a redação dada pela EC nº 44, de 30-6-2004.
▶ Art. 93 do ADCT.

§ 1º Para efeito de cálculo da entrega a ser efetuada de acordo com o previsto no inciso I, excluir-se-á a parcela da arrecadação do imposto de renda e proventos de qualquer natureza pertencente aos Estados, ao Distrito Federal e aos Municípios, nos termos do disposto nos artigos 157, I, e 158, I.

§ 2º A nenhuma unidade federada poderá ser destinada parcela superior a vinte por cento do montante a que se refere o inciso II, devendo o eventual excedente ser distribuído entre os demais participantes, mantido, em relação a esses, o critério de partilha nele estabelecido.
▶ LC nº 61, de 26-12-1989, dispõe sobre normas para participação dos Estados e do Distrito Federal no produto de arrecadação do Imposto sobre Produtos Industrializados – IPI, relativamente às exportações.

§ 3º Os Estados entregarão aos respectivos Municípios vinte e cinco por cento dos recursos que receberem nos termos do inciso II, observados os critérios estabelecidos no artigo 158, parágrafo único, I e II.
▶ LC nº 63, de 11-1-1990, dispõe sobre critérios e prazos de crédito das parcelas do produto da arrecadação de impostos de competência dos Estados e de transferências por estes recebidas, pertencentes aos Municípios.

§ 4º Do montante de recursos de que trata o inciso III que cabe a cada Estado, vinte e cinco por cento serão destinados aos seus Municípios, na forma da lei a que se refere o mencionado inciso.
▶ § 4º acrescido pela EC nº 42, de 19-12-2003.
▶ Art. 93 do ADCT.

Art. 160. É vedada a retenção ou qualquer restrição à entrega e ao emprego dos recursos atribuídos, nesta seção, aos Estados, ao Distrito Federal e aos Municípios, neles compreendidos adicionais e acréscimos relativos a impostos.
▶ Art. 3º da EC nº 17, de 22-11-1997.

Parágrafo único. A vedação prevista neste artigo não impede a União e os Estados de condicionarem a entrega de recursos:
▶ Caput do parágrafo único com a redação dada pela EC nº 29, de 13-9-2000.

I – ao pagamento de seus créditos, inclusive de suas autarquias;
II – ao cumprimento do disposto no artigo 198, § 2º, incisos II e III.
▶ Incisos I e II acrescidos pela EC nº 29, de 13-9-2000.

Art. 161. Cabe à lei complementar:
I – definir valor adicionado para fins do disposto no artigo 158, parágrafo único, I;
▶ LC nº 63, de 11-1-1990, dispõe sobre critérios e prazos de crédito das parcelas do produto da arrecadação de impostos de competência dos Estados e de transferências por estes recebidas, pertencentes aos Municípios.

II – estabelecer normas sobre a entrega dos recursos de que trata o artigo 159, especialmente sobre os critérios de rateio dos fundos previstos em seu inciso I, objetivando promover o equilíbrio socioeconômico entre Estados e entre Municípios;
▶ Art. 34, § 2º, do ADCT.
▶ LC nº 62, de 28-12-1989, estabelece normas sobre o cálculo, a entrega e o controle das liberações dos recursos dos fundos de participação dos Estados, do Distrito Federal e dos Municípios.

III – dispor sobre o acompanhamento, pelos beneficiários, do cálculo das quotas e da liberação das participações previstas nos artigos 157, 158 e 159.
▶ LC nº 62, de 28-12-1989, estabelece normas sobre o cálculo, a entrega e o controle das liberações dos recursos dos fundos de participação dos Estados, do Distrito Federal e dos Municípios.

Parágrafo único. O Tribunal de Contas da União efetuará o cálculo das quotas referentes aos fundos de participação a que alude o inciso II.

Art. 162. A União, os Estados, o Distrito Federal e os Municípios divulgarão, até o último dia do mês subsequente ao da arrecadação, os montantes de cada um dos tributos arrecadados, os recursos recebidos, os valores de origem tributária entregues e a entregar e a expressão numérica dos critérios de rateio.

Parágrafo único. Os dados divulgados pela União serão discriminados por Estado e por Município; os dos Estados, por Município.

Capítulo II

DAS FINANÇAS PÚBLICAS

Seção I

NORMAS GERAIS

Art. 163. Lei complementar disporá sobre:
▶ Art. 30 da EC nº 19, de 4-6-1998.
▶ Lei nº 4.320, de 17-3-1964, estatui normas gerais de direito financeiro para elaboração e controle dos orçamentos e balanços da União, dos Estados, dos Municípios e do Distrito Federal.
▶ Lei nº 6.830, de 22-9-1980 (Lei das Execuções Fiscais).

I – finanças públicas;
▶ LC nº 101, de 4-5-2000 (Lei da Responsabilidade Fiscal).

II – dívida pública externa e interna, incluída a das autarquias, fundações e demais entidades controladas pelo Poder Público;
▶ Lei nº 8.388, de 30-12-1991, estabelece diretrizes para que a União possa realizar a consolidação e o reescalonamento de dívidas das administrações direta e indireta dos Estados, do Distrito Federal e dos Municípios.

III – concessão de garantias pelas entidades públicas;
IV – emissão e resgate de títulos da dívida pública;
▶ Art. 34, § 2º, I, do ADCT.

V – fiscalização financeira da administração pública direta e indireta;
▶ Inciso V com a redação dada pela EC nº 40, de 29-5-2003.
▶ Lei nº 4.595, de 31-12-1964 (Lei do Sistema Financeiro Nacional).

VI – operações de câmbio realizadas por órgãos e entidades da União, dos Estados, do Distrito Federal e dos Municípios;

▶ Lei nº 4.131, de 3-9-1962, disciplina a aplicação do capital estrangeiro e as remessas de valores para o exterior.
▶ Dec.-lei nº 9.025, de 27-2-1946, dispõe sobre as operações de cambio e regulamenta o retorno de capitais estrangeiros.
▶ Dec.-lei nº 9.602, de 16-8-1946, e Lei nº 1.807, de 7-1-1953, dispõem sobre operações de câmbio.

VII – compatibilização das funções das instituições oficiais de crédito da União, resguardadas as características e condições operacionais plenas das voltadas ao desenvolvimento regional.

▶ Art. 30 da EC nº 19, de 4-6-1998 (Reforma Administrativa).
▶ LC nº 101, de 4-5-2000 (Lei da Responsabilidade Fiscal).
▶ Lei nº 4.595, de 31-12-1964 (Lei do Sistema Financeiro Nacional).

Art. 164. A competência da União para emitir moeda será exercida exclusivamente pelo Banco Central.

§ 1º É vedado ao Banco Central conceder, direta ou indiretamente, empréstimos ao Tesouro Nacional e a qualquer órgão ou entidade que não seja instituição financeira.

§ 2º O Banco Central poderá comprar e vender títulos de emissão do Tesouro Nacional, com o objetivo de regular a oferta de moeda ou a taxa de juros.

§ 3º As disponibilidades de caixa da União serão depositadas no Banco Central; as dos Estados, do Distrito Federal, dos Municípios, dos órgãos ou entidades do Poder Público e das empresas por ele controladas, em instituições financeiras oficiais, ressalvados os casos previstos em lei.

Seção II

DOS ORÇAMENTOS

Art. 165. Leis de iniciativa do Poder Executivo estabelecerão:

I – o plano plurianual;
II – as diretrizes orçamentárias;
III – os orçamentos anuais.

§ 1º A lei que instituir o plano plurianual estabelecerá, de forma regionalizada, as diretrizes, os objetivos e metas da administração pública federal para as despesas de capital e outras delas decorrentes e para as relativas aos programas de duração continuada.

§ 2º A lei de diretrizes orçamentárias compreenderá as metas e prioridades da administração pública federal, incluindo as despesas de capital para o exercício financeiro subsequente, orientará a elaboração da lei orçamentária anual, disporá sobre as alterações na legislação tributária e estabelecerá a política de aplicação das agências financeiras oficiais de fomento.

▶ Art. 4º da LC nº 101, de 4-5-2000 (Lei da Responsabilidade Fiscal).

§ 3º O Poder Executivo publicará, até trinta dias após o encerramento de cada bimestre, relatório resumido da execução orçamentária.

§ 4º Os planos e programas nacionais, regionais e setoriais previstos nesta Constituição serão elaborados em consonância com o plano plurianual e apreciados pelo Congresso Nacional.

▶ Lei nº 9.491, de 9-9-1997, altera procedimentos relativos ao Programa Nacional de Desestatização.

§ 5º A lei orçamentária anual compreenderá:

I – o orçamento fiscal referente aos Poderes da União, seus fundos, órgãos e entidades da administração direta e indireta, inclusive fundações instituídas e mantidas pelo Poder Público;
II – o orçamento de investimento das empresas em que a União, direta ou indiretamente, detenha a maioria do capital social com direito a voto;
III – o orçamento da seguridade social, abrangendo todas as entidades e órgãos a ela vinculados, da administração direta ou indireta, bem como os fundos e fundações instituídos e mantidos pelo Poder Público.

§ 6º O projeto de lei orçamentária será acompanhado de demonstrativo regionalizado do efeito, sobre as receitas e despesas, decorrente de isenções, anistias, remissões, subsídios e benefícios de natureza financeira, tributária e creditícia.

§ 7º Os orçamentos previstos no § 5º, I e II, deste artigo, compatibilizados com o plano plurianual, terão entre suas funções a de reduzir desigualdades inter-regionais, segundo critério populacional.

▶ Art. 35 do ADCT.

§ 8º A lei orçamentária anual não conterá dispositivo estranho à previsão da receita e à fixação da despesa, não se incluindo na proibição a autorização para abertura de créditos suplementares e contratação de operações de crédito, ainda que por antecipação de receita, nos termos da lei.

▶ Art. 167, IV, desta Constituição.

§ 9º Cabe à lei complementar:

▶ Art. 168 desta Constituição.
▶ Art. 35, § 2º, do ADCT.
▶ Lei nº 4.320, de 17-3-1964, estatui normas gerais de direito financeiro para elaboração e controle dos orçamentos e balanços da União, dos Estados, dos Municípios e do Distrito Federal.
▶ Dec.-lei nº 200, de 25-2-1967, dispõe sobre a organização da Administração Federal, estabelece diretrizes para a Reforma Administrativa.

I – dispor sobre o exercício financeiro, a vigência, os prazos, a elaboração e a organização do plano plurianual, da lei de diretrizes orçamentárias e da lei orçamentária anual;
II – estabelecer normas de gestão financeira e patrimonial da administração direta e indireta, bem como condições para a instituição e funcionamento de fundos.

▶ Arts. 35, § 2º, 71, § 1º, e 81, § 3º, do ADCT.
▶ LC nº 89, de 18-2-1997, institui o Fundo para Aparelhamento e Operacionalização das Atividades-fim da Polícia Federal – FUNAPOL.
▶ LC nº 101, de 4-5-2000 (Lei da Responsabilidade Fiscal).

Art. 166. Os projetos de lei relativos ao plano plurianual, às diretrizes orçamentárias, ao orçamento anual e aos créditos adicionais serão apreciados pelas duas

Casas do Congresso Nacional, na forma do regimento comum.

§ 1º Caberá a uma Comissão mista permanente de Senadores e Deputados:

I – examinar e emitir parecer sobre os projetos referidos neste artigo e sobre as contas apresentadas anualmente pelo Presidente da República;

II – examinar e emitir parecer sobre os planos e programas nacionais, regionais e setoriais previstos nesta Constituição e exercer o acompanhamento e a fiscalização orçamentária, sem prejuízo da atuação das demais comissões do Congresso Nacional e de suas Casas, criadas de acordo com o artigo 58.

§ 2º As emendas serão apresentadas na Comissão mista, que sobre elas emitirá parecer, e apreciadas, na forma regimental, pelo Plenário das duas Casas do Congresso Nacional.

§ 3º As emendas ao projeto de lei do orçamento anual ou aos projetos que o modifiquem somente podem ser aprovadas caso:

I – sejam compatíveis com o plano plurianual e com a lei de diretrizes orçamentárias;

II – indiquem os recursos necessários, admitidos apenas os provenientes de anulação de despesa, excluídas as que incidam sobre:

a) dotações para pessoal e seus encargos;
b) serviço da dívida;
c) transferências tributárias constitucionais para Estados, Municípios e Distrito Federal; ou

III – sejam relacionadas:

a) com a correção de erros ou omissões; ou
b) com os dispositivos do texto do projeto de lei.

§ 4º As emendas ao projeto de lei de diretrizes orçamentárias não poderão ser aprovadas quando incompatíveis com o plano plurianual.

▶ Art. 63, I, desta Constituição.

§ 5º O Presidente da República poderá enviar mensagem ao Congresso Nacional para propor modificação nos projetos a que se refere este artigo enquanto não iniciada a votação, na Comissão mista, da parte cuja alteração é proposta.

§ 6º Os projetos de lei do plano plurianual, das diretrizes orçamentárias e do orçamento anual serão enviados pelo Presidente da República ao Congresso Nacional, nos termos da lei complementar a que se refere o artigo 165, § 9º.

§ 7º Aplicam-se aos projetos mencionados neste artigo, no que não contrariar o disposto nesta seção, as demais normas relativas ao processo legislativo.

§ 8º Os recursos que, em decorrência de veto, emenda ou rejeição do projeto de lei orçamentária anual, ficarem sem despesas correspondentes poderão ser utilizados, conforme o caso, mediante créditos especiais ou suplementares, com prévia e específica autorização legislativa.

Art. 167. São vedados:

I – o início de programas ou projetos não incluídos na lei orçamentária anual;

II – a realização de despesas ou a assunção de obrigações diretas que excedam os créditos orçamentários ou adicionais;

III – a realização de operações de créditos que excedam o montante das despesas de capital, ressalvadas as autorizadas mediante créditos suplementares ou especiais com finalidade precisa, aprovados pelo Poder Legislativo por maioria absoluta;

▶ Art. 37 do ADCT.
▶ Art. 38, § 1º, da LC nº 101, de 4-5-2000 (Lei da Responsabilidade Fiscal).

IV – a vinculação de receita de impostos a órgão, fundo ou despesa, ressalvadas a repartição do produto da arrecadação dos impostos a que se referem os arts. 158 e 159, a destinação de recursos para as ações e serviços públicos de saúde, para manutenção e desenvolvimento do ensino e para realização de atividades da administração tributária, como determinado, respectivamente, pelos arts. 198, § 2º, 212 e 37, XXII, e a prestação de garantias às operações de crédito por antecipação de receita, previstas no art. 165, § 8º, bem como o disposto no § 4º deste artigo;

▶ Inciso IV com a redação dada pela EC nº 42, de 19-12-2003.
▶ Art. 80, § 1º, do ADCT.
▶ Art. 2º, parágrafo único, da LC nº 111, de 6-7-2001, que dispõe sobre o Fundo de Combate e Erradicação da Pobreza, na forma prevista nos arts. 79 a 81 do ADCT.

V – a abertura de crédito suplementar ou especial sem prévia autorização legislativa e sem indicação dos recursos correspondentes;

VI – a transposição, o remanejamento ou a transferência de recursos de uma categoria de programação para outra ou de um órgão para o outro, sem prévia autorização legislativa;

VII – a concessão ou utilização de créditos ilimitados;

VIII – a utilização, sem autorização legislativa específica, de recursos dos orçamentos fiscal e da seguridade social para suprir necessidade ou cobrir déficit de empresas, fundações e fundos, inclusive dos mencionados no artigo 165, § 5º;

IX – a instituição de fundos de qualquer natureza, sem prévia autorização legislativa;

X – a transferência voluntária de recursos e a concessão de empréstimos, inclusive por antecipação de receita, pelos Governos Federal e Estaduais e suas instituições financeiras, para pagamento de despesas com pessoal ativo, inativo e pensionista, dos Estados, do Distrito Federal e dos Municípios;

▶ Inciso X acrescido pela EC nº 19, de 4-6-1998.

XI – a utilização dos recursos provenientes das contribuições sociais de que trata o artigo 195, I, a, e II, para realização de despesas distintas do pagamento de benefícios do regime geral de previdência social de que trata o artigo 201.

▶ Inciso XI acrescido pela EC nº 20, de 15-12-1998.

§ 1º Nenhum investimento cuja execução ultrapasse um exercício financeiro poderá ser iniciado sem prévia inclusão no plano plurianual, ou sem lei que autorize a inclusão, sob pena de crime de responsabilidade.

§ 2º Os créditos especiais e extraordinários terão vigência no exercício financeiro em que forem autorizados, salvo se o ato de autorização for promulgado nos últimos quatro meses daquele exercício, caso em que, reabertos nos limites de seus saldos, serão incorporados ao orçamento do exercício financeiro subsequente.

§ 3º A abertura de crédito extraordinário somente será admitida para atender a despesas imprevisíveis e urgentes, como as decorrentes de guerra, comoção interna ou calamidade pública, observado o disposto no artigo 62.

§ 4º É permitida a vinculação de receitas próprias geradas pelos impostos a que se referem os artigos 155 e 156, e dos recursos de que tratam os artigos 157, 158 e 159, I, a e b, e II, para a prestação de garantia ou contra garantia à União e para pagamento de débitos para com esta.

▶ § 4º acrescido pela EC nº 3, de 17-3-1993.

Art. 168. Os recursos correspondentes às dotações orçamentárias, compreendidos os créditos suplementares e especiais, destinados aos órgãos dos Poderes Legislativo e Judiciário, do Ministério Público e da Defensoria Pública, ser-lhes-ão entregues até o dia 20 de cada mês, em duodécimos, na forma da lei complementar a que se refere o art. 165, § 9º.

▶ Artigo com a redação dada pela EC nº 45, de 8-12-2004.

Art. 169. A despesa com pessoal ativo e inativo da União, dos Estados, do Distrito Federal e dos Municípios não poderá exceder os limites estabelecidos em lei complementar.

▶ Arts. 96, II, e 127, § 2º, desta Constituição.
▶ Arts. 19 a 23 da LC nº 101, de 4-5-2000 (Lei da Responsabilidade Fiscal).
▶ Lei nº 9.801, de 14-6-1999, dispõe sobre normas gerais para a perda de cargo público por excesso de despesa.

§ 1º A concessão de qualquer vantagem ou aumento de remuneração, a criação de cargos, empregos e funções ou alteração de estrutura de carreiras, bem como a admissão ou contratação de pessoal, a qualquer título, pelos órgãos e entidades da administração direta ou indireta, inclusive fundações instituídas e mantidas pelo poder público, só poderão ser feitas:

▶ Art. 96, I, e, desta Constituição.

I – se houver prévia dotação orçamentária suficiente para atender às projeções de despesa de pessoal e aos acréscimos dela decorrentes;

II – se houver autorização específica na lei de diretrizes orçamentárias, ressalvadas as empresas públicas e as sociedades de economia mista.

▶ § 1º com a redação dada pela EC nº 19, de 4-6-1998.

§ 2º Decorrido o prazo estabelecido na lei complementar referida neste artigo para a adaptação aos parâmetros ali previstos, serão imediatamente suspensos todos os repasses de verbas federais ou estaduais aos Estados, ao Distrito Federal e aos Municípios que não observarem os referidos limites.

§ 3º Para o cumprimento dos limites estabelecidos com base neste artigo, durante o prazo fixado na lei complementar referida no caput, a União, os Estados, o Distrito Federal e os Municípios adotarão as seguintes providências:

I – redução em pelo menos vinte por cento das despesas com cargos em comissão e funções de confiança;

II – exoneração dos servidores não estáveis.

▶ Art. 33 da EC nº 19, de 4-6-1998 (Reforma Administrativa).

§ 4º Se as medidas adotadas com base no parágrafo anterior não forem suficientes para assegurar o cumprimento da determinação da lei complementar referida neste artigo, o servidor estável poderá perder o cargo, desde que ato normativo motivado de cada um dos Poderes especifique a atividade funcional, o órgão ou unidade administrativa objeto da redução de pessoal.

▶ Art. 198, § 6º, desta Constituição.

§ 5º O servidor que perder o cargo na forma do parágrafo anterior fará jus a indenização correspondente a um mês de remuneração por ano de serviço.

§ 6º O cargo objeto da redução prevista nos parágrafos anteriores será considerado extinto, vedada a criação de cargo, emprego ou função com atribuições iguais ou assemelhadas pelo prazo de quatro anos.

§ 7º Lei federal disporá sobre as normas gerais a serem obedecidas na efetivação do disposto no § 4º.

▶ §§ 2º a 7º acrescidos pela EC nº 19, de 4-6-1998.
▶ Art. 247 desta Constituição.
▶ Lei nº 9.801, de 14-6-1999, dispõe sobre as normas gerais para a perda de cargo público por excesso de despesa.

TÍTULO VII – DA ORDEM ECONÔMICA E FINANCEIRA

CAPÍTULO I

DOS PRINCÍPIOS GERAIS DA ATIVIDADE ECONÔMICA

▶ Lei nº 8.137, de 27-12-1990 (Lei dos Crimes contra a Ordem Tributária, Econômica e contra as Relações de Consumo).
▶ Lei nº 8.176, de 8-2-1991, define crimes contra a ordem econômica e cria o sistema de estoque de combustíveis.
▶ Lei nº 8.884, de 11-6-1994 (Lei Antitruste).
▶ Lei nº 12.529, de 30-11-2011 (Lei do Sistema Brasileiro de Defesa da Concorrência) publicada no DOU de 1º-12-2011, para vigorar 180 dias após a data de sua publicação, quando ficarão revogados os arts. 1º a 85 e 88 a 93 da Lei nº 8.884, de 11-6-1994.

Art. 170. A ordem econômica, fundada na valorização do trabalho humano e na livre iniciativa, tem por fim assegurar a todos existência digna, conforme os ditames da justiça social, observados os seguintes princípios:

I – soberania nacional;

▶ Art. 1º, I, desta Constituição.

II – propriedade privada;

▶ Art. 5º, XXII, desta Constituição.
▶ Arts. 1.228 a 1.368 do CC.

III – função social da propriedade;

▶ Lei nº 8.884, de 11-6-1994 (Lei Antitruste).
▶ Lei nº 12.529, de 30-11-2011 (Lei do Sistema Brasileiro de Defesa da Concorrência) publicada no DOU de 1º-12-2011, para vigorar 180 dias após a data de sua publicação, quando ficarão revogados os arts. 1º a 85 e 88 a 93 da Lei nº 8.884, de 11-6-1994.

IV – livre concorrência;

▶ Arts. 1º, *caput*, 20, I, 21, VIII, 54, *caput*, da Lei nº 8.884, de 11-6-1994 (Lei Antitruste).

▶ Lei nº 12.529, de 30-11-2011 (Lei do Sistema Brasileiro de Defesa da Concorrência) publicada no *DOU* de 1º-12-2011, para vigorar 180 dias após a data de sua publicação, quando ficarão revogados os arts. 1º a 85 e 88 a 93 da Lei nº 8.884, de 11-6-1994.

▶ Art. 52 do Dec. nº 2.594, de 15-4-1998, que dispõe sobre a defesa da concorrência na desestatização.

▶ Súm. nº 646 do STF.

V – defesa do consumidor;

▶ Lei nº 8.078, de 11-9-1990 (Código de Defesa do Consumidor).

▶ Lei nº 10.504, de 8-7-2002, institui o Dia Nacional do Consumidor, que é comemorado anualmente, no dia 15 de março.

▶ Dec. nº 2.181, de 20-3-1997, dispõe sobre a organização do Sistema Nacional de Defesa do Consumidor – SNDC e estabelece normas gerais de aplicação das sanções administrativas previstas no CDC.

▶ Súm. nº 646 do STF.

VI – defesa do meio ambiente, inclusive mediante tratamento diferenciado conforme o impacto ambiental dos produtos e serviços e de seus processos de elaboração e prestação;

▶ Inciso VI com a redação dada pela EC nº 42, de 19-12-2003.

▶ Art. 5º, LXXIII, desta Constituição.

▶ Lei nº 7.347, de 24-7-1985 (Lei da Ação Civil Pública).

▶ Lei nº 9.605, de 12-2-1998 (Lei dos Crimes Ambientais).

▶ Dec. nº 6.514, de 22-7-2008, dispõe sobre as infrações e sanções administrativas ao meio ambiente e estabelece o processo administrativo federal para apuração destas infrações.

▶ Res. do CONAMA nº 369, de 28-3-2006, dispõe sobre os casos excepcionais, de utilidade pública, interesse social ou baixo impacto ambiental, que possibilitam a intervenção ou supressão de vegetação em Área de Preservação Permanente – APP.

VII – redução das desigualdades regionais e sociais;

▶ Art. 3º, III, desta Constituição.

VIII – busca do pleno emprego;

▶ Arts. 6º e 7º desta Constituição.

▶ Art. 47 da Lei nº 11.101, de 9-2-2005 (Lei de Recuperação de Empresas e Falências).

IX – tratamento favorecido para as empresas de pequeno porte constituídas sob as leis brasileiras e que tenham sua sede e administração no País.

▶ Inciso IX com a redação dada pela EC nº 6, de 15-8-1995.

▶ Art. 246 desta Constituição.

▶ LC nº 123, de 14-12-2006 (Estatuto Nacional da Microempresa e da Empresa de Pequeno Porte).

▶ Lei nº 6.174, de 1-8-2007, institui e regulamenta o Fórum Permanente das Microempresas de Pequeno Porte.

Parágrafo único. É assegurado a todos o livre exercício de qualquer atividade econômica, independentemente de autorização de órgãos públicos, salvo nos casos previstos em lei.

▶ Súm. nº 646 do STF.

Art. 171. *Revogado.* EC nº 6, de 15-8-1995.

Art. 172. A lei disciplinará, com base no interesse nacional, os investimentos de capital estrangeiro, incentivará os reinvestimentos e regulará a remessa de lucros.

▶ Lei nº 4.131, de 3-9-1962, disciplina a aplicação do capital estrangeiro e as remessas de valores para o exterior.

▶ Dec.-lei nº 37, de 18-11-1966 (Lei do Imposto de Importação).

Art. 173. Ressalvados os casos previstos nesta Constituição, a exploração direta de atividade econômica pelo Estado só será permitida quando necessária aos imperativos da segurança nacional ou a relevante interesse coletivo, conforme definidos em lei.

▶ OJ da SBDI-I nº 364 do TST.

§ 1º A lei estabelecerá o estatuto jurídico da empresa pública, da sociedade de economia mista e de suas subsidiárias que explorem atividade econômica de produção ou comercialização de bens ou de prestação de serviços, dispondo sobre:

▶ § 1º com a redação dada pela EC nº 19, de 4-6-1998.

I – sua função social e formas de fiscalização pelo Estado e pela sociedade;

II – a sujeição ao regime jurídico próprio das empresas privadas, inclusive quanto aos direitos e obrigações civis, comerciais, trabalhistas e tributários;

▶ OJ da SBDI-I nº 353 do TST.

III – licitação e contratação de obras, serviços, compras e alienações, observados os princípios da administração pública;

▶ Art. 22, XXVII, desta Constituição.

▶ Súm. nº 333 do STJ.

IV – a constituição e o funcionamento dos conselhos de administração e fiscal, com a participação de acionistas minoritários;

V – os mandatos, a avaliação de desempenho e a responsabilidade dos administradores.

▶ Incisos I a V com a redação dada pela EC nº 19, de 4-6-1998.

§ 2º As empresas públicas e as sociedades de economia mista não poderão gozar de privilégios fiscais não extensivos às do setor privado.

§ 3º A lei regulamentará as relações da empresa pública com o Estado e a sociedade.

§ 4º A lei reprimirá o abuso do poder econômico que vise à dominação dos mercados, à eliminação da concorrência e ao aumento arbitrário dos lucros.

▶ Lei nº 8.137, de 27-12-1990 (Lei dos Crimes Contra a Ordem Tributária, Econômica e Contra as Relações de Consumo).

▶ Lei nº 8.176, de 8-2-1991 (Lei dos Crimes Contra a Ordem Econômica).

▶ Lei nº 8.884, de 11-6-1994 (Lei Antitruste).

▶ Lei nº 9.069, de 29-6-1995, dispõe sobre o Plano Real, o Sistema Monetário Nacional, estabelece as regras e condições de emissão do Real e os critérios para conversão das obrigações para o Real.

▶ Lei nº 12.529, de 30-11-2011 (Lei do Sistema Brasileiro de Defesa da Concorrência) publicada no *DOU* de 1º-12-2011, para vigorar 180 dias após a data de sua publicação, quando ficarão revogados os arts. 1º a 85 e 88 a 93 da Lei nº 8.884, de 11-6-1994.

▶ Súm. nº 646 do STF.

§ 5º A lei, sem prejuízo da responsabilidade individual dos dirigentes da pessoa jurídica, estabelecerá a responsabilidade desta, sujeitando-a às punições compatíveis com sua natureza, nos atos praticados contra a ordem econômica e financeira e contra a economia popular.

▶ Lei Delegada nº 4, de 26-9-1962, dispõe sobre a intervenção no domínio econômico para assegurar a livre distribuição de produtos necessários ao consumo do povo.

Art. 174. Como agente normativo e regulador da atividade econômica, o Estado exercerá, na forma da lei, as funções de fiscalização, incentivo e planejamento, sendo este determinante para o setor público e indicativo para o setor privado.

§ 1º A lei estabelecerá as diretrizes e bases do planejamento do desenvolvimento nacional equilibrado, o qual incorporará e compatibilizará os planos nacionais e regionais de desenvolvimento.

§ 2º A lei apoiará e estimulará o cooperativismo e outras formas de associativismo.

▶ Lei nº 5.764, de 16-12-1971 (Lei das Cooperativas).
▶ Lei nº 9.867, de 10-11-1999, dispõe sobre a criação e o funcionamento de Cooperativas Sociais, visando à integração social dos cidadãos.

§ 3º O Estado favorecerá a organização da atividade garimpeira em cooperativas, levando em conta a proteção do meio ambiente e a promoção econômico-social dos garimpeiros.

▶ Dec.-lei nº 227, de 28-2-1967 (Código de Mineração).

§ 4º As cooperativas a que se refere o parágrafo anterior terão prioridade na autorização ou concessão para pesquisa e lavra dos recursos e jazidas de minerais garimpáveis, nas áreas onde estejam atuando, e naquelas fixadas de acordo com o artigo 21, XXV, na forma da lei.

Art. 175. Incumbe ao Poder Público, na forma da lei, diretamente ou sob regime de concessão ou permissão, sempre através de licitação, a prestação de serviços públicos.

▶ Lei nº 8.987, de 13-2-1995 (Lei da Concessão e Permissão da Prestação de Serviços Públicos).
▶ Lei nº 9.074, de 7-7-1995, estabelece normas para outorga e prorrogações das concessões e permissões de serviços públicos.
▶ Lei nº 9.427, de 26-12-1996, institui a Agência Nacional de Energia Elétrica – ANEEL e disciplina o regime das concessões de serviços públicos de energia elétrica.
▶ Lei nº 9.791, de 24-3-1999, dispõe sobre a obrigatoriedade de as concessionárias de serviços públicos estabelecerem ao consumidor e ao usuário datas opcionais para o vencimento de seus débitos.
▶ Dec. nº 2.196, de 8-4-1997, aprova o Regulamento de Serviços Especiais.

Parágrafo único. A lei disporá sobre:

I – o regime das empresas concessionárias e permissionárias de serviços públicos, o caráter especial de seu contrato e de sua prorrogação, bem como as condições de caducidade, fiscalização e rescisão da concessão ou permissão;
II – os direitos dos usuários;
III – política tarifária;

▶ Súm. nº 407 do STJ.

IV – a obrigação de manter serviço adequado.

Art. 176. As jazidas, em lavra ou não, e demais recursos minerais e os potenciais de energia hidráulica constituem propriedade distinta da do solo, para efeito de exploração ou aproveitamento, e pertencem à União, garantida ao concessionário a propriedade do produto da lavra.

§ 1º A pesquisa e a lavra de recursos minerais e o aproveitamento dos potenciais a que se refere o *caput* deste artigo somente poderão ser efetuados mediante autorização ou concessão da União, no interesse nacional, por brasileiros ou empresa constituída sob as leis brasileiras e que tenha sua sede e administração no País, na forma da lei, que estabelecerá as condições específicas quando essas atividades se desenvolverem em faixa de fronteira ou terras indígenas.

▶ § 1º com a redação dada pela EC nº 6, de 15-8-1995.
▶ Art. 246 desta Constituição.
▶ Dec.-lei nº 227, de 28-2-1967 (Código de Mineração).

§ 2º É assegurada participação ao proprietário do solo nos resultados da lavra, na forma e no valor que dispuser a lei.

▶ Lei nº 8.901, de 30-6-1995, regulamenta este parágrafo.
▶ Dec.-lei nº 227, de 28-2-1967 (Código de Mineração).

§ 3º A autorização de pesquisa será sempre por prazo determinado, e as autorizações e concessões previstas neste artigo não poderão ser cedidas ou transferidas, total ou parcialmente, sem prévia anuência do poder concedente.

§ 4º Não dependerá de autorização ou concessão o aproveitamento do potencial de energia renovável de capacidade reduzida.

Art. 177. Constituem monopólio da União:

▶ Lei nº 9.478, de 6-8-1997, dispõe sobre a política energética nacional, as atividades relativas ao monopólio do petróleo, institui o Conselho Nacional de Política Energética e a Agência Nacional do Petróleo – ANP.

I – a pesquisa e a lavra das jazidas de petróleo e gás natural e outros hidrocarbonetos fluidos;

▶ Lei nº 12.304, de 2-8-2010, autoriza o Poder Executivo a criar a empresa pública denominada Empresa Brasileira de Administração de Petróleo e Gás Natural S.A. – Pré-Sal Petróleo S.A. (PPSA).

II – a refinação do petróleo nacional ou estrangeiro;

▶ Art. 45 do ADCT.

III – a importação e exportação dos produtos e derivados básicos resultantes das atividades previstas nos incisos anteriores;

▶ Lei nº 11.909, de 4-3-2009, dispõe sobre as atividades relativas a importação, exportação, transporte por meio de condutos, tratamento, processamento, estocagem, liquefação, regaseificação e comercialização de gás natural.

IV – o transporte marítimo do petróleo bruto de origem nacional ou de derivados básicos de petróleo produzidos no País, bem assim o transporte, por meio de conduto, de petróleo bruto, seus derivados e gás natural de qualquer origem;

▶ Lei nº 11.909, de 4-3-2009, dispõe sobre as atividades relativas a importação, exportação, transporte por meio de condutos, tratamento, processamento, estocagem, liquefação, regaseificação e comercialização de gás natural.

V – a pesquisa, a lavra, o enriquecimento, o reprocessamento, a industrialização e o comércio de minérios e minerais nucleares e seus derivados, com exceção dos radioisótopos cuja produção, comercialização e utilização poderão ser autorizadas sob regime de permissão, conforme as alíneas b e c do inciso XXIII do *caput* do art. 21 desta Constituição Federal.

▶ Inciso V com a redação dada pela EC nº 49, de 8-2-2006.

§ 1º A União poderá contratar com empresas estatais ou privadas a realização das atividades previstas nos incisos I a IV deste artigo, observadas as condições estabelecidas em Lei.

▶ § 1º com a redação dada pela EC nº 9, de 9-11-1995.
▶ Lei nº 12.304, de 2-8-2010, autoriza o Poder Executivo a criar a empresa pública denominada Empresa Brasileira de Administração de Petróleo e Gás Natural S.A. – Pré-Sal Petróleo S.A. (PPSA).

§ 2º A lei a que se refere o § 1º disporá sobre:

▶ Lei nº 9.478, de 6-8-1997, dispõe sobre a Política Energética Nacional, as atividades relativas ao monopólio do petróleo, institui o Conselho Nacional de Política Energética e a Agência Nacional de Petróleo – ANP.
▶ Lei nº 9.847, de 26-10-1999, dispõe sobre a fiscalização das atividades relativas ao abastecimento nacional de combustíveis de que trata a Lei nº 9.478, de 6-8-1997, e estabelece sanções administrativas.

I – a garantia do fornecimento dos derivados de petróleo em todo o Território Nacional;
II – as condições de contratação;
III – a estrutura e atribuições do órgão regulador do monopólio da União.

▶ § 2º acrescido pela EC nº 9, de 9-11-1995.
▶ Lei nº 9.478, de 6-8-1997, dispõe sobre a política energética nacional, as atividades relativas ao monopólio do petróleo, que institui o Conselho Nacional de Política Energética e a Agência Nacional de Petróleo – ANP.

§ 3º A lei disporá sobre transporte e a utilização de materiais radioativos no Território Nacional.

▶ Antigo § 2º transformado em § 3º pela EC nº 9, de 9-11-1995.
▶ Art. 3º da EC nº 9, de 9-11-1995.

§ 4º A lei que instituir contribuição de intervenção no domínio econômico relativa às atividades de importação ou comercialização de petróleo e seus derivados, gás natural e seus derivados e álcool combustível deverá atender aos seguintes requisitos:

I – a alíquota da contribuição poderá ser:

a) diferenciada por produto ou uso;
b) reduzida e restabelecida por ato do Poder Executivo, não se lhe aplicando o disposto no artigo 150, III, b;

II – os recursos arrecadados serão destinados:

a) ao pagamento de subsídios a preços ou transporte de álcool combustível, gás natural e seus derivados e derivados de petróleo;

▶ Lei nº 10.453, de 13-5-2002, dispõe sobre subvenções ao preço e ao transporte do álcool combustível e subsídios ao preço do gás liquefeito de petróleo – GLP.

b) ao financiamento de projetos ambientais relacionados com a indústria do petróleo e do gás;
c) ao financiamento de programas de infraestrutura de transportes.

▶ § 4º acrescido pela EC nº 33, de 11-12-2001.
▶ O STF, por maioria de votos, julgou parcialmente procedente a ADIN nº 2.925-8, para dar interpretação conforme a CF, no sentido de que a abertura de crédito suplementar deve ser destinada às três finalidades enumeradas nas alíneas a a c, deste inciso (DJ de 4-3-2005).

▶ Lei nº 10.336, de 19-12-2001, institui Contribuição de Intervenção no Domínio Econômico incidente sobre a importação e a comercialização de petróleo e seus derivados, gás natural e seus derivados, e álcool etílico combustível – CIDE.
▶ Art. 1º da Lei nº 10.453, de 13-5-2002, que dispõe sobre subvenções ao preço e ao transporte do álcool combustível e subsídios ao preço do gás liquefeito de petróleo – GLP.

Art. 178. A lei disporá sobre a ordenação dos transportes aéreo, aquático e terrestre, devendo, quanto à ordenação do transporte internacional, observar os acordos firmados pela União, atendido o princípio da reciprocidade.

▶ Art. 246 desta Constituição.
▶ Lei nº 7.565, de 19-15-1986, dispõe sobre o Código Brasileiro de Aeronáutica.
▶ Lei nº 11.442, de 5-1-2007, dispõe sobre o transporte rodoviário de cargas por conta de terceiros e mediante remuneração.
▶ Dec.-lei nº 116, de 25-1-1967, dispõe sobre as operações inerentes ao transporte de mercadorias por via d'água nos portos brasileiros, delimitando suas responsabilidades e tratando das faltas e avarias.

Parágrafo único. Na ordenação do transporte aquático, a lei estabelecerá as condições em que o transporte de mercadorias na cabotagem e a navegação interior poderão ser feitos por embarcações estrangeiras.

▶ Art. 178 com a redação dada pela EC nº 7, de 15-8-1995.
▶ Art. 246 desta Constituição.
▶ Lei nº 10.233, de 5-6-2001, dispõe sobre a reestruturação dos transportes aquaviário e terrestre, cria o Conselho Nacional de Integração de Políticas de Transporte, a Agência Nacional de Transportes Terrestres, a Agência Nacional de Transportes Aquaviários e o Departamento Nacional de Infraestrutura de Transportes.
▶ Dec. nº 4.130, de 13-2-2002, aprova o Regulamento e o Quadro Demonstrativo dos Cargos Comissionados e dos Cargos Comissionados Técnicos da Agência Nacional de Transporte Terrestre – ANTT.
▶ Dec. nº 4.244, de 22-5-2002, dispõe sobre o transporte aéreo, no País, de autoridades em aeronave do comando da aeronáutica.

Art. 179. A União, os Estados, o Distrito Federal e os Municípios dispensarão às microempresas e às empresas de pequeno porte, assim definidas em lei, tratamento jurídico diferenciado, visando a incentivá-las pela simplificação de suas obrigações administrativas, tributárias, previdenciárias e creditícias, ou pela eliminação ou redução destas por meio de lei.

▶ Art. 47, § 1º, do ADCT.
▶ LC nº 123, de 14-12-2006 (Estatuto Nacional da Microempresa e da Empresa de Pequeno Porte).

Art. 180. A União, os Estados, o Distrito Federal e os Municípios promoverão e incentivarão o turismo como fator de desenvolvimento social e econômico.

Art. 181. O atendimento de requisição de documento ou informação de natureza comercial, feita por autoridade administrativa ou judiciária estrangeira, a pessoa física ou jurídica residente ou domiciliada no País dependerá de autorização do Poder competente.

CAPÍTULO II

DA POLÍTICA URBANA

▶ Lei nº 10.257, de 10-7-2001 (Estatuto da Cidade).

Art. 182. A política de desenvolvimento urbano, executada pelo Poder Público municipal, conforme diretrizes gerais fixadas em lei, tem por objetivo ordenar o pleno desenvolvimento das funções sociais da cidade e garantir o bem-estar de seus habitantes.

▶ Lei nº 10.257, de 10-7-2001 (Estatuto da Cidade), regulamenta este artigo.

§ 1º O plano diretor, aprovado pela Câmara Municipal, obrigatório para cidades com mais de vinte mil habitantes, é o instrumento básico da política de desenvolvimento e de expansão urbana.

§ 2º A propriedade urbana cumpre sua função social quando atende às exigências fundamentais de ordenação da cidade expressas no plano diretor.

▶ Art. 186 desta Constituição.
▶ Súm. nº 668 do STF.

§ 3º As desapropriações de imóveis urbanos serão feitas com prévia e justa indenização em dinheiro.

▶ Art. 46 da LC nº 101, de 4-5-2000 (Lei da Responsabilidade Fiscal).
▶ Dec.-lei nº 3.365, de 21-6-1941 (Lei das Desapropriações).
▶ Súmulas nºs 113 e 114 do STJ.

§ 4º É facultado ao Poder Público municipal, mediante lei específica para área incluída no plano diretor, exigir, nos termos da lei federal, do proprietário do solo urbano não edificado, subutilizado ou não utilizado, que promova seu adequado aproveitamento, sob pena, sucessivamente, de:

I – parcelamento ou edificação compulsórios;
II – imposto sobre a propriedade predial e territorial urbana progressivo no tempo;

▶ Art. 156, § 1º, desta Constituição.
▶ Súm. nº 668 do STF.

III – desapropriação com pagamento mediante títulos da dívida pública de emissão previamente aprovada pelo Senado Federal, com prazo de resgate de até dez anos, em parcelas anuais, iguais e sucessivas, assegurados o valor real da indenização e os juros legais.

▶ Lei nº 10.257, de 10-7-2001 (Estatuto da Cidade).
▶ Dec.-lei nº 3.365, de 21-6-1941 (Lei das Desapropriações).

Art. 183. Aquele que possuir como sua área urbana de até duzentos e cinquenta metros quadrados, por cinco anos, ininterruptamente e sem oposição, utilizando-a para sua moradia ou de sua família, adquirir-lhe-á o domínio, desde que não seja proprietário de outro imóvel urbano ou rural.

▶ Arts. 1.238 e 1.240 do CC.
▶ Lei nº 10.257, de 10-7-2001 (Estatuto da Cidade), regulamenta este artigo.

§ 1º O título de domínio e a concessão de uso serão conferidos ao homem ou à mulher, ou a ambos, independentemente do estado civil.

▶ MP nº 2.220, de 4-9-2001, que até o encerramento desta edição não havia sido convertida em Lei, dispõe sobre a concessão de uso especial de que trata este parágrafo.

§ 2º Esse direito não será reconhecido ao mesmo possuidor mais de uma vez.

§ 3º Os imóveis públicos não serão adquiridos por usucapião.

▶ Lei nº 10.257, de 10-7-2001 (Estatuto da Cidade), regulamenta este artigo.

Capítulo III
DA POLÍTICA AGRÍCOLA E FUNDIÁRIA E DA REFORMA AGRÁRIA

▶ LC nº 93, de 4-2-1998, cria o Fundo de Terras e da Reforma Agrária – Banco da Terra, e seu Dec. regulamentador nº 2.622, de 9-6-1998.
▶ Lei nº 4.504, de 30-11-1964 (Estatuto da Terra).
▶ Lei nº 8.174, de 30-1-1991, dispõe sobre princípios de política agrícola, estabelecendo atribuições ao Conselho Nacional de Política Agrícola – CNPA, tributação compensatória de produtos agrícolas, amparo ao pequeno produtor e regras de fixação e liberação dos estoques públicos.
▶ Lei nº 8.629, de 25-2-1993, regulamenta os dispositivos constitucionais relativos à reforma agrária.
▶ Lei nº 9.126, de 10-11-1995, dispõe sobre a concessão de subvenção econômica nas operações de crédito rural.
▶ Lei nº 9.138, de 29-11-1995, dispõe sobre o crédito rural.
▶ Lei nº 9.393, de 19-12-1996, dispõe sobre o ITR.

Art. 184. Compete à União desapropriar por interesse social, para fins de reforma agrária, o imóvel rural que não esteja cumprindo sua função social, mediante prévia e justa indenização em títulos da dívida pública, com cláusula de preservação do valor real, resgatáveis no prazo de até vinte anos, a partir do segundo ano de sua emissão, e cuja utilização será definida em lei.

▶ Lei nº 8.629, de 25-2-1993, regula os dispositivos constitucionais relativos à reforma agrária.

§ 1º As benfeitorias úteis e necessárias serão indenizadas em dinheiro.

§ 2º O decreto que declarar o imóvel como de interesse social, para fins de reforma agrária, autoriza a União a propor a ação de desapropriação.

§ 3º Cabe à lei complementar estabelecer procedimento contraditório especial, de rito sumário, para o processo judicial de desapropriação.

▶ LC nº 76, de 6-7-1993 (Lei de Desapropriação de Imóvel Rural para fins de Reforma Agrária).

§ 4º O orçamento fixará anualmente o volume total de títulos da dívida agrária, assim como o montante de recursos para atender ao programa de reforma agrária no exercício.

§ 5º São isentas de impostos federais, estaduais e municipais as operações de transferência de imóveis desapropriados para fins de reforma agrária.

Art. 185. São insuscetíveis de desapropriação para fins de reforma agrária:

▶ Lei nº 8.629, de 25-2-1993, regula os dispositivos constitucionais relativos à reforma agrária.

I – a pequena e média propriedade rural, assim definida em lei, desde que seu proprietário não possua outra;
II – a propriedade produtiva.

Parágrafo único. A lei garantirá tratamento especial à propriedade produtiva e fixará normas para o cumprimento dos requisitos relativos à sua função social.

Art. 186. A função social é cumprida quando a propriedade rural atende, simultaneamente, segundo critérios e graus de exigência estabelecidos em lei, aos seguintes requisitos:

▶ Lei nº 8.629, de 25-2-1993, regula os dispositivos constitucionais relativos à reforma agrária.

I – aproveitamento racional e adequado;
II – utilização adequada dos recursos naturais disponíveis e preservação do meio ambiente;

▶ Res. do CONAMA nº 369, de 28-3-2006, dispõe sobre os casos excepcionais, de utilidade pública, interesse social ou baixo impacto ambiental, que possibilitam a intervenção ou supressão de vegetação em Área de Preservação Permanente – APP.

III – observância das disposições que regulam as relações de trabalho;
IV – exploração que favoreça o bem-estar dos proprietários e dos trabalhadores.

Art. 187. A política agrícola será planejada e executada na forma da lei, com a participação efetiva do setor de produção, envolvendo produtores e trabalhadores rurais, bem como dos setores de comercialização, de armazenamento e de transportes, levando em conta, especialmente:

▶ Lei nº 8.171, de 17-1-1991 (Lei da Política Agrícola).
▶ Lei nº 8.174, de 30-1-1991, dispõe sobre princípios de política agrícola, estabelecendo atribuições ao Conselho Nacional de Política Agrícola – CNPA, tributação compensatória de produtos agrícolas, amparo ao pequeno produtor e regras de fixação e liberação dos estoques públicos.
▶ Súm. nº 298 do STJ.

I – os instrumentos creditícios e fiscais;
II – os preços compatíveis com os custos de produção e a garantia de comercialização;
III – o incentivo à pesquisa e à tecnologia;
IV – a assistência técnica e extensão rural;
V – o seguro agrícola;
VI – o cooperativismo;
VII – a eletrificação rural e irrigação;
VIII – a habitação para o trabalhador rural.

§ 1º Incluem-se no planejamento agrícola as atividades agroindustriais, agropecuárias, pesqueiras e florestais.

§ 2º Serão compatibilizadas as ações de política agrícola e de reforma agrária.

Art. 188. A destinação de terras públicas e devolutas será compatibilizada com a política agrícola e com o plano nacional de reforma agrária.

§ 1º A alienação ou a concessão, a qualquer título, de terras públicas com área superior a dois mil e quinhentos hectares a pessoa física ou jurídica, ainda que por interposta pessoa, dependerá de prévia aprovação do Congresso Nacional.

§ 2º Excetuam-se do disposto no parágrafo anterior as alienações ou as concessões de terras públicas para fins de reforma agrária.

Art. 189. Os beneficiários da distribuição de imóveis rurais pela reforma agrária receberão títulos de domínio ou de concessão de uso, inegociáveis, pelo prazo de dez anos.

▶ Lei nº 8.629, de 25-2-1993, regula os dispositivos constitucionais relativos à reforma agrária.
▶ Art. 6º, II, da Lei nº 11.284, de 2-3-2006 (Lei de Gestão de Florestas Públicas).

Parágrafo único. O título de domínio e a concessão de uso serão conferidos ao homem ou à mulher, ou a ambos, independentemente do estado civil, nos termos e condições previstos em lei.

Art. 190. A lei regulará e limitará a aquisição ou o arrendamento de propriedade rural por pessoa física ou jurídica estrangeira e estabelecerá os casos que dependerão de autorização do Congresso Nacional.

▶ Lei nº 5.709, de 7-10-1971, regula a aquisição de imóveis rurais por estrangeiro residente no País ou pessoa jurídica estrangeira autorizada a funcionar no Brasil.
▶ Lei nº 8.629, de 25-2-1993, regula os dispositivos constitucionais relativos à reforma agrária.

Art. 191. Aquele que, não sendo proprietário de imóvel rural ou urbano, possua como seu, por cinco anos ininterruptos, sem oposição, área de terra, em zona rural, não superior a cinquenta hectares, tornando-a produtiva por seu trabalho ou de sua família, tendo nela sua moradia, adquirir-lhe-á a propriedade.

▶ Art. 1.239 do CC.
▶ Lei nº 6.969, de 10-12-1981 (Lei do Usucapião Especial).

Parágrafo único. Os imóveis públicos não serão adquiridos por usucapião.

Capítulo IV
DO SISTEMA FINANCEIRO NACIONAL

Art. 192. O sistema financeiro nacional, estruturado de forma a promover o desenvolvimento equilibrado do País e a servir aos interesses da coletividade, em todas as partes que o compõem, abrangendo as cooperativas de crédito, será regulado por leis complementares que disporão, inclusive, sobre a participação do capital estrangeiro nas instituições que o integram.

▶ *Caput* com a redação dada pela EC nº 40, de 29-5-2003.

I a VIII – *Revogados*. EC nº 40, de 29-5-2003.

§§ 1º a 3º *Revogados*. EC nº 40, de 29-5-2003.

TÍTULO VIII – DA ORDEM SOCIAL

Capítulo I

DISPOSIÇÃO GERAL

Art. 193. A ordem social tem como base o primado do trabalho, e como objetivo o bem-estar e a justiça sociais.

Capítulo II

DA SEGURIDADE SOCIAL

▶ Lei nº 8.212, de 24-7-1991 (Lei Orgânica da Seguridade Social).
▶ Lei nº 8.213, de 24-7-1991 (Lei dos Planos de Benefícios da Previdência Social).
▶ Lei nº 8.742, de 7-12-1993 (Lei Orgânica da Assistência Social).
▶ Dec. nº 3.048, de 6-5-1999 (Regulamento da Previdência Social).

Constituição Federal – Arts. 194 e 195

Seção I
DISPOSIÇÕES GERAIS

Art. 194. A seguridade social compreende um conjunto integrado de ações de iniciativa dos Poderes Públicos e da sociedade, destinadas a assegurar os direitos relativos à saúde, à previdência e à assistência social.

▶ Lei nº 8.212, de 24-7-1991 (Lei Orgânica da Seguridade Social).
▶ Lei nº 8.213, de 24-7-1991 (Lei dos Planos de Benefícios da Previdência Social).

Parágrafo único. Compete ao Poder Público, nos termos da lei, organizar a seguridade social, com base nos seguintes objetivos:

I – universalidade da cobertura e do atendimento;
II – uniformidade e equivalência dos benefícios e serviços às populações urbanas e rurais;
III – seletividade e distributividade na prestação dos benefícios e serviços;
IV – irredutibilidade do valor dos benefícios;
V – equidade na forma de participação no custeio;
VI – diversidade da base de financiamento;
VII – caráter democrático e descentralizado da administração, mediante gestão quadripartite, com participação dos trabalhadores, dos empregadores, dos aposentados e do Governo nos órgãos colegiados.

▶ Inciso VII com a redação dada pela EC nº 20, de 15-12-1998.

Art. 195. A seguridade social será financiada por toda a sociedade, de forma direta e indireta, nos termos da lei, mediante recursos provenientes dos orçamentos da União, dos Estados, do Distrito Federal e dos Municípios, e das seguintes contribuições sociais:

▶ Art. 12 da EC nº 20, de 15-12-1998 (Reforma Previdenciária).
▶ LC nº 70, de 30-12-1991, institui contribuição para financiamento da Seguridade Social, eleva a alíquota da contribuição social sobre o lucro das instituições financeiras.
▶ Lei nº 7.689, de 15-12-1988 (Lei da Contribuição Social Sobre o Lucro das Pessoas Jurídicas).
▶ Lei nº 7.894, de 24-11-1989, dispõe sobre as contribuições para o Finsocial e PIS/PASEP.
▶ Lei nº 9.363, de 13-12-1996, dispõe sobre a instituição de crédito presumido do Imposto sobre Produtos Industrializados, para ressarcimento do valor do PIS/PASEP e COFINS nos casos que especifica.
▶ Lei nº 9.477, de 24-7-1997, institui o Fundo de Aposentadoria Programada Individual – FAPI e o plano de incentivo à aposentadoria programada individual.
▶ Súmulas nºs 658, 659 e 688 do STF.
▶ Súm. nº 423 do STJ.

I – do empregador, da empresa e da entidade a ela equiparada na forma da lei, incidentes sobre:

▶ Súm. nº 688 do STF.

a) a folha de salários e demais rendimentos do trabalho pagos ou creditados, a qualquer título, à pessoa física que lhe preste serviço, mesmo sem vínculo empregatício;

▶ Art. 114, VIII, desta Constituição.

b) a receita ou o faturamento;
c) o lucro;

▶ Alíneas a a c acrescidas pela EC nº 20, de 15-12-1998.

▶ Art. 195, § 9º, desta Constituição.
▶ LC nº 70, de 30-12-1991, institui contribuição para o funcionamento da Seguridade Social e eleva alíquota da contribuição social sobre o lucro das instituições financeiras.

II – do trabalhador e dos demais segurados da previdência social, não incidindo contribuição sobre aposentadoria e pensão concedidas pelo regime geral de previdência social de que trata o artigo 201;

▶ Incisos I e II com a redação dada pela EC nº 20, de 15-12-1998.
▶ Arts. 114, VIII, e 167, IX, desta Constituição.
▶ Lei nº 9.477, de 24-7-1997, institui o Fundo de Aposentadoria Programada Individual – FAPI e o Plano de Incentivo à Aposentadoria Programada Individual.

III – sobre a receita de concursos de prognósticos;

▶ Art. 4º da Lei nº 7.856, de 24-10-1989, que dispõe sobre a destinação da renda de concursos de prognósticos.

IV – do importador de bens ou serviços do exterior, ou de quem a lei a ele equiparar.

▶ Inciso IV acrescido pela EC nº 42, de 19-12-2003.
▶ Lei nº 10.865, de 30-4-2004, dispõe sobre o PIS/PASEP-Importação e a COFINS-Importação.

§ 1º As receitas dos Estados, do Distrito Federal e dos Municípios destinadas à seguridade social constarão dos respectivos orçamentos, não integrando o orçamento da União.

§ 2º A proposta de orçamento da seguridade social será elaborada de forma integrada pelos órgãos responsáveis pela saúde, previdência social e assistência social, tendo em vista as metas e prioridades estabelecidas na lei de diretrizes orçamentárias, assegurada a cada área a gestão de seus recursos.

§ 3º A pessoa jurídica em débito com o sistema da seguridade social, como estabelecido em lei, não poderá contratar com o Poder Público nem dele receber benefícios ou incentivos fiscais ou creditícios.

▶ Lei nº 8.212, de 24-7-1991 (Lei Orgânica da Seguridade Social).

§ 4º A lei poderá instituir outras fontes destinadas a garantir a manutenção ou expansão da seguridade social, obedecido o disposto no artigo 154, I.

▶ Lei nº 9.876, de 26-11-1999, dispõe sobre a contribuição previdenciária do contribuinte individual e o cálculo do benefício.

§ 5º Nenhum benefício ou serviço da seguridade social poderá ser criado, majorado ou estendido sem a correspondente fonte de custeio total.

▶ Art. 24 da LC nº 101, de 4-5-2000 (Lei da Responsabilidade Fiscal).

§ 6º As contribuições sociais de que trata este artigo só poderão ser exigidas após decorridos noventa dias da data da publicação da lei que as houver instituído ou modificado, não se lhes aplicando o disposto no artigo 150, III, b.

▶ Art. 74, § 4º, do ADCT.
▶ Súm. nº 669 do STF.

§ 7º São isentas de contribuição para a seguridade social as entidades beneficentes de assistência social que atendam às exigências estabelecidas em lei.
▶ Súm. nº 659 do STF.
▶ Súm. nº 352 do STJ.

§ 8º O produtor, o parceiro, o meeiro e o arrendatário rurais e o pescador artesanal, bem como os respectivos cônjuges, que exerçam suas atividades em regime de economia familiar, sem empregados permanentes, contribuirão para a seguridade social mediante a aplicação de uma alíquota sobre o resultado da comercialização da produção e farão jus aos benefícios nos termos da lei.
▶ § 8º com a redação dada pela EC nº 20, de 15-12-1998.
▶ Súm. nº 272 do STJ.

§ 9º As contribuições sociais previstas no inciso I do *caput* deste artigo poderão ter alíquotas ou bases de cálculo diferenciadas, em razão da atividade econômica, da utilização intensiva de mão de obra, do porte da empresa ou da condição estrutural do mercado de trabalho.
▶ § 9º com a redação dada pela EC nº 47, de 5-7-2005, para vigorar a partir da data de sua publicação, produzindo efeitos retroativos a partir da data de vigência da EC nº 41, de 19-12-2003 (*DOU de* 31-12-2003).

§ 10. A lei definirá os critérios de transferência de recursos para o sistema único de saúde e ações de assistência social da União para os Estados, o Distrito Federal e os Municípios, e dos Estados para os Municípios, observada a respectiva contrapartida de recursos.

§ 11. É vedada a concessão de remissão ou anistia das contribuições sociais de que tratam os incisos I, *a*, e II deste artigo, para débitos em montante superior ao fixado em lei complementar.
▶ §§ 10 e 11 acrescidos pela EC nº 20, de 15-12-1998.

§ 12. A lei definirá os setores de atividade econômica para os quais as contribuições incidentes na forma dos incisos I, *b*; e IV do *caput*, serão não cumulativas.

§ 13. Aplica-se o disposto no § 12 inclusive na hipótese de substituição gradual, total ou parcial, da contribuição incidente na forma do inciso I, *a*, pela incidente sobre a receita ou o faturamento.
▶ §§ 12 e 13 acrescidos pela EC nº 42, de 19-12-2003.

SEÇÃO II

DA SAÚDE

▶ Lei nº 8.147, de 28-12-1990, dispõe sobre a alíquota do Finsocial.
▶ Lei nº 9.790, de 23-3-1999, dispõe sobre a qualificação de pessoas jurídicas de direito privado, sem fins lucrativos, como organizações da sociedade civil de interesse público e institui e disciplina o termo de parceria.
▶ Lei nº 9.961, de 28-1-2000, cria a Agência Nacional de Saúde Suplementar – ANS, regulamentada pelo Dec. nº 3.327, de 5-1-2000.
▶ Lei nº 10.216, de 6-4-2001, dispõe sobre a proteção e os direitos das pessoas portadoras de transtornos mentais e redireciona o modelo assistencial em saúde mental.
▶ Dec. nº 3.964, de 10-10-2001, dispõe sobre o Fundo Nacional de Saúde.

Art. 196. A saúde é direito de todos e dever do Estado, garantido mediante políticas sociais e econômicas que visem à redução do risco de doença e de outros agravos e ao acesso universal e igualitário às ações e serviços para sua promoção, proteção e recuperação.
▶ Lei nº 9.273, de 3-5-1996, torna obrigatória a inclusão de dispositivo de segurança que impeça a reutilização das seringas descartáveis.
▶ Lei nº 9.313, de 13-11-1996, dispõe sobre a distribuição gratuita de medicamentos aos portadores do HIV e doentes de AIDS.
▶ Lei nº 9.797, de 5-6-1999, Dispõe sobre a obrigatoriedade da cirurgia plástica reparadora da mama pela rede de unidades integrantes do Sistema Único de Saúde – SUS nos casos de mutilação decorrentes de tratamento de câncer.

Art. 197. São de relevância pública as ações e serviços de saúde, cabendo ao Poder Público dispor, nos termos da lei, sobre sua regulamentação, fiscalização e controle, devendo sua execução ser feita diretamente ou através de terceiros e, também, por pessoa física ou jurídica de direito privado.
▶ Lei nº 8.080, de 19-9-1990, dispõe sobre as condições para a promoção, proteção e recuperação da saúde, a organização e o funcionamento dos serviços correspondentes.
▶ Lei nº 9.273, de 3-5-1996, torna obrigatória a inclusão de dispositivo de segurança que impeça a reutilização das seringas descartáveis.

Art. 198. As ações e serviços públicos de saúde integram uma rede regionalizada e hierarquizada e constituem um sistema único, organizado de acordo com as seguintes diretrizes:

I – descentralização, com direção única em cada esfera de governo;
▶ Lei nº 8.080, de 19-9-1990, dispõe sobre as condições para a promoção, proteção e recuperação da saúde, a organização e o funcionamento dos serviços correspondentes.

II – atendimento integral, com prioridade para as atividades preventivas, sem prejuízo dos serviços assistenciais;
III – participação da comunidade.

§ 1º O sistema único de saúde será financiado, nos termos do artigo 195, com recursos do orçamento da seguridade social, da União, dos Estados, do Distrito Federal e dos Municípios, além de outras fontes.
▶ Parágrafo único transformado em § 1º pela EC nº 29, de 13-9-2000.

§ 2º União, os Estados, o Distrito Federal e os Municípios aplicarão, anualmente, em ações e serviços públicos de saúde recursos mínimos derivados da aplicação de percentuais calculados sobre:
▶ Art. 167, IV, desta Constituição.

I – no caso da União, na forma definida nos termos da lei complementar prevista no § 3º;
II – no caso dos Estados e do Distrito Federal, o produto da arrecadação dos impostos a que se refere o artigo 155 e dos recursos de que tratam os artigos 157 e 159, inciso I, alínea *a* e inciso II, deduzidas as parcelas que forem transferidas aos respectivos Municípios;
III – no caso dos Municípios e do Distrito Federal, o produto da arrecadação dos impostos a que se refere o artigo 156 e dos recursos de que tratam os artigos 158 e 159, inciso I, alínea *b* e § 3º.

§ 3º Lei complementar, que será reavaliada pelo menos a cada cinco anos, estabelecerá:

I – os percentuais de que trata o § 2º;
II – os critérios de rateio dos recursos da União vinculados à saúde destinados aos Estados, ao Distrito Federal e aos Municípios, e dos Estados destinados a seus respectivos Municípios, objetivando a progressiva redução das disparidades regionais;
III – as normas de fiscalização, avaliação e controle das despesas com saúde nas esferas federal, estadual, distrital e municipal;
IV – as normas de cálculo do montante a ser aplicado pela União.

▶ §§ 2º e 3º acrescidos pela EC nº 29, de 13-9-2000.

§ 4º Os gestores locais do sistema único de saúde poderão admitir agentes comunitários de saúde e agentes de combate às endemias por meio de processo seletivo público, de acordo com a natureza e complexidade de suas atribuições e requisitos específicos para sua atuação.

▶ § 4º acrescido pela EC nº 51, de 14-2-2006.
▶ Art. 2º da EC nº 51, de 14-2-2006, que dispõe sobre a contratação dos agentes comunitários de saúde e de combate às endemias.

§ 5º Lei federal disporá sobre o regime jurídico, o piso salarial profissional nacional, as diretrizes para os Planos de Carreira e a regulamentação das atividades de agente comunitário de saúde e agente de combate às endemias, competindo à União, nos termos da lei, prestar assistência financeira complementar aos Estados, ao Distrito Federal e aos Municípios, para o cumprimento do referido piso salarial.

▶ § 5º com a redação dada pela EC nº 63, de 4-2-2010.
▶ Lei nº 11.350, de 5-10-2006, regulamenta este parágrafo.

§ 6º Além das hipóteses previstas no § 1º do art. 41 e no § 4º do art. 169 da Constituição Federal, o servidor que exerça funções equivalentes às de agente comunitário de saúde ou de agente de combate às endemias poderá perder o cargo em caso de descumprimento dos requisitos específicos, fixados em lei, para o seu exercício.

▶ § 6º acrescido pela EC nº 51, de 14-2-2006.

Art. 199. A assistência à saúde é livre à iniciativa privada.

▶ Lei nº 9.656, de 3-6-1998 (Lei dos Planos e Seguros Privados de Saúde).

§ 1º As instituições privadas poderão participar de forma complementar do sistema único de saúde, segundo diretrizes deste, mediante contrato de direito público ou convênio, tendo preferência as entidades filantrópicas e as sem fins lucrativos.

§ 2º É vedada a destinação de recursos públicos para auxílios ou subvenções às instituições privadas com fins lucrativos.

§ 3º É vedada a participação direta ou indireta de empresas ou capitais estrangeiros na assistência à saúde no País, salvo nos casos previstos em lei.

▶ Lei nº 8.080, de 19-9-1990, dispõe sobre as condições para a promoção, proteção e recuperação da saúde, a organização e o funcionamento dos serviços correspondentes.

§ 4º A lei disporá sobre as condições e os requisitos que facilitem a remoção de órgãos, tecidos e substâncias humanas para fins de transplante, pesquisa e tratamento, bem como a coleta, processamento e transfusão de sangue e seus derivados, sendo vedado todo tipo de comercialização.

▶ Lei nº 8.501, de 30-11-1992, dispõe sobre a utilização de cadáver não reclamado, para fins de estudos ou pesquisas científicas.
▶ Lei nº 9.434, de 4-2-1997 (Lei de Remoção de Órgãos e Tecidos), regulamentada pelo Dec. nº 2.268, de 30-6-1997.
▶ Lei nº 10.205, de 21-3-2001, regulamenta este parágrafo, relativo à coleta, processamento, estocagem, distribuição e aplicação do sangue, seus componentes e derivados.
▶ Lei nº 10.972, de 2-12-2004, autoriza o Poder Executivo a criar uma empresa pública denominada Empresa Brasileira de Hemoderivados e Biotecnologia – HEMOBRÁS.
▶ Dec. nº 5.402, de 28-5-2005, aprova o Estatuto da Empresa Brasileira de Hemoderivados e Biotecnologia – HEMOBRÁS.

Art. 200. Ao sistema único de saúde compete, além de outras atribuições, nos termos da lei:

▶ Lei nº 8.080, de 19-9-1990, dispõe sobre as condições para a promoção, proteção e recuperação da saúde e a organização e o funcionamento dos serviços correspondentes.
▶ Lei nº 8.142, de 28-12-1990, dispõe sobre a participação da comunidade na gestão do Sistema Único de Saúde – SUS e sobre as transferências intergovernamentais de recursos financeiros na área da saúde.

I – controlar e fiscalizar procedimentos, produtos e substâncias de interesse para a saúde e participar da produção de medicamentos, equipamentos, imunobiológicos, hemoderivados e outros insumos;

▶ Lei nº 9.431, de 6-1-1997, dispõe sobre a obrigatoriedade da manutenção de programa de controle de infecções hospitalares pelos hospitais do País.
▶ Lei nº 9.677, de 2-7-1998, dispõe sobre a obrigatoriedade da cirurgia plástica reparadora da mama pela rede de unidades integrantes do Sistema Único de Saúde – SUS, nos casos de mutilação decorrente do tratamento de câncer.
▶ Lei nº 9.695, de 20-8-1998, incluíram na classificação dos delitos considerados hediondos determinados crimes contra a saúde pública.

II – executar as ações de vigilância sanitária e epidemiológica, bem como as de saúde do trabalhador;
III – ordenar a formação de recursos humanos na área de saúde;
IV – participar da formulação da política e da execução das ações de saneamento básico;
V – incrementar em sua área de atuação o desenvolvimento científico e tecnológico;
VI – fiscalizar e inspecionar alimentos, compreendido o controle de seu teor nutricional, bem como bebidas e águas para consumo humano;
VII – participar do controle e fiscalização da produção, transporte, guarda e utilização de substâncias e produtos psicoativos, tóxicos e radioativos;

▶ Lei nº 7.802, de 11-7-1989, dispõe sobre a pesquisa, a experimentação, a produção, a embalagem e rotulagem, o transporte, o armazenamento, a comercialização, a propaganda comercial, a utilização, a importação, a exportação, o destino final dos resíduos e embalagens, o registro, a classificação, o controle, a inspeção e a fiscalização, de agrotóxicos, seus componentes, e afins.

VIII – colaborar na proteção do meio ambiente, nele compreendido o do trabalho.

Seção III

DA PREVIDÊNCIA SOCIAL

▶ Lei nº 8.147, de 28-12-1990, dispõe sobre a alíquota do Finsocial.
▶ Lei nº 8.213, de 24-7-1991 (Lei dos Planos de Benefícios da Previdência Social).
▶ Lei nº 9.796, de 5-5-1999, dispõe sobre a compensação financeira entre o Regime Geral de Previdência Social e os Regimes de previdência dos servidores da União, dos Estados, do Distrito Federal e dos Municípios, nos casos de contagem recíproca de tempo de contribuição para efeito de aposentadoria.
▶ Dec. nº 3.048, de 6-5-1999 (Regulamento da Previdência Social).

Art. 201. A previdência social será organizada sob a forma de regime geral, de caráter contributivo e de filiação obrigatória, observados critérios que preservem o equilíbrio financeiro e atuarial, e atenderá, nos termos da lei, a:

▶ *Caput* com a redação dada pela EC nº 20, de 15-12-1998.
▶ Arts. 40, 167, XI e 195, II, desta Constituição.
▶ Art. 14 da EC nº 20, de 15-12-1998 (Reforma Previdenciária).
▶ Arts. 4º, parágrafo único, I e II, e 5º, da EC nº 41, de 19-12-2003.
▶ Lei nº 8.212, de 24-7-1991 (Lei Orgânica da Seguridade Social).
▶ Lei nº 8.213, de 24-7-1991 (Lei dos Planos de Benefícios da Previdência Social).
▶ Dec. nº 3.048, de 6-5-1999 (Regulamento da Previdência Social).

I – cobertura dos eventos de doença, invalidez, morte e idade avançada;
II – proteção à maternidade, especialmente à gestante;
III – proteção ao trabalhador em situação de desemprego involuntário;

▶ Lei nº 7.998, de 11-1-1990 (Lei do Seguro-Desemprego).
▶ Lei nº 10.779, de 25-11-2003, dispõe sobre a concessão do benefício de seguro-desemprego, durante o período de defeso, ao pescador profissional que exerce a atividade pesqueira de forma artesanal.

IV – salário-família e auxílio-reclusão para os dependentes dos segurados de baixa renda;
V – pensão por morte do segurado, homem ou mulher, ao cônjuge ou companheiro e dependentes, observado o disposto no § 2º.

▶ Incisos I a V com a redação dada pela EC nº 20, de 15-12-1998.

§ 1º É vedada a adoção de requisitos e critérios diferenciados para a concessão de aposentadoria aos beneficiários do regime geral de previdência social, ressalvados os casos de atividades exercidas sob condições especiais que prejudiquem a saúde ou a integridade física e quando se tratar de segurados portadores de deficiência, nos termos definidos em lei complementar.

▶ § 1º com a redação dada pela EC nº 47, de 5-7-2005.
▶ Art. 15 da EC nº 20, de 15-12-1998 (Reforma Previdenciária).

§ 2º Nenhum benefício que substitua o salário de contribuição ou o rendimento do trabalho do segurado terá valor mensal inferior ao salário mínimo.

§ 3º Todos os salários de contribuição considerados para o cálculo de benefício serão devidamente atualizados, na forma da lei.

▶ Súm. nº 456 do STJ.

§ 4º É assegurado o reajustamento dos benefícios para preservar-lhes, em caráter permanente, o valor real, conforme critérios definidos em lei.

§ 5º É vedada a filiação ao regime geral de previdência social, na qualidade de segurado facultativo, de pessoa participante de regime próprio de previdência.

§ 6º A gratificação natalina dos aposentados e pensionistas terá por base o valor dos proventos do mês de dezembro de cada ano.

▶ §§ 2º a 6º com a redação dada pela EC nº 20, de 15-12-1998.
▶ Leis nºs 4.090, de 13-7-1962; 4.749, de 12-8-1965; e Decretos nºs 57.155, de 3-11-1965; e 63.912, de 26-12-1968, dispõem sobre o 13º salário.
▶ Súm. nº 688 do STF.

§ 7º É assegurada aposentadoria no regime geral de previdência social, nos termos da lei, obedecidas as seguintes condições:

▶ *Caput* com a redação dada pela EC nº 20, de 15-12-1998.

I – trinta e cinco anos de contribuição, se homem, e trinta anos de contribuição, se mulher;
II – sessenta e cinco anos de idade, se homem, e sessenta anos de idade, se mulher, reduzido em cinco anos o limite para os trabalhadores rurais de ambos os sexos e para os que exerçam suas atividades em regime de economia familiar, nestes incluídos o produtor rural, o garimpeiro e o pescador artesanal.

▶ Incisos I e II acrescidos pela EC nº 20, de 15-12-1998.

§ 8º Os requisitos a que se refere o inciso I do parágrafo anterior serão reduzidos em cinco anos, para o professor que comprove exclusivamente tempo de efetivo exercício das funções de magistério na educação infantil e no ensino fundamental e médio.

▶ § 8º com a redação dada pela EC nº 20, de 15-12-1998.
▶ Art. 67, § 2º, da Lei nº 9.394, de 20-12-1996 (Lei das Diretrizes e Bases da Educação Nacional).

§ 9º Para efeito de aposentadoria, é assegurada a contagem recíproca do tempo de contribuição na administração pública e na atividade privada, rural e urbana, hipótese em que os diversos regimes de previdência social se compensarão financeiramente, segundo critérios estabelecidos em lei.

▶ Lei nº 9.796, de 5-5-1999, dispõe sobre a compensação financeira entre o Regime Geral de Previdência Social e os Regimes de Previdência dos Servidores da União, dos Estados, do Distrito Federal e dos Municípios, nos casos de contagem recíproca de tempo de contribuição para efeito de aposentadoria.

▶ Dec. nº 3.112, de 6-7-1999, regulamenta a Lei nº 9.796, de 5-5-1999.

§ 10. Lei disciplinará a cobertura do risco de acidente do trabalho, a ser atendida concorrentemente pelo regime geral de previdência social e pelo setor privado.

§ 11. Os ganhos habituais do empregado, a qualquer título, serão incorporados ao salário para efeito de contribuição previdenciária e consequente repercussão em benefícios, nos casos e na forma da lei.

▶ §§ 9º a 11 acrescidos pela EC nº 20, de 15-12-1998.
▶ Art. 3º da EC nº 20, de 15-12-1998 (Reforma Previdenciária).
▶ Lei nº 8.213, de 24-7-1991 (Lei dos Planos de Benefícios da Previdência Social).
▶ Dec. nº 3.048, de 6-5-1999 (Regulamento da Previdência Social).

§ 12. Lei disporá sobre sistema especial de inclusão previdenciária para atender a trabalhadores de baixa renda e àqueles sem renda própria que se dediquem exclusivamente ao trabalho doméstico no âmbito de sua residência, desde que pertencentes a famílias de baixa renda, garantindo-lhes acesso a benefícios de valor igual a um salário mínimo.

▶ § 12 com a redação dada pela EC nº 47, de 5-7-2005.

§ 13. O sistema especial de inclusão previdenciária de que trata o § 12 deste artigo terá alíquotas e carências inferiores às vigentes para os demais segurados do regime geral de previdência social.

▶ § 13 acrescido pela EC nº 47, de 5-7-2005.

Art. 202. O regime de previdência privada, de caráter complementar e organizado de forma autônoma em relação ao regime geral de previdência social, será facultativo, baseado na constituição de reservas que garantam o benefício contratado, e regulado por lei complementar.

▶ *Caput* com a redação dada pela EC nº 20, de 15-12-1998.
▶ Art. 40, § 15, desta Constituição.
▶ Art. 7º da EC nº 20, de 15-12-1998 (Reforma Previdenciária).
▶ LC nº 109, de 29-5-2001 (Lei do Regime de Previdência Complementar), regulamentada pelo Dec. nº 4.206, de 23-4-2002.
▶ Lei nº 9.656, de 3-6-1998 (Lei dos Planos e Seguros Privados de Saúde).
▶ Lei nº 10.185, de 12-2-2001, dispõe sobre a especialização das sociedades seguradoras em planos privados de assistência à saúde.
▶ Dec. nº 3.745, de 5-2-2001, instituiu o Programa de Interiorização do Trabalho em Saúde.
▶ Dec. nº 7.123, de 3-3-2010, dispõe sobre o Conselho Nacional de Previdência Complementar – CNPC e sobre a Câmara de Recursos de Previdência Complementar – CRPC.
▶ Súm. nº 149 do STJ.

§ 1º A lei complementar de que trata este artigo assegurará ao participante de planos de benefícios de entidades de previdência privada o pleno acesso às informações relativas à gestão de seus respectivos planos.

§ 2º As contribuições do empregador, os benefícios e as condições contratuais previstas nos estatutos, regulamentos e planos de benefícios das entidades de previdência privada não integram o contrato de trabalho dos participantes, assim como, à exceção dos benefícios concedidos, não integram a remuneração dos participantes, nos termos da lei.

▶ §§ 1º e 2º com a redação dada pela EC nº 20, de 15-12-1998.

§ 3º É vedado o aporte de recursos a entidade de previdência privada pela União, Estados, Distrito Federal e Municípios, suas autarquias, fundações, empresas públicas, sociedades de economia mista e outras entidades públicas, salvo na qualidade de patrocinador, situação na qual, em hipótese alguma, sua contribuição normal poderá exceder a do segurado.

▶ Art. 5º da EC nº 20, de 15-12-1998 (Reforma Previdenciária).
▶ LC nº 108, de 29-5-2001, regulamenta este parágrafo.

§ 4º Lei complementar disciplinará a relação entre a União, Estados, Distrito Federal ou Municípios, inclusive suas autarquias, fundações, sociedades de economia mista e empresas controladas direta ou indiretamente, enquanto patrocinadoras de entidades fechadas de previdência privada, e suas respectivas entidades fechadas de previdência privada.

▶ Art. 40, § 14, desta Constituição.
▶ LC nº 108, de 29-5-2001, regulamenta este parágrafo.

§ 5º A lei complementar de que trata o parágrafo anterior aplicar-se-á, no que couber, às empresas privadas permissionárias ou concessionárias de prestação de serviços públicos, quando patrocinadoras de entidades fechadas de previdência privada.

▶ LC nº 108, de 29-5-2001, regulamenta este parágrafo.

§ 6º A lei complementar a que se refere o § 4º deste artigo estabelecerá os requisitos para a designação dos membros das diretorias das entidades fechadas de previdência privada e disciplinará a inserção dos participantes nos colegiados e instâncias de decisão em que seus interesses sejam objeto de discussão e deliberação.

▶ §§ 3º a 6º acrescidos pela EC nº 20, de 15-12-1998.
▶ LC nº 108, de 29-5-2001, regulamenta este parágrafo.
▶ LC nº 109, de 29-5-2001 (Lei do Regime de Previdência Complementar).

SEÇÃO IV

DA ASSISTÊNCIA SOCIAL

▶ Lei nº 8.147, de 28-12-1990, dispõe sobre a alíquota do Finsocial.
▶ Lei nº 8.742, de 7-12-1993 (Lei Orgânica da Assistência Social).
▶ Lei nº 8.909, de 6-7-1994, dispõe sobre a prestação de serviços por entidades de assistência social, entidades beneficentes de assistência social e entidades de fins filantrópicos e estabelece prazos e procedimentos para o recadastramento de entidades junto ao Conselho Nacional de Assistência Social.
▶ Lei nº 9.790, de 23-3-1999, dispõe sobre a promoção da assistência social por meio de organizações da sociedade civil de interesse público.

Art. 203. A assistência social será prestada a quem dela necessitar, independentemente de contribuição à seguridade social, e tem por objetivos:

- Lei nº 8.213, de 24-7-1991 (Lei dos Planos de Benefícios da Previdência Social).
- Lei nº 8.742, de 7-12-1993 (Lei Orgânica da Assistência Social).
- Lei nº 8.909, de 6-7-1994, dispõe, em caráter emergencial, sobre a prestação de serviços por entidades de assistência social, entidades beneficentes de assistência social e entidades de fins filantrópicos e estabelece prazos e procedimentos para o recadastramento de entidades junto ao Conselho Nacional de Assistência Social.
- Lei nº 9.429, de 26-12-1996, dispõe sobre prorrogação de prazo para renovação de Certificado de Entidades de Fins Filantrópicos e de recadastramento junto ao Conselho Nacional de Assistência Social – CNAS e anulação de atos emanados do Instituto Nacional do Seguro Social – INSS contra instituições que gozavam de isenção da contribuição social, pela não apresentação do pedido de renovação do certificado em tempo hábil.

I – a proteção à família, à maternidade, à infância, à adolescência e à velhice;
II – o amparo às crianças e adolescentes carentes;
III – a promoção da integração ao mercado de trabalho;
IV – a habilitação e reabilitação das pessoas portadoras de deficiência e a promoção de sua integração à vida comunitária;

- Dec. nº 6.949, de 25-8-2009, promulga a Convenção Internacional sobre os Direitos das Pessoas com Deficiência.

V – a garantia de um salário mínimo de benefício mensal à pessoa portadora de deficiência e ao idoso que comprovem não possuir meios de prover à própria manutenção ou de tê-la provida por sua família, conforme dispuser a lei.

- Lei nº 10.741, de 1º-10-2003 (Estatuto do Idoso).

Art. 204. As ações governamentais na área da assistência social serão realizadas com recursos do orçamento da seguridade social, previstos no artigo 195, além de outras fontes, e organizadas com base nas seguintes diretrizes:

I – descentralização político-administrativa, cabendo a coordenação e as normas gerais à esfera federal e a coordenação e a execução dos respectivos programas às esferas estadual e municipal, bem como a entidades beneficentes e de assistência social;
II – participação da população, por meio de organizações representativas, na formulação das políticas e no controle das ações em todos os níveis.

Parágrafo único. É facultado aos Estados e ao Distrito Federal vincular a programa de apoio à inclusão e promoção social até cinco décimos por cento de sua receita tributária líquida, vedada a aplicação desses recursos no pagamento de:

I – despesas com pessoal e encargos sociais;
II – serviço da dívida;
III – qualquer outra despesa corrente não vinculada diretamente aos investimentos ou ações apoiados.

- Parágrafo único acrescido pela EC nº 42, de 19-12-2003.

Capítulo III
DA EDUCAÇÃO, DA CULTURA E DO DESPORTO

Seção I
DA EDUCAÇÃO

- Lei nº 9.394, de 20-12-1996 (Lei das Diretrizes e Bases da Educação Nacional).
- Lei nº 9.424, de 24-12-1996, dispõe sobre o fundo de manutenção e desenvolvimento e de valorização do magistério.
- Lei nº 9.766, de 18-12-1998, altera a legislação que rege o salário-educação.
- Lei nº 10.219, de 11-4-2001, cria o Programa Nacional de Renda Mínima vinculado à educação – "Bolsa-Escola", regulamentada pelo Dec. nº 4.313, de 24-7-2002.
- Lei nº 10.558, de 13-11-2002, cria o Programa Diversidade na Universidade.
- Art. 27, X, g, da Lei nº 10.683, de 28-5-2003, que dispõe sobre a organização da Presidência da República e dos Ministérios.
- Lei nº 11.096, de 13-1-2005, institui o Programa Universidade para Todos – PROUNI.
- Lei nº 11.274, de 6-2-2006, fixa a idade de seis anos para o início do ensino fundamental obrigatório e altera para nove anos seu período de duração.
- Lei nº 12.089, de 11-11-2009, proíbe que uma mesma pessoa ocupe 2 (duas) vagas simultaneamente em instituições públicas de ensino superior.

Art. 205. A educação, direito de todos e dever do Estado e da família, será promovida e incentivada com a colaboração da sociedade, visando ao pleno desenvolvimento da pessoa, seu preparo para o exercício da cidadania e sua qualificação para o trabalho.

- Lei nº 8.147, de 28-12-1990, dispõe sobre a alíquota do Finsocial.
- Lei nº 9.394, de 20-12-1996 (Lei das Diretrizes e Bases da Educação Nacional).

Art. 206. O ensino será ministrado com base nos seguintes princípios:

I – igualdade de condições para o acesso e permanência na escola;
II – liberdade de aprender, ensinar, pesquisar e divulgar o pensamento, a arte e o saber;
III – pluralismo de ideias e de concepções pedagógicas, e coexistência de instituições públicas e privadas de ensino;
IV – gratuidade do ensino público em estabelecimentos oficiais;

- Art. 242 desta Constituição.
- Súm. Vinc. nº 12 do STF.

V – valorização dos profissionais da educação escolar, garantidos, na forma da lei, planos de carreira, com ingresso exclusivamente por concurso público de provas e títulos, aos das redes públicas;

- Inciso V com a redação dada pela EC nº 53, de 19-12-2006.
- Lei nº 9.424, de 24-12-1996, dispõe sobre o Fundo de Manutenção e Desenvolvimento do Ensino Fundamental e de Valorização do Magistério.

VI – gestão democrática do ensino público, na forma da lei;

- Lei nº 9.394, de 20-12-1996 (Lei das Diretrizes e Bases da Educação Nacional).

VII – garantia de padrão de qualidade;
VIII – piso salarial profissional nacional para os profissionais da educação escolar pública, nos termos de lei federal.
▶ Inciso VIII acrescido pela EC nº 53, de 19-12-2006.

Parágrafo único. A lei disporá sobre as categorias de trabalhadores considerados profissionais da educação básica e sobre a fixação de prazo para a elaboração ou adequação de seus planos de carreira, no âmbito da União, dos Estados, do Distrito Federal e dos Municípios.
▶ Parágrafo único acrescido pela EC nº 53, de 19-12-2006.

Art. 207. As universidades gozam de autonomia didático-científica, administrativa e de gestão financeira e patrimonial, e obedecerão ao princípio de indissociabilidade entre ensino, pesquisa e extensão.

§ 1º É facultado às universidades admitir professores, técnicos e cientistas estrangeiros, na forma da lei.

§ 2º O disposto neste artigo aplica-se às instituições de pesquisa científica e tecnológica.
▶ §§ 1º e 2º acrescidos pela EC nº 11, de 30-4-1996.

Art. 208. O dever do Estado com a educação será efetivado mediante a garantia de:

I – educação básica obrigatória e gratuita dos 4 (quatro) aos 17 (dezessete) anos de idade, assegurada inclusive sua oferta gratuita para todos os que a ela não tiveram acesso na idade própria;
▶ Inciso I com a redação dada pela EC nº 59, de 11-11-2009.
▶ Art. 6º da EC nº 59, de 11-11-2009, determina que o disposto neste inciso deverá ser implementado progressivamente, até 2016, nos termos do Plano Nacional de Educação, com apoio técnico e financeiro da União.

II – progressiva universalização do ensino médio gratuito;
▶ Inciso II com a redação dada pela EC nº 14, de 12-9-1996.
▶ Art. 6º da EC nº 14, de 12-9-1996.

III – atendimento educacional especializado aos portadores de deficiência, preferencialmente na rede regular de ensino;
▶ Lei nº 7.853, de 24-10-1989 (Lei de Apoio às Pessoas Portadoras de Deficiência), regulamentada pelo Dec. nº 3.298, de 20-12-1999.
▶ Lei nº 10.436, de 24-4-2002, dispõe sobre a Língua Brasileira de Sinais – LIBRA.
▶ Lei nº 10.845, de 5-3-2004, institui o Programa de Complementação ao Atendimento Educacional Especializado às Pessoas Portadoras de Deficiência – PAED.
▶ Dec. nº 3.956, de 8-10-2001, promulga a Convenção Interamericana para a Eliminação de todas as Formas de Discriminação contra as Pessoas Portadoras de Deficiências.
▶ Dec. nº 6.949, de 25-8-2009, promulga a Convenção Internacional sobre os Direitos das Pessoas com Deficiência.

IV – educação infantil, em creche e pré-escola, às crianças até 5 (cinco) anos de idade;
▶ Inciso IV com a redação dada pela EC nº 53, de 19-12-2006.

▶ Art. 6º, XXV, desta Constituição.

V – acesso aos níveis mais elevados do ensino, da pesquisa e da criação artística, segundo a capacidade de cada um;
▶ Lei nº 10.260, de 10-7-2001, dispõe sobre o Fundo de Financiamento ao Estudante do Ensino Superior.
▶ Lei nº 12.089, de 11-11-2009, proíbe que uma mesma pessoa ocupe 2 (duas) vagas simultaneamente em instituições públicas de ensino superior.

VI – oferta de ensino noturno regular, adequado às condições do educando;
VII – atendimento ao educando, em todas as etapas da educação básica, por meio de programas suplementares de material didático-escolar, transporte, alimentação e assistência à saúde.
▶ Inciso VII com a redação dada pela EC nº 59, de 11-11-2009.
▶ Arts. 6º e 212, § 4º, desta Constituição.

§ 1º O acesso ao ensino obrigatório e gratuito é direito público subjetivo.

§ 2º O não oferecimento do ensino obrigatório pelo Poder Público, ou sua oferta irregular, importa responsabilidade da autoridade competente.

§ 3º Compete ao Poder Público recensear os educandos no ensino fundamental, fazer-lhes a chamada e zelar, junto aos pais ou responsáveis, pela frequência à escola.

Art. 209. O ensino é livre à iniciativa privada, atendidas as seguintes condições:

I – cumprimento das normas gerais da educação nacional;
II – autorização e avaliação de qualidade pelo Poder Público.

Art. 210. Serão fixados conteúdos mínimos para o ensino fundamental, de maneira a assegurar formação básica comum e respeito aos valores culturais e artísticos, nacionais e regionais.

§ 1º O ensino religioso, de matrícula facultativa, constituirá disciplina dos horários normais das escolas públicas de ensino fundamental.

§ 2º O ensino fundamental regular será ministrado em língua portuguesa, assegurada às comunidades indígenas também a utilização de suas línguas maternas e processos próprios de aprendizagem.

Art. 211. A União, os Estados, o Distrito Federal e os Municípios organizarão em regime de colaboração seus sistemas de ensino.
▶ Art. 60 do ADCT.
▶ Art. 6º da EC nº 14, de 12-9-1996.

§ 1º A União organizará o sistema federal de ensino e o dos Territórios, financiará as instituições de ensino públicas federais e exercerá, em matéria educacional, função redistributiva e supletiva, de forma a garantir equalização de oportunidades educacionais e padrão mínimo de qualidade de ensino mediante assistência técnica e financeira aos Estados, ao Distrito Federal e aos Municípios.

§ 2º Os Municípios atuarão prioritariamente no ensino fundamental e na educação infantil.
▶ §§ 1º e 2º com a redação dada pela EC nº 14, de 12-9-1996.

§ 3º Os Estados e o Distrito Federal atuarão prioritariamente no ensino fundamental e médio.
▶ § 3º acrescido pela EC nº 14, de 12-9-1996.

§ 4º Na organização de seus sistemas de ensino, a União, os Estados, o Distrito Federal e os Municípios definirão formas de colaboração, de modo a assegurar a universalização do ensino obrigatório.
▶ § 4º com a redação dada pela EC nº 59, de 11-11-2009.

§ 5º A educação básica pública atenderá prioritariamente ao ensino regular.
▶ § 5º acrescido pela EC nº 53, de 19-12-2006.

Art. 212. A União aplicará, anualmente, nunca menos de dezoito, e os Estados, o Distrito Federal e os Municípios vinte e cinco por cento, no mínimo, da receita resultante de impostos, compreendida a proveniente de transferências, na manutenção e desenvolvimento do ensino.
▶ Arts. 34, VII, e, 35, III, e 167, IV, desta Constituição.
▶ Arts. 60, caput, § 6º, 72, §§ 2º e 3º, e 76, § 3º, do ADCT.
▶ Lei nº 9.424, de 24-12-1996, dispõe sobre o Fundo de Manutenção e Desenvolvimento do Ensino Fundamental e de Valorização do Magistério.

§ 1º A parcela da arrecadação de impostos transferida pela União aos Estados, ao Distrito Federal e aos Municípios, ou pelos Estados aos respectivos Municípios, não é considerada, para efeito do cálculo previsto neste artigo, receita do governo que a transferir.

§ 2º Para efeito do cumprimento do disposto no caput deste artigo, serão considerados os sistemas de ensino federal, estadual e municipal e os recursos aplicados na forma do artigo 213.

§ 3º A distribuição dos recursos públicos assegurará prioridade ao atendimento das necessidades do ensino obrigatório, no que se refere a universalização, garantia de padrão de qualidade e equidade, nos termos do plano nacional de educação.
▶ § 3º com a redação dada pela EC nº 59, de 11-11-2009.

§ 4º Os programas suplementares de alimentação e assistência à saúde previstos no artigo 208, VII, serão financiados com recursos provenientes de contribuições sociais e outros recursos orçamentários.

§ 5º A educação básica pública terá como fonte adicional de financiamento a contribuição social do salário-educação, recolhida pelas empresas na forma da lei.
▶ § 5º com a redação dada pela EC nº 53, de 19-12-2006.
▶ Art. 76, § 2º, do ADCT.
▶ Lei nº 9.424, de 24-12-1996, dispõe sobre o Fundo de Manutenção e Desenvolvimento do Ensino Fundamental e de Valorização do Magistério.
▶ Lei nº 9.766, de 18-12-1998, dispõe sobre o salário-educação.
▶ Dec. nº 3.142, de 16-8-1999, regulamenta a contribuição social do salário-educação.
▶ Dec. nº 6.003, de 28-12-2006, regulamenta a arrecadação, a fiscalização e a cobrança da contribuição social do salário-educação.
▶ Súm. nº 732 do STF

§ 6º As cotas estaduais e municipais da arrecadação da contribuição social do salário-educação serão distribuídas proporcionalmente ao número de alunos matriculados na educação básica nas respectivas redes públicas de ensino.
▶ § 6º acrescido pela EC nº 53, de 19-12-2006.

Art. 213. Os recursos públicos serão destinados às escolas públicas, podendo ser dirigidos a escolas comunitárias, confessionais ou filantrópicas, definidas em lei, que:
▶ Art. 212 desta Constituição.
▶ Art. 61 do ADCT.
▶ Lei nº 9.394, de 20-12-1996 (Lei das Diretrizes e Bases da Educação Nacional).

I – comprovem finalidade não lucrativa e apliquem seus excedentes financeiros em educação;

II – assegurem a destinação de seu patrimônio à outra escola comunitária, filantrópica ou confessional, ou ao Poder Público, no caso de encerramento de suas atividades.
▶ Art. 61 do ADCT.

§ 1º Os recursos de que trata este artigo poderão ser destinados a bolsas de estudo para o ensino fundamental e médio, na forma da lei, para os que demonstrarem insuficiência de recursos, quando houver falta de vagas e cursos regulares da rede pública na localidade da residência do educando, ficando o Poder Público obrigado a investir prioritariamente na expansão de sua rede na localidade.
▶ Lei nº 9.394, de 20-12-1996 (Lei das Diretrizes e Bases da Educação Nacional).

§ 2º As atividades universitárias de pesquisa e extensão poderão receber apoio financeiro do Poder Público.
▶ Lei nº 8.436, de 25-6-1992, institucionaliza o Programa de Crédito Educativo para estudantes carentes.

Art. 214. A lei estabelecerá o plano nacional de educação, de duração decenal, com o objetivo de articular o sistema nacional de educação em regime de colaboração e definir diretrizes, objetivos, metas e estratégias de implementação para assegurar a manutenção e desenvolvimento do ensino em seus diversos níveis, etapas e modalidades por meio de ações integradas dos poderes públicos das diferentes esferas federativas que conduzam a:
▶ Caput com a redação dada pela EC nº 59, de 11-11-2009.

I – erradicação do analfabetismo;
II – universalização do atendimento escolar;
III – melhoria da qualidade do ensino;
IV – formação para o trabalho;
V – promoção humanística, científica e tecnológica do País;
▶ Lei nº 10.172, de 9-1-2001, aprova o Plano Nacional de Educação.

VI – estabelecimento de meta de aplicação de recursos públicos em educação como proporção do produto interno bruto.
▶ Inciso VI acrescido pela EC nº 59, de 11-11-2009.
▶ Lei nº 9.394, de 20-12-1996 (Lei das Diretrizes e Bases da Educação Nacional).
▶ Lei nº 10.172, de 9-1-2001, aprova o Plano Nacional de Educação.

Seção II

DA CULTURA

Art. 215. O Estado garantirá a todos o pleno exercício dos direitos culturais e acesso às fontes da cultura nacional, e apoiará e incentivará a valorização e a difusão das manifestações culturais.

▶ Lei nº 8.313, de 23-12-1991, institui o Programa Nacional de Apoio à Cultura – PRONAC), regulamentada pelo Dec. nº 5.761, de 27-4-2002.
▶ Lei nº 8.685, de 20-7-1993, cria mecanismos de fomento à atividade audiovisual.
▶ Lei nº 10.454, de 13-5-2002, dispõe sobre remissão da Contribuição para o Desenvolvimento da Indústria Cinematográfica – CONDECINE.
▶ MP nº 2.228-1, de 6-9-2001, que até o encerramento desta edição não havia sido convertida em Lei, cria a Agência Nacional do Cinema – ANCINE.
▶ Dec. nº 2.290, de 4-8-1997, regulamenta o art. 5º, VIII, da Lei nº 8.313, de 23-12-1991.

§ 1º O Estado protegerá as manifestações das culturas populares, indígenas e afro-brasileiras, e das de outros grupos participantes do processo civilizatório nacional.

§ 2º A lei disporá sobre a fixação de datas comemorativas de alta significação para os diferentes segmentos étnicos nacionais.

§ 3º A lei estabelecerá o Plano Nacional de Cultura, de duração plurianual, visando ao desenvolvimento cultural do País e à integração das ações do poder público que conduzam a:

▶ Lei nº 12.343, de 2-12-2010, institui o Plano Nacional de Cultura – PNC e cria o Sistema Nacional de Informações e Indicadores Culturais – SNIIC.

I – defesa e valorização do patrimônio cultural brasileiro;
II – produção, promoção e difusão de bens culturais;
III – formação de pessoal qualificado para a gestão da cultura em suas múltiplas dimensões;
IV – democratização do acesso aos bens de cultura;
V – valorização da diversidade étnica e regional.

▶ § 3º acrescido pela EC nº 48, de 10-8-2005.

Art. 216. Constituem patrimônio cultural brasileiro os bens de natureza material e imaterial, tomados individualmente ou em conjunto, portadores de referência à identidade, à ação, à memória dos diferentes grupos formadores da sociedade brasileira, nos quais se incluem:

I – as formas de expressão;
II – os modos de criar, fazer e viver;
III – as criações científicas, artísticas e tecnológicas;

▶ Lei nº 9.610, de 19-2-1998 (Lei de Direitos Autorais).

IV – as obras, objetos, documentos, edificações e demais espaços destinados às manifestações artístico-culturais;

V – os conjuntos urbanos e sítios de valor histórico, paisagístico, artístico, arqueológico, paleontológico, ecológico e científico.

▶ Lei nº 3.924, de 26-7-1961 (Lei dos Monumentos Arqueológicos e Pré-Históricos).
▶ Arts. 1º, 20, 28, I, II e parágrafo único, da Lei nº 7.542, de 26-9-1986, que dispõe sobre a pesquisa, exploração, remoção e demolição de coisas ou bens afundados, submersos, encalhados e perdidos em águas sob jurisdição nacional, em terreno de marinha e seus acrescidos e em terrenos marginais, em decorrência de sinistro, alijamento ou fortuna do mar.

§ 1º O Poder Público, com a colaboração da comunidade, promoverá e protegerá o patrimônio cultural brasileiro, por meio de inventários, registros, vigilância, tombamento e desapropriação, e de outras formas de acautelamento e preservação.

▶ Lei nº 7.347, de 24-7-1985 (Lei da Ação Civil Pública).
▶ Lei nº 8.394, de 30-12-1991, dispõe sobre a preservação, organização e proteção dos acervos documentais privados dos presidentes da República.
▶ Dec. nº 3.551, de 4-8-2000, institui o registro de bens culturais de natureza imaterial que constituem Patrimônio Cultural Brasileiro e cria o Programa Nacional do Patrimônio Imaterial.

§ 2º Cabem à administração pública, na forma da lei, a gestão da documentação governamental e as providências para franquear sua consulta a quantos dela necessitem.

▶ Lei nº 8.159, de 8-1-1991, dispõe sobre a Política Nacional de arquivos públicos e privados.
▶ Lei nº 12.527, de 18-11-2011 (Lei do Acesso à Informação) DOU de 18-11-2011, edição extra, para vigorar 180 dias após a data de sua publicação, quando ficará revogada a Lei nº 11.111, de 5-5-2005.

§ 3º A lei estabelecerá incentivos para a produção e o conhecimento de bens e valores culturais.

▶ Lei nº 7.505, de 2-7-1986, dispõe sobre benefícios fiscais na área do imposto de renda concedidos a operações de caráter cultural ou artístico.
▶ Lei nº 8.313, de 23-12-1991, dispõe sobre benefícios fiscais concedidos a operações de caráter cultural ou artístico e cria o Programa Nacional de Apoio a Cultura – PRONAC.
▶ Lei nº 8.685, de 20-7-1993, cria mecanismos de fomento à atividade audiovisual.
▶ Lei nº 10.454, de 13-5-2002, dispõe sobre remissão da Contribuição para o Desenvolvimento da Indústria Cinematográfica – CONDECINE.
▶ MP nº 2.228-1, de 6-9-2001, que até o encerramento desta edição não havia sido convertida em Lei, cria a Agência Nacional do Cinema – ANCINE.

§ 4º Os danos e ameaças ao patrimônio cultural serão punidos, na forma da lei.

▶ Lei nº 3.924, de 26-7-1961 (Lei dos Monumentos Arqueológicos e Pré-Históricos).
▶ Lei nº 4.717, de 29-6-1965 (Lei da Ação Popular).
▶ Lei nº 7.347, de 24-7-1985 (Lei da Ação Civil Pública).

§ 5º Ficam tombados todos os documentos e os sítios detentores de reminiscências históricas dos antigos quilombos.

§ 6º É facultado aos Estados e ao Distrito Federal vincular a fundo estadual de fomento à cultura até cinco décimos por cento de sua receita tributária líquida, para o financiamento de programas e projetos culturais, vedada a aplicação desses recursos no pagamento de:

I – despesas com pessoal e encargos sociais;

II – serviço da dívida;
III – qualquer outra despesa corrente não vinculada diretamente aos investimentos ou ações apoiados.
► § 6º acrescido pela EC nº 42, de 19-12-2003.

SEÇÃO III

DO DESPORTO

► Lei nº 9.615, de 24-3-1998, institui normas gerais sobre desportos.
► Lei nº 10.891, de 9-7-2004, institui a Bolsa-Atleta.

Art. 217. É dever do Estado fomentar práticas desportivas formais e não formais, como direito de cada um, observados:

I – a autonomia das entidades desportivas dirigentes e associações, quanto a sua organização e funcionamento;
II – a destinação de recursos públicos para a promoção prioritária do desporto educacional e, em casos específicos, para a do desporto de alto rendimento;
III – o tratamento diferenciado para o desporto profissional e o não profissional;
IV – a proteção e o incentivo às manifestações desportivas de criação nacional.

§ 1º O Poder Judiciário só admitirá ações relativas à disciplina e às competições desportivas após esgotarem-se as instâncias da justiça desportiva, regulada em lei.

§ 2º A justiça desportiva terá o prazo máximo de sessenta dias, contados da instauração do processo, para proferir decisão final.

§ 3º O Poder Público incentivará o lazer, como forma de promoção social.

CAPÍTULO IV

DA CIÊNCIA E TECNOLOGIA

► Lei nº 9.257, de 9-1-1996, dispõe sobre o Conselho Nacional de Ciência e Tecnologia.
► Lei nº 10.168, de 29-12-2000, institui Contribuição de Intervenção de Domínio Econômico destinado a financiar o Programa de Estímulo à Interação Universidade-Empresa para o apoio à inovação.
► Lei nº 10.332, de 19-12-2001, institui mecanismo de financiamento para o Programa de Ciência e Tecnologia para o Agronegócio, para o Programa de Fomento à Pesquisa em Saúde, para o Programa Biotecnologia e Recursos Genéticos, para o Programa de Ciência e Tecnologia para o Setor Aeronáutico e para o Programa de Inovação para Competitividade.

Art. 218. O Estado promoverá e incentivará o desenvolvimento científico, a pesquisa e a capacitação tecnológicas.

► Lei nº 10.973, de 2-12-2004, estabelece medidas de incentivo à inovação e à pesquisa científica e tecnológica no ambiente produtivo, com vistas à capacitação e ao alcance da autonomia tecnológica e ao desenvolvimento industrial do país, nos termos deste artigo e do art. 219.

§ 1º A pesquisa científica básica receberá tratamento prioritário do Estado, tendo em vista o bem público e o progresso das ciências.

§ 2º A pesquisa tecnológica voltar-se-á preponderantemente para a solução dos problemas brasileiros e para o desenvolvimento do sistema produtivo nacional e regional.

§ 3º O Estado apoiará a formação de recursos humanos nas áreas de ciência, pesquisa e tecnologia, e concederá aos que delas se ocupem meios e condições especiais de trabalho.

§ 4º A lei apoiará e estimulará as empresas que invistam em pesquisa, criação de tecnologia adequada ao País, formação e aperfeiçoamento de seus recursos humanos e que pratiquem sistemas de remuneração que assegurem ao empregado, desvinculada do salário, participação nos ganhos econômicos resultantes da produtividade de seu trabalho.

► Lei nº 9.257, de 9-1-1996, dispõe sobre o Conselho Nacional de Ciência e Tecnologia.

§ 5º É facultado aos Estados e ao Distrito Federal vincular parcela de sua receita orçamentária a entidades públicas de fomento ao ensino e à pesquisa científica e tecnológica.

► Lei nº 8.248, de 23-10-1991, dispõe sobre a capacitação e competitividade do setor de informática e automação.

Art. 219. O mercado interno integra o patrimônio nacional e será incentivado de modo a viabilizar o desenvolvimento cultural e socioeconômico, o bem-estar da população e a autonomia tecnológica do País, nos termos de lei federal.

► Lei nº 10.973, de 2-12-2004, estabelece medidas de incentivo à inovação e à pesquisa científica e tecnológica no ambiente produtivo, com vistas à capacitação e ao alcance da autonomia tecnológica e ao desenvolvimento industrial do país, nos termos deste artigo e do art. 218.

CAPÍTULO V

DA COMUNICAÇÃO SOCIAL

Art. 220. A manifestação do pensamento, a criação, a expressão e a informação, sob qualquer forma, processo ou veículo não sofrerão qualquer restrição, observado o disposto nesta Constituição.

► Arts. 1º, III e IV, 3º, III e IV, 4º, II, 5º, IX, XII, XIV, XXVII, XXVIII e XXIX, desta Constituição.
► Arts. 36, 37, 43 e 44 do CDC.
► Lei nº 4.117, de 24-8-1962 (Código Brasileiro de Telecomunicações).
► Art. 1º da Lei nº 7.524, de 17-7-1986, que dispõe sobre a manifestação, por militar inativo, de pensamento e opinião políticos ou filosóficos.
► Art. 2º da Lei nº 8.389, de 30-12-1991, que institui o Conselho de Comunicação Social.
► Lei nº 9.472, de 16-7-1997, dispõe sobre a organização dos serviços de telecomunicações, a criação e funcionamento de um Órgão Regulador e outros aspectos institucionais.
► Art. 7º da Lei nº 9.610, de 19-2-1998 (Lei de Direitos Autorais).

§ 1º Nenhuma lei conterá dispositivo que possa constituir embaraço à plena liberdade de informação jornalística em qualquer veículo de comunicação social, observado o disposto no artigo 5º, IV, V, X, XIII e XIV.

► Art. 45 da Lei nº 9.504, de 30-9-1997 (Lei das Eleições).

§ 2º É vedada toda e qualquer censura de natureza política, ideológica e artística.

§ 3º Compete à lei federal:

I – regular as diversões e espetáculos públicos, cabendo ao Poder Público informar sobre a natureza deles, as faixas etárias a que não se recomendem, locais e horários em que sua apresentação se mostre inadequada;

▶ Art. 21, XVI, desta Constituição.
▶ Arts. 74, 80, 247 e 258 do ECA.

II – estabelecer os meios legais que garantam à pessoa e à família a possibilidade de se defenderem de programas ou programações de rádio e televisão que contrariem o disposto no artigo 221, bem como da propaganda de produtos, práticas e serviços que possam ser nocivos à saúde e ao meio ambiente.

▶ Arts. 9º e 10 do CDC.
▶ Art. 5º da Lei nº 8.389, de 30-12-1991, que instituiu o Conselho de Comunicação Social.

§ 4º A propaganda comercial de tabaco, bebidas alcoólicas, agrotóxicos, medicamentos e terapias estará sujeita a restrições legais, nos termos do inciso II do parágrafo anterior, e conterá, sempre que necessário, advertência sobre os malefícios decorrentes de seu uso.

▶ Lei nº 9.294, de 15-7-1996, dispõe sobre as restrições ao uso e à propaganda de produtos fumígenos, bebidas alcoólicas, medicamentos, terapias e defensivos agrícolas referidos neste parágrafo.
▶ Lei nº 10.359, de 27-12-2001, dispõe sobre a obrigatoriedade de os novos aparelhos de televisão conterem dispositivo que possibilite o bloqueio temporário da recepção de programação inadequada.

§ 5º Os meios de comunicação social não podem, direta ou indiretamente, ser objeto de monopólio ou oligopólio.

▶ Art. 20, II e IV, da Lei nº 8.884, de 11-6-1994 (Lei Antitruste).
▶ Arts. 36 e segs. da Lei nº 12.529, de 30-11-2011 (Lei do Sistema Brasileiro de Defesa da Concorrência) publicada no *DOU* de 1º-12-2011, para vigorar 180 dias após a data de sua publicação, quando ficarão revogados os arts. 1º a 85 e 88 a 93 da Lei nº 8.884, de 11-6-1994.

§ 6º A publicação de veículo impresso de comunicação independe de licença de autoridade.

▶ Art. 114, parágrafo único, da Lei nº 6.015, de 31-12-1973 (Lei dos Registros Públicos).

Art. 221. A produção e a programação das emissoras de rádio e televisão atenderão aos seguintes princípios:

I – preferência a finalidades educativas, artísticas, culturais e informativas;

▶ Dec. nº 4.901, de 26-11-2003, institui o Sistema Brasileiro de Televisão Digital – SBTVD.

II – promoção da cultura nacional e regional e estímulo à produção independente que objetive sua divulgação;

▶ Art. 2º da MP nº 2.228-1, de 6-9-2001, cria a Agência Nacional do Cinema – ANCINE.
▶ Lei nº 10.454, de 13-5-2002, dispõe sobre remissão da Contribuição para o Desenvolvimento da Indústria Cinematográfica – CONDECINE.

III – regionalização da produção cultural, artística e jornalística, conforme percentuais estabelecidos em lei;

▶ Art. 3º, III, desta Constituição.

IV – respeito aos valores éticos e sociais da pessoa e da família.

▶ Arts. 1º, III, 5º, XLII, XLIII, XLVIII, XLIX, L, 34, VII, *b*, 225 a 227 e 230 desta Constituição.

▶ Art. 8º, III, da Lei nº 11.340, de 7-8-2006 (Lei que Coíbe a Violência Doméstica e Familiar Contra a Mulher).

Art. 222. A propriedade de empresa jornalística e de radiodifusão sonora e de sons e imagens é privativa de brasileiros natos ou naturalizados há mais de dez anos, ou de pessoas jurídicas constituídas sob as leis brasileiras e que tenham sede no País.

▶ *Caput* com a redação dada pela EC nº 36, de 28-5-2002.

§ 1º Em qualquer caso, pelo menos setenta por cento do capital total e do capital votante das empresas jornalísticas e de radiodifusão sonora e de sons e imagens deverá pertencer, direta ou indiretamente, a brasileiros natos ou naturalizados há mais de dez anos, que exercerão obrigatoriamente a gestão das atividades e estabelecerão o conteúdo da programação.

§ 2º A responsabilidade editorial e as atividades de seleção e direção da programação veiculada são privativas de brasileiros natos ou naturalizados há mais de dez anos, em qualquer meio de comunicação social.

▶ §§ 1º e 2º com a redação dada pela EC nº 36, de 28-5-2002.

§ 3º Os meios de comunicação social eletrônica, independentemente da tecnologia utilizada para a prestação do serviço, deverão observar os princípios enunciados no art. 221, na forma de lei específica, que também garantirá a prioridade de profissionais brasileiros na execução de produções nacionais.

§ 4º Lei disciplinará a participação de capital estrangeiro nas empresas de que trata o § 1º.

▶ Lei nº 10.610, de 20-12-2002, dispõe sobre a participação de capital estrangeiro nas empresas jornalísticas e de radiodifusão sonora e de sons e imagens.

§ 5º As alterações de controle societário das empresas de que trata o § 1º serão comunicadas ao Congresso Nacional.

▶ §§ 3º a 5º acrescidos pela EC nº 36, de 28-5-2002.

Art. 223. Compete ao Poder Executivo outorgar e renovar concessão, permissão e autorização para o serviço de radiodifusão sonora e de sons e imagens, observado o princípio da complementaridade dos sistemas privado, público e estatal.

▶ Lei nº 9.612, de 19-2-1998, institui o serviço de radiodifusão comunitária.
▶ Arts. 2º, 10 e 32 do Dec. nº 52.795, de 31-10-1963, que aprova regulamento dos serviços de radiodifusão.

§ 1º O Congresso Nacional apreciará o ato no prazo do artigo 64, §§ 2º e 4º, a contar do recebimento da mensagem.

§ 2º A não renovação da concessão ou permissão dependerá de aprovação de, no mínimo, dois quintos do Congresso Nacional, em votação nominal.

§ 3º O ato de outorga ou renovação somente produzirá efeitos legais após deliberação do Congresso Nacional, na forma dos parágrafos anteriores.

§ 4º O cancelamento da concessão ou permissão, antes de vencido o prazo, depende de decisão judicial.

§ 5º O prazo da concessão ou permissão será de dez anos para as emissoras de rádio e de quinze para as de televisão.

Art. 224. Para os efeitos do disposto neste Capítulo, o Congresso Nacional instituirá, como seu órgão auxiliar, o Conselho de Comunicação Social, na forma da lei.

▶ Lei nº 6.650, de 23-5-1979, dispõe sobre a criação, na Presidência da República, da Secretaria de Comunicação Social.
▶ Lei nº 8.389, de 30-12-1991, institui o Conselho de Comunicação Social.
▶ Dec. nº 4.799, de 4-8-2003, dispõe sobre a comunicação de Governo do Poder Executivo Federal.

CAPÍTULO VI

DO MEIO AMBIENTE

▶ Lei nº 7.802, de 11-7-1989, dispõe sobre a pesquisa, a experimentação, a produção, a embalagem e rotulagem, o transporte, o armazenamento, a comercialização, a propaganda comercial, a utilização, a importação, a exportação, o destino final dos resíduos e embalagens, o registro, a classificação, o controle, a inspeção e a fiscalização, de agrotóxicos, seus componentes, e afins.
▶ Lei nº 9.605, de 12-2-1998 (Lei dos Crimes Ambientais).
▶ Arts. 25, XV, 27, XV, e 29, XV, da Lei nº 10.683, de 28-5-2003, que dispõem sobre a organização do Ministério do Meio Ambiente.
▶ Dec. nº 4.339, de 22-8-2002, institui princípios e diretrizes para a implementação Política Nacional da Biodiversidade.
▶ Dec. nº 4.411, de 7-10-2002, dispõe sobre a atuação das Forças Armadas e da Polícia Federal nas unidades de conservação.

Art. 225. Todos têm direito ao meio ambiente ecologicamente equilibrado, bem de uso comum do povo e essencial à sadia qualidade de vida, impondo-se ao Poder Público e à coletividade o dever de defendê-lo e preservá-lo para as presentes e futuras gerações.

▶ Lei nº 7.735, de 22-2-1989, dispõe sobre a extinção de órgão e de entidade autárquica, cria o Instituto Brasileiro do Meio Ambiente e dos Recursos Naturais Renováveis.
▶ Lei nº 7.797, de 10-7-1989 (Lei do Fundo Nacional de Meio Ambiente).
▶ Lei nº 11.284, de 2-3-2006 (Lei de Gestão de Florestas Públicas).
▶ Dec. nº 4.339, de 22-8-2002, institui princípios e diretrizes para a implementação Política Nacional da Biodiversidade.

§ 1º Para assegurar a efetividade desse direito, incumbe ao Poder Público:

▶ Lei nº 9.985, de 18-7-2000 (Lei do Sistema Nacional de Unidades de Conservação da Natureza).

I – preservar e restaurar os processos ecológicos essenciais e prover o manejo ecológico das espécies e ecossistemas;

▶ Lei nº 9.985, de 18-7-2000 (Lei do Sistema Nacional de Unidades de Conservação da Natureza), regulamentada pelo Dec. nº 4.340, de 22-8-2002.

II – preservar a diversidade e a integridade do patrimônio genético do País e fiscalizar as entidades dedicadas à pesquisa e manipulação de material genético;

▶ Inciso regulamentado pela MP nº 2.186-16, de 23-8-2001, que até o encerramento desta edição não havia sido convertida em Lei.

▶ Lei nº 9.985, de 18-7-2000 (Lei do Sistema Nacional de Unidades de Conservação da Natureza), regulamentada pelo Dec. nº 4.340, de 22-8-2002.
▶ Lei nº 11.105, de 24-3-2005 (Lei de Biossegurança), regulamenta este inciso.
▶ Dec. nº 5.705, de 16-2-2006, promulga o Protocolo de Cartagena sobre Biossegurança da Convenção sobre Diversidade Biológica.

III – definir, em todas as Unidades da Federação, espaços territoriais e seus componentes a serem especialmente protegidos, sendo a alteração e a supressão permitidas somente através de lei, vedada qualquer utilização que comprometa a integridade dos atributos que justifiquem sua proteção;

▶ Lei nº 9.985, de 18-7-2000 (Lei do Sistema Nacional de Unidades de Conservação da Natureza), regulamentada pelo Dec. nº 4.340, de 22-8-2002.
▶ Res. do CONAMA nº 369, de 28-3-2006, dispõe sobre os casos excepcionais, de utilidade pública, interesse social ou baixo impacto ambiental, que possibilitam a intervenção ou supressão de vegetação em Área de Preservação Permanente – APP.

IV – exigir, na forma da lei, para instalação de obra ou atividade potencialmente causadora de significativa degradação do meio ambiente, estudo prévio de impacto ambiental, a que se dará publicidade;

▶ Lei nº 11.105, de 24-3-2005 (Lei de Biossegurança), regulamenta este inciso.

V – controlar a produção, a comercialização e o emprego de técnicas, métodos e substâncias que comportem risco para a vida, a qualidade de vida e o meio ambiente;

▶ Lei nº 7.802, de 11-7-1989, dispõe sobre a pesquisa, a experimentação, a produção, a embalagem e rotulagem, o transporte, o armazenamento, a comercialização, a propaganda comercial, a utilização, a importação, a exportação, o destino final dos resíduos e embalagens, o registro, a classificação, o controle, a inspeção e a fiscalização, de agrotóxicos, seus componentes, e afins.
▶ Lei nº 9.985, de 18-7-2000 (Lei do Sistema Nacional de Unidades de Conservação da Natureza), regulamentada pelo Dec. nº 4.340, de 22-8-2002.
▶ Lei nº 11.105, de 24-3-2005 (Lei de Biossegurança), regulamenta este inciso.

VI – promover a educação ambiental em todos os níveis de ensino e a conscientização pública para a preservação do meio ambiente;

▶ Lei nº 9.795, de 27-4-1999, dispõe sobre a educação ambiental e a instituição da Política Nacional de Educação Ambiental.

VII – proteger a fauna e a flora, vedadas, na forma da lei, as práticas que coloquem em risco sua função ecológica, provoquem a extinção de espécies ou submetam os animais à crueldade.

▶ Lei nº 4.771, de 15-9-1965 (Código Florestal).
▶ Lei nº 5.197, de 3-1-1967 (Lei de Proteção à Fauna).
▶ Lei nº 7.802, de 11-7-1989, dispõe sobre a pesquisa, a experimentação, a produção, a embalagem e rotulagem, o transporte, o armazenamento, a comercialização, a propaganda comercial, a utilização, a importação, a exportação, o destino final dos resíduos e embalagens, o registro, a classificação, o controle, a inspeção e a fiscalização, de agrotóxicos, seus componentes, e afins.

Constituição Federal – Art. 226

- Lei nº 9.605, de 12-2-1998 (Lei dos Crimes Ambientais).
- Lei nº 9.985, de 18-7-2000 (Lei do Sistema Nacional de Unidades de Conservação da Natureza), regulamentada pelo Dec. nº 4.340, de 22-8-2002.
- Dec.-lei nº 221, de 28-2-1967 (Lei de Proteção e Estímulos à Pesca).
- Lei nº 11.794, de 8-10-2008, regulamenta este inciso, estabelecendo procedimentos para o uso científico de animais.

§ 2º Aquele que explorar recursos minerais fica obrigado a recuperar o meio ambiente degradado, de acordo com solução técnica exigida pelo órgão público competente, na forma da lei.

- Dec.-lei nº 227, de 28-2-1967 (Código de Mineração).

§ 3º As condutas e atividades consideradas lesivas ao meio ambiente sujeitarão os infratores, pessoas físicas ou jurídicas, a sanções penais e administrativas, independentemente da obrigação de reparar os danos causados.

- Art. 3º, *caput*, e parágrafo único, da Lei nº 9.605, de 12-2-1998 (Lei dos Crimes Ambientais).
- Dec. nº 6.514, de 22-7-2008, dispõe sobre as infrações e sanções administrativas ao meio ambiente e estabelece o processo administrativo federal para apuração destas infrações.

§ 4º A Floresta Amazônica brasileira, a Mata Atlântica, a Serra do Mar, o Pantanal Mato-Grossense e a Zona Costeira são patrimônio nacional, e sua utilização far-se-á, na forma da lei, dentro de condições que assegurem a preservação do meio ambiente, inclusive quanto ao uso dos recursos naturais.

- Lei nº 6.902, de 27-4-1981 (Lei das Estações Ecológicas e das Áreas de Proteção Ambiental).
- Lei nº 6.938, de 31-8-1981 (Lei da Política Nacional do Meio Ambiente).
- Lei nº 7.347, de 24-7-1985 (Lei da Ação Civil Pública).
- Dec. nº 4.297, de 10-7-2002, regulamenta o inciso II do art. 9º da Lei nº 6.938, de 31-8-1981 (Lei da Política Nacional do Meio Ambiente), estabelecendo critério para o Zoneamento Ecológico-Econômico do Brasil – ZEE.
- Res. do CONAMA nº 369, de 28-3-2006, dispõe sobre os casos excepcionais, de utilidade pública, interesse social ou baixo impacto ambiental, que possibilitam a intervenção ou supressão de vegetação em Área de Preservação Permanente – APP.

§ 5º São indisponíveis as terras devolutas ou arrecadadas pelos Estados, por ações discriminatórias, necessárias à proteção dos ecossistemas naturais.

- Lei nº 6.383, de 7-12-1976 (Lei das Ações Discriminatórias).
- Dec.-lei nº 9.760, de 5-9-1946 (Lei dos Bens Imóveis da União).
- Dec.-lei nº 1.414, de 18-8-1975, dispõe sobre o processo de ratificação das concessões e alterações de terras devolutas na faixa de fronteiras.
- Arts. 1º, 5º e 164 do Dec. nº 87.620, de 21-9-1982, que dispõe sobre o procedimento administrativo para o reconhecimento da aquisição, por usucapião especial, de imóveis rurais compreendidos em terras devolutas.
- Res. do CONAMA nº 369, de 28-3-2006, dispõe sobre os casos excepcionais, de utilidade pública, interesse social ou baixo impacto ambiental, que possibilitam a intervenção ou supressão de vegetação em Área de Preservação Permanente – APP.

§ 6º As usinas que operem com reator nuclear deverão ter sua localização definida em lei federal, sem o que não poderão ser instaladas.

- Dec.-lei nº 1.809, de 7-10-1980, institui o Sistema de Proteção ao Programa Nuclear Brasileiro – SIPRON.

Capítulo VII
DA FAMÍLIA, DA CRIANÇA, DO ADOLESCENTE, DO JOVEM E DO IDOSO

- Capítulo VII com a denominação dada pela EC nº 65, de 13-7-2010.
- Lei nº 8.069, de 13-7-1990 (Estatuto da Criança e do Adolescente).
- Lei nº 8.842, de 4-1-1994, dispõe sobre a composição, estruturação, competência e funcionamento do Conselho Nacional dos Direitos do Idoso – CNDI.
- Lei nº 10.741, de 1º-10-2003 (Estatuto do Idoso).
- Lei nº 12.010, de 3-8-2009 (Lei da Adoção).

Art. 226. A família, base da sociedade, tem especial proteção do Estado.

- Arts. 1.533 a 1.542 do CC.
- Lei nº 6.015, de 31-12-1973 (Lei dos Registros Públicos).
- Lei nº 8.069, de 13-7-1990 (Estatuto da Criança e do Adolescente).

§ 1º O casamento é civil e gratuita a celebração.

- Arts. 1.511 a 1.570 do CC.
- Arts. 67 a 76 da Lei nº 6.015, de 31-12-1973 (Lei dos Registros Públicos).

§ 2º O casamento religioso tem efeito civil, nos termos da lei.

- Lei nº 1.110, de 23-5-1950, regula o reconhecimento dos efeitos civis ao casamento religioso.
- Arts. 71 a 75 da Lei nº 6.015, de 31-12-1973 (Lei dos Registros Públicos).
- Lei nº 9.278, de 10-5-1996 (Lei da União Estável).
- Art. 5º do Dec.-lei nº 3.200, de 19-4-1941, que dispõe sobre a organização e proteção da família.

§ 3º Para efeito da proteção do Estado, é reconhecida a união estável entre o homem e a mulher como entidade familiar, devendo a lei facilitar sua conversão em casamento.

- Arts. 1.723 a 1.727 do CC.
- Lei nº 8.971, de 29-12-1994, regula o direito dos companheiros a alimentos e sucessão.
- Lei nº 9.278, de 10-5-1996 (Lei da União Estável).
- O STF, por unanimidade de votos, julgou procedentes a ADPF nº 132 (como ação direta de inconstitucionalidade) e a ADIN nº 4.277, com eficácia *erga omnes* e efeito vinculante, para dar ao art. 1.723 do CC interpretação conforme à CF para dele excluir qualquer significado que impeça o reconhecimento da união contínua, pública e duradoura entre pessoas do mesmo sexo como entidade familiar (*DOU* de 13-5-2011).

§ 4º Entende-se, também, como entidade familiar a comunidade formada por qualquer dos pais e seus descendentes.

§ 5º Os direitos e deveres referentes à sociedade conjugal são exercidos igualmente pelo homem e pela mulher.

- Arts. 1.511 a 1.570 do CC.
- Arts. 2º a 8º da Lei nº 6.515, de 26-12-1977 (Lei do Divórcio).

§ 6º O casamento civil pode ser dissolvido pelo divórcio.
- § 6º com a redação dada pela EC nº 66, de 13-7-2010.
- Lei nº 6.515, de 26-12-1977 (Lei do Divórcio).

§ 7º Fundado nos princípios da dignidade da pessoa humana e da paternidade responsável, o planejamento familiar é livre decisão do casal, competindo ao Estado propiciar recursos educacionais e científicos para o exercício desse direito, vedada qualquer forma coercitiva por parte de instituições oficiais ou privadas.
- Lei nº 9.263, de 12-1-1996 (Lei do Planejamento Familiar), regulamenta este parágrafo.

§ 8º O Estado assegurará a assistência à família na pessoa de cada um dos que a integram, criando mecanismos para coibir a violência no âmbito de suas relações.
- Lei nº 11.340, de 7-8-2006 (Lei que Coíbe a Violência Doméstica e Familiar Contra a Mulher).

Art. 227. É dever da família, da sociedade e do Estado assegurar à criança, ao adolescente e ao jovem, com absoluta prioridade, o direito à vida, à saúde, à alimentação, à educação, ao lazer, à profissionalização, à cultura, à dignidade, ao respeito, à liberdade e à convivência familiar e comunitária, além de colocá-los a salvo de toda forma de negligência, discriminação, exploração, violência, crueldade e opressão.
- *Caput* com a redação dada pela EC nº 65, de 13-7-2010.
- Arts. 6º, 208 e 212, § 4º, desta Constituição.
- Lei nº 8.069, de 13-7-1990 (Estatuto da Criança e do Adolescente).
- Lei nº 12.318, de 26-8-2010 (Lei da Alienação Parental).
- Dec. nº 3.413, de 14-4-2000, promulga a Convenção sobre os Aspectos Civis do Sequestro Internacional de Crianças, concluída na cidade de Haia, em 25-10-1980.
- Dec. nº 3.597, de 12-9-2000, promulga a Convenção 182 e a Recomendação 190 da Organização Internacional do Trabalho – OIT sobre a proibição das piores formas de trabalho infantil e a ação imediata para sua eliminação, concluídas em Genebra em 17-6-1999.
- Dec. nº 3.951, de 4-10-2001, designa a Autoridade Central para dar cumprimento às obrigações impostas pela Convenção sobre os Aspectos Civis do Sequestro Internacional de Crianças, cria o Conselho da Autoridade Central Administrativa Federal Contra o Sequestro Internacional de Crianças e institui o Programa Nacional para Cooperação no Regresso de Crianças e Adolescentes Brasileiros Sequestrados Internacionalmente.
- Dec. Legislativo nº 79, de 15-9-1999, aprova o texto da Convenção sobre os Aspectos Civis do Sequestro Internacional de Crianças, concluída na cidade de Haia, em 25-10-1980, com vistas a adesão pelo governo brasileiro.
- Res. do CNJ nº 94, de 27-10-2009, determina a criação de Coordenadorias da Infância e da Juventude no âmbito dos Tribunais de Justiça dos Estados e do Distrito Federal.

§ 1º O Estado promoverá programas de assistência integral à saúde da criança, do adolescente e do jovem, admitida a participação de entidades não governamentais, mediante políticas específicas e obedecendo aos seguintes preceitos:
- § 1º com a redação dada pela EC nº 65, de 13-7-2010.
- Lei nº 8.642, de 31-3-1993, dispõe sobre a instituição do Programa Nacional de Atenção à Criança e ao Adolescente – PRONAICA.

I – aplicação de percentual dos recursos públicos destinados à saúde na assistência materno-infantil;
II – criação de programas de prevenção e atendimento especializado para as pessoas portadoras de deficiência física, sensorial ou mental, bem como de integração social do adolescente e do jovem portador de deficiência, mediante o treinamento para o trabalho e a convivência, e a facilitação do acesso aos bens e serviços coletivos, com a eliminação de obstáculos arquitetônicos e de todas as formas de discriminação.
- Inciso II com a redação dada pela EC nº 65, de 13-7-2010.
- Lei nº 7.853, de 24-10-1989 (Lei de Apoio às Pessoas Portadoras de Deficiência), regulamentada pelo Dec. nº 3.298, de 20-12-1999.
- Lei nº 8.069, de 13-7-1990 (Estatuto da Criança e do Adolescente).
- Lei nº 10.216, de 6-4-2001, dispõe sobre a proteção e os direitos das pessoas portadoras de transtornos mentais e redireciona o modelo assistencial em saúde mental.
- Dec. nº 3.956, de 8-10-2001, promulga a Convenção Interamericana para Eliminação de Todas as Formas de Discriminação contra as Pessoas Portadoras de Deficiência.
- Dec. nº 6.949, de 25-8-2009, promulga a Convenção Internacional sobre os Direitos das Pessoas com Deficiência.

§ 2º A lei disporá sobre normas de construção dos logradouros e dos edifícios de uso público e de fabricação de veículos de transporte coletivo, a fim de garantir acesso adequado às pessoas portadoras de deficiência.
- Art. 244 desta Constituição.
- Art. 3º da Lei nº 7.853, de 24-10-1989 (Lei de Apoio às Pessoas Portadoras de Deficiência), regulamentada pelo Dec. nº 3.298, de 20-12-1999.
- Dec. nº 6.949, de 25-8-2009, promulga a Convenção Internacional sobre os Direitos das Pessoas com Deficiência.

§ 3º O direito a proteção especial abrangerá os seguintes aspectos:

I – idade mínima de quatorze anos para admissão ao trabalho, observado o disposto no artigo 7º, XXXIII;
- O art. 7º, XXXIII, desta Constituição, foi alterado pela EC nº 20, de 15-12-1998, e agora fixa em dezesseis anos a idade mínima para admissão ao trabalho.

II – garantia de direitos previdenciários e trabalhistas;
III – garantia de acesso do trabalhador adolescente e jovem à escola;
- Inciso III com a redação dada pela EC nº 65, de 13-7-2010.

IV – garantia de pleno e formal conhecimento da atribuição de ato infracional, igualdade na relação processual e defesa técnica por profissional habilitado, segundo dispuser a legislação tutelar específica;
V – obediência aos princípios de brevidade, excepcionalidade e respeito à condição peculiar de pessoa em desenvolvimento, quando da aplicação de qualquer medida privativa da liberdade;
VI – estímulo do Poder Público, através de assistência jurídica, incentivos fiscais e subsídios, nos termos da

lei, ao acolhimento, sob a forma de guarda, de criança ou adolescente órfão ou abandonado;

▶ Arts. 33 a 35 do ECA.

VII – programas de prevenção e atendimento especializado à criança, ao adolescente e ao jovem dependente de entorpecentes e drogas afins.

▶ Inciso VII com a redação dada pela EC nº 65, de 13-7-2010.
▶ Lei nº 11.343, de 23-8-2006 (Lei Antidrogas).

§ 4º A lei punirá severamente o abuso, a violência e a exploração sexual da criança e do adolescente.

▶ Arts. 217-A a 218-B e 224 do CP.
▶ Arts. 225 a 258 do ECA.

§ 5º A adoção será assistida pelo Poder Público, na forma da lei, que estabelecerá casos e condições de sua efetivação por parte de estrangeiros.

▶ Arts. 1.618 e 1.619 do CC.
▶ Arts. 39 a 52 do ECA.
▶ Lei nº 12.010, de 3-8-2009 (Lei da Adoção).
▶ Dec. nº 3.087, de 21-6-1999, promulga a Convenção Relativa a Proteção das Crianças e a Cooperação em Matéria de Adoção Internacional, concluída em Haia, em 29-5-1993.

§ 6º Os filhos, havidos ou não da relação do casamento, ou por adoção, terão os mesmos direitos e qualificações, proibidas quaisquer designações discriminatórias relativas à filiação.

▶ Art. 41, §§ 1º e 2º, do ECA.
▶ Lei nº 8.560, de 29-12-1992 (Lei de Investigação de Paternidade).
▶ Lei nº 10.317, de 6-12-2001, dispõe sobre a gratuidade no exame de DNA nos casos que especifica.
▶ Lei nº 12.010, de 3-8-2009 (Lei da Adoção).

§ 7º No atendimento dos direitos da criança e do adolescente levar-se-á em consideração o disposto no artigo 204.

§ 8º A lei estabelecerá:

I – o estatuto da juventude, destinado a regular os direitos dos jovens;

II – o plano nacional de juventude, de duração decenal, visando à articulação das várias esferas do poder público para a execução de políticas públicas.

▶ § 8º acrescido pela EC nº 65, de 13-7-2010.

Art. 228. São penalmente inimputáveis os menores de dezoito anos, sujeitos às normas da legislação especial.

▶ Art. 27 do CP.
▶ Arts. 101, 104 e 112 do ECA.

Art. 229. Os pais têm o dever de assistir, criar e educar os filhos menores, e os filhos maiores têm o dever de ajudar e amparar os pais na velhice, carência ou enfermidade.

▶ Art. 22 do ECA.

Art. 230. A família, a sociedade e o Estado têm o dever de amparar as pessoas idosas, assegurando sua participação na comunidade, defendendo sua dignidade e bem-estar e garantindo-lhes o direito à vida.

▶ Lei nº 8.842, de 4-1-1994, dispõe sobre a política nacional do idoso.
▶ Lei nº 10.741, de 1º-10-2003 (Estatuto do Idoso).

§ 1º Os programas de amparo aos idosos serão executados preferencialmente em seus lares.

§ 2º Aos maiores de sessenta e cinco anos é garantida a gratuidade dos transportes coletivos urbanos.

Capítulo VIII
DOS ÍNDIOS

Art. 231. São reconhecidos aos índios sua organização social, costumes, línguas, crenças e tradições, e os direitos originários sobre as terras que tradicionalmente ocupam, competindo à União demarcá-las, proteger e fazer respeitar todos os seus bens.

▶ Lei nº 6.001, de 19-12-1973 (Estatuto do Índio).
▶ Dec. nº 26, de 4-2-1991, dispõe sobre a educação indígena no Brasil.
▶ Dec. nº 1.141, de 19-5-1994, dispõe sobre ações de proteção ambiental, saúde e apoio às atividades produtivas para as comunidades indígenas.
▶ Dec. nº 1.775, de 8-1-1996, dispõe sobre o procedimento administrativo de demarcação de terras indígenas.
▶ Dec. nº 3.156, de 7-10-1999, dispõe sobre as condições para a prestação de assistência à saúde dos povos indígenas, no âmbito do Sistema Único de Saúde.
▶ Dec. nº 4.412, de 7-10-2002, dispõe sobre a atuação das Forças Armadas e da Polícia Federal nas terras indígenas.
▶ Dec. nº 6.040, de 7-2-2007, institui a Política Nacional de Desenvolvimento Sustentável dos Povos e Comunidades Tradicionais.

§ 1º São terras tradicionalmente ocupadas pelos índios as por eles habitadas em caráter permanente, as utilizadas para suas atividades produtivas, as imprescindíveis à preservação dos recursos ambientais necessários a seu bem-estar e as necessárias a sua reprodução física e cultural, segundo seus usos, costumes e tradições.

§ 2º As terras tradicionalmente ocupadas pelos índios destinam-se a sua posse permanente, cabendo-lhes o usufruto exclusivo das riquezas do solo, dos rios e dos lagos nelas existentes.

§ 3º O aproveitamento dos recursos hídricos, incluídos os potenciais energéticos, a pesquisa e a lavra das riquezas minerais em terras indígenas só podem ser efetivados com autorização do Congresso Nacional, ouvidas as comunidades afetadas, ficando-lhes assegurada participação nos resultados da lavra, na forma da lei.

§ 4º As terras de que trata este artigo são inalienáveis e indisponíveis, e os direitos sobre elas, imprescritíveis.

§ 5º É vedada a remoção dos grupos indígenas de suas terras, salvo, *ad referendum* do Congresso Nacional, em caso de catástrofe ou epidemia que ponha em risco sua população, ou no interesse da soberania do País, após deliberação do Congresso Nacional, garantindo, em qualquer hipótese, o retorno imediato logo que cesse o risco.

§ 6º São nulos e extintos, não produzindo efeitos jurídicos, os atos que tenham por objeto a ocupação, o domínio e a posse das terras a que se refere este artigo, ou a exploração das riquezas naturais do solo, dos rios e dos lagos nelas existentes, ressalvado relevante interesse público da União, segundo o que dispuser lei complementar, não gerando a nulidade e a extinção direito a indenização ou ações contra a União, salvo, na forma da lei, quanto às benfeitorias derivadas da ocupação de boa-fé.

▶ Art. 62 da Lei nº 6.001, de 19-12-1973 (Estatuto do Índio).

§ 7º Não se aplica às terras indígenas o disposto no artigo 174, §§ 3º e 4º.

Art. 232. Os índios, suas comunidades e organizações são partes legítimas para ingressar em juízo em defesa de seus direitos e interesses, intervindo o Ministério Público em todos os atos do processo.

▶ Lei nº 6.001, de 19-12-1973 (Estatuto do Índio).

TÍTULO IX – DAS DISPOSIÇÕES CONSTITUCIONAIS GERAIS

Art. 233. *Revogado.* EC nº 28, de 25-5-2000.

§§ 1º a 3º *Revogados.* EC nº 28, de 25-5-2000.

Art. 234. É vedado à União, direta ou indiretamente, assumir, em decorrência da criação de Estado, encargos referentes a despesas com pessoal inativo e com encargos e amortizações da dívida interna ou externa da administração pública, inclusive da indireta.

▶ Art. 13, § 6º, do ADCT.

Art. 235. Nos dez primeiros anos da criação de Estado, serão observadas as seguintes normas básicas:

I – a Assembleia Legislativa será composta de dezessete Deputados se a população do Estado for inferior a seiscentos mil habitantes, e de vinte e quatro, se igual ou superior a esse número, até um milhão e quinhentos mil;

II – o Governo terá no máximo dez Secretarias;

III – o Tribunal de Contas terá três membros, nomeados, pelo Governador eleito, dentre brasileiros de comprovada idoneidade e notório saber;

IV – o Tribunal de Justiça terá sete Desembargadores;

V – os primeiros Desembargadores serão nomeados pelo Governador eleito, escolhidos da seguinte forma:

a) cinco dentre os magistrados com mais de trinta e cinco anos de idade, em exercício na área do novo Estado ou do Estado originário;

b) dois dentre promotores, nas mesmas condições, e advogados de comprovada idoneidade e saber jurídico, com dez anos, no mínimo, de exercício profissional, obedecido o procedimento fixado na Constituição;

VI – no caso de Estado proveniente de Território Federal, os cinco primeiros Desembargadores poderão ser escolhidos dentre juízes de direito de qualquer parte do País;

VII – em cada Comarca, o primeiro Juiz de Direito, o primeiro Promotor de Justiça e o primeiro Defensor Público serão nomeados pelo Governador eleito após concurso público de provas e títulos;

VIII – até a promulgação da Constituição Estadual, responderão pela Procuradoria-Geral, pela Advocacia-Geral e pela Defensoria-Geral do Estado advogados de notório saber, com trinta e cinco anos de idade, no mínimo, nomeados pelo Governador eleito e demissíveis *ad nutum*;

IX – se o novo Estado for resultado de transformação de Território Federal, a transferência de encargos financeiros da União para pagamento dos servidores optantes que pertenciam à Administração Federal ocorrerá da seguinte forma:

a) no sexto ano de instalação, o Estado assumirá vinte por cento dos encargos financeiros para fazer face ao pagamento dos servidores públicos, ficando ainda o restante sob a responsabilidade da União;

b) no sétimo ano, os encargos do Estado serão acrescidos de trinta por cento e, no oitavo, dos restantes cinquenta por cento;

X – as nomeações que se seguirem às primeiras, para os cargos mencionados neste artigo, serão disciplinadas na Constituição Estadual;

XI – as despesas orçamentárias com pessoal não poderão ultrapassar cinquenta por cento da receita do Estado.

Art. 236. Os serviços notariais e de registro são exercidos em caráter privado, por delegação do Poder Público.

▶ Art. 32 do ADCT.

▶ Lei nº 8.935, de 18-11-1994 (Lei dos Serviços Notariais e de Registro).

§ 1º Lei regulará as atividades, disciplinará a responsabilidade civil e criminal dos notários, dos oficiais de registro e de seus prepostos, e definirá a fiscalização de seus atos pelo Poder Judiciário.

§ 2º Lei federal estabelecerá normas gerais para fixação de emolumentos relativos aos atos praticados pelos serviços notariais e de registro.

▶ Lei nº 10.169, de 29-12-2000, dispõe sobre normas gerais para a fixação de emolumentos relativos aos atos praticados pelos serviços notariais e de registro.

§ 3º O ingresso na atividade notarial e de registro depende de concurso público de provas e títulos, não se permitindo que qualquer serventia fique vaga, sem abertura de concurso de provimento ou de remoção, por mais de seis meses.

Art. 237. A fiscalização e o controle sobre o comércio exterior, essenciais à defesa dos interesses fazendários nacionais, serão exercidos pelo Ministério da Fazenda.

▶ Dec. nº 2.781, de 14-9-1998, institui o Programa Nacional de Combate ao Contrabando e ao Descaminho.

▶ Dec. nº 4.732, de 10-6-2003, dispõe sobre a CAMEX – Câmara de Comércio Exterior, que tem por objetivo a formulação, a doação, implementação e a coordenação das políticas e atividades relativas ao comércio exterior de bens de serviço, incluindo o turismo.

Art. 238. A lei ordenará a venda e revenda de combustíveis de petróleo, álcool carburante e outros combustíveis derivados de matérias-primas renováveis, respeitados os princípios desta Constituição.

▶ Lei nº 9.478, de 6-8-1997, dispõe sobre a Política Energética Nacional, as atividades relativas ao monopólio do petróleo, institui o Conselho Nacional de Política Energética e a Agência Nacional de Petróleo – ANP.

▶ Lei nº 9.847, de 26-10-1999, disciplina a fiscalização das atividades relativas ao abastecimento nacional de combustíveis, de que trata a Lei nº 9.478, de 6-8-1997, e estabelece sanções.

Art. 239. A arrecadação decorrente das contribuições para o Programa de Integração Social, criado pela Lei Complementar nº 7, de 7 de setembro de 1970, e para o Programa de Formação do Patrimônio do Servidor Público, criado pela Lei Complementar nº 8, de 3 de dezembro de 1970, passa, a partir da promulgação desta Constituição, a financiar, nos termos que a lei dispuser, o programa do seguro-desemprego e o abono de que trata o § 3º deste artigo.

- Art. 72, §§ 2º e 3º, do ADCT.
- Lei nº 7.998, de 11-1-1990 (Lei do Seguro-Desemprego).
- Lei nº 9.715, de 25-11-1998, dispõe sobre as contribuições para os Programas de Integração Social e de Formação do Patrimônio do Servidor Público – PIS/PASEP.

§ 1º Dos recursos mencionados no *caput* deste artigo, pelo menos quarenta por cento serão destinados a financiar programas de desenvolvimento econômico, através do Banco Nacional de Desenvolvimento Econômico e Social, com critérios de remuneração que lhes preservem o valor.

- Dec. nº 4.418, de 11-10-2002, aprovou novo Estatuto Social da empresa pública Banco Nacional de Desenvolvimento Econômico e Social – BNDES.

§ 2º Os patrimônios acumulados do Programa de Integração Social e do Programa de Formação do Patrimônio do Servidor Público são preservados, mantendo-se os critérios de saque nas situações previstas nas leis específicas, com exceção da retirada por motivo de casamento, ficando vedada a distribuição da arrecadação de que trata o *caput* deste artigo, para depósito nas contas individuais dos participantes.

§ 3º Aos empregados que percebam de empregadores que contribuem para o Programa de Integração Social ou para o Programa de Formação do Patrimônio do Servidor Público, até dois salários mínimos de remuneração mensal, é assegurado o pagamento de um salário mínimo anual, computado neste valor o rendimento das contas individuais, no caso daqueles que já participavam dos referidos programas, até a data da promulgação desta Constituição.

- Lei nº 7.859, de 25-10-1989, regula a concessão e o pagamento de abono previsto neste parágrafo.

§ 4º O financiamento do seguro-desemprego receberá uma contribuição adicional da empresa cujo índice de rotatividade da força de trabalho superar o índice médio da rotatividade do setor, na forma estabelecida por lei.

- Lei nº 7.998, de 11-1-1990 (Lei do Seguro-Desemprego).
- Lei nº 8.352, de 28-12-1991, dispõe sobre as disponibilidades financeiras do Fundo de Amparo ao Trabalhador – FAT.

Art. 240. Ficam ressalvadas do disposto no artigo 195 as atuais contribuições compulsórias dos empregadores sobre a folha de salários, destinadas às entidades privadas de serviço social e de formação profissional vinculadas ao sistema sindical.

- Art. 13, § 3º, da LC nº 123, de 14-12-2006 (Estatuto Nacional da Microempresa e da Empresa de Pequeno Porte).

Art. 241. A União, os Estados, o Distrito Federal e os Municípios disciplinarão por meio de lei os consórcios públicos e os convênios de cooperação entre os entes federados, autorizando a gestão associada de serviços públicos, bem como a transferência total ou parcial de encargos, serviços, pessoal e bens essenciais à continuidade dos serviços transferidos.

- Artigo com a redação dada pela EC nº 19, de 4-6-1998.

- Lei nº 11.107, de 6-4-2005 (Lei de Consórcios Públicos), regulamenta este artigo.

Art. 242. O princípio do artigo 206, IV, não se aplica às instituições educacionais oficiais criadas por lei estadual ou municipal e existentes na data da promulgação desta Constituição, que não sejam total ou preponderantemente mantidas com recursos públicos.

§ 1º O ensino da História do Brasil levará em conta as contribuições das diferentes culturas e etnias para a formação do povo brasileiro.

§ 2º O Colégio Pedro II, localizado na cidade do Rio de Janeiro, será mantido na órbita federal.

Art. 243. As glebas de qualquer região do País onde forem localizadas culturas ilegais de plantas psicotrópicas serão imediatamente expropriadas e especificamente destinadas ao assentamento de colonos, para o cultivo de produtos alimentícios e medicamentosos, sem qualquer indenização ao proprietário e sem prejuízo de outras sanções previstas em lei.

- Lei nº 8.257, de 26-11-1991, dispõe sobre a expropriação das glebas nas quais se localizem culturas ilegais de plantas psicotrópicas, regulamentada pelo Dec. nº 577, de 24-6-1992.

Parágrafo único. Todo e qualquer bem de valor econômico apreendido em decorrência do tráfico ilícito de entorpecentes e drogas afins será confiscado e reverterá em benefício de instituições e pessoal especializados no tratamento e recuperação de viciados e no aparelhamento e custeio de atividades de fiscalização, controle, prevenção e repressão do crime de tráfico dessas substâncias.

- Lei nº 11.343, de 23-8-2006 (Lei Antidrogas).

Art. 244. A lei disporá sobre a adaptação dos logradouros, dos edifícios de uso público e dos veículos de transporte coletivo atualmente existentes a fim de garantir acesso adequado às pessoas portadoras de deficiência, conforme o disposto no art. 227, § 2º.

- Lei nº 7.853, de 24-10-1989 (Lei de Apoio às Pessoas Portadoras de Deficiência), regulamentada pelo Dec. nº 3.298, de 20-12-1999.
- Lei nº 8.899, de 29-6-1994, concede passe livre às pessoas portadoras de deficiência, no sistema de transporte coletivo interestadual.
- Lei nº 10.098, de 19-12-2000, estabelece normas gerais e critérios básicos para a promoção da acessibilidade das pessoas portadoras de deficiência ou com mobilidade reduzida.
- Dec. nº 6.949, de 25-8-2009, promulga a Convenção Internacional sobre os Direitos das Pessoas com Deficiência.

Art. 245. A lei disporá sobre as hipóteses e condições em que o Poder Público dará assistência aos herdeiros e dependentes carentes de pessoas vitimadas por crime doloso, sem prejuízo da responsabilidade civil do autor do ilícito.

- LC nº 79, de 7-1-1994, cria o Fundo Penitenciário Nacional – FUNPEN.

Art. 246. É vedada a adoção de medida provisória na regulamentação de artigo da Constituição cuja redação tenha sido alterada por meio de emenda promul-

gada entre 1º de janeiro de 1995 até a promulgação desta emenda, inclusive.
► Artigo com a redação dada pela EC nº 32, de 11-9-2001.
► Art. 62 desta Constituição.

Art. 247. As leis previstas no inciso III do § 1º do artigo 41 e no § 7º do artigo 169 estabelecerão critérios e garantias especiais para a perda do cargo pelo servidor público estável que, em decorrência das atribuições de seu cargo efetivo, desenvolva atividades exclusivas de Estado.

Parágrafo único. Na hipótese de insuficiência de desempenho, a perda do cargo somente ocorrerá mediante processo administrativo em que lhe sejam assegurados o contraditório e a ampla defesa.
► Art. 247 acrescido pela EC nº 19, de 4-6-1998.

Art. 248. Os benefícios pagos, a qualquer título, pelo órgão responsável pelo regime geral de previdência social, ainda que à conta do Tesouro Nacional, e os não sujeitos ao limite máximo de valor fixado para os benefícios concedidos por esse regime observarão os limites fixados no artigo 37, XI.

Art. 249. Com o objetivo de assegurar recursos para o pagamento de proventos de aposentadoria e pensões concedidas aos respectivos servidores e seus dependentes, em adição aos recursos dos respectivos tesouros, a União, os Estados, o Distrito Federal e os Municípios poderão constituir fundos integrados pelos recursos provenientes de contribuições e por bens, direitos e ativos de qualquer natureza, mediante lei que disporá sobre a natureza e administração desses fundos.

Art. 250. Com o objetivo de assegurar recursos para o pagamento dos benefícios concedidos pelo regime geral de previdência social, em adição aos recursos de sua arrecadação, a União poderá constituir fundo integrado por bens, direitos e ativos de qualquer natureza, mediante lei que disporá sobre a natureza e administração desse fundo.
► Arts. 248 a 250 acrescidos pela EC nº 20, de 15-12-1998.

ATO DAS DISPOSIÇÕES CONSTITUCIONAIS TRANSITÓRIAS

Art. 1º O Presidente da República, o Presidente do Supremo Tribunal Federal e os membros do Congresso Nacional prestarão o compromisso de manter, defender e cumprir a Constituição, no ato e na data de sua promulgação.

Art. 2º No dia 7 de setembro de 1993 o eleitorado definirá, através de plebiscito, a forma (república ou monarquia constitucional) e o sistema de governo (parlamentarismo ou presidencialismo) que devem vigorar no País.
► EC nº 2, de 25-8-1992.
► Lei nº 8.624, de 4-2-1993, dispõe sobre o plebiscito que definirá a Forma e o Sistema de Governo, regulamentando este artigo.
► No plebiscito realizado em 21-4-1993, disciplinado pela EC nº 2, de 25-8-1992, foram mantidos a República e o Presidencialismo, como forma e sistema de Governo, respectivamente.

§ 1º Será assegurada gratuidade na livre divulgação dessas formas e sistemas, através dos meios de comunicação de massa cessionários de serviço público.

§ 2º O Tribunal Superior Eleitoral, promulgada a Constituição, expedirá as normas regulamentadoras deste artigo.

Art. 3º A revisão constitucional será realizada após cinco anos, contados da promulgação da Constituição, pelo voto da maioria absoluta dos membros do Congresso Nacional, em sessão unicameral.
► Emendas Constitucionais de Revisão nºs 1 a 6.

Art. 4º O mandato do atual Presidente da República terminará em 15 de março de 1990.

§ 1º A primeira eleição para Presidente da República após a promulgação da Constituição será realizada no dia 15 de novembro de 1989, não se lhe aplicando o disposto no artigo 16 da Constituição.

§ 2º É assegurada a irredutibilidade da atual representação dos Estados e do Distrito Federal na Câmara dos Deputados.

§ 3º Os mandatos dos Governadores e dos Vice-Governadores eleitos em 15 de novembro de 1986 terminarão em 15 de março de 1991.

§ 4º Os mandatos dos atuais Prefeitos, Vice-Prefeitos e Vereadores terminarão no dia 1º de janeiro de 1989, com a posse dos eleitos.

Art. 5º Não se aplicam às eleições previstas para 15 de novembro de 1988 o disposto no artigo 16 e as regras do artigo 77 da Constituição.

§ 1º Para as eleições de 15 de novembro de 1988 será exigido domicílio eleitoral na circunscrição pelo menos durante os quatro meses anteriores ao pleito, podendo os candidatos que preencham este requisito, atendidas as demais exigências da lei, ter seu registro efetivado pela Justiça Eleitoral após a promulgação da Constituição.

§ 2º Na ausência de norma legal específica, caberá ao Tribunal Superior Eleitoral editar as normas necessárias à realização das eleições de 1988, respeitada a legislação vigente.

§ 3º Os atuais parlamentares federais e estaduais eleitos Vice-Prefeitos, se convocados a exercer a função de Prefeito, não perderão o mandato parlamentar.

§ 4º O número de vereadores por município será fixado, para a representação a ser eleita em 1988, pelo respectivo Tribunal Regional Eleitoral, respeitados os limites estipulados no artigo 29, IV, da Constituição.

§ 5º Para as eleições de 15 de novembro de 1988, ressalvados os que já exercem mandato eletivo, são inelegíveis para qualquer cargo, no território de jurisdição do titular, o cônjuge e os parentes por consanguinidade ou afinidade, até o segundo grau, ou por adoção, do Presidente da República, do Governador de Estado, do Governador do Distrito Federal e do Prefeito que tenham exercido mais da metade do mandato.

Art. 6º Nos seis meses posteriores à promulgação da Constituição, parlamentares federais, reunidos em número não inferior a trinta, poderão requerer ao Tribunal Superior Eleitoral o registro de novo partido político, juntando ao requerimento o manifesto, o estatuto e o programa devidamente assinados pelos requerentes.

§ 1º O registro provisório, que será concedido de plano pelo Tribunal Superior Eleitoral, nos termos deste artigo, defere ao novo partido todos os direitos, deveres e prerrogativas dos atuais, entre eles o de participar, sob legenda própria, das eleições que vierem a ser realizadas nos doze meses seguintes à sua formação.

§ 2º O novo partido perderá automaticamente seu registro provisório se, no prazo de vinte e quatro meses, contados da sua formação, não obtiver registro definitivo no Tribunal Superior Eleitoral, na forma que a lei dispuser.

Art. 7º O Brasil propugnará pela formação de um Tribunal Internacional dos Direitos Humanos.

► Dec. nº 4.388, de 25-9-2002, promulga o Estatuto de Roma do Tribunal Penal Internacional.
► Dec. nº 4.463, de 8-11-2002, promulga a Declaração de Reconhecimento da Competência Obrigatória da Corte Interamericana em todos os casos relativos à interpretação ou aplicação da Convenção Americana sobre Direitos Humanos.

Art. 8º É concedida anistia aos que, no período de 18 de setembro de 1946 até a data da promulgação da Constituição, foram atingidos, em decorrência de motivação exclusivamente política, por atos de exceção, institucionais ou complementares, aos que foram abrangidos pelo Decreto Legislativo nº 18, de 15 de dezembro de 1961, e aos atingidos pelo Decreto-Lei nº 864, de 12 de setembro de 1969, asseguradas as promoções, na inatividade, ao cargo, emprego, posto ou graduação a que teriam direito se estivessem em serviço ativo, obedecidos os prazos de permanência em atividade previstos nas leis e regulamentos vigentes, respeitadas as características e peculiaridades das carreiras dos servidores públicos civis e militares e observados os respectivos regimes jurídicos.

► Lei nº 10.559, de 13-11-2002, regulamenta este artigo.
► Lei nº 12.528, de 18-11-2011, cria a Comissão Nacional da Verdade no âmbito da Casa Civil da Presidência da República.
► Súm. nº 674 do STF.

§ 1º O disposto neste artigo somente gerará efeitos financeiros a partir da promulgação da Constituição, vedada a remuneração de qualquer espécie em caráter retroativo.

§ 2º Ficam assegurados os benefícios estabelecidos neste artigo aos trabalhadores do setor privado, dirigentes e representantes sindicais que, por motivos exclusivamente políticos, tenham sido punidos, demitidos ou compelidos ao afastamento das atividades remuneradas que exerciam, bem como aos que foram impedidos de exercer atividades profissionais em virtude de pressões ostensivas ou expedientes oficiais sigilosos.

§ 3º Aos cidadãos que foram impedidos de exercer, na vida civil, atividade profissional específica, em decorrência das Portarias Reservadas do Ministério da Aeronáutica nº S-50-GM5, de 19 de junho de 1964, e nº S-285-GM5 será concedida reparação de natureza econômica, na forma que dispuser lei de iniciativa do Congresso Nacional e a entrar em vigor no prazo de doze meses a contar da promulgação da Constituição.

§ 4º Aos que, por força de atos institucionais, tenham exercido gratuitamente mandato eletivo de vereador serão computados, para efeito de aposentadoria no serviço público e Previdência Social, os respectivos períodos.

§ 5º A anistia concedida nos termos deste artigo aplica-se aos servidores públicos civis e aos empregados em todos os níveis de governo ou em suas fundações, empresas públicas ou empresas mistas sob controle estatal, exceto nos Ministérios militares, que tenham sidos punidos ou demitidos por atividades profissionais interrompidas em virtude de decisão de seus trabalhadores, bem como em decorrência do Decreto-lei nº 1.632, de 4 de agosto de 1978, ou por motivos exclusivamente políticos, assegurada a readmissão dos que foram atingidos a partir de 1979, observado o disposto no § 1º.

► O referido Decreto-lei foi revogado pela Lei nº 7.783, de 28-6-1989 (Lei de Greve).

Art. 9º Os que, por motivos exclusivamente políticos, foram cassados ou tiveram seus direitos políticos suspensos no período de 15 de julho a 31 de dezembro de 1969, por ato do então Presidente da República, poderão requerer ao Supremo Tribunal Federal o reconhecimento dos direitos e vantagens interrompidos pelos atos punitivos, desde que comprovem terem sido estes eivados de vício grave.

Parágrafo único. O Supremo Tribunal Federal proferirá a decisão no prazo de cento e vinte dias, a contar do pedido do interessado.

Art. 10. Até que seja promulgada a lei complementar a que se refere o artigo 7º, I, da Constituição:

I – fica limitada a proteção nele referida ao aumento, para quatro vezes, da porcentagem prevista no artigo 6º, *caput* e § 1º, da Lei nº 5.107, de 13 de setembro de 1966;

► A referida Lei foi revogada pela Lei nº 7.839, de 12-10-1989, e essa pela Lei nº 8.036, de 11-5-1990.
► Art. 18 da Lei nº 8.036, de 11-5-1990 (Lei do FGTS).

II – fica vedada a dispensa arbitrária ou sem justa causa:

a) do empregado eleito para cargo de direção de comissões internas de prevenção de acidentes, desde o registro de sua candidatura até um ano após o final de seu mandato;

► Súm. nº 676 do STF.
► Súm. nº 339 do TST.

b) da empregada gestante, desde a confirmação da gravidez até cinco meses após o parto.

§ 1º Até que a lei venha a disciplinar o disposto no artigo 7º, XIX, da Constituição, o prazo da licença-paternidade a que se refere o inciso é de cinco dias.

§ 2º Até ulterior disposição legal, a cobrança das contribuições para o custeio das atividades dos sindicatos rurais será feita juntamente com a do imposto territorial rural, pelo mesmo órgão arrecadador.

§ 3º Na primeira comprovação do cumprimento das obrigações trabalhistas pelo empregador rural, na forma do artigo 233, após a promulgação da Constituição, será certificada perante a Justiça do Trabalho a regula-

ridade do contrato e das atualizações das obrigações trabalhistas de todo o período.
▶ O referido art. 233 foi revogado pela EC nº 28, de 25-5-2000.

Art. 11. Cada Assembleia Legislativa, com poderes constituintes, elaborará a Constituição do Estado, no prazo de um ano, contado da promulgação da Constituição Federal, obedecidos os princípios desta.

Parágrafo único. Promulgada a Constituição do Estado, caberá à Câmara Municipal, no prazo de seis meses, votar a Lei Orgânica respectiva, em dois turnos de discussão e votação, respeitado o disposto na Constituição Federal e na Constituição Estadual.

Art. 12. Será criada, dentro de noventa dias da promulgação da Constituição, Comissão de Estudos Territoriais, com dez membros indicados pelo Congresso Nacional e cinco pelo Poder Executivo, com a finalidade de apresentar estudos sobre o território nacional e anteprojetos relativos a novas unidades territoriais, notadamente na Amazônia Legal e em áreas pendentes de solução.

§ 1º No prazo de um ano, a Comissão submeterá ao Congresso Nacional os resultados de seus estudos para, nos termos da Constituição, serem apreciados nos doze meses subsequentes, extinguindo-se logo após.

§ 2º Os Estados e os Municípios deverão, no prazo de três anos, a contar da promulgação da Constituição, promover, mediante acordo ou arbitramento, a demarcação de suas linhas divisórias atualmente litigiosas, podendo para isso fazer alterações e compensações de área que atendam aos acidentes naturais, critérios históricos, conveniências administrativas e comodidade das populações limítrofes.

§ 3º Havendo solicitação dos Estados e Municípios interessados, a União poderá encarregar-se dos trabalhos demarcatórios.

§ 4º Se, decorrido o prazo de três anos, a contar da promulgação da Constituição, os trabalhos demarcatórios não tiverem sido concluídos, caberá à União determinar os limites das áreas litigiosas.

§ 5º Ficam reconhecidos e homologados os atuais limites do Estado do Acre com os Estados do Amazonas e de Rondônia, conforme levantamentos cartográficos e geodésicos realizados pela Comissão Tripartite integrada por representantes dos Estados e dos serviços técnico-especializados do Instituto Brasileiro de Geografia e Estatística.

Art. 13. É criado o Estado do Tocantins, pelo desmembramento da área descrita neste artigo, dando-se sua instalação no quadragésimo sexto dia após a eleição prevista no § 3º, mas não antes de 1º de janeiro de 1989.

§ 1º O Estado do Tocantins integra a Região Norte e limita-se com o Estado de Goiás pelas divisas norte dos Municípios de São Miguel do Araguaia, Porangatu, Formoso, Minaçu, Cavalcante, Monte Alegre de Goiás e Campos Belos, conservando a leste, norte e oeste as divisas atuais de Goiás com os Estados da Bahia, Piauí, Maranhão, Pará e Mato Grosso.

§ 2º O Poder Executivo designará uma das cidades do Estado para sua Capital provisória até a aprovação da sede definitiva do governo pela Assembleia Constituinte.

§ 3º O Governador, o Vice-Governador, os Senadores, os Deputados Federais e os Deputados Estaduais serão eleitos, em um único turno, até setenta e cinco dias após a promulgação da Constituição, mas não antes de 15 de novembro de 1988, a critério do Tribunal Superior Eleitoral, obedecidas, entre outras, as seguintes normas:

I – o prazo de filiação partidária dos candidatos será encerrado setenta e cinco dias antes da data das eleições;

II – as datas das convenções regionais partidárias destinadas a deliberar sobre coligações e escolha de candidatos, de apresentação de requerimento de registro dos candidatos escolhidos e dos demais procedimentos legais serão fixadas em calendário especial, pela Justiça Eleitoral;

III – são inelegíveis os ocupantes de cargos estaduais ou municipais que não se tenham deles afastado, em caráter definitivo, setenta e cinco dias antes da data das eleições previstas neste parágrafo;

IV – ficam mantidos os atuais diretórios regionais dos partidos políticos do Estado de Goiás, cabendo às Comissões Executivas Nacionais designar comissões provisórias no Estado do Tocantins, nos termos e para os fins previstos na lei.

§ 4º Os mandatos do Governador, do Vice-Governador, dos Deputados Federais e Estaduais eleitos na forma do parágrafo anterior extinguir-se-ão concomitantemente aos das demais Unidades da Federação; o mandato do Senador eleito menos votado extinguir-se-á nessa mesma oportunidade, e os dos outros dois, juntamente com os dos Senadores eleitos em 1986 nos demais Estados.

§ 5º A Assembleia Estadual Constituinte será instalada no quadragésimo sexto dia da eleição de seus integrantes, mas não antes de 1º de janeiro de 1989, sob a presidência do Presidente do Tribunal Regional Eleitoral do Estado de Goiás, e dará posse, na mesma data, ao Governador e ao Vice-Governador eleitos.

§ 6º Aplicam-se à criação e instalação do Estado do Tocantins, no que couber, as normas legais disciplinadoras da divisão do Estado de Mato Grosso, observado o disposto no artigo 234 da Constituição.

§ 7º Fica o Estado de Goiás liberado dos débitos e encargos decorrentes de empreendimentos no território do novo Estado, e autorizada a União, a seu critério, a assumir os referidos débitos.

Art. 14. Os Territórios Federais de Roraima e do Amapá são transformados em Estados Federados, mantidos seus atuais limites geográficos.

§ 1º A instalação dos Estados dar-se-á com a posse dos Governadores eleitos em 1990.

§ 2º Aplicam-se à transformação e instalação dos Estados de Roraima e Amapá as normas e critérios seguidos na criação do Estado de Rondônia, respeitado o disposto na Constituição e neste Ato.

§ 3º O Presidente da República, até quarenta e cinco dias após a promulgação da Constituição, encaminhará à apreciação do Senado Federal os nomes dos Governadores dos Estados de Roraima e do Amapá que exercerão o Poder Executivo até a instalação dos novos Estados com a posse dos Governadores eleitos.

§ 4º Enquanto não concretizada a transformação em Estados, nos termos deste artigo, os Territórios Federais de Roraima e do Amapá serão beneficiados pela transferência de recursos prevista nos artigos 159, I, a, da Constituição, e 34, § 2º, II, deste Ato.

Art. 15. Fica extinto o Território Federal de Fernando de Noronha, sendo sua área reincorporada ao Estado de Pernambuco.

Art. 16. Até que se efetive o disposto no artigo 32, § 2º, da Constituição, caberá ao Presidente da República, com a aprovação do Senado Federal, indicar o Governador e o Vice-Governador do Distrito Federal.

§ 1º A competência da Câmara Legislativa do Distrito Federal, até que se instale, será exercida pelo Senado Federal.

§ 2º A fiscalização contábil, financeira, orçamentária, operacional e patrimonial do Distrito Federal, enquanto não for instalada a Câmara Legislativa, será exercida pelo Senado Federal, mediante controle externo, com o auxílio do Tribunal de Contas do Distrito Federal, observado o disposto no artigo 72 da Constituição.

§ 3º Incluem-se entre os bens do Distrito Federal aqueles que lhe vierem a ser atribuídos pela União na forma da lei.

Art. 17. Os vencimentos, a remuneração, as vantagens e os adicionais, bem como os proventos de aposentadoria que estejam sendo percebidos em desacordo com a Constituição serão imediatamente reduzidos aos limites dela decorrentes, não se admitindo, neste caso, invocação de direito adquirido ou percepção de excesso a qualquer título.

▶ Art. 9º da EC nº 41, de 19-12-2003, dispõe sobre a Reforma Previdenciária.

§ 1º É assegurado o exercício cumulativo de dois cargos ou empregos privativos de médico que estejam sendo exercidos por médico militar na administração pública direta ou indireta.

§ 2º É assegurado o exercício cumulativo de dois cargos ou empregos privativos de profissionais de saúde que estejam sendo exercidos na administração pública direta ou indireta.

Art. 18. Ficam extintos os efeitos jurídicos de qualquer ato legislativo ou administrativo, lavrado a partir da instalação da Assembleia Nacional Constituinte, que tenha por objeto a concessão de estabilidade a servidor admitido sem concurso público, da administração direta ou indireta, inclusive das fundações instituídas e mantidas pelo Poder Público.

Art. 19. Os servidores públicos civis da União, dos Estados, do Distrito Federal e dos Municípios, da administração direta, autárquica e das fundações públicas, em exercício na data da promulgação da Constituição, há pelo menos cinco anos continuados, e que não tenham sido admitidos na forma regulada no artigo 37, da Constituição, são considerados estáveis no serviço público.

▶ OJ da SBDI-I nº 364 do TST.

§ 1º O tempo de serviço dos servidores referidos neste artigo será contado como título quando se submeterem a concurso para fins de efetivação, na forma da lei.

§ 2º O disposto neste artigo não se aplica aos ocupantes de cargos, funções e empregos de confiança ou em comissão, nem aos que a lei declare de livre exoneração, cujo tempo de serviço não será computado para os fins do *caput* deste artigo, exceto se se tratar de servidor.

§ 3º O disposto neste artigo não se aplica aos professores de nível superior, nos termos da lei.

Art. 20. Dentro de cento e oitenta dias, proceder-se-á à revisão dos direitos dos servidores públicos inativos e pensionistas e à atualização dos proventos e pensões a eles devidos, a fim de ajustá-los ao disposto na Constituição.

▶ EC nº 41, de 19-12-2003, dispõe sobre a Reforma Previdenciária.

▶ Lei nº 8.112, de 11-12-1990 (Estatuto dos Servidores Públicos Civis da União, Autarquias e Fundações Públicas Federais).

Art. 21. Os juízes togados de investidura limitada no tempo, admitidos mediante concurso público de provas e títulos e que estejam em exercício na data da promulgação da Constituição, adquirem estabilidade, observado o estágio probatório, e passam a compor quadro em extinção, mantidas as competências, prerrogativas e restrições da legislação a que se achavam submetidos, salvo as inerentes à transitoriedade da investidura.

Parágrafo único. A aposentadoria dos juízes de que trata este artigo regular-se-á pelas normas fixadas para os demais juízes estaduais.

Art. 22. É assegurado aos defensores públicos investidos na função até a data de instalação da Assembleia Nacional Constituinte o direito de opção pela carreira, com a observância das garantias e vedações previstas no artigo 134, parágrafo único, da Constituição.

▶ O referido parágrafo único foi renumerado para § 1º, pela EC nº 45, de 8-12-2004.

Art. 23. Até que se edite a regulamentação do artigo 21, XVI, da Constituição, os atuais ocupantes do cargo de Censor Federal continuarão exercendo funções com este compatíveis, no Departamento de Polícia Federal, observadas as disposições constitucionais.

▶ Lei nº 9.688, de 6-7-1998, dispõe sobre a extinção dos cargos de Censor Federal e o enquadramento de seus ocupantes.

Parágrafo único. A lei referida disporá sobre o aproveitamento dos Censores Federais, nos termos deste artigo.

Art. 24. A União, os Estados, o Distrito Federal e os Municípios editarão leis que estabeleçam critérios para a compatibilização de seus quadros de pessoal ao disposto no artigo 39 da Constituição e à reforma administrativa dela decorrente, no prazo de dezoito meses, contados da sua promulgação.

Art. 25. Ficam revogados, a partir de cento e oitenta dias da promulgação da Constituição, sujeito este prazo a prorrogação por lei, todos os dispositivos legais que atribuam ou deleguem a órgão do Poder Executivo competência assinalada pela Constituição ao Congresso Nacional, especialmente no que tange à:

I – ação normativa;

II – alocação ou transferência de recursos de qualquer espécie.

§ 1º Os decretos-leis em tramitação no Congresso Nacional e por este não apreciados até a promulgação da Constituição terão seus efeitos regulados da seguinte forma:

I – se editados até 2 de setembro de 1988, serão apreciados pelo Congresso Nacional no prazo de até cento e oitenta dias a contar da promulgação da Constituição, não computado o recesso parlamentar;

II – decorrido o prazo definido no inciso anterior, e não havendo apreciação, os decretos-leis ali mencionados serão considerados rejeitados;

III – nas hipóteses definidas nos incisos I e II, terão plena validade os atos praticados na vigência dos respectivos decretos-leis, podendo o Congresso Nacional, se necessário, legislar sobre os efeitos deles remanescentes.

§ 2º Os decretos-leis editados entre 3 de setembro de 1988 e a promulgação da Constituição serão convertidos, nesta data, em medidas provisórias, aplicando-se-lhes as regras estabelecidas no artigo 62, parágrafo único.

▶ Art. 62, § 3º, desta Constituição.

Art. 26. No prazo de um ano a contar da promulgação da Constituição, o Congresso Nacional promoverá, através de Comissão Mista, exame analítico e pericial dos atos e fatos geradores do endividamento externo brasileiro.

§ 1º A Comissão terá a força legal de Comissão Parlamentar de Inquérito para os fins de requisição e convocação, e atuará com o auxílio do Tribunal de Contas da União.

§ 2º Apurada irregularidade, o Congresso Nacional proporá ao Poder Executivo a declaração de nulidade do ato e encaminhará o processo ao Ministério Público Federal, que formalizará, no prazo de sessenta dias, a ação cabível.

Art. 27. O Superior Tribunal de Justiça será instalado sob a Presidência do Supremo Tribunal Federal.

§ 1º Até que se instale o Superior Tribunal de Justiça, o Supremo Tribunal Federal exercerá as atribuições e competências definidas na ordem constitucional precedente.

§ 2º A composição inicial do Superior Tribunal de Justiça far-se-á:

I – pelo aproveitamento dos Ministros do Tribunal Federal de Recursos;

II – pela nomeação dos Ministros que sejam necessários para completar o número estabelecido na Constituição.

§ 3º Para os efeitos do disposto na Constituição, os atuais Ministros do Tribunal Federal de Recursos serão considerados pertencentes à classe de que provieram, quando de sua nomeação.

§ 4º Instalado o Tribunal, os Ministros aposentados do Tribunal Federal de Recursos tornar-se-ão, automaticamente, Ministros aposentados do Superior Tribunal de Justiça.

§ 5º Os Ministros a que se refere o § 2º, II, serão indicados em lista tríplice pelo Tribunal Federal de Recursos, observado o disposto no artigo 104, parágrafo único, da Constituição.

§ 6º Ficam criados cinco Tribunais Regionais Federais, a serem instalados no prazo de seis meses a contar da promulgação da Constituição, com a jurisdição e sede que lhes fixar o Tribunal Federal de Recursos, tendo em conta o número de processos e sua localização geográfica.

▶ Lei nº 7.727, de 9-1-1989, dispõe sobre a composição inicial dos Tribunais Regionais Federais e sua instalação, cria os respectivos quadros de pessoal.

§ 7º Até que se instalem os Tribunais Regionais Federais, o Tribunal Federal de Recursos exercerá a competência a eles atribuída em todo o território nacional, cabendo-lhe promover sua instalação e indicar os candidatos aos cargos da composição inicial, mediante lista tríplice, podendo desta constar juízes federais de qualquer região, observado o disposto no § 9º.

§ 8º É vedado, a partir da promulgação da Constituição, o provimento de vagas de Ministros do Tribunal Federal de Recursos.

§ 9º Quando não houver juiz federal que conte o tempo mínimo previsto no artigo 107, II, da Constituição, a promoção poderá contemplar juiz com menos de cinco anos no exercício do cargo.

§ 10. Compete à Justiça Federal julgar as ações nela propostas até a data da promulgação da Constituição, e aos Tribunais Regionais Federais bem como ao Superior Tribunal de Justiça julgar as ações rescisórias das decisões até então proferidas pela Justiça Federal, inclusive daquelas cuja matéria tenha passado à competência de outro ramo do Judiciário.

▶ Súmulas nºs 38, 104, 147 e 165 do STJ.

Art. 28. Os juízes federais de que trata o artigo 123, § 2º, da Constituição de 1967, com a redação dada pela Emenda Constitucional nº 7, de 1977, ficam investidos na titularidade de varas na Seção Judiciária para a qual tenham sido nomeados ou designados; na inexistência de vagas, proceder-se-á ao desdobramento das varas existentes.

▶ Dispunha o artigo citado: "A lei poderá atribuir a juízes federais exclusivamente funções de substituição, em uma ou mais seções judiciárias e, ainda, as de auxílio a juízes titulares de Varas, quando não se encontrarem no exercício de substituição".

Parágrafo único. Para efeito de promoção por antiguidade, o tempo de serviço desses juízes será computado a partir do dia de sua posse.

Art. 29. Enquanto não aprovadas as leis complementares relativas ao Ministério Público e à Advocacia-Geral da União, o Ministério Público Federal, a Procuradoria-Geral da Fazenda Nacional, as Consultorias Jurídicas dos Ministérios, as Procuradorias e Departamentos Jurídicos de autarquias federais com representação própria e os membros das Procuradorias das Universidades fundacionais públicas continuarão a exercer suas atividades na área das respectivas atribuições.

▶ LC nº 73, de 10-2-1993 (Lei Orgânica da Advocacia-Geral da União).

▶ LC nº 75, de 20-5-1993 (Lei Orgânica do Ministério Público da União).

▶ Dec. nº 767, de 5-3-1993, dispõe sobre as atividades de controle interno da Advocacia-Geral da União.

§ 1º O Presidente da República, no prazo de cento e vinte dias, encaminhará ao Congresso Nacional projeto de lei complementar dispondo sobre a organização e o funcionamento da Advocacia-Geral da União.

§ 2º Aos atuais Procuradores da República, nos termos da lei complementar, será facultada a opção, de forma irretratável, entre as carreiras do Ministério Público Federal e da Advocacia-Geral da União.

§ 3º Poderá optar pelo regime anterior, no que respeita às garantias e vantagens, o membro do Ministério Público admitido antes da promulgação da Constituição, observando-se, quanto às vedações, a situação jurídica na data desta.

§ 4º Os atuais integrantes do quadro suplementar dos Ministérios Públicos do Trabalho e Militar que tenham adquirido estabilidade nessas funções passam a integrar o quadro da respectiva carreira.

§ 5º Cabe à atual Procuradoria-Geral da Fazenda Nacional, diretamente ou por delegação, que pode ser ao Ministério Público Estadual, representar judicialmente a União nas causas de natureza fiscal, na área da respectiva competência, até a promulgação das leis complementares previstas neste artigo.

Art. 30. A legislação que criar a Justiça de Paz manterá os atuais juízes de paz até a posse dos novos titulares, assegurando-lhes os direitos e atribuições conferidos a estes, e designará o dia para a eleição prevista no artigo 98, II, da Constituição.

Art. 31. Serão estatizadas as serventias do foro judicial, assim definidas em lei, respeitados os direitos dos atuais titulares.

▶ Lei nº 8.935, de 18-11-1994 (Lei dos Serviços Notariais e de Registro).

Art. 32. O disposto no artigo 236 não se aplica aos serviços notariais e de registro que já tenham sido oficializados pelo Poder Público, respeitando-se o direito de seus servidores.

Art. 33. Ressalvados os créditos de natureza alimentar, o valor dos precatórios judiciais pendentes de pagamento na data da promulgação da Constituição, incluído o remanescente de juros e correção monetária, poderá ser pago em moeda corrente, com atualização, em prestações anuais, iguais e sucessivas, no prazo máximo de oito anos, a partir de 1º de julho de 1989, por decisão editada pelo Poder Executivo até cento e oitenta dias da promulgação da Constituição.

▶ Res. do CNJ nº 92, de 13-10-2009, dispõe sobre a Gestão de Precatórios no âmbito do Poder Judiciário.
▶ Art. 97, § 15, deste Ato.

Parágrafo único. Poderão as entidades devedoras, para o cumprimento do disposto neste artigo, emitir, em cada ano, no exato montante do dispêndio, títulos de dívida pública não computáveis para efeito do limite global de endividamento.

▶ Súm. nº 144 do STJ.

Art. 34. O sistema tributário nacional entrará em vigor a partir do primeiro dia do quinto mês seguinte ao da promulgação da Constituição, mantido, até então, o da Constituição de 1967, com a redação dada pela Emenda nº 1, de 1969, e pelas posteriores.

§ 1º Entrarão em vigor com a promulgação da Constituição os artigos 148, 149, 150, 154, I, 156, III, e 159, I, c, revogadas as disposições em contrário da Constituição de 1967 e das Emendas que a modificaram, especialmente de seu artigo 25, III.

§ 2º O Fundo de Participação dos Estados e do Distrito Federal e o Fundo de Participação dos Municípios obedecerão às seguintes determinações:

I – a partir da promulgação da Constituição, os percentuais serão, respectivamente, de dezoito por cento e de vinte por cento, calculados sobre o produto da arrecadação dos impostos referidos no artigo 153, III e IV, mantidos os atuais critérios de rateio até a entrada em vigor da lei complementar a que se refere o artigo 161, II;

II – o percentual relativo ao Fundo de Participação dos Estados e do Distrito Federal será acrescido de um ponto percentual no exercício financeiro de 1989 e, a partir de 1990, inclusive, à razão de meio ponto por exercício, até 1992, inclusive, atingindo em 1993 o percentual estabelecido no artigo 159, I, a;

III – o percentual relativo ao Fundo de Participação dos Municípios, a partir de 1989, inclusive, será elevado à razão de meio ponto percentual por exercício financeiro, até atingir o estabelecido no artigo 159, I, b.

§ 3º Promulgada a Constituição, a União, os Estados, o Distrito Federal e os Municípios poderão editar as leis necessárias à aplicação do sistema tributário nacional nela previsto.

§ 4º As leis editadas nos termos do parágrafo anterior produzirão efeitos a partir da entrada em vigor do sistema tributário nacional previsto na Constituição.

§ 5º Vigente o novo sistema tributário nacional, fica assegurada a aplicação da legislação anterior, no que não seja incompatível com ele e com a legislação referida nos §§ 3º e 4º.

▶ Súm. nº 663 do STF.
▶ Súm. nº 198 do STJ.

§ 6º Até 31 de dezembro de 1989, o disposto no artigo 150, III, b, não se aplica aos impostos de que tratam os artigos 155, I, a e b, e 156, II e III, que podem ser cobrados trinta dias após a publicação da lei que os tenha instituído ou aumentado.

▶ Com a alteração determinada pela EC nº 3, de 17-3-1993, a referência ao art. 155, I, b, passou a ser ao art. 155, II.

§ 7º Até que sejam fixadas em lei complementar, as alíquotas máximas do imposto municipal sobre vendas a varejo de combustíveis líquidos e gasosos não excederão a três por cento.

§ 8º Se, no prazo de sessenta dias contados da promulgação da Constituição, não for editada a lei complementar necessária à instituição do imposto de que trata o artigo 155, I, b, os Estados e o Distrito Federal, mediante convênio celebrado nos termos da Lei Complementar nº 24, de 7 de janeiro de 1975, fixarão normas para regular provisoriamente a matéria.

▶ De acordo com a nova redação dada pela EC nº 3, de 17-3-1993, a referência ao art. 155, I, b passou a ser art. 155, II.

► LC nº 24, de 7-1-1975, dispõe sobre os convênios para a concessão de isenções de imposto sobre operações relativas à circulação de mercadorias.
► LC nº 87, de 13-9-1996 (Lei Kandir – ICMS).
► Súm. nº 198 do STJ.

§ 9º Até que lei complementar disponha sobre a matéria, as empresas distribuidoras de energia elétrica, na condição de contribuintes ou de substitutos tributários, serão as responsáveis, por ocasião da saída do produto de seus estabelecimentos, ainda que destinado a outra Unidade da Federação, pelo pagamento do Imposto sobre Operações Relativas à Circulação de mercadorias incidente sobre energia elétrica, desde a produção ou importação até a última operação, calculado o imposto sobre o preço então praticado na operação final e assegurado seu recolhimento ao Estado ou ao Distrito Federal, conforme o local onde deva ocorrer essa operação.

§ 10. Enquanto não entrar em vigor a lei prevista no artigo 159, I, c, cuja promulgação se fará até 31 de dezembro de 1989, é assegurada a aplicação dos recursos previstos naquele dispositivo da seguinte maneira:

► Lei nº 7.827, de 27-9-1989, regulamenta o art. 159, inciso I, alínea c, desta Constituição, instituiu o Fundo Constitucional de Financiamento do Norte – FNO, o Fundo Constitucional de Financiamento do Nordeste – FNE e o Fundo Constitucional de Financiamento do Centro-Oeste – FCO.

I – seis décimos por cento na Região Norte, através do Banco da Amazônia S/A;
II – um inteiro e oito décimos por cento na Região Nordeste, através do Banco do Nordeste do Brasil S/A;
III – seis décimos por cento na Região Centro-Oeste, através do Banco do Brasil S/A.

§ 11. Fica criado, nos termos da lei, o Banco de Desenvolvimento do Centro-Oeste, para dar cumprimento, na referida região, ao que determinam os artigos 159, I, c, e 192, § 2º, da Constituição.

► O referido § 2º foi revogado pela EC nº 40, de 29-5-2003.

§ 12. A urgência prevista no artigo 148, II, não prejudica a cobrança do empréstimo compulsório instituído, em benefício das Centrais Elétricas Brasileiras S/A (ELETROBRÁS), pela Lei nº 4.156, de 28 de novembro de 1962, com as alterações posteriores.

Art. 35. O disposto no artigo 165, § 7º, será cumprido de forma progressiva, no prazo de até dez anos, distribuindo-se os recursos entre as regiões macroeconômicas em razão proporcional à população, a partir da situação verificada no biênio 1986/1987.

§ 1º Para aplicação dos critérios de que trata este artigo, excluem-se das despesas totais as relativas:

I – aos projetos considerados prioritários no plano plurianual;
II – à segurança e defesa nacional;
III – à manutenção dos órgãos federais no Distrito Federal;
IV – ao Congresso Nacional, ao Tribunal de Contas da União e ao Poder Judiciário;
V – ao serviço da dívida da administração direta e indireta da União, inclusive fundações instituídas e mantidas pelo Poder Público Federal.

§ 2º Até a entrada em vigor da lei complementar a que se refere o artigo 165, § 9º, I e II, serão obedecidas as seguintes normas:

I – o projeto do plano plurianual, para vigência até o final do primeiro exercício financeiro do mandato presidencial subsequente, será encaminhado até quatro meses antes do encerramento do primeiro exercício financeiro e devolvido para sanção até o encerramento da sessão legislativa;
II – o projeto de lei de diretrizes orçamentárias será encaminhado até oito meses e meio antes do encerramento do exercício financeiro e devolvido para sanção até o encerramento do primeiro período da sessão legislativa;
III – o projeto de lei orçamentária da União será encaminhado até quatro meses antes do encerramento do exercício financeiro e devolvido para sanção até o encerramento da sessão legislativa.

Art. 36. Os fundos existentes na data da promulgação da Constituição, exceptuados os resultantes de isenções fiscais que passem a integrar patrimônio privado e os que interessem à defesa nacional, extinguir-se-ão, se não forem ratificados pelo Congresso Nacional no prazo de dois anos.

Art. 37. A adaptação ao que estabelece o artigo 167, III, deverá processar-se no prazo de cinco anos, reduzindo-se o excesso à base de, pelo menos, um quinto por ano.

Art. 38. Até a promulgação da lei complementar referida no artigo 169, a União, os Estados, o Distrito Federal e os Municípios não poderão despender com pessoal mais do que sessenta e cinco por cento do valor das respectivas receitas correntes.

Parágrafo único. A União, os Estados, o Distrito Federal e os Municípios, quando a respectiva despesa de pessoal exceder o limite previsto neste artigo, deverão retornar àquele limite, reduzindo o percentual excedente à razão de um quinto por ano.

Art. 39. Para efeito do cumprimento das disposições constitucionais que impliquem variações de despesas e receitas da União, após a promulgação da Constituição, o Poder Executivo deverá elaborar e o Poder Legislativo apreciar projeto de revisão da lei orçamentária referente ao exercício financeiro de 1989.

Parágrafo único. O Congresso Nacional deverá votar no prazo de doze meses a lei complementar prevista no artigo 161, II.

Art. 40. É mantida a Zona Franca de Manaus, com suas características de área livre de comércio, de exportação e importação, e de incentivos fiscais, pelo prazo de vinte e cinco anos, a partir da promulgação da Constituição.

► Art. 92 deste Ato.
► Dec. nº 205, de 5-9-1991, dispõe sobre a apresentação de guias de importação ou documento de efeito equivalente, na Zona Franca de Manaus e suspende a fixação de limites máximos globais anuais de importação, durante o prazo de que trata este artigo.

Parágrafo único. Somente por lei federal podem ser modificados os critérios que disciplinaram ou venham a disciplinar a aprovação dos projetos na Zona Franca de Manaus.

Art. 41. Os Poderes Executivos da União, dos Estados, do Distrito Federal e dos Municípios reavaliarão todos os incentivos fiscais de natureza setorial ora em vigor, propondo aos Poderes Legislativos respectivos as medidas cabíveis.

► Arts. 151, I, 155, XII, g, 195, § 3º, e 227, § 3º, VI, desta Constituição.

► Lei nº 8.402, de 8-1-1992, restabelece os incentivos fiscais que menciona.

§ 1º Considerar-se-ão revogados após dois anos, a partir da data da promulgação da Constituição, os incentivos que não forem confirmados por lei.

§ 2º A revogação não prejudicará os direitos que já tiverem sido adquiridos, àquela data, em relação a incentivos concedidos sob condição e com prazo certo.

§ 3º Os incentivos concedidos por convênio entre Estados, celebrados nos termos do artigo 23, § 6º, da Constituição de 1967, com a redação da Emenda nº 1, de 17 de outubro de 1969, também deverão ser reavaliados e reconfirmados nos prazos deste artigo.

Art. 42. Durante 25 (vinte e cinco) anos, a União aplicará, dos recursos destinados à irrigação:

► Caput com a redação dada pela EC nº 43, de 15-4-2004.

I – vinte por cento na Região Centro-Oeste;
II – cinquenta por cento na Região Nordeste, preferencialmente no semiárido.

Art. 43. Na data da promulgação da lei que disciplinar a pesquisa e a lavra de recursos e jazidas minerais, ou no prazo de um ano, a contar da promulgação da Constituição, tornar-se-ão sem efeito as autorizações, concessões e demais títulos atributivos de direitos minerários, caso os trabalhos de pesquisa ou de lavra não hajam sido comprovadamente iniciados nos prazos legais ou estejam inativos.

► Lei nº 7.886, de 20-11-1989, regulamenta este artigo.

Art. 44. As atuais empresas brasileiras titulares de autorização de pesquisa, concessão de lavra de recursos minerais e de aproveitamento dos potenciais de energia hidráulica em vigor terão quatro anos, a partir da promulgação da Constituição, para cumprir os requisitos do artigo 176, § 1º.

§ 1º Ressalvadas as disposições de interesse nacional previstas no texto constitucional, as empresas brasileiras ficarão dispensadas do cumprimento do disposto no artigo 176, § 1º, desde que, no prazo de até quatro anos da data da promulgação da Constituição, tenham o produto de sua lavra e beneficiamento destinado a industrialização no território nacional, em seus próprios estabelecimentos ou em empresa industrial controladora ou controlada.

§ 2º Ficarão também dispensadas do cumprimento do disposto no artigo 176, § 1º, as empresas brasileiras titulares de concessão de energia hidráulica para uso em seu processo de industrialização.

§ 3º As empresas brasileiras referidas no § 1º somente poderão ter autorizações de pesquisa e concessões de lavra ou potenciais de energia hidráulica, desde que a energia e o produto da lavra sejam utilizados nos respectivos processos industriais.

Art. 45. Ficam excluídas do monopólio estabelecido pelo artigo 177, II, da Constituição as refinarias em funcionamento no País amparadas pelo artigo 43 e nas condições do artigo 45 da Lei nº 2.004, de 3 de outubro de 1953.

► A referida Lei foi revogada pela Lei nº 9.478, de 6-8-1997.

Parágrafo único. Ficam ressalvados da vedação do artigo 177, § 1º, os contratos de risco feitos com a Petróleo Brasileiro S/A (PETROBRAS), para pesquisa de petróleo, que estejam em vigor na data da promulgação da Constituição.

Art. 46. São sujeitos à correção monetária desde o vencimento, até seu efetivo pagamento, sem interrupção ou suspensão, os créditos junto a entidades submetidas aos regimes de intervenção ou liquidação extrajudicial, mesmo quando esses regimes sejam convertidos em falência.

► Súm. nº 304 do TST.

Parágrafo único. O disposto neste artigo aplica-se também:

I – às operações realizadas posteriormente à decretação dos regimes referidos no caput deste artigo;
II – às operações de empréstimo, financiamento, refinanciamento, assistência financeira de liquidez, cessão ou sub-rogação de créditos ou cédulas hipotecárias, efetivação de garantia de depósitos do público ou de compra de obrigações passivas, inclusive as realizadas com recursos de fundos que tenham essas destinações;
III – aos créditos anteriores à promulgação da Constituição;
IV – aos créditos das entidades da administração pública anteriores à promulgação da Constituição, não liquidados até 1º de janeiro de 1988.

Art. 47. Na liquidação dos débitos, inclusive suas renegociações e composições posteriores, ainda que ajuizados, decorrentes de quaisquer empréstimos concedidos por bancos e por instituições financeiras, não existirá correção monetária desde que o empréstimo tenha sido concedido:

I – aos micro e pequenos empresários ou seus estabelecimentos no período de 28 de fevereiro de 1986 a 28 de fevereiro de 1987;

II – aos mini, pequenos e médios produtores rurais no período de 28 de fevereiro de 1986 a 31 de dezembro de 1987, desde que relativos a crédito rural.

§ 1º Consideram-se, para efeito deste artigo, microempresas as pessoas jurídicas e as firmas individuais com receitas anuais de até dez mil Obrigações do Tesouro Nacional, e pequenas empresas as pessoas jurídicas e as firmas individuais com receita anual de até vinte e cinco mil Obrigações do Tesouro Nacional.

► Art. 179 desta Constituição.

§ 2º A classificação de mini, pequeno e médio produtor rural será feita obedecendo-se às normas de crédito rural vigentes à época do contrato.

§ 3º A isenção da correção monetária a que se refere este artigo só será concedida nos seguintes casos:

I – se a liquidação do débito inicial, acrescido de juros legais e taxas judiciais, vier a ser efetivada no prazo de noventa dias, a contar da data da promulgação da Constituição;

II – se a aplicação dos recursos não contrariar a finalidade do financiamento, cabendo o ônus da prova à instituição credora;

III – se não for demonstrado pela instituição credora que o mutuário dispõe de meios para o pagamento de seu débito, excluído desta demonstração seu estabelecimento, a casa de moradia e os instrumentos de trabalho e produção;

IV – se o financiamento inicial não ultrapassar o limite de cinco mil Obrigações do Tesouro Nacional;

V – se o beneficiário não for proprietário de mais de cinco módulos rurais.

§ 4º Os benefícios de que trata este artigo não se estendem aos débitos já quitados e aos devedores que sejam constituintes.

§ 5º No caso de operações com prazos de vencimento posteriores à data-limite de liquidação da dívida, havendo interesse do mutuário, os bancos e as instituições financeiras promoverão, por instrumento próprio, alteração nas condições contratuais originais de forma a ajustá-las ao presente benefício.

§ 6º A concessão do presente benefício por bancos comerciais privados em nenhuma hipótese acarretará ônus para o Poder Público, ainda que através de refinanciamento e repasse de recursos pelo Banco Central.

§ 7º No caso de repasse a agentes financeiros oficiais ou cooperativas de crédito, o ônus recairá sobre a fonte de recursos originária.

Art. 48. O Congresso Nacional, dentro de cento e vinte dias da promulgação da Constituição, elaborará Código de Defesa do Consumidor.

▶ Lei nº 8.078, de 11-9-1990 (Código de Defesa do Consumidor).

Art. 49. A lei disporá sobre o instituto da enfiteuse em imóveis urbanos, sendo facultada aos foreiros, no caso de sua extinção, a remição dos aforamentos mediante aquisição do domínio direto, na conformidade do que dispuserem os respectivos contratos.

▶ Dec.-lei nº 9.760, de 5-9-1946 (Lei dos Bens Imóveis da União).

§ 1º Quando não existir cláusula contratual, serão adotados os critérios e bases hoje vigentes na legislação especial dos imóveis da União.

§ 2º Os direitos dos atuais ocupantes inscritos ficam assegurados pela aplicação de outra modalidade de contrato.

▶ Lei nº 9.636, de 15-5-1998, regulamenta este parágrafo.

§ 3º A enfiteuse continuará sendo aplicada aos terrenos de marinha e seus acrescidos, situados na faixa de segurança, a partir da orla marítima.

▶ Art. 2.038, § 2º, do CC.
▶ Dec.-lei nº 9.760, de 5-9-1946 (Lei dos Bens Imóveis da União).

§ 4º Remido o foro, o antigo titular do domínio direto deverá, no prazo de noventa dias, sob pena de responsabilidade, confiar à guarda do registro de imóveis competente toda a documentação a ele relativa.

Art. 50. Lei agrícola a ser promulgada no prazo de um ano disporá, nos termos da Constituição, sobre os objetivos e instrumentos de política agrícola, prioridades, planejamento de safras, comercialização, abastecimento interno, mercado externo e instituição de crédito fundiário.

▶ Lei nº 8.171, de 17-1-1991 (Lei da Política Agrícola).

Art. 51. Serão revistos pelo Congresso Nacional, através de Comissão Mista, nos três anos a contar da data da promulgação da Constituição, todas as doações, vendas e concessões de terras públicas com área superior a três mil hectares, realizadas no período de 1º de janeiro de 1962 a 31 de dezembro de 1987.

§ 1º No tocante às vendas, a revisão será feita com base exclusivamente no critério de legalidade da operação.

§ 2º No caso de concessões e doações, a revisão obedecerá aos critérios de legalidade e de conveniência do interesse público.

§ 3º Nas hipóteses previstas nos parágrafos anteriores, comprovada a ilegalidade, ou havendo interesse público, as terras reverterão ao patrimônio da União, dos Estados, do Distrito Federal ou dos Municípios.

Art. 52. Até que sejam fixadas as condições do art. 192, são vedados:

▶ Caput com a redação dada pela EC nº 40, de 29-5-2003.

I – a instalação, no País, de novas agências de instituições financeiras domiciliadas no exterior;

II – o aumento do percentual de participação, no capital de instituições financeiras com sede no País, de pessoas físicas ou jurídicas residentes ou domiciliadas no exterior.

Parágrafo único. A vedação a que se refere este artigo não se aplica às autorizações resultantes de acordos internacionais, de reciprocidade, ou de interesse do Governo brasileiro.

Art. 53. Ao ex-combatente que tenha efetivamente participado de operações bélicas durante a Segunda Guerra Mundial, nos termos da Lei nº 5.315, de 12 de setembro de 1967, serão assegurados os seguintes direitos:

▶ Lei nº 8.059, de 4-7-1990, dispõe sobre a pensão especial devida aos ex-combatentes da Segunda Guerra Mundial e a seus dependentes.

I – aproveitamento no serviço público, sem a exigência de concurso, com estabilidade;

II – pensão especial correspondente à deixada por segundo-tenente das Forças Armadas, que poderá ser requerida a qualquer tempo, sendo inacumulável com quaisquer rendimentos recebidos dos cofres públicos, exceto os benefícios previdenciários, ressalvado o direito de opção;

III – em caso de morte, pensão à viúva ou companheira ou dependente, de forma proporcional, de valor igual à do inciso anterior;

IV – assistência médica, hospitalar e educacional gratuita, extensiva aos dependentes;

V – aposentadoria com proventos integrais aos vinte e cinco anos de serviço efetivo, em qualquer regime jurídico;

VI – prioridade na aquisição da casa própria, para os que não a possuam ou para suas viúvas ou companheiras.

Parágrafo único. A concessão da pensão especial do inciso II substitui, para todos os efeitos legais, qualquer outra pensão já concedida ao ex-combatente.

Art. 54. Os seringueiros recrutados nos termos do Decreto-Lei nº 5.813, de 14 de setembro de 1943, e amparados pelo Decreto-Lei nº 9.882, de 16 de setembro de 1946, receberão, quando carentes, pensão mensal vitalícia no valor de dois salários mínimos.

▶ Lei nº 7.986, de 28-12-1989, dispõe sobre a concessão do benefício previsto neste artigo.

▶ Lei nº 9.882, de 3-12-1999 (Lei da Ação de Descumprimento de Preceito Fundamental).

▶ Dec.-lei nº 5.813, de 14-9-1943, aprova o acordo relativo ao recrutamento, encaminhamento e colocação de trabalhadores para a Amazônia.

§ 1º O benefício é estendido aos seringueiros que, atendendo a apelo do Governo brasileiro, contribuíram para o esforço de guerra, trabalhando na produção de borracha, na Região Amazônica, durante a Segunda Guerra Mundial.

§ 2º Os benefícios estabelecidos neste artigo são transferíveis aos dependentes reconhecidamente carentes.

§ 3º A concessão do benefício far-se-á conforme lei a ser proposta pelo Poder Executivo dentro de cento e cinquenta dias da promulgação da Constituição.

Art. 55. Até que seja aprovada a lei de diretrizes orçamentárias, trinta por cento, no mínimo, do orçamento da seguridade social, excluído o seguro-desemprego, serão destinados ao setor de saúde.

Art. 56. Até que a lei disponha sobre o artigo 195, I, a arrecadação decorrente de, no mínimo, cinco dos seis décimos percentuais correspondentes à alíquota da contribuição de que trata o Decreto-Lei nº 1.940, de 25 de maio de 1982, alterada pelo Decreto-Lei nº 2.049, de 1º de agosto de 1983, pelo Decreto nº 91.236, de 8 de maio de 1985, e pela Lei nº 7.611, de 8 de julho de 1987, passa a integrar a receita da seguridade social, ressalvados, exclusivamente no exercício de 1988, os compromissos assumidos com programas e projetos em andamento.

▶ LC nº 70, de 30-12-1991, institui contribuição para financiamento da Seguridade Social e eleva alíquota da contribuição social sobre o lucro das instituições financeiras.

▶ Dec.-lei nº 1.940, de 25-5-1982, institui contribuição social para financiamento da Seguridade Social e cria o Fundo de Investimento Social – FINSOCIAL.

▶ Súm. nº 658 do STF.

Art. 57. Os débitos dos Estados e dos Municípios relativos às contribuições previdenciárias até 30 de junho de 1988 serão liquidados, com correção monetária, em cento e vinte parcelas mensais, dispensados os juros e multas sobre eles incidentes, desde que os devedores requeiram o parcelamento e iniciem seu pagamento no prazo de cento e oitenta dias a contar da promulgação da Constituição.

§ 1º O montante a ser pago em cada um dos dois primeiros anos não será inferior a cinco por cento do total do débito consolidado e atualizado, sendo o restante dividido em parcelas mensais de igual valor.

§ 2º A liquidação poderá incluir pagamentos na forma de cessão de bens e prestação de serviços, nos termos da Lei nº 7.578, de 23 de dezembro de 1986.

§ 3º Em garantia do cumprimento do parcelamento, os Estados e os Municípios consignarão, anualmente, nos respectivos orçamentos as dotações necessárias ao pagamento de seus débitos.

§ 4º Descumprida qualquer das condições estabelecidas para concessão do parcelamento, o débito será considerado vencido em sua totalidade, sobre ele incidindo juros de mora; nesta hipótese, parcela dos recursos correspondentes aos Fundos de Participação, destinada aos Estados e Municípios devedores, será bloqueada e repassada à Previdência Social para pagamento de seus débitos.

Art. 58. Os benefícios de prestação continuada, mantidos pela Previdência Social na data da promulgação da Constituição, terão seus valores revistos, a fim de que seja restabelecido o poder aquisitivo, expresso em número de salários mínimos, que tinham na data de sua concessão, obedecendo-se a esse critério de atualização até a implantação do plano de custeio e benefícios referidos no artigo seguinte.

▶ Súm. nº 687 do STF.

Parágrafo único. As prestações mensais dos benefícios atualizadas de acordo com este artigo serão devidas e pagas a partir do sétimo mês a contar da promulgação da Constituição.

Art. 59. Os projetos de lei relativos à organização da seguridade social e aos planos de custeio e de benefício serão apresentados no prazo máximo de seis meses da promulgação da Constituição ao Congresso Nacional, que terá seis meses para apreciá-los.

Parágrafo único. Aprovados pelo Congresso Nacional, os planos serão implantados progressivamente nos dezoito meses seguintes.

▶ Lei nº 8.212, de 24-7-1991 (Lei Orgânica da Seguridade Social).

▶ Lei nº 8.213, de 24-7-1991 (Lei dos Planos de Benefícios da Previdência Social).

Art. 60. Até o 14º (décimo quarto) ano a partir da promulgação desta Emenda Constitucional, os Estados, o Distrito Federal e os Municípios destinarão parte dos recursos a que se refere o *caput* do art. 212 da Constituição Federal à manutenção e desenvolvimento da educação básica e à remuneração condigna dos trabalhadores da educação, respeitadas as seguintes disposições:

▶ *Caput* com a redação dada pela EC nº 53, de 19-12-2006.

▶ Lei nº 11.494, de 20-6-2007, regulamenta o Fundo de Manutenção e Desenvolvimento da Educação Básica e de Valorização dos Profissionais da Educação – FUNDEB, regulamentada pelo Dec. nº 6.253, de 13-11-2007.

I – a distribuição dos recursos e de responsabilidades entre o Distrito Federal, os Estados e seus Municípios é assegurada mediante a criação, no âmbito de cada Estado e do Distrito Federal, de um Fundo de Manutenção e Desenvolvimento da Educação Básica e de Valorização dos Profissionais da Educação – FUNDEB, de natureza contábil;

II – os Fundos referidos no inciso I do *caput* deste artigo serão constituídos por 20% (vinte por cento) dos recursos a que se referem os incisos I, II e III do art. 155; o inciso II do *caput* do art. 157; os incisos II, III e IV do *caput* do art. 158; e as alíneas *a* e *b* do inciso I e o inciso II do *caput* do art. 159, todos da Constituição Federal, e distribuídos entre cada Estado e seus Municípios, proporcionalmente ao número de alunos das diversas etapas e modalidades da educação básica presencial, matriculados nas respectivas redes, nos respectivos âmbitos de atuação prioritária estabelecidos nos §§ 2º e 3º do art. 211 da Constituição Federal;

III – observadas as garantias estabelecidas nos incisos I, II, III e IV do *caput* do art. 208 da Constituição Federal e as metas de universalização da educação básica estabelecidas no Plano Nacional de Educação, a lei disporá sobre:

a) a organização dos Fundos, a distribuição proporcional de seus recursos, as diferenças e as ponderações quanto ao valor anual por aluno entre etapas e modalidades da educação básica e tipos de estabelecimento de ensino;
b) a forma de cálculo do valor anual mínimo por aluno;
c) os percentuais máximos de apropriação dos recursos dos Fundos pelas diversas etapas e modalidades da educação básica, observados os arts. 208 e 214 da Constituição Federal, bem como as metas do Plano Nacional de Educação;
d) a fiscalização e o controle dos Fundos;
e) prazo para fixar, em lei específica, piso salarial profissional nacional para os profissionais do magistério público da educação básica";

▶ Lei nº 11.738, de 16-7-2008, regulamenta esta alínea.

IV – os recursos recebidos à conta dos Fundos instituídos nos termos do inciso I do *caput* deste artigo serão aplicados pelos Estados e Municípios exclusivamente nos respectivos âmbitos de atuação prioritária, conforme estabelecido nos §§ 2º e 3º do art. 211 da Constituição Federal;

V – a União complementará os recursos dos Fundos a que se refere o inciso II do *caput* deste artigo sempre que, no Distrito Federal e em cada Estado, o valor por aluno não alcançar o mínimo definido nacionalmente, fixado em observância ao disposto no inciso VII do *caput* deste artigo, vedada a utilização dos recursos a que se refere o § 5º do art. 212 da Constituição Federal;

VI – até 10% (dez por cento) da complementação da União prevista no inciso V do *caput* deste artigo poderá ser distribuída para os Fundos por meio de programas direcionados para a melhoria da qualidade da educação, na forma da lei a que se refere o inciso III do *caput* deste artigo;

VII – a complementação da União de que trata o inciso V do *caput* deste artigo será de, no mínimo:

a) R$ 2.000.000.000,00 (dois bilhões de reais), no primeiro ano de vigência dos Fundos;
b) R$ 3.000.000.000,00 (três bilhões de reais), no segundo ano de vigência dos Fundos;
c) R$ 4.500.000.000,00 (quatro bilhões e quinhentos milhões de reais), no terceiro ano de vigência dos Fundos;
d) 10% (dez por cento) do total dos recursos a que se refere o inciso II do *caput* deste artigo, a partir do quarto ano de vigência dos Fundos;

VIII – a vinculação de recursos à manutenção e desenvolvimento do ensino estabelecida no art. 212 da Constituição Federal suportará, no máximo, 30% (trinta por cento) da complementação da União, considerando-se para os fins deste inciso os valores previstos no inciso VII do *caput* deste artigo;

IX – os valores a que se referem as alíneas *a*, *b*, e *c* do inciso VII do *caput* deste artigo serão atualizados, anualmente, a partir da promulgação desta Emenda Constitucional, de forma a preservar, em caráter permanente, o valor real da complementação da União;

X – aplica-se à complementação da União o disposto no art. 160 da Constituição Federal;

XI – o não cumprimento do disposto nos incisos V e VII do *caput* deste artigo importará crime de responsabilidade da autoridade competente;

XII – proporção não inferior a 60% (sessenta por cento) de cada Fundo referido no inciso I do *caput* deste artigo será destinada ao pagamento dos profissionais do magistério da educação básica em efetivo exercício.

▶ Incisos I a XII acrescidos pela EC nº 53, de 19-12-2006.

§ 1º A União, os Estados, o Distrito Federal e os Municípios deverão assegurar, no financiamento da educação básica, a melhoria da qualidade de ensino, de forma a garantir padrão mínimo definido nacionalmente.

§ 2º O valor por aluno do ensino fundamental, no Fundo de cada Estado e do Distrito Federal, não poderá ser inferior ao praticado no âmbito do Fundo de Manutenção e Desenvolvimento do Ensino Fundamental e de Valorização do Magistério – FUNDEF, no ano anterior à vigência desta Emenda Constitucional.

§ 3º O valor anual mínimo por aluno do ensino fundamental, no âmbito do Fundo de Manutenção e Desenvolvimento da Educação Básica e de Valorização dos Profissionais da Educação – FUNDEB, não poderá ser inferior ao valor mínimo fixado nacionalmente no ano anterior ao da vigência desta Emenda Constitucional.

§ 4º Para efeito de distribuição de recursos dos Fundos a que se refere o inciso I do *caput* deste artigo, levar-se-á em conta a totalidade das matrículas no ensino fundamental e considerar-se-á para a educação infantil, para o ensino médio e para a educação de jovens e adultos 1/3 (um terço) das matrículas no primeiro ano, 2/3 (dois terços) no segundo ano e sua totalidade a partir do terceiro ano.

▶ §§ 1º a 4º com a redação dada pela EC nº 53, de 19-12-2006.

§ 5º A porcentagem dos recursos de constituição dos Fundos, conforme o inciso II do *caput* deste artigo, será alcançada gradativamente nos primeiros 3 (três) anos de vigência dos Fundos, da seguinte forma:

▶ *Caput* do § 5º com a redação dada pela EC nº 53, de 19-12-2006.

I – no caso dos impostos e transferências constantes do inciso II do *caput* do art. 155; do inciso IV do *caput* do art. 158; e das alíneas *a* e *b* do inciso I e do inciso II do *caput* do art. 159 da Constituição Federal:

a) 16,66% (dezesseis inteiros e sessenta e seis centésimos por cento), no primeiro ano;
b) 18,33% (dezoito inteiros e trinta e três centésimos por cento), no segundo ano;
c) 20% (vinte por cento), a partir do terceiro ano;

II – no caso dos impostos e transferências constantes dos incisos I e III do *caput* do art. 155; do inciso II do *caput* do art. 157; e dos incisos II e III do *caput* do art. 158 da Constituição Federal:
a) 6,66% (seis inteiros e sessenta e seis centésimos por cento), no primeiro ano;
b) 13,33% (treze inteiros e trinta e três centésimos por cento), no segundo ano;
c) 20% (vinte por cento), a partir do terceiro ano.
▶ Incisos I e II acrescidos pela EC nº 53, de 19-12-2006.

§§ 6º e 7º *Revogados*. EC nº 53, de 19-12-2006.

Art. 61. As entidades educacionais a que se refere o artigo 213, bem como as fundações de ensino e pesquisa cuja criação tenha sido autorizada por lei, que preencham os requisitos dos incisos I e II do referido artigo e que, nos últimos três anos, tenham recebido recursos públicos, poderão continuar a recebê-los, salvo disposição legal em contrário.

Art. 62. A lei criará o Serviço Nacional de Aprendizagem Rural (SENAR) nos moldes da legislação relativa ao Serviço Nacional de Aprendizagem Industrial (SENAI) e ao Serviço Nacional de Aprendizagem do Comércio (SENAC), sem prejuízo das atribuições dos órgãos públicos que atuam na área.
▶ Lei nº 8.315, de 13-12-1991, dispõe sobre a criação do Serviço Nacional de Aprendizagem Rural – SENAR.

Art. 63. É criada uma Comissão composta de nove membros, sendo três do Poder Legislativo, três do Poder Judiciário e três do Poder Executivo, para promover as comemorações do centenário da proclamação da República e da promulgação da primeira Constituição republicana do País, podendo, a seu critério, desdobrar-se em tantas subcomissões quantas forem necessárias.

Parágrafo único. No desenvolvimento de suas atribuições, a Comissão promoverá estudos, debates e avaliações sobre a evolução política, social, econômica e cultural do País, podendo articular-se com os governos estaduais e municipais e com instituições públicas e privadas que desejem participar dos eventos.

Art. 64. A Imprensa Nacional e demais gráficas da União, dos Estados, do Distrito Federal e dos Municípios, da administração direta ou indireta, inclusive fundações instituídas e mantidas pelo Poder Público, promoverão edição popular do texto integral da Constituição, que será posta à disposição das escolas e dos cartórios, dos sindicatos, dos quartéis, das igrejas e de outras instituições representativas da comunidade, gratuitamente, de modo que cada cidadão brasileiro possa receber do Estado um exemplar da Constituição do Brasil.

Art. 65. O Poder Legislativo regulamentará, no prazo de doze meses, o artigo 220, § 4º.

Art. 66. São mantidas as concessões de serviços públicos de telecomunicações atualmente em vigor, nos termos da lei.
▶ Lei nº 9.472, de 16-7-1997, dispõe sobre a organização dos serviços de telecomunicações, a criação e funcionamento de um Órgão Regulador e outros aspectos institucionais.

Art. 67. A União concluirá a demarcação das terras indígenas no prazo de cinco anos a partir da promulgação da Constituição.

Art. 68. Aos remanescentes das comunidades dos quilombos que estejam ocupando suas terras é reconhecida a propriedade definitiva, devendo o Estado emitir-lhes os títulos respectivos.
▶ Dec. nº 4.887, de 20-11-2003, regulamenta o procedimento para identificação, reconhecimento, delimitação, demarcação e titulação das terras ocupadas por remanescentes das comunidades dos quilombos de que trata este artigo.
▶ Dec. nº 6.040, de 7-2-2007, institui a Política Nacional de Desenvolvimento Sustentável dos Povos e Comunidades Tradicionais.

Art. 69. Será permitido aos Estados manter consultorias jurídicas separadas de suas Procuradorias-Gerais ou Advocacias-Gerais, desde que, na data da promulgação da Constituição, tenham órgãos distintos para as respectivas funções.

Art. 70. Fica mantida a atual competência dos tribunais estaduais até que a mesma seja definida na Constituição do Estado, nos termos do artigo 125, § 1º, da Constituição.
▶ Art. 4º da EC nº 45, de 8-12-2004 (Reforma do Judiciário).

Art. 71. É instituído, nos exercícios financeiros de 1994 e 1995, bem assim nos períodos de 1º de janeiro de 1996 a 30 de junho de 1997 e 1º de julho de 1997 a 31 de dezembro de 1999, o Fundo Social de Emergência, com o objetivo de saneamento financeiro da Fazenda Pública Federal e de estabilização econômica, cujos recursos serão aplicados prioritariamente no custeio das ações dos sistemas de saúde e educação, incluindo a complementação de recursos de que trata o § 3º do artigo 60 do Ato das Disposições Constitucionais Transitórias, benefícios previdenciários e auxílios assistenciais de prestação continuada, inclusive liquidação de passivo previdenciário, e despesas orçamentárias associadas a programas de relevante interesse econômico e social.
▶ *Caput* com a redação dada pela EC nº 17, de 22-11-1997.

§ 1º Ao Fundo criado por este artigo não se aplica o disposto na parte final do inciso II do § 9º do artigo 165 da Constituição.

§ 2º O Fundo criado por este artigo passa a ser denominado Fundo de Estabilização Fiscal a partir do início do exercício financeiro de 1996.

§ 3º O Poder Executivo publicará demonstrativo da execução orçamentária, de periodicidade bimestral, no qual se discriminarão as fontes e usos do Fundo criado por este artigo.
▶ §§ 1º a 3º acrescidos pela EC nº 10, de 4-3-1996.

Art. 72. Integram o Fundo Social de Emergência:
▶ Art. 72 acrescido pela ECR nº 1, de 1º-3-1994.

I – o produto da arrecadação do imposto sobre renda e proventos de qualquer natureza incidente na fonte sobre pagamentos efetuados, a qualquer título, pela União, inclusive suas autarquias e fundações;
II – a parcela do produto da arrecadação do imposto sobre renda e proventos de qualquer natureza e do imposto sobre operações de crédito, câmbio e seguro, ou relativas a títulos e valores mobiliários, decorrente das alterações produzidas pela Lei nº 8.894, de 21 de

junho de 1994, e pelas Leis nºs 8.849 e 8.848, ambas de 28 de janeiro de 1994, e modificações posteriores;

III – a parcela do produto da arrecadação resultante da elevação da alíquota da contribuição social sobre o lucro dos contribuintes a que se refere o § 1º do artigo 22 da Lei nº 8.212, de 24 de julho de 1991, a qual, nos exercícios financeiros de 1994 e 1995, bem assim no período de 1º de janeiro de 1996 a 30 de junho de 1997, passa a ser de trinta por cento, sujeita a alteração por lei ordinária, mantidas as demais normas da Lei nº 7.689, de 15 de dezembro de 1988;

IV – vinte por cento do produto da arrecadação de todos os impostos e contribuições da União, já instituídos ou a serem criados, excetuado o previsto nos incisos I, II e III, observado o disposto nos §§ 3º e 4º;

▶ Incisos II a IV com a redação dada pela EC nº 10, de 4-3-1996.

V – a parcela do produto da arrecadação da contribuição de que trata a Lei Complementar nº 7, de 7 de setembro de 1970, devida pelas pessoas jurídicas a que se refere o inciso III deste artigo, a qual será calculada, nos exercícios financeiros de 1994 a 1995, bem assim nos períodos de 1º de janeiro de 1996 a 30 de junho de 1997 e de 1º de julho de 1997 a 31 de dezembro de 1999, mediante a aplicação da alíquota de setenta e cinco centésimos por cento, sujeita a alteração por lei ordinária posterior, sobre a receita bruta operacional, como definida na legislação do imposto sobre renda e proventos de qualquer natureza;

▶ Inciso V com a redação dada pela EC nº 17, de 22-11-1997.

VI – outras receitas previstas em lei específica.

§ 1º As alíquotas e a base de cálculo previstas nos incisos III e IV aplicar-se-ão a partir do primeiro dia do mês seguinte aos noventa dias posteriores à promulgação desta Emenda.

§ 2º As parcelas de que tratam os incisos I, II, III e V serão previamente deduzidas da base de cálculo de qualquer vinculação ou participação constitucional ou legal, não se lhes aplicando o disposto nos artigos 159, 212 e 239 da Constituição.

§ 3º A parcela de que trata o inciso IV será previamente deduzida da base de cálculo das vinculações ou participações constitucionais previstas nos artigos 153, § 5º, 157, II, 212 e 239 da Constituição.

§ 4º O disposto no parágrafo anterior não se aplica aos recursos previstos nos artigos 158, II, e 159 da Constituição.

§ 5º A parcela dos recursos provenientes do imposto sobre renda e proventos de qualquer natureza, destinada ao Fundo Social de Emergência, nos termos do inciso II deste artigo, não poderá exceder a cinco inteiros e seis décimos por cento do total do produto da sua arrecadação.

▶ §§ 2º a 5º acrescidos pela EC nº 10, de 4-3-1996.

Art. 73. Na regulação do Fundo Social de Emergência não poderá ser utilizado o instrumento previsto no inciso V do artigo 59 da Constituição.

▶ Artigo acrescido pela ECR nº 1, de 1º-3-1994.

Art. 74. A União poderá instituir contribuição provisória sobre movimentação ou transmissão de valores e de créditos e direitos de natureza financeira.

▶ Art. 84 deste Ato.

§ 1º A alíquota da contribuição de que trata este artigo não excederá a vinte e cinco centésimos por cento, facultado ao Poder Executivo reduzi-la ou restabelecê-la, total ou parcialmente, nas condições e limites fixados em lei.

▶ Alíquota alterada pela EC nº 21, de 18-3-1999.

§ 2º À contribuição de que trata este artigo não se aplica o disposto nos artigos 153, § 5º, e 154, I, da Constituição.

§ 3º O produto da arrecadação da contribuição de que trata este artigo será destinado integralmente ao Fundo Nacional de Saúde, para financiamento das ações e serviços de saúde.

§ 4º A contribuição de que trata este artigo terá sua exigibilidade subordinada ao disposto no artigo 195, § 6º, da Constituição, e não poderá ser cobrada por prazo superior a dois anos.

▶ Art. 74 acrescido pela EC nº 12, de 15-8-1996.
▶ Lei nº 9.311 de 24-10-1996, institui a Contribuição Provisória sobre Movimentação ou Transmissão de Valores e de Créditos e Direitos de Natureza Financeira – CPMF.

Art. 75. É prorrogada, por trinta e seis meses, a cobrança da contribuição provisória sobre movimentação ou transmissão de valores e de créditos e direitos de natureza financeira de que trata o artigo 74, instituída pela Lei nº 9.311, de 24 de outubro de 1996, modificada pela Lei nº 9.539, de 12 de dezembro de 1997, cuja vigência é também prorrogada por idêntico prazo.

▶ Arts. 80, I, e 84 deste Ato.

§ 1º Observado o disposto no § 6º do artigo 195 da Constituição Federal, a alíquota da contribuição será de trinta e oito centésimos por cento, nos primeiros doze meses, e de trinta centésimos, nos meses subsequentes, facultado ao Poder Executivo reduzi-la total ou parcialmente, nos limites aqui definidos.

§ 2º O resultado do aumento da arrecadação, decorrente da alteração da alíquota, nos exercícios financeiros de 1999, 2000 e 2001, será destinado ao custeio da Previdência Social.

§ 3º É a União autorizada a emitir títulos da dívida pública interna, cujos recursos serão destinados ao custeio da saúde e da Previdência Social, em montante equivalente ao produto da arrecadação da contribuição, prevista e não realizada em 1999.

▶ Art. 75 acrescido pela EC nº 21, de 18-3-1999.
▶ O STF, por maioria de votos, julgou parcialmente procedente a ADIN nº 2.031-5, para declarar a inconstitucionalidade deste parágrafo, acrescido pela EC nº 21, de 18-3-1999 (DOU de 5-11-2003).
▶ LC nº 111, de 6-7-2001, dispõe sobre o Fundo de Combate e Erradicação da Pobreza, na forma prevista nos arts. 79, 80 e 81 do ADCT.

Art. 76. São desvinculados de órgão, fundo ou despesa, até 31 de dezembro de 2015, 20% (vinte por cento) da arrecadação da União de impostos, contribuições sociais e de intervenção no domínio econômico, já instituídos ou que vierem a ser criados até a referida data, seus adicionais e respectivos acréscimos legais.

§ 1º O disposto no caput não reduzirá a base de cálculo das transferências a Estados, Distrito Federal e Municípios, na forma do § 5º do art. 153, do inciso I do art. 157, dos incisos I e II do art. 158 e das alíneas a, b e d do inciso I e do inciso II do art. 159 da Constituição Federal, nem a base de cálculo das destinações a que se refere a alínea c do inciso I do art. 159 da Constituição Federal.

§ 2º Excetua-se da desvinculação de que trata o caput a arrecadação da contribuição social do salário-educação a que se refere o § 5º do art. 212 da Constituição Federal.

§ 3º Para efeito do cálculo dos recursos para manutenção e desenvolvimento do ensino de que trata o art. 212 da Constituição Federal, o percentual referido no caput será nulo.

▶ Art. 76 com a redação dada pela EC nº 68, de 21-12-2011.

Art. 77. Até o exercício financeiro de 2004, os recursos mínimos aplicados nas ações e serviços públicos de saúde serão equivalentes:

I – no caso da União:

a) no ano 2000, o montante empenhado em ações e serviços públicos de saúde no exercício financeiro de 1999 acrescido de, no mínimo, cinco por cento;
b) do ano de 2001 ao ano de 2004, o valor apurado no ano anterior, corrigido pela variação nominal do Produto Interno Bruto – PIB;

II – no caso dos Estados e do Distrito Federal, doze por cento do produto da arrecadação dos impostos a que se refere o artigo 155 e dos recursos de que tratam os artigos 157 e 159, inciso I, alínea a e inciso II, deduzidas as parcelas que forem transferidas aos respectivos Municípios; e

III – no caso dos Municípios e do Distrito Federal, quinze por cento do produto da arrecadação dos impostos a que se refere o artigo 156 e dos recursos de que tratam os artigos 158 e 159, inciso I, alínea b e § 3º.

§ 1º Os Estados, o Distrito Federal e os municípios que apliquem percentuais inferiores aos fixados nos incisos II e III deverão elevá-los gradualmente, até o exercício financeiro de 2004, reduzida a diferença à razão de, pelo menos, um quinto por ano, sendo que, a partir de 2000, a aplicação será de pelo menos sete por cento.

§ 2º Dos recursos da União apurados nos termos deste artigo, quinze por cento, no mínimo, serão aplicados nos Municípios, segundo o critério populacional, em ações e serviços básicos de saúde, na forma da lei.

§ 3º Os recursos dos Estados, do Distrito Federal e dos Municípios destinados às ações e serviços públicos de saúde e os transferidos pela União para a mesma finalidade serão aplicados por meio de Fundo de Saúde que será acompanhado e fiscalizado por Conselho de Saúde, sem prejuízo do disposto no artigo 74 da Constituição Federal.

§ 4º Na ausência da lei complementar a que se refere o artigo 198, § 3º, a partir do exercício financeiro de 2005, aplicar-se-á à União, aos Estados, ao Distrito Federal e aos Municípios o disposto neste artigo.

▶ Art. 77 acrescido pela EC nº 29, de 13-9-2000.

Art. 78. Ressalvados os créditos definidos em lei como de pequeno valor, os de natureza alimentícia, os de que trata o artigo 33 deste Ato das Disposições Constitucionais Transitórias e suas complementações e os que já tiverem os seus respectivos recursos liberados ou depositados em juízo, os precatórios pendentes na data da publicação desta Emenda e os que decorram de ações iniciais ajuizadas até 31 de dezembro de 1999 serão liquidados pelo seu valor real, em moeda corrente, acrescido de juros legais, em prestações anuais, iguais e sucessivas, no prazo máximo de dez anos, permitida a cessão dos créditos.

▶ O STF, por maioria de votos, deferiu as cautelares, nas Ações Diretas de Inconstitucionalidade nºs 2.356 e 2.362, para suspender a eficácia do art. 2º da EC nº 30/2000, que introduziu este artigo ao ADCT (DOU de 7-12-2010).

▶ Arts. 86, 87 e 97, § 15, do ADCT.

▶ Res. do CNJ nº 92, de 13-10-2009, dispõe sobre a Gestão de Precatórios no âmbito do Poder Judiciário.

§ 1º É permitida a decomposição de parcelas, a critério do credor.

§ 2º As prestações anuais a que se refere o caput deste artigo terão, se não liquidadas até o final do exercício a que se referem, poder liberatório do pagamento de tributos da entidade devedora.

▶ Art. 6º da EC nº 62, de 9-12-2009, que convalida todas as compensações de precatórios com tributos vencidos até 31-10-2009 da entidade devedora, efetuadas na forma deste parágrafo, realizadas antes da promulgação desta Emenda Constitucional.

§ 3º O prazo referido no caput deste artigo fica reduzido para dois anos, nos casos de precatórios judiciais originários de desapropriação de imóvel residencial do credor, desde que comprovadamente único à época da imissão na posse.

§ 4º O Presidente do Tribunal competente deverá, vencido o prazo ou em caso de omissão no orçamento, ou preterição ao direito de precedência, a requerimento do credor, requisitar ou determinar o sequestro de recursos financeiros da entidade executada, suficientes à satisfação da prestação.

▶ Art. 78 acrescido pela EC nº 30, de 13-12-2000.

Art. 79. É instituído, para vigorar até o ano de 2010, no âmbito do Poder Executivo Federal, o Fundo de Combate e Erradicação da Pobreza, a ser regulado por lei complementar com o objetivo de viabilizar a todos os brasileiros acesso a níveis dignos de subsistência, cujos recursos serão aplicados em ações suplementares de nutrição, habitação, educação, saúde, reforço de renda familiar e outros programas de relevante interesse social voltados para melhoria da qualidade de vida.

▶ Art. 4º da EC nº 42, de 19-12-2003.

▶ EC nº 67, de 22-12-2010, prorroga, por tempo indeterminado, o prazo de vigência do Fundo de Combate e Erradicação da Pobreza.

Parágrafo único. O Fundo previsto neste artigo terá Conselho Consultivo e de Acompanhamento que conte com a participação de representantes da sociedade civil, nos termos da lei.

▶ Art. 79 acrescido pela EC nº 31, de 14-12-2000.
▶ LC nº 111, de 6-7-2001, dispõe sobre o Fundo de Combate e Erradicação da Pobreza, na forma prevista nos arts. 79 a 81 do ADCT.
▶ Dec. nº 3.997, de 1º-11-2001, define o órgão gestor do Fundo de Combate e Erradicação da Pobreza, e regulamenta a composição e o funcionamento do seu Conselho Consultivo e de Acompanhamento.

Art. 80. Compõem o Fundo de Combate e Erradicação da Pobreza:

▶ Art. 31, III, do Dec. nº 6.140, de 3-7-2007, que regulamenta a Contribuição Provisória sobre Movimentação ou Transmissão de Valores e de Créditos e Direitos de Natureza Financeira – CPMF.

I – a parcela do produto da arrecadação correspondente a um adicional de oito centésimos por cento, aplicável de 18 de junho de 2000 a 17 de junho de 2002, na alíquota da contribuição social de que trata o art. 75 do Ato das Disposições Constitucionais Transitórias;

▶ Art. 84 deste Ato.
▶ Art. 4º da EC nº 42, de 19-12-2003.

II – a parcela do produto da arrecadação correspondente a um adicional de cinco pontos percentuais na alíquota do Imposto sobre Produtos Industrializados – IPI, ou do imposto que vier a substituí-lo, incidente sobre produtos supérfluos e aplicável até a extinção do Fundo;

III – o produto da arrecadação do imposto de que trata o artigo 153, inciso VII, da Constituição;

IV – dotações orçamentárias;

V – doações, de qualquer natureza, de pessoas físicas ou jurídicas do País ou do exterior;

VI – outras receitas, a serem definidas na regulamentação do referido Fundo.

§ 1º Aos recursos integrantes do Fundo de que trata este artigo não se aplica o disposto nos artigos 159 e 167, inciso IV, da Constituição, assim como qualquer desvinculação de recursos orçamentários.

§ 2º A arrecadação decorrente do disposto no inciso I deste artigo, no período compreendido entre 18 de junho de 2000 e o início da vigência da lei complementar a que se refere o artigo 79, será integralmente repassada ao Fundo, preservando o seu valor real, em títulos públicos federais, progressivamente resgatáveis após 18 de junho de 2002, na forma da lei.

▶ Art. 80 acrescido pela EC nº 31, de 14-12-2000.
▶ LC nº 111, de 6-7-2001, dispõe sobre o Fundo de Combate e Erradicação da Pobreza, na forma prevista nos arts. 79 a 81 do ADCT.

Art. 81. É instituído Fundo constituído pelos recursos recebidos pela União em decorrência da desestatização de sociedades de economia mista ou empresas públicas por ela controladas, direta ou indiretamente, quando a operação envolver a alienação do respectivo controle acionário a pessoa ou entidade não integrante da Administração Pública, ou de participação societária remanescente após a alienação, cujos rendimentos, gerados a partir de 18 de junho de 2002, reverterão ao Fundo de Combate e Erradicação da Pobreza.

▶ Art. 31, III, do Dec. nº 6.140, de 3-7-2007, que regulamenta a Contribuição Provisória sobre Movimentação ou Transmissão de Valores e de Créditos e Direitos de Natureza Financeira – CPMF.

§ 1º Caso o montante anual previsto nos rendimentos transferidos ao Fundo de Combate e Erradicação da Pobreza, na forma deste artigo, não alcance o valor de quatro bilhões de reais, far-se-á complementação na forma do artigo 80, inciso IV, do Ato das Disposições Constitucionais Transitórias.

§ 2º Sem prejuízo do disposto no § 1º, o Poder Executivo poderá destinar o Fundo a que se refere este artigo outras receitas decorrentes da alienação de bens da União.

§ 3º A constituição do Fundo a que se refere o *caput*, a transferência de recursos ao Fundo de Combate e Erradicação da Pobreza e as demais disposições referentes ao § 1º deste artigo serão disciplinadas em lei, não se aplicando o disposto no artigo 165, § 9º, inciso II, da Constituição.

▶ Art. 81 acrescido pela EC nº 31, de 13-12-2000.
▶ LC nº 111, de 6-7-2001, dispõe sobre o Fundo de Combate e Erradicação da Pobreza, na forma prevista nos arts. 79 a 81 do ADCT.

Art. 82. Os Estados, o Distrito Federal e os Municípios devem instituir Fundos de Combate à Pobreza, com os recursos de que trata este artigo e outros que vierem a destinar, devendo os referidos Fundos ser geridos por entidades que contém com a participação da sociedade civil.

▶ Art. 4º da EC nº 42, de 19-12-2003.

§ 1º Para o financiamento dos Fundos Estaduais e Distrital, poderá ser criado adicional de até dois pontos percentuais na alíquota do Imposto sobre Circulação de Mercadorias e Serviços – ICMS, sobre os produtos e serviços supérfluos e nas condições definidas na lei complementar de que trata o art. 155, § 2º, XII, da Constituição, não se aplicando, sobre este percentual, o disposto no art. 158, IV, da Constituição.

▶ § 1º com a redação dada pela EC nº 42, de 19-12-2003.

§ 2º Para o financiamento dos Fundos Municipais, poderá ser criado adicional de até meio ponto percentual na alíquota do Imposto sobre serviços ou do imposto que vier a substituí-lo, sobre os serviços supérfluos.

▶ Art. 82 acrescido pela EC nº 31, de 14-12-2000.

Art. 83. Lei federal definirá os produtos e serviços supérfluos a que se referem os arts. 80, II, e 82, § 2º.

▶ Artigo com a redação dada pela EC nº 42, de 19-12-2003.

Art. 84. A contribuição provisória sobre movimentação ou transmissão de valores e de créditos e direitos de natureza financeira, prevista nos arts. 74, 75 e 80, I, deste Ato das Disposições Constitucionais Transitórias, será cobrada até 31 de dezembro de 2004.

▶ Art. 90 deste Ato.
▶ Dec. nº 6.140, de 3-7-2007, regulamenta a Contribuição Provisória sobre Movimentação ou Transmissão de Valores e de Créditos e Direitos de Natureza Financeira – CPMF.

§ 1º Fica prorrogada, até a data referida no *caput* deste artigo, a vigência da Lei nº 9.311, de 24 de outubro de 1996, e suas alterações.

§ 2º Do produto da arrecadação da contribuição social de que trata este artigo será destinada a parcela correspondente à alíquota de:

▶ Art. 31 do Dec. nº 6.140, de 3-7-2007, que regulamenta a Contribuição Provisória sobre Movimentação ou Transmissão de Valores e de Créditos e Direitos de Natureza Financeira – CPMF.

I – vinte centésimos por cento ao Fundo Nacional de Saúde, para financiamento das ações e serviços de saúde;
II – dez centésimos por cento ao custeio da previdência social;
III – oito centésimos por cento ao Fundo de Combate e Erradicação da Pobreza, de que tratam os arts. 80 e 81 deste Ato das Disposições Constitucionais Transitórias.

§ 3º A alíquota da contribuição de que trata este artigo será de:

I – trinta e oito centésimos por cento, nos exercícios financeiros de 2002 e 2003;
II – *Revogado*. EC nº 42, de 19-12-2003.

▶ Art. 84 acrescido pela EC nº 37, de 12-6-2002.

Art. 85. A contribuição a que se refere o art. 84 deste Ato das Disposições Constitucionais Transitórias não incidirá, a partir do trigésimo dia da data de publicação desta Emenda Constitucional, nos lançamentos:

▶ Art. 3º do Dec. nº 6.140, de 3-7-2007, que regulamenta a Contribuição Provisória sobre Movimentação ou Transmissão de Valores e de Créditos e Direitos de Natureza Financeira – CPMF.

I – em contas correntes de depósito especialmente abertas e exclusivamente utilizadas para operações de:

▶ Art. 2º da Lei nº 10.892, de 13-7-2004, que dispõe sobre multas nos casos de utilização diversa da prevista na legislação das contas correntes de depósitos beneficiárias da alíquota 0 (zero), bem como da inobservância de normas baixadas pelo BACEN que resultem na falta de cobrança do CPMF devida.

a) câmaras e prestadoras de serviços de compensação e de liquidação de que trata o parágrafo único do art. 2º da Lei nº 10.214, de 27 de março de 2001;
b) companhias securitizadoras de que trata a Lei nº 9.514, de 20 de novembro de 1997;
c) sociedades anônimas que tenham por objeto exclusivo a aquisição de créditos oriundos de operações praticadas no mercado financeiro;

▶ Art. 2º, § 3º, da Lei nº 10.892, de 13-7-2004, que altera os arts. 8º e 16 da Lei nº 9.311, de 24-10-1996, que institui a Contribuição Provisória sobre Movimentação ou Transmissão de Valores e de Créditos e Direitos de Natureza Financeira – CPMF.

II – em contas correntes de depósito, relativos a:

a) operações de compra e venda de ações, realizadas em recintos ou sistemas de negociação de bolsas de valores e no mercado de balcão organizado;
b) contratos referenciados em ações ou índices de ações, em suas diversas modalidades, negociados em bolsas de valores, de mercadorias e de futuros;

III – em contas de investidores estrangeiros, relativos a entradas no País e a remessas para o exterior de recursos financeiros empregados, exclusivamente, em operações e contratos referidos no inciso II deste artigo.

§ 1º O Poder Executivo disciplinará o disposto neste artigo no prazo de trinta dias da data de publicação desta Emenda Constitucional.

§ 2º O disposto no inciso I deste artigo aplica-se somente às operações relacionadas em ato do Poder Executivo, dentre aquelas que constituam o objeto social das referidas entidades.

§ 3º O disposto no inciso II deste artigo aplica-se somente a operações e contratos efetuados por intermédio de instituições financeiras, sociedades corretoras de títulos e valores mobiliários, sociedades distribuidoras de títulos e valores mobiliários e sociedades corretoras de mercadorias.

▶ Art. 85 acrescido pela EC nº 37, de 12-6-2002.

Art. 86. Serão pagos conforme disposto no art. 100 da Constituição Federal, não se lhes aplicando a regra de parcelamento estabelecida no *caput* do art. 78 deste Ato das Disposições Constitucionais Transitórias, os débitos da Fazenda Federal, Estadual, Distrital ou Municipal oriundos de sentenças transitadas em julgado, que preencham, cumulativamente, as seguintes condições:

I – ter sido objeto de emissão de precatórios judiciários;

▶ Res. do CNJ nº 92, de 13-10-2009, dispõe sobre a Gestão de Precatórios no âmbito do Poder Judiciário.

II – ter sido definidos como de pequeno valor pela lei de que trata o § 3º do art. 100 da Constituição Federal ou pelo art. 87 deste Ato das Disposições Constitucionais Transitórias;
III – estar, total ou parcialmente, pendentes de pagamento na data da publicação desta Emenda Constitucional.

§ 1º Os débitos a que se refere o *caput* deste artigo, ou os respectivos saldos, serão pagos na ordem cronológica de apresentação dos respectivos precatórios, com precedência sobre os de maior valor.

▶ Res. do CNJ nº 92, de 13-10-2009, dispõe sobre a Gestão de Precatórios no âmbito do Poder Judiciário.

§ 2º Os débitos a que se refere o *caput* deste artigo, se ainda não tiverem sido objeto de pagamento parcial, nos termos do art. 78 deste Ato das Disposições Constitucionais Transitórias, poderão ser pagos em duas parcelas anuais, se assim dispuser a lei.

§ 3º Observada a ordem cronológica de sua apresentação, os débitos de natureza alimentícia previstos neste artigo terão precedência para pagamento sobre todos os demais.

▶ Art. 86 acrescido pela EC nº 37, de 12-6-2002.

Art. 87. Para efeito do que dispõem o § 3º do art. 100 da Constituição Federal e o art. 78 deste Ato das Disposições Constitucionais Transitórias serão considerados de pequeno valor, até que se dê a publicação oficial das respectivas leis definidoras pelos entes da Federação, observado o disposto no § 4º do art. 100 da Constituição Federal, os débitos ou obrigações consignados em precatório judiciário, que tenham valor igual ou inferior a:

I – quarenta salários mínimos, perante a Fazenda dos Estados e do Distrito Federal;

II – trinta salários mínimos, perante a Fazenda dos Municípios.

Parágrafo único. Se o valor da execução ultrapassar o estabelecido neste artigo, o pagamento far-se-á, sempre, por meio de precatório, sendo facultada à parte exequente a renúncia ao crédito do valor excedente, para que possa optar pelo pagamento do saldo sem o precatório, da forma prevista no § 3º do art. 100.

▶ Art. 87 acrescido pela EC nº 37, de 12-6-2002.
▶ Res. do CNJ nº 92, de 13-10-2009, dispõe sobre a Gestão de Precatórios no âmbito do Poder Judiciário.

Art. 88. Enquanto lei complementar não disciplinar o disposto nos incisos I e III do § 3º do art. 156 da Constituição Federal, o imposto a que se refere o inciso III do *caput* do mesmo artigo:

I – terá alíquota mínima de dois por cento, exceto para os serviços a que se referem os itens 32, 33 e 34 da Lista de Serviços anexa ao Decreto-Lei nº 406, de 31 de dezembro de 1968;

II – não será objeto de concessão de isenções, incentivos e benefícios fiscais, que resulte, direta ou indiretamente, na redução da alíquota mínima estabelecida no inciso I.

▶ Art. 88 acrescido pela EC nº 37, de 12-6-2002.

Art. 89. Os integrantes da carreira policial militar e os servidores municipais do ex-Território Federal de Rondônia que, comprovadamente, se encontravam no exercício regular de suas funções prestando serviço àquele ex-Território na data em que foi transformado em Estado, bem como os servidores e os policiais militares alcançados pelo disposto no art. 36 da Lei Complementar nº 41, de 22 de dezembro de 1981, e aqueles admitidos regularmente nos quadros do Estado de Rondônia até a data de posse do primeiro Governador eleito, em 15 de março de 1987, constituirão, mediante opção, quadro em extinção da administração federal, assegurados os direitos e as vantagens a eles inerentes, vedado o pagamento, a qualquer título, de diferenças remuneratórias.

▶ *Caput* com a redação dada pela EC nº 60, de 11-11-2009.
▶ Art. 1º da EC nº 60, de 11-11-2009, que veda o pagamento, a qualquer título, em virtude da alteração pela referida Emenda, de ressarcimentos ou indenizações, de qualquer espécie, referentes a períodos anteriores à data de sua publicação (*DOU* de 12-11-2009).

§ 1º Os membros da Polícia Militar continuarão prestando serviços ao Estado de Rondônia, na condição de cedidos, submetidos às corporações da Polícia Militar, observadas as atribuições de função compatíveis com o grau hierárquico.

§ 2º Os servidores a que se refere o *caput* continuarão prestando serviços ao Estado de Rondônia na condição de cedidos, até seu aproveitamento em órgão ou entidade da administração federal direta, autárquica ou fundacional.

▶ §§ 1º e 2º acrescidos pela EC nº 60, de 11-11-2009.

Art. 90. O prazo previsto no *caput* do art. 84 deste Ato das Disposições Constitucionais Transitórias fica prorrogado até 31 de dezembro de 2007.

§ 1º Fica prorrogada, até a data referida no *caput* deste artigo, a vigência da Lei nº 9.311, de 24 de outubro de 1996, e suas alterações.

§ 2º Até a data referida no *caput* deste artigo, a alíquota da contribuição de que trata o art. 84 deste Ato das Disposições Constitucionais Transitórias será de trinta e oito centésimos por cento.

▶ Art. 90 acrescido pela EC nº 42, de 19-12-2003.

Art. 91. A União entregará aos Estados e ao Distrito Federal o montante definido em lei complementar, de acordo com critérios, prazos e condições nela determinados, podendo considerar as exportações para o exterior de produtos primários e semielaborados, a relação entre as exportações e as importações, os créditos decorrentes de aquisições destinadas ao ativo permanente e a efetiva manutenção e aproveitamento do crédito do imposto a que se refere o art. 155, § 2º, X, *a*.

§ 1º Do montante de recursos que cabe a cada Estado, setenta e cinco por cento pertencem ao próprio Estado, e vinte e cinco por cento, aos seus Municípios, distribuídos segundo os critérios a que se refere o art. 158, parágrafo único, da Constituição.

§ 2º A entrega de recursos prevista neste artigo perdurará, conforme definido em lei complementar, até que o imposto a que se refere o art. 155, II, tenha o produto de sua arrecadação destinado predominantemente, em proporção não inferior a oitenta por cento, ao Estado onde ocorrer o consumo das mercadorias, bens ou serviços.

§ 3º Enquanto não for editada a lei complementar de que trata o *caput*, em substituição ao sistema de entrega de recursos nele previsto, permanecerá vigente o sistema de entrega de recursos previsto no art. 31 e Anexo da Lei Complementar nº 87, de 13 de setembro de 1996, com a redação dada pela Lei Complementar nº 115, de 26 de dezembro de 2002.

§ 4º Os Estados e o Distrito Federal deverão apresentar à União, nos termos das instruções baixadas pelo Ministério da Fazenda, as informações relativas ao imposto de que trata o art. 155, II, declaradas pelos contribuintes que realizarem operações ou prestações com destino ao exterior.

▶ Art. 91 acrescido pela EC nº 42, de 19-12-2003.

Art. 92. São acrescidos dez anos ao prazo fixado no art. 40 deste Ato das Disposições Constitucionais Transitórias.

▶ Artigo acrescido pela EC nº 42, de 19-12-2003.

Art. 93. A vigência do disposto no art. 159, III, e § 4º, iniciará somente após a edição da lei de que trata o referido inciso III.

▶ Artigo acrescido pela EC nº 42, de 19-12-2003.

Art. 94. Os regimes especiais de tributação para microempresas e empresas de pequeno porte próprios da União, dos Estados, do Distrito Federal e dos Municípios cessarão a partir da entrada em vigor do regime previsto no art. 146, III, *d*, da Constituição.

▶ Artigo acrescido pela EC nº 42, de 19-12-2003.

Art. 95. Os nascidos no estrangeiro entre 7 de junho de 1994 e a data da promulgação desta Emenda Constitu-

cional, filhos de pai brasileiro ou mãe brasileira, poderão ser registrados em repartição diplomática ou consular brasileira competente ou em ofício de registro, se vierem a residir na República Federativa do Brasil.
▶ Artigo acrescido pela EC nº 54, de 20-9-2007.
▶ Art. 12 desta Constituição.

Art. 96. Ficam convalidados os atos de criação, fusão, incorporação e desmembramento de Municípios, cuja lei tenha sido publicada até 31 de dezembro de 2006, atendidos os requisitos estabelecidos na legislação do respectivo Estado à época de sua criação.
▶ Artigo acrescido pela EC nº 57, de 18-12-2008.

Art. 97. Até que seja editada a Lei Complementar de que trata o § 15 do art. 100 da Constituição Federal, os Estados, o Distrito Federal e os Municípios que, na data de publicação desta Emenda Constitucional, estejam em mora na quitação de precatórios vencidos, relativos às suas administrações direta e indireta, inclusive os emitidos durante o período de vigência do regime especial instituído por este artigo, farão esses pagamentos de acordo com as normas a seguir estabelecidas, sendo inaplicável o disposto no art. 100 desta Constituição Federal, exceto em seus §§ 2º, 3º, 9º, 10, 11, 12, 13 e 14, e sem prejuízo dos acordos de juízos conciliatórios já formalizados na data de promulgação desta Emenda Constitucional.
▶ Art. 3º da EC nº 62, de 9-12-2009, estabelece que a implantação do regime de pagamento criado por este artigo deverá ocorrer no prazo de até 90 (noventa dias), contados da data de sua publicação (DOU de 10-12-2009).

§ 1º Os Estados, o Distrito Federal e os Municípios sujeitos ao regime especial de que trata este artigo optarão, por meio de ato do Poder Executivo:
▶ Art. 4º da EC nº 62, de 9-12-2009, que estabelece os casos em que a entidade federativa voltará a observar somente o disposto no art. 100 da CF.

I – pelo depósito em conta especial do valor referido pelo § 2º deste artigo; ou
II – pela adoção do regime especial pelo prazo de até 15 (quinze) anos, caso em que o percentual a ser depositado na conta especial a que se refere o § 2º deste artigo corresponderá, anualmente, ao saldo total dos precatórios devidos, acrescido do índice oficial de remuneração básica da caderneta de poupança e de juros simples no mesmo percentual de juros incidentes sobre a caderneta de poupança para fins de compensação da mora, excluída a incidência de juros compensatórios, diminuído das amortizações e dividido pelo número de anos restantes no regime especial de pagamento.

§ 2º Para saldar os precatórios, vencidos e a vencer, pelo regime especial, os Estados, o Distrito Federal e os Municípios devedores depositarão mensalmente, em conta especial criada para tal fim, 1/12 (um doze avos) do valor calculado percentualmente sobre as respectivas receitas correntes líquidas, apuradas no segundo mês anterior ao mês de pagamento, sendo que esse percentual, calculado no momento de opção pelo regime e mantido fixo até o final do prazo a que se refere o § 14 deste artigo, será:

I – para os Estados e para o Distrito Federal:

a) de, no mínimo, 1,5% (um inteiro e cinco décimos por cento), para os Estados das regiões Norte, Nordeste e Centro-Oeste, além do Distrito Federal, ou cujo estoque de precatórios pendentes das suas administrações direta e indireta corresponder a até 35% (trinta e cinco por cento) do total da receita corrente líquida;
b) de, no mínimo, 2% (dois por cento), para os Estados das regiões Sul e Sudeste, cujo estoque de precatórios pendentes das suas administrações direta e indireta corresponder a mais de 35% (trinta e cinco por cento) da receita corrente líquida;

II – para Municípios:
a) de, no mínimo, 1% (um por cento), para Municípios das regiões Norte, Nordeste e Centro-Oeste, ou cujo estoque de precatórios pendentes das suas administrações direta e indireta corresponder a até 35% (trinta e cinco por cento) da receita corrente líquida;
b) de, no mínimo, 1,5% (um inteiro e cinco décimos por cento), para Municípios das regiões Sul e Sudeste, cujo estoque de precatórios pendentes das suas administrações direta e indireta corresponder a mais de 35 % (trinta e cinco por cento) da receita corrente líquida.

§ 3º Entende-se como receita corrente líquida, para os fins de que trata este artigo, o somatório das receitas tributárias, patrimoniais, industriais, agropecuárias, de contribuições e de serviços, transferências correntes e outras receitas correntes, incluindo as oriundas do § 1º do art. 20 da Constituição Federal, verificado no período compreendido pelo mês de referência e os 11 (onze) meses anteriores, excluídas as duplicidades, e deduzidas:
I – nos Estados, as parcelas entregues aos Municípios por determinação constitucional;
II – nos Estados, no Distrito Federal e nos Municípios, a contribuição dos servidores para custeio do seu sistema de previdência e assistência social e as receitas provenientes da compensação financeira referida no § 9º do art. 201 da Constituição Federal.

§ 4º As contas especiais de que tratam os §§ 1º e 2º serão administradas pelo Tribunal de Justiça local, para pagamento de precatórios expedidos pelos tribunais.

§ 5º Os recursos depositados nas contas especiais de que tratam os §§ 1º e 2º deste artigo não poderão retornar para Estados, Distrito Federal e Municípios devedores.

§ 6º Pelo menos 50% (cinquenta por cento) dos recursos de que tratam os §§ 1º e 2º deste artigo serão utilizados para pagamento de precatórios em ordem cronológica de apresentação, respeitadas as preferências definidas no § 1º, para os requisitórios do mesmo ano e no § 2º do art. 100, para requisitórios de todos os anos.

§ 7º Nos casos em que não se possa estabelecer a precedência cronológica entre 2 (dois) precatórios, pagar-se-á primeiramente o precatório de menor valor.

§ 8º A aplicação dos recursos restantes dependerá de opção a ser exercida por Estados, Distrito Federal e Municípios devedores, por ato do Poder Executivo, obedecendo à seguinte forma, que poderá ser aplicada isoladamente ou simultaneamente:

I – destinados ao pagamento dos precatórios por meio do leilão;

II – destinados a pagamento a vista de precatórios não quitados na forma do § 6º e do inciso I, em ordem única e crescente de valor por precatório;

III – destinados a pagamento por acordo direto com os credores, na forma estabelecida por lei própria da entidade devedora, que poderá prever criação e forma de funcionamento de câmara de conciliação.

§ 9º Os leilões de que trata o inciso I do § 8º deste artigo:

I – serão realizados por meio de sistema eletrônico administrado por entidade autorizada pela Comissão de Valores Mobiliários ou pelo Banco Central do Brasil;

II – admitirão a habilitação de precatórios, ou parcela de cada precatório indicada pelo seu detentor, em relação aos quais não esteja pendente, no âmbito do Poder Judiciário, recurso ou impugnação de qualquer natureza, permitida por iniciativa do Poder Executivo a compensação com débitos líquidos e certos, inscritos ou não em dívida ativa e constituídos contra devedor originário pela Fazenda Pública devedora até a data da expedição do precatório, ressalvados aqueles cuja exigibilidade esteja suspensa nos termos da legislação, ou que já tenham sido objeto de abatimento nos termos do § 9º do art. 100 da Constituição Federal;

III – ocorrerão por meio de oferta pública a todos os credores habilitados pelo respectivo ente federativo devedor;

IV – considerarão automaticamente habilitado o credor que satisfaça o que consta no inciso II;

V – serão realizados tantas vezes quanto necessário em função do valor disponível;

VI – a competição por parcela do valor total ocorrerá a critério do credor, com deságio sobre o valor desta;

VII – ocorrerão na modalidade deságio, associado ao maior volume ofertado cumulado ou não com o maior percentual de deságio, pelo maior percentual de deságio, podendo ser fixado valor máximo por credor, ou por outro critério a ser definido em edital;

VIII – o mecanismo de formação de preço constará nos editais publicados para cada leilão;

IX – a quitação parcial dos precatórios será homologada pelo respectivo Tribunal que o expediu.

§ 10. No caso de não liberação tempestiva dos recursos de que tratam o inciso II do § 1º e os §§ 2º e 6º deste artigo:

I – haverá o sequestro de quantia nas contas de Estados, Distrito Federal e Municípios devedores, por ordem do Presidente do Tribunal referido no § 4º, até o limite do valor não liberado;

II – constituir-se-á, alternativamente, por ordem do Presidente do Tribunal requerido, em favor dos credores de precatórios, contra Estados, Distrito Federal e Municípios devedores, direito líquido e certo, autoaplicável e independentemente de regulamentação, à compensação automática com débitos líquidos lançados por esta contra aqueles, e, havendo saldo em favor do credor, o valor terá automaticamente poder liberatório do pagamento de tributos de Estados, Distrito Federal e Municípios devedores, até onde se compensarem;

III – o chefe do Poder Executivo responderá na forma da legislação de responsabilidade fiscal e de improbidade administrativa;

IV – enquanto perdurar a omissão, a entidade devedora:

a) não poderá contrair empréstimo externo ou interno;

b) ficará impedida de receber transferências voluntárias;

V – a União reterá os repasses relativos ao Fundo de Participação dos Estados e do Distrito Federal e ao Fundo de Participação dos Municípios, e os depositará nas contas especiais referidas no § 1º, devendo sua utilização obedecer ao que prescreve o § 5º, ambos deste artigo.

§ 11. No caso de precatórios relativos a diversos credores, em litisconsórcio, admite-se o desmembramento do valor, realizado pelo Tribunal de origem do precatório, por credor, e, por este, a habilitação do valor total a que tem direito, não se aplicando, neste caso, a regra do § 3º do art. 100 da Constituição Federal.

§ 12. Se a lei a que se refere o § 4º do art. 100 não estiver publicada em até 180 (cento e oitenta) dias, contados da data de publicação desta Emenda Constitucional, será considerado, para os fins referidos, em relação a Estados, Distrito Federal e Municípios devedores, omissos na regulamentação, o valor de:

I – 40 (quarenta) salários mínimos para Estados e para o Distrito Federal;

II – 30 (trinta) salários mínimos para Municípios.

§ 13. Enquanto Estados, Distrito Federal e Municípios devedores estiverem realizando pagamentos de precatórios pelo regime especial, não poderão sofrer sequestro de valores, exceto no caso de não liberação tempestiva dos recursos de que tratam o inciso II do § 1º e o § 2º deste artigo.

§ 14. O regime especial de pagamento de precatório previsto no inciso I do § 1º vigorará enquanto o valor dos precatórios devidos for superior ao valor dos recursos vinculados, nos termos do § 2º, ambos deste artigo, ou pelo prazo fixo de até 15 (quinze) anos, no caso de opção prevista no inciso II do § 1º.

§ 15. Os precatórios parcelados na forma do art. 33 ou do art. 78 deste Ato das Disposições Constitucionais Transitórias e ainda pendentes de pagamento ingressarão no regime especial com o valor atualizado das parcelas não pagas relativas a cada precatório, bem como o saldo dos acordos judiciais e extrajudiciais.

§ 16. A partir da promulgação desta Emenda Constitucional, a atualização de valores de requisitórios, até o efetivo pagamento, independentemente de sua natureza, será feita pelo índice oficial de remuneração básica da caderneta de poupança, e, para fins de compensação da mora, incidirão juros simples no mesmo percentual de juros incidentes sobre a caderneta de poupança, ficando excluída a incidência de juros compensatórios.

§ 17. O valor que exceder o limite previsto no § 2º do art. 100 da Constituição Federal será pago, durante a vigência do regime especial, na forma prevista nos §§ 6º e 7º ou nos incisos I, II e III do § 8º deste artigo, devendo os valores dispendidos para o atendimento do disposto no § 2º do art. 100 da Constituição Federal serem computados para efeito do § 6º deste artigo.

§ 18. Durante a vigência do regime especial a que se refere este artigo, gozarão também da preferência a que se refere o § 6º os titulares originais de precatórios que tenham completado 60 (sessenta) anos de idade até a data da promulgação desta Emenda Constitucional.

▶ Art. 97 acrescido pela EC nº 62, de 9-12-2009.

Brasília, 5 de outubro de 1988.

ULYSSES GUIMARÃES – Presidente,
MAURO BENEVIDES – 1º Vice-Presidente,
JORGE ARBAGE – 2º Vice-Presidente,
MARCELO CORDEIRO – 1º Secretário,
MÁRIO MAIA – 2º Secretário,
ARNALDO FARIA DE SÁ – 3º Secretário,
BENEDITA DA SILVA – 1º Suplente de Secretário,
LUIZ SOYER – 2º Suplente de Secretário,
SOTERO CUNHA – 3º Suplente de Secretário,
BERNARDO CABRAL – Relator Geral,
ADOLFO OLIVEIRA – Relator Adjunto,
ANTÔNIO CARLOS KONDER REIS – Relator Adjunto,
JOSÉ FOGAÇA – Relator Adjunto.

Índice Alfabético-Remissivo da Constituição da República Federativa do Brasil e de suas Disposições Transitórias

A

ABASTECIMENTO ALIMENTAR: art. 23, VIII, CF

ABUSO DE PODER
- concessão de *habeas corpus*: art. 5º, LXVIII, CF; Súms. 693 a 695, STF
- concessão de mandado de segurança: art. 5º, LXIX, CF; Súm. 632, STF
- direito de petição: art. 5º, XXXIV, a, CF; Súm. Vinc. 21, STF; Súm. 373, STJ

ABUSO DE PRERROGATIVAS: art. 55, § 1º, CF

ABUSO DO DIREITO DE GREVE: art. 9º, § 2º, CF

ABUSO DO EXERCÍCIO DE FUNÇÃO: art. 14, § 9º, *in fine*, CF; Súm. 13, TSE

ABUSO DO PODER ECONÔMICO: art. 173, § 4º, CF; Súm. 646, STF

AÇÃO CIVIL PÚBLICA: art. 129, III e § 1º, CF; Súm. 643, STF; Súm. 329, STJ

AÇÃO DE GRUPOS ARMADOS CONTRA O ESTADO: art. 5º, XLIV, CF

AÇÃO DE *HABEAS CORPUS*: art. 5º, LXXVII, CF

AÇÃO DE *HABEAS DATA*: art. 5º, LXXVII, CF

AÇÃO DE IMPUGNAÇÃO DE MANDATO ELETIVO: art. 14, §§ 10 e 11, CF

AÇÃO DECLARATÓRIA DE CONSTITUCIONALIDADE (ADECON)
- eficácia de decisões definitivas de mérito proferidas pelo STF: art. 102, § 2º, CF
- legitimação ativa: art. 103, CF
- processo e julgamento: art. 102, I, a, CF; Súms. 642 e 735, STF

AÇÃO DIRETA DE INCONSTITUCIONALIDADE (ADIN)
- audiência prévia do Procurador-Geral da República: art. 103, § 1º, CF
- citação prévia do Advogado-Geral da União: art. 103, § 3º, CF
- competência do STF: art. 102, I, a, CF; Súms. 642 e 735, CF
- legitimação ativa: arts. 103 e 129, IV, CF
- omissão de medida: art. 103, § 2º, CF
- processo e julgamento I: art. 102, I, a, CF; Súms. 642 e 735, STF
- recurso extraordinário: art. 102, III, CF
- suspensão da execução de lei: art. 52, X, CF

AÇÃO PENAL: art. 37, § 4º, CF

AÇÃO PENAL PRIVADA: art. 5º, LIX, CF

AÇÃO PENAL PÚBLICA: art. 129, I, CF; Súm. 234, STJ

AÇÃO POPULAR: art. 5º, LXXIII, CF

AÇÃO PÚBLICA: art. 5º, LIX, CF

AÇÃO RESCISÓRIA
- competência originária; STF: art. 102, I, j, CF
- competência originária; STJ: art. 105, I, e, CF
- competência originária; TRF: art. 108, I, b, CF
- de decisões anteriores à promulgação da CF: art. 27, § 10, ADCT; Súms. 38, 104, 147 e 165, STJ

ACESSO À CULTURA, À EDUCAÇÃO E À CIÊNCIA: art. 23, V, CF

ACESSO À INFORMAÇÃO: art. 5º, XIV, CF

ACIDENTES DO TRABALHO
- cobertura pela previdência social: art. 201, I e § 10, CF
- seguro: art. 7º, XXVIII, CF; Súm. Vinc. 22, STF

AÇÕES TRABALHISTAS: arts. 7º, XXIX, e 114, CF; Súm. Vinc. 22, STF; Súm. 349, STF; Súms. 308, 392 e 409, TST

ACORDOS COLETIVOS DE TRABALHO: art. 7º, XXVI, CF

ACORDOS INTERNACIONAIS: arts. 49, I, e 84, VIII, CF

ACRE: art. 12, § 5º, ADCT

ADICIONAIS: art. 17, ADCT

ADICIONAL DE REMUNERAÇÃO: art. 7º, XXIII, CF; Súm. Vinc. 4, STF

ADMINISTRAÇÃO PÚBLICA: arts. 37 a 43, CF; Súm. Vinc. 13, STF
- acumulação de cargos públicos: art. 37, XVI e XVII, CF
- aposentadoria de servidor; casos: art. 40, § 1º, CF; Súm. 726, STF
- atos; fiscalização e controle: art. 49, X, CF
- cargo em comissão: art. 37, II, *in fine*, e V, CF; Súm. 685, STF; Súms. 331 e 363, TST
- cômputo de tempo de serviço: art. 40, § 9º, CF
- concurso público: art. 37, II, III e IV, CF; Súm. 685, STF; Súm. 363, TST
- contas: art. 71, CF
- contratação de servidores por prazo determinado: art. 37, IX, CF
- controle interno: art. 74, CF
- despesas com pessoal: art. 169; art. 38, par. ún., ADCT
- empresa pública: art. 37, XIX, CF
- estabilidade de servidores: art. 41, CF; Súm. 390, TST
- extinção de cargo: art. 41, § 3º, CF
- federal: arts. 84, VI, a, 87, par. ún., e 165, §§ 1º e 2º, CF
- função de confiança: art. 37, V e XVII, CF
- gestão da documentação governamental: art. 216, § 2º, CF
- gestão financeira e patrimonial: art. 165, § 9º, CF; art. 35, § 2º, ADCT
- improbidade administrativa: art. 37, § 4º, CF
- incentivos regionais: art. 43, § 2º, CF
- militares: art. 42, CF
- Ministérios e órgãos: arts. 48, XI, 61, § 1º, II, e, CF
- pessoas jurídicas; responsabilidade: art. 37, § 6º, CF
- princípios: art. 37, CF; Súm. Vinc. 13, STF
- profissionais de saúde: art. 17, § 2º, ADCT
- publicidade: art. 37, § 1º, CF
- regiões: art. 43, CF
- reintegração de servidor estável: art. 41, § 2º, CF
- remuneração de servidores: art. 37, X, CF
- servidor público: arts. 38 a 41, CF; Súm. 390, TST
- sindicalização de servidores públicos: art. 37, VI, CF
- tributárias: arts. 37, XXII, 52, XV, e 167, IV, CF
- vencimentos: art. 37, XII e XIII, CF

ADOÇÃO: art. 227, §§ 5º e 6º, CF

ADOLESCENTE: art. 227, CF
- assistência social: art. 203, I e II, CF
- imputabilidade penal: art. 228, CF
- proteção: art. 24, XV, CF

ADVOCACIA E DEFENSORIA PÚBLICA: arts. 133 a 135, CF; Súm. 421, STJ; Súms. 219 e 329, TST

ADVOCACIA-GERAL DA UNIÃO
- *vide* ADVOCACIA PÚBLICA
- defesa de ato ou texto impugnado em ação de inconstitucionalidade: art. 103, § 3º, CF
- organização e funcionamento: art. 29, § 1º, ADCT
- Procuradores da República: art. 29, § 2º, ADCT

ADVOCACIA PÚBLICA: arts. 131 e 132, CF
- *vide* ADVOGADO-GERAL DA UNIÃO
- crimes de responsabilidade: art. 52, II, CF
- organização e funcionamento: art. 29, *caput*, e § 1º, ADCT

ADVOGADO
- assistência ao preso: art. 5º, LXIII, CF
- composição STJ: art. 104, par. ún., II, CF
- composição STM: art. 123, par. ún., I, CF

- composição TREs: art. 120, § 1º, III, CF
- composição TRF: arts. 94 e 107, I, CF
- composição Tribunais do DF, dos Estados e dos Territórios: art. 94, CF
- composição TSE: art. 119, II, CF
- composição TST: art. 111-A, I, CF
- inviolabilidade de seus atos e manifestações: art. 133, CF
- necessidade na administração da Justiça: art. 133, CF
- OAB; proposição de ADIN e ADECON: art. 103, VII, CF

ADVOGADO-GERAL DA UNIÃO
- *vide* ADVOCACIA PÚBLICA
- citação prévia pelo STF: art. 103, § 3º, CF
- crimes de responsabilidade: art. 52, II, CF
- estabilidade: art. 132, par. ún., CF
- ingresso na carreira: art. 131, § 2º, CF
- nomeação: arts. 84, XVI, e 131, § 1º, CF

AEROPORTOS: art. 21, XII, c, CF

AGÊNCIAS FINANCEIRAS OFICIAIS DE FOMENTO: art. 165, § 2º, CF

AGROPECUÁRIA: art. 23, VIII, CF

AGROTÓXICOS: art. 220, § 4º, CF; e art. 65, ADCT

ÁGUAS
- *vide* RECURSOS HÍDRICOS
- bens dos Estados: art. 26, I a III, CF
- competência privativa da União: art. 22, IV, CF
- fiscalização: art. 200, VI, CF

ÁLCOOL CARBURANTE: art. 238, CF

ALIENAÇÕES: art. 37, XXI, CF

ALIMENTAÇÃO
- *vide* ALIMENTOS
- abastecimento: art. 23, VIII, CF
- direito social: art. 6º, CF
- fiscalização: art. 200, VI, CF
- programas suplementares: art. 212, § 4º, CF

ALIMENTOS
- pagamento por precatórios: art. 100, *caput*, e §§ 1º e 2º, CF; Súm. 655, STF; Súm. 144, STJ
- prisão civil: art. 5º, LXVII, CF; Súm. Vinc. 25, STF; Súms. 280 e 419, STJ

ALÍQUOTAS: art. 153, § 1º, CF

ALISTAMENTO ELEITORAL: art. 14, §§ 1º e 2º e 3º, III, CF

AMAMENTAÇÃO: art. 5º, L, CF

AMAPÁ: art. 14, ADCT

AMAZÔNIA LEGAL: art. 12, ADCT

AMEAÇA A DIREITO: art. 5º, XXXV, CF

AMÉRICA LATINA: art. 4º, par. ún., CF

AMPLA DEFESA: art. 5º, LV, CF; Súms. Vincs. 3, 5, 14, 21 e 24, STF; Súms. 701, 704, 705, 707 e 712, STF; Súms. 196, 312 e 373, STJ

ANALFABETISMO: art. 214, I, CF; e art. 60, § 6º, ADCT

ANALFABETO
- alistamento e voto: art. 14, § 1º, II, a, CF
- inelegibilidade: art. 14, § 4º, CF

ANISTIA
- competência da União: art. 21, XVII, CF
- concessão: art. 48, VIII, CF
- fiscal: art. 150, § 6º, CF
- punidos por razões políticas: arts. 8º e 9º, ADCT; Súm. 674, STF

APOSENTADO SINDICALIZADO: art. 8º, VII, CF

APOSENTADORIA
- cálculo do benefício: art. 201, CF
- contagem recíproca do tempo de contribuição: art. 201, § 9º, CF
- direito social: art. 7º, XXIV, CF
- ex-combatente: art. 53, V, ADCT
- homem e da mulher: art. 201, § 7º, CF
- juízes togados; art. 21, par. ún., ADCT
- magistrado: art. 93, VI e VIII, CF
- percepção simultânea de proventos: art. 37, § 10, CF
- professores: arts. 40, § 5º, e 201, § 8º, CF; Súm. 726, STF
- proporcional: arts. 3º e 9º da EC no 20/1998
- proventos em desacordo com a CF: art. 17, ADCT
- requisitos e critérios diferenciados; vedação: art. 40, § 4º, CF; Súm. 680, STF
- servidor público: art. 40, CF
- tempo de contribuição: art. 201, §§ 7º a 9º, CF
- trabalhadores rurais: art. 201, § 7º, II, CF

APRENDIZ: art. 7º, XXXIII, CF

ARGUIÇÃO DE DESCUMPRIMENTO DE PRECEITO FUNDAMENTAL (ADPF): art. 102, § 1º, CF

ASILO POLÍTICO: art. 4º, X, CF

ASSEMBLEIA ESTADUAL CONSTITUINTE
- elaboração da Constituição Estadual: art. 11, ADCT
- Tocantins: art. 13, §§ 2º e 5º, ADCT

ASSEMBLEIAS LEGISLATIVAS
- ADIN: art. 103, IV, CF
- competência: art. 27, § 3º, CF
- composição: arts. 27, *caput*, e 235, I, CF
- elaboração da Constituição Estadual: art. 11, ADCT
- emendas à CF Federal: art. 60, III, CF
- incorporação de Estados: art. 48, VI, CF
- intervenção estadual: art. 36, §§ 1º a 3º, CF

ASSISTÊNCIA
- desamparados: art. 6º, CF
- filhos e dependentes do trabalhador: art. 7º, XXV, CF
- gratuita dever do Estado: art. 5º, CF
- jurídica: arts. 5º, LXXIV, 24, XIII, e 227, § 3º, VI, CF
- médica; ex-combatente: art. 53, IV, ADCT
- pública: arts. 23, II, e 245, CF
- religiosa: art. 5º, VII, CF
- saúde: art. 212, § 4º, CF
- social: arts. 150, VI, c, 203 e 204, CF

ASSOCIAÇÃO
- apoio e estímulo: art. 174, § 2º, CF
- atividade garimpeira: arts. 21, XXV, e 174, §§ 3º e 4º, CF
- colônias de pescadores: art. 8º, par. ún., CF
- compulsória: art. 5º, XX, CF
- criação: art. 5º, XVIII, CF
- denúncia: art. 74, § 2º, CF
- desportiva: art. 217, I, CF
- dissolução: art. 5º, XIX, CF
- filiados: art. 5º, XXI, CF
- fiscalização: art. 5º, XXVIII, b, CF
- mandado de segurança coletivo: art. 5º, LXX, b, CF; Súm. 629, STF
- paramilitar: art. 5º, XVII, CF
- profissional: art. 8º, CF
- sindicatos rurais: art. 8º, par. ún., CF

ASSOCIAÇÃO PROFISSIONAL OU SINDICAL: art. 8º, CF; Súm. 4, STJ
- filiados: art. 5º, XXI, CF
- sindical de servidor público civil: art. 37, VI, CF
- sindical de servidor público militar: art. 142, § 3º, IV, CF

ATIVIDADE
- desportiva: art. 5º, XXVIII, a, *in fine*, CF
- econômica: arts. 170 a 181, CF
- essencial: art. 9º, § 1º, CF
- exclusiva do Estado: art. 247, CF
- garimpeira associação: arts. 21, XXV, e 174, §§ 3º e 4º, CF
- insalubre: art. 7º, XXIII, CF
- intelectual: art. 5º, IX, CF
- nociva ao interesse nacional: art. 12, § 4º, I, CF
- notarial e de registro: art. 236, CF
- nuclear: arts. 21, XXIII, 22, XXVI, 49, XIV, 177, V, e 225, § 6º, CF
- penosa: art. 7º, XXIII, CF
- perigosa: art. 7º, XXIII, CF

ATO
- administrativo: art. 103-A, § 3º, CF
- governo local: art. 105, III, b, CF
- internacional: arts. 49, I, e 84, VIII, CF
- jurídico perfeito: art. 5º, XXXVI, CF; Súms. Vincs. 1 e 9, STF; Súm. 654, STF
- mero expediente: art. 93, XIV, CF
- normativo: arts. 49, V, e 102, I, a, CF
- processual: art. 5º, LX, CF
- remoção: art. 93, VIII e VIII-A, CF

B

BANCO CENTRAL: art. 164, CF
- Presidente e diretores: arts. 52, III, d, e 84, XIV, CF

BANDEIRA NACIONAL: art. 13, § 1º, CF

BANIMENTO: art. 5º, XLVII, d, CF

BENEFÍCIOS PREVIDENCIÁRIOS
- vide PREVIDÊNCIA SOCIAL
- contribuintes: art. 201, CF
- fundos: art. 250, CF
- irredutibilidade de seu valor: art. 194, par. ún., IV, CF
- limites: art. 248, CF

BENS
- competência para legislar sobre responsabilidade por dano: art. 24, VIII, CF
- confisco: art. 243, par. ún., CF
- Distrito Federal: art. 16, § 3º, ADCT
- Estados federados: art. 26, CF
- estrangeiros: art. 5º, XXXI, CF
- indisponibilidade: art. 37, § 4º, CF
- limitações ao tráfego: art. 150, V, CF
- móveis e imóveis: arts. 155, § 1º, I e II, e 156, II e § 2º, CF; Súm. 656, STF
- ocupação e uso temporário: art. 136, § 1º, II, CF
- perda: art. 5º, XLV, e XLVI, b, CF
- privação: art. 5º, LIV, CF
- requisição: art. 139, VII, CF
- União: arts. 20, 48, V, e 176, caput, CF
- valor artístico: arts. 23, III, IV, e 24, VIII, CF
- valor: art. 24, VIII, CF

BRASILEIRO: art. 12, CF
- adoção por estrangeiros: art. 227, § 5º, CF
- cargos, empregos e funções públicas: art. 37, I, CF; Súm. 686, STF; Súm. 266, STJ
- direitos fundamentais: art. 5º, CF; Súm. 683, STF
- Ministro de Estado: art. 87, CF
- nascidos no estrangeiro: art. 12, I, b e c, CF
- recursos minerais e energia hidráulica: art. 176, § 1º, CF

BRASILEIRO NATO
- caracterização: art. 12, I, CF
- cargos privativos: art. 12, § 3º, CF
- Conselho da República: art. 89, VII, CF
- distinção: art. 12, § 2º, CF
- perda da nacionalidade: art. 12, § 4º, CF
- propriedade de empresas jornalísticas: art. 222, § 2º, CF

BRASILEIRO NATURALIZADO
- cancelamento de naturalização: art. 15, I, CF
- caracterização: art. 12, II, CF
- distinção: art. 12, § 2º, CF
- extradição: art. 5º, LI, CF
- perda da nacionalidade: art. 12, § 4º, CF
- propriedade de empresa jornalística: art. 222, § 2º, CF

C

CALAMIDADE PÚBLICA
- empréstimo compulsório: art. 148, I, CF
- estado de defesa: art. 136, § 1º, II, CF
- planejamento e promoção da defesa: art. 21, XVIII, CF

CÂMARA DOS DEPUTADOS
- acusação contra o Presidente da República: art. 86, caput, CF

- ADECON: art. 103, III, CF
- ADIN: art. 103, III, CF
- cargo privativo de brasileiro nato: art. 12, § 3º, II, CF
- CPI: art. 58, § 3º, CF
- comissões permanentes e temporárias: art. 58, CF
- competência privativa: arts. 51 e 68, § 1º, CF
- composição: art. 45, CF
- Congresso Nacional: art. 44, caput, CF
- Conselho da República: art. 89, II, IV e VII, CF
- Conselho de Defesa Nacional: art. 91, II, CF
- despesa: art. 63, II, CF
- emenda constitucional: art. 60, I, CF
- emendas em projetos de lei: art. 64, § 3º, CF
- estado de sítio: art. 53, § 8º, CF
- exercício da Presidência da República: art. 80, CF
- informações a servidores públicos: art. 50, § 2º, CF
- iniciativa de leis: art. 61, CF
- irredutibilidade da representação dos Estados e do DF na: art. 4º, § 2º, ADCT
- legislatura: art. 44, par. ún., CF
- licença prévia a Deputados: art. 53, § 7º, CF
- Mesa; CF: art. 58, § 1º, CF
- Ministros de Estado: art. 50, CF
- projetos de lei: art. 64, CF
- quorum: art. 47, CF
- reunião em sessão conjunta com o Senado Federal: art. 57, § 3º, CF

CÂMARA LEGISLATIVA: art. 32, CF; art. 16, §§ 1º e 2º, ADCT

CÂMARA MUNICIPAL
- composição: art. 29, IV, CF
- controle externo: art. 31, §§ 1º e 2º, CF
- despesas: art. 29-A, CF
- funções legislativas e fiscalizadoras: art. 29, XI, CF
- iniciativa de lei: art. 29, V, CF
- lei orgânica: art. 11, par. ún., ADCT
- plano diretor: art. 182, § 1º, CF
- quorum: art. 29, caput, CF
- subsídios dos Vereadores: art. 29, VI, CF

CAPITAL
- estrangeiro: arts. 172 e 199, § 3º, CF
- social de empresa jornalística ou de radiodifusão: art. 222, §§ 1º, 2º e 4º, CF

CAPITAL FEDERAL: art. 18, § 1º, CF

CARGOS PRIVATIVOS DE BRASILEIROS NATOS: art. 12, § 3º, CF

CARGOS PÚBLICOS
- acesso por concurso: art. 37, I a IV, e § 2º, CF; Súm. 266, STJ; Súm. 363, TST
- acumulação: art. 37, XVI e XVII, CF; art. 17, §§ 1º e 2º, ADCT
- comissão: art. 37, V, CF
- criação, transformação e extinção: arts. 48, X, 61, § 1º, II, a, e 96, II, b, CF
- deficiência física: art. 37, VIII, CF; Súm. 377, STJ
- estabilidade: art. 41, CF, art. 19, ADCT; Súm. 390, TST
- Estado: art. 235, X, CF
- extinção: art. 41, § 3º, CF
- federais: art. 84, XXV, CF
- perda: arts. 41, § 1º, e 247, CF
- Poder Judiciário: art. 96, I, c e e, CF
- subsídios: art. 37, X e XI, CF

CARTAS ROGATÓRIAS: arts. 105, I, i, e 109, X, CF
- inadmissibilidade: art. 5º, IX, CF
- proibição: art. 220, caput e § 2º, CF

CIDADANIA
- atos necessários ao exercício: art. 5º, LXXVII, CF
- competência privativa da União para legislar: arts. 22, XIII, e 68, § 1º, II, CF
- fundamento da República Federativa do Brasil: art. 1º, II, CF
- mandado de injunção: art. 5º, LXXI, CF

CIDADÃO
- direito a um exemplar da CF: art. 64, ADCT

- direito de denúncia: art. 74, § 2º, CF
- iniciativa de leis: art. 61, *caput* e § 2º, CF

COISA JULGADA: art. 5º, XXXVI, CF; Súm. 315, TST

COMANDANTES DA MARINHA, EXÉRCITO E AERONÁUTICA
- Conselho de Defesa Nacional: art. 91, VIII, CF
- crimes comuns e de responsabilidade: art. 102, I, c, CF
- crimes conexos: art. 52, I, CF
- mandados de segurança, *habeas data* e *habeas corpus*: art. 105, I, b e c, CF

COMBUSTÍVEIS
- imposto municipal: art. 34, § 7º, ADCT
- tributos: art. 155, XII, h, e §§ 3º a 5º, CF; Súm. 659, STF
- venda e revenda: art. 238, CF

COMÉRCIO EXTERIOR
- competência privativa da União: art. 22, VIII, CF
- fiscalização e controle: art. 237, CF

COMÉRCIO INTERESTADUAL: art. 22, VIII, CF

COMISSÃO DE ESTUDOS TERRITORIAIS: art. 12, ADCT

COMISSÃO DO CONGRESSO NACIONAL
- competência: art. 58, § 2º, CF
- constituição: art. 58, *caput* e § 1º, CF
- mistas: arts. 26 e 51, ADCT
- mista permanente orçamentária: arts. 72 e 166, §§ 1º a 5º, CF
- parlamentares de inquérito (CPI): art. 58, § 3º, CF
- representativa durante o recesso: art. 58, § 4º, CF

COMISSÃO ESPECIAL
- mista; instalação pelo Congresso Nacional: art. 7º, da EC nº 45/2004
- mista do Congresso Nacional: art. 72; art. 51, ADCT

COMISSÃO INTERNA DE PREVENÇÃO DE ACIDENTES: art. 10, II, a, ADCT

COMPENSAÇÃO DE HORÁRIOS DE TRABALHO: art. 7º, XIII, CF

COMPETÊNCIA
- comum da União, dos Estados, do DF e dos Municípios: art. 23, CF
- concorrente: art. 24, CF
- Congresso Nacional: arts. 48 e 49, CF
- Conselho da República: art. 90, CF
- Conselho de Defesa Nacional: art. 91, CF
- Conselho Nacional de Justiça: art. 103-B, § 4º, CF
- Conselho Nacional do Ministério Público: art. 130-A, § 2º, CF
- DF: art. 32, § 1º, CF; Súm. 642, STF
- Júri: art. 5º, XXXVIII, d, CF; Súm. 721, STF
- juízes federais: art. 109, CF; Súms. 32, 66, 82, 150, 173, 324, 349 e 365, STJ
- Justiça do Trabalho: art. 114, CF; Súm. Vinc. 22, STF; Súms. 349 e 736, STF; Súms. 57, 97, 180, STJ; Súm. 392, TST
- Justiça Federal: art. 27, § 10, ADCT; Súms. 38, 104, 147 e 165, STJ
- Justiça Militar: art. 124, CF
- Justiça Militar estadual: art. 125, § 4º, CF; Súm. 90, STJ
- Municípios: art. 30, CF
- Municípios; interesse local: art. 30, I, CF; Súm. 645, STF
- privativa da Câmara dos Deputados: art. 51, CF
- privativa da União: art. 22, CF
- privativa do Presidente da República: art. 84, CF
- privativa do Senado Federal: art. 52, CF
- privativa dos Tribunais: art. 96, CF
- STJ: art. 105, CF
- STF: art. 102, CF; art. 27, § 10, ADCT
- STF até a instalação do STJ: art. 27, § 1º, ADCT
- TCU: art. 71, CF
- Tribunais Estaduais: art. 125, § 1º, CF; art. 70, ADCT; Súms. 104 e 137, STJ
- Tribunais Federais: art. 27, § 10, ADCT; Súms. 32, 66, 147, 150 e 165, STJ
- TRE: art. 121, CF
- TRF: art. 108, CF
- União: arts. 21 e 184, CF

COMUNICAÇÃO: arts. 220 a 224, CF
- *vide* ORDEM SOCIAL
- impostos sobre prestações de serviços: art. 155, II, e § 2º, CF; Súm. 662, STF; Súm. 334, STJ
- propaganda comercial: art. 220, § 4º, CF, art. 65, ADCT
- serviço de radiodifusão: arts. 49, XII, e 223, CF
- sigilo: arts. 5º, XII, 136, § 1º, I, c, e 139, III, CF

CONCESSÃO DE ASILO POLÍTICO: art. 4º, X, CF

CONCUBINATO
- *vide* UNIÃO ESTÁVEL

CONCURSO PÚBLICO
- ingresso na atividade notarial e de registro: art. 236, § 3º, CF
- ingresso no magistério público: art. 206, V, CF
- ingresso no Poder Judiciário: art. 96, I, e, CF
- investidura em cargo ou emprego público; exigência: art. 37, II, e § 2º, CF; Súm. 685, STF; Súm. 363, TST
- prazo de convocação dos aprovados: art. 37, IV, CF
- prazo de validade: art. 37, III, CF

CONGRESSO NACIONAL: arts. 44 a 50, CF
- apresentação de estudos territoriais: art. 12, § 1º, ADCT
- CDC: art. 48, ADCT
- comissões de estudos territoriais: art. 12, ADCT
- comissões permanentes: art. 58, CF
- competência assinalada pela CF; revogação: art. 25, II, ADCT
- compromisso de seus membros: art. 1º, ADCT
- Conselho de Comunicação Social: art. 224, CF
- convocação extraordinária: arts. 57, § 6º, 136, § 5º, e 138, § 2º, CF
- CPI: art. 58, § 3º, CF
- doações: art. 51, ADCT
- estado de defesa: art. 136, § 5º, e 140, CF
- estado de sítio: art. 138, § 3º e 140, CF
- fiscalização pelo Congresso Nacional: art. 70, CF
- fundos existentes: art. 36, ADCT
- intervenção federal: art. 36, §§ 2º e 3º, CF
- irregularidades; apuração: art. 26, § 2º, ADCT
- membros: art. 102, I, b e 1º, ADCT
- posse de seus membros: art. 57, § 4º, CF
- presidência da mesa: art. 57, § 5º, CF
- projetos de lei: art. 59, ADCT
- recesso: art. 58, § 4º, CF
- representação partidária: art. 58, § 1º, CF
- reuniões: art. 57, CF
- revisão constitucional: art. 3º, ADCT
- Senado Federal; convocação de Ministro de estado: art. 50, §§ 1º e 2º, CF
- sessão extraordinária: art. 57, § 7º, CF

CONSELHO DA JUSTIÇA FEDERAL: art. 105, par. ún., CF

CONSELHO DA REPÚBLICA
- convocação e presidência: art. 84, XVIII, CF
- eleição de membros: arts. 51, V, e 52, XIV, CF
- estado de defesa: arts. 90, I, e 136, *caput*, CF
- estado de sítio: arts. 90, I, e 137, *caput*, CF
- intervenção federal: art. 90, I, CF
- membros: arts. 51, V, 89 e 84, XVII, CF

CONSELHO DE DEFESA NACIONAL
- convocação e presidência: art. 84, XVIII, CF
- estado de defesa: art. 91, § 1º, II, CF
- estado de sítio: arts. 91, § 1º, II, e 137, *caput*, CF
- função: art. 91, *caput*, CF
- intervenção federal: art. 91, § 1º, II, CF
- membros: art. 91, CF
- organização e funcionamento: art. 91, § 2º, CF

CONSELHO FEDERAL DA OAB: art. 103, VII, CF

CONSELHO NACIONAL DE JUSTIÇA: art. 103-B, CF
- ação contra: art. 102, I, r, CF
- órgãos do Poder Judiciário: art. 92, CF

CONSELHO NACIONAL DO MINISTÉRIO PÚBLICO: art. 130-A, CF

CONSELHO SUPERIOR DA JUSTIÇA DO TRABALHO: art. 111-A, § 2º, II, CF

- prazo de instalação: art. 6º, da EC nº 45/2004

CONSÓRCIOS: art. 22, XX, CF; Súm. Vinc. 2, STF

CONSULTORIA JURÍDICA DOS MINISTÉRIOS: art. 29, ADCT

CONSUMIDOR
- Código de Defesa: art. 5º, XXXII, CF; e art. 48, ADCT
- dano: art. 24, VIII, CF
- defesa da ordem econômica: art. 170, V, CF; Súm. 646, STF

CONTAS DO PRESIDENTE DA REPÚBLICA: art. 49, IX, CF

CONTRABANDO: art. 144, II, CF

CONTRADITÓRIO: art. 5º, LV, CF; Súms. Vincs. 5 e 21, STF; Súms. 701, 704 e 712, STF; Súms. 196, 312 e 373, STJ

CONTRATAÇÃO
- licitação: art. 37, XXI, CF; Súm. 333, STJ
- normas gerais: art. 22, XXVII, CF
- servidores por tempo determinado: art. 37, IX, CF

CONTRIBUIÇÃO
- compulsória: art. 240, CF
- interesse das categorias profissionais ou econômicas: art. 149, CF
- intervenção no domínio econômico: arts. 149, 159, III, e 177, § 4º, CF
- melhoria: art. 145, III, CF
- previdenciária: art. 249, CF
- provisória: art.75, ADCT
- sindical: art. 8º, IV, CF; Súm. 666, STF; Súm. 396, STJ
- sobre a movimentação ou transmissão de créditos: arts. 74, 75, 80, I, 84 e 85, ADCT
- social: arts. 114, § 3º, 149, 167, XI, 195, CF; art. 34, § 1º, ADCT
- social da União: art. 76, ADCT
- social do salário-educação: art. 212, § 5º, CF; art. 76, § 2º, ADCT; Súm. 732, STF
- subsídio: art. 150, § 6º, CF

CONTRIBUINTE
- capacidade econômica: art. 145, § 1º, CF; Súms. 656 e 668, STF
- definição: art. 155, § 2º, XII, a, CF
- exame das contas do Município: art. 31, § 3º, CF
- tratamento desigual: art. 150, II, CF

CONTROLE EXTERNO
- apoio: art. 74, IV, CF
- competência do Congresso Nacional: art. 71, CF
- Municipal: art. 31, CF

CONTROLE INTERNO
- finalidade: art. 74, CF
- Municipal: art. 31, CF

CONVENÇÕES E ACORDOS COLETIVOS DE TRABALHO: art. 7º, XXVI, CF

CONVENÇÕES INTERNACIONAIS: arts. 49, I, e 84, VIII, CF

CONVÊNIOS DE COOPERAÇÃO: art. 241, CF

CONVICÇÃO FILOSÓFICA OU POLÍTICA: arts. 5º, VIII, e 143, § 1º, CF

COOPERAÇÃO ENTRE OS POVOS: art. 4º, IX, CF

COOPERATIVAS
- atividade garimpeira: arts. 21, XXV, e 174, §§ 3º e 4º, CF
- criação na forma da lei: art. 5º, XVIII, CF
- crédito: art. 192, CF
- estímulo: art. 174, § 2º, CF
- política agrícola: art. 187, VI, CF

CORPO DE BOMBEIROS MILITAR
- competência: arts. 22, XXI, e 144, § 5º, CF
- Distrito Federal: arts. 21, XIV, e 32, § 4º, CF
- organização: art. 42, CF
- órgão da segurança pública: art. 144, V, CF
- subordinação: art. 144, § 6º, CF

CORREÇÃO MONETÁRIA: arts. 46 e 47, ADCT; Súm. 304, TST

CORREIO AÉREO NACIONAL: art. 21, X, CF

CORRESPONDÊNCIA: arts. 5º, XII, 136, § 1º, I, b, e 139, III, CF

CRECHES
- assistência gratuita: art. 7º, XXV, CF
- garantia: art. 208, IV, CF

CRÉDITO(S)
- adicionais: art. 166, caput, CF
- competência privativa da União: art. 22, VII, CF
- controle: art. 74, III, CF
- externo e interno: art. 52, VII e VIII, CF
- extraordinário: art. 167, §§ 2º e 3º, CF
- ilimitados: art. 167, VII, CF
- operações: art. 21, VIII, CF
- pagamentos por precatórios: art. 100, CF; Súm. 655, STF; Súm. 144, STJ
- suplementar ou especial: arts. 165, § 8º, 166, § 8º, 167, III, V, e § 2º, e 168, CF
- União: art. 163, VII, CF
- União e Estados: art. 160, par. ún., I, CF

CRENÇA RELIGIOSA
- liberdade: art. 5º, VI e VII, CF
- restrições de direitos: art. 5º, VIII, CF
- serviço militar: art. 143, § 1º, CF

CRIANÇA: arts. 203, 227 a 229, CF

CRIME(S)
- ação pública: art. 5º, LIX, CF
- cometidos a bordo de navios ou aeronaves: art. 109, IX, CF
- comuns: arts. 86, 105, I, a, 108, I, a, CF
- contra o Estado: art. 136, § 3º, I, CF
- contra o sistema financeiro nacional: art. 109, VI, CF
- dolosos contra a vida: art. 5º, XXXVIII, d, CF; Súm. 721, STF
- hediondos: art. 5º, XLIII, CF
- inafiançável; cometido por Senador ou Deputado: arts. 5º, XLII, XLIV, 53, §§ 2º a 4º, CF
- inexistência de: art. 5º, XXXIX, CF
- ingresso ou permanência irregular de estrangeiro: art. 109, X, CF
- militar: arts. 5º, LXI, 124 e 125, § 4º, CF
- político: arts. 5º, LII, 102, II, b, e 109, IV, CF
- previstos em tratado internacional: art. 109, V, CF
- retenção dolosa de salário: art. 7º, X, CF

CRIME DE RESPONSABILIDADE
- acusação pela Câmara dos Deputados: art. 86, caput e § 1º, II, CF
- competência privativa do Senado Federal: arts. 52, I e par. ún., e 86, CF
- definição em lei especial: art. 85, par. ún., CF; Súm. 722, STF
- desembargadores (TJ/TCE/TRF/TRE/TRT), membros (TCM/MPU): art. 105, I, a, CF
- juízes federais/MPU: art. 108, I, a, CF
- Ministros Estado, Comandantes (Mar./Exérc./Aeron.), membros (Tribunais Superiores/TCU), chefes de missão diplomática: art. 102, I, c, CF
- Ministros Estado: art. 50, CF
- Ministros do STF/PGR/AGU: art. 52, II e par. ún., CF
- Presidente da República: arts. 85 e 86, § 1º, II, CF
- Presidente do Tribunal: art. 100, § 7º, CF
- prisão: art. 86, § 3º, CF

CULTOS RELIGIOSOS
- liberdade de exercício: art. 5º, VI, CF
- limitações constitucionais: art. 19, I, CF

CULTURA(S)
- vide ORDEM SOCIAL
- acesso: art. 23, V, CF
- afro-brasileiras: art. 215, § 1º, CF
- bens de valor cultural: arts. 23, III e IV, e 30, IX, CF
- competência legislativa: art. 24, VII, VIII e IX, CF
- garantia do Estado: art. 215, CF
- ilegais: art. 243, CF
- incentivos: art. 216, § 3º, CF
- indígenas: art. 215, § 1º, CF
- patrimônio cultural: arts. 5º, LXXIII, e 216, CF
- quilombos: art. 216, § 5º, CF

CUSTAS JUDICIAIS
- competência: art. 24, IV, CF

- emolumentos: art. 98, § 2º, CF
- isenção: art. 5º, LXXIII, *in fine*, CF
- vedação: art. 95, par. ún., II, CF

D

DANO
- material, moral ou à imagem: art. 5º, V e X, CF; Súm. Vinc. 11, STF; Súms. 37, 227, 362 e 403, STJ
- meio ambiente: art. 225, § 3º, CF
- moral ou patrimonial: art. 114, VI, CF; Súms. 362 e 376, STJ
- nucleares: art. 21, XXIII, c, CF
- patrimônio cultural: art. 216, § 4º, CF
- reparação: art. 5º, XLV, CF
- responsabilidade: art. 37, § 6º, CF

DATAS COMEMORATIVAS: art. 215, § 2º, CF

DÉBITOS
- Fazenda Federal, Estadual ou Municipal: art. 100, CF; Súm. 655, STF; Súms. 144 e 339, STJ
- natureza alimentícia: art. 100, §§ 1º e 2º, CF
- previdenciários de Estados e Municípios: art. 57, ADCT
- seguridade social: art. 195, § 3º, CF

DÉCIMO TERCEIRO SALÁRIO: arts. 7º, VIII, e 201, § 6º, CF; Súm. 688, STF; Súm. 349, STJ

DECISÃO JUDICIAL: arts. 34, VI, 35, IV, e 36, II, e § 3º, CF; Súm. 637, STF

DECLARAÇÃO DE GUERRA: art. 21, II, CF

DECORO PARLAMENTAR: art. 55, II, e §§ 1º e 2º, CF

DECRETO
- Dec.-leis: art. 25, § 1º, ADCT
- estado de defesa: art. 136, § 1º, CF
- estado de sítio: art. 138, CF
- regulamentadores: art. 84, IV, CF
- legislativo: art. 59, VI, CF

DEFENSORES PÚBLICOS: art. 22, ADCT

DEFENSORIA PÚBLICA: arts. 133 a 135, CF; Súm. 329, TST
- competência: art. 24, XIII, CF
- DF e dos Territórios: arts. 21, XIII, e 22, XVII, CF
- iniciativa de lei: arts. 61, § 1º, II, d, e 134, § 1º, CF; Súm. 421, STJ
- opção pela carreira: art. 22, ADCT
- organização nos Estados: art. 134, § 1º, CF; Súm. 421, STJ
- União e dos Territórios: art. 48, IX, CF

DEFESA
- ampla: art. 5º, LV, CF; Súms. Vincs. 5, 21 e 24, STF; Súms. 701, 704 e 712, STF; Súms. 196, 312 e 373, STJ
- civil: art. 144, § 5º, CF
- consumidor: arts. 5º, XXXII, 170, V, CF; e art. 48, ADCT; Súm. 646, STF
- direitos: art. 5º, XXXIV, CF
- júri: art. 5º, XXXVIII, a, CF
- Ministro de Estado: art. 12, § 3º, VII, CF
- nacional: art. 21, III, CF
- pátria: art. 142, *caput*, CF
- paz: art. 4º, VI, CF
- solo: art. 24, VI, CF
- territorial: art. 22, XXVIII, CF

DEFESA DO ESTADO E DAS INSTITUIÇÕES DEMOCRÁTICAS: arts. 136 a 144, CF

DEFICIENTES
- acesso a edifícios públicos e transportes coletivos: art. 227, § 2º, CF
- adaptação de logradouros e veículos de transporte coletivo: art. 244, CF
- cargos e empregos públicos: art. 37, VIII, CF; Súm. 377, STJ
- criação de programas de prevenção e atendimento: art. 227, § 1º, II, CF
- discriminação: art. 7º, XXXI, CF
- educação: art. 208, III, CF
- habilitação e reabilitação: art. 203, IV e V, CF
- integração social: art. 227, § 1º, II, CF
- proteção e garantia: art. 23, II, CF
- proteção e integração social: art. 24, XIV, CF
- salário mínimo garantido: art. 203, V, CF

DELEGAÇÃO LEGISLATIVA: art. 68, CF

DELEGADOS DE POLÍCIA: art. 144, § 4º, CF

DEMARCAÇÃO DE TERRAS: art. 12 e §§, ADCT

DENÚNCIA DE IRREGULARIDADES: art. 74, § 2º, CF

DEPARTAMENTO DE POLÍCIA FEDERAL: art. 54, § 2º, ADCT

DEPOSITÁRIO INFIEL: art. 5º, LXVII, CF; Súm. Vinc. 25, STF; Súms. 280 e 419, STJ

DEPUTADOS DISTRITAIS
- eleição: art. 32, § 2º, CF
- idade mínima: art. 14, § 3º, VI, c, CF
- número: art. 32, § 3º, CF

DEPUTADOS ESTADUAIS: art. 27, CF
- *vide* ASSEMBLEIAS LEGISLATIVAS
- idade mínima: art. 14, § 3º, VI, c, CF
- servidor público: art. 38, I, CF

DEPUTADOS FEDERAIS
- *vide* CÂMARA DOS DEPUTADOS e CONGRESSO NACIONAL
- decoro parlamentar: art. 55, II, e §§ 1º e 2º, CF
- duração do mandato: art. 44, par. ún., CF
- idade mínima: art. 14, § 3º, VI, c, CF
- imunidades: arts. 53 e 139, par. ún., CF
- incorporação às Forças Armadas: art. 53, § 7º, CF
- inviolabilidade: art. 53, CF
- julgamento perante o STF: arts. 53, § 1º, e 102, I, b, d e q, CF
- perda de mandato: arts. 55 e 56, CF
- prisão: art. 53, § 2º, CF
- restrições: art. 54, CF
- servidor público: art. 38, I, CF
- sistema eleitoral: art. 45, *caput*, CF
- subsídio: art. 49, VII, CF
- suplente: art. 56, § 1º, CF
- sustação do andamento da ação: art. 53, §§ 3º a 5º, CF
- testemunho: art. 53, § 6º, CF
- vacância: art. 56, § 2º, CF

DESAPROPRIAÇÃO
- competência: art. 22, II, CF
- glebas com culturas ilegais de plantas psicotrópicas: art. 243, CF
- imóveis urbanos: arts. 182, §§ 3º e 4º, III, e 183, CF
- interesse social: arts. 184 e 185, CF
- necessidade, utilidade pública ou interesse social: art. 5º, XXIV, CF
- requisitos: art. 5º, XXIV, CF

DESCUMPRIMENTO DE PRECEITO FUNDAMENTAL: art. 102, § 1º, CF

DESENVOLVIMENTO
- científico e tecnológico: arts. 200, V, e 218, CF
- cultural e socioeconômico: art. 219, CF
- econômico e social: art. 21, IX, CF
- equilíbrio: art. 23, par. ún., CF
- nacional: arts. 3º, II, 48, IV, 58, § 2º, VI, e 174, § 1º, CF
- regional: arts. 43 e 151, I, CF
- urbano: arts. 21, XX, e 182, CF

DESIGUALDADES SOCIAIS E REGIONAIS: arts. 3º, III, e 170, VII, CF

DESPEDIDA SEM JUSTA CAUSA
- *vide* DISPENSA SEM JUSTA CAUSA

DESPESAS
- aumento: art. 63, CF
- excedam os créditos orçamentários: art. 167, II, CF
- extraordinárias: art. 148, CF
- ilegalidade: art. 71, VIII, CF
- não autorizadas: art. 72, CF
- pessoal: arts. 167, X, 169, e § 1º, I, CF; e art. 38, ADCT
- Poder Legislativo Municipal: art. 29-A, CF
- União: art. 39, ADCT
- vinculação de receita de impostos: art. 167, IV, CF

DESPORTO
- *vide* ORDEM SOCIAL
- competência: art. 24, IX, CF
- fomento pelo Estado: art. 217, CF
- imagem e voz humanas: art. 5º, XXVIII, a, CF

DIPLOMATAS
- brasileiro nato: art. 12, § 3º, V, CF
- chefes de missão diplomática: art. 52, IV, CF
- infrações penais: art. 102, I, c, CF

DIREITO
- adquirido: art. 5º, XXXVI, CF; Súms. Vincs. 1 e 9, STF; Súm. 654, STF
- aeronáutico: art. 22, I, CF
- agrário: art. 22, I, CF
- associação: art. 5º, XVII a XXI, CF
- autoral: art. 5º, XXVII e XXVIII, CF; Súm. 386, STF
- civil: art. 22, I, CF
- comercial: art. 22, I, CF
- disposições transitórias: art. 10, ADCT
- econômico: art. 24, I, CF
- eleitoral: arts. 22, I, e 68, § 1º, II, CF
- espacial: art. 22, I, CF
- Estado Democrático de: art. 1º, *caput*, CF
- financeiro: art. 24, I, CF
- fundamentais: arts. 5º a 17, CF
- greve; arts. 9º e 37, VII, CF
- herança; garantia do direito respectivo: art. 5º, XXX, CF
- humanos: arts. 4º, II, 109, § 5º, CF; art. 7º, ADCT
- igualdade: art. 5º, *caput*, e I, CF
- lesão ou ameaça: art. 5º, XXXV, CF
- líquido e certo: art. 5º, LXIX, CF
- marítimo: art. 22, I, CF
- penal: art. 22, I, CF
- penitenciário: art. 24, I, CF
- petição: art. 5º, XXXIV, a, CF; Súm. Vinc. 21, STF; Súm. 373, STJ
- políticos: arts. 14 a 16, CF
- políticos; cassação; condenação criminal: art. 15, III, CF; Súm. 9, TSE
- preso: art. 5º, LXII, LXIII e LXIV, CF
- processual: art. 22, I, CF
- propriedade: art. 5º, XXII, CF; e art. 68, ADCT
- resposta: art. 5º, V, CF
- reunião: arts. 5º, XVI, e 136, § 1º, I, a, CF
- servidores públicos inativos: art. 20, ADCT
- sociais: arts. 6º a 11, CF
- suspensão ou interdição: art. 5º, XLVI, e, CF
- trabalhadores urbanos e rurais: art. 7º, CF
- trabalho: art. 22, I, CF
- tributário: art. 24, I, CF
- urbanístico: art. 24, I, CF

DIRETRIZES E BASES DA EDUCAÇÃO NACIONAL: art. 22, XXIV, CF

DIRETRIZES ORÇAMENTÁRIAS
- atribuição ao Congresso Nacional: art. 48, II, CF
- projetos de lei: art. 166, CF
- seguridade social: art. 195, § 2º, CF
- União: art. 35, § 2º, II, ADCT

DISCIPLINA PARTIDÁRIA: art. 17, § 1º, *in fine*, CF

DISCRIMINAÇÃO
- punição: art. 5º, XLI, CF
- vedação: art. 3º, IV, CF

DISPENSA DE EMPREGADO SINDICALIZADO: art. 8º, VIII, CF

DISPENSA SEM JUSTA CAUSA
- empregada gestante: art. 10, II, b, ADCT
- empregado eleito para cargo de CIPA: art. 10, II, a, ADCT; Súm. 339, TST
- proibição: art. 10, II, ADCT
- proteção contra: art. 7º, I, CF

DISPOSIÇÕES CONSTITUCIONAIS GERAIS: arts. 234 a 250, CF

DISSÍDIOS COLETIVOS E INDIVIDUAIS: art. 114, CF

DISTINÇÕES HONORÍFICAS: art. 84, XXI, CF

DISTRITO FEDERAL: art. 32, CF
- aposentadorias e pensões: art. 249, CF
- autonomia: art. 18, *caput*, CF
- bens: art. 16, § 3º, ADCT
- Câmara Legislativa: art. 16, § 1º, ADCT
- competência comum: art. 23, CF
- competência legislativa: art. 24, CF
- conflitos com a União: art. 102, I, f, CF
- contribuição: art. 149, § 1º, CF
- Defensoria Pública: arts. 22, XVII, e 48, IX, CF
- Deputados distritais: art. 45, CF
- despesa com pessoal: art. 169, CF; art. 38, ADCT
- disponibilidades de caixa: art. 164, § 3º
- dívida consolidada: art. 52, VI, CF
- dívida mobiliária: art. 52, IX, CF
- eleição: art. 32, § 2º, CF
- empresas de pequeno porte: art. 179, CF
- ensino: arts. 212 e 218, § 5º, CF
- fiscalização: arts. 75, *caput*, CF; e 16, § 2º, ADCT
- Fundo de Participação: art. 34, § 2º, ADCT
- fundos; aposentadorias e pensões: art. 249, CF
- Governador e Deputados distritais: art. 14, § 3º, VI, b e c, CF
- Governador e Vice-Governador: art. 16, *caput*, ADCT
- impostos: arts. 147 e 155, CF
- intervenção da União: art. 34, CF
- lei orgânica: art. 32, *caput*, CF
- limitações: art. 19, CF
- litígio com Estado estrangeiro ou organismo internacional: art. 102, I, e, CF
- microempresas: art. 179, CF
- Ministério Público: arts. 22, XVII, 48, IX, e 128, I, d, CF
- operações de crédito externo e interno: art. 52, VII, CF
- pesquisa científica e tecnológica: art. 218, § 5º, CF
- petróleo ou gás natural: art. 20, § 1º, CF
- Polícias Civil e Militar e Corpo de Bombeiros Militar: art. 32, § 4º, CF
- princípios: art. 37, CF; Súm. Vinc. 13, STF
- receitas tributárias: arts. 153, § 5º, I, e 157 a 162, CF
- representação judicial e consultoria jurídica: art. 132, CF
- representação na Câmara dos Deputados: art. 4º, § 2º, ADCT
- representação no Senado Federal: art. 46, CF
- Senadores distritais: art. 46, § 1º, CF
- símbolos: art. 13, § 2º, CF
- sistema de ensino: art. 211, CF
- sistema tributário nacional: art. 34, § 3º, ADCT
- sistema único de saúde: art. 198, §§ 1º a 3º, CF
- TCU: art. 73, *caput*, CF
- tributos: arts. 145, 150 e 152, CF
- turismo: art. 180, CF

DIVERSÕES E ESPETÁCULOS PÚBLICOS
- classificação: art. 21, XVI, CF
- lei federal: art. 220, § 3º, I, CF

DÍVIDA AGRÁRIA: art. 184, § 4º, CF

DÍVIDA MOBILIÁRIA
- atribuição ao Congresso Nacional: art. 48, XIV, CF
- limites globais: art. 52, IX, CF

DÍVIDA PÚBLICA
- atribuição ao Congresso Nacional: art. 48, II, CF
- externa e interna: arts. 163, II, e 234, CF
- externa do Brasil: art. 26, ADCT
- limites globais: art. 52, VI, CF
- pagamento: arts. 34, V, a, e 35, I, CF
- títulos: art. 163, IV, CF
- tributação da renda das obrigações da: art. 151, II, CF

DIVÓRCIO: art. 226, § 6º, CF

DOMICÍLIO: art. 6º, CF
- busca e apreensão: art. 139, V, CF
- eleitoral na circunscrição: art. 14, § 3º, IV, CF; art. 5º, § 1º, ADCT

E

ECLESIÁSTICOS: art. 143, § 2º, CF
ECONOMIA POPULAR: art. 173, § 5º, CF
EDUCAÇÃO
- arts. 205 a 214, CF
- *vide* ENSINO e ORDEM SOCIAL
- acesso à: art. 23, V, CF
- alimentação: art. 212, § 4º, CF
- ambiental: art. 225, § 1º, VI, CF
- atividades universitárias: art. 213, § 2º, CF
- autonomia das universidades: art. 207, CF
- bolsas de estudo: art. 213, § 1º, CF
- competência: art. 24, IX, CF
- custeio: art. 71, ADCT
- deficiente: art. 208, III, CF
- dever do Estado: arts. 205, *caput*, e 208, CF
- direito de todos: art. 205, *caput*, CF
- direito social: art. 6º, CF
- ensino obrigatório e gratuito: art. 208, §§ 1º e 2º, CF
- ensino religioso: art. 210, § 1º, CF
- escolas filantrópicas: art. 213, CF; art. 61, ADCT
- escolas públicas: art. 213, CF
- garantia de acesso do trabalhador adolescente e jovem à escola: art. 227, § 3º, III, CF
- garantias: art. 208, CF
- impostos: art. 150, VI, c, e § 4º, CF; Súm. 724, STF
- iniciativa privada: art. 209, CF
- municípios: arts. 30, VI, e 211, § 2º, CF
- nacional: art. 22, XXIV, CF
- plano nacional; distribuição de recursos: arts. 212, § 3º, e 214, CF
- princípios: art. 206, CF
- promoção e incentivo: art. 205, *caput*, CF
- recursos públicos: arts. 212 e 213, CF
- sistemas de ensino: art. 211, CF

ELEIÇÃO
- alistamento eleitoral: art. 14, §§ 1º e 2º, CF
- Câmara Territorial: art. 33, § 3º, CF
- condições de elegibilidade: art. 14, §§ 3º a 8º, CF
- Deputados Federais: art. 45, CF
- exigibilidade: art. 5º, § 1º, ADCT
- Governadores, Vice-Governadores e Deputados Estaduais e Distritais: arts. 28 e 32, § 2º, CF
- inaplicabilidades: art. 5º, ADCT
- inelegibilidade: art. 5º, § 5º, ADCT
- inelegíveis: art. 14, §§ 4º, 7º e 9º, CF; Súm. Vinc. 18, STF; Súm. 13, TSE
- Prefeito; Vice-Prefeito e Vereadores: art. 29, CF
- Presidente da República: art. 4º, § 1º, ADCT
- Presidente e Vice-Presidente da República: art. 77, CF
- processo eleitoral: art. 16, CF
- Senadores: art. 46, CF
- voto direto e secreto: art. 14, *caput*, CF

EMENDAS À CF: arts. 59, I, e 60, CF
- deliberação: art. 60, §§ 4º e 5º, CF
- iniciativa: art. 60, CF
- intervenção federal, estado de defesa ou estado de sítio: art. 60, § 1º, CF
- promulgação: art. 60, § 3º, CF
- rejeição: art. 60, § 5º, CF
- votação e requisito de aprovação: art. 60, § 2º, CF

EMIGRAÇÃO: art. 22, XV, CF
EMPREGADORES
- participação nos colegiados dos órgãos públicos: art. 10, CF
- rurais: art. 10, § 3º, ADCT

EMPREGADOS
- *vide* TRABALHADOR

EMPREGO
- gestante: art. 7º, XVIII, CF; art. 10, II, *b*, ADCT
- pleno: art. 170, VIII, CF
- proteção: art. 7º, I, CF
- sistema nacional de: art. 22, XVI, CF

EMPREGOS PÚBLICOS
- acumulação: art. 37, XVI e XVII, CF; art. 17, §§ 1º e 2º, ADCT
- concurso: art. 37, I a IV, e § 2º, CF; Súm. 266, STJ; Súm. 363, TST
- criação: arts. 48, X, e 61, § 1º, II, *a*, CF
- deficiência física: art. 37, VIII, CF; Súm. 377, STJ
- subsídios: art. 37, X e XI, CF; Súm. 672, STF

EMPRESA(S)
- apoio e estímulo: art. 218, § 4º, CF
- concessionárias e permissionárias: art. 175, par. ún., I, CF
- gestão: art. 7º, XI, CF
- mais de 200 empregados: art. 11, CF
- pequeno porte e microempresas: arts. 146, III, *d*, e par. ún., 170, IX, e 179, CF

EMPRESAS ESTATAIS
- exploração: art. 21, XI, CF
- orçamento de investimento: art. 165, § 5º, II, CF

EMPRESA JORNALÍSTICA E DE RADIODIFUSÃO: art. 222, CF
EMPRESAS PÚBLICAS
- compras e alienações: art. 37, XXI, CF; Súm. 333, STJ
- criação: art. 37, XIX e XX, CF
- disponibilidade de caixa: art. 164, § 3º, CF
- estatuto jurídico: art. 173, § 1º
- federais: art. 109, I, CF
- infrações penais: art. 144, § 1º, I, CF
- licitação: art. 22, XXVII, CF
- licitação e contratação de obras, serviços, compras e alienações: art. 173, § 1º, III, CF; Súm. 333, STJ
- orçamento de investimento: art. 165, § 5º, II, CF
- privilégios fiscais: art. 173, § 2º, CF
- relações com o Estado e a sociedade: art. 173, § 3º, CF
- supranacionais: art. 71, V, CF

EMPRÉSTIMO AO TESOURO NACIONAL: art. 164, § 1º, CF
EMPRÉSTIMO COMPULSÓRIO
- Eletrobrás: art. 34, § 12, ADCT
- instituição e finalidades: art. 148, CF
- vigência imediata: art. 34, § 1º, ADCT

ENERGIA
- competência privativa da União: art. 22, IV, CF
- elétrica; ICMS: art. 155, § 3º, CF; e art. 34, § 9º, ADCT
- elétrica; instalações: art. 21, XII, *b*, CF
- elétrica; participação no resultado da exploração: art. 20, § 1º, CF
- elétrica; terras indígenas: art. 231, § 3º, CF
- hidráulica; bens da União: art. 20, VIII, CF
- hidráulica; exploração: art. 176, CF; e art. 44, ADCT
- nuclear; competência privativa da União: art. 22, XXVI, CF
- nuclear; iniciativas do Poder Executivo: art. 49, XIV, CF
- nuclear; usinas; localização: art. 225, § 6º, CF

ENFITEUSE EM IMÓVEIS URBANOS: art. 49, ADCT
ENSINO
- *vide* EDUCAÇÃO
- acesso: arts. 206, I, 208, V, e § 1º, CF
- competência concorrente: art. 24, IX, CF
- entidades públicas de fomento: art. 218, § 5º, CF
- fundamental público; salário-educação: art. 212, § 5º, CF; Súm. 732, STF
- fundamental; competência dos Municípios: art. 30, VI, CF
- fundamental; conteúdos: art. 210, *caput*, CF
- fundamental; língua portuguesa: art. 210, § 2º, CF
- fundamental; obrigatoriedade e gratuidade: art. 208, I, CF
- fundamental; programas suplementares: arts. 208, VII, e 212, § 4º, CF
- fundamental; recenseamento dos educandos: art. 208, § 3º, CF
- gratuidade; estabelecimentos oficiais: art. 206, IV, CF; Súm. Vinc. 12, STF
- História do Brasil: art. 242, § 1º, CF
- iniciativa privada: art. 209, CF
- médio gratuito: art. 208, II, CF
- Municípios; áreas de atuação: art. 211, § 2º, CF

- noturno: art. 208, VI, CF
- obrigatório e gratuito: art. 208, §§ 1º e 2º, CF
- obrigatório; prioridade no atendimento: art. 212, § 3º, CF
- percentuais aplicados pela União: art. 212, CF
- princípios: art. 206, CF
- qualidade; melhoria: art. 214, III, CF
- religioso: art. 210, § 1º, CF
- sistemas: art. 211, CF
- superior: art. 207, CF

ENTORPECENTES E DROGAS AFINS
- dependente; criança e adolescente: art. 227, § 3º, VII, CF
- extradição: art. 5º, LI, CF
- tráfico; confisco de bens: art. 243, par. ún., CF
- tráfico; crime inafiançável: art. 5º, XLIII, CF
- tráfico; prevenção: art. 144, § 1º, II, CF

ESTADO DE DEFESA
- apreciação; Congresso Nacional: art. 136, §§ 4º a 7º, CF
- aprovação; Congresso Nacional: art. 49, IV, CF
- cabimento: art. 136, caput, CF
- calamidade pública: art. 136, § 1º, II, CF
- cessação dos efeitos: art. 141, CF
- Conselho da República: arts. 90, I, e 136, caput, CF
- Conselho de Defesa Nacional: arts. 91, § 1º, II, e 136, caput, CF
- decretação: arts. 21, V, e 84, IX, CF
- decreto; conteúdo: art. 136, § 1º, CF
- disposições gerais: arts. 140 e 141, CF
- duração e abrangência territorial: art. 136, §§ 1º e 2º, CF
- emendas à CF na vigência de; vedação: art. 60, § 1º, CF
- fiscalização da execução: art. 140, CF
- medidas coercitivas: art. 136, §§ 1º e 3º, CF
- prisão ou detenção: art. 136, § 3º, CF
- pronunciamento: art. 90, I, CF
- suspensão: art. 49, IV, CF

ESTADO DEMOCRÁTICO DE DIREITO: art. 1º, caput, CF

ESTADO DE SÍTIO: arts. 137 a 139, CF
- cabimento: art. 137, CF
- cessação dos efeitos: art. 141, CF
- Congresso Nacional; apreciação: art. 138, §§ 2º e 3º, CF
- Congresso Nacional; aprovação: art. 49, IV, CF
- Congresso Nacional; suspensão: art. 49, IV, CF
- Conselho da República e Conselho de Defesa Nacional: arts. 90, I, 91, § 1º, II, e 137, caput, CF
- decretação: arts. 21, V, 84, IX, e 137, caput, CF
- decreto; conteúdo: art. 138, CF
- disposições gerais: arts. 140 e 141, CF
- duração máxima: art. 138, § 1º, CF
- emendas à CF; vedação: art. 60, § 1º, CF
- fiscalização da execução: art. 140, CF
- imunidades; Deputados ou Senadores: art. 53, § 8º, CF
- medidas coercitivas: arts. 138, § 3º, e 139, CF
- pronunciamento de parlamentares: art. 139, par. ún., CF
- prorrogação: arts. 137, par. ún., e 138, § 1º, CF

ESTADO ESTRANGEIRO
- cartas rogatórias: arts. 105, I, i, e 109, X, CF
- extradição: art. 102, I, g, CF
- litígio com os entes federados: art. 102, I, e, CF
- litígio com pessoa residente ou domiciliada no Brasil: arts. 105, II, c, 109, II, CF
- litígio fundado em tratado ou contrato da União: art. 109, III, CF
- relações: arts. 21, I, e 84, VII, CF

ESTADOS FEDERADOS: arts. 25 a 28, CF
- aposentadorias e pensões: art. 249, CF
- autonomia: arts. 18 e 25, CF
- bens: art. 26, CF
- Câmara dos Deputados; representação: art. 4º, § 2º, ADCT
- competência comum: art. 23, CF
- competência legislativa concorrente: art. 24, CF
- competência legislativa plena: art. 24, §§ 3º e 4º, CF
- competência legislativa supletiva: art. 24, § 2º, CF
- competência legislativa; questões específicas: art. 22, par. ún., CF
- competência residual: art. 25, § 1º, CF
- competência; Assembleias Legislativas: art. 27, § 3º, CF
- competência; tribunais: art. 125, § 1º, CF
- conflitos com a União: art. 102, I, f, CF
- conflitos fundiários: art. 126, CF
- consultoria jurídica: art. 132, CF
- contribuição; regime previdenciário: art. 149, § 1º, CF
- criação: arts. 18, § 3º, e 235, CF
- Deputados Estaduais: art. 27, CF
- desmembramento: arts. 18, § 3º, e 48, VI, CF
- despesa; limite: art. 169, CF; art. 38, ADCT
- disponibilidades de caixa: art. 164, § 3º, CF
- dívida consolidada: art. 52, VI, CF
- dívida mobiliária: art. 52, IX, CF
- empresas de pequeno porte: art. 179, CF
- encargos com pessoal inativo: art. 234, CF
- ensino; aplicação de receita: art. 212, CF
- ensino; vinculação de receita orçamentária: art. 218, § 5º, CF
- fiscalização: art. 75, caput, CF
- Fundo de Participação; determinações: art. 34, § 2º, ADCT
- fundos; aposentadorias e pensões: art. 249, CF
- gás canalizado: art. 25, § 2º, CF
- Governador; eleição: art. 28, CF
- Governador; perda do mandato: art. 28, §§ 1º e 2º, CF
- Governador; posse: art. 28, caput, CF
- impostos: arts. 155 e 160, CF
- incentivos fiscais; reavaliação: art. 41, ADCT
- inconstitucionalidade de leis: art. 125, § 2º, CF
- incorporação: arts. 18, § 3º, e 48, VI, CF
- iniciativa popular: art. 27, § 4º, CF
- intervenção da União: art. 34, CF
- intervenção nos Municípios: art. 35, CF
- Juizados Especiais; criação: art. 98, I, CF
- Justiça de Paz; criação: art. 98, II, CF
- Justiça Militar estadual: art. 125, §§ 3º e 4º, CF
- limitações: art. 19, CF
- litígio com Estado estrangeiro ou organismo internacional: art. 102, I, e, CF
- microempresas; tratamento diferenciado: art. 179, CF
- microrregiões: art. 25, § 3º, CF
- Ministério Público: art. 128, II, CF
- normas básicas: art. 235, CF
- operações de crédito externo e interno: art. 52, VII, CF
- organização judiciária: art. 125, CF
- pesquisa científica e tecnológica: art. 218, § 5º, CF
- petróleo ou gás natural; exploração: art. 20, § 1º, CF
- precatórios; pagamento: art. 100, CF; Súm. 655, STF; Súms. 144 e 339, STJ
- princípios; administração pública: art. 37, caput, CF; Súm. Vinc. 13, STF
- receitas tributárias: arts. 153, § 5º, I, 157, 158, III, IV, e par. ún., e 159 a 162, CF
- reforma administrativa: art. 24, ADCT
- regiões metropolitanas: art. 25, § 3º, CF
- Senado Federal; representação: art. 46, CF
- símbolos: art. 13, § 2º, CF
- sistema de ensino: art. 211, CF
- sistema tributário nacional: art. 34, § 3º, ADCT
- sistema único de saúde (SUS): art. 198, §§ 1º a 3º, CF
- subdivisão; requisitos: arts. 18, § 3º, e 48, VI, CF
- terras em litígio: art. 12, § 2º, ADCT
- Território; reintegração: art. 18, § 2º, CF
- tributos: arts. 145, 150 e 152, CF
- turismo: art. 180, CF

ESTADO-MEMBRO
- Acre: art. 12, § 5º, ADCT
- Amapá: art. 14, ADCT
- Goiás: art. 13, § 7º, ADCT
- Roraima: art. 14, ADCT
- Tocantins: art. 13, ADCT

ESTADO; ORGANIZAÇÃO: arts. 18 a 43, CF
- administração pública: arts. 37 a 43, CF
- Distrito Federal: art. 32, CF
- estados federados: arts. 25 a 28, CF
- intervenção estadual: arts. 35 e 36, CF

- intervenção federal: arts. 34 e 36, CF
- militares: art. 42, CF
- municípios: arts. 29 a 31, CF
- organização político-administrativa: arts. 18 e 19, CF
- regiões: art. 43, CF
- servidores públicos: arts. 39 a 41, CF; Súm. Vinc. 4, STF; Súm. 390, TST
- Territórios: art. 33, CF
- União: arts. 20 a 24, CF

ESTATUTO DA MAGISTRATURA: art. 93, CF

ESTRANGEIROS
- adoção de brasileiro: art. 227, § 5º, CF
- alistamento eleitoral: art. 14, § 2º, CF
- crimes de ingresso ou permanência irregular: art. 109, X, CF
- emigração, imigração, entrada, extradição e expulsão: art. 22, XV, CF
- entrada no país: art. 22, XV, CF
- extradição: art. 5º, LII, CF
- naturalização: art. 12, II, CF
- originários de países de língua portuguesa: art. 12, II, a, CF
- propriedade rural; aquisição: art. 190, CF
- residentes no País: art. 5º, caput, CF
- sucessão de bens: art. 5º, XXXI, CF

EXPULSÃO DE ESTRANGEIROS: art. 22, XV, CF

EXTRADIÇÃO
- brasileiro nato; inadmissibilidade: art. 5º, LI, CF
- brasileiro naturalizado: art. 5º, LI, CF
- estrangeiro: art. 5º, LII, CF
- estrangeiro; competência privativa: art. 22, XV, CF
- solicitada por Estado estrangeiro; competência originária do STF: art. 102, I, g, CF

F

FAIXA DE FRONTEIRA
- vide FRONTEIRA

FAMÍLIA: arts. 226 a 230, CF
- adoção: art. 227, § 5º, CF
- assistência pelo Estado: art. 226, § 8º, CF
- caracterização: art. 226, §§ 3º, 4º e 6º, CF
- casamento: art. 226, §§ 1º e 2º, CF
- dever; criança e adolescente: art. 227, CF
- dever; filhos maiores: art. 229, CF
- dever; idosos: art. 230, CF
- dever; pais: art. 229, CF
- entidade familiar: art. 226, § 4º, CF
- planejamento familiar: art. 226, § 7º, CF
- proteção do Estado: art. 226, caput, CF
- proteção; objetivo da assistência social: art. 203, I, CF
- sociedade conjugal: art. 226, § 5º, CF
- união estável: art. 226, § 3º, CF
- violência; coibição: art. 226, § 8º, CF

FAUNA
- legislação; competência concorrente: art. 24, VI, CF
- preservação; competência comum: art. 23, VII, CF
- proteção: art. 225, § 1º, VII, CF

FAZENDA FEDERAL, ESTADUAL OU MUNICIPAL: art. 100, CF; arts. 33 e 78, ADCT; Súm. 339, STJ

FILHO
- adoção: art. 227, § 6º, CF
- havidos fora do casamento: art. 227, § 6º, CF
- maiores: art. 229, CF
- menores: art. 229, CF
- pai ou mãe brasileiros; nascimento no estrangeiro: art. 90, ADCT

FILIAÇÃO PARTIDÁRIA: arts. 14, § 3º, V, e 142, § 3º, V, CF

FINANÇAS PÚBLICAS: arts. 163 a 169, CF

FLORA
- preservação: art. 23, VII, CF
- proteção: art. 225, § 1º, VII, CF

FLORESTA
- legislação; competência concorrente: art. 24, VI, CF
- preservação; competência comum: art. 23, VII, CF

FORÇAS ARMADAS: arts. 142 e 143, CF
- cargo privativo de brasileiro nato: art. 12, § 3º, VI, CF
- comando supremo: arts. 84, XIII, e 142, caput, CF
- conceito: art. 142, CF
- Deputados e Senadores: art. 53, § 7º, CF
- Deputados Estaduais: art. 27, § 1º, CF
- eclesiásticos; isenção: art. 143, § 2º, CF
- efetivo; fixação e modificação: arts. 48, III, e 61, § 1º, I, CF
- mulheres; isenção: art. 143, § 2º, CF
- obrigatório; serviço militar: art. 143, CF
- punições disciplinares: art. 142, § 2º, CF
- serviço alternativo: art. 143, § 1º, CF

FORÇAS ESTRANGEIRAS: arts. 21, IV, 49, II, e 84, XXII, CF

FORMA DE GOVERNO: art. 1º, CF; art. 2º, ADCT

FORMA FEDERATIVA DE ESTADO: arts. 1º e 60, § 4º, I, CF

FRONTEIRA
- faixa; defesa do Território Nacional: arts. 20, § 2º, e 91, § 1º, III, CF
- pesquisa, lavra e aproveitamento de recursos minerais: art. 176, § 1º, CF

FUNÇÃO SOCIAL
- cidade; política urbana: art. 182, CF
- imóvel rural; desapropriação: arts. 184 e 185, CF
- propriedade rural: art. 186, CF
- propriedade urbana: art. 182, § 2º, CF; Súm. 668, STF
- propriedade; atendimento: art. 5º, XXIII, CF

FUNCIONÁRIOS PÚBLICOS
- vide SERVIDOR PÚBLICO

FUNÇÕES ESSENCIAIS À JUSTIÇA: arts. 127 a 135, CF

FUNÇÕES PÚBLICAS
- acesso a todos os brasileiros: art. 37, I, CF
- acumulação: art. 37, XVI e XVII, CF
- confiança: art. 37, V, CF
- criação: arts. 48, X, e 61, § 1º, II, a, CF
- perda; atos de improbidade: art. 37, § 4º, CF
- subsídios: art. 37, X e XI, CF

FUNDAÇÕES
- compras e alienações: art. 37, XXI, CF
- controle externo: art. 71, II, III e IV, CF
- criação: art. 37, XIX e XX, CF
- dívida pública externa e interna: art. 163, II, CF
- educacionais: art. 61, ADCT
- impostos sobre patrimônio; vedação: art. 150, § 2º, CF
- licitação: art. 22, XXVII, CF
- pessoal: art. 169, § 1º, CF
- pública: art. 37, XIX, CF

FUNDO DE COMBATE E ERRADICAÇÃO DA POBREZA: arts. 79 a 83, ADCT

FUNDO DE ESTABILIZAÇÃO FISCAL: art. 71, § 2º, ADCT

FUNDO DE GARANTIA DO TEMPO DE SERVIÇO: art. 7º, III, CF; e art. 3º, da EC nº 45/2004; Súm. 353, STJ

FUNDO DE PARTICIPAÇÃO DOS ESTADOS E DO DISTRITO FEDERAL
- normas: art. 34, § 2º, ADCT
- repartição das receitas tributárias: arts. 159, I, a, e 161, II, III, e par. ún., CF

FUNDO DE PARTICIPAÇÃO DOS MUNICÍPIOS
- normas: art. 34, § 2º, ADCT
- repartição das receitas tributárias: arts. 159, I, b, e 161, II, III, e par. ún., CF

FUNDO INTEGRADO: art. 250, CF

FUNDO NACIONAL DE SAÚDE: art. 74, § 3º, ADCT

FUNDO PARTIDÁRIO: art. 17, § 3º, CF

FUNDO SOCIAL DE EMERGÊNCIA: arts. 71 a 73, ADCT

G

GARANTIAS DA MAGISTRATURA: arts. 95 e 121, § 1º, CF

GARANTIAS FUNDAMENTAIS: art. 5º, § 1º, CF

GARIMPAGEM
- áreas e condições: art. 21, XXV, CF
- organização em cooperativas: art. 174, §§ 3º e 4º, CF

GÁS
- canalizado: art. 25, § 2º, CF
- importação e exportação: art. 177, III, CF
- participação; resultado da exploração: art. 20, § 1º, CF
- pesquisa e lavra: art. 177, I, e § 1º, CF
- transporte: art. 177, IV, CF

GESTANTE
- dispensa sem justa causa; proibição: art. 10, II, b, ADCT
- licença; duração: art. 7º, XVIII, CF
- proteção; previdência social: art. 201, II, CF

GOVERNADOR
- *vide* ESTADOS FEDERADOS e VICE-GOVERNADOR DE ESTADO
- ADIN; legitimidade: art. 103, V, CF
- crimes comuns: art. 105, I, a, CF
- eleição: art. 28, *caput*, CF
- *habeas corpus*: art. 105, I, c, CF
- idade mínima: art. 14, § 3º, VI, b, CF
- inelegibilidade; cônjuge e parentes: art. 14, § 7º, CF; art. 5º, § 5º, ADCT; Súm. Vinc. 18, STF
- mandato; duração: art. 28, *caput*, CF
- mandato; perda: art. 28, § 1º, CF
- mandatos; promulgação da CF: art. 4º, § 3º, ADCT
- posse: art. 28, *caput*, CF
- reeleição: art. 14, § 5º, CF
- subsídios: art. 28, § 2º, CF

GOVERNADOR DE TERRITÓRIO
- aprovação: art. 52, III, c, CF
- nomeação: art. 84, XIV, CF

GOVERNADOR DO DISTRITO FEDERAL
- eleição: art. 32, § 2º, CF
- idade mínima: art. 14, § 3º, VI, b, CF

GRATIFICAÇÃO NATALINA: arts. 7º, VIII, e 201, § 6º, CF

GREVE
- competência para julgar: art. 114, II, CF; Súm. Vinc. 23, STF
- direito e abusos: art. 9º, CF
- serviços ou atividades essenciais: art. 9º, § 1º, CF
- servidor público: art. 37, VII, CF
- servidor público militar: art. 142, § 3º, IV, CF

GUERRA
- Congresso Nacional; autorização: art. 49, II, CF
- Conselho de Defesa Nacional; opinião: art. 91, § 1º, CF
- declaração; competência: arts. 21, II, e 84, XIX, CF
- estado de sítio: art. 137, II, CF
- impostos extraordinários: art. 154, II, CF
- pena de morte: art. 5º, XLVII, a, CF
- requisições; tempo de guerra: art. 22, III, CF

H

HABEAS CORPUS
- competência; juízes federais: art. 109, VII, CF
- competência; STF: art. 102, I, d e i, e II, a, CF; Súm. 691, STF
- competência; STJ: art. 105, I, c, e II, a, CF
- competência; TRF: art. 108, I, d, CF
- concessão: art. 5º, LXVIII, CF
- decisão denegatória proferida por TRE: art. 121, § 4º, V, CF
- gratuidade: art. 5º, LXXVII, CF
- inadmissibilidade; militar: art. 142, § 2º, CF

HABEAS DATA
- competência; juízes federais: art. 109, VIII, CF
- competência; STF: art. 102, I, d, e II, a, CF
- competência; STJ: art. 105, I, b, CF
- competência; TRF: art. 108, I, c, CF

- concessão: art. 5º, LXXII, CF
- corretivo: art. 5º, LXXII, b, CF
- decisão denegatória do TRE: art. 121, § 4º, V, CF
- direito à informação: art. 5º, XXXIII e LXXII, CF; Súm. Vinc. 14, STF
- gratuidade da ação: art. 5º, LXXVII, CF
- preventivo: art. 5º, LXXII, a, CF; Súm. 2, STJ

HABITAÇÃO
- competência comum: art. 23, IX, CF
- diretrizes: art. 21, XX, CF

HERANÇA: art. 5º, XXX, CF

HIGIENE E SEGURANÇA DO TRABALHO: art. 7º, XXII, CF

HORA EXTRA: art. 7º, XVI, CF

I

IDADE: art. 3º, IV, CF

IDENTIFICAÇÃO CRIMINAL: art. 5º, LVIII, CF; Súm. 568, STF

IDOSOS
- amparo; filhos: art. 229, CF
- assistência social: art. 203, I, CF
- direitos: art. 230, CF
- salário mínimo: art. 203, V, CF
- transportes coletivos urbanos; gratuidade: art. 230, § 2º, CF

IGUALDADE
- acesso à escola: art. 206, I, CF
- empregado e trabalhador avulso: art. 7º, XXXIV, CF
- Estados; relações internacionais: art. 4º, V, CF
- homens e mulheres: art. 5º, I, CF
- perante a lei: art. 5º, *caput*, CF

ILEGALIDADE OU ABUSO DE PODER: art. 5º, LXVIII, CF

ILHAS
- fluviais e lacustres: arts. 20, IV, e 26, III, CF
- oceânicas e costeiras: arts. 20, IV, e 26, II, CF

IMIGRAÇÃO: art. 22, XV, CF

IMÓVEIS PÚBLICOS: arts. 183, § 3º, e 191, par. ún., CF

IMÓVEIS RURAIS: arts. 184 e 189, CF

IMÓVEIS URBANOS
- desapropriação: art. 182, §§ 3º e 4º, III, CF
- enfiteuse: art. 49, ADCT

IMPOSTO
- anistia ou remissão: art. 150, § 6º, CF
- capacidade contributiva: art. 145, § 1º, CF; Súms. 656 e 668, STF
- caráter pessoal: art. 145, § 1º, CF
- classificação: art. 145, I, CF
- criação; vigência imediata: art. 34, § 1º, CF
- distribuição da arrecadação; regiões Norte, Nordeste e Centro-Oeste: art. 34, § 1º, ADCT
- Estadual e Distrito Federal: arts. 147 e 155, CF
- imunidades: art. 150, IV, CF
- instituição: art. 145, *caput*, CF
- isenção; crédito presumido: art. 150, § 6º, CF
- limitações; poder de tributar: arts. 150 a 152, CF
- mercadorias e serviços: art. 150, § 5º, CF
- Municipais: art. 156, CF; e art. 34, § 1º, ADCT
- reforma agrária: art. 184, § 5º, CF
- repartição das receitas tributárias: arts. 157 a 162, CF
- serviços; alíquota: art. 86, ADCT
- telecomunicações: art. 155, § 3º, CF; Súm. 659, STF
- União: arts. 153 e 154, CF

IMPOSTOS EXTRAORDINÁRIOS: arts. 150, § 1º, e 154, II, CF

IMPOSTO SOBRE COMBUSTÍVEIS LÍQUIDOS E GASOSOS: art. 155, §§ 3º a 5º, CF; Súm. 659, STF

IMPOSTO SOBRE DIREITOS REAIS EM IMÓVEIS: art. 156, II, CF

IMPOSTO SOBRE DOAÇÕES: art. 155, I, e § 1º, CF

IMPOSTO SOBRE EXPORTAÇÃO
- alíquotas: art. 153, § 1º, CF
- competência: art. 153, II, CF
- limitações ao poder de tributar: art. 150, § 1º, CF

IMPOSTO SOBRE GRANDES FORTUNAS: art. 153, VII, CF

IMPOSTO SOBRE IMPORTAÇÃO
- alíquotas: art. 153, § 1º, CF
- competência: art. 153, I, CF
- limitações ao poder de tributar: art. 150, § 1º, CF

IMPOSTO SOBRE LUBRIFICANTES: art. 155, §§ 3º a 5º, CF; Súm. 659, STF

IMPOSTO SOBRE MINERAIS: art. 155, § 3º, CF; Súm. 659, STF

IMPOSTO SOBRE OPERAÇÕES DE CRÉDITO, CÂMBIO E SEGURO, OU RELATIVAS A TÍTULOS OU VALORES MOBILIÁRIOS
- alíquotas: art. 153, § 1º, CF
- competência: art. 153, V, e § 5º, CF
- limitações ao poder de tributar: art. 150, § 1º, CF

IMPOSTO SOBRE OPERAÇÕES RELATIVAS À CIRCULAÇÃO DE MERCADORIAS E SOBRE PRESTAÇÕES DE SERVIÇOS DE TRANSPORTE INTERESTADUAL E INTERMUNICIPAL E DE COMUNICAÇÃO: art. 155, II, e §§ 2º a 5º, CF; Súm. 662, STF; Súms. 334 e 457, STJ

IMPOSTO SOBRE PRESTAÇÃO DE SERVIÇOS: art. 155, II, CF

IMPOSTO SOBRE PRODUTOS INDUSTRIALIZADOS
- alíquotas: art. 153, § 1º, CF
- competência: art. 153, IV, e § 3º, CF
- limitações ao poder de tributar: art. 150, § 1º, CF
- repartição das receitas tributárias: art. 159, CF

IMPOSTO SOBRE PROPRIEDADE DE VEÍCULOS AUTOMOTORES: art. 155, III e § 6º, CF

IMPOSTO SOBRE PROPRIEDADE PREDIAL E TERRITORIAL URBANA: arts. 156, I, e § 1º, 182, § 4º, II, CF; Súms. 589 e 668, STF; Súm. 399, STJ

IMPOSTO SOBRE PROPRIEDADE TERRITORIAL RURAL: art. 153, VI, e § 4º, CF; Súm. 139, STJ

IMPOSTO SOBRE RENDA E PROVENTOS DE QUALQUER NATUREZA
- competência: art. 153, III, CF; Súms. 125, 136 e 386, STJ
- critérios: art. 153, § 2º, CF
- limitações: art. 150, VI, a e c, e §§ 2º a 4º, CF; Súm. 730, STF
- repartição das receitas tributárias: arts. 157, I, 158, I, e 159, I, e § 1º, CF; Súm. 447, STJ

IMPOSTO SOBRE SERVIÇOS DE QUALQUER NATUREZA: art. 156, III, § 3º, CF; art. 88, ADCT; Súm. Vinc. 31, STF; Súm. 424, STJ

IMPOSTO SOBRE TRANSMISSÃO *CAUSA MORTIS*: art. 155, I, e § 1º, I a III, CF

IMPOSTO SOBRE TRANSMISSÃO *INTER VIVOS*: art. 156, II, e § 2º, CF; Súm. 656, STF

IMPRENSA NACIONAL: art. 64, ADCT

IMPROBIDADE ADMINISTRATIVA: arts. 15, V, e 37, § 4º, CF

IMUNIDADE: art. 53, CF

INAMOVIBILIDADE
- Defensoria Pública: art. 134, § 1º, CF
- juízes: art. 95, II, CF
- Ministério Público: art. 128, § 5º, I, b, CF

INCENTIVOS FISCAIS
- concessão; União: art. 151, I, CF
- Municipais: art. 156, § 3º, III, CF
- reavaliação: art. 41, ADCT
- Zona Franca de Manaus: art. 40, caput, ADCT

INCENTIVOS REGIONAIS: art. 43, § 2º, CF

INCONSTITUCIONALIDADE
- ação direta: arts. 102, I, a, e 103, CF; Súm. 642, STF
- declaração pelos Tribunais; quorum: art. 97, CF
- legitimação ativa: arts. 103 e 129, IV, CF

- recurso extraordinário: art. 102, III, CF
- representação pelo estado federado: art. 125, § 2º, CF
- suspensão da execução de lei: art. 52, X, CF

INDENIZAÇÃO
- acidente de trabalho: art. 7º, XXVIII, CF; Súm. Vinc. 22, STF
- compensatória do trabalhador: art. 7º, I, CF
- dano material, moral ou à imagem: art. 5º, V e X, CF; Súms. 227, 403 e 420, STJ
- desapropriações: arts. 5º, XXIV, 182, § 3º, 184, caput e § 1º, CF; Súms. 378 e 416, STF; Súms. 113, 114 e 119, STJ
- erro judiciário: art. 5º, LXXV, CF
- uso de propriedade particular por autoridade: art. 5º, XXV, CF

INDEPENDÊNCIA NACIONAL: art. 4º, I, CF

ÍNDIOS
- bens; proteção: art. 231, caput, CF
- capacidade processual: art. 232, CF
- culturas indígenas: art. 215, § 1º, CF
- direitos e interesses: arts. 129, V, e 231, CF
- disputa; direitos: art. 109, XI, CF; Súm. 140, STJ
- ensino: art. 210, § 2º, CF
- legislação; competência privativa: art. 22, XIV, CF
- ocupação de terras: art. 231, § 6º, CF
- processo; Ministério Público: art. 232, CF
- recursos hídricos: art. 231, § 3º, CF
- remoção: art. 231, § 5º, CF
- terras; bens da União: art. 20, XI, CF; Súm. 650, STF
- terras; especificação: art. 231, § 1º, CF
- terras; inalienabilidade, indisponibilidade e imprescritibilidade: art. 231, § 4º, CF

INDULTO: art. 84, XII, CF

INELEGIBILIDADE
- analfabetos: art. 14, § 4º, CF
- casos; lei complementar: art. 14, § 9º, CF; Súm. 13, TSE
- inalistáveis: art. 14, § 4º, CF
- parentes dos ocupantes de cargos políticos: art. 14, § 7º, CF; Súms. Vincs. 13 e18, STF

INFÂNCIA
- vide ADOLESCENTE e CRIANÇA
- direitos sociais: art. 6º, CF
- legislação; competência concorrente: art. 24, XV, CF
- proteção; assistência social: art. 203, I, CF

INICIATIVA POPULAR: art. 61, caput, CF
- âmbito federal: art. 61, § 2º, CF
- âmbito municipal: art. 29, XIII, CF
- Estados: art. 27, § 4º, CF

INICIATIVA PRIVADA: arts. 199 e 209, CF

INICIATIVA PRIVATIVA DO PRESIDENTE DA REPÚBLICA: arts. 61, § 1º, 63, I, e 64, CF

INIMPUTABILIDADE PENAL: art. 228, CF

INQUÉRITO: art. 129, III e VIII, CF

INSALUBRIDADE: art. 7º, XXIII, CF

INSPEÇÃO DO TRABALHO: art. 21, XXIV, CF

INSTITUIÇÕES FINANCEIRAS
- aumento no capital: art. 52, II, ADCT
- Congresso Nacional; atribuição: art. 48, XIII, CF
- domiciliadas no exterior: art. 52, I, ADCT
- fiscalização: art. 163, V, CF
- oficiais: art. 164, § 3º, CF
- vedação: art. 52, par. ún., ADCT

INSTITUTO BRASILEIRO DE GEOGRAFIA E ESTATÍSTICA (IBGE): art. 12, § 5º, ADCT

INTEGRAÇÃO
- povos da América Latina: art. 4º, par. ún., CF
- social dos setores desfavorecidos: art. 23, X, CF

INTERVENÇÃO ESTADUAL: arts. 35 e 36, CF

INTERVENÇÃO FEDERAL: arts. 34 a 36, CF
- Congresso Nacional; aprovação: art. 49, IV, CF

- Congresso Nacional; suspensão: art. 49, IV, CF
- Conselho da República; pronunciamento: art. 90, I, CF
- Conselho de Defesa Nacional; opinião: art. 91, § 1º, II, CF
- decretação; competência da União: art. 21, V, CF
- emendas à Constituição: art. 60, § 1º, CF
- execução; competência privativa do Presidente da República: art. 84, X, CF
- motivos: art. 34, CF
- requisitos: art. 36, CF

INTERVENÇÃO INTERNACIONAL: art. 4º, IV, CF

INTERVENÇÃO NO DOMÍNIO ECONÔMICO
- contribuição de: art. 177, § 4º, CF
- pelo Estado: arts. 173 e 174, CF

INTIMIDADE: art. 5°, X, CF

INVALIDEZ: art. 201, I, CF

INVENTOS INDUSTRIAIS: art. 5º, XXIX, CF

INVESTIMENTOS DE CAPITAL ESTRANGEIRO: art. 172, CF

INVIOLABILIDADE
- advogados: art. 133, CF
- casa: art. 5º, XI, CF
- Deputados e Senadores: art. 53, caput, CF
- intimidade, vida privada, honra e imagem das pessoas: art. 5º, X, CF; Súms. 227 e 403, STJ
- sigilo da correspondência, comunicações telegráficas, dados e comunicações telefônicas: art. 5º, XII, CF
- Vereadores: art. 29, VIII, CF

ISENÇÕES DE CONTRIBUIÇÕES À SEGURIDADE SOCIAL: art. 195, § 7º, CF; Súm. 659, STF; Súm. 352, STJ

ISENÇÕES FISCAIS
- concessão: art. 150, § 6º, CF
- incentivos regionais: art. 43, § 2º, CF
- limitações de sua concessão pela União: art. 151, III, CF
- Municipais: art. 156, § 3º, III, CF

J

JAZIDAS
- legislação; competência privativa: art. 22, XII, CF
- minerais garimpáveis: art. 174, § 3º, CF
- pesquisa e lavra: art. 44, ADCT
- petróleo e gás natural; monopólio da União: art. 177, I, CF
- propriedade: art. 176, caput, CF

JORNADA DE TRABALHO: art. 7º, XIII e XIV, CF; Súm. 675, STF; Súm. 360, TST

JOVEM: art. 227, CF

JUIZ
- recusa pelo Tribunal; casos: art. 93, II, d, CF
- substituto; ingresso na carreira; requisitos: art. 93, I, CF
- vedação: art. 95, par. ún., CF

JUIZ DE PAZ: art. 14, § 3º, VI, c, CF

JUIZADO DE PEQUENAS CAUSAS: arts. 24, X, e 98, I, CF; Súm. 376, STJ

JUIZADOS ESPECIAIS: art. 98, I, e § 1º, CF; Súms. 376 e 428, STJ

JUIZ
- acesso aos tribunais: art. 93, III, CF
- aposentadoria: art. 93, VI e VIII, CF
- aprovação; Senado Federal: art. 52, III, a, CF
- cursos; preparação e aperfeiçoamento: art. 93, IV, CF
- disponibilidade: art. 93, VIII, CF
- eleitoral: arts. 118 a 121, CF
- estadual: arts. 125 e 126, CF
- federal: arts. 106 a 110, CF
- garantia: arts. 95 e 121, § 1º, CF
- ingresso; carreira: art. 93, I, CF
- justiça militar: art. 108, I, a, CF
- militar: arts. 122 a 124, CF
- nomeação: arts. 84, XVI, e 93, I, CF

- pensão: art. 93, VI, CF
- promoção: art. 93, II, CF
- remoção: art. 93, VIII, CF
- subsídio: arts. 93, V, e 95, III, CF
- titular: art. 93, VII, CF
- togado: art. 21, ADCT
- trabalho: arts. 111 a 116, CF
- vedações: art. 95, par. ún., CF

JUÍZO DE EXCEÇÃO: art. 5º, XXXVII, CF

JUNTAS COMERCIAIS: art. 24, III, CF

JÚRI: art. 5º, XXXVIII, d, CF; Súm. 721, STF

JURISDIÇÃO: art. 93, XII, CF

JUROS
- favorecidos: art. 43, § 2º, II, CF
- taxa; controle Banco Central: art. 164, § 2º, CF

JUS SANGUINIS: art. 12, I, b e c, CF

JUS SOLI: art. 12, I, a, CF

JUSTIÇA
- desportiva: art. 217, CF
- eleitoral: arts. 118 a 121, CF
- estadual: arts. 125 e 126, CF
- federal: arts. 106 a 110, CF
- itinerante; direito do trabalho: art. 115, § 1º, CF
- itinerante; instalação: art. 107, § 2º, CF
- militar estadual: art. 125, § 3º, CF
- militar: arts. 122 a 124, CF
- paz: art. 98, II, CF
- social: art. 193, CF
- trabalho: arts. 111 a 116, CF

L

LAGOS: art. 20, III, CF

LEI: arts. 61 a 69, CF

LEI AGRÍCOLA: art. 50, ADCT

LEI COMPLEMENTAR
- aprovação; quorum: art. 69, CF
- incorporação estados federados: art. 18, § 3º, CF
- matéria reservada: art. 68, § 1º, CF
- matéria tributária: art. 146, III, CF
- normas de cooperação: art. 23, par. ún., CF
- processo legislativo: art. 59, II, CF

LEI DE DIRETRIZES ORÇAMENTÁRIAS: art. 165, II, e § 2º, CF

LEI DELEGADA: art. 68, CF
- processo legislativo: art. 59, IV, CF

LEI ESTADUAL
- ADIN: art. 102, I, a, CF; Súm. 642, STF
- suspensão de eficácia: art. 24, §§ 3º e 4º, CF

LEI FEDERAL
- ADECON: art. 102, I, a, CF; Súm. 642, STF
- ADIN: art. 102, I, a, CF; Súms. 642, STF

LEI INCONSTITUCIONAL: art. 52, X, CF

LEI ORÇAMENTÁRIA: arts. 39 e 165, CF

LEI ORÇAMENTÁRIA ANUAL
- critérios; exclusões: art. 35, § 1º, ADCT
- normas aplicáveis: art. 35, § 2º, ADCT

LEI ORDINÁRIA: art. 59, III, CF

LEI ORGÂNICA DE MUNICÍPIOS: art. 29, CF

LEI ORGÂNICA DO DISTRITO FEDERAL: art. 32, CF

LEI PENAL
- anterioridade: art. 5º, XXXIX, CF
- irretroatividade: art. 5º, XL, CF; Súm. Vinc. 24, STF

LESÃO OU AMEAÇA A DIREITO: art. 5º, XXXV, CF

LESÕES AO MEIO AMBIENTE: art. 225, § 3º, CF

LIBERDADE
- aprender, ensinar: art. 206, II, CF
- associação: arts. 5º, XVII e XX, e 8º, CF
- consciência e crença; inviolabilidade: art. 5º, VI, CF
- direito: art. 5º, *caput*, CF
- exercício de trabalho ou profissão: art. 5º, XIII, CF
- expressão da atividade intelectual: art. 5º, IX, CF
- fundamental: art. 5º, XLI, CF
- informação; proibição de censura: art. 220, CF
- iniciativa: art. 1º, IV, CF
- locomoção: arts. 5º, XV e LXVIII, e 139, I, CF
- manifestação do pensamento: art. 5º, IV, CF
- ofício: art. 5º, XIII, CF
- privação ou restrição: art. 5º, XLVI, *a*, e LIV, CF; Súm. Vinc. 14, STF; Súm. 704, STF; Súm. 347, STJ
- provisória: art. 5º, LXVI, CF
- reunião: arts. 5º, XVI, 136, § 1º, I, *a*, e 139, IV, CF

LICENÇA À GESTANTE: arts. 7º, XVIII, e 39, § 3º, CF

LICENÇA-PATERNIDADE: arts. 7º, XIX, e 39, § 3º, CF; art. 10, § 1º, ADCT

LICITAÇÃO: arts. 22, XXVII, 37, XXI, e 175, CF; Súm. 333, STJ

LIMITAÇÕES AO PODER DE TRIBUTAR
- Estados, DF e Municípios: art. 152, CF
- inaplicabilidade: art. 34, § 6º, ADCT
- União: art. 151, CF
- União, Estados, DF e Municípios: art. 150, CF
- vedações; livros, jornais, periódicos e o papel destinado à sua impressão: art. 150, VI, *d*, CF; Súm. 657, STF
- vigência imediata: art. 34, § 1º, ADCT

LIMITES DO TERRITÓRIO NACIONAL
- Congresso Nacional; atribuição: art. 48, V, CF
- outros países: art. 20, III e IV, CF

LÍNGUA INDÍGENA: art. 210, § 2º, CF

LÍNGUA PORTUGUESA
- emprego; ensino fundamental: art. 210, § 2º, CF
- idioma oficial: art. 13, *caput*, CF

M

MAGISTRADOS
- *vide* JUIZ

MAIORES
- 16 anos; alistamento eleitoral: art. 14, § 1º, II, *c*, CF
- 70 anos; alistamento eleitoral: art. 14, § 1º, II, *b*, CF

MANDADO DE INJUNÇÃO
- competência STF: art. 102, I, *q*, e II, CF
- competência STJ: art. 105, I, *h*, CF
- concessão: art. 5º, LXXI, CF
- decisão denegatória do TRE: art. 121, § 4º, V, CF

MANDADO DE SEGURANÇA
- competência juízes federais: art. 109, VIII, CF
- competência STF: art. 102, I, *d*, e II, *a*, CF; Súm. 624, STF
- competência STJ: art. 105, I, *b*, e II, *b*, CF; Súms. 41 e 177, STJ
- competência TRF: art. 108, I, *c*, CF
- concessão: art. 5º, LXIX, CF
- decisão denegatória do TRE: art. 121, § 4º, V, CF
- decisão denegatória do TSE: art. 121, § 3º, CF

MANDADO DE SEGURANÇA COLETIVO: art. 5º, LXX, CF; Súm. 630, STF

MANDATO
- Deputado Estadual: art. 27, § 1º, CF
- Deputado Federal: art. 44, par. ún., CF
- Deputado ou Senador; perda: arts. 55 e 56, CF
- eletivo; ação de impugnação: art. 14, §§ 10 e 11, CF
- eletivo; servidor público: art. 38, CF
- Governador e Vice-Governador Estadual: art. 28, CF; art. 4º, § 3º, ADCT
- Governador, Vice-Governador e Deputado Distrital: art. 32, §§ 2º e 3º, CF
- Prefeito e Vice-prefeito: art. 4º, § 4º, ADCT
- Prefeito, Vice-Prefeito e Vereadores: art. 29, I e II, CF

- Prefeito; perda: art. 29, XIV, CF
- Presidente da República: art. 82, CF; e art. 4º, ADCT
- Senador: art. 46, § 1º, CF
- Vereador: art. 4º, § 4º, ADCT

MANIFESTAÇÃO DO PENSAMENTO: arts. 5º, IV, e 220, CF

MARGINALIZAÇÃO
- combate aos fatores: art. 23, X, CF
- erradicação: art. 3º, III, CF

MAR TERRITORIAL: art. 20, VI, CF

MATERIAIS RADIOATIVOS: art. 177, § 3º, CF

MATERIAL BÉLICO
- fiscalização; competência da União: art. 21, VI, CF
- legislação; competência privativa: art. 22, XXI, CF

MATERNIDADE
- proteção; direito social: arts. 6º e 7º, XVIII, CF
- proteção; objetivo da assistência social: art. 203, I, CF
- proteção; previdência social: art. 201, II, CF

MEDICAMENTOS
- produção; SUS: art. 200, I, CF
- propaganda comercial: art. 220, § 4º, CF; e art. 65, ADCT

MEDIDA CAUTELAR: art. 102, I, *p*, CF

MEDIDAS PROVISÓRIAS
- Congresso Nacional; apreciação: art. 62, §§ 5º a 9º, CF
- conversão em lei: art. 62, §§ 3º, 4º e 12, CF
- convocação extraordinária: art. 57, § 8º, CF
- edição; competência privativa: art. 84, XXVI, CF
- impostos; instituição ou majoração: art. 62, § 2º, CF
- perda de eficácia: art. 62, § 3º, CF
- reedição: art. 62, § 10, CF
- rejeitadas: art. 62, §§ 3º e 11, CF
- requisitos: art. 62, *caput*, CF
- vedação: arts. 62, §§ 1º e 10, e 246, CF
- votação: art. 62, § 8º, CF

MEIO AMBIENTE
- ato lesivo; ação popular: art. 5º, LXXIII, CF
- bem de uso comum do povo: art. 225, *caput*, CF
- defesa e preservação: art. 225, *caput*, CF
- defesa; ordem econômica: art. 170, VI, CF
- exploração; responsabilidade: art. 225, § 2º, CF
- Floresta Amazônica, Mata Atlântica, Serra do Mar, Pantanal Mato-Grossense e Zona Costeira; uso: art. 225, § 4º, CF
- legislação; competência concorrente: art. 24, VI, CF
- propaganda nociva: art. 220, § 3º, II, CF
- proteção; colaboração do SUS: art. 200, VIII, CF
- proteção; competência: art. 23, VI e VII, CF
- reparação dos danos: arts. 24, VIII; e 225, § 3º, CF
- sanções penais e administrativas: art. 225, § 3º, CF
- usinas nucleares: art. 225, § 6º, CF

MEIOS DE COMUNICAÇÃO SOCIAL: art. 220, § 5º, CF

MENOR
- direitos previdenciários e trabalhistas: art. 227, § 3º, II, CF
- direitos sociais: art. 227, § 3º, CF
- idade mínima para o trabalho: art. 227, § 3º, I, CF
- inimputabilidade penal: art. 228, CF
- trabalho noturno; proibição: art. 7º, XXXIII, CF
- violência: arts. 226, § 8º, e 227, § 4º, CF

MESAS DO CONGRESSO: art. 57, § 4º, CF

MICROEMPRESAS
- débitos: art. 47, ADCT
- tratamento jurídico diferenciado: arts. 146, III, *d*, e par. ún., e 179, CF

MICRORREGIÕES: art. 25, § 3º, CF

MILITAR(ES)
- ativa: art. 142, § 3º, III, CF
- elegibilidade: arts. 14, § 8º, e 42, § 1º, CF
- estabilidade: arts. 42, § 1º, e 142, § 3º, X, CF
- Estados, do Distrito Federal e dos Territórios: art. 42, CF
- filiação a partido político: art. 142, § 3º, V, CF

- Forças Armadas; disposições aplicáveis: art. 142, § 3º, CF
- Forças Armadas; regime jurídico: art. 61, § 1º, II, f, CF
- *habeas corpus;* não cabimento: art. 142, § 2º, CF
- inatividade: art. 142, § 3º, X, CF
- justiça comum ou militar; julgamento: art. 142, § 3º, VII, CF
- limites de idade: art. 142, § 3º, X, CF
- patentes: arts. 42, § 1º, e 142, § 3º, I e X, CF
- perda do posto e da patente: art. 142, 3º, VI, CF
- prisão; crime propriamente militar: art. 5º, LXI, CF
- prisão; transgressão: art. 5º, LXI, CF
- proventos e pensão: arts. 40, §§ 7º e 8º, e 42, § 2º, CF
- remuneração e subsídios: arts. 39, § 4º, 142, § 3º, X, e 144, § 9º, CF
- reserva: art. 142, § 3º, II e III, CF
- sindicalização e greve; proibição: art. 142, § 3º, IV, CF

MINÉRIOS: art. 23, XI, CF

MINÉRIOS NUCLEARES
- legislação; competência da União: art. 21, XXIII, CF
- monopólio da União: art. 177, V, CF

MINISTÉRIO PÚBLICO: arts. 127 a 130-A, CF
- abrangência: art. 128, CF
- ação civil pública: art. 129, III, CF; Súm. 643, STF; Súm. 329, STJ
- ação penal pública: art. 129, I, CF
- ADIN: art. 129, IV, CF
- atividade policial: art. 129, VII, CF
- aumento da despesa: art. 63, II, CF
- autonomia administrativa e funcional: art. 127, § 2º, CF
- carreira; ingresso: art. 129, § 3º, CF
- consultoria jurídica de entidades públicas: art. 129, IX, CF
- CPI: art. 58, § 3º, CF
- crimes comuns e de responsabilidade: art. 96, III, CF
- diligências investigatórias: art. 129, VIII, CF
- estatuto; princípios: arts. 93, II e VI, e 129, § 4º, CF
- federal; composição dos TRF: art. 107, I, CF
- funções institucionais: art. 129, CF
- funções; exercício: art. 129, § 2º, CF
- garantias: art. 128, § 5º, I, CF
- incumbência: art. 127, CF
- índios: arts. 129, V, e 232, CF
- inquérito civil: art. 129, III, CF
- inquérito policial: art. 129, VIII, CF
- interesses difusos e coletivos; proteção: art. 129, III, CF; Súm. 329, STJ
- intervenção da União e dos Estados: art. 129, IV, CF
- membros; STJ: art. 104, par. ún., II, CF
- membros; Tribunais de Contas: art. 130, CF
- membros; Tribunais: art. 94, CF
- membros; TST: art. 111-A, CF
- notificações: art. 129, VI, CF
- organização, atribuições e estatuto: art. 128, § 5º, CF
- organização; competência da União: art. 21, XIII, CF
- organização; vedação de delegação: art. 68, § 1º, I, CF
- órgãos: art. 128, CF
- princípios institucionais: art. 127, § 1º, CF
- Procurador-Geral da República: art. 128, § 2º, CF
- promoção: art. 129, § 4º, CF
- proposta orçamentária: art. 127, § 3º, CF
- provimento de cargos: art. 127, § 2º, CF
- União: art. 128, § 1º, CF
- vedações: arts. 128, § 5º, II, e 129, IX, CF

MINISTÉRIO PÚBLICO DA UNIÃO
- chefia: art. 128, § 1º, CF
- crimes comuns e responsabilidade: arts. 105, I, a, e 108, I, a, CF
- *habeas corpus:* art. 105, I, c, CF
- organização: arts. 48, IX, e 61, § 1º, II, d, CF
- órgãos: art. 128, I, CF

MINISTÉRIO PÚBLICO DO DISTRITO FEDERAL E TERRITÓRIOS
- organização: arts. 21, XIII, 22, XVII, 48, IX, e 61, § 1º, II, d, CF
- órgão do Ministério Público da União: art. 128, I, d, CF
- Procuradores-Gerais: art. 128, §§ 3º 4º, CF

MINISTÉRIO PÚBLICO DOS ESTADOS: art. 128, II, e §§ 3º e 4º, CF

MINISTÉRIO PÚBLICO DO TRABALHO
- estabilidade: art. 29, § 4º, ADCT
- membros; TRT: art. 115, I e II, CF
- membros; TST: art. 111-A, CF
- organização: art. 61, § 1º, II, d, CF
- órgão do Ministério Público da União: art. 128, I, b, CF

MINISTÉRIO PÚBLICO FEDERAL
- atribuições: art. 29, § 2º, ADCT
- atuais procuradores: art. 29, § 2º, ADCT
- composição dos TRF: art. 107, I, CF
- integrantes dos Ministérios Públicos do Trabalho e Militar: art. 29, § 4º, ADCT
- opção pelo regime anterior: art. 29, § 3º, ADCT
- órgão do Ministério Público da União: art. 128, I, a, CF

MINISTÉRIO PÚBLICO MILITAR
- estabilidade: art. 29, § 4º, ADCT
- membro; Superior Tribunal Militar: art. 123, par. ún., II, CF
- órgão do Ministério Público da União: art. 128, I, c, CF

MINISTÉRIOS
- criação e extinção; disposições em lei: arts. 48, XI, 61, § 1º, II, e, e 88, CF
- Defesa: arts. 52, I, 84, XIII, e 91, I a VIII, CF

MINISTROS
- aposentados; TFR: art. 27, § 4º, ADCT
- Estado: art. 50 e §§ 1º e 2º, CF
- Ministros do TFR para o STJ: art. 27, § 2º, I, ADCT
- STJ; indicação e lista tríplice: art. 27, § 5º, ADCT
- STJ; nomeação: art. 27, § 2º, II, ADCT
- TFR; classe: art. 27, § 3º, ADCT

MINISTRO DA JUSTIÇA: arts. 89, VI, e 91, IV, CF

MINISTRO DE ESTADO: arts. 87 e 88, CF
- atribuições: art. 84, par. ún., CF
- auxílio; Presidente da República: arts. 76 e 84, II, CF
- comparecimento; Senado Federal ou Câmara dos Deputados: art. 50, §§ 1º e 2º, CF
- competência: art. 87, par. ún., CF
- Conselho da República; participação: art. 90, § 1º, CF
- crimes comuns e de responsabilidade: arts. 52, I, e 102, I, b e c, CF
- escolha: art. 87, *caput*, CF
- exoneração: art. 84, I, CF
- *habeas corpus:* art. 102, I, d, CF
- *habeas data:* art. 105, I, b, CF
- nomeação: art. 84, I, CF
- processo contra; autorização: art. 51, I, CF
- requisitos: art. 87, *caput*, CF
- subsídios: art. 49, VIII, CF

MINISTRO DO STF
- brasileiro nato: art. 12, § 3º, VI, CF
- nomeação: art. 84, XIV, CF
- processo e julgamento: art. 52, II, CF

MINISTROS DO TRIBUNAL DE CONTAS DA UNIÃO
- aprovação; Senado Federal: art. 52, III, b, CF
- nomeação: art. 84, XV, CF
- número: art. 73, *caput*, CF
- prerrogativas: art. 73, § 3º, CF
- requisitos: art. 73, §§ 1º e 2º, CF

MISSÃO DIPLOMÁTICA: arts. 52, IV, e 102, I, c, CF

MOEDA
- emissão: arts. 21, VII, e 164, *caput*, CF
- limites: art. 48, XIV, CF

MONUMENTOS: art. 23, III, CF

MORADIAS: art. 23, IX, CF

MULHER
- igualdade em direitos: art. 5º, I, CF
- proteção; mercado de trabalho: art. 7º, XX, CF
- serviço militar obrigatório; isenção: art. 143, § 2º, CF

MUNICÍPIOS: arts. 29 a 31, CF
- aposentadorias e pensões: art. 249, CF
- autonomia: art. 18, *caput*, CF
- competência: arts. 23 e 30, CF
- Conselhos de Contas: art. 31, § 4º, CF
- contas; apreciação pelos contribuintes: art. 31, § 3º, CF
- contribuição: art. 149, § 1º, CF
- controle externo: art. 31, § 1º, CF
- criação: art. 18, § 4º, CF
- desmembramento: art. 18, § 4º, CF
- despesa; limite: art. 169; art. 38, ADCT
- disponibilidades de caixa: art. 164, § 3º, CF
- Distrito Federal: art. 32, *caput*, CF
- dívida consolidada: art. 52, VI, CF
- dívida mobiliária: art. 52, IX, CF
- empresas de pequeno porte: art. 179, CF
- ensino: arts. 211, § 2º, e 212, CF
- fiscalização: arts. 31 e 75, CF
- Fundo de Participação: art. 34, § 2º, ADCT
- fusão: art. 18, § 4º, CF
- guardas municipais: art. 144, § 8º, CF
- impostos: arts. 156, 158 e 160, CF
- incentivos fiscais: art. 41, ADCT
- incorporação: art. 18, § 4º, CF
- iniciativa popular: art. 29, XIII, CF
- intervenção: art. 35, CF
- lei orgânica: art. 29, CF; art. 11, par. ún., ADCT
- limitações: art. 19, CF
- microempresas: art. 179, CF
- operações de crédito externo e interno: art. 52, VII, CF
- pensões: art. 249, CF
- petróleo ou gás natural e outros recursos: art. 20, § 1º, CF
- precatórios: art. 100, CF; Súm. 655, STF; Súm. 144, STJ
- princípios: art. 37, *caput*, CF; Súm. Vinc. 13, STF
- receita; ITR: art. 158, II, CF; Súm. 139, STJ
- reforma administrativa: art. 24, ADCT
- símbolos: art. 13, § 2º, CF
- sistema tributário nacional: art. 34, § 3º, ADCT
- sistema único de saúde: art. 198, §§ 1º a 3º, CF
- sistemas de ensino: art. 211, CF
- terras em litígio; demarcação: art. 12, § 2º, ADCT
- Tribunal de Contas: art. 31, § 4º, CF
- tributos: arts. 145, 150 e 152, CF
- turismo: art. 180, CF

N

NACIONALIDADE: arts. 12 e 13, CF
- brasileiros natos: art. 12, I, CF
- brasileiros naturalizados: art. 12, II, CF
- cargos privativos de brasileiro nato: art. 12, § 3º, CF
- causas referentes à: 109, X, CF
- delegação legislativa; vedação: art. 68, § 1º, II, CF
- distinção entre brasileiros natos e naturalizados: art. 12, § 2º, CF
- legislação; competência privativa: art. 22, XIII, CF
- perda: art. 12, § 4º, CF
- portugueses: art. 12, II, a, e § 1º, CF

NASCIMENTO
- estrangeiro: art. 95, ADCT
- registro civil: art. 5º, LXXVI, a, CF

NATURALIZAÇÃO
- direitos políticos; cancelamento: art. 15, I, CF
- foro competente: 109, X, CF
- legislação; competência privativa: art. 22, XIII, CF
- perda da nacionalidade: art. 12, § 4º, II, CF
- perda da nacionalidade; cancelamento: art. 12, § 4º, I, CF

NATUREZA
- vide MEIO AMBIENTE

NAVEGAÇÃO
- aérea e aeroespacial: arts. 21, XII, c, e 22, X, CF
- cabotagem: art. 178, par. ún., CF
- fluvial: art. 22, X, CF
- lacustre: art. 22, X, CF
- marítima: art. 22, X, CF

NEGOCIAÇÕES COLETIVAS DE TRABALHO: art. 8º, VI, CF

NOTÁRIOS
- atividades: art. 236, § 1º, CF
- carreira: art. 236, § 3º, CF

O

OBRAS
- coletivas: art. 5º, XXVIII, a, CF
- direitos autorais: art. 5º, XXVII e XXVIII, CF; Súm. 386, STF
- patrimônio cultural brasileiro: art. 216, IV, CF
- proteção: art. 23, III e IV, CF
- públicas: art. 37, XXI, CF; Súm. 333, STJ

OBRIGAÇÃO ALIMENTÍCIA: art. 5º, LXVII, CF

OFICIAL
- forças armadas: art. 12, § 3º, VI, CF
- general: art. 84, XIII, CF
- registro: art. 236, CF

OLIGOPÓLIO: art. 220, § 5º, CF

OPERAÇÃO DE CRÉDITO
- adaptação: art. 37, ADCT
- Congresso Nacional; atribuição: art. 48, II, CF
- controle: art. 74, III, CF
- externo e interno: art. 52, VII e VIII, CF

OPERAÇÃO FINANCEIRA
- externas: art. 52, V, CF
- fiscalização: art. 21, VIII, CF

ORÇAMENTO: arts. 165 a 169, CF
- anual: art. 48, II, CF
- delegação legislativa; vedação: art. 68, § 1º, III, CF
- diretrizes orçamentárias: art. 165, II, e § 2º, CF
- legislação; competência concorrente: art. 24, II, CF
- lei orçamentária anual; conteúdo: art. 165, § 5º, CF
- plano plurianual: art. 165, I, e § 1º, CF
- projetos de lei; envio, apreciação e tramitação: arts. 84, XXIII, e 166, CF
- vedações: art. 167, CF

ORDEM DOS ADVOGADOS DO BRASIL: art. 103, VII, CF

ORDEM ECONÔMICA E FINANCEIRA: arts. 170 a 192, CF
- política agrícola e fundiária e reforma agrária: arts. 184 a 191, CF
- política urbana: arts. 182 e 183, CF
- princípios gerais da atividade econômica: arts. 170 a 181, CF
- sistema financeiro nacional: art. 192, CF

ORDEM JUDICIAL: art. 5º, XIII, CF

ORDEM SOCIAL arts. 193 a 232, CF
- assistência social: arts. 203 e 204, CF
- ciência e tecnologia: arts. 218 e 219, CF
- comunicação social: arts. 220 a 224, CF
- cultura: arts. 215 e 216, CF
- desporto: art. 217, CF
- educação: arts. 205 a 214, CF
- família, criança, adolescente e idoso: arts. 226 a 230, CF
- idosos: art. 230, CF
- índios: arts. 231 e 232, CF
- meio ambiente: art. 225, CF
- objetivos: art. 193, CF
- previdência social: arts. 201 e 202, CF
- saúde: arts. 196 a 200, CF
- seguridade social: arts. 194 a 204, CF

ORGANISMOS REGIONAIS: art. 43, § 1º, II, CF

ORGANIZAÇÃO JUDICIÁRIA: art. 22, XVII, CF

ORGANIZAÇÃO POLÍTICO-ADMINISTRATIVA DO ESTADO BRASILEIRO: art. 18, CF

ORGANIZAÇÃO SINDICAL
- criação: art. 8º, II, CF
- interferência: art. 8º, I, CF; Súm. 677, STF

- mandado de segurança coletivo: art. 5º, LXX, b, CF; Súm. 629, STF

ORGANIZAÇÕES INTERNACIONAIS: art. 21, I, CF

ÓRGÃOS PÚBLICOS
- disponibilidades de caixa: art. 164, § 3º, CF
- publicidade dos atos: art. 37, § 1º, CF

OURO: art. 153, § 5º, CF

P

PAGAMENTO
- precatórios judiciais: art. 33, CF

PAÍS: art. 230, CF

PARLAMENTARISMO: art. 2º, ADCT

PARTICIPAÇÃO NOS LUCROS: art. 7º, XI, CF

PARTIDOS POLÍTICOS: art. 17, CF
- ADIN; legitimidade: art. 103, VIII, CF

PATRIMÔNIO: art. 150, VI, c, CF; Súms. 724 e 730, STF

PATRIMÔNIO CULTURAL BRASILEIRO: art. 216, CF

PATRIMÔNIO HISTÓRICO, ARTÍSTICO, CULTURAL E ARQUEOLÓGICO: art. 23, III e IV, CF

PATRIMÔNIO HISTÓRICO, CULTURAL, ARTÍSTICO, TURÍSTICO E PAISAGÍSTICO: art. 24, VII e VIII, CF

PATRIMÔNIO HISTÓRICO E CULTURAL: art. 5º, LXXIII, CF

PATRIMÔNIO NACIONAL
- encargos ou compromissos gravosos: art. 49, I, CF
- Floresta Amazônica, Mata Atlântica, Serra do Mar, Pantanal Mato-Grossense e Zona Costeira: art. 225, § 4º, CF
- mercado interno: art. 219, CF

PATRIMÔNIO PÚBLICO: art. 23, I, CF

PAZ
- Congresso Nacional; autorização: art. 49, II, CF
- Conselho de Defesa Nacional; opinião: art. 91, § 1º, I, CF
- defesa; princípio adotado pelo Brasil: art. 4º, VI, CF
- Presidente da República; competência: art. 84, XX, CF
- União; competência: art. 21, II, CF

PENA(S)
- comutação: art. 84, XII, CF
- cruéis: art. 5º, XLVII, e, CF; Súm. 280, STJ
- espécies adotadas: art. 5º, XLVI, CF
- espécies inadmissíveis: art. 5º, XLVII, CF
- estabelecimentos específicos: art. 5º, XLVIII, CF
- individualização: art. 5º, XLV e XLVI, CF; Súm. Vinc. 26, STF
- morte: art. 5º, XLVII, a, CF
- perpétua: art. 5º, XLVII, b, CF
- prévia cominação legal: art. 5º, XXXIX, CF
- reclusão: art. 5º, XLII, CF

PENSÃO
- especial para ex-combatente da 2ª Guerra Mundial: art. 53, ADCT
- gratificação natalina: art. 201, § 6º, CF
- mensal vitalícia; seringueiros: art. 54, § 3º, ADCT
- militares: art. 42, § 2º, CF
- morte do segurado: art. 201, V, CF
- revisão dos direitos: art. 20, CF
- seringueiros que contribuíram durante a 2ª Guerra Mundial: art. 54, § 1º, ADCT
- seringueiros; benefícios transferíveis: art. 54, § 2º, ADCT
- servidor público: art. 40, §§ 2º, 7º, 8º e 14, CF

PETRÓLEO
- exploração e participação nos resultados: art. 20, § 1º, CF
- pesquisa e lavra: art. 177, I, CF
- refinação; monopólio da União: art. 177, II, e § 1º, CF
- transporte marítimo: art. 177, IV, e § 1º, CF
- venda e revenda: art. 238, CF

PETRÓLEO BRASILEIRO S/A – PETROBRAS: art. 45, par. ún., ADCT

PISO SALARIAL: art. 7º, V, CF

PLANEJAMENTO AGRÍCOLA: art. 187, § 1º, CF

PLANEJAMENTO DO DESENVOLVIMENTO NACIONAL: arts. 21, IX, 48, IV, e 174, § 1º, CF

PLANEJAMENTO FAMILIAR: art. 226, § 7º, CF

PLANO DE CUSTEIO E DE BENEFÍCIO: art. 59, CF

PLANO DIRETOR: art. 182, § 1º, CF

PLANO NACIONAL DE EDUCAÇÃO: arts. 212, § 3º, e 214, CF

PLANO PLURIANUAL
- Congresso Nacional; atribuição: art. 48, II, CF
- elaboração e organização: art. 165, § 9º, I, CF
- estabelecimento em lei: art. 165, I, e § 1º, CF
- lei orçamentária: art. 35, § 1º, I, ADCT
- Presidente da República; competência privativa: art. 84, XXIII, CF
- projeto; encaminhamento: art. 35, § 2º, I, ADCT
- projetos de lei: art. 166, CF

PLANOS DA PREVIDÊNCIA SOCIAL: art. 201, CF

PLEBISCITO
- anexação de estados federados: art. 18, § 3º, CF
- Congresso Nacional; competência: art. 49, XV, CF
- criação, incorporação, fusão e desmembramento de municípios: art. 18, § 4º, CF
- escolha da forma e do regime de governo: art. 2º, ADCT
- incorporação, subdivisão ou desmembramento de estados federados: art. 18, § 3º, CF
- instrumento de exercício da soberania popular: art. 14, I, CF

PLURALISMO POLÍTICO: art. 1º, V, CF

PLURIPARTIDARISMO: art. 17, caput, CF

POBREZA
- combate às causas; competência comum: art. 23, X, CF
- erradicação: art. 3º, III, CF
- Fundo de Combate e Erradicação da Pobreza: arts. 79 a 83, ADCT

PODER DE TRIBUTAR: arts. 150 a 152, CF

PODER ECONÔMICO: art. 14, § 9º, CF; Súm. 13, TSE

PODER EXECUTIVO: arts. 76 a 91, CF
- atividades nucleares; aprovação: art. 49, XIV, CF
- atos normativos regulamentares; sustação: art. 49, V, CF
- atos; fiscalização e controle: art. 49, X, CF
- comissão de estudos territoriais; indicação: art. 12, ADCT
- Conselho da República: arts. 89 e 90, CF
- Conselho de Defesa Nacional: art. 91, CF
- controle interno: art. 74, CF
- exercício; Presidente da República: art. 76, CF
- impostos; alteração da alíquota: art. 153, § 1º, CF
- independência e harmonia com os demais poderes: art. 2º, CF
- Ministros de Estado: arts. 87 e 88, CF
- Presidente da República; atribuições: art. 84, CF
- Presidente da República; autorização de ausência: art. 49, III, CF
- Presidente da República; eleição: art. 77, CF
- Presidente da República; responsabilidade: arts. 85 e 86, CF
- radiodifusão; concessão: art. 223, caput, CF
- reavaliação de incentivos fiscais: art. 41, ADCT
- revisão da lei orçamentária de 1989: art. 39, ADCT
- vencimentos dos cargos do: art. 37, XII, CF

PODER JUDICIÁRIO: arts. 92 a 126, CF
- ações desportivas: art. 217, § 1º, CF
- atos notariais: art. 236, § 1º, CF
- autonomia administrativa e financeira: art. 99, CF
- competência privativa dos tribunais: art. 96, CF
- conflitos fundiários: art. 126, CF
- controle interno: art. 74, CF
- Distrito Federal e Territórios: art. 21, XIII, CF
- Estados federados: art. 125, CF
- Estatuto da Magistratura: art. 93, CF
- garantias da magistratura: art. 95, CF
- independência e harmonia com os demais poderes: art. 2º, CF
- juizados especiais; criação: art. 98, I, CF; Súm. 376, STJ

- juízes; proibições: art. 95, par. ún., CF
- julgamentos; publicidade: art. 93, IX, CF
- justiça de paz: art. 98, II, CF
- Justiça Eleitoral: art. 118, CF
- Justiça Militar: arts. 122 a 124, CF
- órgãos que o integram: art. 92, CF
- quinto constitucional: art. 94, CF
- seções judiciárias: art. 110, caput, CF
- STF: arts. 101 a 103-B, CF
- STJ: arts. 104 e 105, CF
- Superior Tribunal Militar; composição: art. 123, CF
- Territórios Federais: art. 110, par. ún., CF
- Tribunais e Juízes do Trabalho: arts. 111 a 116, CF
- Tribunais e Juízes Eleitorais: arts. 118 a 121, CF
- Tribunais e Juízes Estaduais: arts. 125 a 126, CF; Súm. 721, STF
- Tribunais e Juízes Militares: arts. 122 a 124, CF
- Tribunais Regionais e Juízes Federais: arts. 106 a 110, CF
- vencimentos dos cargos do: art. 37, XII, CF

PODER LEGISLATIVO: arts. 44 a 75, CF
- Câmara dos Deputados: arts. 44, 45 e 51, CF
- comissão mista; dívida externa brasileira: art. 26, ADCT
- comissões permanentes e temporárias: art. 58, CF
- competência exclusiva: art. 68, § 1º, CF
- Congresso Nacional: arts. 44, 48 e 49, CF
- controle interno: art. 74, CF
- delegação legislativa: art. 68, CF
- Deputados: arts. 54 a 56, CF
- fiscalização contábil: arts. 70 a 75, CF
- imunidades: art. 53, CF
- incentivos fiscais: art. 41, ADCT
- independência e harmonia com os demais poderes: art. 2º, CF
- legislatura: art. 44, par. ún., CF
- lei orçamentária de 1989: art. 39, ADCT
- processo legislativo: arts. 59 a 69, CF
- propaganda comercial: art. 65, ADCT
- recesso: art. 58, § 4º, CF
- reuniões: art. 57, CF
- sanção presidencial: art. 48, caput, CF
- Senado Federal: arts. 44, 46 e 52, CF
- Senador: arts. 46, 54 a 56, CF
- sessão legislativa: art. 57, CF
- Territórios: art. 45, § 2º, CF
- vencimentos dos cargos: art. 37, XII, CF

POLÍCIA AEROPORTUÁRIA
- exercício da função pela polícia federal: art. 144, § 1º, III, CF
- serviços; competência da União: art. 21, XXII, CF

POLÍCIA DE FRONTEIRA
- exercício da função pela polícia federal: ar. 144, § 1º, III, CF
- serviços; competência da União: art. 21, XXII, CF

POLÍCIA FEDERAL
- funções: art. 144, § 1º, CF
- legislação; competência privativa: art. 22, XXII, CF
- órgão da segurança pública: art. 144, I, CF

POLÍCIA FERROVIÁRIA
- federal; órgão da segurança pública: art. 144, II, e § 3º, CF
- legislação; competência privativa: art. 22, XXII, CF

POLÍCIA MARÍTIMA
- exercício da função pela polícia federal: art. 144, § 1º, III, CF
- serviços; competência da União: art. 21, XXII, CF

POLÍCIA RODOVIÁRIA
- federal; órgão da segurança pública; funções: art. 144, II, e § 2º, CF
- legislação; competência privativa: art. 22, XXII, CF

POLÍCIAS CIVIS
- Distrito Federal: arts. 21, XIV, e 32, § 4º, CF; Súm. 647, STF
- funções: art. 144, § 4º, CF
- legislação; competência concorrente: art. 24, XVI, CF
- órgão da segurança pública: art. 144, IV, CF
- subordinação: art. 144, § 6º, CF

POLÍCIAS MILITARES
- Distrito Federal: arts. 21, XIV, e 32, § 4º, CF; Súm. 647, STF

- funções: art. 144, § 5º, CF
- legislação; competência privativa: art. 22, XXI, CF
- membros: art. 42, CF
- órgão da segurança pública: art. 144, V, CF
- subordinação: art. 144, § 6º, CF

POLÍTICA AGRÍCOLA E FUNDIÁRIA: arts. 184 a 191, CF

POLÍTICA DE DESENVOLVIMENTO URBANO: art. 182, caput, CF

POLÍTICA NACIONAL DE TRANSPORTES: art. 22, IX, CF

POLÍTICA URBANA: arts. 182 e 183, CF

PORTADORES DE DEFICIÊNCIA FÍSICA: art. 37, VIII, CF; Súm. 377, STJ

PORTOS: arts. 21, XII, f, e 22, X, CF

PRAIAS
- fluviais: art. 20, III, CF
- marítimas: art. 20, IV, CF

PRECATÓRIOS
- assumidos pela união; possibilidade: art. 100, § 16, CF
- complementares ou suplementares; expedição: art. 100, § 8º, CF
- natureza alimentícia: art. 100, caput, e §§ 1º e 2º, CF; Súm. 655, STF; Súm. 144, STJ
- pagamento: art. 100, CF; Súm. 655, STF; Súm. 144, STJ
- pagamento; regime especial: art. 97, ADCT
- pendentes de pagamento: arts. 33, 78 e 86, ADCT; Súm. 144, STJ
- pequeno valor: art. 100, §§ 3º e 4º, CF
- produção de efeitos; comunicação por meio de petição protocolizada: art. 100, § 14, CF
- regime especial para pagamento: art. 100, § 15, CF

PRECONCEITOS: art. 3º, IV, CF

PRÉ-ESCOLA
- assistência gratuita: art. 7º, XXV, CF
- crianças de até seis anos de idade: art. 208, IV, CF

PREFEITO MUNICIPAL
- contas; fiscalização: art. 31, § 2º, CF
- crimes de responsabilidade; cessação: art. 29-A, § 2º, CF
- eleição: art. 29, I e II, CF
- idade mínima: art. 14, § 3º, VI, c, CF
- inelegibilidade de cônjuge e parentes até o segundo grau: art. 14, § 7º, CF; Súm. Vinc. 18, STF
- julgamento: art. 29, X, CF; Súms. 702 e 703, STF; Súm. 209, STJ
- perda do mandato: art. 29, XIV, CF
- posse: art. 29, III, CF
- reeleição: art. 14, § 5º, CF
- servidor público: art. 38, II, CF
- subsídios: art. 29, V, CF

PRESIDENCIALISMO: art. 2º, ADCT

PRESIDENTE DA CÂMARA DOS DEPUTADOS: art. 12, § 3º, II, CF

PRESIDENTE DA REPÚBLICA E VICE-PRESIDENTE: arts. 76 a 86, CF
- ADECON e ADIN; legitimidade: art. 103, I, CF
- afastamento; cessação: art. 86, § 2º, CF
- atos estranhos ao exercício de suas funções: art. 86, § 4º, CF
- ausência do País por mais de 15 dias: arts. 49, III, e 83, CF
- cargo privativo de brasileiro nato: art. 12, § 3º, I, CF
- Chefia de Estado: art. 84, VII, VIII, XIX, XX e XXII, CF
- Chefia de Governo: art. 84, I a VI, IX a XVIII, XXI, XXIII a XXVII, CF
- competência privativa: art. 84, CF
- compromisso: art. 1º, ADCT
- Congresso Nacional; convocação extraordinária: art. 57, § 6º, CF
- Conselho da República; órgão de consulta: art. 89, caput, CF
- Conselho de Defesa Nacional; órgão de consulta: art. 91, caput, CF
- contas; apreciação: arts. 49, IX, 51, II, e 71, I, CF
- crimes de responsabilidade: arts. 52, I, e par. ún., 85 e 86, CF
- delegação legislativa: art. 68, CF
- Distrito Federal: art. 16, ADCT
- eleição: art. 77, CF; art. 4º, § 1º, ADCT

- exercício do Poder Executivo: art. 76, CF
- governadores de Roraima e do Amapá; indicação: art. 14, § 3º, ADCT
- *habeas corpus* e *habeas data*: art. 102, I, d, CF
- idade mínima: art. 14, § 3º, VI, a, CF
- impedimento: arts. 79, caput, e 80, CF
- inelegibilidade de cônjuge e de parentes até o segundo grau: art. 14, § 7º, CF; Súm. Vinc. 18, STF
- infrações penais comuns: arts. 86 e 102, I, b, CF
- iniciativa de leis: arts. 60, II, 61, § 1º, 63, I, 64, CF
- leis orçamentárias: art. 165, CF
- mandado de injunção: art. 102, I, q, CF
- mandado de segurança: art. 102, I, d, CF
- mandato: art. 82; art. 4º, ADCT
- medidas provisórias: arts. 62 e 84, XXVI, CF; Súm. 651, STF
- morte de candidato, antes de realizado o segundo turno: art. 77, § 4º, CF
- Poder Executivo; exercício: art. 76, CF
- posse: art. 78, caput, CF
- prisão: art. 86, § 3º, CF
- processo contra; autorização da Câmara dos Deputados: arts. 51, I, e 86, CF
- promulgação de lei: art. 66, §§ 5º e 7º, CF
- reeleição: art. 14, § 5º, CF
- responsabilidade: arts. 85 e 86, CF
- sanção: arts. 48, caput, 66, caput e § 3º, CF
- subsídios: art. 49, VIII, CF
- substituição: art. 79, CF
- sucessão: art. 79, CF
- suspensão de suas funções: art. 86, § 1º, CF
- tomada de contas: art. 51, II, CF
- vacância do cargo: arts. 78, par. ún., 79, 80 e 81, CF
- veto: art. 66, §§ 1º a 6º, CF

PRESIDENTE DO BANCO CENTRAL: art. 52, III, d, CF

PRESIDENTE DO SENADO FEDERAL: art. 12, § 3º, III, CF

PREVIDÊNCIA COMPLEMENTAR: art. 5º, XLVI, d, CF

PREVIDÊNCIA PRIVADA
- complementar: art. 202, CF
- fiscalização; competência da União: art. 7, VIII, *in fine*, CF
- planos de benefícios e serviços: art. 6º da EC no 20/1998
- subvenção oficial: art. 202, § 3º; art. 5º da EC no 20/1998

PREVIDÊNCIA SOCIAL: arts. 201 e 202, CF
- aposentadoria: art. 201, §§ 7º a 9º, CF
- aposentadoria; contagem recíproca do tempo de contribuição: art. 201, § 9º, CF
- benefício; limite: art. 248, CF; art. 14 da EC nº 20/1998
- benefício; reajustamento: art. 201, § 4º, CF
- benefício; revisão dos valores: art. 58, ADCT
- benefício; valor mínimo mensal: art. 201, § 2º, CF
- benefício; vinculação da receita ao pagamento: art. 167, XI, CF
- contribuintes: art. 201, CF
- correção monetária; salários de contribuição: art. 201, § 3º, CF; Súm. 456, STJ
- custeio: art. 149, § 1º, CF
- direito social: art. 6º, CF
- fundos: arts. 249 e 250, CF
- ganhos habituais do empregado; incorporação ao salário: art. 201, § 11, CF
- gratificação natalina de aposentados e pensionistas: art. 201, § 6º, CF
- legislação; competência concorrente: art. 24, XII, CF
- prestação continuada; revisão de valores: art. 58, ADCT; Súm. 687, STF
- prestações mensais dos benefícios atualizados: art. 58, par. ún., ADCT
- princípios: art. 201, CF
- subvenção a entidade de previdência privada: art. 202, § 3º, CF
- trabalhadores de baixa renda; inclusão previdenciária: art. 201, § 12, CF

PRINCÍPIO
- ampla defesa: art. 5º, LV, CF; Súms. Vincs. 5, 21 e 24, STF; Súms. 701, 704 e 712, STF; Súms. 196, 312 e 373, STJ
- contraditório: art. 5º, LV, CF; Súms. Vincs. 5, 21 e 24, STF; Súms. 701, 704 e 712, STF; Súms. 196, 312 e 373, STJ
- eficiência: art. 37, caput, CF; Súm. Vinc. 13, STF
- fundamentais: arts. 1º a 4º, CF
- impessoalidade: art. 37, caput, CF; Súm. Vinc. 13, STF
- legalidade: arts. 5º, II, e 37, caput, CF; Súm. Vinc. 13, STF; Súms. 636 e 686, STF
- livre concorrência: art. 170, IV, CF; Súm. 646, STF
- moralidade: art. 37, caput, CF; Súm. Vinc. 13, STF
- publicidade: art. 37, caput, CF

PRISÃO
- civil: art. 5º, LXVII, CF; Súm. Vinc. 25, STF; Súms. 280 e 419, STJ
- comunicação ao Judiciário e à família do preso: art. 5º, LXII, CF
- durante o estado de defesa: art. 136, § 3º, III, CF
- flagrante delito: art. 5º, LXI, CF
- ilegal: art. 5º, LXV, CF
- perpétua: art. 5º, XLVII, b, CF

PROCESSO
- autoridade competente: art. 5º, LIII, CF
- distribuição imediata: arts. 93, XV, e 129, § 5º, CF
- inadmissibilidade de provas ilícitas: art. 5º, LVI, CF
- judicial ou administrativo: art. 5º, LV, CF; Súms. Vincs. 5 e 21, STF; Súms. 701, 704 e 712, STF; Súms. 196, 312 e 373, STJ
- julgamento de militares do Estado: art. 125, §§ 4º e 5º, CF; Súms. 6, 53 e 90, STJ
- legislação; competência concorrente: art. 24, XI, CF
- necessidade: art. 5º, LIV, CF
- razoável duração: art. 5º, LXXVIII, CF

PROCESSO ELEITORAL: art. 16, CF

PROCESSO LEGISLATIVO: arts. 59 a 69, CF
- diplomas legais: art. 59, CF
- emenda constitucional: art. 60, CF
- iniciativa popular: art. 61, § 2º, CF
- iniciativa popular; estadual: art. 27, § 4º, CF
- iniciativa; leis complementares e ordinárias: art. 61, CF
- iniciativa; Presidente da República: arts. 61, § 1º, e 84, III, CF
- início; Câmara dos Deputados: art. 64, CF
- leis complementares; *quorum*: art. 69, CF
- leis delegadas: art. 68, CF
- medidas provisórias: art. 62, CF; Súm. 651, STF
- projetos de codificação: art. 64, § 4º, CF
- promulgação: arts. 65 e 66, §§ 5º e 7º, CF
- sanção presidencial: art. 66, CF
- veto presidencial: art. 66, CF

PROCURADORES DOS ESTADOS E DO DISTRITO FEDERAL: art. 132, CF

PROCURADOR-GERAL DA REPÚBLICA
- ADIN; legitimidade: art. 103, VI, CF
- audiência prévia: art. 103, § 1º, CF
- crimes de responsabilidade: art. 52, II, CF
- destituição: art. 128, § 2º, CF
- *habeas corpus* e *habeas data*: art. 102, I, d, CF
- infrações penais comuns: art. 102, I, b, CF
- mandado de segurança: art. 102, I, d, CF
- Ministério Público da União; chefe: art. 128, § 1º, CF
- nomeação; requisitos: art. 128, § 1º, CF
- opção: art. 29, § 2º, ADCT
- Presidente da República; atribuições: art. 84, par. ún., CF
- Presidente da República; nomeação: art. 84, XIV, CF
- recondução: art. 128, § 1º, CF
- Senado Federal; aprovação: art. 52, III, e, CF
- Senado Federal; exoneração de ofício: art. 52, XI, CF

PROCURADORIA-GERAL DA FAZENDA NACIONAL
- representação da União; causas fiscais: art. 29, § 5º, ADCT
- representação da União; execuções da dívida: art. 131, § 3º, CF; Súm. 139, STJ

PROGRAMA
- formação do patrimônio do servidor público: art. 239, caput, e 3º, CF
- integração social: art. 239, CF

- nacionais, regionais e setoriais; atribuição do Congresso Nacional: art. 48, IV, CF
- nacionais, regionais e setoriais; elaboração e apreciação: art. 165, § 4º, CF

PROJETO DE LEI
vide PROCESSO LEGISLATIVO

PROPRIEDADE
- direito; garantia: art. 5º, XXII, CF
- função social: arts. 5º, XXIII, e 170, III, CF
- particular: art. 5º, XXV, CF
- predial e territorial urbana; impostos: art. 156, I, CF; Súm. 589, STF; Súm. 399, STJ
- privada: art. 170, II, CF
- produtiva: art. 185, par. ún., CF
- veículos automotores; imposto: art. 155, III, CF

PROPRIEDADE RURAL
- aquisição; pessoa estrangeira: art. 190, CF
- desapropriação para fins de reforma agrária: art. 185, CF
- desapropriação por interesse social: art. 184, CF
- função social: arts. 184 e 186, CF
- média: art. 185, I, CF
- penhora: art. 5º, XXVI, CF
- pequena; definição em lei: art. 5º, XXVI, CF
- pequena; impenhorabilidade: art. 5º, XXVI, CF; Súm. 364, STJ
- usucapião: art. 191, CF

PROPRIEDADE URBANA
- aproveitamento: art. 182, § 4º, CF
- concessão de uso: art. 183, § 1º, CF
- desapropriação: art. 182, §§ 3º e 4º, III, CF; Súms. 113 e 114, STJ
- função social; art. 182, § 2º, CF; Súm. 668, STF
- título de domínio: art. 183, § 1º, CF
- usucapião: art. 183, CF

PUBLICIDADE DE ATOS PROCESSUAIS: art. 5º, LX, CF; Súm. 708, STF

Q

QUILOMBOS
- propriedade de seus remanescentes: art. 68, ADCT
- tombamento: art. 216, § 5º, CF

QUINTO CONSTITUCIONAL: arts. 94, 107, I e 111-A, I, CF

R

RAÇA: art. 3º, IV, CF

RACISMO
- crime inafiançável e imprescritível: art. 5º, XLII, CF
- repúdio: art. 4º, VIII, CF

RÁDIO
- acesso gratuito dos partidos políticos: art. 17, § 3º, CF
- concessão e renovação à emissora: art. 48, XII, CF
- produção e programação: arts. 220, § 3º, II, e 221, CF
- programas; classificação: art. 21, XVI, CF

RADIODIFUSÃO
- dispor; competência do Congresso Nacional: art. 48, XII, CF
- empresa: art. 222, CF
- exploração; competência da União: art. 21, XII, a, CF
- legislação; competência privativa: art. 22, IV, CF
- serviço de: art. 223, CF

RADIOISÓTOPOS
- meia-vida igual ou inferior a duas horas: art. 21, XXIII, b, CF
- utilização; regime de concessão ou permissão: art. 21, XXIII, b, CF

RECEITAS TRIBUTÁRIAS
- Estados e do Distrito Federal: arts. 157, 159, I, a, II, §§ 1º e 2º, CF
- Municípios: arts. 158, 159, I, b, §§ 1º e 3º, CF
- repartição: arts. 157 a 162, CF
- União; exercício 1989: art. 39, ADCT

RECURSO ESPECIAL: art. 105, III, CF

RECURSO EXTRAORDINÁRIO: art. 102, III, CF; Súm. 640, STF

RECURSO ORDINÁRIO
- competência; STJ: art. 105, II, CF
- competência; STF: art. 102, II, CF

RECURSOS HÍDRICOS
- fiscalização; competência comum: art. 23, XI, CF
- participação no resultado da exploração: art. 20, § 1º, CF
- sistema nacional de gerenciamento; competência da União: art. 21, XIX, CF

RECURSOS MINERAIS
- bens da União: art. 20, IX, CF
- exploração: art. 225, § 2º, CF
- fiscalização; competência comum: art. 23, XI, CF
- legislação; competência privativa: art. 22, XII, CF
- participação no resultado da exploração: art. 20, § 1º, CF
- pesquisa e lavra: art. 176, §§ 1º e 3º, CF; art. 43, ADCT
- terras indígenas; exploração: art. 49, XVI, CF

RECURSOS NATURAIS
- bens da União: art. 20, V, CF
- defesa; competência concorrente: art. 24, VI, CF

REELEIÇÃO: art. 14, § 5º, CF

REFERENDO
- autorização; competência do Congresso Nacional: art. 49, XV, CF
- instrumento de exercício da soberania popular: art. 14, I, CF

REFINAÇÃO DE PETRÓLEO: art. 177, II, CF

REFINARIAS: art. 45, ADCT

REFORMA AGRÁRIA
- beneficiários: art. 189, CF
- compatibilização; política agrícola: art. 187, § 2º, CF
- compatibilização; terras públicas: art. 188, CF
- desapropriação: arts. 184 e 185, CF

REGIÕES
- criação; objetivos: art. 43, CF
- metropolitanas: art. 25, § 3º, CF

REGISTRO
- civil de nascimento: art. 5º, LXXVI, a, CF
- filhos nascidos no estrangeiro: art. 90, ADCT
- públicos: art. 22, XXV, CF

RELAÇÕES EXTERIORES: art. 21, I, CF

RELAÇÕES INTERNACIONAIS DO BRASIL: art. 4º, CF

RELAXAMENTO DA PRISÃO ILEGAL: art. 5º, LXV, CF

RELIGIÃO: art. 210, § 1º, CF

RENÚNCIA A CARGOS POLÍTICOS: art. 14, § 6º, CF

REPARAÇÃO DE DANO: art. 5º, XLV, CF

REPARTIÇÃO DAS RECEITAS TRIBUTÁRIAS: arts. 157 a 162, CF

REPOUSO SEMANAL REMUNERADO: art. 7º, XV, CF

REPÚBLICA FEDERATIVA DO BRASIL
- apreciação popular mediante plebiscito: art. 2º, ADCT
- fundamentos: art. 1º, CF
- integração da América Latina: art. 4º, par. ún., CF
- objetivos fundamentais: art. 3º, CF
- organização político-administrativa: art. 18, *caput*, CF
- relações internacionais da; princípios: art. 4º, *caput*, CF

RESERVAS CAMBIAIS DO PAÍS: art. 21, VIII, CF

RETROATIVIDADE DA LEI PENAL: art. 5º, XL, CF

REVISÃO CONSTITUCIONAL: art. 3º, ADCT

REVISÃO CRIMINAL
- competência; STJ: art. 105, I, e, CF
- competência; STF: art. 102, I, j, CF
- competência; TRF: art. 108, I, b, CF

S

SALÁRIO(S)
- décimo terceiro: art. 7º, VIII, CF
- de contribuição: art. 201, § 3º, CF; Súm. 456, STJ

- diferença; proibição: art. 7º, XXX, CF
- discriminação: art. 7º, XXXI, CF
- educação: art. 212, § 5º, CF; Súm. 732, STF
- família: art. 7º, XII, CF
- irredutibilidade: art. 7º, VI, CF
- mínimo anual: art. 239, § 3º, CF
- mínimo; garantia: art. 7º, VII, CF
- mínimo; vinculação: art. 7º, IV, CF: Súms. Vincs. 4, 6 e 15, STF; Súm. 201, STJ
- proteção: art. 7º, X, CF

SANEAMENTO BÁSICO
- ações; competência do SUS: art. 200, IV, CF
- diretrizes; competência da União: art. 21, XX, CF
- promoção; competência comum: art. 23, IX, CF

SANGUE: art. 199, § 4º, CF

SAÚDE: arts. 196 a 200, CF
- aplicação de percentual do orçamento da seguridade social: art. 55, ADCT
- cuidar; competência comum: art. 23, II, CF
- custeio do sistema: art. 71, ADCT
- direito da criança e do adolescente: art. 227, § 1º, CF
- direito de todos e dever do Estado: art. 196, CF
- direito social: art. 6º, CF
- diretrizes dos serviços: art. 198, CF
- execução; Poder Público ou terceiros: art. 197, CF
- iniciativa privada: art. 199, CF
- propaganda de produtos, práticas e serviços nocivos à: art. 220, § 3º, II, CF
- proteção e defesa; competência concorrente: art. 24, XII, CF
- regulamentação, fiscalização e controle: art. 197, CF
- serviços; competência dos Municípios: art. 30, VII, CF
- serviços; relevância pública: art. 197, CF
- sistema único: arts. 198 e 200, CF

SEDE DO GOVERNO FEDERAL: art. 48, VII, CF

SEGREDO DE JUSTIÇA: art. 14, § 11, CF

SEGURANÇA
- direito social: arts. 6º e 7º, XXII, CF
- trabalho: art. 7º, XXII, CF

SEGURANÇA PÚBLICA
- corpos de bombeiros militares: art. 144, §§ 5º e 6º, CF
- dever do Estado: art. 144, caput, CF
- direito e responsabilidade de todos: art. 144, caput, CF
- guardas municipais: art. 144, § 8º, CF
- objetivos: art. 144, caput, CF
- órgãos: art. 144, I a V, e § 7º, CF
- polícia civil: art. 144, §§ 5º e 6º, CF
- polícia federal: art. 144, § 1º, CF
- polícia ferroviária federal: art. 144, § 3º, CF
- polícia militar: art. 144, §§ 5º e 6º, CF
- polícia rodoviária federal: art. 144, § 2º, CF

SEGURIDADE SOCIAL: arts. 194 a 204, CF
- arrecadação; integrar a receita: art. 56, ADCT; Súm. 658, STF
- assistência social: arts. 203 e 204, CF
- atividade em regime de economia familiar; alíquota: art. 195, § 8º, CF; Súm. 272, STJ
- benefícios: art. 248, CF
- débito; sanções: art. 195, § 3º, CF
- estrutura: art. 194, CF
- finalidade: art. 194, caput, CF
- financiamento pela sociedade: arts. 195 e 240, CF; Súms. 658 e 659, STF
- isenções de entidades beneficentes: art. 195, § 7º, CF; Súm. 352, STJ
- legislação; competência privativa: art. 22, XXIII, CF
- objetivos: art. 194, par. ún., CF
- orçamento: art. 165, § 5º, III, CF
- orçamento destinado ao serviço de saúde: art. 55, CF
- organização: art. 194, par. ún., CF
- previdência social: arts. 201 e 202, CF
- projeto de lei relativo à organização: art. 59, ADCT
- proposta de orçamento: art. 195, § 2º, CF
- receitas estaduais, municipais e do Distrito Federal: art. 195, § 1º, CF
- saúde: arts. 196 a 200, CF

SEGURO
- contra acidentes do trabalho: art. 7º, XXVIII, CF
- fiscalização; competência da União: art. 21, VIII, CF
- legislação; competência privativa: art. 22, VII, CF
- seguro-desemprego: arts. 7º, II, e 239, caput, e § 4º, CF

SENADO FEDERAL: art. 52, CF
- ADECON; legitimidade: art. 103, § 4º, CF
- Câmara Legislativa do Distrito Federal; competência: art. 16, §§ 1 e 2º, CF
- comissões permanentes e temporárias: art. 58, CF
- competência privativa: art. 52, CF
- competência privativa; vedação de delegação: art. 68, § 1º, CF
- composição: art. 46, CF
- Congresso Nacional; composição: art. 44, caput, CF
- Conselho da República; participação: art. 89, III, V e VII, CF
- Conselho de Defesa Nacional; participação: art. 91, III, CF
- CPI; criação e poderes: art. 58, § 3º, CF
- crimes de responsabilidade; Presidente da República: art. 86, CF
- despesa: art. 63, II, CF
- emenda constitucional; proposta: art. 60, I, CF
- emendas em projetos de lei: art. 64, § 3º, CF
- estado de sítio: art. 53, § 8º, CF
- impostos; alíquotas: art. 155, §§ 1º, IV, e 2º, IV e V, CF
- iniciativa de leis: art. 61, CF
- legislatura: art. 44, par. ún., CF
- licença prévia a Senadores; incorporação às Forças Armadas: art. 53, § 7º, CF
- Mesa: art. 58, § 1º, CF
- Ministros de Estado: art. 50, CF
- Presidente; cargo privativo de brasileiro nato: art. 12, § 3º, III, CF
- Presidente; exercício da Presidência da República: art. 80, CF
- projetos de lei; discussão e votação: art. 64, CF
- promulgação de leis pelo Presidente: art. 66, § 7º, CF
- quorum: art. 47, CF
- reunião; sessão conjunta com a Câmara dos Deputados: art. 57, § 3º, CF

SENADORES
- vide SENADO FEDERAL e CONGRESSO NACIONAL
- decoro parlamentar: art. 55, II, e §§ 1º e 2º, CF
- duração do mandato: art. 46, § 1º, CF
- Forças Armadas; requisito: art. 53, § 7º, CF
- idade mínima: art. 14, § 3º, VI, a, CF
- impedimentos: art. 54, CF
- imunidades: arts. 53, § 8º, e 139, par. ún., CF
- inviolabilidade: art. 53, CF
- julgamento perante o STF: arts. 53, § 1º, e 102, I, b, d e q, CF
- perda de mandato: arts. 55 e 56, CF
- prisão: art. 53, § 2º, CF
- servidor público; afastamento: art. 38, I, CF
- sistema eleitoral: art. 46, caput, CF
- subsídio: art. 49, VII, CF
- suplente; convocação: arts. 46, § 3º, 56, § 1º, CF
- sustação do andamento da ação: art. 53, §§ 3º a 5º, CF
- testemunho: art. 53, § 6º, CF
- vacância: art. 56, § 2º, CF

SENTENÇA
- estrangeira; homologação: art. 105, I, i, CF
- penal condenatória; trânsito em julgado: art. 5º, LVII, CF
- perda do cargo de servidor público estável: art. 41, §§ 1º, I, e 2º, CF
- proferida pela autoridade competente: art. 5º, LIII, CF

SEPARAÇÃO DE PODERES: art. 60, § 4º, III, CF

SEPARAÇÃO JUDICIAL: art. 226, § 6º, CF

SERINGUEIROS: art. 54, ADCT

SERVENTIAS DO FORO JUDICIAL: art. 31, ADCT

SERVIÇO(S)
- energia elétrica: art. 21, XII, b, CF
- essenciais: arts. 9º, § 1º, e 30, V, CF

- forenses: art. 24, IV, CF
- gás canalizado: art. 25, § 2º, CF
- navegação aérea: art. 21, XII, c, CF
- notariais e de registro: art. 236, CF
- nucleares: art. 21, XXIII, CF
- oficiais de estatística: art. 21, XV, CF
- postal: arts. 21, X, e 22, V, CF
- públicos; de interesse local: art. 30, V, CF
- públicos; dever do Poder Público: art. 175, CF
- públicos; licitação: art. 37, XXI, CF; Súm. 333, STJ
- públicos; prestação; política tarifária: art. 175, par. ún., III, CF; Súm. 407, STJ
- públicos; reclamações: art. 37, § 3º, I, CF
- radiodifusão: arts. 21, XII, a, e 223, CF
- registro: art. 236 e §§ 1º a 3º, CF
- saúde: art. 197, CF
- telecomunicações: art. 21, XI, CF
- transporte ferroviário, aquaviário e rodoviário: art. 21, XII, d e e, CF

SERVIÇO EXTRAORDINÁRIO: art. 7º, XVI, CF

SERVIÇO MILITAR
- imperativo de consciência: art. 143, § 1º, CF
- mulheres e eclesiásticos: art. 143, § 2º, CF; Súm. Vinc. 6, STF
- obrigatoriedade: art. 143, caput, CF
- obrigatório; alistamento eleitoral dos conscritos: art. 14, § 2º, CF

SERVIDOR PÚBLICO: arts. 39 a 41, CF; Súm. Vinc. 4, STF; Súms. 683 e 684, STF; Súms. 97 e 378, STJ; Súm. 390, TST
- acréscimos pecuniários: art. 37, XIV, CF
- acumulação remunerada de cargos: art. 37, XVI e XVII, CF
- adicional noturno: art. 39, § 3º, CF
- adicional por serviço extraordinário: art. 39, § 3º, CF
- administração fazendária: art. 37, XVIII, CF
- anistia: art. 8º, § 5º, ADCT
- aposentadoria: art. 40, CF
- aposentadoria; legislação anterior à EC no 20/98: arts. 3º e 8º da EC nº 20/98
- associação sindical: art. 37, VI, CF
- ato de improbidade administrativa: art. 37, § 4º, CF
- ato ilícito: art. 37, § 5º, CF
- avaliação especial de desempenho: art. 41, § 4º, CF
- benefício; atualização: art. 37, § 17, CF
- benefício; limite máximo: art. 14 da EC no 20/98
- cargo efetivo: art. 37, V, CF
- cargo em comissão: art. 40, § 13, CF
- concorrência; prevenção de desequilíbrio: art. 146-A, CF
- contratação por tempo determinado: art. 37, IX, CF
- décimo terceiro salário: art. 39, § 3º, CF
- desnecessidade de cargo: art. 41, § 3º, CF
- direito: art. 39, § 3º, CF
- direito de greve: art. 37, VII, CF
- discriminação: art. 39, § 3º, CF
- disponibilidade remunerada: art. 41, § 3º, CF
- estabilidade: art. 41, CF; art. 19, ADCT; Súm. 390, TST
- exercício de mandato eletivo: art. 38, CF
- extinção de cargo: art. 41, § 3º, CF
- férias e adicional: art. 39, § 3º, CF
- formação e aperfeiçoamento: art. 39, § 2º, CF
- funções de confiança: art. 37, V, CF
- informações privilegiadas; acesso: art. 37, § 7º, CF
- jornada de trabalho: art. 39, § 3º, CF
- licença à gestante: art. 39, § 3º, CF
- licença-paternidade: art. 39, § 3º, CF
- microempresas: art. 146, III, d, e par. ún., CF
- pensão por morte: art. 40, §§ 7º e 8º, CF
- perda do cargo: arts. 41, § 1º, 169, § 4º, e 247, CF
- recursos orçamentários: art. 39, § 7º, CF
- regime de previdência complementar: art. 40, §§ 14, 15 e 16, CF
- regime de previdência de caráter contributivo: arts. 40 e 249, CF
- reintegração: art. 41, § 2º, CF
- remuneração: art. 37, X a XIII, CF; Súm. 672, STF
- repouso semanal remunerado: art. 39, § 3º, CF
- riscos do trabalho; redução: art. 39, § 3º, CF
- salário-família: art. 39, § 3º, CF
- salário mínimo: art. 39, § 3º, CF

- subsídios e vencimentos: art. 37, XV, CF
- subsídios: art. 37, XI, CF
- tempo de contribuição e de serviço: art. 40, § 9º, CF
- tempo de serviço: art. 4º da EC nº 20/98
- Tribunais; licenças e férias: art. 96, I, f, CF
- União e Territórios: art. 61, § 1º, II, c, CF
- vencimento; peculiaridades dos cargos: art. 39, § 1º, III, CF
- vencimento e sistema remuneratório: arts. 37, XI, XII e XIV, e 39, §§ 1º, 4º, 5º e 8º, CF

SESSÃO LEGISLATIVA DO CONGRESSO NACIONAL: art. 57, CF

SIGILO DA CORRESPONDÊNCIA E DAS COMUNICAÇÕES TELEGRÁFICAS E TELEFÔNICAS
- estado de defesa; restrições: art. 136, § 1º, I, b e c, CF
- estado de sítio; restrições: art. 139, III, CF
- inviolabilidade; ressalva: art. 5º, XII, CF

SIGILO DAS VOTAÇÕES: art. 5º, XXXVIII, b, CF

SÍMBOLOS: art. 13, §§ 1º e 2º, CF

SINDICATOS: art. 8º, CF; Súm. 4, STJ
- denúncia de irregularidades; legitimidade: art. 74, § 2º, CF
- direitos; interesses coletivos ou individuais; defesa: art. 8º, III, CF
- impostos; vedação de instituição: art. 150, VI, c, e § 4º, CF
- liberdade de filiação: art. 8º, V, CF
- rurais; normas aplicáveis: art. 8º, par. ún., CF; art. 10, § 2º, ADCT

SISTEMA CARTOGRÁFICO
- legislação; competência privativa: art. 22, XVIII, CF
- manutenção; competência da União: art. 21, XV, CF

SISTEMA DE GOVERNO: art. 2º, ADCT

SISTEMA DE MEDIDAS: art. 22, VI, CF

SISTEMA ESTATÍSTICO: art. 22, XVIII, CF

SISTEMA FEDERAL DE ENSINO: art. 22, VI, CF

SISTEMA FINANCEIRO NACIONAL: art. 192, CF

SISTEMA MONETÁRIO E DE MEDIDAS: art. 22, VI, CF

SISTEMA NACIONAL DE EMPREGO: art. 22, XVI, CF

SISTEMA NACIONAL DE VIAÇÃO: art. 21, XXI, CF

SISTEMA TRIBUTÁRIO NACIONAL: arts. 145 a 162, CF
- administrações tributárias: art. 37, XXII, CF
- Congresso Nacional; atribuição: art. 48, I, CF
- impostos da União: arts. 153 e 154, CF
- impostos dos Estados federados e do Distrito Federal: art. 155, CF
- impostos municipais: art. 156, CF
- limitações do poder de tributar: arts. 150 a 152, CF
- princípios gerais: arts. 145 a 149, CF
- repartição das receitas tributárias: arts. 157 a 162, CF
- Senado Federal; avaliação: art. 52, XV, CF
- vigência; início: art. 34, ADCT

SISTEMA ÚNICO DE SAÚDE: arts. 198 a 200, CF

SÍTIOS ARQUEOLÓGICOS
- bens da União: art. 20, X, CF
- patrimônio cultural brasileiro: art. 216, V, CF
- proteção; competência comum: art. 23, III, CF

SÍTIOS PRÉ-HISTÓRICOS: art. 20, X, CF

SOBERANIA DOS VEREDICTOS DO JÚRI: art. 5º, XXXVIII, c, CF

SOBERANIA NACIONAL
- fundamento do Estado brasileiro: art. 1º, caput, I, CF
- respeitada pelos partidos políticos: art. 17, caput, CF

SOBERANIA POPULAR: art. 14, CF

SOCIEDADE CONJUGAL: art. 226, § 5º, CF

SOCIEDADE DE ECONOMIA MISTA
- criação; autorização: art. 37, XIX e XX, CF
- privilégios fiscais não admitidos: art. 173, § 2º, CF
- regime jurídico: art. 173, § 1º, CF

SOLO: art. 24, VI, CF

SORTEIOS: art. 22, XX, CF

SUBSÍDIOS
- Deputados Estaduais; fixação: art. 27, § 2º, CF
- fiscal: art. 150, § 6º, CF
- fixação; alteração por lei específica: art. 37, X, CF
- fixação; parcela única: art. 39, § 4º, CF
- Governador, Vice-Governador e Secretários de Estado; fixação: art. 28, § 2º, CF
- irredutibilidade: art. 37, XV, CF
- limite: art. 37, XI, CF
- Ministros do STF; fixação: art. 48, XV, CF
- Ministros dos Tribunais Superiores: art. 93, V, CF
- Prefeito, Vice-Prefeito e Secretários municipais; fixação: art. 29, V, CF
- publicação anual: art. 39, § 6º, CF
- revisão geral anual: art. 37, X, CF; Súm. 672, STF
- Vereadores; fixação: art. 29, VI, CF

SUCESSÃO DE BENS DE ESTRANGEIROS: art. 5º, XXXI, CF

SUCUMBÊNCIA: art. 5º, LXXIII, *in fine*, CF

SUFRÁGIO UNIVERSAL: art. 14, *caput*, CF

SÚMULAS
- efeito vinculante: art. 8º, da EC nº 45/2004
- efeito vinculante; objetivo: art. 103-A, §§ 1º e 2º, CF

SUPERIOR TRIBUNAL DE JUSTIÇA: arts. 104 e 105, CF
- ações rescisórias: art. 105, I, *e*, CF
- competência originária: art. 105, I, CF
- competência privativa: art. 96, I e II, CF
- composição: art. 104, CF; art. 27, § 2º, ADCT
- conflitos de atribuições: art. 105, I, *g*, CF
- conflitos de competência: art. 105, I, *d*, CF
- Conselho da Justiça Federal: art. 105, par. ún., CF
- crimes comuns e de responsabilidade: art. 105, I, *a*, CF
- *exequatur* às cartas rogatórias: art. 105, I, *i*, CF
- *habeas corpus*: art. 105, I, c, e II, *a*, CF
- *habeas data*: art. 105, I, *b*, CF
- homologação de sentenças estrangeiras: art. 105, I, *i*, CF
- iniciativa de leis: art. 61, *caput*, CF
- instalação: art. 27, ADCT
- jurisdição: art. 92, § 2º, CF
- lei federal; interpretação divergente: art. 105, III, c, CF;
- mandado de injunção: art. 105, I, *h*, CF
- mandado de segurança: art. 105, I, *b*, e II, *b*, CF; Súms. 41 e 177, STJ
- Ministros: arts. 84, XIV, e 104, par. ún., CF
- Ministros; processo e julgamento: art. 102, I, c, *d* e *i*, CF
- órgão do Poder Judiciário: art. 92, II, CF
- projetos de lei: art. 64, *caput*, CF
- reclamação: art. 105, I, *f*, CF
- recurso especial: art. 105, III, CF
- recurso ordinário: art. 105, II, CF
- revisões criminais: art. 105, I, *e*, CF
- sede: art. 92, § 1º, CF

SUPERIOR TRIBUNAL MILITAR
- competência privativa: art. 96, I e II, CF
- composição: art. 123, CF
- iniciativa de leis: art. 61, *caput*, CF
- jurisdição: art. 92, § 2º, CF
- Ministros militares e civis: art. 123, CF
- Ministros; nomeação: arts. 84, XIV, e 123, CF
- Ministros; processo e julgamento: art. 102, I, c, *d* e *i*, CF
- organização e funcionamento: art. 124, CF
- órgão da Justiça Militar: art. 122, I, CF
- projetos de lei de iniciativa: art. 64, *caput*, CF
- sede: art. 92, § 1º, CF

SUPREMO TRIBUNAL FEDERAL: arts. 101 a 103, CF
- ação rescisória: art. 102, I, *j*, CF
- ADECON: art. 102, I, *a*, e § 2º, CF
- ADIN: arts. 102, I, *a*, 103, CF; Súm. 642, STF
- ADPF: art. 102, § 1º, CF
- atribuições: art. 27, § 1º, ADCT
- causas e conflitos entre a União e os estados federados: art. 102, I, *f*, CF
- competência originária: art. 102, I, CF
- competência privativa: art. 96, I e II, CF
- composição: art. 101, CF
- conflitos de competência: art. 102, I, *o*, CF
- contrariedade à CF: art. 102, III, *a*, CF; Súm. 400, STF
- crime político: art. 102, II, *b*, CF
- crimes de responsabilidade: art. 102, I, c, CF
- decisões definitivas de mérito: art. 102, § 2º, CF
- Estatuto da Magistratura: art. 93, CF
- execução de sentença: art. 102, I, *m*, CF
- extradição: art. 102, I, *g*, CF
- *habeas corpus*: art. 102, I, *d* e *i*, e II, *a*, CF; Súm. 691, STF
- *habeas data*: art. 102, I, *d*, e II, *a*, CF
- inconstitucionalidade em tese: art. 103, § 3º, CF
- inconstitucionalidade por omissão: art. 103, § 2º, CF
- infrações penais comuns: art. 102, I, *b* e c, CF
- iniciativa de leis: art. 61, *caput*, CF
- jurisdição: art. 92, § 2º, CF
- litígio entre Estado estrangeiro e a União, o Estado, o DF ou Território: art. 102, I, *e*, CF
- mandado de injunção: art. 102, I, *q*, e II, *a*, CF
- mandado de segurança: art. 102, I, *d*, e II, *a*, CF; Súm. 624, STF
- medida cautelar na ADIN: art. 102, I, *p*, CF
- membros da magistratura: art. 102, I, *n*, CF; Súms. 623 e 731, STF
- Ministro; cargo privativo de brasileiro nato: art. 12, § 3º, IV, CF
- Ministros; crimes de responsabilidade: art. 52, II, e par. ún., CF
- Ministro; idade mínima e máxima: art. 101, CF
- Ministro; nomeação: arts. 101, par. ún., e 84, XIV, CF
- órgão do Poder Judiciário: art. 92, I, CF
- Presidente; compromisso; disposições constitucionais transitórias: art. 1º, ADCT
- Presidente; exercício da Presidência da República: art. 80, CF
- projetos de lei de iniciativa: art. 64, *caput*, CF
- reclamações: art. 102, I, *l*, CF
- reconhecimento dos direitos: art. 9º, ADCT
- recurso extraordinário: art. 102, III, CF
- recurso ordinário: art. 102, II, CF
- revisão criminal: art. 102, I, *j*, CF
- sede: art. 92, § 1º, CF
- súmula vinculante: art. 103- A, CF

SUSPENSÃO DE DIREITOS: art. 5º, XLVI, *e*, CF

SUSPENSÃO DE DIREITOS POLÍTICOS: art. 15, CF

T

TABACO
- propaganda comercial; competência: art. 65, ADCT
- propaganda comercial; restrições legais: art. 220, § 4º, CF

TAXAS
- inexigibilidade: art. 5º, XXXIV, *a*, CF
- instituição: art. 145, II, e § 2º, CF; Súm. Vinc. 29, STF; Súms. 665 e 670, STF
- subsídio: art. 150, § 6º, CF

TECNOLOGIA: arts. 218 e 219, CF
- *vide* ORDEM SOCIAL

TELECOMUNICAÇÕES
- atribuição; competência do Congresso Nacional: art. 48, XII, CF
- exploração dos serviços: art. 21, XI e XII, *a*, CF
- legislação; competência privativa: art. 22, IV, CF
- serviços públicos; concessões mantidas: art. 66, ADCT

TELEVISÃO
- concessão; competência exclusiva do Congresso Nacional: art. 48, XII, CF
- partidos políticos; gratuidade: art. 17, § 3º, CF
- produção e programação: arts. 220, § 3º, II, e 221, CF

TEMPLOS DE QUALQUER CULTO: art. 150, VI, *b*, CF

TERRAS DEVOLUTAS
- bens da União e dos Estados federados: arts. 20, II, e 26, IV, CF; Súm. 477, STF
- destinação: art. 188, CF
- necessárias: art. 225, § 5º, CF

TERRAS INDÍGENAS
- bens da União: art. 20, XI, CF; Súm. 650, STF
- demarcação: art. 231, *caput*, CF; art. 67, ADCT
- exploração; autorização pelo Congresso Nacional: art. 49, XVI, CF
- inalienabilidade, indisponibilidade e imprescritibilidade: art. 231, § 4º, CF
- posse e usufruto: art. 231, §§ 2º e 6º, CF
- recursos hídricos; aproveitamento: art. 231, § 3º, CF
- remoção; grupos indígenas: art. 231, § 5º, CF

TERRAS PÚBLICAS
- alienação ou concessão: art. 188, §§ 1º e 2º, CF
- alienação ou concessão; aprovação pelo Congresso Nacional: art. 49, XVII, CF
- destinação: art. 188, CF
- doações, vendas e concessões: art. 51, ADCT

TERRENOS DE MARINHA
- bens da União: art. 20, VII, CF
- enfiteuse: art. 49, § 3º, ADCT

TERRENOS MARGINAIS: art. 20, III, CF

TERRITÓRIO NACIONAL
- liberdade de locomoção: art. 5º, XV, CF
- limites; atribuição ao Congresso Nacional: art. 48, V, CF
- trânsito ou permanência de forças estrangeiras: art. 49, II, CF

TERRITÓRIOS FEDERAIS: art. 33, CF
- Amapá; transformação em estado federado: art. 14, ADCT
- competência; Câmara Territorial: art. 33, § 3º, *in fine*, CF
- contas; apreciação pelo Congresso Nacional: art. 33, § 2º, CF
- criação; lei complementar: art. 18, § 2º, CF
- defensores públicos federais: art. 33, § 3º, CF
- deputados; número: art. 45, § 2º, CF
- divisão em municípios: art. 33, § 1º, CF
- eleições; Câmara Territorial: art. 33, § 3º, *in fine*, CF
- Fernando de Noronha; extinção: art. 15, ADCT
- Governador; escolha e nomeação: arts. 33, § 3º, 52, III, c, e 84, XIV, CF
- impostos: art. 147, CF
- incorporação; atribuição do Congresso Nacional: art. 48, VI, CF
- integram a União: art. 18, § 2º, CF
- litígio com Estado estrangeiro ou organismo internacional: art. 102, I, e, CF
- Ministério Público: art. 33, § 3º, CF
- organização administrativa e judiciária: arts. 33, *caput*, e 61, § 1º, II, *b*, CF
- organização administrativa; competência privativa: art. 22, XVII, CF
- órgãos judiciários: art. 33, § 3º, CF
- reintegração ao Estado de origem; lei complementar: art. 18, § 2º, CF
- Roraima: art. 14, ADCT
- sistema de ensino: art. 211, § 1º, CF
- transformação em Estado: art. 18, § 2º, CF

TERRORISMO
- crime inafiançável: art. 5º, XLIII, CF
- repúdio: art. 4º, VIII, CF

TESOURO NACIONAL: art. 164, CF

TÍTULOS
- crédito; impostos: art. 155, § 1º, II, CF
- dívida agrária; indenização; desapropriação para fins de reforma agrária: art. 184, CF
- dívida pública; emissão e resgate: art. 163, IV, CF
- dívida pública; indenização; desapropriação: art. 182, § 4º, III, CF
- domínio útil de concessão de uso: arts. 183, § 1º, e 189, CF
- emitidos pelo Tesouro Nacional: art. 164, § 2º, CF
- impostos; incidência: art. 155, I, e § 1º, II, CF
- legislação; competência privativa: art. 22, VI, CF

TOMBAMENTO: art. 216, § 5º, CF

TORTURA
- crime inafiançável: art. 5º, XLIII, CF
- proibição: art. 5º, III, CF

TRABALHADOR
- ação trabalhista; prescrição: art. 7º, XXIX, CF; Súm. 308, TST
- avulsos: art. 7º, XXXIV, CF
- baixa renda: art. 201, § 12, CF
- direitos sociais: art. 7º, CF
- domésticos: art. 7º, par. ún., CF
- participação nos colegiados de órgãos públicos: art. 10, CF
- sindicalizados: art. 8º, VIII, CF

TRABALHO
- avulso: art. 7º, XXXVI, CF
- direito social: art. 6º, CF
- duração: art. 7º, XIII, CF
- férias; remuneração: art. 7º, XVII, CF; Súm. 386, STJ; Súms. 171 e 328, TST
- forçado: art. 5º, XLVII, c, CF
- inspeção; competência da União: art. 21, XXIV, CF
- intelectual: art. 7º, XXXII, CF
- livre exercício: art. 5º, XIII, CF
- manual: art. 7º XXXII, CF
- noturno, perigoso ou insalubre: art. 7º, XXXIII, CF
- primado; objetivo da ordem social: art. 193, CF
- técnico; distinção proibitiva: art. 7º, XXXII, CF
- turnos ininterruptos de revezamento: art. 7º, XIV, CF; Súm. 675, STF; Súm. 360, TST
- valores sociais: art. 1º, IV, CF

TRÁFICO ILÍCITO DE ENTORPECENTES E DROGAS AFINS
- crime; extradição de brasileiro naturalizado: art. 5º, LI, CF
- crime inafiançável: art. 5º, XLIII, CF
- prevenção e repressão: art. 144, II, CF

TRÂNSITO
- forças estrangeiras no território nacional: art. 21, IV, CF
- legislação; competência privativa: art. 22, XI, CF
- segurança; competência: art. 23, XII, CF

TRANSMISSÃO *CAUSA MORTIS*: art. 155, I, CF

TRANSPORTE
- aéreo, aquático e terrestre: art. 178, CF
- aquaviário e ferroviário: art. 21, XII, *d*, CF
- coletivo: arts. 30, V , 227, § 2º, e 244, CF
- gás natural, petróleo e derivados; monopólio da União: art. 177, IV, CF
- gratuito aos maiores de 75 anos: art. 230, § 2º, CF
- internacional: art. 178, CF
- legislação; competência privativa: art. 22, IX e XI, CF
- rodoviário interestadual e internacional de passageiros: art. 21, XII, *e*, CF
- urbano: art. 21, XX, CF

TRATADOS INTERNACIONAIS
- celebração e referendo: arts. 49, I, e 84, VIII, CF
- direitos e garantias constitucionais: art. 5º, § 2º, CF
- equivalente às emendas constitucionais: art. 5º, § 3º, CF

TRATAMENTO DESUMANO OU DEGRADANTE: art. 5º, III, CF

TRIBUNAL DE ALÇADA: art. 4º da EC nº 45/2004

TRIBUNAL DE CONTAS DA UNIÃO
- aplicação; sanções: art. 71, VIII, CF
- auditor substituto de Ministro: art. 73, § 4º, CF
- cálculo de quotas; fundos de participação: art. 161, par. ún., CF
- competência: art. 71, CF
- competência privativa: art. 96, CF
- composição: art. 73, CF
- controle externo: arts. 70 e 71, CF
- débito ou multa; eficácia de título executivo: art. 71, § 3º, CF
- denúncias de irregularidades ou ilegalidades: art. 74, § 2º, CF
- infrações penais comuns e crimes de responsabilidade: art. 102, I, c, CF
- jurisdição: art. 73, CF
- membros; escolha de 2/3 pelo Congresso Nacional: art. 49, XIII, CF
- membros; *habeas corpus*, mandado de segurança, *habeas data* e mandado de injunção: art. 102, I, *d* e *q*, CF
- Ministros; escolha: arts. 52, III, *b*, e 73, § 2º, CF
- Ministros; nomeação: art. 84, XV, CF

- Ministros; número: art. 73, *caput*, CF
- Ministros; prerrogativas: art. 73, § 3º, CF
- Ministros; requisitos: art. 73, § 1º, CF
- parecer prévio: art. 33, § 2º, CF
- prestação de informações: art. 71, VII, CF
- relatório de suas atividades: art. 71, § 4º, CF
- representação: art. 71, XI, CF
- sede: art. 73, CF
- sustação de contrato: art. 71, §§ 1º e 2º, CF

TRIBUNAL DE CONTAS DOS ESTADOS E DO DISTRITO FEDERAL
- crimes comuns e de responsabilidade: art. 105, I, *a*, CF
- organização, composição e fiscalização: art. 75, CF; Súm. 653, STF

TRIBUNAL DE EXCEÇÃO: art. 5º, XXXVII, CF

TRIBUNAL ESTADUAL: arts. 125 e 126, CF; Súm. 721, STF
- competência anterior à CF: art. 70, ADCT
- competência privativa: art. 96, CF
- competência; definição: art. 125, § 1º, CF
- conflitos fundiários: art. 126, CF
- Justiça Militar estadual: art. 125, §§ 3º e 4º, CF; Súm. 673, STF; Súms. 53 e 90, STJ
- órgão do Poder Judiciário: art. 92, VII, CF
- quinto constitucional: art. 94, CF

TRIBUNAL INTERNACIONAL DOS DIREITOS HUMANOS: art. 7º, ADCT

TRIBUNAL MILITAR: arts. 122 a 124, CF

TRIBUNAL PENAL INTERNACIONAL: art. 5º, § 4º, CF

TRIBUNAL REGIONAL DO TRABALHO: arts. 111 a 117, CF
- competência privativa: art. 96, CF
- composição: art. 115, CF
- distribuição pelos Estados e no Distrito Federal: art. 112, CF
- órgãos da Justiça do Trabalho: art. 111, II, CF
- órgãos do Poder Judiciário: art. 92, IV, CF

TRIBUNAL REGIONAL ELEITORAL: arts. 118 a 121, CF
- competência privativa: art. 96, CF
- composição: art. 120, § 1º, CF
- distribuição pelos Estados e o Distrito Federal: art. 120, CF
- garantias de seus membros: art. 121, § 1º, CF
- órgãos da Justiça Eleitoral: art. 118, II, CF
- órgãos do Poder Judiciário: art. 92, V, CF
- prazos: art. 121, § 2º, CF
- recurso; cabimento: art. 121, § 4º, CF

TRIBUNAL REGIONAL FEDERAL: arts. 106 a 108, CF
- competência: art. 108, CF; Súms. 3 e 428, STJ
- competência privativa: art. 96, CF
- composição: art. 107, CF
- conflito de competência: art. 108, I, *e*, CF
- criação: art. 27, § 6º, ADCT
- órgão do Poder Judiciário: art. 92, III, CF
- órgãos da Justiça Federal: art. 106, I, CF
- quinto constitucional: arts. 94 e 107, I, CF

TRIBUNAIS SUPERIORES
- competência privativa: art. 96, CF
- conflito de competência: art. 102, I, *o*, CF
- *habeas corpus*, mandado de segurança, *habeas data* e mandado de injunção: art. 102, I, *d*, *i* e *q*, e II, *a*, CF; Súms. 691 e 692, STF
- infrações penais comuns e crimes de responsabilidade: art. 102, I, *c*, CF
- jurisdição: art. 92, § 2º, CF
- Ministros; nomeação: art. 84, XIV, CF
- sede: art. 92, § 1º, CF

TRIBUNAL SUPERIOR DO TRABALHO
- competência: art. 111, § 3º, CF
- competência privativa: art. 96, CF
- composição: art. 111, § 1º, CF
- iniciativa de leis: art. 61, *caput*, CF
- jurisdição: art. 92, § 2º, CF
- Ministro; nomeação: arts. 84, XIV, e 111, § 1º, CF
- Ministro; processo e julgamento: art. 102, I, *c*, *d* e *i*, CF

- órgão da Justiça do Trabalho: art. 111, I, CF
- órgão do Poder Judiciário: art. 92, IV, CF
- projetos de lei de iniciativa: art. 64, *caput*, CF
- quinto constitucional: art. 111, § 2º, CF
- sede: art. 92, § 1º, CF

TRIBUNAL SUPERIOR ELEITORAL
- competência privativa: art. 96, CF
- composição: art. 119, CF
- garantias de seus membros: art. 121, § 1º, CF
- iniciativa de leis: art. 61, *caput*, CF
- irrecorribilidade de suas decisões: art. 121, § 3º, CF
- jurisdição: art. 92, § 2º, CF
- Ministro; nomeação: arts. 84, XIV, e 119, CF
- Ministro; processo e julgamento: art. 102, I, *c*, *d* e *i*, CF
- órgão da Justiça Eleitoral: art. 118, I, CF
- órgão do Poder Judiciário: art. 92, V, CF
- pedido de registro de partido político: art. 6º, ADCT
- projetos de lei de iniciativa: art. 64, *caput*, CF
- sede: art. 92, § 1º, CF

TRIBUTAÇÃO E ORÇAMENTO: arts. 145 a 169, CF
- finanças públicas: arts. 163 a 169, CF
- impostos municipais: art. 156, CF
- impostos; Estados e Distrito Federal: art. 155, CF
- impostos; União: arts. 153 e 154, CF
- limitações ao poder de tributar: arts. 150 a 152, CF
- orçamentos: arts. 165 a 169, CF
- repartição das receitas tributárias: arts. 157 a 162, CF
- sistema tributário nacional: arts. 145 a 162, CF

TRIBUTOS
- efeito de confisco: art. 150, IV, CF
- cobrança vedada: art. 150, III, e § 1º, CF
- espécies que podem ser instituídas: art. 145, CF
- exigência ou aumento sem lei; vedação: art. 150, I, CF
- instituição de impostos; vedação: art. 150, VI, CF
- limitação do tráfego de pessoas ou bens: art. 150, V, CF
- limitações: art. 150, CF
- subsídio, isenção: art. 150, § 6º, CF

TURISMO: art. 180, CF

U

UNIÃO: arts. 20 a 24, CF
- AGU: arts. 131 e 132, CF
- aposentadorias e pensões: art. 249, CF
- autonomia: art. 18, CF
- bens: arts. 20 e 176, CF
- causas contra si: art. 109, § 2º, CF
- causas e conflitos com os Estados e DF: art. 102, I, *f*, CF
- causas em que for autora: art. 109, § 1º, CF
- competência: art. 21, CF
- competência comum: art. 23, CF
- competência concorrente: art. 24, CF
- competência privativa: art. 22, CF
- competência; emissão de moeda: art. 164, CF
- competência; instituição de contribuições sociais: art. 149, CF
- competência; proteção de terras indígenas: art. 231, CF
- despesa com pessoal: art. 38, ADCT
- disponibilidades de caixa: art. 164, § 3º, CF
- dívida consolidada: art. 52, VI, CF
- dívida mobiliária: art. 52, IX, CF
- empresas de pequeno porte: art. 179, CF
- empréstimos compulsórios: art. 148, CF
- encargos com pessoal inativo: art. 234, CF
- encargos de novos Estados federados: art. 234, CF
- ensino: arts. 211 e 212, CF
- fiscalização contábil: arts. 70 a 74, CF
- fundos, aposentadorias e pensões: art. 249, CF
- impostos estaduais e municipais dos Territórios: art. 147, CF
- impostos: arts. 153, 154 e 160, CF
- incentivos fiscais: art. 41, ADCT
- intervenção nos Estados e DF: art. 34, CF
- Juizados Especiais e Justiça de Paz: art. 98, CF
- limitações: art. 19, CF

- limitações ao poder de tributar: arts. 150 e 151, CF
- microempresas: art. 179, CF
- Ministério Público: art. 128, I, CF
- monopólio: art. 177, CF
- operações de crédito externo e interno: art. 52, VII, CF
- poderes; independência e harmonia: art. 2º, CF; Súm. 649, STF
- precatórios: art. 100, CF; Súm. 655, STF; Súm. 144, STJ
- princípios: art. 37, caput, CF; Súm. Vinc. 13, STF
- receitas tributárias: arts. 157 a 162, CF
- representação judicial e extrajudicial: art. 131, CF
- sistema tributário nacional: art. 34, § 3º, ADCT
- sistema único de saúde: art. 198, §§ 1º a 3º, CF
- tributos: arts. 145, 150 e 151, CF
- turismo: art. 180, CF

UNIVERSIDADES: art. 207, CF

USINAS NUCLEARES: art. 225, § 6º, CF

USUCAPIÃO
- imóveis públicos: arts. 183, § 3º, e 191, par. ún., CF
- imóvel rural: art. 191, CF
- imóvel urbano: art. 183, CF

V

VARAS DO TRABALHO: art. 116, CF

VEREADOR(ES)
- eleição: art. 29, I, CF
- idade mínima: art. 14, § 3º, VI, d, CF
- inviolabilidade: art. 29, VIII, CF
- mandato por força de atos institucionais: art. 8º, § 4º, ADCT
- mandatos: art. 29, I, CF; e art. 4º, § 4º, ADCT
- número proporcional à população do município: art. 29, IV, CF
- proibições e incompatibilidades: art. 29, IX, CF
- servidor público: art. 38, III, CF
- subsídios: art. 29, VI e VII, CF

VEREDICTOS: art. 5º, XXXVIII, c, CF

VERTICALIZAÇÃO: art. 17, § 1º, CF

VETO
- características: art. 66, §§ 1º a 5º, CF
- competência: art. 84, V, CF
- deliberação pelo Congresso Nacional: art. 57, § 3º, IV, CF

VICE-GOVERNADOR DE ESTADO
- eleição: art. 28, caput, CF

- idade mínima: art. 14, § 3º, VI, b, CF
- mandatos: art. 4º, § 3º, ADCT
- posse: art. 28, caput, CF

VICE-GOVERNADOR DO DISTRITO FEDERAL: art. 32, § 2º, CF

VICE-PREFEITO
- eleição: art. 29, I e II, CF
- idade mínima: art. 14, § 3º, VI, c, CF
- inelegibilidade de cônjuge e parentes até o segundo grau: art. 14, § 7º, CF; Súm. Vinc. 18, STF
- mandatos: art. 4º, § 4º, ADCT
- posse: art. 29, III, CF
- reeleição: art. 14, § 5º, CF
- subsídios: art. 29, V, CF

VICE-PRESIDENTE DA REPÚBLICA
- atribuições: art. 79, par. ún., CF
- ausência do País superior a 15 dias: arts. 49, III, e 83, CF
- cargo privativo de brasileiro nato: art. 12, § 3º, I, CF
- crimes de responsabilidade: art. 52, I, e par. ún., CF
- eleição: art. 77, caput, e § 1º, CF
- idade mínima: art. 14, § 3º, VI, a, CF
- impedimento: art. 80, CF
- inelegibilidade de cônjuge e parentes até o segundo grau: art. 14, § 7º, CF; Súm. Vinc. 18, STF
- infrações penais comuns: art. 102, I, b, CF
- missões especiais: art. 79, par. ún., CF
- posse: art. 78, CF
- processos: art. 51, I, CF
- subsídios: art. 49, VIII, CF
- substituição ou sucessão do Presidente: art. 79, CF
- vacância do cargo: arts. 78, par. ún., 80 e 81, CF

VIDA
- direito: art. 5º, caput, CF
- privada: art. 5º, X, CF

VIGILÂNCIA SANITÁRIA E EPIDEMIOLÓGICA: art. 200, II, CF

VOTO
- direto, secreto, universal e periódico: art. 60, § 4º, II, CF
- facultativo: art. 14, § 1º, II, CF
- obrigatório: art. 14, § 1º, I, CF

Z

ZONA COSTEIRA: art. 225, § 4º, CF

ZONA FRANCA DE MANAUS: art. 40, ADCT

Lei de Introdução às normas do Direito Brasileiro

Lei de Introdução
às normas do
Direito Brasileiro

LEI DE INTRODUÇÃO ÀS NORMAS DO DIREITO BRASILEIRO
DECRETO-LEI Nº 4.657, DE 4 DE SETEMBRO DE 1942

Lei de Introdução às normas do Direito Brasileiro.

▶ Antiga Lei de Introdução ao Código Civil (LICC), cuja ementa foi alterada pela Lei nº 12.376, de 30-12-2010.
▶ Publicado no *DOU* de 9-9-1942, retificado no *DOU* de 8-10-1942 e no *DOU* de 17-6-1943.

O Presidente da República, usando da atribuição que lhe confere o artigo 180 da Constituição, decreta:

Art. 1º Salvo disposição contrária, a lei começa a vigorar em todo o País quarenta e cinco dias depois de oficialmente publicada.

▶ Art. 8º da LC nº 95, de 26-2-1998, que dispõe sobre a elaboração, a redação, a alteração e a consolidação das leis.

§ 1º Nos Estados estrangeiros, a obrigatoriedade da lei brasileira, quando admitida, se inicia três meses depois de oficialmente publicada.

§ 2º *Revogado.* Lei nº 12.036, de 1º-10-2009.

§ 3º Se, antes de entrar a lei em vigor, ocorrer nova publicação de seu texto, destinada a correção, o prazo deste artigo e dos parágrafos anteriores começará a correr da nova publicação.

§ 4º As correções a texto de lei já em vigor consideram-se lei nova.

Art. 2º Não se destinando à vigência temporária, a lei terá vigor até que outra a modifique ou revogue.

§ 1º A lei posterior revoga a anterior quando expressamente o declare, quando seja com ela incompatível ou quando regule inteiramente a matéria de que tratava a lei anterior.

§ 2º A lei nova, que estabeleça disposições gerais ou especiais a par das já existentes, não revoga nem modifica a lei anterior.

§ 3º Salvo disposição em contrário, a lei revogada não se restaura por ter a lei revogadora perdido a vigência.

Art. 3º Ninguém se escusa de cumprir a lei, alegando que não a conhece.

Art. 4º Quando a lei for omissa, o juiz decidirá o caso de acordo com a analogia, os costumes e os princípios gerais de direito.

▶ Arts. 126, 127 e 335 do CPC.

Art. 5º Na aplicação da lei, o juiz atenderá aos fins sociais a que ela se dirige e às exigências do bem comum.

Art. 6º A Lei em vigor terá efeito imediato e geral, respeitados o ato jurídico perfeito, o direito adquirido e a coisa julgada.

▶ Art. 5º, XXXVI, da CF.
▶ Súm. Vinc. nº 1 do STF.

§ 1º Reputa-se ato jurídico perfeito o já consumado segundo a lei vigente ao tempo em que se efetuou.

§ 2º Consideram-se adquiridos assim os direitos que o seu titular, ou alguém por ele, possa exercer, como aqueles cujo começo do exercício tenha termo prefixo, ou condição preestabelecida inalterável, a arbítrio de outrem.

▶ Arts. 131 e 135 do CC.

§ 3º Chama-se coisa julgada ou caso julgado a decisão judicial de que já não caiba recurso.

▶ Art. 6º com a redação dada pela Lei nº 3.238, de 1º-8-1957.
▶ Art. 467 do CPC.

Art. 7º A lei do país em que for domiciliada a pessoa determina as regras sobre o começo e o fim da personalidade, o nome, a capacidade e os direitos de família.

▶ Arts. 2º, 6º e 8º do CC.
▶ Arts. 31, 42 e segs. da Lei nº 6.815, de 19-8-1980 (Estatuto do Estrangeiro).
▶ Dec. nº 66.605, de 20-5-1970, promulgou a Convenção sobre Consentimento para Casamento.

§ 1º Realizando-se o casamento no Brasil, será aplicada a lei brasileira quanto aos impedimentos dirimentes e às formalidades da celebração.

▶ Art. 1.511 e segs. do CC.

§ 2º O casamento de estrangeiros poderá celebrar-se perante autoridades diplomáticas ou consulares do país de ambos os nubentes.

▶ § 2º com a redação dada pela Lei nº 3.238, de 1º-8-1957.

§ 3º Tendo os nubentes domicílio diverso, regerá os casos de invalidade do matrimônio a lei do primeiro domicílio conjugal.

§ 4º O regime de bens, legal ou convencional, obedece à lei do país em que tiverem os nubentes domicílio, e, se este for diverso, à do primeiro domicílio conjugal.

▶ Arts. 1.658 a 1.666 do CC.

§ 5º O estrangeiro casado, que se naturalizar brasileiro, pode, mediante expressa anuência de seu cônjuge, requerer ao juiz, no ato de entrega do decreto de naturalização, se apostile ao mesmo a adoção do regime de comunhão parcial de bens, respeitados os direitos de terceiros e dada esta adoção ao competente registro.

▶ § 5º com a redação dada pela Lei nº 6.515, de 26-12-1977 (Lei do Divórcio).
▶ Arts. 1.658 a 1.666 do CC.

§ 6º O divórcio realizado no estrangeiro, se um ou ambos os cônjuges forem brasileiros, só será reconhecido no Brasil depois de 1 (um) ano da data da sentença, salvo se houver sido antecedida de separação judicial por igual prazo, caso em que a homologação produzirá efeito imediato, obedecidas as condições estabelecidas para a eficácia das sentenças estrangeiras no país. O Superior Tribunal de Justiça, na forma de seu regimento interno, poderá reexaminar, a requerimento do interessado, decisões já proferidas em pedidos de homologação de sentenças estrangeiras de divórcio de brasileiros, a fim de que passem a produzir todos os efeitos legais.

▶ § 6º com a redação dada pela Lei nº 12.036, de 1º-10-2009.
▶ Art. 226, § 6º, da CF.

§ 7º Salvo o caso de abandono, o domicílio do chefe da família estende-se ao outro cônjuge e aos filhos não emancipados, e o do tutor ou curador aos incapazes sob sua guarda.

§ 8º Quando a pessoa não tiver domicílio, considerar-se-á domiciliada no lugar de sua residência ou naquele em que se encontre.

Art. 8º Para qualificar os bens e regular as relações a eles concernentes, aplicar-se-á a lei do país em que estiverem situados.

§ 1º Aplicar-se-á a lei do país em que for domiciliado o proprietário, quanto aos bens móveis que ele trouxer ou se destinarem a transporte para outros lugares.

§ 2º O penhor regula-se pela lei do domicílio que tiver a pessoa, em cuja posse se encontre a coisa apenhada.

Art. 9º Para qualificar e reger as obrigações, aplicar-se-á a lei do país em que se constituírem.

§ 1º Destinando-se a obrigação a ser executada no Brasil e dependendo de forma essencial, será esta observada, admitidas as peculiaridades da lei estrangeira quanto aos requisitos extrínsecos do ato.

§ 2º A obrigação resultante do contrato reputa-se constituída no lugar em que residir o proponente.

Art. 10. A sucessão por morte ou por ausência obedece à lei do país em que era domiciliado o defunto ou o desaparecido, qualquer que seja a natureza e a situação dos bens.

▶ Arts. 26 a 39, 1.784 e segs. do CC.

§ 1º A sucessão de bens de estrangeiros, situados no País, será regulada pela lei brasileira em benefício do cônjuge ou dos filhos brasileiros, ou de quem os represente, sempre que não lhes seja mais favorável a lei pessoal do *de cujus*.

▶ § 1º com a redação dada pela Lei nº 9.047, de 18-5-1995.
▶ Art. 5º, XXXI, da CF.

§ 2º A lei do domicílio do herdeiro ou legatário regula a capacidade para suceder.

▶ Arts. 1.798 a 1.803 do CC.

Art. 11. As organizações destinadas a fins de interesse coletivo, como as sociedades e as fundações, obedecem à lei do Estado em que se constituírem.

▶ Arts. 40 a 69, 981 e segs. do CC.

§ 1º Não poderão, entretanto, ter no Brasil filiais, agências ou estabelecimentos antes de serem os atos constitutivos aprovados pelo Governo brasileiro, ficando sujeitas à lei brasileira.

§ 2º Os Governos estrangeiros, bem como as organizações de qualquer natureza, que eles tenham constituído, dirijam ou hajam investido de funções públicas, não poderão adquirir no Brasil bens imóveis ou suscetíveis de desapropriação.

§ 3º Os Governos estrangeiros podem adquirir a propriedade dos prédios necessários à sede dos representantes diplomáticos ou dos agentes consulares.

Art. 12. É competente a autoridade judiciária brasileira, quando for o réu domiciliado no Brasil ou aqui tiver de ser cumprida a obrigação.

▶ Arts. 88 a 90 do CPC.

§ 1º Só à autoridade judiciária brasileira compete conhecer das ações relativas a imóveis situados no Brasil.

§ 2º A autoridade judiciária brasileira cumprirá, concedido o *exequatur* e segundo a forma estabelecida pela lei brasileira, as diligências deprecadas por autoridade estrangeira competente, observando a lei desta, quanto ao objeto das diligências.

▶ A concessão de *exequatur* às cartas rogatórias passou a ser da competência do STJ, conforme art. 105, I, *i*, da CF, com a redação dada pela EC nº 45, de 8-12-2004.

Art. 13. A prova dos fatos ocorridos em país estrangeiro rege-se pela lei que nele vigorar, quanto ao ônus e aos meios de produzir-se, não admitindo os tribunais brasileiros provas que a lei brasileira desconheça.

▶ Arts. 333 e 334 do CPC.

Art. 14. Não conhecendo a lei estrangeira, poderá o juiz exigir de quem a invoca prova do texto e da vigência.

Art. 15. Será executada no Brasil a sentença proferida no estrangeiro, que reúna os seguintes requisitos:

a) haver sido proferida por juiz competente;
b) terem sido as partes citadas ou haver-se legalmente verificado à revelia;
c) ter passado em julgado e estar revestida das formalidades necessárias para a execução no lugar em que foi proferida;
d) estar traduzida por intérprete autorizado;
e) ter sido homologada pelo Supremo Tribunal Federal.

▶ A concessão de *exequatur* às cartas rogatórias passou a ser da competência do STJ, conforme art. 105, I, *i*, da CF, com a redação dada pela EC nº 45, de 8-12-2004.

Parágrafo único. *Revogado*. Lei nº 12.036, de 1º-10-2009.

Art. 16. Quando, nos termos dos artigos precedentes, se houver de aplicar a lei estrangeira, ter-se-á em vista a disposição desta, sem considerar-se qualquer remissão por ela feita a outra lei.

Art. 17. As leis, atos e sentenças de outro país, bem como quaisquer declarações de vontade, não terão eficácia no Brasil, quando ofenderem a soberania nacional, a ordem pública e os bons costumes.

Art. 18. Tratando-se de brasileiros, são competentes as autoridades consulares brasileiras para lhes celebrar o casamento e os mais atos de registro civil e de tabelionato, inclusive o registro de nascimento e de óbito dos filhos de brasileiro ou brasileira nascidos no país da sede do consulado.

▶ Artigo com a redação dada pela Lei nº 3.238, de 1º-8-1957.

Art. 19. Reputam-se válidos todos os atos indicados no artigo anterior e celebrados pelos cônsules brasileiros na vigência do Decreto-Lei nº 4.657, de 4 de setembro de 1942, desde que satisfaçam todos os requisitos legais.

Parágrafo único. No caso em que a celebração desses atos tiver sido recusada pelas autoridades consulares, com fundamento no artigo 18 do mesmo Decreto-Lei, ao interessado é facultado renovar o pedido dentro de noventa dias contados da data da publicação desta Lei.

▶ Art. 19 acrescido pela Lei nº 3.238, de 1º-8-1957.

Rio de Janeiro, 4 de setembro de 1942;
121º da Independência e
54º da República.

Getúlio Vargas

Legislação Administrativa

DECRETO Nº 20.910, DE 6 DE JANEIRO DE 1932

Regula a prescrição quinquenal.

▶ Publicado no *DOU* de 8-1-1932.
▶ Lei nº 9.873, de 23-11-1999, estabelece prazo de prescrição para o exercício de ação punitiva pela Administração Pública, direta e indireta.
▶ Dec.-lei nº 4.597, de 19-8-1942, dispõe sobre a prescrição das ações contra a Fazenda Pública.

Art. 1º As dívidas passivas da União, dos Estados e dos Municípios, bem assim todo e qualquer direito ou ação contra a Fazenda federal, estadual ou municipal, seja qual for a sua natureza, prescrevem em cinco anos contados da data do ato ou fato do qual se originarem.

▶ Art. 37, § 5º, da CF.
▶ Arts. 168 e 169 do CTN.
▶ Súmulas nºs 107, 108 e 163 do TFR.
▶ Súmulas nºs 39, 85 e 467 do STJ.

Art. 2º Prescrevem igualmente no mesmo prazo todo o direito e as prestações correspondentes a pensões vencidas ou por vencerem, ao meio soldo e ao montepio civil e militar ou a quaisquer restituições ou diferenças.

Art. 3º Quando o pagamento se dividir por dias, meses ou anos, a prescrição atingirá progressivamente as prestações à medida que completarem os prazos estabelecidos pelo presente decreto.

▶ Súm. nº 443 do STF.
▶ Súm. nº 163 do TFR.
▶ Súm. nº 88 do STJ.

Art. 4º Não corre a prescrição durante a demora que, no estudo, no reconhecimento ou no pagamento da dívida, considerada líquida, tiverem as repartições ou funcionários encarregados de estudar e apurá-la.

Parágrafo único. A suspensão da prescrição, neste caso, verificar-se-á pela entrada do requerimento do titular do direito ou do credor nos livros ou protocolos das repartições públicas, com designação do dia, mês e ano.

Art. 5º *Revogado*. Lei nº 2.211, de 31-5-1954.

Art. 6º O direito à reclamação administrativa, que não tiver prazo fixado em disposição de lei para ser formulada, prescreve em um ano a contar da data do ato ou fato do qual a mesma se originar.

Art. 7º A citação inicial não interrompe a prescrição quando, por qualquer motivo, o processo tenha sido anulado.

▶ Art. 219 do CPC.

Art. 8º A prescrição somente poderá ser interrompida uma vez.

▶ Art. 3º do Dec.-lei nº 4.597, de 19-8-1942, que dispõe sobre a prescrição das ações contra a Fazenda Pública.

Art. 9º A prescrição interrompida recomeça a correr, pela metade do prazo, da data do ato que a interrompeu ou do último ato ou termo do respectivo processo.

▶ Art. 3º do Dec.-lei nº 4.597, de 19-8-1942, que dispõe sobre a prescrição das ações contra a Fazenda Pública.
▶ Súm. nº 383 do STF.

Art. 10. O disposto nos artigos anteriores não altera as prescrições de menor prazo, constantes das leis e regulamentos, as quais ficam subordinadas às mesmas regras.

Art. 11. Revogam-se as disposições em contrário.

Rio de Janeiro, 6 de janeiro de 1932;
111º da Independência e
44º da República.

Getúlio Vargas

DECRETO-LEI Nº 25, DE 30 DE NOVEMBRO DE 1937

Organiza a proteção do patrimônio histórico e artístico nacional.

▶ Publicado no *DOU* de 6-12-1937.
▶ Lei nº 3.924, de 26-7-1961 (Lei dos Monumentos Arqueológicos e Pré-Históricos).
▶ Lei nº 6.513, de 20-12-1977, dispõe sobre a criação de áreas especiais e de locais de interesse turísticos e sobre o inventário com finalidades turísticas dos bens de valor cultural e natural.
▶ Dec.-lei nº 3.866, de 29-11-1941, dispõe sobre o tombamento de bens no serviço do patrimônio histórico e artístico nacional.

CAPÍTULO I

DO PATRIMÔNIO HISTÓRICO E ARTÍSTICO NACIONAL

Art. 1º Constitui o patrimônio histórico e artístico nacional o conjunto dos bens móveis e imóveis existentes no país e cuja conservação seja de interesse público, quer por sua vinculação a fatos memoráveis da história do Brasil, quer por seu excepcional valor arqueológico ou etnográfico, bibliográfico ou artístico.

§ 1º Os bens a que se refere o presente artigo só serão considerados parte integrante do patrimônio histórico e artístico brasileiro, depois de inscritos separada ou agrupadamente num dos quatro Livros do Tombo, de que trata o art. 4º desta lei.

§ 2º Equiparam-se aos bens a que se refere o presente artigo e são também sujeitos a tombamento os monumentos naturais, bem como os sítios e paisagens que importe conservar e proteger pela feição notável com que tenham sido dotados pela natureza ou agenciados pelo indústria humana.

Art. 2º A presente lei se aplica às coisas pertencentes às pessoas naturais, bem como às pessoas jurídicas de direito privado e de direito público interno.

Art. 3º Excluem-se do patrimônio histórico e artístico nacional as obras de origem estrangeira:

1) que pertençam às repartições diplomáticas ou consulares acreditadas no país;
2) que adornem quaisquer veículos pertencentes a empresas estrangeiras, que façam carreira no país;
3) que se incluam entre os bens referidos no art. 10 da Introdução do Código Civil, e que continuam sujeitas à lei pessoal do proprietário;
4) que pertençam a casas de comércio de objetos históricos ou artísticos;

5) que sejam trazidas para exposições comemorativas, educativas ou comerciais;
6) que sejam importadas por empresas estrangeiras expressamente para adorno dos respectivos estabelecimentos.

Parágrafo único. As obras mencionadas nas alíneas 4 e 5 terão guia de licença para livre trânsito, fornecida pelo Serviço ao Patrimônio Histórico e Artístico Nacional.

Capítulo II
DO TOMBAMENTO

Art. 4º O Serviço do Patrimônio Histórico e Artístico Nacional possuirá quatro Livros do Tombo, nos quais serão inscritas as obras a que se refere o art. 1º desta lei, a saber:

1) no Livro do Tombo Arqueológico, Etnográfico e Paisagístico, as coisas pertencentes às categorias de arte arqueológica, etnográfica, ameríndia e popular, e bem assim as mencionadas no § 2º do citado art. 1º;
2) no Livro do Tombo Histórico, as coisas de interesse histórico e as obras de arte histórica;
3) no Livro do Tombo das Belas Artes, as coisas de arte erudita, nacional ou estrangeira;
4) no Livro do Tombo das Artes Aplicadas, as obras que se incluírem na categoria das artes aplicadas, nacionais ou estrangeiras.

§ 1º Cada um dos Livros do Tombo poderá ter vários volumes.

§ 2º Os bens, que se incluem nas categorias enumeradas nas alíneas 1ª, 2ª, 3ª e 4ª do presente artigo, serão definidos e especificados no regulamento que for expedido para execução da presente lei.

Art. 5º O tombamento dos bens pertencentes à União, aos Estados e aos Municípios se fará de ofício, por ordem do diretor do Serviço do Patrimônio Histórico e Artístico Nacional, mas deverá ser notificado à entidade a quem pertencer, ou sob cuja guarda estiver a coisa tombada, a fim de produzir os necessários efeitos.

Art. 6º O tombamento de coisa pertencente à pessoa natural ou à pessoa jurídica de direito privado se fará voluntária ou compulsoriamente.

Art. 7º Proceder-se-á ao tombamento voluntário sempre que o proprietário o pedir e a coisa se revestir dos requisitos necessários para constituir parte integrante do patrimônio histórico e artístico nacional, a juízo do Conselho Consultivo do Serviço do Patrimônio Histórico e Artístico Nacional, ou sempre que o mesmo proprietário anuir, por escrito, à notificação, que se lhe fizer, para a inscrição da coisa em qualquer dos Livros do Tombo.

Art. 8º Proceder-se-á ao tombamento compulsório quando o proprietário se recusar a anuir à inscrição da coisa.

Art. 9º O tombamento compulsório se fará de acordo com o seguinte processo:

1) o Serviço do Patrimônio Histórico e Artístico Nacional, por seu órgão competente, notificará o proprietário para anuir ao tombamento, dentro do prazo de quinze dias, a contar do recebimento da notificação, ou para, se o quiser impugnar, oferecer dentro do mesmo prazo as razões de sua impugnação;
2) no caso de não haver impugnação dentro do prazo assinado, que é fatal, o diretor do Serviço do Patrimônio Histórico e Artístico Nacional mandará por simples despacho que se proceda à inscrição da coisa no competente Livro do Tombo;
3) se a impugnação foi oferecida dentro do prazo assinado, far-se-á vista da mesma, dentro de outros quinze dias fatais, ao órgão de que houver emanado a iniciativa do tombamento, a fim de sustentá-la. Em seguida, independentemente de custas, será o processo remetido ao Conselho Consultivo do Serviço do Patrimônio Histórico e Artístico Nacional, que proferirá decisão a respeito, dentro do prazo de sessenta dias, a contar do seu recebimento. Dessa decisão não caberá recurso.

Art. 10. O tombamento dos bens, a que se refere o art. 6º desta lei, será considerado provisório ou definitivo, conforme esteja o respectivo processo iniciado pela notificação ou concluído pela inscrição dos referidos bens no competente Livro do Tombo.

Parágrafo único. Para todos os efeitos, salvo a disposição do art. 13 desta lei, o tombamento provisório se equiparará ao definitivo.

Capítulo III
DOS EFEITOS DO TOMBAMENTO

Art. 11. As coisas tombadas, que pertençam à União, aos Estados ou aos Municípios, inalienáveis por natureza, só poderão ser transferidas de uma à outra das referidas entidades.

Parágrafo único. Feita a transferência, dela deve o adquirente dar imediato conhecimento ao Serviço do Patrimônio Histórico e Artístico Nacional.

Art. 12. A alienabilidade das obras históricas ou artísticas tombadas, de propriedade de pessoas naturais ou jurídicas de direito privado sofrerá as restrições constantes da presente lei.

Art. 13. O tombamento definitivo dos bens de propriedade particular será, por iniciativa do órgão competente do Serviço do Patrimônio Histórico e Artístico Nacional, transcrito para os devidos efeitos em livro a cargo dos oficiais do registro de imóveis e averbado ao lado da transcrição do domínio.

§ 1º No caso de transferência da propriedade dos bens de que trata este artigo, deverá o adquirente, dentro do prazo de trinta dias, sob pena de multa de dez por cento sobre o respectivo valor, fazê-la constar do registro, ainda que se trate de transmissão judicial ou *causa mortis*.

§ 2º Na hipótese de deslocação da tais bens, deverá o proprietário, dentro do mesmo prazo e sob pena da mesma multa, inscrevê-los no registro do lugar para que tiverem sido deslocados.

§ 3º A transferência deve ser comunicada pelo adquirente, e a deslocação pelo proprietário, ao Serviço do Patrimônio Histórico e Artístico Nacional, dentro do mesmo prazo e sob a mesma pena.

Art. 14. A. coisa tombada não poderá sair do país, senão por curto prazo, sem transferência de domínio e para fim de intercâmbio cultural, a juízo do Conselho Consultivo do Serviço do Patrimônio Histórico e Artístico Nacional.

Art. 15. Tentada, a não ser no caso previsto no artigo anterior, a exportação, para fora do país, da coisa tombada, será esta sequestrada pela União ou pelo Estado em que se encontrar.

§ 1º Apurada a responsabilidade do proprietário, ser-lhe-á imposta a multa de cinquenta por cento do valor da coisa, que permanecerá sequestrada em garantia do pagamento, e até que este se faça.

§ 2º No caso de reincidência, a multa será elevada ao dobro.

§ 3º A pessoa que tentar a exportação de coisa tombada, além de incidir na multa a que se referem os parágrafos anteriores, incorrerá, nas penas cominadas no Código Penal para o crime de contrabando.

Art. 16. No caso de extravio ou furto de qualquer objeto tombado, o respectivo proprietário deverá dar conhecimento do fato ao Serviço do Patrimônio Histórico e Artístico Nacional, dentro do prazo de cinco dias, sob pena de multa de dez por cento sobre o valor da coisa.

Art. 17. As coisas tombadas não poderão, em caso nenhum ser destruídas, demolidas ou mutiladas, nem, sem prévia autorização especial do Serviço do Patrimônio Histórico e Artístico Nacional, ser reparadas, pintadas ou restauradas, sob pena de multa de cinquenta por cento do dano causado.

Parágrafo único. Tratando-se de bens pertencentes à União, aos Estados ou aos Municípios, a autoridade responsável pela infração do presente artigo incorrerá pessoalmente na multa.

Art. 18. Sem prévia autorização do Serviço do Patrimônio Histórico e Artístico Nacional, não se poderá, na vizinhança da coisa tombada, fazer construção que lhe impeça ou reduza a visibilidade, nem nela colocar anúncios ou cartazes, sob pena de ser mandada destruir a obra ou retirar o objeto, impondo-se neste caso a multa de cinquenta por cento do valor do mesmo objeto.

Art. 19. O proprietário de coisa tombada, que não dispuser de recursos para proceder às obras de conservação e reparação que a mesma requerer, levará ao conhecimento do Serviço do Patrimônio Histórico e Artístico Nacional a necessidade das mencionadas obras, sob pena de multa correspondente ao dobro da importância em que for avaliado o dano sofrido pela mesma coisa.

§ 1º Recebida a comunicação, e consideradas necessárias as obras, o diretor do Serviço do Patrimônio Histórico e Artístico Nacional mandará executá-las, a expensas da União, devendo as mesmas ser iniciadas dentro do prazo de seis meses, ou providenciará para que seja feita a desapropriação da coisa.

§ 2º À falta de qualquer das providências previstas no parágrafo anterior, poderá o proprietário requerer que seja cancelado o tombamento da coisa.

§ 3º Uma vez que verifique haver urgência na realização de obras e conservação ou reparação em qualquer coisa tombada, poderá o Serviço do Patrimônio Histórico e Artístico Nacional tomar a iniciativa de projetá-las e executá-las, a expensas da União, independentemente da comunicação a que alude este artigo, por parte do proprietário.

Art. 20. As coisas tombadas ficam sujeitas à vigilância permanente do Serviço do Patrimônio Histórico e Artístico Nacional, que poderá inspecioná-los sempre que for julgado conveniente, não podendo os respectivos proprietários ou responsáveis criar obstáculos à inspeção, sob pena de multa de cem mil réis, elevada ao dobro em caso de reincidência.

Art. 21. Os atentados cometidos contra os bens de que trata o art. 1º desta lei são equiparados aos cometidos contra o patrimônio nacional.

Capítulo IV

DO DIREITO DE PREFERÊNCIA

Art. 22. Em face da alienação onerosa de bens tombados, pertencentes a pessoas naturais ou a pessoas jurídicas de direito privado, a União, os Estados e os Municípios terão, nesta ordem, o direito de preferência.

§ 1º Tal alienação não será permitida, sem que previamente sejam os bens oferecidos, pelo mesmo preço, à União, bem como ao Estado e ao Município em que se encontrarem. O proprietário deverá notificar os titulares do direito de preferência a usá-lo, dentro de trinta dias, sob pena de perdê-lo.

§ 2º É nula alienação realizada com violação do disposto no parágrafo anterior, ficando qualquer dos titulares do direito de preferência habilitado a sequestrar a coisa e a impor a multa de vinte por cento do seu valor ao transmitente e ao adquirente, que serão por ela solidariamente responsáveis. A nulidade será pronunciada, na forma da lei, pelo juiz que conceder o sequestro, o qual só será levantado depois de paga a multa e se qualquer dos titulares do direito de preferência não tiver adquirido a coisa no prazo de trinta dias.

§ 3º O direito de preferência não inibe o proprietário de gravar livremente a coisa tombada, de penhor, anticrese ou hipoteca.

§ 4º Nenhuma venda judicial de bens tombados se poderá realizar sem que, previamente, os titulares do direito de preferência sejam disso notificados judicialmente, não podendo os editais de praça ser expedidos, sob pena de nulidade, antes de feita a notificação.

§ 5º Aos titulares do direito de preferência assistirá o direito de remissão, se dela não lançarem mão, até a assinatura do auto de arrematação ou até a sentença de adjudicação, as pessoas que, na forma da lei, tiverem a faculdade de remir.

§ 6º O direito de remissão por parte da União, bem como do Estado e do Município em que os bens se encontrarem, poderá ser exercido, dentro de cinco dias a partir da assinatura do auto de arrematação ou da sentença de adjudicação, não se podendo extrair a carta, enquanto não se esgotar este prazo, salvo se o arrematante ou o adjudicante for qualquer dos titulares do direito de preferência.

Capítulo V

DISPOSIÇÕES GERAIS

Art. 23. O Poder Executivo providenciará a realização de acordos entre a União e os Estados, para melhor coordenação e desenvolvimento das atividades relativas à proteção do patrimônio histórico e artístico nacional e para a uniformização da legislação estadual complementar sobre o mesmo assunto.

Art. 24. A União manterá, para a conservação e a exposição de obras históricas de sua propriedade, além do Museu Histórico Nacional e do Museu Nacional de Belas Artes, tantos outros museus nacionais quantos se tornarem necessários, devendo outrossim providenciar no sentido de favorecer a instituição de museus estaduais e municipais, com finalidades similares.

Art. 25. O Serviço do Patrimônio Histórico e Artístico Nacional procurará entendimentos com as autoridades eclesiásticas, instituições científicas, históricas ou artísticas e pessoas naturais e jurídicas, com o objetivo de obter a cooperação das mesmas em benefício do patrimônio histórico e artístico nacional.

Art. 26. Os negociantes de antiguidades, de obras de arte de qualquer natureza, de manuscritos e livros antigos ou raros são obrigados a um registro especial no Serviço do Patrimônio Histórico e Artístico Nacional, cumprindo-lhes outrossim apresentar semestralmente ao mesmo relações completas das coisas históricas e artísticas que possuírem.

Art. 27. Sempre que os agentes de leilões tiverem de vender objetos de natureza idêntica à dos mencionados no artigo anterior, deverão apresentar a respectiva relação ao órgão competente do Serviço do Patrimônio Histórico e Artístico Nacional, sob pena de incidirem na multa de cinquenta por cento sobre o valor dos objetos vendidos.

Art. 28. Nenhum objeto de natureza idêntica à dos referidos no art. 26 desta lei poderá ser posto à venda pelos comerciantes ou agentes de leilões, sem que tenha sido previamente autenticado pelo Serviço do Patrimônio Histórico e Artístico Nacional, ou por perito em que o mesmo se louvar, sob pena de multa de cinquenta por cento sobre o valor atribuído ao objeto.

Parágrafo único. A autenticação do mencionado objeto será feita mediante o pagamento de uma taxa de peritagem de cinco por cento sobre o valor da coisa, se este for inferior ou equivalente a um conto de réis, e de mais cinco mil réis por conto de réis ou fração, que exceder.

Art. 29. O titular do direito de preferência goza de privilégio especial sobre o valor produzido em praça por bens tombados, quanto ao pagamento de multas impostas em virtude de infrações da presente lei.

Parágrafo único. Só terão prioridade sobre o privilégio a que se refere este artigo os créditos inscritos no registro competente, antes do tombamento da coisa pelo Serviço do Patrimônio Histórico e Artístico Nacional.

Art. 30. Revogam-se as disposições em contrário.

Rio de Janeiro, 30 de novembro de 1937;
116º da Independência e
49º da República.

Getúlio Vargas

**DECRETO-LEI Nº 2.848,
DE 7 DE DEZEMBRO DE 1940**

Código Penal.

(EXCERTOS)

▶ Publicado no *DOU* de 31-12-1940 e retificado no *DOU* de 3-1-1941.

PARTE ESPECIAL

TÍTULO X – DOS CRIMES CONTRA A FÉ PÚBLICA

CAPÍTULO V

DAS FRAUDES EM CERTAMES DE INTERESSE PÚBLICO

▶ Capítulo V acrescido pela Lei nº 12.550, de 15-12-2011.

Fraudes em certames de interesse público

Art. 311-A. Utilizar ou divulgar, indevidamente, com o fim de beneficiar a si ou a outrem, ou de comprometer a credibilidade do certame, conteúdo sigiloso de:

I – concurso público;
II – avaliação ou exame públicos;
III – processo seletivo para ingresso no ensino superior; ou
IV – exame ou processo seletivo previstos em lei:

Pena – reclusão, de 1 (um) a 4 (quatro) anos, e multa.

§ 1º Nas mesmas penas incorre quem permite ou facilita, por qualquer meio, o acesso de pessoas não autorizadas às informações mencionadas no caput.

§ 2º Se da ação ou omissão resulta dano à administração pública:

Pena – reclusão, de 2 (dois) a 6 (seis) anos, e multa.

§ 3º Aumenta-se a pena de 1/3 (um terço) se o fato é cometido por funcionário público.

▶ Art. 311-A acrescido pela Lei nº 12.550, de 15-12-2011.

TÍTULO XI – DOS CRIMES CONTRA A ADMINISTRAÇÃO PÚBLICA

CAPÍTULO I

DOS CRIMES PRATICADOS POR FUNCIONÁRIO PÚBLICO CONTRA A ADMINISTRAÇÃO EM GERAL

Peculato

Art. 312. Apropriar-se o funcionário público de dinheiro, valor ou qualquer outro bem móvel, público ou particular, de que tem a posse em razão do cargo, ou desviá-lo, em proveito próprio ou alheio:

Pena – reclusão, de dois a doze anos, e multa.

▶ Art. 303 do CPM.
▶ Art. 5º da Lei nº 7.492, de 16-6-1986 (Lei dos Crimes Contra o Sistema Financeiro Nacional).
▶ Art. 173 da Lei nº 11.101, de 9-2-2005 (Lei de Recuperação de Empresas e Falências).

▶ Art. 1º, I, do Dec.-lei nº 201, de 27-2-1967 (Lei de Responsabilidade dos Prefeitos e Vereadores).

§ 1º Aplica-se a mesma pena, se o funcionário público, embora não tendo a posse do dinheiro, valor ou bem, o subtrai, ou concorre para que seja subtraído, em proveito próprio ou alheio, valendo-se de facilidade que lhe proporciona a qualidade de funcionário.

Peculato culposo

§ 2º Se o funcionário concorre culposamente para o crime de outrem:

Pena – detenção, de três meses a um ano.

§ 3º No caso do parágrafo anterior, a reparação do dano, se precede à sentença irrecorrível, extingue a punibilidade; se lhe é posterior, reduz de metade a pena imposta.

Peculato mediante erro de outrem

Art. 313. Apropriar-se de dinheiro ou qualquer utilidade que, no exercício do cargo, recebeu por erro de outrem:

Pena – reclusão, de um a quatro anos, e multa.

▶ Art. 304 do CPM.

Inserção de dados falsos em sistema de informações

Art. 313-A. Inserir ou facilitar, o funcionário autorizado, a inserção de dados falsos, alterar ou excluir indevidamente dados corretos nos sistemas informatizados ou bancos de dados da Administração Pública com o fim de obter vantagem indevida para si ou para outrem ou para causar dano:

Pena – reclusão, de dois a 12 doze anos, e multa.

▶ Art. 313-A acrescido pela Lei nº 9.983, de 14-7-2000.

Modificação ou alteração não autorizada de sistema de informações

Art. 313-B. Modificar ou alterar, o funcionário, sistema de informações ou programa de informática sem autorização ou solicitação de autoridade competente:

Pena – detenção, de três meses a dois anos, e multa.

Parágrafo único. As penas são aumentadas de um terço até a metade se da modificação ou alteração resulta dano para a Administração Pública ou para o administrado.

▶ Art. 313-B acrescido pela Lei nº 9.983, de 14-7-2000.

Extravio, sonegação ou inutilização de livro ou documento

Art. 314. Extraviar livro oficial ou qualquer documento, de que tem a guarda em razão do cargo; sonegá-lo ou inutilizá-lo, total ou parcialmente:

Pena – reclusão, de um a quatro anos, se o fato não constitui crime mais grave.

▶ Art. 337 do CPM.

Emprego irregular de verbas ou rendas públicas

Art. 315. Dar às verbas ou rendas públicas aplicação diversa da estabelecida em lei:

Pena – detenção, de um a três meses, ou multa.

▶ Art. 331 do CPM.
▶ Art. 1º, II, do Dec.-lei nº 201, de 27-2-1967 (Lei de Responsabilidade dos Prefeitos e Vereadores).

Concussão

Art. 316. Exigir, para si ou para outrem, direta ou indiretamente, ainda que fora da função ou antes de assumi-la, mas em razão dela, vantagem indevida:

Pena – reclusão, de dois a oito anos, e multa.

▶ Art . 445 do CPP.
▶ Art. 305 do CPM.
▶ Art. 1º, V, da Lei nº 9.613, de 3-3-1998 (Lei dos Crimes de Lavagem de Dinheiro).

Excesso de exação

§ 1º Se o funcionário exige tributo ou contribuição social que sabe ou deveria saber indevido, ou, quando devido, emprega na cobrança meio vexatório ou gravoso, que a lei não autoriza:

Pena – reclusão, de três a oito anos, e multa.

▶ § 1º com a redação dada pela Lei nº 8.137, de 27-12-1990.
▶ Art. 306 do CPM.
▶ Art. 4º, f, da Lei nº 4.898, de 9-12-1965 (Lei do Abuso de Autoridade).
▶ Art. 3º, II, da Lei nº 8.137, de 27-12-1990 (Lei dos Crimes Contra a Ordem Tributária, Econômica e Contra as Relações de Consumo).

§ 2º Se o funcionário desvia, em proveito próprio ou de outrem, o que recebeu indevidamente para recolher aos cofres públicos:

Pena – reclusão, de dois a doze anos, e multa.

Corrupção passiva

Art. 317. Solicitar ou receber, para si ou para outrem, direta ou indiretamente, ainda que fora da função ou antes de assumi-la, mas em razão dela, vantagem indevida, ou aceitar promessa de tal vantagem:

Pena – reclusão, de dois a doze anos, e multa.

▶ Pena com a redação dada pela Lei nº 10.763, de 12-11-2003.
▶ Art. 445 do CPP.
▶ Art. 308 do CPM.

§ 1º A pena é aumentada de um terço, se, em consequência da vantagem ou promessa, o funcionário retarda ou deixa de praticar qualquer ato de ofício ou o pratica infringindo dever funcional.

§ 2º Se o funcionário pratica, deixa de praticar ou retarda ato de ofício, com infração de dever funcional, cedendo a pedido ou influência de outrem:

Pena – detenção, de três meses a um ano, ou multa.

Facilitação de contrabando ou descaminho

Art. 318. Facilitar, com infração de dever funcional, a prática de contrabando ou descaminho (artigo 334):

Pena – reclusão, de três a oito anos, e multa.

▶ Pena com a redação dada pela Lei nº 8.137, de 27-12-1990.

Prevaricação

Art. 319. Retardar ou deixar de praticar, indevidamente, ato de ofício, ou praticá-lo contra disposição expressa de lei, para satisfazer interesse ou sentimento pessoal:

Pena – detenção, de três meses a um ano, e multa.

▶ Art. 445 do CPP.
▶ Art. 319 do CPM.
▶ Art. 10, § 4º, da Lei nº 1.521, de 26-12-1951 (Lei dos Crimes Contra a Economia Popular).
▶ Art. 345 da Lei nº 4.737, de 15-7-1965 (Código Eleitoral).

▶ Art. 23 da Lei nº 7.492, de 16-6-1986 (Lei dos Crimes Contra o Sistema Financeiro Nacional).

Art. 319-A. Deixar o Diretor de Penitenciária e/ou agente público, de cumprir seu dever de vedar ao preso o acesso a aparelho telefônico, de rádio ou similar, que permita a comunicação com outros presos ou com o ambiente externo:

Pena – detenção, de 3 (três) meses a 1 (um) ano.

▶ Art. 319-A acrescido pela Lei nº 11.466, de 28-3-2007.
▶ Art. 50, VII, da LEP.
▶ Súm. nº 441 do STJ.

Condescendência criminosa

Art. 320. Deixar o funcionário, por indulgência, de responsabilizar subordinado que cometeu infração no exercício do cargo ou, quando lhe falte competência, não levar o fato ao conhecimento da autoridade competente:

Pena – detenção, de quinze dias a um mês, ou multa.

▶ Art. 322 do CPM.
▶ Art. 9º, 3, da Lei nº 1.079, de 10-4-1950 (Lei dos Crimes de Responsabilidade).

Advocacia administrativa

Art. 321. Patrocinar, direta ou indiretamente, interesse privado perante a administração pública, valendo-se da qualidade de funcionário:

Pena – detenção, de um a três meses, ou multa.

▶ Art. 334 do CPM.
▶ Art. 3º, III, da Lei nº 8.137, de 27-12-1990 (Lei dos Crimes Contra a Ordem Tributária, Econômica e Contra as Relações de Consumo).
▶ Art. 8º da Lei nº 12.529, de 30-11-2011 (Lei do Sistema Brasileiro de Defesa da Concorrência), DOU de 1º-12-2011, para vigorar 180 dias após a data de sua publicação.

Parágrafo único. Se o interesse é ilegítimo:

Pena – detenção, de três meses a um ano, além da multa.

Violência arbitrária

Art. 322. Praticar violência, no exercício de função ou a pretexto de exercê-la:

Pena – detenção, de seis meses a três anos, além da pena correspondente à violência.

▶ Art. 333 do CPM.
▶ Art. 21 da LCP.

Abandono de função

Art. 323. Abandonar cargo público, fora dos casos permitidos em lei:

Pena – detenção, de quinze dias a um mês, ou multa.

▶ Art. 330 do CPM.
▶ Art. 344 da Lei nº 4.737, de 15-7-1965 (Código Eleitoral).

§ 1º Se do fato resulta prejuízo público:

Pena – detenção, de três meses a um ano, e multa.

§ 2º Se o fato ocorre em lugar compreendido na faixa de fronteira:

Pena – detenção, de um a três anos, e multa.

Exercício funcional ilegalmente antecipado ou prolongado

Art. 324. Entrar no exercício de função pública antes de satisfeitas as exigências legais, ou continuar a exercê-la, sem autorização, depois de saber oficialmente que foi exonerado, removido, substituído ou suspenso:

Pena – detenção, de quinze dias a um mês, ou multa.

▶ Art. 329 do CPM.

Violação de sigilo funcional

Art. 325. Revelar fato de que tem ciência em razão do cargo e que deva permanecer em segredo, ou facilitar-lhe a revelação:

Pena – detenção, de seis meses a dois anos, ou multa, se o fato não constitui crime mais grave.

▶ Art. 326 do CPM.

§ 1º Nas mesmas penas deste artigo incorre quem:

I – permite ou facilita, mediante atribuição, fornecimento e empréstimo de senha ou qualquer outra forma, o acesso de pessoas não autorizadas a sistemas de informações ou banco de dados da Administração Pública;
II – se utiliza, indevidamente, do acesso restrito.

§ 2º Se da ação ou omissão resulta dano à Administração Pública ou a outrem:

Pena – reclusão, de dois a seis anos, e multa.

▶ §§ 1º e 2º acrescidos pela Lei nº 9.983, de 14-7-2000.

Violação do sigilo de proposta de concorrência

Art. 326. Devassar o sigilo de proposta de concorrência pública, ou proporcionar a terceiro o ensejo de devassá-lo:

Pena – detenção, de três meses a um ano, e multa.

▶ Art. 327 do CPM.
▶ Art. 94 da Lei nº 8.666, de 21-6-1993 (Lei de Licitações e Contratos Administrativos).

Funcionário público

Art. 327. Considera-se funcionário público, para os efeitos penais, quem, embora transitoriamente ou sem remuneração, exerce cargo, emprego ou função pública.

§ 1º Equipara-se a funcionário público quem exerce cargo, emprego ou função em entidade paraestatal, e quem trabalha para empresa prestadora de serviço contratada ou conveniada para a execução de atividade típica da Administração Pública.

▶ § 1º com a redação dada pela Lei nº 9.983, de 14-7-2000.

§ 2º A pena será aumentada da terça parte quando os autores dos crimes previstos neste Capítulo forem ocupantes de cargos em comissão ou de função de direção ou assessoramento de órgão da administração direta, sociedade de economia mista, empresa pública ou fundação instituída pelo poder público.

▶ § 2º acrescido pela Lei nº 6.799, de 23-6-1980.

Capítulo II
DOS CRIMES PRATICADOS POR PARTICULAR CONTRA A ADMINISTRAÇÃO EM GERAL

Usurpação de função pública

Art. 328. Usurpar o exercício de função pública:

Pena – detenção, de três meses a dois anos, e multa.

▶ Art. 335 do CPM.
▶ Arts. 45 a 47 da LCP.

Parágrafo único. Se do fato o agente aufere vantagem:

Pena – reclusão, de dois a cinco anos, e multa.

Resistência

Art. 329. Opor-se à execução de ato legal, mediante violência ou ameaça a funcionário competente para executá-lo ou a quem lhe esteja prestando auxílio:

Pena – detenção, de dois meses a dois anos.

- Arts. 284, 292 e 795, parágrafo único, do CPP.
- Art. 177 do CPM.
- Art. 111 da Lei nº 12.529, de 30-11-2011 (Lei do Sistema Brasileiro de Defesa da Concorrência), DOU de 1º-12-2011, para vigorar 180 dias após a data de sua publicação.

§ 1º Se o ato, em razão da resistência, não se executa:

Pena – reclusão, de um a três anos.

§ 2º As penas deste artigo são aplicáveis sem prejuízo das correspondentes à violência.

....

Art. 361. Este Código entrará em vigor no dia 1º de janeiro de 1942.

Rio de Janeiro, 7 de dezembro de 1940;
119º da Independência e
52º da República.
Getúlio Vargas

DECRETO-LEI Nº 3.365, DE 21 DE JUNHO DE 1941

Dispõe sobre desapropriação por utilidade pública.

- Publicado no DOU de 18-7-1941.
- Lei nº 4.132, de 10-9-1962 (Lei da Desapropriação por Interesse Social).
- Dec.-lei nº 1.075, de 22-1-1970 (Lei da Imissão de Posse).

DISPOSIÇÕES PRELIMINARES

Art. 1º A desapropriação por utilidade pública regular-se-á por esta Lei, em todo o território nacional.

- Arts. 5º, XXIV, 182, §§ 3º e 4º, III, e 184 a 186 da CF.
- Arts. 17, a, e 18 da Lei nº 4.504, de 30-11-1964 (Estatuto da Terra).

Art. 2º Mediante declaração de utilidade pública, todos os bens poderão ser desapropriados, pela União, pelos Estados, Municípios, Distrito Federal e Territórios.

- Súm. nº 479 do STF.
- Súm. nº 142 do TRF

§ 1º A desapropriação do espaço aéreo ou do subsolo só se tornará necessária, quando de sua utilização resultar prejuízo patrimonial do proprietário do solo.

§ 2º Os bens do domínio dos Estados, Municípios, Distrito Federal e Territórios poderão ser desapropriados pela União, e os dos Municípios pelos Estados, mas, em qualquer caso, ao ato deverá preceder autorização legislativa.

§ 3º É vedada a desapropriação, pelos Estados, Distrito Federal, Territórios e Municípios, de ações, cotas e direitos representativos do capital de instituições e empresas cujo funcionamento dependa de autorização do governo federal e se subordine à sua fiscalização, salvo mediante prévia autorização, por decreto do Presidente da República.

- § 3º acrescido pelo Dec.-lei nº 856, de 11-9-1969.
- Súm. nº 157 do STF.

- Súm. nº 62 do TFR.

Art. 3º Os concessionários de serviços públicos e os estabelecimentos de caráter público ou que exerçam funções delegadas de poder público poderão promover desapropriações mediante autorização expressa, constante de lei ou contrato.

Art. 4º A desapropriação poderá abranger a área contígua necessária ao desenvolvimento da obra a que se destina, e as zonas que se valorizarem extraordinariamente, em consequência da realização do serviço. Em qualquer caso, a declaração de utilidade pública deverá compreendê-las, mencionando-se quais as indispensáveis à continuação da obra e as que se destinam à revenda.

Art. 5º Consideram-se casos de utilidade pública:

a) a segurança nacional;
b) a defesa do Estado;
c) o socorro público em caso de calamidade;
d) a salubridade pública;
e) a criação e melhoramento de centros de população, seu abastecimento regular de meios de subsistência;
f) o aproveitamento industrial das minas e das jazidas minerais, das águas e da energia hidráulica;
g) a assistência pública, as obras de higiene e decoração, casas de saúde, clínicas, estações de clima e fontes medicinais;
h) a exploração e a conservação dos serviços públicos;
i) a abertura, conservação e melhoramento de vias ou logradouros públicos; a execução de planos de urbanização; o parcelamento do solo com ou sem edificação para, sua melhor utilização econômica, higiênica ou estética; a construção ou ampliação de distritos industriais;

- Alínea i com a redação dada pela Lei nº 9.785, de 29-1-1999.

j) o funcionamento dos meios de transporte coletivo;
k) a preservação e conservação dos monumentos históricos e artísticos, isolados ou integrados em conjuntos urbanos ou rurais, bem como as medidas necessárias a manter-lhes e realçar-lhes os aspectos mais valiosos ou característicos e, ainda, a proteção de paisagens e locais particularmente dotados pela natureza;
l) a preservação e a conservação adequada de arquivos, documentos e outros bens móveis de valor histórico ou artístico;
m) a construção de edifícios públicos, monumentos comemorativos e cemitérios;
n) a criação de estádios, aeródromos ou campos de pouso para aeronaves;
o) a reedição ou divulgação de obra ou invento de natureza científica, artística ou literária;
p) os demais casos previstos por leis especiais.

§ 1º A construção ou ampliação de distritos industriais, de que trata a alínea i do caput deste artigo, inclui o loteamento das áreas necessárias à instalação de indústrias e atividades correlatas, bem como a revenda ou locação dos respectivos lotes a empresas previamente qualificadas.

§ 2º A efetivação da desapropriação para fins de criação ou ampliação de distritos industriais depende de aprovação, prévia e expressa, pelo Poder Público competente, do respectivo projeto de implantação.

- §§ 1º e 2º acrescidos pela Lei nº 6.602, de 7-12-1978.

§ 3º Ao imóvel desapropriado para implantação de parcelamento popular, destinado às classes de menor renda, não se dará outra utilização nem haverá retrocessão.

▶ § 3º acrescido pela Lei nº 9.785, de 29-1-1999.

Art. 6º A declaração de utilidade pública far-se-á por decreto do Presidente da República, Governador, Interventor ou Prefeito.

Art. 7º Declarada a utilidade pública, ficam as autoridades administrativas autorizadas a penetrar nos prédios compreendidos na declaração, podendo recorrer, em caso de oposição, ao auxílio de força policial.

▶ Súm. nº 23 do STF.

Àquele que for molestado por excesso ou abuso de poder, cabe indenização por perdas e danos, sem prejuízo da ação penal.

Art. 8º O Poder Legislativo poderá tomar a iniciativa da desapropriação, cumprindo, neste caso, ao Executivo, praticar os atos necessários à sua efetivação.

Art. 9º Ao Poder Judiciário é vedado, no processo de desapropriação, decidir se se verificam ou não os casos de utilidade pública.

Art. 10. A desapropriação deverá efetivar-se mediante acordo ou intentar-se judicialmente dentro de cinco anos, contados da data da expedição do respectivo decreto e findos os quais este caducará.

Neste caso, somente decorrido um ano, poderá ser o mesmo bem objeto de nova declaração.

Parágrafo único. Extingue-se em cinco anos o direito de propor ação que vise a indenização por restrições decorrentes de atos do Poder Público.

▶ Parágrafo único acrescido pela MP nº 2.183-56, de 24-8-2001, que até o encerramento desta edição não havia sido convertida em Lei.
▶ Súmulas nºs 23 e 476 do STF.

DO PROCESSO JUDICIAL

Art. 11. A ação, quando a União for autora, será proposta no Distrito Federal ou no foro da capital do Estado onde for domiciliado o réu, perante o juízo privativo, se houver; sendo outro o autor, no foro da situação dos bens.

▶ Súm. nº 218 do STF.

Art. 12. Somente os juízes que tiverem garantia de vitaliciedade, inamovibilidade e irredutibilidade de vencimentos poderão conhecer dos processos de desapropriação.

▶ Art. 95, I, da CF.

Art. 13. A petição inicial, além dos requisitos previstos no Código de Processo Civil, conterá a oferta do preço e será instruída com um exemplar do contrato, ou do jornal oficial que houver publicado o decreto de desapropriação, ou cópia autenticada dos mesmos, e a planta ou descrição dos bens e suas confrontações.

▶ Arts. 282 a 284 do CPC.

Parágrafo único. Sendo o valor da causa igual ou inferior a dois contos de réis, dispensam-se os autos suplementares.

▶ Art. 159 do CPC.

Art. 14. Ao despachar a inicial, o juiz designará um perito de sua livre escolha, sempre que possível técnico, para proceder à avaliação dos bens.

▶ Art. 421 do CPC.

Parágrafo único. O autor e o réu poderão indicar assistente técnico do perito.

▶ Arts. 20, § 2º, 33 e 421, § 1º, I, do CPC.

Art. 15. Se o expropriante alegar urgência e depositar quantia arbitrada de conformidade com o artigo 685 do Código de Processo Civil, o juiz mandará imiti-lo provisoriamente na posse dos bens.

▶ Refere-se ao CPC/1939. Arts. 826 a 838 do CPC vigente.
▶ Súm. nº 476 do STF.
▶ Súmulas nºs 69 e 70 do STJ.

§ 1º A imissão provisória poderá ser feita, independentemente da citação do réu, mediante o depósito:

▶ Súm. nº 652 do STF.

a) do preço oferecido, se este for superior a vinte vezes o valor locativo, caso o imóvel esteja sujeito ao imposto predial;
b) da quantia correspondente a vinte vezes o valor locativo, estando o imóvel sujeito ao imposto predial e sendo menor o preço oferecido;
c) do valor cadastral do imóvel, para fins de lançamento do imposto territorial, urbano ou rural, caso o referido valor tenha sido atualizado no ano fiscal imediatamente anterior;
d) não tendo havido a atualização a que se refere o inciso c, o juiz fixará, independentemente de avaliação, a importância do depósito, tendo em vista a época em que houver sido fixado originariamente o valor cadastral e a valorização ou desvalorização posterior do imóvel.

§ 2º A alegação de urgência, que não poderá ser renovada, obrigará o expropriante a requerer a imissão provisória dentro do prazo improrrogável de 120 (cento e vinte) dias.

§ 3º Excedido o prazo fixado no parágrafo anterior não será concedida a imissão provisória.

▶ §§ 1º a 3º acrescidos pela Lei nº 2.786, de 21-5-1956.

§ 4º A imissão provisória na posse será registrada no registro de imóveis competente.

▶ § 4º acrescido pela Lei nº 11.977, de 7-7-2009.

Art. 15-A. No caso de imissão prévia na posse, na desapropriação por necessidade ou utilidade pública e interesse social, inclusive para fins de reforma agrária, havendo divergência entre o preço ofertado em juízo e o valor do bem, fixado na sentença, expressos em termos reais, incidirão juros compensatórios de até seis por cento ao ano sobre o valor da diferença eventualmente apurada, a contar da imissão na posse, vedado o cálculo de juros compostos.

▶ O STF, por maioria de votos, deferiu a medida liminar na ADIN nº 2.332-2, para suspender, neste artigo, a eficácia da expressão "de até seis por cento ao ano" e concedeu, ainda, a liminar para dar ao final do *caput* do art. 15-A, interpretação conforme a CF, no sentido de que a base de cálculo dos juros compensatórios será a diferença eventualmente apurada entre 80% do preço ofertado em juízo e o valor do bem fixado na sentença (DJ de 2-4-2004).
▶ Súm. nº 618 do STF.
▶ Súm. nº 408 do STJ.

§ 1º Os juros compensatórios destinam-se, apenas, a compensar a perda de renda comprovadamente sofrida pelo proprietário.

▶ O STF, por maioria de votos, deferiu a medida liminar na ADIN nº 2.332-2, para suspender a eficácia deste parágrafo (DJ de 2-4-2004).

§ 2º Não serão devidos juros compensatórios quando o imóvel possuir graus de utilização da terra e de eficiência na exploração iguais a zero.

▶ O STF, por maioria de votos, deferiu a medida liminar na ADIN nº 2.332-2, para suspender a eficácia deste parágrafo (DJ de 2-4-2004).

§ 3º O disposto no *caput* deste artigo aplica-se também às ações ordinárias de indenização por apossamento administrativo ou desapropriação indireta, bem assim às ações que visem a indenização por restrições decorrentes de atos do Poder Público, em especial aqueles destinados à proteção ambiental, incidindo os juros sobre o valor fixado na sentença.

§ 4º Nas ações referidas no § 3º, não será o Poder Público onerado por juros compensatórios relativos a período anterior à aquisição da propriedade ou posse titulada pelo autor da ação.

▶ O STF, por maioria de votos, deferiu a medida liminar na ADIN nº 2.332-2, para suspender a eficácia deste parágrafo (DJ de 2-4-2004).
▶ Dec.-lei nº 1.075, de 22-1-1970 (Lei da Imissão de Posse).

Art. 15-B. Nas ações a que se refere o artigo 15-A, os juros moratórios destinam-se a recompor a perda decorrente do atraso no efetivo pagamento da indenização fixada na decisão final de mérito, e somente serão devidos à razão de até seis por cento ao ano, a partir de 1º de janeiro do exercício seguinte àquele em que o pagamento deveria ser feito, nos termos do artigo 100 da Constituição.

▶ Arts. 15-A e 15-B acrescidos pela MP nº 2.183-56, de 24-8-2001, que até o encerramento desta edição não havia sido convertida em Lei.
▶ Súm. nº 618 do STF.
▶ Súm. nº 408 do STJ.

Art. 16. A citação far-se-á por mandado na pessoa do proprietário dos bens; a do marido dispensa a da mulher; a de um sócio, ou administrador, a dos demais, quando o bem pertencer a sociedade; a do administrador da coisa, no caso de condomínio, exceto o de edifício de apartamentos constituindo cada um propriedade autônoma, a dos demais condôminos, e a do inventariante, e, se não houver, a do cônjuge, herdeiro, ou legatário, detentor da herança, a dos demais interessados, quando o bem pertencer a espólio.

Parágrafo único. Quando não encontrar o citando, mas ciente de que se encontra no território da jurisdição do juiz, o oficial portador do mandado marcará desde logo hora certa para a citação, ao fim de quarenta e oito horas, independentemente de nova diligência ou despacho.

Art. 17. Quando a ação não for proposta no foro do domicílio ou da residência do réu, a citação far-se-á por precatória, se o mesmo estiver em lugar certo, fora do território da jurisdição do juiz.

▶ Arts. 202 a 212 do CPC.

Art. 18. A citação far-se-á por edital se o citando não for conhecido, ou estiver em lugar ignorado, incerto ou inacessível, ou, ainda, no estrangeiro, o que dois oficiais do juízo certificarão.

Art. 19. Feita a citação, a causa seguirá com o rito ordinário.

▶ Arts. 274 e 297 a 475 do CPC.
▶ Súm. nº 118 do TFR.

Art. 20. A contestação só poderá versar sobre vício do processo judicial ou impugnação do preço; qualquer outra questão deverá ser decidida por ação direta.

Art. 21. A instância não se interrompe. No caso de falecimento do réu, ou perda de sua capacidade civil, o juiz, logo que disso tenha conhecimento, nomeará curador à lide, até que se habilite o interessado.

Parágrafo único. Os atos praticados da data do falecimento ou perda da capacidade à investidura do curador à lide poderão ser ratificados ou impugnados por ele, ou pelo representante do espólio ou do incapaz.

Art. 22. Havendo concordância sobre o preço, o juiz o homologará por sentença no despacho saneador.

▶ Arts. 162, § 1º, 269, III, e 330 do CPC.

Art. 23. Findo o prazo para a contestação e não havendo concordância expressa quanto ao preço, o perito apresentará o laudo em cartório, até cinco dias, pelo menos, antes da audiência de instrução e julgamento.

§ 1º O perito poderá requisitar das autoridades públicas os esclarecimentos ou documentos que se tornarem necessários à elaboração do laudo, e deverá indicar nele, entre outras circunstâncias atendíveis para a fixação da indenização, as enumeradas no artigo 27.

Ser-lhe-ão abonadas, como custas, as despesas com certidões e, a arbítrio do juiz, as de outros documentos que juntar ao laudo.

§ 2º Antes de proferido o despacho saneador, poderá o perito solicitar prazo especial para apresentação do laudo.

Art. 24. Na audiência de instrução e julgamento proceder-se-á na conformidade do Código de Processo Civil. Encerrado o debate, o juiz proferirá sentença fixando o preço da indenização.

▶ Arts. 444 a 457 do CPC.
▶ Súmulas nºs 164, 254 e 618 do STF.
▶ Súmulas nºs 70 e 110 do TFR.
▶ Súmulas nºs 12, 56, 102 e 113 do STJ.

Parágrafo único. Se não se julgar habilitado a decidir, o juiz designará desde logo outra audiência que se realizará dentro de dez dias, a fim de publicar a sentença.

Art. 25. O principal e os acessórios serão computados em parcelas autônomas.

▶ Art. 42 da Lei nº 6.766, de 19-12-1979 (Lei do Parcelamento do Solo).

Parágrafo único. O juiz poderá arbitrar quantia módica para desmonte e transporte de maquinismos instalados e em funcionamento.

Art. 26. No valor da indenização que será contemporâneo da avaliação não se incluirão os direitos de terceiros contra o expropriado.

▶ *Caput* com a redação dada pela Lei nº 2.786, de 21-5-1956.

§ 1º Serão atendidas as benfeitorias necessárias feitas após a desapropriação; as úteis, quando feitas com autorização do expropriante.

▶ Parágrafo único transformado em § 1º pela Lei nº 4.686, de 21-6-1965.
▶ Súm. nº 23 do STF.

§ 2º Decorrido prazo superior a um ano a partir da avaliação, o juiz ou tribunal, antes da decisão final, determinará a correção monetária do valor apurado, conforme índice que será fixado, trimestralmente, pela Secretaria de Planejamento da Presidência da República.

▶ § 2º com a redação dada pela Lei nº 6.306, de 15-12-1975.
▶ Súmulas nºs 475 e 561 do STF.
▶ Súmulas nºs 69, 70, 74 e 75 do TFR.
▶ Súmulas nºs 12, 67, 70, 79, 102, 113 e 114 do STJ.

Art. 27. O juiz indicará na sentença os fatos que motivaram o seu convencimento e deverá atender, especialmente, à estimação dos bens para efeitos fiscais; ao preço de aquisição o interesse que deles aufere o proprietário; à sua situação, estado de conservação e segurança; ao valor venal dos da mesma espécie, nos últimos cinco anos, e à valorização ou depreciação de área remanescente, pertencente ao réu.

§ 1º A sentença que fixar o valor da indenização quando este for superior ao preço oferecido condenará o desapropriante a pagar honorários do advogado, que serão fixados entre meio e cinco por cento do valor da diferença, observado o disposto no § 4º do artigo 20 do Código de Processo Civil, não podendo os honorários ultrapassar R$ 151.000,00 (cento e cinquenta e um mil reais).

▶ § 1º com a redação dada pela MP nº 2.183-56, de 24-8-2001, que até o encerramento desta edição não havia sido convertida em Lei.
▶ O STF, por maioria de votos, deferiu a medida liminar na ADIN nº 2.332-2, para suspender, neste parágrafo, a eficácia da expressão "não podendo os honorários ultrapassar R$ 151.000,00" (DJ de 2-4-2004).
▶ Súm. nº 617 do STF.
▶ Súm. nº 141 do TFR.
▶ Súmulas nºs 131 e 141 do STJ.

§ 2º A transmissão da propriedade decorrente de desapropriação amigável ou judicial, não ficará sujeita ao imposto de lucro imobiliário.

▶ § 2º acrescido pela Lei nº 2.786, de 21-5-1956.
▶ Art. 42 da Lei nº 6.766, de 19-12-1979 (Lei do Parcelamento do Solo).
▶ Súm. nº 39 do TFR.

§ 3º O disposto no § 1º deste artigo se aplica:

I – ao procedimento contraditório especial, de rito sumário, para o processo de desapropriação de imóvel rural, por interesse social, para fins de reforma agrária;
II – às ações de indenização por apossamento administrativo ou desapropriação indireta.

§ 4º O valor a que se refere o § 1º será atualizado, a partir de maio de 2000, no dia 1º de janeiro de cada ano, com base na variação acumulada do Índice de Preços ao Consumidor Amplo – IPCA do respectivo período.

▶ §§ 3º e 4º acrescidos pela MP nº 2.183-56, de 24-8-2001, que até o encerramento desta edição não havia sido convertida em Lei.

Art. 28. Da sentença que fixar o preço da indenização caberá apelação com efeito simplesmente devolutivo, quando interposta pelo expropriado, e com ambos os efeitos, quando o for pelo expropriante.

§ 1º A sentença que condenar a Fazenda Pública em quantia superior ao dobro da oferecida fica sujeita ao duplo grau de jurisdição.

▶ § 1º com a redação dada pela Lei nº 6.071, de 3-7-1974.

§ 2º Nas causas de valor igual ou inferior a dois contos de réis, observar-se-á o disposto no artigo 839 do Código de Processo Civil.

▶ Dispositivo sem efeito com o advento do atual Código de Processo Civil de 1973.

Art. 29. Efetuado o pagamento ou a consignação, expedir-se-á em favor do expropriante mandado de imissão de posse, valendo a sentença como título hábil para a transcrição no registro de imóveis.

Art. 30. As custas serão pagas pelo autor se o réu aceitar o preço oferecido; em caso contrário, pelo vencido, ou em proporção, na forma da lei.

DISPOSIÇÕES FINAIS

Art. 31. Ficam sub-rogados no preço quaisquer ônus ou direitos que recaiam sobre o bem expropriado.

Art. 32. O pagamento do preço será prévio e em dinheiro.

▶ Caput com a redação dada pela Lei nº 2.786, de 21-5-1956.
▶ Arts. 5º, XXIV, e 182, § 3º, da CF.
▶ Súm. nº 416 do STF.

§ 1º As dívidas fiscais serão deduzidas dos valores depositados, quando inscritas e ajuizadas.

§ 2º Incluem-se na disposição prevista no § 1º as multas decorrentes de inadimplemento e de obrigações fiscais.

§ 3º A discussão acerca dos valores inscritos ou executados será realizada em ação própria.

▶ §§ 1º a 3º acrescidos pela Lei nº 11.977, de 7-7-2009.

Art. 33. O depósito do preço fixado por sentença, à disposição do juiz da causa, é considerado pagamento prévio da indenização.

§ 1º O depósito far-se-á no Banco do Brasil ou, onde este não tiver agência, em estabelecimento bancário acreditado, a critério do juiz.

▶ Parágrafo único transformado em § 1º pela Lei nº 2.786, de 21-5-1956.

§ 2º O desapropriado, ainda que discorde do preço oferecido, do arbitrado ou do fixado pela sentença, poderá levantar até oitenta por cento do depósito feito para o fim previsto neste e no artigo 15, observado o processo estabelecido no artigo 34.

▶ § 2º acrescido pela Lei nº 2.786, de 21-5-1956.

Art. 34. O levantamento do preço será deferido mediante prova de propriedade, de quitação de dívidas fiscais que recaiam sobre o bem expropriado, e publicação de editais, com o prazo de dez dias, para conhecimento de terceiros.

Parágrafo único. Se o juiz verificar que há dúvida fundada sobre o domínio, o preço ficará em depósito, ressalvadas aos interessados a ação própria para disputá-lo.

▶ Art. 5º do Dec.-lei nº 1.075, de 22-1-1970 (Lei da Imissão de Posse).
▶ Súm. nº 42 do TFR.

Art. 35. Os bens expropriados, uma vez incorporados à Fazenda Pública, não podem ser objeto de reivindicação, ainda que fundada em nulidade do processo de desapropriação. Qualquer ação, julgada procedente, resolver-se-á em perdas e danos.

▶ Art. 519 do CC.

Art. 36. É permitida a ocupação temporária, que será indenizada, afinal, por ação própria, de terrenos não edificados, vizinhos às obras e necessários à sua realização.

▶ Arts. 826 a 838 do CPC.

O expropriante prestará caução, quando exigida.

Art. 37. Aquele cujo bem for prejudicado extraordinariamente em sua destinação econômica pela desapropriação de áreas contíguas terá direito a reclamar perdas e danos do expropriante.

Art. 38. O réu responderá perante terceiros, e por ação própria, pela omissão ou sonegação de quaisquer informações que possam interessar à marcha do processo ou ao recebimento da indenização.

Art. 39. A ação de desapropriação pode ser proposta durante as férias forenses, e não se interrompe pela superveniência destas.

▶ Art. 93, XII, da CF.
▶ Arts. 173 e 174 do CPC.

Art. 40. O expropriante poderá constituir servidões, mediante indenização na forma desta Lei.

Art. 41. As disposições desta Lei aplicam-se aos processos de desapropriação em curso, não se permitindo depois de sua vigência outros termos e atos além dos por ela admitidos, nem o seu processamento por forma diversa da que por ela é regulada.

Art. 42. No que esta Lei for omissa aplica-se o Código de Processo Civil.

▶ Súm. nº 218 do TFR.

Art. 43. Esta Lei entrará em vigor dez dias depois de publicada, no Distrito Federal, e trinta dias nos Estados e Território do Acre; revogadas as disposições em contrário.

Rio de Janeiro, 21 de junho de 1941;
120º da Independência e
53º da República.

Getúlio Vargas

DECRETO-LEI Nº 3.689, DE 3 DE OUTUBRO DE 1941

Código de Processo Penal.

(EXCERTOS)

Livro II – Dos Processos em Espécie

TÍTULO II – DOS PROCESSOS ESPECIAIS

Capítulo II

DO PROCESSO E DO JULGAMENTO DOS CRIMES DE RESPONSABILIDADE DOS FUNCIONÁRIOS PÚBLICOS

Art. 513. Nos crimes de responsabilidade dos funcionários públicos, cujo processo e julgamento competirão aos juízes de direito, a queixa ou a denúncia será instruída com documentos ou justificação que façam presumir a existência do delito ou com declaração fundamentada da impossibilidade de apresentação de quaisquer dessas provas.

▶ Arts. 312 a 327 do CP.

Art. 514. Nos crimes afiançáveis, estando a denúncia ou queixa em devida forma, o juiz mandará autuá-la e ordenará a notificação do acusado, para responder por escrito, dentro do prazo de quinze dias.

▶ Arts. 323 a 324 deste Código.
▶ Súm. nº 330 do STJ.

Parágrafo único. Se não for conhecida a residência do acusado, ou este se achar fora da jurisdição do juiz, ser-lhe-á nomeado defensor, a quem caberá apresentar a resposta preliminar.

▶ Arts. 261, 263 e 564, III, e, deste Código.

Art. 515. No caso previsto no artigo anterior, durante o prazo concedido para a resposta, os autos permanecerão em cartório, onde poderão ser examinados pelo acusado ou por seu defensor.

▶ Art. 803 deste Código.

Parágrafo único. A resposta poderá ser instruída com documentos e justificações.

Art. 516. O juiz rejeitará a queixa ou denúncia, em despacho fundamentado, se convencido, pela resposta do acusado ou do seu defensor, da inexistência do crime ou da improcedência da ação.

▶ Arts. 395, 581, I, e 583, II, deste Código.

Art. 517. Recebida a denúncia ou a queixa, será o acusado citado, na forma estabelecida no Capítulo I do Título X do Livro I.

▶ Arts. 351 a 369 deste Código.

Art. 518. Na instrução criminal e nos demais termos do processo, observar-se-á o disposto nos Capítulos I e III, Título I, deste Livro.

Rio de Janeiro, em 3 de outubro de 1941;
120º da Independência e
53º da República.

Getúlio Vargas

DECRETO-LEI Nº 4.597, DE 19 DE AGOSTO DE 1942

Dispõe sobre a prescrição das ações contra a Fazenda Pública e dá outras providências.

▶ Publicado no DOU de 20-8-1942.
▶ Dec. nº 20.910, de 6-1-1932, regula a prescrição quinquenal.
▶ Lei nº 9.873, de 23-11-1999, estabelece prazo de prescrição para o exercício de ação punitiva pela Administração Pública, direta e indireta.

Art. 1º Salvo o caso do foro do contrato, compete à Justiça de cada Estado e à do Distrito Federal processar e julgar as causas em que for interessado, como autor, réu, assistente ou oponente, respectivamente, o mesmo Estado, ou seus Municípios, e o Distrito Federal.

▶ Art. 110 da CF.

Parágrafo único. O disposto neste artigo não se aplica às causas já ajuizadas.

Art. 2º O Decreto nº 20.910, de 6 de janeiro de 1932, que regula a prescrição quinquenal, abrange as dívidas passivas das autarquias, ou entidades e órgãos paraestatais, criados por lei e mantidos mediante impostos, taxas ou quaisquer contribuições, exigidas em virtude de lei federal, estadual ou municipal, bem como a todo e qualquer direito e ação contra os mesmos.

Art. 3º A prescrição das dívidas, direitos e ações a que se refere o Decreto nº 20.910, de 6 de janeiro de 1932, somente pode ser interrompida uma vez, e recomeça a correr, pela metade do prazo, da data do ato que a interrompeu, ou do último do processo para a interromper; consumar-se-á a prescrição no curso da lide sempre que a partir do último ato ou termo da mesma, inclusive da sentença nela proferida, embora passada em julgado, decorrer o prazo de dois anos e meio.

▶ Súm. nº 383 do STF.

Art. 4º As disposições do artigo anterior aplicam-se desde logo a todas as dívidas, direitos e ações a que se referem, ainda não extintos por qualquer causa, ajuizados ou não, devendo prescrição ser alegada e decretada em qualquer tempo e instância, inclusive nas execuções de sentença.

Art. 5º Este Decreto-lei entrará em vigor na data da sua publicação, revogadas as disposições em contrário.

Rio de Janeiro, 19 de agosto de 1942;
121º da Independência e
54º da República.

Getúlio Vargas

**DECRETO-LEI Nº 9.760,
DE 5 DE SETEMBRO DE 1946**

Dispõe sobre os bens imóveis da União e dá outras providências.

▶ Publicado no *DOU* de 6-9-1946.
▶ Lei nº 9.636, de 15-5-1998, dispõe sobre a regularização, administração, aforamento e alienação de bens imóveis de domínio da União.

TÍTULO I – DOS BENS IMÓVEIS DA UNIÃO

Capítulo I

DA DECLARAÇÃO DOS BENS

Seção I

DA ENUNCIAÇÃO

Art. 1º Incluem-se entre os bens imóveis da União:

▶ Art. 20 da CF.

a) os terrenos de marinha e seus acrescidos;
b) os terrenos marginais dos rios navegáveis, em Territórios Federais, se, por qualquer título legítimo, não pertencerem a particular;
c) os terrenos marginais de rios e as ilhas nestes situadas na faixa da fronteira do território nacional e nas zonas onde se faça sentir a influência das marés;
d) as ilhas situadas nos mares territoriais ou não, se por qualquer título legítimo não pertencerem aos Estados, Municípios ou particulares;
e) a porção de terras devolutas que for indispensável para a defesa da fronteira, fortificações, construções militares e estradas de ferro federais;
f) as terras devolutas situadas nos Territórios Federais;
g) as estradas de ferro, instalações portuárias, telégrafos, telefones, fábricas, oficinas e fazendas nacionais;
h) os terrenos dos extintos aldeamentos de índios e das colônias militares, que não tenham passado, legalmente, para o domínio dos Estados, Municípios ou particulares;
i) os arsenais com todo o material de marinha, exército e aviação, as fortalezas, fortificações e construções militares, bem como os terrenos adjacentes, reservados por ato imperial;
j) os que foram do domínio da Coroa;
k) os bens perdidos pelo criminoso condenado por sentença proferida em processo judiciário federal;

▶ Art. 91, II, do CP.

l) os que tenham sido a algum título, ou em virtude de lei, incorporados ao seu patrimônio.

Seção II

DA CONCEITUAÇÃO

Art. 2º São terrenos de marinha, em uma profundidade de 33 (trinta e três) metros, medidos horizontalmente, para a parte da terra, da posição da linha do preamar médio de 1831:

a) os situados no continente, na costa marítima e nas margens dos rios e lagoas, até onde se faça sentir a influência das marés;
b) os que contornam as ilhas situadas em zona onde se faça sentir a influência das marés.

Parágrafo único. Para os efeitos deste artigo a influência das marés é caracterizada pela oscilação periódica de 5 (cinco) centímetros pelo menos, do nível das águas, que ocorra em qualquer época do ano.

Art. 3º São terrenos acrescidos de marinha os que se tiverem formado natural ou artificialmente, para o lado do mar ou dos rios e lagoas, em seguimento aos terrenos de marinha.

Art. 4º São terrenos marginais os que banhados pelas correntes navegáveis, fora do alcance das marés, vão até a distância de 15 (quinze) metros, medidos horizontalmente para a parte da terra, contados desde a linha média das enchentes ordinárias.

Art. 5º São devolutas, na faixa da fronteira, nos Territórios Federais e no Distrito Federal, as terras que, não sendo próprias nem aplicadas a algum uso público federal, estadual ou municipal, não se incorporaram ao domínio privado:

a) por força da Lei nº 601, de 18 de setembro de 1850, Decreto nº 1.318, de 30 de janeiro de 1854, e outras leis e decretos gerais, federais e estaduais;
b) em virtude de alienação, concessão ou reconhecimento por parte da União ou dos Estados;
c) em virtude de lei ou concessão emanada de governo estrangeiro e ratificada ou reconhecida, expressa ou implicitamente, pelo Brasil, em tratado ou convenção de limites;

d) em virtude de sentença judicial com força de coisa julgada;

e) por se acharem em posse contínua e incontestada com justo título e boa-fé, por termo superior a 20 (vinte) anos;

▶ Art. 175 deste Decreto-Lei.

f) por se acharem em posse pacífica e ininterrupta, por 30 (trinta) anos, independentemente de justo título e de boa-fé;

▶ Art. 175 deste Decreto-Lei.

g) por força de sentença declaratória nos termos do art. 148 da Constituição Federal, de 10 de novembro de 1937.

▶ Art. 175 deste Decreto-Lei.

Parágrafo único. A posse a que a União condiciona a sua liberalidade não pode constituir latifúndio e depende do efetivo aproveitamento e morada do possuidor ou do seu preposto, integralmente satisfeitas por estes, no caso de posse de terras situadas na faixa da fronteira, as condições especiais impostas na lei.

▶ Arts. 26, IV, 188 e 225, § 5º, da CF.
▶ Art. 175 deste Decreto-Lei.

CAPÍTULO II

DA IDENTIFICAÇÃO DOS BENS

SEÇÃO I

DISPOSIÇÕES GERAIS

Arts. 6º a 8º *Revogados.* Lei nº 11.481, de 31-5-2007.

SEÇÃO II

DA DEMARCAÇÃO DOS TERRENOS DE MARINHA

Art. 9º É da competência do Serviço do Patrimônio da União (SPU) a determinação da posição das linhas do preamar médio do ano de 1831 e da média das enchentes ordinárias.

Art. 10. A determinação será feita à vista de documentos e plantas de autenticidade irrecusável, relativos àquele ano, ou, quando não obtidos, à época que do mesmo se aproxime.

Art. 11. Para a realização da demarcação, a SPU convidará os interessados, por edital, para que no prazo de 60 (sessenta) dias ofereçam a estudo plantas, documentos e outros esclarecimentos concernentes aos terrenos compreendidos no trecho demarcando.

▶ Artigo com a redação dada pela Lei nº 11.481, de 31-5-2007.

▶ O STF, por maioria de votos, deferiu a medida cautelar na ADIN nº 4.264, para suspender a eficácia da redação dada a este artigo pela Lei nº 11.481, de 31-5-2007 (*DOU* de 28-3-2011).

Art. 12. O edital será afixado na repartição arrecadadora da Fazenda Nacional na localidade, e publicado por 3 (três) vezes, com intervalos não superiores a 10 (dez) dias, no Diário Oficial, se se tratar de terrenos situados no Distrito Federal, ou na folha que nos Estados ou Territórios lhes publicar o expediente.

Parágrafo único. Além do disposto no *caput* deste artigo, o edital deverá ser publicado, pelo menos 1 (uma) vez, em jornal de grande circulação local.

▶ Parágrafo único acrescido pela Lei nº 11.481, de 31-5-2007.

Art. 13. De posse desses e outros documentos, que se esforçará por obter, e após a realização dos trabalhos topográficos que se fizerem necessários, o Chefe do órgão local do SPU determinará a posição da linha em despacho de que, por edital com o prazo de 10 (dez) dias, dará ciência aos interessados para oferecimento de quaisquer impugnações.

Parágrafo único. Tomando conhecimento das impugnações porventura apresentadas, a autoridade a que se refere este artigo reexaminará o assunto, e, se confirmar a sua decisão, recorrerá *ex officio* para o Diretor do SPU, sem prejuízo do recurso da parte interessada.

Art. 14. Da decisão proferida pelo Diretor do SPU será dado conhecimento aos interessados, que, no prazo improrrogável de 20 (vinte) dias contados de sua ciência, poderão interpor recurso para o CTU.

SEÇÃO III

DA DEMARÇÃO DE TERRAS INTERIORES

Art. 15. Serão promovidas pelo SPU as demarcações e aviventações de rumos, desde que necessárias à exata individuação dos imóveis de domínio da União e sua perfeita discriminação da propriedade de terceiros.

Art. 16. Na eventualidade prevista, no artigo anterior, o órgão local do SPU convidará por edital sem prejuízo sempre que possível, de convite por outro meio, os que se julgarem com direito aos imóveis confinantes a, dentro do prazo de 60 (sessenta) dias, oferecerem o exame os títulos, em que fundamentam seus direitos e bem assim quaisquer documentos elucidativos, como plantas, memoriais etc.

▶ Art. 18 deste Decreto-Lei.

Parágrafo único. O edital será afixado na repartição arrecadadora da Fazenda Nacional, na localidade da situação do imóvel, e publicado no órgão oficial do Estado ou Território, ou na folha que lhe publicar o expediente, e no *Diário Oficial da União*, em se tratando de imóvel situado no Distrito Federal.

Art. 17. Examinados os documentos exibidos pelos interessados e quaisquer outros de que possa dispor, o SPU, se entender aconselhável, proporá ao confinante a realização da diligência de demarcação administrativa, mediante prévia assinatura de termo em que as partes interessadas se comprometam a aceitar a decisão que for proferida em última instância pelo CTU, desde que seja o caso.

§ 1º Se não concordarem as partes na indicação de um só, os trabalhos demarcatórios serão efetuados por 2 (dois) peritos, obrigatoriamente engenheiros ou agrimensores, designados um pelo SPU, outro pelo confinante.

§ 2º Concluídas suas investigações preliminares os peritos apresentarão, conjuntamente ou não, laudo minucioso, concluindo pelo estabelecimento da linha divisória das propriedades demarcadas.

§ 3º Em face do laudo ou laudos apresentados, se houver acordo entre a União, representada pelo Procurador da Fazenda Pública, e o confinante, quanto ao estabelecimento da linha divisória, lavrar-se-á termo em livro próprio, do órgão local do SPU, efetuando o seu perito a cravação dos marcos, de acordo com o vencido.

§ 4º O termo a que se refere o parágrafo anterior, isento de selos ou quaisquer emolumentos, terá força, de escritura pública e por meio de certidão de inteiro teor será devidamente averbado no Registro Geral da situação dos imóveis demarcados.

§ 5º Não chegando as partes ao acordo a que se refere o § 3º deste artigo, o processo será submetido ao exame do CTU, cuja decisão terá força de sentença definitiva para a averbação aludida no parágrafo anterior.

§ 6º As despesas com a diligência da demarcação serão rateadas entre o confinante e a União, indenizada esta da metade a cargo daquele.

Art. 18. Não sendo atendido pelo confinante o convite mencionado no art. 16, ou se ele se recusar a assinar o termo em que se comprometa aceitar a demarcação administrativa, o SPU providenciará no sentido de se proceder à demarcação judicial, pelos meios ordinários.

SEÇÃO III-A

DA DEMARCAÇÃO DE TERRENOS PARA REGULARIZAÇÃO FUNDIÁRIA DE INTERESSE SOCIAL

► Seção III-A acrescida pela Lei nº 11.481, de 31-5-2007.

Art. 18-A. A União poderá lavrar auto de demarcação nos seus imóveis, nos casos de regularização fundiária de interesse social, com base no levantamento da situação da área a ser regularizada.

§ 1º Considera-se regularização fundiária de interesse social aquela destinada a atender a famílias com renda familiar mensal não superior a 5 (cinco) salários mínimos.

§ 2º O auto de demarcação assinado pelo Secretário do Patrimônio da União deve ser instruído com:

I – planta e memorial descritivo da área a ser regularizada, dos quais constem a sua descrição, com suas medidas perimetrais, área total, localização, confrontantes, coordenadas preferencialmente georreferenciadas dos vértices definidores de seus limites, bem como seu número de matrícula ou transcrição e o nome do pretenso proprietário, quando houver;
II – planta de sobreposição da área demarcada com a sua situação constante do registro de imóveis e, quando houver, transcrição ou matrícula respectiva;
III – certidão da matrícula ou transcrição relativa à área a ser regularizada, emitida pelo registro de imóveis competente e das circunscrições imobiliárias anteriormente competentes, quando houver;
IV – certidão da Secretaria do Patrimônio da União de que a área pertence ao patrimônio da União, indicando o Registro Imobiliário Patrimonial – RIP e o responsável pelo imóvel, quando for o caso;
V – planta de demarcação da Linha Preamar Média – LPM, quando se tratar de terrenos de marinha ou acrescidos; e
VI – planta de demarcação da Linha Média das Enchentes Ordinárias – LMEO, quando se tratar de terrenos marginais de rios federais.

§ 3º As plantas e memoriais mencionados nos incisos I e II do § 2º deste artigo devem ser assinados por profissional legalmente habilitado, com prova de anotação de responsabilidade técnica no competente Conselho Regional de Engenharia e Arquitetura – CREA.

§ 4º Entende-se por responsável pelo imóvel o titular de direito outorgado pela União, devidamente identificado no RIP.

Art. 18-B. Prenotado e autuado o pedido de registro da demarcação no registro de imóveis, o oficial, no prazo de 30 (trinta) dias, procederá às buscas para identificação de matrículas ou transcrições correspondentes à área a ser regularizada e examinará os documentos apresentados, comunicando ao apresentante, de 1 (uma) única vez, a existência de eventuais exigências para a efetivação do registro.

Art. 18-C. Inexistindo matrícula ou transcrição anterior e estando a documentação em ordem, ou atendidas as exigências feitas no art. 18-B desta Lei, o oficial do registro de imóveis deve abrir matrícula do imóvel em nome da União e registrar o auto de demarcação.

Art. 18-D. Havendo registro anterior, o oficial do registro de imóveis deve notificar pessoalmente o titular de domínio, no imóvel, no endereço que constar do registro imobiliário ou no endereço fornecido pela União, e, por meio de edital, os confrontantes, ocupantes e terceiros interessados.

§ 1º Não sendo encontrado o titular de domínio, tal fato será certificado pelo oficial encarregado da diligência, que promoverá sua notificação mediante o edital referido no *caput* deste artigo.

§ 2º O edital conterá resumo do pedido de registro da demarcação, com a descrição que permita a identificação da área demarcada, e deverá ser publicado por 2 (duas) vezes, dentro do prazo de 30 (trinta) dias, em um jornal de grande circulação local.

§ 3º No prazo de 15 (quinze) dias, contado da última publicação, poderá ser apresentada impugnação do pedido de registro do auto de demarcação perante o registro de imóveis.

§ 4º Presumir-se-á a anuência dos notificados que deixarem de apresentar impugnação no prazo previsto no § 3º deste artigo.

§ 5º A publicação dos editais de que trata este artigo será feita pela União, que encaminhará ao oficial do registro de imóveis os exemplares dos jornais que os tenham publicado.

Art. 18-E. Decorrido o prazo previsto no § 3º do art. 18-D desta Lei sem impugnação, o oficial do registro de imóveis deve abrir matrícula do imóvel em nome da União e registrar o auto de demarcação, procedendo às averbações necessárias nas matrículas ou transcrições anteriores, quando for o caso.

Parágrafo único. Havendo registro de direito real sobre a área demarcada ou parte dela, o oficial deverá proceder ao cancelamento de seu registro em decorrência da abertura da nova matrícula em nome da União.

Art. 18-F. Havendo impugnação, o oficial do registro de imóveis dará ciência de seus termos à União.

§ 1º Não havendo acordo entre impugnante e a União, a questão deve ser encaminhada ao juízo competente, dando-se continuidade ao procedimento de registro relativo ao remanescente incontroverso.

§ 2º Julgada improcedente a impugnação, os autos devem ser encaminhados ao registro de imóveis para que o oficial proceda na forma do art. 18-E desta Lei.

§ 3º Sendo julgada procedente a impugnação, os autos devem ser restituídos ao registro de imóveis para as anotações necessárias e posterior devolução ao poder público.

§ 4º A prenotação do requerimento de registro da demarcação ficará prorrogada até o cumprimento da decisão proferida pelo juiz ou até seu cancelamento a requerimento da União, não se aplicando às regularizações previstas nesta Seção o cancelamento por decurso de prazo.

▶ Arts. 18-A a 18-F acrescidos pela Lei nº 11.481, de 31-5-2007.

SEÇÃO IV

DA DISCRIMINAÇÃO DE TERRAS DA UNIÃO

▶ Art. 1º, I, da Lei nº 5.972, de 11-12-1973, que regula o procedimento para o registro da propriedade de bens imóveis discriminados administrativamente ou possuídos pela União.
▶ Art. 32 Lei nº 6.383, de 7-12-1976 (Lei das Ações Discriminatórias).

SUBSEÇÃO I

DISPOSIÇÕES PRELIMINARES

Art. 19. Incumbe ao SPU promover, em nome da Fazenda Nacional, a discriminação administrativa das terras na faixa de fronteira e nos Territórios Federais, bem como de outras terras do domínio da União, a fim de descrevê-las, medilas e extremá-las das do domínio particular.

Art. 20. Aos bens imóveis da União, quando indevidamente ocupados, invadidos, turbados na posse, ameaçados de perigos ou confundidos em suas limitações, cabem os remédios de direito comum.

Art. 21. Desdobra-se em duas fases ou instâncias o processo discriminatório, uma administrativa ou amigável, outra judicial, recorrendo a Fazenda Nacional à segunda, relativamente àqueles contra quem não houver surtido ou não puder surtir efeitos a primeira.

Parágrafo único. Dispensar-se-á, todavia, a fase administrativa ou amigável, nas discriminatórias, em que a Fazenda Nacional verificar ser a mesma de todo ou em grande parte ineficaz pela incapacidade, ausência ou conhecida oposição da totalidade ou maioria dos interessados.

SUBSEÇÃO II

DA DISCRIMINAÇÃO ADMINISTRATIVA

Art. 22. Procederá à abertura da instância administrativa o reconhecimento prévio da área discriminada, por engenheiro ou agrimensor com exercício no órgão local do SPU, que apresentará relatório ou memorial descritivo:

a) do perímetro com suas características e continência certa ou aproximada;
b) das propriedades e posses nele localizadas ou a ele confinantes, com os nomes e residências dos respectivos proprietários e possuidores;
c) das criações, benfeitorias e culturas, encontradas, assim como de qualquer manifestação evidente de posse das terras;
d) de um *croquis* circunstanciado quanto possível;

e) de outras quaisquer informações interessantes.

▶ Art. 34, parágrafo único, deste Decreto-Lei.

Art. 23. Com o memorial e documentos que porventura o instruírem, o Procurador da Fazenda Pública iniciará o processo, convocando os interessados para em dia, hora e lugar indicados com prazo antecedente não menor de 60 (sessenta) dias se instalarem os trabalhos de discriminação e apresentarem as partes seus títulos, documentos e informações que lhe possam interessar.

§ 1º O processo discriminatório correrá na sede de situação da área discriminanda ou de sua maior parte.

§ 2º A convocação ou citação será feita aos proprietários, possuidores, confinantes, a todos os interessados em geral, inclusive as mulheres casadas, por editais, e, além disso, cautelariamente, por carta àqueles cujos nomes constarem do memorial do engenheiro ou agrimensor.

§ 3º Os editais serão afixados em lugares públicos nas sedes dos municípios e distritos de paz, publicados 3 (três) vezes do *Diário Oficial da União*, do Estado ou Território, consoante seja o caso, ou na folha que lhe der publicidade ao expediente, e 2 (duas) vezes, na imprensa local, onde houver.

Art. 24. No dia, hora e lugar aprazados, o Procurador da Fazenda Pública, acompanhado do engenheiro ou agrimensor autor do memorial, do escrivão para isso designado pelo Chefe do órgão local do SPU, e dos servidores deste, que forem necessários, abrirá a diligência, dará por instalados os trabalhos e mandará fazer pelo escrivão a chamada dos interessados, procedendo-se a seguir ao recebimento, exame e conferência dos memoriais, requerimentos, informações, títulos e documentos apresentados pelos mesmos, bem como ao arrolamento das testemunhas informantes e indicação de 1 (um) ou 2 (dois) peritos que os citados porventura queiram eleger, por maioria de votos, para acompanhar e esclarecer o engenheiro ou agrimensor nos trabalhos topográficos.

§ 1º Com os documentos, pedidos e informações, deverão os interessados, sempre que lhes for possível e tanto quanto o for prestar esclarecimentos, por escrito ou verbalmente, para serem reduzidos a termo pelo escrivão, acerca da origem e sequência de seus títulos ou posse, da localização, valor estimado e área certa ou aproximada das terras de que se julgarem legítimos senhores ou possuidores, de suas confrontações, dos nomes dos confrontantes, da natureza, qualidade, quantidade e valor das benfeitorias, culturas e criações nelas existentes e o montante do imposto territorial porventura pago.

§ 2º As testemunhas oferecidas podem ser ouvidas desde logo e seus depoimentos tomados por escrito, como elementos instrutivos do direito dos interessados.

§ 3º A diligência se prolongará por tantos dias quantos necessários, lavrando-se diariamente auto do que se passar com assinatura dos presentes.

§ 4º Ultimados os trabalhos desta diligência, serão designados dia e hora para a seguinte, ficando as partes, presentes e revéis, convocadas para ela sem mais intimação.

§ 5º Entre as duas diligências mediará intervalo de 30 (trinta) a 60 (sessenta) dias, durante o qual o Procurador da Fazenda Pública estudará os autos, habilitando-se a pronunciar sobre as alegações, documentos e direitos dos interessados.

Art. 25. A segunda diligência instalar-se-á com as formalidades da primeira, tendo por objeto a audiência dos interessados de lado a lado, o acordo que entre eles se firmar sobre a propriedade e posses que forem reconhecidas, o registro dos que são excluídos do processo, por não haverem chegado a acordo ou serem revéis, e a designação do ponto de partida dos trabalhos topográficos; o que tudo se assentará em autos circunstanciados, com assinatura dos interessados presentes.

Art. 26. Em seguida o engenheiro ou agrimensor acompanhado de tantos auxiliares quantos necessários, procederá aos trabalhos geodésicos e topográficos de levantamento da planta geral das terras, sua situação quanto à divisão administrativa e judiciária do Estado, Distrito ou Território, sua discriminação, medição e demarcação, separando as da Fazenda Nacional das dos particulares.

§ 1º O levantamento técnico se fará com instrumentos de precisão, orientada a planta segundo o meridiano do lugar e determinada e declinação da agulha magnética.

§ 2º A planta deve ser tão minuciosa quanto possível, assinalando as correntes de água com seu valor mecânico, e conformação orográfica aproximativa dos terrenos, as construções existentes, os quinhões de cada um, com as respectivas áreas e situação na divisão administrativa e judiciária do Estado, Distrito ou Território, valos, cercas, muros, tapumes, limites ou marcos divisórios, vias de comunicação e por meio de convenções, as culturas, campos, matas, capoeiras, cerrados, caatingas e brejos.

§ 3º A planta será acompanhada de relatório que descreverá circunstanciadamente as indicações daquela, as propriedades culturais, mineralógicas, pastoris e industriais do solo, a qualidade e quantidade das várias áreas de vegetação diversa, a distância dos povoados, pontos de embarque e vias de comunicação.

§ 4º Os peritos nomeados e as partes que quiserem poderão acompanhar os trabalhos topográficos.

§ 5º Se durante estes surgirem dúvidas que interrompam ou embaracem as operações, o engenheiro ou agrimensor as submeterá ao chefe do órgão local do SPU para que as resolva com a parte interessada, ouvindo os peritos e testemunhas, se preciso.

Art. 27. Tomar-se-á nos autos termo à parte para cada um dos interessados, assinado pelo representante do órgão local do SPU contendo a descrição precisa das linhas e marcos divisórios, culturas e outras especificações constantes da planta geral e relatório do engenheiro ou agrimensor.

▶ Art. 30 deste Decreto-Lei.

Art. 28. Findos os trabalhos, de tudo se lavrará auto solene e circunstanciado, em que as partes de lado a lado reconheçam e aceitem, em todos os seus atos, dizeres e operações, a discriminação feita. O auto fará menção expressa de cada um dos termos a que alude o artigo antecedente e será assinado por todos os interessados, fazendo-o em nome da União, o Procurador da Fazenda Pública.

▶ Art. 30 deste Decreto-Lei.

Art. 29. A discriminação administrativa ou amigável não confere direito algum contra terceiros, senão contra a União e aqueles que forem partes no feito.

Art. 30. É lícito ao interessado tirar no SPU, para seu título, instrumento de discriminação, em forma de carta de sentença, contendo o termo e auto solene a que aludem os arts. 27 e 28. Tal carta, assinada pelo Diretor do SPU, terá força orgânica de instrumento público e conterá todos os requisitos necessários, para transcrições e averbações nos Registros Públicos.

Parágrafo único. Para a providência de que trata este artigo, subirão ao Diretor do SPU, em traslado todas as peças que interessem ao despacho do pedido, com o parecer do órgão local do mesmo Serviço.

Art. 31. Os particulares não pagam custas no processo discriminatório administrativo, salvo pelas diligências a seu exclusivo interesse e pela expedição das cartas de discriminação, para as quais as taxas serão as do Regimento de Custas.

Parágrafo único. Serão fornecidas gratuitamente as certidões necessárias à instrução do processo e as cartas de discriminação requeridas pelos possuidores de áreas consideradas diminutas, cujo valor declarado não seja superior a Cr$ 5.000,00 (cinco mil cruzeiros), a critério do SPU.

Subseção III

DA DISCRIMINAÇÃO JUDICIAL

Art. 32. Contra aqueles que discordarem em qualquer termo da instância administrativa ou por qualquer motivo não entrarem em composição amigável, abrirá a União, por seu representante em Juízo, a instância judicial contenciosa.

Art. 33. Correrá o processo judiciário de discriminação perante o Juízo competente, de acordo com a organização judiciária.

Art. 34. Na petição inicial, a União requererá a citação dos proprietários, possuidores, confinantes e em geral de todos os interessados, para acompanharem o processo de discriminação até o final, exibindo seus títulos de propriedade ou prestando minuciosas informações sobre suas posses ou ocupações, ainda que sem títulos documentários.

Parágrafo único. A petição será instruída com o relatório a que alude o artigo 22.

Art. 35. A citação inicial compreenderá todos os atos do processo discriminatório sendo de rigor a citação da mulher casada e do Ministério Público, quando houver menor interessado.

Art. 36. A forma e os prazos de citação obedecerão ao que dispõe o Código do Processo Civil.

Art. 37. Entregue em cartório o mandado de citação pessoal devidamente cumprido e findo o prazo da citação por edital, terão os interessados o prazo comum de 30 (trinta) dias para as providências do artigo seguinte.

Art. 38. Com os títulos, documentos e informações, deverão os interessados oferecer esclarecimentos por escrito, tão minuciosos quanto possível, especialmente acerca da origem e sequência de seus títulos, posses e ocupação.

Art. 39. Organizados os autos, tê-los-á com vista por 60 (sessenta) dias o representante da União em Juízo para manifestar-se em memorial minucioso sobre os documentos, informações e pretensões dos interessados, bem como sobre o direito da União às terras que não forem do domínio particular, nos termos do artigo 5º deste Decreto-lei.

Parágrafo único. O Juiz poderá prorrogar, mediante requerimento, o prazo de que trata este artigo no máximo por mais 60 (sessenta) dias.

Art. 40. No memorial, depois de requerer a exclusão das áreas que houver reconhecido como do domínio particular, na forma do artigo antecedente, pedirá, a Procuradoria da República a discriminação das remanescentes como de domínio da União, indicando todos os elementos indispensáveis para esclarecimento da causa e, especialmente, os característicos das áreas que devam ser declaradas do mesmo domínio.

Art. 41. No memorial pedir-se-á a produção das provas juntamente com as perícias necessárias à demonstração do alegado pela União.

Art. 42. Devolvidos os autos a cartório, dar-se-á por edital, com prazo de 30 (trinta) dias, conhecimento das conclusões do memorial aos interessados, para que possam, querendo, concordar com as conclusões da Fazenda Nacional e requerer a regularização de suas posses ou sanar quaisquer omissões que hajam cometido na defesa de seus direitos. Este edital será publicado 1 (uma) vez no *Diário Oficial da União*, do Estado, ou do Território, consoante seja o caso, ou na folha que lhe publicar o expediente, bem como na imprensa local, onde houver.

Art. 43. Conclusos os autos, o Juiz tomando conhecimento do memorial da União excluirá as áreas por essa reconhecidas como do domínio particular e quanto ao pedido de discriminação das áreas restantes, nomeará para as operações discriminatórias o engenheiro ou agrimensor, 2 (dois) peritos da confiança dele Juiz e os suplentes daquele e destes.

§ 1º O engenheiro ou agrimensor e seu suplente, serão propostos pelo SPU dentre os servidores de que dispuser, ficando-lhe facultado contratar auxiliares para os serviços de campo.

§ 2º Poderão as partes, por maioria de votos, indicar, ao Juiz, assistente técnico de sua confiança ao engenheiro ou agrimensor.

Art. 44. Em seguida terão as partes o prazo comum de 20 (vinte) dias para contestação, a contar da publicação do despacho a que se refere o artigo precedente, e que se fará no *Diário Oficial da União*, do Estado ou do Território, consoante seja o caso, ou na folha que lhe editar o expediente, bem como na imprensa local, se houver.

Art. 45. Se nenhum interessado contestar o pedido, o Juiz julgará de plano procedente a ação.

Parágrafo único. Havendo contestação, a causa tomará o curso ordinário e o Juiz proferirá o despacho saneador.

Art. 46. No despacho saneador procederá o Juiz na forma do art. 294 do Código do Processo Civil.
▶ Refere-se ao CPC/1939. Art. 331, § 2º, do CPC vigente.
▶ Súm. nº 424 do STF.

Art. 47. Se não houver sido requerida prova alguma ou findo o prazo para sua produção, mandará o Juiz que se proceda à audiência de instrução e julgamento na forma do Código de Processo Civil.

Art. 48. Proferida a sentença e dele intimados os interessados, iniciar-se-á, a despeito de qualquer recurso, o levantamento e demarcação do perímetro declarado devoluto, extremando-o das áreas declaradas particulares, contestes e incontestes; para o que requererá a Fazenda Nacional, ou qualquer dos interessados, designação de dia, hora e lugar para começo das operações técnicas da discriminação, notificadas as partes presentes ou representadas, o engenheiro ou agrimensor e os peritos.

§ 1º O recurso da sentença será o que determinar o Código do Processo Civil para decisões análogas.

§ 2º O recurso subirá ao Juízo *ad quem* nos autos suplementares, que se organizarão como no processo ordinário.

§ 3º Serão desde logo avaliadas, na forma de direito, as benfeitorias indenizáveis dos interessados que foram excluídos ou de terceiros, reconhecidos de boa-fé pela sentença (Código do Processo Civil, art. 996, parágrafo único).
▶ Refere-se ao CPC/1939.

Art. 49. Em seguida, o engenheiro ou agrimensor, acompanhado de seus auxiliares, procederá aos trabalhos geodésicos e topográficos de levantamento da planta geral das terras, sua situação quanto à divisão administrativa e judiciária do Estado, Distrito ou Território, sua discriminação, medição e demarcação, separando-as das terras particulares.

Parágrafo único. Na demarcação do perímetro devoluto atenderá o engenheiro ou agrimensor à sentença, títulos, posses, marcos, rumos, vestígios encontrados, fama da vizinhança, informações de testemunhas e antigos conhecedores do lugar e a outros elementos que coligir.

Art. 50. A planta levantada com os requisitos do artigo antecedente, será instruída pelo engenheiro ou agrimensor com minucioso relatório ou memorial, donde conste necessariamente a descrição de todas as glebas devolutas abarcadas pelo perímetro geral. Para execução desses trabalhos o Juiz marcará prazo prorrogável a seu prudente arbítrio.

Art. 51. A planta, que será autenticada pelo juiz, engenheiro ou agrimensor e peritos, deverá ser tão minuciosa quanto possível, assinalando as correntes d'água, a conformação orográfica aproximativa dos terrenos, as construções existentes, os quinhões de cada um, com as respectivas áreas e situação na divisão administrativa e judiciária do Estado, Distrito ou Território, valos, cercas, muros, tapumes, limites ou marcos divisórios, vias de comunicação e, por meio de convenções, as culturas, campos, matas, capoeiras, cerrados, caatingas e brejos.

Art. 52. O relatório ou memorial descreverá circunstanciadamente as indicações da planta, as propriedades culturais, mineralógicas, pastoris e industriais do solo, a qualidade e quantidade das várias áreas de vegetação diversa, a distância dos povoados, pontos de embarque e vias de comunicação.

Art. 53. Se durante os trabalhos técnicos da discriminação surgirem dúvidas que reclamem a deliberação do Juiz, a este as submeterá o engenheiro ou agrimensor a fim de que as resolva, ouvidos, se preciso, os peritos.

Parágrafo único. O Juiz ouvirá os peritos, quando qualquer interessado alegar falta que deva ser corrigida.

Art. 54. As plantas serão organizadas com observância das normas técnicas que lhes forem aplicáveis.

Art. 55. À planta anexar-se-ão o relatório ou memorial descritivo e as cadernetas das operações de campo, autenticadas pelo engenheiro ou agrimensor.

Art. 56. Concluídas as operações técnicas de discriminação, assinará o Juiz o prazo comum de 30 (trinta) dias aos interessados e outro igual à Fazenda Nacional, para sucessivamente falarem sobre o feito.

Art. 57. A seguir, subirão os autos à conclusão do Juiz para este homologar a discriminação e declarar judicialmente do domínio da União as terras devolutas apuradas no perímetro discriminado e incorporadas ao patrimônio dos particulares, respectivamente, as declaradas do domínio particular, ordenando antes as diligências ou retificações que lhe parecerem necessárias para sua sentença homologatória.

▶ Art. 164 deste Decreto-Lei.

Parágrafo único. Será meramente devolutivo o recurso que couber contra a sentença homologatória.

Art. 58. As custas do primeiro estádio da causa serão pagas pela parte vencida; as do estádio das operações executivas, topográficas e geodésicas, sê-lo-ão pela União e pelos particulares *pro rata*, na proporção da área dos respectivos domínios.

Art. 59. Constituirá atentado, que o Juiz coibirá, mediante simples monitória, o ato da parte que no decurso do processo, dilatar a área de seus domínios ou ocupações, assim como o do terceiro que se intrusar no imóvel em discriminação.

Art. 60. As áreas disputadas pelos que houverem recorrido da sentença a que alude o art. 48, serão discriminadas com as demais, descritas no relatório ou memorial do engenheiro ou agrimensor e assinaladas na planta, em convenções específicas, a fim de que, julgados os recursos se atribuam à União ou aos particulares conforme o caso, mediante simples juntada aos autos da decisão superior, despacho do Juiz mandando cumpri-la e anotação do engenheiro ou agrimensor na planta.

Parágrafo único. Terão os recorrentes direito de continuar a intervir nos atos discriminatórios e deverão ser para eles intimados até decisão final dos respectivos recursos.

SEÇÃO V

DA REGULARIZAÇÃO DA OCUPAÇÃO DE IMÓVEIS PRESUMIDAMENTE DE DOMÍNIO DA UNIÃO

Art. 61. O SPU exigirá de todo aquele que estiver ocupando imóvel presumidamente pertencente à União, que lhe apresente os documentos e títulos comprobatórios de seus direitos sobre o mesmo.

▶ Art. 63 deste Decreto-Lei.

§ 1º Para cumprimento do disposto neste artigo, o órgão local do SPU, por edital, sem prejuízo de intimação por outro meio, dará aos interessados o prazo de 60 (sessenta) dias, prorrogáveis por igual termo, a seu prudente arbítrio.

▶ Art. 3º da Lei nº 2.185, de 11-1-1954, que dispõe sobre o prazo referido neste parágrafo e sua contagem a partir da data da intimação de parte do SPU.

§ 2º O edital será afixado na repartição arrecadadora da Fazenda Nacional, na localidade da situação do imóvel, e publicado no órgão oficial do Estado ou Território, ou na folha que lhe publicar o expediente, e no *Diário Oficial da União*, em se tratando de imóvel situado no Distrito Federal.

Art. 62. Apreciados os documentos exibidos pelos interessados e quaisquer outros que possa produzir o SPU, com seu parecer, submeterá ao CTU a apreciação do caso.

Parágrafo único. Examinado o estado de fato e declarado o direito que lhe é aplicável, o CTU restituirá o processo ao SPU para cumprimento da decisão, que então proferir.

Art. 63. Não exibidos os documentos na forma prevista no art. 61, o SPU declarará irregular a situação do ocupante, e, imediatamente, providenciará no sentido de recuperar a União a posse do imóvel esbulhado.

§ 1º Para advertência a eventuais interessados de boa-fé e imputação de responsabilidades civis e penais se for o caso, o SPU tornará pública, por edital, a decisão que declarar a irregularidade da detenção do imóvel esbulhado.

§ 2º A partir da publicação da decisão a que alude o § 1º, se do processo já não constar a prova do vício manifesto da ocupação anterior, considera-se constituída em má-fé a detenção de imóvel do domínio presumido da União, obrigado o detentor a satisfazer plenamente as composições da lei.

TÍTULO II – DA UTILIZAÇÃO DOS BENS IMÓVEIS DA UNIÃO

CAPÍTULO I

DISPOSIÇÕES GERAIS

Art. 64. Os bens imóveis da União não utilizados em serviço público poderão, qualquer que seja a sua natureza, ser alugados, aforados ou cedidos.

§ 1º A locação se fará quando houver conveniência em tornar o imóvel produtivo, conservando porém, a União, sua plena propriedade, considerada arrendamento mediante condições especiais, quando objetivada a exploração de frutos ou prestação de serviços.

§ 2º O aforamento se dará quando coexistirem a conveniência de radicar-se o indivíduo ao solo e a de manter-se o vínculo da propriedade pública.

§ 3º A cessão se fará quando interessar à União concretizar, com a permissão da utilização gratuita de imóvel seu, auxílio ou colaboração que entenda prestar.

Arts. 65 e 66. *Revogados.* Lei nº 9.636, de 15-5-1998.

Art. 67. Cabe privativamente ao SPU a fixação do valor locativo e venal dos imóveis de que trata este Decreto-lei.

Art. 68. Os foros, laudêmios, taxas, cotas, aluguéis e multas serão recolhidos na estação arrecadadora da Fazenda Nacional com jurisdição na localidade do imóvel.

Parágrafo único. Excetuam-se dessa disposição os pagamentos que, na forma deste Decreto-lei, devam ser efetuados mediante desconto em folha.

Art. 69. As repartições pagadoras da União remeterão mensalmente ao SPU relação nominal dos servidores que, a título de taxa ou aluguel, tenham sofrido desconto em folha de pagamento, com indicação das importâncias correspondentes.

Parágrafo único. O desconto a que se refere o presente artigo não se somará a outras consignações, para efeito de qualquer limite.

Art. 70. O ocupante do próprio nacional, sob qualquer das modalidades previstas neste Decreto-lei, é obrigado a zelar pela conservação do imóvel, sendo responsável pelos danos ou prejuízos que nele tenha causado.

Art. 71. O ocupante de imóvel da União sem assentimento desta poderá ser sumariamente despejado e perderá, sem direito a qualquer indenização, tudo quanto haja incorporado ao solo, ficando ainda sujeito ao disposto nos arts. 513, 515 e 517 do Código Civil.

▶ Refere-se ao CC/1916. Ver arts. 1.216, 1.218 e 1.220 do CC/2002.

Parágrafo único. Excetuam-se dessa disposição os ocupantes de boa-fé, com cultura efetiva e moradia habitual, e os com direitos assegurados por este Decreto-lei.

Art. 72. Os editais de convocação a concorrências serão obrigatoriamente afixados, pelo prazo mínimo de 15 dias, na estação arrecadadora da Fazenda Nacional com jurisdição na localidade do imóvel e, quando convier, em outras repartições federais, devendo, ainda, sempre que possível, ter ampla divulgação em órgão de imprensa oficial e por outros meios de publicidade.

Parágrafo único. A fixação do edital será sempre atestada pelo Chefe da repartição em que se tenha feito.

Art. 73. As concorrências serão realizadas na sede da repartição local do SPU.

§ 1º Quando o Diretor do mesmo Serviço julgar conveniente, poderá qualquer concorrência ser realizada na sede do órgão central da repartição.

§ 2º Quando o objeto da concorrência for imóvel situado em lugar distante ou de difícil comunicação, poderá o Chefe da repartição local do SPU delegar competência ao Coletor Federal da localidade para realizá-la.

§ 3º As concorrências serão aprovadas pelo Chefe da repartição local do SPU, *ad referendum* do Diretor do mesmo Serviço, salvo no caso previsto no § 1º deste artigo, era que compete ao Diretor do SPU aprová-las.

Art. 74. Os termos, ajustes ou contratos relativos a imóveis da União, serão lavrados na repartição local do SPU e terão, para qualquer efeito, força de escritura pública, sendo isentos de publicação, para seu registro pelo Tribunal de Contas.

§ 1º Quando as circunstâncias aconselharem, poderão os atos de que trata o presente artigo ser lavrados em repartição arrecadadora da Fazenda situada na localidade do imóvel.

§ 2º Os termos de que trata o item I do art. 85 serão lavrados na sede da repartição a que tenha sido entregue o imóvel.

§ 3º São isentos de registro pelo Tribunal de Contas os termos e contratos celebrados para os fins previstos nos arts. 79 e 80 deste Decreto-lei.

Art. 75. Nos termos, ajustes e contratos relativos a imóveis, a União será representada por Procurador da Fazenda Pública que poderá, para esse fim, delegar competência a outro servidor federal.

§ 1º Nos termos de que trata o artigo 79, representará o SPU o Chefe de sua repartição local, que, no interesse do serviço, poderá para isso delegar competência a outro funcionário do Ministério da Fazenda.

§ 2º Os termos a que se refere o art. 85 serão assinados perante o Chefe da repartição interessada.

CAPÍTULO II

DA UTILIZAÇÃO EM SERVIÇO PÚBLICO

SEÇÃO I

DISPOSIÇÕES GERAIS

Art. 76. São considerados como utilizados em serviço público os imóveis ocupados:

I – por serviço federal;

II – por servidor da União, como residência em caráter obrigatório.

▶ Arts. 86, 94 e 213 deste Decreto-Lei.

Art. 77. A administração dos próprios nacionais aplicados em serviço público compete às repartições que os tenham a seu cargo, enquanto durar a aplicação. Cessada esta passarão esses imóveis, independentemente do ato especial, à administração do SPU.

Art. 78. O SPU velará para que não sejam mantidos em uso público ou administrativo imóveis da União que ao mesmo uso não sejam estritamente necessários, levando ao conhecimento da autoridade competente as ocorrências que a esse respeito se verifiquem.

SEÇÃO II

DA APLICAÇÃO EM SERVIÇO FEDERAL

Art. 79. A entrega de imóvel para uso da Administração Pública Federal direta compete privativamente à Secretaria do Patrimônio da União – SPU.

▶ *Caput* com a redação dada pela Lei nº 9.636, de 15-5-1998.

▶ Arts. 74, § 3º, e 75, § 1º, deste Decreto-Lei.

§ 1º A entrega, que se fará mediante termo, ficará sujeita à confirmação 2 (dois) anos após a assinatura do mesmo, cabendo ao SPU ratificá-la, desde que, nesse período tenha o imóvel sido devidamente utilizado no fim para que fora entregue.

§ 2º O chefe de repartição, estabelecimento ou serviço federal que tenha a seu cargo próprio nacional, não poderá permitir, sob pena de responsabilidade, sua invasão, cessão, locação ou utilização em fim diferente do qual lhe tenha sido prescrito.

§ 3º Havendo necessidade de destinar imóvel ao uso de entidade da Administração Pública Federal indireta, a aplicação se fará sob o regime da cessão de uso.

▶ § 3º acrescido pela Lei nº 9.636, de 15-5-1998.

§ 4º Não subsistindo o interesse do órgão da administração pública federal direta na utilização de imóvel da União entregue para uso no serviço público, deverá ser formalizada a devolução mediante termo acompanhado de laudo de vistoria, recebido pela gerência regional da Secretaria do Patrimônio da União, no qual deverá ser informada a data da devolução.

§ 5º Constatado o exercício de posse para fins de moradia em bens entregues a órgãos ou entidades da administração pública federal e havendo interesse público na utilização destes bens para fins de implantação de programa ou ações de regularização fundiária ou para titulação em áreas ocupadas por comunidades tradicionais, a Secretaria do Patrimônio da União fica autorizada a reaver o imóvel por meio de ato de cancelamento da entrega, destinando o imóvel para a finalidade que motivou a medida, ressalvados os bens imóveis da União que estejam sob a administração do Ministério da Defesa e dos Comandos da Marinha, do Exército e da Aeronáutica, e observado o disposto no inciso III do § 1º do art. 91 da Constituição Federal.

§ 6º O disposto no § 5º deste artigo aplica-se, também, a imóveis não utilizados para a finalidade prevista no ato de entrega de que trata o *caput* deste artigo, quando verificada a necessidade de sua utilização em programas de provisão habitacional de interesse social.

▶ §§ 4º a 6º acrescidos pela Lei nº 11.481, de 31-5-2007.

SEÇÃO III

DA RESIDÊNCIA OBRIGATÓRIA DE SERVIDOR DA UNIÃO

Art. 80. A residência de servidor da União em próprio nacional ou em outro imóvel utilizado em serviço público somente será considerada obrigatória quando for indispensável, por necessidade de vigilância ou assistência constante.

▶ Art. 74, § 3º, deste Decreto-Lei.

Art. 81. O ocupante, em caráter obrigatório de próprio nacional ou de outro imóvel utilizado em serviço público federal, fica, sujeito ao pagamento da taxa de 3% (três por cento) ao ano sobre o valor atualizado, do imóvel ou da parte nele ocupada, sem exceder a 20% (vinte por cento) do seu vencimento o salário.

§ 1º Em caso de ocupação de imóvel alugado pela União, a taxa será de 50% (cinquenta por cento) sobre o valor locativo da parte ocupada.

§ 2º A taxa que trata o presente artigo será arrecadada mediante desconto mensal em folha de pagamento.

▶ Art. 85, III, deste Decreto-Lei.

§ 3º É isento do pagamento da taxa o servidor da União que ocupar:

I – construção improvisada, junto à obra em que esteja trabalhando;

II – próprio nacional ou prédio utilizado por serviço público federal, em missão de caráter transitório, de guarda, plantão, proteção ou assistência; ou

III – alojamentos militares ou instalações semelhantes.

▶ Art. 84, parágrafo único, deste Decreto-Lei.

§ 4º O servidor que ocupar próprio nacional ou outro imóvel utilizado em serviço público da União, situado na zona rural, pagará apenas a taxa anual de 0,50% sobre o valor atualizado do imóvel, ou da parte nele ocupada.

▶ § 4º acrescido pela Lei nº 225, de 3-1-1948.

§ 5º A taxa de uso dos imóveis ocupados por servidores militares continuará a ser regida pela legislação específica que dispõe sobre a remuneração dos militares, resguardado o disposto no § 3º em se tratando de residência em alojamentos militares ou em instalações semelhantes.

▶ § 5º acrescido pela Lei nº 9.636, de 15-5-1998.

Art. 82. A obrigatoriedade da residência será determinada expressamente por ato do Ministro de Estado, sob a jurisdição de cujo Ministério se encontrar o imóvel, ouvido previamente o SPU.

▶ *Caput* com a redação dada pela Lei nº 225, de 3-1-1948.
▶ Art. 84 deste Decreto-Lei.

Parágrafo único. Os imóveis residenciais administrados pelos órgãos militares e destinados à ocupação por servidor militar, enquanto utilizados nesta finalidade, serão considerados de caráter obrigatório, independentemente dos procedimentos previstos neste artigo.

▶ Parágrafo único com a redação dada pela Lei nº 9.636, de 15-5-1998.

Art. 83. O ocupante, em caráter obrigatório, de próprio nacional, não poderá no todo ou em parte, cedê-lo, alugá-lo ou dar-lhe destino diferente do residencial.

§ 1º A infração do disposto neste artigo constituirá falta grave, para o fim previsto no artigo 234 do Decreto-lei nº 1.713, de 28 de outubro de 1939.

§ 2º Verificada a hipótese prevista no parágrafo anterior, o SPU, ouvida a repartição interessada, examinará a necessidade de ser mantida a condição de obrigatoriedade de residência no imóvel, e submeterá o assunto, com o seu parecer e pelos meios competentes, à deliberação do Presidente da República.

Art. 84. Baixado o ato a que se refere o art. 82 se o caso for de residência em próprio nacional, o Ministério o remeterá, por cópia, ao SPU.

▶ *Caput* com a redação dada pela Lei nº 225, de 3-1-1948.

Parágrafo único. A repartição federal que dispuser de imóvel que deva ser ocupado nas condições previstas no § 3º do art. 81 deste Decreto-lei, comunicá-lo-á ao SPU, justificando-o.

Art. 85. A repartição federal que tenha sob sua jurisdição imóvel utilizado como residência obrigatória de servidor da União deverá:

▶ Art. 75, § 2º, deste Decreto-Lei.

I – entregá-lo ou recebê-lo do respectivo ocupante, mediante termo de que constarão as condições prescritas pelo SPU;

▶ Art. 74, § 2º, deste Decreto-Lei.

II – remeter cópia do termo ao SPU;
III – comunicar à repartição pagadora competente a importância do desconto que deva ser feito em folha de pagamento, para o fim previsto no § 2º do artigo 81, remetendo ao SPU cópia desse expediente;
IV – comunicar ao SPU qualquer alteração havida no desconto a que se refere o item anterior, esclarecendo devidamente o motivo que a determinou; e
V – comunicar imediatamente ao SPU qualquer infração das disposições deste Decreto-lei, bem como a cessação da obrigatoriedade de residência, não podendo utilizar o imóvel em nenhum outro fim sem autorização do mesmo Serviço.

CAPÍTULO III

DA LOCAÇÃO

SEÇÃO I

DISPOSIÇÕES GERAIS

Art. 86. Os próprios nacionais não aplicados, total ou parcialmente, nos fins previstos no art. 76 deste Decreto-lei, poderão, a juízo do SPU, ser alugados:

I – para residência de autoridades federais ou de outros servidores da União, no interesse do Serviço;

▶ Arts. 91, I, 95 e 213 deste Decreto-Lei.

II – para residência de servidor da União, em caráter voluntário;
III – a quaisquer interessados.

▶ Arts. 91, II, e 95 deste Decreto-Lei.

Art. 87. A locação de imóveis da União se fará mediante contrato, não ficando sujeita a disposições de outras leis concernentes à locação.

Art. 88. É proibida a sublocação do imóvel, no todo ou em parte, bem como a transferência de locação.

Art. 89. O contrato de locação poderá ser rescindido:

I – quando ocorrer infração do disposto no artigo anterior;
II – quando os aluguéis não forem pagos nos prazos estipulados;
III – quando o imóvel for necessário a serviço público, e desde que não tenha a locação sido feita em condições especiais, aprovadas pelo Ministro da Fazenda;
IV – quando ocorrer inadimplemento de cláusula contratual.

§ 1º Nos casos previstos nos itens I e II, a rescisão dar-se-á de pleno direito, imitindo-se a União sumariamente na posse da coisa locada.

§ 2º Na hipótese do item III, a rescisão poderá ser feita em qualquer tempo, por ato administrativo da União, sem que esta fique por isso obrigada a pagar ao locatário indenização de qualquer espécie, excetuada a que se refira a benfeitorias necessárias.

§ 3º A rescisão, no caso do parágrafo anterior, será feita por notificação, em que se consignará o prazo para restituição do imóvel, que será:

a) de 90 (noventa) dias, quando situado em zona urbana;

b) de 180 (cento e oitenta) dias, quando em zona rural.

▶ Art. 132 deste Decreto-Lei.

§ 4º Os prazos fixados no parágrafo precedente poderão, a critério do SPU, ser prorrogados, se requerida a prorrogação em tempo hábil e justificadamente.

Art. 90. As benfeitorias necessárias só serão indenizáveis pela União, quando o SPU tiver sido notificado da realização das mesmas dentro de 120 (cento e vinte) dias contados da sua execução.

Art. 91. Os aluguéis serão pagos:

I – mediante desconto em folha de pagamento, quando a locação se fizer na forma do item I do art. 86;
II – mediante recolhimento à estação arrecadadora da Fazenda Nacional, nos casos previstos nos itens II e III do mesmo art. 86.

§ 1º O SPU comunicará às repartições competentes a importância dos descontos que devam ser feitos para os fins previstos neste artigo.

§ 2º O pagamento dos aluguéis de que trata o item II deste artigo será garantido por depósito em dinheiro, em importância correspondente a 3 (três) meses de aluguel.

SEÇÃO II

DA RESIDÊNCIA DE SERVIDOR DA UNIÃO, NO INTERESSE DO SERVIÇO

Art. 92. Poderão ser reservados pelo SPU próprios nacionais, no todo ou em parte, para moradia de servidores da União no exercício de cargo em comissão ou função gratificada, ou que, no interesse do serviço, convenha, residam nas repartições respectivas ou nas suas proximidades.

Parágrafo único. A locação se fará sem concorrência e por aluguel correspondente à parte ocupada do imóvel.

Art. 93. As repartições que necessitem de imóveis para o fim previsto no artigo anterior, solicitarão sua reserva ao SPU, justificando a necessidade.

Parágrafo único. Reservado o imóvel e assinado o contrato de locação, o SPU fará sua entrega ao servidor que deverá ocupá-lo.

SEÇÃO III

DA RESIDÊNCIA VOLUNTÁRIA DE SERVIDOR DA UNIÃO

Art. 94. Os próprios nacionais não aplicados nos fins previstos no art. 76 ou no item I do art. 86 deste Decreto-lei, e que se prestem para moradia, poderão ser alugados para residência de servidor da União.

§ 1º A locação se fará pelo aluguel que for fixado e mediante concorrência, que versará sobre as qualidades preferenciais dos candidatos, relativas ao número de dependentes, remuneração e tempo de serviço público.

§ 2º As qualidades preferenciais serão apuradas conforme tabela organizada pelo SPU e aprovada pelo Diretor Geral da Fazenda Nacional, tendo em vista o amparo dos mais necessitados.

Seção IV
DA LOCAÇÃO A QUAISQUER INTERESSADOS

Art. 95. Os imóveis da União não aplicados em serviço público e que não forem utilizados nos fins previstos nos itens I e II do art. 86, poderão ser alugados a quaisquer interessados.

Parágrafo único. A locação se fará em concorrência pública e pelo maior preço oferecido, na base mínima do valor locativo fixado.

Art. 96. Em se tratando de exploração de frutos ou prestação de serviços, a locação se fará sob forma de arrendamento, mediante condições especiais, aprovadas pelo Ministro da Fazenda.

Parágrafo único. Salvo em casos especiais, expressamente determinados em lei, não se fará arrendamento por prazo superior a 20 (vinte) anos.

▶ Parágrafo único com a redação dada pela Lei nº 11.314, de 3-7-2006.

Art. 97. Terão preferência para a locação de próprio nacional os Estados e Municípios, que, porém, ficarão sujeitos ao pagamento da cota ou aluguel fixado e ao cumprimento das demais obrigações estipuladas em contrato.

Art. 98. Ao possuidor de benfeitorias, que estiver cultivando, por si e regularmente, terras compreendidas entre as de que trata o art. 65, fica assegurada a preferência para o seu arrendamento, se tal regime houver sido julgado aconselhável para a utilização das mesmas.

Parágrafo único Não usando desse direito no prazo que for estipulado, será o possuidor das benfeitorias indenizado do valor das mesmas, arbitrado pelo SPU.

Capítulo IV
DO AFORAMENTO

Seção I
DISPOSIÇÕES GERAIS

Art. 99. A utilização do terreno da União sob regime de aforamento dependerá de prévia autorização do Presidente da República, salvo se já permitida em expressa disposição legal.

Parágrafo único. Em se tratando de terreno beneficiado com construção constituída de unidades autônomas, ou, comprovadamente, para tal fim destinado, o aforamento poderá ter por objeto as partes ideais correspondentes às mesmas unidades.

Art. 100. A aplicação do regime de aforamento a terras da União, quando autorizada na forma deste Decreto-lei, compete ao SPU, sujeita, porém, à prévia audiência:

a) dos Ministérios da Guerra, por intermédio dos Comandos das Regiões Militares; da Marinha por intermédio das Capitanias dos Portos; da Aeronáutica por intermédio dos Comandos das Zonas Aéreas, quando se tratar de terrenos situados dentro da faixa de fronteiras, da faixa de 100 (cem) metros ao longo da costa marítima ou de uma circunferência de 1.320 (um mil, trezentos e vinte) metros de raio em torno das fortificações e estabelecimentos militares;

▶ Art. 205 deste Decreto-Lei.

b) do Ministério da Agricultura, por intermédio dos seus órgãos locais interessados, quando se tratar de terras suscetíveis de aproveitamento agrícola ou pastoril;

c) do Ministério da Viação e Obras Públicas por intermédio de seus órgãos próprios locais quando se tratar de terrenos situados nas proximidades de obras portuárias, ferroviárias, rodoviárias, de saneamento ou de irrigação;

d) das Prefeituras Municipais, quando se tratar de terreno situado em zona que esteja sendo urbanizada.

§ 1º A consulta versará sobre zona determinada devidamente caracterizada.

§ 2º Os órgãos consultados deverão se pronunciar dentro de 30 (trinta) dias do recebimento da consulta, prazo que poderá ser prorrogado por outros 30 (trinta) dias quando solicitado, importando o silêncio em assentimento à aplicação do regime enfitêutico na zona caracterizada na consulta.

§ 3º As impugnações, que se poderão restringir a parte da zona sobre que haja versado a consulta, deverão ser devidamente fundamentadas.

§ 4º O aforamento, à vista de ponderações dos órgãos consultados, poderá subordinar-se a condições especiais.

§ 5º Considerando improcedente a impugnação, o SPU submeterá o fato à decisão do Ministro da Fazenda.

§ 6º Nos casos de aplicação do regime de aforamento gratuito com vistas na regularização fundiária de interesse social, ficam dispensadas as audiências previstas neste artigo, ressalvados os bens imóveis sob administração do Ministério da Defesa e dos Comandos do Exército, da Marinha e da Aeronáutica.

▶ § 6º acrescido pela Lei nº 11.481, de 31-5-2007.

Art. 101. Os terrenos aforados pela União ficam sujeitos ao foro de 0,6% (seis décimos por cento) do valor do respectivo domínio pleno, que será anualmente atualizado.

▶ Caput com a redação dada pela Lei nº 7.450, de 23-12-1985.

Parágrafo único. O não pagamento do foro durante três anos consecutivos, ou quatro anos intercalados, importará a caducidade do aforamento.

▶ Parágrafo único com a redação dada pela Lei nº 9.636, de 15-5-1998.

Art. 102. *Revogado*. Dec.-lei nº 2.398, de 21-12-1987.

Art. 103. O aforamento extinguir-se-á:

▶ Caput com a redação dada pela Lei nº 11.481, de 31-5-2007.

I – por inadimplemento de cláusula contratual;
II – por acordo entre as partes;
III – pela remissão do foro, nas zonas onde não mais subsistam os motivos determinantes da aplicação do regime enfitêutico;
IV – pelo abandono do imóvel, caracterizado pela ocupação, por mais de 5 (cinco) anos, sem contestação, de assentamentos informais de baixa renda, retornando o domínio útil à União; ou

V – por interesse público, mediante prévia indenização.

► Incisos I a V acrescidos pela Lei nº 11.481, de 31-5-2007.

§ 1º Consistindo o inadimplemento de cláusula contratual no não pagamento do foro durante três anos consecutivos, ou quatro anos intercalados, é facultado ao foreiro, sem prejuízo do disposto no art. 120, revigorar o aforamento mediante as condições que lhe forem impostas.

§ 2º Na consolidação pela União do domínio pleno de terreno que haja concedido em aforamento, deduzir-se-á do valor do mesmo domínio a importância equivalente a 17% correspondente ao valor do domínio direto.

► §§ 1º e 2º com a redação dada pela Lei nº 9.636, de 15-5-1998.

SEÇÃO II

DA CONSTITUIÇÃO

Art. 104. Decidida a aplicação do regime enfitêutico a terrenos compreendidos em determinada zona, o SPU notificará os interessados com preferência ao aforamento nos termos dos arts. 105 e 215, para que o requeiram dentro do prazo de cento e oitenta dias, sob pena de perda dos direitos que porventura lhes assistam.

Parágrafo único. A notificação será feita por edital afixado na repartição arrecadadora da Fazenda Nacional com jurisdição na localidade do imóvel, e publicado no *Diário Oficial da União*, mediante aviso publicado três vezes, durante o período de convocação, nos dois jornais de maior veiculação local e, sempre que houver interessados conhecidos, por carta registrada.

► Art. 104 com a redação dada pela Lei nº 9.636, de 15-5-1998.
► Arts. 110, 122 e 215 deste Decreto-Lei.

Art. 105. Têm preferência ao aforamento:

► Art. 104 deste Decreto-Lei.

I – os que tiverem título de propriedade devidamente transcrito no Registro de Imóveis;
II – os que estejam na posse dos terrenos, com fundamento em título outorgado pelos Estados ou Municípios;
III – os que, necessariamente, utilizam os terrenos para acesso às suas propriedades;
IV – os ocupantes inscritos até o ano de 1940, e que estejam quites com o pagamento das devidas taxas quanto aos terrenos de marinha e seus acrescidos;

► Art. 131 deste Decreto-Lei.

V – *Revogado*. Lei nº 9.636, de 15-5-1998;
VI – os concessionários de terrenos de marinha, quanto aos seus acrescidos desde que estes não possam constituir unidades autônomas;
VII – os que no terreno possuam benfeitorias, anteriores ao ano de 1940, de valor apreciável em relação ao daquele;
VIII a X – *Revogados*. Lei nº 9.636, de 15-5-1998.

Parágrafo único. As questões sobre propriedades, servidão e posse são da competência dos Tribunais Judiciais.

Art. 106. Os pedidos de aforamento serão dirigidos ao Chefe do órgão local do SPU, acompanhados dos documentos comprobatórios dos direitos alegados pelo interessado e de planta ou *croquis* que identifique o terreno.

Art. 107. *Revogado*. Dec.-lei nº 2.398, de 21-12-1987.

Art. 108. Decorrido o prazo mencionado no § 2º do artigo anterior e apreciadas as reclamações que tenham sido apresentadas, o Chefe do órgão local do SPU, calculado o foro devido, concederá o aforamento, *ad referendum* do Diretor do mesmo Serviço, recolhidos os tributos porventura devidos à Fazenda Nacional.

► Art. 119 deste Decreto-Lei.

Art. 109. Aprovada a concessão lavrar-se-ão em livro próprio do SPU o contrato enfitêutico, de que constarão as condições estabelecidas e as características do terreno aforado.

► Art. 119 deste Decreto-Lei.

Art. 110. Expirado o prazo de que trata o art. 104 e não havendo interesse do serviço público na manutenção do imóvel no domínio pleno da União, o SPU promoverá a venda do domínio útil dos terrenos sem posse, ou daqueles que se encontrem na posse de quem não tenha atendido à notificação a que se refere o mesmo artigo ou de quem, tendo requerido, não tenha preenchido as condições necessárias para obter a concessão do aforamento.

► Artigo com a redação dada pela Lei nº 9.636, de 15-5-1998.
► Art. 121 deste Decreto-Lei.

Art. 111. *Revogado*. Dec.-lei nº 2.398, de 21-12-1987.

SEÇÃO III

DA TRANSFERÊNCIA

Arts. 112 a 115. *Revogados*. Dec.-lei nº 2.398, de 21-12-1987.

Art. 116. Efetuada a transação e transcrito o título no Registro de Imóveis o adquirente, exibindo os documentos comprobatórios, deverá requerer, no prazo de sessenta dias que para o seu nome se transfiram as obrigações enfitêuticas.

§ 1º A transferência das obrigações será feita mediante averbação, no órgão local do SPU, do título de aquisição devidamente transcrito no Registro de Imóveis, ou, em caso de transmissão parcial do terreno, mediante termo.

§ 2º O adquirente ficará sujeito à multa de 0,05% (cinco centésimos por cento), por mês ou fração, sobre o valor do terreno e benfeitorias nele existentes, se não requerer a transferência dentro do prazo estipulado no presente artigo.

Art. 117. *Revogado*. Dec.-lei nº 2.398, de 21-12-1987.

SEÇÃO IV

DA CADUCIDADE E REVIGORAÇÃO

Art. 118. Caduco o aforamento na forma do parágrafo único do art. 101, o órgão local do SPU notificará o foreiro, por edital, ou quando possível, por carta registrada, marcando-lhe o prazo de noventa dias para apresentar qualquer reclamação ou solicitar a revigoração do aforamento.

► *Caput* com a redação dada pela Lei nº 9.636, de 15-5-1998.

► Art. 121 deste Decreto-Lei.

Parágrafo único. Em caso de apresentação de reclamação, o prazo para o pedido de revigoração será contado da data da notificação ao foreiro da decisão final proferida.

Art. 119. Reconhecido o direito do requerente e pagos os foros em atraso, o chefe do órgão local da Secretaria do Patrimônio da União concederá a revigoração do aforamento.

Parágrafo único. A Secretaria do Patrimônio da União disciplinará os procedimentos operacionais destinados à revigoração de que trata o *caput* deste artigo.

► Art. 119 com a redação dada pela Lei nº 11.481, de 31-5-2007.

Art. 120. A revigoração do aforamento poderá ser negada se a União necessitar do terreno para serviço público, ou, quanto às terras de que trata o art. 65, quando não estiverem as mesmas sendo utilizadas apropriadamente, obrigando-se, nesses casos, à indenização das benfeitorias porventura existentes.

Art. 121. Decorrido o prazo de que trata o art. 118, sem que haja sido solicitada a revigoração do aforamento, o Chefe do órgão local do SPU providenciará no sentido de ser cancelado o aforamento no Registro de Imóveis e procederá na forma do disposto no art. 110.

Parágrafo único. Nos casos de cancelamento do registro de aforamento, considera-se a certidão da Secretaria do Patrimônio da União de cancelamento de aforamento documento hábil para o cancelamento de registro nos termos do inciso III do *caput* do art. 250 da Lei nº 6.015, de 31 de dezembro de 1973.

► Parágrafo único acrescido pela Lei nº 11.481, de 31-5-2007.

SEÇÃO V

DA REMISSÃO

Art. 122. Autorizada, na forma do disposto no art. 103, a remissão do aforamento dos terrenos compreendidos em determinada zona, o SPU notificará os foreiros, na forma do parágrafo único do art. 104, da autorização concedida.

Parágrafo único. Cabe ao Diretor da SPU decidir sobre os pedidos de remissão, que lhe deverão ser dirigidos por intermédio do órgão local do mesmo Serviço.

Art. 123. A remissão do aforamento será feita por importância correspondente a 17% (dezessete por cento) do valor do domínio pleno do terreno.

► Artigo com a redação dada pela Lei nº 9.636, de 15-5-1998.

Art. 124. Efetuado o resgate, o órgão local do SPU expedirá certificado de remissão, para averbação no Registro de Imóveis.

CAPÍTULO V

DA CESSÃO

Arts. 125 e 126. *Revogados.* Lei nº 9.636, de 15-5-1998.

CAPÍTULO VI

DA OCUPAÇÃO

► Art. 32 da Lei nº 6.383, de 7-12-1976 (Lei das Ações Discriminatórias).

Art. 127. Os atuais ocupantes de terrenos da União, sem título outorgado por esta, ficam obrigados ao pagamento anual da taxa de ocupação.

§§ 1º e 2º *Revogados.* Dec.-lei nº 2.398, de 21-12-1987.

Art. 128. Para cobrança da taxa, o SPU fará a inscrição dos ocupantes, *ex officio*, ou à vista da declaração destes, notificando-os para requererem, dentro do prazo de cento e oitenta dias, o seu cadastramento.

► *Caput* com a redação dada pela Lei nº 9.636, de 15-5-1998.

§ 1º A falta de inscrição não isenta o ocupante da obrigação do pagamento da taxa, devida desde o início da ocupação.

► Parágrafo único transformado em § 1º pela Lei nº 9.636, de 15-5-1998.

§ 2º A notificação de que trata este artigo será feita por edital afixado na repartição arrecadadora da Fazenda Nacional, publicado no *Diário Oficial da União*, e mediante aviso publicado três vezes, durante o período de convocação, nos dois jornais de maior veiculação local.

§ 3º Expirado o prazo da notificação, a União imitir-se-á sumariamente na posse do imóvel cujo ocupante não tenha atendido à notificação, ou cujo possuiro não tenha preenchido as condições para obter a sua inscrição, sem prejuízo da cobrança das taxas, quando for o caso, devidas no valor correspondente a 10% (dez por cento) do valor atualizado do domínio pleno do terreno, por ano ou fração.

► §§ 2º e 3º acrescidos pela Lei nº 9.636, de 15-5-1998.

Arts. 129 e 130. *Revogados.* Dec.-lei nº 2.398, de 21-12-1987.

Art. 131. A inscrição e o pagamento da taxa de ocupação, não importam, em absoluto, no reconhecimento, pela União, de qualquer direito de propriedade do ocupante sobre o terreno ou ao seu aforamento, salvo no caso previsto no item 4 do artigo 105.

Art. 132. A União poderá, em qualquer tempo que necessitar do terreno, imitir-se na posse do mesmo, promovendo sumariamente a sua desocupação, observados os prazos fixados no § 3º, do art. 89.

§ 1º As benfeitorias existentes no terreno somente serão indenizadas pela importância arbitrada pelo SPU, se por este for julgada, de boa-fé a ocupação.

§ 2º Do julgamento proferido na forma do parágrafo anterior, cabe recurso para o CTU, no prazo de 30 (trinta) dias da ciência dada ao ocupante.

§ 3º O preço das benfeitorias será depositado em Juízo pelo SPU, desde que a parte interessada não se proponha a recebê-lo.

Art. 133. *Revogado.* Lei nº 9.636, de 15-5-1998.

TÍTULO III – DA ALIENAÇÃO DOS
BENS IMÓVEIS DA UNIÃO

CAPÍTULO I

DISPOSIÇÕES GERAIS

Arts. 134 a 140. *Revogados.* Dec.-lei nº 2.398, de 21-12-1987.

CAPÍTULO II
DOS IMÓVEIS UTILIZÁVEIS EM FINS RESIDENCIAIS

Arts. 141 a 144. *Revogados.* Dec.-lei nº 2.398, de 21-12-1987.

CAPÍTULO III
DOS IMÓVEIS UTILIZÁVEIS EM FINS COMERCIAIS OU INDUSTRIAIS

Arts. 145 a 148. *Revogados.* Dec.-lei nº 2.398, de 21-12-1987.

CAPÍTULO IV
DOS TERRENOS DESTINADOS A FINS AGRÍCOLAS E DE COLONIZAÇÃO

Art. 149. Serão reservados em zonas rurais, mediante escolha do Ministério da Agricultura, na forma da lei, terrenos da União, para estabelecimento de núcleos coloniais.

§ 1º Os terrenos assim reservados, excluídas as áreas destinadas à sede, logradouros e outros serviços gerais do núcleo, serão loteados para venda de acordo com plano organizado pelo Ministério da Agricultura.

▶ Art. 150 deste Decreto-Lei.

§ 2º O Ministério da Agricultura remeterá ao SPU cópia do plano geral do núcleo, devidamente aprovado.

Art. 150. Os lotes de que trata o § 1º do artigo anterior serão vendidos a nacionais que queiram dedicar-se à agricultura e a estrangeiros agricultores, a critério, na forma da lei, do Ministério da Agricultura.

Art. 151. O preço de venda dos lotes será estabelecido por comissão de avaliação designada pelo Diretor da Divisão de Terras e Colonização (DTC) do Departamento Nacional da Produção Vegetal, do Ministério da Agricultura.

Art. 152. O preço da aquisição poderá ser pago em prestações anuais, até o máximo de 15 (quinze), compreendendo amortização e juros de 6% (seis por cento) ao ano, em total constante e discriminável conforme o estado real da dívida.

▶ Art. 156, parágrafo único, deste Decreto-Lei.

§ 1º A primeira prestação vencer-se-á no último dia do terceiro ano e as demais no último dos anos restantes, sob pena de multa de mora de 5% (cinco por cento) ao ano sobre o valor da dívida.

§ 2º Em caso de atraso de pagamento superior a 2 (dois) anos proceder-se-á à cobrança executiva da dívida, salvo motivo justificado, a critério da DTC.

§ 3º O adquirente poderá, em qualquer tempo, antecipar o pagamento da dívida, bem como fazer amortizações em cotas parciais, não inferiores a Cr$ 1.000,00 (um mil cruzeiros), para o fim de reduzir a importância ou o número das prestações, ou ambos.

Art. 153. Ajustada a transação, lavrar-se-á contrato de promessa de compra e venda, de que constarão todas as condições que hajam sido estipuladas.

▶ Art. 156, parágrafo único, deste Decreto-Lei.

Parágrafo único. Para elaboração da minuta do contrato a DTC remeterá ao SPU os elementos necessários, concernentes à qualificação do adquirente, à identificação do lote e às obrigações estabelecidas, quanto ao pagamento e à utilização do terreno.

Art. 154. Pago o preço total da aquisição, e cumpridas as demais obrigações assumidas, será lavrado o contrato definitivo de compra e venda.

Parágrafo único. Em caso de falecimento do adquirente que tenha pago 3 (três) prestações, será dispensado o pagamento do restante da dívida aos seus herdeiros, aos quais será outorgado o título definitivo.

▶ Art. 156, parágrafo único, deste Decreto-Lei.

Art. 155. O promitente-comprador e, quanto a núcleos coloniais não emancipados, o proprietário do lote, não poderão onerar nem por qualquer forma transferir o imóvel, sem prévia licença da DTC.

Parágrafo único. A DTC dará conhecimento ao SPU das licenças que tiver concedido para os fins de que trata o presente artigo.

Art. 156. As terras de que trata o art. 65 poderão ser alienadas sem concorrência, pelo SPU, com prévia audiência do Ministério da Agricultura, aos seus arrendatários, possuidores ou ocupantes.

Parágrafo único. A alienação poderá ser feita nas condições previstas nos arts. 152, 153 e 154, vencível, porém, a primeira prestação no último dia do primeiro ano, e excluída a dispensa de que trata o parágrafo único do art. 154.

Art. 157. Os contratos de que tratam os artigos anteriores, são sujeitos às disposições deste Decreto-lei.

Art. 158. Cabe ao SPU fiscalizar o pagamento das prestações devidas e à DTC o cumprimento das demais obrigações contratuais.

CAPÍTULO V
DOS TERRENOS OCUPADOS

Arts. 159 a 163. *Revogados.* Dec.-lei nº 2.398, de 21-12-1987.

CAPÍTULO VI
DA LEGITIMAÇÃO DE POSSE DE TERRAS DEVOLUTAS

▶ Art. 32 Lei nº 6.383, de 7-12-1976 (Lei das Ações Discriminatórias).

Art. 164. Proferida a sentença homologatória a que se refere o art. 57, iniciará a Fazenda Nacional a execução, sem embargo de qualquer recurso, requerendo preliminarmente ao Juiz da causa a intimação dos possuidores de áreas reconhecidas ou julgadas devolutas a legitimarem suas posses, caso o queiram, a lei o permita e o Governo Federal consinta-lhes fazê-lo, mediante pagamento das custas que porventura estiverem devendo e recolhimento aos cofres da União, dentro de 60 (sessenta) dias da taxa de legitimação.

Parágrafo único. O termo de 60 (sessenta) dias começará a correr da data em que entrar em cartório a avaliação da área possuída.

Art. 165. Declarar-se-ão no requerimento aqueles a quem o Governo Federal recusa legitimação. Dentro de 20 (vinte) dias da intimação os possuidores que quiserem e puderem legitimar suas posses fá-lo-ão saber, mediante comunicação autêntica ao Juiz da causa ou ao SPU.

Art. 166. Consistirá a taxa de legitimação em porcentagem sobre a avaliação, que será feita por perito residente no foro *rei sitae*, nomeado pelo Juiz. O perito não terá direito a emolumentos superiores os cifrados no Regimento de Custas Judiciais.

Art. 167. A avaliação recairá exclusivamente sobre o valor do solo, excluído o das benfeitorias, culturas, animais, acessórios e pertences do legitimante.

Art. 168. A taxa será de 5% (cinco por cento) em relação às posses titulares das de menos de 20 (vinte) e mais de 10 (dez) anos, de 10% (dez por cento) às tituladas e menos de 10 (dez) anos: de 20% (vinte por cento) e 15% (quinze por cento) para as não tituladas respectivamente de 15 (quinze) anos ou menos de 30 (trinta) e mais de 15 (quinze).

Art. 169. Recolhidas aos cofres públicos nacionais as custas porventura devidas, as da avaliação e a taxa de legitimação, expedirá o Diretor do SPU, a quem subirá o respectivo processo, o título de legitimação pelo qual pagará o legitimante apenas o selo devido.

§ 1º O título será confeccionado em forma de carta de sentença, com todos os característicos e individuações da propriedade a que se refere, segundo modelo oficial.

§ 2º Deverá ser registrado em livro a isso destinado pelo SPU, averbando-se ao lado em coluna própria, a publicação no *Diário Oficial da União*, do Estado ou do Território, consoante seja o caso, ou na folha que lhe publicar o expediente bem como a transcrição que do respectivo título se fizer no Registro Geral de Imóveis da Comarca da situação das terras, segundo o artigo subsequente.

Art. 170. Será o título transcrito no competente Registro Geral de Imóveis, feita a necessária publicação no *Diário Oficial da União*, do Estado ou do Território, conforme o caso, ou na folha que lhe editar o expediente.

§ 1º O oficial do Registro de Imóveis remeterá ao SPU uma certidão em relatório da transcrição feita, a fim de ser junta aos autos.

§ 2º Incorrerá na multa de Cr$ 200,00 (duzentos cruzeiros) a Cr$ 1.000,00 (um mil cruzeiros), aplicada pela autoridade judiciária local, a requerimento do SPU, o oficial que não fizer a transcrição ou remessa dentro de 30 (trinta) dias do recebimento do título.

Art. 171. Contra os que, sendo-lhes permitido fazer, não fizerem a legitimação no prazo legal, promoverá o SPU, a execução de sentença por mandado de imissão de posse.

Art. 172. Providenciará o SPU a transcrição no competente Registro Geral de Imóveis, das terras sobre que versar a execução, assim como de todas declaradas de domínio da União e a ele incorporadas, para o que se habilitará com carta de sentença, aparelhada no estilo do direito comum.

Art. 173. Aos brasileiros natos ou naturalizados, possuidores de áreas consideradas diminutas, atendendo-se às peculiaridades locais, com títulos externamente perfeitos de aquisições de boa-fé, é lícito requerer ao SPU conceder expedição de título de domínio sem taxa ou com taxa inferior à fixada no presente Decreto-lei.

Art. 174. O Governo Federal negará legitimação, quando assim entender de justiça, de interesse público ou quando assim lhe ordenar a disposição da lei, cumprindo-lhe, se for o caso, indenizar as benfeitorias feitas de boa-fé.

TÍTULO IV – DA JUSTIFICAÇÃO DE POSSE DE TERRAS DEVOLUTAS

Art. 175. Aos interessados que se acharem nas condições das letras e, f, g, e parágrafo único do art. 5º será facultada a justificação administrativa de suas posses perante o órgão local do SPU, a fim de se forrarem a possíveis inquietações da parte da União e a incômodos de pleitos em tela judicial.

Art. 176. As justificações só têm eficácia nas relações dos justificantes com a Fazenda Nacional e não obstam, ainda em caso de malogro, ao uso dos remédios que porventura lhes caibam e a dedução de seus direitos em Juízo, na forma e medida da legislação civil.

Art. 177. O requerimento de justificação será dirigido ao Chefe do órgão local do SPU, indicando o nome, nacionalidade, estado civil e residência do requerente e de seu representante no local da posse, se o tiver; a data da posse e os documentos que possam determinar a época do seu início e continuidade; a situação das terras e indicação da área certa ou aproximada, assim como a natureza das benfeitorias, culturas e criações que houver, com o valor real ou aproximado de uma e outras, a descrição dos limites da posse com indicação de todos os confrontantes e suas residências, o rol de testemunhas e documentos que acaso corroborem o alegado.

Art. 178. Recebido, protocolado e autuado o requerimento com os documentos que o instruírem, serão os autos distribuídos ao Procurador da Fazenda Pública para tomar conhecimento do pedido e dirigir o processo.

Parágrafo único. Se o pedido não se achar em forma, ordenará o referido Procurador ao requerente que complete as omissões, que contiver; se achar em forma ou for sanado das omissões, admiti-lo-á a processo.

Art. 179. Do pedido dar-se-á então conhecimento a terceiros, por aviso circunstanciado publicado 3 (três) vezes dentro de 60 (sessenta) dias, no *Diário Oficial da União*, do Estado ou Território, consoante for o caso, ou na folha que lhe der publicidade ao expediente, e 2 (duas) vezes com intervalo de 20 (vinte) dias no jornal da Comarca, ou Município onde estiverem as terras, se houver adiantadas as respectivas despesas pelo requerente.

Art. 180. Poderão contestar o pedido, terceiros por ele prejudicados, dentro de 30 (trinta) dias, depois de findo o prazo edital.

Parágrafo único. A contestação mencionará o nome e residência do contestante, motivos de sua oposição e provas em que se fundar. Apresentada a contestação ou findo o prazo para ela marcado, o Procurador da Fazenda Pública requisitará ao SPU um dos seus engenheiros ou agrimensores para, em face dos autos, proceder a uma vistoria sumária da área objeto da justificação e prestar todas as informações que interessem ao despacho do pedido.

Art. 181. Realizada a vistoria, serão as partes admitidas, uma após outra, a inquirir suas testemunhas, cujos depoimentos serão reduzidos a escrito em forma breve pelo escrivão ad hoc, que for designado para servir no processo.

Art. 182. Terminadas as inquirições serão os autos encaminhados, com parecer do Procurador da Fazenda Pública ao Chefe do órgão local do SPU, para decidir o caso de acordo com as provas colhidas e com outras que possa determinar ex officio.

Art. 183. Da decisão proferida pelo Chefe do órgão local do SPU cabe ao Procurador da Fazenda Pública e às partes, recurso voluntário e para o Conselho de Terras da União (CTU), dentro do prazo de 30 (trinta) dias da ciência dada aos interessados pessoalmente ou por carta registrada.

Parágrafo único. Antes de presente ao CTU subirão os autos do recurso ao Diretor do SPU para manifestar-se sobre o mesmo.

Art. 184. Julgada procedente a justificação e transitando em julgado a decisão administrativa, expedirá o Diretor do SPU, à vista do processo respectivo, título recognitivo do domínio do justificante, título que será devidamente formalizado como o de legitimação.

Art. 185. Carregar-se-ão às partes interessadas as custas e despesas feitas, salvo as de justificação com assento no art. 148 da Constituição Federal, que serão gratuitas, quando julgadas procedentes. A contagem se fará pelo Regimento das Custas Judiciais.

TÍTULO V – DO CONSELHO DE TERRAS DA UNIÃO

Art. 186. Fica criado, no Ministério da Fazenda, o Conselho de Terras da União (CTU), órgão coletivo de julgamento e deliberação, na esfera administrativa, de questões concernentes a direitos de propriedade ou posse de imóveis entre a União e terceiros, e de consulta do Ministro da Fazenda.

Parágrafo único. O CTU terá, além disso, as atribuições específicas que lhe forem conferidas no presente Decreto-lei.

Art. 187. O CTU será constituído por 6 (seis) membros, nomeados pelo Presidente da República, e cujos mandatos, com a duração de 3 (três) anos, serão renovados pelo terço.

§ 1º As nomeações recairão em 3 (três) servidores da União, 2 (dois) dos quais Engenheiros e 1 (um) Bacharel em Direito, dentre nomes indicados pelo Ministro da Fazenda, e os restantes escolhidos de listas tríplices apresentadas pela Federação Brasileira de Engenheiros, pela Ordem dos Advogados do Brasil e pela Federação das Associações de Proprietários de Imóveis, do Brasil ou, na falta destes, por entidades congêneres.

§ 2º Os Conselheiros terão Suplentes, indicados e nomeados na mesma forma daqueles.

§ 3º Aos Suplentes cabe, quando convocados pelo Presidente do Conselho, substituir, nos impedimentos temporários, e nos casos de perda ou renúncia de mandato, os respectivos Conselheiros.

Art. 188. O CTU será presidido por um Conselheiro, eleito anualmente pelos seus pares na primeira reunião de cada ano.

Parágrafo único. Concomitantemente com a do Presidente, far-se-á a eleição do Vice-Presidente, que substituirá aquele em suas faltas e impedimentos.

Art. 189. O CTU funcionará com a maioria de seus membros e realizará no mínimo 8 (oito) sessões mensais, das quais será lavrada ata circunstanciada.

Art. 190. Os processos submetidos ao Conselho serão distribuídos, em sessão, ao Conselheiro relator, mediante sorteio.

§ 1º Os Conselheiros poderão reter pelo prazo de 15 (quinze) dias, prorrogável, quando solicitado, a critério do Conselho, os processos que lhe tenham sido distribuídos para o relatório ou conclusos, mediante pedido de vista.

§ 2º Ao Presidente do Conselho, além das que lhe forem cometidas pelo Regimento, compete as mesmas atribuições dos demais Conselheiros.

Art. 191. O CTU decidirá por maioria de votos dos membros presentes, cabendo ao seu Presidente, além do de qualidade, o voto de desempate.

Art. 192. Das decisões do Conselho caberá recurso para o próprio Conselho, no prazo de 20 (vinte) dias úteis, contados da data da decisão proferida.

Parágrafo único. Os recursos somente serão julgados com a presença de no mínimo dois terços dos membros presentes à sessão em que haja sido preferida a decisão recorrida.

Art. 193. Junto ao Conselho serão admitidos procuradores das partes interessadas no julgamento aos quais será permitido pronunciamento oral em sessão, constando do processo o instrumento do mandato.

§ 1º A Fazenda Nacional será representada por servidor da União, designado pelo Ministro da Fazenda, cabendo-lhe ter vista dos processos, pelo prazo improrrogável de 15 (quinze) dias antes do seu julgamento e depois de estudados pelo Conselheiro relator.

§ 2º O representante da Fazenda terá Suplente, pela mesma forma designado, que o substituirá em suas faltas e impedimentos.

Art. 194. O CTU, votará e aprovará seu Regimento.

Parágrafo único. Nenhuma alteração se fará no Regimento sem aprovação do Conselho em 2 (duas) sessões consecutivas, a que estejam presentes pelo menos 5 (cinco) Conselheiros.

Art. 195. O Conselho terá uma Secretaria, que será chefiada por um Secretário e terá os auxiliares necessários, todos designados pelo Diretor Geral da Fazenda Nacional.

Parágrafo único. Ao Secretário competirá, além das atribuições que lhe forem cometidas no Regimento, lavrar e assinar ns atas das sessões, que serão submetidas à aprovação do Conselho.

Art. 196. O Conselheiro que, sem causa justificada, a critério do próprio Conselho, faltar a 4 (quatro) sessões Consecutivas, perderá o mandato.

Art. 197. Serão considerados de efetivo exercício os dias em que o Conselheiro, servidor da União, ou o Representante da Fazenda estiver afastado do serviço público ordinário, em virtude de comparecimento à sessão do Conselho.

TÍTULO VI – DISPOSIÇÕES FINAIS E TRANSITÓRIAS

Art. 198. A União tem por insubsistentes e nulas quaisquer pretensões sobre o domínio pleno de terrenos de marinha e seus acrescidos, salvo quando originais em títulos por ela outorgadas na forma do presente Decreto-lei.

Art. 199. A partir da data da publicação do presente Decreto-lei, cessarão as atribuições cometidas a outros órgãos da administração federal que não o CTU, concernentes ao exame e julgamento na esfera administrativa de questões entre a União e terceiros relativas à propriedade ou posse de imóvel.

§ 1º Os órgãos a que se refere este artigo remeterão ao CTU, dentro de 30 (trinta) dias, os respectivos processos pendentes de decisão final.

§ 2º Poderá, a critério do Governo, ser concedido novo prazo para apresentação, ao CTU, dos títulos de que trata o art. 2º do Decreto-lei nº 893, de 26 de novembro de 1938.

Art. 200. Os bens imóveis da União, seja qual for a sua natureza, não são sujeitos a usucapião.

▶ Súm. nº 340 do STF.

Art. 201. São consideradas dívidas ativas da União para efeito de cobrança executiva, as provenientes de aluguéis, taxas, foros, laudêmios e outras contribuições concernentes à utilização de bens imóveis da União.

Art. 202. Ficam confirmadas as demarcações de terrenos de marinha com fundamento em lei vigente na época em que tenham sido realizadas.

Art. 203. Fora dos casos expressos em lei, não poderão as terras devolutas da União ser alienadas ou concedidas senão a título oneroso.

Parágrafo único. Até que sejam regularmente instalados nos Territórios Federais os órgãos locais do SPU, continuarão os Governadores a exercer as atribuições que a lei lhes confere, no que respeita às concessões de terras.

Art. 204. Na faixa de fronteira observar-se-á rigorosamente, em matéria de concessão de terras, o que a respeito estatuir a lei especial, cujos dispositivos prevalecerão em qualquer circunstância.

▶ Lei nº 6.634, de 2-5-1979, dispõe sobre a faixa de fronteira.

Art. 205. À pessoa estrangeira, física ou jurídica, não serão alienados, concedidos ou transferidos imóveis da União situados nas zonas de que trata a letra *a* do art. 100, exceto se houver autorização do Presidente da República.

§ 1º Fica dispensada a autorização quando se tratar de unidade autônoma de condomínio, regulados pela Lei nº 4.591, de 16 de dezembro de 1965, desde que o imóvel esteja situado em zona urbana, e as frações ideais pretendidas, em seu conjunto, não ultrapassem 1/3 (um terço) de sua área total.

§ 2º A competência prevista neste artigo poderá ser delegada ao Ministro da Fazenda, vedada a subdelegação.

▶ §§ 1º e 2º acrescidos pela Lei nº 7.450, de 23-12-1985.

Art. 206. Os pedidos de aforamento de terrenos da União, já formulados ao SPU, deverão prosseguir em seu processamento, observadas, porém, as disposições deste Decreto-lei, no que for aplicável.

Art. 207. A DTC do Departamento Nacional da Produção Vegetal do Ministério da Agricultura, remeterá ao SPU, no prazo de 180 (cento e oitenta) dias da publicação deste Decreto-lei, cópia das plantas coloniais, bem como dos termos, ajustes, contratos e títulos referentes à aquisição de lotes dos mesmos núcleos, e, ainda, relação dos adquirentes e dos pagamentos por eles efetuados.

Art. 208. Dentro de 90 (noventa) dias da publicação deste Decreto-lei, as repartições federais interessadas deverão remeter ao SPU relação dos imóveis de que necessitem, total ou parcialmente, para os fins previstos no artigo 76 e no item I do artigo 86, justificando o pedido.

Parágrafo único. Findo esse prazo, o SPU encaminhará dentro de 30 (trinta) dias ao Presidente da República as relações que dependam de sua aprovação, podendo dar aos demais imóveis da União a aplicação que julgar conveniente, na forma deste Decreto-lei.

Art. 209. As repartições federais deverão remeter ao SPU, no prazo de 60 (sessenta) dias da publicação deste Decreto-lei, relação dos imóveis que tenham a seu cargo, acompanhada da documentação respectiva, com indicação dos que estejam servindo de residência de servidor da União, em caráter obrigatório, e do ato determinante da obrigatoriedade.

Art. 210. Fica cancelada toda dívida existente, até à data da publicação deste Decreto-lei oriunda de aluguel de imóvel ocupado por servidor da União como residência em caráter obrigatório, determinado em lei, regulamento, regimento ou outros atos do Governo.

Art. 211. Enquanto não forem aprovadas, na forma deste Decreto-lei, as relações de que trata o art. 208, os ocupantes de imóveis que devam constituir residência obrigatória de servidor da União, ficam sujeitos ao pagamento do aluguel comum que for fixado.

Art. 212. Serão mantidas as locações, mediante contrato, de imóveis da União, existentes na data da publicação deste Decreto-lei.

Parágrafo único. Findo o prazo contratual, o SPU promoverá a conveniente utilização do imóvel.

Art. 213. Havendo, na data da publicação deste Decreto-lei, prédio residencial ocupado sem contrato e que não seja necessário aos fins previstos no artigo 76 e no item I do artigo 86, o SPU promoverá a realização de concorrência para sua regular locação.

§ 1º Enquanto não realizada a concorrência, poderá o ocupante permanecer no imóvel, pagando o aluguel que for fixado.

§ 2º Será mantida a locação, independentemente de concorrência, de próprio nacional ocupado por servidor da União pelo tempo ininterrupto de 3 (três) ou mais anos, contados da data da publicação deste Decreto-lei, desde que durante esse período tenha o locatário pago com pontualidade os respectivos aluguéis e, a critério do SPU, conservado satisfatoriamente o imóvel.

§ 3º Na hipótese prevista no parágrafo precedente, o órgão local do SPU promoverá imediatamente a assinatura do respectivo contrato de locação, mediante o aluguel que for fixado.

§ 4º Nos demais casos, ao ocupante será assegurada, na concorrência, preferência à locação, em igualdade de condições.

§ 5º Ao mesmo ocupante far-se-á notificação, com antecedência de 30 (trinta) dias, da abertura da concorrência.

Art. 214. No caso do artigo anterior, sendo, porém, necessário o imóvel aos fins nele mencionados ou não convindo à União alugá-lo por prazo certo, poderá o ocupante nele permanecer, sem contrato, pagando o aluguel que for fixado enquanto não utilizar-se a União do imóvel ou não lhe der outra aplicação.

Art. 215. Os direitos peremptos por força do disposto nos arts. 20, 28 e 35 do Decreto-lei nº 3.438, de 17 de julho de 1948, e 7º do Decreto-lei nº 5.666, de 15 de julho de 1943, ficam revigorados correndo os prazos para o seu exercício da data da notificação de que trata o art. 104 deste Decreto-lei.

Art. 216. O Ministro da Fazenda, por proposta do Diretor do SPU, baixará as instruções e normas necessárias à execução das medidas previstas neste Decreto-lei.

Art. 217. O presente Decreto-lei entra em vigor na data de sua publicação.

Art. 218. Revogam-se as disposições em contrário.

Rio de Janeiro, 5 de setembro de 1946;
125º da Independência e
58º da República.

Eurico G. Dutra

LEI Nº 1.079, DE 10 DE ABRIL DE 1950

Define os crimes de responsabilidade e regula o respectivo processo de julgamento.

▶ Publicada no *DOU* de 12-4-1950.

PARTE PRIMEIRA – DO PRESIDENTE DA REPÚBLICA E MINISTROS DE ESTADO

Art. 1º São crimes de responsabilidade os que esta Lei especifica.

▶ Arts. 50, § 2º, e 85, parágrafo único, da CF.

Art. 2º Os crimes definidos nesta Lei, ainda quando simplesmente tentados, são passíveis da pena de perda do cargo, com inabilitação, até cinco anos, para o exercício de qualquer função pública, imposta pelo Senado Federal nos processos contra o Presidente da República ou ministros de Estado, contra os ministros do Supremo Tribunal Federal ou contra o Procurador-Geral da República.

▶ O prazo de inabilitação passou a ser de oito anos, conforme o disposto no art. 52, parágrafo único, da CF.

Art. 3º A imposição da pena referida no artigo anterior não exclui o processo e julgamento do acusado por crime comum, na justiça ordinária, nos termos das leis de processo penal.

Art. 4º São crimes de responsabilidade os atos do Presidente da República que atentarem contra a Constituição Federal, e, especialmente, contra:

▶ Art. 85 da CF.

I – a existência da União;
II – o livre exercício do Poder Legislativo, do Poder Judiciário e dos poderes constitucionais dos Estados;
III – o exercício dos direitos políticos, individuais e sociais;
IV – a segurança interna do País;
V – a probidade na administração;
VI – a lei orçamentária;
VII – a guarda e o legal emprego dos dinheiros públicos;
VIII – o cumprimento das decisões judiciárias (Constituição, artigo 89).

▶ Refere-se à CF/1946. Art. 85, VII, da CF vigente.

TÍTULO I

CAPÍTULO I

DOS CRIMES CONTRA A EXISTÊNCIA DA UNIÃO

Art. 5º São crimes de responsabilidade contra a existência política da União:

1) entreter, direta ou indiretamente, inteligência com governo estrangeiro, provocando-o a fazer guerra ou cometer hostilidade contra a República, prometer-lhe assistência ou favor, ou dar-lhe qualquer auxílio nos preparativos ou planos de guerra contra a República;

▶ Art. 8º da Lei nº 7.170, de 14-10-1983 (Lei da Segurança Nacional).

2) tentar, diretamente, e por fatos, submeter a União ou algum dos Estados ou Territórios a domínio estrangeiro, ou dela separar qualquer Estado ou porção do Território Nacional;

▶ Arts. 9º e 11 da Lei nº 7.170, de 14-10-1983 (Lei da Segurança Nacional).

3) cometer ato de hostilidade contra nação estrangeira, expondo a República ao perigo da guerra ou comprometendo-lhe a neutralidade;

▶ Art. 10 da Lei nº 7.170, de 14-10-1983 (Lei da Segurança Nacional).

4) revelar negócios políticos ou militares, que devam ser mantidos secretos a bem da defesa da segurança externa ou dos interesses da Nação;

▶ Arts. 13 e 21 da Lei nº 7.170, de 14-10-1983 (Lei da Segurança Nacional).

5) auxiliar, por qualquer modo, nação inimiga a fazer a guerra ou a cometer hostilidade contra a República;

▶ Arts. 8º e 10 da Lei nº 7.170, de 14-10-1983 (Lei da Segurança Nacional).

6) celebrar tratados, convenções ou ajustes que comprometam a dignidade da Nação;

7) violar a imunidade dos embaixadores ou ministros estrangeiros acreditados no País;
► Arts. 49, II, e 84, XIX, da CF.
8) declarar a guerra, salvo os casos de invasão ou agressão estrangeira, ou fazer a paz, sem autorização do Congresso Nacional;
9) não empregar contra o inimigo os meios de defesa de que poderia dispor;
10) permitir o Presidente da República, durante as sessões legislativas e sem autorização do Congresso Nacional, que forças estrangeiras transitem pelo território do País, ou, por motivo de guerra, nele permaneçam temporariamente;
► Art. 84, XIX, da CF.
11) violar tratados legitimamente feitos com nações estrangeiras.

Capítulo II

DOS CRIMES CONTRA O LIVRE EXERCÍCIO DOS PODERES CONSTITUCIONAIS

Art. 6º São crimes de responsabilidade contra o livre exercício dos Poderes Legislativo e Judiciário e dos poderes constitucionais dos Estados:

1) tentar dissolver o Congresso Nacional, impedir a reunião ou tentar impedir por qualquer modo o funcionamento de qualquer de suas Câmaras;
2) usar de violência ou ameaça contra algum representante da Nação para afastá-lo da Câmara a que pertença ou para coagi-lo no modo de exercer o seu mandato bem como conseguir ou tentar conseguir o mesmo objetivo mediante suborno ou outras formas de corrupção;
► Arts. 146 e 333 do CP.
3) violar as imunidades asseguradas aos membros do Congresso Nacional, das Assembleias Legislativas dos Estados, da Câmara dos Vereadores do Distrito Federal e das Câmaras Municipais;
4) permitir que força estrangeira transite pelo território do País ou nele permaneça quando a isso se oponha o Congresso Nacional;
► Art. 53 da CF.
5) opor-se diretamente e por fatos ao livre exercício do Poder Judiciário, ou obstar, por meios violentos, ao efeito dos seus atos, mandados ou sentenças;
6) usar de violência ou ameaça, para constranger juiz, ou jurado, a proferir ou deixar de proferir despacho, sentença ou voto, ou a fazer ou deixar de fazer ato do seu ofício;
► Art. 146 do CP.
7) praticar contra os poderes estaduais ou municipais ato definido como crime neste artigo;
8) intervir em negócios peculiares aos Estados ou aos Municípios com desobediência às normas constitucionais.

Capítulo III

DOS CRIMES CONTRA O EXERCÍCIO DOS DIREITOS POLÍTICOS, INDIVIDUAIS E SOCIAIS

Art. 7º São crimes de responsabilidade contra o livre exercício dos direitos políticos, individuais e sociais:

1) impedir por violência, ameaça ou corrupção, o livre exercício do voto;
► Art. 301 da Lei nº 4.737, de 15-7-1965 (Código Eleitoral).
2) obstar ao livre exercício das funções dos mesários eleitorais;
► Art. 305 da Lei nº 4.737, de 15-7-1965 (Código Eleitoral).
3) violar o escrutínio de seção eleitoral ou inquinar de nulidade o seu resultado pela subtração, desvio ou inutilização do respectivo material;
4) utilizar o poder federal para impedir a livre execução da lei eleitoral;
5) servir-se das autoridades sob sua subordinação imediata para praticar abuso do poder, ou tolerar que essas autoridades o pratiquem sem repressão sua;
6) subverter ou tentar subverter por meios violentos a ordem política e social;
► Art. 17 da Lei nº 7.170, de 14-10-1983 (Lei da Segurança Nacional).
7) incitar militares à desobediência à lei ou infração à disciplina;
► Art. 23, I, da Lei nº 7.170, de 14-10-1983 (Lei da Segurança Nacional).
8) provocar animosidade entre as classes armadas ou contra elas, ou delas contra as instituições civis;
► Art. 23, II, da Lei nº 7.170, de 14-10-1983 (Lei da Segurança Nacional).
9) violar patentemente qualquer direito ou garantia individual constante do artigo 141 e bem assim os direitos sociais assegurados no artigo 157 da Constituição;
► Refere-se à CF/1946.
10) tomar ou autorizar, durante o estado de sítio, medidas de repressão que excedam os limites estabelecidos na Constituição.
► Arts. 136 a 141 da CF.

Capítulo IV

DOS CRIMES CONTRA A SEGURANÇA INTERNA DO PAÍS

Art. 8º São crimes contra a segurança interna do País:

1) tentar mudar por violência a forma de governo da República;
► Art. 17 da Lei nº 7.170, de 14-10-1983 (Lei da Segurança Nacional).
2) tentar mudar por violência Constituição Federal ou de algum dos Estados, ou lei da União, de Estado ou Município;
► Art. 18 da Lei nº 7.170, de 14-10-1983 (Lei da Segurança Nacional).
3) decretar o estado de sítio, estando reunido o Congresso Nacional, ou no recesso deste, não havendo comoção interna grave nem fatos que evidenciem estar a mesma a irromper ou não ocorrendo guerra externa;
► Arts. 136 a 139 da CF.

4) praticar ou concorrer para que se perpetre qualquer dos crimes contra a segurança interna, definidos na legislação penal;
5) não dar as providências de sua competência para impedir ou frustrar a execução desses crimes;
6) ausentar-se do País sem autorização do Congresso Nacional;

▶ Art. 83 da CF.

7) permitir, de forma expressa ou tácita, a infração de lei federal de ordem pública;
8) deixar de tomar, nos prazos fixados, as providências determinadas por lei ou tratado federal e necessárias à sua execução e cumprimento.

Capítulo V
DOS CRIMES CONTRA A PROBIDADE NA ADMINISTRAÇÃO

Art. 9º São crimes de responsabilidade contra a probidade na administração:

1) omitir ou retardar dolosamente a publicação das leis e resoluções do Poder Legislativo ou dos atos do Poder Executivo;
2) não prestar ao Congresso Nacional, dentro de sessenta dias após a abertura da sessão legislativa, as contas relativas ao exercício anterior;

▶ Art. 49, IX, da CF.
▶ Art. 320 do CP.

3) não tornar efetiva a responsabilidade dos seus subordinados, quando manifesta em delitos funcionais ou na prática de atos contrários à Constituição;
4) expedir ordens ou fazer requisição de forma contrária às disposições expressas da Constituição;
5) infringir, no provimento dos cargos públicos, as normas legais;

▶ Art. 37, I a IV, da CF.

6) usar de violência ou ameaça contra funcionário público para coagi-lo a proceder ilegalmente, bem como utilizar-se de suborno ou de qualquer outra forma de corrupção para o mesmo fim;

▶ Art. 146 do CP.

7) proceder de modo incompatível com a dignidade, a honra e o decoro do cargo.

Capítulo VI
DOS CRIMES CONTRA A LEI ORÇAMENTÁRIA

Art. 10. São crimes de responsabilidade contra a lei orçamentária:

1) não apresentar ao Congresso Nacional a proposta do orçamento da República dentro dos primeiros dois meses de cada sessão legislativa;

▶ Arts. 165 a 169 da CF.

2) exceder ou transportar, sem autorização legal, as verbas do orçamento;

▶ Art. 167, II, III e VI, da CF.

3) realizar o estorno de verbas;
4) infringir, patentemente e de qualquer modo, dispositivo da lei orçamentária;
5) deixar de ordenar a redução do montante da dívida consolidada, nos prazos estabelecidos em lei, quando o montante ultrapassar o valor resultante da aplicação do limite máximo fixado pelo Senado Federal;
6) ordenar ou autorizar a abertura de crédito em desacordo com os limites estabelecidos pelo Senado Federal, sem fundamento na lei orçamentária ou na de crédito adicional ou com inobservância de prescrição legal;
7) deixar de promover ou de ordenar, na forma da lei, o cancelamento, a amortização ou a constituição de reserva para anular os efeitos de operação de crédito realizada com inobservância de limite, condição ou montante estabelecido em lei;
8) deixar de promover ou de ordenar a liquidação integral de operação de crédito por antecipação de receita orçamentária, inclusive os respectivos juros e demais encargos, até o encerramento do exercício financeiro;
9) ordenar ou autorizar, em desacordo com a lei, a realização de operação de crédito com qualquer um dos demais entes da Federação, inclusive suas entidades da administração indireta, ainda que na forma de novação, refinanciamento ou postergação de dívida contraída anteriormente;
10) captar recursos a título de antecipação de receita de tributo ou contribuição cujo fato gerador ainda não tenha ocorrido;
11) ordenar ou autorizar a destinação de recursos provenientes da emissão de títulos para finalidade diversa da prevista na lei que a autorizou;
12) realizar ou receber transferência voluntária em desacordo com limite ou condição estabelecida em lei.

▶ Itens 5 a 12 acrescidos pela Lei nº 10.028, de 19-10-2000.

Capítulo VII
DOS CRIMES CONTRA A GUARDA E LEGAL EMPREGO DOS DINHEIROS PÚBLICOS

Art. 11. São crimes de responsabilidade contra a guarda e o legal emprego dos dinheiros públicos:

1) ordenar despesas não autorizadas por lei ou sem observância das prescrições legais relativas às mesmas;

▶ Art. 167, II, da CF.

2) abrir crédito sem fundamento em lei ou sem as formalidades legais;

▶ Art. 167, V e § 3º, da CF.

3) contrair empréstimo, emitir moeda corrente ou apólices, ou efetuar operação de crédito sem autorização legal;
4) alienar imóveis nacionais ou empenhar rendas públicas sem autorização em lei;
5) negligenciar a arrecadação das rendas, impostos e taxas, bem como a conservação do patrimônio nacional.

Capítulo VIII
DOS CRIMES CONTRA O CUMPRIMENTO DAS DECISÕES JUDICIÁRIAS

Art. 12. São crimes de responsabilidade contra as decisões judiciárias:

1) impedir, por qualquer meio, o efeito dos atos, mandados ou decisões do Poder Judiciário;

▶ Arts. 329 e 330 do CP.

2) recusar o cumprimento das decisões do Poder Judiciário no que depender do exercício das funções do Poder Executivo;
3) deixar de atender a requisição de intervenção federal do Supremo Tribunal Federal ou do Tribunal Superior Eleitoral;

▶ Art. 36, I e II, da CF.

4) impedir ou frustrar pagamento determinado por sentença judiciária.

▶ Art. 100 da CF.

TÍTULO II – DOS MINISTROS DE ESTADO

Art. 13. São crimes de responsabilidade dos ministros de Estado:

1) os atos definidos nesta Lei, quando por eles praticados ou ordenados;
2) os atos previstos nesta Lei que os ministros assinarem com o Presidente da República ou por ordem deste praticarem;
3) a falta de comparecimento sem justificação, perante a Câmara dos Deputados ou o Senado Federal, ou qualquer das suas comissões, quando uma ou outra casa do Congresso os convocar para, pessoalmente, prestarem informações acerca de assunto previamente determinado;

▶ Art. 50, caput e § 1º, da CF.

4) não prestarem dentro em trinta dias e sem motivo justo, a qualquer das Câmaras do Congresso Nacional, as informações que ela lhes solicitar por escrito, ou prestarem-nas com falsidade.

▶ Art. 50, § 2º, da CF.

PARTE SEGUNDA – PROCESSO E JULGAMENTO

TÍTULO ÚNICO – DO PRESIDENTE DA REPÚBLICA E MINISTROS DE ESTADO

CAPÍTULO I

DA DENÚNCIA

Art. 14. É permitido a qualquer cidadão denunciar o Presidente da República ou ministro de Estado, por crime de responsabilidade, perante a Câmara dos Deputados.

▶ Arts. 85 e 86 da CF.

Art. 15. A denúncia só poderá ser recebida enquanto o denunciado não tiver, por qualquer motivo, deixado definitivamente o cargo.

Art. 16. A denúncia assinada pelo denunciante e com a firma reconhecida, deve ser acompanhada dos documentos que a comprovem, ou da declaração de impossibilidade de apresentá-los, com a indicação do local onde possam ser encontrados. Nos crimes de que haja prova testemunhal, a denúncia deverá conter o rol das testemunhas, em número de cinco no mínimo.

Art. 17. No processo de crime de responsabilidade, servirá de escrivão um funcionário da secretaria da Câmara dos Deputados, ou do Senado, conforme se achar o mesmo em uma ou outra casa do Congresso Nacional.

Art. 18. As testemunhas arroladas no processo deverão comparecer para prestar o seu depoimento, e a mesa da Câmara dos Deputados ou do Senado, por ordem de quem serão notificadas, tomará as providências legais que se tornarem necessárias para compeli-las à obediência.

CAPÍTULO II

DA ACUSAÇÃO

Art. 19. Recebida a denúncia, será lida no expediente da sessão seguinte e despachada a uma comissão especial eleita, da qual participem, observada a respectiva proporção, representantes de todos os partidos para opinar sobre a mesma.

Art. 20. A comissão a que alude o artigo anterior se reunirá dentro de quarenta e oito horas e, depois de eleger seu presidente e relator, emitirá parecer, dentro do prazo de dez dias, sobre se a denúncia deve ser ou não julgada objeto de deliberação. Dentro desse período poderá a comissão proceder às diligências que julgar necessárias ao esclarecimento da denúncia.

§ 1º O parecer da comissão especial será lido no expediente da sessão da Câmara dos Deputados e publicado integralmente no *Diário do Congresso Nacional* e em avulsos, juntamente com a denúncia, devendo as publicações ser distribuídas a todos os deputados.

§ 2º Quarenta e oito horas após a publicação oficial do parecer da comissão especial, será o mesmo incluído, em primeiro lugar, na ordem do dia da Câmara dos Deputados, para uma discussão única.

Art. 21. Cinco representantes de cada partido poderão falar, durante uma hora, sobre o parecer, ressalvado ao relator da comissão especial o direito de responder a cada um.

Art. 22. Encerrada a discussão do parecer, e submetido o mesmo à votação nominal, será a denúncia, com os documentos que a instruam, arquivada, se não for considerada objeto de deliberação. No caso contrário, será remetida por cópia autêntica ao denunciado, que terá o prazo de vinte dias para contestá-la e indicar os meios de prova com que pretenda demonstrar a verdade do alegado.

§ 1º Findo esse prazo e com ou sem a contestação, a comissão especial determinará as diligências requeridas, ou que julgar convenientes, e realizará as sessões necessárias para a tomada do depoimento das testemunhas de ambas as partes, podendo ouvir o denunciante e o denunciado, que poderá assistir pessoalmente, ou por seu procurador, a todas as audiências e diligências realizadas pela comissão, interrogando e contestando as testemunhas e requerendo a reinquirição ou acareação das mesmas.

§ 2º Findas essas diligências, a comissão especial proferirá, no prazo de dez dias, parecer sobre a procedência ou improcedência da denúncia.

§ 3º Publicado e distribuído esse parecer na forma do § 1º do artigo 20, será o mesmo incluído na ordem do dia da sessão imediata para ser submetido a duas discussões, com o interregno de quarenta e oito horas entre uma e outra.

§ 4º Nas discussões do parecer sobre a procedência ou improcedência da denúncia, cada representante de partido poderá falar uma só vez e durante uma hora, ficando as questões de ordem subordinadas ao disposto no § 2º do artigo 20.

Art. 23. Encerrada a discussão do parecer, será o mesmo submetido a votação nominal, não sendo permitidas, então, questões de ordem, nem encaminhamento de votação.

§ 1º Se da aprovação do parecer resultar a procedência da denúncia, considerar-se-á decretada a acusação pela Câmara dos Deputados.

§ 2º Decretada a acusação, será o denunciado intimado imediatamente pela mesa da Câmara dos Deputados, por intermédio do 1º secretário.

§ 3º Se o denunciado estiver ausente do Distrito Federal, a sua intimação será solicitada pela mesa da Câmara dos Deputados, ao presidente do Tribunal de Justiça do Estado em que ele se encontrar.

§ 4º A Câmara dos Deputados elegerá uma comissão de três membros para acompanhar o julgamento do acusado.

§ 5º São efeitos imediatos ao decreto da acusação do Presidente da República, ou de ministro de Estado, a suspensão do exercício das funções do acusado e da metade do subsídio ou do vencimento, até sentença final.

§ 6º Conforme se trate da acusação de crime comum ou de responsabilidade, o processo será enviado ao Supremo Tribunal Federal ou ao Senado Federal.

CAPÍTULO III

DO JULGAMENTO

Art. 24. Recebido no Senado o decreto de acusação com o processo enviado pela Câmara dos Deputados e apresentado o libelo pela comissão acusadora, remeterá o presidente cópia de tudo ao acusado, que, na mesma ocasião e nos termos dos §§ 2º e 3º do artigo 23, será notificado para comparecer em dia prefixado perante o Senado.

Parágrafo único. Ao presidente do Supremo Tribunal Federal enviar-se-á o processo em original, com a comunicação do dia designado para o julgamento.

Art. 25. O acusado comparecerá, por si ou pelos seus advogados, podendo, ainda, oferecer novos meios de prova.

Art. 26. No caso de revelia, marcará o presidente novo dia para o julgamento e nomeará para a defesa do acusado um advogado, a quem se facultará o exame de todas as peças de acusação.

Art. 27. No dia aprazado para o julgamento, presentes o acusado, seus advogados, ou o defensor nomeado à sua revelia, e a comissão acusadora, o presidente do Supremo Tribunal Federal, abrindo a sessão, mandará ler o processo preparatório, o libelo e os artigos de defesa; em seguida inquirirá as testemunhas, que deverão depor publicamente e fora da presença umas das outras.

Art. 28. Qualquer membro da comissão acusadora ou do Senado, e bem assim o acusado ou seus advogados, poderão requerer que se façam às testemunhas perguntas que julgarem necessárias.

Parágrafo único. A comissão acusadora, ou o acusado ou seus advogados, poderão contestar ou arguir as testemunhas sem contudo interrompê-las e requerer a acareação.

Art. 29. Realizar-se-á a seguir o debate verbal entre a comissão acusadora e o acusado ou os seus advogados pelo prazo que o presidente fixar e que não poderá exceder de duas horas.

Art. 30. Findos os debates orais e retiradas as partes, abrir-se-á discussão sobre o objeto da acusação.

Art. 31. Encerrada a discussão o presidente do Supremo Tribunal Federal fará relatório resumido da denúncia e das provas da acusação e da defesa e submeterá à votação nominal dos senadores o julgamento.

Art. 32. Se o julgamento for absolutório produzirá, desde logo, todos os efeitos a favor do acusado.

Art. 33. No caso de condenação, o Senado por iniciativa do presidente fixará o prazo de inabilitação do condenado para o exercício de qualquer função pública; e no caso de haver crime comum deliberará ainda sobre se o presidente o deverá submeter à justiça ordinária, independentemente da ação de qualquer interessado.

Art. 34. Proferida a sentença condenatória, o acusado estará, *ipso facto*, destituído do cargo.

Art. 35. A resolução do Senado constará de sentença que será lavrada, nos autos do processo, pelo presidente do Supremo Tribunal Federal, assinada pelos senadores que funcionarem como juízes, transcrita na ata da sessão e, dentro desta, publicada no *Diário Oficial* e no *Diário do Congresso Nacional*.

Art. 36. Não pode interferir, em nenhuma fase do processo de responsabilidade do Presidente da República ou dos ministros de Estado, o deputado ou senador:

a) que tiver parentesco consanguíneo ou afim, com o acusado, em linha reta; em linha colateral, os irmãos, cunhados, enquanto durar o cunhadio, e os primos co-irmãos;

b) que, como testemunha do processo, tiver deposto de ciência própria.

Art. 37. O Congresso Nacional deverá ser convocado, extraordinariamente, pelo terço de uma de suas câmaras, caso a sessão legislativa se encerre sem que se tenha ultimado o julgamento do Presidente da República, ou do ministro de Estado, bem como no caso de ser necessário o início imediato do processo.

Art. 38. No processo e julgamento do Presidente da República e dos ministros de Estado, serão subsidiários desta Lei naquilo em que lhes forem aplicáveis, assim os regimentos internos da Câmara dos Deputados e do Senado Federal, como o Código de Processo Penal.

PARTE TERCEIRA

TÍTULO I

CAPÍTULO I

DOS MINISTROS DO SUPREMO TRIBUNAL FEDERAL

Art. 39. São crimes de responsabilidade dos Ministros do Supremo Tribunal Federal:

1) alterar, por qualquer forma, exceto por via de recurso, a decisão ou voto já proferido em sessão do tribunal;
2) proferir julgamento, quando, por lei, seja suspeito na causa;
3) exercer atividade político-partidária;
4) ser patentemente desidioso no cumprimento dos deveres do cargo;
5) proceder de modo incompatível com a honra, dignidade e decoro de suas funções.

Art. 39-A. Constituem, também, crimes de responsabilidade do Presidente do Supremo Tribunal Federal ou de seu substituto quando no exercício da Presidência, as condutas previstas no art. 10 desta Lei, quando por eles ordenadas ou praticadas.

Parágrafo único. O disposto neste artigo aplica-se aos Presidentes, e respectivos substitutos quando no exercício da Presidência, dos Tribunais Superiores, dos Tribunais de Contas, dos Tribunais Regionais Federais, do Trabalho e Eleitorais, dos Tribunais de Justiça e de Alçada dos Estados e do Distrito Federal, e aos Juízes Diretores de Foro ou função equivalente no primeiro grau de jurisdição.

▶ Art. 39-A acrescido pela Lei nº 10.028, de 19-10-2000.
▶ Art. 4º da EC nº 45, de 8-12-2004, que determina a extinção dos Tribunais de Alçada.

Capítulo II
DO PROCURADOR-GERAL DA REPÚBLICA

Art. 40. São crimes de responsabilidade do Procurador-Geral da República:
1) emitir parecer, quando, por lei, seja suspeito na causa;
2) recusar-se à prática de ato que lhe incumba;
3) ser patentemente desidioso no cumprimento de suas atribuições;
4) proceder de modo incompatível com a dignidade e o decoro do cargo.

Art. 40-A. Constituem, também, crimes de responsabilidade do Procurador-Geral da República, ou de seu substituto quando no exercício da chefia do Ministério Público da União, as condutas previstas no art. 10 desta Lei, quando por eles ordenadas ou praticadas.

Parágrafo único. O disposto neste artigo aplica-se:

I – ao Advogado-Geral da União;
II – aos Procuradores-Gerais do Trabalho, Eleitoral e Militar, aos Procuradores-Gerais de Justiça dos Estados e do Distrito Federal, aos Procuradores-Gerais dos Estados e do Distrito Federal, e aos membros do Ministério Público da União e dos Estados, da Advocacia-Geral da União, das Procuradorias dos Estados e do Distrito Federal, quando no exercício de função de chefia das unidades regionais ou locais das respectivas instituições.

▶ Art. 40-A acrescido pela Lei nº 10.028, de 19-10-2000.

TÍTULO II – DO PROCESSO E JULGAMENTO

Capítulo I
DA DENÚNCIA

Art. 41. É permitido a todo cidadão denunciar, perante o Senado Federal, os ministros do Supremo Tribunal Federal e o Procurador-Geral da República, pelos crimes de responsabilidade que cometerem (artigos 39 e 40).

Art. 41-A. Respeitada a prerrogativa de foro que assiste às autoridades a que se referem o parágrafo único do artigo 39-A e o inciso II do parágrafo único do artigo 40-A, as ações penais contra elas ajuizadas pela prática dos crimes de responsabilidade previstos no artigo 10 desta Lei serão processadas e julgadas de acordo com o rito instituído pela Lei nº 8.038, de 28 de maio de 1990, permitido, a todo cidadão, o oferecimento da denúncia.

▶ Art. 41-A acrescido pela Lei nº 10.028, de 19-10-2000.

Art. 42. A denúncia só poderá ser recebida se o denunciado não tiver, por qualquer motivo, deixado definitivamente o cargo.

Art. 43. A denúncia, assinada pelo denunciante com a firma reconhecida, deve ser acompanhada dos documentos que a comprovem ou da declaração de impossibilidade de apresentá-los, com a indicação do local onde possam ser encontrados. Nos crimes de que haja prova testemunhal, a denúncia deverá conter o rol das testemunhas, em número de cinco, no mínimo.

Art. 44. Recebida a denúncia pela mesa do Senado, será lida no expediente da sessão seguinte e despachada a uma comissão especial, eleita para opinar sobre a mesma.

Art. 45. A comissão a que alude o artigo anterior, reunir-se-á dentro de quarenta e oito horas e, depois de eleger o seu presidente e relator, emitirá parecer no prazo de dez dias sobre se a denúncia deve ser, ou não, julgada objeto de deliberação. Dentro desse período poderá a comissão proceder às diligências que julgar necessárias.

Art. 46. O parecer da comissão, com a denúncia e os documentos que a instruírem, será lido no expediente de sessão do Senado, publicado no *Diário do Congresso Nacional* e em avulsos, que deverão ser distribuídos entre os senadores, e dado para ordem do dia da sessão seguinte.

Art. 47. O parecer será submetido a uma só discussão, e a votação nominal, considerando-se aprovado se reunir a maioria simples de votos.

Art. 48. Se o Senado resolver que a denúncia não deve constituir objeto de deliberação, serão os papéis arquivados.

Art. 49. Se a denúncia for considerada objeto de deliberação, a mesa remeterá cópia de tudo ao denunciado, para responder à acusação no prazo de dez dias.

Art. 50. Se o denunciado estiver fora do Distrito Federal, a cópia lhe será entregue pelo presidente do Tribunal de Justiça do Estado em que se achar. Caso se ache fora do País ou em lugar incerto e não sabido, o que será verificado pelo 1º secretário do Senado, a intimação far-se-á por edital, publicado no *Diário do Congresso Nacional*, com a antecedência de sessenta dias, aos quais se acrescerá, em comparecendo o denunciado, o prazo do artigo 49.

Art. 51. Findo o prazo para a resposta do denunciado, seja esta recebida, ou não, a comissão dará parecer, dentro de dez dias, sobre a procedência ou improcedência da acusação.

Art. 52. Perante a comissão, o denunciante e o denunciado poderão comparecer pessoalmente ou por procurador, assistir a todos os atos e diligências por ela praticados, inquirir, reinquirir, contestar testemunhas e requerer a sua acareação. Para esse efeito, a comissão dará aos interessados conhecimento das suas reuniões e das diligências a que deva proceder, com a indicação de lugar, dia e hora.

Art. 53. Findas as diligências, a comissão emitirá sobre elas o seu parecer, que será publicado e distribuído, com todas as peças que o instruírem, e dado para ordem do dia quarenta e oito horas, no mínimo, depois da distribuição.

Art. 54. Esse parecer terá uma só discussão e considerar-se-á aprovado se, em votação nominal, reunir a maioria simples dos votos.

Art. 55. Se o Senado entender que não procede a acusação, serão os papéis arquivados. Caso decida o contrário, a mesa dará imediato conhecimento dessa decisão ao Supremo Tribunal Federal, ao Presidente da República, ao denunciante e ao denunciado.

Art. 56. Se o denunciado não estiver no Distrito Federal, a decisão ser-lhe-á comunicada a requisição da mesa, pelo presidente do Tribunal de Justiça do Estado onde se achar. Se estiver fora do País ou em lugar incerto e não sabido, o que será verificado pelo 1º secretário do Senado, far-se-á a intimação mediante edital pelo *Diário do Congresso Nacional*, com a antecedência de sessenta dias.

Art. 57. A decisão produzirá desde a data da sua intimação os seguintes efeitos contra o denunciado:

a) ficar suspenso do exercício das suas funções até sentença final;
b) ficar sujeito à acusação criminal;
c) perder, até sentença final, um terço dos vencimentos, que lhe será pago no caso de absolvição.

CAPÍTULO II

DA ACUSAÇÃO E DA DEFESA

Art. 58. Intimado o denunciante ou o seu procurador da decisão a que aludem os três últimos artigos, ser-lhe-á dada vista do processo, na secretaria do Senado, para, dentro de quarenta e oito horas, oferecer o libelo acusatório e o rol das testemunhas. Em seguida abrir-se-á vista ao denunciado ou ao seu defensor, pelo mesmo prazo para oferecer a contrariedade e o rol das testemunhas.

Art. 59. Decorridos esses prazos, com o libelo e a contrariedade ou sem eles, serão os autos remetidos, em original, ao presidente do Supremo Tribunal Federal, ou ao seu substituto legal, quando seja ele o denunciado, comunicando-se-lhe o dia designado para o julgamento e convidando-o para presidir a sessão.

Art. 60. O denunciante e o acusado serão notificados pela forma estabelecida no artigo 56, para assistirem ao julgamento, devendo as testemunhas ser, por um magistrado, intimadas a comparecer à requisição da mesa.

Parágrafo único. Entre a notificação e o julgamento deverá mediar o prazo mínimo de dez dias.

Art. 61. No dia e hora marcados para o julgamento, o Senado reunir-se-á, sob a presidência do presidente do Supremo Tribunal Federal ou do seu substituto legal. Verificada a presença de número legal de senadores, será aberta a sessão e feita a chamada das partes, acusador e acusado, que poderão comparecer pessoalmente ou pelos seus procuradores.

Art. 62. A revelia do acusador não importará transferência do julgamento, nem perempção da acusação.

§ 1º A revelia do acusado determinará o adiamento do julgamento, para qual o presidente designará novo dia, nomeando um advogado para defender o revel.

§ 2º Ao defensor nomeado será facultado o exame de todas as peças do processo.

Art. 63. No dia definitivamente aprazado para o julgamento, verificado o número legal de senadores, será aberta a sessão e facultado o ingresso às partes ou aos seus procuradores. Serão juízes todos os senadores presentes, com exceção dos impedidos nos termos do artigo 36.

Parágrafo único. O impedimento poderá ser oposto pelo acusador ou pelo acusado e invocado por qualquer senador.

Art. 64. Constituído o Senado em tribunal de julgamento, o presidente mandará ler o processo e, em seguida, inquirirá publicamente as testemunhas, fora da presença umas das outras.

Art. 65. O acusador e o acusado, ou os seus procuradores, poderão reinquirir as testemunhas, contestá-las sem interrompê-las e requerer a sua acareação. Qualquer senador poderá requerer sejam feitas as perguntas que julgar necessárias.

Art. 66. Finda a inquirição, haverá debate oral, facultadas a réplica e a tréplica entre o acusador e o acusado, pelo prazo que o presidente determinar.

Parágrafo único. Ultimado o debate, retirar-se-ão as partes do recinto da sessão e abrir-se-á uma discussão única entre os senadores sobre o objeto da acusação.

Art. 67. Encerrada a discussão, fará o presidente um relatório resumido dos fundamentos da acusação e da defesa, bem como das respectivas provas, submetendo em seguida o caso a julgamento.

CAPÍTULO III

DA SENTENÇA

Art. 68. O julgamento será feito, em votação nominal pelos senadores desimpedidos que responderão "sim" ou "não" à seguinte pergunta enunciada pelo presidente: "Cometeu o acusado F o crime que lhe é imputado e deve ser condenado à perda do seu cargo?"

Parágrafo único. Se a resposta afirmativa obtiver, pelo menos, dois terços dos votos dos senadores presentes, o presidente fará nova consulta ao plenário sobre o tempo, não excedente de cinco anos, durante o qual o condenado deverá ficar inabilitado para o exercício de qualquer função pública.

Art. 69. De acordo com a decisão do Senado, o presidente lavrará, nos autos, a sentença que será assinada por ele e pelos senadores, que tiverem tomado parte no julgamento, e transcrita na ata.

Art. 70. No caso de condenação, fica o acusado desde logo destituído do seu cargo. Se a sentença for absolutória, produzirá a imediata reabilitação do acusado, que voltará ao exercício do cargo, com direito à parte dos vencimentos de que tenha sido privado.

Art. 71. Da sentença, dar-se-á imediato conhecimento ao Presidente da República, ao Supremo Tribunal Federal e ao acusado.

Art. 72. Se no dia do encerramento do Congresso Nacional não estiver concluído o processo ou julgamento de ministro do Supremo Tribunal Federal ou do Procurador-Geral da República, deverá ele ser convocado extraordinariamente pelo terço do Senado Federal.

Art. 73. No processo e julgamento de ministro do Supremo Tribunal, ou do Procurador-Geral da República, serão subsidiários desta Lei, naquilo em que lhes forem aplicáveis, o Regimento Interno do Senado Federal e o Código de Processo Penal.

PARTE QUARTA

TÍTULO ÚNICO

CAPÍTULO I

DOS GOVERNADORES E SECRETÁRIOS DOS ESTADOS

Art. 74. Constituem crimes de responsabilidade dos governadores dos Estados ou dos seus secretários, quando por eles praticados, os atos definidos como crime nesta Lei.

CAPÍTULO II

DA DENÚNCIA, ACUSAÇÃO E JULGAMENTO

Art. 75. É permitido a todo cidadão denunciar o governador perante a Assembleia Legislativa, por crime de responsabilidade.

Art. 76. A denúncia, assinada pelo denunciante e com a firma reconhecida, deve ser acompanhada dos documentos que a comprovem, ou da declaração de impossibilidade de apresentá-los, com a indicação do local em que possam ser encontrados. Nos crimes de que houver prova testemunhal, conterá o rol das testemunhas, em número de cinco pelo menos.

Parágrafo único. Não será recebida a denúncia depois que o governador, por qualquer motivo, houver deixado definitivamente o cargo.

Art. 77. Apresentada a denúncia e julgada objeto de deliberação, se a Assembleia Legislativa, por maioria absoluta, decretar a procedência da acusação, será o governador imediatamente suspenso de suas funções.

Art. 78. O governador será julgado, nos crimes de responsabilidade, pela forma que determinar a Constituição do Estado e não poderá ser condenado, senão à perda do cargo, com inabilitação, até cinco anos, para o exercício de qualquer função pública, sem prejuízo da ação da justiça comum.

§ 1º Quando o tribunal de julgamento for de jurisdição mista, serão iguais, pelo número, os representantes dos órgãos que o integrarem, excluído o presidente, que será o presidente do Tribunal de Justiça.

§ 2º Em qualquer hipótese, só poderá ser decretada a condenação pelo voto de dois terços dos membros de que se compuser o tribunal de julgamento.

§ 3º Nos Estados, onde as Constituições não determinarem o processo nos crimes de responsabilidade dos governadores, aplicar-se-á o disposto nesta Lei, devendo, porém, o julgamento ser proferido por um tribunal composto de cinco membros do Legislativo e de cinco desembargadores, sob a presidência do presidente do Tribunal de Justiça local, que terá direito de voto no caso de empate. A escolha desse tribunal será feita – a dos membros do Legislativo, mediante eleição pela Assembleia; a dos desembargadores, mediante sorteio.

§ 4º Esses atos deverão ser executados dentro de cinco dias contados da data em que a Assembleia enviar ao presidente do Tribunal de Justiça os autos do processo, depois de decretada a procedência da acusação.

Art. 79. No processo e julgamento do governador serão subsidiários desta Lei naquilo em que lhe forem aplicáveis, assim o Regimento Interno da Assembleia Legislativa e do Tribunal de Justiça, como o Código de Processo Penal.

Parágrafo único. Os secretários de Estado, nos crimes conexos com os dos governadores, serão sujeitos ao mesmo processo e julgamento.

DISPOSIÇÕES GERAIS

Art. 80. Nos crimes de responsabilidade do Presidente da República e dos ministros de Estado, a Câmara dos Deputados é tribunal de pronúncia e o Senado Federal, tribunal de julgamento; nos crimes de responsabilidade dos ministros do Supremo Tribunal Federal e do Procurador-Geral da República, o Senado Federal é, simultaneamente, tribunal de pronúncia e julgamento.

Parágrafo único. O Senado Federal, na apuração e julgamento dos crimes de responsabilidade, funciona sob a presidência do presidente do Supremo Tribunal, e só proferirá sentença condenatória pelo voto de dois terços dos seus membros.

Art. 81. A declaração de procedência da acusação nos crimes de responsabilidade só poderá ser decretada pela maioria absoluta da Câmara que a proferir.

Art. 82. Não poderá exceder de cento e vinte dias, contados da data da declaração da procedência da acusação, o prazo para o processo e julgamento dos crimes definidos nesta Lei.

Art. 83. Esta Lei entrará em vigor na data da sua publicação, revogadas as disposições em contrário.

Rio de Janeiro, 10 de abril de 1950;
129º da Independência e
62º da República.

Eurico G. Dutra

LEI Nº 1.579, DE 18 DE MARÇO DE 1952

Dispõe sobre as Comissões Parlamentares de Inquérito.

▶ Publicada no *DOU* de 21-3-1952.

Art. 1º As Comissões Parlamentares de Inquérito, criadas na forma do artigo 53 da Constituição Federal, terão ampla ação nas pesquisas destinadas a apurar os fatos determinados que deram origem à sua formação.

▶ Refere-se à CF/1946. Art. 53, § 3º, da CF vigente.

Parágrafo único. A criação de Comissão Parlamentar de Inquérito dependerá de deliberação plenária, se não for determinada pelo terço da totalidade dos membros da Câmara dos Deputados ou do Senado.

Art. 2º No exercício de suas atribuições, poderão as Comissões Parlamentares de Inquérito determinar as diligências que reputarem necessárias e requerer a convocação de ministros de Estado, tomar o depoimento de quaisquer autoridades federais, estaduais ou municipais, ouvir os indiciados, inquirir testemunhas sob compromisso, requisitar de repartições públicas e autárquicas informações e documentos, e transportar-se aos lugares onde se fizer mister a sua presença.

▶ Arts. 185 a 238 do CPP.

Art. 3º Indiciados e testemunhas serão intimados de acordo com as prescrições estabelecidas na legislação penal.

§ 1º Em caso de não comparecimento da testemunha sem motivo justificado, a sua intimação será solicitada ao juiz criminal da localidade em que resida ou se encontre, na forma do artigo 218 do Código de Processo Penal.

▶ Parágrafo único transformado em § 1º pela Lei nº 10.679, de 23-5-2003.
▶ Arts. 351 a 372 do CPP.

§ 2º O depoente poderá fazer-se acompanhar de advogado, ainda que em reunião secreta.

▶ § 2º acrescido pela Lei nº 10.679, de 23-5-2003.

Art. 4º Constitui crime:

I – impedir, ou tentar impedir, mediante violência, ameaça ou assuadas, o regular funcionamento de Comissão Parlamentar de Inquérito, ou o livre exercício das atribuições de qualquer dos seus membros:

Pena – a do artigo 329 do Código Penal.

II – fazer afirmação falsa, ou negar ou calar a verdade como testemunha, perito, tradutor ou intérprete, perante a Comissão Parlamentar de Inquérito:

Pena – a do artigo 342 do Código Penal.

Art. 5º As Comissões Parlamentares de Inquérito apresentarão relatório de seus trabalhos à respectiva Câmara, concluindo por projeto de resolução.

§ 1º Se forem diversos os fatos objeto de inquérito, a comissão dirá, em separado, sobre cada um, podendo fazê-lo antes mesmo de finda a investigação dos demais.

§ 2º A incumbência da Comissão Parlamentar de Inquérito termina com a sessão legislativa em que tiver sido outorgada salvo deliberação da respectiva Câmara, prorrogando-a dentro da legislatura em curso.

Art. 6º O processo e a instrução dos inquéritos obedecerão ao que prescreve esta Lei, no que lhes for aplicável, às normas do processo penal.

Art. 7º Esta Lei entrará em vigor na data de sua publicação, revogadas as disposições em contrário.

Rio de Janeiro, 18 de março de 1952;
131º da Independência e
64º da República.

Getúlio Vargas

LEI Nº 4.132, DE 10 DE SETEMBRO DE 1962

Define os casos de desapropriação por interesse social e dispõe sobre sua aplicação.

▶ Publicada no *DOU* de 7-11-1962.
▶ Dec.-lei nº 3.365, de 21-6-1941 (Lei das Desapropriações).

Art. 1º A desapropriação por interesse social será decretada para promover a justa distribuição da propriedade ou condicionar o seu uso ao bem-estar social, na forma do artigo 147 da Constituição Federal.

▶ Refere-se à CF/1946. Arts. 184 a 185 da CF/1988.

Art. 2º Considera-se de interesse social:

I – o aproveitamento de todo bem improdutivo ou explorado sem correspondência com as necessidades de habitação, trabalho e consumo dos centros de população a que deve ou possa suprir por seu destino econômico;

II – a instalação ou a intensificação das culturas nas áreas em cuja exploração não se obedeça a plano de zoneamento agrícola (VETADO);

III – o estabelecimento e a manutenção de colônias ou cooperativas de povoamento e trabalho agrícola;

IV – a manutenção de posseiros em terrenos urbanos onde, com a tolerância expressa ou tácita do proprietário, tenham construído sua habitação, formando núcleos residenciais de mais de dez famílias;

V – a construção de casas populares;

VI – as terras e águas suscetíveis de valorização extraordinária, pela conclusão de obras e serviços públicos, notadamente de saneamento, portos, transporte, eletrificação, armazenamento de água e irrigação, no caso em que não sejam ditas áreas socialmente aproveitadas;

VII – a proteção do solo e a preservação de cursos e mananciais de água e de reservas florestais;

VIII – a utilização de áreas, locais ou bens que, por suas características, sejam apropriados ao desenvolvimento de atividades turísticas.

▶ Inciso VIII com a redação dada pela Lei nº 6.513, de 20-12-1977.

§ 1º O disposto no item I deste artigo só se aplicará nos casos de bens retirados de produção ou tratando-se de imóveis rurais cuja produção, por ineficientemente explorados, seja inferior à média da região, atendidas as condições naturais do seu solo e sua situação em relação aos mercados.

§ 2º As necessidades de habitação, trabalho e consumo serão apuradas anualmente segundo a conjuntura e condições econômicas locais, cabendo o seu estudo e verificação às autoridades encarregadas de velar pelo bem-estar e pelo abastecimento das respectivas populações.

Art. 3º O expropriante tem o prazo de dois anos, a partir da decretação da desapropriação por interesse social, para efetivar a aludida desapropriação e iniciar as providências de aproveitamento do bem expropriado.

Parágrafo único. VETADO.

Art. 4º Os bens desapropriados serão objeto de venda ou locação, a quem estiver em condições de dar-lhes a destinação social prevista.

Art. 5º No que esta Lei for omissa aplicam-se as normas legais que regulam a desapropriação por utilidade pública, inclusive no tocante ao processo e à justa indenização devida ao proprietário.

Art. 6º Revogam-se as disposições em contrário.

Brasília, 10 de setembro de 1962;
141º da Independência e
74º da República.

João Goulart

LEI DELEGADA Nº 4, DE 26 DE SETEMBRO DE 1962

Dispõe sobre a intervenção no domínio econômico para assegurar a livre distribuição de produtos necessários ao consumo do povo.

▶ Publicada no *DOU* de 27-9-1962 e retificada em 2-10-1962.

Art. 1º A União, na forma do artigo 146 da Constituição, fica autorizada a intervir no domínio econômico para assegurar a livre distribuição de mercadorias e serviços essenciais ao consumo e uso do povo, nos limites fixados nesta Lei.

▶ Refere-se à CF/1946.

Parágrafo único. A intervenção se processará, também, para assegurar o suprimento dos bens necessários às atividades agropecuárias, da pesca e indústrias do País.

Art. 2º A intervenção consistirá:

I – na compra, armazenamento, distribuição e venda de:

a) gêneros e produtos alimentícios;
b) gado vacum, suíno, ovino e caprino, destinado ao abate;
c) aves e pescado próprios para alimentação;
d) tecidos e calçados de uso popular;
e) medicamentos;
f) instrumentos e ferramentas de uso individual;
g) máquinas, inclusive caminhões, jipes, tratores, conjuntos motomecanizados e peças sobressalentes, destinadas às atividades agropecuárias;
h) arames, farpados e lisos, quando destinados a emprego nas atividades rurais;
i) artigos sanitários e artefatos industrializados, de uso doméstico;
j) cimento e laminados de ferro, destinados à construção de casas próprias, de tipo popular, e às benfeitorias rurais;
k) produtos e materiais indispensáveis à produção de bens de consumo popular;

II – na fixação de preços e no controle do abastecimento, neste compreendidos a produção, transporte, armazenamento e comercialização;

III – na desapropriação de bens, por interesse social, ou na requisição de serviços, necessários à realização dos objetivos previstos nesta Lei;

IV – na promoção de estímulos à produção.

§ 1º A aquisição far-se-á no País ou no estrangeiro, quando insuficiente a produção nacional; a venda, onde se verificar a escassez.

§ 2º Não podem ser objeto de desapropriação, com amparo nesta Lei, os animais de serviço ou destinados à reprodução.

Art. 3º Os produtos adquiridos por compra ou desapropriação serão entregues ao consumidor através de:

a) empresas estatais especializadas;
b) organismos federais, estaduais ou municipais, de administração direta ou indireta;
c) entidades privadas, de comprovada idoneidade.

Art. 4º Nas compras e desapropriações, efetuadas nos termos desta Lei, o Imposto de Vendas e Consignações será pago pelo vendedor ou pelo desapropriado.

▶ Imposto de Vendas e Consignações passou a Imposto sobre Circulação de Mercadorias.

Art. 5º Na execução desta Lei, não serão permitidas discriminações de caráter geográfico ou de grupos e pessoas, dentro do mesmo setor de produção e comércio.

Art. 6º Para o controle do abastecimento de mercadorias ou serviços e fixação de preços, são os órgãos incumbidos da aplicação desta Lei autorizados a:

I – regular e disciplinar, no Território Nacional, a circulação e distribuição dos bens sujeitos ao regime desta Lei, podendo, inclusive, proibir a sua movimentação, e ainda estabelecer prioridades para o transporte e armazenamento, sempre que o interesse público o exigir;

II – regular e disciplinar a produção, distribuição e consumo das matérias-primas, podendo requisitar meios de transporte e armazenamento;

III – tabelar os preços máximos de mercadorias e serviços essenciais em relação aos revendedores;

IV – tabelar os preços máximos e estabelecer condições de venda de mercadorias ou serviços, a fim de impedir lucros excessivos, inclusive diversões públicas populares;

V – estabelecer o racionamento dos serviços essenciais e dos bens mencionados no artigo 2º, I, desta Lei, em casos de guerra, calamidade ou necessidade pública;

VI – assistir as cooperativas, ligadas à produção ou distribuição de gêneros alimentícios, na obtenção preferencial das mercadorias de que necessitem;

VII – manter estoque de mercadorias;

VIII – superintender e fiscalizar através de agentes federais, em todo o País, a execução das medidas adotadas e os serviços que estabelecer.

Art. 7º Os preços dos bens desapropriados, quando objeto de tabelamento em vigor, serão pagos previamente em moeda corrente e não poderão ser arbitrados em valor superior ao do respectivo tabelamento.

Parágrafo único. Quando o bem desapropriado não for sujeito a prévio tabelamento, os preços serão arbitrados, tendo em vista o custo médio nos locais de produção ou de venda.

▶ Art. 7º com a redação dada pelo Dec.-lei nº 422, de 20-1-1969.

Art. 8º A imissão na posse dos bens desapropriados será efetivada, liminarmente, antes da citação do réu, no foro da situação dos bens, mediante prévio depósito judicial do respectivo preço, que, na hipótese do parágrafo único do artigo 7º, será fixado por perito nomeado pelo juiz.

▶ Caput com a redação dada pelo Dec.-lei nº 422, de 20-1-1969.

§ 1º Citado o réu, o processo seguirá o curso previsto na legislação vigente sobre desapropriação, reduzidos à metade, sempre que possível, a critério do juiz, os respectivos prazos.

§ 2º Depositado o preço, o desapropriado poderá levantá-lo sem que esse fato importe presunção de concordância com a avaliação, ou renúncia ao direito de defesa.

Art. 9º Os produtos adquiridos, por compra ou desapropriação, serão entregues ao consumo pelos preços tabelados.

Parágrafo único. As vendas aos distribuidores serão feitas com redução percentual e uniforme dos preços tabelados.

Art. 10. Compete à União dispor, normativamente, sobre as condições e oportunidade de uso dos poderes conferidos nesta Lei, cabendo aos Estados a execução das normas baixadas e a fiscalização do seu cumprimento, sem prejuízo de idênticas atribuições fiscalizadoras reconhecidas à União.

§ 1º A União exercerá suas atribuições através de ato do Poder Executivo ou por intermédio dos órgãos federais a que atribuir tais poderes.

§ 2º Na falta de instrumentos administrativos adequados, por parte dos Estados, a União encarregar-se-á dessa execução e fiscalização.

§ 3º No Distrito Federal e nos Territórios, a União exercerá todas as atribuições para a aplicação desta Lei.

Art. 11. Fica sujeito à multa de 150 a 200.000 Unidades Fiscais de Referência-UFIR, vigente na data da infração, sem prejuízo das sanções penais que couberem na forma da lei, aquele que:

▶ Caput com a redação dada pela Lei nº 8.881, de 3-6-1994.

a) vender ou expuser à venda mercadorias ou contratar ou oferecer serviços por preços superiores aos oficialmente tabelados, aos fixados pelo órgão ou entidade competentes, aos estabilizados em regime legal de controle ou ao limite de variações previsto em plano de estabilização econômica, assim como aplicar fórmulas de reajustamento de preços diversas daquelas que forem pelos mesmos estabelecidas;

b) sonegar gêneros ou mercadorias, recusar vendê-los ou os retiver para fins de especulação;

c) não mantiver afixada, em lugar visível e de fácil leitura, tabela de preços dos gêneros e mercadorias, serviços ou diversões públicas populares;

d) favorecer ou preferir comprador ou freguês, em detrimento de outros, ressalvados os sistemas de entrega ao consumo por intermédio de distribuidores ou revendedores;

e) negar ou deixar de fornecer a fatura ou nota, quando obrigatório;

f) produzir, expuser ou vender mercadoria cuja embalagem, tipo, especificação, peso ou composição, transgrida determinações legais, ou não corresponda à respectiva classificação oficial ou real;

g) efetuar vendas ou ofertas de venda, compras ou ofertas de compra que incluam uma prestação oculta, caracterizada pela imposição de transporte, seguro e despesas ou recusa de entrega na fábrica, sempre que esta caracterize alteração imotivada nas condições costumeiramente praticadas, visando burlar o tabelamento de preços;

h) emitir fatura, duplicata ou nota de venda que não corresponda à mercadoria vendida em quantidade ou qualidade, ou, ainda, aos serviços efetivamente contratados;

i) subordinar a venda de um produto à compra simultânea de outro produto ou à compra de uma quantidade imposta;

j) dificultar ou impedir a observância das resoluções que forem baixadas em decorrência desta Lei;

k) sonegar documentos ou comprovantes exigidos para apuração de custo de produção e de venda, ou impedir ou dificultar exames contábeis que forem julgados necessários, ou deixar de fornecer esclarecimentos que forem exigidos;

l) fraudar as regras concernentes ao controle oficial de preços, mediante qualquer artifício ou meio, inclusive pela alteração, sem modificação essencial ou de qualidade, de elementos como a embalagem, denominação, marca (*griffe*), especificações técnicas, volume ou peso dos produtos, mercadorias e gêneros;

m) exigir, cobrar ou receber qualquer vantagem ou importância adicional a valores relativos a preços tabelados, congelados, fixados, administrados ou controlados pelo Poder Público;

▶ Alíneas *a* a *m* com a redação dada pela Lei nº 7.784, de 28-6-1989.

n) descumprir ato de intervenção, norma ou condição de comercialização ou industrialização estabelecidas;

o) organizar, promover ou participar de boicote no comércio de gêneros alimentícios ou, quando obrigado por contrato em regime de concessão, no comércio de produtos industrializados, deixar de retirá-los de fábrica, dificultando a sua distribuição ao consumidor;

p) impedir a produção, comercialização ou distribuição de bens ou a prestação de serviços no País;

q) promover ajuste ou acordo entre empresas ou entre pessoas vinculadas a tais empresas ou interessados no objeto de suas atividades, que possibilite fraude

à livre concorrência, atuação lesiva à economia nacional ou ao interesse geral dos consumidores;
r) aplicar fórmulas de reajustamento de preços proibidas por lei, regulamento, instrução ministerial, órgão ou entidade competente;
s) fazer repercutir, nos preços de insumos, produtos ou serviços, aumentos havidos em outros setores, quando tais aumentos não os alcancem, ou fazê-los incidir acima de percentual que compõe seus custos;
t) negar-se a vender insumo ou matéria-prima à produção de bens essenciais;
u) monopolizar ou conspirar com outras pessoas para monopolizar qualquer atividade de comércio em prejuízo da competitividade, mesmo através da aquisição, direta ou indireta, de controle acionário de empresa concorrente.

▶ Alíneas *n* a *u* acrescidas pela Lei nº 7.784, de 28-6-1989.

§ 1º Requerer a não liberação ou recusar, sem justa causa, quota de mercadoria ou de produtos essenciais, liberada por órgão ou entidade oficial, de forma a frustrar o seu consumo, implicará, além da multa a que se refere este artigo, diminuição da quota na proporção da recusa.

§ 2º Na aplicação da multa a que se refere este artigo, levar-se-á em conta o porte da empresa e as circunstâncias em que a infração foi praticada.

▶ §§ 1º e 2º acrescidos pela Lei nº 7.784, de 28-6-1989.

Art. 12. Nos casos de infração das alíneas *a*, *b* e *c* do artigo 11 desta Lei, poderá ser determinada a interdição do estabelecimento por um prazo de três a noventa dias, cabendo ao órgão ou entidade incumbido da execução desta Lei fixar a competência para a prática do ato de interdição.

▶ *Caput* com a redação dada pelo Dec.-lei nº 422, de 20-1-1969.

§ 1º O interditado poderá, sem efeito suspensivo, recorrer da interdição através de petição endereçada ao dirigente máximo do órgão a que estiver subordinado quem determinou a medida.

§ 2º A autoridade competente para apreciar o recurso terá o prazo de quarenta e oito horas para confirmar ou suspender a interdição.

§ 3º Findo o prazo previsto no parágrafo anterior, sem que seja apreciado o recurso, considerar-se-á automaticamente suspensa a interdição.

§ 4º O interditado poderá, antes do fechamento das portas do estabelecimento, dele retirar os gêneros perecíveis.

§ 5º Responderão solidariamente pelo pagamento das multas e pelas demais penalidades os proprietários, os administradores, os gerentes, os signatários da fatura, nota ou caderno de venda, ou quem, de direito ou de fato, no estabelecimento, efetuar a venda.

▶ §§ 1º a 5º acrescidos pelo Dec.-lei nº 422, de 20-1-1969.

Art. 13. O infrator será autuado independentemente da presença de testemunhas, devendo constar do instrumento a sua assinatura ou a declaração, feita pelo autuante, de sua recusa.

§ 1º O auto de infração será lavrado em três vias, devendo a primeira e a segunda dar entrada no órgão local incumbido da aplicação da lei, dentro do prazo de vinte e quatro horas, entregando-se a terceira via, mediante recibo, ao autuado.

§ 2º O autuado, no prazo de dez dias, apresentará defesa, juntando ou indicando as provas que tiver. Findo esse prazo, com ou sem a defesa, juntadas ou indicadas as provas, o processo será encaminhado ao responsável pelo órgão local incumbido da aplicação da lei para, em cinco dias, homologar o auto de infração e arbitrar a multa.

Art. 14. Homologado o auto de infração e arbitrada a multa, será o autuado notificado para pagar, no prazo de dez dias.

Art. 15. No prazo de dez dias da data da entrega da notificação ao infrator, este, desde que deposite metade do valor da multa, poderá recorrer à autoridade a que estiver subordinado o prolator da decisão.

Art. 16. Feito o depósito, o processo será encaminhado ao prolator, o qual confirmará ou reformará a decisão antes de remetê-lo, *ex officio*, à instância final.

Art. 17. Se a decisão final mantiver a multa ou reduzi-la, o depósito converter-se-á, automaticamente, em pagamento, até a quantia depositada, restituindo-se ao infrator o excesso depositado.

Parágrafo único. Se o valor da multa for superior ao depósito o infrator pagará o saldo no prazo de dez dias.

Art. 18. Decorrido o prazo, sem que seja feito o depósito ou o pagamento, o valor do débito será inscrito como dívida ativa, valendo a certidão de inscrição para cobrança pelo rito dos executivos fiscais.

Art. 19. São competentes para julgar os processos e impor as sanções previstas nesta Lei:
a) os responsáveis pelos órgãos estaduais que forem incumbidos de sua execução;
b) os responsáveis pelos órgãos locais das instituições federais que, nas Unidades da Federação, estejam incumbidos da execução desta Lei.

Art. 20. As multas aplicadas pelos órgãos estaduais constituirão receita da respectiva Unidade da Federação.

Art. 21. As cominações previstas nesta Lei cumulam-se com as sanções penais e são, umas e outras, independentes entre si, bem assim as instâncias administrativas, civil e penal.

Art. 22. Esta Lei será regulamentada no prazo de sessenta dias contados de sua publicação.

Art. 23. Enquanto não expressamente revogadas, continuam em vigor as resoluções, portarias, determinações, ordens de serviço e mais atos baixados pela COFAP e seus órgãos auxiliares.

▶ COFAP: extinta nos termos do art. 11, § 1º da Lei nº 3.782, de 22-7-1960.

Art. 24. A vigência desta Lei não prejudicará os processos civis fiscais, criminais e inquéritos administrativos, instaurados no regime da Lei nº 1.522, de 26 de dezembro de 1951, e suas alterações.

Art. 25. Esta Lei entrará em vigor trinta dias após a sua publicação, revogadas, na mesma data, a Lei nº 1.522, de 26 de dezembro de 1951, suas alterações e outras disposições em contrário, ressalvando-se a continuação dos serviços por ela criados, os quais serão extintos à medida que forem substituídos pelos novos serviços.

Brasília, 26 de setembro de 1962;
141º da Independência e
74º da República.

João Goulart

LEI Nº 4.320, DE 17 DE MARÇO DE 1964

Estatui normas gerais de direito financeiro para elaboração e controle dos orçamentos e balanços da União, dos Estados, dos Municípios e do Distrito Federal.

▶ Publicada no *DOU* de 23-3-1964.

DISPOSIÇÃO PRELIMINAR

Art. 1º Esta Lei estatui normas gerais de direito financeiro para elaboração e controle dos orçamentos e balanços da União, dos Estados, dos Municípios e do Distrito Federal, de acordo com o disposto no artigo 5º, XV, *b*, da Constituição Federal.

TÍTULO I – DA LEI DE ORÇAMENTO

Capítulo I

DISPOSIÇÕES GERAIS

Art. 2º A Lei de Orçamento conterá a discriminação da receita e despesa de forma a evidenciar a política econômico-financeira e o programa de trabalho do Governo, obedecidos os princípios de unidade, universalidade e anualidade.

§ 1º Integrarão a Lei de Orçamento:

I – sumário geral da receita por fontes e da despesa por funções do Governo;
II – quadro demonstrativo da receita e despesa segundo as categorias econômicas, na forma do Anexo nº 1;
III – quadro discriminativo da receita por fontes e respectiva legislação;
IV – quadro das dotações por órgãos do Governo e da Administração.

§ 2º Acompanharão a Lei de Orçamento:

I – quadros demonstrativos da receita e planos de aplicação dos fundos especiais;
II – quadros demonstrativos da despesa, na forma dos Anexos nºs 6 e 9;
III – quadro demonstrativo do programa anual de trabalho do Governo, em termos de realização de obras e de prestação de serviços.

Art. 3º A Lei de Orçamento compreenderá todas as receitas, inclusive as de operações de crédito autorizadas em lei.

Parágrafo único. Não se consideram para os fins deste artigo as operações de crédito por antecipação da receita, as emissões de papel-moeda e outras entradas compensatórias no ativo e passivo financeiros.

Art. 4º A Lei de Orçamento compreenderá todas as despesas próprias dos órgãos do Governo e da Administração centralizada, ou que, por intermédio deles se devam realizar, observado o disposto no artigo 2º.

Art. 5º A Lei de Orçamento não consignará dotações globais destinadas a atender indiferentemente a despesas de pessoal, material, serviços de terceiros, transferências ou quaisquer outras, ressalvado o disposto no artigo 20 e seu parágrafo único.

Art. 6º Todas as receitas e despesas constarão da Lei de Orçamento pelos seus totais, vedadas quaisquer deduções.

§ 1º As cotas de receitas que uma entidade pública deva transferir a outra incluir-se-ão, como despesa, no orçamento da entidade obrigada à transferência e, como receita, no orçamento da que as deva receber.

§ 2º Para cumprimento do disposto no parágrafo anterior, o cálculo das cotas terá por base os dados apurados no balanço do exercício anterior àquele em que se elaborar a proposta orçamentária do Governo obrigado à transferência.

Art. 7º A Lei de Orçamento poderá conter autorização ao Executivo para:

I – abrir créditos suplementares até determinada importância, obedecidas as disposições do artigo 43;
II – realizar, em qualquer mês do exercício financeiro, operações de crédito por antecipação da receita, para atender a insuficiência de caixa.

§ 1º Em casos de *deficit*, a Lei de Orçamento indicará as fontes de recursos que o Poder Executivo fica autorizado a utilizar para atender a sua cobertura.

§ 2º O produto estimado de operações de crédito e de alienação de bens imóveis somente se incluirá na receita quando umas e outras forem especificamente autorizadas pelo Poder Legislativo em forma que juridicamente possibilite ao Poder Executivo realizá-las no exercício.

§ 3º A autorização legislativa a que se refere o parágrafo anterior, no tocante a operações de crédito, poderá constar da própria Lei de Orçamento.

Art. 8º A discriminação da receita geral e da despesa de cada órgão do Governo ou unidade administrativa, a que se refere o artigo 2º, § 1º, III e IV, obedecerá a forma do Anexo nº 2.

§ 1º Os itens da discriminação da receita e da despesa, mencionados nos artigos 11, § 4º, e 13, serão identificados por números de código decimal, na forma dos Anexos nºs 3 e 4.

§ 2º Completarão os números do código decimal referido no parágrafo anterior os algarismos caracterizadores da classificação funcional da despesa conforme estabelece o Anexo nº 5.

§ 3º O código geral estabelecido nesta Lei não prejudicará a adoção de códigos locais.

Capítulo II

DA RECEITA

Art. 9º Tributo é a receita derivada, instituída pelas entidades de direito público, compreendendo os impostos, as taxas e contribuições, nos termos da Constituição e das leis vigentes em matéria financeira, destinando-se o seu produto ao custeio de atividades gerais ou específicas exercidas por essas entidades.

Art. 10. VETADO.

Art. 11. A receita classificar-se-á nas seguintes categorias econômicas: Receitas Correntes e Receitas de Capital.

§ 1º São Receitas Correntes as receitas tributária, de contribuições, patrimonial, agropecuária, industrial, de serviços e outras e, ainda, as provenientes de recursos financeiros recebidos de outras pessoas de direito público ou privado, quando destinadas a atender despesas classificáveis em Despesas Correntes.

§ 2º São Receitas de Capital as provenientes da realização de recursos financeiros oriundos de constituição de dívidas; da conversão, em espécie, de bens e direitos; os recursos recebidos de outras pessoas de direito público ou privado, destinados a atender despesas classificáveis em Despesas de Capital e, ainda, o superávit do Orçamento Corrente.

§ 3º O superávit do Orçamento Corrente resultante do balanceamento dos totais das receitas e despesas correntes, apurado na demonstração a que se refere o Anexo nº 1, não constituirá item de receita orçamentária.

§ 4º A classificação da receita obedecerá ao seguinte esquema:

RECEITAS CORRENTES

Receita Tributária

Impostos

Taxas

Contribuições de Melhoria

Receita de Contribuições

Receita Patrimonial

Receita Agropecuária

Receita Industrial

Receita de Serviços

Transferências Correntes

Outras Receitas Correntes

RECEITAS DE CAPITAL

Operações de Crédito

Alienação de Bens

Amortização de Empréstimos

Transferências de Capital

Outras receitas de Capital

▶ Art. 11 com a redação dada pelo Dec.-lei nº 1.939, de 20-5-1982.

Capítulo III

DA DESPESA

Art. 12. A despesa será classificada nas seguintes categorias econômicas:

DESPESAS CORRENTES

Despesas de Custeio

Transferências Correntes

DESPESAS DE CAPITAL

Investimentos

Inversões Financeiras

Transferências de Capital

§ 1º Classificam-se como Despesas de Custeio as dotações para manutenção de serviços anteriormente criados, inclusive as destinadas a atender a obras de conservação e adaptação de bens imóveis.

§ 2º Classificam-se como Transferências Correntes as dotações para despesas às quais não corresponda contraprestação direta em bens ou serviços, inclusive para contribuições e subvenções destinadas a atender à manifestação de outras entidades de direito público ou privado.

§ 3º Consideram-se subvenções, para os efeitos desta Lei, as transferências destinadas a cobrir despesas de custeio das entidades beneficiadas, distinguindo-se como:

I – subvenções sociais, as que se destinem a instituições públicas ou privadas de caráter assistencial ou cultural, sem finalidade lucrativa;

II – subvenções econômicas, as que se destinem a empresas públicas ou privadas de caráter industrial, comercial, agrícola ou pastoril.

§ 4º Classificam-se como investimentos as dotações para o planejamento e a execução de obras, inclusive as destinadas à aquisição de imóveis considerados necessários à realização destas últimas, bem como para os programas especiais de trabalho, aquisição de instalações, equipamentos e material permanente e constituição ou aumento do capital de empresas que não sejam de caráter comercial ou financeiro.

§ 5º Classificam-se como Inversões Financeiras as dotações destinadas a:

I – aquisição de imóveis, ou de bens de capital já em utilização;

II – aquisição de títulos representativos do capital de empresas ou entidades de qualquer espécie, já constituídas, quando a operação não importe aumento do capital;

III – constituição ou aumento do capital de entidades ou empresas que visem a objetivos comerciais ou financeiros, inclusive operações bancárias ou de seguros.

§ 6º São Transferências de Capital as dotações para investimentos ou inversões financeiras que outras pessoas de direito público ou privado devam realizar, independentemente de contraprestação direta em bens ou serviços, constituindo essas transferências auxílios ou contribuições, segundo derivem diretamente da Lei de Orçamento ou de lei especialmente anterior, bem como as dotações para amortização da dívida pública.

Art. 13. Observadas as categorias econômicas do artigo 12, a discriminação ou especificação da despesa por elementos, em cada unidade administrativa ou órgão do Governo, obedecerá ao seguinte esquema:

DESPESAS CORRENTES

Despesas de Custeio

Pessoal Civil
Pessoal Militar
Material de Consumo
Serviços de Terceiros
Encargos Diversos

Transferências Correntes

Subvenções Sociais
Subvenções Econômicas
Inativos
Pensionistas
Salário-Família e Abono Familiar
Juros da Dívida Pública
Contribuições de Previdência Social
Diversas Transferências Correntes

DESPESAS DE CAPITAL

Investimentos

Obras Públicas
Serviços em Regime de Programação Especial
Equipamentos e Instalações
Material Permanente
Participação em Constituição ou Aumento de Capital de Empresas ou Entidades Industriais ou Agrícolas

Inversões Financeiras

Aquisição de Imóveis
Participação em Constituição ou Aumento de Capital de Empresas ou Entidades Comerciais ou Financeiras
Aquisição de Títulos Representativos de Capital de Empresa em Funcionamento
Constituição de Fundos Rotativos
Concessão de Empréstimos
Diversas Inversões Financeiras

Transferência de Capital

Amortização da Dívida Pública
Auxílios para Obras Públicas
Auxílios para Equipamentos e Instalações
Auxílios para Inversões Financeiras
Outras Contribuições

Art. 14. Constitui unidade orçamentária o agrupamento de serviços subordinados ao mesmo órgão ou repartição a que serão consignadas dotações próprias.

Parágrafo único. Em casos excepcionais, serão consignadas dotações a unidades administrativas subordinadas ao mesmo órgão.

Art. 15. Na Lei de Orçamento a discriminação da despesa far-se-á, no mínimo, por elementos.

§ 1º Entende-se por elementos o desdobramento da despesa com pessoal, material, serviços, obras e outros meios de que se serve a administração pública para consecução de seus fins.

§ 2º Para efeito de classificação da despesa, considera-se material permanente o de duração superior a dois anos.

SEÇÃO I

DAS DESPESAS CORRENTES

SUBSEÇÃO ÚNICA

DAS TRANSFERÊNCIAS CORRENTES

I) Das Subvenções Sociais

Art. 16. Fundamentalmente e nos limites das possibilidades financeiras a concessão de subvenções sociais visará à prestação de serviços essenciais de assistência social, médica e educacional, sempre que a suplementação de recursos de origem privada aplicados a esses objetivos revelar-se mais econômica.

Parágrafo único. O valor das subvenções, sempre que possível, será calculado com base em unidades de serviços efetivamente prestados ou postos à disposição dos interessados, obedecidos os padrões mínimos de eficiência previamente fixados.

Art. 17. Somente à instituição cujas condições de funcionamento forem julgadas satisfatórias pelos órgãos oficiais de fiscalização serão concedidas subvenções.

II) Das Subvenções Econômicas

Art. 18. A cobertura dos *deficits* de manutenção das empresas públicas, de natureza autárquica ou não, far-se-á mediante subvenções econômicas expressamente incluídas nas despesas correntes do orçamento da União, do Estado, do Município ou do Distrito Federal.

Parágrafo único. Consideram-se, igualmente, como subvenções econômicas:

a) as dotações destinadas a cobrir a diferença entre os preços de mercado e os preços de revenda, pelo Governo, de gêneros alimentícios ou outros materiais;
b) as dotações destinadas ao pagamento de bonificações a produtores de determinados gêneros ou materiais.

Art. 19. A Lei de Orçamento não consignará ajuda financeira, a qualquer título, a empresa de fins lucrativos, salvo quando se tratar de subvenções cuja concessão tenha sido expressamente autorizada em lei especial.

SEÇÃO II

DAS DESPESAS DE CAPITAL

SUBSEÇÃO I

DOS INVESTIMENTOS

Art. 20. Os investimentos serão discriminados na Lei de Orçamento segundo os projetos de obras e de outras aplicações.

Parágrafo único. Os programas especiais de trabalho que, por sua natureza, não possam cumprir-se subordinadamente às normas gerais de execução da despesa poderão ser custeados por dotações globais, classificadas entre as Despesas de Capital.

Subseção II
DAS TRANSFERÊNCIAS DE CAPITAL

Art. 21. A Lei de Orçamento não consignará auxílio para investimentos que se devam incorporar ao patrimônio das empresas privadas de fins lucrativos.

Parágrafo único. O disposto neste artigo aplica-se às transferências de capital à conta de fundos especiais ou dotações sob regime excepcional de aplicação.

TÍTULO II – DA PROPOSTA ORÇAMENTÁRIA

Capítulo I
CONTEÚDO E FORMA DA PROPOSTA ORÇAMENTÁRIA

Art. 22. A proposta orçamentária que o Poder Executivo encaminhará ao Poder Legislativo, nos prazos estabelecidos nas Constituições e nas Leis Orgânicas dos Municípios, compor-se-á de:

I – mensagem que conterá: exposição circunstanciada da situação econômico-financeira, documentada com demonstração da dívida fundada e flutuante, saldos de créditos especiais, restos a pagar e outros compromissos financeiros exigíveis; exposição e justificação da política econômico-financeira do Governo; justificação da receita e despesa, particularmente no tocante ao orçamento de capital;

II – projeto de Lei de Orçamento;

III – tabelas explicativas, das quais, além das estimativas de receita e despesa, constarão, em colunas distintas e para fins de comparação:

a) a receita arrecadada nos três últimos exercícios anteriores àquele em que se elaborou a proposta;
b) a receita prevista para o exercício em que se elabora a proposta;
c) a receita prevista para o exercício a que se refere a proposta;
d) a despesa realizada no exercício imediatamente anterior;
e) a despesa fixada para o exercício em que se elabora a proposta; e
f) a despesa prevista para o exercício a que se refere a proposta;

IV – especificação dos programas especiais de trabalho custeados por dotações globais, em termos de metas visadas, decompostas em estimativa do custo das obras a realizar e dos serviços a prestar, acompanhadas de justificação econômica, financeira, social e administrativa.

Parágrafo único. Constará da proposta orçamentária, para cada unidade administrativa, descrição sucinta de suas principais finalidades, com indicação da respectiva legislação.

Capítulo II
DA ELABORAÇÃO DA PROPOSTA ORÇAMENTÁRIA

Seção I
DAS PREVISÕES PLURIANUAIS

Art. 23. As receitas e despesas de capital serão objeto de um Quadro de Recursos e de Aplicação de Capital, aprovado por decreto do Poder Executivo, abrangendo, no mínimo, um triênio.

Parágrafo único. O Quadro de Recursos e de Aplicação de Capital será anualmente reajustado acrescentando-se-lhe as previsões de mais um ano, de modo a assegurar a projeção contínua dos períodos.

Art. 24. O Quadro de Recursos e de Aplicação de Capital abrangerá:

I – as despesas e, como couber, também as receitas previstas em planos especiais aprovados em lei e destinados a atender a regiões ou a setores da administração ou da economia;

II – as despesas à conta de fundos especiais e, como couber, as receitas que os constituam;

III – em anexos, as despesas de capital das entidades referidas no Título X desta Lei, com indicação das respectivas receitas, para as quais forem previstas transferências de capital.

Art. 25. Os programas constantes do Quadro de Recursos e de Aplicação de Capital sempre que possível serão correlacionados a metas objetivas em termos de realização de obras e de prestação de serviços.

Parágrafo único. Consideram-se metas os resultados que se pretendem obter com a realização de cada programa.

Art. 26. A proposta orçamentária conterá o programa anual atualizado dos investimentos, inversões financeiras e transferências previstos no Quadro de Recursos e de Aplicação de Capital.

Seção II
DAS PREVISÕES ANUAIS

Art. 27. As propostas parciais de orçamento guardarão estrita conformidade com a política econômico-financeira, o programa anual de trabalho do Governo e, quando fixado, o limite global máximo para o orçamento de cada unidade administrativa.

Art. 28. As propostas parciais das unidades administrativas, organizadas em formulário próprio, serão acompanhadas de:

I – tabelas explicativas da despesa, sob a forma estabelecida no artigo 22, III, d, e e f;

II – justificação pormenorizada de cada dotação solicitada, com a indicação dos atos de aprovação de projetos e orçamentos de obras públicas, para cujo início ou prosseguimento ela se destina.

Art. 29. Caberá aos órgãos de contabilidade ou de arrecadação organizar demonstrações mensais da receita arrecadada, segundo as rubricas, para servirem de base à estimativa da receita na proposta orçamentária.

Parágrafo único. Quando houver órgão central de orçamento, essas demonstrações ser-lhe-ão remetidas mensalmente.

Art. 30. A estimativa da receita terá por base as demonstrações a que se refere o artigo anterior à arrecadação dos três últimos exercícios, pelo menos, bem como as circunstâncias de ordem conjuntural e outras, que possam afetar a produtividade de cada fonte de receita.

Art. 31. As propostas orçamentárias parciais serão revistas e coordenadas na proposta geral, considerando-se a receita estimada e as novas circunstâncias.

TÍTULO III – DA ELABORAÇÃO DA LEI DE ORÇAMENTO

Art. 32. Se não receber a proposta orçamentária no prazo fixado nas Constituições ou nas Leis Orgânicas dos Municípios, o Poder Legislativo considerará como proposta a Lei de Orçamento vigente.

Art. 33. Não se admitirão emendas ao projeto de Lei de Orçamento que visem a:

a) alterar a dotação solicitada para despesa de custeio, salvo quando provada, nesse ponto, a inexatidão da proposta;
b) conceder dotação para o início de obra cujo projeto não esteja aprovado pelos órgãos competentes;
c) conceder dotação para instalação ou funcionamento de serviço que não esteja anteriormente criado;
d) conceder dotação superior aos quantitativos previamente fixados em resolução do Poder Legislativo para concessão de auxílios e subvenções.

TÍTULO IV – DO EXERCÍCIO FINANCEIRO

Art. 34. O exercício financeiro coincidirá com o ano civil.

Art. 35. Pertencem ao exercício financeiro:

I – as receitas nele arrecadadas;
II – as despesas nele legalmente empenhadas.

Art. 36. Consideram-se Restos a Pagar as despesas empenhadas mas não pagas até o dia 31 de dezembro, distinguindo-se as processadas das não processadas.

Parágrafo único. Os empenhos que correm à conta de créditos com vigência plurianual, que não tenham sido liquidados, só serão computados como Restos a Pagar no último ano de vigência do crédito.

Art. 37. As despesas de exercícios encerrados, para as quais o orçamento respectivo consignava crédito próprio, com saldo suficiente para atendê-las, que não se tenham processado na época própria, bem como os Restos a Pagar com prescrição interrompida e os compromissos reconhecidos após o encerramento do exercício correspondente poderão ser pagos à conta de dotação específica consignada no orçamento, discriminada por elementos, obedecida, sempre que possível, a ordem cronológica.

Art. 38. Reverte à dotação a importância de despesa anulada no exercício: quando a anulação ocorrer após o encerramento deste considerar-se-á receita do ano em que se efetivar.

Art. 39. Os créditos da Fazenda Pública, de natureza tributária ou não tributária, serão escriturados como receita do exercício em que forem arrecadados, nas respectivas rubricas orçamentárias.

§ 1º Os créditos de que trata este artigo, exigíveis pelo transcurso do prazo para pagamento, serão inscritos, na forma da legislação própria, como Dívida Ativa, em registro próprio, após apurada a sua liquidez e certeza, e a respectiva receita será escriturada a esse título.

§ 2º Dívida Ativa Tributária é o crédito da Fazenda Pública dessa natureza, proveniente de obrigação legal relativa a tributos e respectivos adicionais e multas, e Dívida Ativa Não Tributária são os demais créditos da Fazenda Pública, tais como os provenientes de empréstimos compulsórios, contribuições estabelecidas em lei, multas de qualquer origem ou natureza, exceto as tributárias, foros, laudêmios, aluguéis ou taxas de ocupação, custas processuais, preços de serviços prestados por estabelecimentos públicos, indenizações, reposições, restituições, alcances dos responsáveis definitivamente julgados, bem assim os créditos decorrentes de obrigações em moeda estrangeira, de sub-rogação de hipoteca, fiança, aval ou outra garantia, de contratos em geral ou de outras obrigações legais.

§ 3º O valor do crédito da Fazenda Nacional em moeda estrangeira será convertido ao correspondente valor na moeda nacional à taxa cambial oficial, para compra, na data da notificação ou intimação do devedor, pela autoridade administrativa, ou, à sua falta, na data da inscrição da Dívida Ativa, incidindo, a partir da conversão, a atualização monetária e os juros de mora, de acordo com preceitos legais pertinentes aos débitos tributários.

§ 4º A receita da Dívida Ativa abrange os créditos mencionados nos parágrafos anteriores, bem como os valores correspondentes à respectiva atualização monetária, à multa e juros de mora e ao encargo de que tratam o artigo 1º do Decreto-Lei nº 1.025, de 21 de outubro de 1969, e o artigo 3º do Decreto-Lei nº 1.645, de 11 de dezembro de 1978.

§ 5º A Dívida Ativa da União será apurada e inscrita na Procuradoria da Fazenda Nacional.

▶ Art. 39 com a redação dada pela Lei nº 1.735, de 20-12-1979.

TÍTULO V – DOS CRÉDITOS ADICIONAIS

Art. 40. São créditos adicionais as autorizações de despesa não computadas ou insuficientemente dotadas na Lei de Orçamento.

Art. 41. Os créditos adicionais classificam-se em:

I – suplementares, os destinados a reforço de dotação orçamentária;
II – especiais, os destinados a despesas para as quais não haja dotação orçamentária específica;
III – extraordinários, os destinados a despesas urgentes e imprevistas, em caso de guerra, comoção intestina ou calamidade pública.

Art. 42. Os créditos suplementares e especiais serão autorizados por lei e abertos por decreto executivo.

Art. 43. A abertura dos créditos suplementares e especiais depende da existência de recursos disponíveis para ocorrer à despesa e será precedida de exposição justificativa.

§ 1º Consideram-se recursos para o fim deste artigo, desde que não comprometidos:

I – o superávit financeiro apurado em balanço patrimonial do exercício anterior;
II – os provenientes de excesso de arrecadação;
III – os resultantes de anulação parcial ou total de dotações orçamentárias ou de créditos adicionais, autorizados em lei;
IV – o produto de operações de crédito autorizadas, em forma que juridicamente possibilite ao Poder Executivo realizá-las.

§ 2º Entende-se por superávit financeiro a diferença positiva entre o ativo financeiro e o passivo financeiro, conjugando-se, ainda, os saldos dos créditos adicionais transferidos e as operações de crédito a eles vinculadas.

§ 3º Entende-se por excesso de arrecadação, para os fins deste artigo, o saldo positivo das diferenças acumuladas mês a mês, entre a arrecadação prevista e a realizada, considerando-se, ainda, a tendência do exercício.

§ 4º Para o fim de apurar os recursos utilizáveis, provenientes de excesso de arrecadação, deduzir-se-á a importância dos créditos extraordinários abertos no exercício.

Art. 44. Os créditos extraordinários serão abertos por decreto do Poder Executivo, que deles dará imediato conhecimento ao Poder Legislativo.

Art. 45. Os créditos adicionais terão vigência adstrita ao exercício financeiro em que forem abertos, salvo expressa disposição legal em contrário, quanto aos especiais e extraordinários.

Art. 46. O ato que abrir crédito adicional indicará a importância, a espécie do mesmo e a classificação da despesa, até onde for possível.

TÍTULO VI – DA EXECUÇÃO DO ORÇAMENTO

Capítulo I
DA PROGRAMAÇÃO DA DESPESA

Art. 47. Imediatamente após a promulgação da Lei de Orçamento e com base nos limites nela fixados, o Poder Executivo aprovará um quadro de cotas trimestrais da despesa que cada unidade orçamentária fica autorizada a utilizar.

Art. 48. A fixação das cotas a que se refere o artigo anterior atenderá aos seguintes objetivos:

a) assegurar às unidades orçamentárias, em tempo útil, a soma de recursos necessários e suficientes à melhor execução do seu programa anual de trabalho;
b) manter, durante o exercício, na medida do possível, o equilíbrio entre a receita arrecadada e a despesa realizada, de modo a reduzir ao mínimo eventuais insuficiências de tesouraria.

Art. 49. A programação da despesa orçamentária, para efeito do disposto no artigo anterior, levará em conta os créditos adicionais e as operações extraorçamentárias.

Art. 50. As cotas trimestrais poderão ser alteradas durante o exercício, observados o limite da dotação e o comportamento da execução orçamentária.

Capítulo II
DA RECEITA

Art. 51. Nenhum tributo será exigido ou aumentado sem que a lei o estabeleça, nenhum será cobrado em cada exercício sem prévia autorização orçamentária, ressalvados a tarifa aduaneira e o imposto lançado por motivo de guerra.

Art. 52. São objeto de lançamento os impostos diretos e quaisquer outras rendas com vencimento determinado em lei, regulamento ou contrato.

Art. 53. O lançamento da receita é ato da repartição competente, que verifica a procedência do crédito fiscal e a pessoa que lhe é devedora e inscreve o débito desta.

Art. 54. Não será admitida a compensação da observação de recolher rendas ou receitas com direito creditório contra a Fazenda Pública.

Art. 55. Os agentes da arrecadação devem fornecer recibos das importâncias que arrecadarem.

§ 1º Os recibos devem conter o nome da pessoa que paga a soma arrecadada, proveniência e classificação, bem como a data e assinatura do agente arrecadador.

§ 2º Os recibos serão fornecidos em uma única via.

Art. 56. O recolhimento de todas as receitas far-se-á em estrita observância ao princípio de unidade de tesouraria, vedada qualquer fragmentação para criação de caixas especiais.

Art. 57. Ressalvado o disposto no parágrafo único do artigo 3º desta Lei serão classificadas como receita orçamentária, sob as rubricas próprias, todas as receitas arrecadadas, inclusive as provenientes de operações de crédito, ainda que não previstas no Orçamento.

Capítulo III
DA DESPESA

Art. 58. O empenho de despesa é o ato emanado de autoridade competente que cria para o Estado obrigação de pagamento pendente ou não de implemento de condição.

Art. 59. O empenho da despesa não poderá exceder o limite dos créditos concedidos.

§ 1º Ressalvado o disposto no artigo 67 da Constituição Federal, é vedado aos Municípios empenhar, no último mês do mandato do prefeito, mais do que o duodécimo da despesa prevista no Orçamento vigente.

§ 2º Fica, também, vedado aos Municípios, no mesmo período, assumir, por qualquer forma, compromissos financeiros para execução depois do término do mandato do prefeito.

§ 3º As disposições dos parágrafos anteriores não se aplicam nos casos comprovados de calamidade pública.

§ 4º Reputam-se nulos e de nenhum efeito os empenhos e atos praticados em desacordo com o disposto nos §§ 1º e 2º deste artigo, sem prejuízo da responsabilidade do prefeito nos termos do artigo 1º, V, do Decreto-Lei nº 201, de 27 de fevereiro de 1967.

▶ Art. 59 com a redação dada pela Lei nº 6.397, de 10-12-1976.

Art. 60. É vedada a realização de despesa sem prévio empenho.

§ 1º Em casos especiais previstos na legislação específica será dispensada a emissão da nota de empenho.

§ 2º Será feito por estimativa o empenho da despesa cujo montante não se possa determinar.

§ 3º É permitido o empenho global de despesas contratuais e outras, sujeitas a parcelamento.

Art. 61. Para cada empenho será extraído um documento denominado nota de empenho que indicará o nome do credor, a representação e a importância da despesa, bem como a dedução desta do saldo da dotação própria.

Art. 62. O pagamento da despesa só será efetuado quando ordenado após sua regular liquidação.

Art. 63. A liquidação da despesa consiste na verificação do direito adquirido pelo credor tendo por base os títulos e documentos comprobatórios do respectivo crédito.

§ 1º Essa verificação tem por fim apurar:

I – a origem e o objeto do que se deve pagar;
II – a importância exata a pagar;
III – a quem se deve pagar a importância, para extinguir a obrigação.

§ 2º A liquidação da despesa por fornecimentos feitos ou serviços prestados terá por base:

I – o contrato, ajuste ou acordo respectivo;
II – a nota de empenho;
III – os comprovantes da entrega de material ou da prestação efetiva do serviço.

Art. 64. A ordem de pagamento é o despacho exarado por autoridade competente, determinando que a despesa seja paga.

Parágrafo único. A ordem de pagamento só poderá ser exarada em documentos processados pelos serviços de contabilidade.

Art. 65. O pagamento da despesa será efetuado por tesouraria ou pagadoria regularmente instituídos por estabelecimentos bancários credenciados e, em casos excepcionais, por meio de adiantamento.

Art. 66. As dotações atribuídas às diversas unidades orçamentárias poderão quando expressamente determinado na Lei de Orçamento ser movimentadas por órgãos centrais de administração geral.

Parágrafo único. É permitida a redistribuição de parcelas das dotações de pessoal, de uma para outra unidade orçamentária, quando considerada indispensável à movimentação de pessoal dentro das tabelas ou quadros comuns às unidades interessadas, a que se realize em obediência à legislação específica.

Art. 67. Os pagamentos devidos pela Fazenda Pública, em virtude de sentença judiciária, far-se-ão na ordem de apresentação dos precatórios e à conta dos créditos respectivos, sendo proibida a designação de casos ou de pessoas nas dotações orçamentárias e nos créditos adicionais abertos para esse fim.

▶ Lei nº 6.830, de 22-9-1980 (Lei das Execuções Fiscais).

Art. 68. O regime de adiantamento é aplicável aos casos de despesas expressamente definidos em lei e consiste na entrega de numerário a servidor, sempre precedida de empenho na dotação própria para o fim de realizar despesas que não possam subordinar-se ao processo normal de aplicação.

Art. 69. Não se fará adiantamento a servidor em alcance nem a responsável por dois adiantamentos.

Art. 70. A aquisição de material, o fornecimento e a adjudicação de obras e serviços serão regulados em lei, respeitado o princípio da concorrência.

TÍTULO VII – DOS FUNDOS ESPECIAIS

Art. 71. Constitui fundo especial o produto de receitas especificadas que por lei se vinculam à realização de determinados objetivos ou serviços, facultada a adoção de normas peculiares de aplicação.

Art. 72. A aplicação das receitas orçamentárias vinculadas a fundos especiais far-se-á através de dotação consignada na Lei de Orçamento ou em créditos adicionais.

Art. 73. Salvo determinação em contrário da lei que o instituiu, o saldo positivo do fundo especial apurado em balanço será transferido para o exercício seguinte, a crédito do mesmo fundo.

Art. 74. A lei que instituir fundo especial poderá determinar normas peculiares de controle, prestação e tomada de contas, sem, de qualquer modo, elidir a competência específica do Tribunal de Contas ou órgão equivalente.

TÍTULO VIII – DO CONTROLE DA EXECUÇÃO ORÇAMENTÁRIA

Capítulo I

DISPOSIÇÕES GERAIS

Art. 75. O controle da execução orçamentária compreenderá:

I – a legalidade dos atos de que resultem a arrecadação da receita ou a realização da despesa, o nascimento ou a extinção de direitos e obrigações;
II – a fidelidade funcional dos agentes da administração, responsáveis por bens e valores públicos;
III – o cumprimento do programa de trabalho expresso em termos monetários e em termos de realização de obras e prestação de serviços.

Capítulo II

DO CONTROLE INTERNO

Art. 76. O Poder Executivo exercerá os três tipos de controle a que se refere o artigo 75, sem prejuízo das atribuições do Tribunal de Contas ou órgão equivalente.

Art. 77. A verificação da legalidade dos atos de execução orçamentária será prévia, concomitante e subsequente.

Art. 78. Além da prestação ou tomada de contas anual, quando instituída em lei, ou por fim de gestão, poderá haver, a qualquer tempo, levantamento, prestação ou tomada de contas de todos os responsáveis por bens ou valores públicos.

Art. 79. Ao órgão incumbido da elaboração da proposta orçamentária ou a outro indicado na legislação, caberá o controle estabelecido no inciso III do artigo 75.

Parágrafo único. Esse controle far-se-á, quando for o caso, em termos de unidades de medida, previamente estabelecidos para cada atividade.

Art. 80. Compete aos serviços de contabilidade ou órgãos equivalentes verificar a exata observância dos limites das cotas trimestrais atribuídas a cada unidade orçamentária, dentro do sistema que for instituído para esse fim.

Capítulo III

DO CONTROLE EXTERNO

Art. 81. O controle da execução orçamentária, pelo Poder Legislativo, terá por objetivo verificar a probidade da administração, a guarda e legal emprego dos dinheiros públicos e o cumprimento da Lei de Orçamento.

Art. 82. O Poder Executivo, anualmente, prestará contas ao Poder Legislativo, no prazo estabelecido nas Constituições ou nas Leis Orgânicas dos Municípios.

§ 1º As contas do Poder Executivo serão submetidas ao Poder Legislativo, com parecer prévio do Tribunal de Contas ou órgão equivalente.

§ 2º Ressalvada a competência do Tribunal de Contas ou órgão equivalente, a câmara de vereadores poderá designar peritos-contadores para verificarem as contas do prefeito e sobre elas emitirem parecer.

TÍTULO IX – DA CONTABILIDADE

Capítulo I

DISPOSIÇÕES GERAIS

Art. 83. A contabilidade evidenciará perante a Fazenda Pública a situação de todos quantos, de qualquer modo, arrecadem receitas, efetuem despesas, administrem ou guardem bens a ela pertencentes ou confiados.

Art. 84. Ressalvada a competência do Tribunal de Contas ou órgão equivalente, a tomada de contas dos agentes responsáveis por bens ou dinheiros públicos será realizada ou superintendida pelos serviços de contabilidade.

Art. 85. Os serviços de contabilidade serão organizados de forma a permitirem o acompanhamento da execução orçamentária, o conhecimento da composição patrimonial, a determinação dos custos dos serviços industriais, o levantamento dos balanços gerais, a análise e a interpretação dos resultados econômicos e financeiros.

Art. 86. A escrituração sintética das operações financeiras e patrimoniais efetuar-se-á pelo método das partidas dobradas.

Art. 87. Haverá controle contábil dos direitos e obrigações oriundos de ajustes ou contratos em que a administração pública for parte.

Art. 88. Os débitos e créditos serão escriturados com individuação do devedor ou do credor e especificação da natureza, importância e data do vencimento, quando fixada.

Art. 89. A contabilidade evidenciará os fatos ligados à administração orçamentária, financeira, patrimonial e industrial.

Capítulo II

DA CONTABILIDADE ORÇAMENTÁRIA E FINANCEIRA

Art. 90. A contabilidade deverá evidenciar, em seus registros, o montante dos créditos orçamentários vigentes, a despesa empenhada e a despesa realizada, à conta dos mesmos créditos, e as dotações disponíveis.

Art. 91. O registro contábil da receita e da despesa far-se-á de acordo com as especificações constantes da Lei de Orçamento e dos créditos adicionais.

Art. 92. A dívida flutuante compreende:

I – os restos a pagar, excluídos os serviços da dívida;
II – os serviços da dívida a pagar;
III – os depósitos;
IV – os débitos de tesouraria.

Parágrafo único. O registro dos Restos a Pagar far-se-á por exercício e por credor, distinguindo-se as despesas processadas das não processadas.

Art. 93. Todas as operações de que resultem débitos e créditos de natureza financeira, não compreendidas na execução orçamentária, serão também objeto de registro, individuação e controle contábil.

Capítulo III

DA CONTABILIDADE PATRIMONIAL E INDUSTRIAL

Art. 94. Haverá registros analíticos de todos os bens de caráter permanente, com indicação dos elementos necessários para a perfeita caracterização de cada um deles e dos agentes responsáveis pela sua guarda e administração.

Art. 95. A contabilidade manterá registros sintéticos dos bens móveis e imóveis.

Art. 96. O levantamento geral dos bens móveis e imóveis terá por base o inventário analítico de cada unidade administrativa e os elementos da escrituração sintética na contabilidade.

Art. 97. Para fins orçamentários e determinação dos devedores, ter-se-á o registro contábil das receitas patrimoniais, fiscalizando-se sua efetivação.

Art. 98. A dívida fundada compreende os compromissos de exigibilidade superior a doze meses, contraídos para atender a desequilíbrio orçamentário ou a financeiro de obras e serviços públicos.

Parágrafo único. A dívida fundada será escriturada com individuação e especificações que permitem verificar, a qualquer momento, a posição dos empréstimos, bem como os respectivos serviços de amortização e juros.

Art. 99. Os serviços públicos industriais, ainda que não organizados como empresa pública ou autárquica, manterão contabilidade especial para determinação dos custos, ingressos e resultados, sem prejuízo da escrituração patrimonial e financeira comum.

Art. 100. As alterações da situação líquida patrimonial, que abrangem os resultados da execução orçamentária, bem como as variações independentes dessa execução e as supervenientes e insubsistências ativas e passivas, constituirão elementos da conta patrimonial.

CAPÍTULO IV

DOS BALANÇOS

Art. 101. Os resultados gerais do exercício serão demonstrados no Balanço Orçamentário, no Balanço Financeiro, no Balanço Patrimonial, na Demonstração das Variações Patrimoniais, segundo os Anexos nºs 12, 13, 14 e 15 e os quadros demonstrativos constantes dos Anexos nºs 1, 6, 7, 8, 9, 10, 11, 16 e 17.

Art. 102. O Balanço Orçamentário demonstrará as receitas e despesas previstas em confronto com as realizadas.

Art. 103. O Balanço Financeiro demonstrará a receita e a despesa orçamentárias, bem como os recebimentos e os pagamentos de natureza extraorçamentária, conjugados com os saldos em espécie provenientes do exercício anterior, e os que se transferem para o exercício seguinte.

Parágrafo único. Os Restos a Pagar do exercício serão computados na receita extraorçamentária para compensar sua inclusão na despesa orçamentária.

Art. 104. A Demonstração das Variações Patrimoniais evidenciará as alterações verificadas no patrimônio, resultantes ou independentes da execução orçamentária, e indicará o resultado patrimonial do exercício.

Art. 105. O Balanço Patrimonial demonstrará:

I – o Ativo Financeiro;
II – o Ativo Permanente;
III – o Passivo Financeiro;
IV – o Passivo Permanente;
V – o Saldo Patrimonial;
VI – as Contas de Compensação.

§ 1º O Ativo Financeiro compreenderá os créditos e valores realizáveis independentemente de autorização orçamentária e os valores numerários.

§ 2º O Ativo Permanente compreenderá os bens, créditos e valores, cuja mobilização ou alienação dependa de autorização legislativa.

§ 3º O Passivo Financeiro compreenderá as dívidas fundadas e outras, cujo pagamento independa de autorização orçamentária.

§ 4º O Passivo Permanente compreenderá as dívidas fundadas e outras que dependam de autorização legislativa para amortização ou resgate.

§ 5º Nas contas de compensação serão registrados os bens, valores, obrigações e situações não compreendidas nos parágrafos anteriores e que, imediata ou indiretamente, possam vir a afetar o patrimônio.

Art. 106. A avaliação dos elementos patrimoniais obedecerá às normas seguintes:

I – os débitos e créditos, bem como os títulos de renda, pelo seu valor nominal, feita a conversão, quando em moeda estrangeira, à taxa de câmbio vigente na data do balanço;

II – os bens móveis e imóveis, pelo valor de aquisição ou pelo custo de produção ou de construção;

III – os bens de almoxarifado, pelo preço médio ponderado das compras.

§ 1º Os valores em espécie, assim como os débitos e créditos, quando em moeda estrangeira, deverão figurar ao lado das correspondentes importâncias em moeda nacional.

§ 2º As variações resultantes da conversão dos débitos, créditos e valores em espécie serão levadas à conta patrimonial.

§ 3º Poderão ser feitas reavaliações dos bens móveis e imóveis.

TÍTULO X – DAS AUTARQUIAS E OUTRAS ENTIDADES

Art. 107. As entidades autárquicas ou paraestatais, inclusive de previdência social ou investidas de delegação para arrecadação de contribuições parafiscais da União, dos Estados, dos Municípios e do Distrito Federal, terão seus orçamentos aprovados por decreto do Poder Executivo, salvo se disposição legal expressa determinar que o sejam pelo Poder Legislativo.

Parágrafo único. Compreendem-se nesta disposição as empresas com autonomia financeira e administrativa cujo capital pertencer, integralmente, ao Poder Público.

Art. 108. Os orçamentos das entidades referidas no artigo anterior vincular-se-ão ao orçamento da União, dos Estados, dos Municípios e do Distrito Federal, pela inclusão:

I – como receita, salvo disposição legal em contrário, de saldo positivo previsto entre os totais das receitas e despesas;

II – como subvenção econômica, na receita do orçamento da beneficiária, salvo disposição legal em contrário, do saldo negativo previsto entre os totais das receitas e despesas.

§ 1º Os investimentos ou inversões financeiras da União, dos Estados, dos Municípios e do Distrito Federal, realizados por intermédio das entidades aludidas no artigo anterior, serão classificados como receita de capital destas e despesa de transferência de capital daqueles.

§ 2º As previsões para depreciação serão computadas para efeito de apuração do saldo líquido das mencionadas entidades.

Art. 109. Os orçamentos e balanços das entidades compreendidas no artigo 107 serão publicados como complemento dos orçamentos e balanços da União, dos Estados, dos Municípios e do Distrito Federal a que estejam vinculados.

Art. 110. Os orçamentos e balanços das entidades já referidas obedecerão aos padrões e normas instituídas por esta Lei, ajustados às respectivas peculiaridades.

Parágrafo único. Dentro do prazo que a legislação fixar, os balanços serão remetidos ao órgão central de contabilidade da União, dos Estados, dos Municípios e do Distrito Federal, para fins de incorporação dos resultados, salvo disposição legal em contrário.

TÍTULO XI – DISPOSIÇÕES FINAIS

Art. 111. O Conselho Técnico de Economia e Finanças do Ministério de Fazenda, além de outras apurações, para fins estatísticos, de interesse nacional, organizará e publicará o balanço consolidado das contas da União, Estados, Municípios e Distrito Federal, suas autarquias e outras entidades, bem como um quadro estruturalmente idêntico, baseado em dados orçamentários.

§ 1º Os quadros referidos neste artigo terão a estrutura do Anexo nº 1.

§ 2º O quadro baseado nos orçamentos será publicado até o último dia do primeiro semestre do próprio exercício e o baseado nos balanços, até o último dia do segundo semestre do exercício imediato àquele a que se referirem.

Art. 112. Para cumprimento do disposto no artigo precedente, a União, os Estados, os Municípios e o Distrito Federal remeterão ao mencionado órgão, até 30 de abril, os orçamentos do exercício, e até 30 de junho, os balanços do exercício anterior.

Parágrafo único. O pagamento, pela União, de auxílio ou contribuição a Estados, Municípios ou Distrito Federal, cuja concessão não decorra de imperativo constitucional, dependerá de prova do atendimento ao que se determina neste artigo.

Art. 113. Para fiel e uniforme aplicação das presentes normas, o Conselho Técnico de Economia e Finanças do Ministério da Fazenda atenderá a consultas, coligirá elementos, promoverá o intercâmbio de dados informativos, expedirá recomendações técnicas, quando solicitadas, e atualizará, sempre que julgar conveniente, os anexos que integram a presente Lei.

Parágrafo único. Para os fins previstos neste artigo, poderão ser promovidas, quando necessário, conferências ou reuniões técnicas, com a participação de representantes das entidades abrangidas por estas normas.

Art. 114. Os efeitos desta Lei são contados a partir de 1º de janeiro de 1964, para o fim da elaboração dos orçamentos, e a partir de 1º de janeiro de 1965, quanto às demais atividades estatuídas.

▶ Art. 114 com a redação dada pela Lei nº 4.489, de 19-11-1964.

Art. 115. Revogam-se as disposições em contrário.

Brasília, 17 de março de 1964;
143º da Independência e
76º da República.

João Goulart

▶ Optamos por não publicar os anexos nesta edição.

LEI Nº 4.717, DE 29 DE JUNHO DE 1965

Regula a ação popular.

▶ Publicada no *DOU* de 5-7-1965.
▶ Art. 5º, LXXIII, da CF.

DA AÇÃO POPULAR

Art. 1º Qualquer cidadão será parte legítima para pleitear a anulação ou a declaração de nulidade de atos lesivos ao patrimônio da União, do Distrito Federal, dos Estados e dos Municípios, de entidades autárquicas, de sociedades de economia mista (Constituição, artigo 141, § 38), de sociedades mútuas de seguro nas quais a União represente os segurados ausentes, de empresas públicas, de serviços sociais autônomos, de instituições ou fundações para cuja criação ou custeio o tesouro público haja concorrido ou concorra com mais de cinquenta por cento do patrimônio ou da receita ânua de empresas incorporadas ao patrimônio da União, do Distrito Federal, dos Estados e dos Municípios e de quaisquer pessoas jurídicas ou entidades subvencionadas pelos cofres públicos.

▶ Refere-se à CF/1946.
▶ Súm. nº 365 do STF.
▶ Súm. nº 329 do STJ.

§ 1º Consideram-se patrimônio público para os fins referidos neste artigo, os bens e direitos de valor econômico, artístico, estético, histórico ou turístico.

▶ § 1º com a redação dada pela Lei nº 6.513, de 20-12-1977.

§ 2º Em se tratando de instituições ou fundações, para cuja criação ou custeio o tesouro público concorra com menos de cinquenta por cento do patrimônio ou da receita ânua, bem como de pessoas jurídicas ou entidades subvencionadas, as consequências patrimoniais da invalidez dos atos lesivos terão por limite a repercussão deles sobre a contribuição dos cofres públicos.

§ 3º A prova da cidadania, para ingresso em juízo, será feita com o título eleitoral, ou com documento que a ele corresponda.

§ 4º Para instruir a inicial, o cidadão poderá requerer às entidades a que se refere este artigo, as certidões e informações que julgar necessárias, bastando para isso indicar a finalidade das mesmas.

§ 5º As certidões e informações, a que se refere o parágrafo anterior, deverão ser fornecidas dentro de quinze dias da entrega, sob recibo, dos respectivos requerimentos, e só poderão ser utilizadas para a instrução de ação popular.

§ 6º Somente nos casos em que o interesse público, devidamente justificado, impuser sigilo, poderá ser negada certidão ou informação.

§ 7º Ocorrendo a hipótese do parágrafo anterior, a ação poderá ser proposta desacompanhada das certidões ou informações negadas, cabendo ao juiz, após apreciar os motivos do indeferimento, e salvo em se tratando de razão de segurança nacional, requisitar umas e outras; feita a requisição, o processo correrá em segredo de justiça, que cessará com o trânsito em julgado de sentença condenatória.

Art. 2º São nulos os atos lesivos ao patrimônio das entidades mencionadas no artigo anterior, nos casos de:
a) incompetência;
b) vício de forma;
c) ilegalidade do objeto;
d) inexistência dos motivos;
e) desvio de finalidade.

Parágrafo único. Para a conceituação dos casos de nulidade observar-se-ão as seguintes normas:
a) a incompetência fica caracterizada quando o ato não se incluir nas atribuições legais do agente que o praticou;
b) o vício de forma consiste na omissão ou na observância incompleta ou irregular de formalidades indispensáveis à existência ou seriedade do ato;
c) a ilegalidade do objeto ocorre quando o resultado do ato importa em violação de lei, regulamento ou outro ato normativo;
d) a inexistência dos motivos se verifica quando a matéria de fato ou de direito, em que se fundamenta o ato, é materialmente inexistente ou juridicamente inadequada ao resultado obtido;
e) o desvio da finalidade se verifica quando o agente pratica o ato visando a fim diverso daquele previsto, explícita ou implicitamente, na regra de competência.

Art. 3º Os atos lesivos ao patrimônio das pessoas de direito público ou privado, ou das entidades mencionadas no artigo 1º, cujos vícios não se compreendam nas especificações do artigo anterior, serão anuláveis, segundo as prescrições legais, enquanto compatíveis com a natureza deles.

Art. 4º São também nulos os seguintes atos ou contratos, praticados ou celebrados por quaisquer das pessoas ou entidades referidas no artigo 1º:
I – a admissão ao serviço público remunerado, com desobediência, quanto às condições de habilitação das normas legais, regulamentares ou constantes de instruções gerais;
II – a operação bancária ou de crédito real, quando:
a) for realizada com desobediência a normas legais, regulamentares, estatutárias, regimentais ou internas;
b) o valor real do bem dado em hipoteca ou penhor for inferior ao constante de escritura, contrato ou avaliação;
III – a empreitada, a tarefa e a concessão do serviço público, quando:
a) o respectivo contrato houver sido celebrado sem prévia concorrência pública ou administrativa, sem que essa condição seja estabelecida em lei, regulamento ou norma geral;
b) no edital de concorrência forem incluídas cláusulas ou condições, que comprometam o seu caráter competitivo;
c) a concorrência administrativa for processada em condições que impliquem na limitação das possibilidades normais de competição;

IV – as modificações ou vantagens, inclusive prorrogações que forem admitidas, em favor do adjudicatário, durante a execução dos contratos de empreitada, tarefa e concessão de serviço público, sem que estejam previstas em lei ou nos respectivos instrumentos;
V – a compra e venda de bens móveis ou imóveis, nos casos em que não for cabível concorrência pública ou administrativa, quando:
a) for realizada com desobediência a normas legais regulamentares, ou constantes de instruções gerais;
b) o preço de compra dos bens for superior ao corrente no mercado, na época da operação;
c) o preço de venda dos bens for inferior ao corrente no mercado, na época da operação;
VI – a concessão de licença de exportação ou importação, qualquer que seja a sua modalidade, quando:
a) houver sido praticada com violação das normas legais e regulamentares ou de instruções e ordens de serviço;
b) resultar em exceção ou privilégio, em favor de exportador ou importador;
VII – a operação de redesconto quando, sob qualquer aspecto, inclusive o limite de valor, desobedecer a normas legais, regulamentares ou constantes de instruções gerais;
VIII – o empréstimo concedido pelo Banco Central da República, quando:
a) concedido com desobediência de quaisquer normas legais, regulamentares, regimentais ou constantes de instruções gerais;
b) o valor dos bens dados em garantia, na época da operação, for inferior ao da avaliação;
IX – a emissão, quando efetuada sem observância das normas constitucionais, legais e regulamentadoras que regem a espécie.

DA COMPETÊNCIA

Art. 5º Conforme a origem do ato impugnado, é competente para conhecer da ação, processá-la e julgá-la, o juiz que, de acordo com a organização judiciária de cada Estado, o for para as causas que interessem à União, ao Distrito Federal, ao Estado ou ao Município.
▶ Arts. 8º, II, e 109, I, da CF.

§ 1º Para fins de competência, equiparam-se a atos da União, do Distrito Federal, do Estado ou dos Municípios os atos das pessoas criadas ou mantidas por essas pessoas jurídicas de direito público, bem como os atos das sociedades de que elas sejam acionistas e os das pessoas ou entidades por elas subvencionadas ou em relação às quais tenham interesse patrimonial.

§ 2º Quando o pleito interessar simultaneamente à União e a qualquer outra pessoa ou entidade, será competente o juiz das causas da União, se houver; quando interessar simultaneamente ao Estado e ao Município, será competente o juiz das causas do Estado, se houver.

§ 3º A propositura da ação prevenirá a jurisdição do juízo para todas as ações, que forem posteriormente intentadas contra as mesmas partes e sob os mesmos fundamentos.

§ 4º Na defesa do patrimônio público caberá a suspensão liminar do ato lesivo impugnado.
▶ § 4º acrescido pela Lei nº 6.513, de 20-12-1977.

DOS SUJEITOS PASSIVOS DA AÇÃO E DOS ASSISTENTES

Art. 6º A ação será proposta contra as pessoas públicas ou privadas e as entidades referidas no artigo 1º, contra as autoridades, funcionários ou administradores que houverem autorizado, aprovado, ratificado ou praticado o ato impugnado, ou que, por omissão, tiverem dado oportunidade à lesão, e contra os beneficiários diretos do mesmo.

▶ Arts. 46 a 55 do CPC.

§ 1º Se não houver beneficiário direto do ato lesivo, ou se for ele indeterminado ou desconhecido, a ação será proposta somente contra as outras pessoas indicadas neste artigo.

§ 2º No caso de que trata o inciso II, *b*, do artigo 4º, quando o valor real do bem for inferior ao da avaliação, citar-se-ão como réus, além das pessoas públicas ou privadas e entidades referidas no artigo 1º, apenas os responsáveis pela avaliação inexata e os beneficiários da mesma.

§ 3º A pessoa jurídica de direito público ou de direito privado, cujo ato seja objeto de impugnação, poderá abster-se de contestar o pedido, ou poderá atuar ao lado do autor, desde que isso se afigure útil ao interesse público, a juízo do respectivo representante legal ou dirigente.

§ 4º O Ministério Público acompanhará a ação, cabendo-lhe apressar a produção da prova e promover a responsabilidade, civil ou criminal, dos que nela incidirem, sendo-lhe vedado, em qualquer hipótese, assumir a defesa do ato impugnado ou dos seus autores.

§ 5º É facultado a qualquer cidadão habilitar-se como litisconsorte ou assistente do autor da ação popular.

DO PROCESSO

Art. 7º A ação obedecerá ao procedimento ordinário, previsto no Código de Processo Civil, observadas as seguintes normas modificativas:

▶ Arts. 282 a 475 do CPC.

I – ao despachar a inicial o juiz ordenará:

a) além da citação dos réus, a intimação do representante do Ministério Público;
b) a requisição às entidades indicadas na petição inicial, dos documentos que tiverem sido referidos pelo autor (artigo 1º, § 6º), bem como a de outros que se lhe afigurem necessários ao esclarecimento dos fatos, fixando o prazo de quinze a trinta dias para o atendimento.

§ 1º O representante do Ministério Público providenciará para que as requisições, a que se refere o inciso anterior, sejam atendidas dentro dos prazos fixados pelo juiz.

§ 2º Se os documentos e informações não puderem ser oferecidos nos prazos assinalados, o juiz poderá autorizar prorrogação dos mesmos, por prazo razoável.

II – quando o autor o preferir, a citação dos beneficiários far-se-á por edital com o prazo de trinta dias, afixado na sede do juízo e publicado três vezes no jornal oficial do Distrito Federal, ou da Capital do Estado ou Território em que seja ajuizada a ação. A publicação será gratuita e deverá iniciar-se no máximo três dias após a entrega, na repartição competente, sob protocolo, de uma via autenticada do mandado;
III – qualquer pessoa, beneficiada ou responsável pelo ato impugnado, cuja existência ou identidade se torne conhecida no curso do processo e antes de proferida sentença final de primeira instância, deverá ser citada para a integração do contraditório, sendo-lhe restituído o prazo para contestação e produção de provas. Salvo, quanto a beneficiário, se a citação se houver feito na forma do inciso anterior;
IV – o prazo de contestação é de vinte dias prorrogáveis por mais vinte, a requerimento do interessado, se particularmente difícil a produção de prova documental, e será comum a todos os interessados, correndo da entrega em cartório do mandado cumprido, ou, quando for o caso, do decurso do prazo assinado em edital;
V – caso não requerida, até o despacho saneador, a produção de prova testemunhal ou pericial, o juiz ordenará vista às partes por dez dias, para alegações, sendo-lhe os autos conclusos, para sentença, quarenta e oito horas após a expiração desse prazo; havendo requerimento de prova, o processo tomará o rito ordinário;

▶ Art. 274 do CPC.

VI – a sentença, quando não prolatada em audiência de instrução e julgamento, deverá ser proferida dentro de quinze dias do recebimento dos autos pelo juiz.

Parágrafo único. O proferimento da sentença além do prazo estabelecido privará o juiz da inclusão em lista de merecimento para promoção, durante dois anos, e acarretará a perda, para efeito de promoção por antiguidade, de tantos dias, quantos forem os do retardamento; salvo motivo justo, declinado nos autos e comprovado perante o órgão disciplinar competente.

Art. 8º Ficará sujeita à pena de desobediência, salvo motivo justo devidamente comprovado, à autoridade, o administrador ou o dirigente, que deixar de fornecer, no prazo fixado no artigo 1º, § 5º, ou naquele que tiver sido estipulado pelo juiz (artigo 7º, I, *b*), informações e certidão ou fotocópia de documentos necessários à instrução da causa.

▶ Art. 330 do CP.

Parágrafo único. O prazo contar-se-á do dia em que entregue, sob recibo, o requerimento do interessado ou o ofício de requisição (artigo 1º, § 5º, e artigo 7º, I, *b*).

Art. 9º Se o autor desistir da ação ou der motivo à absolvição da instância, serão publicados editais nos prazos e condições previstos no artigo 7º, II, ficando assegurado a qualquer cidadão, bem como ao representante do Ministério Público, dentro do prazo de noventa dias da última publicação feita, promover o prosseguimento da ação.

Art. 10. As partes só pagarão custas e preparo a final.

Art. 11. A sentença que julgando procedente a ação popular decretar a invalidade do ato impugnado, condenará ao pagamento de perdas e danos os responsáveis pela sua prática e os beneficiários dele, ressalvada a ação regressiva contra os funcionários causadores de dano, quando incorrerem em culpa.

Art. 12. A sentença incluirá sempre, na condenação dos réus, o pagamento, ao autor, das custas e demais despesas, judiciais e extrajudiciais, diretamente relacionadas com a ação e comprovadas, bem como o dos honorários de advogado.

▶ Arts. 5º, LXXIII, e 98, § 2º, da CF.
▶ Arts. 19 a 35 do CPC.

Art. 13. A sentença que, apreciando o fundamento de direito do pedido, julgar a lide manifestamente temerária, condenará o autor ao pagamento do décuplo das custas.

▶ Arts. 5º, LXXIII, e 98, § 2º, da CF.

Art. 14. Se o valor da lesão ficar provado no curso da causa, será indicado na sentença; se depender da avaliação ou perícia, será apurado na execução.

§ 1º Quando a lesão resultar da falta ou isenção de qualquer pagamento, a condenação imporá o pagamento devido, com acréscimo de juros de mora e multa legal ou contratual, se houver.

▶ Arts. 405 e 407 do CC.
▶ Art. 219, caput, do CPC.
▶ Arts. 405 e 407 do CPC.

§ 2º Quando a lesão resultar da execução fraudulenta, simulada ou irreal de contratos, a condenação versará sobre a reposição do débito, com juros de mora.

§ 3º Quando o réu condenado perceber dos cofres públicos, a execução far-se-á por desconto em folha até o integral ressarcimento de dano causado, se assim mais convier ao interesse público.

§ 4º A parte condenada a restituir bens ou valores ficará sujeita a sequestro e penhora, desde a prolação da sentença condenatória.

▶ Arts. 659 a 679 e 822 a 825 do CPC.

Art. 15. Se, no curso da ação, ficar provada a infringência da lei penal ou a prática de falta disciplinar a que a lei comine a pena de demissão ou a de rescisão de contrato de trabalho, o juiz, ex officio, determinará a remessa de cópia autenticada das peças necessárias às autoridades ou aos administradores a quem competir aplicar a sanção.

Art. 16. Caso decorridos sessenta dias de publicação da sentença condenatória de segunda instância, sem que o autor ou terceiro promova a respectiva execução, o representante do Ministério Público a promoverá nos trinta dias seguintes, sob pena de falta grave.

Art. 17. É sempre permitido às pessoas ou entidades referidas no artigo 1º, ainda que hajam contestado a ação, promover, em qualquer tempo, e no que as beneficiar, a execução da sentença contra os demais réus.

Art. 18. A sentença terá eficácia de coisa julgada oponível erga omnes, exceto no caso de haver sido a ação julgada improcedente por deficiência de prova; neste caso, qualquer cidadão poderá intentar outra ação com idêntico fundamento, valendo-se de nova prova.

Art. 19. A sentença que concluir pela carência ou pela improcedência da ação está sujeita ao duplo grau de jurisdição, não produzindo efeito senão depois de confirmada pelo tribunal; da que julgar a ação procedente, caberá apelação, com efeito suspensivo.

§ 1º Das decisões interlocutórias cabe agravo de instrumento.

▶ Arts. 496, II, 522 a 529, 557 e 558 do CPC.

§ 2º Das sentenças e decisões proferidas contra o autor da ação e suscetíveis de recurso, poderá recorrer qualquer cidadão e também o Ministério Público.

▶ Art. 19 com a redação dada pela Lei nº 6.014, de 27-12-1973.

DISPOSIÇÕES GERAIS

Art. 20. Para os fins desta Lei, consideram-se entidades autárquicas:

a) o serviço estatal descentralizado com personalidade jurídica, custeado mediante orçamento próprio, independente do orçamento geral;
b) as pessoas jurídicas especialmente instituídas por lei, para a execução de serviços de interesse público ou social, custeados por tributos de qualquer natureza ou por outros recursos oriundos do Tesouro Público;
c) as entidades de direito público ou privado a que a lei tiver atribuído competência para receber e aplicar contribuições parafiscais.

Art. 21. A ação prevista nesta Lei prescreve em cinco anos.

Art. 22. Aplicam-se à ação popular as regras do Código de Processo Civil, naquilo em que não contrariem os dispositivos desta Lei, nem à natureza específica da ação.

▶ Art. 1.217 do CPC.

Brasília, 29 de junho de 1965;
144º da Independência e
77º da República.

H. Castello Branco

LEI Nº 4.898, DE 9 DE DEZEMBRO DE 1965

Regula o direito de representação e o processo de responsabilidade administrativa civil e penal, nos casos de abuso de autoridade.

▶ Publicada no DOU de 13-12-1965.

Art. 1º O direito de representação e o processo de responsabilidade administrativa civil e penal, contra as autoridades que, no exercício de suas funções, cometerem abusos, são regulados pela presente Lei.

▶ Lei nº 5.249, de 9-2-1967, dispõe sobre a ação pública nos crimes de responsabilidade.

Art. 2º O direito de representação será exercido por meio de petição:

a) dirigida à autoridade superior que tiver competência legal para aplicar, à autoridade civil ou militar culpada, a respectiva sanção;
b) dirigida ao órgão do Ministério Público que tiver competência para iniciar processo-crime contra a autoridade culpada.

Parágrafo único. A representação será feita em duas vias e conterá a exposição do fato constitutivo do abuso de autoridade, com todas as suas circunstâncias, a qualificação do acusado e o rol de testemunhas, no máximo de três, se as houver.

Art. 3º Constitui abuso de autoridade qualquer atentado:

a) à liberdade de locomoção;
- Art. 5º, XV, da CF.
- Arts. 146 a 149 do CP.

b) à inviolabilidade do domicílio;
- Art. 5º, XI, da CF.
- Art. 150 do CP.

c) ao sigilo da correspondência;
- Art. 5º, XII, da CF.
- Arts. 151 e 152 do CP.

d) à liberdade de consciência e de crença;
- Art. 5º, VIII, da CF.

e) ao livre exercício de culto religioso;
- Art. 5º, VI, da CF.
- Art. 208 do CP.

f) à liberdade de associação;
- Art. 5º, XVII a XX, da CF.

g) aos direitos e garantias legais assegurados ao exercício do voto;
- Arts. 14 e 60, § 4º, II, da CF.

h) ao direito de reunião;
- Art. 5º, XVI, da CF.

i) à incolumidade física do indivíduo;
j) aos direitos e garantias legais assegurados ao exercício profissional.

Art. 4º Constitui também abuso de autoridade:
- Art. 350 do CP.

a) ordenar ou executar medida privativa de liberdade individual, sem as formalidades legais ou com abuso de poder;
- Art. 5º, LXI, LXIII e LXIV, da CF.
- Súm. Vinc. nº 11 do STF.

b) submeter pessoa sob sua guarda ou custódia a vexame ou a constrangimento não autorizado em lei;
- Art. 5º, III e XLIX, da CF.

c) deixar de comunicar, imediatamente, ao juiz competente a prisão ou detenção de qualquer pessoa;
- Art. 5º, LXII, da CF.

d) deixar o juiz de ordenar o relaxamento de prisão ou detenção ilegal que lhe seja comunicada;
- Art. 5º, LXV, da CF.

e) levar à prisão e nela deter quem quer que se proponha a prestar fiança, permitida em lei;
- Art. 5º, LXVI, da CF.

f) cobrar o carcereiro ou agente de autoridade policial carceragem, custas, emo-lumentos ou qualquer outra despesa, desde que a cobrança não tenha apoio em lei, quer quanto à espécie, quer quanto ao seu valor;
- Art. 317 do CP.

g) recusar o carcereiro ou agente de autoridade policial recibo de importância recebida a título de carceragem, custas, emolumentos ou de qualquer outra despesa;

h) o ato lesivo da honra ou do patrimônio de pessoa natural ou jurídica, quando praticado com abuso ou desvio de poder ou sem competência legal;
- Arts. 138 a 145 do CP.

i) prolongar a execução de prisão temporária, de pena ou de medida de segurança, deixando de expedir em tempo oportuno ou de cumprir imediatamente ordem de liberdade.
- Alínea i acrescida pela Lei nº 7.960, de 21-12-1989.

Art. 5º Considera-se autoridade, para os efeitos desta Lei, quem exerce cargo, emprego ou função pública, de natureza civil, ou militar, ainda que transitoriamente e sem remuneração.
- Art. 327 do CP.

Art. 6º O abuso de autoridade sujeitará o seu autor à sanção administrativa, civil e penal.

§ 1º A sanção administrativa será aplicada de acordo com a gravidade do abuso cometido e consistirá em:

a) advertência;
b) repreensão;
c) suspensão do cargo, função ou posto por prazo de cinco a cento e oitenta dias, com perda de vencimentos e vantagens;
d) destituição de função;
e) demissão;
f) demissão, a bem do serviço público.

§ 2º A sanção civil, caso não seja possível fixar o valor do dano, consistirá no pagamento de uma indenização de quinhentos a dez mil cruzeiros.

§ 3º A sanção penal será aplicada de acordo com as regras dos artigos 42 a 56 do Código Penal e consistirá em:
- Referência a dispositivos originais do CP. Arts. 59 a 76 da atual Parte Geral.

a) multa de cem cruzeiros a cinco mil cruzeiros;
- O art. 2º da Lei nº 7.209, de 11-7-1984, revogou, nas leis especiais abrangidas pelo art. 12 do CP, quaisquer referências a valores de multa, substituindo-se a expressão "multa de" por "multa".

b) detenção por dez dias a seis meses;
c) perda do cargo e a inabilitação para o exercício de qualquer outra função pública por prazo até três anos.

§ 4º As penas previstas no parágrafo anterior poderão ser aplicadas autônoma ou cumulativamente.

§ 5º Quando o abuso for cometido por agente de autoridade policial, civil ou militar, de qualquer categoria, poderá ser cominada a pena autônoma ou acessória, de não poder o acusado exercer funções de natureza policial ou militar no Município da culpa, por prazo de um a cinco anos.

Art. 7º Recebida a representação em que for solicitada a aplicação de sanção administrativa, a autoridade civil ou militar competente determinará a instauração de inquérito para apurar o fato.

§ 1º O inquérito administrativo obedecerá às normas estabelecidas nas leis municipais, estaduais ou federais, civis ou militares, que estabeleçam o respectivo processo.

§ 2º Não existindo no Município, no Estado ou na legislação militar normas reguladoras do inquérito administrativo serão aplicadas, supletivamente, as disposições dos artigos 219 a 225 da Lei nº 1.711, de 28 de outubro de 1952 (Estatuto dos Funcionários Públicos Civis da União).

▶ A Lei mencionada neste parágrafo foi revogada pela Lei nº 8.112, de 11-12-1990 (Estatuto dos Servidores Públicos Civis da União, Autarquias e Fundações Públicas Federais).

§ 3º O processo administrativo não poderá ser sobrestado para o fim de aguardar a decisão da ação penal ou civil.

Art. 8º A sanção aplicada será anotada na ficha funcional da autoridade civil ou militar.

Art. 9º Simultaneamente com a representação dirigida à autoridade administrativa ou independentemente dela, poderá ser promovida, pela vítima do abuso, a responsabilidade civil ou penal ou ambas, da autoridade culpada.

Art. 10. VETADO.

Art. 11. À ação civil serão aplicáveis as normas do Código do Processo Civil.

Art. 12. A ação penal será iniciada, independentemente de inquérito policial ou justificação, por denúncia do Ministério Público, instruída com a representação da vítima do abuso.

▶ Conforme art. 1º da Lei nº 5.249, de 9-2-1967, a falta de representação do ofendido não obsta a iniciativa ou o curso de ação pública.

Art. 13. Apresentada ao Ministério Público a representação da vítima, aquele, no prazo de quarenta e oito horas, denunciará o réu, desde que o fato narrado constitua abuso de autoridade, e requererá ao juiz a sua citação, e, bem assim, a designação de audiência de instrução e julgamento.

§ 1º A denúncia do Ministério Público será apresentada em duas vias.

▶ Apenas § 1º, conforme publicação oficial.

Art. 14. Se o ato ou fato constitutivo do abuso de autoridade houver deixado vestígios o ofendido ou o acusado poderá:

a) promover a comprovação da existência de tais vestígios, por meio de duas testemunhas qualificadas;
b) requerer ao juiz, até setenta e duas horas antes da audiência de instrução e julgamento, a designação de um perito para fazer as verificações necessárias.

§ 1º O perito ou as testemunhas farão o seu relatório e prestarão seus depoimentos verbalmente, ou o apresentarão por escrito, querendo, na audiência de instrução e julgamento.

§ 2º No caso previsto na letra a deste artigo a representação poderá conter a indicação de mais duas testemunhas.

Art. 15. Se o órgão do Ministério Público, ao invés de apresentar a denúncia, requerer o arquivamento da representação, o juiz, no caso de considerar improcedentes as razões invocadas, fará remessa da representação ao Procurador-Geral e este oferecerá a denúncia, ou designará outro órgão do Ministério Público para oferecê-la ou insistirá no arquivamento, ao qual só então deverá o juiz atender.

▶ Art. 28 do CPP.

Art. 16. Se o órgão do Ministério Público não oferecer a denúncia no prazo fixado nesta Lei, será admitida ação privada. O órgão do Ministério Público poderá porém aditar a queixa, repudiá-la e oferecer denúncia substitutiva e intervir em todos os termos do processo, interpor recursos, e, a todo tempo, no caso de negligência do querelante, retomar a ação como parte principal.

▶ Art. 5º, LIX, da CF.
▶ Art. 29 do CPP.

Art. 17. Recebidos os autos, o juiz dentro do prazo de quarenta e oito horas, proferirá despacho, recebendo ou rejeitando a denúncia.

▶ Art. 395 do CPP.

§ 1º No despacho em que receber a denúncia, o juiz designará, desde logo, dia e hora para a audiência de instrução e julgamento, que deverá ser realizada, improrrogavelmente, dentro de cinco dias.

§ 2º A citação do réu para se ver processar, até julgamento final e para comparecer à audiência de instrução e julgamento, será feita por mandado sucinto que será acompanhado da segunda via da representação e da denúncia.

Art. 18. As testemunhas de acusação e defesa poderão ser apresentadas em juízo, independentemente de intimação.

Parágrafo único. Não serão deferidos pedidos de precatória para a audiência ou a intimação de testemunhas ou, salvo o caso previsto no artigo 14, b, requerimentos para a realização de diligências, perícias ou exames, a não ser que o juiz, em despacho motivado, considere indispensáveis tais providências.

Art. 19. À hora marcada, o juiz mandará que o porteiro dos auditórios ou o oficial de justiça declare aberta a audiência, apregoando em seguida o réu, as testemunhas, o perito, o representante do Ministério Público ou o advogado que tenha subscrito a queixa e o advogado ou defensor do réu.

Parágrafo único. A audiência somente deixará de realizar-se se ausente o juiz.

Art. 20. Se até meia hora depois da hora marcada o juiz não houver comparecido, os presentes poderão retirar-se devendo o ocorrido constar do livro de termos de audiência.

Art. 21. A audiência de instrução e julgamento será pública, se contrariamente não dispuser o juiz, e realizar-se-á em dia útil, entre dez e dezoito horas, na sede do juízo ou, excepcionalmente, no local que o juiz designar.

Art. 22. Aberta a audiência o juiz fará a qualificação e o interrogatório do réu, se estiver presente.

Parágrafo único. Não comparecendo o réu nem seu advogado, o juiz nomeará imediatamente defensor para funcionar na audiência e nos ulteriores termos do processo.

Art. 23. Depois de ouvidas as testemunhas e o perito, o juiz dará a palavra, sucessivamente, ao Ministério Público ou ao advogado que houver subscrito a queixa e ao advogado ou defensor do réu, pelo prazo de quinze minutos para cada um, prorrogável por mais dez, a critério do juiz.

Art. 24. Encerrado o debate, o juiz proferirá imediatamente a sentença.

Art. 25. Do ocorrido na audiência o escrivão lavrará no livro próprio, ditado pelo juiz, termo que conterá, em resumo, os depoimentos e as alegações da acusação e da defesa, os requerimentos e, por extenso, os despachos e a sentença.

Art. 26. Subscreverão o termo o juiz, o representante do Ministério Público ou o advogado que houver subscrito a queixa, o advogado ou defensor do réu e o escrivão.

Art. 27. Nas comarcas onde os meios de transporte forem difíceis e não permitirem a observância dos prazos fixados nesta Lei, o juiz poderá aumentá-los, sempre motivadamente, até o dobro.

Art. 28. Nos casos omissos, serão aplicáveis as normas do Código de Processo Penal, sempre que compatíveis com o sistema de instrução e julgamento regulado por esta Lei.

Parágrafo único. Das decisões, despachos e sentenças, caberão os recursos e apelações previstas no Código de Processo Penal.

Art. 29. Revogam-se as disposições em contrário.

Brasília, 9 de dezembro de 1965;
144º da Independência e
77º da República.

H. Castello Branco

LEI Nº 5.172, DE 25 DE OUTUBRO DE 1966

Dispõe sobre o Sistema Tributário Nacional e institui normas gerais de direito tributário aplicáveis à União, Estados e Municípios.

(EXCERTOS)

▶ Publicada no *DOU* de 27-10-1966.

LIVRO PRIMEIRO – SISTEMA TRIBUTÁRIO NACIONAL

TÍTULO III – IMPOSTOS

CAPÍTULO III
IMPOSTOS SOBRE O PATRIMÔNIO E A RENDA

SEÇÃO II
IMPOSTO SOBRE A PROPRIEDADE PREDIAL E TERRITORIAL URBANA

Art. 32. O imposto, de competência dos Municípios, sobre a propriedade predial e territorial urbana tem como fato gerador a propriedade, o domínio útil ou a posse de bem imóvel por natureza ou por acessão física, como definido na lei civil, localizado na zona urbana do Município.

▶ Arts. 156, I, e 182, § 4º, II, da CF.
▶ Arts. 79, 1.196, 1.228, 1.248 e 1.473 do CC.
▶ Art. 7º da Lei nº 10.257, de 10-7-2001 (Estatuto da Cidade).
▶ Súm. nº 724 do STF.
▶ Súm. nº 397 do STJ.

§ 1º Para os efeitos deste imposto, entende-se como zona urbana a definida em lei municipal, observado o requisito mínimo da existência de melhoramentos indicados em pelo menos dois dos incisos seguintes, construídos ou mantidos pelo Poder Público:

I – meio-fio ou calçamento, com canalização de águas pluviais;
II – abastecimento de água;
III – sistema de esgotos sanitários;
IV – rede de iluminação pública, com ou sem posteamento para distribuição domiciliar;
V – escola primária ou posto de saúde a uma distância máxima de três quilômetros do imóvel considerado.

§ 2º A lei municipal pode considerar urbanas as áreas urbanizáveis, ou de expansão urbana, constantes de loteamentos aprovados pelos órgãos competentes, destinados à habitação, à indústria ou ao comércio, mesmo que localizados fora das zonas definidas nos termos do parágrafo anterior.

▶ Lei nº 6.766, de 19-12-1979 (Lei do Parcelamento do Solo).

TÍTULO IV – TAXAS

▶ Art. 145, II, da CF.

Art. 77. As taxas cobradas pela União, pelos Estados, pelo Distrito Federal ou pelos Municípios, no âmbito de suas respectivas atribuições, têm como fato gerador o exercício regular do poder de polícia, ou a utilização, efetiva ou potencial, de serviço público específico e divisível, prestado ao contribuinte ou posto à sua disposição.

▶ Súmulas nºs 82, 128, 129, 132, 140, a, 142, 302, 324, 348, 545, 595 e 596 do STF.

Parágrafo único. A taxa não pode ter base de cálculo ou fato gerador idênticos aos que correspondam a imposto nem ser calculada em função do capital das empresas.

▶ Parágrafo único com a redação dada pelo Ato Complementar nº 34, de 30-1-1967.
▶ Art. 145, § 2º, da CF.

- Art. 79 deste Código.
- Súm. Vinc. nº 29 do STF.
- Súmulas nºs 80 e 124 do STJ.

Art. 78. Considera-se poder de polícia a atividade da administração pública que, limitando ou disciplinando direito, interesse ou liberdade, regula a prática de ato ou abstenção de fato, em razão de interesse público concernente à segurança, à higiene, à ordem, aos costumes, à disciplina da produção e do mercado, ao exercício de atividades econômicas dependentes de concessão ou autorização do Poder Público, à tranquilidade pública ou ao respeito à propriedade e aos direitos individuais ou coletivos.

- *Caput* com a redação dada pelo Ato Complementar nº 31, de 28-12-1966.

Parágrafo único. Considera-se regular o exercício do poder de polícia quando desempenhado pelo órgão competente nos limites da lei aplicável, com observância do processo legal e, tratando-se de atividade que a lei tenha como discricionária, sem abuso ou desvio de poder.

- Arts. 61, II, *g*, 92, I, *a*, e 350 do CP.
- Lei nº 4.898, de 9-12-1965 (Lei do Abuso de Autoridade).

Art. 79. Os serviços públicos a que se refere o artigo 77 consideram-se:

I – utilizados pelo contribuinte:

a) efetivamente, quando por ele usufruídos a qualquer título;
b) potencialmente, quando, sendo de utilização compulsória, sejam postos à sua disposição mediante atividade administrativa em efetivo funcionamento;

- Súm. nº 670 do STF.

II – específicos, quando possam ser destacados em unidades autônomas de intervenção, de utilidade ou de necessidade públicas;

III – divisíveis, quando suscetíveis de utilização, separadamente, por parte de cada um dos seus usuários.

Art. 80. Para efeito de instituição e cobrança de taxas, consideram-se compreendidas no âmbito das atribuições da União, dos Estados, do Distrito Federal ou dos Municípios aquelas que, segundo a Constituição Federal, as Constituições dos Estados, as Leis Orgânicas do Distrito Federal e dos Municípios e a legislação com elas compatível, competem a cada uma dessas pessoas de direito público.

DISPOSIÇÕES FINAIS E TRANSITÓRIAS

Art. 218. Esta Lei entrará em vigor, em todo o Território Nacional, no dia 1º de janeiro de 1967, revogadas as disposições em contrário, especialmente a Lei nº 854, de 10 de outubro de 1949.

- Antigo art. 217 renumerado pelo Dec.-lei nº 27, de 14-11-1966.

Brasília, 25 de outubro de 1966;
145º da Independência e
78º da República.

H. Castello Branco

DECRETO-LEI Nº 200, DE 25 DE FEVEREIRO DE 1967

Dispõe sobre a organização da Administração Federal, estabelece diretrizes para a Reforma Administrativa e dá outras providências.

- Publicado no *DOU* de 27-2-1967.

TÍTULO I – DA ADMINISTRAÇÃO FEDERAL

Art. 1º O Poder Executivo é exercido pelo Presidente da República auxiliado pelos Ministros de Estado.

Art. 2º O Presidente da República e os Ministros de Estado exercem as atribuições de sua competência constitucional, legal e regulamentar com o auxílio dos órgãos que compõem a Administração Federal.

Art. 3º Respeitada a competência constitucional do Poder Legislativo estabelecida no artigo 46, incisos II e IV, da Constituição, o Poder Executivo regulará a estruturação, as atribuições e o funcionamento do órgãos da Administração Federal.

- Artigo com a redação dada pelo Dec.-lei nº 900, de 29-9-1969.
- Art. 48, XI, da CF.

Art. 4º A Administração Federal compreende:

I – a Administração Direta, que se constitui dos serviços integrados na estrutura administrativa da Presidência da República e dos Ministérios;

II – a Administração Indireta, que compreende as seguintes categorias de entidades, dotadas de personalidade jurídica própria:

a) autarquias;
b) empresas públicas;
c) sociedades de economia mista;
d) fundações públicas.

- Alínea *d* acrescida pela Lei nº 7.596, de 10-4-1987.
- Arts. 37, II, XXI, 52 e 165, § 5º, da CF.

Parágrafo único. As entidades compreendidas na Administração Indireta vinculam-se ao Ministério em cuja área de competência estiver enquadrada sua principal atividade.

- § 1º transformado em parágrafo único pela Lei nº 7.596, de 10-4-1987.
- Arts. 70, 71, 74, II, e 87 da CF.
- Art. 49 da Lei nº 10.683, de 28-5-2003, que dispõe sobre a organização da Presidência da República e dos Ministérios.

Art. 5º Para os fins desta lei, considera-se:

I – Autarquia – o serviço autônomo, criado por lei, com personalidade jurídica, patrimônio e receita próprios, para executar atividades típicas da Administração Pública, que requeiram, para seu melhor funcionamento, gestão administrativa e financeira descentralizada;

- Arts. 21, XI, e 177, § 2º, III, da CF.
- Arts. 41, IV, do CC.

II – Empresa Pública – a entidade dotada de personalidade jurídica de direito privado, com patrimônio próprio e capital exclusivo da União, criada por lei para a exploração de atividade econômica que o Governo seja levado a exercer por força de contingência ou de conveniência administrativa, podendo revestir-se de qualquer das formas admitidas em direito;

▶ Art. 5º do Dec.-lei nº 900, de 29-9-1969, que altera disposições deste Decreto-Lei.

III – Sociedade de Economia Mista – a entidade dotada de personalidade jurídica de direito privado, criada por lei para a exploração de atividade econômica, sob a forma de sociedade anônima, cujas ações com direito a voto pertençam em sua maioria à União ou a entidade da Administração Indireta;

▶ Incisos II e III com a redação dada pelo Dec.-lei nº 900, de 29-9-1969.

IV – fundação pública – a entidade dotada de personalidade jurídica de direito privado, sem fins lucrativos, criada em virtude de autorização legislativa, para o desenvolvimento de atividades que não exijam execução por órgão ou entidades de direito público, com autonomia administrativa, patrimônio próprio gerido pelos respectivos órgãos de direção e funcionamento custeado por recursos da União e de outras fontes.

▶ Inciso IV acrescido pela Lei nº 7.596, de 10-4-1987.

§ 1º No caso do inciso III, quando a atividade for submetida a regime de monopólio estatal, a maioria acionária caberá apenas à União, em caráter permanente.

§ 2º O Poder Executivo enquadrará as entidades da Administração Indireta existentes nas categorias constantes deste artigo.

§ 3º As entidades de que trata o inciso IV deste artigo adquirem personalidade jurídica com a inscrição da escritura pública de sua constituição no Registro Civil de Pessoas Jurídicas, não se lhes aplicando as demais disposições do Código Civil concernentes às fundações.

▶ § 3º acrescido pela Lei nº 7.596, de 10-4-1987.

TÍTULO II – DOS PRINCÍPIOS FUNDAMENTAIS

Art. 6º As atividades da Administração Federal obedecerão aos seguintes princípios fundamentais:

I – planejamento;
II – coordenação;
III – descentralização;
IV – delegação de competência;
V – controle.

▶ Art. 37 da CF.

Capítulo I

DO PLANEJAMENTO

Art. 7º A ação governamental obedecerá a planejamento que visa a promover o desenvolvimento econômico-social do País e a segurança nacional, norteando-se segundo planos e programas elaborados, na forma do Título III, e compreenderá a elaboração e atualização dos seguintes instrumentos básicos:

a) plano geral de governo;
b) programas gerais, setoriais e regionais, de duração plurianual;
c) orçamento-programa anual;
d) programação financeira de desembolso.

Capítulo II

DA COORDENAÇÃO

Art. 8º As atividades da Administração Federal e, especialmente, a execução dos planos e programas de governo, serão objeto de permanente coordenação.

§ 1º A coordenação será exercida em todos os níveis da Administração, mediante a atuação das chefias individuais, a realização sistemática de reuniões com a participação das chefias subordinadas e a instituição e funcionamento de comissões de coordenação em cada nível administrativo.

§ 2º No nível superior da Administração Federal, a coordenação será assegurada através de reuniões do Ministério, reuniões de Ministros de Estado responsáveis por áreas afins, atribuição de incumbência coordenadora a um dos Ministros de Estado (art. 36), funcionamento das Secretarias Gerais (art. 23, § 1º) e coordenação central dos sistemas de atividades auxiliares (art. 31).

§ 3º Quando submetidos ao Presidente da República, os assuntos deverão ter sido previamente coordenados com todos os setores neles interessados, inclusive no que respeita aos aspectos administrativos pertinentes, através de consultas e entendimentos, de modo a sempre compreenderem soluções integradas e que se harmonizem com a política geral e setorial do Governo. Idêntico procedimento será adotado nos demais níveis da Administração Federal, antes da submissão dos assuntos à decisão da autoridade competente.

Art. 9º Os órgãos que operam na mesma área geográfica serão submetidos à coordenação com o objetivo de assegurar a programação e execução integrada dos serviços federais.

Parágrafo único. Quando ficar demonstrada a inviabilidade de celebração de convênio (alínea *b* do § 1º do art. 10) com órgãos estaduais e municipais que exerçam atividades idênticas, os órgãos federais buscarão com eles coordenar-se, para evitar dispersão de esforços e de investimentos na mesma área geográfica.

Capítulo III

DA DESCENTRALIZAÇÃO

▶ Dec. nº 1.044, de 14-1-1994, que institui o Programa Nacional de Descentralização e constitui Câmara Especial do Conselho de Governo.

Art. 10. A execução das atividades da Administração Federal deverá ser amplamente descentralizada.

§ 1º A descentralização será posta em prática em três planos principais:

a) dentro dos quadros da Administração Federal, distinguindo-se claramente o nível de direção do de execução;
b) da Administração Federal para as unidades federadas quando estejam devidamente aparelhadas e mediante convênio;
c) da Administração Federal para a órbita privada, mediante contratos ou concessões.

§ 2º Em cada órgão da Administração Federal, os serviços que compõem a estrutura central de direção devem permanecer liberados das rotinas de execução e das tarefas de mera formalização de atos administrativos, para que possam concentrar-se nas atividades de planejamento, supervisão, coordenação e controle.

§ 3º A administração casuística, assim entendida a decisão de casos individuais, compete, em princípio, ao nível de execução, especialmente aos serviços de natureza local, que estão em contato com os fatos e com o público.

§ 4º Compete à estrutura central de direção o estabelecimento das normas, programas e princípios, que os serviços responsáveis pela execução são obrigados a respeitar na solução dos casos individuais e no desempenho de suas atribuições.

§ 5º Ressalvados os casos de manifesta impraticabilidade ou inconveniência, a execução de programas federais de caráter nitidamente local deverá ser delegada, no todo ou em parte, mediante convênio, aos órgãos estaduais ou municipais incumbidos de serviços correspondentes.

§ 6º Os órgãos federais responsáveis pelos programas conservarão a autoridade normativa e exercerão controle e fiscalização indispensáveis sobre a execução local, condicionando-se a liberação dos recursos ao fiel cumprimento dos programas e convênios.

§ 7º Para melhor desincumbir-se das tarefas de planejamento, coordenação, supervisão e controle e com objetivo de impedir o crescimento desmensurado da máquina administrativa, a Administração procurará desobrigar-se da realização material de tarefas executivas, recorrendo, sempre que possível, à execução indireta, mediante contrato, desde que exista, na área, iniciativa privada suficientemente desenvolvida e capacitada a desempenhar os encargos de execução.

§ 8º A aplicação desse critério será condicionada, em qualquer caso, aos ditames do interesse público e às conveniências da segurança nacional.

CAPÍTULO IV

DA DELEGAÇÃO DE COMPETÊNCIA

▶ Dec. nº 83.937, de 6-9-1979, regulamenta este capítulo.

Art. 11. A delegação de competência será utilizada como instrumento de descentralização administrativa, com o objetivo de assegurar maior rapidez e objetividade às decisões, situando-as na proximidade dos fatos, pessoas ou problemas a atender.

Art. 12. É facultado ao Presidente da República, aos Ministros de Estado e, em geral às autoridades da Administração Federal, delegar competência para a prática de atos administrativos conforme se dispuser em regulamento.

Parágrafo único. O ato de delegação indicará com precisão a autoridade delegante, a autoridade delegada e as atribuições objeto de delegação.

CAPÍTULO V

DO CONTROLE

Art. 13. O controle das atividades da Administração Federal deverá exercer-se em todos os níveis e em todos os órgãos, compreendendo, particularmente:

a) o controle, pela chefia competente, da execução dos programas e da observância das normas que governam a atividade específica do órgão controlado;
b) o controle, pelos órgãos próprios de cada sistema, da observância das normas gerais que regulam o exercício das atividades auxiliares;
c) o controle da aplicação dos dinheiros públicos e da guarda dos bens da União pelos órgãos próprios do sistema de contabilidade e auditoria.

Art. 14. O trabalho administrativo será racionalizado mediante simplificação de processos e supressão de controles que se evidenciarem como puramente formais ou cujo custo seja evidentemente superior ao risco.

TÍTULO III – DO PLANEJAMENTO, DO ORÇAMENTO-PROGRAMA E DA PROGRAMAÇÃO FINANCEIRA

Art. 15. A ação administrativa do Poder Executivo obedecerá a programas gerais, setoriais e regionais de duração plurianual, elaborados através dos órgãos de planejamento, sob a orientação e a coordenação superiores do Presidente da República.

§ 1º Cabe a cada Ministro de Estado orientar e dirigir a elaboração do programa setorial e regional correspondente a seu Ministério e ao Ministro de Estado Chefe da Secretaria de Planejamento, auxiliar diretamente o Presidente da República na coordenação, revisão e consolidação dos programas setoriais e regionais e na elaboração da programação geral do Governo.

▶ § 1º com a redação dada pela Lei nº 6.036, de 1-5-1974.

§ 2º Com relação à Administração Militar, observar-se-á a finalidade precípua que deve regê-la, tendo em vista a destinação constitucional das Forças Armadas, sob a responsabilidade dos respectivos Ministros, que são os seus Comandantes Superiores.

▶ § 2º com a redação dada pelo Dec.-lei nº 900, de 29-9-1969.

§ 3º A aprovação dos planos e programas gerais, setoriais e regionais é da competência do Presidente da República.

Art. 16. Em cada ano, será elaborado um orçamento-programa, que pormenorizará a etapa do programa plurianual a ser realizada no exercício seguinte e que servirá de roteiro à execução coordenada do programa anual.

Parágrafo único. Na elaboração do orçamento-programa serão considerados, além dos recursos consignados no Orçamento da União, os recursos extraorçamentários vinculados à execução do programa do Governo.

Art. 17. Para ajustar o ritmo de execução do orçamento-programa ao fluxo provável de recursos, o Ministério do Planejamento e Coordenação Geral e o Ministério da Fazenda elaborarão, em conjunto, a programação financeira de desembolso, de modo a assegurar a liberação automática e oportuna dos recursos necessários à execução dos programas anuais de trabalho.

Art. 18. Toda atividade deverá ajustar-se à programação governamental e ao orçamento-programa, e os compromissos financeiros só poderão ser assumidos em consonância com a programação financeira de desembolso.

TÍTULO IV – DA SUPERVISÃO MINISTERIAL

Art. 19. Todo e qualquer órgão da Administração Federal, direta ou indireta, está sujeito à supervisão do Ministro de Estado competente, excetuados unicamente os órgãos mencionados no art. 32, que estão submetidos à supervisão direta do Presidente da República.

Art. 20. O Ministro de Estado é responsável, perante o Presidente da República, pela supervisão dos órgãos da Administração Federal enquadrados em áreas de competência.

Parágrafo único. A supervisão ministerial exercer-se-á através da orientação, coordenação e controle das atividades dos órgãos subordinados ou vinculados ao Ministério, nos termos deste Decreto-lei.

Art. 21. O Ministro de Estado exercerá a supervisão de que trata este título com apoio nos órgãos centrais.

Parágrafo único. No caso dos Ministros Militares, a supervisão ministerial terá, também, como objetivo, colocar a administração, dentro dos princípios gerais estabelecidos neste Decreto-lei, em coerência com a destinação constitucional precípua das Forças Armadas, que constitui a atividade-fim dos respectivos Ministérios.

▶ Art. 21 com a redação dada pelo Dec.-lei nº 900, de 29-9-1969.

Art. 22. Haverá, na estrutura de cada Ministério Civil, os seguintes órgãos centrais:

I – órgãos centrais de planejamento, coordenação e controle financeiro;
II – órgãos centrais de direção superior.

Art. 23. Os órgãos a que se refere o item I do art. 22 têm a incumbência de assessorar diretamente o Ministro de Estado e, por força de suas atribuições, em nome e sob a direção do Ministro realizar estudos para formulação de diretrizes e desempenhar funções de planejamento, orçamento, orientação, coordenação, inspeção e controle financeiro, desdobrando-se em:

I – uma Secretaria Geral;
II – uma Inspetoria Geral de Finanças.

§ 1º A Secretaria Geral atua como órgão setorial de planejamento e orçamento, na forma do Título III, e será dirigida por um Secretário Geral, o qual poderá exercer funções delegadas pelo Ministro de Estado.

§ 2º A Inspetoria Geral de Finanças, que será dirigida por um Inspetor Geral, integra, como órgão setorial, os sistemas de administração financeira, contabilidade e auditoria, superintendendo o exercício dessas funções no âmbito do Ministério e cooperando com a Secretaria Geral no acompanhamento da execução do programa e do orçamento.

§ 3º Além das funções previstas neste título, a Secretaria Geral do Ministério do Planejamento e Coordenação Geral exercerá as atribuições do órgão central dos sistemas de planejamento e orçamento, e a Inspetoria Geral de Finanças do Ministério da Fazenda, as de órgão central do sistema de administração financeira, contabilidade e auditoria.

▶ § 3º com a redação dada pelo Dec.-lei nº 900, de 29-9-1969.

Art. 24. Os Órgãos Centrais de direção superior (art. 22, item II) executam funções de administração das atividades específicas e auxiliares do Ministério e serão, preferentemente, organizados em base departamental, observados os princípios estabelecidos neste Decreto-lei.

Art. 25. A supervisão ministerial tem por principal objetivo, na área de competência do Ministro de Estado:

I – assegurar a observância da legislação federal;
II – promover a execução dos programas do Governo;
III – fazer observar os princípios fundamentais enunciados no Título II;
IV – coordenar as atividades dos órgãos supervisionados e harmonizar sua atuação com a dos demais Ministérios;
V – avaliar o comportamento administrativo dos órgãos supervisionados e diligenciar no sentido de que estejam confiados a dirigentes capacitados;
VI – proteger a administração dos órgãos supervisionados contra interferências e pressões ilegítimas;
VII – fortalecer o sistema do mérito;
VIII – fiscalizar a aplicação e utilização de dinheiros, valores e bens públicos;
IX – acompanhar os custos globais dos programas setoriais do Governo, a fim de alcançar uma prestação econômica de serviços;
X – fornecer ao órgão próprio do Ministério da Fazenda os elementos necessários à prestação de contas do exercício financeiro;
XI – transmitir ao Tribunal de Contas, sem prejuízo da fiscalização deste, informes relativos à administração financeira e patrimonial dos órgãos do Ministério.

Art. 26. No que se refere à Administração Indireta, a supervisão ministerial visará a assegurar, essencialmente:

I – a realização dos objetivos fixados nos atos de constituição da entidade;
II – a harmonia com a política e a programação do Governo no setor de atuação da entidade;
III – a eficiência administrativa;
IV – a autonomia administrativa, operacional e financeira da entidade.

Parágrafo único. A supervisão exercer-se-á mediante adoção das seguintes medidas, além de outras estabelecidas em regulamento:

a) indicação ou nomeação pelo Ministro ou, se for o caso, eleição dos dirigentes da entidade, conforme sua natureza jurídica;
b) designação, pelo Ministro, dos representantes do Governo Federal nas Assembleias-Gerais e órgãos de administração ou controle da entidade;
c) recebimento sistemático de relatórios, boletins, balancetes, balanços e informações que permitam ao Ministro acompanhar as atividades da entidade e a execução do orçamento-programa e da programação financeira aprovados pelo Governo;
d) aprovação anual da proposta de orçamento-programa e da programação financeira da entidade, no caso de autarquia;
e) aprovação de contas, relatórios e balanços, diretamente ou através dos representantes ministeriais nas Assembleias e órgãos de administração ou controle;

f) fixação, em níveis compatíveis com os critérios de operação econômica, das despesas de pessoal e de administração;
g) fixação de critérios para gastos de publicidade, divulgação e relações públicas;
h) realização de auditoria e avaliação periódica de rendimento e produtividade;
i) intervenção, por motivo de interesse público.

Art. 27. Assegurada a supervisão ministerial, o Poder Executivo outorgará aos órgãos da Administração Federal a autoridade executiva necessária ao eficiente desempenho de sua responsabilidade legal ou regulamentar.

Parágrafo único. Assegurar-se-á às empresas públicas e às sociedades de economia mista condições de funcionamento idênticas às do setor privado, cabendo a essas entidades, sob a supervisão ministerial, ajustar-se ao plano geral do Governo.

Art. 28. A entidade de Administração indireta deverá estar habilitada a:

I – prestar contas da sua gestão, pela forma e nos prazos estipulados em cada caso;
II – prestar a qualquer momento, por intermédio do Ministro de Estado, as informações solicitadas pelo Congresso Nacional;
III – evidenciar os resultados positivos ou negativos de seus trabalhos indicando suas causas e justificando as medidas postas em prática ou cuja adoção se impuser, no interesse do serviço público.

Art. 29. Em cada Ministério Civil, além dos órgãos centrais de que trata o art. 22, o Ministro de Estado disporá da assistência direta e imediata de:

I – Gabinete;
II – Consultor Jurídico, exceto no Ministério da Fazenda;
III – Divisão de Segurança e Informações.

§ 1º O Gabinete assiste o Ministro de Estado em sua representação política e social e incumbe-se das relações públicas, encarregando-se do preparo e despacho do expediente pessoal do Ministro.

§ 2º O Consultor Jurídico incumbe-se do assessoramento jurídico do Ministro de Estado.

§ 3º A Divisão de Segurança e Informações colabora com a Secretaria Geral do Conselho de Segurança Nacional e com o Serviço Nacional de Informações.

§ 4º No Ministério da Fazenda, o serviço de consulta jurídica continua afeto à Procuradoria Geral da Fazenda Nacional e aos seus órgãos integrantes, cabendo a função de Consultor Jurídico do Ministro de Estado ao Procurador Geral, nomeado em comissão, pelo critério de confiança e livre escolha, entre bacharéis em Direito.

TÍTULO V – DOS SISTEMAS DE ATIVIDADES AUXILIARES

▶ Dec. nº 1.048, de 21-1-1994, dispõe sobre o Sistema de Administração dos Recursos de Informação e Informática da Administração Pública Federal.

Art. 30. Serão organizadas sob a forma de sistema as atividades de pessoal, orçamento, estatística, administração financeira, contabilidade e auditoria, e serviços gerais, além de outras atividades auxiliares comuns a todos os órgãos da Administração que, a critério do Poder Executivo, necessitem de coordenação central.

▶ Art. 3º, IV, do Dec. nº 2.258, de 20-6-1997, institui o Programa da Racionalização das Unidades Descentralizadas do Governo Federal.

§ 1º Os serviços incumbidos do exercício das atividades de que trata este artigo consideram-se integrados no sistema respectivo e ficam, consequentemente, sujeitos à orientação normativa, à supervisão técnica e à fiscalização específica do órgão central do sistema, sem prejuízo da subordinação ao órgão em cuja estrutura administrativa estiverem integrados.

§ 2º O chefe do órgão central do sistema é responsável pelo fiel cumprimento das leis e regulamentos pertinentes e pelo funcionamento eficiente e coordenado do sistema.

§ 3º É dever dos responsáveis pelos diversos órgãos competentes dos sistemas atuar de modo a imprimir o máximo rendimento e a reduzir os custos operacionais da Administração.

§ 4º Junto ao órgão central de cada sistema poderá funcionar uma Comissão de Coordenação, cujas atribuições e composição serão definidas em decreto.

Art. 31. A estruturação dos sistemas de que trata o artigo 30 e a subordinação dos respectivos órgãos centrais serão estabelecidas em decreto.

▶ *Caput* com a redação dada pelo Dec.-lei nº 900, de 29-9-1969.

Parágrafo único. *Revogado.* Dec.-lei nº 900, de 29-9-1969.

TÍTULO VI – DA PRESIDÊNCIA DA REPÚBLICA

▶ Lei nº 10.683, de 28-5-2003, dispõe sobre a organização da Presidência da República e dos Ministérios.

Art. 32. A Presidência da República é constituída essencialmente pelo Gabinete Civil e pelo Gabinete Militar. Também dela fazem parte, como órgãos de assessoramento imediato ao Presidente da República:

I – o Conselho de Segurança Nacional;
II – o Conselho de Desenvolvimento Econômico;
III – o Conselho de Desenvolvimento Social;
IV – a Secretaria de Planejamento;
V – o Serviço Nacional de Informações;
VI – o Estado-Maior das Forças Armadas;
VII – o Departamento Administrativo do Serviço Público;
VIII – a Consultoria Geral da República;
IX – o Alto Comando das Forças Armadas;
X – o Conselho Nacional de Informática e Automação.

Parágrafo único. O Chefe do Gabinete Civil, o Chefe do Gabinete Militar, o Chefe da Secretaria de Planejamento, o Chefe do Serviço Nacional de Informações e o Chefe do Estado-Maior das Forças Armadas são Ministros de Estado titulares dos respectivos órgãos.

▶ Art. 32 com a redação dada pela Lei nº 7.232, de 29-10-1984.

Art. 33. Ao Gabinete Civil incumbe:

I – assistir, direta e imediatamente, o Presidente da República no desempenho de suas atribuições e, em especial, nos assuntos referentes à administração civil;

II – promover a divulgação de atos e atividades governamentais;
III – acompanhar a tramitação de projetos de lei no Congresso Nacional e coordenar a colaboração dos Ministérios e demais órgãos da administração, no que respeita aos projetos de lei submetidos à sanção presidencial.

▶ Art. 2º da Lei nº 10.683, de 28-5-2003, que dispõe sobre a competência e a organização da Casa Civil da Presidência da República.

Art. 34. Ao Gabinete Militar incumbe:

I – assistir, direta ou indiretamente, o Presidente da República no desempenho de suas atribuições, em especial, nos assuntos referentes à Segurança Nacional e à Administração Militar;
II – zelar pela segurança do Presidente da República e dos Palácios Presidenciais.

Parágrafo único. O Chefe do Gabinete Militar exerce as funções de Secretário Geral do Conselho de Segurança Nacional.

TÍTULO VII – DOS MINISTÉRIOS E RESPECTIVAS ÁREAS DE COMPETÊNCIA

▶ Lei nº 10.683, de 28-5-2003, dispõe sobre a organização da Presidência da República e dos Ministérios.

Art. 35. Os Ministérios são os seguintes:

Ministério de Justiça
Ministério das Relações Exteriores
Ministério da Fazenda
Ministério dos Transportes
Ministério da Agricultura
Ministério da Indústria e do Comércio
Ministério das Minas e Energia
Ministério do Interior
Ministério da Educação e Cultura
Ministério do Trabalho
Ministério da Previdência e Assistência Social
Ministério da Saúde
Ministério das Comunicações
Ministério da Marinha
Ministério do Exército
Ministério da Aeronáutica

Parágrafo único. Os titulares dos Ministérios são Ministros de Estado (art. 20).

▶ Art. 35 com a redação dada pela Lei nº 6.036, de 1-5-1974.

Art. 36. Para auxiliá-lo na coordenação de assuntos afins ou interdependentes, que interessam a mais de um Ministério, o Presidente da República poderá incumbir de missão coordenadora um dos Ministros de Estado, cabendo essa missão, na ausência de designação específica ao Ministro de Estado Chefe da Secretaria de Planejamento.

§ 1º O Ministro Coordenador, sem prejuízo das atribuições da Pasta ou órgão de que for titular, atuará em harmonia com as instruções emanadas do Presidente da República buscando os elementos necessários ao cumprimento de sua missão mediante cooperação dos Ministros de Estado em cuja área de competência estejam compreendidos os assuntos objeto de coordenação.

§ 2º O Ministro Coordenador formulará as soluções para a decisão final do Presidente da República.

▶ Art. 36 com a redação dada pela Lei nº 6.036, de 1-5-1974.

Art. 37. O Presidente da República poderá prover até 4 (quatro) cargos de Ministro Extraordinário para o desempenho de encargos temporários de natureza relevante.

▶ *Caput* com a redação dada pelo Dec.-lei nº 900, de 29-9-1969.

Parágrafo único. *Revogado*. Dec.-lei nº 900, de 29-9-1969.

Art. 38. O Ministro Extraordinário e o Ministro Coordenador disporão de assistência técnica administrativa essencial para o desempenho das missões de que foram incumbidos pelo Presidente da República, na forma por que se dispuser em decreto.

Art. 39. Os assuntos que constituem a área de competência de cada Ministério são, a seguir, especificados:

▶ Artigo com a redação dada pelo Dec.-lei nº 900, de 29-9-1969.

MINISTÉRIO DA JUSTIÇA

I – ordem jurídica, nacionalidade, cidadania, direitos políticos, garantias constitucionais;
II – segurança interna; política federal;
III – administração penitenciária;
IV – Ministério Público;
V – documentação, publicação e arquivo dos atos oficiais.

MINISTÉRIO DAS RELAÇÕES EXTERIORES

I – política internacional;
II – relações diplomáticas; serviços consulares;
III – participação nas negociações comerciais, econômicas, financeiras, técnicas e culturais com países e entidades estrangeiras;
IV – programas de cooperação internacional.

MINISTÉRIO DO PLANEJAMENTO E COORDENAÇÃO GERAL

I – plano geral do Governo, sua coordenação, integração dos planos regionais;
II – estudos e pesquisas socioeconômicos, inclusive setoriais e regionais;
III – programação orçamentária; proposta orçamentária anual;
IV – coordenação da assistência técnica internacional;
V – sistemas estatístico e cartográfico nacionais;
VI – organização administrativa.

MINISTÉRIO DA FAZENDA

▶ Redação dada pela Lei nº 6.228, de 15-7-1975.

I – assuntos monetários, creditícios, financeiros e fiscais; poupança popular;
II – administração tributária;
III – arrecadação;
IV – administração financeira;

V – contabilidade e auditoria;
VI – administração patrimonial.

MINISTÉRIO DOS TRANSPORTES

I – coordenação dos transportes;
II – transportes ferroviários e rodoviários;
III – transportes aquaviários. Marinha mercante; portos e vias navegáveis;
IV – participação na coordenação dos transportes aeroviários, na forma estabelecida no art. 162.

MINISTÉRIO DA AGRICULTURA

I – agricultura; pecuária; caça; pesca;
II – recursos naturais renováveis: flora, fauna e solo;
III – organização da vida rural; reforma agrária;
IV – estímulos financeiros e creditícios;
V – meteorologia; climatologia;
VI – pesquisa e experimentação;
VII – vigilância e defesa sanitária animal e vegetal;
VIII – padronização e inspeção de produtos vegetais e animais ou do consumo nas atividades agropecuárias.

MINISTÉRIO DA INDÚSTRIA E DO COMÉRCIO

I – desenvolvimento industrial e comercial;
II – comércio exterior;
III – seguros privados e capitalização;
IV – propriedade industrial, registro do comércio; legislação metrológica;
V – turismo;
VI – pesquisa e experimentação tecnológica.

MINISTÉRIO DAS MINAS E ENERGIA

I – geologia, recursos minerais e energéticos;
II – regime hidrológico e fontes de energia hidráulica;
III – mineração;
IV – indústria do petróleo;
V – indústria de energia elétrica, inclusive de natureza nuclear.

MINISTÉRIO DO INTERIOR

I – desenvolvimento regional;
II – radicação de populações; ocupação do território. Migrações internas;
III – territórios federais;
IV – saneamento básico;
V – beneficiamento de área e obras de proteção contra secas e inundações. Irrigação;
VI – assistência às populações atingidas pelas calamidades públicas;
VII – assistência ao índio;
VIII – assistência aos Municípios;
IX – programa nacional de habitação.

MINISTÉRIO DA EDUCAÇÃO E CULTURA

I – educação, ensino (exceto militar); magistério;
II – cultura – letras e artes;
III – patrimônio histórico, arqueológico, científico, cultural e artístico;

IV – desportos.

MINISTÉRIO DO TRABALHO

▶ Redação dada pela Lei nº 6.036, de 1º-5-1974.

I – trabalho; organização profissional e sindical; fiscalização;
II – mercado de trabalho; política de emprego;
III – política salarial;
IV – política de imigração;
V – colaboração com o Ministério Público junto à Justiça do Trabalho.

MINISTÉRIO DA PREVIDÊNCIA E ASSISTÊNCIA SOCIAL

▶ Redação dada pela Lei nº 6.036, de 1º-5-1974.

I – previdência;
II – assistência social.

MINISTÉRIO DA SAÚDE

I – política nacional de saúde;
II – atividades médicas e paramédicas;
III – ação preventiva em geral; vigilância sanitária de fronteiras e de portos marítimos, fluviais e aéreos;
IV – controle de drogas, medicamentos e alimentos;
V – pesquisas médico-sanitárias.

MINISTÉRIO DAS COMUNICAÇÕES

I – telecomunicações;
II – serviços postais.

MINISTÉRIO DA MARINHA

(Artigo 54)

MINISTÉRIO DO EXÉRCITO

(Artigo 59)

MINISTÉRIO DA AERONÁUTICA

(Artigo 63)

TÍTULO VIII – DA SEGURANÇA NACIONAL

Capítulo I
DO CONSELHO DE SEGURANÇA NACIONAL

Art. 40. O Conselho de Segurança Nacional é o órgão de mais alto nível no assessoramento direto do Presidente da República na formulação e na execução da Política de Segurança Nacional.

▶ *Caput* com a redação dada pelo Dec.-lei nº 900, de 29-9-1969.

§ 1º A formação da Política de Segurança Nacional far-se-á basicamente mediante o estabelecimento do Conceito Estratégico Nacional.

§ 2º No que se refere à execução da Política de Segurança Nacional, o Conselho apreciará os problemas que lhe forem propostos no quadro da conjuntura nacional ou internacional.

▶ § 2º com a redação dada pelo Dec.-lei nº 900, de 29-9-1969.

Art. 41. Caberá, ainda, ao Conselho o cumprimento de outras tarefas específicas previstas na Constituição.

Art. 42. O Conselho de Segurança Nacional é convocado e presidido pelo Presidente da República, dele participando no caráter de membros natos o Vice-Presidente da República, todos os Ministros de Estado inclusive os Extraordinários, os chefes dos Gabinetes Civil e Militar da Presidência da República, o Chefe do Serviço Nacional de Informações, o Chefe do Estado-Maior das Forças Armadas e os Chefes dos Estados Maiores da Armada, do Exército e da Aeronáutica.

§ 1º O Presidente da República poderá designar membros eventuais conforme a matéria a ser apreciada.

§ 2º O Presidente da República pode ouvir o Conselho de Segurança Nacional mediante consulta a cada um dos seus membros em expediente remetido por intermédio da Secretaria-Geral.

Art. 43. O Conselho dispõe de uma Secretaria-Geral, como órgão de estudo, planejamento e coordenação no campo de Segurança Nacional e poderá contar com a colaboração de órgãos complementares, necessários ao cumprimento de sua finalidade constitucional.

▶ Artigo com a redação dada pelo Dec.-lei nº 1.093, de 17-3-1970.

Capítulo II
DO SERVIÇO NACIONAL DE INFORMAÇÕES

Art. 44. O Serviço Nacional de Informações tem por finalidade superintender e coordenar, em todo o território nacional, as atividades de informação e contrainformação, em particular as que interessam à segurança nacional.

TÍTULO IX – DAS FORÇAS ARMADAS

Capítulo I
DISPOSIÇÕES PRELIMINARES

Art. 45. As Forças Armadas, constituídas pela Marinha de Guerra, pelo Exército e pela Aeronáutica Militar, são instituições nacionais, permanentes e regulares, organizadas com base na hierarquia e na disciplina, sob a autoridade suprema do Presidente da República e dentro dos limites da lei. As Forças Armadas, essenciais à execução da Política de Segurança Nacional, destinam-se à defesa da Pátria, dos Poderes constituídos, da Lei e da Ordem.

Parágrafo único. As Forças Armadas, nos casos de calamidade pública, colaborarão com os Ministérios Civis, sempre que solicitadas, na assistência às populações atingidas e no restabelecimento da normalidade.

▶ Art. 45 com a redação dada pelo Dec.-lei nº 900, de 29-9-1969.

Art. 46. O Poder Executivo fixará a organização pormenorizada das Forças Armadas singulares – Forças Navais, Forças Terrestres e Força Aérea Brasileira – e das Forças Combinadas ou Conjuntas, bem como os demais órgãos integrantes dos Ministérios Militares, suas denominações, localizações e atribuições.

Parágrafo único. Caberá, também, ao Poder Executivo, nos limites fixados em lei, dispor sobre as Polícias Militares e Corpos de Bombeiros Militares, como forças auxiliares, reserva do Exército.

Capítulo II
DOS ÓRGÃOS DE ASSESSORAMENTO DIRETO DO PRESIDENTE DA REPÚBLICA

Seção I
DO ALTO COMANDO DAS FORÇAS ARMADAS

▶ Lei nº 10.683, de 28-5-2003, dispõe sobre a organização da Presidência da República e dos Ministérios.

Art. 47. O Alto Comando das Forças Armadas é um órgão de assessoramento do Presidente da República, nas decisões relativas à política militar e à coordenação de assuntos pertinentes às Forças Armadas.

Art. 48. Integram o Alto Comando das Forças Armadas os Ministros Militares, o Chefe do Estado-Maior das Forças Armadas e os Chefes dos Estados-Maiores de cada uma das Forças singulares.

Art. 49. O Alto Comando das Forças Armadas reúne-se quando convocado pelo Presidente da República e é secretariado pelo Chefe do Gabinete Militar da Presidência da República.

Seção II
DO ESTADO-MAIOR DAS FORÇAS ARMADAS

Art. 50. O Estado-Maior das Forças Armadas, órgão de assessoramento do Presidente da República, tem por atribuições:

▶ Caput com a redação dada pelo Dec.-lei nº 900, de 29-9-1969.

I – proceder aos estudos para a fixação da política, da estratégia e da doutrina militar, bem como elaborar e coordenar os planos e programas decorrentes;

II – estabelecer os planos para emprego das Forças Combinadas ou Conjuntas e de forças singulares destacadas para participar de operações militares no exterior, levando em consideração os estudos e as sugestões dos Ministros Militares competentes;

III – coordenar as informações estratégicas no campo militar;

IV – coordenar, no que transcenda os objetivos específicos e as disponibilidades previstas no orçamento dos Ministérios Militares, os planos de pesquisas, de desenvolvimento e de mobilização das Forças Armadas e os programas de aplicação de recursos decorrentes;

V – coordenar as representações das Forças Armadas no País e no exterior;

VI – proceder aos estudos e preparar as decisões sobre assuntos que lhe forem submetidos pelo Presidente da República.

▶ Incisos I a VI com a redação dada pelo Dec.-lei nº 900, de 29-9-1969.

Parágrafo único. *Revogado.* Dec.-lei nº 900, de 29-9-1969.

Art. 51. A Chefia do Estado-Maior das Forças Armadas é exercida por um oficial-general do mais alto posto, nomeado pelo Presidente da República, obedecido, em princípio, o critério de rodízio entre as Forças Armadas.

▶ *Caput* com a redação dada pelo Dec.-lei nº 900, de 29-9-1969.

Parágrafo único. O chefe de Estado-Maior das Forças Armadas tem precedência funcional regulada em lei.

Art. 52. As funções de Estado-Maior e Serviços no Estado-Maior das Forças Armadas são exercidas por oficiais das três Forças singulares.

Art. 53. O Conselho de Chefes de Estado-Maior, constituído do Chefe do Estado-Maior das Forças Armadas e dos Chefes de Estado-Maior das Forças Singulares, reúne-se, periodicamente, sob a presidência do primeiro, para apreciação de assuntos específicos do Estado-Maior das Forças Armadas e os de interesse comum a mais de uma das Forças Singulares.

Capítulo III
DOS MINISTÉRIOS MILITARES

Seção I
DO MINISTÉRIO DA MARINHA

Art. 54. O Ministério da Marinha administra os negócios da Marinha de Guerra e tem como atribuição principal a preparação desta para o cumprimento de sua destinação constitucional.

§ 1º Cabe ao Ministério da Marinha:

I – propor a organização e providenciar o aparelhamento e o adestramento das Forças Navais e Aeronavais e do Corpo de Fuzileiros Navais, inclusive para integrarem Forças Combinadas ou Conjuntas;
II – orientar e realizar pesquisas e desenvolvimento de interesse da Marinha, obedecendo o previsto no item V do artigo 50 do presente Decreto-lei;
III – estudar e propor diretrizes para a política marítima nacional.

§ 2º Ao Ministério da Marinha competem ainda as seguintes atribuições subsidiárias:

I – orientar e controlar a Marinha Mercante Nacional e demais atividades correlatas, no que interessa à segurança nacional e prover a segurança na navegação, seja ela marítima, fluvial ou lacustre;
II – exercer a polícia naval.

Art. 55. O Ministro da Marinha exerce a direção geral do Ministério da Marinha e é o Comandante Superior da Marinha de Guerra.

Art. 56. A Marinha de Guerra compreende suas organizações próprias, pessoal em serviço ativo e sua reserva, inclusive as formações auxiliares, conforme fixado em lei.

▶ Arts. 55 e 56 com a redação dada pelo Dec.-lei nº 900, de 29-9-1969.

Art. 57. O Ministério da Marinha é constituído de:

I – Órgão de Direção Geral:
 – Almirantado (Alto Comando da Marinha de Guerra);
 – Estado-Maior da Armada;
II – órgãos de Direção Setorial, organizados em base departamental (art. 24);
III – Órgãos de Assessoramento:
 – Gabinete do Ministro;
 – Consultoria Jurídica;
 – Conselho de Almirantes;
 – outros Conselhos e Comissões.
IV – Órgão de Apoio:
 – Diretorias e outros órgãos;
V – Forças Navais e Aeronavais (elementos próprios – navios e helicópteros – e elementos destacados da Força Aérea Brasileira):
 – Corpo de Fuzileiros Navais;
 – Distritos Navais;
 – Comando do Controle Naval do Tráfego Marítimo.

▶ Inciso V com a redação dada pelo Dec.-lei nº 900, de 29-9-1969.

Art. 58. *Revogado*. Lei nº 6.059, de 24-6-1974.

Seção II
DO MINISTÉRIO DO EXÉRCITO

Art. 59. O Ministério do Exército administra os negócios do Exército e tem, como atribuição principal, a preparação do Exército para o cumprimento de sua destinação constitucional.

§ 1º Cabe ao Ministério do Exército:

I – propor a organização e providenciar o aparelhamento e o adestramento das Forças Terrestres, inclusive para integrarem Forças Combinadas ou Conjuntas;
II – orientar e realizar pesquisas e desenvolvimento de interesse do Exército, obedecido o previsto no item V do artigo 50 do presente Decreto-lei.

§ 2º Ao Ministério do Exército compete ainda propor as medidas para a efetivação do disposto no parágrafo único do art. 46 do presente Decreto-lei.

Art. 60. O Ministro do Exército exerce a direção geral das atividades do Ministério e é o Comandante Superior do Exército.

Art. 61. O Exército é constituído do Exército ativo e sua reserva.

§ 1º O Exército ativo é a parte do Exército organizada e aparelhada para o cumprimento de sua destinação constitucional e em pleno exercício de suas atividades.

§ 2º Constitui a Reserva do Exército todo o pessoal sujeito à incorporação no Exército ativo, mediante mobilização ou convocação, e as forças armadas e organizações auxiliares, conforme fixado em lei.

Art. 62. O Ministério do Exército compreende:

I – Órgãos de Direção Geral:
 – Alto Comando do Exército;
 – Estado-Maior do Exército;
 – Conselho Superior de Economia e Finanças;
II – Órgãos de Direção Setorial, organizados em base departamental (art. 24);
III – Órgãos de Assessoramento:
 – Gabinete do Ministro;
 – Consultoria Jurídica;
 – Secretaria Geral;
 – outros Conselhos e Comissões;
IV – Órgãos de Apoio:
 – Diretorias e outros órgãos;

V – Forças Terrestres:
- Órgãos Territoriais.

SEÇÃO III
DO MINISTÉRIO DA AERONÁUTICA

Art. 63. O Ministério da Aeronáutica administra os negócios da Aeronáutica e tem como atribuições principais a preparação da Aeronáutica para o cumprimento de sua destinação constitucional e a orientação, a coordenação e o controle das atividades da Aviação Civil.

Parágrafo único. Cabe ao Ministério da Aeronáutica:

I – estudar e propor diretrizes para a Política Aeroespacial Nacional;
II – propor a organização e providenciar o aparelhamento e o adestramento da Força Aérea Brasileira, inclusive de elementos para integrar as Forças Combinadas ou Conjuntas;
III – orientar, coordenar e controlar as atividades da Aviação Civil, tanto comerciais como privadas e desportivas;
IV – estabelecer, equipar e operar, diretamente ou mediante autorização ou concessão, a infraestrutura aeronáutica, inclusive os serviços de apoio necessários à navegação aérea;
V – orientar, incentivar e realizar pesquisas e desenvolvimento de interesse da Aeronáutica, obedecido, quanto às de interesse militar, o prescrito no item IV do art. 50 do presente decreto-lei;
VI – operar o Correio Aéreo Nacional.

▶ Art. 63 com a redação dada pelo Dec.-lei nº 991, de 21-10-1969.

Art. 64. O Ministro da Aeronáutica exerce a direção geral das atividades do Ministério e é o Comandante-em-Chefe da Força Aérea Brasileira.

▶ Artigo com a redação dada pelo Dec.-lei nº 991, de 21-10-1969.

Art. 65. A Força Aérea Brasileira é a parte da Aeronáutica organizada e aparelhada para o cumprimento de sua destinação constitucional.

Parágrafo único. Constitui a reserva da Aeronáutica todo o pessoal sujeito à incorporação na Força Aérea Brasileira, mediante mobilização ou convocação, e as organizações auxiliares, conforme fixado em lei.

▶ Art. 65 com a redação dada pelo Dec.-lei nº 991, de 21-10-1969.

Art. 66. O Ministério da Aeronáutica compreende:

I – Órgãos de Direção Geral:
- Alto Comando da Aeronáutica;
- Estado-Maior da Aeronáutica;
- Inspetoria Geral da Aeronáutica;

II – Órgãos de Direção Setorial, organizados em base departamental (art. 24):
- Departamento de Aviação Civil;
- Departamento de Pesquisas e Desenvolvimento;

III – Órgãos de Assessoramento:
- Gabinete do Ministro;
- Consultoria Jurídica;
- Conselhos e Comissões;

IV – Órgãos de Apoio:
- Comandos, Diretorias, Institutos, Serviços e outros órgãos;

V – Força Aérea Brasileira:
- Comandos Aéreos (inclusive elementos para integrar Forças Combinadas ou Conjuntas);
- Comandos Territoriais.

▶ Art. 66 com a redação dada pelo Dec.-lei nº 991, de 21-10-1969.

CAPÍTULO IV
DISPOSIÇÃO GERAL

Art. 67. O Almirantado (Alto Comando da Marinha de Guerra), o Alto Comando do Exército e o Alto Comando da Aeronáutica, a que se referem os arts. 57, 62 e 66, são órgãos integrantes da Direção Geral do Ministério da Marinha, do Exército e da Aeronáutica, cabendo-lhes assessorar os respectivos Ministros, principalmente:

a) nos assuntos relativos à política militar peculiar à Força singular;
b) nas matérias de relevância – em particular, de organização, administração e logística – dependentes de decisão ministerial;
c) na seleção do quadro de Oficiais Generais.

TÍTULO X – DAS NORMAS DE ADMINISTRAÇÃO FINANCEIRA E DE CONTABILIDADE

Art. 68. O Presidente da República prestará anualmente ao Congresso Nacional as contas relativas ao exercício anterior, sobre as quais dará parecer prévio o Tribunal de Contas.

Art. 69. Os órgãos da Administração Direta observarão um plano de contas único e as normas gerais de contabilidade e da auditoria que forem aprovados pelo Governo.

Art. 70. Publicados a lei orçamentária ou os decretos de abertura de créditos adicionais, as unidades orçamentárias, os órgãos administrativos, os de contabilização e os de fiscalização financeira ficam, desde logo, habilitados a tomar as providências cabíveis para o desempenho das suas tarefas.

Art. 71. A discriminação das dotações orçamentárias globais de despesas será feita:

I – no Poder Legislativo e órgãos auxiliares, pelas mesas da Câmara dos Deputados e do Senado Federal e pelo Presidente do Tribunal de Contas;
II – no Poder Judiciário, pelos Presidentes dos Tribunais e demais órgãos competentes;
III – no Poder Executivo, pelos Ministros de Estado ou dirigentes de órgãos da Presidência da República.

Art. 72. Com base na lei orçamentária, créditos adicionais e seus atos complementares, o órgão central de programação financeira fixará as cotas e prazos de utilização de recursos pelos órgãos da Presidência da República, pelos Ministérios e pelas autoridades dos Poderes Legislativo e Judiciário para atender à movimentação dos créditos orçamentários ou adicionais.

§ 1º Os Ministros de Estado e os dirigentes de Órgãos da Presidência da República aprovarão a programação financeira setorial e autorizarão as unidades administrativas a movimentar os respectivos créditos, dando ciência ao Tribunal de Contas.

§ 2º O Ministro de Estado, por proposta do Inspetor Geral de Finanças, decidirá quanto aos limites de descentralização da administração dos créditos, tendo em conta as atividades peculiares de cada órgão.

Art. 73. Nenhuma despesa poderá ser realizada sem a existência de crédito que a comporte ou quando imputada a dotação imprópria, vedada expressamente qualquer atribuição de fornecimento ou prestação de serviços cujo custo exceda aos limites previamente fixados em lei.

Parágrafo único. Mediante representação do órgão contábil, serão impugnados quaisquer atos referentes a despesas que incidam na proibição do presente artigo.

Art. 74. Na realização da receita e da despesa pública será utilizada a via bancária, de acordo com as normas estabelecidas em regulamento.

§ 1º Nos casos em que se torne indispensável a arrecadação de receita diretamente pelas unidades administrativas, o recolhimento à conta bancária far-se-á no prazo regulamentar.

§ 2º O pagamento de despesa, obedecidas as normas que regem a execução orçamentária (Lei nº 4.320, de 17 de março de 1964), far-se-á mediante ordem bancária ou cheque nominativo, contabilizado pelo órgão competente e obrigatoriamente assinado pelo ordenador da despesa e pelo encarregado do setor financeiro.

§ 3º Em casos excepcionais, quando houver despesa não atendível pela via bancária, as autoridades ordenadoras poderão autorizar suprimentos de fundos, de preferência a agentes afiançados, fazendo-se os lançamentos contábeis necessários e fixando-se prazo para comprovação dos gastos.

Art. 75. Os órgãos da Administração Federal prestarão ao Tribunal de Contas, ou suas delegações, os informes relativos à administração dos créditos orçamentários e facilitarão a realização das inspeções de controle externo dos órgãos de administração financeira, contabilidade e auditorias.

Parágrafo único. As informações previstas neste artigo são as imprescindíveis ao exercício da auditoria financeira e orçamentária, realizada com base nos documentos enumerados nos itens I e II do artigo 36 do Decreto-lei nº 199, de 25 de fevereiro de 1967, vedada a requisição sistemática de documentos ou comprovantes arquivados nos órgãos da Administração Federal, cujo exame se possa realizar através das inspeções de controle externo.

▶ Art. 75 com a redação dada pelo Dec.-lei nº 900, de 29-9-1969.

▶ O mencionado Dec.-lei nº 199, de 25-2-1967, foi revogado pela Lei nº 8.443, de 16-7-1992 (Lei Orgânica do Tribunal de Contas da União – TCU).

Art. 76. Caberá ao Inspetor Geral de Finanças ou autoridade delegada autorizar a inscrição de despesas na conta "Restos a Pagar" (Lei nº 4.320, de 17 de março de 1964), obedecendo-se na liquidação respectiva às mesmas formalidades fixadas para a administração dos créditos orçamentários.

Parágrafo único. As despesas inscritas na conta de "Restos a Pagar" serão liquidadas quando do recebimento do material, da execução da obra ou da prestação do serviço, ainda que ocorram depois do encerramento do exercício financeiro.

Art. 77. Todo ato de gestão financeira deve ser realizado por força do documento que comprove a operação e registrado na contabilidade, mediante classificação em conta adequada.

Art. 78. O acompanhamento da execução orçamentária será feito pelos órgãos de contabilização.

§ 1º Em cada unidade responsável pela administração de créditos proceder-se-á sempre à contabilização destes.

§ 2º A contabilidade sintética ministerial caberá à Inspetoria Geral de Finanças.

§ 3º A contabilidade geral caberá à Inspetoria Geral de Finanças do Ministério da Fazenda.

§ 4º Atendidas as conveniências do serviço, um único órgão de contabilidade analítica poderá encarregar-se da contabilização para várias unidades operacionais do mesmo ou de vários Ministérios.

§ 5º Os documentos relativos à escrituração dos atos da receita e despesas ficarão arquivados no órgão de contabilidade analítica e à disposição das autoridades responsáveis pelo acompanhamento administrativo e fiscalização financeira e, bem assim, dos agentes incumbidos do controle externo, de competência do Tribunal de Contas.

Art. 79. A contabilidade deverá apurar os custos dos serviços de forma a evidenciar os resultados da gestão.

Art. 80. Os órgãos de contabilidade inscreverão como responsável todo o ordenador de despesa, o qual só poderá ser exonerado de sua responsabilidade após julgadas regulares suas contas pelo Tribunal de Contas.

§ 1º O ordenador de despesa é toda e qualquer autoridade de cujos atos resultem emissão de empenho, autorização de pagamento, suprimento ou dispêndio de recursos da União ou pela qual esta responda.

§ 2º O ordenador de despesa, salvo coniveência, não é responsável por prejuízos causados à Fazenda Nacional decorrentes de atos praticados por agente subordinado que exorbitar das ordens recebidas.

§ 3º As despesas feitas por meio de suprimentos, desde que não impugnadas pelo ordenador, serão escrituradas e incluídas na sua tomada de contas, na forma prescrita; quando impugnadas, deverá o ordenador determinar imediatas providências administrativas para a apuração das responsabilidades e imposição das penalidades cabíveis, sem prejuízo do julgamento da regularidade das contas pelo Tribunal de Contas.

Art. 81. Todo ordenador de despesa ficará sujeito a tomada de contas realizada pelo órgão de contabilidade e verificada pelo órgão de auditoria interna, antes de ser encaminhada ao Tribunal de Contas (artigo 82).

Parágrafo único. O funcionário que receber suprimento de fundos, na forma do disposto no art. 74, § 3º, é obrigado a prestar contas de sua aplicação procedendo-se, automaticamente, à tomada de contas se não o fizer no prazo assinalado.

Art. 82. As tomadas de contas serão objeto de pronunciamento expresso do Ministro de Estado, dos dirigentes de órgãos da Presidência da República ou de autoridade a quem estes delegarem competência, antes de seu encaminhamento ao Tribunal de Contas para os fins constitucionais e legais.

▶ Dec. nº 99.626, de 18-10-1990, regulamenta este artigo.

§ 1º A tomada de contas dos ordenadores, agentes recebedores, tesoureiros ou pagadores será feita no prazo máximo de 180 (cento e oitenta) dias do encerramento do exercício financeiro pelos órgãos encarregados da contabilidade analítica e, antes de ser submetida a pronunciamento do Ministro de Estado, dos dirigentes de órgãos da Presidência da República ou da autoridade a quem estes delegarem competência, terá sua regularidade certificada pelo órgão de auditoria.

§ 2º Sem prejuízo do encaminhamento ao Tribunal de Contas, a autoridade a que se refere o parágrafo anterior, no caso de irregularidade, determinará as providências que, a seu critério, se tornarem indispensáveis para resguardar o interesse público e a probidade na aplicação dos dinheiros públicos, dos quais dará ciência oportunamente ao Tribunal de Contas.

§ 3º Sempre que possível, desde que não retardem nem dificultem as tomadas de contas, estas poderão abranger conjuntamente as dos ordenadores e tesoureiros ou pagadores.

Art. 83. Cabe aos detentores de suprimentos de fundos fornecer indicação precisa dos saldos em seu poder em 31 de dezembro, para efeito de contabilização e reinscrição da respectiva responsabilidade pela sua aplicação em data posterior, observados os prazos assinalados pelo ordenador da despesa.

Parágrafo único. A importância aplicada até 31 de dezembro será comprovada até 15 de janeiro seguinte.

Art. 84. Quando se verificar que determinada conta não foi prestada, ou que ocorreu desfalque, desvio de bens ou outra irregularidade de que resulte prejuízo para a Fazenda Pública, as autoridades administrativas, sob pena de corresponsabilidade e sem embargo dos procedimentos disciplinares, deverão tomar imediatas providências para assegurar o respectivo ressarcimento e instaurar a tomada de contas, fazendo-se as comunicações a respeito ao Tribunal de Contas.

Art. 85. A Inspetoria Geral de Finanças, em cada Ministério, manterá atualizada relação de responsáveis por dinheiro, valores e bens públicos, cujo rol deverá ser transmitido anualmente ao Tribunal de Contas, comunicando-se trimestralmente as alterações.

Art. 86. A movimentação dos créditos destinados à realização de despesas reservadas ou confidenciais será feita sigilosamente e nesse caráter serão tomadas as contas dos responsáveis.

Art. 87. Os bens móveis, materiais e equipamentos em uso, ficarão sob a responsabilidade dos chefes de serviço, procedendo-se periodicamente a verificação pelos competentes órgãos de controle.

Art. 88. Os estoques serão obrigatoriamente contabilizados, fazendo-se a tomada anual das contas dos responsáveis.

Art. 89. Todo aquele que, a qualquer título, tenha a seu cargo serviço de contabilidade da União é pessoalmente responsável pela exatidão das contas e oportuna apresentação dos balancetes, balanços e demonstrações contábeis dos atos relativos à administração financeira e patrimonial do setor sob a sua jurisdição.

Art. 90. Responderão pelos prejuízos que causarem à Fazenda Pública o ordenador de despesa e o responsável pela guarda de dinheiros, valores e bens.

Art. 91. Sob a denominação de Reserva de Contingência, o orçamento anual poderá conter dotação global não especificamente destinada a determinado órgão, unidade orçamentária, programa ou categoria econômica, cujos recursos serão utilizados para abertura de créditos adicionais.

▶ Artigo com a redação dada pelo Dec.-lei nº 1.763, de 16-1-1980.

Art. 92. Com o objetivo de obter maior economia operacional e racionalizar a execução da programação financeira de desembolso, o Ministério da Fazenda promoverá a unificação de recursos movimentados pelo Tesouro Nacional através de sua caixa junto ao agente financeiro da União.

▶ Dec.-lei nº 4.529, de 18-12-2002, dispõe sobre a arrecadação de receitas diretamente pelo Tesouro Nacional.

Parágrafo único. Os saques contra a Caixa do Tesouro só poderão ser efetuados dentro dos limites autorizados pelo Ministro da Fazenda ou autoridade delegada.

Art. 93. Quem quer que utilize dinheiros públicos terá de justificar seu bom e regular emprego na conformidade das leis, regulamentos e normas emanadas das autoridades administrativas competentes.

TÍTULO XI – DAS DISPOSIÇÕES REFERENTES AO PESSOAL CIVIL

CAPÍTULO I

DAS NORMAS GERAIS

Art. 94. O Poder Executivo promoverá a revisão da legislação e das normas regulamentares relativas ao pessoal do Serviço Público Civil, com o objetivo de ajustá-las aos seguintes princípios:

I – valorização e dignificação da função pública e do servidor público;

II – aumento da produtividade;

III – profissionalização e aperfeiçoamento do servidor público; fortalecimento do Sistema do Mérito para o ingresso na função pública, acesso a função superior e escolha do ocupante de funções de direção e assessoramento;

IV – conduta funcional pautada por normas éticas cuja infração incompatibilize o servidor para a função;

V – constituição de quadros dirigentes, mediante formação e aperfeiçoamento de administradores capacitados a garantir a qualidade, produtividade e continuidade da ação governamental, em consonância com critérios éticos especialmente estabelecidos;

VI – retribuição baseada na classificação das funções a desempenhar, levando-se em conta o nível educacional exigido pelos deveres e responsabilidades do cargo, a experiência que o exercício deste requer, a satisfação

de outros requisitos que se reputarem essenciais ao seu desempenho e às condições do mercado de trabalho;
VII – organização dos quadros funcionais, levando-se em conta os interesses de recrutamento nacional para certas funções e a necessidade de relacionar ao mercado de trabalho local ou regional o recrutamento, a seleção e a remuneração das demais funções;
VIII – concessão de maior autonomia aos dirigentes e chefes na administração de pessoal, visando a fortalecer a autoridade do comando, em seus diferentes graus, e a dar-lhes efetiva responsabilidade pela supervisão e rendimento dos serviços sob sua jurisdição;
IX – fixação da qualidade de servidores, de acordo com as reais necessidades de funcionamento de cada órgão, efetivamente comprovadas e avaliadas na oportunidade da elaboração do orçamento-programa, e estreita observância dos quantitativos que forem considerados adequados pelo Poder Executivo no que se refere aos dispêndios de pessoal. Aprovação das lotações segundo critérios objetivos que relacionem a quantidade de servidores às atribuições e ao volume de trabalho do órgão;
X – eliminação ou reabsorção do pessoal ocioso, mediante aproveitamento dos servidores excedentes, ou reaproveitamento dos desajustados em funções compatíveis com as suas comprovadas qualificações e aptidões vocacionais, impedindo-se novas admissões, enquanto houver servidores disponíveis para a função;
XI – instituição, pelo Poder Executivo, de reconhecimento do mérito aos servidores que contribuam com sugestões, planos e projetos não elaborados em decorrência do exercício de suas funções e dos quais possam resultar aumento de produtividade e redução dos custos operacionais da administração;
XII – estabelecimento de mecanismos adequados à apresentação por parte dos servidores, nos vários níveis organizacionais de suas reclamações e reivindicações, bem como à rápida apreciação, pelos órgãos administrativos competentes, dos assuntos nelas contidos;
XIII – estímulo ao associativismo dos servidores para fins sociais e culturais.

Parágrafo único. O Poder Executivo encaminhará ao Congresso Nacional mensagens que consubstanciem a revisão de que trata este artigo.

Art. 95. O Poder Executivo promoverá as medidas necessárias à verificação da produtividade do pessoal a ser empregado em quaisquer atividades da Administração Direta ou de autarquia, visando a colocá-lo em níveis de competição com a atividade privada ou a evitar custos injustificáveis de operação, podendo, por via de decreto executivo ou medidas administrativas, adotar as soluções adequadas, inclusive a eliminação de exigências de pessoal superiores às indicadas pelos critérios de produtividade e rentabilidade.

Art. 96. Nos termos da legislação trabalhista, poderão ser contratados especialistas para atender às exigências de trabalho técnico, em institutos, órgãos de pesquisa e outras entidades especializadas da Administração Direta ou autarquia, segundo critérios que, para esse fim, serão estabelecidos em regulamento.

Art. 97. Os Ministros de Estado, mediante prévia e específica autorização do Presidente da República, poderão contratar os serviços de consultores técnicos e especialistas por determinado período, nos termos da legislação trabalhista.

▶ Artigo com a redação dada pelo Dec.-lei nº 900, de 29-9-1969.

Capítulo II
DAS MEDIDAS DE APLICAÇÃO IMEDIATA

Art. 98. Cada unidade administrativa terá, no mais breve prazo, revista sua lotação a fim de que passe a corresponder às suas estritas necessidades de pessoal e seja ajustada às dotações previstas no orçamento (art. 94, inciso IX).

Art. 99. O Poder Executivo adotará providências para a permanente verificação da existência de pessoal ocioso na Administração Federal, diligenciando para sua eliminação ou redistribuição imediata.

§ 1º Sem prejuízo da iniciativa do órgão de pessoal da repartição, todo responsável por setor de trabalho em que houver pessoal ocioso deverá apresentá-lo aos centros de redistribuição e aproveitamento de pessoal que deverão ser criados, em caráter temporário, sendo obrigatório o aproveitamento dos concursados.

§ 2º A redistribuição de pessoal ocorrerá sempre no interesse do Serviço Público, tanto na Administração Direta como em autarquia, assim como de uma para outra, respeitado o regime jurídico pessoal do servidor.

§ 3º O pessoal ocioso deverá ser aproveitado em outro setor, continuando o servidor a receber pela verba da repartição ou entidade de onde tiver sido deslocado, até que se tomem as providências necessárias à regularização da movimentação.

§ 4º Com relação ao pessoal ocioso que não puder ser utilizado na forma deste artigo, será observado o seguinte procedimento:

a) extinção dos cargos considerados desnecessários, ficando os seus ocupantes exonerados ou em disponibilidade, conforme gozem ou não de estabilidade, quando se tratar de pessoal regido pela legislação dos funcionários públicos;
b) dispensa, com a consequente indenização legal, dos empregados sujeitos ao regime da legislação trabalhista.

§ 5º Não se preencherá vaga nem se abrirá concurso na Administração Direta ou em autarquia, sem que se verifique, previamente, no competente centro de redistribuição de pessoal, a inexistência de servidor a aproveitar, possuidor da necessária qualificação.

§ 6º Não se exonerará, por força do disposto neste artigo, funcionário nomeado em virtude de concurso.

Art. 100. Instaurar-se-á processo administrativo para a demissão ou dispensa do servidor efetivo ou estável, comprovadamente ineficiente no desempenho dos encargos que lhe competem ou desidioso no cumprimento de seus deveres.

Art. 101. O provimento em cargos em comissão e funções gratificadas obedecerá a critérios a serem fixados por ato do Poder Executivo que:

a) definirá os cargos em comissão de livre escolha do Presidente da República;
b) estabelecerá os processos de recrutamento com base no Sistema do Mérito; e

c) fixará as demais condições necessárias ao seu exercício.

▶ Art. 101 com a redação dada pelo Dec.-lei nº 900, de 29-9-1969.

Art. 102. É proibida a nomeação em caráter interino por ser incompatível com a exigência de prévia habilitação em concurso para provimento dos cargos públicos, revogadas todas as disposições em contrário.

Art. 103. Todo servidor que estiver percebendo vencimento, salário ou provento superior ao fixado para o cargo nos planos de classificação e remuneração, terá a diferença caracterizada como vantagem pessoal, nominalmente identificável, a qual em nenhuma hipótese será aumentada, sendo absorvida progressivamente pelos aumentos que vierem a ser realizados no vencimento, salário ou provento fixado para o cargo nos mencionados planos.

Art. 104. No que concerne ao regime de participação na arrecadação, inclusive cobrança da Dívida Ativa da União, fica estabelecido o seguinte:

I – ressalvados os direitos dos denunciantes, a adjudicação de cota-parte de multas será feita exclusivamente aos Agentes Fiscais de Rendas Internas, Agentes Fiscais do Imposto de Renda, Agentes Fiscais do Imposto Aduaneiro, Fiscais Auxiliares de Impostos Internos e Guardas Aduaneiros e somente quando tenham os mesmos exercido ação direta, imediata e pessoal na obtenção de elementos destinados à instauração de autos de infração ou início de processos para cobrança dos débitos respectivos;

II – o regime de remuneração, previsto na Lei nº 1.711, de 28 de outubro de 1952, continuará a ser aplicado exclusivamente aos Agentes Fiscais de Rendas Internas, Agentes Fiscais do Imposto de Renda, Agentes Fiscais do Imposto Aduaneiro, Fiscais Auxiliares de Impostos Internos e Guardas Aduaneiros;

III – a partir da data do presente Decreto-lei fica extinto o regime de remuneração instituído a favor dos Exatores Federais, Auxiliares de Exatorias e Fiéis do Tesouro;

IV – *Revogado*. Lei nº 5.421, de 25-04-1968;

V – a participação, através do Fundo de Estímulo, e bem assim as percentagens a que se referem o art. 64 da Lei nº 3.244, de 14 de agosto de 1957, o art. 109, da Lei nº 3.470, de 28 de novembro de 1958, os artigos 8º, § 2º e 9º da Lei nº 3.756, de 20 de abril de 1960, e o § 6º do art. 32 do Decreto-lei nº 147, de 3 de fevereiro de 1967, ficam também extintas.

Parágrafo único. Comprovada a adjudicação da cota-parte de multas com desobediência ao que dispõe o inciso I deste artigo, serão passíveis de demissão, tanto o responsável pela prática desse ato, quanto os servidores que se beneficiarem com as vantagens dele decorrentes.

Art. 105. Aos servidores que, na data da presente Lei, estiveram no gozo das vantagens previstas nos incisos III, IV e V do artigo anterior, fica assegurado o direito de percebê-las, como diferença mensal, desde que esta não ultrapasse a média mensal que, àquele título, receberam durante o ano de 1966, e até que, por força dos reajustamentos de vencimentos do funcionalismo, o nível de vencimentos dos cargos que ocuparem alcance importância correspondente à soma do vencimento básico e da diferença de vencimentos.

▶ Conforme art. 12 da Lei nº 5.421, de 25-4-1968, o disposto neste artigo não se aplica aos Procuradores da Fazenda Nacional.

Art. 106. Fica extinta a Comissão de Classificação de Cargos, transferindo-se ao DASP seu acervo, documentação, recursos orçamentários e atribuições.

Art. 107. A fim de permitir a revisão da legislação e das normas regulamentares relativas ao pessoal do Serviço Público Civil, nos termos do disposto no art. 94 do presente Decreto-lei, suspendem-se nesta data as readaptações de funcionários, que ficam incluídas na competência do DASP.

Art. 108. O funcionário, em regime de tempo integral e dedicação exclusiva, prestará serviços em dois turnos de trabalho, quando sujeito a expediente diário.

Parágrafo único. Incorrerá em falta grave, punível com demissão, o funcionário que perceber a vantagem de que trata este artigo e não prestar serviços correspondentes e bem assim o chefe que atestar a prestação irregular dos serviços.

Art. 109. Fica revogada a legislação que permite a agregação de funcionários em cargos em comissão e em funções gratificadas mantidos os direitos daqueles que, na data deste Decreto-lei, hajam completado as condições estipuladas em lei para a agregação, e não manifestem, expressamente, o desejo de retornarem aos cargos de origem.

Parágrafo único. Todo agregado é obrigado a prestar serviços, sob pena de suspensão dos seus vencimentos.

Art. 110. Proceder-se-á à revisão dos cargos em comissão e das funções gratificadas da Administração Direta e das autarquias, para supressão daqueles que não corresponderem às estritas necessidades dos serviços, em razão de sua estrutura e funcionamento.

Art. 111. A colaboração de natureza eventual à Administração Pública Federal sob a forma de prestação de serviços, retribuída mediante recibo, não caracteriza, em hipótese alguma, vínculo empregatício com o Serviço Público Civil, e somente poderá ser atendida por dotação não classificada na rubrica "PESSOAL", e nos limites estabelecidos nos respectivos programas de trabalho.

▶ Dec. nº 66.715, de 15-6-1970, regulamenta este artigo.

Art. 112. O funcionário que houver atingido a idade máxima (setenta anos) prevista para aposentadoria compulsória não poderá exercer cargo em comissão ou função gratificada, nos quadros dos Ministérios, do DASP e das autarquias.

Art. 113. Revogam-se, na data da publicação do presente Decreto-lei, os arts. 63 e 63 da Lei nº 1.711, de 28 de outubro de 1952, e demais disposições legais e regulamentares que regulam as readmissões no serviço público federal.

Art. 114. O funcionário público ou autárquico que, por força de dispositivo legal, puder manifestar opção para integrar quadro de pessoal de qualquer entidade, e por esta aceita, terá seu tempo de serviço anterior, devidamente comprovado, averbado na instituição de previdência, transferindo-se para o INPS as contribuições pagas ao IPASE.

CAPÍTULO III
DO DEPARTAMENTO ADMINISTRATIVO DO SERVIÇO PÚBLICO

▶ Denominação do Departamento dada pela Lei nº 6.228, de 15-7-1975.

Art. 115. O Departamento Administrativo do Serviço Público (DASP) é o órgão central do sistema de pessoal, responsável pelo estudo, formulação de diretrizes, orientação, coordenação, supervisão e controle dos assuntos concernentes à administração do Pessoal Civil da União.

Parágrafo único. Haverá em cada Ministério um órgão de pessoal integrante do sistema de pessoal.

Art. 116. Ao Departamento Administrativo do Serviço Público (DASP) incumbe:

I – cuidar dos assuntos referentes ao pessoal civil da União, adotando medidas visando ao seu aprimoramento e maior eficiência;
II – submeter ao Presidente da República os projetos de regulamentos indispensáveis à execução das leis que dispõem sobre a função pública e os servidores civis da União;
III – zelar pela observância dessas leis e regulamentos, orientando, coordenando e fiscalizando sua execução, e expedir normas gerais obrigatórias para todos os órgãos;
IV – estudar e propor sistemas de classificação e de retribuição para o serviço civil, administrando sua aplicação;
V – recrutar e selecionar candidatos para os órgãos da Administração Direta e autarquias podendo delegar, sob sua orientação, fiscalização e controle, a realização das provas o mais próximo possível das áreas de recrutamento;
VI – manter estatísticas atualizadas sobre os servidores civis, inclusive os da Administração Indireta;
VII – zelar pela criteriosa aplicação dos princípios de administração de pessoal com vistas ao tratamento justo dos servidores civis, onde quer que se encontrem;
VIII – promover medidas visando ao bem-estar social dos servidores civis da União e ao aprimoramento das relações humanas no trabalho;
IX – manter articulação com as entidades nacionais e estrangeiras que se dedicam a estudos de administração de pessoal;
X – orientar, coordenar e superintender as medidas de aplicação imediata (Cap. II, deste Título).

Art. 117. O Departamento Administrativo do Serviço Público prestará às Comissões Técnicas do Poder Legislativo toda cooperação que for solicitada.

Parágrafo único. O Departamento deverá colaborar com o Ministério Público Federal nas causas que envolvam a aplicação da legislação do pessoal.

Art. 118. Junto ao Departamento haverá o Conselho Federal de Administração de Pessoal, que funcionará como órgão de consulta e colaboração no concernente à política de pessoal do Governo e opinará na esfera administrativa, quando solicitado pelo Presidente da República ou pelo Diretor Geral do DASP nos assuntos relativos à administração do pessoal civil, inclusive quando couber recurso de decisão dos Ministérios, na forma estabelecida em regulamento.

Art. 119. O Conselho Federal de Administração de Pessoal será presidido pelo Diretor Geral do Departamento Administrativo do Serviço Público e constituído de quatro membros, com mandato de três anos, nomeados pelo Presidente da República, sendo: dois funcionários, um da Administração Direta e outro da Indireta, ambos com mais de vinte anos de Serviço Público da União, com experiência em administração e relevante folha de serviços; um especialista em direito administrativo; e um elemento de reconhecida experiência no setor de atividade privada.

§ 1º O Conselho reunir-se-á ordinariamente duas vezes por mês e, extraordinariamente, por convocação de seu Presidente.

§ 2º O Conselho contará com o apoio do Departamento, ao qual ficarão afetos os estudos indispensáveis ao seu funcionamento e bem assim, o desenvolvimento e a realização dos trabalhos compreendidos em sua área de competência.

§ 3º Ao Presidente e aos Membros do Conselho é vedada qualquer atividade político-partidária, sob pena de exoneração ou perda de mandato.

Art. 120. O Departamento prestará toda cooperação solicitada pelo Ministro responsável pela Reforma Administrativa.

Art. 121. As medidas relacionadas com o recrutamento, seleção, aperfeiçoamento e administração do assessoramento superior da Administração Civil, de aperfeiçoamento de pessoal para o desempenho dos cargos em comissão e funções gratificadas a que se referem o art. 101 e seu inciso II (Título XI, Capítulo II) e de outras funções de supervisão ou especializadas, constituirão encargo de um Centro de Aperfeiçoamento, órgão autônomo vinculado ao Departamento Administrativo do Serviço Público.

▶ Conforme art. 7º da Lei nº 6.228, de 15-7-1975, foi extinto o Centro de Aperfeiçoamento do DASP, sendo transferidas ao DASP as respectivas atribuições.

Parágrafo único. O Centro de Aperfeiçoamento promoverá direta ou indiretamente, mediante convênio, acordo ou contrato, a execução das medidas de sua atribuição.

CAPÍTULO IV
DO ASSESSORAMENTO SUPERIOR DA ADMINISTRAÇÃO CIVIL

▶ Lei nº 10.683, de 28-5-2003, dispõe sobre a organização da Presidência da República e dos Ministérios.

Art. 122. O Assessoramento Superior da Administração Civil compreenderá determinadas funções de assessoramento aos Ministros de Estado, definidas por decreto e fixadas em número limitado para cada Ministério civil, observadas as respectivas peculiaridades de organização e funcionamento.

§ 1º As funções a que se refere este artigo, caracterizadas pelo alto nível de especificidade, complexidade e responsabilidade, serão objeto de rigorosa individualização e a designação para o seu exercício somente poderá recair em pessoas de comprovada idoneidade, cujas qualificações, capacidade e experiência específicas sejam examinadas, aferidas e certificadas por órgão próprio, na forma definida em regulamento.

§ 2º O exercício das atividades de que trata este artigo revestirá a forma de locação de serviços regulada mediante contrato individual, em que se exigirá tempo integral e dedicação exclusiva, não se lhe aplicando o disposto no artigo 35 do Decreto-Lei nº 81, de 21 de dezembro de 1966, na redação dada pelo artigo 1º do Decreto-Lei nº 177, de 16 de fevereiro de 1967.

§ 3º A prestação dos serviços a que alude este artigo será retribuída segundo critério fixado em regulamento, tendo em vista a avaliação de cada função em face das respectivas especificações, e as condições vigentes no mercado de trabalho.

Art. 123. O servidor público designado para as funções de que trata o artigo anterior ficará afastado do respectivo cargo ou emprego enquanto perdurar a prestação de serviços, deixando de receber o vencimento ou salário correspondente ao cargo ou emprego público.

Parágrafo único. Poderá a designação para o exercício das funções referidas no artigo anterior recair em ocupante de função de confiança ou cargo em comissão diretamente subordinados ao Ministro de Estado, caso em que deixará de receber, durante o período de prestação das funções de assessoramento superior, o vencimento ou gratificação do cargo em comissão ou função de confiança.

▶ Arts. 122 e 123 com a redação dada pelo Dec.-lei nº 900, de 29-9-1969.

Art. 124. O disposto no presente Capítulo poderá ser estendido, por decreto, a funções da mesma natureza vinculadas aos Ministérios Militares e órgãos integrantes da Presidência da República.

▶ Artigo com a redação dada pela Lei nº 6.720, de 12-11-1979.

TÍTULO XII – DAS NORMAS RELATIVAS A LICITAÇÕES PARA COMPRAS, OBRAS, SERVIÇOS E ALIENAÇÕES

Arts. 125 a 144. *Revogados.* Dec.-lei nº 2.300, de 21-11-1986, que por sua vez foi revogado pela Lei nº 8.666, de 21-6-1993.

TÍTULO XIII – DA REFORMA ADMINISTRATIVA

▶ EC nº 19, de 4-6-1998, modifica o regime e dispõe sobre princípios e normas da Administração Pública, servidores e agentes políticos, controle de despesas e finanças públicas e custeio de atividades a cargo do Distrito Federal.

Art. 145. A Administração Federal será objeto de uma reforma de profundidade para ajustá-la às disposições do presente Decreto-lei, e especialmente, às diretrizes e princípios fundamentais enunciados no Título II, tendo-se como revogadas, por força deste Decreto-lei, e à medida que sejam expedidos os atos a que se refere o art. 146, parágrafo único, alínea *b*, as disposições legais que forem com ele colidentes ou incompatíveis.

Parágrafo único. A aplicação do presente Decreto-lei deverá objetivar, prioritariamente, a execução ordenada dos serviços da Administração Federal, segundo os princípios nele enunciados e com apoio na instrumentação básica adotada, não devendo haver solução de continuidade.

Art. 146. A Reforma Administrativa, iniciada com este Decreto-lei, será realizada por etapas, à medida que se forem ultimando as providências necessárias à sua execução.

Parágrafo único. Para os fins deste artigo, o Poder Executivo:

a) promoverá o levantamento das leis, decretos e atos regulamentares que disponham sobre a estruturação, funcionamento e competência dos órgãos da Administração Federal, com o propósito de ajustá-los às disposições deste Decreto-lei;
b) obedecidas as diretrizes, princípios fundamentais e demais disposições do presente Decreto-lei, expedirá progressivamente os atos de reorganização, reestruturação, locação, definição de competência, revisão de funcionamento e outros necessários à efetiva implantação da reforma.

▶ Alínea *b* com a redação dada pelo Dec.-lei nº 900, de 29-9-1969.

c) *Revogada.* Dec.-lei nº 900, de 29-9-1969.

Art. 147. A orientação, coordenação e supervisão das providências de que trata este Título ficarão a cargo do Ministério do Planejamento e Coordenação Geral, podendo, entretanto, ser atribuídas a um Ministro Extraordinário para a Reforma Administrativa, caso em que a este caberão os assuntos de organização administrativa.

Art. 148. Para atender às despesas decorrentes da execução da Reforma Administrativa, fica autorizada a abertura pelo Ministério da Fazenda do crédito especial de Cr$ 20.000.000,00 (vinte milhões de cruzeiros), com vigência nos exercícios de 1967 a 1968.

§ 1º Os recursos do crédito aberto neste artigo incorporar-se-ão ao "Fundo de Reforma Administrativa", que poderá receber doações e contribuições destinadas ao aprimoramento da Administração Federal.

§ 2º O Fundo de Reforma Administrativa, cuja utilização será disciplinada em regulamento, será administrado por um órgão temporário de implantação da Reforma Administrativa, que funcionará junto ao Ministro responsável pela Reforma Administrativa.

Art. 149. Na implantação da reforma será programada, inicialmente, a organização dos novos Ministérios e bem assim, prioritariamente, a instalação dos órgãos centrais, a começar pelos de planejamento, coordenação e de controle financeiro (art. 22, item 1) e pelos órgãos centrais dos sistemas (art. 31).

Art. 150. Até que os quadros de funcionários sejam ajustados à Reforma Administrativa, o pessoal que os integra, sem prejuízo de sua situação funcional, para os efeitos legais, continuará a servir nos órgãos em que estiver lotado, podendo passar a ter exercício, mediante requisição, nos órgãos resultantes do desdobramento ou criados em virtude do presente Decreto-lei.

Art. 151. *Revogado.* Lei nº 5.843, de 6-12-1972.

Art. 152. A finalidade e as atribuições dos órgãos da Administração Direta regularão o estabelecimento das respectivas estruturas e lotações de pessoal.

Art. 153. Para implantação da Reforma Administrativa poderão ser ajustados estudos e trabalhos técnicos a serem realizados por pessoas físicas ou jurídicas, nos termos das normas que se estabelecerem em decreto.

Art. 154. Os decretos e regulamentos expedidos para execução da presente lei disporão sobre a subordinação e vinculação de órgãos e entidades aos diversos Ministérios, em harmonia com a área de competência destes, disciplinando a transferência de repartições e órgãos.

TÍTULO XIV – DAS MEDIDAS ESPECIAIS DE COORDENAÇÃO

Capítulo I
DA CIÊNCIA E TECNOLOGIA

Art. 155. As iniciativas e providências que contribuem para o estímulo e intensificação das atividades de ciência e tecnologia, serão objeto de coordenação com o propósito de acelerar o desenvolvimento nacional através da crescente participação do País no progresso científico e tecnológico.

▶ *Caput* com a redação dada pelo Dec.-lei nº 900, de 29-9-1969.

§§ 1º e 2º *Revogados*. Dec.-lei nº 900, de 29-9-1969.

Capítulo II
DA POLÍTICA NACIONAL DE SAÚDE

Art. 156. A formulação e coordenação da política nacional de saúde, em âmbito nacional e regional, caberão ao Ministério da Saúde.

§ 1º Com o objetivo de melhor aproveitar recursos e meios disponíveis e de obter maior produtividade, visando a proporcionar efetiva assistência médico-social à comunidade, promoverá o Ministério da Saúde a coordenação, no âmbito regional, das atividades de assistência médico-social, de modo a entrosar as desempenhadas por órgãos federais, estaduais, municipais, do Distrito Federal, dos Territórios e das entidades do setor privado.

§ 2º Na prestação da assistência médica dar-se-á preferência à celebração de convênios com entidades públicas e privadas, existentes na comunidade.

§ 3º *Revogado*. Lei nº 6.118, de 9-10-1974.

Capítulo III
DO ABASTECIMENTO NACIONAL

Art. 157. As medidas relacionadas com a formulação e execução da política nacional do abastecimento serão objeto de coordenação, na forma estabelecida em decreto.

▶ *Caput* com a redação dada pelo Dec.-lei nº 900, de 29-9-1969.

Parágrafo único. Em qualquer das hipóteses, o Ministro contará com o assessoramento de uma Comissão para coordenação da política nacional de abastecimento e articulação com os interessados, por ele presidida, integrada por representantes de Ministérios e pelo Superintendente da SUNAB, que será o Secretário-Executivo da Comissão.

Art. 158. Se não considerar oportunas as medidas consubstanciadas no artigo anterior, o Governo poderá atribuir a formulação e coordenação da política nacional do abastecimento a uma Comissão Nacional de Abastecimento, órgão interministerial, cuja composição, atribuições e funcionamento serão fixados por decreto e que contará com o apoio da Superintendência Nacional do Abastecimento.

Art. 159. Fica extinto o Conselho Deliberativo da Superintendência Nacional do Abastecimento, de que trata a Lei Delegada nº 5, de 26 de setembro de 1962.

Art. 160. A Superintendência Nacional do Abastecimento ultimará, no mais breve prazo, a assinatura de convênios com os Estados, Prefeitura do Distrito Federal e Territórios, com o objetivo de transferir-lhes os encargos de fiscalização atribuídos àquela Superintendência.

Capítulo IV
DA INTEGRAÇÃO DOS TRANSPORTES

Art. 161. Ficam extintos os Conselhos Setoriais de Transportes que atualmente funcionam junto às autarquias do Ministério da Viação e Obras Públicas, sendo as respectivas funções absorvidas pelo Conselho Nacional de Transportes, cujas atribuições, organização e funcionamento serão regulados em decreto.

▶ Artigo com a redação dada pelo Dec.-lei nº 900, de 29-9-1969.

Art. 162. Tendo em vista a integração em geral dos transportes, a coordenação entre os Ministérios da Aeronáutica e dos Transportes será assegurada pelo Conselho Nacional de Transportes, que se pronunciará obrigatoriamente quanto aos assuntos econômico-financeiros da aviação comercial e, em particular, sobre:

a) concessão de linhas, tanto nacionais como no exterior;
b) tarifas;
c) subvenções;
d) salários (de acordo com a política salarial do Governo).

Art. 163. O Conselho será presidido pelo Ministro de Estado dos Transportes e dele participará, como representante do Ministério da Aeronáutica, o chefe do órgão encarregado dos assuntos da aeronáutica civil.

Art. 164. O Poder Executivo, se julgar conveniente, poderá formular a integração no Ministério dos Transportes, das atividades concernentes à aviação comercial, compreendendo linhas aéreas regulares, subvenções e tarifas, permanecendo sob a competência da Aeronáutica Militar as demais atribuições constantes do item IV e as do item V do parágrafo único do art. 63 e as relativas ao controle de pessoal e das aeronaves.

§ 1º A integração poderá operar-se gradualmente, celebrando-se, quando necessário, convênios entre os dois Ministérios.

§ 2º Promover-se-á, em consequência, o ajuste das atribuições cometidas ao Conselho Nacional de Transportes nesse particular.

Capítulo V
DAS COMUNICAÇÕES

Art. 165. O Conselho Nacional de Telecomunicações cujas atribuições, organização e funcionamento serão objeto de regulamentação pelo Poder Executivo, passará a integrar, como órgão normativo, de consulta, orientação e elaboração da política nacional de telecomunicações, a estrutura do Ministério das Comunicações, logo que este se instale, e terá a seguinte composição:

I – presidente e secretário geral do Ministério das Comunicações;
II – representante do maior partido de oposição no Congresso Nacional;

▶ Inciso II com a redação dada pela Lei nº 5.396, de 26-2-1968.

III – representante do Ministério da Educação e Cultura;
IV – representante do Ministério da Justiça;
V – representante do maior partido que apoia o Governo no Congresso Nacional;

▶ Inciso V com a redação dada pela Lei nº 5.396, de 26-2-1968.

VI – representante do Ministério da Indústria e do Comércio;
VII – representante dos Correios e Telégrafos;
VIII – representante do Departamento Nacional de Telecomunicações;
IX – representante da Empresa Brasileira de Telecomunicações;
X – representante das Empresas Concessionárias de Serviços de Telecomunicações;
XI – representante do Ministério da Marinha;
XII – representante do Ministério do Exército;
XIII – representante do Ministério da Aeronáutica.

▶ Incisos XI a XIII acrescidos pela Lei nº 5.396, de 26-2-1968.

Parágrafo único. O Departamento Nacional de Telecomunicações passa a integrar, como órgão central (art. 22, inciso II), o Ministério das Comunicações.

Art. 166. A exploração dos troncos interurbanos, a cargo da Empresa Brasileira de Telecomunicações, poderá, conforme as conveniências econômicas e técnicas do serviço, ser feita diretamente ou mediante contrato, delegação ou convênio.

Parágrafo único. A Empresa Brasileira de Telecomunicações poderá ser acionista de qualquer das empresas com que tiver tráfego-mútuo.

Art. 167. Fica o Poder Executivo autorizado a transformar o Departamento dos Correios e Telégrafos em entidade de Administração Indireta, vinculada ao Ministério das Comunicações.

▶ Art. 1º do Dec.-lei nº 509, de 20-3-1969, que dispõe sobre a transformação do Departamento dos Correios e Telégrafos em empresa pública.

Capítulo VI

DA INTEGRAÇÃO DAS FORÇAS ARMADAS

Arts. 168 e 169. Revogados. Dec.-lei nº 900, de 29-9-1969.

TÍTULO XV – DAS DISPOSIÇÕES GERAIS

Capítulo I

DAS DISPOSIÇÕES INICIAIS

Art. 170. O Presidente da República, por motivo relevante de interesse público, poderá avocar e decidir qualquer assunto na esfera da Administração Federal.

Art. 171. A Administração dos Territórios Federais, vinculados ao Ministério do Interior, exercer-se-á através de programas plurianuais, concordantes em objetivos e etapas com os planos gerais do Governo Federal.

Art. 172. O Poder Executivo assegurará autonomia administrativa e financeira, no grau conveniente aos serviços, institutos e estabelecimentos incumbidos da execução de atividades de pesquisa ou ensino ou de caráter industrial, comercial ou agrícola, que por suas peculiaridades de organização e funcionamento, exijam tratamento diverso do aplicável aos demais órgãos da administração direta, observada sempre a supervisão ministerial.

§ 1º Os órgãos a que se refere este artigo terão a denominação genérica de Órgãos Autônomos.

§ 2º Nos casos de concessão de autonomia financeira, fica o Poder Executivo autorizado a instituir fundos especiais de natureza contábil, a cujo crédito se levarão todos os recursos vinculados às atividades do órgão autônomo, orçamentários e extraorçamentários, inclusive a receita própria.

▶ Art. 172 com a redação dada pelo Dec.-lei nº 900, de 29-9-1969.

Art. 173. Os atos de provimento de cargos públicos ou que determinarem sua vacância, assim como os referentes a pensões, aposentadorias e reformas serão assinados pelo Presidente da República ou, mediante delegação deste, pelos Ministros de Estado, conforme se dispuser em regulamento.

Art. 174. Os atos expedidos pelo Presidente da República ou Ministros de Estado, quando se referirem a assuntos da mesma natureza, poderão ser objeto de um só instrumento, e o órgão administrativo competente expedirá os atos complementares ou apostilas.

Art. 175. Para cada órgão da Administração Federal haverá prazo fixado em regulamento para as autoridades administrativas exigirem das partes o que se fizer necessário à instrução de seus pedidos.

§ 1º As partes serão obrigatoriamente notificadas das exigências, por via postal, sob registro, ou por outra forma de comunicação direta.

§ 2º Satisfeitas as exigências, a autoridade administrativa decidirá o assunto no prazo fixado pelo regulamento, sob pena de responsabilização funcional.

Art. 176. Ressalvados os assuntos de caráter sigiloso, os órgãos do serviço público estão obrigados a responder às consultas feitas por qualquer cidadão, desde que relacionadas com seus legítimos interesses e pertinentes a assuntos específicos da repartição.

Parágrafo único. Os chefes de serviço e os servidores serão solidariamente responsáveis pela efetivação de respostas em tempo oportuno.

Art. 177. Os conselhos, comissões e outros órgãos colegiados que contarem com a representação de grupos ou classes econômicas diretamente interessados nos assuntos de sua competência, terão funções exclusivamente de consulta, coordenação e assessoramento, sempre que àquela representação corresponda um número de votos superior a um terço do total.

Parágrafo único. Excetuam-se do disposto neste artigo os órgãos incumbidos do julgamento de litígios fiscais e os legalmente competentes para exercer atribuições normativas e decisórias relacionadas com os impostos de importação e exportação, e medidas cambiais correlatas.

Art. 178. As autarquias, as empresas públicas e as sociedades de economia mista, integrantes da Administração Federal Indireta, bem assim as fundações criadas pela União ou mantidas com recursos federais, sob supervisão ministerial, e as demais sociedades sob controle direto ou indireto da União, que acusem a ocorrência de prejuízos, estejam inativas, ou desenvolvam atividades já entendidas satisfatoriamente pela iniciativa privada ou não previstas no objeto social, poderão ser dissolvidas ou incorporadas a outras entidades, a critério e por ato do Poder Executivo, resguardados os direitos assegurados aos eventuais acionistas minoritários nas leis e atos constitutivos de cada entidade.

▶ Artigo com a redação dada pelo Dec.-lei nº 2.299, de 21-11-1986.

Art. 179. Observado o disposto no art. 13 da Lei nº 4.320, de 17 de março de 1964, o Ministério do Planejamento e Coordenação Geral atualizará, sempre que se fizer necessário, o esquema de discriminação ou especificação dos elementos da despesa orçamentária.

Art. 180. As atribuições previstas nos artigos 111 a 113, da Lei nº 4.320, de 17 de março de 1964, passam para a competência do Ministério do Planejamento e Coordenação Geral.

Art. 181. Para os fins do Título XIII deste Decreto-lei poderá o Poder Executivo:

I – alterar a denominação de cargos em comissão;
II – reclassificar cargos em comissão, respeitada a tabela de símbolos em vigor;
III – transformar funções gratificadas em cargos em comissão, na forma da lei;
IV – declarar extintos os cargos em comissão que não tiverem sido mantidos, alterados ou reclassificados até 31 de dezembro de 1968.

Art. 182. Nos casos dos incisos II e III do artigo 5º e do inciso I do mesmo artigo, quando se tratar de serviços industriais, o regime de pessoal será o da Consolidação das Leis do Trabalho; nos demais casos, o regime jurídico do pessoal será fixado pelo Poder Executivo.

Art. 183. As entidades e organizações em geral, dotadas de personalidade jurídica de direito privado, que recebem contribuições parafiscais e prestem serviços de interesse público ou social, estão sujeitas à fiscalização do Estado nos termos e condições estabelecidos na legislação pertinente a cada uma.

Art. 184. Não haverá, tanto em virtude do presente Decreto-lei como em sua decorrência, aumento de pessoal nos quadros de funcionários civis e nos das Forças Armadas.

Art. 185. Incluem-se na responsabilidade do Ministério da Indústria e do Comércio a supervisão dos assuntos concernentes à indústria siderúrgica, à indústria petroquímica, à indústria automobilística, à indústria naval e à indústria aeronáutica.

Art. 186. A Taxa de Marinha Mercante, destinada a proporcionar à frota mercante brasileira melhores condições de operação e expansão, será administrada pelo Órgão do Ministério dos Transportes, responsável pela navegação marítima e interior.

Art. 187. A Coordenação do Desenvolvimento de Brasília (CODEBRAS) passa a vincular-se ao Ministro responsável pela Reforma Administrativa.

Art. 188. Toda pessoa natural ou jurídica – em particular, o detentor de qualquer cargo público – é responsável pela Segurança Nacional nos limites definidos em lei. Em virtude de sua natureza ou da pessoa do detentor, não há cargo, civil ou militar, específico de segurança nacional, com exceção dos previstos em órgãos próprios do Conselho de Segurança Nacional.

§ 1º Na Administração Federal, os cargos públicos civis, de provimento em comissão ou em caráter efetivo, as funções de pessoal temporário, de obras e os demais empregos sujeitos à legislação trabalhista, podem ser exercidos por qualquer pessoa que satisfaça os requisitos legais.

§ 2º Cargo militar é aquele que, de conformidade com as disposições legais ou quadros de efetivos das Forças Armadas, só pode ser exercido por militar em serviço ativo.

CAPÍTULO II

DOS BANCOS OFICIAIS DE CRÉDITO

Art. 189. Sem prejuízo de sua subordinação técnica à autoridade monetária nacional, os estabelecimentos oficiais de créditos manterão a seguinte vinculação:

I – Ministério da Fazenda:

– Banco Central da República;

▶ Art. 1º do Dec.-lei nº 278, de 28-2-1967, que altera a denominação do Banco Central da República do Brasil, dispõe sobre suas contas, orçamentos, balanços, atos e contratos.

– Banco do Brasil;
– Caixas Econômicas Federais;

II – Ministério da Agricultura:

– Banco Nacional de Crédito Cooperativo;

III – Ministério do Interior:

– Banco de Crédito da Amazônia;
– Banco do Nordeste do Brasil;
– Banco Nacional da Habitação;

▶ Art. 1º do Dec.-lei nº 2.291, de 21-11-1986, que extingue o Banco Nacional da Habitação – BNH.

IV – Ministério do Planejamento e Coordenação Geral:

– Banco Nacional do Desenvolvimento Econômico.

CAPÍTULO III

DA PESQUISA ECONÔMICO-SOCIAL APLICADA E DO FINANCIAMENTO DE PROJETOS

Art. 190. É o Poder Executivo autorizado a instituir, sob a forma de fundação, o Instituto de Pesquisa Econômica Aplicada – IPEA, com a finalidade de auxiliar o Ministro de Estado da Economia, Fazenda e Planejamento na elaboração e no acompanhamento da política econômica e promover atividade de pesquisa econômica aplicada nas áreas fiscal, financeira, externa e de desenvolvimento setorial.

Parágrafo único. O Instituto vincular-se-á ao Ministério da Economia, Fazenda e Planejamento.

▶ Art. 190 com a redação dada pela Lei nº 8.029, de 12-4-1990.

Art. 191. Fica o Ministério do Planejamento e Coordenação Geral autorizado, se o Governo julgar conveniente, a incorporar as funções de financiamento de estudo e elaboração de projetos e de programas do desenvolvimento econômico, presentemente afetos ao Fundo de Financiamento de Estudos e Projetos – FINEP, criado pelo Decreto nº 55.820, de 8 de março de 1965, constituindo para esse fim uma empresa pública cujos estatutos serão aprovados por decreto, e que exercerá todas as atividades correlatas de financiamento de projetos e programas e de prestação de assistência técnica, essenciais ao planejamento econômico e social, podendo receber doações e contribuições e contrair empréstimo de fontes internas e externas.

CAPÍTULO IV

DOS SERVIÇOS GERAIS

Arts. 192 a 194. *Revogados.* Dec.-lei nº 900, de 29-9-1969.

Art. 195. *Revogado.* Lei nº 9.636, de 15-5-1998.

Arts. 196 e 197. *Revogados.* Dec.-lei nº 900, de 29-9-1969.

CAPÍTULO V

DO MINISTÉRIO DAS RELAÇÕES EXTERIORES

Art. 198. Levando em conta as peculiaridades do Ministério das Relações Exteriores, o Poder Executivo adotará a estrutura orgânica e funcional estabelecida pelo presente Decreto-lei, e, no que couber, o disposto no seu Título XI.

CAPÍTULO VI

DOS NOVOS MINISTÉRIOS E DOS CARGOS

Art. 199. Ficam criados:

I – *Revogado.* Lei nº 6.036, de 1-5-1974;

II – o Ministério do Interior, com absorção dos órgãos subordinados ao Ministro Extraordinário para Coordenação dos Organismos Regionais;

III – o Ministério das Comunicações, que absorverá o Conselho Nacional de Telecomunicações, o Departamento Nacional de Telecomunicações e o Departamento dos Correios e Telégrafos.

▶ Art. 1º do Dec.-lei nº 509, de 20-3-1969, que dispõe sobre a transformação do Departamento dos Correios e Telégrafos em empresa pública.

Art. 200. O Ministério da Justiça e Negócios Interiores passa a denominar-se Ministério da Justiça.

Art. 201. O Ministério da Viação e Obras Públicas passa a denominar-se Ministério dos Transportes.

Art. 202. O Ministério da Guerra passa a denominar-se Ministério do Exército.

Art. 203. O Poder Executivo expedirá os atos necessários à efetivação do disposto no art. 199, observadas as normas do presente Decreto-lei.

Art. 204. Fica alterada a denominação dos cargos de Ministro de Estado da Justiça e Negócios Interiores, Ministro de Estado da Viação e Obras Públicas e Ministro de Estado da Guerra, para respectivamente, Ministro de Estado da Justiça, Ministro de Estado dos Transportes e Ministro de Estado do Exército.

Art. 205. Ficam criados os seguintes cargos:

I – Ministros de Estado do Interior, das Comunicações, Planejamento e Coordenação Geral;

II – em comissão:

a) em cada Ministério Civil, Secretário Geral e Inspetor Geral de Finanças;
b) Consultor Jurídico, em cada um dos Ministérios seguintes: Interior, Comunicações, Minas e Energia, e Planejamento e Coordenação Geral;
c) Diretor do Centro de Aperfeiçoamento, no Departamento Administrativo do Serviço Público – DASP;
d) Diretor Geral do Departamento dos Serviços Gerais, do Ministério da Fazenda.

Parágrafo único. À medida que se forem vagando, os cargos de Consultor Jurídico atualmente providos em caráter efetivo passarão a sê-lo em comissão.

Art. 206. Ficam fixados da seguinte forma os vencimentos dos cargos criados no art. 205:

I – Ministro de Estado: igual aos dos Ministros de Estado existentes;

II – Secretário Geral e Inspetor Geral de Finanças: Símbolo 1-C;

III – Consultor Jurídico: igual ao dos Consultores Jurídicos dos Ministérios existentes;

IV – Diretor do Centro de Aperfeiçoamento: Símbolo 2-C;

V – Diretor Geral do Departamento de Serviços Gerais: Símbolo 1-C.

Parágrafo único. O cargo de Diretor Geral do Departamento Administrativo do Serviço Público – DASP, Símbolo 1-C, passa a denominar-se Diretor Geral do Departamento Administrativo do Serviço Público – DASP, Símbolo 1-C.

Art. 207. Os Ministros de Estado Extraordinários instituídos no artigo 37 deste Decreto-lei, terão o mesmo vencimento, vantagens e prerrogativas dos demais Ministros de Estado.

Art. 208. Os Ministros de Estado, os Chefes dos Gabinetes Civil e Militar da Presidência da República e o chefe do Serviço Nacional de Informações perceberão uma representação mensal correspondente a 50% (cinquenta por cento) dos vencimentos.

Parágrafo único. Os Secretários Gerais perceberão idêntica representação mensal correspondente a 30% (trinta por cento) dos seus vencimentos.

TÍTULO XVI – DAS DISPOSIÇÕES TRANSITÓRIAS

Art. 209. Enquanto não forem expedidos os respectivos regulamentos e estruturados seus serviços, o Ministério do Interior, o Ministério do Planejamento e Coordenação Geral e o Ministério das Comunicações ficarão sujeitos ao regime de trabalho pertinente aos Ministérios Extraordinários que antecederam os dois primeiros daqueles Ministérios no que concerne ao pessoal, à execução de serviços e movimentação de recursos financeiros.

Parágrafo único. O Poder Executivo expedirá decreto para consolidar as disposições regulamentares que, em caráter transitório, deverão prevalecer.

Art. 210. O atual Departamento Federal de Segurança Pública passa a denominar-se Departamento de Polícia Federal, considerando-se automaticamente substituída por esta denominação a menção à anterior constante de quaisquer leis ou regulamentos.

Art. 211. O Poder Executivo introduzirá, nas normas que disciplinam a estruturação e funcionamento das entidades da Administração Indireta, as alterações que se fizerem necessárias à efetivação do disposto no presente Decreto-lei, considerando-se revogadas todas as disposições legais colidentes com as diretrizes nele expressamente consignadas.

Art. 212. O atual Departamento Administrativo do Serviço Público – DASP é transformado em Departamento Administrativo do Pessoal Civil – DASP, com as atribuições que, em matéria de administração de pessoal, são atribuídas pelo presente Decreto-lei ao novo órgão.

▶ A denominação deste órgão voltou a ser Departamento Administrativo do Serviço Público, por força da Lei nº 6.228, de 15-7-1975.

Art. 213. Fica o Poder Executivo autorizado, dentro dos limites dos respectivos créditos, a expedir decretos relativos às transferências que se fizerem necessárias de dotações do orçamento ou de créditos adicionais requeridos pela execução do presente Decreto-lei.

TÍTULO XVII – DAS DISPOSIÇÕES FINAIS

Art. 214. Este Decreto-lei entrará em vigor em 15 de março de 1967, observado o disposto nos parágrafos do presente artigo e ressalvadas as disposições cuja vigência, na data da publicação, sejam por ele expressamente determinadas.

§ 1º Até a instalação dos órgãos centrais incumbidos da administração financeira, contabilidade e auditoria, em cada Ministério (art. 22), serão enviados ao Tribunal de Contas, para o exercício da auditoria financeira:

a) pela Comissão de Programação Financeira do Ministério da Fazenda, os atos relativos à programação financeira do desembolso;
b) pela Contadoria Geral da República e pelas Contadorias Seccionais, os balancetes de receita e despesa;
c) pelas repartições competentes, o rol de responsáveis pela guarda de bens, dinheiros e valores públicos e as respectivas tomadas de conta, nos termos da legislação anterior ao presente Decreto-lei.

§ 2º Nos Ministérios Militares, cabe aos órgãos que forem discriminados em decreto as atribuições indicadas neste artigo.

Art. 215. Revogam-se as disposições em contrário.

Brasília, em 25 de fevereiro de 1967;
146º da Independência e
79º da República.

H. Castello Branco

DECRETO-LEI Nº 201, DE 27 DE FEVEREIRO DE 1967

Dispõe sobre a responsabilidade dos Prefeitos e Vereadores, e dá outras providências.

▶ Publicado no *DOU* de 27-2-1967.

Art. 1º São crimes de responsabilidade dos Prefeitos Municipais, sujeitos ao julgamento do Poder Judiciário, independentemente do pronunciamento da Câmara dos Vereadores:

▶ Súm. nº 164 do STJ.

I – apropriar-se de bens ou rendas públicas, ou desviá-los em proveito próprio ou alheio;
II – utilizar-se, indevidamente, em proveito próprio ou alheio, de bens, rendas ou serviços públicos;
III – desviar, ou aplicar indevidamente, rendas ou verbas públicas;
IV – empregar subvenções, auxílios, empréstimos ou recursos de qualquer natureza, em desacordo com os planos ou programas a que se destinam;
V – ordenar ou efetuar despesas não autorizadas por lei, ou realizá-las em desacordo com as normas financeiras pertinentes;
VI – deixar de prestar contas anuais da administração financeira do Município à Câmara de Vereadores, ou ao órgão que a Constituição do Estado indicar, nos prazos e condições estabelecidos;
VII – deixar de prestar contas, no devido tempo, ao órgão competente, da aplicação de recursos, empréstimos, subvenções ou auxílios internos ou externos, recebidos a qualquer título;
VIII – contrair empréstimo, emitir apólices, ou obrigar o Município por títulos de crédito, sem autorização da Câmara ou em desacordo com a lei;
IX – conceder empréstimos, auxílios ou subvenções sem autorização da Câmara, ou em desacordo com a lei;
X – alienar ou onerar bens imóveis, ou rendas municipais, sem autorização da Câmara, ou em desacordo com a lei;
XI – adquirir bens, ou realizar serviços e obras, sem concorrência ou coleta de preços, nos casos exigidos em lei;
XII – antecipar ou inverter a ordem de pagamento a credores do Município, sem vantagem para o erário;
XIII – nomear, admitir ou designar servidor, contra expressa disposição de lei;
XIV – negar execução a lei federal, estadual ou municipal, ou deixar de cumprir ordem judicial, sem dar o motivo da recusa ou da impossibilidade, por escrito, à autoridade competente;
XV – deixar de fornecer certidões de atos ou contratos municipais dentro do prazo estabelecido em lei;
XVI – deixar de ordenar a redução do montante da dívida consolidada, nos prazos estabelecidos em lei, quando o montante ultrapassar o valor resultante da aplicação do limite máximo fixado pelo Senado Federal;
XVII – ordenar ou autorizar a abertura de crédito em desacordo com os limites estabelecidos pelo Senado Federal, sem fundamento na lei orçamentária ou na de

crédito adicional ou com inobservância de prescrição legal;

XVIII – deixar de promover ou de ordenar, na forma da lei, o cancelamento, a amortização ou a constituição de reserva para anular os efeitos de operação de crédito realizada com inobservância de limite, condição ou montante estabelecido em lei;

XIX – deixar de promover ou de ordenar a liquidação integral de operação de crédito por antecipação de receita orçamentária, inclusive os respectivos juros e demais encargos, até o encerramento do exercício financeiro;

XX – ordenar ou autorizar, em desacordo com a lei, a realização de operação de crédito com qualquer um dos demais entes da Federação, inclusive suas entidades da administração indireta, ainda que na forma de novação, refinanciamento ou postergação de dívida contraída anteriormente;

XXI – captar recursos a título de antecipação de receita de tributo ou contribuição cujo fato gerador ainda não tenha ocorrido;

XXII – ordenar ou autorizar a destinação de recursos provenientes da emissão de títulos para finalidade diversa da prevista na lei que a autorizou;

XXIII – realizar ou receber transferência voluntária em desacordo com limite ou condição estabelecida em lei.

▶ Incisos XVI a XXIII acrescidos pela Lei nº 10.028, de 19-10-2000.

§ 1º Os crimes definidos neste artigo são de ordem pública, punidos os dos itens I e II, com a pena de reclusão, de dois a doze anos, e os demais, com a pena de detenção, de três meses a três anos.

§ 2º A condenação definitiva em qualquer dos crimes definidos neste artigo acarreta a perda do cargo e a inabilitação, pelo prazo de cinco anos, para o exercício de cargo ou função pública, eletivo ou de nomeação, sem prejuízo da reparação civil do dano causado ao patrimônio público ou particular.

Art. 2º O processo dos crimes definidos no artigo anterior é o comum do juízo singular, estabelecido pelo Código de Processo Penal, com as seguintes modificações:

I – antes de receber a denúncia, o juiz ordenará a notificação do acusado para apresentar defesa prévia no prazo de cinco dias. Se o acusado não for encontrado para a notificação, ser-lhe-á nomeado defensor, a quem caberá apresentar a defesa, dentro no mesmo prazo;

II – ao receber a denúncia, o juiz manifestar-se-á, obrigatória e motivadamente, sobre a prisão preventiva do acusado, nos casos dos itens I e II do artigo anterior, e sobre o seu afastamento do exercício do cargo durante a instrução criminal, em todos os casos;

▶ Arts. 311 a 316 do CPP.

III – do despacho, concessivo ou denegatório, de prisão preventiva, ou de afastamento do cargo do acusado, caberá recurso, em sentido estrito, para o Tribunal competente, no prazo de cinco dias, em autos apartados. O recurso do despacho que decretar a prisão preventiva ou o afastamento do cargo terá efeito suspensivo.

§ 1º Os órgãos federais, estaduais ou municipais, interessados na apuração da responsabilidade do Prefeito, podem requerer a abertura de inquérito policial ou a instauração da ação penal pelo Ministério Público, bem como intervir, em qualquer fase do processo, como assistente da acusação.

§ 2º Se as providências para a abertura do inquérito policial ou instauração da ação penal não forem atendidas pela autoridade policial ou pelo Ministério Público estadual, poderão ser requeridas ao Procurador-Geral da República.

Art. 3º O Vice-Prefeito, ou quem vier a substituir o Prefeito, fica sujeito ao mesmo processo do substituído, ainda que tenha cessado a substituição.

Art. 4º São infrações político-administrativas dos Prefeitos Municipais sujeitas ao julgamento pela Câmara dos Vereadores e sancionadas com a cassação do mandato:

I – impedir o funcionamento regular da Câmara;

II – impedir o exame de livros, folhas de pagamento e demais documentos que devam constar dos arquivos da Prefeitura, bem como a verificação de obras e serviços municipais, por comissão de investigação da Câmara ou auditoria, regularmente instituída;

III – desatender, sem motivo justo, as convocações ou os pedidos de informações da Câmara, quando feitos a tempo e em forma regular;

IV – retardar a publicação ou deixar de publicar as leis e atos sujeitos a essa formalidade;

V – deixar de apresentar à Câmara, no devido tempo, e em forma regular, a proposta orçamentária;

VI – descumprir o orçamento aprovado para o exercício financeiro;

VII – praticar, contra expressa disposição de lei, ato de sua competência ou omitir-se na sua prática;

VIII – omitir-se ou negligenciar na defesa de bens, rendas, direitos ou interesses do Município, sujeitos à administração da Prefeitura;

IX – ausentar-se do Município, por tempo superior ou permitido em lei, ou afastar-se da Prefeitura, sem autorização da Câmara dos Vereadores;

X – proceder de modo incompatível com a dignidade e o decoro do cargo.

Art. 5º O processo de cassação do mandato do Prefeito pela Câmara, por infrações definidas no artigo anterior, obedecerá ao seguinte rito, se outro não for estabelecido pela legislação do Estado respectivo:

I – a denúncia escrita da infração poderá ser feita por qualquer eleitor, com a exposição dos fatos e a indicação das provas. Se o denunciante for Vereador, ficará impedido de votar sobre a denúncia e de integrar a Comissão processante, podendo, todavia, praticar todos os atos de acusação. Se o denunciante for o Presidente da Câmara, passará a Presidência ao substituto legal, para os atos do processo, e só votará se necessário para completar o *quorum* de julgamento. Será convocado o suplente do Vereador impedido de votar, o qual não poderá integrar a Comissão processante;

II – de posse da denúncia, o Presidente da Câmara, na primeira sessão, determinará sua leitura e consultará a Câmara sobre o seu recebimento. Decidido o recebimento, pelo voto da maioria dos presentes, na mesma sessão será constituída a Comissão processante, com três Vereadores sorteados entre os desimpedidos, os quais elegerão, desde logo, o Presidente e o Relator;

III – recebendo o processo, o Presidente da Comissão iniciará os trabalhos, dentro em cinco dias, notificando o denunciado, com a remessa de cópia da denúncia e documentos que a instruírem, para que, no prazo de dez dias, apresente defesa prévia, por escrito, indique as provas que pretender produzir e arrole testemunhas, até o máximo de dez. Se estiver ausente do Município, a notificação far-se-á por edital, publicado duas vezes, no órgão oficial, com intervalo de três dias, pelo menos, contado o prazo da primeira publicação. Decorrido o prazo de defesa, a Comissão processante emitirá parecer dentro em cinco dias, opinando pelo prosseguimento ou arquivamento da denúncia, o qual, neste caso, será submetido ao Plenário. Se a Comissão opinar pelo prosseguimento, o Presidente designará, desde logo, o início da instrução, e determinará os atos, diligências e audiências que se fizerem necessários, para o depoimento do denunciado e inquirição das testemunhas;

IV – o denunciado deverá ser intimado de todos os atos do processo, pessoalmente, ou na pessoa de seu procurador, com a antecedência, pelo menos, de vinte e quatro horas, sendo-lhe permitido assistir às diligências e audiências, bem como formular perguntas e reperguntas às testemunhas e requerer o que for de interesse da defesa;

V – concluída a instrução, será aberta vista do processo ao denunciado, para razões escritas, no prazo de 5 (cinco) dias, e, após, a Comissão processante emitirá parecer final, pela procedência ou improcedência da acusação, e solicitará ao Presidente da Câmara a convocação de sessão para julgamento. Na sessão de julgamento, serão lidas as peças requeridas por qualquer dos Vereadores e pelos denunciados, e, a seguir, os que desejarem poderão manifestar-se verbalmente, pelo tempo máximo de 15 (quinze) minutos cada um, e, ao final, o denunciado, ou seu procurador, terá o prazo máximo de 2 (duas) horas para produzir sua defesa oral;

▶ Inciso V com a redação dada pela Lei nº 11.966, de 3-7-2009.

VI – concluída a defesa, proceder-se-á a tantas votações nominais quantas forem as infrações articuladas na denúncia. Considerar-se-á afastado, definitivamente, do cargo, o denunciado que for declarado, pelo voto de dois terços pelo menos, dos membros da Câmara, incurso em qualquer das infrações especificadas na denúncia. Concluído o julgamento, o Presidente da Câmara proclamará imediatamente o resultado e fará lavrar ata que consigne a votação nominal sobre cada infração, e, se houver condenação, expedirá o competente decreto legis-lativo de cassação do mandato de Prefeito. Se o resultado da votação for absolutório, o Presidente determinará o arquivamento do processo. Em qualquer dos casos, o Presidente da Câmara comunicará à Justiça Eleitoral o resultado;

VII – o processo, a que se refere este artigo, deverá estar concluído dentro em noventa dias, contados da data em que se efetivar a notificação do acusado. Transcorrido o prazo sem o julgamento, o processo será arquivado, sem prejuízo de nova denúncia ainda que sobre os mesmos fatos.

Art. 6º Extingue-se o mandato de Prefeito, e, assim, deve ser declarado pelo Presidente da Câmara de Vereadores, quando:

I – ocorrer falecimento, renúncia por escrito, cassação dos direitos políticos ou condenação por crime funcional ou eleitoral;

II – deixar de tomar posse, sem motivo justo aceito pela Câmara, dentro do prazo estabelecido em lei;

III – incidir nos impedimentos para o exercício do cargo, estabelecidos em lei, e não se desincompatibilizar até a posse, e, nos casos supervenientes, no prazo que a lei ou a Câmara fixar.

Parágrafo único. A extinção do mandato independe de deliberação do plenário e se tornará efetiva desde a declaração do fato ou ato extintivo pelo Presidente e sua inserção em ata.

Art. 7º A Câmara poderá cassar o mandato de Vereador, quando:

I – utilizar-se do mandato para a prática de atos de corrupção ou de improbidade administrativa;

II – fixar residência fora do Município;

▶ Art. 42, parágrafo único, do CE.

III – proceder de modo incompatível com a dignidade da Câmara ou faltar com o decoro na sua conduta pública.

§ 1º O processo de cassação de mandato de Vereador é, no que couber, o estabelecido no artigo 5º deste Decreto-Lei.

§ 2º *Revogado*. Lei nº 9.504, de 30-9-1997.

Art. 8º Extingue-se o mandato do Vereador e assim será declarado pelo Presidente da Câmara, quando:

I – ocorrer falecimento, renúncia por escrito, cassação dos direitos políticos ou condenação por crime funcional ou eleitoral;

II – deixar de tomar posse, sem motivo justo aceito pela Câmara, dentro do prazo estabelecido em lei;

III – deixar de comparecer, em cada sessão legislativa anual, à terça parte das sessões ordinárias da Câmara Municipal, salvo por motivo de doença comprovada, licença ou missão autorizada pela edilidade; ou, ainda, deixar de comparecer a cinco sessões extraordinárias convocadas pelo Prefeito, por escrito e mediante recibo de recebimento, para apreciação de matéria urgente, assegurada ampla defesa, em ambos os casos;

▶ Inciso III com a redação dada pela Lei nº 6.793, de 11-6-1980.

IV – incidir nos impedimentos para o exercício do mandato, estabelecidos em lei e não se desincompatibilizar até a posse, e, nos casos supervenientes, no prazo fixado em lei ou pela Câmara.

§ 1º Ocorrido e comprovado o ato ou fato extintivo, o Presidente da Câmara, na primeira sessão, comunicará ao plenário e fará constar da ata a declaração da extinção do mandato e convocará imediatamente o respectivo suplente.

§ 2º Se o Presidente da Câmara omitir-se nas providências do parágrafo anterior, o suplente do Vereador ou o Prefeito Municipal poderá requerer a declaração de extinção do mandato, por via judicial, e, se procedente, o juiz condenará o Presidente omisso nas custas do processo e honorários de advogado que fixará de plano, importando a decisão judicial na destituição automática do cargo da Mesa e no impedimento para nova investidura durante toda a legislatura.

§ 3º O disposto no item III não se aplicará às sessões extraordinárias que forem convocadas pelo Prefeito, durante os períodos de recesso das Câmaras Municipais.
► § 3º acrescido pela Lei nº 5.659, de 8-6-1971.

Art. 9º O presente Decreto-Lei entrará em vigor na data de sua publicação, revogadas as Leis nºs 211, de 7 de janeiro de 1948, e 3.528, de 3 de janeiro de 1959, e demais disposições em contrário.

Brasília, 27 de fevereiro de 1967;
146º da Independência e
79º da República.

H. Castello Branco

DECRETO-LEI Nº 271, DE 28 DE FEVEREIRO DE 1967

Dispõe sobre loteamento urbano, responsabilidade do loteador, concessão de uso do espaço aéreo, e dá outras providências.

► Publicado no *DOU* de 28-2-1967.
► Lei nº 6.766, de 19-12-1979 (Lei do Parcelamento do Solo Urbano).

Art. 1º O loteamento urbano rege-se por este Decreto-Lei.

§ 1º Considera-se loteamento urbano a subdivisão de área em lotes destinados à edificação de qualquer natureza que não se enquadre no disposto no § 2º deste artigo.

§ 2º Considera-se desmembramento a subdivisão de área urbana em lotes para edificação na qual seja aproveitado o sistema viário oficial da cidade ou vila sem que se abram novas vias ou logradouros públicos e sem que se prolonguem ou se modifiquem os existentes.

§ 3º Considera-se zona urbana, para os fins deste Decreto-lei, a da edificação contínua das povoações, as partes adjacentes e as áreas que, a critério dos Municípios, possivelmente venham a ser ocupadas por edificações contínuas dentro dos seguintes 10 (dez) anos.

Art. 2º Obedecidas as normas gerais de diretrizes, apresentação de projeto, especificações técnicas e dimensionais e aprovação a serem baixadas pelo Banco Nacional de Habitação dentro do prazo de 90 (noventa) dias, os Municípios poderão, quanto aos loteamentos:

I – obrigar a sua subordinação às necessidades locais, inclusive quanto à destinação e utilização das áreas, de modo a permitir o desenvolvimento local adequado;
II – recusar a sua aprovação ainda que seja apenas para evitar excessivo número de lotes com o consequente aumento de investimento subutilizado em obras de infraestrutura e custeio de serviços.

Art. 3º Aplica-se aos loteamentos a Lei nº 4.591, de 16 de dezembro de 1964, equiparando-se o loteador ao incorporador, os compradores de lote aos condôminos e as obras de infraestrutura à construção da edificação.

§ 1º O Poder Executivo, dentro de 180 dias regulamentará este Decreto-lei, especialmente quanto à aplicação da Lei nº 4.591, de 16 de dezembro de 1964, aos loteamentos, fazendo inclusive as necessárias adaptações.

§ 2º O loteamento poderá ser dividido em etapas discriminadas, a critério do loteador, cada uma das quais constituirá um condomínio que poderá ser dissolvido quando da aceitação do loteamento pela Prefeitura.

Art. 4º Desde a data da inscrição do loteamento passam a integrar o domínio público de Município as vias e praças e as áreas destinadas a edifícios públicos e outros equipamentos urbanos, constantes do projeto e do memorial descritivo.

Parágrafo único. O proprietário ou loteador poderá requerer ao Juiz competente a reintegração em seu domínio das partes mencionadas no corpo deste artigo quando não se efetuarem vendas de lotes.

Art. 5º Nas desapropriações, não se indenizarão as benfeitorias ou construções realizadas em lotes ou loteamentos irregulares, nem se considerarão como terrenos loteados ou loteáveis, para fins de indenização, as glebas não inscritas ou irregularmente inscritas como loteamentos urbanos ou para fins urbanos.

► Lei nº 4.132, de 10-9-1962 (Lei da Desapropriação por Interesse Social).
► Lei nº 10.257, de 10-7-2001 (Estatuto da Cidade).
► Dec.-lei nº 3.365, de 21-6-1941 (Lei das Desapropriações).

Art. 6º O loteador ainda que já tenha vendido todos os lotes, ou os vizinhos são partes legítimas para promover ação destinada a impedir construção em desacordo com as restrições urbanísticas do loteamento ou contrárias a quaisquer outras normas de edificação ou de urbanização referentes aos lotes.

Art. 7º É instituída a concessão de uso de terrenos públicos ou particulares remunerada ou gratuita, por tempo certo ou indeterminado, como direito real resolúvel, para fins específicos de regularização fundiária de interesse social, urbanização, industrialização, edificação, cultivo da terra, aproveitamento sustentável das várzeas, preservação das comunidades tradicionais e seus meios de subsistência ou outras modalidades de interesse social em áreas urbanas.

► *Caput* com a redação dada pela Lei nº 11.481, de 31-5-2007.
► Art. 18, § 1º, da Lei nº 9.636, de 15-5-1998, que dispõe sobre a regularização, administração, aforamento e alienação de bens imóveis de domínio da União.
► MP nº 2.220, de 4-9-2001, que até o encerramento desta edição não havia sido convertida em Lei, dispõe sobre a concessão de uso especial de que trata este parágrafo.

§ 1º A concessão de uso poderá ser contratada, por instrumento público ou particular, ou por simples termo administrativo, e será inscrita e cancelada em livro especial.

§ 2º Desde a inscrição da concessão de uso, o concessionário fruirá plenamente do terreno para os fins estabelecidos no contrato e responderá por todos os encargos civis, administrativos e tributários que venham a incidir sobre o imóvel e suas rendas.

§ 3º Resolve-se a concessão antes de seu termo, desde que o concessionário dê ao imóvel destinação diversa da estabelecida no contrato ou termo, ou descumpra cláusula resolutória do ajuste, perdendo, neste caso, as benfeitorias de qualquer natureza.

§ 4º A concessão de uso, salvo disposição contratual em contrário, transfere-se por ato *inter vivos*, ou por sucessão legítima ou testamentária, como os demais direitos reais sobre coisas alheias, registrando-se a transferência.

§ 5º Para efeito de aplicação do disposto no *caput* deste artigo, deverá ser observada a anuência prévia:

I – do Ministério da Defesa e dos Comandos da Marinha, do Exército ou da Aeronáutica, quando se tratar de imóveis que estejam sob sua administração; e

II – do Gabinete de Segurança Institucional da Presidência de República, observados os termos do inciso III do § 1º do art. 91 da Constituição Federal.

▶ § 5º acrescido pela Lei nº 11.481, de 31-5-2007.

Art. 8º É permitida a concessão de uso do espaço aéreo sobre a superfície de terrenos públicos ou particulares, tomada em projeção vertical, nos termos e para os fins do artigo anterior e na forma que for regulamentada.

Art. 9º Este Decreto-lei não se aplica aos loteamentos que na data da publicação deste Decreto-lei já estiverem protocolados ou aprovados nas prefeituras municipais para os quais continua prevalecendo a legislação em vigor até essa data.

Parágrafo único. As alterações de loteamentos enquadrados no *caput* deste artigo estão, porém, sujeitas ao disposto neste Decreto-Lei.

Art. 10. Este Decreto-lei entrará em vigor na data de sua publicação, mantidos o Decreto-Lei nº 58, de 10 de dezembro de 1937 e o Decreto nº 3.079, de 15 de setembro de 1938, no que couber e não for revogado por dispositivo expresso deste Decreto-Lei, da Lei nº 4.591, de 16 de dezembro de 1964 e dos atos normativos mencionados no art. 2º deste Decreto-Lei.

Brasília, 28 de fevereiro de 1967;
146º da Independência e
79º da República.

H. Castello Branco

DECRETO-LEI Nº 900, DE 29 DE SETEMBRO DE 1969

Altera disposições do Decreto-lei nº 200, de 25 de fevereiro de 1967, e dá outras providências.

▶ Publicado no *DOU* de 30-9-1969.

Art. 1º Os dispositivos do Decreto-lei nº 200, de 25 de fevereiro de 1967, adiante indicados, passam a vigorar com a seguinte redação:

▶ Alterações inseridas no texto do referido Decreto-Lei.

Art. 2º *Revogado.* Lei nº 7.596, de 10-4-1987.

Art. 3º *Revogado.* Dec.-lei nº 2.299, de 21-11-1986.

Art. 4º A aprovação de quadros e tabelas de pessoal das autarquias federais e a fixação dos respectivos vencimentos e salários são da competência do Presidente da República, ficando revogadas quaisquer disposições que atribuam a Órgãos das próprias autarquias competência para a prática destes atos.

Art. 5º Desde que a maioria do capital votante permaneça de propriedade da União, será admitida, no capital da Empresa Pública (artigo 5º, inciso II, do Decreto-lei nº 200, de 25 de fevereiro de 1967), a participação de outras pessoas jurídicas de direito público interno bem como de entidades da Administração Indireta da União, dos Estados, Distrito Federal e Municípios.

Art. 6º *Revogado.* Lei nº 5.843, de 6-12-1972.

Art. 7º Ficam substituídas:

I – no artigo 97 do Decreto-lei nº 200, de 25 de fevereiro de 1967, as expressões "nas condições previstas neste artigo" por "nos termos da legislação trabalhista";

II – no artigo 161 do Decreto-lei referido no item anterior a palavra "lei" por "decreto".

Art. 8º Ficam suprimidas, nos artigos 35 e 39 do Decreto-lei nº 200, de 25 de fevereiro de 1967, as referências a setores e revogados o § 2º do artigo 4º, o parágrafo único do artigo 31, o parágrafo único do artigo 37, o parágrafo único do artigo 50, a alínea c do artigo 146, os §§ 1º e 2º do artigo 155, e os artigos 168, 169, 192, 193, 194, 196 e 197 do mesmo Decreto-lei.

Art. 9º Este Decreto-lei entrará em vigor na data de sua publicação, revogadas as disposições em contrário.

Brasília, 29 de setembro de 1969;
148º da Independência e
81º da República.

**Augusto Hamann Rademaker Grunewald
Aurélio de Lyra Tavares
Márcio de Souza e Mello**

DECRETO-LEI Nº 1.075, DE 22 DE JANEIRO DE 1970

Regula a imissão de posse, initio litis, em imóveis residenciais urbanos.

▶ Publicado no *DOU* de 22-1-1970.

Art. 1º Na desapropriação por utilidade pública de prédio urbano residencial, o expropriante, alegando urgência, poderá imitir-se provisoriamente na posse do bem, mediante o depósito do preço oferecido, se este não for impugnado pelo expropriado em cinco dias da intimação da oferta.

▶ Art. 1º do Dec.-lei nº 3.365, de 21-6-1941 (Lei das Desapropriações).

Art. 2º Impugnada a oferta pelo expropriado, o juiz, servindo-se, caso necessário, de perito avaliador, fixará em quarenta e oito horas o valor provisório do imóvel.

Parágrafo único. O perito, quando designado, deverá apresentar o laudo no prazo máximo de cinco dias.

Art. 3º Quando o valor arbitrado for superior à oferta, o juiz só autorizará a imissão provisória na posse do imóvel, se o expropriante complementar o depósito para que este atinja a metade do valor arbitrado.

Art. 4º No caso do artigo anterior, fica, porém, fixado em dois mil e trezentos salários mínimos vigentes na região, o máximo do depósito a que será obrigado o expropriante.

▶ Art. 2º da Lei nº 6.205, de 29-4-1975, que descaracteriza o salário mínimo como fator de correção monetária.

Art. 5º O expropriado, observadas as cautelas previstas no artigo 34 do Decreto-Lei nº 3.365, de 21 de junho de 1941, poderá levantar toda a importância depositada e complementada nos termos do artigo 3º.

Parágrafo único. Quando o valor arbitrado for inferior ou igual ao dobro do preço oferecido, é lícito ao expropriado optar entre o levantamento de oitenta por cento do preço oferecido ou da metade do valor arbitrado.

Art. 6º O disposto neste Decreto-Lei só se aplica à desapropriação de prédio residencial urbano, habitado pelo proprietário ou compromissário-comprador, cuja promessa de compra esteja devidamente inscrita no registro de imóveis.

▶ Art. 167 e seguintes da Lei nº 6.015, de 31-12-1973 (Lei dos Registros Públicos).

Art. 7º Este Decreto-Lei entra em vigor na data de sua publicação, aplicando-se às ações já ajuizadas.

Art. 8º Revogam-se as disposições em contrário.

Brasília, 22 de janeiro de 1970; 149º da Independência e 82º da República.

Emílio G. Médici

LEI Nº 5.972, DE 11 DE DEZEMBRO DE 1973

Regula o Procedimento para o Registro da Propriedade de Bens Imóveis Discriminados Administrativamente ou Possuídos pela União.

▶ Publicada no *DOU* de 13-12-1973.

Art. 1º O Poder Executivo promoverá o registro da propriedade de bens imóveis da União:

▶ *Caput* com a redação dada pela Lei nº 9.821, de 23-8-1999.

I – discriminados administrativamente, de acordo com a legislação vigente;

II – possuídos ou ocupados por órgãos da Administração Federal e por unidades militares, durante vinte anos, sem interrupção nem oposição.

Art. 2º O requerimento da União, firmado pelo Procurador da Fazenda Nacional e dirigido ao Oficial do Registro da circunscrição imobiliária da situação do imóvel, será instruído com:

I – decreto ao Poder Executivo, discriminando o imóvel, cujo texto consigne:

1º – a circunscrição judiciária ou administrativa, em que está situado o imóvel, conforme o critério adotado pela legislação local;
2º – a denominação do imóvel, se rural; rua e número, se urbano;
3º – as características e as confrontações do imóvel;
4º – o título de transmissão ou a declaração da destinação pública do imóvel nos últimos vinte anos;
5º – quaisquer outras circunstâncias de necessária publicidade e que possam afetar direito de terceiros.

II – certidão lavrada pelo Serviço do Patrimônio da União (SPU), atestando a inexistência de contestação ou de reclamação feita administrativamente, por terceiros, quanto ao domínio e à posse do imóvel registrando.

Parágrafo único. A transcrição do decreto mencionado neste artigo independerá do prévio registro do título anterior quando inexistente ou quando for anterior ao Código Civil (Lei nº 3.071, de 1º de janeiro de 1916).

▶ Parágrafo único com a redação dada pela Lei nº 6.282, de 9-12-1975.

Art. 3º Nos quinze dias seguintes à data do protocolo do requerimento da União, o Oficial do Registro verificará se o imóvel descrito se acha lançado em nome de outrem. Inexistindo registro anterior, o oficial procederá imediatamente à transcrição do decreto de que trata o art. 2º que servirá de título aquisitivo da propriedade do imóvel pela União. Estando o imóvel lançado em nome de outrem, o Oficial do Registro, dentro dos cinco dias seguintes ao vencimento daquele prazo, remeterá o requerimento da União, com a declaração de dúvida ao Juiz Federal competente para decidi-la.

Art. 4º Ressalvadas as disposições especiais constantes desta Lei, a dúvida suscitada pelo Oficial será processada e decidida nos termos previstos na legislação sobre Registros Públicos, podendo o Juízo ordenar, de ofício ou a requerimento da União, a notificação de terceiro para, no prazo de dez dias, impugnar o registro com os documentos que entender.

Art. 5º Decidindo o Juiz que a dúvida improcede, o respectivo escrivão remeterá, incontinenti, certidão de despacho ao Oficial, que procederá logo ao registro do imóvel, declarando, na coluna das anotações, que a dúvida se houve como improcedente, arquivando-se o respectivo processo.

Art. 6º A sentença proferida da dúvida não impedirá ao interessado o recurso à via judiciária, para a defesa de seus legítimos interesses.

Art. 7º Esta Lei entrará em vigor na data de sua publicação, revogadas as disposições em contrário.

Brasília, 11 de dezembro de 1973; 152º da Independência e 85º da República.

Emílio G. Médici

LEI Nº 6.383, DE 7 DE DEZEMBRO DE 1976

Dispõe sobre o processo discriminatório de terras devolutas da União, e dá outras providências.

▶ Publicada no *DOU* de 9-12-1976.
▶ Arts. 20 e 188 da CF.
▶ Arts. 19 a 60 do Dec.-lei nº 9.760, de 5-9-1946 (Lei dos Bens Imóveis da União).

Capítulo I

DAS DISPOSIÇÕES PRELIMINARES

Art. 1º O processo discriminatório das terras devolutas da União será regulado por esta Lei.

Parágrafo único. O processo discriminatório será administrativo ou judicial.

Capítulo II
DO PROCESSO ADMINISTRATIVO

Art. 2º O processo discriminatório administrativo será instaurado por Comissões Especiais constituídas de três membros, a saber: um bacharel em direito do Serviço Jurídico do Instituto Nacional de Colonização e Reforma Agrária – INCRA, que a presidirá; um engenheiro agrônomo e um outro funcionário que exercerá as funções de secretário.

§ 1º As Comissões Especiais serão criadas por ato do presidente do Instituto Nacional de Colonização e Reforma Agrária – INCRA, e terão jurisdição e sede estabelecidas no respectivo ato de criação, ficando os seus presidentes investidos de poderes de representação da União, para promover o processo discriminatório administrativo previsto nesta Lei.

§ 2º O Instituto Nacional de Colonização e Reforma Agrária – INCRA, no prazo de 30 (trinta) dias após a vigência desta Lei, baixará Instruções Normativas, dispondo, inclusive, sobre o apoio administrativo às Comissões Especiais.

Art. 3º A Comissão Especial instruirá inicialmente o processo com memorial descritivo da área, no qual constará:

I – o perímetro com suas características e confinância, certa ou aproximada, aproveitando, em princípio, os acidentes naturais;
II – a indicação de registro da transcrição das propriedades;
III – o rol das ocupações conhecidas;
IV – o esboço circunstanciado da gleba a ser discriminada ou seu levantamento aerofotogramétrico;
V – outras informações de interesse.

▶ Art. 20, § 1º, desta Lei.

Art. 4º O presidente da Comissão Especial convocará os interessados para apresentarem, no prazo de 60 (sessenta) dias e em local a ser fixado no edital de convocação, seus títulos, documentos, informações de interesse e, se for o caso, testemunhas.

▶ Arts. 12, IV, 14, 19, II, e 20, § 2º, desta Lei.

§ 1º Consideram-se de interesse as informações relativas à origem e sequência dos títulos, localização, valor estimado e área certa ou aproximada das terras de quem se julgar legítimo proprietário ou ocupante; suas confrontações e nome dos confrontantes; natureza, qualidade e valor das benfeitorias; culturas e criações nelas existentes; financiamento e ônus incidentes sobre o imóvel e comprovantes de impostos pagos, se houver.

§ 2º O edital de convocação conterá a delimitação perimétrica da área a ser discriminada com suas características e será dirigido, nominalmente, a todos os interessados, proprietários, ocupantes, confinantes certos e respectivos cônjuges, bem como aos demais interessados incertos ou desconhecidos.

§ 3º O edital deverá ter a maior divulgação possível, observado o seguinte procedimento:

a) afixação em lugar público na sede dos municípios e distritos, onde se situar a área nele indicada;
b) publicação simultânea, por duas vezes, no *Diário Oficial da União*, nos órgãos oficiais do Estado ou Território Federal e na imprensa local, onde houver, com intervalo mínimo de 8 (oito) e máximo de 15 (quinze) dias entre a primeira e a segunda.

§ 4º O prazo de apresentação dos interessados será contado a partir da segunda publicação no *Diário Oficial da União*.

Art. 5º A Comissão Especial autuará e processará a documentação recebida de cada interessado, em separado, de modo a ficar bem caracterizado o domínio ou a ocupação com suas respectivas confrontações.

§ 1º Quando se apresentarem dois ou mais interessados no mesmo imóvel, ou parte dele, a Comissão Especial procederá à apensação dos processos.

§ 2º Serão tomadas por termo as declarações dos interessados e, se for o caso, os depoimentos de testemunhas previamente arroladas.

Art. 6º Constituído o processo, deverá ser realizada, desde logo, obrigatoriamente, a vistoria para identificação dos imóveis e, se forem necessárias, outras diligências.

Art. 7º Encerrado o prazo estabelecido no edital de convocação, o presidente da Comissão Especial, dentro de 30 (trinta) dias improrrogáveis, deverá pronunciar-se sobre as alegações, títulos de domínio, documentos dos interessados e boa-fé das ocupações, mandando lavrar os respectivos termos.

Art. 8º Reconhecida a existência de dúvida sobre a legitimidade do título, o presidente da Comissão Especial reduzirá a termo as irregularidades encontradas, encaminhando-o à Procuradoria do Instituto Nacional de Colonização e Reforma Agrária – INCRA, para propositura da ação competente.

Art. 9º Encontradas ocupações, legitimáveis ou não, serão lavrados os respectivos termos de identificação, que serão encaminhados ao órgão competente do Instituto Nacional de Colonização e Reforma Agrária – INCRA, para as providências cabíveis.

Art. 10. Serão notificados, por ofício, os interessados e seus cônjuges para, no prazo não inferior a 8 (oito) nem superior a 30 (trinta) dias, a contar da juntada ao processo do recibo de notificação, celebrarem com a União os termos cabíveis.

▶ Arts. 12, IV, 14, e 19, II, desta Lei.

Art. 11. Celebrado, em cada caso, o termo que couber, o presidente da Comissão Especial designará agrimensor para, em dia e hora avençados com os interessados, iniciar o levantamento geodésico e topográfico das terras objeto de discriminação, ao fim da qual determinará a demarcação das terras devolutas, bem como, se for o caso, das retificações objeto de acordo.

§ 1º Aos interessados será permitido indicar um perito para colaborar com o agrimensor designado.

§ 2º A designação do perito, a que se refere o parágrafo anterior, deverá ser feita até a véspera do dia fixado para início do levantamento geodésico e topográfico.

Art. 12. Concluídos os trabalhos demarcatórios, o presidente da Comissão Especial mandará lavrar o termo de encerramento da discriminação administrativa, do qual constarão, obrigatoriamente:

I – o mapa detalhado da área discriminada;

II – o rol de terras devolutas apuradas, com suas respectivas confrontações;
III – a descrição dos acordos realizados;
IV – a relação das áreas com titulação transcrita no Registro de Imóveis, cujos presumidos proprietários ou ocupantes não atenderam ao edital de convocação ou à notificação (artigos 4º e 10 desta Lei);
V – o rol das ocupações legitimáveis;
VI – o rol das propriedades reconhecidas; e
VII – a relação dos imóveis cujos títulos suscitaram dúvidas.

Art. 13. Encerrado o processo discriminatório, o Instituto Nacional de Colonização e Reforma Agrária – INCRA providenciará o registro, em nome da União, das terras devolutas discriminadas, definidas em lei, como bens da União.

Parágrafo único. Caberá ao oficial do Registro de Imóveis proceder à matrícula e ao registro da área devoluta discriminada em nome da União.

Art. 14. O não atendimento ao edital de convocação ou à notificação (artigos 4º e 10 da presente Lei) estabelece a presunção de discordância e acarretará imediata propositura da ação judicial prevista no art. 19, II.

Parágrafo único. Os presumíveis proprietários e ocupantes, nas condições do presente artigo, não terão acesso ao crédito oficial ou aos benefícios de incentivos fiscais, bem como terão cancelados os respectivos cadastros rurais junto ao órgão competente.

Art. 15. O presidente da Comissão Especial comunicará a instauração do processo discriminatório administrativo a todos os oficiais de Registro de Imóveis da jurisdição.

Art. 16. Uma vez instaurado o processo discriminatório administrativo, o oficial do Registro de Imóveis não efetuará matrícula, registro, inscrição ou averbação estranhas à discriminação, relativamente aos imóveis situados, total ou parcialmente, dentro da área discriminada, sem que desses atos tome prévio conhecimento o presidente da Comissão Especial.

Parágrafo único. Contra os atos praticados com infração do disposto no presente artigo, o presidente da Comissão Especial solicitará que a Procuradoria do Instituto Nacional de Colonização e Reforma Agrária – INCRA utilize os instrumentos previstos no Código de Processo Civil, incorrendo o oficial do Registro de Imóveis infrator nas penas do crime de prevaricação.

Art. 17. Os particulares não pagam custas no processo administrativo, salvo para serviços de demarcação e diligências a seu exclusivo interesse.

CAPÍTULO III

DO PROCESSO JUDICIAL

Art. 18. O Instituto Nacional de Colonização e Reforma Agrária – INCRA fica investido de poderes de representação da União, para promover a discriminação judicial das terras devolutas da União.

Art. 19. O processo discriminatório judicial será promovido:

I – quando o processo discriminatório administrativo for dispensado ou interrompido por presumida ineficácia;

II – contra aqueles que não atenderem ao edital de convocação ou à notificação (artigos 4º e 10 da presente Lei); e

▶ Art. 14 desta Lei.

III – quando configurada a hipótese do art. 25 desta Lei.

Parágrafo único. Compete à Justiça Federal processar e julgar o processo discriminatório judicial regulado nesta Lei.

Art. 20. No processo discriminatório judicial será observado o procedimento sumaríssimo de que trata o Código de Processo Civil.

▶ Arts. 275 a 281 do CPC.

§ 1º A petição inicial será instruída com o memorial descritivo da área, de que trata o art. 3º desta Lei.

§ 2º A citação será feita por edital, observados os prazos e condições estabelecidos no art. 4º desta Lei.

Art. 21. Da sentença proferida caberá apelação somente no efeito devolutivo, facultada a execução provisória.

Art. 22. A demarcação da área será procedida, ainda que em execução provisória da sentença, valendo esta, para efeitos de registro, como título de propriedade.

Parágrafo único. Na demarcação observar-se-á, no que couber, o procedimento prescrito nos artigos 959 a 966 do Código de Processo Civil.

Art. 23. O processo discriminatório judicial tem caráter preferencial e prejudicial em relação às ações em andamento, referentes a domínio ou posse de imóveis situados, no todo ou em parte, na área discriminada, determinando o imediato deslocamento da competência para a Justiça Federal.

Parágrafo único. Nas ações em que a União não for parte, dar-se-á, para os efeitos previstos neste artigo, a sua intervenção.

CAPÍTULO IV

DAS DISPOSIÇÕES GERAIS E FINAIS

Art. 24. Iniciado o processo discriminatório, não poderão alterar-se quaisquer divisas na área discriminada, sendo defesa a derrubada da cobertura vegetal, a construção de cercas e transferências de benfeitorias a qualquer título, sem assentimento do representante da União.

Art. 25. A infração ao disposto no artigo anterior constituirá atentado, cabendo a aplicação das medidas cautelares previstas no Código de Processo Civil.

▶ Art. 19, III, desta Lei.
▶ Arts. 879 a 881 do CPC.

Art. 26. No processo discriminatório judicial os vencidos pagarão as custas a que houverem dado causa e participarão *pro rata* das despesas da demarcação, considerada a extensão da linha ou linhas de confrontação com as áreas públicas.

Art. 27. O processo discriminatório previsto nesta Lei aplicar-se-á, no que couber, às terras devolutas estaduais, observado o seguinte:

I – na instância administrativa, por intermédio de órgão estadual específico, ou através do Instituto Nacional de Colonização e Reforma Agrária – INCRA, mediante convênio;

II – na instância judicial, na conformidade do que dispuser a Lei de Organização Judiciária local.

Art. 28. Sempre que se apurar, através de pesquisa nos registros públicos, a inexistência de domínio particular em áreas rurais declaradas indispensáveis à segurança e ao desenvolvimento nacionais, a União, desde logo, as arrecadará mediante ato do presidente do Instituto Nacional de Colonização e Reforma Agrária – INCRA, do qual constará:

I – a circunscrição judiciária ou administrativa em que está situado o imóvel, conforme o critério adotado pela legislação local;

II – a eventual denominação, as características e confrontações do imóvel.

§ 1º A autoridade que promover a pesquisa, para fins deste artigo, instruirá o processo de arrecadação com certidão negativa comprobatória da inexistência de domínio particular, expedida pelo Cartório de Registro de Imóveis, certidões do Serviço do Patrimônio da União e do órgão estadual competente que comprovem não haver contestação ou reclamação administrativa promovida por terceiros, quanto ao domínio e posse do imóvel.

§ 2º As certidões negativas mencionadas neste artigo consignarão expressamente a sua finalidade.

Art. 29. O ocupante de terras públicas, que as tenha tornado produtivas com o seu trabalho e o de sua família, fará jus à legitimação da posse de área contínua até 100 (cem) hectares, desde que preencha os seguintes requisitos:

I – não seja proprietário de imóvel rural;

II – comprove a morada permanente e cultura efetiva, pelo prazo mínimo de 1 (um) ano.

§ 1º A legitimação da posse de que trata o presente artigo consistirá no fornecimento de uma Licença de Ocupação, pelo prazo mínimo de mais 4 (quatro) anos, findo o qual o ocupante terá a preferência para aquisição do lote, pelo valor histórico da terra nua, satisfeitos os requisitos de morada permanente e cultura efetiva e comprovada a sua capacidade para desenvolver a área ocupada.

▶ A Lei nº 11.952, de 25-6-2009, ao converter a MP nº 458, de 10-2-2009, não manteve a alteração deste parágrafo.

§ 2º Aos portadores de Licenças de Ocupação, concedidas na forma da legislação anterior, será assegurada a preferência para aquisição de área até 100 (cem) hectares, nas condições do parágrafo anterior, e, o que exceder esse limite, pelo valor atual da terra nua.

§ 3º A Licença de Ocupação será intransferível *inter vivos* e inegociável, não podendo ser objeto de penhora e arresto.

Art. 30. A Licença de Ocupação dará acesso aos financiamentos concedidos pelas instituições financeiras integrantes do Sistema Nacional de Crédito Rural.

§ 1º As obrigações assumidas pelo detentor de Licença de Ocupação serão garantidas pelo Instituto Nacional de Colonização e Reforma Agrária – INCRA.

§ 2º Ocorrendo inadimplência do favorecido, o Instituto Nacional de Colonização e Reforma Agrária – INCRA cancelará a Licença de Ocupação e providenciará a alienação do imóvel, na forma da lei, a fim de ressarcir-se do que houver assegurado.

Art. 31. A União poderá, por necessidade ou utilidade pública, em qualquer tempo que necessitar do imóvel, cancelar a Licença de Ocupação e imitir-se na posse do mesmo, promovendo, sumariamente, a sua desocupação no prazo de 180 (cento e oitenta) dias.

§ 1º As benfeitorias existentes serão indenizadas pela importância fixada através de avaliação pelo Instituto Nacional de Colonização e Reforma Agrária – INCRA, considerados os valores declarados para fins de cadastro.

§ 2º Caso o interessado se recuse a receber o valor estipulado, o mesmo será depositado em juízo.

§ 3º O portador da Licença de Ocupação, na hipótese prevista no presente artigo, fará jus, se o desejar, à instalação em outra gleba da União, assegurada a indenização, de que trata o § 1º deste artigo, e computados os prazos de morada habitual e cultura efetiva da antiga ocupação.

Art. 32. Não se aplica aos imóveis rurais o disposto nos artigos 19 a 31, 127 a 133, 139, 140 e 159 a 174 do Decreto-lei nº 9.760, de 5 de setembro de 1946.

▶ Arts. 129, 130, 139, 140 e 159 a 163 do mencionado Dec.-lei, foram revogados pelo Dec.-lei nº 2.398, de 21-12-1987.

Art. 33. Esta Lei entrará em vigor na data de sua publicação, aplicando-se, desde logo, aos processos pendentes.

Art. 34. Revogam-se a Lei nº 3.081, de 22 de dezembro de 1956, e as demais disposições em contrário.

Brasília, 7 de dezembro de 1976;
155º da Independência e
88º da República.

Ernesto Geisel

LEI Nº 6.454, DE 24 DE OUTUBRO DE 1977

Dispõe sobre a denominação de logradouros, obras, serviços e monumentos públicos, e dá outras providências.

▶ Publicada no *DOU* de 25-10-1977.

Art. 1º É proibido, em todo o território nacional, atribuir nome de pessoa viva a bem público, de qualquer natureza, pertencente à União ou às pessoas jurídicas da Administração indireta.

Art. 2º É igualmente vedada a inscrição dos nomes de autoridades ou administradores em placas indicadores de obras ou em veículo de propriedade ou a serviço da Administração Pública direta ou indireta.

Art. 3º As proibições constantes desta Lei são aplicáveis às entidades que, a qualquer título, recebam subvenção ou auxílio dos cofres públicos federais.

Art. 4º A infração ao disposto nesta Lei acarretará aos responsáveis a perda do cargo ou função pública que exercerem, e, no caso do artigo 3º, a suspensão da subvenção ou auxílio.

Art. 5º Esta Lei entra em vigor na data de sua publicação, revogadas as disposições em contrário.

Brasília, 24 de outubro de 1977;
156º da Independência e
89º da República.

Ernesto Geisel

LEI Nº 7.347, DE 24 DE JULHO DE 1985

Disciplina a ação civil pública de responsabilidade por danos causados ao meio ambiente, ao consumidor, a bens e direitos de valor artístico, estético, histórico, turístico e paisagístico (VETADO), e dá outras providências.

▶ Publicada no *DOU* de 25-7-1985.
▶ Art. 129, III, da CF.
▶ Lei nº 4.717, de 29-6-1965 (Lei da Ação Popular).
▶ Lei nº 7.797, de 10-7-1989 (Lei do Fundo Nacional de Meio Ambiente).
▶ Lei nº 12.016, de 7-8-2009 (Lei do Mandado de Segurança Individual e Coletivo).

Art. 1º Regem-se pelas disposições desta Lei, sem prejuízo da ação popular, as ações de responsabilidade por danos morais e patrimoniais causados:

▶ *Caput* com a redação dada pela Lei nº 12.529, de 30-11-2011 (*DOU* de 1º-12-2011) para vigorar 180 dias após a data de sua publicação.
▶ Art. 5º, LXXIII, da CF.
▶ Lei nº 4.717, de 29-6-1965 (Lei da Ação Popular).
▶ Lei nº 7.853, de 24-10-1989 (Lei de Apoio às Pessoas Portadoras de Deficiência).
▶ Lei nº 7.913, de 7-12-1989, dispõe sobre a ação civil pública de responsabilidade por danos causados aos investidores no mercado de valores mobiliários.
▶ Súmulas nºs 37 e 329 do STJ.

I – ao meio ambiente;

▶ Arts. 200, VIII, e 225 da CF.
▶ Lei nº 9.605, de 12-2-1998 (Lei dos Crimes Ambientais).

II – ao consumidor;

▶ Arts. 81 e 90 do CDC.
▶ Súm. nº 643 do STF.

III – a bens e direitos de valor artístico, estético, histórico, turístico e paisagístico;
IV – a qualquer outro interesse difuso ou coletivo;

▶ Inciso IV acrescido pela Lei nº 8.078, de 11-9-1990.
▶ Arts. 208 a 224 do ECA.
▶ Lei nº 7.853, de 24-10-1989 (Lei de Apoio às Pessoas Portadoras de Deficiência), regulamentada pelo Dec. nº 3.298, de 20-12-1999.

V – por infração da ordem econômica;

▶ Inciso V com a redação dada pela Lei nº 12.529, de 30-11-2011 (*DOU* de 1º-12-2011) para vigorar 180 dias após a data de sua publicação.
▶ Lei nº 7.913, de 7-12-1989, dispõe sobre ação civil pública de responsabilidade por danos causados aos investidores no mercado de valores imobiliários.

VI – à ordem urbanística.

▶ Incisos V e VI com a redação dada pela MP nº 2.180-35, de 24-8-2001, que até o encerramento desta edição não havia sido convertida em Lei.
▶ Lei nº 10.257, de 10-7-2001 (Estatuto da Cidade).
▶ Súm. nº 329 do STJ.

Parágrafo único. Não será cabível ação civil pública para veicular pretensões que envolvam tributos, contribuições previdenciárias, o Fundo de Garantia do Tempo de Serviço – FGTS ou outros fundos de natureza institucional cujos beneficiários podem ser individualmente determinados.

▶ Parágrafo único acrescido pela MP nº 2.180-35, de 24-8-2001, que até o encerramento desta edição não havia sido convertida em Lei.

Art. 2º As ações previstas nesta Lei serão propostas no foro do local onde ocorrer o dano, cujo juízo terá competência funcional para processar e julgar a causa.

▶ Art. 109, § 3º, da CF.
▶ Art. 93 do CDC.
▶ Art. 100, V, a, do CPC.

Parágrafo único. A propositura da ação prevenirá a jurisdição do juízo para todas as ações posteriormente intentadas que possuam a mesma causa de pedir ou o mesmo objeto.

▶ Parágrafo único acrescido pela MP nº 2.180-35, de 24-8-2001, que até o encerramento desta edição não havia sido convertida em Lei.

Art. 3º A ação civil poderá ter por objeto a condenação em dinheiro ou o cumprimento de obrigação de fazer ou não fazer.

▶ Art. 84 do CDC.

Art. 4º Poderá ser ajuizada ação cautelar para os fins desta Lei, objetivando, inclusive, evitar o dano ao meio ambiente, ao consumidor, à ordem urbanística ou aos bens e direitos de valor artístico, estético, histórico, turístico e paisagístico (VETADO).

▶ Artigo com a redação dada pela Lei nº 10.257, de 10-7-2001.
▶ Arts. 796 a 811, 822 a 825, 846 a 851 do CPC.
▶ Art. 83, § 3º, do CDC.

Art. 5º Têm legitimidade para propor a ação principal e a ação cautelar:

▶ *Caput* com a redação dada pela Lei nº 11.448, de 15-1-2007.

I – o Ministério Público;

▶ Súm. nº 643 do STF.
▶ Súm. nº 329 do STJ.

II – a Defensoria Pública;

▶ Incisos I e II com a redação dada pela Lei nº 11.448, de 15-1-2007.

III – a União, os Estados, o Distrito Federal e os Municípios;
IV – a autarquia, empresa pública, fundação ou sociedade de economia mista;
V – a associação que, concomitantemente:
a) esteja constituída há pelo menos 1 (um) ano nos termos da lei civil;

▶ Arts. 45 e 53 do CC.

b) inclua, entre suas finalidades institucionais, a proteção ao meio ambiente, ao consumidor, à ordem econômica, à livre concorrência ou ao patrimônio artístico, estético, histórico, turístico e paisagístico.

▶ Incisos III a V acrescidos pela Lei nº 11.448, de 15-1-2007.
▶ Art. 5º, XXI e LXX, da CF.
▶ Art. 82 do CDC.

§ 1º O Ministério Público, se não intervier no processo como parte, atuará obrigatoriamente como fiscal da lei.

▶ Art. 82, III, do CPC.
▶ Art. 92 do CDC.

§ 2º Fica facultado ao Poder Público e a outras associações legitimadas nos termos deste artigo habilitar-se como litisconsortes de qualquer das partes.

▶ Arts. 46 a 49 e 509 do CPC.

§ 3º Em caso de desistência infundada ou abandono da ação por associação legitimada, o Ministério Público ou outro legitimado assumirá a titularidade ativa.

▶ § 3º com a redação dada pela Lei nº 8.078, de 11-9-1990.

§ 4º O requisito da pré-constituição poderá ser dispensado pelo juiz, quando haja manifesto interesse social evidenciado pela dimensão ou característica do dano, ou pela relevância do bem jurídico a ser protegido.

▶ Art. 82, § 1º, do CDC.

§ 5º Admitir-se-á o litisconsórcio facultativo entre os Ministérios Públicos da União, do Distrito Federal e dos Estados na defesa dos interesses e direitos de que cuida esta Lei.

§ 6º Os órgãos públicos legitimados poderão tomar dos interessados compromisso de ajustamento de sua conduta às exigências legais, mediante cominações, que terá eficácia de título executivo extrajudicial.

▶ §§ 4º a 6º acrescidos pela Lei nº 8.078, de 11-9-1990.
▶ Art. 585, VII, do CPC.
▶ Art. 6º do Dec. nº 2.181, de 20-3-1997, que dispõe sobre a organização do Sistema Nacional de Defesa do Consumidor – SNDC, e estabelece normas gerais de aplicação das sanções administrativas previstas no CDC.

Art. 6º Qualquer pessoa poderá e o servidor público deverá provocar a iniciativa do Ministério Público, ministrando-lhe informações sobre fatos que constituam objeto da ação civil e indicando-lhe os elementos de convicção.

▶ Art. 129, VI, da CF.
▶ Art. 26, I e IV, da Lei nº 8.625, de 12-2-1993 (Lei Orgânica Nacional do Ministério Público).

Art. 7º Se, no exercício de suas funções, os juízes e tribunais tiverem conhecimento de fatos que possam ensejar a propositura da ação civil, remeterão peças ao Ministério Público para as providências cabíveis.

Art. 8º Para instruir a inicial, o interessado poderá requerer às autoridades competentes as certidões e informações que julgar necessárias, a serem fornecidas no prazo de quinze dias.

▶ Arts. 282 e 283 do CPC.

§ 1º O Ministério Público poderá instaurar, sob sua presidência, inquérito civil, ou requisitar, de qualquer organismo público ou particular, certidões, informações, exames ou perícias, no prazo que assinalar, o qual não poderá ser inferior a dez dias úteis.

§ 2º Somente nos casos em que a lei impuser sigilo, poderá ser negada certidão ou informação, hipótese em que a ação poderá ser proposta desacompanhada daqueles documentos, cabendo ao juiz requisitá-los.

Art. 9º Se o órgão do Ministério Público, esgotadas todas as diligências, se convencer da inexistência de fundamento para a propositura da ação civil, promoverá o arquivamento dos autos do inquérito civil ou das peças informativas, fazendo-o fundamentadamente.

▶ Art. 223 do ECA.

§ 1º Os autos do inquérito civil ou das peças de informação arquivadas serão remetidos, sob pena de se incorrer em falta grave, no prazo de três dias, ao Conselho Superior do Ministério Público.

§ 2º Até que, em sessão do Conselho Superior do Ministério Público, seja homologada ou rejeitada a promoção de arquivamento, poderão as associações legitimadas apresentar razões escritas ou documentos, que serão juntados aos autos do inquérito ou anexados às peças de informação.

§ 3º A promoção de arquivamento será submetida a exame e deliberação do Conselho Superior do Ministério Público, conforme dispuser o seu regimento.

§ 4º Deixando o Conselho Superior de homologar a promoção de arquivamento, designará, desde logo, outro órgão do Ministério Público para o ajuizamento da ação.

Art. 10. Constitui crime, punido com pena de reclusão de um a três anos, mais multa de dez a mil Obrigações Reajustáveis do Tesouro Nacional – ORTN, a recusa, o retardamento ou a omissão de dados técnicos indispensáveis à propositura da ação civil, quando requisitados pelo Ministério Público.

▶ Lei nº 7.730, de 31-1-1989, que extinguiu a OTN.

Art. 11. Na ação que tenha por objeto o cumprimento de obrigação de fazer ou não fazer, o juiz determinará o cumprimento da prestação da atividade devida ou a cessação da atividade nociva, sob pena de execução específica, ou de cominação de multa diária, se esta for suficiente ou compatível, independentemente de requerimento do autor.

▶ Art. 461 do CPC.
▶ Art. 84 do CDC.
▶ Art. 2º, I, do Dec. nº 1.306, de 9-11-1994, que regulamenta o Fundo de Defesa de Direitos Difusos.

Art. 12. Poderá o juiz conceder mandado liminar, com ou sem justificação prévia, em decisão sujeita a agravo.

▶ Art. 14 desta Lei.
▶ Arts. 273 e 522 a 529 do CPC.

§ 1º A requerimento de pessoa jurídica de direito público interessada, e para evitar grave lesão à ordem, à saúde, à segurança e à economia pública, poderá o Presidente do Tribunal a que competir o conhecimento do respectivo recurso suspender a execução da liminar, em decisão fundamentada, da qual caberá agravo para uma das turmas julgadoras, no prazo de cinco dias a partir da publicação do ato.

▶ Arts. 527, III, e 558 do CPC.

§ 2º A multa cominada liminarmente só será exigível do réu após o trânsito em julgado da decisão favorável ao autor, mas será devida desde o dia em que se houver configurado o descumprimento.

Art. 13. Havendo condenação em dinheiro, a indenização pelo dano causado reverterá a um fundo gerido por um Conselho Federal ou por Conselhos Estaduais de que participarão necessariamente o Ministério Público e representantes da comunidade, sendo seus recursos destinados à reconstituição dos bens lesados.

§ 1º Enquanto o fundo não for regulamentado, o dinheiro ficará depositado em estabelecimento oficial de crédito, em conta com correção monetária.

▶ Antigo parágrafo único renumerado para § 1º pela Lei nº 12.288, de 20-7-2010.

▶ Lei nº 9.008, de 21-3-1995, cria, na estrutura organizacional do Ministério da Justiça, o Conselho Federal Gestor do Fundo de Defesa de Direitos Difusos, de que trata o *caput* deste artigo.

▶ Dec. nº 1.306, de 9-11-1994, regulamenta o Fundo de Defesa de Direitos Difusos.

§ 2º Havendo acordo ou condenação com fundamento em dano causado por ato de discriminação étnica nos termos do disposto no art. 1º desta Lei, a prestação em dinheiro reverterá diretamente ao fundo de que trata o *caput* e será utilizada para ações de promoção da igualdade étnica, conforme definição do Conselho Nacional de Promoção da Igualdade Racial, na hipótese de extensão nacional, ou dos Conselhos de Promoção de Igualdade Racial estaduais ou locais, nas hipóteses de danos com extensão regional ou local, respectivamente.

▶ § 2º acrescido pela Lei nº 12.288, de 20-7-2010.

Art. 14. O juiz poderá conferir efeito suspensivo aos recursos, para evitar dano irreparável à parte.

▶ Arts. 527, III, e 558 do CPC.

Art. 15. Decorridos sessenta dias do trânsito em julgado da sentença condenatória, sem que a associação autora lhe promova a execução, deverá fazê-lo o Ministério Público, facultada igual iniciativa aos demais legitimados.

▶ Artigo com a redação dada pela Lei nº 8.078, de 11-9-1990.

Art. 16. A sentença civil fará coisa julgada *erga omnes*, nos limites da competência territorial do órgão prolator, exceto se o pedido for julgado improcedente por insuficiência de provas, hipótese em que qualquer legitimado poderá intentar outra ação com idêntico fundamento, valendo-se de nova prova.

▶ Artigo com a redação dada pela Lei nº 9.494, de 10-9-1997.

▶ Art. 103 do CDC.

▶ Art. 2º-A da Lei nº 9.494, de 10-9-1997, que disciplina a aplicação da tutela antecipada contra a Fazenda Pública.

Art. 17. Em caso de litigância de má-fé, a associação autora e os diretores responsáveis pela propositura da ação serão solidariamente condenados em honorários advocatícios e ao décuplo das custas, sem prejuízo da responsabilidade por perdas e danos.

▶ Artigo com a redação dada pela Lei nº 8.078, de 11-9-1990, retificado no *DOU* de 10-1-2007.

▶ Art. 87, parágrafo único, do CDC.

Art. 18. Nas ações de que trata esta Lei, não haverá adiantamento de custas, emolumentos, honorários periciais e quaisquer outras despesas, nem condenação da associação autora, salvo comprovada má-fé, em honorários de advogado, custas e despesas processuais.

▶ Artigo com a redação dada pela Lei nº 8.078, de 11-9-1990.

▶ Art. 87 do CDC.

Art. 19. Aplica-se à ação civil pública, prevista nesta Lei, o Código de Processo Civil, aprovado pela Lei nº 5.869, de 11 de janeiro de 1973, naquilo em que não contrarie suas disposições.

Art. 20. O fundo de que trata o artigo 13 desta Lei será regulamentado pelo Poder Executivo no prazo de noventa dias.

▶ Dec. nº 1.306, de 9-11-1994, regulamenta o Fundo de Defesa de Direitos Difusos.

Art. 21. Aplicam-se à defesa dos direitos e interesses difusos, coletivos e individuais, no que for cabível, os dispositivos do Título III da Lei que instituiu o Código de Defesa do Consumidor.

Art. 22. Esta Lei entra em vigor na data de sua publicação.

▶ Art. 21 renumerado para art. 22 pela Lei nº 8.078, de 11-9-1990.

Art. 23. Revogam-se as disposições em contrário.

▶ Art. 22 renumerado para art. 23 pela Lei nº 8.078, de 11-9-1990.

Brasília, 24 de julho de 1985;
164º da Independência e
97º da República.

José Sarney

LEI Nº 8.112, DE 11 DE DEZEMBRO DE 1990

Dispõe sobre o regime jurídico dos servidores públicos civis da União, das autarquias e das fundações públicas federais.

▶ Publicada no *DOU* de 12-12-1990.

▶ Lei nº 9.962, de 22-2-2000, disciplina o regime de emprego público do pessoal da Administração federal direta, autárquica e fundacional.

▶ Dec. nº 5.707, de 23-2-2006, institui a Política e as Diretrizes para o Desenvolvimento de Pessoal da administração pública federal direta, autárquica e fundacional e regulamenta dispositivos desta Lei.

▶ Dec. nº 5.961, de 13-11-2006, institui o Sistema Integrado de Saúde Ocupacional do Servidor Público Federal – SISOSP.

▶ Dec. Legislativo nº 206, de 7-4-2010, aprova, com ressalvas, os textos da Convenção nº 151 e da Recomendação nº 159, da Organização Internacional do Trabalho, ambas de 1978, sobre as relações de trabalho na administração pública.

TÍTULO I – CAPÍTULO ÚNICO

DAS DISPOSIÇÕES PRELIMINARES

Art. 1º Esta Lei institui o Regime Jurídico dos Servidores Públicos Civis da União, das autarquias, inclusive as em regime especial, e das fundações públicas federais.

▶ Lei nº 11.440, de 29-12-2006, institui o regime jurídico dos servidores do serviço exterior brasileiro.

Art. 2º Para os efeitos desta Lei, servidor é a pessoa legalmente investida em cargo público.

► Lei nº 9.962, de 22-2-2000, disciplina o regime de emprego público do pessoal da Administração federal direta, autárquica e fundacional.

Art. 3º Cargo público é o conjunto de atribuições e responsabilidades previstas na estrutura organizacional que devem ser cometidas a um servidor.

Parágrafo único. Os cargos públicos, acessíveis a todos os brasileiros, são criados por lei, com denominação própria e vencimento pago pelos cofres públicos, para provimento em caráter efetivo ou em comissão.

Art. 4º É proibida a prestação de serviços gratuitos, salvo os casos previstos em lei.

TÍTULO II – DO PROVIMENTO, VACÂNCIA, REMOÇÃO, REDISTRIBUIÇÃO E SUBSTITUIÇÃO

CAPÍTULO I

DO PROVIMENTO

SEÇÃO I

DISPOSIÇÕES GERAIS

Art. 5º São requisitos básicos para investidura em cargo público:

I – a nacionalidade brasileira;
II – o gozo dos direitos políticos;
III – a quitação com as obrigações militares e eleitorais;
IV – o nível de escolaridade exigido para o exercício do cargo;
V – a idade mínima de dezoito anos;
VI – aptidão física e mental.

§ 1º As atribuições do cargo podem justificar a exigência de outros requisitos estabelecidos em lei.

§ 2º Às pessoas portadoras de deficiência é assegurado o direito de se inscreverem em concurso público para provimento de cargo cujas atribuições sejam compatíveis com a deficiência de que são portadoras; para tais pessoas serão reservadas até 20% (vinte por cento) das vagas oferecidas no concurso.

► Súm. nº 377 do STJ.

§ 3º As universidades e instituições de pesquisa científica e tecnológica federais poderão prover seus cargos com professores, técnicos e cientistas estrangeiros, de acordo com as normas e os procedimentos desta Lei.

► § 3º acrescido pela Lei nº 9.515, de 20-11-1997.

Art. 6º O provimento dos cargos públicos far-se-á mediante ato da autoridade competente de cada Poder.

Art. 7º A investidura em cargo público ocorrerá com a posse.

Art. 8º São formas de provimento de cargo público:
I – nomeação;
II – promoção;
III e IV – *Revogados*. Lei nº 9.527, de 10-12-1997;
V – readaptação;
VI – reversão;
VII – aproveitamento;
VIII – reintegração;
IX – recondução.

SEÇÃO II

DA NOMEAÇÃO

Art. 9º A nomeação far-se-á:

I – em caráter efetivo, quando se tratar de cargo isolado de provimento efetivo ou de carreira;
II – em comissão, inclusive na condição de interino, para cargos de confiança vagos.

► Inciso II com a redação dada pela Lei nº 9.527, de 10-12-1997.

Parágrafo único. O servidor ocupante de cargo em comissão ou de natureza especial poderá ser nomeado para ter exercício, interinamente, em outro cargo de confiança, sem prejuízo das atribuições do que atualmente ocupa, hipótese em que deverá optar pela remuneração de um deles durante o período da interinidade.

► Parágrafo único com a redação dada pela Lei nº 9.527, de 10-12-1997.

Art. 10. A nomeação para cargo de carreira ou cargo isolado de provimento efetivo depende de prévia habilitação em concurso público de provas ou de provas e títulos, obedecidos a ordem de classificação e o prazo de sua validade.

Parágrafo único. Os demais requisitos para o ingresso e o desenvolvimento do servidor na carreira, mediante promoção, serão estabelecidos pela lei que fixar as diretrizes do sistema de carreira na Administração Pública Federal e seus regulamentos.

► Parágrafo único com a redação dada pela Lei nº 9.527, de 10-12-1997.

SEÇÃO III

DO CONCURSO PÚBLICO

Art. 11. O concurso será de provas ou de provas e títulos, podendo ser realizado em duas etapas, conforme dispuserem a lei e o regulamento do respectivo plano de carreira, condicionada a inscrição do candidato ao pagamento do valor fixado no edital, quando indispensável ao seu custeio, e ressalvadas as hipóteses de isenção nele expressamente previstas.

► Artigo com a redação dada pela Lei nº 9.527, de 10-12-1997.
► Dec. nº 6.593, de 2-10-2008, regulamenta este artigo, quanto à isenção de pagamento de taxa de inscrição em concursos públicos realizados no âmbito do Poder Executivo Federal.

Art. 12. O concurso público terá validade de até 2 (dois) anos, podendo ser prorrogado uma única vez, por igual período.

§ 1º O prazo de validade do concurso e as condições de sua realização serão fixados em edital, que será publicado no *Diário Oficial da União* e em jornal diário de grande circulação.

§ 2º Não se abrirá novo concurso enquanto houver candidato aprovado em concurso anterior com prazo de validade não expirado.

SEÇÃO IV

DA POSSE E DO EXERCÍCIO

Art. 13. A posse dar-se-á pela assinatura do respectivo termo, no qual deverão constar as atribuições, os deveres, as responsabilidades e os direitos inerentes ao cargo ocupado, que não poderão ser alterados unilateralmente, por qualquer das partes, ressalvados os atos de ofício previstos em lei.

§ 1º A posse ocorrerá no prazo de trinta dias contados da publicação do ato de provimento.

§ 2º Em se tratando de servidor, que esteja na data de publicação do ato de provimento, em licença prevista nos incisos I, III e V do art. 81, ou afastado nas hipóteses dos incisos I, IV, VI, VIII, alíneas a, b, d, e e f, IX e X do art. 102, o prazo será contado do término do impedimento.

▶ §§ 1º e 2º com a redação dada pela Lei nº 9.527, de 10-12-1997.

§ 3º A posse poderá dar-se mediante procuração específica.

§ 4º Só haverá posse nos casos de provimento de cargo por nomeação.

▶ § 4º com a redação dada pela Lei nº 9.527, de 10-12-1997.

§ 5º No ato da posse, o servidor apresentará declaração de bens e valores que constituem seu patrimônio e declaração quanto ao exercício ou não de outro cargo, emprego ou função pública.

▶ Art. 13 da Lei nº 8.429, de 2-6-1992 (Lei da Improbidade Administrativa).
▶ Lei nº 8.730, de 10-11-1993, estabelece a obrigatoriedade da declaração de bens e rendas para o exercício de cargos, empregos e funções nos Poderes Executivo, Legislativo e Judiciário.

§ 6º Será tornado sem efeito o ato de provimento se a posse não ocorrer no prazo previsto no § 1º deste artigo.

Art. 14. A posse em cargo público dependerá de prévia inspeção médica oficial.

Parágrafo único. Só poderá ser empossado aquele que for julgado apto física e mentalmente para o exercício do cargo.

Art. 15. Exercício é o efetivo desempenho das atribuições do cargo público ou da função de confiança.

▶ Caput com a redação dada pela Lei nº 9.527, de 10-12-1997.

§ 1º É de quinze dias o prazo para o servidor empossado em cargo público entrar em exercício, contados da data da posse.

§ 2º O servidor será exonerado do cargo ou será tornado sem efeito o ato de sua designação para função de confiança, se não entrar em exercício nos prazos previstos neste artigo, observado o disposto no art. 18.

§ 3º À autoridade competente do órgão ou entidade para onde for nomeado ou designado o servidor compete dar-lhe exercício.

▶ § 3º com a redação dada pela Lei nº 9.527, de 10-12-1997.

§ 4º O início do exercício de função de confiança coincidirá com a data de publicação do ato de designação, salvo quando o servidor estiver em licença ou afastado por qualquer outro motivo legal, hipótese em que recairá no primeiro dia útil após o término do impedimento, que não poderá exceder a trinta dias da publicação.

▶ § 4º acrescido pela Lei nº 9.527, de 10-12-1997.

Art. 16. O início, a suspensão, a interrupção e o reinício do exercício serão registrados no assentamento individual do servidor.

Parágrafo único. Ao entrar em exercício, o servidor apresentará ao órgão competente os elementos necessários ao seu assentamento individual.

Art. 17. A promoção não interrompe o tempo de exercício, que é contado no novo posicionamento na carreira a partir da data de publicação do ato que promover o servidor.

Art. 18. O servidor que deva ter exercício em outro município em razão de ter sido removido, redistribuído, requisitado, cedido ou posto em exercício provisório terá, no mínimo, dez e, no máximo, trinta dias de prazo, contados da publicação do ato, para a retomada do efetivo desempenho das atribuições do cargo, incluído nesse prazo o tempo necessário para o deslocamento para a nova sede.

§ 1º Na hipótese de o servidor encontrar-se em licença ou afastado legalmente, o prazo a que se refere este artigo será contado a partir do término do impedimento.

§ 2º É facultado ao servidor declinar dos prazos estabelecidos no caput.

▶ Arts. 17 e 18 com a redação dada pela Lei nº 9.527, de 10-12-1997.

Art. 19. Os servidores cumprirão jornada de trabalho fixada em razão das atribuições pertinentes aos respectivos cargos, respeitada a duração máxima do trabalho semanal de quarenta horas e observados os limites mínimo e máximo de seis horas e oito horas diárias, respectivamente.

▶ Caput com a redação dada pela Lei nº 8.270, de 17-12-1991.
▶ Dec. nº 1.590, de 10-8-1995, dispõe sobre a jornada de trabalho dos servidores da Administração Pública Federal direta, das autarquias e das fundações públicas federais.

§ 1º O ocupante de cargo em comissão ou função de confiança submete-se a regime de integral dedicação ao serviço, observado o disposto no art. 120, podendo ser convocado sempre que houver interesse da Administração.

▶ § 1º com a redação dada pela Lei nº 9.527, de 10-12-1997.

§ 2º O disposto neste artigo não se aplica à duração de trabalho estabelecida em leis especiais.

▶ § 2º acrescido pela Lei nº 8.270, de 17-12-1991.

Art. 20. Ao entrar em exercício, o servidor nomeado para cargo de provimento efetivo ficará sujeito a estágio probatório por período de 24 (vinte e quatro) meses, durante o qual a sua aptidão e capacidade serão objeto de avaliação para o desempenho do cargo, observados os seguinte fatores:

▶ O período de 2 anos foi alterado para 3 anos pela redação dada ao art. 41 da CF, pela EC nº 19, de 4-6-1998.

I – assiduidade;
II – disciplina;

III – capacidade de iniciativa;
IV – produtividade;
V – responsabilidade.

§ 1º 4 (quatro) meses antes de findo o período do estágio probatório, será submetida à homologação da autoridade competente a avaliação do desempenho do servidor, realizada por comissão constituída para essa finalidade, de acordo com o que dispuser a lei ou o regulamento da respectiva carreira ou cargo, sem prejuízo da continuidade de apuração dos fatores enumerados nos incisos I a V do *caput* deste artigo.

▶ § 1º com a redação dada pela Lei nº 11.784, de 23-9-2008.

§ 2º O servidor não aprovado no estágio probatório será exonerado ou, se estável, reconduzido ao cargo anteriormente ocupado, observado o disposto no parágrafo único do art. 29.

§ 3º O servidor em estágio probatório poderá exercer quaisquer cargos de provimento em comissão ou funções de direção, chefia ou assessoramento no órgão ou entidade de lotação, e somente poderá ser cedido a outro órgão ou entidade para ocupar cargos de Natureza Especial, cargos de provimento em comissão do Grupo-Direção e Assessoramento Superiores – DAS, de níveis 6, 5 e 4, ou equivalentes.

§ 4º Ao servidor em estágio probatório somente poderão ser concedidas as licenças e os afastamentos previstos nos arts. 81, incisos I a IV, 94, 95 e 96, bem assim afastamento para participar de curso de formação decorrente de aprovação em concurso para outro cargo na Administração Pública Federal.

§ 5º O estágio probatório ficará suspenso durante as licenças e os afastamentos previstos nos arts. 83, 84, § 1º, 86 e 96, bem assim na hipótese de participação em curso de formação, e será retomado a partir do término do impedimento.

▶ §§ 3º a 5º acrescidos pela Lei nº 9.527, de 10-12-1997.

Seção V

DA ESTABILIDADE

Art. 21. O servidor habilitado em concurso público e empossado em cargo de provimento efetivo adquirirá estabilidade no serviço público ao completar 2 (dois) anos de efetivo exercício.

▶ O período de 2 anos foi alterado para 3 anos pela redação dada ao art. 41 da CF, pela EC nº 19, de 4-6-1998.
▶ Arts. 19 a 21 do ADCT.

Art. 22. O servidor estável só perderá o cargo em virtude de sentença judicial transitada em julgado ou de processo administrativo disciplinar no qual lhe seja assegurada ampla defesa.

Seção VI

DA TRANSFERÊNCIA

Art. 23. *Revogado.* Lei nº 9.527, de 10-12-1997.

Seção VII

DA READAPTAÇÃO

Art. 24. Readaptação é a investidura do servidor em cargo de atribuições e responsabilidades compatíveis com a limitação que tenha sofrido em sua capacidade física ou mental verificada em inspeção médica.

§ 1º Se julgado incapaz para o serviço público, o readaptando será aposentado.

§ 2º A readaptação será efetivada em cargo de atribuições afins, respeitada a habilitação exigida, nível de escolaridade e equivalência de vencimentos e, na hipótese de inexistência de cargo vago, o servidor exercerá suas atribuições como excedente, até a ocorrência de vaga.

▶ § 2º com a redação dada pela Lei nº 9.527, de 10-12-1997.

Seção VIII

DA REVERSÃO

▶ Seção regulamentada pelo Dec. nº 3.644, de 30-11-2000.

Art. 25. Reversão é o retorno à atividade de servidor aposentado:

I – por invalidez, quando junta médica oficial declarar insubsistentes os motivos da aposentadoria; ou
II – no interesse da administração, desde que:

a) tenha solicitado a reversão;
b) a aposentadoria tenha sido voluntária;
c) estável quando na atividade;
d) a aposentadoria tenha ocorrido nos cinco anos anteriores à solicitação;
e) haja cargo vago.

§ 1º A reversão far-se-á no mesmo cargo ou no cargo resultante de sua transformação.

§ 2º O tempo em que o servidor estiver em exercício será considerado para concessão da aposentadoria.

§ 3º No caso do inciso I, encontrando-se provido o cargo, o servidor exercerá suas atribuições como excedente, até a ocorrência de vaga.

§ 4º O servidor que retornar à atividade por interesse da administração perceberá, em substituição aos proventos da aposentadoria, a remuneração do cargo que voltar a exercer, inclusive com as vantagens de natureza pessoal que percebia anteriormente à aposentadoria.

§ 5º O servidor de que trata o inciso II somente terá os proventos calculados com base nas regras atuais se permanecer pelo menos cinco anos no cargo.

§ 6º O Poder Executivo regulamentará o disposto neste artigo.

▶ Art. 25 com a redação dada pela MP nº 2.225-45, de 4-9-2001, que até o encerramento desta edição não havia sido convertida em Lei.

Art. 26. *Revogado.* MP nº 2.225-45, de 4-9-2001, que até o encerramento desta edição não havia sido convertida em Lei. Tinha a seguinte redação: "*A reversão far-se-á no mesmo cargo ou no cargo resultante de sua transformação. Parágrafo único. Encontrando-se provido o cargo, o servidor exercerá suas atribuições como excedente, até a ocorrência de vaga.*"

Art. 27. Não poderá reverter o aposentado que já tiver completado 70 (setenta) anos de idade.

Seção IX

DA REINTEGRAÇÃO

Art. 28. A reintegração é a reinvestidura do servidor estável no cargo anteriormente ocupado, ou no cargo resultante de sua transformação, quando invalidada a sua demissão por decisão administrativa ou judicial, com ressarcimento de todas as vantagens.

▶ Súm. nº 173 do STJ.

§ 1º Na hipótese de o cargo ter sido extinto, o servidor ficará em disponibilidade, observado o disposto nos arts. 30 e 31.

▶ Art. 41, § 3º, da CF.

§ 2º Encontrando-se provido o cargo, o seu eventual ocupante será reconduzido ao cargo de origem, sem direito à indenização ou aproveitado em outro cargo, ou, ainda, posto em disponibilidade.

▶ Art. 41, § 3º, da CF.

SEÇÃO X

DA RECONDUÇÃO

Art. 29. Recondução é o retorno do servidor estável ao cargo anteriormente ocupado e decorrerá de:

I – inabilitação em estágio probatório relativo a outro cargo;

II – reintegração do anterior ocupante.

Parágrafo único. Encontrando-se provido o cargo de origem, o servidor será aproveitado em outro, observado o disposto no art. 30.

SEÇÃO XI

DA DISPONIBILIDADE E DO APROVEITAMENTO

Art. 30. O retorno à atividade de servidor em disponibilidade far-se-á mediante aproveitamento obrigatório em cargo de atribuições e vencimentos compatíveis com o anteriormente ocupado.

Art. 31. O órgão central do Sistema de Pessoal Civil determinará o imediato aproveitamento de servidor em disponibilidade em vaga que vier a ocorrer nos órgãos ou entidades da Administração Pública Federal.

▶ Dec. nº 3.151, de 23-8-1999, disciplina a prática dos atos de extinção e de declaração de desnecessidade de cargos públicos, bem assim a dos atos de colocação em disponibilidade remunerada e de aproveitamento de servidores públicos em decorrência da extinção ou da reorganização de órgãos ou entidades da Administração Pública Federal direta, autárquica e fundacional.

Parágrafo único. Na hipótese prevista no § 3º do art. 37, o servidor posto em disponibilidade poderá ser mantido sob responsabilidade do órgão central do Sistema de Pessoal Civil da Administração Federal – SIPEC, até o seu adequado aproveitamento em outro órgão ou entidade.

▶ Parágrafo único acrescido pela Lei nº 9.527, de 10-12-1997.

Art. 32. Será tornado sem efeito o aproveitamento e cassada a disponibilidade se o servidor não entrar em exercício no prazo legal, salvo doença comprovada por junta médica oficial.

CAPÍTULO II

DA VACÂNCIA

Art. 33. A vacância do cargo público decorrerá de:

I – exoneração;
II – demissão;
III – promoção;

IV e V – *Revogados*. Lei nº 9.527, de 10-12-1997;
VI – readaptação;
VII – aposentadoria;
VIII – posse em outro cargo inacumulável;
IX – falecimento.

Art. 34. A exoneração de cargo efetivo dar-se-á a pedido do servidor, ou de ofício.

Parágrafo único. A exoneração de ofício dar-se-á:

I – quando não satisfeitas as condições do estágio probatório;

II – quando, tendo tomado posse, o servidor não entrar em exercício no prazo estabelecido.

Art. 35. A exoneração de cargo em comissão e a dispensa de função de confiança dar-se-á:

▶ *Caput* com a redação dada pela Lei nº 9.527, de 10-12-1997.

I – a juízo da autoridade competente;
II – a pedido do próprio servidor.

Parágrafo único. *Revogado.* Lei nº 9.527, de 10-12-1997.

CAPÍTULO III

DA REMOÇÃO E DA REDISTRIBUIÇÃO

SEÇÃO I

DA REMOÇÃO

Art. 36. Remoção é o deslocamento do servidor, a pedido ou de ofício, no âmbito do mesmo quadro, com ou sem mudança de sede.

▶ Art. 20 da Lei nº 11.416, de 15-12-2006, que dispõe sobre as carreiras dos servidores do Poder Judiciário da União.

Parágrafo único. Para fins do disposto neste artigo, entende-se por modalidades de remoção:

I – de ofício, no interesse da Administração;
II – a pedido, a critério da Administração;
III – a pedido, para outra localidade, independentemente do interesse da Administração:

a) para acompanhar cônjuge ou companheiro, também servidor público civil ou militar, de qualquer dos Poderes da União, dos Estados, do Distrito Federal e dos Municípios, que foi deslocado no interesse da Administração;

▶ Art. 142, § 3º, da CF.

b) por motivo de saúde do servidor, cônjuge, companheiro ou dependente que viva às suas expensas e conste do seu assentamento funcional, condicionada à comprovação por junta médica oficial;

c) em virtude de processo seletivo promovido, na hipótese em que o número de interessados for superior ao número de vagas, de acordo com normas preestabelecidas pelo órgão ou entidade em que aqueles estejam lotados.

▶ Parágrafo único com a redação dada pela Lei nº 9.527, de 10-12-1997.

SEÇÃO II

DA REDISTRIBUIÇÃO

Art. 37. Redistribuição é o deslocamento de cargo de provimento efetivo, ocupado ou vago no âmbito do quadro geral de pessoal, para outro órgão ou entidade do mesmo Poder, com prévia apreciação do órgão central do SIPEC, observados os seguintes preceitos:

I – interesse da administração;
II – equivalência de vencimentos;
III – manutenção da essência das atribuições do cargo;
IV – vinculação entre os graus de responsabilidade e complexidade das atividades;
V – mesmo nível de escolaridade, especialidade ou habilitação profissional;
VI – compatibilidade entre as atribuições do cargo e as finalidades institucionais do órgão ou entidade.

▶ Dec. nº 3.151, de 23-8-1999, disciplina a prática dos atos de extinção e de declaração de desnecessidade de cargos públicos, bem assim a dos atos de colocação em disponibilidade remunerada e de aproveitamento de servidores públicos em decorrência da extinção ou da reorganização de órgãos ou entidades da Administração Pública Federal direta, autárquica e fundacional.

§ 1º A redistribuição ocorrerá *ex officio* para ajustamento de lotação e da força de trabalho às necessidades dos serviços, inclusive nos casos de reorganização, extinção ou criação de órgão ou entidade.

§ 2º A redistribuição de cargos efetivos vagos se dará mediante ato conjunto entre o órgão central do SIPEC e os órgãos e entidades da Administração Pública Federal envolvidos.

§ 3º Nos casos de reorganização ou extinção de órgão ou entidade, extinto o cargo ou declarada sua desnecessidade no órgão ou entidade, o servidor estável que não for redistribuído será colocado em disponibilidade, até seu aproveitamento na forma dos arts. 30 e 31.

§ 4º O servidor que não for redistribuído ou colocado em disponibilidade poderá ser mantido sob responsabilidade do órgão central do SIPEC, e ter exercício provisório, em outro órgão ou entidade, até seu adequado aproveitamento.

▶ Art. 37 com a redação dada pela Lei nº 9.527, de 10-12-1997.

Capítulo IV
DA SUBSTITUIÇÃO

Art. 38. Os servidores investidos em cargo ou função de direção ou chefia e os ocupantes de cargo de Natureza Especial terão substitutos indicados no regimento interno ou, no caso de omissão, previamente designados pelo dirigente máximo do órgão ou entidade.

§ 1º O substituto assumirá automática e cumulativamente, sem prejuízo do cargo que ocupa, o exercício do cargo ou função de direção ou chefia e os de Natureza Especial, nos afastamentos, impedimentos legais ou regulamentares do titular e na vacância do cargo, hipóteses em que deverá optar pela remuneração de um deles durante o respectivo período.

§ 2º O substituto fará jus à retribuição pelo exercício do cargo ou função de direção ou chefia ou de cargo de Natureza Especial, nos casos dos afastamentos ou impedimentos legais do titular, superiores a trinta dias consecutivos, paga na proporção dos dias de efetiva substituição, que excederem o referido período.

▶ Art. 38 com a redação dada pela Lei nº 9.527, de 10-12-1997.

Art. 39. O disposto no artigo anterior aplica-se aos titulares de unidades administrativas organizadas em nível de assessoria.

TÍTULO III – DOS DIREITOS E VANTAGENS

Capítulo I
DO VENCIMENTO E DA REMUNERAÇÃO

Art. 40. Vencimento é a retribuição pecuniária pelo exercício de cargo público, com valor fixado em lei.

Parágrafo único. *Revogado.* Lei nº 11.784, de 23-9-2008.

Art. 41. Remuneração é o vencimento do cargo efetivo, acrescido das vantagens pecuniárias permanentes estabelecidas em lei.

§ 1º A remuneração do servidor investido em função ou cargo em comissão será paga na forma prevista no art. 62.

§ 2º O servidor investido em cargo em comissão de órgão ou entidade diversa da de sua lotação receberá a remuneração de acordo com o estabelecido no § 1º do art. 93.

§ 3º O vencimento do cargo efetivo, acrescido das vantagens de caráter permanente, é irredutível.

§ 4º É assegurada a isonomia de vencimentos para cargos de atribuições iguais ou assemelhadas do mesmo Poder, ou entre servidores dos três Poderes, ressalvadas as vantagens de caráter individual e as relativas à natureza ou ao local de trabalho.

▶ Art. 37, XIII, da CF.

§ 5º Nenhum servidor receberá remuneração inferior ao salário mínimo.

▶ § 5º com a redação dada pela Lei nº 11.784, de 23-9-2008.

Art. 42. Nenhum servidor poderá perceber, mensalmente, a título de remuneração, importância superior à soma dos valores percebidos como remuneração, em espécie, a qualquer título, no âmbito dos respectivos Poderes, pelos Ministros de Estado, por membros do Congresso Nacional e Ministros do Supremo Tribunal Federal.

▶ Art. 37, XI, da CF.

Parágrafo único. Excluem-se do teto de remuneração as vantagens previstas nos incisos II a VII do art. 61.

Art. 43. *Revogado.* Lei nº 9.624, de 2-4-1998.

Art. 44. O servidor perderá:

I – a remuneração do dia em que faltar ao serviço, sem motivo justificado;

▶ Art. 4º, §§ 4º e 5º, do Dec. nº 7.003, de 9-11-2009, que regulamenta a licença para tratamento de saúde do servidor da administração federal direta, autárquica e fundacional e os casos em que poderá ser dispensada a perícia oficial.

II – a parcela de remuneração diária, proporcional aos atrasos, ausências justificadas, ressalvadas as concessões de que trata o art. 97, e saídas antecipadas, salvo na hipótese de compensação de horário, até o mês subsequente ao da ocorrência, a ser estabelecida pela chefia imediata.

▶ Incisos I e II com a redação dada pela Lei nº 9.527, de 10-12-1997.

Parágrafo único. As faltas justificadas decorrentes de caso fortuito ou de força maior poderão ser compensadas a critério da chefia imediata, sendo assim consideradas como efetivo exercício.

▶ Parágrafo único acrescido pela Lei nº 9.527, de 10-12-1997.

Art. 45. Salvo por imposição legal, ou mandado judicial, nenhum desconto incidirá sobre a remuneração ou provento.

▶ Dec. nº 6.386, de 29-2-2008, regulamenta este artigo.

Parágrafo único. Mediante autorização do servidor, poderá haver consignação em folha de pagamento a favor de terceiros, a critério da administração e com reposição de custos, na forma definida em regulamento.

Art. 46. As reposições e indenizações ao erário, atualizadas até 30 de junho de 1994, serão previamente comunicadas ao servidor ativo, aposentado ou ao pensionista, para pagamento, no prazo máximo de trinta dias, podendo ser parceladas, a pedido do interessado.

▶ Res. do CJF nº 68, de 27-7-2009, dispõe sobre o processo administrativo relativo à devolução de valores indevidamente recebidos, bem como ao ressarcimento de danos causados ao erário por juíz ou servidor da Justiça Federal de primeiro e segundo graus e por servidor do Conselho da Justiça Federal.

§ 1º O valor de cada parcela não poderá ser inferior ao correspondente a dez por cento da remuneração, provento ou pensão.

§ 2º Quando o pagamento indevido houver ocorrido no mês anterior ao do processamento da folha, a reposição será feita imediatamente, em uma única parcela.

§ 3º Na hipótese de valores recebidos em decorrência de cumprimento a decisão liminar, a tutela antecipada ou a sentença que venha a ser revogada ou rescindida, serão eles atualizados até a data da reposição.

▶ Art. 46 com a redação dada pela MP nº 2.225-45, de 4-9-2001, que até o encerramento desta edição não havia sido convertida em Lei.

Art. 47. O servidor em débito com o erário, que for demitido, exonerado ou que tiver sua aposentadoria ou disponibilidade cassada, terá o prazo de sessenta dias para quitar o débito.

Parágrafo único. A não quitação do débito no prazo previsto implicará sua inscrição em dívida ativa.

▶ Art. 47 com a redação dada pela MP nº 2.225-45, de 4-9-2001, que até o encerramento desta edição não havia sido convertida em Lei.

Art. 48. O vencimento, a remuneração e o provento não serão objeto de arresto, sequestro ou penhora, exceto nos casos de prestação de alimentos resultantes de decisão judicial.

CAPÍTULO II

DAS VANTAGENS

▶ Súm. nº 97 do STJ.

Art. 49. Além do vencimento, poderão ser pagas ao servidor as seguintes vantagens:

I – indenizações;
II – gratificações;
III – adicionais.

§ 1º As indenizações não se incorporam ao vencimento ou provento para qualquer efeito.

§ 2º As gratificações e os adicionais incorporam-se ao vencimento ou provento, nos casos e condições indicados em lei.

Art. 50. As vantagens pecuniárias não serão computadas, nem acumuladas, para efeito de concessão de quaisquer outros acréscimos pecuniários ulteriores, sob o mesmo título ou idêntico fundamento.

▶ Art. 37, XIV, da CF.

SEÇÃO I

DAS INDENIZAÇÕES

Art. 51. Constituem indenizações ao servidor:

I – ajuda de custo;
II – diárias;
III – transporte;

▶ Inciso III com a redação dada pela Lei nº 11.355, de 19-10-2006.

IV – auxílio-moradia.

▶ Inciso IV acrescido pela Lei nº 11.355, de 19-10-2006.

Art. 52. Os valores das indenizações estabelecidas nos incisos I a III do art. 51 desta Lei, assim como as condições para a sua concessão, serão estabelecidos em regulamento.

▶ Artigo com a redação dada pela Lei nº 11.355, de 19-10-2006.

▶ Dec. nº 3.184, de 27-9-1999, regulamenta este artigo.

SUBSEÇÃO I

DA AJUDA DE CUSTO

▶ Dec. nº 4.004, de 8-11-2001, dispõe sobre a concessão de ajuda de custo e de transporte aos servidores públicos civis da União, das autarquias e das fundações públicas federais.

Art. 53. A ajuda de custo destina-se a compensar as despesas de instalação do servidor que, no interesse do serviço, passar a ter exercício em nova sede, com mudança de domicílio em caráter permanente, vedado o duplo pagamento de indenização, a qualquer tempo, no caso de o cônjuge ou companheiro que detenha também a condição de servidor, vier a ter exercício na mesma sede.

▶ Caput com a redação dada pela Lei nº 9.527, de 10-12-1997.

§ 1º Correm por conta de administração as despesas de transporte do servidor e de sua família, compreendendo passagem, bagagem e bens pessoais.

§ 2º À família do servidor que falecer na nova sede são assegurados ajuda de custo e transporte para a localidade de origem, dentro do prazo de 1 (um) ano, contado do óbito.

Art. 54. A ajuda de custo é calculada sobre a remuneração do servidor, conforme se dispuser em regulamento, não podendo exceder a importância correspondente a 3 (três) meses.

Art. 55. Não será concedida ajuda de custo ao servidor que se afastar do cargo, ou reassumi-lo, em virtude de mandato eletivo.

Art. 56. Será concedida ajuda de custo àquele que, não sendo servidor da União, for nomeado para cargo em comissão, com mudança de domicílio.

Parágrafo único. No afastamento previsto no inciso I do art. 93, a ajuda de custo será paga pelo órgão cessionário, quando cabível.

Art. 57. O servidor ficará obrigado a restituir a ajuda de custo quando, injustificadamente, não se apresentar na nova sede no prazo de 30 (trinta) dias.

Subseção II

DAS DIÁRIAS

Art. 58. O servidor que, a serviço, afastar-se da sede em caráter eventual ou transitório para outro ponto do território nacional ou para o exterior, fará jus a passagens e diárias destinadas a indenizar as parcelas de despesas extraordinárias com pousada, alimentação e locomoção urbana, conforme dispuser em regulamento.

▶ Caput com a redação dada pela Lei nº 9.527, de 10-12-1997.

§ 1º A diária será concedida por dia de afastamento, sendo devida pela metade quando o deslocamento não exigir pernoite fora da sede, ou quando a União custear, por meio diverso, as despesas extraordinárias cobertas por diárias.

▶ § 1º com a redação dada pela Lei nº 9.527, de 10-12-1997.

§ 2º Nos casos em que o deslocamento da sede constituir exigência permanente do cargo, o servidor não fará jus a diárias.

§ 3º Também não fará jus a diárias o servidor que se deslocar dentro da mesma região metropolitana, aglomeração urbana ou microrregião, constituídas por municípios limítrofes e regularmente instituídas, ou em áreas de controle integrado mantidas com países limítrofes, cuja jurisdição e competência dos órgãos, entidades e servidores brasileiros considera-se estendida, salvo se houver pernoite fora da sede, hipóteses em que as diárias pagas serão sempre as fixadas para os afastamentos dentro do território nacional.

▶ § 3º acrescido pela Lei nº 9.527, de 10-12-1997.

Art. 59. O servidor que receber diárias e não se afastar da sede, por qualquer motivo, fica obrigado a restituí-las integralmente, no prazo de 5 (cinco) dias.

Parágrafo único. Na hipótese de o servidor retornar à sede em prazo menor do que o previsto para o seu afastamento, restituirá as diárias recebidas em excesso, no prazo previsto no caput.

Subseção III

DA INDENIZAÇÃO DE TRANSPORTE

Art. 60. Conceder-se-á indenização de transporte ao servidor que realizar despesas com a utilização de meio próprio de locomoção para a execução de serviços externos, por força das atribuições próprias do cargo, conforme se dispuser em regulamento.

▶ Dec. nº 3.184, de 27-9-1999, regulamenta este artigo.

Subseção IV

DO AUXÍLIO-MORADIA

▶ Subseção acrescida pela Lei nº 11.355, de 19-10-2006.

Art. 60-A. O auxílio-moradia consiste no ressarcimento das despesas comprovadamente realizadas pelo servidor com aluguel de moradia ou com meio de hospedagem administrado por empresa hoteleira, no prazo de 1 (um) mês após a comprovação da despesa pelo servidor.

▶ Artigo acrescido pela Lei nº 11.355, de 19-10-2006.

Art. 60-B. Conceder-se-á auxílio-moradia ao servidor se atendidos os seguintes requisitos:

▶ Caput acrescido pela Lei nº 11.355, de 19-10-2006.

I – não exista imóvel funcional disponível para uso pelo servidor;

II – o cônjuge ou companheiro do servidor não ocupe imóvel funcional;

III – o servidor ou seu cônjuge ou companheiro não seja ou tenha sido proprietário, promitente comprador, cessionário ou promitente cessionário de imóvel no Município aonde for exercer o cargo, incluída a hipótese de lote edificado sem averbação de construção, nos 12 (doze) meses que antecederem a sua nomeação;

IV – nenhuma outra pessoa que resida com o servidor receba auxílio-moradia;

V – o servidor tenha se mudado do local de residência para ocupar cargo em comissão ou função de confiança do Grupo-Direção e Assessoramento Superiores – DAS, níveis 4, 5 e 6, de Natureza Especial, de Ministro de Estado ou equivalentes;

VI – o Município no qual assuma o cargo em comissão ou função de confiança não se enquadre nas hipóteses previstas no § 3º do art. 58 desta Lei, em relação ao local de residência ou domicílio do servidor;

VII – o servidor não tenha sido domiciliado ou tenha residido no Município, nos últimos 12 (doze) meses, aonde for exercer o cargo em comissão ou função de confiança, desconsiderando-se prazo inferior a 60 (sessenta) dias dentro desse período;

VIII – o deslocamento não tenha sido por força de alteração de lotação ou nomeação para cargo efetivo; e

▶ Incisos I a VIII acrescidos pela Lei nº 11.355, de 19-10-2006.

IX – o deslocamento tenha ocorrido após 30 de junho de 2006.

▶ Inciso IX acrescido pela Lei nº 11.490, de 20-6-2007.

Parágrafo único. Para fins do disposto no inciso VII do caput deste artigo, não será considerado o prazo no qual o servidor estava ocupando outro cargo em comissão relacionado no inciso V do caput deste artigo.

▶ Parágrafo único acrescido pela Lei nº 11.355, de 19-10-2006.

Art. 60-C. O auxílio-moradia não será concedido por prazo superior a 8 (oito) anos dentro de cada período de 12 (doze) anos.

Parágrafo único. Transcorrido o prazo de 8 (oito) anos dentro de cada período de 12 (doze) anos, o pagamento somente será retomado se observados, além do disposto no caput deste artigo, os requisitos do caput do art. 60-B desta Lei, não se aplicando, no caso, o parágrafo único do citado art. 60-B.

Art. 60-D. O valor mensal do auxílio-moradia é limitado a 25% (vinte e cinco por cento) do valor do cargo em comissão, função comissionada ou cargo de Ministro de Estado ocupado.

§ 1º O valor do auxílio-moradia não poderá superar 25% (vinte e cinco por cento) da remuneração de Ministro de Estado.

§ 2º Independentemente do valor do cargo em comissão ou função comissionada, fica garantido a todos os que preencherem os requisitos o ressarcimento até o valor de R$ 1.800,00 (mil e oitocentos reais).

► Arts. 60-C e 60-D com a redação dada pela Lei nº 11.784, de 23-9-2008.

Art. 60-E. No caso de falecimento, exoneração, colocação de imóvel funcional à disposição do servidor ou aquisição de imóvel, o auxílio-moradia continuará sendo pago por um mês.

► Art. 60-E acrescido pela Lei nº 11.355, de 19-10-2006.

Seção II
DAS GRATIFICAÇÕES E ADICIONAIS
► Art. 39, § 7º, da CF.

Art. 61. Além do vencimento e das vantagens previstas nesta Lei, serão deferidos aos servidores as seguintes retribuições, gratificações e adicionais:

► Caput com a redação dada pela Lei nº 9.527, de 10-12-1997.

I – retribuição pelo exercício de função de direção, chefia e assessoramento;

► Inciso I com a redação dada pela Lei nº 9.527, de 10-12-1997.

II – gratificação natalina;
III – Revogado. MP nº 2.225-45, de 4-9-2001, que até o encerramento desta edição não havia sido convertida em Lei. Tinha a seguinte redação: "adicional por tempo de serviço";
IV – adicional pelo exercício de atividades insalubres, perigosas ou penosas;
V – adicional pela prestação de serviço extraordinário;
VI – adicional noturno;
VII – adicional de férias;
VIII – outros, relativos ao local ou à natureza do trabalho;
IX – gratificação por encargo de curso ou concurso.

► Inciso IX acrescido pela Lei nº 11.314, de 3-7-2006.

Subseção I
DA RETRIBUIÇÃO PELO EXERCÍCIO DE FUNÇÃO DE DIREÇÃO, CHEFIA E ASSESSORAMENTO

► Denominação da Subseção dada pela Lei nº 9.527, de 10-12-1997.

Art. 62. Ao servidor ocupante de cargo efetivo investido em função de direção, chefia ou assessoramento, cargo de provimento em comissão ou de Natureza Especial é devida retribuição pelo seu exercício.

Parágrafo único. Lei específica estabelecerá a remuneração dos cargos em comissão de que trata o inciso II do art. 9º.

► Art. 62 com a redação dada pela Lei nº 9.527, de 10-12-1997.

Art. 62-A. Fica transformada em Vantagem Pessoal Nominalmente Identificada – VPNI a incorporação da retribuição pelo exercício de função de direção, chefia ou assessoramento, cargo de provimento em comissão ou de Natureza Especial a que se referem os arts. 3º e 10 da Lei nº 8.911, de 11 de julho de 1994, e o art. 3º da Lei nº 9.624, de 2 de abril de 1998.

Parágrafo único. A VPNI de que trata o caput deste artigo somente estará sujeita às revisões gerais de remuneração dos servidores públicos federais.

► Art. 62-A acrescido pela MP nº 2.225-45, de 4-9-2001, que até o encerramento desta edição não havia sido convertida em Lei.

Subseção II
DA GRATIFICAÇÃO NATALINA

Art. 63. A gratificação natalina corresponde a 1/12 (um doze avos) da remuneração a que o servidor fizer jus no mês de dezembro, por mês de exercício no respectivo ano.

Parágrafo único. A fração igual ou superior a 15 (quinze) dias será considerada como mês integral.

Art. 64. A gratificação será paga até o dia 20 (vinte) do mês de dezembro de cada ano.

Parágrafo único. VETADO.

Art. 65. O servidor exonerado perceberá sua gratificação natalina, proporcionalmente aos meses de exercício, calculada sobre a remuneração do mês da exoneração.

Art. 66. A gratificação natalina não será considerada para cálculo de qualquer vantagem pecuniária.

Subseção III
DO ADICIONAL POR TEMPO DE SERVIÇO

Art. 67. Revogado. MP nº 2.225-45, de 4-9-2001, que até o encerramento desta edição não havia sido convertida em Lei. Tinha a seguinte redação: "O adicional por tempo de serviço é devido à razão de 1% (um por cento) por ano de serviço público efetivo, incidente sobre o vencimento de que trata o art. 40. Parágrafo único. O servidor fará jus ao adicional a partir do mês em que completar o anuênio."

Subseção IV
DOS ADICIONAIS DE INSALUBRIDADE, PERICULOSIDADE OU ATIVIDADES PENOSAS

Art. 68. Os servidores que trabalhem com habitualidade em locais insalubres ou em contato permanente com substâncias tóxicas, radioativas ou com risco de vida, fazem jus a um adicional sobre o vencimento do cargo efetivo.

§ 1º O servidor que fizer jus aos adicionais de insalubridade e de periculosidade deverá optar por um deles.

§ 2º O direito ao adicional de insalubridade ou periculosidade cessa com a eliminação das condições ou dos riscos que deram causa à sua concessão.

Art. 69. Haverá permanente controle da atividade de servidores em operações ou locais considerados penosos, insalubres ou perigosos.

Parágrafo único. A servidora gestante ou lactante será afastada, enquanto durar a gestação e a lactação, das operações e locais previstos neste artigo, exercendo suas atividades em local salubre e em serviço não penoso e não perigoso.

Art. 70. Na concessão dos adicionais de atividades penosas, de insalubridade e de periculosidade, serão observadas as situações estabelecidas em legislação específica.

▶ Port. do MPU nº 633, de 10-12-2010, regulamenta o pagamento do adicional de atividade penosa de que trata este artigo.

Art. 71. O adicional de atividade penosa será devido aos servidores em exercício em zonas de fronteira ou em localidades cujas condições de vida o justifiquem, nos termos, condições e limites fixados em regulamento.

▶ Port. do MPU nº 633, de 10-12-2010, regulamenta o pagamento do adicional de atividade penosa de que trata este artigo.

Art. 72. Os locais de trabalho e os servidores que operam com Raios X ou substâncias radioativas serão mantidos sob controle permanente, de modo que as doses de radiação ionizante não ultrapassem o nível máximo previsto na legislação própria.

Parágrafo único. Os servidores a que se refere este artigo serão submetidos a exames médicos a cada 6 (seis) meses.

SUBSEÇÃO V
DO ADICIONAL POR SERVIÇO EXTRAORDINÁRIO

Art. 73. O serviço extraordinário será remunerado com acréscimo de 50% (cinquenta por cento) em relação à hora normal de trabalho.

▶ Dec. nº 948, de 5-10-1993, regulamenta este artigo.

Art. 74. Somente será permitido serviço extraordinário para atender a situações excepcionais e temporárias, respeitado o limite máximo de 2 (duas) horas por jornada.

▶ Dec. nº 948, de 5-10-1993, regulamenta este artigo.

SUBSEÇÃO VI
DO ADICIONAL NOTURNO

Art. 75. O serviço noturno, prestado em horário compreendido entre 22 (vinte e duas) horas de um dia e 5 (cinco) horas do dia seguinte, terá o valor-hora acrescido de 25% (vinte e cinco por cento), computando-se cada hora como cinquenta e dois minutos e trinta segundos.

Parágrafo único. Em se tratando de serviço extraordinário, o acréscimo de que trata este artigo incidirá sobre a remuneração prevista no art. 73.

SUBSEÇÃO VII
DO ADICIONAL DE FÉRIAS

Art. 76. Independentemente de solicitação, será pago ao servidor, por ocasião das férias, um adicional correspondente a 1/3 (um terço) da remuneração do período das férias.

Parágrafo único. No caso de o servidor exercer função de direção, chefia ou assessoramento, ou ocupar cargo em comissão, a respectiva vantagem será considerada no cálculo do adicional de que trata este artigo.

SUBSEÇÃO VIII
DA GRATIFICAÇÃO POR ENCARGO DE CURSO OU CONCURSO

▶ Subseção acrescida pela Lei nº 11.314, de 3-7-2006.

Art. 76-A. A Gratificação por Encargo de Curso ou Concurso é devida ao servidor que, em caráter eventual:

▶ Dec. nº 6.114, de 15-5-2007, regulamenta este artigo.

I – atuar como instrutor em curso de formação, de desenvolvimento ou de treinamento regularmente instituído no âmbito da administração pública federal;

▶ Art. 98, § 4º, desta Lei.

II – participar de banca examinadora ou de comissão para exames orais, para análise curricular, para correção de provas discursivas, para elaboração de questões de provas ou para julgamento de recursos intentados por candidatos;

▶ Art. 98, § 4º, desta Lei.

III – participar da logística de preparação e de realização de concurso público envolvendo atividades de planejamento, coordenação, supervisão, execução e avaliação de resultado, quando tais atividades não estiverem incluídas entre as suas atribuições permanentes;

IV – participar da aplicação, fiscalizar ou avaliar provas de exame vestibular ou de concurso público ou supervisionar essas atividades.

§ 1º Os critérios de concessão e os limites da gratificação de que trata este artigo serão fixados em regulamento, observados os seguintes parâmetros:

I – o valor da gratificação será calculado em horas, observadas a natureza e a complexidade da atividade exercida;

II – a retribuição não poderá ser superior ao equivalente a 120 (cento e vinte) horas de trabalho anuais, ressalvada situação de excepcionalidade, devidamente justificada e previamente aprovada pela autoridade máxima do órgão ou entidade, que poderá autorizar o acréscimo de até 120 (cento e vinte) horas de trabalho anuais;

III – o valor máximo da hora trabalhada corresponderá aos seguintes percentuais, incidentes sobre o maior vencimento básico da administração pública federal:

a) 2,2% (dois inteiros e dois décimos por cento), em se tratando de atividades previstas nos incisos I e II do *caput* deste artigo;

b) 1,2% (um inteiro e dois décimos por cento), em se tratando de atividade prevista nos incisos III e IV do *caput* deste artigo.

▶ Alíneas *a* e *b* com a redação dada pela Lei nº 11.501, de 11-7-2007.

§ 2º A Gratificação por Encargo de Curso ou Concurso somente será paga se as atividades referidas nos incisos do *caput* deste artigo forem exercidas sem prejuízo das atribuições do cargo de que o servidor for titular, devendo ser objeto de compensação de carga horária quando desempenhadas durante a jornada de trabalho, na forma do § 4º do art. 98 desta Lei.

§ 3º A Gratificação por Encargo de Curso ou Concurso não se incorpora ao vencimento ou salário do servidor para qualquer efeito e não poderá ser utilizada como base de cálculo para quaisquer outras vantagens, inclusive para fins de cálculo dos proventos da aposentadoria e das pensões.

▶ Art. 76-A acrescido pela Lei nº 11.314, de 3-7-2006.

CAPÍTULO III

DAS FÉRIAS

Art. 77. O servidor fará jus a trinta dias de férias, que podem ser acumuladas, até o máximo de dois períodos, no caso de necessidade do serviço, ressalvadas as hipóteses em que haja legislação específica.

▶ *Caput* com a redação dada pela Lei nº 9.525, de 3-12-1997.

§ 1º Para o primeiro período aquisitivo de férias serão exigidos 12 (doze) meses de exercício.

§ 2º É vedado levar à conta de férias qualquer falta ao serviço.

§ 3º As férias poderão ser parceladas em até três etapas, desde que assim requeridas pelo servidor, e no interesse da administração pública.

▶ § 3º acrescido pela Lei nº 9.525, de 3-12-1997.

Art. 78. O pagamento da remuneração das férias será efetuado até 2 (dois) dias antes do início do respectivo período, observando-se o disposto no § 1º deste artigo.

§§ 1º e 2º *Revogados*. Lei nº 9.527, de 10-12-1997.

§ 3º O servidor exonerado do cargo efetivo, ou em comissão, perceberá indenização relativa ao período das férias a que tiver direito e ao incompleto, na proporção de um doze avos por mês de efetivo exercício, ou fração superior a quatorze dias.

§ 4º A indenização será calculada com base na remuneração do mês em que for publicado o ato exoneratório.

▶ §§ 3º e 4º acrescidos pela Lei nº 8.216, de 13-8-1991.

§ 5º Em caso de parcelamento, o servidor receberá o valor adicional previsto no inciso XVII do art. 7º da Constituição Federal quando da utilização do primeiro período.

▶ § 5º acrescido pela Lei nº 9.525, de 3-12-1997.

Art. 79. O servidor que opera direta e permanentemente com Raios X ou substâncias radioativas gozará 20 (vinte) dias consecutivos de férias, por semestre de atividade profissional, proibida em qualquer hipótese a acumulação.

Parágrafo único. *Revogado.* Lei nº 9.527, de 10-12-1997.

Art. 80. As férias somente poderão ser interrompidas por motivo de calamidade pública, comoção interna, convocação para júri, serviço militar ou eleitoral, ou por necessidade do serviço declarada pela autoridade máxima do órgão ou entidade.

Parágrafo único. O restante do período interrompido será gozado de uma só vez, observado o disposto no art. 77.

▶ Art. 80 com a redação dada pela Lei nº 9.527, de 10-12-1997.

CAPÍTULO IV

DAS LICENÇAS

SEÇÃO I

DISPOSIÇÕES GERAIS

Art. 81. Conceder-se-á ao servidor licença:

I – por motivo de doença em pessoa da família;
II – por motivo de afastamento do cônjuge ou companheiro;
III – para o serviço militar;
IV – para atividade política;
V – para capacitação;

▶ Inciso V com a redação dada pela Lei nº 9.527, de 10-12-1997.

VI – para tratar de interesses particulares;
VII – para desempenho de mandato classista.

§ 1º A licença prevista no inciso I do *caput* deste artigo bem como cada uma de suas prorrogações serão precedidas de exame por perícia médica oficial, observado o disposto no art. 204 desta Lei.

▶ § 1º com a redação dada pela Lei nº 11.907, de 2-2-2009.

§ 2º *Revogado*. Lei nº 9.527, de 10-12-1997.

Art. 82. A licença concedida dentro de 60 (sessenta) dias do término de outra da mesma espécie será considerada como prorrogação.

SEÇÃO II

DA LICENÇA POR MOTIVO DE DOENÇA EM PESSOA DA FAMÍLIA

Art. 83. Poderá ser concedida licença ao servidor por motivo de doença do cônjuge ou companheiro, dos pais, dos filhos, do padrasto ou madrasta e enteado, ou dependente que viva a suas expensas e conste do seu assentamento funcional, mediante comprovação por perícia médica oficial.

▶ *Caput* com a redação dada pela Lei nº 11.907, de 2-2-2009.
▶ Art. 9º do Dec. nº 7.003, de 9-11-2009, que regulamenta a licença para tratamento de saúde do servidor da administração federal direta, autárquica e fundacional e os casos em que poderá ser dispensada a perícia oficial.

§ 1º A licença somente será deferida se a assistência direta do servidor for indispensável e não puder ser prestada simultaneamente com o exercício do cargo ou mediante compensação de horário, na forma do disposto no inciso II do art. 44.

▶ § 1º com a redação dada pela Lei nº 9.527, de 10-12-1997.

§ 2º A licença de que trata o *caput*, incluídas as prorrogações, poderá ser concedida a cada período de doze meses nas seguintes condições:

I – por até 60 (sessenta) dias, consecutivos ou não, mantida a remuneração do servidor; e
II – por até 90 (noventa) dias, consecutivos ou não, sem remuneração.

§ 3º O início do interstício de 12 (doze) meses será contado a partir da data do deferimento da primeira licença concedida.

§ 4º A soma das licenças remuneradas e das licenças não remuneradas, incluídas as respectivas prorrogações, concedidas em um mesmo período de 12 (doze) meses, observado o disposto no § 3º, não poderá ultrapassar os limites estabelecidos nos incisos I e II do § 2º.

▶ §§ 2º a 4º com a redação dada pela Lei nº 12.269, de 21-6-2010.

Seção III
DA LICENÇA POR MOTIVO DE AFASTAMENTO DO CÔNJUGE

Art. 84. Poderá ser concedida licença ao servidor para acompanhar cônjuge ou companheiro que foi deslocado para outro ponto do território nacional, para o exterior ou para o exercício de mandato eletivo dos Poderes Executivo e Legislativo.

▶ Res. do CJF nº 498, de 20-3-2006, regulamenta a licença de que trata este artigo.

§ 1º A licença será por prazo indeterminado e sem remuneração.

§ 2º No deslocamento de servidor cujo cônjuge ou companheiro também seja servidor público, civil ou militar, de qualquer dos Poderes da União, dos Estados, do Distrito Federal e dos Municípios, poderá haver exercício provisório em órgão ou entidade da Administração Federal direta, autárquica ou fundacional, desde que para o exercício de atividade compatível com o seu cargo.

▶ § 2º com a redação dada pela Lei nº 9.527, de 10-12-1997.
▶ Art. 142, § 3º, da CF.

Seção IV
DA LICENÇA PARA O SERVIÇO MILITAR

Art. 85. Ao servidor convocado para o serviço militar será concedida licença, na forma e condições previstas na legislação específica.

Parágrafo único. Concluído o serviço militar, o servidor terá até 30 (trinta) dias sem remuneração para reassumir o exercício do cargo.

Seção V
DA LICENÇA PARA ATIVIDADE POLÍTICA

Art. 86. O servidor terá direito a licença, sem remuneração, durante o período que mediar entre a sua escolha em convenção partidária, como candidato a cargo eletivo, e a véspera do registro de sua candidatura perante a Justiça Eleitoral.

§ 1º O servidor candidato a cargo eletivo na localidade onde desempenha suas funções e que exerça cargo de direção, chefia, assessoramento, arrecadação ou fiscalização, dele será afastado, a partir do dia imediato ao do registro de sua candidatura perante a Justiça Eleitoral, até o décimo dia seguinte ao do pleito.

§ 2º A partir do registro da candidatura e até o décimo dia seguinte ao da eleição, o servidor fará jus à licença, assegurados os vencimentos do cargo efetivo, somente pelo período de três meses.

▶ §§ 1º e 2º com a redação dada pela Lei nº 9.527, de 10-12-1997.

Seção VI
DA LICENÇA PARA CAPACITAÇÃO

▶ Denominação da Seção dada pela Lei nº 9.527, de 10-12-1997.
▶ Dec. nº 5.707, de 23-2-2006, regulamenta esta Seção.

Art. 87. Após cada quinquênio de efetivo exercício, o servidor poderá, no interesse da Administração, afastar-se do exercício do cargo efetivo, com a respectiva remuneração, por até três meses, para participar de curso de capacitação profissional.

▶ Art. 10 do Dec. nº 5.707, de 23-2-2006, regulamenta este artigo.

Parágrafo único. Os períodos de licença de que trata o *caput* não são acumuláveis.

▶ Art. 87 com a redação dada pela Lei nº 9.527, de 10-12-1997.

Arts. 88 e 89. *Revogados.* Lei nº 9.527, de 10-12-1997.

Art. 90. VETADO.

Seção VII
DA LICENÇA PARA TRATAR DE INTERESSES PARTICULARES

Art. 91. A critério da Administração, poderão ser concedidas ao servidor ocupante de cargo efetivo, desde que não esteja em estágio probatório, licenças para o trato de assuntos particulares pelo prazo de até três anos consecutivos, sem remuneração.

Parágrafo único. A licença poderá ser interrompida, a qualquer tempo, a pedido do servidor ou no interesse do serviço.

▶ Art. 91 com a redação dada pela MP nº 2.225-45, de 4-9-2001, que até o encerramento desta edição não havia sido convertida em Lei.

Seção VIII
DA LICENÇA PARA O DESEMPENHO DE MANDATO CLASSISTA

Art. 92. É assegurado ao servidor o direito à licença sem remuneração para o desempenho de mandato em confederação, federação, associação de classe de âmbito nacional, sindicato representativo da categoria ou entidade fiscalizadora da profissão ou, ainda, para participar de gerência ou administração em sociedade cooperativa constituída por servidores públicos para prestar serviços a seus membros, observado o disposto na alínea c do inciso VIII do art. 102 desta Lei, conforme disposto em regulamento e observados os seguintes limites:

▶ *Caput* com a redação dada pela Lei nº 11.094, de 13-1-2005.
▶ Dec. nº 2.066, de 12-11-1996, regulamenta este artigo.

I – para entidades com até 5.000 associados, um servidor;
II – para entidades com 5.001 a 30.000 associados, dois servidores;
III – para entidades com mais de 30.000 associados, três servidores.

▶ Incisos I a III acrescidos pela Lei nº 9.527, de 10-12-1997.

§ 1º Somente poderão ser licenciados servidores eleitos para cargos de direção ou representação nas referidas entidades, desde que cadastradas no Ministério da Administração Federal e Reforma do Estado.

▶ § 1º com a redação dada pela Lei nº 9.527, de 10-12-1997.

§ 2º A licença terá duração igual à do mandato, podendo ser prorrogada, no caso de reeleição, e por uma única vez.

▶ A alteração que seria inserida neste § 2º pela Lei nº 11.501, de 11-7-2007, foi vetada, razão pela qual mantivemos a sua redação.

Capítulo V

DOS AFASTAMENTOS

Seção I

DO AFASTAMENTO PARA SERVIR A OUTRO ÓRGÃO OU ENTIDADE

Art. 93. O servidor poderá ser cedido para ter exercício em outro órgão ou entidade dos Poderes da União, dos Estados, ou do Distrito Federal e dos Municípios, nas seguintes hipóteses:

▶ *Caput* com a redação dada pela Lei nº 8.270, de 17-12-1991.
▶ Dec. nº 4.050, de 12-12-2001, regulamenta este artigo.

I – para exercício de cargo em comissão ou função de confiança;
II – em casos previstos em leis específicas.

▶ Incisos I e II com a redação dada pela Lei nº 8.270, de 17-12-1991.

§ 1º Na hipótese do inciso I, sendo a cessão para órgãos ou entidades dos Estados, do Distrito Federal ou dos Municípios, o ônus da remuneração será do órgão ou entidade cessionária, mantido o ônus para o cedente nos demais casos.

▶ § 1º com a redação dada pela Lei nº 8.270, de 17-12-1991.

§ 2º Na hipótese de o servidor cedido a empresa pública ou sociedade de economia mista, nos termos das respectivas normas, optar pela remuneração do cargo efetivo ou pela remuneração do cargo efetivo acrescida de percentual da retribuição do cargo em comissão, a entidade cessionária efetuará o reembolso das despesas realizadas pelo órgão ou entidade de origem.

▶ § 2º com a redação dada pela Lei nº 11.355, de 19-10-2006.

§ 3º A cessão far-se-á mediante Portaria publicada no *Diário Oficial da União*.

▶ § 3º com a redação dada pela Lei nº 8.270, de 17-12-1991.

§ 4º Mediante autorização expressa do Presidente da República, o servidor do Poder Executivo poderá ter exercício em outro órgão da Administração Federal direta que não tenha quadro próprio de pessoal, para fim determinado e a prazo certo.

▶ § 4º acrescido pela Lei nº 8.270, de 17-12-1991.

§ 5º Aplica-se à União, em se tratando de empregado ou servidor por ela requisitado, as disposições dos §§ 1º e 2º deste artigo.

▶ § 5º com a redação dada pela Lei nº 10.470, de 25-6-2002.

§ 6º As cessões de empregados de empresa pública ou de sociedade de economia mista, que receba recursos de Tesouro Nacional para o custeio total ou parcial da sua folha de pagamento de pessoal, independem das disposições contidas nos incisos I e II e §§ 1º e 2º deste artigo, ficando o exercício do empregado cedido condicionado a autorização específica do Ministério do Planejamento, Orçamento e Gestão, exceto nos casos de ocupação de cargo em comissão ou função gratificada.

§ 7º O Ministério do Planejamento, Orçamento e Gestão, com a finalidade de promover a composição da força de trabalho dos órgãos e entidades da Administração Pública Federal, poderá determinar a lotação ou o exercício de empregado ou servidor, independentemente da observância do constante no inciso I e nos §§ 1º e 2º deste artigo.

▶ §§ 6º e 7º acrescidos pela Lei nº 10.470, de 25-6-2002.
▶ Dec. nº 5.375, de 17-2-2005, dispõe sobre a aplicação deste parágrafo, para compor força de trabalho no âmbito dos projetos que especifica.

Seção II

DO AFASTAMENTO PARA EXERCÍCIO DE MANDATO ELETIVO

Art. 94. Ao servidor investido em mandato eletivo aplicam-se as seguintes disposições:

I – tratando-se de mandato federal, estadual ou distrital, ficará afastado do cargo;
II – investido no mandato de Prefeito, será afastado do cargo, sendo-lhe facultado optar pela sua remuneração;
III – investido no mandato de vereador:

a) havendo compatibilidade de horário, perceberá as vantagens de seu cargo, sem prejuízo da remuneração do cargo eletivo;
b) não havendo compatibilidade de horário, será afastado do cargo, sendo-lhe facultado optar pela sua remuneração.

§ 1º No caso de afastamento do cargo, o servidor contribuirá para a seguridade social como se em exercício estivesse.

§ 2º O servidor investido em mandato eletivo ou classista não poderá ser removido ou redistribuído de ofício para localidade diversa daquela onde exerce o mandato.

Seção III

DO AFASTAMENTO PARA ESTUDO OU MISSÃO NO EXTERIOR

Art. 95. O servidor não poderá ausentar-se do País para estudo ou missão oficial, sem autorização do Presidente da República, Presidente dos Órgãos do Poder Legislativo e Presidente do Supremo Tribunal Federal.

§ 1º A ausência não excederá a 4 (quatro) anos, e finda a missão ou estudo, somente decorrido igual período, será permitida nova ausência.

§ 2º Ao servidor beneficiado pelo disposto neste artigo não será concedida exoneração ou licença para tratar de interesse particular antes de decorrido período igual ao do afastamento, ressalvada a hipótese de ressarcimento da despesa havida com seu afastamento.

§ 3º O disposto neste artigo não se aplica aos servidores da carreira diplomática.

§ 4º As hipóteses, condições e formas para a autorização de que trata este artigo, inclusive no que se refere à remuneração do servidor, serão disciplinadas em regulamento.

▶ § 4º acrescido pela Lei nº 9.527, de 10-12-1997.

Art. 96. O afastamento de servidor para servir em organismo internacional de que o Brasil participe ou com o qual coopere dar-se-á com perda total da remuneração.

▶ Dec. nº 201, de 26-8-1991, que dispõe sobre o afastamento de servidores federais para servir em organismos internacionais.

▶ Dec. nº 3.456, de 10-5-2000, delega competência ao Ministro de Estado do Planejamento, Orçamento e Gestão para a prática do ato que menciona.

Seção IV
DO AFASTAMENTO PARA PARTICIPAÇÃO EM PROGRAMA DE PÓS-GRADUAÇÃO STRICTO SENSU NO PAÍS

▶ Seção IV com a redação dada pela Lei nº 11.907, de 2-2-2009.

Art. 96-A. O servidor poderá, no interesse da Administração, e desde que a participação não possa ocorrer simultaneamente com o exercício do cargo ou mediante compensação de horário, afastar-se do exercício do cargo efetivo, com a respectiva remuneração, para participar em programa de pós-graduação *stricto sensu* em instituição de ensino superior no País.

▶ *Caput* com a redação dada pela Lei nº 11.907, de 2-2-2009.

§ 1º Ato do dirigente máximo do órgão ou entidade definirá, em conformidade com a legislação vigente, os programas de capacitação e os critérios para participação em programas de pós-graduação no País, com ou sem afastamento do servidor, que serão avaliados por um comitê constituído para este fim.

§ 2º Os afastamentos para realização de programas de mestrado e doutorado somente serão concedidos aos servidores titulares de cargos efetivos no respectivo órgão ou entidade há pelo menos 3 (três) anos para mestrado e 4 (quatro) anos para doutorado, incluído o período de estágio probatório, que não tenham se afastado por licença para tratar de assuntos particulares para gozo de licença capacitação ou com fundamento neste artigo nos 2 (dois) anos anteriores à data da solicitação de afastamento.

▶ §§ 1º e 2º com a redação dada pela Lei nº 11.907, de 2-2-2009.

§ 3º Os afastamentos para realização de programas de pós-doutorado somente serão concedidos aos servidores titulares de cargos efetivo no respectivo órgão ou entidade há pelo menos quatro anos, incluído o período de estágio probatório, e que não tenham se afastado por licença para tratar de assuntos particulares ou com fundamento neste artigo, nos quatro anos anteriores à data da solicitação de afastamento.

▶ § 3º com a redação dada pela Lei nº 12.269, de 21-6-2010.

§ 4º Os servidores beneficiados pelos afastamentos previstos nos §§ 1º, 2º e 3º deste artigo terão que permanecer no exercício de suas funções após o seu retorno por um período igual ao do afastamento concedido.

§ 5º Caso o servidor venha a solicitar exoneração do cargo ou aposentadoria, antes de cumprido o período de permanência previsto no § 4º deste artigo, deverá ressarcir o órgão ou entidade, na forma do art. 47 da Lei nº 8.112, de 11 de dezembro de 1990, dos gastos com seu aperfeiçoamento.

§ 6º Caso o servidor não obtenha o título ou grau que justificou seu afastamento no período previsto, aplica-se o disposto no § 5º deste artigo, salvo na hipótese comprovada de força maior ou de caso fortuito, a critério do dirigente máximo do órgão ou entidade.

§ 7º Aplica-se à participação em programa de pós-graduação no Exterior, autorizado nos termos do art. 95 desta Lei, o disposto nos §§ 1º a 6º deste artigo.

▶ §§ 4º a 7º com a redação dada pela Lei nº 11.907, de 2-2-2009.

Capítulo VI
DAS CONCESSÕES

Art. 97. Sem qualquer prejuízo, poderá o servidor ausentar-se do serviço:

I – por 1 (um) dia, para doação de sangue;
II – por 2 (dois) dias, para se alistar como eleitor;
III – por 8 (oito) dias consecutivos em razão de:

a) casamento;
b) falecimento do cônjuge, companheiro, pais, madrasta ou padrasto, filhos, enteados, menor sob guarda ou tutela e irmãos.

Art. 98. Será concedido horário especial ao servidor estudante, quando comprovada a incompatibilidade entre o horário escolar e o da repartição, sem prejuízo do exercício do cargo.

§ 1º Para efeito do disposto neste artigo, será exigida a compensação de horário no órgão ou entidade que tiver exercício, respeitada a duração semanal do trabalho.

▶ § 1º renumerado e alterado pela Lei nº 9.527, de 10-12-1997.

§ 2º Também será concedido horário especial ao servidor portador de deficiência, quando comprovada a necessidade por junta médica oficial, independentemente de compensação de horário.

§ 3º As disposições do parágrafo anterior são extensivas ao servidor que tenha cônjuge, filho ou dependente portador de deficiência física, exigindo-se, porém, neste caso, compensação de horário na forma do inciso II do art. 44.

▶ §§ 2º e 3º acrescidos pela Lei nº 9.527, de 10-12-1997.

§ 4º Será igualmente concedido horário especial, vinculado à compensação de horário a ser efetivada no prazo de até 1 (um) ano, ao servidor que desempenhe atividade prevista nos incisos I e II do *caput* do art. 76-A desta Lei.

▶ § 4º com a redação dada pela Lei nº 11.501, de 11-7-2007.

Art. 99. Ao servidor estudante que mudar de sede no interesse da administração é assegurada, na localidade da nova residência ou na mais próxima, matrícula em instituição de ensino congênere, em qualquer época, independentemente de vaga.

Parágrafo único. O disposto neste artigo estende-se ao cônjuge ou companheiro, aos filhos, ou enteados do servidor que vivam na sua companhia, bem como aos menores sob sua guarda, com autorização judicial.

Capítulo VII
DO TEMPO DE SERVIÇO

▶ Art. 40, §§ 9º e 10, da CF.

Art. 100. É contado para todos os efeitos o tempo de serviço público federal, inclusive o prestado às Forças Armadas.

Art. 101. A apuração do tempo de serviço será feita em dias, que serão convertidos em anos, considerado o ano como de trezentos e sessenta e cinco dias.

Parágrafo único. *Revogado.* Lei nº 9.527, de 10-12-1997.

Art. 102. Além das ausências ao serviço previstas no art. 97, são considerados como de efetivo exercício os afastamentos em virtude de:

I – férias;
II – exercício de cargo em comissão ou equivalente, em órgão ou entidade dos Poderes da União, dos Estados, Municípios e Distrito Federal;
III – exercício de cargo ou função de governo ou administração, em qualquer parte do território nacional, por nomeação do Presidente da República;
IV – participação em programa de treinamento regularmente instituído ou em programa de pós-graduação *stricto sensu* no País, conforme dispuser o regulamento;

▶ Inciso IV com a redação dada pela Lei nº 11.907, de 2-2-2009.
▶ Art. 9º do Dec. nº 5.707, de 23-2-2006, que regulamenta este inciso.

V – desempenho de mandato eletivo federal, estadual, municipal ou do Distrito Federal, exceto para promoção por merecimento;
VI – júri e outros serviços obrigatórios por lei;
VII – missão ou estudo no exterior, quando autorizado o afastamento, conforme dispuser o regulamento;

▶ Inciso VII com a redação dada pela Lei nº 9.527, de 10-12-1997.

VIII – licença:

a) à gestante, à adotante e à paternidade;
b) para tratamento da própria saúde, até o limite de vinte e quatro meses, cumulativo ao longo do tempo de serviço público prestado à União, em cargo de provimento efetivo;

▶ Alínea *b* com a redação dada pela Lei nº 9.527, de 10-12-1997.

c) para o desempenho de mandato classista ou participação de gerência ou administração em sociedade cooperativa constituída por servidores para prestar serviços a seus membros, exceto para efeito de promoção por merecimento;

▶ Alínea *c* com a redação dada pela Lei nº 11.094, de 13-1-2005.

d) por motivo de acidente em serviço ou doença profissional;
e) para capacitação, conforme dispuser o regulamento;

▶ Alínea *e* com a redação dada pela Lei nº 9.527, de 10-12-1997.

f) por convocação para o serviço militar;

IX – deslocamento para a nova sede de que trata o art. 18;
X – participação em competição desportiva nacional ou convocação para integrar representação desportiva nacional, no País ou no exterior, conforme disposto em lei específica;
XI – afastamento para servir em organismo internacional de que o Brasil participe ou com o qual coopere.

▶ Inciso XI com a redação dada pela Lei nº 9.527, de 10-12-1997.

Art. 103. Contar-se-á apenas para efeito de aposentadoria e disponibilidade:

I – o tempo de serviço público prestado aos Estados, Municípios e Distrito Federal;
II – a licença para tratamento de saúde de pessoal da família do servidor, com remuneração, que exceder a 30 (trinta) dias em período de 12 (doze) meses.

▶ Inciso II com a redação dada pela Lei nº 12.269, de 21-6-2010.

III – a licença para atividade política, no caso do art. 86, § 2º;
IV – o tempo correspondente ao desempenho de mandato eletivo federal, estadual, municipal ou distrital, anterior ao ingresso no serviço público federal;
V – o tempo de serviço em atividade privada, vinculada à Previdência Social;
VI – o tempo de serviço relativo a tiro de guerra;
VII – o tempo de licença para tratamento da própria saúde que exceder o prazo a que se refere a alínea *b* do inciso VIII do art. 102.

▶ Inciso VII acrescido pela Lei nº 9.527, de 10-12-1997.

§ 1º O tempo em que o servidor esteve aposentado será contado apenas para nova aposentadoria.

§ 2º Será contado em dobro o tempo de serviço prestado às Forças Armadas em operações de guerra.

§ 3º É vedada a contagem cumulativa de tempo de serviço prestado concomitantemente em mais de um cargo ou função de órgão ou entidades dos Poderes da União, Estado, Distrito Federal e Município, autarquia, fundação pública, sociedade de economia mista e empresa pública.

CAPÍTULO VIII

DO DIREITO DE PETIÇÃO

Art. 104. É assegurado ao servidor o direito de requerer aos Poderes Públicos, em defesa de direito ou interesse legítimo.

Art. 105. O requerimento será dirigido à autoridade competente para decidi-lo e encaminhado por intermédio daquela a que estiver imediatamente subordinado o requerente.

Art. 106. Cabe pedido de reconsideração à autoridade que houver expedido o ato ou proferido a primeira decisão, não podendo ser renovado.

Parágrafo único. O requerimento e o pedido de reconsideração de que tratam os artigos anteriores deverão ser despachados no prazo de 5 (cinco) dias e decididos dentro de 30 (trinta) dias.

Art. 107. Caberá recurso:

I – do indeferimento do pedido de reconsideração;
II – das decisões sobre os recursos sucessivamente interpostos.

§ 1º O recurso será dirigido à autoridade imediatamente superior a que tiver expedido o ato ou proferido a decisão, e, sucessivamente, em escala ascendente, às demais autoridades.

§ 2º O recurso será encaminhado por intermédio da autoridade a que estiver imediatamente subordinado o requerente.

Art. 108. O prazo para interposição de pedido de reconsideração ou de recurso é de 30 (trinta) dias, a contar da publicação ou da ciência, pelo interessado, da decisão recorrida.

Art. 109. O recurso poderá ser recebido com efeito suspensivo, a juízo da autoridade competente.

Parágrafo único. Em caso de provimento do pedido de reconsideração ou do recurso, os efeitos da decisão retroagirão à data do ato impugnado.

Art. 110. O direito de requerer prescreve:

I – em 5 (cinco) anos, quanto aos atos de demissão e de cassação de aposentadoria ou disponibilidade, ou que afetem interesse patrimonial e créditos resultantes das relações de trabalho;

II – em 120 (cento e vinte) dias, nos demais casos, salvo quando outro prazo for fixado em lei.

Parágrafo único. O prazo de prescrição será contado da data da publicação do ato impugnado ou da data da ciência pelo interessado, quando o ato não for publicado.

Art. 111. O pedido de reconsideração e o recurso, quando cabíveis, interrompem a prescrição.

Art. 112. A prescrição é de ordem pública, não podendo ser relevada pela administração.

Art. 113. Para o exercício do direito de petição, é assegurada vista do processo ou documento, na repartição, ao servidor ou a procurador por ele constituído.

Art. 114. A administração deverá rever seus atos, a qualquer tempo, quando eivados de ilegalidade.

Art. 115. São fatais e improrrogáveis os prazos estabelecidos neste Capítulo, salvo motivo de força maior.

▶ Arts. 53 e 54 da Lei nº 9.784, de 29-1-1999 (Lei do Processo Administrativo Federal).

TÍTULO IV – DO REGIME DISCIPLINAR

Capítulo I

DOS DEVERES

▶ Dec. nº 1.171, de 22-6-1994, aprova o Código de Ética Profissional do Servidor Público Civil do Poder Executivo Federal.

Art. 116. São deveres do servidor:

▶ Art. 312 e seguintes do CP.

▶ Lei nº 8.027, de 12-4-1990, dispõe sobre as normas de conduta dos servidores públicos civis da União, das Autarquias e das Fundações Públicas.

▶ Lei nº 8.429, de 2-7-1992 (Lei da Improbidade Administrativa).

I – exercer com zelo e dedicação as atribuições do cargo;
II – ser leal às instituições a que servir;
III – observar as normas legais e regulamentares;
IV – cumprir as ordens superiores, exceto quando manifestamente ilegais;
V – atender com presteza:

a) ao público em geral, prestando as informações requeridas, ressalvadas as protegidas por sigilo;
b) à expedição de certidões requeridas para defesa de direito ou esclarecimento de situações de interesse pessoal;
c) às requisições para a defesa da Fazenda Pública;

VI – levar as irregularidades de que tiver ciência em razão do cargo ao conhecimento da autoridade superior ou, quando houver suspeita de envolvimento desta, ao conhecimento de outra autoridade competente para apuração;

▶ Inciso VI com a redação dada pela Lei nº 12.527, de 18-11-2011, para vigorar 180 dias após a data de sua publicação (DOU de 18-11-2011, edição extra).

VII – zelar pela economia do material e a conservação do patrimônio público;
VIII – guardar sigilo sobre assunto da repartição;
IX – manter conduta compatível com a moralidade administrativa;
X – ser assíduo e pontual ao serviço;
XI – tratar com urbanidade as pessoas;
XII – representar contra ilegalidade, omissão ou abuso de poder.

Parágrafo único. A representação de que trata o inciso XII será encaminhada pela via hierárquica e apreciada pela autoridade superior àquela contra a qual é formulada, assegurando-se ao representando ampla defesa.

Capítulo II

DAS PROIBIÇÕES

▶ Dec. nº 1.171, de 22-6-1994, aprova o Código de Ética Profissional do Servidor Público Civil do Poder Executivo Federal.

Art. 117. Ao servidor é proibido:

I – ausentar-se do serviço durante o expediente, sem prévia autorização do chefe imediato;

▶ Dec. nº 1.480, de 3-5-1995, dispõe sobre os procedimentos a serem adotados em casos de paralisações dos serviços públicos federais, enquanto não regulado o disposto no art. 37, VII, da CF.

II – retirar, sem prévia anuência da autoridade competente, qualquer documento ou objeto da repartição;
III – recusar fé a documentos públicos;
IV – opor resistência injustificada ao andamento de documento e processo ou execução de serviço;
V – promover manifestação de apreço ou desapreço no recinto da repartição;
VI – cometer a pessoa estranha à repartição, fora dos casos previstos em lei, o desempenho de atribuição que seja de sua responsabilidade ou de seu subordinado;
VII – coagir ou aliciar subordinados no sentido de filiarem-se a associação profissional ou sindical, ou a partido político;
VIII – manter sob sua chefia imediata, em cargo ou função de confiança, cônjuge, companheiro ou parente até o segundo grau civil;

▶ Dec. nº 7.203, de 4-6-2010, dispõe sobre a vedação do nepotismo no âmbito da administração pública federal.

IX – valer-se do cargo para lograr proveito pessoal ou de outrem, em detrimento da dignidade da função pública;
X – participar de gerência ou administração de sociedade privada, personificada ou não personificada, exercer o comércio, exceto na qualidade de acionista, cotista ou comanditário;

▶ Inciso X com a redação dada pela Lei nº 11.784, de 23-9-2008.

XI – atuar, como procurador ou intermediário, junto a repartições públicas, salvo quando se tratar de benefícios previdenciários ou assistenciais de parentes até o segundo grau, e de cônjuge ou companheiro;
XII – receber propina, comissão, presente ou vantagem de qualquer espécie, em razão de suas atribuições;
XIII – aceitar comissão, emprego ou pensão de estado estrangeiro;
XIV – praticar usura sob qualquer de suas formas;
XV – proceder de forma desidiosa;
XVI – utilizar pessoal ou recursos materiais da repartição em serviços ou atividades particulares;
XVII – cometer a outro servidor atribuições estranhas ao cargo que ocupa, exceto em situações de emergência e transitórias;
XVIII – exercer quaisquer atividades que sejam incompatíveis com o exercício do cargo ou função e com o horário de trabalho;
XIX – recusar-se a atualizar seus dados cadastrais quando solicitado.

▶ Inciso XIX acrescido pela Lei nº 9.527, de 10-12-1997.

Parágrafo único. A vedação de que trata o inciso X do caput deste artigo não se aplica nos seguintes casos:

I – participação nos conselhos de administração e fiscal de empresas ou entidades em que a União detenha, direta ou indiretamente, participação no capital social ou em sociedade cooperativa constituída para prestar serviços a seus membros; e
II – gozo de licença para o trato de interesses particulares, na forma do art. 91 desta Lei, observada a legislação sobre conflito de interesses.

▶ Parágrafo único com a redação dada pela Lei nº 11.784, de 23-9-2008.

Capítulo III

DA ACUMULAÇÃO

Art. 118. Ressalvados os casos previstos na Constituição, é vedada a acumulação remunerada de cargos públicos.

▶ Art. 37, XVII, da CF.

§ 1º A proibição de acumular estende-se a cargos, empregos e funções em autarquias, fundações públicas, empresas públicas, sociedades de economia mista da União, do Distrito Federal, dos Estados, dos Territórios e dos Municípios.

§ 2º A acumulação de cargos, ainda que lícita, fica condicionada à comprovação da compatibilidade de horários.

§ 3º Considera-se acumulação proibida a percepção de vencimento de cargo ou emprego público efetivo com proventos da inatividade, salvo quando os cargos de que decorrem essas remunerações forem acumuláveis na atividade.

▶ § 3º acrescido pela Lei nº 9.527, de 10-12-1997.

Art. 119. O servidor não poderá exercer mais de um cargo em comissão, exceto no caso previsto no parágrafo único do art. 9º, nem ser remunerado pela participação em órgão de deliberação coletiva.

▶ Caput com a redação dada pela Lei nº 9.527, de 10-12-1997.

Parágrafo único. O disposto neste artigo não se aplica à remuneração devida pela participação em conselhos de administração e fiscal das empresas públicas e sociedades de economia mista, suas subsidiárias e controladas, bem como quaisquer empresas ou entidades em que a União, direta ou indiretamente, detenha participação no capital social, observado o que, a respeito, dispuser legislação específica.

▶ Parágrafo único com a redação dada pela MP nº 2.225-45, de 4-9-2001, que até o encerramento desta edição não havia sido convertida em Lei.

Art. 120. O servidor vinculado ao regime desta Lei, que acumular licitamente dois cargos efetivos, quando investido em cargo de provimento em comissão, ficará afastado de ambos os cargos efetivos, salvo na hipótese em que houver compatibilidade de horário e local com o exercício de um deles, declarada pelas autoridades máximas dos órgãos ou entidades envolvidos.

▶ Artigo com a redação dada pela Lei nº 9.527, de 10-12-1997.

Capítulo IV

DAS RESPONSABILIDADES

Art. 121. O servidor responde civil, penal e administrativamente pelo exercício irregular de suas atribuições.

Art. 122. A responsabilidade civil decorre de ato omissivo ou comissivo, doloso ou culposo, que resulte em prejuízo ao erário ou a terceiros.

▶ Art. 37, § 6º, da CF.

§ 1º A indenização de prejuízo dolosamente causado ao erário somente será liquidada na forma prevista no art. 46, na falta de outros bens que assegurem a execução do débito pela via judicial.

§ 2º Tratando-se de dano causado a terceiros, responderá o servidor perante a Fazenda Pública, em ação regressiva.

§ 3º A obrigação de reparar o dano estende-se aos sucessores e contra eles será executada, até o limite do valor da herança recebida.

Art. 123. A responsabilidade penal abrange os crimes e contravenções imputadas ao servidor, nessa qualidade.

Art. 124. A responsabilidade civil administrativa resulta de ato omissivo ou comissivo praticado no desempenho do cargo ou função.

Art. 125. As sanções civis, penais e administrativas poderão cumular-se, sendo independentes entre si.

Art. 126. A responsabilidade administrativa do servidor será afastada no caso de absolvição criminal que negue a existência do fato ou sua autoria.

Art. 126-A. *Nenhum servidor poderá ser responsabilizado civil, penal ou administrativamente por dar ciência à autoridade superior ou, quando houver suspeita de envolvimento desta, a outra autoridade competente para apuração de informação concernente à prática de crimes ou improbidade de que tenha conhecimento, ainda que em decorrência do exercício de cargo, emprego ou função pública.*

▶ Artigo acrescido pela Lei nº 12.527, de 18-11-2011, para vigorar 180 dias após a data de sua publicação (DOU de 18-11-2011, edição extra).

Capítulo V
DAS PENALIDADES

Art. 127. São penalidades disciplinares:

I – advertência;
II – suspensão;
III – demissão;
IV – cassação de aposentadoria ou disponibilidade;
V – destituição de cargo em comissão;
VI – destituição de função comissionada.

Art. 128. Na aplicação das penalidades serão consideradas a natureza e a gravidade da infração cometida, os danos que dela provierem para o serviço público, as circunstâncias agravantes ou atenuantes e os antecedentes funcionais.

Parágrafo único. O ato de imposição da penalidade mencionará sempre o fundamento legal e a causa da sanção disciplinar.

▶ Parágrafo único acrescido pela Lei nº 9.527, de 10-12-1997.

Art. 129. A advertência será aplicada por escrito, nos casos de violação de proibição constante do art. 117, incisos I a VIII e XIX, e de inobservância de dever funcional previsto em lei, regulamentação ou norma interna, que não justifique imposição de penalidade mais grave.

▶ Artigo com a redação dada pela Lei nº 9.527, de 10-12-1997.

Art. 130. A suspensão será aplicada em caso de reincidência das faltas punidas com advertência e de violação das demais proibições que não tipifiquem infração sujeita à penalidade de demissão, não podendo exceder de 90 (noventa) dias.

§ 1º Será punido com suspensão de até 15 (quinze) dias o servidor que, injustificadamente, recusar-se a ser submetido à inspeção médica determinada pela autoridade competente, cessando os efeitos da penalidade uma vez cumprida a determinação.

§ 2º Quando houver conveniência para o serviço, a penalidade de suspensão poderá ser convertida em multa, na base de 50% (cinquenta por cento) por dia de vencimento ou remuneração, ficando o servidor obrigado a permanecer em serviço.

Art. 131. As penalidades de advertência e de suspensão terão seus registros cancelados, após o decurso de 3 (três) e 5 (cinco) anos de efetivo exercício, respectivamente, se o servidor não houver, nesse período, praticado nova infração disciplinar.

Parágrafo único. O cancelamento da penalidade não surtirá efeitos retroativos.

Art. 132. A demissão será aplicada nos seguintes casos:

I – crime contra a administração pública;

▶ Art. 312 e seguintes do CP.

II – abandono de cargo;
III – inassiduidade habitual;
IV – improbidade administrativa;
V – incontinência pública e conduta escandalosa, na repartição;
VI – insubordinação grave em serviço;
VII – ofensa física, em serviço, a servidor ou a particular, salvo em legítima defesa própria ou de outrem;
VIII – aplicação irregular de dinheiros públicos;
IX – revelação de segredo do qual se apropriou em razão do cargo;
X – lesão aos cofres públicos e dilapidação do patrimônio nacional;
XI – corrupção;
XII – acumulação ilegal de cargos, empregos ou funções públicas;
XIII – transgressão dos incisos IX a XVI do art. 117.

Art. 133. Detectada a qualquer tempo a acumulação ilegal de cargos, empregos ou funções públicas, a autoridade a que se refere o art. 143 notificará o servidor, por intermédio de sua chefia imediata, para apresentar opção no prazo improrrogável de dez dias, contados da data da ciência e, na hipótese de omissão, adotará procedimento sumário para a sua apuração e regularização imediata, cujo processo administrativo disciplinar se desenvolverá nas seguintes fases:

I – instauração, com a publicação do ato que constituir a comissão, a ser composta por dois servidores estáveis, e simultaneamente indicar a autoria e a materialidade da transgressão objeto da apuração;
II – instrução sumária, que compreende indiciação, defesa e relatório;
III – julgamento.

§ 1º A indicação da autoria de que trata o inciso I dar-se-á pelo nome e matrícula do servidor, e a materialidade pela descrição dos cargos, empregos ou funções públicas em situação de acumulação ilegal, dos órgãos ou entidades de vinculação, das datas de ingresso, do horário de trabalho e do correspondente regime jurídico.

§ 2º A comissão lavrará, até três dias após a publicação do ato que a constituiu, termo de indiciação em que serão transcritas as informações de que trata o parágrafo anterior, bem como promoverá a citação pessoal do servidor indiciado, ou por intermédio de sua chefia imediata, para, no prazo de cinco dias, apresentar defesa escrita, assegurando-se-lhe vista do processo na repartição, observado o disposto nos arts. 163 e 164.

§ 3º Apresentada a defesa, a comissão elaborará relatório conclusivo quanto à inocência ou à responsabilidade do servidor, em que resumirá as peças principais dos autos, opinará sobre a licitude da acumulação em exame, indicará o respectivo dispositivo legal e remeterá o processo à autoridade instauradora, para julgamento.

§ 4º No prazo de cinco dias, contados do recebimento do processo, a autoridade julgadora proferirá a sua decisão, aplicando-se, quando for o caso, o disposto no § 3º do art. 167.

§ 5º A opção pelo servidor até o último dia de prazo para defesa configurará sua boa-fé, hipótese em que se converterá automaticamente em pedido de exoneração do outro cargo.

§ 6º Caracterizada a acumulação ilegal e provada a má-fé, aplicar-se-á a pena de demissão, destituição ou cassação de aposentadoria ou disponibilidade em relação aos cargos, empregos ou funções públicas em regime de acumulação ilegal, hipótese em que os órgãos ou entidades de vinculação serão comunicados.

§ 7º O prazo para a conclusão do processo administrativo disciplinar submetido ao rito sumário não excederá trinta dias, contados da data de publicação do ato que constituir a comissão, admitida a sua prorrogação por até quinze dias, quando as circunstâncias o exigirem.

§ 8º O procedimento sumário rege-se pelas disposições deste artigo, observando-se, no que lhe for aplicável, subsidiariamente, as disposições dos Títulos IV e V desta Lei.

▶ Art. 133 com a redação dada pela Lei nº 9.527, de 10-12-1997.

Art. 134. Será cassada a aposentadoria ou a disponibilidade do inativo que houver praticado, na atividade, falta punível com a demissão.

Art. 135. A destituição de cargo em comissão exercido por não ocupante de cargo efetivo será aplicada nos casos de infração sujeita às penalidades de suspensão e de demissão.

Parágrafo único. Constatada a hipótese de que trata este artigo, a exoneração efetuada nos termos do art. 35 será convertida em destituição de cargo em comissão.

Art. 136. A demissão ou a destituição de cargo em comissão, nos casos dos incisos IV, VIII, X e XI do art. 132, implica a indisponibilidade dos bens e o ressarcimento ao erário, sem prejuízo da ação penal cabível.

Art. 137. A demissão ou a destituição de cargo em comissão, por infringência do art. 117, incisos IX e XI, incompatibiliza o ex-servidor para nova investidura em cargo público federal, pelo prazo de 5 (cinco) anos.

Parágrafo único. Não poderá retornar ao serviço público federal o servidor que for demitido ou destituído do cargo em comissão por infringência do art. 132, incisos I, IV, VIII, X e XI.

Art. 138. Configura abandono de cargo a ausência intencional do servidor ao serviço por mais de trinta dias consecutivos.

Art. 139. Entende-se por inassiduidade habitual a falta ao serviço, sem causa justificada, por sessenta dias, interpoladamente, durante o período de doze meses.

Art. 140. Na apuração de abandono de cargo ou inassiduidade habitual, também será adotado o procedimento sumário a que se refere o art. 133, observando-se especialmente que:

I – a indicação da materialidade dar-se-á:
a) na hipótese de abandono de cargo, pela indicação precisa do período de ausência intencional do servidor ao serviço superior a trinta dias;
b) no caso de inassiduidade habitual, pela indicação dos dias de falta ao serviço sem causa justificada, por período igual ou superior a sessenta dias interpoladamente, durante o período de doze meses;

II – após a apresentação da defesa a comissão elaborará relatório conclusivo quanto à inocência ou à responsabilidade do servidor, em que resumirá as peças principais dos autos, indicará o respectivo dispositivo legal, opinará, na hipótese de abandono de cargo, sobre a intencionalidade da ausência ao serviço superior a trinta dias e remeterá o processo à autoridade instauradora para julgamento.

▶ Art. 140 com a redação dada pela Lei nº 9.527, de 10-12-1997.

Art. 141. As penalidades disciplinares serão aplicadas:

I – pelo Presidente da República, pelos Presidentes das Casas do Poder Legislativo e dos Tribunais Federais e pelo Procurador-Geral da República, quando se tratar de demissão e cassação de aposentadoria ou disponibilidade de servidor vinculado ao respectivo Poder, órgão, ou entidade;

II – pelas autoridades administrativas de hierarquia imediatamente inferior àquelas mencionadas no inciso anterior quando se tratar de suspensão superior a 30 (trinta) dias;

III – pelo chefe da repartição e outras autoridades na forma dos respectivos regimentos ou regulamentos, nos casos de advertência ou de suspensão de até 30 (trinta) dias;

IV – pela autoridade que houver feito a nomeação, quando se tratar de destituição de cargo em comissão.

Art. 142. A ação disciplinar prescreverá:

I – em 5 (cinco) anos, quanto às infrações puníveis com demissão, cassação de aposentadoria ou disponibilidade e destituição de cargo em comissão;

II – em 2 (dois) anos, quanto à suspensão;

III – em 180 (cento e oitenta) dias, quanto à advertência.

§ 1º O prazo de prescrição começa a correr da data em que o fato se tornou conhecido.

§ 2º Os prazos de prescrição previstos na lei penal aplicam-se às infrações disciplinares capituladas também como crime.

§ 3º A abertura de sindicância ou a instauração de processo disciplinar interrompe a prescrição, até a decisão final proferida por autoridade competente.

§ 4º Interrompido o curso da prescrição, o prazo começará a correr a partir do dia em que cessar a interrupção.

▶ Lei nº 9.784, de 29-1-1999 (Lei do Processo Administrativo Federal).

TÍTULO V – DO PROCESSO ADMINISTRATIVO DISCIPLINAR

Capítulo I

DISPOSIÇÕES GERAIS

Art. 143. A autoridade que tiver ciência de irregularidade no serviço público é obrigada a promover a sua apuração imediata, mediante sindicância ou processo administrativo disciplinar, assegurada ao acusado ampla defesa.

§§ 1º e 2º *Revogados*. Lei nº 11.204, de 5-12-2005.

§ 3º A apuração de que trata o *caput*, por solicitação da autoridade a que se refere, poderá ser promovida por autoridade de órgão ou entidade diverso daquele em que tenha ocorrido a irregularidade, mediante competência específica para tal finalidade, delegada em caráter permanente ou temporário pelo Presidente da República, pelos presidentes das Casas do Poder Legislativo e dos Tribunais Federais e pelo Procurador-Geral da República, no âmbito do respectivo Poder, órgão ou entidade, preservadas as competências para o julgamento que se seguir à apuração.

▶ § 3º acrescido pela Lei nº 9.527, de 10-12-1997.

Art. 144. As denúncias sobre irregularidades serão objeto de apuração, desde que contenham a identificação e o endereço do denunciante e sejam formuladas por escrito, confirmada a autenticidade.

Parágrafo único. Quando o fato narrado não configurar evidente infração disciplinar ou ilícito penal, a denúncia será arquivada, por falta de objeto.

Art. 145. Da sindicância poderá resultar:

I – arquivamento do processo;
II – aplicação de penalidade de advertência ou suspensão de até 30 (trinta) dias;
III – instauração de processo disciplinar.

Parágrafo único. O prazo para conclusão da sindicância não excederá 30 (trinta) dias, podendo ser prorrogado por igual período, a critério da autoridade superior.

Art. 146. Sempre que o ilícito praticado pelo servidor ensejar a imposição de penalidade de suspensão por mais de 30 (trinta) dias, de demissão, cassação de aposentadoria ou disponibilidade, ou destituição de cargo em comissão, será obrigatória a instauração de processo disciplinar.

CAPÍTULO II

DO AFASTAMENTO PREVENTIVO

Art. 147. Como medida cautelar e a fim de que o servidor não venha a influir na apuração da irregularidade, a autoridade instauradora do processo disciplinar poderá determinar o seu afastamento do exercício do cargo, pelo prazo de até 60 (sessenta) dias, sem prejuízo da remuneração.

Parágrafo único. O afastamento poderá ser prorrogado por igual prazo, findo o qual cessarão os seus efeitos, ainda que não concluído o processo.

CAPÍTULO III

DO PROCESSO DISCIPLINAR

Art. 148. O processo disciplinar é o instrumento destinado a apurar responsabilidade de servidor por infração praticada no exercício de suas atribuições, ou que tenha relação com as atribuições do cargo em que se encontre investido.

► Lei nº 8.429, de 2-6-1992 (Lei da Improbidade Administrativa).

Art. 149. O processo disciplinar será conduzido por comissão composta de três servidores estáveis designados pela autoridade competente, observado o disposto no § 3º do art. 143, que indicará, dentre eles, o seu presidente, que deverá ser ocupante de cargo efetivo superior ou de mesmo nível, ou ter nível de escolaridade igual ou superior ao do indiciado.

► *Caput* com a redação dada pela Lei nº 9.527, de 10-12-1997.

§ 1º A Comissão terá como secretário servidor designado pelo seu presidente, podendo a indicação recair em um de seus membros.

§ 2º Não poderá participar de comissão de sindicância ou de inquérito, cônjuge, companheiro ou parente do acusado, consanguíneo ou afim, em linha reta ou colateral, até o terceiro grau.

Art. 150. A Comissão exercerá suas atividades com independência e imparcialidade, assegurado o sigilo necessário à elucidação do fato ou exigido pelo interesse da administração.

Parágrafo único. As reuniões e as audiências das comissões terão caráter reservado.

Art. 151. O processo disciplinar se desenvolve nas seguintes fases:

I – instauração, com a publicação do ato que constituir a comissão;
II – inquérito administrativo, que compreende instrução, defesa e relatório;
III – julgamento.

Art. 152. O prazo para a conclusão do processo disciplinar não excederá 60 (sessenta) dias, contados da data de publicação do ato que constituir a comissão, admitida a sua prorrogação por igual prazo, quando as circunstâncias o exigirem.

§ 1º Sempre que necessário, a comissão dedicará tempo integral aos seus trabalhos, ficando seus membros dispensados do ponto, até a entrega do relatório final.

§ 2º As reuniões da comissão serão registradas em atas que deverão detalhar as deliberações adotadas.

SEÇÃO I

DO INQUÉRITO

Art. 153. O inquérito administrativo obedecerá ao princípio do contraditório, assegurada ao acusado ampla defesa, com a utilização dos meios e recursos admitidos em direito.

Art. 154. Os autos da sindicância integrarão o processo disciplinar, como peça informativa da instrução.

Parágrafo único. Na hipótese de o relatório da sindicância concluir que a infração está capitulada como ilícito penal, a autoridade competente encaminhará cópia dos autos ao Ministério Público, independentemente da imediata instauração do processo disciplinar.

Art. 155. Na fase do inquérito, a comissão promoverá a tomada de depoimentos, acareações, investigações e diligências cabíveis, objetivando a coleta de prova, recorrendo, quando necessário, a técnicos e peritos, de modo a permitir a completa elucidação dos fatos.

Art. 156. É assegurado ao servidor o direito de acompanhar o processo pessoalmente ou por intermédio de procurador, arrolar e reinquirir testemunhas, produzir provas e contraprovas e formular quesitos, quando se tratar de prova pericial.

§ 1º O presidente da comissão poderá denegar pedidos considerados impertinentes, meramente protelatórios, ou de nenhum interesse para o esclarecimento dos fatos.

§ 2º Será indeferido o pedido de prova pericial, quando a comprovação do fato independer de conhecimento especial de perito.

Art. 157. As testemunhas serão intimadas a depor mediante mandado expedido pelo presidente da comissão, devendo a segunda via, com o ciente do interessado, ser anexado aos autos.

Parágrafo único. Se a testemunha for servidor público, a expedição do mandado será imediatamente comunicada ao chefe da repartição onde serve, com a indicação do dia e hora marcados para inquirição.

Art. 158. O depoimento será prestado oralmente e reduzido a termo, não sendo lícito à testemunha trazê-lo por escrito.

§ 1º As testemunhas serão inquiridas separadamente.

§ 2º Na hipótese de depoimentos contraditórios ou que se infirmem, proceder-se-á à acareação entre os depoentes.

Art. 159. Concluída a inquirição das testemunhas, a comissão promoverá o interrogatório do acusado, observados os procedimentos previstos nos arts. 157 e 158.

§ 1º No caso de mais de um acusado, cada um deles será ouvido separadamente, e sempre que divergirem em suas declarações sobre fatos ou circunstâncias, será promovida a acareação entre eles.

§ 2º O procurador do acusado poderá assistir ao interrogatório, bem como à inquirição das testemunhas, sendo-lhe vedado interferir nas perguntas e respostas, facultando-se-lhe, porém, reinquiri-las, por intermédio do presidente da comissão.

Art. 160. Quando houver dúvida sobre a sanidade mental do acusado, a comissão proporá à autoridade competente que ele seja submetido a exame por junta médica oficial, da qual participe pelo menos um médico psiquiatra.

Parágrafo único. O incidente de sanidade mental será processado em auto apartado e apenso ao processo principal, após a expedição do laudo pericial.

Art. 161. Tipificada a infração disciplinar, será formulada a indiciação do servidor, com a especificação dos fatos a ele imputados e das respectivas provas.

§ 1º O indiciado será citado por mandado expedido pelo presidente da comissão para apresentar defesa escrita, no prazo de 10 (dez) dias, assegurando-se-lhe vista do processo na repartição.

§ 2º Havendo dois ou mais indiciados, o prazo será comum e de 20 (vinte) dias.

§ 3º O prazo de defesa poderá ser prorrogado pelo dobro, para diligências reputadas indispensáveis.

§ 4º No caso de recusa do indiciado em apor o ciente na cópia da citação, o prazo para defesa contar-se-á da data declarada, em termo próprio, pelo membro da comissão que fez a citação, com a assinatura de 2 (duas) testemunhas.

Art. 162. O indiciado que mudar de residência fica obrigado a comunicar à comissão o lugar onde poderá ser encontrado.

Art. 163. Achando-se o indiciado em lugar incerto e não sabido, será citado por edital, publicado no *Diário Oficial da União* e em jornal de grande circulação na localidade do último domicílio conhecido, para apresentar defesa.

Parágrafo único. Na hipótese deste artigo, o prazo para defesa será de 15 (quinze) dias a partir da última publicação do edital.

Art. 164. Considerar-se-á revel o indiciado que, regularmente citado, não apresentar defesa no prazo legal.

§ 1º A revelia será declarada, por termo, nos autos do processo e devolverá o prazo para a defesa.

§ 2º Para defender o indiciado revel, a autoridade instauradora do processo designará um servidor como defensor dativo, que deverá ser ocupante de cargo efetivo superior ou de mesmo nível, ou ter nível de escolaridade igual ou superior ao do indiciado.

▶ § 2º com a redação dada pela Lei nº 9.527, de 10-12-1997.

Art. 165. Apreciada a defesa, a comissão elaborará relatório minucioso, onde resumirá as peças principais dos autos e mencionará as provas em que se baseou para formar a sua convicção.

§ 1º O relatório será sempre conclusivo quanto à inocência ou à responsabilidade do servidor.

§ 2º Reconhecida a responsabilidade do servidor, a comissão indicará o dispositivo legal ou regulamentar transgredido, bem como as circunstâncias agravantes ou atenuantes.

Art. 166. O processo disciplinar, com o relatório da comissão, será remetido à autoridade que determinou a sua instauração, para julgamento.

Seção II

DO JULGAMENTO

Art. 167. No prazo de 20 (vinte) dias, contados do recebimento do processo, a autoridade julgadora proferirá a sua decisão.

§ 1º Se a penalidade a ser aplicada exceder a alçada da autoridade instauradora do processo, este será encaminhado à autoridade competente, que decidirá em igual prazo.

§ 2º Havendo mais de um indiciado e diversidade de sanções, o julgamento caberá à autoridade competente para a imposição da pena mais grave.

§ 3º Se a penalidade prevista for a demissão ou cassação de aposentadoria ou disponibilidade, o julgamento caberá às autoridades de que trata o inciso I do art. 141.

§ 4º Reconhecida pela comissão a inocência do servidor, a autoridade instauradora do processo determinará o seu arquivamento, salvo se flagrantemente contrária à prova dos autos.

▶ § 4º acrescido pela Lei nº 9.527, de 10-12-1997.

Art. 168. O julgamento acatará o relatório da comissão, salvo quando contrário às provas dos autos.

Parágrafo único. Quando o relatório da comissão contrariar as provas dos autos, a autoridade julgadora poderá, motivadamente, agravar a penalidade proposta, abrandá-la ou isentar o servidor de responsabilidade.

Art. 169. Verificada a ocorrência de vício insanável, a autoridade que determinou a instauração do processo ou outra de hierarquia superior declarará a sua nulidade, total ou parcial, e ordenará, no mesmo ato, a constituição de outra comissão para instauração de novo processo.

▶ *Caput* com a redação dada pela Lei nº 9.527, de 10-12-1997.

§ 1º O julgamento fora do prazo legal não implica nulidade do processo.

§ 2º A autoridade julgadora que der causa à prescrição de que trata o art. 142, § 2º, será responsabilizada na forma do Capítulo IV do Título IV.

Art. 170. Extinta a punibilidade pela prescrição, a autoridade julgadora determinará o registro do fato nos assentamentos individuais do servidor.

Art. 171. Quando a infração estiver capitulada como crime, o processo disciplinar será remetido ao Ministério Público para instauração da ação penal, ficando trasladado na repartição.

Art. 172. O servidor que responder a processo disciplinar só poderá ser exonerado a pedido, ou aposentado voluntariamente, após a conclusão do processo e o cumprimento da penalidade, acaso aplicada.

Parágrafo único. Ocorrida a exoneração de que trata o parágrafo único, inciso I do art. 34, o ato será convertido em demissão, se for o caso.

Art. 173. Serão assegurados transporte e diárias:

I – ao servidor convocado para prestar depoimento fora da sede de sua repartição, na condição de testemunha, denunciado ou indiciado;

II – aos membros da comissão e ao secretário, quando obrigados a se deslocarem da sede dos trabalhos para a realização de missão essencial ao esclarecimento dos fatos.

Seção III

DA REVISÃO DO PROCESSO

Art. 174. O processo disciplinar poderá ser revisto, a qualquer tempo, a pedido ou de ofício, quando se aduzirem fatos novos ou circunstâncias suscetíveis de justificar a inocência do punido ou a inadequação da penalidade aplicada.

§ 1º Em caso de falecimento, ausência ou desaparecimento do servidor, qualquer pessoa da família poderá requerer a revisão do processo.

§ 2º No caso de incapacidade mental do servidor, a revisão será requerida pelo respectivo curador.

Art. 175. No processo revisional, o ônus da prova cabe ao requerente.

Art. 176. A simples alegação de injustiça da penalidade não constitui fundamento para a revisão, que requer elementos novos, ainda não apreciados no processo originário.

Art. 177. O requerimento de revisão do processo será dirigido ao Ministro de Estado ou autoridade equivalente, que, se autorizar a revisão, encaminhará o pedido ao dirigente do órgão ou entidade onde se originou o processo disciplinar.

Parágrafo único. Deferida a petição, a autoridade competente providenciará a constituição de comissão, na forma do art. 149.

Art. 178. A revisão correrá em apenso ao processo originário.

Parágrafo único. Na petição inicial, o requerente pedirá dia e hora para a produção de provas e inquirição das testemunhas que arrolar.

Art. 179. A comissão revisora terá 60 (sessenta) dias para a conclusão dos trabalhos.

Art. 180. Aplicam-se aos trabalhos da comissão revisora, no que couber, as normas e procedimentos próprios da comissão do processo disciplinar.

Art. 181. O julgamento caberá à autoridade que aplicou a penalidade, nos termos do art. 141.

Parágrafo único. O prazo para julgamento será de 20 (vinte) dias, contados do recebimento do processo, no curso do qual a autoridade julgadora poderá determinar diligências.

Art. 182. Julgada procedente a revisão, será declarada sem efeito a penalidade aplicada, restabelecendo-se todos os direitos do servidor, exceto em relação à destituição de cargo em comissão, que será convertida em exoneração.

Parágrafo único. Da revisão do processo não poderá resultar agravamento de penalidade.

TÍTULO VI – DA SEGURIDADE SOCIAL DO SERVIDOR

Capítulo I

DISPOSIÇÕES GERAIS

Art. 183. A União manterá Plano de Seguridade Social para o servidor e sua família.

§ 1º O servidor ocupante de cargo em comissão que não seja, simultaneamente, ocupante de cargo ou emprego efetivo na administração pública direta, autárquica e fundacional não terá direito aos benefícios do Plano de Seguridade Social, com excessão da assistência à saúde.

▶ Parágrafo único transformado em § 1º pela Lei nº 10.667, de 17-5-2003.

§ 2º O servidor afastado ou licenciado do cargo efetivo, sem direito à remuneração, inclusive para servir em organismo oficial internacional do qual o Brasil seja membro efetivo ou com o qual coopere, ainda que contribua para regime de previdência social no exterior, terá suspenso o seu vínculo com o regime do Plano de Seguridade Social do Servidor Público enquanto durar o afastamento ou a licença, não lhe assistindo, neste período, os benefícios do mencionado regime de providência.

§ 3º Será assegurada ao servidor licenciado ou afastado sem remuneração a manutenção da vinculação ao regime do Plano de Seguridade Social do Servidor Público, mediante o recolhimento mensal da respectiva contribuição, no mesmo percentual devido pelos servidores em atividade, incidente sobre a remuneração total do cargo a que faz jus no exercício de suas atribuições, computando-se, para esse efeito, inclusive, as vantagens pessoais.

§ 4º O recolhimento de que trata o § 3º deve ser efetuado até o segundo dia útil após a data do pagamento das remunerações dos servidores públicos, aplicando-se os procedimentos de cobrança e execução dos tributos federais quando não recolhidas na data do vencimento.

▶ §§ 2º a 4º acrescidos pela Lei nº 10.667, de 14-5-2003.

Art. 184. O Plano de Seguridade Social visa a dar cobertura aos riscos a que estão sujeitos o servidor e sua família, e compreende um conjunto de benefícios e ações que atendam às seguintes finalidades:

I – garantir meios de subsistência nos eventos de doença, invalidez, velhice, acidente em serviço, inatividade, falecimento e reclusão;

II – proteção à maternidade, à adoção e à paternidade;

III – assistência à saúde.

Parágrafo único. Os benefícios serão concedidos nos termos e condições definidos em regulamento, observadas as disposições desta Lei.

Art. 185. Os benefícios do Plano de Seguridade Social do servidor compreendem:

I – quanto ao servidor:

a) aposentadoria;
b) auxílio-natalidade;
c) salário-família;
d) licença para tratamento de saúde;
e) licença à gestante, à adotante e licença-paternidade;
f) licença por acidente em serviço;
g) assistência à saúde;
h) garantia de condições individuais e ambientais de trabalho satisfatórias;

II – quanto ao dependente:

a) pensão vitalícia e temporária;
b) auxílio-funeral;
c) auxílio-reclusão;
d) assistência à saúde.

§ 1º As aposentadorias e pensões serão concedidas e mantidas pelos órgãos ou entidades aos quais se encontram vinculados os servidores, observado o disposto nos arts. 189 e 224.

§ 2º O recebimento indevido de benefícios havidos por fraude, dolo ou má-fé, implicará devolução ao erário do total auferido, sem prejuízo da ação penal cabível.

Capítulo II

DOS BENEFÍCIOS

Seção I

DA APOSENTADORIA

Art. 186. O servidor será aposentado:

I – por invalidez permanente, sendo os proventos integrais quando decorrente de acidente em serviço, moléstia profissional ou doença grave, contagiosa ou incurável, especificada em lei, e proporcionais nos demais casos;
II – compulsoriamente, aos setenta anos de idade, com proventos proporcionais ao tempo de serviço;
III – voluntariamente:

a) aos 35 (trinta e cinco) anos de serviço, se homem, e aos 30 (trinta) se mulher, com proventos integrais;
b) aos 30 (trinta) anos de efetivo exercício em funções de magistério se professor, e 25 (vinte e cinco) se professora, com proventos integrais;
c) aos 30 (trinta) anos de serviço, se homem, e aos 25 (vinte e cinco) se mulher, com proventos proporcionais a esse tempo;
d) aos 65 (sessenta e cinco) anos de idade, se homem, e aos 60 (sessenta) se mulher, com proventos proporcionais ao tempo de serviço.

§ 1º Consideram-se doenças graves, contagiosas ou incuráveis, a que se refere o inciso I deste artigo, tuberculose ativa, alienação mental, esclerose múltipla, neoplasia maligna, cegueira posterior ao ingresso no serviço público, hanseníase, cardiopatia grave, doença de Parkinson, paralisia irreversível e incapacitante, espondiloartrose anquilosante, nefropatia grave, estados avançados do mal de Paget (osteíte deformante), Síndrome de Imunodeficiência Adquirida – AIDS, e outras que a lei indicar, com base na medicina especializada.

§ 2º Nos casos de exercício de atividades consideradas insalubres ou perigosas, bem como nas hipóteses previstas no art. 71, a aposentadoria de que trata o inciso III, a e c, observará o disposto em lei específica.

▶ Res. do CNJ nº 39, de 14-8-2007, estabelece regras para o reconhecimento de dependente econômico de servidor, para fins de concessão de benefícios.

§ 3º Na hipótese do inciso I o servidor será submetido à junta médica oficial, que atestará a invalidez quando caracterizada a incapacidade para o desempenho das atribuições do cargo ou a impossibilidade de se aplicar o disposto no art. 24.

▶ § 3º acrescido pela Lei nº 9.527, de 10-12-1997.

Art. 187. A aposentadoria compulsória será automática, e declarada por ato, com vigência a partir do dia imediato àquele em que o servidor atingir a idade-limite de permanência no serviço ativo.

Art. 188. A aposentadoria voluntária ou por invalidez vigorará a partir da data da publicação do respectivo ato.

§ 1º A aposentadoria por invalidez será precedida de licença para tratamento de saúde, por período não excedente a 24 (vinte e quatro) meses.

§ 2º Expirado o período de licença e não estando em condições de reassumir o cargo ou de ser readaptado, o servidor será aposentado.

§ 3º O lapso de tempo compreendido entre o término da licença e a publicação do ato da aposentadoria será considerado como de prorrogação da licença.

§ 4º Para os fins do disposto no § 1º deste artigo, serão consideradas apenas as licenças motivadas pela enfermidade ensejadora da invalidez ou doenças correlacionadas.

§ 5º A critério da Administração, o servidor em licença para tratamento de saúde ou aposentado por invalidez poderá ser convocado a qualquer momento, para avaliação das condições que ensejaram o afastamento ou a aposentadoria.

▶ §§ 4º e 5º com a redação dada pela Lei nº 11.907, de 2-2-2009.

Art. 189. O provento da aposentadoria será calculado com observância do disposto no § 3º do art. 41, e revisto na mesma data e proporção, sempre que se modificar a remuneração dos servidores em atividade.

Parágrafo único. São estendidos aos inativos quaisquer benefícios ou vantagens posteriormente concedidas aos servidores em atividade, inclusive quando decorrentes de transformação ou reclassificação do cargo ou função em que se deu a aposentadoria.

▶ Arts. 185, § 1º e 224 desta Lei.

Art. 190. O servidor aposentado com provento proporcional ao tempo de serviço se acometido de qualquer das moléstias especificadas no § 1º do art. 186 desta Lei e, por esse motivo, for considerado inválido por junta médica oficial passará a perceber provento integral, calculado com base no fundamento legal de concessão da aposentadoria.

▶ Artigo com a redação dada pela Lei nº 11.907, de 2-2-2009.

Art. 191. Quando proporcional ao tempo de serviço, o provento não será inferior a 1/3 (um terço) da remuneração da atividade.

Arts. 192 e 193. *Revogados.* Lei nº 9.527, de 10-12-1997.

Art. 194. Ao servidor aposentado será paga a gratificação natalina, até o dia vinte do mês de dezembro, em valor equivalente ao respectivo provento, deduzido o adiantamento recebido.

Art. 195. Ao ex-combatente que tenha efetivamente participado de operações bélicas, durante a Segunda Guerra Mundial, nos termos da Lei nº 5.315, de 12 de setembro de 1967, será concedida aposentadoria com provento integral, aos 25 (vinte e cinco) anos de serviço efetivo.

▶ Art. 53, V, do ADCT.

SEÇÃO II

DO AUXÍLIO-NATALIDADE

Art. 196. O auxílio-natalidade é devido à servidora por motivo de nascimento de filho, em quantia equivalente ao menor vencimento do serviço público, inclusive no caso de natimorto.

§ 1º Na hipótese de parto múltiplo, o valor será acrescido de 50% (cinquenta por cento), por nascituro.

§ 2º O auxílio será pago ao cônjuge ou companheiro servidor público, quando a parturiente não for servidora.

SEÇÃO III

DO SALÁRIO-FAMÍLIA

Art. 197. O salário-família é devido ao servidor ativo ou ao inativo, por dependente econômico.

Parágrafo único. Consideram-se dependentes econômicos para efeito de percepção do salário-família:

I – o cônjuge ou companheiro e os filhos, inclusive os enteados até 21 (vinte e um) anos de idade ou, se estudante, até 24 (vinte e quatro) anos ou, se inválido, de qualquer idade;

II – o menor de 21 (vinte e um) anos que, mediante autorização judicial, viver na companhia e às expensas do servidor, ou do inativo;

III – a mãe e o pai sem economia própria.

Art. 198. Não se configura a dependência econômica quando o beneficiário do salário-família perceber rendimento do trabalho ou de qualquer outra fonte, inclusive pensão ou provento da aposentadoria, em valor igual ou superior ao salário mínimo.

Art. 199. Quando o pai e mãe forem servidores públicos e viverem em comum, o salário-família será pago a um deles; quando separados, será pago a um e outro, de acordo com a distribuição dos dependentes.

Parágrafo único. Ao pai e à mãe equiparam-se o padrasto, a madrasta e, na falta destes, os representantes legais dos incapazes.

Art. 200. O salário-família não está sujeito a qualquer tributo, nem servirá de base para qualquer contribuição, inclusive para a Previdência Social.

Art. 201. O afastamento do cargo efetivo, sem remuneração, não acarreta a suspensão do pagamento do salário-família.

SEÇÃO IV

DA LICENÇA PARA TRATAMENTO DE SAÚDE

▶ Dec. nº 7.003, de 9-11-2009, regulamenta a licença para tratamento de saúde, de que tratam os arts. 202 a 205 desta Lei.

Art. 202. Será concedida ao servidor licença para tratamento de saúde, a pedido ou de ofício, com base em perícia médica, sem prejuízo da remuneração a que fizer jus.

Art. 203. A licença de que trata o art. 202 desta Lei será concedida com base em perícia oficial.

▶ *Caput* com a redação dada pela Lei nº 11.907, de 2-2-2009.

§ 1º Sempre que necessário, a inspeção médica será realizada na residência do servidor ou no estabelecimento hospitalar onde se encontrar internado.

§ 2º Inexistindo médico no órgão ou entidade no local onde se encontra ou tenha exercício em caráter permanente o servidor, e não se configurando as hipóteses previstas nos parágrafos do art. 230, será aceito atestado passado por médico particular.

▶ § 2º com a redação dada pela Lei nº 9.527, de 10-12-1997.

§ 3º No caso do § 2º deste artigo, o atestado somente produzirá efeitos depois de recepcionado pela unidade de recursos humanos do órgão ou entidade.

§ 4º A licença que exceder o prazo de 120 (cento e vinte) dias no período de 12 (doze) meses a contar do primeiro dia de afastamento será concedida mediante avaliação por junta médica oficial.

§ 5º A perícia oficial para concessão da licença de que trata o *caput* deste artigo, bem como nos demais casos de perícia oficial previstos nesta Lei, será efetuada por cirurgiões-dentistas, nas hipóteses em que abranger o campo de atuação da odontologia.

▶ §§ 3º a 5º com a redação dada pela Lei nº 11.907, de 2-2-2009.

Art. 204. A licença para tratamento de saúde inferior a 15 (quinze) dias, dentro de 1 (um) ano, poderá ser dispensada de perícia oficial, na forma definida em regulamento.

▶ Artigo com a redação dada pela Lei nº 11.907, de 2-2-2009.

Art. 205. O atestado e o laudo da junta médica não se referirão ao nome ou natureza da doença, salvo quando se tratar de lesões produzidas por acidentes em serviço, doença profissional ou qualquer das doenças especificadas no art. 186, § 1º.

Art. 206. O servidor que apresentar indícios de lesões orgânicas ou funcionais será submetido a inspeção médica.

Art. 206-A. O servidor será submetido a exames médicos periódicos, nos termos e condições definidos em regulamento.

> Artigo com a redação dada pela Lei nº 11.907, de 2-2-2009.
> Dec. nº 6.856, de 25-5-2009, regulamenta este artigo.

SEÇÃO V

DA LICENÇA À GESTANTE, À ADOTANTE E DA LICENÇA-PATERNIDADE

Art. 207. Será concedida licença à servidora gestante por 120 (cento e vinte) dias consecutivos, sem prejuízo da remuneração.

> Lei nº 11.770, de 9-9-2008 (Lei do Programa Empresa Cidadã).
> Art. 2º, § 2º, do Dec. nº 6.690, de 11-12-2008, que institui o Programa de Prorrogação da Licença à Gestante e à Adotante no âmbito da Administração Pública Federal.
> Dec. nº 7.052, de 23-12-2009, regulamenta a Lei nº 11.770, de 9-9-2008 (Lei do Programa Empresa Cidadã).

§ 1º A licença poderá ter início no primeiro dia do nono mês de gestação, salvo antecipação por prescrição médica.

§ 2º No caso de nascimento prematuro, a licença terá início a partir do parto.

§ 3º No caso de natimorto, decorridos 30 (trinta) dias do evento, a servidora será submetida a exame médico, e se julgada apta, reassumirá o exercício.

§ 4º No caso de aborto atestado por médico oficial, a servidora terá direito a 30 (trinta) dias de repouso remunerado.

Art. 208. Pelo nascimento ou adoção de filhos, o servidor terá direito à licença-paternidade de 5 (cinco) dias consecutivos.

Art. 209. Para amamentar o próprio filho, até a idade de seis meses, a servidora lactante terá direito, durante a jornada de trabalho, a uma hora de descanso, que poderá ser parcelada em dois períodos de meia hora.

Art. 210. À servidora que adotar ou obtiver guarda judicial de criança até 1 (um) ano de idade, serão concedidos 90 (noventa) dias de licença remunerada.

> Art. 2º, § 3º, II, do Dec. nº 6.690, de 11-12-2008, que institui o Programa de Prorrogação da Licença à Gestante e à Adotante no âmbito da Administração Pública Federal.

Parágrafo único. No caso de adoção ou guarda judicial de criança com mais de 1 (um) ano de idade, o prazo de que trata este artigo será de 30 (trinta) dias.

SEÇÃO VI

DA LICENÇA POR ACIDENTE EM SERVIÇO

Art. 211. Será licenciado, com remuneração integral, o servidor acidentado em serviço.

Art. 212. Configura acidente em serviço o dano físico ou mental sofrido pelo servidor, que se relacione, mediata ou imediatamente, com as atribuições do cargo exercido.

Parágrafo único. Equipara-se ao acidente em serviço o dano:

I – decorrente de agressão sofrida e não provocada pelo servidor no exercício do cargo;

II – sofrido no percurso da residência para o trabalho e vice-versa.

Art. 213. O servidor acidentado em serviço que necessite de tratamento especializado poderá ser tratado em instituição privada, à conta de recursos públicos.

Parágrafo único. O tratamento recomendado por junta médica oficial constitui medida de exceção e somente será admissível quando inexistirem meios e recursos adequados em instituição pública.

Art. 214. A prova do acidente será feita no prazo de 10 (dez) dias, prorrogável quando as circunstâncias o exigirem.

SEÇÃO VII

DA PENSÃO

Art. 215. Por morte do servidor, os dependentes fazem jus a uma pensão mensal de valor correspondente ao da respectiva remuneração ou provento, a partir da data do óbito, observado o limite estabelecido no art. 42.

Art. 216. As pensões distinguem-se, quanto à natureza, em vitalícias e temporárias.

§ 1º A pensão vitalícia é composta de cota ou cotas permanentes, que somente se extinguem ou revertem com a morte de seus beneficiários.

§ 2º A pensão temporária é composta de cota ou cotas que podem se extinguir ou reverter por motivo de morte, cessação de invalidez ou maioridade do beneficiário.

Art. 217. São beneficiários das pensões:

I – vitalícia:

a) o cônjuge;
b) a pessoa desquitada, separada judicialmente ou divorciada, com percepção de pensão alimentícia;
c) o companheiro ou companheira designado que comprove união estável como entidade familiar;
d) a mãe e o pai que comprovem dependência econômica do servidor;
e) a pessoa designada, maior de 60 (sessenta) anos e a pessoa portadora de deficiência, que vivam sob a dependência econômica do servidor;

II – temporária:

a) os filhos, ou enteados, até 21 (vinte e um) anos de idade, ou, se inválidos, enquanto durar a invalidez;
b) o menor sob guarda ou tutela até 21 (vinte e um) anos de idade;
c) o irmão órfão, até 21 (vinte e um) anos, e o inválido, enquanto durar a invalidez, que comprovem dependência econômica do servidor;
d) a pessoa designada que viva na dependência econômica do servidor, até 21 (vinte e um) anos, ou, se inválida, enquanto durar a invalidez.

§ 1º A concessão de pensão vitalícia aos beneficiários de que tratam as alíneas *a* e *c* do inciso I deste artigo exclui desse direito os demais beneficiários referidos nas alíneas *d* e *e*.

§ 2º A concessão da pensão temporária aos beneficiários de que tratam as alíneas *a* e *b* do inciso II deste artigo exclui desse direito os demais beneficiários referidos nas alíneas c e d.

Art. 218. A pensão será concedida integralmente ao titular da pensão vitalícia, exceto se existirem beneficiários da pensão temporária.

§ 1º Ocorrendo habilitação de vários titulares à pensão vitalícia, o seu valor será distribuído em partes iguais entre os beneficiários habilitados.

§ 2º Ocorrendo habilitação às pensões vitalícia e temporária, metade do valor caberá ao titular ou titulares da pensão vitalícia, sendo a outra metade rateada em partes iguais, entre os titulares da pensão temporária.

§ 3º Ocorrendo habilitação somente à pensão temporária, o valor integral da pensão será rateado, em partes iguais, entre os que se habilitarem.

Art. 219. A pensão poderá ser requerida a qualquer tempo, prescrevendo tão somente as prestações exigíveis há mais de 5 (cinco) anos.

Parágrafo único. Concedida a pensão, qualquer prova posterior ou habilitação tardia que implique exclusão de beneficiário ou redução de pensão só produzirá efeitos a partir da data em que for oferecida.

Art. 220. Não faz jus à pensão o beneficiário condenado pela prática de crime doloso de que tenha resultado a morte do servidor.

Art. 221. Será concedida pensão provisória por morte presumida do servidor, nos seguintes casos:

I – declaração de ausência, pela autoridade judiciária competente;
II – desaparecimento em desabamento, inundação, incêndio ou acidente não caracterizado como em serviço;
III – desaparecimento no desempenho das atribuições do cargo ou em missão de segurança.

Parágrafo único. A pensão provisória será transformada em vitalícia ou temporária, conforme o caso, decorridos 5 (cinco) anos de sua vigência, ressalvado o eventual reaparecimento do servidor, hipótese em que o benefício será automaticamente cancelado.

Art. 222. Acarreta perda da qualidade de beneficiário:

I – o seu falecimento;
II – a anulação do casamento, quando a decisão ocorrer após a concessão da pensão ao cônjuge;
III – a cessação de invalidez, em se tratando de beneficiário inválido;
IV – a maioridade de filho, irmão órfão ou pessoa designada, aos 21 (vinte e um) anos de idade;
V – a acumulação de pensão na forma do art. 225;
VI – a renúncia expressa.

Parágrafo único. A critério da Administração, o beneficiário de pensão temporária motivada por invalidez poderá ser convocado a qualquer momento para avaliação das condições que ensejaram a concessão do benefício.

▶ Parágrafo único com a redação dada pela Lei nº 11.907, de 2-2-2009.

Art. 223. Por morte ou perda da qualidade de beneficiário, a respectiva cota reverterá:

I – da pensão vitalícia para os remanescentes desta pensão ou para os titulares da pensão temporária, se não houver pensionista remanescente da pensão vitalícia;
II – da pensão temporária para os co-beneficiários ou, na falta destes, para o beneficiário da pensão vitalícia.

Art. 224. As pensões serão automaticamente atualizadas na mesma data e na mesma proporção dos reajustes dos vencimentos dos servidores, aplicando-se o disposto no parágrafo único do art. 189.

Art. 225. Ressalvado o direito de opção, é vedada a percepção cumulativa de mais de duas pensões.

Seção VIII
DO AUXÍLIO-FUNERAL

Art. 226. O auxílio-funeral é devido à família do servidor falecido na atividade ou aposentado, em valor equivalente a um mês da remuneração ou provento.

§ 1º No caso de acumulação legal de cargos, o auxílio será pago somente em razão do cargo de maior remuneração.

§ 2º VETADO.

§ 3º O auxílio será pago no prazo de 48 (quarenta e oito) horas, por meio de procedimento sumaríssimo, à pessoa da família que houver custeado o funeral.

▶ Arts. 275 a 281 do CPC.

Art. 227. Se o funeral for custeado por terceiro, este será indenizado, observado o disposto no artigo anterior.

Art. 228. Em caso de falecimento de servidor em serviço fora do local de trabalho, inclusive no exterior, as despesas de transporte do corpo correrão à conta de recursos da União, autarquia ou fundação pública.

Seção IX
DO AUXÍLIO-RECLUSÃO

Art. 229. À família do servidor ativo é devido o auxílio-reclusão, nos seguintes valores:

I – dois terços da remuneração, quando afastado por motivo de prisão, em flagrante ou preventiva, determinada pela autoridade competente, enquanto perdurar a prisão;
II – metade da remuneração, durante o afastamento, em virtude de condenação, por sentença definitiva, a pena que não determine a perda de cargo.

§ 1º Nos casos previstos no inciso I deste artigo, o servidor terá direito à integralização da remuneração, desde que absolvido.

§ 2º O pagamento do auxílio-reclusão cessará a partir do dia imediato àquele em que o servidor for posto em liberdade, ainda que condicional.

Capítulo III
DA ASSISTÊNCIA À SAÚDE

Art. 230. A assistência à saúde do servidor, ativo ou inativo, e de sua família compreende assistência médica, hospitalar, odontológica, psicológica e farmacêutica, terá como diretriz básica o implemento de ações preventivas voltadas para a promoção da saúde e será prestada pelo Sistema Único de Saúde – SUS, diretamente pelo órgão ou entidade ao qual estiver vinculado o servidor, ou mediante convênio ou contrato, ou ainda na forma de auxílio, mediante ressarcimento parcial do valor despendido pelo servidor, ativo ou inativo, e seus dependentes ou pensionistas com planos ou seguros privados de assistência à saúde, na forma estabelecida em regulamento.

▶ *Caput* com a redação dada pela Lei nº 11.302, de 10-5-2006.
▶ Dec. nº 4.978, de 3-2-2004, regulamenta este artigo.

§ 1º Nas hipóteses previstas nesta Lei em que seja exigida perícia, avaliação ou inspeção médica, na ausência de médico ou junta médica oficial, para a sua realização o órgão ou entidade celebrará, preferencialmente, convênio com unidades de atendimento do sistema público de saúde, entidades sem fins lucrativos declaradas de utilidade pública, ou com o Instituto Nacional do Seguro Social – INSS.

§ 2º Na impossibilidade, devidamente justificada, da aplicação do disposto no parágrafo anterior, o órgão ou entidade promoverá a contratação da prestação de serviços por pessoa jurídica, que constituirá junta médica especificamente para esses fins, indicando os nomes e especialidades dos seus integrantes, com a comprovação de suas habilitações e de que não estejam respondendo a processo disciplinar junto à entidade fiscalizadora da profissão.

▶ §§ 1º e 2º com a redação dada pela Lei nº 9.527, de 10-12-1997.

§ 3º Para os fins do disposto no *caput* deste artigo, ficam a União e suas entidades autárquicas e fundacionais autorizadas a:

I – celebrar convênios exclusivamente para a prestação de serviços de assistência à saúde para os seus servidores ou empregados ativos, aposentados, pensionistas, bem como para seus respectivos grupos familiares definidos, com entidades de autogestão por elas patrocinadas por meio de instrumentos jurídicos efetivamente celebrados e publicados até 12 de fevereiro de 2006 e que possuam autorização de funcionamento do órgão regulador, sendo certo que os convênios celebrados depois dessa data somente poderão sê-lo na forma da regulamentação específica sobre patrocínio de autogestões, a ser publicada pelo mesmo órgão regulador, no prazo de 180 (cento e oitenta) dias da vigência desta Lei, normas essas também aplicáveis aos convênios existentes até 12 de fevereiro de 2006;

II – contratar, mediante licitação, na forma da Lei nº 8.666, de 21 de junho de 1993, operadoras de planos e seguros privados de assistência à saúde que possuam autorização de funcionamento do órgão regulador;

▶ § 3º acrescido pela Lei nº 11.302, de 10-5-2006.

III – VETADO. Lei nº 11.302, de 10-5-2006.

§ 4º VETADO. Lei nº 11.302, de 10-5-2006.

§ 5º O valor do ressarcimento fica limitado ao total despendido pelo servidor ou pensionista civil com plano ou seguro privado de assistência à saúde.

▶ § 5º acrescido pela Lei nº 11.302, de 10-5-2006.

Capítulo IV

DO CUSTEIO

Art. 231. *Revogado.* Lei nº 9.783, de 28-1-1999.

TÍTULO VII

Capítulo Único

DA CONTRATAÇÃO TEMPORÁRIA DE EXCEPCIONAL INTERESSE PÚBLICO

Arts. 232 a 235. *Revogados.* Lei nº 8.745, de 9-12-1993.

TÍTULO VIII

Capítulo Único

DAS DISPOSIÇÕES GERAIS

Art. 236. O Dia do Servidor Público será comemorado a vinte e oito de outubro.

Art. 237. Poderão ser instituídos, no âmbito dos Poderes Executivo, Legislativo e Judiciário, os seguintes incentivos funcionais, além daqueles já previstos nos respectivos planos de carreira:

▶ Art. 39, § 7º, da CF.

I – prêmios pela apresentação de ideias, inventos ou trabalhos que favoreçam o aumento de produtividade e a redução dos custos operacionais;

II – concessão de medalhas, diplomas de honra ao mérito, condecoração e elogio.

Art. 238. Os prazos previstos nesta Lei serão contados em dias corridos, excluindo-se o dia do começo e incluindo-se o do vencimento, ficando prorrogado, para o primeiro dia útil seguinte, o prazo vencido em dia em que não haja expediente.

Art. 239. Por motivo de crença religiosa ou de convicção filosófica ou política, o servidor não poderá ser privado de quaisquer dos seus direitos, sofrer discriminação em sua vida funcional, nem eximir-se do cumprimento de seus deveres.

Art. 240. Ao servidor público civil é assegurado, nos termos da Constituição Federal, o direito à livre associação sindical e os seguintes direitos, entre outros, dela decorrentes:

a) de ser representado pelo sindicato, inclusive como substituto processual;
b) de inamovibilidade do dirigente sindical, até um ano após o final do mandato, exceto se a pedido;
c) de descontar em folha, sem ônus para a entidade sindical a que for filiado, o valor das mensalidades e contribuições definidas em assembleia-geral da categoria;

d e e) *Revogadas.* Lei nº 9.527, de 10-12-1997.

Art. 241. Consideram-se da família do servidor, além do cônjuge e filhos, quaisquer pessoas que vivam às suas expensas e constem do seu assentamento individual.

Parágrafo único. Equipara-se ao cônjuge a companheira ou companheiro, que comprove união estável como entidade familiar.

▶ Res. do CNJ nº 40, de 14-8-2007, dispõe sobre os procedimentos de reconhecimento de união estável.

Art. 242. Para os fins desta Lei, considera-se sede o município onde a repartição estiver instalada e onde o servidor tiver exercício, em caráter permanente.

TÍTULO IX

CAPÍTULO ÚNICO

DAS DISPOSIÇÕES TRANSITÓRIAS E FINAIS

Art. 243. Ficam submetidos ao regime jurídico instituído por esta Lei, na qualidade de servidores públicos, os servidores dos Poderes da União, dos ex-Territórios, das autarquias, inclusive as em regime especial, e das fundações públicas, regidos pela Lei nº 1.711, de 28 de outubro de 1952 – Estatuto dos Funcionários Públicos Civis da União, ou pela Consolidação das Leis do Trabalho, aprovada pelo Decreto-Lei nº 5.452, de 1º de maio de 1943, exceto os contratados por prazo determinado, cujos contratos não poderão ser prorrogados após o vencimento do prazo de prorrogação.

▶ Lei nº 9.962, de 2-2-2000, disciplina o regime de emprego público do pessoal da Administração federal direta, autárquica e fundacional.

§ 1º Os empregos ocupados pelos servidores incluídos no regime instituído por esta Lei ficam transformados em cargos, na data de sua publicação.

§ 2º As funções de confiança exercidas por pessoas não integrantes de tabela permanente do órgão ou entidade onde têm exercício ficam transformadas em cargos em comissão, e mantidas enquanto não for implantado o plano de cargos dos órgãos ou entidades na forma da lei.

§ 3º As Funções de Assessoramento Superior – FAS, exercidas por servidor integrante de quadro ou tabela de pessoal, ficam extintas na data da vigência desta Lei.

§ 4º VETADO.

§ 5º O regime jurídico desta Lei é extensivo aos serventuários da Justiça, remunerados com recursos da União, no que couber.

§ 6º Os empregos dos servidores estrangeiros com estabilidade no serviço público, enquanto não adquirirem a nacionalidade brasileira, passarão a integrar tabela em extinção, do respectivo órgão ou entidade, sem prejuízo dos direitos inerentes aos planos de carreira aos quais se encontrem vinculados os empregos.

§ 7º Os servidores públicos de que trata o *caput* deste artigo, não amparados pelo art. 19 do Ato das Disposições Constitucionais Transitórias, poderão, no interesse da Administração e conforme critérios estabelecidos em regulamento, ser exonerados mediante indenização de um mês de remuneração por ano de efetivo exercício no serviço público federal.

§ 8º Para fins de incidência do imposto de renda na fonte e na declaração de rendimentos, serão considerados como indenizações isentas os pagamentos efetuados a título de indenização prevista no parágrafo anterior.

§ 9º Os cargos vagos em decorrência da aplicação do disposto no § 7º poderão ser extintos pelo Poder Executivo quando considerados desnecessários.

▶ §§ 7º a 9º acrescidos pela Lei nº 9.527, de 10-12-1997.

Art. 244. Os adicionais por tempo de serviço, já concedidos aos servidores abrangidos por esta Lei, ficam transformados em anuênio.

Art. 245. A licença especial disciplinada pelo art. 116 da Lei nº 1.711, de 1952, ou por outro diploma legal, fica transformada em licença-prêmio por assiduidade, na forma prevista nos arts. 87 a 90.

Art. 246. VETADO.

Art. 247. Para efeito do disposto no Título VI desta Lei, haverá ajuste de contas com a Previdência Social, correspondente ao período de contribuição por parte dos servidores celetistas abrangidos pelo art. 243.

▶ Artigo com a redação dada pela Lei nº 8.162, de 8-1-1991.

Art. 248. As pensões estatutárias, concedidas até a vigência desta Lei, passam a ser mantidas pelo órgão ou entidade de origem do servidor.

Art. 249. Até a edição da lei prevista no § 1º do art. 231, os servidores abrangidos por esta Lei contribuirão na forma e nos percentuais atualmente estabelecidos para o servidor civil da União conforme regulamento próprio.

Art. 250. O servidor que já tiver satisfeito ou vier a satisfazer, dentro de 1 (um) ano, as condições necessárias para a aposentadoria nos termos do inciso II do art. 184 do antigo Estatuto dos Funcionários Públicos Civis da União, Lei nº 1.711, de 28 de outubro de 1952, aposentar-se-á com a vantagem prevista naquele dispositivo.

▶ Veto mantido pelo Congresso Nacional e promulgado no *DOU* de 19-4-1991.

Art. 251. *Revogado.* Lei nº 9.527, de 10-12-1997.

Art. 252. Esta Lei entra em vigor na data de sua publicação, com efeitos financeiros a partir do primeiro dia do mês subsequente.

Art. 253. Ficam revogadas a Lei nº 1.711, de 28 de outubro de 1952, e respectiva legislação complementar, bem como as demais disposições em contrário.

Brasília, 11 de dezembro de 1990;
169º da Independência e
102º da República.

Fernando Collor

LEI Nº 8.159, DE 8 DE JANEIRO DE 1991

Dispõe sobre a política nacional de arquivos públicos e privados e dá outras providências.

▶ Publicada no *DOU* de 9-1-1991.

▶ Lei nº 11.111, de 5-5-2005, regulamenta o acesso aos documentos públicos de interesse particular ou de interesse coletivo ou geral.

▶ Lei nº 12.527, de 18-11-2011 (Lei do Acesso à Informação) *DOU* de 18-11-2011, edição extra, para vigorar 180 dias após a data de sua publicação, quando ficará revogada a Lei nº 11.111, de 5-5-2005.

▶ Dec. nº 4.073, de 3-1-2002, regulamenta esta Lei.

CAPÍTULO I

DISPOSIÇÕES GERAIS

Art. 1º É dever do Poder Público a gestão documental e a proteção especial a documentos de arquivos, como instrumento de apoio à administração, à cultura, ao desenvolvimento científico e como elementos de prova e informação.

Art. 2º Consideram-se arquivos, para os fins desta Lei, os conjuntos de documentos produzidos e recebidos por órgãos públicos, instituições de caráter público e entidades privadas, em decorrência do exercício de atividades específicas, bem como por pessoa física, qualquer que seja o suporte da informação ou a natureza dos documentos.

Art. 3º Considera-se gestão de documentos o conjunto de procedimentos e operações técnicas à sua produção, tramitação, uso, avaliação e arquivamento em fase corrente e intermediária, visando a sua eliminação ou recolhimento para guarda permanente.

Art. 4º Todos têm direito a receber dos órgãos públicos informações de seu interesse particular ou de interesse coletivo ou geral, contidas em documentos de arquivos, que serão prestadas no prazo da lei, sob pena de responsabilidade, ressalvadas aquelas cujo sigilo seja imprescindível à segurança da sociedade e do Estado, bem como à inviolabilidade da intimidade, da vida privada, da honra e da imagem das pessoas.

Art. 5º A administração pública franqueará a consulta aos documentos públicos na forma desta Lei.

Art. 6º Fica resguardado o direito de indenização pelo dano material ou moral decorrente da violação do sigilo, sem prejuízo das ações penal, civil e administrativa.

CAPÍTULO II

DOS ARQUIVOS PÚBLICOS

Art. 7º Os arquivos públicos são os conjuntos de documentos produzidos e recebidos, no exercício de suas atividades, por órgãos públicos de âmbito federal, estadual, do Distrito Federal e municipal em decorrência de suas funções administrativas, legislativas e judiciárias.

§ 1º São também públicos os conjuntos de documentos produzidos e recebidos por instituições de caráter público, por entidades privadas encarregadas da gestão de serviços públicos no exercício de suas atividades.

§ 2º A cessação de atividades de instituições públicas e de caráter público implica o recolhimento de sua documentação à instituição arquivística pública ou a sua transferência à instituição sucessora.

Art. 8º Os documentos públicos são identificados como correntes, intermediários e permanentes.

§ 1º Consideram-se documentos correntes aqueles em curso ou que, mesmo sem movimentação, constituam objeto de consultas frequentes.

§ 2º Consideram-se documentos intermediários aqueles que, não sendo de uso corrente nos órgãos produtores, por razões de interesse administrativo, aguardam a sua eliminação ou recolhimento para guarda permanente.

§ 3º Consideram-se permanentes os conjuntos de documentos de valor histórico, probatório e informativo que devem ser definitivamente preservados.

Art. 9º A eliminação de documentos produzidos por instituições públicas e de caráter público será realizada mediante autorização da instituição arquivística pública, na sua específica esfera de competência.

Art. 10. Os documentos de valor permanente são inalienáveis e imprescritíveis.

CAPÍTULO III

DOS ARQUIVOS PRIVADOS

Art. 11. Consideram-se arquivos privados os conjuntos de documentos produzidos ou recebidos por pessoas físicas ou jurídicas, em decorrência de suas atividades.

Art. 12. Os arquivos privados podem ser identificados pelo Poder Público como de interesse público e social, desde que sejam considerados como conjuntos de fontes relevantes para a história e desenvolvimento científico nacional.

Art. 13. Os arquivos privados identificados como de interesse público e social não poderão ser alienados com dispersão ou perda da unidade documental, nem transferidos para o exterior.

Parágrafo único. Na alienação desses arquivos o Poder Público exercerá preferência na aquisição.

Art. 14. O acesso aos documentos de arquivos privados identificados como de interesse público e social poderá ser franqueado mediante autorização de seu proprietário ou possuidor.

Art. 15. Os arquivos privados identificados como de interesse público e social poderão ser depositados a título revogável, ou doados a instituições arquivísticas públicas.

Art. 16. Os registros civis de arquivos de entidades religiosas produzidos anteriormente à vigência do Código Civil ficam identificados como de interesse público e social.

CAPÍTULO IV

DA ORGANIZAÇÃO E ADMINISTRAÇÃO DE INSTITUIÇÕES ARQUIVÍSTICAS PÚBLICAS

Art. 17. A administração da documentação pública ou de caráter público compete às instituições arquivísticas federais, estaduais, do Distrito Federal e municipais.

§ 1º São Arquivos Federais o Arquivo Nacional do Poder Executivo, e os arquivos do Poder Legislativo e do Poder Judiciário. São considerados, também, do Poder Executivo os arquivos do Ministério da Marinha, do Ministério das Relações Exteriores, do Ministério do Exército e do Ministério da Aeronáutica.

§ 2º São Arquivos Estaduais o arquivo do Poder Executivo, o arquivo do Poder Legislativo e o arquivo do Poder Judiciário.

§ 3º São Arquivos do Distrito Federal o arquivo do Poder Executivo, o arquivo do Poder Legislativo e o arquivo do Poder Judiciário.

§ 4º São Arquivos Municipais o arquivo do Poder Executivo e o arquivo do Poder Legislativo.

§ 5º Os arquivos públicos dos Territórios são organizados de acordo com sua estrutura político-jurídica.

Art. 18. Compete ao Arquivo Nacional a gestão e o recolhimento dos documentos produzidos e recebidos pelo Poder Executivo Federal, bem como preservar e facultar o acesso aos documentos sob sua guarda, e acompanhar e implementar a política nacional de arquivos.

Parágrafo único. Para o pleno exercício de suas funções, o Arquivo Nacional poderá criar unidades regionais.

Art. 19. Competem aos arquivos do Poder Legislativo Federal a gestão e o recolhimento dos documentos produzidos e recebidos pelo Poder Legislativo Federal no exercício das suas funções, bem como preservar e facultar o acesso aos documentos sob sua guarda.

Art. 20. Competem aos arquivos do Poder Judiciário Federal a gestão e o recolhimento dos documentos produzidos e recebidos pelo Poder Judiciário Federal no exercício de suas funções, tramitados em juízo e oriundos de cartórios e secretarias, bem como preservar e facultar o acesso aos documentos sob sua guarda.

Art. 21. Legislação estadual, do Distrito Federal e municipal definirá os critérios de organização e vinculação dos arquivos estaduais e municipais, bem como a gestão e o acesso aos documentos, observado o disposto na Constituição Federal e nesta Lei.

CAPÍTULO V

DO ACESSO E DO SIGILO DOS DOCUMENTOS PÚBLICOS

▶ Port. do MJ nº 417, de 5-4-2011, regulamenta o procedimento de acesso aos documentos produzidos e acumulados por órgãos e entidades integrantes, direta ou indiretamente, do extinto Sistema Nacional de Informações e Contrainformação – SISNI, relacionados ao regime militar que vigorou entre os anos de 1964 e 1985, que estejam sob a guarda do Arquivo Nacional.

Art. 22. É assegurado o direito de acesso pleno aos documentos públicos.

▶ Lei nº 12.527, de 18-11-2011 (Lei do Acesso à Informação) DOU de 18-11-2011, edição extra, para vigorar 180 dias após a data de sua publicação, quando ficará revogada a Lei nº 11.111, de 5-5-2005.

Art. 23. Decreto fixará as categorias de sigilo que deverão ser obedecidas pelos órgãos públicos na classificação dos documentos por eles produzidos.

§ 1º Os documentos cuja divulgação ponha em risco a segurança da sociedade e do Estado, bem como aqueles necessários ao resguardo da inviolabilidade da intimidade, da vida privada, da honra e da imagem das pessoas são originariamente sigilosos.

§ 2º O acesso aos documentos sigilosos referentes à segurança da sociedade e do Estado será restrito por um prazo máximo de 30 (trinta) anos, a contar da data de sua produção, podendo esse prazo ser prorrogado, por uma única vez, por igual período.

§ 3º O acesso aos documentos sigilosos referentes à honra e à imagem das pessoas será restrito por um prazo máximo de 100 (cem) anos, a contar da data de sua produção.

Art. 24. Poderá o Poder Judiciário, em qualquer instância, determinar a exibição reservada de qualquer documento sigiloso, sempre que indispensável à defesa de direito próprio ou esclarecimento de situação pessoal da parte.

Parágrafo único. Nenhuma norma de organização administrativa será interpretada de modo a, por qualquer forma, restringir o disposto neste artigo.

DISPOSIÇÕES FINAIS

Art. 25. Ficará sujeito à responsabilidade penal, civil e administrativa, na forma da legislação em vigor, aquele que desfigurar ou destruir documentos de valor permanente ou considerado como de interesse público e social.

Art. 26. Fica criado o Conselho Nacional de Arquivos – CONARQ, órgão vinculado ao Arquivo Nacional, que definirá a política nacional de arquivos, como órgão central de um Sistema Nacional de Arquivos – SINAR.

§ 1º O Conselho Nacional de Arquivos será presidido pelo Diretor-Geral do Arquivo Nacional e integrado por representantes de instituições arquivísticas e acadêmicas, públicas e privadas.

§ 2º A estrutura e funcionamento do Conselho criado neste artigo serão estabelecidos em regulamento.

Art. 27. Esta Lei entra em vigor na data de sua publicação.

Art. 28. Revogam-se as disposições em contrário.

Brasília, 8 de janeiro de 1991;
170º da Independência e
103º da República.

Fernando Collor

LEI Nº 8.429, DE 2 DE JUNHO DE 1992

Dispõe sobre as sanções aplicáveis aos agentes públicos nos casos de enriquecimento ilícito no exercício de mandato, cargo, emprego ou função na administração pública direta, indireta ou fundacional e dá outras providências.

▶ Publicada no DOU de 3-6-1992.
▶ Lei nº 4.717, de 29-6-1965 (Lei da Ação Popular).
▶ Art. 52 da Lei nº 10.257, de 10-7-2001 (Estatuto da Cidade).
▶ Res. do CNJ nº 44, de 20-11-2007, dispõe sobre o Cadastro Nacional de Condenados por Ato de Improbidade Administrativa no âmbito do Poder Judiciário Nacional.

CAPÍTULO I

DAS DISPOSIÇÕES GERAIS

Art. 1º Os atos de improbidade praticados por qualquer agente público, servidor ou não, contra a administração direta, indireta ou fundacional de qualquer dos Poderes da União, dos Estados, do Distrito Federal, dos Municípios, de Territórios, de empresa incorporada ao patrimônio público ou de entidade para cuja criação ou custeio o erário haja concorrido ou concorra com mais de cinquenta por cento do patrimônio ou da receita anual, serão punidos na forma desta Lei.

▶ Art. 84, §§ 1º e 2º, do CPP.
▶ Art. 52 da Lei nº 10.257, de 10-7-2001 (Estatuto da Cidade).

Parágrafo único. Estão também sujeitos às penalidades desta Lei os atos de improbidade praticados contra o patrimônio de entidade que receba subvenção, benefício ou incentivo, fiscal ou creditício, de órgão público bem como daquelas para cuja criação ou custeio o erário haja concorrido ou concorra com menos de cinquenta por cento do patrimônio ou da receita anual, limitando-se, nestes casos, a sanção patrimonial à repercussão do ilícito sobre a contribuição dos cofres públicos.

Art. 2º Reputa-se agente público, para os efeitos desta Lei, todo aquele que exerce, ainda que transitoriamente ou sem remuneração, por eleição, nomeação, designação, contratação ou qualquer outra forma de investidura ou vínculo, mandato, cargo, emprego ou função nas entidades mencionadas no artigo anterior.

Art. 3º As disposições desta Lei são aplicáveis, no que couber, àquele que, mesmo não sendo agente público, induza ou concorra para a prática do ato de improbidade ou dele se beneficie sob qualquer forma direta ou indireta.

Art. 4º Os agentes públicos de qualquer nível ou hierarquia são obrigados a velar pela estrita observância dos princípios de legalidade, impessoalidade, moralidade e publicidade no trato dos assuntos que lhes são afetos.

Art. 5º Ocorrendo lesão ao patrimônio público por ação ou omissão, dolosa ou culposa, do agente ou de terceiro, dar-se-á o integral ressarcimento do dano.

Art. 6º No caso de enriquecimento ilícito, perderá o agente público ou terceiro beneficiário os bens ou valores acrescidos ao seu patrimônio.

Art. 7º Quando o ato de improbidade causar lesão ao patrimônio público ou ensejar enriquecimento ilícito, caberá à autoridade administrativa responsável pelo inquérito representar ao Ministério Público, para a indisponibilidade dos bens do indiciado.

Parágrafo único. A indisponibilidade a que se refere o *caput* deste artigo recairá sobre bens que assegurem o integral ressarcimento do dano, ou sobre o acréscimo patrimonial resultante do enriquecimento ilícito.

Art. 8º O sucessor daquele que causar lesão ao patrimônio público ou se enriquecer ilicitamente está sujeito às cominações desta Lei até o limite do valor da herança.

CAPÍTULO II

DOS ATOS DE IMPROBIDADE ADMINISTRATIVA

► Dec. nº 4.410, de 7-10-2002, promulga a Convenção Interamericana contra a Corrupção, de 29-3-1996.

SEÇÃO I

DOS ATOS DE IMPROBIDADE ADMINISTRATIVA QUE IMPORTAM ENRIQUECIMENTO ILÍCITO

Art. 9º Constitui ato de improbidade administrativa importando enriquecimento ilícito auferir qualquer tipo de vantagem patrimonial indevida em razão do exercício de cargo, mandato, função, emprego ou atividade nas entidades mencionadas no artigo 1º desta Lei, e notadamente:

► Art. 8º do Dec. nº 5.483, de 30-6-2005, que dispõe sobre a instauração de sindicância patrimonial no âmbito do Poder Executivo.

I – receber, para si ou para outrem, dinheiro, bem móvel ou imóvel, ou qualquer outra vantagem econômica, direta ou indireta, a título de comissão, percentagem, gratificação ou presente de quem tenha interesse, direto ou indireto, que possa ser atingido ou amparado por ação ou omissão decorrente das atribuições do agente público;

► Art. 12, I, desta Lei.

II – perceber vantagem econômica, direta ou indireta, para facilitar a aquisição, permuta ou locação de bem móvel ou imóvel, ou a contratação de serviços pelas entidades referidas no artigo 1º por preço superior ao valor de mercado;

III – perceber vantagem econômica, direta ou indireta, para facilitar a alienação, permuta ou locação de bem público ou o fornecimento de serviço por ente estatal por preço inferior ao valor de mercado;

IV – utilizar, em obra ou serviço particular, veículos, máquinas, equipamentos ou material de qualquer natureza, de propriedade ou à disposição de qualquer das entidades mencionadas no artigo 1º desta Lei, bem como o trabalho de servidores públicos, empregados ou terceiros contratados por essas entidades;

V – receber vantagem econômica de qualquer natureza, direta ou indireta, para tolerar a exploração ou a prática de jogos de azar, de lenocínio, de narcotráfico, de contrabando, de usura ou de qualquer outra atividade ilícita, ou aceitar promessa de tal vantagem;

VI – receber vantagem econômica de qualquer natureza, direta ou indireta, para fazer declaração falsa sobre medição ou avaliação em obras públicas ou qualquer outro serviço, ou sobre quantidade, peso, medida, qualidade ou característica de mercadorias ou bens fornecidos a qualquer das entidades mencionadas no artigo 1º desta Lei;

VII – adquirir, para si ou para outrem, no exercício de mandato, cargo, emprego ou função pública, bens de qualquer natureza cujo valor seja desproporcional à evolução do patrimônio ou à renda do agente público;

VIII – aceitar emprego, comissão ou exercer atividade de consultoria ou assessoramento para pessoa física ou jurídica que tenha interesse suscetível de ser atingido ou amparado por ação ou omissão decorrente das atribuições do agente público, durante a atividade;

IX – perceber vantagem econômica para intermediar a liberação ou aplicação de verba pública de qualquer natureza;

X – receber vantagem econômica de qualquer natureza, direta ou indiretamente, para omitir ato de ofício, providência ou declaração a que esteja obrigado;

XI – incorporar, por qualquer forma, ao seu patrimônio bens, rendas, verbas ou valores integrantes do acervo patrimonial das entidades mencionadas no artigo 1º desta Lei;

XII – usar, em proveito próprio, bens, rendas, verbas ou valores integrantes do acervo patrimonial das entidades mencionadas no artigo 1º desta Lei.

► Art. 12, I, desta Lei.

SEÇÃO II

DOS ATOS DE IMPROBIDADE ADMINISTRATIVA QUE CAUSAM PREJUÍZO AO ERÁRIO

Art. 10. Constitui ato de improbidade administrativa que causa lesão ao erário qualquer ação ou omissão, dolosa ou culposa, que enseje perda patrimonial, desvio, apropriação, malbaratamento ou dilapidação dos bens ou haveres das entidades referidas no artigo 1º desta Lei, e notadamente:

I – facilitar ou concorrer por qualquer forma para a incorporação ao patrimônio particular, de pessoa física ou jurídica, de bens, rendas, verbas ou valores integrantes do acervo patrimonial das entidades mencionadas no artigo 1º desta Lei;

II – permitir ou concorrer para que pessoa física ou jurídica privada utilize bens, rendas, verbas ou valores integrantes do acervo patrimonial das entidades mencionadas no artigo 1º desta Lei, sem a observância das formalidades legais ou regulamentares aplicáveis à espécie;

III – doar à pessoa física ou jurídica bem como ao ente despersonalizado, ainda que de fins educativos ou assistenciais, bens, rendas, verbas ou valores do patrimônio de qualquer das entidades mencionadas no artigo 1º desta Lei, sem observância das formalidades legais e regulamentares aplicáveis à espécie;

IV – permitir ou facilitar a alienação, permuta ou locação de bem integrante do patrimônio de qualquer das entidades referidas no artigo 1º desta Lei, ou ainda a prestação de serviço por parte delas, por preço inferior ao de mercado;

V – permitir ou facilitar a aquisição, permuta ou locação de bem ou serviço por preço superior ao de mercado;

VI – realizar operação financeira sem observância das normas legais e regulamentares ou aceitar garantia insuficiente ou inidônea;

VII – conceder benefício administrativo ou fiscal sem a observância das formalidades legais ou regulamentares aplicáveis à espécie;

VIII – frustrar a licitude de processo licitatório ou dispensá-lo indevidamente;

IX – ordenar ou permitir a realização de despesas não autorizadas em lei ou regulamento;

X – agir negligentemente na arrecadação de tributo ou renda, bem como no que diz respeito à conservação do patrimônio público;

XI – liberar verba pública sem a estrita observância das normas pertinentes ou influir de qualquer forma para a sua aplicação irregular;

XII – permitir, facilitar ou concorrer para que terceiro se enriqueça ilicitamente;

XIII – permitir que se utilize, em obra ou serviço particular, veículos, máquinas, equipamentos ou material de qualquer natureza, de propriedade ou à disposição de qualquer das entidades mencionadas no artigo 1º desta Lei, bem como o trabalho de servidor público, empregados ou terceiros contratados por essas entidades;

▶ Art. 12, II, desta Lei.

XIV – celebrar contrato ou outro instrumento que tenha por objeto a prestação de serviços públicos por meio da gestão associada sem observar as formalidades previstas na lei;

XV – celebrar contrato de rateio de consórcio público sem suficiente e prévia dotação orçamentária, ou sem observar as formalidades previstas na lei.

▶ Incisos XIV e XV acrescidos pela Lei nº 11.107, de 6-4-2005.

SEÇÃO III

DOS ATOS DE IMPROBIDADE ADMINISTRATIVA QUE ATENTAM CONTRA OS PRINCÍPIOS DA ADMINISTRAÇÃO PÚBLICA

Art. 11. Constitui ato de improbidade administrativa que atenta contra os princípios da administração pública qualquer ação ou omissão que viole os deveres de honestidade, imparcialidade, legalidade, e lealdade às instituições, e notadamente:

I – praticar ato visando fim proibido em lei ou regulamento ou diverso daquele previsto na regra de competência;

II – retardar ou deixar de praticar, indevidamente, ato de ofício;

III – revelar fato ou circunstância de que tem ciência em razão das atribuições e que deva permanecer em segredo;

IV – negar publicidade aos atos oficiais;

V – frustrar a licitude de concurso público;

VI – deixar de prestar contas quando esteja obrigado a fazê-lo;

VII – revelar ou permitir que chegue ao conhecimento de terceiro, antes da respectiva divulgação oficial, teor de medida política ou econômica capaz de afetar o preço de mercadoria, bem ou serviço.

▶ Art. 12, III, desta Lei.

CAPÍTULO III

DAS PENAS

Art. 12. Independentemente das sanções penais, civis e administrativas previstas na legislação específica, está o responsável pelo ato de improbidade sujeito às seguintes cominações, que podem ser aplicadas isolada ou cumulativamente, de acordo com a gravidade do fato:

▶ *Caput* com a redação dada pela Lei nº 12.120, de 15-12-2009.

I – na hipótese do artigo 9º, perda dos bens ou valores acrescidos ilicitamente ao patrimônio, ressarcimento integral do dano, quando houver, perda da função pública, suspensão dos direitos políticos de oito a dez anos, pagamento de multa civil de até três vezes o valor do acréscimo patrimonial e proibição de contratar com o Poder Público ou receber benefícios ou incentivos fiscais ou creditícios, direta ou indiretamente, ainda que por intermédio de pessoa jurídica da qual seja sócio majoritário, pelo prazo de dez anos;

II – na hipótese do artigo 10, ressarcimento integral do dano, perda dos bens ou valores acrescidos ilicitamente ao patrimônio, se concorrer esta circunstância, perda da função pública, suspensão dos direitos políticos de cinco a oito anos, pagamento de multa civil de até duas vezes o valor do dano e proibição de contratar com o Poder Público ou receber benefícios ou incentivos fiscais ou creditícios, direta ou indiretamente, ainda que por intermédio de pessoa jurídica da qual seja sócio majoritário, pelo prazo de cinco anos;

III – na hipótese do artigo 11, ressarcimento integral do dano, se houver, perda da função pública, suspensão dos direitos políticos de três a cinco anos, pagamento de multa civil de até cem vezes o valor da remuneração percebida pelo agente e proibição de contratar com o Poder Público ou receber benefícios ou incentivos fiscais ou creditícios, direta ou indiretamente, ainda que por intermédio de pessoa jurídica da qual seja sócio majoritário, pelo prazo de três anos.

Parágrafo único. Na fixação das penas previstas nesta Lei o juiz levará em conta a extensão do dano causado, assim como o proveito patrimonial obtido pelo agente.

CAPÍTULO IV
DA DECLARAÇÃO DE BENS

Art. 13. A posse e o exercício de agente público ficam condicionados à apresentação de declaração dos bens e valores que compõem o seu patrimônio privado, a fim de ser arquivada no Serviço de Pessoal competente.

▶ Dec. nº 5.483, de 30-6-2005, regulamenta este artigo.

§ 1º A declaração compreenderá imóveis, móveis, semoventes, dinheiro, títulos, ações, e qualquer outra espécie de bens e valores patrimoniais, localizados no País ou no exterior, e, quando for o caso, abrangerá os bens e valores patrimoniais do cônjuge ou companheiro, dos filhos e de outras pessoas que vivam sob a dependência econômica do declarante, excluídos apenas os objetos e utensílios de uso doméstico.

§ 2º A declaração de bens será anualmente atualizada e na data em que o agente público deixar o exercício do mandato, cargo, emprego ou função.

§ 3º Será punido com a pena de demissão, a bem do serviço público, sem prejuízo de outras sanções cabíveis, o agente público que se recusar a prestar declaração dos bens, dentro do prazo determinado, ou que a prestar falsa.

§ 4º O declarante, a seu critério, poderá entregar cópia da declaração anual de bens apresentada à Delegacia da Receita Federal na conformidade da legislação do Imposto sobre a Renda e proventos de qualquer natureza, com as necessárias atualizações, para suprir a exigência contida no *caput* e no § 2º deste artigo.

CAPÍTULO V
DO PROCEDIMENTO ADMINISTRATIVO E DO PROCESSO JUDICIAL

Art. 14. Qualquer pessoa poderá representar à autoridade administrativa competente para que seja instaurada investigação destinada a apurar a prática de ato de improbidade.

§ 1º A representação, que será escrita ou reduzida a termo e assinada, conterá a qualificação do representante, as informações sobre o fato e sua autoria e a indicação das provas de que tenha conhecimento.

§ 2º A autoridade administrativa rejeitará a representação, em despacho fundamentado, se esta não contiver as formalidades estabelecidas no § 1º deste artigo. A rejeição não impede a representação ao Ministério Público, nos termos do artigo 22 desta Lei.

§ 3º Atendidos os requisitos da representação, a autoridade determinará a imediata apuração dos fatos que, em se tratando de servidores federais, será processada na forma prevista nos artigos 148 a 182 da Lei nº 8.112, de 11 de dezembro de 1990, e, em se tratando de servidor militar, de acordo com os respectivos regulamentos disciplinares.

Art. 15. A comissão processante dará conhecimento ao Ministério Público e ao Tribunal ou Conselho de Contas da existência de procedimento administrativo para apurar a prática de ato de improbidade.

Parágrafo único. O Ministério Público ou Tribunal ou Conselho de Contas poderá, a requerimento, designar representante para acompanhar o procedimento administrativo.

Art. 16. Havendo fundados indícios de responsabilidade, a comissão representará ao Ministério Público ou à procuradoria do órgão para que requeira ao juízo competente a decretação do sequestro dos bens do agente ou terceiro que tenha enriquecido ilicitamente ou causado dano ao patrimônio público.

§ 1º O pedido de sequestro será processado de acordo com o disposto nos artigos 822 e 825 do Código de Processo Civil.

§ 2º Quando for o caso, o pedido incluirá a investigação, o exame e o bloqueio de bens, contas bancárias e aplicações financeiras mantidas pelo indiciado no exterior, nos termos da lei e dos tratados internacionais.

Art. 17. A ação principal, que terá o rito ordinário, será proposta pelo Ministério Público ou pela pessoa jurídica interessada, dentro de trinta dias da efetivação da medida cautelar.

▶ Dec. nº 983, de 12-11-1993, dispõe sobre a colaboração dos órgãos e entidades da Administração Pública Federal com o Ministério Público Federal na repressão a todas as formas de improbidade administrativa.

§ 1º É vedada a transação, acordo ou conciliação nas ações de que trata o *caput*.

§ 2º A Fazenda Pública, quando for o caso, promoverá as ações necessárias à complementação do ressarcimento do patrimônio público.

§ 3º No caso de a ação principal ter sido proposta pelo Ministério Público, aplica-se, no que couber, o disposto no § 3º do art. 6º da Lei nº 4.717, de 29 de junho de 1965.

▶ § 3º com a redação dada pela Lei nº 9.366, de 16-12-1996.

▶ Lei nº 4.717, de 29-6-1965 (Lei da Ação Popular).

§ 4º O Ministério Público, se não intervier no processo como parte, atuará, obrigatoriamente, como fiscal da lei, sob pena de nulidade.

§ 5º A propositura da ação prevenirá a jurisdição do juízo para todas as ações posteriormente intentadas que possuam a mesma causa de pedir ou o mesmo objeto.

▶ § 5º acrescido pela MP nº 2.180-35, de 24-8-2001, que até o encerramento desta edição não havia sido convertida em Lei.

§ 6º A ação será instruída com documentos ou justificação que contenham indícios suficientes da existência do ato de improbidade ou com razões fundamentadas da impossibilidade de apresentação de qualquer dessas provas, observada a legislação vigente, inclusive as disposições inscritas nos artigos 16 a 18 do Código de Processo Civil.

§ 7º Estando a inicial em devida forma, o juiz mandará autuá-la e ordenará a notificação do requerido, para oferecer manifestação por escrito, que poderá ser instruída com documentos e justificações, dentro do prazo de quinze dias.

§ 8º Recebida a manifestação, o juiz, no prazo de trinta dias, em decisão fundamentada, rejeitará a ação, se convencido da inexistência do ato de improbidade, da improcedência da ação ou da inadequação da via eleita.

§ 9º Recebida a petição inicial, será o réu citado para apresentar contestação.

§ 10. Da decisão que receber a petição inicial, caberá agravo de instrumento.

§ 11. Em qualquer fase do processo, reconhecida a inadequação da ação de improbidade, o juiz extinguirá o processo sem julgamento do mérito.

§ 12. Aplica-se aos depoimentos ou inquirições realizadas nos processos regidos por esta Lei o disposto no artigo 221, *caput* e § 1º, do Código de Processo Penal.

▶ §§ 6º a 12 acrescidos pela MP nº 2.225-45, de 4-9-2001, que até o encerramento desta edição não havia sido convertida em Lei.

Art. 18. A sentença que julgar procedente ação civil de reparação de dano ou decretar a perda dos bens havidos ilicitamente determinará o pagamento ou a reversão dos bens, conforme o caso, em favor da pessoa jurídica prejudicada pelo ilícito.

Capítulo VI

DAS DISPOSIÇÕES PENAIS

Art. 19. Constitui crime a representação por ato de improbidade contra agente público ou terceiro beneficiário quando o autor da denúncia o sabe inocente.

Pena – detenção de seis a dez meses e multa.

Parágrafo único. Além da sanção penal, o denunciante está sujeito a indenizar o denunciado pelos danos materiais, morais ou à imagem que houver provocado.

Art. 20. A perda da função pública e a suspensão dos direitos políticos só se efetivam com o trânsito em julgado da sentença condenatória.

Parágrafo único. A autoridade judicial ou administrativa competente poderá determinar o afastamento do agente público do exercício do cargo, emprego ou função, sem prejuízo da remuneração, quando a medida se fizer necessária à instrução processual.

Art. 21. A aplicação das sanções previstas nesta Lei independe:

I – da efetiva ocorrência de dano ao patrimônio público, salvo quanto à pena de ressarcimento;

▶ Inciso I com a redação dada pela Lei nº 12.120, de 15-12-2009.

II – da aprovação ou rejeição das contas pelo órgão de controle interno ou pelo Tribunal ou Conselho de Contas.

Art. 22. Para apurar qualquer ilícito previsto nesta Lei, o Ministério Público, de ofício, a requerimento de autoridade administrativa ou mediante representação formulada de acordo com o disposto no artigo 14, poderá requisitar a instauração de inquérito policial ou procedimento administrativo.

Capítulo VII

DA PRESCRIÇÃO

Art. 23. As ações destinadas a levar a efeito as sanções previstas nesta Lei podem ser propostas:

I – até cinco anos após o término do exercício de mandato, de cargo em comissão ou de função de confiança;
II – dentro do prazo prescricional previsto em lei específica para faltas disciplinares puníveis com demissão a bem do serviço público, nos casos de exercício de cargo efetivo ou emprego.

▶ Art. 142 da Lei nº 8.112, de 11-12-1990 (Estatuto dos Servidores Públicos Civis da União, Autarquias e Fundações Públicas Federais).

Capítulo VIII

DAS DISPOSIÇÕES FINAIS

Art. 24. Esta Lei entra em vigor na data de sua publicação.

Art. 25. Ficam revogadas as Leis nºˢ 3.164, de 1º de junho de 1957, e 3.502, de 21 de dezembro de 1958, e demais disposições em contrário.

Rio de Janeiro, 2 de junho de 1992;
171º da Independência e
104º da República.

Fernando Collor

LEI Nº 8.617,
DE 4 DE JANEIRO DE 1993

Dispõe sobre o mar territorial, a zona contígua, a zona econômica exclusiva e a plataforma continental brasileiros, e dá outras providências.

▶ Publicada no *DOU* de 5-1-1993.
▶ Dec. nº 4.810, de 19-8-2003, estabelece normas para operação de embarcações pesqueiras nas zonas brasileiras de pesca, alto-mar e por meio de acordos internacionais.

Capítulo I

DO MAR TERRITORIAL

Art. 1º O mar territorial brasileiro compreende uma faixa de doze milhas marítimas de largura, medidas a partir da linha de baixa-mar do litoral continental e insular brasileiro, tal como indicada nas cartas náuticas de grande escala, reconhecidas oficialmente no Brasil.

Parágrafo único. Nos locais em que a costa apresente recorte profundos e reentrâncias ou em que exista uma franja de ilhas ao longo da costa na sua proximidade imediata, será adotado o método das linhas de base retas, ligando pontos apropriados, para o traçado da linha de base, a partir da qual será medida a extensão do mar territorial.

▶ Dec. nº 1.290, de 21-10-1994, estabelece os pontos apropriados para o traçado das linhas de base retas ao longo da costa brasileira de que trata este parágrafo.

Art. 2º A soberania do Brasil estende-se ao mar territorial, ao espaço aéreo sobrejacente, bem como ao seu leito e subsolo.

Art. 3º É reconhecido aos navios de todas as nacionalidades o direito de passagem inocente no mar territorial brasileiro.

§ 1º A passagem será considerada inocente desde que não seja prejudicial à paz, à boa ordem ou à segurança do Brasil, devendo ser contínua e rápida.

§ 2º A passagem inocente poderá compreender o parar e o fundear, mas apenas na medida em que tais procedimentos constituam incidentes comuns de navegação ou sejam impostos por motivos de força maior ou por dificuldade grave, ou tenham por fim prestar auxílio a pessoas, a navios ou aeronaves em perigo ou em dificuldade grave.

§ 3º Os navios estrangeiros no mar territorial brasileiro estarão sujeitos aos regulamentos estabelecidos pelo Governo brasileiro.

Capítulo II
DA ZONA CONTÍGUA

Art. 4º A zona contígua brasileira compreende uma faixa que se estende das doze às vinte e quatro milhas marítimas, contadas a partir das linhas de base que servem para medir a largura do mar territorial.

Art. 5º Na zona contígua, o Brasil poderá tomar as medidas de fiscalização necessárias para:

I – evitar as infrações às leis e aos regulamentos aduaneiros, fiscais, de imigração ou sanitários, no seu território, ou no seu mar territorial;

II – reprimir as infrações às leis e aos regulamentos, no seu território ou no seu mar territorial.

Capítulo III
DA ZONA ECONÔMICA EXCLUSIVA

Art. 6º A zona econômica exclusiva brasileira compreende uma faixa que se estende das doze às duzentas milhas marítimas, contadas a partir das linhas de base que servem para medir a largura do mar territorial.

Art. 7º Na zona econômica exclusiva, o Brasil tem direitos de soberania para fins de exploração e aproveitamento, conservação e gestão dos recursos naturais, vivos ou não vivos, das águas sobrejacentes ao leito do mar, do leito do mar e seu subsolo, e no que se refere a outras atividades com vistas à exploração e ao aproveitamento da zona para fins econômicos.

Art. 8º Na zona econômica exclusiva, o Brasil, no exercício de sua jurisdição, tem o direito exclusivo de regulamentar a investigação científica marinha, a proteção e preservação do meio marítimo, bem como a construção, operação e uso de todos os tipos de ilhas artificiais, instalações e estruturas.

Parágrafo único. A investigação científica marinha na zona econômica exclusiva só poderá ser conduzida por outros Estados com o consentimento prévio do Governo brasileiro, nos termos da legislação em vigor que regula a matéria.

Art. 9º A realização por outros Estados, na zona econômica exclusiva, de exercícios ou manobras militares, em particular as que impliquem o uso de armas ou explosivos, somente poderá ocorrer com o consentimento do Governo brasileiro.

Art. 10. É reconhecido a todos os Estados o gozo, na zona econômica exclusiva, das liberdades de navegação e sobrevoo, bem como de outros usos do mar internacionalmente lícitos, relacionados com as referidas liberdades, tais como os ligados à operação de navios e aeronaves.

Capítulo IV
DA PLATAFORMA CONTINENTAL

Art. 11. A plataforma continental do Brasil compreende o leito e o subsolo das áreas submarinas que se estendem além do seu mar territorial, em toda a extensão do prolongamento natural de seu território terrestre, até o bordo exterior da margem continental, ou até uma distância de duzentas milhas marítimas das linhas de base, a partir das quais se mede a largura do mar territorial, nos casos em que o bordo exterior da margem continental não atinja essa distância.

Parágrafo único. O limite exterior da plataforma continental será fixado de conformidade com os critérios estabelecidos no art. 76 da Convenção das Nações Unidas sobre o Direito do Mar, celebrada em Montego Bay, em 10 de dezembro de 1982.

Art. 12. O Brasil exerce direitos de soberania sobre a plataforma continental, para efeitos de exploração e aproveitamento dos seus recursos naturais.

Parágrafo único. Os recursos naturais a que se refere o *caput* são os recursos minerais e outros recursos não vivos do leito do mar e subsolo, bem como os organismos vivos pertencentes a espécies sedentárias, isto é, aquelas que no período de captura estão imóveis no leito do mar ou no seu subsolo, ou que só podem mover-se em constante contato físico com esse leito ou subsolo.

Art. 13. Na plataforma continental, o Brasil, no exercício de sua jurisdição, tem o direito exclusivo de regulamentar a investigação científica marinha, a proteção e preservação do meio marinho, bem como a construção, operação e o uso de todos os tipos de ilhas artificiais, instalações e estruturas.

§ 1º A investigação científica marinha, na plataforma continental, só poderá ser conduzida por outros Estados com o consentimento prévio do Governo brasileiro, nos termos da legislação em vigor que regula a matéria.

§ 2º O Governo brasileiro tem o direito exclusivo de autorizar e regulamentar as perfurações na plataforma continental, quaisquer que sejam os seus fins.

Art. 14. É reconhecido a todos os Estados o direito de colocar cabos e dutos na plataforma continental.

§ 1º O traçado da linha para a colocação de tais cabos e dutos na plataforma continental dependerá do consentimento do Governo brasileiro.

§ 2º O Governo brasileiro poderá estabelecer condições para a colocação dos cabos e dutos que penetrem seu território ou seu mar territorial.

Art. 15. Esta Lei entra em vigor na data de sua publicação.

Art. 16. Revogam-se o Decreto-Lei nº 1.098, de 25 de março de 1970, e as demais disposições em contrário.

Brasília, 4 de janeiro de 1993;
172º da Independência e
105º da República.

Itamar Franco

LEI Nº 8.629,
DE 25 DE FEVEREIRO DE 1993

Dispõe sobre a regulamentação dos dispositivos constitucionais relativos à reforma agrária, previstos no Capítulo III, Título VII, da Constituição Federal.

▶ Publicada no *DOU* de 26-2-1993.
▶ LC nº 76, de 6-7-1993 (Lei de Desapropriação de Imóvel Rural para Fins de Reforma Agrária).

Art. 1º Esta Lei regulamenta e disciplina disposições relativas à reforma agrária, previstas no Capítulo III, Título VII, da Constituição Federal.

▶ Arts. 184 a 191 da CF.

Art. 2º A propriedade rural que não cumprir a função social prevista no art. 9º é passível de desapropriação, nos termos desta Lei, respeitados os dispositivos constitucionais.

§ 1º Compete à União desapropriar por interesse social, para fins de reforma agrária, o imóvel rural que não esteja cumprindo sua função social.

2º Para os fins deste artigo, fica a União, através do órgão federal competente, autorizada a ingressar no imóvel de propriedade particular para levantamento de dados e informações, mediante prévia comunicação escrita ao proprietário, preposto ou seu representante.

▶ § 2º com a redação dada pela MP nº 2.183-56, de 24-8-2001, que até o encerramento desta edição não havia sido convertida em Lei.
▶ Dec. nº 2.250, de 11-6-1997, dispõe sobre a vistoria em imóvel rural destinado à reforma agrária.

§ 3º Na ausência do proprietário, do preposto ou do representante, a comunicação será feita mediante edital, a ser publicado, por três vezes consecutivas, em jornal de grande circulação na capital do Estado de localização do imóvel.

§ 4º Não será considerada, para os fins desta Lei, qualquer modificação, quanto ao domínio, à dimensão e às condições de uso do imóvel, introduzida ou ocorrida até seis meses após a data da comunicação para levantamento de dados e informações de que tratam os §§ 2º e 3º.

§ 5º No caso de fiscalização decorrente do exercício de poder de polícia, será dispensada a comunicação de que tratam os §§ 2º e 3º.

§ 6º O imóvel rural de domínio público ou particular objeto de esbulho possessório ou invasão motivada por conflito agrário ou fundiário de caráter coletivo não será vistoriado, avaliado ou desapropriado nos dois anos seguintes à sua desocupação, ou no dobro desse prazo, em caso de reincidência; e deverá ser apurada a responsabilidade civil e administrativa de quem concorra com qualquer ato omissivo ou comissivo que propicie o descumprimento dessas vedações.

▶ Súm nº 354 do STJ.

§ 7º Será excluído do Programa de Reforma Agrária do Governo Federal quem, já estando beneficiado com lote em Projeto de Assentamento, ou sendo pretendente desse benefício na condição de inscrito em processo de cadastramento e seleção de candidatos ao acesso à terra, for efetivamente identificado como participante direto ou indireto em conflito fundiário que se caracterize por invasão ou esbulho de imóvel rural de domínio público ou privado em fase de processo administrativo de vistoria ou avaliação para fins de reforma agrária, ou que esteja sendo objeto de processo judicial de desapropriação em vias de imissão de posse ao ente expropriante; e bem assim quem for efetivamente identificado como participante de invasão de prédio público, de atos de ameaça, sequestro ou manutenção de servidores públicos e outros cidadãos em cárcere privado, ou de quaisquer outros atos de violência real ou pessoal praticados em tais situações.

§ 8º A entidade, a organização, a pessoa jurídica, o movimento ou a sociedade de fato que, de qualquer forma, direta ou indiretamente, auxiliar, colaborar, incentivar, incitar, induzir ou participar de invasão de imóveis rurais ou de bens públicos, ou em conflito agrário ou fundiário de caráter coletivo, não receberá, a qualquer título, recursos públicos.

§ 9º Se, na hipótese do § 8º, a transferência ou repasse dos recursos públicos já tiverem sido autorizados, assistirá ao Poder Público o direito de retenção, bem assim o de rescisão do contrato, convênio ou instrumento similar.

▶ §§ 3º a 9º acrescidos pela MP nº 2.183-56, de 24-8-2001, que até o encerramento desta edição não havia sido convertida em Lei.

Art. 2º-A. Na hipótese de fraude ou simulação de esbulho ou invasão, por parte do proprietário ou legítimo possuidor do imóvel, para os fins dos §§ 6º e 7º do art. 2º, o órgão executor do Programa Nacional de Reforma Agrária aplicará pena administrativa de R$ 55.000,00 (cinquenta e cinco mil reais) a R$ 535.000,00 (quinhentos e trinta e cinco mil reais) e o cancelamento do cadastro do imóvel no Sistema Nacional de Cadastro Rural, sem prejuízo das demais sanções penais e civis cabíveis.

Parágrafo único. Os valores a que se refere este artigo serão atualizados, a partir de maio de 2000, no dia 1º de janeiro de cada ano, com base na variação acumulada do Índice Geral de Preços – Disponibilidade Interna – IGP-DI, da Fundação Getúlio Vargas, no respectivo período.

▶ Art. 2º-A acrescido pela MP nº 2.183-56, de 24-8-2001, que até o encerramento desta edição não havia sido convertida em Lei.

Art. 3º VETADO.

§§ 1º e 2º VETADOS.

Art. 4º Para os efeitos desta Lei, conceituam-se:

I – Imóvel Rural – o prédio rústico de área contínua, qualquer que seja a sua localização, que se destine ou possa se destinar à exploração agrícola, pecuária, extrativa vegetal, florestal ou agroindustrial;

II – Pequena Propriedade – o imóvel rural:

a) de área compreendida entre 1 (um) e 4 (quatro) módulos fiscais;
b e c) VETADAS;

III – Média Propriedade – o imóvel rural:

a) de área superior a 4 (quatro) e até 15 (quinze) módulos fiscais;
b) VETADA.

Parágrafo único. São insuscetíveis de desapropriação para fins de reforma agrária a pequena e a média propriedade rural, desde que o seu proprietário não possua outra propriedade rural.

Art. 5º A desapropriação por interesse social, aplicável ao imóvel rural que não cumpra sua função social, importa prévia e justa indenização em títulos da dívida agrária.

§ 1º As benfeitorias úteis e necessárias serão indenizadas em dinheiro.

§ 2º O decreto que declarar o imóvel como de interesse social, para fins de reforma agrária, autoriza a União a propor ação de desapropriação.

§ 3º Os títulos da dívida agrária, que conterão cláusula assecuratória de preservação de seu valor real, serão resgatáveis a partir do segundo ano de sua emissão, em percentual proporcional ao prazo, observados os seguintes critérios:

I – do segundo ao décimo quinto ano, quando emitidos para indenização de imóvel com área de até setenta módulos fiscais;

II – do segundo ao décimo oitavo ano, quando emitidos para indenização de imóvel com área acima de setenta e até cento e cinquenta módulos fiscais; e

III – do segundo ao vigésimo ano, quando emitidos para indenização de imóvel com área superior a cento e cinquenta módulos fiscais.

▶ Incisos I a III com a redação dada pela MP nº 2.183-56, de 24-8-2001, que até o encerramento desta edição não havia sido convertida em Lei.

§ 4º No caso de aquisição por compra e venda de imóveis rurais destinados à implantação de projetos integrantes do Programa Nacional de Reforma Agrária, nos termos desta Lei e da Lei nº 4.504, de 30 de novembro de 1964, e os decorrentes de acordo judicial, em audiência de conciliação, com o objetivo de fixar a prévia e justa indenização, a ser celebrado com a União, bem como com os entes federados, o pagamento será efetuado de forma escalonada em Títulos da Dívida Agrária – TDA, resgatáveis em parcelas anuais, iguais e sucessivas, a partir do segundo ano de sua emissão, observadas as seguintes condições:

I – imóveis com área de até três mil hectares, no prazo de cinco anos;

II – imóveis com área superior a três mil hectares:

a) o valor relativo aos primeiros três mil hectares, no prazo de cinco anos;

b) o valor relativo à área superior a três mil e até dez mil hectares, em dez anos;

c) o valor relativo à área superior a dez mil hectares até quinze mil hectares, em quinze anos; e

d) o valor da área que exceder quinze mil hectares, em vinte anos.

§ 5º Os prazos previstos no § 4º, quando iguais ou superiores a dez anos, poderão ser reduzidos em cinco anos, desde que o proprietário concorde em receber o pagamento do valor das benfeitorias úteis e necessárias integralmente em TDA.

§ 6º Aceito pelo proprietário o pagamento das benfeitorias úteis e necessárias em TDA, os prazos de resgates dos respectivos títulos serão fixados mantendo-se a mesma proporcionalidade estabelecida para aqueles relativos ao valor da terra e suas acessões naturais.

▶ §§ 4º a 6º acrescidos pela MP nº 2.183-56, de 24-8-2001, que até o encerramento desta edição não havia sido convertida em Lei.

Art. 6º Considera-se propriedade produtiva aquela que, explorada econômica e racionalmente, atinge, simultaneamente, graus de utilização da terra e de eficiência na exploração, segundo índices fixados pelo órgão federal competente.

§ 1º O grau de utilização da terra, para efeito do *caput* deste artigo, deverá ser igual ou superior a 80% (oitenta por cento), calculado pela relação percentual entre a área efetivamente utilizada e a área aproveitável total do imóvel.

§ 2º O grau de eficiência na exploração da terra deverá ser igual ou superior a 100% (cem por cento), e será obtido de acordo com a seguinte sistemática:

I – para os produtos vegetais, divide-se a quantidade colhida de cada produto pelos respectivos índices de rendimento estabelecidos pelo órgão competente do Poder Executivo, para cada Microrregião Homogênea;

II – para a exploração pecuária, divide-se o número total de Unidades Animais (UA) do rebanho, pelo índice de lotação estabelecido pelo órgão competente do Poder Executivo, para cada Microrregião Homogênea;

III – a soma dos resultados obtidos na forma dos incisos I e II deste artigo, dividida pela área efetivamente utilizada e multiplicada por 100 (cem), determina o grau de eficiência na exploração.

§ 3º Consideram-se efetivamente utilizadas:

I – as áreas plantadas com produtos vegetais;

II – as áreas de pastagens nativas e plantadas, observado o índice de lotação por zona de pecuária, fixado pelo Poder Executivo;

III – as áreas de exploração extrativa vegetal ou florestal, observados os índices de rendimento estabelecidos pelo órgão competente do Poder Executivo, para cada Microrregião Homogênea, e a legislação ambiental;

IV – as áreas de exploração de florestas nativas, de acordo com plano de exploração e nas condições estabelecidas pelo órgão federal competente;

V – as áreas sob processos técnicos de formação ou recuperação de pastagens ou de culturas permanentes, tecnicamente conduzidas e devidamente comprovadas, mediante documentação e Anotação de Responsabilidade Técnica.

▶ Inciso V com a redação dada pela MP nº 2.183-56, de 24-8-2001, que até o encerramento desta edição não havia sido convertida em Lei.

§ 4º No caso de consórcio ou intercalação de culturas, considera-se efetivamente utilizada a área total do consórcio ou intercalação.

§ 5º No caso de mais de um cultivo no ano, com um ou mais produtos, no mesmo espaço, considera-se efetivamente utilizada a maior área usada no ano considerado.

§ 6º Para os produtos que não tenham índices de rendimentos fixados, adotar-se-á a área utilizada com esses produtos, com resultado do cálculo previsto no inciso I do § 2º deste artigo.

§ 7º Não perderá a qualificação de propriedade produtiva o imóvel que, por razões de força maior, caso fortuito ou de renovação de pastagens tecnicamente conduzida, devidamente comprovados pelo órgão competente, deixar de apresentar, no ano respectivo, os graus de eficiência na exploração, exigidos para a espécie.

§ 8º São garantidos os incentivos fiscais referentes ao Imposto Territorial Rural relacionados com os graus de utilização e de eficiência na exploração, conforme o disposto no art. 49 da Lei nº 4.504, de 30 de novembro de 1964.

Art. 7º Não será passível de desapropriação, para fins de reforma agrária, o imóvel que comprove estar sendo objeto de implantação de projeto técnico que atenda aos seguintes requisitos:

I – seja elaborado por profissional legalmente habilitado e identificado;
II – esteja cumprindo o cronograma físico-financeiro originalmente previsto, não admitidas prorrogações dos prazos;
III – preveja que, no mínimo, 80% (oitenta por cento) da área total aproveitável do imóvel esteja efetivamente utilizada em, no máximo, 3 (três) anos para as culturas anuais e 5 (cinco) anos para as culturas permanentes;
IV – haja sido aprovado pelo órgão federal competente, na forma estabelecida em regulamento, no mínimo seis meses antes da comunicação de que tratam os §§ 2º e 3º do art. 2º.

▶ Inciso IV com a redação dada pela MP nº 2.183-56, de 24-8-2001, que até o encerramento desta edição não havia sido convertida em Lei.

Parágrafo único. Os prazos previstos no inciso III deste artigo poderão ser prorrogados em até 50% (cinquenta por cento), desde que o projeto receba, anualmente, a aprovação do órgão competente para fiscalização e tenha sua implantação iniciada no prazo de 6 (seis) meses, contado de sua aprovação.

Art. 8º Ter-se-á como racional e adequado o aproveitamento de imóvel rural, quando esteja oficialmente destinado à execução de atividades de pesquisa e experimentação que objetivem o avanço tecnológico da agricultura.

Parágrafo único. Para os fins deste artigo só serão consideradas as propriedades que tenham destinados às atividades de pesquisa, no mínimo, 80% (oitenta por cento) da área total aproveitável do imóvel, sendo consubstanciadas tais atividades em projeto:

I – adotado pelo Poder Público, se pertencente a entidade de administração direta ou indireta, ou a empresa sob seu controle;
II – aprovado pelo Poder Público, se particular o imóvel.

Art. 9º A função social é cumprida quando a propriedade rural atende, simultaneamente, segundo graus e critérios estabelecidos nesta Lei, os seguintes requisitos:

I – aproveitamento racional e adequado;
II – utilização adequada dos recursos naturais disponíveis e preservação do meio ambiente;
III – observância das disposições que regulam as relações de trabalho;
IV – exploração que favoreça o bem-estar dos proprietários e dos trabalhadores.

§ 1º Considera-se racional e adequado o aproveitamento que atinja os graus de utilização da terra e de eficiência na exploração especificados nos §§ 1º a 7º do art. 6º desta Lei.

§ 2º Considera-se adequada a utilização dos recursos naturais disponíveis quando a exploração se faz respeitando a vocação natural da terra, de modo a manter o potencial produtivo da propriedade.

§ 3º Considera-se preservação do meio ambiente a manutenção das características próprias do meio natural e da qualidade dos recursos ambientais, na medida adequada à manutenção do equilíbrio ecológico da propriedade e da saúde e qualidade de vida das comunidades vizinhas.

§ 4º A observância das disposições que regulam as relações de trabalho implica tanto o respeito às leis trabalhistas e aos contratos coletivos de trabalho, como às disposições que disciplinam os contratos de arrendamento e parceria rurais.

§ 5º A exploração que favorece o bem-estar dos proprietários e trabalhadores rurais é a que objetiva o atendimento das necessidades básicas dos que trabalham a terra, observa as normas de segurança do trabalho e não provoca conflitos e tensões sociais no imóvel.

§ 6º VETADO.

Art. 10. Para efeito do que dispõe esta Lei, consideram-se não aproveitáveis:

I – as áreas ocupadas por construções e instalações, excetuadas aquelas destinadas a fins produtivos, como estufas, viveiros, sementeiros, tanques de reprodução e criação de peixes e outros semelhantes;
II – as áreas comprovadamente imprestáveis para qualquer tipo de exploração agrícola, pecuária, florestal ou extrativa vegetal;
III – as áreas sob efetiva exploração mineral;
IV – as áreas de efetiva preservação permanente e demais áreas protegidas por legislação relativa à conservação dos recursos naturais e à preservação do meio ambiente.

Art. 11. Os parâmetros, índices e indicadores que informam o conceito de produtividade serão ajustados, periodicamente, de modo a levar em conta o progresso científico e tecnológico da agricultura e o desenvolvimento regional, pelos Ministros de Estado do Desenvolvimento Agrário e da Agricultura e do Abastecimento, ouvido o Conselho Nacional de Política Agrícola.

▶ Artigo com a redação dada pela MP nº 2.183-56, de 24-8-2001, que até o encerramento desta edição não havia sido convertida em Lei.

Art. 12. Considera-se justa a indenização que reflita o preço atual de mercado do imóvel em sua totalidade, aí incluídas as terras e acessões naturais, matas e florestas e as benfeitorias indenizáveis, observados os seguintes aspectos:

I – localização do imóvel;
II – aptidão agrícola;
III – dimensão do imóvel;
IV – área ocupada e ancianidade das posses;
V – funcionalidade, tempo de uso e estado de conservação das benfeitorias.

§ 1º Verificado o preço atual de mercado da totalidade do imóvel, proceder-se-á à dedução do valor das benfeitorias indenizáveis a serem pagas em dinheiro, obtendo-se o preço da terra a ser indenizado em TDA.

§ 2º Integram o preço da terra as florestas naturais, matas nativas e qualquer outro tipo de vegetação natural, não podendo o preço apurado superar, em qualquer hipótese, o preço de mercado do imóvel.

§ 3º O Laudo de Avaliação será subscrito por Engenheiro Agrônomo com registro de Anotação de Responsabilidade Técnica – ART, respondendo o subscritor, civil, penal e administrativamente, pela superavaliação comprovada ou fraude na identificação das informações.

▶ Art. 12 com a redação dada pela MP nº 2.183-56, de 24-8-2001, que até o encerramento desta edição não havia sido convertida em Lei.

Art. 13. As terras rurais de domínio da União, dos Estados e dos Municípios ficam destinadas, preferencialmente, à execução de planos de reforma agrária.

Parágrafo único. Excetuando-se as reservas indígenas e os parques, somente se admitirá a existência de imóveis rurais de propriedade pública, com objetivos diversos dos previstos neste artigo, se o poder público os explorar direta ou indiretamente para pesquisa, experimentação, demonstração e fomento de atividades relativas ao desenvolvimento da agricultura, pecuária, preservação ecológica, áreas de segurança, treinamento militar, educação de todo tipo, readequação social e defesa nacional.

Arts. 14 e 15. VETADOS.

Art. 16. Efetuada a desapropriação, o órgão expropriante, dentro do prazo de 3 (três) anos, contados da data de registro do título translativo de domínio, destinará a respectiva área aos beneficiários da reforma agrária, admitindo-se, para tanto, formas de exploração individual, condominial, cooperativa, associativa ou mista.

Art. 17. O assentamento de trabalhadores rurais deverá ser realizado em terras economicamente úteis, de preferência na região por eles habitada, observado o seguinte:

I – a obtenção de terras rurais destinadas à implantação de projetos de assentamento integrantes do programa de reforma agrária será precedida de estudo sobre a viabilidade econômica e a potencialidade de uso dos recursos naturais;

II – os beneficiários dos projetos de que trata o inciso I manifestarão sua concordância com as condições de obtenção das terras destinadas à implantação dos projetos de assentamento, inclusive quanto ao preço a ser pago pelo órgão federal executor do programa de reforma agrária e com relação aos recursos naturais;

III – nos projetos criados será elaborado Plano de Desenvolvimento de Assentamento – PDA, que orientará a fixação de normas técnicas para a sua implantação e os respectivos investimentos;

IV – integrarão a clientela de trabalhadores rurais para fins de assentamento em projetos de reforma agrária somente aqueles que satisfizerem os requisitos fixados para seleção e classificação, bem como as exigências contidas nos arts. 19, incisos I a V e seu parágrafo único, e 20 desta Lei;

V – a consolidação dos projetos de assentamento integrantes dos programas de reforma agrária dar-se-á com a concessão de créditos de instalação e a conclusão dos investimentos, bem como com a outorga do instrumento definitivo de titulação.

▶ Art. 17 com a redação dada pela MP nº 2.183-56, de 24-8-2001, que até o encerramento desta edição não havia sido convertida em Lei.

Parágrafo único. VETADO.

Art. 18. A distribuição de imóveis rurais pela reforma agrária far-se-á através de títulos de domínio ou de concessão de uso, inegociáveis pelo prazo de dez anos.

§ 1º O título de domínio de que trata este artigo conterá cláusulas resolutivas e será outorgado ao beneficiário do programa de reforma agrária, de forma individual ou coletiva, após a realização dos serviços de medição e demarcação topográfica do imóvel a ser alienado.

§ 2º Na implantação do projeto de assentamento, será celebrado com o beneficiário do programa de reforma agrária contrato de concessão de uso, de forma individual ou coletiva, que conterá cláusulas resolutivas, estipulando-se os direitos e as obrigações da entidade concedente e dos concessionários, assegurando-se a estes o direito de adquirir, em definitivo, o título de domínio, nas condições previstas no § 1º, computado o período da concessão para fins da inegociabilidade de que trata este artigo.

§ 3º O valor da alienação do imóvel será definido por deliberação do Conselho Diretor do Instituto Nacional de Colonização e Reforma Agrária – INCRA, cujo ato fixará os critérios para a apuração do valor da parcela a ser cobrada do beneficiário do programa de reforma agrária.

§ 4º O valor do imóvel fixado na forma do § 3º será pago em prestações anuais pelo beneficiário do programa de reforma agrária, amortizadas em até vinte anos, com carência de três anos e corrigidas monetariamente pela variação do IGP-DI.

§ 5º Será concedida ao beneficiário do programa de reforma agrária a redução de cinquenta por cento da correção monetária incidente sobre a prestação anual, quando efetuado o pagamento até a data do vencimento da respectiva prestação.

§ 6º Os valores relativos às obras de infraestrutura de interesse coletivo, aos custos despendidos com o plano de desenvolvimento do assentamento e aos serviços de medição e demarcação topográficos são considerados não reembolsáveis, sendo que os créditos concedidos aos beneficiários do programa de reforma agrária serão excluídos do valor das prestações e amortizados na forma a ser definida pelo órgão federal executor do programa.

▶ §§ 1º a 6º acrescidos pela MP nº 2.183-56, de 24-8-2001, que até o encerramento desta edição não havia sido convertida em Lei.

§ 7º O órgão federal executor do programa de reforma agrária manterá atualizado o cadastro de áreas desapropriadas e de beneficiários da reforma agrária.

▶ Parágrafo único transformado em § 7º e com a redação dada pela MP nº 2.183-56, de 24-8-2001, que até o encerramento desta edição não havia sido convertida em Lei.

Art. 19. O título de domínio e a concessão de uso serão conferidos ao homem ou à mulher, ou a ambos, independentemente de estado civil, observada a seguinte ordem preferencial:

I – ao desapropriado, ficando-lhe assegurada a preferência para a parcela na qual se situe a sede do imóvel;
II – aos que trabalham no imóvel desapropriado como posseiros, assalariados, parceiros ou arrendatários;

III – aos exproprietários de terra cuja propriedade de área total compreendida entre um e quatro módulos fiscais tenha sido alienada para pagamento de débitos originados de operações de crédito rural ou perdida na condição de garantia de débitos da mesma origem;

▶ Inciso III acrescido pela Lei nº 10.279, de 12-9-2001.

IV – aos que trabalham como posseiros, assalariados, parceiros ou arrendatários, em outros imóveis;
V – aos agricultores cujas propriedades não alcancem a dimensão da propriedade familiar;
VI – aos agricultores cujas propriedades sejam, comprovadamente, insuficientes para o sustento próprio e o de sua família.

▶ Incisos IV a VI renumerados pela Lei nº 10.279, de 12-9-2001.

Parágrafo único. Na ordem de preferência de que trata este artigo, terão prioridade os chefes de família numerosa, cujos membros se proponham a exercer a atividade agrícola na área a ser distribuída.

Art. 20. Não poderá ser beneficiário da distribuição de terras, a que se refere esta Lei, o proprietário rural, salvo nos casos dos incisos I, IV e V do artigo anterior, nem o que exercer função pública, autárquica ou em órgão paraestatal, ou o que se ache investido de atribuição parafiscal, ou quem já tenha sido contemplado anteriormente com parcelas em programa de reforma agrária.

Art. 21. Nos instrumentos que conferem o título de domínio ou concessão de uso, os beneficiários da reforma agrária assumirão, obrigatoriamente, o compromisso de cultivar o imóvel direta e pessoalmente, ou através de seu núcleo familiar, mesmo que através de cooperativas, e o de não ceder o seu uso a terceiros, a qualquer título, pelo prazo de 10 (dez) anos.

Art. 22. Constará, obrigatoriamente, dos instrumentos translativos de domínio ou de concessão de uso cláusula resolutória que preveja a rescisão do contrato e o retorno do imóvel ao órgão alienante ou concedente, no caso de descumprimento de quaisquer das obrigações assumidas pelo adquirente ou concessionário.

Art. 23. O estrangeiro residente no País e a pessoa jurídica autorizada a funcionar no Brasil só poderão arrendar imóvel rural na forma da Lei nº 5.709, de 7 de outubro de 1971.

▶ Lei nº 5.709, de 7-10-1971, regula a aquisição de imóvel rural por estrangeiro residente no país ou pessoa jurídica estrangeira autorizada a funcionar no Brasil.

§ 1º Aplicam-se ao arrendamento todos os limites, restrições e condições aplicáveis à aquisição de imóveis rurais por estrangeiro, constantes da lei referida no *caput* deste artigo.

§ 2º Compete ao Congresso Nacional autorizar tanto a aquisição ou o arrendamento além dos limites de área e percentual fixados na Lei nº 5.709, de 7 de outubro de 1971, como a aquisição ou arrendamento, por pessoa jurídica estrangeira, de área superior a 100 (cem) módulos de exploração indefinida.

Art. 24. As ações de reforma agrária devem ser compatíveis com as ações de política agrícola, e constantes no Plano Plurianual.

Art. 25. O orçamento da União fixará, anualmente, o volume de títulos da dívida agrária e dos recursos destinados, no exercício, ao atendimento do Programa de Reforma Agrária.

§ 1º Os recursos destinados à exceção do Plano Nacional de Reforma Agrária deverão constar do orçamento do ministério responsável por sua implementação e do órgão executor da política de colonização e reforma agrária, salvo aqueles que, por sua natureza, exijam instituições especializadas para a sua aplicação.

§ 2º Objetivando a compatibilização dos programas de trabalho e propostas orçamentárias, o órgão executor da reforma agrária encaminhará, anualmente e em tempo hábil, aos órgãos da administração pública responsáveis por ações complementares, o programa a ser implantado no ano subsequente.

Art. 26. São isentas de impostos federais, estaduais e municipais, inclusive do Distrito Federal, as operações de transferência de imóveis desapropriados para fins de reforma agrária, bem como a transferência ao beneficiário do programa.

Art. 26-A. Não serão cobradas custas ou emolumentos para registro de títulos translativos de domínio de imóveis rurais desapropriados para fins de reforma agrária.

▶ Art. 26-A acrescido pela MP nº 2.183-56, de 24-8-2001, que até o encerramento desta edição não havia sido convertida em Lei.

Art. 27. Esta Lei entra em vigor na data de sua publicação.

Art. 28. Revogam-se as disposições em contrário.

Brasília, 25 de fevereiro de 1993; 172º da Independência e 105º da República.

Itamar Franco

LEI Nº 8.666, DE 21 DE JUNHO DE 1993

Regulamenta o art. 37, inciso XXI, da Constituição Federal, institui normas para licitações e contratos da Administração Pública e dá outras providências.

▶ Publicada no *DOU* de 22-6-1993 e republicada no *DOU* de 6-7-1994.

CAPÍTULO I

DAS DISPOSIÇÕES GERAIS

Seção I

DOS PRINCÍPIOS

Art. 1º Esta Lei estabelece normas gerais sobre licitações e contratos administrativos pertinentes a obras, serviços, inclusive de publicidade, compras, alienações e locações no âmbito dos Poderes da União, dos Estados, do Distrito Federal e dos Municípios.

▶ Arts. 22, XXVII, e 37, XXI, da CF.
▶ Lei nº 8.883, de 8-6-1994, que altera esta Lei.
▶ Lei nº 10.520, de 17-7-2002 (Lei do Pregão).
▶ Lei nº 12.232, de 29-4-2010, dispõe sobre as normas gerais para licitação e contratação pela administração pública de serviços de publicidade prestados por intermédio de agências de propaganda.

► Dec. nº 3.555, de 8-8-2000, aprova regulamento para modalidade de licitação modalidade pregão.

Parágrafo único. Subordinam-se ao regime desta Lei, além dos órgãos da administração direta, os fundos especiais, as autarquias, as fundações públicas, as empresas públicas, as sociedades de economia mista e demais entidades controladas direta ou indiretamente pela União, Estados, Distrito Federal e Municípios.

► Art. 173, parágrafo único, III, da CF.
► Art. 4º desta Lei.
► Lei nº 10.683, de 28-5-2003, dispõe sobre a organização da Presidência da República e dos Ministérios.
► Arts. 4º e 5º do Dec.-lei nº 200, de 25-2-1967 (Lei da Reforma Administrativa).

Art. 2º As obras, serviços, inclusive de publicidade, compras, alienações, concessões, permissões e locações da Administração Pública, quando contratadas com terceiros, serão necessariamente precedidas de licitação, ressalvadas as hipóteses previstas nesta Lei.

► Art. 37 da CF.
► Lei nº 8.987, de 13-2-1995, dispõe sobre o regime de concessão e permissão da prestação de serviços públicos.
► Lei nº 12.232, de 29-4-2010, dispõe sobre as normas gerais para licitação e contratação pela administração pública de serviços de publicidade prestados por intermédio de agências de propaganda.
► Dec. nº 1.411, de 7-3-1995, dispõe sobre a reavaliação dos contratos em vigor e das licitações em curso, no âmbito dos órgãos e entidades da Administração Pública Federal.

Parágrafo único. Para os fins desta Lei, considera-se contrato todo e qualquer ajuste entre órgãos ou entidades da Administração Pública e particulares, em que haja um acordo de vontade para a formação de vínculo e a estipulação de obrigações recíprocas, seja qual for a denominação utilizada.

► Art. 37, *caput*, da CF.
► Art. 54 desta Lei.
► Lei nº 10.683, de 28-5-2003, dispõe sobre a organização da Presidência da República e dos Ministérios.
► Arts. 4º e 5º do Dec.-lei nº 200, de 25-2-1967 (Lei da Reforma Administrativa).

Art. 3º A licitação destina-se a garantir a observância do princípio constitucional da isonomia, a seleção da proposta mais vantajosa para a administração e a promoção do desenvolvimento nacional sustentável e será processada e julgada em estrita conformidade com os princípios básicos da legalidade, da impessoalidade, da moralidade, da igualdade, da publicidade, da probidade administrativa, da vinculação ao instrumento convocatório, do julgamento objetivo e dos que lhes são correlatos.

► *Caput* com a redação dada pela Lei nº 12.349, de 15-12-2010.
► Art. 37, *caput*, da CF.
► Dec. nº 7.546, de 2-8-2011, regulamenta o disposto nos §§ 5º a 12 deste artigo e institui a Comissão Interministerial de Compras Públicas.

§ 1º É vedado aos agentes públicos:

I – admitir, prever, incluir ou tolerar, nos atos de convocação, cláusulas ou condições que comprometam, restrinjam ou frustrem o seu caráter competitivo, inclusive nos casos de sociedades cooperativas, e estabeleçam preferências ou distinções em razão da naturalidade, da sede ou domicílio dos licitantes ou de qualquer outra circunstância impertinente ou irrelevante para o específico objeto do contrato, ressalvado o disposto nos §§ 5º a 12 deste artigo e no art. 3º da Lei nº 8.248, de 23 de outubro de 1991;

► Inciso I com a redação dada pela Lei nº 12.349, de 15-12-2010.

II – estabelecer tratamento diferenciado de natureza comercial, legal, trabalhista, previdenciária ou qualquer outra, entre empresas brasileiras e estrangeiras, inclusive no que se refere a moeda, modalidade e local de pagamentos, mesmo quando envolvidos financiamentos de agências internacionais, ressalvado o disposto no parágrafo seguinte e no art. 3º da Lei nº 8.248, de 23 de outubro de 1991.

► Lei nº 8.248, de 23-10-1991, dispõe sobre a capacitação e competitividade do setor de informática e automação.

§ 2º Em igualdade de condições, como critério de desempate, será assegurada preferência, sucessivamente, aos bens e serviços:

► Art. 45, § 2º, desta Lei.

I – *Revogado*. Lei nº 12.349, de 15-12-2010;
II – produzidos no País;
III – produzidos ou prestados por empresas brasileiras;
IV – produzidos ou prestados por empresas que invistam em pesquisa e no desenvolvimento de tecnologia no País.

► Inciso IV acrescido pela Lei nº 11.196, de 21-11-2005.

§ 3º A licitação não será sigilosa, sendo públicos e acessíveis ao público os atos de seu procedimento, salvo quanto ao conteúdo das propostas, até a respectiva abertura.

► Art. 94 desta Lei.

§ 4º VETADO. Lei nº 8.883, de 8-6-1994.

§ 5º Nos processos de licitação previstos no *caput*, poderá ser estabelecido margem de preferência para produtos manufaturados e para serviços nacionais que atendam a normas técnicas brasileiras.

§ 6º A margem de preferência de que trata o § 5º será estabelecida com base em estudos revistos periodicamente, em prazo não superior a 5 (cinco) anos, que levem em consideração:

I – geração de emprego e renda;
II – efeito na arrecadação de tributos federais, estaduais e municipais;
III – desenvolvimento e inovação tecnológica realizados no País;
IV – custo adicional dos produtos e serviços; e
V – em suas revisões, análise retrospectiva de resultados.

§ 7º Para os produtos manufaturados e serviços nacionais resultantes de desenvolvimento e inovação tecnológica realizado no País, poderá ser estabelecido margem de preferência adicional àquela prevista no § 5º.

§ 8º As margens de preferência por produto, serviço, grupo de produtos ou grupo de serviços, a que se referem os §§ 5º e 7º, serão definidas pelo Poder Executivo federal, não podendo a soma delas ultrapassar o montante de 25% (vinte e cinco por cento) sobre o preço dos produtos manufaturados e serviços estrangeiros.

§ 9º As disposições contidas nos §§ 5º e 7º deste artigo não se aplicam aos bens e aos serviços cuja capacidade de produção ou prestação no País seja inferior:

I – à quantidade a ser adquirida ou contratada; ou
II – ao quantitativo fixado com fundamento no § 7º do art. 23 desta Lei, quando for o caso.

§ 10. A margem de preferência a que se refere o § 5º poderá ser estendida, total ou parcialmente, aos bens e serviços originários dos Estados-Partes do Mercado Comum do Sul – MERCOSUL.

§ 11. Os editais de licitação para a contratação de bens, serviços e obras poderão, mediante prévia justificativa da autoridade competente, exigir que o contratado promova, em favor de órgão ou entidade integrante da administração pública ou daqueles por ela indicados a partir de processo isonômico, medidas de compensação comercial, industrial, tecnológica ou acesso a condições vantajosas de financiamento, cumulativamente ou não, na forma estabelecida pelo Poder Executivo federal.

§ 12. Nas contratações destinadas à implantação, manutenção e ao aperfeiçoamento dos sistemas de tecnologia de informação e comunicação, considerados estratégicos em ato do Poder Executivo federal, a licitação poderá ser restrita a bens e serviços com tecnologia desenvolvida no País e produzidos de acordo com o processo produtivo básico de que trata a Lei nº 10.176, de 11 de janeiro de 2001.

▶ §§ 5º a 12 com a redação dada pela Lei nº 12.349, de 15-12-2010.

§ 13. Será divulgada na internet, a cada exercício financeiro, a relação de empresas favorecidas em decorrência do disposto nos §§ 5º, 7º, 10, 11 e 12 deste artigo, com indicação do volume de recursos destinados a cada uma delas.

▶ § 13 acrescido pela Lei nº 12.349, de 15-12-2010.

Art. 4º Todos quantos participem de licitação promovida pelos órgãos ou entidades a que se refere o art. 1º têm direito público subjetivo à fiel observância do pertinente procedimento estabelecido nesta Lei, podendo qualquer cidadão acompanhar o seu desenvolvimento, desde que não interfira de modo a perturbar ou impedir a realização dos trabalhos.

Parágrafo único. O procedimento licitatório previsto nesta Lei caracteriza ato administrativo formal, seja ele praticado em qualquer esfera da Administração Pública.

Art. 5º Todos os valores, preços e custos utilizados nas licitações terão como expressão monetária a moeda corrente nacional, ressalvado o disposto no art. 42 desta Lei, devendo cada unidade da Administração, no pagamento das obrigações relativas ao fornecimento de bens, locações, realização de obras e prestação de serviços, obedecer, para cada fonte diferenciada de recursos, a estrita ordem cronológica das datas de suas exigibilidades, salvo quando presentes relevantes razões de interesse público e me-

diante prévia justificativa da autoridade competente, devidamente publicada.

§ 1º Os créditos a que se refere este artigo terão seus valores corrigidos por critérios previstos no ato convocatório e que lhes preservem o valor.

▶ Dec. nº 1.054, de 7-2-1994, regulamenta o reajuste de preços nos contratos da Administração Federal direta e indireta.

§ 2º A correção de que trata o parágrafo anterior cujo pagamento será feito junto com o principal, correrá à conta das mesmas dotações orçamentárias que atenderam aos créditos a que se referem.

▶ § 2º com a redação dada pela Lei nº 8.883, de 8-6-1994.

§ 3º Observado o disposto no *caput*, os pagamentos decorrentes de despesas cujos valores não ultrapassem o limite de que trata o inciso II do art. 24, sem prejuízo do que dispõe seu parágrafo único, deverão ser efetuados no prazo de até 5 (cinco) dias úteis, contados da apresentação da fatura.

▶ § 3º acrescido pela Lei nº 9.648, de 27-5-1998.
▶ Dec. nº 2.439, de 23-12-1997, dispõe sobre procedimentos relativos à execução de pagamento de pequenas compras.

SEÇÃO II
DAS DEFINIÇÕES

Art. 6º Para os fins desta Lei, considera-se:

I – Obra – toda construção, reforma, fabricação, recuperação ou ampliação, realizada por execução direta ou indireta;

II – Serviço – toda atividade destinada a obter determinada utilidade de interesse para a Administração, tais como: demolição, conserto, instalação, montagem, operação, conservação, reparação, adaptação, manutenção, transporte, locação de bens, publicidade, seguro ou trabalhos técnico-profissionais;

▶ Arts. 14 a 16 desta Lei.
▶ Lei nº 12.232, de 29-4-2010, dispõe sobre as normas gerais para licitação e contratação pela administração pública de serviços de publicidade prestados por intermédio de agências de propaganda.

III – Compra – toda aquisição remunerada de bens para fornecimento de uma só vez ou parceladamente;

IV – Alienação – toda transferência de domínio de bens a terceiros;

V – Obras, serviços e compras de grande vulto – aquelas cujo valor estimado seja superior a 25 (vinte e cinco) vezes o limite estabelecido na alínea c do inciso I do art. 23 desta Lei;

VI – Seguro-Garantia – o seguro que garante o fiel cumprimento das obrigações assumidas por empresas em licitações e contratos;

VII – Execução direta – a que é feita pelos órgãos e entidades da Administração, pelos próprios meios;

VIII – Execução indireta – a que o órgão ou entidade contrata com terceiros sob qualquer dos seguintes regimes:

▶ Inciso VIII com a redação dada pela Lei nº 8.883, de 8-6-1994.

a) empreitada por preço global – quando se contrata a execução da obra ou do serviço por preço certo e total;
b) empreitada por preço unitário – quando se contrata a execução da obra ou do serviço por preço certo de unidades determinadas;
c) VETADA. Lei nº 8.883, de 8-6-1994;
d) tarefa – quando se ajusta mão de obra para pequenos trabalhos por preço certo, com ou sem fornecimento de materiais;
e) empreitada integral – quando se contrata um empreendimento em sua integralidade, compreendendo todas as etapas das obras, serviços e instalações necessárias, sob inteira responsabilidade da contratada até a sua entrega ao contratante em condições de entrada em operação, atendidos os requisitos técnicos e legais para sua utilização em condições de segurança estrutural e operacional e com as características adequadas às finalidades para que foi contratada;

IX – Projeto Básico – conjunto de elementos necessários e suficientes, com nível de precisão adequado, para caracterizar a obra ou serviço, ou complexo de obras ou serviços objeto da licitação, elaborado com base nas indicações dos estudos técnicos preliminares, que assegurem a viabilidade técnica e o adequado tratamento do impacto ambiental do empreendimento, e que possibilite a avaliação do custo da obra e a definição dos métodos e do prazo de execução, devendo conter os seguintes elementos:

a) desenvolvimento da solução escolhida de forma a fornecer visão global da obra e identificar todos os seus elementos constitutivos com clareza;
b) soluções técnicas globais e localizadas, suficientemente detalhadas, de forma a minimizar a necessidade de reformulação ou de variantes durante as fases de elaboração do projeto executivo e de realização das obras e montagem;
c) identificação dos tipos de serviços a executar e de materiais e equipamentos a incorporar à obra, bem como suas especificações que assegurem os melhores resultados para o empreendimento, sem frustrar o caráter competitivo para a sua execução;
d) informações que possibilitem o estudo e a dedução de métodos construtivos, instalações provisórias e condições organizacionais para a obra, sem frustrar o caráter competitivo para a sua execução;
e) subsídios para montagem do plano de licitação e gestão da obra, compreendendo a sua programação, a estratégia de suprimentos, as normas de fiscalização e outros dados necessários em cada caso;
f) orçamento detalhado do custo global da obra, fundamentado em quantitativos de serviços e fornecimentos propriamente avaliados;

X – Projeto Executivo – o conjunto dos elementos necessários e suficientes à execução completa da obra, de acordo com as normas pertinentes da Associação Brasileira de Normas Técnicas – ABNT;
XI – Administração Pública – a administração direta e indireta da União, dos Estados, do Distrito Federal e dos Municípios, abrangendo inclusive as entidades com personalidade jurídica de direito privado sob controle do poder público e das fundações por ele instituídas ou mantidas;
XII – Administração – órgão, entidade ou unidade administrativa pela qual a Administração Pública opera e atua concretamente;
XIII – Imprensa Oficial – veículo oficial de divulgação da Administração Pública, sendo para a União o Diário Oficial da União, e, para os Estados, o Distrito Federal e os Municípios, o que for definido nas respectivas leis;

▶ Inciso XIII com a redação dada pela Lei nº 8.883, de 8-6-1994.

XIV – Contratante – é o órgão ou entidade signatária do instrumento contratual;
XV – Contratado – a pessoa física ou jurídica signatária de contrato com a Administração Pública;
XVI – Comissão – comissão, permanente ou especial, criada pela Administração com a função de receber, examinar e julgar todos os documentos e procedimentos relativos às licitações e ao cadastramento de licitantes;
XVII – produtos manufaturados nacionais – produtos manufaturados, produzidos no território nacional de acordo com o processo produtivo básico ou com as regras de origem estabelecidas pelo Poder Executivo federal;
XVIII – serviços nacionais – serviços prestados no País, nas condições estabelecidas pelo Poder Executivo federal;
XIX – sistemas de tecnologia de informação e comunicação estratégicos – bens e serviços de tecnologia da informação e comunicação cuja descontinuidade provoque dano significativo à administração pública e que envolvam pelo menos um dos seguintes requisitos relacionados às informações críticas: disponibilidade, confiabilidade, segurança e confidencialidade.

▶ Incisos XVII a XIX com a redação dada pela Lei nº 12.349, de 15-12-2010.

Seção III

DAS OBRAS E SERVIÇOS

Art. 7º As licitações para a execução de obras e para a prestação de serviços obedecerão ao disposto neste artigo e, em particular, à seguinte sequência:

▶ Art. 11 desta Lei.

I – projeto básico;
II – projeto executivo;
III – execução das obras e serviços.

§ 1º A execução de cada etapa será obrigatoriamente precedida da conclusão e aprovação, pela autoridade competente, dos trabalhos relativos às etapas anteriores, à exceção do projeto executivo, o qual poderá ser desenvolvido concomitantemente com a execução das obras e serviços, desde que também autorizado pela Administração.

§ 2º As obras e os serviços somente poderão ser licitados quando:

▶ Arts. 14 e 40, § 2º, desta Lei.

I – houver projeto básico aprovado pela autoridade competente e disponível para exame dos interessados em participar do processo licitatório;

II – existir orçamento detalhado em planilhas que expressem a composição de todos os seus custos unitários;

III – houver previsão de recursos orçamentários que assegurem o pagamento das obrigações decorrentes de obras ou serviços a serem executadas no exercício financeiro em curso, de acordo com o respectivo cronograma;

IV – o produto dela esperado estiver contemplado nas metas estabelecidas no Plano Plurianual de que trata o art. 165 da Constituição Federal, quando for o caso.

§ 3º É vedado incluir no objeto da licitação a obtenção de recursos financeiros para sua execução, qualquer que seja a sua origem, exceto nos casos de empreendimentos executados e explorados sob o regime de concessão, nos termos da legislação específica.

▶ Lei nº 8.987, de 13-2-1995 (Lei da Concessão e Permissão da Prestação de Serviços Públicos).

§ 4º É vedada, ainda, a inclusão, no objeto da licitação, de fornecimento de materiais e serviços sem previsão de quantidades ou cujos quantitativos não correspondam às previsões reais do projeto básico ou executivo.

§ 5º É vedada a realização de licitação cujo objeto inclua bens e serviços sem similaridade ou de marcas, características e especificações exclusivas, salvo nos casos em que for tecnicamente justificável, ou ainda quando o fornecimento de tais materiais e serviços for feito sob o regime de administração contratada, previsto e discriminado no ato convocatório.

§ 6º A infringência do disposto neste artigo implica a nulidade dos atos ou contratos realizados e a responsabilidade de quem lhes tenha dado causa.

§ 7º Não será ainda computado como valor da obra ou serviço, para fins de julgamento das propostas de preços, a atualização monetária das obrigações de pagamento, desde a data final de cada período de aferição até a do respectivo pagamento, que será calculada pelos mesmos critérios estabelecidos obrigatoriamente no ato convocatório.

▶ Dec. nº 1.054, de 7-2-1994, regulamenta o reajuste de preços nos contratos da Administração Federal direta e indireta.

§ 8º Qualquer cidadão poderá requerer à Administração Pública os quantitativos das obras e preços unitários de determinada obra executada.

§ 9º O disposto neste artigo aplica-se também, no que couber, aos casos de dispensa e de inexigibilidade de licitação.

Art. 8º A execução das obras e dos serviços deve programar-se, sempre, em sua totalidade, previstos seus custos atual e final e considerados os prazos de sua execução.

Parágrafo único. É proibido o retardamento imotivado da execução de obra ou serviço, ou de suas parcelas, se existente previsão orçamentária para sua execução total, salvo insuficiência financeira ou comprovado motivo de ordem técnica, justificados em despacho circunstanciado da autoridade a que se refere o art. 26 desta Lei.

▶ Parágrafo único acrescido pela Lei nº 8.883, de 8-6-1994.

Art. 9º Não poderá participar, direta ou indiretamente, da licitação ou da execução de obra ou serviço e do fornecimento de bens a eles necessários:

I – o autor do projeto, básico ou executivo, pessoa física ou jurídica;

II – empresa, isoladamente ou em consórcio, responsável pela elaboração do projeto básico ou executivo ou da qual o autor do projeto seja dirigente, gerente, acionista ou detentor de mais de 5% (cinco por cento) do capital com direito a voto ou controlador, responsável técnico ou subcontratado;

III – servidor ou dirigente de órgão ou entidade contratante ou responsável pela licitação.

§ 1º É permitida a participação do autor do projeto ou da empresa a que se refere o inciso II deste artigo, na licitação de obra ou serviço, ou na execução, como consultor ou técnico, nas funções de fiscalização, supervisão ou gerenciamento, exclusivamente a serviço da Administração interessada.

§ 2º O disposto neste artigo não impede a licitação ou contratação de obra ou serviço que inclua a elaboração de projeto executivo como encargo do contratado ou pelo preço previamente fixado pela Administração.

§ 3º Considera-se participação indireta, para fins do disposto neste artigo, a existência de qualquer vínculo de natureza técnica, comercial, econômica, financeira ou trabalhista entre o autor do projeto, pessoa física ou jurídica, e o licitante ou responsável pelos serviços, fornecimentos e obras, incluindo-se os fornecimentos de bens e serviços a estes necessários.

§ 4º O disposto no parágrafo anterior aplica-se aos membros da comissão de licitação.

Art. 10. As obras e serviços poderão ser executados nas seguintes formas:

▶ Caput com a redação dada pela Lei nº 8.883, de 8-6-1994.

I – execução direta;

II – execução indireta, nos seguintes regimes:

▶ Inciso II com a redação dada pela Lei nº 8.883, de 8-6-1994.

a) empreitada por preço global;
b) empreitada por preço unitário;
c) VETADA;
d) tarefa;
e) empreitada integral.

Parágrafo único. VETADO.

Art. 11. As obras e serviços destinados aos mesmos fins terão projetos padronizados por tipos, categorias ou classes, exceto quando o projeto-padrão não atender às condições peculiares do local ou às exigências do empreendimento.

Art. 12. Nos projetos básicos e projetos executivos de obras e serviços serão considerados principalmente os seguintes requisitos:

▶ Caput com a redação dada pela Lei nº 8.883, de 8-6-1994.

I – segurança;
II – funcionalidade e adequação ao interesse público;
III – economia na execução, conservação e operação;

IV – possibilidade de emprego de mão de obra, materiais, tecnologia e matérias-primas existentes no local para execução, conservação e operação;
V – facilidade na execução, conservação e operação, sem prejuízo da durabilidade da obra ou do serviço;
VI – adoção das normas técnicas, de saúde e de segurança do trabalho adequadas;

► Inciso VI com a redação dada pela Lei nº 8.883, de 8-6-1994.

VII – impacto ambiental.

Seção IV

DOS SERVIÇOS TÉCNICOS PROFISSIONAIS ESPECIALIZADOS

Art. 13. Para os fins desta Lei, consideram-se serviços técnicos profissionais especializados os trabalhos relativos a:

I – estudos técnicos, planejamentos e projetos básicos ou executivos;
II – pareceres, perícias e avaliações em geral;
III – assessorias ou consultorias técnicas e auditorias financeiras ou tributárias;

► Inciso III com a redação dada pela Lei nº 8.883, de 8-6-1994.

IV – fiscalização, supervisão ou gerenciamento de obras ou serviços;
V – patrocínio ou defesa de causas judiciais ou administrativas;
VI – treinamento e aperfeiçoamento de pessoal;
VII – restauração de obras de arte e bens de valor histórico;
VIII – VETADO. Lei nº 8.883, de 8-6-1994.

► Art. 25, II, desta Lei.

§ 1º Ressalvados os casos de inexigibilidade de licitação, os contratos para a prestação de serviços técnicos profissionais especializados deverão, preferencialmente, ser celebrados mediante a realização de concurso, com estipulação prévia de prêmio ou remuneração.

§ 2º Aos serviços técnicos previstos neste artigo aplica-se, no que couber, o disposto no art. 111 desta Lei.

§ 3º A empresa de prestação de serviços técnicos especializados que apresente relação de integrantes de seu corpo técnico em procedimento licitatório ou como elemento de justificação de dispensa ou inexigibilidade de licitação, ficará obrigada a garantir que os referidos integrantes realizem pessoal e diretamente os serviços objeto do contrato.

Seção V

DAS COMPRAS

Art. 14. Nenhuma compra será feita sem a adequada caracterização de seu objeto e indicação dos recursos orçamentários para seu pagamento, sob pena de nulidade do ato e responsabilidade de quem lhe tiver dado causa.

► Arts. 7º, § 2º, I, e 40, § 2º, desta Lei.
► Res. SF nº 19, de 25-10-2007, suspende a execução de parte deste artigo, referente à expressão "em dinheiro, para as benfeitorias úteis e necessárias, inclusive culturas e pastagens artificiais,", em virtude de declaração de inconstitucionalidade em decisão definitiva do STF, nos autos do R.Extr. nº 247.866-1/CE.

Art. 15. As compras, sempre que possível, deverão:

► Art. 11 da Lei nº 10.520, de 17-7-2002 (Lei do Pregão).

I – atender ao princípio da padronização, que imponha compatibilidade de especificações técnicas e de desempenho, observadas, quando for o caso, as condições de manutenção, assistência técnica e garantia oferecidas;
II – ser processadas através de sistema de registro de preços;
III – submeter-se às condições de aquisição e pagamento semelhantes às do setor privado;
IV – ser subdivididas em tantas parcelas quantas necessárias para aproveitar as peculiaridades do mercado, visando economicidade;
V – balizar-se pelos preços praticados no âmbito dos órgãos e entidades da Administração Pública.

§ 1º O registro de preços será precedido de ampla pesquisa de mercado.

§ 2º Os preços registrados serão publicados trimestralmente para orientação da Administração, na imprensa oficial.

§ 3º O sistema de registro de preços será regulamentado por decreto, atendidas as peculiaridades regionais, observadas as seguintes condições:

► Dec. nº 3.931, de 19-9-2001, regulamenta o Sistema de Registro de Preços.

I – seleção feita mediante concorrência;
II – estipulação prévia do sistema de controle e atualização dos preços registrados;
III – validade do registro não superior a um ano.

§ 4º A existência de preços registrados não obriga a Administração a firmar as contratações que deles poderão advir, ficando-lhe facultada a utilização de outros meios, respeitada a legislação relativa às licitações, sendo assegurado ao beneficiário do registro preferência em igualdade de condições.

§ 5º O sistema de controle originado no quadro geral de preços, quando possível, deverá ser informatizado.

§ 6º Qualquer cidadão é parte legítima para impugnar preço constante do quadro geral em razão de incompatibilidade desse com o preço vigente no mercado.

§ 7º Nas compras deverão ser observadas, ainda:

I – a especificação completa do bem a ser adquirido sem indicação de marca;
II – a definição das unidades e das quantidades a serem adquiridas em função do consumo e utilização prováveis, cuja estimativa será obtida, sempre que possível, mediante adequadas técnicas quantitativas de estimação;
III – as condições de guarda e armazenamento que não permitam a deterioração do material.

§ 8º O recebimento de material de valor superior ao limite estabelecido no art. 23 desta Lei, para a modalidade de convite, deverá ser confiado a uma comissão de, no mínimo, 3 (três) membros.

Art. 16. Será dada publicidade, mensalmente, em órgão de divulgação oficial ou em quadro de avisos de amplo acesso público, à relação de todas as compras feitas pela Administração Direta ou Indireta, de maneira a clarificar a identificação do bem comprado, seu preço unitário, a quantidade adquirida, o nome do vendedor e o valor total da operação, podendo ser aglutinadas por itens as compras feitas com dispensa e inexigibilidade de licitação.

Parágrafo único. O disposto neste artigo não se aplica aos casos de dispensa de licitação previstos no inciso IX do art. 24.

▶ Art. 16 com a redação dada pela Lei nº 8.883, de 8-6-1994.

SEÇÃO VI

DAS ALIENAÇÕES

Art. 17. A alienação de bens da Administração Pública, subordinada à existência de interesse público devidamente justificado, será precedida de avaliação e obedecerá às seguintes normas:

I – quando imóveis, dependerá de autorização legislativa para órgãos da administração direta e entidades autárquicas e fundacionais, e, para todos, inclusive as entidades paraestatais, dependerá de avaliação prévia e de licitação na modalidade de concorrência, dispensada esta nos seguintes casos:

a) dação em pagamento;
b) doação, permitida exclusivamente para outro órgão ou entidade da administração pública, de qualquer esfera de governo, ressalvado o disposto nas alíneas f, h e i;

▶ Alínea b com a redação dada pela Lei nº 11.952, de 25-6-2009.

c) permuta, por outro imóvel que atenda aos requisitos constantes do inciso X do art. 24 desta Lei;

▶ O STF, por maioria de votos, deferiu a medida cautelar na ADIN nº 927-3, para suspender a eficácia desta alínea (DJU de 10-11-1993).
▶ Lei nº 9.636, de 15.05.1998, disciplina esta matéria no âmbito da União.

d) investidura;
e) venda a outro órgão ou entidade da administração pública, de qualquer esfera de governo;

▶ Alínea e acrescida pela Lei nº 8.883, de 8-6-1994.

f) alienação gratuita ou onerosa, aforamento, concessão de direito real de uso, locação ou permissão de uso de bens imóveis residenciais construídos, destinados ou efetivamente utilizados no âmbito de programas habitacionais ou de regularização fundiária de interesse social desenvolvidos por órgãos ou entidades da administração pública;

▶ Alínea f com a redação dada pela Lei nº 11.481, de 31-5-2007.

g) procedimentos de legitimação de posse de que trata o art. 29 da Lei nº 6.383, de 7 de dezembro de 1976, mediante iniciativa e deliberação dos órgãos da Administração Pública em cuja competência legal inclua-se tal atribuição;

▶ A Lei nº 11.952, de 25-6-2009, ao converter a MP nº 458, de 10-2-2009, não manteve as alterações desta alínea.

h) alienação gratuita ou onerosa, aforamento, concessão de direito real de uso, locação ou permissão de uso de bens imóveis de uso comercial de âmbito local com área de até 250 m² (duzentos e cinquenta metros quadrados) e inseridos no âmbito de programas de regularização fundiária de interesse social desenvolvidos por órgãos ou entidades da administração pública;

▶ Alínea h acrescida pela Lei nº 11.481, de 31-5-2007.

i) alienação e concessão de direito real de uso, gratuita ou onerosa, de terras públicas rurais da União na Amazônia Legal onde incidam ocupações até o limite de 15 (quinze) módulos fiscais ou 1.500 ha (mil e quinhentos hectares), para fins de regularização fundiária, atendidos os requisitos legais;

▶ Alínea i com a redação dada pela Lei nº 11.952, de 25-6-2009.

II – quando móveis, dependerá de avaliação prévia e de licitação, dispensada esta nos seguintes casos:

a) doação, permitida exclusivamente para fins e uso de interesse social, após avaliação de sua oportunidade e conveniência socioeconômica, relativamente à escolha de outra forma de alienação;
b) permuta, permitida exclusivamente entre órgãos ou entidades da Administração Pública;

▶ O STF, por maioria de votos, deferiu a medida cautelar na ADIN nº 927-3, para suspender a eficácia da expressão "permitida exclusivamente entre órgãos ou entidade da Administração Pública" quanto aos Estados, o Distrito Federal e Municípios (DJU de 10-11-1993).

c) venda de ações, que poderão ser negociadas em bolsa, observada a legislação específica;
d) venda de títulos, na forma da legislação pertinente;
e) venda de bens produzidos ou comercializados por órgãos ou entidades da Administração Pública, em virtude de suas finalidades;
f) venda de materiais e equipamentos para outros órgãos ou entidades da Administração Pública, sem utilização previsível por quem deles dispõe.

§ 1º Os imóveis doados com base na alínea b do inciso I deste artigo, cessadas as razões que justificaram a sua doação, reverterão ao patrimônio da pessoa jurídica doadora, vedada a sua alienação pelo beneficiário.

▶ O STF, por maioria de votos, deferiu a medida cautelar na ADIN nº 927-3, para suspender a eficácia deste parágrafo (DJU de 10-11-1993).

§ 2º A Administração também poderá conceder título de propriedade ou de direito real de uso de imóveis, dispensada licitação, quando o uso destinar-se:

▶ Caput do § 2º com a redação dada pela Lei nº 11.196, de 21-11-2005.

I – a outro órgão ou entidade da Administração Pública, qualquer que seja a localização do imóvel;

▶ Inciso I acrescido pela Lei nº 11.952, de 25-6-2009.

II – a pessoa natural que, nos termos da lei, regulamento ou ato normativo do órgão competente, haja implementado os requisitos mínimos de cultura, ocupação mansa e pacífica e exploração direta sobre área rural situada na Amazônia Legal, superior a um módulo fiscal e limitada a quinze módulos fiscais, desde que não exceda 1.500 ha (mil e quinhentos hectares);

▶ Inciso II com a redação dada pela Lei nº 11.952, de 25-6-2009.
▶ Dec. nº 6.553, de 1º-9-2008, fixa os limites de área rural a que se refere este inciso.

§ 2º-A. As hipóteses do inciso II do § 2º ficam dispensadas de autorização legislativa, porém submetem-se aos seguintes condicionamentos:

▶ Caput do § 2º-A com a redação dada pela Lei nº 11.952, de 25-6-2009.

I – aplicação exclusivamente às áreas em que a detenção por particular seja comprovadamente anterior a 1º de dezembro de 2004;
II – submissão aos demais requisitos e impedimentos do regime legal e administrativo da destinação e da regularização fundiária de terras públicas;
III – vedação de concessões para hipóteses de exploração não contempladas na lei agrária, nas leis de destinação de terras públicas, ou nas normas legais ou administrativas de zoneamento ecológico-econômico; e
IV – previsão de rescisão automática da concessão, dispensada notificação, em caso de declaração de utilidade, ou necessidade pública ou interesse social.

▶ § 2º-A acrescido pela Lei nº 11.196, de 21-11-2005.

§ 2º-B. A hipótese do inciso II do § 2º deste artigo:

▶ Caput do § 2º-B acrescido pela Lei nº 11.196, de 21-11-2005.

I – só se aplica a imóvel situado em zona rural, não sujeito a vedação, impedimento ou inconveniente a sua exploração mediante atividades agropecuárias;

▶ Inciso I acrescido pela Lei nº 11.196, de 21-11-2005.

II – fica limitada a áreas de até quinze módulos fiscais, desde que não exceda mil e quinhentos hectares, vedada a dispensa de licitação para áreas superiores a esse limite;

▶ Inciso II com a redação dada pela Lei nº 11.763, de 1º-8-2008.

III – pode ser cumulada com o quantitativo de área decorrente da figura prevista na alínea g do inciso I do caput deste artigo, até o limite previsto no inciso II deste parágrafo.

▶ Inciso III acrescido pela Lei nº 11.196, de 21-11-2005.

IV – VETADO. Lei nº 11.763, de 1º-8-2008.

§ 3º Entende-se por investidura, para os fins desta Lei:

I – a alienação aos proprietários de imóveis lindeiros de área remanescente ou resultante de obra pública, área esta que se tornar inaproveitável isoladamente, por preço nunca inferior ao da avaliação e desde que esse não ultrapasse a 50% (cinquenta por cento) do valor constante da alínea a do inciso II do art. 23 desta Lei;
II – a alienação, aos legítimos possuidores diretos ou, na falta destes, ao Poder Público, de imóveis para fins residenciais construídos em núcleos urbanos anexos a usinas hidrelétricas, desde que considerados dispensáveis na fase de operação dessas unidades e não integrem a categoria de bens reversíveis ao final da concessão.

▶ § 3º com a redação dada pela Lei nº 9.648, de 27-5-1998.

§ 4º A doação com encargo será licitada e de seu instrumento constarão, obrigatoriamente os encargos, o prazo de seu cumprimento e cláusula de reversão, sob pena de nulidade do ato, sendo dispensada a licitação no caso de interesse público devidamente justificado;

▶ § 4º com a redação dada pela Lei nº 8.883, de 8-6-1994.

§ 5º Na hipótese do parágrafo anterior, caso o donatário necessite oferecer o imóvel em garantia de financiamento, a cláusula de reversão e demais obrigações serão garantidas por hipoteca em segundo grau em favor do doador.

§ 6º Para a venda de bens móveis avaliados, isolada ou globalmente, em quantia não superior ao limite previsto no art. 23, inciso II, alínea b desta Lei, a Administração poderá permitir o leilão.

▶ §§ 5º e 6º acrescidos pela Lei nº 8.883, de 8-6-1994.

§ 7º VETADO. Lei nº 11.481, de 31-5-2007.

Art. 18. Na concorrência para a venda de bens imóveis, a fase de habilitação limitar-se-á à comprovação do recolhimento de quantia correspondente a 5% (cinco por cento) da avaliação.

Parágrafo único. *Revogado.* Lei nº 8.883, de 8-6-1994.

Art. 19. Os bens imóveis da Administração Pública, cuja aquisição haja derivado de procedimentos judiciais ou de dação em pagamento, poderão ser alienados por ato da autoridade competente, observadas as seguintes regras:

I – avaliação dos bens alienáveis;
II – comprovação da necessidade ou utilidade da alienação;
III – adoção do procedimento licitatório, sob a modalidade de concorrência ou leilão.

▶ Inciso III com a redação dada pela Lei nº 8.883, de 8-6-1994.

CAPÍTULO II

DA LICITAÇÃO

Seção I

DAS MODALIDADES, LIMITES E DISPENSA

Art. 20. As licitações serão efetuadas no local onde se situar a repartição interessada, salvo por motivo de interesse público, devidamente justificado.

▶ Art. 21 desta Lei.

Parágrafo único. O disposto neste artigo não impedirá a habilitação de interessados residentes ou sediados em outros locais.

Art. 21. Os avisos contendo os resumos dos editais das concorrências, das tomadas de preços, dos concursos e dos leilões, embora realizados no local da repartição interessada, deverão ser publicados com antecedência, no mínimo, por uma vez:

▶ Caput com a redação dada pela Lei nº 8.883, de 8-6-1994.
▶ Art. 37, caput, da CF.
▶ Art. 1º desta Lei.

I – no *Diário Oficial da União*, quando se tratar de licitação feita por órgão ou entidade da Administração Pública Federal e, ainda, quando se tratar de obras financiadas parcial ou totalmente com recursos federais ou garantidas por instituições federais;
II – no *Diário Oficial do Estado*, ou do Distrito Federal quando se tratar, respectivamente, de licitação feita

por órgão ou entidade da Administração Pública Estadual ou Municipal, ou do Distrito Federal;
III – em jornal diário de grande circulação no Estado e também, se houver, em jornal de circulação no Município ou na região onde será realizada a obra, prestado o serviço, fornecido, alienado ou alugado o bem, podendo ainda a Administração, conforme o vulto da licitação, utilizar-se de outros meios de divulgação para ampliar a área de competição.

▶ Incisos I a III com a redação dada pela Lei nº 8.883, de 8-6-1994.

§ 1º O aviso publicado conterá a indicação do local em que os interessados poderão ler e obter o texto integral do edital e todas as informações sobre a licitação.

§ 2º O prazo mínimo até o recebimento das propostas ou da realização do evento será:

I – quarenta e cinco dias para:

a) concurso;
b) concorrência, quando o contrato a ser celebrado contemplar o regime de empreitada integral ou quando a licitação for do tipo "melhor técnica" ou "técnica e preço";

II – trinta dias para:

a) concorrência, nos casos não especificados na alínea b do inciso anterior;
b) tomada de preços, quando a licitação for do tipo "melhor técnica" ou "técnica e preço";

III – quinze dias para a tomada de preços, nos casos não especificados na alínea b do inciso anterior, ou leilão;
IV – cinco dias úteis para convite.

▶ Incisos I a IV com a redação dada pela Lei nº 8.883, de 8-6-1994.

§ 3º Os prazos estabelecidos no parágrafo anterior serão contados a partir da última publicação do edital resumido ou da expedição do convite, ou ainda da efetiva disponibilidade do edital ou do convite e respectivos anexos, prevalecendo a data que ocorrer mais tarde.

▶ § 3º com a redação dada pela Lei nº 8.883, de 8-6-1994.

§ 4º Qualquer modificação no edital exige divulgação pela mesma forma que se deu o texto original, reabrindo-se o prazo inicialmente estabelecido, exceto quando, inquestionavelmente, a alteração não afetar a formulação das propostas.

Art. 22. São modalidades de licitação:

I – concorrência;
II – tomada de preços;
III – convite;
IV – concurso;
V – leilão.

▶ Lei nº 10.520, de 17-7-2002 (Lei do Pregão).

§ 1º Concorrência é a modalidade de licitação entre quaisquer interessados que, na fase inicial de habilitação preliminar, comprovem possuir os requisitos mínimos de qualificação exigidos no edital para execução de seu objeto.

§ 2º Tomada de preços é a modalidade de licitação entre interessados devidamente cadastrados ou que atenderem a todas as condições exigidas para cadastramento até o terceiro dia anterior à data do recebimento das propostas, observada a necessária qualificação.

§ 3º Convite é a modalidade de licitação entre interessados do ramo pertinente ao seu objeto, cadastrados ou não, escolhidos e convidados em número mínimo de 3 (três) pela unidade administrativa, a qual afixará, em local apropriado, cópia do instrumento convocatório e o estenderá aos demais cadastrados na correspondente especialidade que manifestarem seu interesse com antecedência de até 24 (vinte e quatro) horas da apresentação das propostas.

§ 4º Concurso é a modalidade de licitação entre quaisquer interessados para escolha de trabalho técnico, científico ou artístico, mediante a instituição de prêmios ou remuneração aos vencedores, conforme critérios constantes de edital publicado na imprensa oficial com antecedência mínima de 45 (quarenta e cinco) dias.

▶ Art. 52 desta Lei.

§ 5º Leilão é a modalidade de licitação entre quaisquer interessados para a venda de bens móveis inservíveis para a administração ou de produtos legalmente apreendidos ou penhorados, ou para a alienação de bens imóveis prevista no art. 19, a quem oferecer o maior lance, igual ou superior ao valor da avaliação.

§ 6º Na hipótese do § 3º deste artigo, existindo na praça mais de 3 (três) possíveis interessados, a cada novo convite, realizado para objeto idêntico ou assemelhado, é obrigatório o convite a, no mínimo, mais um interessado, enquanto existirem cadastrados não convidados nas últimas licitações.

▶ §§ 5º e 6º com a redação dada pela Lei nº 8.883, de 8-6-1994.

§ 7º Quando, por limitações do mercado ou manifesto desinteresse dos convidados, for impossível a obtenção do número mínimo de licitantes exigidos no § 3º deste artigo, essas circunstâncias deverão ser devidamente justificadas no processo, sob pena de repetição do convite.

§ 8º É vedada a criação de outras modalidades de licitação ou a combinação das referidas neste artigo.

§ 9º Na hipótese do § 2º deste artigo, a administração somente poderá exigir do licitante não cadastrado os documentos previstos nos arts. 27 a 31, que comprovem habilitação compatível com o objeto da licitação, nos termos do edital.

▶ § 9º acrescido pela Lei nº 8.883, de 8-6-1994.

Art. 23. As modalidades de licitação a que se referem os incisos I a III do artigo anterior serão determinadas em função dos seguintes limites, tendo em vista o valor estimado da contratação:

▶ Art. 15, § 8º, desta Lei.

I – para obras e serviços de engenharia:

a) convite –
até R$ 150.000,00 (cento e cinquenta mil reais);
b) tomada de preços –
até R$ 1.500.000,00 (um milhão e quinhentos mil reais);
c) concorrência –
acima de R$ 1.500.000,00 (um milhão e quinhentos mil reais);

▶ Arts. 6º, V, e 39 desta Lei.

II – para compras e serviços não referidos no inciso anterior:
a) convite –
até R$ 80.000,00 (oitenta mil reais);
▶ Arts. 17, § 3º, I, 60, parágrafo único, e 74, III, desta Lei.
b) tomada de preços –
até R$ 650.000,00 (seiscentos e cinquenta mil reais);
c) concorrência –
acima de R$ 650.000,00 (seiscentos e cinquenta mil reais).
▶ Art. 120 desta Lei.
▶ Inciso I e II com a redação dada pela Lei nº 9.648, de 27-5-1998.

§ 1º As obras, serviços e compras efetuadas pela administração serão divididas em tantas parcelas quantas se comprovarem técnica e economicamente viáveis, procedendo-se à licitação com vistas ao melhor aproveitamento dos recursos disponíveis no mercado e à ampliação da competitividade, sem perda da economia de escala.

§ 2º Na execução de obras e serviços e nas compras de bens, parceladas nos termos do parágrafo anterior, a cada etapa ou conjunto de etapas da obra, serviço ou compra, há de corresponder licitação distinta, preservada a modalidade pertinente para a execução do objeto em licitação.

§ 3º A concorrência é a modalidade de licitação cabível, qualquer que seja o valor de seu objeto, tanto na compra ou alienação de bens imóveis, ressalvado o disposto no art. 19, como nas concessões de direito real de uso e nas licitações internacionais, admitindo-se neste último caso, observados os limites deste artigo, a tomada de preços, quando o órgão ou entidade dispuser de cadastro internacional de fornecedores ou o convite, quando não houver fornecedor do bem ou serviço no País.
▶ §§ 1º a 3º com a redação dada pela Lei nº 8.883, de 8-6-1994.

§ 4º Nos casos em que couber convite, a Administração poderá utilizar a tomada de preços e, em qualquer caso, a concorrência.

§ 5º É vedada a utilização da modalidade "convite" ou "tomada de preços", conforme o caso, para parcelas de uma mesma obra ou serviço, ou ainda para obras e serviços da mesma natureza e no mesmo local que possam ser realizadas conjunta e concomitantemente, sempre que o somatório de seus valores caracterizar o caso de "tomada de preços" ou "concorrência", respectivamente, nos termos deste artigo, exceto para as parcelas de natureza específica que possam ser executadas por pessoas ou empresas de especialidade diversa daquela do executor da obra ou serviço.
▶ § 5º com a redação dada pela Lei nº 8.883, de 8-6-1994.

§ 6º As organizações industriais da Administração Federal direta, em face de suas peculiaridades, obedecerão aos limites estabelecidos no inciso I deste artigo também para suas compras e serviços em geral, desde que para a aquisição de materiais aplicados exclusivamente na manutenção, reparo ou fabricação de meios operacionais bélicos pertencentes à União.
▶ § 6º acrescido pela Lei nº 8.883, de 8-6-1994.

§ 7º Na compra de bens de natureza divisível e desde que não haja prejuízo para o conjunto ou complexo, é permitida a cotação de quantidade inferior à demandada na licitação, com vistas a ampliação da competitividade, podendo o edital fixar quantitativo mínimo para preservar a economia de escala.
▶ § 7º acrescido pela Lei nº 9.648, de 27-5-1998.
▶ Art. 45, § 6º, desta Lei.

§ 8º No caso de consórcios públicos, aplicar-se-á o dobro dos valores mencionados no caput deste artigo quando formado por até três entes da Federação, e o triplo, quando formado por maior número.
▶ § 8º acrescido pela Lei nº 11.107, de 6-4-2005.

Art. 24. É dispensável a licitação:
▶ Art. 89 desta Lei.
▶ Art. 49, IV, da LC nº 123, de 14-12-2006 (Estatuto Nacional da Microempresa e da Empresa de Pequeno Porte).

I – para obras e serviços de engenharia de valor até 10% (dez por cento) do limite previsto na alínea a, do inciso I do artigo anterior, desde que não se refiram a parcelas de uma mesma obra ou serviço ou ainda para obras e serviços da mesma natureza e no mesmo local que possam ser realizadas conjunta e concomitantemente;
▶ Art. 24, parágrafo único, desta Lei.

II – para outros serviços e compras de valor até 10% (dez por cento) do limite previsto na alínea a, do inciso II do artigo anterior e para alienações, nos casos previstos nesta Lei, desde que não se refiram a parcelas de um mesmo serviço, compra ou alienação de maior vulto que possa ser realizada de uma só vez;
▶ Incisos I e II com a redação dada pela Lei nº 9.648, de 27-5-1998.
▶ Arts. 5º, § 3º e 24, parágrafo único, desta Lei.

III – nos casos de guerra ou grave perturbação da ordem;
▶ Art. 26 desta Lei.

IV – nos casos de emergência ou de calamidade pública, quando caracterizada urgência de atendimento de situação que possa ocasionar prejuízo ou comprometer a segurança de pessoas, obras, serviços, equipamentos e outros bens, públicos ou particulares, e somente para os bens necessários ao atendimento da situação emergencial ou calamitosa e para as parcelas de obras e serviços que possam ser concluídas no prazo máximo de 180 (cento e oitenta) dias consecutivos e ininterruptos, contados da ocorrência da emergência ou calamidade, vedada a prorrogação dos respectivos contratos;
▶ Art. 26 desta Lei.

V – quando não acudirem interessados à licitação anterior e esta, justificadamente, não puder ser repetida sem prejuízo para a Administração, mantidas, neste caso, todas as condições preestabelecidas;
▶ Art. 26 desta Lei.

VI – quando a União tiver que intervir no domínio econômico para regular preços ou normalizar o abastecimento;

▶ Art. 26 desta Lei.

VII – quando as propostas apresentadas consignarem preços manifestamente superiores aos praticados no mercado nacional, ou forem incompatíveis com os fixados pelos órgãos oficiais competentes, casos em que, observado o parágrafo único do art. 48 desta Lei e, persistindo a situação, será admitida a adjudicação direta dos bens ou serviços, por valor não superior ao constante do registro de preços, ou dos serviços;

▶ Art. 26 desta Lei.

VIII – para a aquisição, por pessoa jurídica de direito público interno, de bens produzidos ou serviços prestados por órgão ou entidade que integre a Administração Pública e que tenha sido criado para esse fim específico em data anterior à vigência desta Lei, desde que o preço contratado seja compatível com o praticado no mercado;

▶ Inciso VIII com a redação dada pela Lei nº 8.883, de 8-6-1994.
▶ Art. 26 desta Lei.

IX – quando houver possibilidade de comprometimento da segurança nacional, nos casos estabelecidos em decreto do Presidente da República, ouvido o Conselho de Defesa Nacional;

▶ Art. 26 desta Lei.
▶ Dec. nº 2.295, de 4-8-1997, regulamenta este inciso.

X – para a compra ou locação de imóvel destinado ao atendimento das finalidades precípuas da administração, cujas necessidades de instalação e localização condicionem a sua escolha, desde que o preço seja compatível com o valor de mercado, segundo avaliação prévia;

▶ Inciso X com a redação dada pela Lei nº 8.883, de 8-6-1994.
▶ Art. 26 desta Lei.

XI – na contratação de remanescente de obra, serviço ou fornecimento, em consequência de rescisão contratual, desde que atendida a ordem de classificação da licitação anterior e aceitas as mesmas condições oferecidas pelo licitante vencedor, inclusive quanto ao preço, devidamente corrigido;

▶ Art. 26 desta Lei.

XII – nas compras de hortifrutigranjeiros, pão e outros gêneros perecíveis, no tempo necessário para a realização dos processos licitatórios correspondentes, realizadas diretamente com base no preço do dia;

▶ Art. 26 desta Lei.

XIII – na contratação de instituição brasileira incumbida regimental ou estatutariamente da pesquisa, do ensino ou do desenvolvimento institucional, ou de instituição dedicada à recuperação social do preso, desde que a contratada detenha inquestionável reputação ético-profissional e não tenha fins lucrativos;

▶ Art. 26 desta Lei.
▶ Lei nº 9.790, de 23-3-1999, dispõe sobre a qualificação de pessoas jurídicas de direito privado, sem fins lucrativos, como organizações da sociedade civil de interesse público, institui e disciplina o termo de parceria.

XIV – para a aquisição de bens ou serviços nos termos de acordo internacional específico aprovado pelo Congresso Nacional, quando as condições ofertadas forem manifestamente vantajosas para o Poder Público;

▶ Incisos XII a XIV com a redação dada pela Lei nº 8.883, de 8-6-1994.
▶ Art. 26 desta Lei.

XV – para a aquisição ou restauração de obras de arte e objetos históricos, de autenticidade certificada, desde que compatíveis ou inerentes às finalidades do órgão ou entidade;

▶ Art. 26 desta Lei.

XVI – para a impressão dos diários oficiais, de formulários padronizados de uso da administração, e de edições técnicas oficiais, bem como para prestação de serviços de informática a pessoa jurídica de direito público interno, por órgãos ou entidades que integrem a Administração Pública, criados para esse fim específico;

▶ Art. 26 desta Lei.

XVII – para a aquisição de componentes ou peças de origem nacional ou estrangeira, necessários à manutenção de equipamentos durante o período de garantia técnica, junto ao fornecedor original desses equipamentos, quando tal condição de exclusividade for indispensável para a vigência da garantia;

▶ Art. 26 desta Lei.

XVIII – nas compras ou contratações de serviços para o abastecimento de navios, embarcações, unidades aéreas ou tropas e seus meios de deslocamento quando em estada eventual de curta duração em portos, aeroportos ou localidades diferentes de suas sedes, por motivo de movimentação operacional ou de adestramento, quando a exiguidade dos prazos legais puder comprometer a normalidade e os propósitos das operações e desde que seu valor não exceda ao limite previsto na alínea a do inciso II do art. 23 desta Lei;

▶ Art. 26 desta Lei.

XIX – para as compras de material de uso pelas Forças Armadas, com exceção de materiais de uso pessoal e administrativo, quando houver necessidade de manter a padronização requerida pela estrutura de apoio logístico dos meios navais, aéreos e terrestres, mediante parecer de comissão instituída por decreto;

▶ Art. 26 desta Lei.

XX – na contratação de associação de portadores de deficiência física, sem fins lucrativos e de comprovada idoneidade, por órgãos ou entidades da Administração Pública, para a prestação de serviços ou fornecimento de mão de obra, desde que o preço contratado seja compatível com o praticado no mercado;

▶ Incisos XVI a XX acrescidos pela Lei nº 8.883, de 8-6-1994.
▶ Art. 26 desta Lei.

XXI – para a aquisição de bens e insumos destinados exclusivamente à pesquisa científica e tecnológica com recursos concedidos pela CAPES, pela FINEP, pelo CNPq ou por outras instituições de fomento a pesquisa credenciadas pelo CNPq para esse fim específico;

▶ Inciso XXI com a redação dada pela Lei nº 12.349, de 15-12-2010.
▶ Art. 26 desta Lei.

XXII – na contratação do fornecimento ou suprimento de energia elétrica e gás natural com concessionário, permissionário ou autorizado, segundo as normas da legislação específica;

▶ Inciso XXII com a redação dada pela Lei nº 10.438, de 26-4-2002.
▶ Art. 26 desta Lei.
▶ Arts. 4º a 25 da Lei nº 9.074, de 7-7-1995, que estabelece normas para outorga e prorrogações das concessões e permissões de serviços públicos.

XXIII – na contratação realizada por empresa pública ou sociedade de economia mista com suas subsidiárias e controladas, para a aquisição ou alienação de bens, prestação ou obtenção de serviços, desde que o preço contratado seja compatível com o praticado no mercado;

▶ Art. 26 desta Lei.

XXIV – para a celebração de contratos de prestação de serviços com as organizações sociais, qualificadas no âmbito das respectivas esferas de governo, para atividades contempladas no contrato de gestão;

▶ Incisos XXIII e XXIV acrescidos pela Lei nº 9.648, de 27-5-1998.
▶ Art. 26 desta Lei.
▶ Lei nº 9.637, de 15-5-1998, dispõe sobre a qualificação de entidades como organizações sociais, a criação do Programa Nacional de Publicização, a extinção dos órgãos e entidades que menciona e a absorção de suas atividades por organizações sociais.

XXV – na contratação realizada por Instituição Científica e Tecnológica – ICT ou por agência de fomento para a transferência de tecnologia e para o licenciamento de direito de uso ou de exploração de criação protegida;

▶ Inciso XXV acrescido pela Lei nº 10.973, de 2-12-2004.
▶ Art. 26 desta Lei.

XXVI – na celebração de contrato de programa com ente da Federação ou com entidade de sua administração indireta, para a prestação de serviços públicos de forma associada nos termos do autorizado em contrato de consórcio público ou em convênio de cooperação;

▶ Inciso XXVI acrescido pela Lei nº 11.107, de 6-4-2005.
▶ Art. 26 desta Lei.

XXVII – na contratação da coleta, processamento e comercialização de resíduos sólidos urbanos recicláveis ou reutilizáveis, em áreas com sistema de coleta seletiva de lixo, efetuados por associações ou cooperativas formadas exclusivamente por pessoas físicas de baixa renda reconhecidas pelo poder público como catadores de materiais recicláveis, com o uso de equipamentos compatíveis com as normas técnicas, ambientais e de saúde pública;

▶ Inciso XXVII com a redação dada pela Lei nº 11.445, de 5-1-2007.
▶ Lei nº 12.305, de 2-8-2010 (Lei da Política Nacional de Resíduos Sólidos), regulamentada pelo Dec. nº 7.404, de 23-12-2010.

XXVIII – para o fornecimento de bens e serviços, produzidos ou prestados no País, que envolvam, cumulativamente, alta complexidade tecnológica e defesa nacional, mediante parecer de comissão especialmente designada pela autoridade máxima do órgão;

▶ Inciso XXVIII acrescido pela Lei nº 11.484, de 31-5-2007.

XXIX – na aquisição de bens e contratação de serviços para atender aos contingentes militares das Forças Singulares brasileiras empregadas em operações de paz no exterior, necessariamente justificadas quanto ao preço e à escolha do fornecedor ou executante e ratificadas pelo Comandante da Força;

▶ Inciso XXIX acrescido pela Lei nº 11.783, de 17-9-2008.

XXX – na contratação de instituição ou organização, pública ou privada, com ou sem fins lucrativos, para a prestação de serviços de assistência técnica e extensão rural no âmbito do Programa Nacional de Assistência Técnica e Extensão Rural na Agricultura Familiar e na Reforma Agrária, instituído por lei federal;

▶ Inciso XXX acrescido pela Lei nº 12.188, de 11-1-2010.

XXXI – nas contratações visando ao cumprimento do disposto nos arts. 3º, 4º, 5º e 20 da Lei nº 10.973, de 2 de dezembro de 2004, observados os princípios gerais de contratação dela constantes.

▶ Inciso XXXI com a redação dada pela Lei nº 12.349, de 15-12-2010.

Parágrafo único. Os percentuais referidos nos incisos I e II do *caput* deste artigo serão vinte por cento para compras, obras e serviços contratados por consórcios públicos, sociedade de economia mista, empresa pública e por autarquia ou fundação qualificadas, na forma da lei, como Agências Executivas.

▶ Parágrafo único com a redação dada pela Lei nº 11.107, de 6-4-2005.

Art. 25. É inexigível a licitação quando houver inviabilidade de competição, em especial:

▶ Arts. 26 e 89 desta Lei.
▶ Art. 49, IV, da LC nº 123, de 14-12-2006 (Estatuto Nacional da Microempresa e da Empresa de Pequeno Porte).
▶ Art. 23 da Lei nº 9.427, de 26-12-1996, que institui a Agência Nacional de Energia Elétrica – ANEEL e disciplina o regime das concessões de serviços públicos de energia elétrica.
▶ Art. 13, § 2º, da Lei nº 11.284, de 2-3-2006 (Lei de Gestão de Florestas Públicas).

I – para aquisição de materiais, equipamentos, ou gêneros que só possam ser fornecidos por produtor, empresa ou representante comercial exclusivo, vedada a preferência de marca, devendo a comprovação de exclusividade ser feita através de atestado fornecido pelo órgão de registro do comércio do local em que se realizaria a licitação ou a obra ou o serviço, pelo Sindicato, Federação ou Confederação Patronal, ou, ainda, pelas entidades equivalentes;

II – para a contratação de serviços técnicos enumerados no art. 13 desta Lei, de natureza singular, com profissionais ou empresas de notória especialização, vedada a inexigibilidade para serviços de publicidade e divulgação;

▶ Lei nº 12.232, de 29-4-2010, dispõe sobre as normas gerais para licitação e contratação pela administração pública de serviços de publicidade prestados por intermédio de agências de propaganda.

III – para contratação de profissional de qualquer setor artístico, diretamente ou através de empresário exclusivo, desde que consagrado pela crítica especializada ou pela opinião pública.

▶ Art. 13, § 2º, da Lei nº 11.284, de 2-3-2006 (Lei de Gestão de Florestas Públicas).

§ 1º Considera-se de notória especialização o profissional ou empresa cujo conceito no campo de sua especialidade, decorrente de desempenho anterior, estudos, experiências, publicações, organização, aparelhamento, equipe técnica, ou de outros requisitos relacionados com suas atividades, permita inferir que o seu trabalho é essencial e indiscutivelmente o mais adequado à plena satisfação do objeto do contrato.

§ 2º Na hipótese deste artigo e em qualquer dos casos de dispensa, se comprovado superfaturamento, respondem solidariamente pelo dano causado à Fazenda Pública o fornecedor ou o prestador de serviços e o agente público responsável, sem prejuízo de outras sanções legais cabíveis.

Art. 26. As dispensas previstas nos §§ 2º e 4º do art. 17 e no inciso III e seguintes do art. 24, as situações de inexigibilidade referidas no art. 25, necessariamente justificadas, e o retardamento previsto no final do parágrafo único do art. 8º desta Lei deverão ser comunicados, dentro de três dias, à autoridade superior, para ratificação e publicação na imprensa oficial, no prazo de cinco dias, como condição para a eficácia dos atos.

▶ Caput com a redação dada pela Lei nº 11.107, de 6-4-2005.
▶ Art. 89 desta Lei.

Parágrafo único. O processo de dispensa, de inexigibilidade ou de retardamento, previsto neste artigo, será instruído, no que couber, com os seguintes elementos:

I – caracterização da situação emergencial ou calamitosa que justifique a dispensa, quando for o caso;
II – razão da escolha do fornecedor ou executante;
III – justificativa do preço;
IV – documento de aprovação dos projetos de pesquisa aos quais os bens serão alocados.

▶ Inciso IV acrescido pela Lei nº 9.648, de 27-5-1998.

Seção II

DA HABILITAÇÃO

Art. 27. Para a habilitação nas licitações exigir-se-á dos interessados, exclusivamente, documentação relativa a:

▶ Arts. 35, 37, 40, VI, e 78, XVIII, desta Lei.

I – habilitação jurídica;
II – qualificação técnica;
III – qualificação econômico-financeira;
IV – regularidade fiscal e trabalhista;

▶ Inciso IV com a redação dada pela Lei nº 12.440, de 7-7-2011 (DOU de 8-7-2011), para vigorar 180 (cento e oitenta) dias após a sua publicação.
▶ Art. 642-A da CLT.

V – cumprimento do disposto no inciso XXXIII do art. 7º da Constituição Federal.

▶ Inciso V acrescido Lei nº 9.854, de 27-10-1999.

Art. 28. A documentação relativa à habilitação jurídica, conforme o caso, consistirá em:

▶ Arts. 32, §§ 1º e 2º, e 40, VI, desta Lei.

I – cédula de identidade;
II – registro comercial, no caso de empresa individual;
III – ato constitutivo, estatuto ou contrato social em vigor, devidamente registrado, em se tratando de sociedades comerciais, e, no caso de sociedades por ações, acompanhado de documentos de eleição de seus administradores;
IV – inscrição do ato constitutivo, no caso de sociedades civis, acompanhada de prova de diretoria em exercício;
V – decreto de autorização, em se tratando de empresa ou sociedade estrangeira em funcionamento no País, e ato de registro ou autorização para funcionamento expedido pelo órgão competente, quando a atividade assim o exigir.

Art. 29. A documentação relativa à regularidade fiscal e trabalhista, conforme o caso, consistirá em:

▶ Caput com a redação dada pela Lei nº 12.440, de 7-7-2011 (DOU de 8-7-2011), para vigorar 180 (cento e oitenta) dias após a sua publicação.
▶ Arts. 32, §§ 1º e 2º, e 40, VI, desta Lei.
▶ Art. 43 da LC nº 123, de 14-12-2006 (Estatuto Nacional da Microempresa e da Empresa de Pequeno Porte).

I – prova de inscrição no Cadastro de Pessoas Físicas (CPF) ou no Cadastro Geral de Contribuintes (CGC);
II – prova de inscrição no cadastro de contribuintes estadual ou municipal, se houver, relativo ao domicílio ou sede do licitante, pertinente ao seu ramo de atividade e compatível com o objeto contratual;
III – prova de regularidade para com a Fazenda Federal, Estadual e Municipal do domicílio ou sede do licitante, ou outra equivalente, na forma da lei;
IV – prova de regularidade relativa à Seguridade Social e ao Fundo de Garantia por Tempo de Serviço (FGTS), demonstrando situação regular no cumprimento dos encargos sociais instituídos por lei;

▶ Inciso IV com a redação dada pela Lei nº 8.883, de 8-6-1994.

V – prova de inexistência de débitos inadimplidos perante a Justiça do Trabalho, mediante a apresentação de certidão negativa, nos termos do Título VII-A da Consolidação das Leis do Trabalho, aprovada pelo Decreto-Lei nº 5.452, de 1º de maio de 1943.

▶ Inciso V acrescido pela Lei nº 12.440, de 7-7-2011 (DOU de 8-7-2011), para vigorar 180 (cento e oitenta) dias após a sua publicação.
▶ Art. 642-A da CLT.

Art. 30. A documentação relativa à qualificação técnica limitar-se-á a:

I – registro ou inscrição na entidade profissional competente;
II – comprovação de aptidão para desempenho de atividade pertinente e compatível em características, quantidades e prazos com o objeto da licitação, e indicação das instalações e do aparelhamento e do pessoal técnico adequados e disponíveis para a realização do objeto da licitação, bem como da qualificação de cada um dos membros da equipe técnica que se responsabilizará pelos trabalhos;
III – comprovação, fornecida pelo órgão licitante, de que recebeu os documentos, e, quando exigido, de que tomou conhecimento de todas as informações e das

condições locais para o cumprimento das obrigações objeto da licitação;

IV – prova de atendimento de requisitos previstos em lei especial, quando for o caso.

§ 1º A comprovação de aptidão referida no inciso II do *caput* deste artigo, no caso das licitações pertinentes a obras e serviços, será feita por atestados fornecidos por pessoas jurídicas de direito público ou privado, devidamente registrados nas entidades profissionais competentes, limitadas as exigências a:

▶ § 1º com a redação dada pela Lei nº 8.883, de 8-6-1994.

I – capacitação técnico-profissional: comprovação do licitante de possuir em seu quadro permanente, na data prevista para entrega da proposta, profissional de nível superior ou outro devidamente reconhecido pela entidade competente, detentor de atestado de responsabilidade técnica por execução de obra ou serviço de características semelhantes, limitadas estas exclusivamente às parcelas de maior relevância e valor significativo do objeto da licitação, vedadas as exigências de quantidades mínimas ou prazos máximos;

▶ Inciso I acrescido pela Lei nº 8.883, de 8-6-1994.

II – VETADO. Lei nº 8.883, de 8-6-1994.

§ 2º As parcelas de maior relevância técnica ou de valor significativo, mencionadas no parágrafo anterior, serão definidas no instrumento convocatório.

▶ § 2º com a redação dada pela Lei nº 8.883, de 8-6-1994.

§ 3º Será sempre admitida a comprovação de aptidão através de certidões ou atestados de obras ou serviços similares de complexidade tecnológica e operacional equivalente ou superior.

§ 4º Nas licitações para fornecimento de bens, a comprovação de aptidão, quando for o caso, será feita através de atestados fornecidos por pessoa jurídica de direito público ou privado.

§ 5º É vedada a exigência de comprovação de atividade ou de aptidão com limitações de tempo ou de época ou ainda em locais específicos, ou quaisquer outras não previstas nesta Lei, que inibam a participação na licitação.

§ 6º As exigências mínimas relativas a instalações de canteiros, máquinas, equipamentos e pessoal técnico especializado, considerados essenciais para o cumprimento do objeto da licitação, serão atendidas mediante a apresentação de relação explícita e da declaração formal da sua disponibilidade, sob as penas cabíveis, vedada as exigências de propriedade e de localização prévia.

§ 7º VETADO.

§ 8º No caso de obras, serviços e compras de grande vulto, de alta complexidade técnica, poderá a Administração exigir dos licitantes a metodologia de execução, cuja avaliação, para efeito de sua aceitação ou não, antecederá sempre à análise dos preços e será efetuada exclusivamente por critérios objetivos.

§ 9º Entende-se por licitação de alta complexidade técnica aquela que envolva alta especialização, como fator de extrema relevância para garantir a execução do objeto a ser contratado, ou que possa comprometer a continuidade da prestação de serviços públicos essenciais.

§ 10. Os profissionais indicados pelo licitante para fins de comprovação da capacitação técnico-operacional de que trata o inciso I do § 1º deste artigo deverão participar da obra ou serviço objeto da licitação, admitindo-se a substituição por profissionais de experiência equivalente ou superior, desde que aprovada pela administração.

▶ § 10 acrescido pela Lei nº 8.883, de 8-6-1994.

§§ 11 e 12. VETADOS. Lei nº 8.883, de 8-6-1994.

Art. 31. A documentação relativa à qualificação econômico-financeira limitar-se-á a:

▶ Arts. 32, §§ 1º e 2º, e 40, VI, desta Lei.

I – balanço patrimonial e demonstrações contábeis do último exercício social, já exigíveis e apresentados na forma da lei, que comprovem a boa situação financeira da empresa, vedada a sua substituição por balancetes ou balanços provisórios, podendo ser atualizados por índices oficiais quando encerrado há mais de 3 (três) meses da data de apresentação da proposta;

▶ Art. 1.065 do CC.

II – certidão negativa de falência ou concordata expedida pelo distribuidor da sede da pessoa jurídica, ou de execução patrimonial, expedida no domicílio da pessoa física;

▶ Lei nº 11.101, de 9-2-2005 (Lei de Recuperação de Empresas e Falências).

III – garantia, nas mesmas modalidades e critérios previstos no *caput* e § 1º do art. 56 desta Lei, limitada a 1% (um por cento) do valor estimado do objeto da contratação.

§ 1º A exigência de índices limitar-se-á à demonstração da capacidade financeira do licitante com vistas aos compromissos que terá que assumir caso lhe seja adjudicado o contrato, vedada a exigência de valores mínimos de faturamento anterior, índices de rentabilidade ou lucratividade.

▶ § 1º com a redação dada pela Lei nº 8.883, de 8-6-1994.

§ 2º A Administração, nas compras para entrega futura e na execução de obras e serviços, poderá estabelecer, no instrumento convocatório da licitação, a exigência de capital mínimo ou de patrimônio líquido mínimo, ou ainda as garantias previstas no § 1º do art. 56 desta Lei, como dado objetivo de comprovação da qualificação econômico-financeira dos licitantes e para efeito de garantia ao adimplemento do contrato a ser ulteriormente celebrado.

§ 3º O capital mínimo ou o valor do patrimônio líquido a que se refere o parágrafo anterior não poderá exceder a 10% (dez por cento) do valor estimado da contratação, devendo a comprovação ser feita relativamente à data da apresentação da proposta, na forma da lei, admitida a atualização para esta data através de índices oficiais.

§ 4º Poderá ser exigida, ainda, a relação dos compromissos assumidos pelo licitante que importem diminuição da capacidade operativa ou absorção de disponibilidade financeira, calculada esta em função do patrimônio líquido atualizado e sua capacidade de rotação.

§ 5º A comprovação da boa situação financeira da empresa será feita de forma objetiva, através do cálculo de índices contábeis previstos no edital e devidamente justificados no processo administrativo da licitação que tenha dado início ao certame licitatório, vedada a exigência de índices e valores não usualmente adotados para correta avaliação de situação financeira suficiente ao cumprimento das obrigações decorrentes da licitação.

▶ § 5º com a redação dada pela Lei nº 8.883, de 8-6-1994.

§ 6º VETADO.

Art. 32. Os documentos necessários à habilitação poderão ser apresentados em original, por qualquer processo de cópia autenticada por cartório competente ou por servidor da administração, ou publicação em órgão da imprensa oficial.

▶ *Caput* com a redação dada pela Lei nº 8.883, de 8-6-1994.

§ 1º A documentação de que tratam os arts. 28 a 31 desta Lei poderá ser dispensada, no todo ou em parte, nos casos de convite, concurso, fornecimento de bens para pronta entrega e leilão.

§ 2º O certificado de registro cadastral a que se refere o § 1º do art. 36 substitui os documentos enumerados nos arts. 28 a 31, quanto às informações disponibilizadas em sistema informatizado de consulta direta indicado no edital, obrigando-se a parte a declarar, sob as penalidades legais, a superveniência de fato impeditivo da habilitação.

▶ § 2º com a redação dada pela Lei nº 9.648, de 27-5-1998.

§ 3º A documentação referida neste artigo poderá ser substituída por registro cadastral emitido por órgão ou entidade pública, desde que previsto no edital e o registro tenha sido feito em obediência ao disposto nesta Lei.

§ 4º As empresas estrangeiras que não funcionem no País, tanto quanto possível, atenderão, nas licitações internacionais, às exigências dos parágrafos anteriores mediante documentos equivalentes, autenticados pelos respectivos consulados e traduzidos por tradutor juramentado, devendo ter representação legal no Brasil com poderes expressos para receber citação e responder administrativa ou judicialmente.

▶ Art. 32, § 6º, desta Lei.

§ 5º Não se exigirá, para a habilitação de que trata este artigo, prévio recolhimento de taxas ou emolumentos, salvo os referentes a fornecimento do edital, quando solicitado, com os seus elementos constitutivos, limitados ao valor do custo efetivo de reprodução gráfica da documentação fornecida.

§ 6º O disposto no § 4º deste artigo, no § 1º do art. 33 e no § 2º do art. 55, não se aplica às licitações internacionais para a aquisição de bens e serviços cujo pagamento seja feito com o produto de financiamento concedido por organismo financeiro internacional de que o Brasil faça parte, ou por agência estrangeira de cooperação, nem nos casos de contratação com empresa estrangeira, para a compra de equipamentos fabricados e entregues no exterior, desde que para este caso tenha havido prévia autorização do Chefe do Poder Executivo, nem nos casos de aquisição de bens e serviços realizada por unidades administrativas com sede no exterior.

Art. 33. Quando permitida na licitação a participação de empresas em consórcio, observar-se-ão as seguintes normas:

I – comprovação do compromisso público ou particular de constituição de consórcio, subscrito pelos consorciados;

II – indicação da empresa responsável pelo consórcio que deverá atender às condições de liderança, obrigatoriamente fixadas no edital;

III – apresentação dos documentos exigidos nos arts. 28 a 31 desta Lei por parte de cada consorciado, admitindo-se, para efeito de qualificação técnica, o somatório dos quantitativos de cada consorciado, e, para efeito de qualificação econômico-financeira, o somatório dos valores de cada consorciado, na proporção de sua respectiva participação, podendo a Administração estabelecer, para o consórcio, um acréscimo de até 30% (trinta por cento) dos valores exigidos para licitante individual, inexigível este acréscimo para os consórcios compostos, em sua totalidade, por micro e pequenas empresas assim definidas em lei;

IV – impedimento de participação de empresa consorciada, na mesma licitação, através de mais de um consórcio ou isoladamente;

V – responsabilidade solidária dos integrantes pelos atos praticados em consórcio, tanto na fase de licitação quanto na de execução do contrato.

§ 1º No consórcio de empresas brasileiras e estrangeiras a liderança caberá, obrigatoriamente, à empresa brasileira, observado o disposto no inciso II deste artigo.

▶ Art. 32, § 6º, desta Lei.

§ 2º O licitante vencedor fica obrigado a promover, antes da celebração do contrato, a constituição e o registro do consórcio, nos termos do compromisso referido no inciso I deste artigo.

SEÇÃO III

DOS REGISTROS CADASTRAIS

Art. 34. Para os fins desta Lei, os órgãos e entidades da Administração Pública que realizem frequentemente licitações manterão registros cadastrais para efeito de habilitação, na forma regulamentar, válidos por, no máximo, um ano.

§ 1º O registro cadastral deverá ser amplamente divulgado e deverá estar permanentemente aberto aos interessados, obrigando-se a unidade por ele responsável a proceder, no mínimo anualmente, através da imprensa oficial e de jornal diário, a chamamento público para a atualização dos registros existentes e para o ingresso de novos interessados.

§ 2º É facultado às unidades administrativas utilizarem-se de registros cadastrais de outros órgãos ou entidades da Administração Pública.

▶ Dec. nº 3.722, de 9-1-2001, regulamenta este artigo.

Art. 35. Ao requerer inscrição no cadastro, ou atualização deste, a qualquer tempo, o interessado fornecerá os elementos necessários à satisfação das exigências do art. 27 desta Lei.

Art. 36. Os inscritos serão classificados por categorias, tendo-se em vista sua especialização, subdivididas em grupos, segundo a qualificação técnica e econômica avaliada pelos elementos constantes da documentação relacionada nos arts. 30 e 31 desta Lei.

§ 1º Aos inscritos será fornecido certificado, renovável sempre que atualizarem o registro.

▶ Art. 32, § 2º, desta Lei.

§ 2º A atuação do licitante no cumprimento de obrigações assumidas será anotada no respectivo registro cadastral.

Art. 37. A qualquer tempo poderá ser alterado, suspenso ou cancelado o registro do inscrito que deixar de satisfazer as exigências do art. 27 desta Lei, ou as estabelecidas para classificação cadastral.

SEÇÃO IV
DO PROCEDIMENTO E JULGAMENTO

Art. 38. O procedimento da licitação será iniciado com a abertura de processo administrativo, devidamente autuado, protocolado e numerado, contendo a autorização respectiva, a indicação sucinta de seu objeto e do recurso próprio para a despesa, e ao qual serão juntados oportunamente:

I – edital ou convite e respectivos anexos, quando for o caso;

▶ Art. 40 desta Lei.

II – comprovante das publicações do edital resumido, na forma do art. 21 desta Lei, ou da entrega do convite;

▶ Art. 22 desta Lei.

III – ato de designação da comissão de licitação, do leiloeiro administrativo ou oficial, ou do responsável pelo convite;

▶ Art. 51 desta Lei.

IV – original das propostas e dos documentos que as instruírem;

V – atas, relatórios e deliberações da Comissão Julgadora;

▶ Arts. 43, § 1º, e 51, desta Lei.

VI – pareceres técnicos ou jurídicos emitidos sobre a licitação, dispensa ou inexigibilidade;

VII – atos de adjudicação do objeto da licitação e da sua homologação;

▶ Art. 43, VI, desta Lei.

VIII – recursos eventualmente apresentados pelos licitantes e respectivas manifestações e decisões;

▶ Art. 109 desta Lei.

IX – despacho de anulação ou de revogação da licitação, quando for o caso, fundamentado circunstanciadamente;

▶ Art. 49 desta Lei.

X – termo de contrato ou instrumento equivalente, conforme o caso;

▶ Arts. 54 a 62 desta Lei.

XI – outros comprovantes de publicações;

XII – demais documentos relativos à licitação.

Parágrafo único. As minutas de editais de licitação, bem como as dos contratos, acordos, convênios ou ajustes devem ser previamente examinadas e aprovadas por assessoria jurídica da Administração.

▶ Parágrafo único com a redação dada pela Lei nº 8.883, de 8-6-1994.

Art. 39. Sempre que o valor estimado para uma licitação ou para um conjunto de licitações simultâneas ou sucessivas for superior a 100 (cem) vezes o limite previsto no art. 23, inciso I, alínea c desta Lei, o processo licitatório será iniciado, obrigatoriamente, com uma audiência pública concedida pela autoridade responsável com antecedência mínima de 15 (quinze) dias úteis da data prevista para a publicação do edital, e divulgada, com a antecedência mínima de 10 (dez) dias úteis de sua realização, pelos mesmos meios previstos para a publicidade da licitação, à qual terão acesso e direito a todas as informações pertinentes e a se manifestar todos os interessados.

Parágrafo único. Para os fins deste artigo, consideram-se licitações simultâneas aquelas com objetos similares e com realização prevista para intervalos não superiores a trinta dias e licitações sucessivas aquelas em que, também com objetos similares, o edital subsequente tenha uma data anterior a cento e vinte dias após o término do contrato resultante da licitação antecedente.

▶ Parágrafo único com a redação dada pela Lei nº 8.883, de 8-6-1994.

Art. 40. O edital conterá no preâmbulo o número de ordem em série anual, o nome da repartição interessada e de seu setor, a modalidade, o regime de execução e o tipo da licitação, a menção de que será regida por esta Lei, o local, dia e hora para recebimento da documentação e proposta, bem como para início da abertura dos envelopes, e indicará, obrigatoriamente, o seguinte:

I – objeto da licitação, em descrição sucinta e clara;
II – prazo e condições para assinatura do contrato ou retirada dos instrumentos, como previsto no art. 64 desta Lei, para execução do contrato e para entrega do objeto da licitação;
III – sanções para o caso de inadimplemento;

▶ Art. 55, VII, desta Lei.

IV – local onde poderá ser examinado e adquirido o projeto básico;

▶ Arts. 6º, IX, 7º, I, e 12, desta Lei.

V – se há projeto executivo disponível na data da publicação do edital de licitação e o local onde possa ser examinado e adquirido;

▶ Arts. 6º, X, 7º, I, e 12, desta Lei.

VI – condições para participação na licitação, em conformidade com os arts. 27 a 31 desta Lei, e forma de apresentação das propostas;
VII – critério para julgamento, com disposições claras e parâmetros objetivos;

▶ Art. 41 desta Lei.

VIII – locais, horários e códigos de acesso dos meios de comunicação à distância em que serão fornecidos elementos, informações e esclarecimentos relativos à licitação e às condições para atendimento das obrigações necessárias ao cumprimento de seu objeto;

IX – condições equivalentes de pagamento entre empresas brasileiras e estrangeiras, no caso de licitações internacionais;

▶ Art. 42, § 1º, desta Lei.

X – o critério de aceitabilidade dos preços unitário e global, conforme o caso, permitida a fixação de preços máximos e vedados a fixação de preços mínimos, critérios estatísticos ou faixas de variação em relação a preços de referência, ressalvado o disposto nos parágrafos 1º e 2º do art. 48;

▶ Inciso X com a redação dada pela Lei nº 9.648, de 27-5-1998.

XI – critério de reajuste, que deverá retratar a variação efetiva do custo de produção, admitida a adoção de índices específicos ou setoriais, desde a data prevista para apresentação da proposta, ou do orçamento a que essa proposta se referir, até a data do adimplemento de cada parcela;

▶ Inciso XI com a redação dada pela Lei nº 8.883, de 8-6-1994.

▶ Dec. nº 1.054, de 7-2-1994, regulamenta o reajuste de preços nos contratos da Administração Federal direta e indireta.

XII – VETADO;

XIII – limites para pagamento de instalação e mobilização para execução de obras ou serviços que serão obrigatoriamente previstos em separado das demais parcelas, etapas ou tarefas;

XIV – condições de pagamento, prevendo:

a) prazo de pagamento não superior a trinta dias, contado a partir da data final do período de adimplemento de cada parcela;

▶ Alínea a com a redação dada pela Lei nº 8.883, de 8-6-1994.

b) cronograma de desembolso máximo por período, em conformidade com a disponibilidade de recursos financeiros;

c) critério de atualização financeira dos valores a serem pagos, desde a data final do período de adimplemento de cada parcela até a data do efetivo pagamento;

▶ Alínea c com a redação dada pela Lei nº 8.883, de 8-6-1994.

▶ Dec. nº 1.054, de 7-2-1994, regulamenta o reajuste de preços nos contratos da Administração Federal direta e indireta.

d) compensações financeiras e penalizações, por eventuais atrasos, e descontos, por eventuais antecipações de pagamento;

e) exigência de seguros, quando for o caso;

XV – instruções e normas para os recursos previstos nesta Lei;

▶ Art. 109 desta Lei.

XVI – condições de recebimento do objeto da licitação;

XVII – outras indicações específicas ou peculiares da licitação.

§ 1º O original do edital deverá ser datado, rubricado em todas as folhas e assinado pela autoridade que o expedir, permanecendo no processo de licitação, e dele extraindo-se cópias integrais ou resumidas, para sua divulgação e fornecimento aos interessados.

§ 2º Constituem anexos do edital, dele fazendo parte integrante:

I – o projeto básico e/ou executivo, com todas as suas partes, desenhos, especificações e outros complementos;

▶ Arts. 6º, IX e X, 7º, I, e 12, desta Lei.

II – orçamento estimado em planilhas de quantitativos e preços unitários;

▶ Inciso II com a redação dada pela Lei nº 8.883, de 8-6-1994.

▶ Arts. 5º, 7º, § 2º, I, 8º e 14 desta Lei.

III – a minuta do contrato a ser firmado entre a Administração e o licitante vencedor;

▶ Arts. 54 e 55 desta Lei.

IV – as especificações complementares e as normas de execução pertinentes à licitação.

§ 3º Para efeito do disposto nesta Lei, considera-se como adimplemento da obrigação contratual a prestação do serviço, a realização da obra, a entrega do bem ou de parcela destes, bem como qualquer outro evento contratual a cuja ocorrência esteja vinculada a emissão de documento de cobrança.

§ 4º Nas compras para entrega imediata, assim entendidas aquelas com prazo de entrega até trinta dias da data prevista para apresentação da proposta, poderão ser dispensados:

I – o disposto no inciso XI deste artigo;

II – a atualização financeira a que se refere a alínea c do inciso XIV deste artigo, correspondente ao período compreendido entre as datas do adimplemento e a prevista para o pagamento, desde que não superior a quinze dias.

▶ § 4º acrescido pela Lei nº 8.883, de 8-6-1994.

Art. 41. A Administração não pode descumprir as normas e condições do edital, ao qual se acha estritamente vinculada.

§ 1º Qualquer cidadão é parte legítima para impugnar edital de licitação por irregularidade na aplicação desta Lei, devendo protocolar o pedido até 5 (cinco) dias úteis antes da data fixada para a abertura dos envelopes de habilitação, devendo a Administração julgar e responder à impugnação em até 3 (três) dias úteis, sem prejuízo da faculdade prevista no § 1º do art. 113.

§ 2º Decairá do direito de impugnar os termos do edital de licitação perante a administração o licitante que não o fizer até o segundo dia útil que anteceder a abertura dos envelopes de habilitação em concorrência, a abertura dos envelopes com as propostas em convite, tomada de preços ou concurso, ou a realização de leilão, as falhas ou irregularidades que viciariam esse edital, hipóteses em que tal comunicação não terá efeito de recurso.

▶ § 2º com a redação dada pela Lei nº 8.883, de 8-6-1994.

§ 3º A impugnação feita tempestivamente pelo licitante não o impedirá de participar do processo licitatório até o trânsito em julgado da decisão a ela pertinente.

§ 4º A inabilitação do licitante importa preclusão do seu direito de participar das fases subsequentes.

Art. 42. Nas concorrências de âmbito internacional, o edital deverá ajustar-se às diretrizes da política monetária e do comércio exterior e atender às exigências dos órgãos competentes.

▶ Art. 5º desta Lei.

§ 1º Quando for permitido ao licitante estrangeiro cotar preço em moeda estrangeira, igualmente o poderá fazer o licitante brasileiro.

▶ Arts. 5º, *caput*, e 37, *caput*, da CF.
▶ Art. 40, IX, desta Lei.

§ 2º O pagamento feito ao licitante brasileiro eventualmente contratado em virtude da licitação de que trata o parágrafo anterior será efetuado em moeda brasileira, à taxa de câmbio vigente no dia útil imediatamente anterior à data do efetivo pagamento.

▶ § 2º com a redação dada pela Lei nº 8.883, de 8-6-1994.

§ 3º As garantias de pagamento ao licitante brasileiro serão equivalentes àquelas oferecidas ao licitante estrangeiro.

§ 4º Para fins de julgamento da licitação, as propostas apresentadas por licitantes estrangeiros serão acrescidas dos gravames consequentes dos mesmos tributos que oneram exclusivamente os licitantes brasileiros quanto à operação final de venda.

§ 5º Para a realização de obras, prestação de serviços ou aquisição de bens com recursos provenientes de financiamento ou doação oriundos de agência oficial de cooperação estrangeira ou organismo financeiro multilateral de que o Brasil seja parte, poderão ser admitidas, na respectiva licitação, as condições decorrentes de acordos, protocolos, convenções ou tratados internacionais aprovados pelo Congresso Nacional, bem como as normas e procedimentos daquelas entidades, inclusive quanto ao critério de seleção da proposta mais vantajosa para a administração, o qual poderá contemplar, além do preço, outros fatores de avaliação, desde que por eles exigidos para a obtenção do financiamento ou da doação, e que também não conflitem com o princípio do julgamento objetivo e sejam objeto de despacho motivado do órgão executor do contrato, despacho esse ratificado pela autoridade imediatamente superior.

▶ § 5º com a redação dada pela Lei nº 8.883, de 8-6-1994.

§ 6º As cotações de todos os licitantes serão para entrega no mesmo local de destino.

Art. 43. A licitação será processada e julgada com observância dos seguintes procedimentos:

I – abertura dos envelopes contendo a documentação relativa à habilitação dos concorrentes, e sua apreciação;
II – devolução dos envelopes fechados aos concorrentes inabilitados, contendo as respectivas propostas, desde que não tenha havido recurso ou após sua denegação;
III – abertura dos envelopes contendo as propostas dos concorrentes habilitados, desde que transcorrido o prazo sem interposição de recurso, ou tenha havido desistência expressa, ou após o julgamento dos recursos interpostos;
IV – verificação da conformidade de cada proposta com os requisitos do edital e, conforme o caso, com os preços correntes no mercado ou fixados por órgão oficial competente, ou ainda com os constantes do sistema de registro de preços, os quais deverão ser devidamente registrados na ata de julgamento, promovendo-se a desclassificação das propostas desconformes ou incompatíveis;
V – julgamento e classificação das propostas de acordo com os critérios de avaliação constantes do edital;
VI – deliberação da autoridade competente quanto à homologação e adjudicação do objeto da licitação.

§ 1º A abertura dos envelopes contendo a documentação para habilitação e as propostas será realizada sempre em ato público previamente designado, do qual se lavrará ata circunstanciada, assinada pelos licitantes presentes e pela Comissão.

§ 2º Todos os documentos e propostas serão rubricados pelos licitantes presentes e pela Comissão.

§ 3º É facultada à Comissão ou autoridade superior, em qualquer fase da licitação, a promoção de diligência destinada a esclarecer ou a complementar a instrução do processo, vedada a inclusão posterior de documento ou informação que deveria constar originariamente da proposta.

§ 4º O disposto neste artigo aplica-se à concorrência e, no que couber, ao concurso, ao leilão, à tomada de preços e ao convite.

▶ § 4º com a redação dada pela Lei nº 8.883, de 8-6-1994.

§ 5º Ultrapassada a fase de habilitação dos concorrentes (incisos I e II) e abertas as propostas (inciso III), não cabe desclassificá-los por motivo relacionado com a habilitação, salvo em razão de fatos supervenientes ou só conhecidos após o julgamento.

§ 6º Após a fase de habilitação, não cabe desistência de proposta, salvo por motivo justo decorrente de fato superveniente e aceito pela Comissão.

Art. 44. No julgamento das propostas, a Comissão levará em consideração os critérios objetivos definidos no edital ou no convite, os quais não devem contrariar as normas e princípios estabelecidos por esta Lei.

▶ Dec. nº 4.228, de 13-5-2002, institui, no âmbito da Administração Pública Federal, o Programa Nacional de Ações Afirmativas.

§ 1º É vedada a utilização de qualquer elemento, critério ou fator sigiloso, secreto, subjetivo ou reservado que possa ainda que indiretamente elidir o princípio da igualdade entre os licitantes.

▶ Art. 37, *caput*, da CF.
▶ Art. 3º desta Lei.

§ 2º Não se considerará qualquer oferta de vantagem não prevista no edital ou no convite, inclusive financiamentos subsidiados ou a fundo perdido, nem preço ou vantagem baseada nas ofertas dos demais licitantes.

▶ Art. 37, *caput*, da CF.
▶ Arts. 3º e 45 desta Lei.

§ 3º Não se admitirá proposta que apresente preços global ou unitários simbólicos, irrisórios ou de valor zero, incompatíveis com os preços dos insumos e salários de mercado, acrescidos dos respectivos encargos, ainda que o ato convocatório da licitação não tenha estabelecido limites mínimos, exceto quando se referirem a materiais e instalações de propriedade do próprio licitante, para os quais ele renuncie a parcela ou à totalidade da remuneração.

§ 4º O disposto no parágrafo anterior aplica-se também às propostas que incluam mão de obra estrangeira ou importações de qualquer natureza.

▶ §§ 3º e 4º com a redação dada pela Lei nº 8.883, de 8-6-1994.

Art. 45. O julgamento das propostas será objetivo, devendo a Comissão de licitação ou o responsável pelo convite realizá-lo em conformidade com os tipos de licitação, os critérios previamente estabelecidos no ato convocatório e de acordo com os fatores exclusivamente nele referidos, de maneira a possibilitar sua aferição pelos licitantes e pelos órgãos de controle.

▶ Art. 37, *caput*, da CF.
▶ Art. 3º desta Lei.

§ 1º Para os efeitos deste artigo, constituem tipos de licitação, exceto na modalidade concurso:

▶ § 1º com a redação dada pela Lei nº 8.883, de 8-6-1994.

I – a de menor preço – quando o critério de seleção da proposta mais vantajosa para a Administração determinar que será vencedor o licitante que apresentar a proposta de acordo com as especificações do edital ou convite e ofertar o menor preço;
II – a de melhor técnica;
III – a de técnica e preço;
IV – a de maior lance ou oferta – nos casos de alienação de bens ou concessão de direito real de uso.

▶ Inciso IV acrescido pela Lei nº 8.883, de 8-6-1994.

§ 2º No caso de empate entre duas ou mais propostas, e após obedecido o disposto no § 2º do art. 3º desta Lei, a classificação se fará, obrigatoriamente, por sorteio, em ato público, para o qual todos os licitantes serão convocados, vedado qualquer outro processo.

§ 3º No caso da licitação do tipo "menor preço", entre os licitantes considerados qualificados a classificação se dará pela ordem crescente dos preços propostos, prevalecendo, no caso de empate, exclusivamente o critério previsto no parágrafo anterior.

▶ Art. 3º, § 1º, II, desta Lei.

§ 4º Para contratação de bens e serviços de informática, a administração observará o disposto no art. 3º da Lei nº 8.248, de 23 de outubro de 1991, levando em conta os fatores especificados em seu parágrafo 2º e adotando obrigatoriamente o tipo de licitação "técnica e preço", permitido o emprego de outro tipo de licitação nos casos indicados em decreto do Poder Executivo.

▶ §§ 3º e 4º com a redação dada pela Lei nº 8.883, de 8-6-1994.
▶ Dec. nº 7.174, de 12-5-2010, regulamenta a contratação de bens e serviços de informática e automação pela administração pública federal, direta ou indireta, pelas fundações instituídas ou mantidas pelo Poder Público e pelas demais organizações sob o controle direto ou indireto da União.

§ 5º É vedada a utilização de outros tipos de licitação não previstos neste artigo.

§ 6º Na hipótese prevista no art. 23, § 7º, serão selecionadas tantas propostas quantas necessárias até que se atinja a quantidade demandada na licitação.

▶ § 6º acrescido pela Lei nº 9.648, de 27-5-1998.

Art. 46. Os tipos de licitação "melhor técnica" ou "técnica e preço" serão utilizados exclusivamente para serviços de natureza predominantemente intelectual, em especial na elaboração de projetos, cálculos, fiscalização, supervisão e gerenciamento e de engenharia consultiva em geral e, em particular, para a elaboração de estudos técnicos preliminares e projetos básicos e executivos, ressalvado o disposto no § 4º do artigo anterior.

▶ *Caput* com a redação dada pela Lei nº 8.883, de 8-6-1994.

§ 1º Nas licitações do tipo "melhor técnica" será adotado o seguinte procedimento claramente explicitado no instrumento convocatório, o qual fixará o preço máximo que a Administração se propõe a pagar:

I – serão abertos os envelopes contendo as propostas técnicas exclusivamente dos licitantes previamente qualificados e feita então a avaliação e classificação destas propostas de acordo com os critérios pertinentes e adequados ao objeto licitado, definidos com clareza e objetividade no instrumento convocatório e que considerem a capacitação e a experiência do proponente, a qualidade técnica da proposta, compreendendo metodologia, organização, tecnologias e recursos materiais a serem utilizados nos trabalhos, e a qualificação das equipes técnicas a serem mobilizadas para a sua execução;
II – uma vez classificadas as propostas técnicas, proceder-se-á à abertura das propostas de preço dos licitantes que tenham atingido a valorização mínima estabelecida no instrumento convocatório e à negociação das condições propostas, com a proponente melhor classificada, com base nos orçamentos detalhados apresentados e respectivos preços unitários e tendo como referência o limite representado pela proposta de menor preço entre os licitantes que obtiveram a valorização mínima;
III – no caso de impasse na negociação anterior, procedimento idêntico será adotado, sucessivamente, com os demais proponentes, pela ordem de classificação, até a consecução de acordo para a contratação;
IV – as propostas de preços serão devolvidas intactas aos licitantes que não forem preliminarmente habilitados ou que não obtiverem a valorização mínima estabelecida para a proposta técnica.

§ 2º Nas licitações do tipo "técnica e preço" será adotado, adicionalmente ao inciso I do parágrafo anterior, o seguinte procedimento claramente explicitado no instrumento convocatório:

I – será feita a avaliação e a valorização das propostas de preços, de acordo com critérios objetivos preestabelecidos no instrumento convocatório;
II – a classificação dos proponentes far-se-á de acordo com a média ponderada das valorizações das propostas técnicas e de preço, de acordo com os pesos preestabelecidos no instrumento convocatório.

§ 3º Excepcionalmente, os tipos de licitação previstos neste artigo poderão ser adotados, por autorização expressa e mediante justificativa circunstanciada da maior autoridade da Administração promotora constante do ato convocatório, para fornecimento de bens e execução de obras ou prestação de serviços de grande vulto majoritariamente dependentes de tecnologia nitidamente sofisticada e de domínio restrito, atestado por autoridades técnicas de reconhecida qualificação, nos casos em que o objeto pretendido admitir soluções alternativas e variações de execução, com repercussões significativas sobre sua qualidade, produtividade, rendimento e durabilidade concretamente mensuráveis, e estas puderem ser adotadas à livre escolha dos licitantes, na conformidade dos critérios objetivamente fixados no ato convocatório.

§ 4º VETADO. Lei nº 8.883, de 8-6-1994.

Art. 47. Nas licitações para a execução de obras e serviços, quando for adotada a modalidade de execução de empreitada por preço global, a Administração deverá fornecer obrigatoriamente, junto com o edital, todos os elementos e informações necessários para que os licitantes possam elaborar suas propostas de preços com total e completo conhecimento do objeto da licitação.

Art. 48. Serão desclassificadas:

I – as propostas que não atendam às exigências do ato convocatório da licitação;

II – propostas com valor global superior ao limite estabelecido ou com preços manifestamente inexequíveis, assim considerados aqueles que não venham a ter demonstrada sua viabilidade através de documentação que comprove que os custos dos insumos são coerentes com os de mercado e que os coeficientes de produtividade são compatíveis com a execução do objeto do contrato, condições estas necessariamente especificadas no ato convocatório da licitação.

▶ Inciso II com a redação dada pela Lei nº 8.883, de 8-6-1994.

§ 1º Para os efeitos do disposto no inciso II deste artigo consideram-se manifestamente inexequíveis, no caso de licitações de menor preço para obras e serviços de engenharia, as propostas cujos valores sejam inferiores a 70% (setenta por cento) do menor dos seguintes valores:

a) média aritmética dos valores das propostas superiores a 50% (cinquenta por cento) do valor orçado pela administração; ou
b) valor orçado pela administração.

§ 2º Dos licitantes classificados na forma do parágrafo anterior cujo valor global da proposta for inferior a 80% (oitenta por cento) do menor valor a que se referem as alíneas a e b, será exigida, para a assinatura do contrato, prestação de garantia adicional, dentre as modalidades previstas no § 1º do art. 56, igual a diferença entre o valor resultante do parágrafo anterior e o valor da correspondente proposta.

§ 3º Quando todos os licitantes forem inabilitados ou todas as propostas forem desclassificadas, a administração poderá fixar aos licitantes o prazo de oito dias úteis para a apresentação de nova documentação ou de outras propostas escoimadas das causas referidas neste artigo, facultada, no caso de convite, a redução deste prazo para três dias úteis.

▶ §§ 1º a 3º acrescidos pela Lei nº 9.648, de 27-5-1998.

Art. 49. A autoridade competente para a aprovação do procedimento somente poderá revogar a licitação por razões de interesse público decorrente de fato superveniente devidamente comprovado, pertinente e suficiente para justificar tal conduta, devendo anulá-la por ilegalidade, de ofício ou por provocação de terceiros, mediante parecer escrito e devidamente fundamentado.

§ 1º A anulação do procedimento licitatório por motivo de ilegalidade não gera obrigação de indenizar, ressalvado o disposto no parágrafo único do art. 59 desta Lei.

§ 2º A nulidade do procedimento licitatório induz à do contrato, ressalvado o disposto no parágrafo único do art. 59 desta Lei.

§ 3º No caso de desfazimento do processo licitatório, fica assegurado o contraditório e a ampla defesa.

§ 4º O disposto neste artigo e seus parágrafos aplica-se aos atos do procedimento de dispensa e de inexigibilidade de licitação.

Art. 50. A Administração não poderá celebrar o contrato com preterição da ordem de classificação das propostas ou com terceiros estranhos ao procedimento licitatório, sob pena de nulidade.

Art. 51. A habilitação preliminar, a inscrição em registro cadastral, a sua alteração ou cancelamento, e as propostas serão processadas e julgadas por comissão permanente ou especial de, no mínimo, 3 (três) membros, sendo pelo menos 2 (dois) deles servidores qualificados pertencentes aos quadros permanentes dos órgãos da Administração responsáveis pela licitação.

▶ Art. 6º, XVI, desta Lei.

§ 1º No caso de convite, a Comissão de licitação, excepcionalmente, nas pequenas unidades administrativas e em face da exiguidade de pessoal disponível, poderá ser substituída por servidor formalmente designado pela autoridade competente.

§ 2º A Comissão para julgamento dos pedidos de inscrição em registro cadastral, sua alteração ou cancelamento, será integrada por profissionais legalmente habilitados no caso de obras, serviços ou aquisição de equipamentos.

§ 3º Os membros das Comissões de licitação responderão solidariamente por todos os atos praticados pela Comissão, salvo se posição individual divergente estiver devidamente fundamentada e registrada em ata lavrada na reunião em que tiver sido tomada a decisão.

§ 4º A investidura dos membros das Comissões permanentes não excederá a 1 (um) ano, vedada a recondução da totalidade de seus membros para a mesma comissão no período subsequente.

§ 5º No caso de concurso, o julgamento será feito por uma comissão especial integrada por pessoas de reputação ilibada e reconhecido conhecimento da matéria em exame, servidores públicos ou não.

Art. 52. O concurso a que se refere o § 4º do art. 22 desta Lei deve ser precedido de regulamento próprio, a ser obtido pelos interessados no local indicado no edital.

§ 1º O regulamento deverá indicar:

I – a qualificação exigida dos participantes;
II – as diretrizes e a forma de apresentação do trabalho;
III – as condições de realização do concurso e os prêmios a serem concedidos.

§ 2º Em se tratando de projeto, o vencedor deverá autorizar a Administração a executá-lo quando julgar conveniente.

Art. 53. O leilão pode ser cometido a leiloeiro oficial ou a servidor designado pela Administração, procedendo-se na forma da legislação pertinente.

§ 1º Todo bem a ser leiloado será previamente avaliado pela Administração para fixação do preço mínimo de arrematação.

§ 2º Os bens arrematados serão pagos à vista ou no percentual estabelecido no edital, não inferior a 5% (cinco por cento) e, após a assinatura da respectiva ata lavrada no local do leilão, imediatamente entregues ao arrematante, o qual se obrigará ao pagamento do restante no prazo estipulado no edital de convocação, sob pena de perder em favor da Administração o valor já recolhido.

§ 3º Nos leilões internacionais, o pagamento da parcela à vista poderá ser feito em até vinte e quatro horas.

▶ § 3º com a redação dada pela Lei nº 8.883, de 8-6-1994.

§ 4º O edital de leilão deve ser amplamente divulgado, principalmente no município em que se realizará.

▶ § 4º acrescido pela Lei nº 8.883, de 8-6-1994.

CAPÍTULO III

DOS CONTRATOS

SEÇÃO I

DISPOSIÇÕES PRELIMINARES

Art. 54. Os contratos administrativos de que trata esta Lei regulam-se pelas suas cláusulas e pelos preceitos de direito público, aplicando-se-lhes, supletivamente, os princípios da teoria geral dos contratos e as disposições de direito privado.

§ 1º Os contratos devem estabelecer com clareza e precisão as condições para sua execução, expressas em cláusulas que definam os direitos, obrigações e responsabilidades das partes, em conformidade com os termos da licitação e da proposta a que se vinculam.

§ 2º Os contratos decorrentes de dispensa ou de inexigibilidade de licitação devem atender aos termos do ato que os autorizou e da respectiva proposta.

Art. 55. São cláusulas necessárias em todo contrato as que estabeleçam:

▶ Art. 62, §§ 2º e 3º, desta Lei.

I – o objeto e seus elementos característicos;
II – o regime de execução ou a forma de fornecimento;
III – o preço e as condições de pagamento, os critérios, data-base e periodicidade do reajustamento de preços, os critérios de atualização monetária entre a data do adimplemento das obrigações e a do efetivo pagamento;

▶ Dec. nº 1.054, de 7-2-1994, regulamenta o reajuste de preços nos contratos da Administração Federal direta e indireta.

▶ Art. 3º da Lei nº 10.192, de 14-2-2001, dispõe sobre medidas complementares ao Plano Real.

IV – os prazos de início de etapas de execução, de conclusão, de entrega, de observação e de recebimento definitivo, conforme o caso;
V – o crédito pelo qual correrá a despesa, com a indicação da classificação funcional programática e da categoria econômica;
VI – as garantias oferecidas para assegurar sua plena execução, quando exigidas;
VII – os direitos e as responsabilidades das partes, as penalidades cabíveis e os valores das multas;
VIII – os casos de rescisão;
IX – o reconhecimento dos direitos da Administração, em caso de rescisão administrativa prevista no art. 77 desta Lei;
X – as condições de importação, a data e a taxa de câmbio para conversão, quando for o caso;
XI – a vinculação ao edital de licitação ou ao termo que a dispensou ou a inexigiu, ao convite e à proposta do licitante vencedor;
XII – a legislação aplicável à execução do contrato e especialmente aos casos omissos;
XIII – a obrigação do contratado de manter, durante toda a execução do contrato, em compatibilidade com as obrigações por ele assumidas, todas as condições de habilitação e qualificação exigidas na licitação.

§ 1º VETADO.

§ 2º Nos contratos celebrados pela Administração Pública com pessoas físicas ou jurídicas, inclusive aquelas domiciliadas no estrangeiro, deverá constar necessariamente cláusula que declare competente o foro da sede da Administração para dirimir qualquer questão contratual, salvo o disposto no § 6º do art. 32 desta Lei.

§ 3º No ato da liquidação da despesa, os serviços de contabilidade comunicarão, aos órgãos incumbidos da arrecadação e fiscalização de tributos da União, Estado ou Município, as características e os valores pagos, segundo o disposto no art. 63 da Lei nº 4.320, de 17 de março de 1964.

Art. 56. A critério da autoridade competente, em cada caso, e desde que prevista no instrumento convocatório, poderá ser exigida prestação de garantia nas contratações de obras, serviços e compras.

▶ Art. 31, III, desta Lei.

§ 1º Caberá ao contratado optar por uma das seguintes modalidades de garantia:

I – caução em dinheiro ou em títulos da dívida pública, devendo estes ter sido emitidos sob a forma escritural, mediante registro em sistema centralizado de liquidação e de custódia autorizado pelo Banco Central do Brasil e avaliados pelos seus valores econômicos, conforme definido pelo Ministério da Fazenda;

▶ Inciso I com a redação dada pela Lei nº 11.079, de 30-12-2004.

II – seguro-garantia;
III – fiança bancária.

§ 2º A garantia a que se refere o *caput* deste artigo não excederá a cinco por cento do valor do contrato e terá seu valor atualizado nas mesmas condições daquele, ressalvado o previsto no § 3º deste artigo.

§ 3º Para obras, serviços e fornecimentos de grande vulto envolvendo alta complexidade técnica e riscos financeiros consideráveis, demonstrados através de parecer tecnicamente aprovado pela autoridade competente, o limite de garantia previsto no parágrafo anterior poderá ser elevado para até dez por cento do valor do contrato.

► §§ 1º a 3º com a redação dada pela Lei nº 8.883, de 8-6-1994.

§ 4º A garantia prestada pelo contratado será liberada ou restituída após a execução do contrato e, quando em dinheiro, atualizada monetariamente.

§ 5º Nos casos de contratos que importem na entrega de bens pela Administração, dos quais o contratado ficará depositário, ao valor da garantia deverá ser acrescido o valor desses bens.

Art. 57. A duração dos contratos regidos por esta Lei ficará adstrita à vigência dos respectivos créditos orçamentários, exceto quanto aos relativos:

► Arts. 7º, § 2º, II, 55, V, e 167, § 1º, desta Lei.

I – aos projetos cujos produtos estejam contemplados nas metas estabelecidas no Plano Plurianual, os quais poderão ser prorrogados se houver interesse da Administração e desde que isso tenha sido previsto no ato convocatório;
II – à prestação de serviços a serem executados de forma contínua, que poderão ter a sua duração prorrogada por iguais e sucessivos períodos com vistas à obtenção de preços e condições mais vantajosas para a administração, limitada a sessenta meses;

► Inciso II com a redação dada pela Lei nº 9.648, de 27-5-1998.

III – VETADO;
IV – ao aluguel de equipamentos e à utilização de programas de informática, podendo a duração estender-se pelo prazo de até 48 (quarenta e oito) meses após o início da vigência do contrato;
V – às hipóteses previstas nos incisos IX, XIX, XXVIII e XXXI do art. 24, cujos contratos poderão ter vigência por até 120 (cento e vinte) meses, caso haja interesse da administração.

► Inciso V com a redação dada pela Lei nº 12.349, de 15-12-2010.

§ 1º Os prazos de início de etapas de execução, de conclusão e de entrega admitem prorrogação, mantidas as demais cláusulas do contrato e assegurada a manutenção de seu equilíbrio econômico-financeiro, desde que ocorra algum dos seguintes motivos, devidamente autuados em processo:

I – alteração do projeto ou especificações, pela Administração;
II – superveniência de fato excepcional ou imprevisível, estranho à vontade das partes, que altere fundamentalmente as condições de execução do contrato;
III – interrupção da execução do contrato ou diminuição do ritmo de trabalho por ordem e no interesse da Administração;

IV – aumento das quantidades inicialmente previstas no contrato, nos limites permitidos por esta Lei;
V – impedimento de execução do contrato por fato ou ato de terceiro reconhecido pela Administração em documento contemporâneo à sua ocorrência;
VI – omissão ou atraso de providências a cargo da Administração, inclusive quanto aos pagamentos previstos de que resulte, diretamente, impedimento ou retardamento na execução do contrato, sem prejuízo das sanções legais aplicáveis aos responsáveis.

§ 2º Toda prorrogação de prazo deverá ser justificada por escrito e previamente autorizada pela autoridade competente para celebrar o contrato.

§ 3º É vedado o contrato com prazo de vigência indeterminado.

§ 4º Em caráter excepcional, devidamente justificado e mediante autorização da autoridade superior, o prazo de que trata o inciso II do *caput* deste artigo poderá ser prorrogado em até doze meses.

► § 4º acrescido pela Lei nº 9.648, de 27-5-1998.

Art. 58. O regime jurídico dos contratos administrativos instituído por esta Lei confere à Administração, em relação a eles, a prerrogativa de:

► Art. 62, § 3º, desta Lei.

I – modificá-los, unilateralmente, para melhor adequação às finalidades de interesse público, respeitados os direitos do contratado;

► Dec. nº 1.411, de 7-3-1995, dispõe sobre a reavaliação dos contratos em vigor e das licitações em curso, no âmbito dos órgãos e entidades da Administração Pública Federal.

II – rescindi-los, unilateralmente, nos casos especificados no inciso I do art. 79 desta Lei;
III – fiscalizar-lhes a execução;

► Dec. nº 1.411, de 7-3-1995, dispõe sobre a reavaliação dos contratos em vigor e das licitações em curso, no âmbito dos órgãos e entidades da Administração Pública Federal.

IV – aplicar sanções motivadas pela inexecução total ou parcial do ajuste;
V – nos casos de serviços essenciais, ocupar provisoriamente bens móveis, imóveis, pessoal e serviços vinculados ao objeto do contrato, na hipótese da necessidade de acautelar apuração administrativa de faltas contratuais pelo contratado, bem como na hipótese de rescisão do contrato administrativo.

► Art. 80, II, desta Lei.

§ 1º As cláusulas econômico-financeiras e monetárias dos contratos administrativos não poderão ser alteradas sem prévia concordância do contratado.

► Art. 9º da Lei nº 8.987, de 13-2-1995 (Lei da Concessão e Permissão da Prestação de Serviços Públicos).

§ 2º Na hipótese do inciso I deste artigo, as cláusulas econômico-financeiras do contrato deverão ser revistas para que se mantenha o equilíbrio contratual.

Art. 59. A declaração de nulidade do contrato administrativo opera retroativamente impedindo os efeitos jurídicos que ele, ordinariamente, deveria produzir, além de desconstituir os já produzidos.

► Art. 62, § 3º, desta Lei.

Parágrafo único. A nulidade não exonera a Administração do dever de indenizar o contratado pelo que este houver executado até a data em que ela for declarada e por outros prejuízos regularmente comprovados, contanto que não lhe seja imputável, promovendo-se a responsabilidade de quem lhe deu causa.

▶ Art. 49, §§ 1º e 2º, desta Lei.

Seção II
DA FORMALIZAÇÃO DOS CONTRATOS

Art. 60. Os contratos e seus aditamentos serão lavrados nas repartições interessadas, as quais manterão arquivo cronológico dos seus autógrafos e registro sistemático do seu extrato, salvo os relativos a direitos reais sobre imóveis, que se formalizam por instrumento lavrado em cartório de notas, de tudo juntando-se cópia no processo que lhe deu origem.

▶ Arts. 2º, parágrafo único, e 62, § 3º, desta Lei.

Parágrafo único. É nulo e de nenhum efeito o contrato verbal com a Administração, salvo o de pequenas compras de pronto pagamento, assim entendidas aquelas de valor não superior a 5% (cinco por cento) do limite estabelecido no art. 23, inciso II, alínea a desta Lei, feitas em regime de adiantamento.

▶ Art. 60 da Lei nº 4.320, de 17-3-1964, que estatui normas gerais de direito financeiro para elaboração e controle dos orçamentos e balanços da União, dos Estados, dos Municípios e do Distrito Federal.

Art. 61. Todo contrato deve mencionar os nomes das partes e os de seus representantes, a finalidade, o ato que autorizou a sua lavratura, o número do processo da licitação, da dispensa ou da inexigibilidade, a sujeição dos contratantes às normas desta Lei e às cláusulas contratuais.

▶ Art. 62, § 3º, desta Lei.

Parágrafo único. A publicação resumida do instrumento de contrato ou de seus aditamentos na imprensa oficial, que é condição indispensável para sua eficácia, será providenciada pela Administração até o quinto dia útil do mês seguinte ao de sua assinatura, para ocorrer no prazo de vinte dias daquela data, qualquer que seja o seu valor, ainda que sem ônus, ressalvado o disposto no art. 26 desta Lei.

▶ Parágrafo único acrescido pela Lei nº 8.883, de 8-6-1994.

Art. 62. O instrumento de contrato é obrigatório nos casos de concorrência e de tomada de preços, bem como nas dispensas e inexigibilidades cujos preços estejam compreendidos nos limites destas duas modalidades de licitação, e facultativo nos demais em que a Administração puder substituí-lo por outros instrumentos hábeis, tais como carta-contrato, nota de empenho de despesa, autorização de compra ou ordem de execução de serviço.

§ 1º A minuta do futuro contrato integrará sempre o edital ou ato convocatório da licitação.

▶ Art. 40, § 2º, III, desta Lei.

§ 2º Em "carta-contrato", "nota de empenho de despesa", "autorização de compra", "ordem de execução de serviço" ou outros instrumentos hábeis aplica-se, no que couber, o disposto no art. 55 desta Lei.

▶ § 2º com a redação dada pela Lei nº 8.883, de 8-6-1994.

§ 3º Aplica-se o disposto nos arts. 55 e 58 a 61 desta Lei e demais normas gerais, no que couber:

I – aos contratos de seguro, de financiamento, de locação em que o Poder Público seja locatário, e aos demais cujo conteúdo seja regido, predominantemente, por norma de direito privado;

II – aos contratos em que a Administração for parte como usuária de serviço público.

§ 4º É dispensável o "termo de contrato" e facultada a substituição prevista neste artigo, a critério da Administração e independentemente de seu valor, nos casos de compra com entrega imediata e integral dos bens adquiridos, dos quais não resultem obrigações futuras, inclusive assistência técnica.

Art. 63. É permitido a qualquer licitante o conhecimento dos termos do contrato e do respectivo processo licitatório e, a qualquer interessado, a obtenção de cópia autenticada, mediante o pagamento dos emolumentos devidos.

Art. 64. A Administração convocará regularmente o interessado para assinar o termo de contrato, aceitar ou retirar o instrumento equivalente, dentro do prazo e condições estabelecidos, sob pena de decair o direito à contratação, sem prejuízo das sanções previstas no art. 81 desta Lei.

§ 1º O prazo de convocação poderá ser prorrogado uma vez, por igual período, quando solicitado pela parte durante o seu transcurso e desde que ocorra motivo justificado aceito pela Administração.

§ 2º É facultado à Administração, quando o convocado não assinar o termo de contrato ou não aceitar ou retirar o instrumento equivalente no prazo e condições estabelecidos, convocar os licitantes remanescentes, na ordem de classificação, para fazê-lo em igual prazo e nas mesmas condições propostas pelo primeiro classificado, inclusive quanto aos preços atualizados de conformidade com o ato convocatório, ou revogar a licitação independentemente da cominação prevista no art. 81 desta Lei.

§ 3º Decorridos 60 (sessenta) dias da data da entrega das propostas, sem convocação para a contratação, ficam os licitantes liberados dos compromissos assumidos.

Seção III
DA ALTERAÇÃO DOS CONTRATOS

Art. 65. Os contratos regidos por esta Lei poderão ser alterados, com as devidas justificativas, nos seguintes casos:

I – unilateralmente pela Administração:

a) quando houver modificação do projeto ou das especificações, para melhor adequação técnica aos seus objetivos;

b) quando necessária a modificação do valor contratual em decorrência de acréscimo ou diminuição quantitativa de seu objeto, nos limites permitidos por esta Lei;

II – por acordo das partes:
a) quando conveniente a substituição da garantia de execução;
b) quando necessária a modificação do regime de execução da obra ou serviço, bem como do modo de fornecimento, em face de verificação técnica da inaplicabilidade dos termos contratuais originários;
c) quando necessária a modificação da forma de pagamento, por imposição de circunstâncias supervenientes, mantido o valor inicial atualizado, vedada a antecipação do pagamento, com relação ao cronograma financeiro fixado, sem a correspondente contraprestação de fornecimento de bens ou execução de obra ou serviço;
d) para restabelecer a relação que as partes pactuaram inicialmente entre os encargos do contratado e a retribuição da Administração para a justa remuneração da obra, serviço ou fornecimento, objetivando a manutenção do equilíbrio econômico-financeiro inicial do contrato, na hipótese de sobrevirem fatos imprevisíveis, ou previsíveis, porém de consequências incalculáveis, retardadores ou impeditivos da execução do ajustado, ou ainda, em caso de força maior, caso fortuito ou fato do príncipe, configurando álea econômica extraordinária e extracontratual.

▶ Alínea d com a redação dada pela Lei nº 8.883, de 8-6-1994 e retificada no DOU de 24-6-1994.

§ 1º O contratado fica obrigado a aceitar, nas mesmas condições contratuais, os acréscimos ou supressões que se fizerem nas obras, serviços ou compras, até 25% (vinte e cinco por cento) do valor inicial atualizado do contrato, e, no caso particular de reforma de edifício ou de equipamento, até o limite de 50% (cinquenta por cento) para os seus acréscimos.

▶ Art. 78, XIII, desta Lei.

§ 2º Nenhum acréscimo ou supressão poderá exceder os limites estabelecidos no parágrafo anterior, salvo:
I – VETADO;
II – as supressões resultantes de acordo celebrado entre os contratantes.

▶ § 2º com a redação dada pela Lei nº 9.648, de 27-5-1998.

§ 3º Se no contrato não houverem sido contemplados preços unitários para obras ou serviços, esses serão fixados mediante acordo entre as partes, respeitados os limites estabelecidos no § 1º deste artigo.

§ 4º No caso de supressão de obras, bens ou serviços, se o contratado já houver adquirido os materiais e posto no local dos trabalhos, estes deverão ser pagos pela Administração pelos custos de aquisição regularmente comprovados e monetariamente corrigidos, podendo caber indenização por outros danos eventualmente decorrentes da supressão, desde que regularmente comprovados.

§ 5º Quaisquer tributos ou encargos legais criados, alterados ou extintos, bem como a superveniência de disposições legais, quando ocorridas após a data da apresentação da proposta, de comprovada repercussão nos preços contratados, implicarão a revisão destes para mais ou para menos, conforme o caso.

§ 6º Em havendo alteração unilateral do contrato que aumente os encargos do contratado, a Administração deverá restabelecer, por aditamento, o equilíbrio econômico-financeiro inicial.

§ 7º VETADO.

§ 8º A variação do valor contratual para fazer face ao reajuste de preços previsto no próprio contrato, as atualizações, compensações ou penalizações financeiras decorrentes das condições de pagamento nele previstas, bem como o empenho de dotações orçamentárias suplementares até o limite do seu valor corrigido, não caracterizam alteração do mesmo, podendo ser registrados por simples apostila, dispensando a celebração de aditamento.

▶ Art. 3º da Lei nº 10.192, de 14-2-2001, que dispõe sobre medidas complementares ao Plano Real.

Seção IV
DA EXECUÇÃO DOS CONTRATOS

Art. 66. O contrato deverá ser executado fielmente pelas partes, de acordo com as cláusulas avençadas e as normas desta Lei, respondendo cada uma pelas consequências de sua inexecução total ou parcial.

Art. 67. A execução do contrato deverá ser acompanhada e fiscalizada por um representante da Administração especialmente designado, permitida a contratação de terceiros para assisti-lo e subsidiá-lo de informações pertinentes a essa atribuição.

§ 1º O representante da Administração anotará em registro próprio todas as ocorrências relacionadas com a execução do contrato, determinando o que for necessário à regularização das faltas ou defeitos observados.

▶ Art. 78, XIII, desta Lei.

§ 2º As decisões e providências que ultrapassarem a competência do representante deverão ser solicitadas a seus superiores em tempo hábil para a adoção das medidas convenientes.

Art. 68. O contratado deverá manter preposto, aceito pela Administração, no local da obra ou serviço, para representá-lo na execução do contrato.

Art. 69. O contratado é obrigado a reparar, corrigir, remover, reconstruir ou substituir, às suas expensas, no total ou em parte, o objeto do contrato em que se verificarem vícios, defeitos ou incorreções resultantes da execução ou de materiais empregados.

▶ Art. 73, I, b, desta Lei.

Art. 70. O contratado é responsável pelos danos causados diretamente à Administração ou a terceiros, decorrentes de sua culpa ou dolo na execução do contrato, não excluindo ou reduzindo essa responsabilidade a fiscalização ou o acompanhamento pelo órgão interessado.

Art. 71. O contratado é responsável pelos encargos trabalhistas, previdenciários, fiscais e comerciais resultantes da execução do contrato.

§ 1º A inadimplência do contratado, com referência aos encargos trabalhistas, fiscais e comerciais não transfere à Administração Pública a responsabilidade por seu pagamento, nem poderá onerar o objeto do contrato ou restringir a regularização e o uso das obras e edificações, inclusive perante o Registro de Imóveis.

▶ O STF, por maioria dos votos, julgou procedente a ADECON nº 16, para declarar a constitucionalidade deste parágrafo (DOU de 3-12-2010).
▶ Súm. nº 331 do TST.

§ 2º A Administração Pública responde solidariamente com o contratado pelos encargos previdenciários resultantes da execução do contrato, nos termos do art. 31 da Lei nº 8.212, de 24 de julho de 1991.

▶ §§ 1º e 2º com a redação dada pela Lei nº 9.032, de 28-4-1995.

§ 3º VETADO.

Art. 72. O contratado, na execução do contrato, sem prejuízo das responsabilidades contratuais e legais, poderá subcontratar partes da obra, serviço ou fornecimento, até o limite admitido, em cada caso, pela Administração.

Art. 73. Executado o contrato, o seu objeto será recebido:

I – em se tratando de obras e serviços:

a) provisoriamente, pelo responsável por seu acompanhamento e fiscalização, mediante termo circunstanciado, assinado pelas partes em até 15 (quinze) dias da comunicação escrita do contratado;
b) definitivamente, por servidor ou comissão designada pela autoridade competente, mediante termo circunstanciado, assinado pelas partes, após o decurso do prazo de observação, ou vistoria que comprove a adequação do objeto aos termos contratuais, observado o disposto no art. 69 desta Lei;

II – em se tratando de compras ou de locação de equipamentos:

a) provisoriamente, para efeito de posterior verificação da conformidade do material com a especificação;
b) definitivamente, após a verificação da qualidade e quantidade do material e consequente aceitação.

§ 1º Nos casos de aquisição de equipamentos de grande vulto, o recebimento far-se-á mediante termo circunstanciado e, nos demais, mediante recibo.

§ 2º O recebimento provisório ou definitivo não exclui a responsabilidade civil pela solidez e segurança da obra ou do serviço, nem ético-profissional pela perfeita execução do contrato, dentro dos limites estabelecidos pela lei ou pelo contrato.

§ 3º O prazo a que se refere a alínea *b* do inciso I deste artigo não poderá ser superior a 90 (noventa) dias, salvo em casos excepcionais, devidamente justificados e previstos no edital.

§ 4º Na hipótese de o termo circunstanciado ou a verificação a que se refere este artigo não serem, respectivamente, lavrado ou procedida dentro dos prazos fixados, reputar-se-ão como realizados, desde que comunicados à Administração nos 15 (quinze) dias anteriores à exaustão dos mesmos.

Art. 74. Poderá ser dispensado o recebimento provisório nos seguintes casos:

I – gêneros perecíveis e alimentação preparada;
II – serviços profissionais;
III – obras e serviços de valor até o previsto no art. 23, inciso II, alínea *a*, desta Lei, desde que não se componham de aparelhos, equipamentos e instalações sujeitos à verificação de funcionamento e produtividade.

Parágrafo único. Nos casos deste artigo, o recebimento será feito mediante recibo.

Art. 75. Salvo disposições em contrário constantes do edital, do convite ou de ato normativo, os ensaios, testes e demais provas exigidos por normas técnicas oficiais para a boa execução do objeto do contrato correm por conta do contratado.

Art. 76. A Administração rejeitará, no todo ou em parte, obra, serviço ou fornecimento executado em desacordo com o contrato.

SEÇÃO V

DA INEXECUÇÃO E DA RESCISÃO DOS CONTRATOS

Art. 77. A inexecução total ou parcial do contrato enseja a sua rescisão, com as consequências contratuais e as previstas em lei ou regulamento.

▶ Art. 55, IX, desta Lei.
▶ Art. 36 da Lei nº 8.987, de 13-2-1995 (Lei da Concessão e Permissão da Prestação de Serviços Públicos).

Art. 78. Constituem motivo para rescisão do contrato:

I – o não cumprimento de cláusulas contratuais, especificações, projetos ou prazos;

▶ Art. 10, § 3º, do Dec. nº 1.910, de 21-5-1996, que dispõe sobre a concessão e a permissão de serviços desenvolvidos em terminais alfandegados de uso público.

II – o cumprimento irregular de cláusulas contratuais, especificações, projetos e prazos;
III – a lentidão do seu cumprimento, levando a Administração a comprovar a impossibilidade da conclusão da obra, do serviço ou do fornecimento, nos prazos estipulados;
IV – o atraso injustificado no início da obra, serviço ou fornecimento;
V – a paralisação da obra, do serviço ou do fornecimento, sem justa causa e prévia comunicação à Administração;
VI – a subcontratação total ou parcial do seu objeto, a associação do contratado com outrem, a cessão ou transferência, total ou parcial, bem como a fusão, cisão ou incorporação, não admitidas no edital e no contrato;
VII – o desatendimento das determinações regulares da autoridade designada para acompanhar e fiscalizar a sua execução, assim como as de seus superiores;
VIII – o cometimento reiterado de faltas na sua execução, anotadas na forma do § 1º do art. 67 desta Lei;
IX – a decretação de falência ou a instauração de insolvência civil;

▶ Art. 748 do CPC.
▶ Lei nº 11.101, de 9-2-2005 (Lei de Recuperação de Empresas e Falências).

X – a dissolução da sociedade ou o falecimento do contratado;
XI – a alteração social ou a modificação da finalidade ou da estrutura da empresa, que prejudique a execução do contrato;
XII – razões de interesse público, de alta relevância e amplo conhecimento, justificadas e determinadas pela máxima autoridade da esfera administrativa a que está subordinado o contratante e exaradas no processo administrativo a que se refere o contrato;
XIII – a supressão, por parte da Administração, de obras, serviços ou compras, acarretando modificação do valor inicial do contrato além do limite permitido no § 1º do art. 65 desta Lei;
XIV – a suspensão de sua execução, por ordem escrita da Administração, por prazo superior a 120 (cento e

vinte) dias, salvo em caso de calamidade pública, grave perturbação da ordem interna ou guerra, ou ainda por repetidas suspensões que totalizem o mesmo prazo, independentemente do pagamento obrigatório de indenizações pelas sucessivas e contratualmente imprevistas desmobilizações e mobilizações e outras previstas, assegurado ao contratado, nesses casos, o direito de optar pela suspensão do cumprimento das obrigações assumidas até que seja normalizada a situação;
XV – o atraso superior a 90 (noventa) dias dos pagamentos devidos pela Administração decorrentes de obras, serviços ou fornecimento, ou parcelas destes, já recebidos ou executados, salvo em caso de calamidade pública, grave perturbação da ordem interna ou guerra, assegurado ao contratado o direito de optar pela suspensão do cumprimento de suas obrigações até que seja normalizada a situação;
XVI – a não liberação, por parte da Administração, de área, local ou objeto para execução de obra, serviço ou fornecimento, nos prazos contratuais, bem como das fontes de materiais naturais especificadas no projeto;
XVII – a ocorrência de caso fortuito ou de força maior, regularmente comprovada, impeditiva da execução do contrato;
XVIII – descumprimento do disposto no inciso V do art. 27, sem prejuízo das sanções penais cabíveis.

▶ Inciso XVIII acrescido pela Lei nº 9.854, de 27-10-1999.

Parágrafo único. Os casos de rescisão contratual serão formalmente motivados nos autos do processo, assegurado o contraditório e a ampla defesa.

Art. 79. A rescisão do contrato poderá ser:

I – determinada por ato unilateral e escrito da Administração, nos casos enumerados nos incisos I a XII e XVII do artigo anterior;

▶ Arts. 58, II, e 109, I, e, desta Lei.

II – amigável, por acordo entre as partes, reduzida a termo no processo da licitação, desde que haja conveniência para a Administração;
III – judicial, nos termos da legislação;
IV – VETADO.

§ 1º A rescisão administrativa ou amigável deverá ser precedida de autorização escrita e fundamentada da autoridade competente.

§ 2º Quando a rescisão ocorrer com base nos incisos XII a XVII do artigo anterior, sem que haja culpa do contratado, será este ressarcido dos prejuízos regularmente comprovados que houver sofrido, tendo ainda direito a:

I – devolução de garantia;
II – pagamentos devidos pela execução do contrato até a data da rescisão;
III – pagamento do custo da desmobilização.

§§ 3º e 4º VETADOS.

§ 5º Ocorrendo impedimento, paralisação ou sustação do contrato, o cronograma de execução será prorrogado automaticamente por igual tempo.

Art. 80. A rescisão de que trata o inciso I do artigo anterior acarreta as seguintes consequências, sem prejuízo das sanções previstas nesta Lei:

I – assunção imediata do objeto do contrato, no estado e local em que se encontrar, por ato próprio da Administração;

II – ocupação e utilização do local, instalações, equipamentos, material e pessoal empregados na execução do contrato, necessários à sua continuidade, na forma do inciso V do art. 58 desta Lei;
III – execução da garantia contratual, para ressarcimento da Administração, e dos valores das multas e indenizações a ela devidos;
IV – retenção dos créditos decorrentes do contrato até o limite dos prejuízos causados à Administração.

§ 1º A aplicação das medidas previstas nos incisos I e II deste artigo fica a critério da Administração, que poderá dar continuidade à obra ou ao serviço por execução direta ou indireta.

§ 2º É permitido à Administração, no caso de concordata do contratado, manter o contrato, podendo assumir o controle de determinadas atividades de serviços essenciais.

▶ Lei nº 11.101, de 9-2-2005 (Lei de Recuperação de Empresas e Falências).

§ 3º Na hipótese do inciso II deste artigo, o ato deverá ser precedido de autorização expressa do Ministro de Estado competente, ou Secretário Estadual ou Municipal, conforme o caso.

§ 4º A rescisão de que trata o inciso IV do artigo anterior permite à Administração, a seu critério, aplicar a medida prevista no inciso I deste artigo.

Capítulo IV

DAS SANÇÕES ADMINISTRATIVAS E DA TUTELA JUDICIAL

Seção I

DISPOSIÇÕES GERAIS

Art. 81. A recusa injustificada do adjudicatário em assinar o contrato, aceitar ou retirar o instrumento equivalente, dentro do prazo estabelecido pela Administração, caracteriza o descumprimento total da obrigação assumida, sujeitando-o às penalidades legalmente estabelecidas.

▶ Art. 64 desta Lei.
▶ Art. 43, § 2º, da LC nº 123, de 14-12-2006 (Estatuto Nacional da Microempresa e da Empresa de Pequeno Porte).

Parágrafo único. O disposto neste artigo não se aplica aos licitantes convocados nos termos do art. 64, § 2º desta Lei, que não aceitarem a contratação, nas mesmas condições propostas pelo primeiro adjudicatário, inclusive quanto ao prazo e preço.

Art. 82. Os agentes administrativos que praticarem atos em desacordo com os preceitos desta Lei ou visando a frustrar os objetivos da licitação sujeitam-se às sanções previstas nesta Lei e nos regulamentos próprios, sem prejuízo das responsabilidades civil e criminal que seu ato ensejar.

▶ Arts. 312 a 329 do CP.
▶ Lei nº 4.898, de 9-12-1965 (Lei do Abuso de Autoridade).
▶ Lei nº 8.429, de 2-7-1992 (Lei da Improbidade Administrativa).

Art. 83. Os crimes definidos nesta Lei, ainda que simplesmente tentados, sujeitam os seus autores, quando servidores públicos, além das sanções penais, à perda do cargo, emprego, função ou mandato eletivo.

▶ Art. 84 desta Lei.

► Art. 14, II, do CP.
► Lei nº 8.429, de 2-7-1992 (Lei da Improbidade Administrativa).

Art. 84. Considera-se servidor público, para os fins desta Lei, aquele que exerce, mesmo que transitoriamente ou sem remuneração, cargo, função ou emprego público.

► Lei nº 8.112, de 11-12-1990 (Estatuto dos Servidores Públicos Civis da União, Autarquias e Fundações Públicas Federais).

§ 1º Equipara-se a servidor público, para os fins desta Lei, quem exerce cargo, emprego ou função em entidade paraestatal, assim consideradas, além das fundações, empresas públicas e sociedades de economia mista, as demais entidades sob controle, direto ou indireto, do Poder Público.

§ 2º A pena imposta será acrescida da terça parte, quando os autores dos crimes previstos nesta Lei forem ocupantes de cargo em comissão ou de função de confiança em órgão da Administração direta, autarquia, empresa pública, sociedade de economia mista, fundação pública, ou outra entidade controlada direta ou indiretamente pelo Poder Público.

Art. 85. As infrações penais previstas nesta Lei pertinem às licitações e aos contratos celebrados pela União, Estados, Distrito Federal, Municípios, e respectivas autarquias, empresas públicas, sociedades de economia mista, fundações públicas, e quaisquer outras entidades sob seu controle direto ou indireto.

SEÇÃO II

DAS SANÇÕES ADMINISTRATIVAS

Art. 86. O atraso injustificado na execução do contrato sujeitará o contratado à multa de mora, na forma prevista no instrumento convocatório ou no contrato.

§ 1º A multa a que alude este artigo não impede que a Administração rescinda unilateralmente o contrato e aplique as outras sanções previstas nesta Lei.

§ 2º A multa, aplicada após regular processo administrativo, será descontada da garantia do respectivo contratado.

§ 3º Se a multa for de valor superior ao valor da garantia prestada, além da perda desta, responderá o contratado pela sua diferença, a qual será descontada dos pagamentos eventualmente devidos pela Administração ou ainda, quando for o caso, cobrada judicialmente.

Art. 87. Pela inexecução total ou parcial do contrato a Administração poderá, garantida a prévia defesa, aplicar ao contratado as seguintes sanções:

► Art. 5º, LV, da CF.

I – advertência;
II – multa, na forma prevista no instrumento convocatório ou no contrato;
III – suspensão temporária de participação em licitação e impedimento de contratar com a Administração, por prazo não superior a 2 (dois) anos;

► Art. 6º, XII, desta Lei.

IV – declaração de inidoneidade para licitar ou contratar com a Administração Pública enquanto perdurarem os motivos determinantes da punição ou até que seja promovida a reabilitação perante a própria autoridade que aplicou a penalidade, que será concedida sempre que o contratado ressarcir a Administração pelos prejuízos resultantes e após decorrido o prazo da sanção aplicada com base no inciso anterior.

► Art. 6º, XII desta Lei.
► Art. 24, II, da Lei nº 8.884, de 11-6-1994 (Lei Antitruste).
► Lei nº 9.873, de 24-11-1999, estabelece prazo de prescrição para o exercício de ação punitiva pela Administração Pública Federal, direta e indireta.
► Art. 36, § 3º, I, d, da Lei nº 12.529, de 30-11-2011 (Lei do Sistema Brasileiro de Defesa da Concorrência) publicada no DOU de 1º-12-2011, para vigorar 180 dias após a data de sua publicação, quando ficará revogada a Lei nº 8.884, de 11-6-1994.

§ 1º Se a multa aplicada for superior ao valor da garantia prestada, além da perda desta, responderá o contratado pela sua diferença, que será descontada dos pagamentos eventualmente devidos pela Administração ou cobrada judicialmente.

§ 2º As sanções previstas nos incisos I, III e IV deste artigo poderão ser aplicadas juntamente com a do inciso II, facultada a defesa prévia do interessado, no respectivo processo, no prazo de 5 (cinco) dias úteis.

§ 3º A sanção estabelecida no inciso IV deste artigo é de competência exclusiva do Ministro de Estado, do Secretário Estadual ou Municipal, conforme o caso, facultada a defesa do interessado no respectivo processo, no prazo de 10 (dez) dias da abertura de vista, podendo a reabilitação ser requerida após 2 (dois) anos de sua aplicação.

Art. 88. As sanções previstas nos incisos III e IV do artigo anterior poderão também ser aplicadas às empresas ou aos profissionais que, em razão dos contratos regidos por esta Lei:

I – tenham sofrido condenação definitiva por praticarem, por meios dolosos, fraude fiscal no recolhimento de quaisquer tributos;
II – tenham praticado atos ilícitos visando a frustrar os objetivos da licitação;
III – demonstrem não possuir idoneidade para contratar com a Administração em virtude de atos ilícitos praticados.

SEÇÃO III

DOS CRIMES E DAS PENAS

Art. 89. Dispensar ou inexigir licitação fora das hipóteses previstas em lei, ou deixar de observar as formalidades pertinentes à dispensa ou à inexigibilidade:

► Arts. 24 a 26 desta Lei.

Pena – detenção, de 3 (três) a 5 (cinco) anos, e multa.

Parágrafo único. Na mesma pena incorre aquele que, tendo comprovadamente concorrido para a consumação da ilegalidade, beneficiou-se da dispensa ou inexigibilidade ilegal, para celebrar contrato com o Poder Público.

Art. 90. Frustrar ou fraudar, mediante ajuste, combinação ou qualquer outro expediente, o caráter competitivo do procedimento licitatório, com o intuito de obter, para si ou para outrem, vantagem decorrente da adjudicação do objeto da licitação:

Pena – detenção, de 2 (dois) a 4 (quatro) anos, e multa.

Art. 91. Patrocinar, direta ou indiretamente, interesse privado perante a Administração, dando causa à instauração de licitação ou à celebração de contrato, cuja invalidação vier a ser decretada pelo Poder Judiciário:

Pena – detenção, de 6 (seis) meses a 2 (dois) anos, e multa.

Art. 92. Admitir, possibilitar ou dar causa a qualquer modificação ou vantagem, inclusive prorrogação contratual, em favor do adjudicatário, durante a execução dos contratos celebrados com o Poder Público, sem autorização em lei, no ato convocatório da licitação ou nos respectivos instrumentos contratuais, ou, ainda, pagar fatura com preterição da ordem cronológica de sua exigibilidade, observado o disposto no art. 121 desta Lei:

Pena – detenção, de 2 (dois) a 4 (quatro) anos, e multa.

▶ *Caput* com a redação dada pela Lei nº 8.883, de 8-6-1994.

Parágrafo único. Incide na mesma pena o contratado que, tendo comprovadamente concorrido para a consumação da ilegalidade, obtém vantagem indevida ou se beneficia, injustamente, das modificações ou prorrogações contratuais.

Art. 93. Impedir, perturbar ou fraudar a realização de qualquer ato de procedimento licitatório:

Pena – detenção, de 6 (seis) meses a 2 (dois) anos, e multa.

Art. 94. Devassar o sigilo de proposta apresentada em procedimento licitatório, ou proporcionar a terceiro o ensejo de devassá-lo:

Pena – detenção, de 2 (dois) a 3 (três) anos, e multa.

Art. 95. Afastar ou procurar afastar licitante, por meio de violência, grave ameaça, fraude ou oferecimento de vantagem de qualquer tipo:

Pena – detenção, de 2 (dois) a 4 (quatro) anos, e multa, além da pena correspondente à violência.

Parágrafo único. Incorre na mesma pena quem se abstém ou desiste de licitar, em razão da vantagem oferecida.

Art. 96. Fraudar, em prejuízo da Fazenda Pública, licitação instaurada para aquisição ou venda de bens ou mercadorias, ou contrato dela decorrente:

I – elevando arbitrariamente os preços;

II – vendendo, como verdadeira ou perfeita, mercadoria falsificada ou deteriorada;

III – entregando uma mercadoria por outra;

IV – alterando substância, qualidade ou quantidade da mercadoria fornecida;

V – tornando, por qualquer modo, injustamente, mais onerosa a proposta ou a execução do contrato:

Pena – detenção, de 3 (três) a 6 (seis) anos, e multa.

Art. 97. Admitir à licitação ou celebrar contrato com empresa ou profissional declarado inidôneo:

Pena – detenção, de 6 (seis) meses a 2 (dois) anos, e multa.

Parágrafo único. Incide na mesma pena aquele que, declarado inidôneo, venha a licitar ou a contratar com a Administração.

Art. 98. Obstar, impedir ou dificultar, injustamente, a inscrição de qualquer interessado nos registros cadastrais ou promover indevidamente a alteração, suspensão ou cancelamento de registro do inscrito:

Pena – detenção, de 6 (seis) meses a 2 (dois) anos, e multa.

Art. 99. A pena de multa cominada nos arts. 89 a 98 desta Lei consiste no pagamento de quantia fixada na sentença e calculada em índices percentuais, cuja base corresponderá ao valor da vantagem efetivamente obtida ou potencialmente auferível pelo agente.

§ 1º Os índices a que se refere este artigo não poderão ser inferiores a 2% (dois por cento), nem superiores a 5% (cinco por cento) do valor do contrato licitado ou celebrado com dispensa ou inexigibilidade de licitação.

§ 2º O produto da arrecadação da multa reverterá, conforme o caso, à Fazenda Federal, Distrital, Estadual ou Municipal.

Seção IV

DO PROCESSO E DO PROCEDIMENTO JUDICIAL

Art. 100. Os crimes definidos nesta Lei são de ação penal pública incondicionada, cabendo ao Ministério Público promovê-la.

▶ Art. 129, I, da CF.
▶ Art. 24 do CPP.

Art. 101. Qualquer pessoa poderá provocar, para os efeitos desta Lei, a iniciativa do Ministério Público, fornecendo-lhe, por escrito, informações sobre o fato e sua autoria, bem como as circunstâncias em que se deu a ocorrência.

▶ Art. 27 do CPP.

Parágrafo único. Quando a comunicação for verbal, mandará a autoridade reduzi-la a termo, assinado pelo apresentante e por duas testemunhas.

Art. 102. Quando em autos ou documentos de que conhecerem, os magistrados, os membros dos Tribunais ou Conselhos de Contas ou os titulares dos órgãos integrantes do sistema de controle interno de qualquer dos Poderes verificarem a existência dos crimes definidos nesta Lei, remeterão ao Ministério Público as cópias e os documentos necessários ao oferecimento da denúncia.

Art. 103. Será admitida ação penal privada subsidiária da pública, se esta não for ajuizada no prazo legal, aplicando-se, no que couber, o disposto nos arts. 29 e 30 do Código de Processo Penal.

▶ Art. 5º, LIX, da CF.

Art. 104. Recebida a denúncia e citado o réu, terá este o prazo de 10 (dez) dias para apresentação de defesa escrita, contado da data do seu interrogatório, podendo juntar documentos, arrolar as testemunhas que tiver, em número não superior a 5 (cinco), e indicar as demais provas que pretenda produzir.

Art. 105. Ouvidas as testemunhas da acusação e da defesa e praticadas as diligências instrutórias deferidas ou ordenadas pelo juiz, abrir-se-á, sucessivamente, o prazo de 5 (cinco) dias a cada parte para alegações finais.

Art. 106. Decorrido esse prazo, e conclusos os autos dentro de 24 (vinte e quatro) horas, terá o juiz 10 (dez) dias para proferir a sentença.

Art. 107. Da sentença cabe apelação, interponível no prazo de 5 (cinco) dias.

Art. 108. No processamento e julgamento das infrações penais definidas nesta Lei, assim como nos recursos e nas execuções que lhes digam respeito, aplicar-se-ão, subsidiariamente, o Código de Processo Penal e a Lei de Execução Penal.

CAPÍTULO V
DOS RECURSOS ADMINISTRATIVOS

Art. 109. Dos atos da Administração decorrentes da aplicação desta Lei cabem:

I – recurso, no prazo de 5 (cinco) dias úteis a contar da intimação do ato ou da lavratura da ata, nos casos de:

a) habilitação ou inabilitação do licitante;
b) julgamento das propostas;
c) anulação ou revogação da licitação;
d) indeferimento do pedido de inscrição em registro cadastral, sua alteração ou cancelamento;
e) rescisão do contrato, a que se refere o inciso I do art. 79 desta Lei;

▶ Alínea e com a redação dada pela Lei nº 8.883, de 8-6-1994.

f) aplicação das penas de advertência, suspensão temporária ou de multa;

II – representação, no prazo de 5 (cinco) dias úteis da intimação da decisão relacionada com o objeto da licitação ou do contrato, de que não caiba recurso hierárquico;

III – pedido de reconsideração, de decisão de Ministro de Estado, ou Secretário Estadual ou Municipal, conforme o caso, na hipótese do § 4º do art. 87 desta Lei, no prazo de 10 (dez) dias úteis da intimação do ato.

§ 1º A intimação dos atos referidos no inciso I, alíneas a, b, c e e, deste artigo, excluídos os relativos a advertência e multa de mora, e no inciso III, será feita mediante publicação na imprensa oficial, salvo para os casos previstos nas alíneas a e b, se presentes os prepostos dos licitantes no ato em que foi adotada a decisão, quando poderá ser feita por comunicação direta aos interessados e lavrada em ata.

§ 2º O recurso previsto nas alíneas a e b do inciso I deste artigo terá efeito suspensivo, podendo a autoridade competente, motivadamente e presentes razões de interesse público, atribuir ao recurso interposto eficácia suspensiva aos demais recursos.

§ 3º Interposto, o recurso será comunicado aos demais licitantes, que poderão impugná-lo no prazo de 5 (cinco) dias úteis.

§ 4º O recurso será dirigido à autoridade superior, por intermédio da que praticou o ato recorrido, a qual poderá reconsiderar sua decisão, no prazo de 5 (cinco) dias úteis, ou, nesse mesmo prazo, fazê-lo subir, devidamente informado, devendo, neste caso, a decisão ser proferida dentro do prazo de 5 (cinco) dias úteis, contado do recebimento do recurso, sob pena de responsabilidade.

§ 5º Nenhum prazo de recurso, representação ou pedido de reconsideração se inicia ou corre sem que os autos do processo estejam com vista franqueada ao interessado.

§ 6º Em se tratando de licitações efetuadas na modalidade de "carta convite" os prazos estabelecidos nos incisos I e II e no parágrafo 3º deste artigo serão de dois dias úteis.

▶ § 6º com a redação dada pela Lei nº 8.883, de 8-6-1994.

CAPÍTULO VI
DISPOSIÇÕES FINAIS E TRANSITÓRIAS

Art. 110. Na contagem dos prazos estabelecidos nesta Lei, excluir-se-á o dia do início e incluir-se-á o do vencimento, e considerar-se-ão os dias consecutivos, exceto quando for explicitamente disposto em contrário.

Parágrafo único. Só se iniciam e vencem os prazos referidos neste artigo em dia de expediente no órgão ou na entidade.

Art. 111. A Administração só poderá contratar, pagar, premiar ou receber projeto ou serviço técnico especializado desde que o autor ceda os direitos patrimoniais a ele relativos e a Administração possa utilizá-lo de acordo com o previsto no regulamento de concurso ou no ajuste para sua elaboração.

▶ Art. 13, § 2º, desta Lei.

Parágrafo único. Quando o projeto referir-se a obra imaterial de caráter tecnológico, insuscetível de privilégio, a cessão dos direitos incluirá o fornecimento de todos os dados, documentos e elementos de informação pertinentes à tecnologia de concepção, desenvolvimento, fixação em suporte físico de qualquer natureza e aplicação da obra.

Art. 112. Quando o objeto do contrato interessar a mais de uma entidade pública, caberá ao órgão contratante, perante a entidade interessada, responder pela sua boa execução, fiscalização e pagamento.

§ 1º Os consórcios públicos poderão realizar licitação da qual, nos termos do edital, decorram contratos administrativos celebrados por órgãos ou entidades dos entes da Federação consorciados.

§ 2º É facultado à entidade interessada o acompanhamento da licitação e da execução do contrato.

▶ §§ 1º e 2º acrescidos pela Lei nº 11.107, de 6-4-2005.

Art. 113. O controle das despesas decorrentes dos contratos e demais instrumentos regidos por esta Lei será feito pelo Tribunal de Contas competente, na forma da legislação pertinente, ficando os órgãos interessados da Administração responsáveis pela demonstração da legalidade e regularidade da despesa e execução, nos termos da Constituição e sem prejuízo do sistema de controle interno nela previsto.

§ 1º Qualquer licitante, contratado ou pessoa física ou jurídica poderá representar ao Tribunal de Contas ou aos órgãos integrantes do sistema de controle interno contra irregularidades na aplicação desta Lei, para os fins do disposto neste artigo.

▶ Art. 41, § 1º, desta Lei.

§ 2º Os Tribunais de Contas e os órgãos integrantes do sistema de controle interno poderão solicitar para exame, até o dia útil imediatamente anterior à data de recebimento das propostas, cópia de edital de licitação já publicado, obrigando-se os órgãos ou entidades da Administração interessada à adoção de medidas corretivas pertinentes que, em função desse exame, lhes forem determinadas.

▶ § 2º com a redação dada pela Lei nº 8.883, de 8-6-1994.

Art. 114. O sistema instituído nesta Lei não impede a pré-qualificação de licitantes nas concorrências, a ser procedida sempre que o objeto da licitação recomende análise mais detida da qualificação técnica dos interessados.

§ 1º A adoção do procedimento de pré-qualificação será feita mediante proposta da autoridade competente, aprovada pela imediatamente superior.

§ 2º Na pré-qualificação serão observadas as exigências desta Lei relativas à concorrência, à convocação dos interessados, ao procedimento e à analise da documentação.

Art. 115. Os órgãos da Administração poderão expedir normas relativas aos procedimentos operacionais a serem observados na execução das licitações, no âmbito de sua competência, observadas as disposições desta Lei.

Parágrafo único. As normas a que se refere este artigo, após aprovação da autoridade competente, deverão ser publicadas na imprensa oficial.

Art. 116. Aplicam-se as disposições desta Lei, no que couber, aos convênios, acordos, ajustes e outros instrumentos congêneres celebrados por órgãos e entidades da Administração.

▶ Lei nº 11.107, de 6-4-2005 (Lei dos Consórcios Públicos).

▶ Dec. nº 6.170, de 25-7-2007, dispõe sobre as normas relativas às transferências de recursos da União mediante convênios e contratos de repasse.

§ 1º A celebração de convênio, acordo ou ajuste pelos órgãos ou entidades da Administração Pública depende de prévia aprovação de competente plano de trabalho proposto pela organização interessada, o qual deverá conter, no mínimo, as seguintes informações:

I – identificação do objeto a ser executado;
II – metas a serem atingidas;
III – etapas ou fases de execução;
IV – plano de aplicação dos recursos financeiros;
V – cronograma de desembolso;
VI – previsão de início e fim da execução do objeto, bem assim da conclusão das etapas ou fases programadas;
VII – se o ajuste compreender obra ou serviço de engenharia, comprovação de que os recursos próprios para complementar a execução do objeto estão devidamente assegurados, salvo se o custo total do empreendimento recair sobre a entidade ou órgão descentralizador.

§ 2º Assinado o convênio, a entidade ou órgão repassador dará ciência do mesmo à Assembleia Legislativa ou à Câmara Municipal respectiva.

§ 3º As parcelas do convênio serão liberadas em estrita conformidade com o plano de aplicação aprovado, exceto nos casos a seguir, em que as mesmas ficarão retidas até o saneamento das impropriedades ocorrentes:

I – quando não tiver havido comprovação da boa e regular aplicação da parcela anteriormente recebida, na forma da legislação aplicável, inclusive mediante procedimentos de fiscalização local, realizados periodicamente pela entidade ou órgão descentralizador dos recursos ou pelo órgão competente do sistema de controle interno da Administração Pública;

II – quando verificado desvio de finalidade na aplicação dos recursos, atrasos não justificados no cumprimento das etapas ou fases programadas, práticas atentatórias aos princípios fundamentais de Administração Pública nas contratações e demais atos praticados na execução do convênio, ou o inadimplemento do executor com relação a outras cláusulas conveniais básicas;

III – quando o executor deixar de adotar as medidas saneadoras apontadas pelo partícipe repassador dos recursos ou por integrantes do respectivo sistema de controle interno.

§ 4º Os saldos de convênio, enquanto não utilizados, serão obrigatoriamente aplicados em cadernetas de poupança de instituição financeira oficial se a previsão de seu uso for igual ou superior a um mês, ou em fundo de aplicação financeira de curto prazo ou operação de mercado aberto lastreada em títulos da dívida pública, quando a utilização dos mesmos verificar-se em prazos menores que um mês.

§ 5º As receitas financeiras auferidas na forma do parágrafo anterior serão obrigatoriamente computadas a crédito do convênio e aplicadas, exclusivamente, no objeto de sua finalidade, devendo constar de demonstrativo específico que integrará as prestações de contas do ajuste.

§ 6º Quando da conclusão, denúncia, rescisão ou extinção do convênio, acordo ou ajuste, os saldos financeiros remanescentes, inclusive os provenientes das receitas obtidas das aplicações financeiras realizadas, serão devolvidos à entidade ou órgão repassador dos recursos, no prazo improrrogável de 30 (trinta) dias do evento, sob pena da imediata instauração de tomada de contas especial do responsável, providenciada pela autoridade competente do órgão ou entidade titular dos recursos.

Art. 117. As obras, serviços, compras e alienações realizados pelos órgãos dos Poderes Legislativo e Judiciário e do Tribunal de Contas regem-se pelas normas desta Lei, no que couber, nas três esferas administrativas.

Art. 118. Os Estados, o Distrito Federal, os Municípios e as entidades da administração indireta deverão adaptar suas normas sobre licitações e contratos ao disposto nesta Lei.

Art. 119. As sociedades de economia mista, empresas e fundações públicas e demais entidades controladas direta ou indiretamente pela União e pelas entidades referidas no artigo anterior editarão regulamentos próprios devidamente publicados, ficando sujeitas às disposições desta Lei.

Parágrafo único. Os regulamentos a que se refere este artigo, no âmbito da Administração Pública, após aprovados pela autoridade de nível superior a que estiverem vinculados os respectivos órgãos, sociedades e entidades, deverão ser publicados na imprensa oficial.

Art. 120. Os valores fixados por esta Lei poderão ser anualmente revistos pelo Poder Executivo Federal, que os fará publicar no *Diário Oficial da União*, observando como limite superior a variação geral dos preços do mercado, no período.

▶ Artigo com a redação dada pela Lei nº 9.648, de 27-5-1998.

Art. 121. O disposto nesta Lei não se aplica às licitações instauradas e aos contratos assinados anteriormente à sua vigência, ressalvado o disposto no art. 57, nos parágrafos 1º, 2º e 8º do art. 65, no inciso XV do art. 78, bem assim o disposto no *caput* do art. 5º, com relação ao pagamento das obrigações na ordem cronológica, podendo esta ser observada, no prazo de noventa dias contados da vigência desta Lei, separadamente para as obrigações relativas aos contratos regidos por legislação anterior à Lei nº 8.666, de 21 de junho de 1993.

▶ *Caput* com a redação dada pela Lei nº 8.883, de 8-6-1994.

Parágrafo único. Os contratos relativos a imóveis do patrimônio da União continuam a reger-se pelas disposições do Decreto-lei nº 9.760, de 5 de setembro de 1946, com suas alterações, e os relativos a operações de crédito interno ou externo celebrados pela União ou a concessão de garantia do Tesouro Nacional continuam regidos pela legislação pertinente, aplicando-se esta Lei, no que couber.

Art. 122. Nas concessões de linhas aéreas, observar-se-á procedimento licitatório específico, a ser estabelecido no Código Brasileiro de Aeronáutica.

Art. 123. Em suas licitações e contratações administrativas, as repartições sediadas no exterior observarão as peculiaridades locais e os princípios básicos desta Lei, na forma de regulamentação específica.

Art. 124. Aplicam-se às licitações e aos contratos para permissão ou concessão de serviços públicos os dispositivos desta Lei que não conflitem com a legislação específica sobre o assunto.

▶ *Caput* com a redação dada pela Lei nº 8.883, de 8-6-1994.

Parágrafo único. As exigências contidas nos incisos II a IV do § 2º do art. 7º serão dispensadas nas licitações para concessão de serviços com execução prévia de obras em que não foram previstos desembolso por parte da Administração Pública concedente.

▶ Parágrafo único acrescido pela Lei nº 8.883, de 8-6-1994.

Art. 125. Esta Lei entra em vigor na data de sua publicação.

Art. 126. Revogam-se as disposições em contrário, especialmente os Decretos-Leis nºs 2.300, de 21 de novembro de 1986, 2.348, de 24 de julho de 1987, 2.360, de 16 de setembro de 1987, a Lei nº 8.220, de 4 de setembro de 1991, e o art. 83 da Lei nº 5.194, de 24 de dezembro de 1966.

Brasília, 21 de junho de 1993;
172º da Independência e
105º da República.

Itamar Franco

LEI COMPLEMENTAR Nº 76, DE 6 DE JULHO DE 1993

Dispõe sobre o procedimento contraditório especial, de rito sumário, para o processo de desapropriação de imóvel rural, por interesse social, para fins de reforma agrária.

▶ Publicada no *DOU* de 7-7-1993.
▶ Lei nº 8.629, de 25-2-1993, regulamenta os dispositivos constitucionais relativos à reforma agrária.
▶ Súm. nº 354 do STJ.

Art. 1º O procedimento judicial da desapropriação de imóvel rural, por interesse social, para fins de reforma agrária, obedecerá ao contraditório especial, de rito sumário, previsto nesta Lei Complementar.

▶ Arts. 184, § 3º, e 185, I, da CF.

Art. 2º A desapropriação de que trata esta Lei Complementar é de competência privativa da União e será precedida de decreto declarando o imóvel de interesse social, para fins de reforma agrária.

§ 1º A ação de desapropriação, proposta pelo órgão federal executor da reforma agrária, será processada e julgada pelo juiz federal competente, inclusive durante as férias forenses.

§ 2º Declarado o interesse social, para fins de reforma agrária, fica o expropriante legitimado a promover a vistoria e a avaliação do imóvel, inclusive com o auxílio de força policial, mediante prévia autorização do juiz, responsabilizando-se por eventuais perdas e danos que seus agentes vierem a causar, sem prejuízo das sanções penais cabíveis.

Art. 3º A ação de desapropriação deverá ser proposta dentro do prazo de dois anos, contado da publicação do decreto declaratório.

Art. 4º Intentada a desapropriação parcial, o proprietário poderá requerer, na contestação, a desapropriação de todo o imóvel, quando a área remanescente ficar:

I – reduzida a superfície inferior à da pequena propriedade rural; ou
II – prejudicada substancialmente em suas condições de exploração econômica, caso seja o seu valor inferior ao da parte desapropriada.

Art. 5º A petição inicial, além dos requisitos previstos no Código de Processo Civil, conterá a oferta do preço e será instruída com os seguintes documentos:

▶ Arts. 282 a 285 do CPC.

I – texto do decreto declaratório de interesse social para fins de reforma agrária, publicado no *Diário Oficial da União*;
II – certidões atualizadas de domínio e de ônus real do imóvel;
III – documento cadastral do imóvel;
IV – laudo de vistoria e avaliação administrativa, que conterá, necessariamente:

▶ Art. 9º, § 1º, desta Lei.

a) descrição do imóvel, por meio de suas plantas geral e de situação, e memorial descritivo da área objeto da ação;

b) relação das benfeitorias úteis, necessárias e voluptuárias, das culturas e pastos naturais e artificiais, da cobertura florestal, seja natural ou decorrente de florestamento ou reflorestamento, e dos semoventes;

c) discriminadamente, os valores de avaliação da terra nua e das benfeitorias indenizáveis;

V – comprovante de lançamento dos Títulos da Dívida Agrária correspondente ao valor ofertado para pagamento de terra nua;

VI – comprovante de depósito em banco oficial, ou outro estabelecimento no caso de inexistência de agência na localidade, à disposição do juízo, correspondente ao valor ofertado para pagamento das benfeitorias úteis e necessárias.

▶ Incisos V e VI acrescidos pela LC nº 88, de 23-12-1996.

Art. 6º O juiz, ao despachar a petição inicial, de plano ou no prazo máximo de quarenta e oito horas:

I – mandará imitir o autor na posse do imóvel;
II – determinará a citação do expropriando para contestar o pedido e indicar assistente técnico, se quiser;

▶ Incisos I e II com a redação dada pela LC nº 88, de 23-12-1996.

III – expedirá mandado ordenando a averbação do ajuizamento da ação no registro do imóvel expropriando, para conhecimento de terceiros.

§ 1º Inexistindo dúvida acerca do domínio, ou de algum direito real sobre o bem, ou sobre os direitos dos titulares do domínio útil, e do domínio direto, em caso de enfiteuse ou aforamento, ou, ainda, inexistindo divisão, hipóteses em que o valor da indenização ficará depositado à disposição do juízo enquanto os interessados não resolverem seus conflitos em ações próprias, poderá o expropriando requerer o levantamento de oitenta por cento da indenização depositada, quitado os tributos e publicados os editais, para conhecimento de terceiros, a expensas do expropriante, duas vezes na imprensa local e uma na oficial, decorrido o prazo de trinta dias.

▶ Antigo § 2º renumerado para § 1º pela LC nº 88, de 23-12-1996.

§ 2º O Juiz poderá, para a efetivação da imissão na posse, requisitar força policial.

▶ § 2º renumerado pela LC nº 88, de 23-12-1996.

§ 3º No curso da ação poderá o Juiz designar, com o objetivo de fixar a prévia e justa indenização, audiência de conciliação, que será realizada nos dez primeiros dias a contar da citação, e na qual deverão estar presentes o autor, o réu e o Ministério Público. As partes ou seus representantes legais serão intimadas via postal.

§ 4º Aberta a audiência, o Juiz ouvirá as partes e o Ministério Público, propondo a conciliação.

§ 5º Se houver acordo, lavrar-se-á o respectivo termo, que será assinado pelas partes e pelo Ministério Público ou seus representantes legais.

§ 6º Integralizado o valor acordado, nos dez dias úteis subsequentes ao pactuado, o Juiz expedirá mandado ao registro imobiliário, determinando a matrícula do bem expropriado em nome do expropriante.

§ 7º A audiência de conciliação não suspende o curso da ação.

▶ §§ 3º a 7º acrescidos pela LC nº 88, de 23-12-1996.

Art. 7º A citação do expropriando será feita na pessoa do proprietário do bem, ou de seu representante legal, obedecido o disposto no art. 12 do Código de Processo Civil.

§ 1º Em se tratando de enfiteuse ou aforamento, serão citados os titulares do domínio útil e do domínio direto, exceto quando for contratante a União.

§ 2º No caso de espólio, inexistindo inventariante, a citação será feita na pessoa do cônjuge sobrevivente ou na de qualquer herdeiro ou legatário que esteja na posse do imóvel.

§ 3º Serão intimados da ação os titulares de direitos reais sobre o imóvel desapropriando.

§ 4º Serão ainda citados os confrontantes que, na fase administrativa do procedimento expropriatório, tenham, fundamentadamente, contestado as divisas do imóvel expropriando.

Art. 8º O autor, além de outras formas previstas na legislação processual civil, poderá requerer que a citação do expropriando seja feita pelo correio, através de carta com aviso de recepção, firmado pelo destinatário ou por seu representante legal.

Art. 9º A contestação deve ser oferecida no prazo de quinze dias se versar matéria de interesse da defesa, excluída a apreciação quanto ao interesse social declarado.

§ 1º Recebida a contestação, o juiz, se for o caso, determinará a realização de prova pericial, adstrita a pontos impugnados do laudo de vistoria administrativa, a que se refere o art. 5º, inciso IV e, simultaneamente:

I – designará o perito do juízo;
II – formulará os quesitos que julgar necessários;
III – intimará o perito e os assistentes para prestar compromisso, no prazo de cinco dias;
IV – intimará as partes para apresentar quesitos, no prazo de dez dias.

§ 2º A prova pericial será concluída no prazo fixado pelo juiz, não excedente a sessenta dias, contado da data do compromisso do perito.

Art. 10. Havendo acordo sobre o preço, este será homologado por sentença.

Parágrafo único. Não havendo acordo, o valor que vier a ser acrescido ao depósito inicial por força de laudo pericial acolhido pelo Juiz será depositado em espécie para as benfeitorias, juntado aos autos o comprovante de lançamento de Títulos da Dívida Agrária para terra nua, como integralização dos valores ofertados.

▶ Parágrafo único acrescido pela LC nº 88, de 23-12-1996.

Art. 11. A audiência de instrução e julgamento será realizada em prazo não superior a quinze dias, a contar da conclusão da perícia.

Art. 12. O juiz proferirá sentença na audiência de instrução e julgamento ou nos trinta dias subsequentes, indicando os fatos que motivaram o seu convencimento.

§ 1º Ao fixar o valor da indenização, o juiz considerará, além dos laudos periciais, outros meios objetivos de convencimento, inclusive a pesquisa de mercado.

§ 2º O valor da indenização corresponderá ao valor apurado na data da perícia, ou ao consignado pelo juiz, corrigido monetariamente até a data de seu efetivo pagamento.

§ 3º Na sentença, o juiz individualizará o valor do imóvel, de suas benfeitorias e dos demais componentes do valor da indenização.

§ 4º Tratando-se de enfiteuse ou aforamento, o valor da indenização será depositado em nome dos titulares do domínio útil e do domínio direto e disputado por via de ação própria.

Art. 13. Da sentença que fixar o preço da indenização caberá apelação com efeito simplesmente devolutivo, quando interposta pelo expropriado e, em ambos os efeitos, quando interposta pelo expropriante.

§ 1º A sentença que condenar o expropriante, em quantia superior a cinquenta por cento sobre o valor oferecido na inicial, fica sujeita a duplo grau de jurisdição.

▶ Art. 475 do CPC.

§ 2º No julgamento dos recursos decorrentes da ação desapropriatória não haverá revisor.

Art. 14. O valor da indenização, estabelecido por sentença, deverá ser depositado pelo expropriante à ordem do juízo, em dinheiro, para as benfeitorias úteis e necessárias, inclusive culturas e pastagens artificiais e, em Títulos da Dívida Agrária, para a terra nua.

▶ A Res. do SF nº 19, de 25-10-2007 (*DOU* de 26-9-2007), suspendeu a execução de parte deste artigo, referente à expressão "em dinheiro, para as benfeitorias úteis e necessárias, inclusive culturas e pastagens artificiais e," em virtude de declaração de inconstitucionalidade em decisão definitiva do STF.

Art. 15. Em caso de reforma de sentença, com o aumento do valor da indenização, o expropriante será intimado a depositar a diferença, no prazo de quinze dias.

Art. 16. A pedido do expropriado, após o trânsito em julgado da sentença, será levantada a indenização ou o depósito judicial, deduzidos o valor de tributos e multas incidentes sobre o imóvel, exigíveis até a data da imissão na posse pelo expropriante.

Art. 17. Efetuado ou não o levantamento, ainda que parcial, da indenização ou do depósito judicial, será expedido em favor do expropriante, no prazo de quarenta e oito horas, mandado translativo do domínio para o Cartório do Registro de Imóveis competente, sob a forma e para os efeitos da Lei de Registros Públicos.

Parágrafo único. O registro da propriedade nos cartórios competentes far-se-á no prazo improrrogável de três dias, contado da data da apresentação do mandado.

▶ Art. 17 com a redação dada pela LC nº 88, de 23-12-1996.

Art. 18. As ações concernentes à desapropriação de imóvel rural, por interesse social, para fins de reforma agrária, têm caráter preferencial e prejudicial em relação a outras ações referentes ao imóvel expropriando, e independem do pagamento de preparo ou de emolumentos.

§ 1º Qualquer ação que tenha por objeto o bem expropriando será distribuída, por dependência, à Vara Federal onde tiver curso a ação de desapropriação, determinando-se a pronta intervenção da União.

§ 2º O Ministério Público Federal intervirá, obrigatoriamente, após a manifestação das partes, antes de cada decisão manifestada no processo, em qualquer instância.

Art. 19. As despesas judiciais e os honorários do advogado e do perito constituem encargos do sucumbente, assim entendido o expropriado, se o valor da indenização for igual ou inferior ao preço oferecido, ou o expropriante, na hipótese de valor superior ao preço oferecido.

§ 1º Os honorários do advogado do expropriado serão fixados em até vinte por cento sobre a diferença entre o preço oferecido e o valor da indenização.

§ 2º Os honorários periciais serão pagos em valor fixo, estabelecido pelo juiz, atendida a complexidade do trabalho desenvolvido.

Art. 20. Em qualquer fase processual, mesmo após proferida a sentença, compete ao juiz, a requerimento de qualquer das partes, arbitrar valor para desmonte e transporte de móveis e semoventes, a ser suportado, ao final, pelo expropriante, e cominar prazo para que o promova o expropriado.

Art. 21. Os imóveis rurais desapropriados, uma vez registrados em nome do expropriante, não poderão ser objeto de ação reivindicatória.

Art. 22. Aplica-se subsidiariamente ao procedimento de que trata esta Lei Complementar, no que for compatível, o Código de Processo Civil.

Art. 23. As disposições desta Lei Complementar aplicam-se aos processos em curso, convalidados os atos já realizados.

Art. 24. Esta Lei Complementar entra em vigor na data de sua publicação.

Art. 25. Revogam-se as disposições em contrário e, em especial, o Decreto-Lei nº 554, de 25 de abril de 1969.

Brasília, 6 de julho de 1993;
172º da Independência e
105º da República.

Itamar Franco

LEI Nº 8.730, DE 10 DE NOVEMBRO DE 1993

Estabelece a obrigatoriedade da declaração de bens e rendas para o exercício de cargos, empregos e funções nos Poderes Executivo, Legislativo e Judiciário, e dá outras providências.

▶ Publicada no *DOU* de 11-11-1993.

Art. 1º É obrigatória a apresentação de declaração de bens, com indicação das fontes de renda, no momento da posse ou, inexistindo esta, na entrada em exercício de cargo, emprego ou função, bem como no final de cada exercício financeiro, no término da gestão ou mandato e nas hipóteses de exoneração, renúncia ou afastamento definitivo, por parte das autoridades e servidores públicos adiante indicados:

I – Presidente da República;
II – Vice-Presidente da República;
III – Ministros de Estado;
IV – membros do Congresso Nacional;
V – membros da Magistratura Federal;
VI – membros do Ministério Público da União;
VII – todos quantos exerçam cargos eletivos e cargos, empregos ou funções de confiança, na administração direta, indireta e fundacional, de qualquer dos Poderes da União.

§ 1º A declaração de bens e rendas será transcrita em livro próprio de cada órgão e assinada pelo declarante:

§ 2º O declarante remeterá, incontinenti, uma cópia da declaração ao Tribunal de Contas da União, para o fim de este:

I – manter registro próprio dos bens e rendas do patrimônio privado de autoridades públicas;
II – exercer o controle da legalidade e legitimidade desses bens e rendas, com apoio nos sistemas de controle interno de cada Poder;
III – adotar as providências inerentes às suas atribuições e, se for o caso, representar ao Poder competente sobre irregularidades ou abusos apurados;
IV – publicar, periodicamente, no *Diário Oficial da União*, por extrato, dados e elementos constantes da declaração;
V – prestar a qualquer das Câmaras do Congresso Nacional ou às respectivas Comissões, informações solicitadas por escrito;
VI – fornecer certidões e informações requeridas por qualquer cidadão, para propor ação popular que vise a anular ato lesivo ao patrimônio público ou à moralidade administrativa, na forma da lei.

Art. 2º A declaração a que se refere o artigo anterior, excluídos os objetos e utensílios de uso doméstico de módico valor, constará de relação pormenorizada dos bens imóveis, móveis, semoventes, títulos ou valores mobiliários, direitos sobre veículos automóveis, embarcações ou aeronaves e dinheiros ou aplicações financeiras que, no País ou no exterior, constituam, separadamente, o patrimônio do declarante e de seus dependentes, na data respectiva.

§ 1º Os bens serão declarados, discriminadamente, pelos valores de aquisição constantes dos respectivos instrumentos de transferência de propriedade, com indicação concomitante de seus valores venais.

§ 2º No caso de inexistência do instrumento de transferência de propriedade, será dispensada a indicação do valor de aquisição do bem, facultada a indicação de seu valor venal à época do ato translativo, ao lado do valor venal atualizado.

§ 3º O valor de aquisição dos bens existentes no exterior será mencionado na declaração e expresso na moeda do país em que estiverem localizados.

§ 4º Na declaração de bens e rendas também serão consignados os ônus reais e obrigações do declarante, inclusive de seus dependentes, dedutíveis na apuração do patrimônio líquido, em cada período, discriminando-se entre os credores, se for o caso, a Fazenda Pública, as instituições oficiais de crédito e quaisquer entidades, públicas ou privadas, no País e no exterior.

§ 5º Relacionados os bens, direitos e obrigações, o declarante apurará a variação patrimonial ocorrida no período, indicando a origem dos recursos que hajam propiciado o eventual acréscimo.

§ 6º Na declaração constará, ainda, menção a cargos de direção e de órgãos colegiados que o declarante exerça ou haja exercido nos últimos dois anos, em empresas privadas ou do setor público e outras instituições, no País e no exterior.

§ 7º O Tribunal de Contas da União poderá:

a) expedir instruções sobre formulários da declaração e prazos máximos de remessa de sua cópia;
b) exigir, a qualquer tempo, a comprovação da legitimidade da procedência dos bens e rendas acrescidos ao patrimônio no período relativo à declaração.

Art. 3º A não apresentação da declaração a que se refere o art. 1º, por ocasião da posse, implicará a não realização daquele ato, ou sua nulidade, se celebrado sem esse requisito essencial.

Parágrafo único. Nas demais hipóteses, a não apresentação da declaração, a falta e atraso de remessa de sua cópia ao Tribunal de Contas da União ou a declaração dolosamente inexata implicarão, conforme o caso:

a) crime de responsabilidade, para o Presidente e o Vice-Presidente da República, os Ministros de Estado e demais autoridades previstas em lei especial, observadas suas disposições; ou

▶ Lei nº 1.079, de 10-4-1950 (Lei dos Crimes de Responsabilidade).

b) infração político-administrativa, crime funcional ou falta grave disciplinar, passível de perda do mandato, demissão do cargo, exoneração do emprego ou destituição da função, além da inabilitação, até cinco anos, para o exercício de novo mandato e de qualquer cargo, emprego ou função pública, observada a legislação específica.

▶ Art. 52, parágrafo único, da CF.

Art. 4º Os administradores ou responsáveis por bens e valores públicos da administração direta, indireta e fundacional de qualquer dos Poderes da União, assim como toda a pessoa que por força da lei, estiver sujeita à prestação de contas do Tribunal de Contas da União, são obrigados a juntar, à documentação correspondente, cópia da declaração de rendimentos e de bens, relativa ao período-base da gestão, entregue à repartição competente, de conformidade com a legislação do Imposto sobre a Renda.

§ 1º O Tribunal de Contas da União considerará como não recebida a documentação que lhe for entregue em desacordo com o previsto neste artigo.

§ 2º Será lícito ao Tribunal de Contas da União utilizar as declarações de rendimentos e de bens, recebidas nos termos deste artigo, para proceder ao levantamento da evolução patrimonial do seu titular e ao exame de sua compatibilização com os recursos e as disponibilidades declarados.

Art. 5º A Fazenda Pública Federal e o Tribunal de Contas da União poderão realizar, em relação às declarações de que trata esta Lei, troca de dados e informações que lhes possam favorecer o desempenho das respectivas atribuições legais.

Parágrafo único. O dever do sigilo sobre informações de natureza fiscal e de riqueza de terceiros, imposto aos funcionários da Fazenda Pública, que cheguem ao seu conhecimento em razão do ofício, estende-se aos funcionários do Tribunal de Contas da União que, em cumprimento às disposições desta lei, encontrem-se em idêntica situação.

Art. 6º Os atuais ocupantes de cargos, empregos ou funções mencionados no art. 1º, e obedecido o disposto no art. 2º, prestarão a respectiva declaração de bens e rendas, bem como remeterão cópia ao Tribunal de Contas da União, no prazo e condições por este fixados.

Art. 7º As disposições constantes desta lei serão adotadas pelos Estados, pelo Distrito Federal e pelos Municípios, no que couber, como normas gerais de direito financeiro, velando pela sua observância os órgãos a que se refere o art. 75 da Constituição Federal.

Art. 8º Esta Lei entra em vigor na data de sua publicação.

Art. 9º Revogam-se as disposições em contrário.

Brasília, 10 de novembro de 1993;
172º da Independência e
105º da República.

Itamar Franco

LEI Nº 8.987, DE 13 DE FEVEREIRO DE 1995

Dispõe sobre o regime de concessão e permissão da prestação de serviços públicos previsto no art. 175 da Constituição Federal, e dá outras providências.

▶ Publicada no *DOU* de 14-2-1995 e republicada no *DOU* de 28-9-1998.
▶ Lei nº 9.074, de 7-7-1995, estabelece normas para outorga e prorrogações das concessões e permissões de serviços públicos.

Capítulo I

DAS DISPOSIÇÕES PRELIMINARES

Art. 1º As concessões de serviços públicos e de obras públicas e as permissões de serviços públicos reger-se-ão pelos termos do art. 175 da Constituição Federal, por esta Lei, pelas normas legais pertinentes e pelas cláusulas dos indispensáveis contratos.

▶ Arts. 37 e 175 da CF.
▶ Lei nº 8.666, de 21-6-1993 (Lei de Licitações e Contratos Administrativos).

Parágrafo único. A União, os Estados, o Distrito Federal e os Municípios promoverão a revisão e as adaptações necessárias de sua legislação às prescrições desta Lei, buscando atender as peculiaridades das diversas modalidades dos seus serviços.

Art. 2º Para os fins do disposto nesta Lei, considera-se:

I – poder concedente: a União, o Estado, o Distrito Federal ou o Município, em cuja competência se encontre o serviço público, precedido ou não da execução de obra pública, objeto de concessão ou permissão;

II – concessão de serviço público: a delegação de sua prestação, feita pelo poder concedente, mediante licitação, na modalidade de concorrência, à pessoa jurídica ou consórcio de empresas que demonstre capacidade para seu desempenho, por sua conta e risco e por prazo determinado;

III – concessão de serviço público precedida da execução de obra pública: a construção, total ou parcial, conservação, reforma, ampliação ou melhoramento de quaisquer obras de interesse público, delegada pelo poder concedente, mediante licitação, na modalidade de concorrência, à pessoa jurídica ou consórcio de empresas que demonstre capacidade para a sua realização, por sua conta e risco, de forma que o investimento da concessionária seja remunerado e amortizado mediante a exploração do serviço ou da obra por prazo determinado;

IV – permissão de serviço público: a delegação, a título precário, mediante licitação, da prestação de serviços públicos, feita pelo poder concedente à pessoa física ou jurídica que demonstre capacidade para seu desempenho, por sua conta e risco.

Art. 3º As concessões e permissões sujeitar-se-ão à fiscalização pelo poder concedente responsável pela delegação, com a cooperação dos usuários.

▶ Art. 71 da CF.
▶ Art. 2º, II, *a*, IV, desta Lei.

Art. 4º A concessão de serviço público, precedida ou não da execução de obra pública, será formalizada mediante contrato, que deverá observar os termos desta Lei, das normas pertinentes e do edital de licitação.

▶ Art. 2º, III, desta Lei.
▶ Art. 6º, I, da Lei nº 8.666, de 21-6-1993 (Lei de Licitações e Contratos Administrativos).

Art. 5º O poder concedente publicará, previamente ao edital de licitação, ato justificando a conveniência da outorga de concessão ou permissão, caracterizando seu objeto, área e prazo.

▶ Art. 2º, I, desta Lei.
▶ Lei nº 8.666, de 21-6-1993 (Lei de Licitações e Contratos Administrativos).

Capítulo II

DO SERVIÇO ADEQUADO

Art. 6º Toda concessão ou permissão pressupõe a prestação de serviço adequado ao pleno atendimento dos usuários, conforme estabelecido nesta Lei, nas normas pertinentes e no respectivo contrato.

▶ Art. 2º desta Lei.
▶ Art. 6º, II, da Lei nº 8.666, de 21-6-1993 (Lei de Licitações e Contratos Administrativos).

§ 1º Serviço adequado é o que satisfaz as condições de regularidade, continuidade, eficiência, segurança, atualidade, generalidade, cortesia na sua prestação e modicidade das tarifas.

§ 2º A atualidade compreende a modernidade das técnicas, do equipamento e das instalações e a sua conservação, bem como a melhoria e expansão do serviço.

§ 3º Não se caracteriza como descontinuidade do serviço a sua interrupção em situação de emergência ou após prévio aviso, quando:

I – motivada por razões de ordem técnica ou de segurança das instalações; e
II – por inadimplemento do usuário, considerado o interesse da coletividade.

Capítulo III
DOS DIREITOS E OBRIGAÇÕES DOS USUÁRIOS

Art. 7º Sem prejuízo do disposto na Lei nº 8.078, de 11 de setembro de 1990, são direitos e obrigações dos usuários:

▶ Arts. 2º e 6º, § 1º, desta Lei.

I – receber serviço adequado;
II – receber do poder concedente e da concessionária informações para a defesa de interesses individuais ou coletivos;
III – obter e utilizar o serviço, com liberdade de escolha entre vários prestadores de serviços, quando for o caso, observadas as normas do poder concedente;

▶ Inciso III com a redação dada pela Lei nº 9.648, de 27-5-1998.

IV – levar ao conhecimento do poder público e da concessionária as irregularidades de que tenham conhecimento, referentes ao serviço prestado;
V – comunicar às autoridades competentes os atos ilícitos praticados pela concessionária na prestação do serviço;
VI – contribuir para a permanência das boas condições dos bens públicos através dos quais lhes são prestados os serviços.

Art. 7º-A. As concessionárias de serviços públicos, de direito público e privado, nos Estados e no Distrito Federal, são obrigadas a oferecer ao consumidor e ao usuário, dentro do mês de vencimento, o mínimo de seis datas opcionais para escolherem os dias de vencimento de seus débitos.

▶ Art. 7º-A acrescido pela Lei nº 9.791, de 24-3-1999.

Parágrafo único. VETADO. Lei nº 9.791, de 24-3-1999.

Capítulo IV
DA POLÍTICA TARIFÁRIA

Art. 8º VETADO.

Art. 9º A tarifa do serviço público concedido será fixada pelo preço da proposta vencedora da licitação e preservada pelas regras de revisão previstas nesta Lei, no edital e no contrato.

§ 1º A tarifa não será subordinada à legislação específica anterior e somente nos casos expressamente previstos em lei, sua cobrança poderá ser condicionada à existência de serviço público alternativo e gratuito para o usuário.

▶ § 1º com a redação dada pela Lei nº 9.648, de 27-5-1998.

§ 2º Os contratos poderão prever mecanismos de revisão das tarifas, a fim de manter-se o equilíbrio econômico-financeiro.

§ 3º Ressalvados os impostos sobre a renda, a criação, alteração ou extinção de quaisquer tributos ou encargos legais, após a apresentação da proposta, quando comprovado seu impacto, implicará a revisão da tarifa, para mais ou para menos, conforme o caso.

§ 4º Em havendo alteração unilateral do contrato que afete o seu inicial equilíbrio econômico-financeiro, o poder concedente deverá restabelecê-lo, concomitantemente à alteração.

Art. 10. Sempre que forem atendidas as condições do contrato, considera-se mantido seu equilíbrio econômico-financeiro.

Art. 11. No atendimento às peculiaridades de cada serviço público, poderá o poder concedente prever, em favor da concessionária, no edital de licitação, a possibilidade de outras fontes provenientes de receitas alternativas, complementares, acessórias ou de projetos associados, com ou sem exclusividade, com vistas a favorecer a modicidade das tarifas, observado o disposto no art. 17 desta Lei.

Parágrafo único. As fontes de receita previstas neste artigo serão obrigatoriamente consideradas para a aferição do inicial equilíbrio econômico-financeiro do contrato.

Art. 12. VETADO.

Art. 13. As tarifas poderão ser diferenciadas em função das características técnicas e dos custos específicos provenientes do atendimento aos distintos segmentos de usuários.

▶ Súm. nº 407 do STJ.

Capítulo V
DA LICITAÇÃO

Art. 14. Toda concessão de serviço público, precedida ou não da execução de obra pública, será objeto de prévia licitação, nos termos da legislação própria e com observância dos princípios da legalidade, moralidade, publicidade, igualdade, do julgamento por critérios objetivos e da vinculação ao instrumento convocatório.

▶ Art. 37, caput, e XXI, da CF.

Art. 15. No julgamento da licitação será considerado um dos seguintes critérios:

I – o menor valor da tarifa do serviço público a ser prestado;
II – a maior oferta, nos casos de pagamento ao poder concedente pela outorga da concessão;
III – a combinação, dois a dois, dos critérios referidos nos incisos I, II e VII;
IV – melhor proposta técnica, com preço fixado no edital;
V – melhor proposta em razão da combinação dos critérios de menor valor da tarifa do serviço público a ser prestado com o de melhor técnica;
VI – melhor proposta em razão da combinação dos critérios de maior oferta pela outorga da concessão com o de melhor técnica; ou
VII – melhor oferta de pagamento pela outorga após qualificação de propostas técnicas.

§ 1º A aplicação do critério previsto no inciso III só será admitida quando previamente estabelecida no edital de licitação, inclusive com regras e fórmulas precisas para avaliação econômico-financeira.

§ 2º Para fins de aplicação do disposto nos incisos IV, V, VI e VII, o edital de licitação conterá parâmetros e exigências para formulação de propostas técnicas.

§ 3º O poder concedente recusará propostas manifestamente inexequíveis ou financeiramente incompatíveis com os objetivos da licitação.

§ 4º Em igualdade de condições, será dada preferência à proposta apresentada por empresa brasileira.
▶ Art. 15 com a redação dada pela Lei nº 9.648, de 27-5-1998.

Art. 16. A outorga de concessão ou permissão não terá caráter de exclusividade, salvo no caso de inviabilidade técnica ou econômica justificada no ato a que se refere o art. 5º desta Lei.

Art. 17. Considerar-se-á desclassificada a proposta que, para sua viabilização, necessite de vantagens ou subsídios que não estejam previamente autorizados em lei e à disposição de todos os concorrentes.

§ 1º Considerar-se-á, também, desclassificada a proposta de entidade estatal alheia à esfera político-administrativa do poder concedente que, para sua viabilização, necessite de vantagens ou subsídios do poder público controlador da referida entidade.
▶ Parágrafo único transformado em § 1º pela Lei nº 9.648, de 27-5-1998.

§ 2º Inclui-se nas vantagens ou subsídios de que trata este artigo, qualquer tipo de tratamento tributário diferenciado, ainda que em consequência da natureza jurídica do licitante, que comprometa a isonomia fiscal que deve prevalecer entre todos os concorrentes.
▶ § 2º acrescido pela Lei nº 9.648, de 27-5-1998.

Art. 18. O edital de licitação será elaborado pelo poder concedente, observados, no que couber, os critérios e as normas gerais da legislação própria sobre licitações e contratos e conterá, especialmente:
▶ Art. 37, *caput*, e XXI, da CF.
▶ Lei nº 8.666, de 21-6-1993 (Lei de Licitações e Contratos Administrativos).

I – o objeto, metas e prazo da concessão;
II – a descrição das condições necessárias à prestação adequada do serviço;
III – os prazos para recebimento das propostas, julgamento da licitação e assinatura do contrato;
IV – prazo, local e horário em que serão fornecidos, aos interessados, os dados, estudos e projetos necessários à elaboração dos orçamentos e apresentação das propostas;
V – os critérios e a relação dos documentos exigidos para a aferição da capacidade técnica, da idoneidade financeira e da regularidade jurídica e fiscal;
VI – as possíveis fontes de receitas alternativas, complementares ou acessórias, bem como as provenientes de projetos associados;
VII – os direitos e obrigações do poder concedente e da concessionária em relação a alterações e expansões a serem realizadas no futuro, para garantir a continuidade da prestação do serviço;
VIII – os critérios de reajuste e revisão da tarifa;
IX – os critérios, indicadores, fórmulas e parâmetros a serem utilizados no julgamento técnico e econômico-financeiro da proposta;
X – a indicação dos bens reversíveis;
XI – as características dos bens reversíveis e as condições em que estes serão postos à disposição, nos casos em que houver sido extinta a concessão anterior;
XII – a expressa indicação do responsável pelo ônus das desapropriações necessárias à execução do serviço ou da obra pública, ou para a instituição de servidão administrativa;
XIII – as condições de liderança da empresa responsável, na hipótese em que for permitida a participação de empresas em consórcio;
XIV – nos casos de concessão, a minuta do respectivo contrato, que conterá as cláusulas essenciais referidas no art. 23 desta Lei, quando aplicáveis;
XV – nos casos de concessão de serviços públicos precedida da execução de obra pública, os dados relativos à obra, dentre os quais os elementos do projeto básico que permitam sua plena caracterização, bem assim as garantias exigidas para essa parte específica do contrato, adequadas a cada caso e limitadas ao valor da obra;
▶ Inciso XV com a redação dada pela Lei nº 9.648, de 27-5-1998.

XVI – nos casos de permissão, os termos do contrato de adesão a ser firmado.

Art. 18-A. O edital poderá prever a inversão da ordem das fases de habilitação e julgamento, hipótese em que:

I – encerrada a fase de classificação das propostas ou o oferecimento de lances, será aberto o invólucro com os documentos de habilitação do licitante mais bem classificado, para verificação do atendimento das condições fixadas no edital;
II – verificado o atendimento das exigências do edital, o licitante será declarado vencedor;
III – inabilitado o licitante melhor classificado, serão analisados os documentos habilitatórios do licitante com a proposta classificada em segundo lugar, e assim sucessivamente, até que um licitante classificado atenda às condições fixadas no edital;
IV – proclamado o resultado final do certame, o objeto será adjudicado ao vencedor nas condições técnicas e econômicas por ele ofertadas.
▶ Art. 18-A acrescido pela Lei nº 11.196, de 21-11-2005.

Art. 19. Quando permitida, na licitação, a participação de empresas em consórcio, observar-se-ão as seguintes normas:

I – comprovação de compromisso, público ou particular, de constituição de consórcio, subscrito pelas consorciadas;
II – indicação da empresa responsável pelo consórcio;
III – apresentação dos documentos exigidos nos incisos V e XIII do artigo anterior, por parte de cada consorciada;
IV – impedimento de participação de empresas consorciadas na mesma licitação, por intermédio de mais de um consórcio ou isoladamente.

§ 1º O licitante vencedor fica obrigado a promover, antes da celebração do contrato, a constituição e registro do consórcio, nos termos do compromisso referido no inciso I deste artigo.

§ 2º A empresa líder do consórcio é a responsável perante o poder concedente pelo cumprimento do contrato de concessão, sem prejuízo da responsabilidade solidária das demais consorciadas.

Art. 20. É facultado ao poder concedente, desde que previsto no edital, no interesse do serviço a ser concedido, determinar que o licitante vencedor, no caso de consórcio, se constitua em empresa antes da celebração do contrato.

Art. 21. Os estudos, investigações, levantamentos, projetos, obras e despesas ou investimentos já efetuados, vinculados à concessão, de utilidade para a licitação, realizados pelo poder concedente ou com a sua autorização, estarão à disposição dos interessados, devendo o vencedor da licitação ressarcir os dispêndios correspondentes, especificados no edital.

Art. 22. É assegurada a qualquer pessoa a obtenção de certidão sobre atos, contratos, decisões ou pareceres relativos à licitação ou às próprias concessões.

▶ Art. 37, *caput*, da CF.

Capítulo VI
DO CONTRATO DE CONCESSÃO

Art. 23. São cláusulas essenciais do contrato de concessão as relativas:

I – ao objeto, à área e ao prazo da concessão;
II – ao modo, forma e condições de prestação do serviço;
III – aos critérios, indicadores, fórmulas e parâmetros definidores da qualidade do serviço;
IV – ao preço do serviço e aos critérios e procedimentos para o reajuste e a revisão das tarifas;
V – aos direitos, garantias e obrigações do poder concedente e da concessionária, inclusive os relacionados às previsíveis necessidades de futura alteração e expansão do serviço e consequente modernização, aperfeiçoamento e ampliação dos equipamentos e das instalações;
VI – aos direitos e deveres dos usuários para obtenção e utilização do serviço;
VII – à forma de fiscalização das instalações, dos equipamentos, dos métodos e práticas de execução do serviço, bem como a indicação dos órgãos competentes para exercê-la;
VIII – às penalidades contratuais e administrativas a que se sujeita a concessionária e sua forma de aplicação;
IX – aos casos de extinção da concessão;
X – aos bens reversíveis;
XI – aos critérios para o cálculo e a forma de pagamento das indenizações devidas à concessionária, quando for o caso;
XII – às condições para prorrogação do contrato;
XIII – à obrigatoriedade, forma e periodicidade da prestação de contas da concessionária ao poder concedente;
XIV – à exigência da publicação de demonstrações financeiras periódicas da concessionária; e
XV – ao foro e ao modo amigável de solução das divergências contratuais.

Parágrafo único. Os contratos relativos à concessão de serviço público precedido da execução de obra pública deverão, adicionalmente:

I – estipular os cronogramas físico-financeiros de execução das obras vinculadas à concessão; e

II – exigir garantia do fiel cumprimento, pela concessionária, das obrigações relativas às obras vinculadas à concessão.

Art. 23-A. O contrato de concessão poderá prever o emprego de mecanismos privados para resolução de disputas decorrentes ou relacionadas ao contrato, inclusive a arbitragem, a ser realizada no Brasil e em língua portuguesa, nos termos da Lei nº 9.307, de 23 de setembro de 1996.

▶ Art. 23-A acrescido pela Lei nº 11.196, de 21-11-2005.

Art. 24. VETADO.

Art. 25. Incumbe à concessionária a execução do serviço concedido, cabendo-lhe responder por todos os prejuízos causados ao poder concedente, aos usuários ou a terceiros, sem que a fiscalização exercida pelo órgão competente exclua ou atenue essa responsabilidade.

§ 1º Sem prejuízo da responsabilidade a que se refere este artigo, a concessionária poderá contratar com terceiros o desenvolvimento de atividades inerentes, acessórias ou complementares ao serviço concedido, bem como a implementação de projetos associados.

§ 2º Os contratos celebrados entre a concessionária e os terceiros a que se refere o parágrafo anterior reger-se-ão pelo direito privado, não se estabelecendo qualquer relação jurídica entre os terceiros e o poder concedente.

§ 3º A execução das atividades contratadas com terceiros pressupõe o cumprimento das normas regulamentares da modalidade do serviço concedido.

Art. 26. É admitida a subconcessão, nos termos previstos no contrato de concessão, desde que expressamente autorizada pelo poder concedente.

§ 1º A outorga de subconcessão será sempre precedida de concorrência.

§ 2º O subconcessionário se sub-rogará todos os direitos e obrigações da subconcedente dentro dos limites da subconcessão.

Art. 27. A transferência de concessão ou do controle societário da concessionária sem prévia anuência do poder concedente implicará a caducidade da concessão.

§ 1º Para fins de obtenção da anuência de que trata o *caput* deste artigo, o pretendente deverá:

I – atender às exigências de capacidade técnica, idoneidade financeira e regularidade jurídica e fiscal necessárias à assunção do serviço; e
II – comprometer-se a cumprir todas as cláusulas do contrato em vigor.

▶ Parágrafo único transformado em § 1º pela Lei nº 11.196, de 21-11-2005.

§ 2º Nas condições estabelecidas no contrato de concessão, o poder concedente autorizará a assunção do controle da concessionária por seus financiadores para promover sua reestruturação financeira e assegurar a continuidade da prestação dos serviços.

§ 3º Na hipótese prevista no § 2º deste artigo, o poder concedente exigirá dos financiadores que atendam às exigências de regularidade jurídica e fiscal, podendo alterar ou dispensar os demais requisitos previstos no § 1º, inciso I deste artigo.

§ 4º A assunção do controle autorizada na forma do § 2º deste artigo não alterará as obrigações da concessionária e de seus controladores ante ao poder concedente.

▶ §§ 2º a 4º acrescidos pela Lei nº 11.196, de 21-11-2005.

Art. 28. Nos contratos de financiamento, as concessionárias poderão oferecer em garantia os direitos emergentes da concessão, até o limite que não comprometa a operacionalização e a continuidade da prestação do serviço.

Parágrafo único. *Revogado*. Lei nº 9.074, de 7-7-1995.

Art. 28-A. Para garantir contratos de mútuo de longo prazo, destinados a investimentos relacionados a contratos de concessão, em qualquer de suas modalidades, as concessionárias poderão ceder ao mutuante, em caráter fiduciário, parcela de seus créditos operacionais futuros, observadas as seguintes condições:

I – o contrato de cessão dos créditos deverá ser registrado em Cartório de Títulos e Documentos para ter eficácia perante terceiros;
II – sem prejuízo do disposto no inciso I do *caput* deste artigo, a cessão do crédito não terá eficácia em relação ao Poder Público concedente senão quando for este formalmente notificado;
III – os créditos futuros cedidos nos termos deste artigo serão constituídos sob a titularidade do mutuante, independentemente de qualquer formalidade adicional;
IV – o mutuante poderá indicar instituição financeira para efetuar a cobrança e receber os pagamentos dos créditos cedidos ou permitir que a concessionária o faça, na qualidade de representante e depositária;
V – na hipótese de ter sido indicada instituição financeira, conforme previsto no inciso IV do *caput* deste artigo, fica a concessionária obrigada a apresentar a essa os créditos para cobrança;
VI – os pagamentos dos créditos cedidos deverão ser depositados pela concessionária ou pela instituição encarregada da cobrança em conta corrente bancária vinculada ao contrato de mútuo;
VII – a instituição financeira depositária deverá transferir os valores recebidos ao mutuante à medida que as obrigações do contrato de mútuo tornarem-se exigíveis; e
VIII – o contrato de cessão disporá sobre a devolução à concessionária dos recursos excedentes, sendo vedada a retenção do saldo após o adimplemento integral do contrato.

Parágrafo único. Para os fins deste artigo, serão considerados contratos de longo prazo aqueles cujas obrigações tenham prazo médio de vencimento superior a cinco anos.

▶ Art. 28-A acrescido pela Lei nº 11.196, de 21-11-2005.

Capítulo VII

DOS ENCARGOS DO PODER CONCEDENTE

Art. 29. Incumbe ao poder concedente:

I – regulamentar o serviço concedido e fiscalizar permanentemente a sua prestação;
II – aplicar as penalidades regulamentares e contratuais;
III – intervir na prestação do serviço, nos casos e condições previstos em lei;
IV – extinguir a concessão, nos casos previstos nesta Lei e na forma prevista no contrato;
V – homologar reajustes e proceder à revisão das tarifas na forma desta Lei, das normas pertinentes e do contrato;
VI – cumprir e fazer cumprir as disposições regulamentares do serviço e as cláusulas contratuais da concessão;
VII – zelar pela boa qualidade do serviço, receber, apurar e solucionar queixas e reclamações dos usuários, que serão cientificados, em até trinta dias, das providências tomadas;
VIII – declarar de utilidade pública os bens necessários à execução do serviço ou obra pública, promovendo as desapropriações, diretamente ou mediante outorga de poderes à concessionária, caso em que será desta a responsabilidade pelas indenizações cabíveis;
IX – declarar de necessidade ou utilidade pública, para fins de instituição de servidão administrativa, os bens necessários à execução de serviço ou obra pública, promovendo-a diretamente ou mediante outorga de poderes à concessionária, caso em que será desta a responsabilidade pelas indenizações cabíveis;
X – estimular o aumento da qualidade, produtividade, preservação do meio ambiente e conservação;
XI – incentivar a competitividade; e
XII – estimular a formação de associações de usuários para defesa de interesses relativos ao serviço.

Art. 30. No exercício da fiscalização, o poder concedente terá acesso aos dados relativos à administração, contabilidade, recursos técnicos, econômicos e financeiros da concessionária.

▶ Art. 71 da CF.

Parágrafo único. A fiscalização do serviço será feita por intermédio de órgão técnico do poder concedente ou por entidade com ele conveniada, e, periodicamente, conforme previsto em norma regulamentar, por comissão composta de representantes do poder concedente, da concessionária e dos usuários.

Capítulo VIII

DOS ENCARGOS DA CONCESSIONÁRIA

Art. 31. Incumbe à concessionária:

I – prestar serviço adequado, na forma prevista nesta Lei, nas normas técnicas aplicáveis e no contrato;
II – manter em dia o inventário e o registro dos bens vinculados à concessão;
III – prestar contas da gestão do serviço ao poder concedente e aos usuários, nos termos definidos no contrato;
IV – cumprir e fazer cumprir as normas do serviço e as cláusulas contratuais da concessão;
V – permitir aos encarregados da fiscalização livre acesso, em qualquer época, às obras, aos equipamentos e às instalações integrantes do serviço, bem como a seus registros contábeis;
VI – promover as desapropriações e constituir servidões autorizadas pelo poder concedente, conforme previsto no edital e no contrato;
VII – zelar pela integridade dos bens vinculados à prestação do serviço, bem como segurá-los adequadamente; e
VIII – captar, aplicar e gerir os recursos financeiros necessários à prestação do serviço.

Parágrafo único. As contratações, inclusive de mão de obra, feitas pela concessionária serão regidas pelas disposições de direito privado e pela legislação trabalhista, não se estabelecendo qualquer relação entre os terceiros contratados pela concessionária e o poder concedente.

Capítulo IX

DA INTERVENÇÃO

Art. 32. O poder concedente poderá intervir na concessão, com o fim de assegurar a adequação na prestação do serviço, bem como o fiel cumprimento das normas contratuais, regulamentares e legais pertinentes.

Parágrafo único. A intervenção far-se-á por decreto do poder concedente, que conterá a designação do interventor, o prazo da intervenção e os objetivos e limites da medida.

Art. 33. Declarada a intervenção, o poder concedente deverá, no prazo de trinta dias, instaurar procedimento administrativo para comprovar as causas determinantes da medida e apurar responsabilidades, assegurado o direito de ampla defesa.

§ 1º Se ficar comprovado que a intervenção não observou os pressupostos legais e regulamentares será declarada sua nulidade, devendo o serviço ser imediatamente devolvido à concessionária, sem prejuízo de seu direito à indenização.

§ 2º O procedimento administrativo a que se refere o caput deste artigo deverá ser concluído no prazo de até cento e oitenta dias, sob pena de considerar-se inválida a intervenção.

Art. 34. Cessada a intervenção, se não for extinta a concessão, a administração do serviço será devolvida à concessionária, precedida de prestação de contas pelo interventor, que responderá pelos atos praticados durante a sua gestão.

Capítulo X

DA EXTINÇÃO DA CONCESSÃO

Art. 35. Extingue-se a concessão por:

I – advento do termo contratual;
II – encampação;
III – caducidade;
IV – rescisão;
V – anulação; e
VI – falência ou extinção da empresa concessionária e falecimento ou incapacidade do titular, no caso de empresa individual.

§ 1º Extinta a concessão, retornam ao poder concedente todos os bens reversíveis, direitos e privilégios transferidos ao concessionário conforme previsto no edital e estabelecido no contrato.

§ 2º Extinta a concessão, haverá a imediata assunção do serviço pelo poder concedente, procedendo-se aos levantamentos, avaliações e liquidações necessários.

§ 3º A assunção do serviço autoriza a ocupação das instalações e a utilização, pelo poder concedente, de todos os bens reversíveis.

§ 4º Nos casos previstos nos incisos I e II deste artigo, o poder concedente, antecipando-se à extinção da concessão, procederá aos levantamentos e avaliações necessários à determinação dos montantes da indenização que será devida à concessionária, na forma dos arts. 36 e 37 desta Lei.

Art. 36. A reversão no advento do termo contratual far-se-á com a indenização das parcelas dos investimentos vinculados a bens reversíveis, ainda não amortizados ou depreciados, que tenham sido realizados com o objetivo de garantir a continuidade e atualidade do serviço concedido.

Art. 37. Considera-se encampação a retomada do serviço pelo poder concedente durante o prazo da concessão, por motivo de interesse público, mediante lei autorizativa específica e após prévio pagamento da indenização, na forma do artigo anterior.

Art. 38. A inexecução total ou parcial do contrato acarretará, a critério do poder concedente, a declaração de caducidade da concessão ou a aplicação das sanções contratuais, respeitadas as disposições deste artigo, do art. 27, e as normas convencionadas entre as partes.

§ 1º A caducidade da concessão poderá ser declarada pelo poder concedente quando:

I – o serviço estiver sendo prestado de forma inadequada ou deficiente, tendo por base as normas, critérios, indicadores e parâmetros definidores da qualidade do serviço;
II – a concessionária descumprir cláusulas contratuais ou disposições legais ou regulamentares concernentes à concessão;
III – a concessionária paralisar o serviço ou concorrer para tanto, ressalvadas as hipóteses decorrentes de caso fortuito ou força maior;
IV – a concessionária perder as condições econômicas, técnicas ou operacionais para manter a adequada prestação do serviço concedido;
V – a concessionária não cumprir as penalidades impostas por infrações, nos devidos prazos;
VI – a concessionária não atender a intimação do poder concedente no sentido de regularizar a prestação do serviço; e
VII – a concessionária for condenada em sentença transitada em julgado por sonegação de tributos, inclusive contribuições sociais.

§ 2º A declaração da caducidade da concessão deverá ser precedida da verificação da inadimplência da concessionária em processo administrativo, assegurado o direito de ampla defesa.

§ 3º Não será instaurado processo administrativo de inadimplência antes de comunicados à concessionária, detalhadamente, os descumprimentos contratuais referidos no § 1º deste artigo, dando-lhe um prazo para corrigir as falhas e transgressões apontadas e para o enquadramento, nos termos contratuais.

§ 4º Instaurado o processo administrativo e comprovada a inadimplência, a caducidade será declarada por decreto do poder concedente, independentemente de indenização prévia, calculada no decurso do processo.

§ 5º A indenização de que trata o parágrafo anterior, será devida na forma do art. 36 desta Lei e do contrato, descontado o valor das multas contratuais e dos danos causados pela concessionária.

§ 6º Declarada a caducidade, não resultará para o poder concedente qualquer espécie de responsabilidade em relação aos encargos, ônus, obrigações ou compromissos com terceiros ou com empregados da concessionária.

Art. 39. O contrato de concessão poderá ser rescindido por iniciativa da concessionária, no caso de descumprimento das normas contratuais pelo poder concedente, mediante ação judicial especialmente intentada para esse fim.

Parágrafo único. Na hipótese prevista no *caput* deste artigo, os serviços prestados pela concessionária não poderão ser interrompidos ou paralisados, até a decisão judicial transitada em julgado.

CAPÍTULO XI

DAS PERMISSÕES

Art. 40. A permissão de serviço público será formalizada mediante contrato de adesão, que observará os termos desta Lei, das demais normas pertinentes e do edital de licitação, inclusive quanto à precariedade e à revogabilidade unilateral do contrato pelo poder concedente.

▶ Art. 2º, IV, desta Lei.

Parágrafo único. Aplica-se às permissões o disposto nesta Lei.

CAPÍTULO XII

DISPOSIÇÕES FINAIS E TRANSITÓRIAS

Art. 41. O disposto nesta Lei não se aplica à concessão, permissão e autorização para o serviço de radiodifusão sonora e de sons e imagens.

▶ Arts. 21, XII, a, e 223 da CF.

Art. 42. As concessões de serviço público outorgadas anteriormente à entrada em vigor desta Lei consideram-se válidas pelo prazo fixado no contrato ou no ato de outorga, observado o disposto no art. 43 desta Lei.

▶ Art. 22 da Lei nº 9.074, de 7-7-1995, que estabelece normas para outorga e prorrogações das concessões e permissões de serviços públicos.

§ 1º Vencido o prazo mencionado no contrato ou ato de outorga, o serviço poderá ser prestado por órgão ou entidade do poder concedente, ou delegado a terceiros, mediante novo contrato.

▶ § 1º com a redação dada pela Lei nº 11.445, de 5-1-2007.

§ 2º As concessões em caráter precário, as que estiverem com prazo vencido e as que estiverem em vigor por prazo indeterminado, inclusive por força de legislação anterior, permanecerão válidas pelo prazo necessário à realização dos levantamentos e avaliações indispensáveis à organização das licitações que precederão a outorga das concessões que as substituirão, prazo esse que não será inferior a 24 (vinte e quatro) meses.

§ 3º As concessões a que se refere o § 2º deste artigo, inclusive as que não possuam instrumento que as formalize ou que possuam cláusula que preveja prorrogação, terão validade máxima até o dia 31 de dezembro de 2010, desde que, até o dia 30 de junho de 2009, tenham sido cumpridas, cumulativamente, as seguintes condições:

I – levantamento mais amplo e retroativo possível dos elementos físicos constituintes da infraestrutura de bens reversíveis e dos dados financeiros, contábeis e comerciais relativos à prestação dos serviços, em dimensão necessária e suficiente para a realização do cálculo de eventual indenização relativa aos investimentos ainda não amortizados pelas receitas emergentes da concessão, observadas as disposições legais e contratuais que regulavam a prestação do serviço ou a ela aplicáveis nos 20 (vinte) anos anteriores ao da publicação desta Lei;

II – celebração de acordo entre o poder concedente e o concessionário sobre os critérios e a forma de indenização de eventuais créditos remanescentes de investimentos ainda não amortizados ou depreciados, apurados a partir dos levantamentos referidos no inciso I deste parágrafo e auditados por instituição especializada escolhida de comum acordo pelas partes; e

III – publicação na imprensa oficial de ato formal de autoridade do poder concedente, autorizando a prestação precária dos serviços por prazo de até 6 (seis) meses, renovável até 31 de dezembro de 2008, mediante comprovação do cumprimento do disposto nos incisos I e II deste parágrafo.

§ 4º Não ocorrendo o acordo previsto no inciso II do § 3º deste artigo, o cálculo da indenização de investimentos será feito com base nos critérios previstos no instrumento de concessão antes celebrado ou, na omissão deste, por avaliação de seu valor econômico ou reavaliação patrimonial, depreciação e amortização de ativos imobilizados definidos pelas legislações fiscal e das sociedades por ações, efetuada por empresa de auditoria independente escolhida de comum acordo pelas partes.

§ 5º No caso do § 4º deste artigo, o pagamento de eventual indenização será realizado, mediante garantia real, por meio de 4 (quatro) parcelas anuais, iguais e sucessivas, da parte ainda não amortizada de investimentos e de outras indenizações relacionadas à prestação dos serviços, realizados com capital próprio do concessionário ou de seu controlador, ou originários de operações de financiamento, ou obtidos mediante emissão de ações, debêntures e outros títulos mobiliários, com a primeira parcela paga até o último dia útil do exercício financeiro em que ocorrer a reversão.

§ 6º Ocorrendo acordo, poderá a indenização de que trata o § 5º deste artigo ser paga mediante receitas de novo contrato que venha a disciplinar a prestação do serviço.

▶ §§ 3º a 6º acrescidos pela Lei nº 11.445, de 5-1-2007.

Art. 43. Ficam extintas todas as concessões de serviços públicos outorgadas sem licitação na vigência da Constituição de 1988.

Parágrafo único. Ficam também extintas todas as concessões outorgadas sem licitação anteriormente à Constituição de 1988, cujas obras ou serviços não tenham sido iniciados ou se encontrem paralisados quando da entrada em vigor desta Lei.

Art. 44. As concessionárias que tiverem obras que se encontrem atrasadas, na data da publicação desta Lei, apresentarão ao poder concedente, dentro de cento e oitenta dias, plano efetivo de conclusão das obras.

Parágrafo único. Caso a concessionária não apresente o plano a que se refere este artigo ou se este plano não oferecer condições efetivas para o término da obra, o poder concedente poderá declarar extinta a concessão, relativa a essa obra.

Art. 45. Nas hipóteses de que tratam os arts. 43 e 44 desta Lei, o poder concedente indenizará as obras e serviços realizados somente no caso e com os recursos da nova licitação.

Parágrafo único. A licitação de que trata o *caput* deste artigo deverá, obrigatoriamente, levar em conta, para fins de avaliação, o estágio das obras paralisadas ou atrasadas, de modo a permitir a utilização do critério de julgamento estabelecido no inciso III do art. 15 desta Lei.

Art. 46. Esta Lei entra em vigor na data de sua publicação.

Art. 47. Revogam-se as disposições em contrário.

Brasília, 13 de fevereiro de 1995;
174º da Independência e
107º da República.

Fernando Henrique Cardoso

LEI Nº 9.051, DE 18 DE MAIO DE 1995

Dispõe sobre a expedição de certidões para a defesa de direitos e esclarecimentos de situações.

▶ Publicada no *DOU* de 19-5-1995.
▶ Art. 5º, XXXIII e XXXIV, da CF.
▶ Lei nº 11.971, de 6-7-2009, dispõe sobre as certidões expedidas pelos Ofícios do Registro de Distribuição e Distribuidores Judiciais.

Art. 1º As certidões para a defesa de direitos e esclarecimentos de situações, requeridas aos órgãos da administração centralizada ou autárquica, às empresas públicas, às sociedades de economia mista e às fundações públicas da União, dos Estados, do Distrito Federal e dos Municípios, deverão ser expedidas no prazo improrrogável de quinze dias, contado do registro do pedido no órgão expedidor.

Art. 2º Nos requerimentos que objetivam a obtenção das certidões a que se refere esta Lei, deverão os interessados fazer constar esclarecimentos relativos aos fins e razões do pedido.

Art. 3º VETADO.

Art. 4º Esta Lei entra em vigor na data de sua publicação.

Art. 5º Revogam-se as disposições em contrário.

Brasília, 18 de maio de 1995;
174º da Independência e
107º da República.

Fernando Henrique Cardoso

LEI Nº 9.074, DE 7 DE JULHO DE 1995

Estabelece normas para outorga e prorrogações das concessões e permissões de serviços públicos e dá outras providências.

▶ Publicada no *DOU* de 8-7-1995 e republicada no *DOU* de 28-9-1998.

CAPÍTULO I
DAS DISPOSIÇÕES INICIAIS

Art. 1º Sujeitam-se ao regime de concessão ou quando couber, de permissão, nos termos da Lei nº 8.987, de 13 de fevereiro de 1995, os seguintes serviços e obras públicas de competência da União:

▶ Lei nº 8.987, de 13-2-1995 (Lei da Concessão e Permissão da Prestação de Serviços Públicos).

I a III – VETADOS;
IV – vias federais, precedidas ou não da execução de obra pública;
V – exploração de obras ou serviços federais de barragens, contenções, eclusas, diques e irrigações, precedidas ou não da execução de obras públicas;
VI – estações aduaneiras e outros terminais alfandegados de uso público, não instalados em área de porto ou aeroporto, precedidos ou não de obras públicas;
VII – os serviços postais.

▶ Inciso VII acrescido pela Lei nº 9.648, de 27-5-1998.

§ 1º *Revogado*. Lei nº 11.668, de 2-5-2008.

§ 2º O prazo das concessões e permissões de que trata o inciso VI deste artigo será de vinte e cinco anos, podendo ser prorrogado por dez anos.

§ 3º Ao término do prazo, as atuais concessões e permissões, mencionadas no § 2º, incluídas as anteriores à Lei nº 8.987, de 13 de fevereiro de 1995, serão prorrogadas pelo prazo previsto no § 2º.

▶ §§ 2º e 3º acrescidos pela Lei nº 10.684, de 30-5-2003.

Art. 2º É vedado à União, aos Estados, ao Distrito Federal e aos Municípios executarem obras e serviços públicos por meio de concessão e permissão de serviço público, sem lei que lhes autorize e fixe os termos, dispensada a lei autorizativa nos casos de saneamento básico e limpeza urbana e nos já referidos na Constituição Federal, nas Constituições Estaduais e nas Leis Orgânicas do Distrito Federal e Municípios, observado, em qualquer caso, os termos da Lei nº 8.987, de 1995.

▶ Lei nº 8.987, de 13-2-1995 (Lei da Concessão e Permissão da Prestação de Serviços Públicos).

§ 1º A contratação dos serviços e obras públicas resultantes dos processos iniciados com base na Lei nº 8.987, de 1995, entre a data de sua publicação e a da presente Lei, fica dispensada de lei autorizativa.

§ 2º Independe de concessão, permissão ou autorização o transporte de cargas pelos meios rodoviário e aquaviário.

▶ § 2º com a redação dada pela Lei nº 9.432, de 8-1-1997.

§ 3º Independe de concessão ou permissão o transporte:

I – aquaviário, de passageiros, que não seja realizado entre portos organizados;
II – rodoviário e aquaviário de pessoas, realizado por operadoras de turismo no exercício dessa atividade;
III – de pessoas, em caráter privativo de organizações públicas ou privadas, ainda que em forma regular.

Art. 3º Na aplicação dos arts. 42, 43 e 44 da Lei nº 8.987, de 1995, serão observadas pelo poder concedente as seguintes determinações:

▶ Lei nº 8.987, de 13-2-1995 (Lei da Concessão e Permissão da Prestação de Serviços Públicos).

I – garantia da continuidade na prestação dos serviços públicos;
II – prioridade para conclusão de obras paralisadas ou em atraso;
III – aumento da eficiência das empresas concessionárias, visando à elevação da competitividade global da economia nacional;
IV – atendimento abrangente ao mercado, sem exclusão das populações de baixa renda e das áreas de baixa densidade populacional inclusive as rurais;
V – uso racional dos bens coletivos, inclusive os recursos naturais.

Capítulo II
DOS SERVIÇOS DE ENERGIA ELÉTRICA

Seção I

DAS CONCESSÕES, PERMISSÕES E AUTORIZAÇÕES

Art. 4º As concessões, permissões e autorizações de exploração de serviços e instalações de energia elétrica e de aproveitamento energético dos cursos de água serão contratadas, prorrogadas ou outorgadas nos termos desta e da Lei nº 8.987, e das demais.

▶ Lei nº 8.987, de 13-2-1995 (Lei da Concessão e Permissão da Prestação de Serviços Públicos).

§ 1º As contratações, outorgas e prorrogações de que trata este artigo poderão ser feitas a título oneroso em favor da União.

§ 2º As concessões de geração de energia elétrica anteriores a 11 de dezembro de 2003 terão o prazo necessário à amortização dos investimentos, limitado a 35 (trinta e cinco) anos, contado da data de assinatura do imprescindível contrato, podendo ser prorrogado por até 20 (vinte) anos, a critério do Poder Concedente, observadas as condições estabelecidas nos contratos.

▶ § 2º com a redação dada pela Lei nº 10.848, de 15-3-2004.

§ 3º As concessões de transmissão e de distribuição de energia elétrica, contratadas a partir desta Lei, terão o prazo necessário à amortização dos investimentos, limitado a trinta anos, contado da data de assinatura do imprescindível contrato, podendo ser prorrogado no máximo por igual período, a critério do poder concedente, nas condições estabelecidas no contrato.

§ 4º As prorrogações referidas neste artigo deverão ser requeridas pelo concessionário ou permissionário, no prazo de até trinta e seis meses anteriores à data final do respectivo contrato, devendo o poder concedente manifestar-se sobre o requerimento até dezoito meses antes dessa data.

§ 5º As concessionárias, as permissionárias e as autorizadas de serviço público de distribuição de energia elétrica que atuem no Sistema Interligado Nacional – SIN não poderão desenvolver atividades:

▶ Art. 20 da Lei nº 10.848, de 15-3-2004, que dispõe sobre a comercialização de energia elétrica.

I – de geração de energia elétrica;
II – de transmissão de energia elétrica;
III – de venda de energia a consumidores de que tratam os arts. 15 e 16 desta Lei, exceto às unidades consumidoras localizadas na área de concessão ou permissão da empresa distribuidora, sob as mesmas condições reguladas aplicáveis aos demais consumidores não abrangidos por aqueles artigos, inclusive tarifas e prazos;
IV – de participação em outras sociedades de forma direta ou indireta, ressalvado o disposto no art. 31, inciso VIII, da Lei nº 8.987, de 13 de fevereiro de 1995, e nos respectivos contratos de concessão; ou

▶ Lei nº 8.987, de 13-2-1995 (Lei da Concessão e Permissão da Prestação de Serviços Públicos).

V – estranhas ao objeto da concessão, permissão ou autorização, exceto nos casos previstos em lei e nos respectivos contratos de concessão.

▶ § 5º acrescido pela Lei nº 10.848, de 15-3-2004.

§ 6º Não se aplica o disposto no § 5º deste artigo às concessionárias, permissionárias e autorizadas de distribuição e às cooperativas de eletrificação rural:

▶ § 6º com a redação dada pela Lei nº 11.292, de 26-4-2006.
▶ Art. 20 da Lei nº 10.848, de 15-3-2004, que dispõe sobre a comercialização de energia elétrica.

I – no atendimento a sistemas elétricos isolados;

▶ Inciso I acrescido pela Lei nº 10.848, de 15-3-2004.

II – no atendimento ao seu mercado próprio, desde que seja inferior a 500 (quinhentos) GWh/ano e a totalidade da energia gerada seja a ele destinada;

▶ Inciso II com a redação dada pela Lei nº 11.292, de 26-4-2006.

III – na captação, aplicação ou empréstimo de recursos financeiros destinados ao próprio agente ou a sociedade coligada, controlada, controladora ou vinculada a controladora comum, desde que destinados ao serviço público de energia elétrica, mediante anuência prévia da ANEEL, observado o disposto no inciso XIII do art. 3º da Lei nº 9.427, de 26 de dezembro de 1996, com redação dada pelo art. 17 da Lei nº 10.438, de 26 de abril de 2002, garantida a modicidade tarifária e atendido ao disposto na Lei nº 6.404, de 15 de dezembro de 1976.

▶ Inciso III acrescido pela Lei nº 10.848, de 15-3-2004.
▶ Lei nº 6.404, de 15-12-1976 (Lei das Sociedades por Ações).
▶ Lei nº 9.427, de 26-12-1996, institui a Agência Nacional de Energia Elétrica – ANEEL e disciplina o regime das concessões de serviços públicos de energia elétrica.
▶ Lei nº 10.438, de 26-4-2002, dispõe sobre a universalização do serviço público de energia elétrica.

§ 7º As concessionárias e as autorizadas de geração de energia elétrica que atuem no Sistema Interligado Nacional – SIN não poderão ser coligadas ou controladoras de sociedades que desenvolvam atividades de distribuição de energia elétrica no SIN.

▶ Art. 20 da Lei nº 10.848, de 15-3-2004, que dispõe sobre a comercialização de energia elétrica.

§ 8º A regulamentação deverá prever sanções para o descumprimento do disposto nos §§ 5º, 6º e 7º deste artigo após o período estabelecido para a desverticalização.

§ 9º As concessões de geração de energia elétrica, contratadas a partir da Medida Provisória nº 144, de 11 de dezembro de 2003, terão o prazo necessário à amortização dos investimentos, limitado a 35 (trinta e cinco) anos, contado da data de assinatura do imprescindível contrato.

▶ §§ 7º a 9º acrescidos pela Lei nº 10.848, de 15-3-2004.

§ 10. Fica a Agência Nacional de Energia Elétrica – ANEEL autorizada a celebrar aditivos aos contratos de concessão de uso de bem público de aproveitamentos de potenciais hidráulicos feitos a título oneroso em favor da União, mediante solicitação do respectivo titular, com a finalidade de permitir que o início do pagamento pelo uso de bem público coincida com uma das seguintes situações, a que ocorrer primeiro:

I – o início da entrega da energia objeto de Contratos de Comercialização de Energia no Ambiente Regulado – CCEAR; ou
II – a efetiva entrada em operação comercial do aproveitamento.

§ 11. Quando da solicitação de que trata o § 10 deste artigo resultar postergação do início do pagamento pelo uso de bem público, a celebração do aditivo contratual estará condicionada à análise e à aceitação pela ANEEL das justificativas apresentadas pelo titular da concessão para a postergação solicitada.

§ 12. No caso de postergação do início do pagamento, sobre o valor não pago incidirá apenas atualização monetária mediante a aplicação do índice previsto no contrato de concessão.

▶ §§ 10 a 12 acrescidos pela Lei nº 11.488, de 15-6-2007.

Art. 5º São objeto de concessão, mediante licitação:

I – o aproveitamento de potenciais hidráulicos de potência superior a 1.000 kW e a implantação de usinas termelétricas de potência superior a 5.000 kW, destinados a execução de serviço público;
II – o aproveitamento de potenciais hidráulicos de potência superior a 1.000 kW, destinados à produção independente de energia elétrica;
III – de uso de bem público, o aproveitamento de potenciais hidráulicos de potência superior a 10.000 kW, destinados ao uso exclusivo de autoprodutor, resguardado direito adquirido relativo às concessões existentes.

§ 1º Nas licitações previstas neste e no artigo seguinte, o poder concedente deverá especificar as finalidades do aproveitamento ou da implantação das usinas.

§ 2º Nenhum aproveitamento hidrelétrico poderá ser licitado sem a definição do "aproveitamento ótimo" pelo poder concedente, podendo ser atribuída ao licitante vencedor a responsabilidade pelo desenvolvimento dos projetos básico e executivo.

§ 3º Considera-se "aproveitamento ótimo", todo potencial definido em sua concepção global pelo melhor eixo do barramento, arranjo físico geral, níveis d'água operativos, reservatório e potência, integrante da alternativa escolhida para divisão de quedas de uma bacia hidrográfica.

Art. 6º As usinas termelétricas destinadas à produção independente poderão ser objeto de concessão mediante licitação ou autorização.

Art. 7º São objeto de autorização:

I – a implantação de usinas termelétricas, de potência superior a 5.000 kW, destinada a uso exclusivo do autoprodutor;
II – o aproveitamento de potenciais hidráulicos, de potência superior a 1.000 kW e igual ou inferior a 10.000 kW, destinados a uso exclusivo do autoprodutor.

Parágrafo único. As usinas termelétricas referidas neste e nos arts. 5º e 6º não compreendem aquelas cuja fonte primária de energia é a nuclear.

Art. 8º O aproveitamento de potenciais hidráulicos, iguais ou inferiores a 1.000 kW, e a implantação de usinas termelétricas de potência igual ou inferior a 5.000 kW, estão dispensadas de concessão, permissão ou autorização, devendo apenas ser comunicados ao poder concedente.

Art. 9º É ao poder concedente autorizado a regularizar, mediante outorga de autorização, o aproveitamento hidrelétrico existente na data de publicação desta Lei, sem ato autorizativo.

Parágrafo único. O requerimento de regularização deverá ser apresentado ao poder concedente no prazo máximo de cento e oitenta dias da data de publicação desta Lei.

Art. 10. Cabe à Agência Nacional de Energia Elétrica – ANEEL, declarar a utilidade pública, para fins de desapropriação ou instituição de servidão administrativa, das áreas necessárias à implantação de instalações de concessionários, permissionários e autorizados de energia elétrica.

▶ Artigo com a redação dada pela Lei nº 9.648, de 27-5-1998.

Seção II

DO PRODUTOR INDEPENDENTE DE ENERGIA ELÉTRICA

Art. 11. Considera-se produtor independente de energia elétrica a pessoa jurídica ou empresas reunidas em consórcio que recebam concessão ou autorização do poder concedente, para produzir energia elétrica destinada ao comércio de toda ou parte da energia produzida, por sua conta e risco.

Parágrafo único. O produtor Independente de energia elétrica estará sujeito às regras de comercialização regulada ou livre, atendido ao disposto nesta Lei, na legislação em vigor e no contrato de concessão ou no ato de autorização, sendo-lhe assegurado o direito de acesso à rede das concessionárias e permissionárias do serviço público de distribuição e das concessionárias do serviço público de transmissão.

▶ Parágrafo único com a redação dada pela Lei nº 11.943, de 28-5-2009.

Art. 12. A venda de energia elétrica por produtor independente poderá ser feita para:

I – concessionário de serviço público de energia elétrica;
II – consumidor de energia elétrica, nas condições estabelecidas nos arts. 15 e 16;
III – consumidores de energia elétrica integrantes de complexo industrial ou comercial, aos quais o produtor independente também forneça vapor oriundo de processo de cogeração;
IV – conjunto de consumidores de energia elétrica, independentemente de tensão e carga, nas condições previamente ajustadas com o concessionário local de distribuição;
V – qualquer consumidor que demonstre ao poder concedente não ter o concessionário local lhe assegurado o fornecimento no prazo de até cento e oitenta dias contado da respectiva solicitação.

Parágrafo único. A comercialização na forma prevista nos incisos I, IV e V do *caput* deste artigo deverá ser exercida de acordo com critérios gerais fixados pelo Poder Concedente.

▶ Parágrafo único com a redação dada Lei nº 10.848, de 15-3-2004.

Art. 13. O aproveitamento de potencial hidráulico, para fins de produção independente, dar-se-á mediante contrato de concessão de uso de bem público, na forma desta Lei.

Art. 14. As linhas de transmissão de interesse restrito aos aproveitamentos de produção independente poderão ser concedidas ou autorizadas, simultânea ou complementarmente, aos respectivos contratos de uso do bem público.

Seção III
DAS OPÇÕES DE COMPRA DE ENERGIA ELÉTRICA POR PARTE DOS CONSUMIDORES

Art. 15. Respeitados os contratos de fornecimento vigentes, a prorrogação das atuais e as novas concessões serão feitas sem exclusividade de fornecimento de energia elétrica a consumidores com carga igual ou maior que 10.000 kW, atendidos em tensão igual ou superior a 69 kV, que podem optar por contratar seu fornecimento, no todo ou em parte, com produtor independente de energia elétrica.

▶ Art. 12, II, desta Lei.

§ 1º Decorridos três anos da publicação desta Lei, os consumidores referidos neste artigo poderão estender sua opção de compra a qualquer concessionário, permissionário ou autorizado de energia elétrica do sistema interligado.

▶ § 1º com a redação dada pela Lei nº 9.648, de 27-5-1998.

§ 2º Decorridos cinco anos da publicação desta Lei, os consumidores com carga igual ou superior a 3.000 kW, atendidos em tensão igual ou superior a 69 kV, poderão optar pela compra de energia elétrica a qualquer concessionário, permissionário ou autorizado de energia elétrica do mesmo sistema interligado.

§ 3º Após oito anos da publicação desta Lei, o poder concedente poderá diminuir os limites de carga e tensão estabelecidos neste e no art. 16.

§ 4º Os consumidores que não tiverem cláusulas de tempo determinado em seus contratos de fornecimento só poderão exercer a opção de que trata este artigo de acordo com prazos, formas e condições fixados em regulamentação específica, sendo que nenhum prazo poderá exceder 36 (trinta e seis) meses, contado a partir da data de manifestação formal à concessionária, à permissionária ou à autorizada de distribuição que o atenda.

▶ § 4º com a redação dada pela Lei nº 10.848, de 15-3-2004.

§ 5º O exercício da opção pelo consumidor não poderá resultar em aumento tarifário para os consumidores remanescentes da concessionária de serviços públicos de energia elétrica que haja perdido mercado.

▶ § 5º com a redação dada pela Lei nº 9.648, de 27-5-1998.

§ 6º É assegurado aos fornecedores e respectivos consumidores livre acesso aos sistemas de distribuição e transmissão de concessionário e permissionário de serviço público, mediante ressarcimento do custo de transporte envolvido, calculado com base em critérios fixados pelo poder concedente.

§ 7º O consumidor que exercer a opção prevista neste artigo e no art. 16 desta Lei deverá garantir o atendimento à totalidade de sua carga, mediante contratação, com um ou mais fornecedores, sujeito a penalidade pelo descumprimento dessa obrigação, observado o disposto no art. 3º, inciso X, da Lei nº 9.427, de 26 de dezembro de 1996.

▶ § 7º com a redação dada pela Lei nº 10.848, de 15-3-2004.
▶ Lei nº 9.427, de 26-12-1996, institui a Agência Nacional de Energia Elétrica – ANEEL e disciplina o regime das concessões de serviços públicos de energia elétrica.

§ 8º Os consumidores que exercerem a opção prevista neste artigo e no art. 16 desta Lei poderão retornar à condição de consumidor atendido mediante tarifa regulada, garantida a continuidade da prestação dos serviços, nos termos da lei e da regulamentação, desde que informem à concessionária, à permissionária ou à autorizada de distribuição local, com antecedência mínima de 5 (cinco) anos.

§ 9º Os prazos definidos nos §§ 4º e 8º deste artigo poderão ser reduzidos, a critério da concessionária, da permissionária ou da autorizada de distribuição local.

§ 10. Até 31 de dezembro de 2009, respeitados os contratos vigentes, será facultada aos consumidores que pretendam utilizar, em suas unidades industriais, energia elétrica produzida por geração própria, em regime de autoprodução ou produção independente, a redução da demanda e da energia contratadas ou a substituição dos contratos de fornecimento por contratos de uso dos sistemas elétricos, mediante notificação à concessionária de distribuição ou geração, com antecedência mínima de 180 (cento e oitenta) dias.

▶ §§ 8º a 10 acrescidos pela Lei nº 10.848, de 15-3-2004.

Art. 16. É de livre escolha dos novos consumidores, cuja carga seja igual ou maior que 3.000 kW, atendidos em qualquer tensão, o fornecedor com quem contratará sua compra de energia elétrica.

▶ Arts. 12, II, e 15, § 3º, desta Lei.

Seção IV

DAS INSTALAÇÕES DE TRANSMISSÃO E DOS CONSÓRCIOS DE GERAÇÃO

Art. 17. O poder concedente deverá definir, dentre as instalações de transmissão, as que se destinam à formação da rede básica dos sistemas interligados, as de âmbito próprio do concessionário de distribuição, as de interesse exclusivo das centrais de geração e as destinadas a interligações internacionais.

▶ *Caput* com a redação dada pela Lei nº 12.111, de 9-12-2009.

§ 1º As instalações de transmissão de energia elétrica componentes da rede básica do Sistema Interligado Nacional – SIN serão objeto de concessão, mediante licitação, na modalidade de concorrência ou de leilão e funcionarão integradas ao sistema elétrico, com regras operativas aprovadas pela ANEEL, de forma a assegurar a otimização dos recursos eletroenergéticos existentes ou futuros.

▶ § 1º com a redação dada pela Lei nº 11.943, de 28-5-2009.

§ 2º As instalações de transmissão de âmbito próprio do concessionário de distribuição poderão ser consideradas pelo poder concedente parte integrante da concessão de distribuição.

§ 3º As instalações de transmissão de interesse restrito das centrais de geração poderão ser consideradas integrantes das respectivas concessões, permissões ou autorizações.

▶ § 3º com a redação dada pela Lei nº 9.648, de 27-5-1998.

§ 4º As instalações de transmissão, existentes na data de publicação desta Lei, serão classificadas pelo poder concedente, para efeito de prorrogação, de conformidade com o disposto neste artigo.

§ 5º As instalações de transmissão, classificadas como integrantes da rede básica, poderão ter suas concessões prorrogadas, segundo os critérios estabelecidos nos arts. 19 e 22, no que couber.

§ 6º As instalações de transmissão de energia elétrica destinadas a interligações internacionais outorgadas a partir de 1º de janeiro de 2011 e conectadas à rede básica serão objeto de concessão de serviço público de transmissão, mediante licitação na modalidade de concorrência ou leilão, devendo ser precedidas de Tratado Internacional.

§ 7º As instalações de transmissão necessárias aos intercâmbios internacionais de energia elétrica outorgadas até 31 de dezembro de 2010 poderão ser equiparadas, para efeitos técnicos e comerciais, aos concessionários de serviço público de transmissão de que trata o § 6º, conforme regulação da ANEEL, que definirá, em especial, a receita do agente, as tarifas de que tratam os incisos XVIII e XX do art. 3º da Lei nº 9.427, de 26 de dezembro de 1996, e a forma de ajuste dos contratos atuais de importação e exportação de energia.

▶ Lei nº 9.427, de 26-12-1996, institui a Agência Nacional de Energia Elétrica – ANEEL e disciplina o regime das concessões de serviços públicos de energia elétrica.

§ 8º Fica vedada a celebração de novos contratos de importação ou exportação de energia elétrica pelo agente que for equiparado ao concessionário de serviço público de transmissão de que trata o § 7º.

▶ §§ 6º a 8º acrescidos pela Lei nº 12.111, de 9-12-2009.

Art. 18. É autorizada a constituição de consórcios, com o objetivo de geração de energia elétrica para fins de serviços públicos, para uso exclusivo dos consorciados, para produção independente ou para essas atividades associadas, conservado o regime legal próprio de cada uma, aplicando-se, no que couber, o disposto no art. 23 da Lei nº 8.987, de 1995.

▶ Lei nº 8.987, de 13-2-1995 (Lei da Concessão e Permissão da Prestação de Serviços Públicos).

Parágrafo único. Os consórcios empresariais de que trata o disposto no parágrafo único do art. 21 podem manifestar ao poder concedente, até seis meses antes do funcionamento da central geradora de energia elétrica, opção por um dos regimes legais previstos neste artigo, ratificando ou alterando o adotado no respectivo ato de constituição.

▶ Parágrafo único acrescido pela Lei nº 9.648, de 27-5-1998.

Seção V

DA PRORROGAÇÃO DAS CONCESSÕES ATUAIS

Art. 19. A União poderá, visando garantir a qualidade do atendimento aos consumidores a custos adequados, prorrogar, pelo prazo de até vinte anos, as concessões de geração de energia elétrica, alcançadas pelo art. 42 da Lei nº 8.987, de 1995, desde que requerida a prorrogação, pelo concessionário, permissionário ou titular de manifesto ou de declaração de usina termelétrica, observado o disposto no art. 25 desta Lei.

▶ Lei nº 8.987, de 13-2-1995 (Lei da Concessão e Permissão da Prestação de Serviços Públicos).

§ 1º Os pedidos de prorrogação deverão ser apresentados, em até um ano, contado da data da publicação desta Lei.

§ 2º Nos casos em que o prazo remanescente da concessão for superior a um ano, o pedido de prorrogação deverá ser apresentado em até seis meses do advento do termo final respectivo.

§ 3º Ao requerimento de prorrogação deverão ser anexados os elementos comprobatórios de qualificação jurídica, técnica, financeira e administrativa do interessado, bem como comprovação de regularidade e adimplemento de seus encargos junto a órgãos públicos, obrigações fiscais e previdenciárias e compromissos contratuais, firmados junto a órgãos e entidades da Administração Pública Federal, referentes aos serviços de energia elétrica, inclusive ao pagamento de que trata o § 1º do art. 20 da Constituição Federal.

§ 4º Em caso de não apresentação do requerimento, no prazo fixado nos §§ 1º e 2º deste artigo, ou havendo pronunciamento do poder concedente contrário ao pleito, as concessões, manifestos ou declarações de usina termelétrica serão revertidas para a União, no vencimento do prazo da concessão, e licitadas.

§ 5º VETADO.

Art. 20. As concessões e autorizações de geração de energia elétrica alcançadas pelo parágrafo único do art. 43 e pelo art. 44 da Lei nº 8.987, de 1995, exceto aquelas cujos empreendimentos não tenham sido iniciados até a edição dessa mesma Lei, poderão ser prorrogadas pelo prazo necessário à amortização do investimento, limitado a trinta e cinco anos, observado o disposto no art. 24 desta Lei e desde que apresentado pelo interessado:

▶ Lei nº 8.987, de 13-2-1995 (Lei da Concessão e Permissão da Prestação de Serviços Públicos).

I – plano de conclusão aprovado pelo poder concedente;

II – compromisso de participação superior a um terço de investimentos privados nos recursos necessários à conclusão da obra e à colocação das unidades em operação.

Parágrafo único. Os titulares de concessão que não procederem de conformidade com os termos deste artigo terão suas concessões declaradas extintas, por ato do poder concedente, de acordo com o autorizado no parágrafo único do art. 44 da Lei nº 8.987, de 1995.

Art. 21. É facultado ao concessionário incluir no plano de conclusão das obras, referido no inciso I do artigo anterior, no intuito de viabilizá-la, proposta de sua associação com terceiros na modalidade de consórcio empresarial do qual seja a empresa líder, mantida ou não a finalidade prevista originalmente para a energia produzida.

Parágrafo único. Aplica-se o disposto neste artigo aos consórcios empresariais formados ou cuja formação se encontra em curso na data de publicação desta Lei, desde que já manifestada ao poder concedente pelos interessados, devendo as concessões ser revistas para adaptá-las ao estabelecido no art. 23 da Lei nº 8.987, de 1995, observado o disposto no art. 20, inciso II e no art. 25 desta Lei.

Art. 22. As concessões de distribuição de energia elétrica alcançadas pelo art. 42 da Lei nº 8.987, de 1995, poderão ser prorrogadas, desde que reagrupadas segundo critérios de racionalidade operacional e econômica, por solicitação do concessionário ou iniciativa do poder concedente.

▶ Lei nº 8.987, de 13-2-1995 (Lei da Concessão e Permissão da Prestação de Serviços Públicos).

§ 1º Na hipótese de a concessionária não concordar com o reagrupamento, serão mantidas as atuais áreas e prazos das concessões.

§ 2º A prorrogação terá prazo único, igual ao maior remanescente dentre as concessões reagrupadas, ou vinte anos, a contar da data da publicação desta Lei, prevalecendo o maior.

§ 3º VETADO.

Art. 23. Na prorrogação das atuais concessões para distribuição de energia elétrica, o poder concedente diligenciará no sentido de compatibilizar as áreas concedidas às empresas distribuidoras com as áreas de atuação de cooperativas de eletrificação rural, examinando suas situações de fato como prestadoras de serviço público, visando enquadrar as cooperativas como permissionárias de serviço público de energia elétrica.

▶ Dec. nº 4.855, de 9-10-2003, estabelece prazo para o enquadramento jurídico das cooperativas de eletrificação rural.

§ 1º Constatado, em processo administrativo, que a cooperativa exerce, em situação de fato ou com base em permissão anteriormente outorgada, atividade de comercialização de energia elétrica a público indistinto localizado em sua área de atuação é facultado ao poder concedente promover a regularização da permissão, preservado o atual regime jurídico próprio das cooperativas.

▶ Parágrafo único transformado em § 1º e com a redação dada pela Lei nº 11.292, de 26-4-2006.
▶ Dec. nº 6.160, de 20-7-2007, regulamenta este parágrafo, com vistas à regularização das cooperativas de eletrificação rural como permissionárias de serviço público de distribuição de energia elétrica.

§ 2º O processo de regularização das cooperativas de eletrificação rural será definido em regulamentação própria, preservando suas peculiaridades associativistas.

▶ § 2º acrescido pela Lei nº 11.292, de 26-4-2006.
▶ Dec. nº 6.160, de 20-7-2007, regulamenta este parágrafo, com vistas à regularização das cooperativas de eletrificação rural como permissionárias de serviço público de distribuição de energia elétrica.

§ 3º As autorizações e permissões serão outorgadas às Cooperativas de Eletrificação Rural pelo prazo de até 30 (trinta) anos, podendo ser prorrogado por igual período, a juízo do poder concedente.

▶ § 3º acrescido pela Lei nº 12.111, de 9-12-2009.

Art. 24. O disposto nos §§ 1º, 2º, 3º e 4º do art. 19 aplica-se às concessões referidas no art. 22.

Parágrafo único. Aplica-se, ainda, às concessões referidas no art. 20, o disposto nos §§ 3º e 4º do art. 19.

Art. 25. As prorrogações de prazo, de que trata esta Lei, somente terão eficácia com assinatura de contratos de concessão que contenham cláusula de renúncia a eventuais direitos preexistentes que contrariem a Lei nº 8.987, de 1995.

▶ Lei nº 8.987, de 13-2-1995 (Lei da Concessão e Permissão da Prestação de Serviços Públicos).
▶ Art. 19 desta Lei.

§ 1º Os contratos de concessão e permissão conterão, além do estabelecido na legislação em vigor, cláusulas relativas a requisitos mínimos de desempenho técnico do concessionário ou permissionário, bem assim, sua aferição pela fiscalização através de índices apropriados.

§ 2º No contrato de concessão ou permissão, as cláusulas relativas à qualidade técnica, referidas no parágrafo anterior, serão vinculadas a penalidades progressivas, que guardarão proporcionalidade com o prejuízo efetivo ou potencial causado ao mercado.

Capítulo III

DA REESTRUTURAÇÃO DOS SERVIÇOS PÚBLICOS CONCEDIDOS

Art. 26. Exceto para os serviços públicos de telecomunicações, é a União autorizada a:

▶ Lei nº 9.472, de 16-7-1997, dispõe sobre a organização dos serviços de telecomunicações.

I – promover cisões, fusões, incorporações ou transformações societárias dos concessionários de serviços públicos sob o seu controle direto ou indireto;

II – aprovar cisões, fusões e transferências de concessões, estas últimas nos termos do disposto no art. 27 da Lei nº 8.987, de 1995;

III – cobrar, pelo direito de exploração de serviços públicos, nas condições preestabelecidas no edital de licitação.

Parágrafo único. O inadimplemento do disposto no inciso III sujeitará o concessionário à aplicação da pena de caducidade, nos termos do disposto na Lei nº 8.987, de 1995.

► Lei nº 8.987, de 13-2-1995 (Lei da Concessão e Permissão da Prestação de Serviços Públicos).

Art. 27. Nos casos em que os serviços públicos, prestados por pessoas jurídicas sob controle direto ou indireto da União, para promover a privatização simultaneamente com a outorga de nova concessão ou com a prorrogação das concessões existentes a União, exceto quanto aos serviços públicos de telecomunicações, poderá:

I – utilizar, no procedimento licitatório, a modalidade de leilão, observada a necessidade da venda de quantidades mínimas de quotas ou ações que garantam a transferência do controle societário;

II – fixar, previamente, o valor das quotas ou ações de sua propriedade a serem alienadas, e proceder a licitação na modalidade de concorrência.

§ 1º Na hipótese de prorrogação, esta poderá ser feita por prazos diferenciados, de forma a que os termos finais de todas as concessões prorrogadas ocorram no mesmo prazo ou será o necessário à amortização dos investimentos, limitado a trinta anos, contado a partir da assinatura do novo contrato de concessão.

§ 2º Na elaboração dos editais de privatização de empresas concessionárias de serviço público, a União deverá atender às exigências das Leis nºs 8.031, de 1990 e 8.987, de 1995, inclusive quanto à publicação das cláusulas essenciais do contrato e do prazo da concessão.

► A Lei nº 8.031, de 12-4-1990, foi revogada pela Lei nº 9.491, de 9-9-1997, que altera os procedimentos relativos ao Programa Nacional de Desestatização.

► Lei nº 8.987, de 13-2-1995 (Lei da Concessão e Permissão da Prestação de Serviços Públicos).

§ 3º O disposto neste artigo poderá ainda ser aplicado no caso de privatização de concessionário de serviço público sob controle direto ou indireto dos Estados, do Distrito Federal ou dos Municípios, no âmbito de suas respectivas competências.

§ 4º A prorrogação de que trata este artigo está sujeita às condições estabelecidas no art. 25.

Art. 28. Nos casos de privatização, nos termos do artigo anterior, é facultado ao poder concedente outorgar novas concessões sem efetuar a reversão prévia dos bens vinculados ao respectivo serviço público.

§ 1º Em caso de privatização de empresa detentora de concessão ou autorização de geração de energia elétrica, é igualmente facultado ao poder concedente alterar o regime de exploração, no todo ou em parte, para produção independente, inclusive, quanto às condições de extinção da concessão ou autorização e de encampação das instalações, bem como da indenização porventura devida.

§ 2º A alteração de regime referida no parágrafo anterior deverá observar as condições para tanto estabelecidas no respectivo edital, previamente aprovado pela ANEEL.

§ 3º É vedado ao edital referido no parágrafo anterior estipular, em benefício da produção de energia elétrica, qualquer forma de garantia ou prioridade sobre o uso da água da bacia hidrográfica, salvo nas condições definidas em ato conjunto dos Ministros de Estado de Minas e Energia e do Meio Ambiente, dos Recursos Hídricos e da Amazônia Legal, em articulação com os Governos dos Estados onde se localiza cada bacia hidrográfica.

§ 4º O edital referido no § 2º deve estabelecer as obrigações dos sucessores com os programas de desenvolvimento socioeconômico regionais em andamento, conduzidos diretamente pela empresa ou em articulação com os Estados, em áreas situadas na bacia hidrográfica onde se localizam os aproveitamentos de potenciais hidráulicos, facultado ao Poder Executivo, previamente à privatização, separar e destacar os ativos que considere necessários à condução desses programas.

► §§ 1º a 4º acrescidos pela Lei nº 9.648, de 27-5-1998.

Art. 29. A modalidade de leilão poderá ser adotada nas licitações relativas à outorga de nova concessão com a finalidade de promover a transferência de serviço público prestado por pessoas jurídicas, a que se refere o art. 27, incluídas, para os fins e efeitos da Lei nº 8.031, de 1990, no Programa Nacional de Desestatização, ainda que não haja a alienação das quotas ou ações representativas de seu controle societário.

► A Lei nº 8.031, de 12-4-1990, foi revogada pela Lei nº 9.491, de 9-9-1997, que altera os procedimentos relativos ao Programa Nacional de Desestatização.

Parágrafo único. Na hipótese prevista neste artigo, os bens vinculados ao respectivo serviço público serão utilizados, pelo novo concessionário, mediante contrato de arrendamento a ser celebrado com o concessionário original.

Art. 30. O disposto nos arts. 27 e 28 aplica-se, ainda, aos casos em que o titular da concessão ou autorização de competência da União for empresa sob controle direto ou indireto dos Estados, do Distrito Federal ou dos Municípios, desde que as partes acordem quanto às regras estabelecidas.

► Artigo com a redação dada pela Lei nº 9.648, de 27-5-1998.

Capítulo IV

DAS DISPOSIÇÕES FINAIS

Art. 31. Nas licitações para concessão e permissão de serviços públicos ou uso de bem público, os autores ou responsáveis economicamente pelos projetos básico ou executivo podem participar, direta ou indiretamente, da licitação ou da execução de obras ou serviços.

► Dec. nº 5.977, de 1º-12-2006, regulamenta este artigo.

Art. 32. A empresa estatal que participe, na qualidade de licitante, de concorrência para concessão e permissão de serviço público, poderá, para compor sua proposta, colher preços de bens ou serviços fornecidos por terceiros e assinar pré-contratos com dispensa de licitação.

§ 1º Os pré-contratos conterão, obrigatoriamente, cláusula resolutiva de pleno direito, sem penalidades ou indenizações, no caso de outro licitante ser declarado vencedor.

§ 2º Declarada vencedora a proposta referida neste artigo, os contratos definitivos, firmados entre a empresa estatal e os fornecedores de bens e serviços, serão, obrigatoriamente, submetidos à apreciação dos competentes órgãos de controle externo e de fiscalização específica.

Art. 33. Em cada modalidade de serviço público, o respectivo regulamento determinará que o poder concedente, observado o disposto nos arts. 3º e 30 da Lei nº 8.987, de 1995, estabeleça forma de participação dos usuários na fiscalização e torne disponível ao público, periodicamente, relatório sobre os serviços prestados.

▶ Lei nº 8.987, de 13-2-1995 (Lei da Concessão e Permissão da Prestação de Serviços Públicos).

Art. 34. A concessionária que receber bens e instalações da União, já revertidos ou entregues à sua administração, deverá:

I – arcar com a responsabilidade pela manutenção e conservação dos mesmos;
II – responsabilizar-se pela reposição dos bens e equipamentos, na forma do disposto no art. 6º da Lei nº 8.987, de 1995.

▶ Lei nº 8.987, de 13-2-1995 (Lei da Concessão e Permissão da Prestação de Serviços Públicos).

Art. 35. A estipulação de novos benefícios tarifários pelo poder concedente, fica condicionada à previsão, em lei, da origem dos recursos ou da simultânea revisão da estrutura tarifária do concessionário ou permissionário, de forma a preservar o equilíbrio econômico-financeiro do contrato.

Parágrafo único. A concessão de qualquer benefício tarifário somente poderá ser atribuída a uma classe ou coletividade de usuários dos serviços, vedado, sob qualquer pretexto, o benefício singular.

Art. 36. Sem prejuízo do disposto no inciso XII do art. 21 e no inciso XI do art. 23 da Constituição Federal, o poder concedente poderá, mediante convênio de cooperação, credenciar os Estados e o Distrito Federal a realizarem atividades complementares de fiscalização e controle dos serviços prestados nos respectivos territórios.

Art. 37. É inexigível a licitação na outorga de serviços de telecomunicações de uso restrito do outorgado, que não sejam passíveis de exploração comercial.

Art. 38. VETADO.

Art. 39. Esta Lei entra em vigor na data de sua publicação.

Art. 40. Revogam-se o parágrafo único do art. 28 da Lei nº 8.987, de 1995, e as demais disposições em contrário.

Brasília, 7 de julho de 1995;
174º da Independência e
107º da República.
Fernando Henrique Cardoso

LEI Nº 9.265, DE 12 DE FEVEREIRO DE 1996

Regulamenta o inciso LXXVII do art. 5º da Constituição, dispondo sobre a gratuidade dos atos necessários ao exercício da cidadania.

▶ Publicada no *DOU* de 13-2-1996.

Art. 1º São gratuitos os atos necessários ao exercício da cidadania, assim considerados:

I – os que capacitam o cidadão ao exercício da soberania popular, a que se reporta o art. 14 da Constituição;
II – aqueles referentes ao alistamento militar;
III – os pedidos de informações ao poder público, em todos os seus âmbitos, objetivando a instrução de defesa ou a denúncia de irregularidades administrativas na órbita pública;
IV – as ações de impugnação de mandato eletivo por abuso do poder econômico, corrupção ou fraude;
V – quaisquer requerimentos ou petições que visem as garantias individuais e a defesa do interesse público;
VI – o registro civil de nascimento e o assento de óbito, bem como a primeira certidão respectiva.

▶ Inciso VI acrescido pela Lei nº 9.534, de 10-12-1997.

Art. 2º Esta Lei entra em vigor na data de sua publicação.

Art. 3º Revogam-se as disposições em contrário.

Brasília, 12 de fevereiro de 1996;
175º da Independência e
108º da República.
Fernando Henrique Cardoso

LEI Nº 9.427, DE 26 DE DEZEMBRO DE 1996

Institui a Agência Nacional de Energia Elétrica – ANEEL, disciplina o regime das concessões de serviços públicos de energia elétrica e dá outras providências.

▶ Publicada no *DOU* de 27-12-1996.
▶ Dec. nº 2.335, de 6-10-1997, constituiu a Agência Nacional de Energia Elétrica – ANEEL, e aprova sua estrutura regimental.

CAPÍTULO I
DAS ATRIBUIÇÕES E DA ORGANIZAÇÃO

Art. 1º É instituída a Agência Nacional de Energia Elétrica – ANEEL, autarquia sob regime especial, vinculada ao Ministério de Minas e Energia, com sede e foro no Distrito Federal e prazo de duração indeterminado.

Art. 2º A Agência Nacional de Energia Elétrica – ANEEL tem por finalidade regular e fiscalizar a produção, transmissão, distribuição e comercialização de energia elétrica, em conformidade com as políticas e diretrizes do governo federal.

▶ Dec. nº 5.163, de 30-6-2004, regulamenta a comercialização de energia elétrica, o processo de outorga e concessões e de autorizações de geração de energia elétrica.

Parágrafo único. *Revogado.* Lei nº 10.848, de 15-3-2004.

Art. 3º Além das atribuições previstas nos incisos II, III, V, VI, VII, X, XI e XII do art. 29 e no art. 30 da Lei nº 8.987, de 13 de fevereiro de 1995, de outras incumbências expressamente previstas em lei e observado o disposto no § 1º, compete à ANEEL:

▶ *Caput* com a redação dada pela Lei nº 10.848, de 15-3-2004.

I – implementar as políticas e diretrizes do governo federal para a exploração da energia elétrica e o aproveitamento dos potenciais hidráulicos, expedindo os atos regulamentares necessários ao cumprimento das normas estabelecidas pela Lei nº 9.074, de 7 de julho de 1995;
II – promover, mediante delegação, com base no plano de outorgas e diretrizes aprovadas pelo Poder Concedente, os procedimentos licitatórios para a contratação de concessionárias e permissionárias de serviço público para produção, transmissão e distribuição de energia elétrica e para a outorga de concessão para aproveitamento de potenciais hidráulicos;

▶ Inciso II com a redação dada pela Lei nº 10.848, de 15-3-2004.

III – *Revogado.* Lei nº 10.848, de 15-3-2004;
IV – gerir os contratos de concessão ou de permissão de serviços públicos de energia elétrica, de concessão de uso de bem público, bem como fiscalizar, diretamente ou mediante convênios com órgãos estaduais, as concessões, as permissões e a prestação dos serviços de energia elétrica;

▶ Inciso IV com a redação dada pela Lei nº 10.848, de 15-3-2004.

V – dirimir, no âmbito administrativo, as divergências entre concessionárias, permissionárias, autorizadas, produtores independentes e autoprodutores, bem como entre esses agentes e seus consumidores;
VI – fixar os critérios para cálculo do preço de transporte de que trata o § 6º do art. 15 da Lei nº 9.074, de 7 de julho de 1995, e arbitrar seus valores nos casos de negociação frustrada entre os agentes envolvidos;
VII – articular com o órgão regulador do setor de combustíveis fósseis e gás natural os critérios para fixação dos preços de transporte desses combustíveis, quando destinados à geração de energia elétrica, e para arbitramento de seus valores, nos casos de negociação frustrada entre os agentes envolvidos;
VIII – estabelecer, com vistas a propiciar concorrência efetiva entre os agentes e a impedir a concentração econômica nos serviços e atividades de energia elétrica, restrições, limites ou condições para empresas, grupos empresariais e acionistas, quanto à obtenção e transferência de concessões, permissões e autorizações, à concentração societária e à realização de negócios entre si;
IX – zelar pelo cumprimento da legislação de defesa da concorrência, monitorando e acompanhando as práticas de mercado dos agentes do setor de energia elétrica;
X – fixar as multas administrativas a serem impostas aos concessionários, permissionários e autorizados de instalações e serviços de energia elétrica, observado o limite, por infração, de 2% (dois por cento) do faturamento, ou do valor estimado da energia produzida nos casos de autoprodução e produção independente, correspondente aos últimos doze meses anteriores à lavratura do auto de infração ou estimados para um período de doze meses caso o infrator não esteja em operação ou esteja operando por um período inferior a doze meses;

▶ Incisos VIII a X acrescidos pela Lei nº 9.648, de 27-5-1998.

XI – estabelecer tarifas para o suprimento de energia elétrica realizado às concessionárias e permissionárias de distribuição, inclusive às Cooperativas de Eletrificação Rural enquadradas como permissionárias, cujos mercados próprios sejam inferiores a quinhentos GWh/ano, e tarifas de fornecimento às Cooperativas autorizadas, considerando parâmetros técnicos, econômicos, operacionais e a estrutura dos mercados atendidos;

▶ Inciso XI com a redação dada pela Lei nº 10.848, de 15-3-2004.

XII – estabelecer, para cumprimento por parte de cada concessionária e permissionária de serviço público de distribuição de energia elétrica, as metas a serem periodicamente alcançadas, visando a universalização do uso da energia elétrica;
XIII – efetuar o controle prévio e *a posteriori* de atos e negócios jurídicos a serem celebrados entre concessionárias, permissionárias, autorizadas e seus controladores, suas sociedades controladas ou coligadas e outras sociedades controladas ou coligadas de controlador comum, impondo-lhes restrições à mútua constituição de direitos e obrigações, especialmente comerciais e, no limite, a abstenção do próprio ato ou contrato;

▶ Incisos XII e XIII acrescidos pela Lei nº 10.438, de 26-4-2002.

XIV – aprovar as regras e os procedimentos de comercialização de energia elétrica, contratada de formas regulada e livre;
XV – promover processos licitatórios para atendimento às necessidades do mercado;
XVI – homologar as receitas dos agentes de geração na contratação regulada e as tarifas a serem pagas pelas concessionárias, permissionárias ou autorizadas de distribuição de energia elétrica, observados os resultados dos processos licitatórios referidos no inciso XV do *caput* deste artigo;
XVII – estabelecer mecanismos de regulação e fiscalização para garantir o atendimento à totalidade do mercado de cada agente de distribuição e de comercialização de energia elétrica, bem como à carga dos consumidores que tenham exercido a opção prevista nos arts. 15 e 16 da Lei nº 9.074, de 7 de julho de 1995;

▶ Incisos XIV a XVII acrescidos pela Lei nº 10.848, de 15-3-2004.

XVIII – definir as tarifas de uso dos sistemas de transmissão e distribuição, sendo que as de transmissão devem ser baseadas nas seguintes diretrizes:

▶ Inciso XVIII acrescido pela Lei nº 10.848, de 15-3-2004.

a) assegurar arrecadação de recursos suficientes para a cobertura dos custos dos sistemas de transmissão, inclusive das interligações internacionais conectadas à rede básica;

▶ Alínea *a* com a redação dada pela Lei nº 12.111, de 9-12-2009.

b) utilizar sinal locacional visando a assegurar maiores encargos para os agentes que mais onerem o sistema de transmissão;

▶ Alínea *b* acrescida pela Lei nº 10.848, de 15-3-2004.

XIX – regular o serviço concedido, permitido e autorizado e fiscalizar permanentemente sua prestação;

▶ Inciso XIX acrescido pela Lei nº 10.848, de 15- 3-2004.

XX – definir adicional de tarifas de uso específico das instalações de interligações internacionais para exportação e importação de energia elétrica, visando à modicidade tarifária dos usuários do sistema de transmissão ou distribuição.

▶ Inciso XX acrescido pela Lei nº 12.111, de 9-12-2009.

Parágrafo único. No exercício da competência prevista nos incisos VIII e IX, a ANEEL deverá articular-se com a Secretaria de Direito Econômico do Ministério da Justiça.

▶ Parágrafo único acrescido pela Lei nº 9.648, de 27-5-1998.

Art. 3º-A. Além das competências previstas nos incisos IV, VIII e IX do art. 29 da Lei nº 8.987, de 13 de fevereiro de 1995, aplicáveis aos serviços de energia elétrica, compete ao Poder Concedente:

I – elaborar o plano de outorgas, definir as diretrizes para os procedimentos licitatórios e promover as licitações destinadas à contratação de concessionários de serviço público para produção, transmissão e distribuição de energia elétrica e para a outorga de concessão para aproveitamento de potenciais hidráulicos;

II – celebrar os contratos de concessão ou de permissão de serviços públicos de energia elétrica, de concessão de uso de bem público e expedir atos autorizativos.

§ 1º No exercício das competências referidas no inciso IV do art. 29 da Lei nº 8.987, de 13 de fevereiro de 1995, e das competências referidas nos incisos I e II do *caput* deste artigo, o Poder Concedente ouvirá previamente a ANEEL.

§ 2º No exercício das competências referidas no inciso I do *caput* deste artigo, o Poder Concedente delegará à ANEEL a operacionalização dos procedimentos licitatórios.

§ 3º A celebração de contratos e a expedição de atos autorizativos de que trata o inciso II do *caput* deste artigo poderão ser delegadas à ANEEL.

§ 4º O exercício pela ANEEL das competências referidas nos incisos VIII e IX do art. 29 da Lei nº 8.987, de 13 de fevereiro de 1995, dependerá de delegação expressa do Poder Concedente.

▶ Art. 3º-A acrescido pela Lei nº 10.848, de 15-3-2004.

Art. 4º A ANEEL será dirigida por um Diretor-Geral e quatro Diretores, em regime de colegiado, cujas funções serão estabelecidas no ato administrativo que aprovar a estrutura organizacional da autarquia.

§ 1º O decreto de constituição da ANEEL indicará qual dos diretores da autarquia terá a incumbência de, na qualidade de ouvidor, zelar pela qualidade do serviço público de energia elétrica, receber, apurar e solucionar as reclamações dos usuários.

§ 2º *Revogado*. Lei nº 9.649, de 27-5-1998.

§ 3º O processo decisório que implicar afetação de direitos dos agentes econômicos do setor elétrico ou dos consumidores, mediante iniciativa de projeto de lei ou, quando possível, por via administrativa, será precedido de audiência pública convocada pela ANEEL.

Art. 5º O Diretor-Geral e os demais Diretores serão nomeados pelo Presidente da República para cumprir mandatos não coincidentes de quatro anos, ressalvado o que dispõe o art. 29.

Parágrafo único. A nomeação dos membros da Diretoria dependerá de prévia aprovação do Senado Federal, nos termos da alínea *f* do inciso III do art. 52 da Constituição Federal.

Art. 6º Está impedida de exercer cargo de direção na ANEEL a pessoa que mantiver os seguintes vínculos com qualquer empresa concessionária, permissionária, autorizada, produtor independente, autoprodutor ou prestador de serviço contratado dessas empresas sob regulamentação ou fiscalização da autarquia:

I – acionista ou sócio com participação individual direta superior a três décimos por cento no capital social ou superior a dois por cento no capital social de empresa controladora;

II – membro do conselho de administração, fiscal ou de diretoria executiva;

III – empregado, mesmo com o contrato de trabalho suspenso, inclusive das empresas controladoras ou das fundações de previdência de que sejam patrocinadoras.

Parágrafo único. Também está impedido de exercer cargo de direção da ANEEL membro do conselho ou diretoria de associação regional ou nacional, representativa de interesses dos agentes mencionados no *caput*, de categoria profissional de empregados desses agentes, bem como de conjunto ou classe de consumidores de energia.

Art. 7º A administração da ANEEL será objeto de contrato de gestão, negociado e celebrado entre a Diretoria e o Poder Executivo no prazo máximo de noventa dias após a nomeação do Diretor-Geral, devendo uma cópia do instrumento ser encaminhada para registro no Tribunal de Contas da União, onde servirá de peça de referência em auditoria operacional.

§ 1º O contrato de gestão será o instrumento de controle da atuação administrativa da autarquia e da avaliação do seu desempenho e elemento integrante da prestação de contas do Ministério de Minas e Energia e da ANEEL, a que se refere o art. 9º da Lei nº 8.443, de 16 de julho de 1992, sendo sua inexistência considerada falta de natureza formal, de que trata o inciso II do art. 16 da mesma Lei.

§ 2º Além de estabelecer parâmetros para a administração interna da autarquia, os procedimentos administrativos, inclusive para efeito do disposto no inciso V do art. 3º, o contrato de gestão deve estabelecer, nos programas anuais de trabalho, indicadores que permitam quantificar, de forma objetiva, a avaliação do seu desempenho.

§ 3º O contrato de gestão será avaliado periodicamente e, se necessário, revisado por ocasião da renovação parcial da diretoria da autarquia, sem prejuízo da solidariedade entre seus membros.

Art. 8º Revogado. Lei nº 9.986, de 18-7-2000.

Art. 9º O ex-dirigente da ANEEL continuará vinculado à autarquia nos doze meses seguintes ao exercício do cargo, durante os quais estará impedido de prestar, direta ou indiretamente, independentemente da forma ou natureza do contrato, qualquer tipo de serviço às empresas sob sua regulamentação ou fiscalização, inclusive controladas, coligadas ou subsidiárias.

§ 1º Durante o prazo da vinculação estabelecida neste artigo, o ex-dirigente continuará prestando serviço à ANEEL ou a qualquer outro órgão da administração pública direta da União, em área atinente à sua qualificação profissional, mediante remuneração equivalente à do cargo de direção que exerceu.

§ 2º Incorre na prática da advocacia administrativa, sujeitando-se o infrator às penas previstas no art. 321 do Código Penal, o ex-dirigente da ANEEL, inclusive por renúncia ao mandato, que descumprir o disposto no *caput* deste artigo.

§ 3º Exclui-se do disposto neste artigo o ex-dirigente que for exonerado no prazo indicado no *caput* do artigo anterior ou pelos motivos constantes de seu parágrafo único.

Art. 10. Os cargos em comissão da autarquia serão exercidos, preferencialmente, por servidores ocupantes de cargo de carreira técnica ou profissional da autarquia, aplicando-se-lhes as mesmas restrições do art. 6º quando preenchidos por pessoas estranhas aos quadros da ANEEL, exceto no período a que se refere o art. 29.

Parágrafo único. Ressalvada a participação em comissões de trabalho criadas com fim específico, duração determinada e não integrantes da estrutura organizacional da autarquia, é vedado à ANEEL requisitar, para lhe prestar serviço, empregados de empresas sob sua regulamentação ou fiscalização.

Capítulo II

DAS RECEITAS E DO ACERVO DA AUTARQUIA

Art. 11. Constituem receitas da Agência Nacional de Energia Elétrica – ANEEL:

I – recursos oriundos da cobrança da taxa de fiscalização sobre serviços de energia elétrica, instituída por esta Lei;

II – recursos ordinários do Tesouro Nacional consignados no Orçamento Fiscal da União e em seus créditos adicionais, transferências e repasses que lhe forem conferidos;

III – produto da venda de publicações, material técnico, dados e informações, inclusive para fins de licitação pública, de emolumentos administrativos e de taxas de inscrição em concurso público;

IV – rendimentos de operações financeiras que realizar;

V – recursos provenientes de convênios, acordos ou contratos celebrados com entidades, organismos ou empresas, públicos ou privados, nacionais ou internacionais;

VI – doações, legados, subvenções e outros recursos que lhe forem destinados;

VII – valores apurados na venda ou aluguel de bens móveis e imóveis de sua propriedade.

Parágrafo único. O orçamento anual da ANEEL, que integra a Lei Orçamentária da União, nos termos do inciso I do § 5º do art. 165 da Constituição Federal, deve considerar as receitas previstas neste artigo de forma a dispensar, no prazo máximo de três anos, os recursos ordinários do Tesouro Nacional.

Art. 12. É instituída a Taxa de Fiscalização de Serviços de Energia Elétrica, que será anual, diferenciada em função da modalidade e proporcional ao porte do serviço concedido, permitido ou autorizado, aí incluída a produção independente de energia elétrica e a autoprodução de energia.

▶ Art. 22 desta Lei.

§ 1º A taxa de fiscalização, equivalente a cinco décimos por cento do valor do benefício econômico anual auferido pelo concessionário, permissionário ou autorizado, será determinada pelas seguintes fórmulas:

I – TFg = P x Gu

onde:

TFg = taxa de fiscalização da concessão de geração;

P = potência instalada para o serviço de geração;

Gu = 0,5% do valor unitário do benefício anual decorrente da exploração do serviço de geração.

II – TFt = P x Tu

onde:

TFt = taxa de fiscalização da concessão de transmissão;

P = potência instalada para o serviço de transmissão;

Tu = 0,5% do valor unitário do benefício anual decorrente da exploração do serviço de transmissão.

III – TFd = [Ed / (FC x 8,76)] x Du

onde:

TFd = taxa de fiscalização da concessão de distribuição;

Ed = energia anual faturada com o serviço concedido de distribuição, em megawatt/hora;

FC = fator de carga médio anual das instalações de distribuição, vinculadas ao serviço concedido;

Du = 0,5% do valor unitário do benefício anual decorrente da exploração do serviço de distribuição.

§ 2º Para determinação do valor do benefício econômico a que se refere o parágrafo anterior, considerar-se-á a tarifa fixada no respectivo contrato de concessão ou no ato de outorga da concessão, permissão ou autorização, quando se tratar de serviço público, ou no contrato de venda de energia, quando se tratar de produção independente.

§ 3º No caso de exploração para uso exclusivo, o benefício econômico será calculado com base na estipulação de um valor típico para a unidade de energia elétrica gerada.

Art. 13. A taxa anual de fiscalização será devida pelos concessionários, permissionários e autorizados a partir de 1º de janeiro de 1997, devendo ser recolhida diretamente à ANEEL, em duodécimos, na forma em que dispuser o regulamento desta Lei.

§ 1º Do valor global das quotas da Reserva Global de Reversão – RGR, de que trata o art. 4º da Lei nº 5.655, de 20 de maio de 1971, com a redação dada pelo art. 9º da Lei nº 8.631, de 4 de março de 1993, devidas pelos concessionários e permissionários, será deduzido o valor da taxa de fiscalização, vedada qualquer majoração de tarifas por conta da instituição desse tributo.

▶ Lei nº 5.655, de 20-5-1971, dispõe sobre a remuneração legal do investimento das concessionárias de serviços públicos de energia elétrica.

§ 2º A Reserva Global de Reversão de que trata o parágrafo anterior é considerada incluída nas tarifas de energia elétrica, com as alterações seguintes:

I – é fixada em até dois e meio por cento a quota anual de reversão que incidirá sobre os investimentos dos concessionários e permissionários, nos termos estabelecidos pelo art. 9º da Lei nº 8.631, de 4 de março de 1993, observado o limite de três por cento da receita anual;

II – do total dos recursos arrecadados a partir da vigência desta Lei, cinquenta por cento, no mínimo, serão destinados para aplicação em investimentos no Setor Elétrico das Regiões Norte, Nordeste e Centro-Oeste, dos quais 1/2 em programas de eletrificação rural, conservação e uso racional de energia e atendimento de comunidades de baixa renda;

III – os recursos referidos neste artigo poderão ser contratados diretamente com Estados, Municípios, concessionárias e permissionárias de serviço público de energia elétrica e agentes autorizados, assim como Cooperativas de Eletrificação Rural, Cooperativas responsáveis pela implantação de infraestrutura em projetos de reforma agrária e Consórcios Intermunicipais;

▶ Inciso III com a redação dada pela Lei nº 10.438, de 26-4-2002.

IV – os recursos destinados ao semiárido da Região Nordeste serão aplicados a taxas de financiamento não superiores às previstas para os recursos a que se refere a alínea c do inciso I do art. 159 da Constituição Federal;

V – as condições de financiamento previstas no inciso IV poderão ser estendidas, a critério da ANEEL, aos recursos contratados na forma do inciso III que se destinem a programas vinculados às metas de universalização do serviço público de energia elétrica nas regiões mencionadas no inciso II.

▶ Inciso V acrescido pela Lei nº 10.438, de 26-4-2002.

CAPÍTULO III
DO REGIME ECONÔMICO E FINANCEIRO DAS CONCESSÕES DE SERVIÇO PÚBLICO DE ENERGIA ELÉTRICA

Art. 14. O regime econômico e financeiro da concessão de serviço público de energia elétrica, conforme estabelecido no respectivo contrato, compreende:

I – a contraprestação pela execução do serviço, paga pelo consumidor final com tarifas baseadas no serviço pelo preço, nos termos da Lei nº 8.987, de 13 de fevereiro de 1995;

II – a responsabilidade da concessionária em realizar investimentos em obras e instalações que reverterão à União na extinção do contrato, garantida a indenização nos casos e condições previstos na Lei nº 8.987, de 13 de fevereiro de 1995, e nesta Lei, de modo a assegurar a qualidade do serviço de energia elétrica;

III – a participação do consumidor no capital da concessionária, mediante contribuição financeira para execução de obras de interesse mútuo, conforme definido em regulamento;

IV – apropriação de ganhos de eficiência empresarial e da competitividade;

V – indisponibilidade, pela concessionária, salvo disposição contratual, dos bens considerados reversíveis.

Art. 15. Entende-se por serviço pelo preço o regime econômico-financeiro mediante o qual as tarifas máximas do serviço público de energia elétrica são fixadas:

I – no contrato de concessão ou permissão resultante de licitação pública, nos termos da Lei nº 8.987, de 13 de fevereiro de 1995;

II – no contrato que prorrogue a concessão existente, nas hipóteses admitidas na Lei nº 9.074, de 7 de julho de 1995;

III – no contrato de concessão celebrado em decorrência de desestatização, nos casos indicados no art. 27 da Lei nº 9.074, de 7 de julho de 1995;

IV – em ato específico da ANEEL, que autorize a aplicação de novos valores, resultantes de revisão ou de reajuste, nas condições do respectivo contrato.

§ 1º A manifestação da ANEEL para a autorização exigida no inciso IV deste artigo deverá ocorrer no prazo máximo de trinta dias a contar da apresentação da proposta da concessionária ou permissionária, vedada a formulação de exigências que não se limitem à comprovação dos fatos alegados para a revisão ou reajuste, ou dos índices utilizados.

§ 2º A não manifestação da ANEEL, no prazo indicado, representará a aceitação dos novos valores tarifários apresentados, para sua imediata aplicação.

Art. 16. Os contratos de concessão referidos no artigo anterior, ao detalhar a cláusula prevista no inciso V do art. 23 da Lei nº 8.987, de 13 de fevereiro de 1995, poderão prever o compromisso de investimento mínimo anual da concessionária destinado a atender a expansão do mercado e a ampliação e modernização das instalações vinculadas ao serviço.

Art. 17. A suspensão, por falta de pagamento, do fornecimento de energia elétrica a consumidor que preste serviço público ou essencial à população e cuja atividade sofra prejuízo será comunicada com antecedência de quinze dias ao Poder Público local ou ao Poder Executivo Estadual.

§ 1º O Poder Público que receber a comunicação adotará as providências administrativas para preservar a população dos efeitos da suspensão do fornecimento de energia elétrica, inclusive dando publicidade à contingência, sem prejuízo das ações de responsabilização pela falta de pagamento que motivou a medida.

▶ Parágrafo único transformado em § 1º e com a redação dada pela Lei nº 10.438, de 26-4-2002.

§ 2º Sem prejuízo do disposto nos contratos em vigor, o atraso do pagamento de faturas de compra de energia elétrica e das contas mensais de seu fornecimento aos consumidores, do uso da rede básica e das instalações de conexão, bem como do recolhimento mensal dos encargos relativos às quotas da Reserva Global de Reversão – RGR, à compensação financeira pela utilização de recursos hídricos, ao uso de bem público, ao rateio da Conta de Consumo de Combustíveis – CCC, à Conta de Desenvolvimento Energético – CDE, ao Programa de Incentivo às Fontes Alternativas de Energia Elétrica – PROINFA e à Taxa de Fiscalização dos Serviços de Energia Elétrica, implicará a incidência de juros de mora de um por cento ao mês e multa de até cinco por cento, a ser fixada pela ANEEL, respeitado o limite máximo admitido pela legislação em vigor.

▶ § 2º com a redação dada pela Lei nº 10.762, de 11-11-2003.

Art. 18. A ANEEL somente aceitará como bens reversíveis da concessionária ou permissionária do serviço público de energia elétrica aqueles utilizados, exclusiva e permanentemente, para produção, transmissão e distribuição de energia elétrica.

Art. 19. Na hipótese de encampação da concessão, a indenização devida ao concessionário, conforme previsto no art. 36 da Lei nº 8.987, de 13 de fevereiro de 1995, compreenderá as perdas decorrentes da extinção do contrato, excluídos os lucros cessantes.

CAPÍTULO IV

DA DESCENTRALIZAÇÃO DAS ATIVIDADES

Art. 20. Sem prejuízo do disposto na alínea *b* do inciso XII do art. 21 e no inciso XI do art. 23 da Constituição Federal, a execução das atividades complementares de regulação, controle e fiscalização dos serviços e instalações de energia elétrica poderá ser descentralizada pela União para os Estados e para o Distrito Federal visando à gestão associada de serviços públicos, mediante convênio de cooperação.

▶ *Caput* com a redação dada pela Lei nº 12.111, de 9-12-2009.

§ 1º A descentralização abrangerá os serviços e instalações de energia elétrica prestados e situados no território da respectiva unidade federativa, exceto:

I – os de geração de interesse do sistema elétrico interligado, conforme condições estabelecidas em regulamento da ANEEL;

▶ Inciso I com a redação dada pela Lei nº 12.111, de 9-12-2009.

II – os de transmissão integrante da rede básica.

§ 2º A delegação de que trata este Capítulo será conferida desde que o Distrito Federal ou o Estado interessado possua serviços técnicos e administrativos competentes, devidamente organizados e aparelhados para execução das respectivas atividades, conforme condições estabelecidas em regulamento da ANEEL.

▶ § 2º com a redação dada pela Lei nº 12.111, de 9-12-2009.

§ 3º A execução pelos Estados e Distrito Federal das atividades delegadas será disciplinada por meio de contrato de metas firmado entre a ANEEL e a Agência Estadual ou Distrital, conforme regulamentação da ANEEL, que observará os seguintes parâmetros:

▶ *Caput* do § 3º com a redação dada pela Lei nº 12.111, de 9-12-2009.

I – controle de resultado voltado para a eficiência da gestão;
II – contraprestação baseada em custos de referência;
III – vinculação ao Convênio de Cooperação firmado por prazo indeterminado.

▶ Incisos I a III acrescidos pela Lei nº 12.111, de 9-12-2009.

§ 4º Os atuais convênios de cooperação permanecem em vigor até 31 de dezembro de 2011.

▶ § 4º acrescido pela Lei nº 12.111, de 9-12-2009.

Art. 21. Na execução das atividades complementares de regulação, controle e fiscalização dos serviços e instalações de energia elétrica, a unidade federativa observará as pertinentes normas legais e regulamentares federais.

§ 1º As normas de regulação complementar baixadas pela unidade federativa deverão se harmonizar com as normas expedidas pela ANEEL.

§ 2º É vedado à unidade federativa conveniada exigir de concessionária ou permissionária sob sua ação complementar de regulação, controle e fiscalização obrigação não exigida ou que resulte em encargo distinto do exigido de empresas congêneres, sem prévia autorização da ANEEL.

Art. 22. Em caso de descentralização da execução de atividades relativas aos serviços e instalações de energia elétrica, parte da Taxa de Fiscalização correspondente, prevista no art. 12 desta Lei, arrecadada na respectiva unidade federativa, será a esta transferida como contraprestação pelos serviços delegados, na forma estabelecida no contrato de metas.

▶ Artigo com a redação dada pela Lei nº 12.111, de 9-12-2009.

CAPÍTULO V

DAS DISPOSIÇÕES FINAIS E TRANSITÓRIAS

Art. 23. As licitações realizadas para outorga de concessões devem observar o disposto nesta Lei, nas Leis nº 8.987, de 13 de fevereiro de 1995, 9.074, de 7 de julho de 1995, e, como norma geral, a Lei nº 8.666, de 21 de junho de 1993.

§ 1º Nas licitações destinadas a contratar concessões e permissões de serviço público e uso de bem público é vedada a declaração de inexigibilidade prevista no art. 25 da Lei nº 8.666, de 21 de junho de 1993.

§ 2º Nas licitações mencionadas no parágrafo anterior, a declaração de dispensa de licitação só será admitida quando não acudirem interessados à primeira licitação e esta, justificadamente, não puder ser repetida sem prejuízo para a administração, mantidas, neste caso, todas as condições estabelecidas no edital, ainda que modifiquem condições vigentes de concessão, permissão ou uso de bem público cujos contratos estejam por expirar.

Art. 24. As licitações para exploração de potenciais hidráulicos serão processadas nas modalidades de concorrência ou de leilão e as concessões serão outorgadas a título oneroso.

Parágrafo único. No caso de leilão, somente poderão oferecer proposta os interessados pré-qualificados, conforme definido no procedimento correspondente.

Art. 25. No caso de concessão ou autorização para produção independente de energia elétrica, o contrato ou ato autorizativo definirá as condições em que o produtor independente poderá realizar a comercialização de energia elétrica produzida e da que vier a adquirir, observado o limite de potência autorizada, para atender aos contratos celebrados, inclusive na hipótese de interrupção da geração de sua usina em virtude de determinação dos órgãos responsáveis pela operação otimizada do sistema elétrico.

Art. 26. Cabe ao Poder Concedente, diretamente ou mediante delegação à ANEEL, autorizar:

▶ *Caput* com a redação dada pela Lei nº 10.848, de 15-3-2004.

I – o aproveitamento de potencial hidráulico de potência superior a 1.000 kW e igual ou inferior a 30.000 kW, destinado à produção independente ou autoprodução, mantidas as características de pequena central hidrelétrica;

II – a compra e venda de energia elétrica, por agente comercializador;

▶ Incisos I e II com a redação dada pela Lei nº 9.648, de 27-5-1998.

III – a importação e exportação de energia elétrica, bem como a implantação das respectivas instalações de transmissão associadas, ressalvado o disposto no § 6º do art. 17 da Lei nº 9.074, de 7 de julho de 1995;

▶ Inciso III com a redação dada pela Lei nº 12.111, de 9-12-2009.

IV – a comercialização, eventual e temporária, pelos autoprodutores, de seus excedentes de energia elétrica;

▶ Inciso IV acrescido pela Lei nº 9.648, de 27-5-1998.

V – os acréscimos de capacidade de geração, objetivando o aproveitamento ótimo do potencial hidráulico;

▶ Inciso V acrescido pela Lei nº 10.438, de 26-4-2002.

VI – o aproveitamento de potencial hidráulico de potência superior a 1.000 (mil) kW e igual ou inferior a 50.000 (cinquenta mil) kW, destinado à produção independente ou autoprodução, independentemente de ter ou não características de pequena central hidrelétrica.

▶ Inciso VI acrescido pela Lei nº 11.943, de 28-5-2009.

§ 1º Para o aproveitamento referido no inciso I do *caput* deste artigo, para os empreendimentos hidroelétricos com potência igual ou inferior a 1.000 (mil) kW e para aqueles com base em fontes solar, eólica, biomassa e co-geração qualificada, conforme regulamentação da ANEEL, cuja potência injetada nos sistemas de transmissão ou distribuição seja menor ou igual a 30.000 (trinta mil) kW, a ANEEL estipulará percentual de redução não inferior a 50% (cinquenta por cento) a ser aplicado às tarifas de uso dos sistemas elétricos de transmissão e de distribuição, incidindo na produção e no consumo da energia comercializada pelos aproveitamentos.

▶ § 1º com a redação dada pela Lei nº 11.488, de 15-6-2007.

§ 2º Ao aproveitamento referido neste artigo que funcionar interligado e ou integrado ao sistema elétrico, é assegurada a participação nas vantagens técnicas e econômicas da operação interligada, especialmente em sistemática ou mecanismo de realocação de energia entre usinas, destinado a mitigação dos riscos hidrológicos, devendo também se submeter ao rateio do ônus, quando ocorrer.

▶ § 2º com a redação dada pela Lei nº 10.438, de 26-4-2002.

§ 3º A comercialização da energia elétrica resultante da atividade referida nos incisos II, III e IV, far-se-á nos termos dos arts. 12, 15 e 16 da Lei nº 9.074, de 1995.

§ 4º É estendido às usinas hidrelétricas referidas no inciso I que iniciarem a operação após a publicação desta Lei, a isenção de que trata o inciso I do art. 4º da Lei nº 7.990, de 28 de dezembro de 1989.

▶ §§ 3º e 4º acrescidos pela Lei nº 9.648, de 27-5-1998.

§ 5º O aproveitamento referido nos incisos I e VI do *caput* deste artigo, os empreendimentos com potência igual ou inferior a 1.000 (mil) kW e aqueles com base em fontes solar, eólica, biomassa, cuja potência injetada nos sistemas de transmissão ou distribuição seja menor ou igual a 50.000 (cinquenta mil) kW, poderão comercializar energia elétrica com consumidor ou conjunto de consumidores reunidos por comunhão de interesses de fato ou de direito, cuja carga seja maior ou igual a 500 (quinhentos) kW, independentemente dos prazos de carência constantes do art. 15 da Lei nº 9.074, de 7 de julho de 1995, observada a regulamentação da Aneel, podendo o fornecimento ser complementado por empreendimentos de geração associados às fontes aqui referidas, visando à garantia de suas disponibilidades energéticas, mas limitado a 49% (quarenta e nove por cento) da energia média que produzirem, sem prejuízo do previsto nos §§ 1º e 2º deste artigo.

▶ § 5º com a redação dada pela Lei nº 11.943, de 28-5-2009.

§ 6º Quando dos acréscimos de capacidade de geração de que trata o inciso V deste artigo, a potência final da central hidrelétrica resultar superior a 30.000 kW, o autorizado não fará mais jus ao enquadramento de pequena central hidrelétrica.

§ 7º As autorizações e concessões que venham a ter acréscimo de capacidade na forma do inciso V deste artigo poderão ser prorrogadas por prazo suficiente à amortização dos investimentos, limitado a 20 (vinte) anos.

§ 8º Fica reduzido para 50 kW o limite mínimo de carga estabelecido no § 5º deste artigo quando o consumidor ou conjunto de consumidores se situar no âmbito dos sistemas elétricos isolados.

▶ §§ 6º a 8º acrescidos pela Lei nº 10.438, de 26-4-2002.

§ 9º VETADO. Lei nº 11.943, de 28-5-2009.

Art. 27. *Revogado.* Lei nº 10.848, de 15-3-2004.

Art. 28. A realização de estudos de viabilidade, anteprojetos ou projetos de aproveitamentos de potenciais hidráulicos deverá ser informada à ANEEL para fins de registro, não gerando direito de preferência para a obtenção de concessão para serviço público ou uso de bem público.

§ 1º Os proprietários ou possuidores de terrenos marginais a potenciais de energia hidráulica e das rotas dos correspondentes sistemas de transmissão só estão obrigados a permitir a realização de levantamentos de campo quando o interessado dispuser de autorização específica da ANEEL.

§ 2º A autorização mencionada no parágrafo anterior não confere exclusividade ao interessado, podendo a ANEEL estipular a prestação de caução em dinheiro para eventuais indenizações de danos causados à propriedade onde se localize o sítio objeto dos levantamentos.

§ 3º No caso de serem esses estudos ou projetos aprovados pelo Poder Concedente, para inclusão no programa de licitações de concessões, será assegurado ao interessado o ressarcimento dos respectivos custos incorridos, pelo vencedor da licitação, nas condições estabelecidas no edital.

▶ § 3º com a redação dada pela Lei nº 10.848, de 15-3-2004.

§ 4º A liberdade prevista neste artigo não abrange os levantamentos de campo em sítios localizados em áreas indígenas, que somente poderão ser realizados com autorização específica do Poder Executivo, que estabelecerá as condições em cada caso.

Art. 29. Na primeira gestão da autarquia, visando implementar a transição para o sistema de mandatos não coincidentes, o Diretor-Geral e dois Diretores serão nomeados pelo Presidente da República, por indicação do Ministério de Minas e Energia, e dois Diretores nomeados na forma do disposto no parágrafo único do art. 5º.

§ 1º O Diretor-Geral e os dois Diretores indicados pelo Ministério de Minas e Energia serão nomeados pelo período de três anos.

§ 2º Para as nomeações de que trata o parágrafo anterior não terá aplicação o disposto nos arts. 6º e 8º desta Lei.

Art. 30. Durante o período de trinta e seis meses, contados da data de publicação desta Lei, os reajustes e revisões das tarifas do serviço público de energia elétrica serão efetuados segundo as condições dos respectivos contratos e legislação pertinente, observados os parâmetros e diretrizes específicos, estabelecidos em ato conjunto dos Ministros de Minas e Energia e da Fazenda.

Art. 31. Serão transferidos para a ANEEL o acervo técnico e patrimonial, as obrigações, os direitos e receitas do Departamento Nacional de Águas e Energia Elétrica – DNAEE.

§ 1º Permanecerão com o Ministério de Minas e Energia as receitas oriundas do § 1º do art. 20 da Constituição Federal.

§ 2º Ficarão com o Ministério de Minas e Energia, sob a administração temporária da ANEEL, como órgão integrante do Sistema Nacional de Gerenciamento de Recursos Hídricos, a rede hidrométrica, o acervo técnico e as atividades de hidrologia relativos aos aproveitamentos de energia hidráulica.

§ 3º Os órgãos responsáveis pelo gerenciamento dos recursos hídricos e a ANEEL devem se articular para a outorga de concessão de uso de águas em bacias hidrográficas, de que possa resultar a redução da potência firme de potenciais hidráulicos, especialmente os que se encontrem em operação, com obras iniciadas ou por iniciar, mas já concedidas.

Art. 32. É o Poder Executivo autorizado a remanejar, transferir ou utilizar os saldos orçamentários do Ministério de Minas e Energia, para atender as despesas de estruturação e manutenção da ANEEL, utilizando como recursos as dotações orçamentárias destinadas às atividades finalísticas e administrativas, observados os mesmos subprojetos, subatividades e grupos de despesas previstos na Lei Orçamentária em vigor.

Art. 33. No prazo máximo de vinte e quatro meses, a contar da sua organização, a ANEEL promoverá a simplificação do Plano de Contas específico para as empresas concessionárias de serviços públicos de energia elétrica, com a segmentação das contas por tipo de atividade de geração, transmissão e distribuição.

Art. 34. O Poder Executivo adotará as providências necessárias à constituição da autarquia Agência Nacional de Energia Elétrica – ANEEL, em regime especial, com a definição da estrutura organizacional, aprovação do seu regimento interno e a nomeação dos Diretores, a que se refere o § 1º do art. 29, e do Procurador-Geral.

§ 1º *Revogado.* Lei nº 9.649, de 27-5-1998.

§ 2º *Revogado.* Lei nº 10.871, de 20-5-2004.

§ 3º Até que seja provido o cargo de Procurador-Geral da ANEEL, a Consultoria Jurídica do Ministério de Minas e Energia e a Advocacia-Geral da União prestarão à autarquia a assistência jurídica necessária, no âmbito de suas competências.

§ 4º Constituída a Agência Nacional de Energia Elétrica – ANEEL, com a publicação de seu regimento interno, ficará extinto o Departamento Nacional de Águas e Energia Elétrica – DNAEE.

Art. 35. Esta Lei entra em vigor na data de sua publicação.

Brasília, 26 de dezembro de 1996;
175º da Independência e
108º da República.

Fernando Henrique Cardoso

LEI Nº 9.452, DE 20 DE MARÇO DE 1997

Determina que as Câmaras Municipais sejam obrigatoriamente notificadas da liberação de recursos federais para os respectivos Municípios e dá outras providências.

▶ Publicada no *DOU* de 21-3-1997.

Art. 1º Os órgãos e entidades da administração federal direta e as autarquias, fundações públicas, empresas públicas e sociedades de economia mista federais notificarão as respectivas Câmaras Municipais da liberação de recursos financeiros que tenham efetuado, a qualquer título, para os Municípios, no prazo de dois dias úteis, contado da data da liberação.

Art. 2º A Prefeitura do Município beneficiário da liberação de recursos, de que trata o artigo 1º desta Lei, notificará os partidos políticos, os sindicatos de trabalhadores e as entidades empresariais, com sede no Município, da respectiva liberação, no prazo de dois dias úteis, contado da data de recebimento dos recursos.

Art. 3º As Câmaras Municipais representarão ao Tribunal de Contas da União o descumprimento do estabelecido nesta Lei.

Art. 4º Esta Lei entra em vigor na data de sua publicação.

Art. 5º Revogam-se as disposições em contrário.

Brasília, 20 de março de 1997;
176º da Independência e
109º da República.

Fernando Henrique Cardoso

LEI Nº 9.472, DE 16 DE JULHO DE 1997

Dispõe sobre a organização dos serviços de telecomunicações, a criação e funcionamento de um órgão regulador e outros aspectos institucionais, nos termos da Emenda Constitucional nº 8, de 1995.

► Publicada no *DOU* de 17-7-1997.
► Dec. nº 2.338, de 7-10-1997, aprova o Regulamento da Agência Nacional de Telecomunicações.

LIVRO I – DOS PRINCÍPIOS FUNDAMENTAIS

Art. 1º Compete à União, por intermédio do órgão regulador e nos termos das políticas estabelecidas pelos Poderes Executivo e Legislativo, organizar a exploração dos serviços de telecomunicações.

► Dec. nº 2.338, de 7-10-1997, aprovou o Regulamento da Agência Nacional de Telecomunicações – ANATEL.
► Dec. nº 4.733, de 10-6-2003, dispõe sobre políticas públicas de telecomunicações.

Parágrafo único. A organização inclui, entre outros aspectos, o disciplinamento e a fiscalização da execução, comercialização e uso dos serviços e da implantação e funcionamento de redes de telecomunicações, bem como da utilização dos recursos de órbita e espectro de radiofrequências.

Art. 2º O Poder Público tem o dever de:
I – garantir, a toda a população, o acesso às telecomunicações, a tarifas e preços razoáveis, em condições adequadas;
II – estimular a expansão do uso de redes e serviços de telecomunicações pelos serviços de interesse público em benefício da população brasileira;
III – adotar medidas que promovam a competição e a diversidade dos serviços, incrementem sua oferta e propiciem padrões de qualidade compatíveis com a exigência dos usuários;
IV – fortalecer o papel regulador do Estado;
V – criar oportunidades de investimento e estimular o desenvolvimento tecnológico e industrial, em ambiente competitivo;
VI – criar condições para que o desenvolvimento do setor seja harmônico com as metas de desenvolvimento social do País.

Art. 3º O usuário de serviços de telecomunicações tem direito:

I – de acesso aos serviços de telecomunicações, com padrões de qualidade e regularidade adequados à sua natureza, em qualquer ponto do território nacional;
II – à liberdade de escolha de sua prestadora de serviço;
III – de não ser discriminado quanto às condições de acesso e fruição do serviço;
IV – à informação adequada sobre as condições de prestação dos serviços, suas tarifas e preços;
V – à inviolabilidade e ao segredo de sua comunicação, salvo nas hipóteses e condições constitucional e legalmente previstas;
VI – à não divulgação, caso o requeira, de seu código de acesso;
VII – à não suspensão de serviço prestado em regime público, salvo por débito diretamente decorrente de sua utilização ou por descumprimento de condições contratuais;
VIII – ao prévio conhecimento das condições de suspensão do serviço;
IX – ao respeito de sua privacidade nos documentos de cobrança e na utilização de seus dados pessoais pela prestadora do serviço;
X – de resposta às suas reclamações pela prestadora do serviço;
XI – de peticionar contra a prestadora do serviço perante o órgão regulador e os organismos de defesa do consumidor;
XII – à reparação dos danos causados pela violação de seus direitos.

Art. 4º O usuário de serviços de telecomunicações tem o dever de:
I – utilizar adequadamente os serviços, equipamentos e redes de telecomunicações;
II – respeitar os bens públicos e aqueles voltados à utilização do público em geral;
III – comunicar às autoridades irregularidades ocorridas e atos ilícitos cometidos por prestadora de serviço de telecomunicações.

Art. 5º Na disciplina das relações econômicas no setor de telecomunicações observar-se-ão, em especial, os princípios constitucionais da soberania nacional, função social da propriedade, liberdade de iniciativa, livre concorrência, defesa do consumidor, redução das desigualdades regionais e sociais, repressão ao abuso do poder econômico e continuidade do serviço prestado no regime público.

Art. 6º Os serviços de telecomunicações serão organizados com base no princípio da livre, ampla e justa competição entre todas as prestadoras, devendo o Poder Público atuar para propiciá-la, bem como para corrigir os efeitos da competição imperfeita e reprimir as infrações da ordem econômica.

Art. 7º As normas gerais de proteção à ordem econômica são aplicáveis ao setor de telecomunicações, quando não conflitarem com o disposto nesta Lei.

§ 1º Os atos envolvendo prestadora de serviço de telecomunicações, no regime público ou privado, que visem a qualquer forma de concentração econômica, inclusive mediante fusão ou incorporação de empresas, constituição de sociedade para exercer o controle de empresas ou qualquer forma de agrupamento societário, ficam submetidos aos controles, procedimentos e condicionamentos previstos nas normas gerais de proteção à ordem econômica.

§ 2º Os atos de que trata o parágrafo anterior serão submetidos à apreciação do Conselho Administrativo de Defesa Econômica – CADE, por meio do órgão regulador.

§ 3º Praticará infração da ordem econômica a prestadora de serviço de telecomunicações que, na celebração de contratos de fornecimento de bens e serviços, adotar práticas que possam limitar, falsear ou, de qualquer forma, prejudicar a livre concorrência ou a livre iniciativa.

Livro II – Do Órgão Regulador e das Políticas Setoriais

TÍTULO I – DA CRIAÇÃO DO ÓRGÃO REGULADOR

Art. 8º Fica criada a Agência Nacional de Telecomunicações, entidade integrante da Administração Pública Federal indireta, submetida a regime autárquico especial e vinculada ao Ministério das Comunicações, com a função de órgão regulador das telecomunicações, com sede no Distrito Federal, podendo estabelecer unidades regionais.

§ 1º A Agência terá como órgão máximo o Conselho Diretor, devendo contar, também, com um Conselho Consultivo, uma Procuradoria, uma Corregedoria, uma Biblioteca e uma Ouvidoria, além das unidades especializadas incumbidas de diferentes funções.

§ 2º A natureza de autarquia especial conferida à Agência é caracterizada por independência administrativa, ausência de subordinação hierárquica, mandato fixo e estabilidade de seus dirigentes e autonomia financeira.

Art. 9º A Agência atuará como autoridade administrativa independente, assegurando-se-lhe, nos termos desta Lei, as prerrogativas necessárias ao exercício adequado de sua competência.

Art. 10. Caberá ao Poder Executivo instalar a Agência, devendo o seu regulamento, aprovado por decreto do Presidente da República, fixar-lhe a estrutura organizacional.

Parágrafo único. A edição do regulamento marcará a instalação da Agência, investindo-a automaticamente no exercício de suas atribuições.

Art. 11. O Poder Executivo encaminhará ao Congresso Nacional, no prazo de até noventa dias, a partir da publicação desta Lei, mensagem criando o quadro efetivo de pessoal da Agência, podendo remanejar cargos disponíveis na estrutura do Ministério das Comunicações.

Arts. 12 a 14. *Revogados.* Lei nº 9.986, de 18-7-2000.

Art. 15. A fixação das dotações orçamentárias da Agência na Lei de Orçamento Anual e sua programação orçamentária e financeira de execução não sofrerão limites nos seus valores para movimentação e empenho.

Art. 16. Fica o Poder Executivo autorizado a realizar as despesas e os investimentos necessários à instalação da Agência, podendo remanejar, transferir ou utilizar saldos orçamentários, empregando como recursos dotações destinadas a atividades finalísticas e administrativas do Ministério das Comunicações, inclusive do Fundo de Fiscalização das Telecomunicações – FISTEL.

▶ Lei nº 5.070, de 7-7-1966, cria o FISTEL.

Parágrafo único. Serão transferidos à Agência os acervos técnico e patrimonial, bem como as obrigações e direitos do Ministério das Comunicações, correspondentes às atividades a ela atribuídas por esta Lei.

Art. 17. A extinção da Agência somente ocorrerá por lei específica.

TÍTULO II – DAS COMPETÊNCIAS

Art. 18. Cabe ao Poder Executivo, observadas as disposições desta Lei, por meio de decreto:

I – instituir ou eliminar a prestação de modalidade de serviço no regime público, concomitantemente ou não com sua prestação no regime privado;

II – aprovar o plano geral de outorgas de serviço prestado no regime público;

III – aprovar o plano geral de metas para a progressiva universalização de serviço prestado no regime público;

IV – autorizar a participação de empresa brasileira em organizações ou consórcios intergovernamentais destinados ao provimento de meios ou à prestação de serviços de telecomunicações.

Parágrafo único. O Poder Executivo, levando em conta os interesses do País no contexto de suas relações com os demais países, poderá estabelecer limites à participação estrangeira no capital de prestadora de serviços de telecomunicações.

▶ Dec. nº 2.617, de 5-6-1998, dispõe sobre a composição do capital de empresas prestadoras de serviços de telecomunicações.

Art. 19. À Agência compete adotar as medidas necessárias para o atendimento do interesse público e para o desenvolvimento das telecomunicações brasileiras, atuando com independência, imparcialidade, legalidade, impessoalidade e publicidade, e especialmente:

I – implementar, em sua esfera de atribuições, a política nacional de telecomunicações;

II – representar o Brasil nos organismos internacionais de telecomunicações, sob a coordenação do Poder Executivo;

III – elaborar e propor ao Presidente da República, por intermédio do Ministro de Estado das Comunicações, a adoção das medidas a que se referem os incisos I a IV do artigo anterior, submetendo previamente a consulta pública as relativas aos incisos I a III;

IV – expedir normas quanto à outorga, prestação e fruição dos serviços de telecomunicações no regime público;

V – editar atos de outorga e extinção de direito de exploração do serviço no regime público;

VI – celebrar e gerenciar contratos de concessão e fiscalizar a prestação do serviço no regime público, aplicando sanções e realizando intervenções;

VII – controlar, acompanhar e proceder à revisão de tarifas dos serviços prestados no regime público, podendo fixá-las nas condições previstas nesta Lei, bem como homologar reajustes;

VIII – administrar o espectro de radiofrequências e o uso de órbitas, expedindo as respectivas normas;

IX – editar atos de outorga e extinção do direito de uso de radiofrequência e de órbita, fiscalizando e aplicando sanções;
X – expedir normas sobre prestação de serviços de telecomunicações no regime privado;
XI – expedir e extinguir autorização para prestação de serviço no regime privado, fiscalizando e aplicando sanções;
XII – expedir normas e padrões a serem cumpridos pelas prestadoras de serviços de telecomunicações quanto aos equipamentos que utilizarem;
XIII – expedir ou reconhecer a certificação de produtos, observados os padrões e normas por ela estabelecidos;
XIV – expedir normas e padrões que assegurem a compatibilidade, a operação integrada e a interconexão entre as redes, abrangendo inclusive os equipamentos terminais;
XV – realizar busca e apreensão de bens no âmbito de sua competência;
XVI – deliberar na esfera administrativa quanto à interpretação da legislação de telecomunicações e sobre os casos omissos;
XVII – compor administrativamente conflitos de interesses entre prestadoras de serviço de telecomunicações;
XVIII – reprimir infrações dos direitos dos usuários;
XIX – exercer, relativamente às telecomunicações, as competências legais em matéria de controle, prevenção e repressão das infrações da ordem econômica, ressalvadas as pertencentes ao Conselho Administrativo de Defesa Econômica – CADE;
XX – propor ao Presidente da República, por intermédio do Ministério das Comunicações, a declaração de utilidade pública, para fins de desapropriação ou instituição de servidão administrativa, dos bens necessários à implantação ou manutenção de serviço no regime público;
XXI – arrecadar e aplicar suas receitas;
XXII – resolver quanto à celebração, alteração ou extinção de seus contratos, bem como quanto à nomeação, exoneração e demissão de servidores, realizando os procedimentos necessários, na forma em que dispuser o regulamento;
XXIII – contratar pessoal por prazo determinado, de acordo com o disposto na Lei nº 8.745, de 9 de dezembro de 1993;
XXIV – adquirir, administrar e alienar seus bens;
XXV – decidir em último grau sobre as matérias de sua alçada, sempre admitido recurso ao Conselho Diretor;
XXVI – formular ao Ministério das Comunicações proposta de orçamento;
XXVII – aprovar o seu regimento interno;
XXVIII – elaborar relatório anual de suas atividades, nele destacando o cumprimento da política do setor definida nos termos do artigo anterior;
XXIX – enviar o relatório anual de suas atividades ao Ministério das Comunicações e, por intermédio da Presidência da República, ao Congresso Nacional;
XXX – rever, periodicamente, os planos enumerados nos incisos II e III do artigo anterior, submetendo-os, por intermédio do Ministro de Estado das Comunicações, ao Presidente da República, para aprovação;
XXXI – promover interação com administrações de telecomunicações dos países do Mercado Comum do Sul – MERCOSUL, com vistas à consecução de objetivos de interesse comum.

TÍTULO III – DOS ÓRGÃOS SUPERIORES

Capítulo I

DO CONSELHO DIRETOR

Art. 20. O Conselho Diretor será composto por cinco conselheiros e decidirá por maioria absoluta.

Parágrafo único. Cada conselheiro votará com independência, fundamentando seu voto.

Art. 21. As sessões do Conselho Diretor serão registradas em atas, que ficarão arquivadas na Biblioteca, disponíveis para conhecimento geral.

§ 1º Quando a publicidade puder colocar em risco a segurança do País, ou violar segredo protegido ou a intimidade de alguém, os registros correspondentes serão mantidos em sigilo.

§ 2º As sessões deliberativas do Conselho Diretor que se destinem a resolver pendências entre agentes econômicos e entre estes e consumidores e usuários de bens e serviços de telecomunicações serão públicas, permitida a sua gravação por meios eletrônicos e assegurado aos interessados o direito de delas obter transcrições.

Art. 22. Compete ao Conselho Diretor:
I – submeter ao Presidente da República, por intermédio do Ministro de Estado das Comunicações, as modificações do regulamento da Agência;
II – aprovar normas próprias de licitação e contratação;
III – propor o estabelecimento e alteração das políticas governamentais de telecomunicações;
IV – editar normas sobre matérias de competência da Agência;
V – aprovar editais de licitação, homologar adjudicações, bem como decidir pela prorrogação, transferência, intervenção e extinção, em relação às outorgas para prestação de serviço no regime público, obedecendo ao plano aprovado pelo Poder Executivo;
VI – aprovar o plano geral de autorizações de serviço prestado no regime privado;
VII – aprovar editais de licitação, homologar adjudicações, bem como decidir pela prorrogação, transferência e extinção, em relação às autorizações para prestação de serviço no regime privado, na forma do regimento interno;
VIII – aprovar o plano de destinação de faixas de radiofrequência e de ocupação de órbitas;
IX – aprovar os planos estruturais das redes de telecomunicações, na forma em que dispuser o regimento interno;
X – aprovar o regimento interno;
XI – resolver sobre a aquisição e a alienação de bens;
XII – autorizar a contratação de serviços de terceiros, na forma da legislação em vigor.

Parágrafo único. Fica vedada a realização por terceiros da fiscalização de competência da Agência, ressalvadas as atividades de apoio.

Art. 23. Os conselheiros serão brasileiros, de reputação ilibada, formação universitária e elevado conceito no campo de sua especialidade, devendo ser escolhidos pelo Presidente da República e por ele nomeados, após aprovação pelo Senado Federal, nos termos da alínea f do inciso III do art. 52 da Constituição Federal.

Art. 24. O mandato dos membros do Conselho Diretor será de cinco anos.

► *Caput com a redação dada pela Lei nº 9.986, de 18-7-2000.*

Parágrafo único. Em caso de vaga no curso do mandato, este será completado por sucessor investido na forma prevista no artigo anterior, que o exercerá pelo prazo remanescente.

Art. 25. Os mandatos dos primeiros membros do Conselho Diretor serão de três, quatro, cinco, seis e sete anos, a serem estabelecidos no decreto de nomeação.

Art. 26. *Revogado.* Lei nº 9.986, de 18-7-2000.

Art. 27. O regulamento disciplinará a substituição dos conselheiros em seus impedimentos, bem como durante a vacância.

Art. 28. *Revogado.* Lei nº 9.986, de 18-7-2000.

Art. 29. Caberá também aos conselheiros a direção dos órgãos administrativos da Agência.

Art. 30. Até um ano após deixar o cargo, é vedado ao ex-conselheiro representar qualquer pessoa ou interesse perante a Agência.

Parágrafo único. É vedado, ainda, ao ex-conselheiro utilizar informações privilegiadas obtidas em decorrência do cargo exercido, sob pena de incorrer em improbidade administrativa.

Art. 31. *Revogado.* Lei nº 9.986, de 18-7-2000.

Art. 32. Cabe ao Presidente a representação da Agência, o comando hierárquico sobre o pessoal e o serviço, exercendo todas as competências administrativas correspondentes, bem como a presidência das sessões do Conselho Diretor.

Parágrafo único. A representação judicial da Agência, com prerrogativas processuais de Fazenda Pública, será exercida pela Procuradoria.

CAPÍTULO II

DO CONSELHO CONSULTIVO

Art. 33. O Conselho Consultivo é o órgão de participação institucionalizada da sociedade na Agência.

Art. 34. O Conselho será integrado por representantes indicados pelo Senado Federal, pela Câmara dos Deputados, pelo Poder Executivo, pelas entidades de classe das prestadoras de serviços de telecomunicações, por entidades representativas dos usuários e por entidades representativas da sociedade, nos termos do regulamento.

Parágrafo único. O Presidente do Conselho Consultivo será eleito pelos seus membros e terá mandato de um ano.

Art. 35. Cabe ao Conselho Consultivo:

I – opinar, antes de seu encaminhamento ao Ministério das Comunicações, sobre o plano geral de outorgas, o plano geral de metas para universalização de serviços prestados no regime público e demais políticas governamentais de telecomunicações;

II – aconselhar quanto à instituição ou eliminação da prestação de serviço no regime público;

III – apreciar os relatórios anuais do Conselho Diretor;

IV – requerer informação e fazer proposição a respeito das ações referidas no art. 22.

Art. 36. Os membros do Conselho Consultivo, que não serão remunerados, terão mandato de três anos, vedada a recondução.

§ 1º Os mandatos dos primeiros membros do Conselho serão de um, dois e três anos, na proporção de um terço para cada período.

§ 2º O Conselho será renovado anualmente em um terço.

Art. 37. O regulamento disporá sobre o funcionamento do Conselho Consultivo.

TÍTULO IV – DA ATIVIDADE E DO CONTROLE

Art. 38. A atividade da Agência será juridicamente condicionada pelos princípios da legalidade, celeridade, finalidade, razoabilidade, proporcionalidade, impessoalidade, igualdade, devido processo legal, publicidade e moralidade.

Art. 39. Ressalvados os documentos e os autos cuja divulgação possa violar a segurança do País, segredo protegido ou a intimidade de alguém, todos os demais permanecerão abertos à consulta do público, sem formalidades, na Biblioteca.

Parágrafo único. A Agência deverá garantir o tratamento confidencial das informações técnicas, operacionais, econômico-financeiras e contábeis que solicitar às empresas prestadoras dos serviços de telecomunicações, nos termos do regulamento.

Art. 40. Os atos da Agência deverão ser sempre acompanhados da exposição formal dos motivos que os justifiquem.

Art. 41. Os atos normativos somente produzirão efeito após publicação no *Diário Oficial da União*, e aqueles de alcance particular, após a correspondente notificação.

Art. 42. As minutas de atos normativos serão submetidas à consulta pública, formalizada por publicação no *Diário Oficial da União*, devendo as críticas e sugestões merecer exame e permanecer à disposição do público na Biblioteca.

Art. 43. Na invalidação de atos e contratos, será garantida previamente a manifestação dos interessados.

Art. 44. Qualquer pessoa terá o direito de peticionar ou de recorrer contra ato da Agência no prazo máximo de trinta dias, devendo a decisão da Agência ser conhecida em até noventa dias.

Art. 45. O Ouvidor será nomeado pelo Presidente da República para mandato de dois anos, admitida uma recondução.

Parágrafo único. O Ouvidor terá acesso a todos os assuntos e contará com o apoio administrativo de que necessitar, competindo-lhe produzir, semestralmente ou quando oportuno, apreciações críticas sobre a atuação da Agência, encaminhando-as ao Conselho Diretor, ao Conselho Consultivo, ao Ministério das Comunicações, a outros órgãos do Poder Executivo e ao Congresso Nacional, fazendo publicá-las para conhecimento geral.

Art. 46. A Corregedoria acompanhará permanentemente o desempenho dos servidores da Agência, avaliando sua eficiência e o cumprimento dos deveres funcionais e realizando os processos disciplinares.

TÍTULO V – DAS RECEITAS

Art. 47. O produto da arrecadação das taxas de fiscalização de instalação e de funcionamento a que se refere a Lei nº 5.070, de 7 de julho de 1966, será destinado ao Fundo de Fiscalização das Telecomunicações – FISTEL, por ela criado.

Art. 48. A concessão, permissão ou autorização para a exploração de serviços de telecomunicações e de uso de radiofrequência, para qualquer serviço, será sempre feita a título oneroso, ficando autorizada a cobrança do respectivo preço nas condições estabelecidas nesta Lei e na regulamentação, constituindo o produto da arrecadação receita do Fundo de Fiscalização das Telecomunicações – FISTEL.

§ 1º Conforme dispuser a Agência, o pagamento devido pela concessionária, permissionária ou autorizada poderá ser feito na forma de quantia certa, em uma ou várias parcelas, ou de parcelas anuais, sendo seu valor, alternativamente:

I – determinado pela regulamentação;
II – determinado no edital de licitação;
III – fixado em função da proposta vencedora, quando constituir fator de julgamento;
IV – fixado no contrato de concessão ou no ato de permissão, nos casos de inexigibilidade de licitação.

§ 2º Após a criação do fundo de universalização dos serviços de telecomunicações mencionado no inciso II do art. 81, parte do produto da arrecadação a que se refere o *caput* deste artigo será a ele destinada, nos termos da lei correspondente.

Art. 49. A Agência submeterá anualmente ao Ministério das Comunicações a sua proposta de orçamento, bem como a do FISTEL, que serão encaminhadas ao Ministério do Planejamento e Orçamento para inclusão no projeto de lei orçamentária anual a que se refere o § 5º do art. 165 da Constituição Federal.

§ 1º A Agência fará acompanhar as propostas orçamentárias de um quadro demonstrativo do planejamento plurianual das receitas e despesas, visando ao seu equilíbrio orçamentário e financeiro nos cinco exercícios subsequentes.

§ 2º O planejamento plurianual preverá o montante a ser transferido ao fundo de universalização a que se refere o inciso II do art. 81 desta Lei, e os saldos a serem transferidos ao Tesouro Nacional.

§ 3º A lei orçamentária anual consignará as dotações para as despesas de custeio e capital da Agência, bem como o valor das transferências de recursos do FISTEL ao Tesouro Nacional e ao fundo de universalização, relativos ao exercício a que ela se referir.

§ 4º As transferências a que se refere o parágrafo anterior serão formalmente feitas pela Agência ao final de cada mês.

Art. 50. O Fundo de Fiscalização das Telecomunicações – FISTEL, criado pela Lei nº 5.070, de 7 de julho de 1966, passará à administração exclusiva da Agência, a partir da data de sua instalação, com os saldos nele existentes, incluídas as receitas que sejam produto da cobrança a que se refere o art. 14 da Lei nº 9.295, de 19 de julho de 1996.

▶ Lei nº 9.295, de 19-7-1996, dispõe sobre os Serviços de Telecomunicações e sua Organização, e sobre o Órgão Regulador.

Art. 51. Os arts. 2º, 3º, 6º e seus parágrafos, o art. 8º e seu § 2º, e o art. 13, da Lei nº 5.070, de 7 de julho de 1966, passam a ter a seguinte redação:

"Art. 2º O Fundo de Fiscalização das Telecomunicações – FISTEL é constituído das seguintes fontes:

a) dotações consignadas no Orçamento Geral da União, créditos especiais, transferências e repasses que lhe forem conferidos;
b) o produto das operações de crédito que contratar, no País e no exterior, e rendimentos de operações financeiras que realizar;
c) relativas ao exercício do poder concedente dos serviços de telecomunicações, no regime público, inclusive pagamentos pela outorga, multas e indenizações;
d) relativas ao exercício da atividade ordenadora da exploração de serviços de telecomunicações, no regime privado, inclusive pagamentos pela expedição de autorização de serviço, multas e indenizações;
e) relativas ao exercício do poder de outorga do direito de uso de radiofrequência para qualquer fim, inclusive multas e indenizações;
f) taxas de fiscalização;
g) recursos provenientes de convênios, acordos e contratos celebrados com entidades, organismos e empresas, públicas ou privadas, nacionais ou estrangeiras;
h) doações, legados, subvenções e outros recursos que lhe forem destinados;
i) o produto dos emolumentos, preços ou multas, os valores apurados na venda ou locação de bens, bem assim os decorrentes de publicações, dados e informações técnicas, inclusive para fins de licitação;
j) decorrentes de quantias recebidas pela aprovação de laudos de ensaio de produtos e pela prestação de serviços técnicos por órgãos da Agência Nacional de Telecomunicações;
l) rendas eventuais."

"Art. 3º Além das transferências para o Tesouro Nacional e para o fundo de universalização das telecomunicações, os recursos do Fundo de Fiscalização das Telecomunicações – FISTEL serão aplicados pela Agência Nacional de Telecomunicações exclusivamente:

....

d) no atendimento de outras despesas correntes e de capital por ela realizadas no exercício de sua competência."

"Art. 6º As taxas de fiscalização a que se refere a alínea f do art. 2º são a de instalação e a de funcionamento.

§ 1º Taxa de Fiscalização de Instalação é a devida pelas concessionárias, permissionárias e autorizadas de serviços de telecomunicações e de uso de radiofrequência, no momento da emissão do certificado de licença para o funcionamento das estações.

§ 2º Taxa de Fiscalização de Funcionamento é a devida pelas concessionárias, permissionárias e autorizadas de serviços de telecomunicações e de uso de radiofrequência, anualmente, pela fiscalização do funcionamento das estações."

"Art. 8º A Taxa de Fiscalização de Funcionamento será paga, anualmente, até o dia 31 de março, e seus valores serão os correspondentes a cinquenta por cento dos fixados para a Taxa de Fiscalização de Instalação.

....

"Art. 13. São isentos do pagamento das taxas do FISTEL a Agência Nacional de Telecomunicações, as Forças Armadas, a Polícia Federal, as Polícias Militares, a Polícia Rodoviária Federal, as Polícias Civis e os Corpos de Bombeiros Militares."

Art. 52. Os valores das taxas de fiscalização de instalação e de funcionamento, constantes do Anexo I da Lei nº 5.070, de 7 de julho de 1966, passam a ser os da Tabela do Anexo III desta Lei.

Parágrafo único. A nomenclatura dos serviços relacionados na Tabela vigorará até que nova regulamentação seja editada, com base nesta Lei.

Art. 53. Os valores de que tratam as alíneas *i* e *j* do art. 2º da Lei nº 5.070, de 7 de julho de 1966, com a redação dada por esta Lei, serão estabelecidos pela Agência.

TÍTULO VI – DAS CONTRATAÇÕES

Art. 54. A contratação de obras e serviços de engenharia civil está sujeita ao procedimento das licitações previsto em lei geral para a Administração Pública.

Parágrafo único. Para os casos não previstos no *caput*, a Agência poderá utilizar procedimentos próprios de contratação, nas modalidades de consulta e pregão.

Art. 55. A consulta e o pregão serão disciplinados pela Agência, observadas as disposições desta Lei e, especialmente:

I – a finalidade do procedimento licitatório é, por meio de disputa justa entre interessados, obter um contrato econômico, satisfatório e seguro para a Agência;
II – o instrumento convocatório identificará o objeto do certame, circunscreverá o universo de proponentes, estabelecerá critérios para aceitação e julgamento de propostas, regulará o procedimento, indicará as sanções aplicáveis e fixará as cláusulas do contrato;
III – o objeto será determinado de forma precisa, suficiente e clara, sem especificações que, por excessivas, irrelevantes ou desnecessárias, limitem a competição;
IV – a qualificação, exigida indistintamente dos proponentes, deverá ser compatível e proporcional ao objeto, visando à garantia do cumprimento das futuras obrigações;
V – como condição de aceitação da proposta, o interessado declarará estar em situação regular perante as Fazendas Públicas e a Seguridade Social, fornecendo seus códigos de inscrição, exigida a comprovação como condição indispensável à assinatura do contrato;
VI – o julgamento observará os princípios de vinculação ao instrumento convocatório, comparação objetiva e justo preço, sendo o empate resolvido por sorteio;
VII – as regras procedimentais assegurarão adequada divulgação do instrumento convocatório, prazos razoáveis para o preparo de propostas, os direitos ao contraditório e ao recurso, bem como a transparência e fiscalização;

VIII – a habilitação e o julgamento das propostas poderão ser decididos em uma única fase, podendo a habilitação, no caso de pregão, ser verificada apenas em relação ao licitante vencedor;
IX – quando o vencedor não celebrar o contrato, serão chamados os demais participantes na ordem de classificação;
X – somente serão aceitos certificados de registro cadastral expedidos pela Agência, que terão validade por dois anos, devendo o cadastro estar sempre aberto à inscrição dos interessados.

Art. 56. A disputa pelo fornecimento de bens e serviços comuns poderá ser feita em licitação na modalidade de pregão, restrita aos previamente cadastrados, que serão chamados a formular lances em sessão pública.

Parágrafo único. Encerrada a etapa competitiva, a Comissão examinará a melhor oferta quanto ao objeto, forma e valor.

Art. 57. Nas seguintes hipóteses, o pregão será aberto a quaisquer interessados, independentemente de cadastramento, verificando-se a um só tempo, após a etapa competitiva, a qualificação subjetiva e a aceitabilidade da proposta:

I – para a contratação de bens e serviços comuns de alto valor, na forma do regulamento;
II – quando o número de cadastrados na classe for inferior a cinco;
III – para o registro de preços, que terá validade por até dois anos;
IV – quando o Conselho Diretor assim o decidir.

Art. 58. A licitação na modalidade de consulta tem por objeto o fornecimento de bens e serviços não compreendidos nos arts. 56 e 57.

Parágrafo único. A decisão ponderará o custo e o benefício de cada proposta, considerando a qualificação do proponente.

Art. 59. A Agência poderá utilizar, mediante contrato, técnicos ou empresas especializadas, inclusive consultores independentes e auditores externos, para executar atividades de sua competência, vedada a contratação para as atividades de fiscalização, salvo para as correspondentes atividades de apoio.

Livro III – Da Organização dos Serviços de Telecomunicações

TÍTULO I – DISPOSIÇÕES GERAIS

Capítulo I

DAS DEFINIÇÕES

Art. 60. Serviço de telecomunicações é o conjunto de atividades que possibilita a oferta de telecomunicação.

§ 1º Telecomunicação é a transmissão, emissão ou recepção, por fio, radioeletricidade, meios ópticos ou qualquer outro processo eletromagnético, de símbolos, caracteres, sinais, escritos, imagens, sons ou informações de qualquer natureza.

§ 2º Estação de telecomunicações é o conjunto de equipamentos ou aparelhos, dispositivos e demais meios necessários à realização de telecomunicação, seus acessórios e periféricos, e, quando for o caso, as instalações que os abrigam e complementam, inclusive terminais portáteis.

Art. 61. Serviço de valor adicionado é a atividade que acrescenta, a um serviço de telecomunicações que lhe dá suporte e com o qual não se confunde, novas utilidades relacionadas ao acesso, armazenamento, apresentação, movimentação ou recuperação de informações.

§ 1º Serviço de valor adicionado não constitui serviço de telecomunicações, classificando-se seu provedor como usuário do serviço de telecomunicações que lhe dá suporte, com os direitos e deveres inerentes a essa condição.

▶ Súm. nº 334 do STJ.

§ 2º É assegurado aos interessados o uso das redes de serviços de telecomunicações para prestação de serviços de valor adicionado, cabendo à Agência, para assegurar esse direito, regular os condicionamentos, assim como o relacionamento entre aqueles e as prestadoras de serviço de telecomunicações.

Capítulo II
DA CLASSIFICAÇÃO

Art. 62. Quanto à abrangência dos interesses a que atendem, os serviços de telecomunicações classificam-se em serviços de interesse coletivo e serviços de interesse restrito.

Parágrafo único. Os serviços de interesse restrito estarão sujeitos aos condicionamentos necessários para que sua exploração não prejudique o interesse coletivo.

Art. 63. Quanto ao regime jurídico de sua prestação, os serviços de telecomunicações classificam-se em públicos e privados.

Parágrafo único. Serviço de telecomunicações em regime público é o prestado mediante concessão ou permissão, com atribuição a sua prestadora de obrigações de universalização e de continuidade.

Art. 64. Comportarão prestação no regime público as modalidades de serviço de telecomunicações de interesse coletivo, cuja existência, universalização e continuidade a própria União compromete-se a assegurar.

Parágrafo único. Incluem-se neste caso as diversas modalidades do serviço telefônico fixo comutado, de qualquer âmbito, destinado ao uso do público em geral.

Art. 65. Cada modalidade de serviço será destinada à prestação:

I – exclusivamente no regime público;
II – exclusivamente no regime privado; ou
III – concomitantemente nos regimes público e privado.

§ 1º Não serão deixadas à exploração apenas em regime privado as modalidades de serviço de interesse coletivo que, sendo essenciais, estejam sujeitas a deveres de universalização.

§ 2º A exclusividade ou concomitância a que se refere o *caput* poderá ocorrer em âmbito nacional, regional, local ou em áreas determinadas.

Art. 66. Quando um serviço for, ao mesmo tempo, explorado nos regimes público e privado, serão adotadas medidas que impeçam a inviabilidade econômica de sua prestação no regime público.

Art. 67. Não comportarão prestação no regime público os serviços de telecomunicações de interesse restrito.

Art. 68. É vedada, a uma mesma pessoa jurídica, a exploração, de forma direta ou indireta, de uma mesma modalidade de serviço nos regimes público e privado, salvo em regiões, localidades ou áreas distintas.

Capítulo III
DAS REGRAS COMUNS

Art. 69. As modalidades de serviço serão definidas pela Agência em função de sua finalidade, âmbito de prestação, forma, meio de transmissão, tecnologia empregada ou de outros atributos.

Parágrafo único. Forma de telecomunicação é o modo específico de transmitir informação, decorrente de características particulares de transdução, de transmissão, de apresentação da informação ou de combinação destas, considerando-se formas de telecomunicação, entre outras, a telefonia, a telegrafia, a comunicação de dados e a transmissão de imagens.

Art. 70. Serão coibidos os comportamentos prejudiciais à competição livre, ampla e justa entre as prestadoras do serviço, no regime público ou privado, em especial:

I – a prática de subsídios para redução artificial de preços;
II – o uso, objetivando vantagens na competição, de informações obtidas dos concorrentes, em virtude de acordos de prestação de serviço;
III – a omissão de informações técnicas e comerciais relevantes à prestação de serviços por outrem.

Art. 71. Visando a propiciar competição efetiva e a impedir a concentração econômica no mercado, a Agência poderá estabelecer restrições, limites ou condições a empresas ou grupos empresariais quanto à obtenção e transferência de concessões, permissões e autorizações.

Art. 72. Apenas na execução de sua atividade, a prestadora poderá valer-se de informações relativas à utilização individual do serviço pelo usuário.

§ 1º A divulgação das informações individuais dependerá da anuência expressa e específica do usuário.

§ 2º A prestadora poderá divulgar a terceiros informações agregadas sobre o uso de seus serviços, desde que elas não permitam a identificação, direta ou indireta, do usuário, ou a violação de sua intimidade.

Art. 73. As prestadoras de serviços de telecomunicações de interesse coletivo terão direito à utilização de postes, dutos, condutos e servidões pertencentes ou controlados por prestadora de serviços de telecomunicações ou de outros serviços de interesse público, de forma não discriminatória e a preços e condições justos e razoáveis.

▶ Art. 10 da Lei nº 11.934, de 5-5-2009, que dispõe sobre a obrigatoriedade do compartilhamento de torres pelas prestadoras de serviços de telecomunicações.

Parágrafo único. Caberá ao órgão regulador do cessionário dos meios a serem utilizados definir as condições para adequado atendimento do disposto no *caput*.

Art. 74. A concessão, permissão ou autorização de serviço de telecomunicações não isenta a prestadora do atendimento às normas de engenharia e às leis municipais, estaduais ou do Distrito Federal relativas à construção civil e à instalação de cabos e equipamentos em logradouros públicos.

Art. 75. Independerá de concessão, permissão ou autorização a atividade de telecomunicações restrita aos limites de uma mesma edificação ou propriedade móvel ou imóvel, conforme dispuser a Agência.

Art. 76. As empresas prestadoras de serviços e os fabricantes de produtos de telecomunicações que investirem em projetos de pesquisa e desenvolvimento no Brasil, na área de telecomunicações, obterão incentivos nas condições fixadas em lei.

Art. 77. O Poder Executivo encaminhará ao Congresso Nacional, no prazo de cento e vinte dias da publicação desta Lei, mensagem de criação de um fundo para o desenvolvimento tecnológico das telecomunicações brasileiras, com o objetivo de estimular a pesquisa e o desenvolvimento de novas tecnologias, incentivar a capacitação dos recursos humanos, fomentar a geração de empregos e promover o acesso de pequenas e médias empresas a recursos de capital, de modo a ampliar a competição na indústria de telecomunicações.

▶ Lei nº 10.052, de 28-11-2000, instituiu o Fundo para o Desenvolvimento Tecnológico das Telecomunicações – FUNTTEL.

Art. 78. A fabricação e o desenvolvimento no País de produtos de telecomunicações serão estimulados mediante adoção de instrumentos de política creditícia, fiscal e aduaneira.

TÍTULO II – DOS SERVIÇOS PRESTADOS EM REGIME PÚBLICO

CAPÍTULO I

DAS OBRIGAÇÕES DE UNIVERSALIZAÇÃO E DE CONTINUIDADE

Art. 79. A Agência regulará as obrigações de universalização e de continuidade atribuídas às prestadoras de serviço no regime público.

§ 1º Obrigações de universalização são as que objetivam possibilitar o acesso de qualquer pessoa ou instituição de interesse público a serviço de telecomunicações, independentemente de sua localização e condição socioeconômica, bem como as destinadas a permitir a utilização das telecomunicações em serviços essenciais de interesse público.

§ 2º Obrigações de continuidade são as que objetivam possibilitar aos usuários dos serviços sua fruição de forma ininterrupta, sem paralisações injustificadas, devendo os serviços estar à disposição dos usuários, em condições adequadas de uso.

Art. 80. As obrigações de universalização serão objeto de metas periódicas, conforme plano específico elaborado pela Agência e aprovado pelo Poder Executivo, que deverá referir-se, entre outros aspectos, à disponibilidade de instalações de uso coletivo ou individual, ao atendimento de deficientes físicos, de instituições de caráter público ou social, bem como de áreas rurais ou de urbanização precária e de regiões remotas.

§ 1º O plano detalhará as fontes de financiamento das obrigações de universalização, que serão neutras em relação à competição, no mercado nacional, entre prestadoras.

§ 2º Os recursos do fundo de universalização de que trata o inciso II do art. 81 não poderão ser destinados à cobertura de custos com universalização dos serviços que, nos termos do contrato de concessão, a própria prestadora deva suportar.

Art. 81. Os recursos complementares destinados a cobrir a parcela do custo exclusivamente atribuível ao cumprimento das obrigações de universalização de prestadora de serviço de telecomunicações, que não possa ser recuperada com a exploração eficiente do serviço, poderão ser oriundos das seguintes fontes:

I – Orçamento Geral da União, dos Estados, do Distrito Federal e dos Municípios;

II – fundo especificamente constituído para essa finalidade, para o qual contribuirão prestadoras de serviço de telecomunicações nos regimes público e privado, nos termos da lei, cuja mensagem de criação deverá ser enviada ao Congresso Nacional, pelo Poder Executivo, no prazo de cento e vinte dias após a publicação desta Lei.

▶ Lei nº 9.998, de 17-8-2000, instituiu o Fundo de Universalização dos Serviços de Telecomunicações – FUST.

Parágrafo único. Enquanto não for constituído o fundo a que se refere o inciso II do *caput*, poderão ser adotadas também as seguintes fontes:

I – subsídio entre modalidades de serviços de telecomunicações ou entre segmentos de usuários;

II – pagamento de adicional ao valor de interconexão.

Art. 82. O descumprimento das obrigações relacionadas à universalização e à continuidade ensejará a aplicação de sanções de multa, caducidade ou decretação de intervenção, conforme o caso.

CAPÍTULO II

DA CONCESSÃO

SEÇÃO I

DA OUTORGA

Art. 83. A exploração do serviço no regime público dependerá de prévia outorga, pela Agência, mediante concessão, implicando esta o direito de uso das radiofrequências necessárias, conforme regulamentação.

Parágrafo único. Concessão de serviço de telecomunicações é a delegação de sua prestação, mediante contrato, por prazo determinado, no regime público, sujeitando-se a concessionária aos riscos empresariais, remunerando-se pela cobrança de tarifas dos usuários ou por outras receitas alternativas e respondendo diretamente pelas suas obrigações e pelos prejuízos que causar.

Art. 84. As concessões não terão caráter de exclusividade, devendo obedecer ao plano geral de outorgas, com definição quanto à divisão do País em áreas, ao número de prestadoras para cada uma delas, seus prazos de vigência e os prazos para admissão de novas prestadoras.

§ 1º As áreas de exploração, o número de prestadoras, os prazos de vigência das concessões e os prazos para admissão de novas prestadoras serão definidos considerando-se o ambiente de competição, observados o princípio do maior benefício ao usuário e o interesse social e econômico do País, de modo a propiciar a justa remuneração da prestadora do serviço no regime público.

§ 2º A oportunidade e o prazo das outorgas serão determinados de modo a evitar o vencimento concomitante das concessões de uma mesma área.

Art. 85. Cada modalidade de serviço será objeto de concessão distinta, com clara determinação dos direitos e deveres da concessionária, dos usuários e da Agência.

Art. 86. *A concessão somente poderá ser outorgada a empresa constituída segundo as leis brasileiras, com sede e administração no País, criada para explorar exclusivamente serviços de telecomunicações.*

▶ Caput com a redação dada pela Lei nº 12.485, de 12-9-2011.

Parágrafo único. *Os critérios e condições para a prestação de outros serviços de telecomunicações diretamente pela concessionária obedecerão, entre outros, aos seguintes princípios, de acordo com regulamentação da Anatel:*

▶ Caput do parágrafo único com a redação dada pela Lei nº 12.485, de 12-9-2011.

I – garantia dos interesses dos usuários, nos mecanismos de reajuste e revisão das tarifas, mediante o compartilhamento dos ganhos econômicos advindos da racionalização decorrente da prestação de outros serviços de telecomunicações, ou ainda mediante a transferência integral dos ganhos econômicos que não decorram da eficiência ou iniciativa empresarial, observados os termos dos §§ 2º e 3º do art. 108 desta Lei;

II – atuação do poder público para propiciar a livre, ampla e justa competição, reprimidas as infrações da ordem econômica, nos termos do art. 6º desta Lei;

III – existência de mecanismos que assegurem o adequado controle público no que tange aos bens reversíveis.

▶ Incisos I a III acrescidos pela Lei nº 12.485, de 12-9-2011.

Art. 87. A outorga a empresa ou grupo empresarial que, na mesma região, localidade ou área, já preste a mesma modalidade de serviço, será condicionada à assunção do compromisso de, no prazo máximo de dezoito meses, contado da data de assinatura do contrato, transferir a outrem o serviço anteriormente explorado, sob pena de sua caducidade e de outras sanções previstas no processo de outorga.

▶ Art. 114, III, desta Lei.

Art. 88. As concessões serão outorgadas mediante licitação.

Art. 89. A licitação será disciplinada pela Agência, observados os princípios constitucionais, as disposições desta Lei e, especialmente:

I – a finalidade do certame é, por meio de disputa entre os interessados, escolher quem possa executar, expandir e universalizar o serviço no regime público com eficiência, segurança e a tarifas razoáveis;

II – a minuta de instrumento convocatório será submetida a consulta pública prévia;

III – o instrumento convocatório identificará o serviço objeto do certame e as condições de sua prestação, expansão e universalização, definirá o universo de proponentes, estabelecerá fatores e critérios para aceitação e julgamento de propostas, regulará o procedimento, determinará a quantidade de fases e seus objetivos, indicará as sanções aplicáveis e fixará as cláusulas do contrato de concessão;

IV – as qualificações técnico-operacional ou profissional e econômico-financeira, bem como as garantias da proposta e do contrato, exigidas indistintamente dos proponentes, deverão ser compatíveis com o objeto e proporcionais a sua natureza e dimensão;

V – o interessado deverá comprovar situação regular perante as Fazendas Públicas e a Seguridade Social;

VI – a participação de consórcio, que se constituirá em empresa antes da outorga da concessão, será sempre admitida;

VII – o julgamento atenderá aos princípios de vinculação ao instrumento convocatório e comparação objetiva;

VIII – os fatores de julgamento poderão ser, isolada ou conjugadamente, os de menor tarifa, maior oferta pela outorga, melhor qualidade dos serviços e melhor atendimento da demanda, respeitado sempre o princípio da objetividade;

IX – o empate será resolvido por sorteio;

X – as regras procedimentais assegurarão a adequada divulgação do instrumento convocatório, prazos compatíveis com o preparo de propostas e os direitos ao contraditório, ao recurso e à ampla defesa.

Art. 90. Não poderá participar da licitação ou receber outorga de concessão a empresa proibida de licitar ou contratar com o Poder Público ou que tenha sido declarada inidônea, bem como aquela que tenha sido punida nos dois anos anteriores com a decretação de caducidade de concessão, permissão ou autorização de serviços de telecomunicações, ou da caducidade de direito de uso de radiofrequência.

Art. 91. A licitação será inexigível quando, mediante processo administrativo conduzido pela Agência, a disputa for considerada inviável ou desnecessária.

▶ Art. 119 desta Lei.

§ 1º Considera-se inviável a disputa quando apenas um interessado puder realizar o serviço, nas condições estipuladas.

§ 2º Considera-se desnecessária a disputa nos casos em que se admita a exploração do serviço por todos os interessados que atendam às condições requeridas.

§ 3º O procedimento para verificação da inexigibilidade compreenderá chamamento público para apurar o número de interessados.

Art. 92. Nas hipóteses de inexigibilidade de licitação, a outorga de concessão dependerá de procedimento administrativo sujeito aos princípios da publicidade, moralidade, impessoalidade e contraditório, para verificar o preenchimento das condições relativas às qualificações técnico-operacional ou profissional e

econômico-financeira, à regularidade fiscal e às garantias do contrato.
► Art. 119 desta Lei.

Parágrafo único. As condições deverão ser compatíveis com o objeto e proporcionais a sua natureza e dimensão.

Seção II

DO CONTRATO

Art. 93. O contrato de concessão indicará:

I – objeto, área e prazo da concessão;
II – modo, forma e condições da prestação do serviço;
III – regras, critérios, indicadores, fórmulas e parâmetros definidores da implantação, expansão, alteração e modernização do serviço, bem como de sua qualidade;
IV – deveres relativos à universalização e à continuidade do serviço;
V – o valor devido pela outorga, a forma e as condições de pagamento;
VI – as condições de prorrogação, incluindo os critérios para fixação do valor;
VII – as tarifas a serem cobradas dos usuários e os critérios para seu reajuste e revisão;
VIII – as possíveis receitas alternativas, complementares ou acessórias, bem como as provenientes de projetos associados;
IX – os direitos, as garantias e as obrigações dos usuários, da Agência e da concessionária;
X – a forma da prestação de contas e da fiscalização;
XI – os bens reversíveis, se houver;
XII – as condições gerais para interconexão;
XIII – a obrigação de manter, durante a execução do contrato, todas as condições de habilitação exigidas na licitação;
XIV – as sanções;
XV – o foro e o modo para solução extrajudicial das divergências contratuais.

Parágrafo único. O contrato será publicado resumidamente no *Diário Oficial da União*, como condição de sua eficácia.

Art. 94. No cumprimento de seus deveres, a concessionária poderá, observadas as condições e limites estabelecidos pela Agência:

I – empregar, na execução dos serviços, equipamentos e infraestrutura que não lhe pertençam;
II – contratar com terceiros o desenvolvimento de atividades inerentes, acessórias ou complementares ao serviço, bem como a implementação de projetos associados.

► Art. 117, II, desta Lei.

§ 1º Em qualquer caso, a concessionária continuará sempre responsável perante a Agência e os usuários.

§ 2º Serão regidas pelo direito comum as relações da concessionária com os terceiros, que não terão direitos frente à Agência, observado o disposto no art. 117 desta Lei.

Art. 95. A Agência concederá prazos adequados para adaptação da concessionária às novas obrigações que lhe sejam impostas.

Art. 96. A concessionária deverá:

I – prestar informações de natureza técnica, operacional, econômico-financeira e contábil, ou outras pertinentes que a Agência solicitar;
II – manter registros contábeis separados por serviço, caso explore mais de uma modalidade de serviço de telecomunicações;
III – submeter à aprovação da Agência a minuta de contrato-padrão a ser celebrado com os usuários, bem como os acordos operacionais que pretenda firmar com prestadoras estrangeiras;
IV – divulgar relação de assinantes, observado o disposto nos incisos VI e IX do art. 3º, bem como o art. 213, desta Lei;
V – submeter-se à regulamentação do serviço e à sua fiscalização;
VI – apresentar relatórios periódicos sobre o atendimento das metas de universalização constantes do contrato de concessão.

Art. 97. Dependerão de prévia aprovação da Agência a cisão, a fusão, a transformação, a incorporação, a redução do capital da empresa ou a transferência de seu controle societário.

► Art. 114, I, desta Lei.

Parágrafo único. A aprovação será concedida se a medida não for prejudicial à competição e não colocar em risco a execução do contrato, observado o disposto no art. 7º desta Lei.

Art. 98. O contrato de concessão poderá ser transferido após a aprovação da Agência desde que, cumulativamente:

I – o serviço esteja em operação, há pelo menos três anos, com o cumprimento regular das obrigações;
II – o cessionário preencha todos os requisitos da outorga, inclusive quanto às garantias, à regularidade jurídica e fiscal e à qualificação técnica e econômico-financeira;
III – a medida não prejudique a competição e não coloque em risco a execução do contrato, observado o disposto no art. 7º desta Lei.

Art. 99. O prazo máximo da concessão será de vinte anos, podendo ser prorrogado, uma única vez, por igual período, desde que a concessionária tenha cumprido as condições da concessão e manifeste expresso interesse na prorrogação, pelo menos, trinta meses antes de sua expiração.

§ 1º A prorrogação do prazo da concessão implicará pagamento, pela concessionária, pelo direito de exploração do serviço e pelo direito de uso das radiofrequências associadas, e poderá, a critério da Agência, incluir novos condicionamentos, tendo em vista as condições vigentes à época.

§ 2º A desistência do pedido de prorrogação sem justa causa, após seu deferimento, sujeitará a concessionária à pena de multa.

§ 3º Em caso de comprovada necessidade de reorganização do objeto ou da área da concessão para ajustamento ao plano geral de outorgas ou à regulamentação vigente, poderá a Agência indeferir o pedido de prorrogação.

SEÇÃO III
DOS BENS

Art. 100. Poderá ser declarada a utilidade pública, para fins de desapropriação ou instituição de servidão, de bens imóveis ou móveis, necessários à execução do serviço, cabendo à concessionária a implementação da medida e o pagamento da indenização e das demais despesas envolvidas.

Art. 101. A alienação, oneração ou substituição de bens reversíveis dependerá de prévia aprovação da Agência.

Art. 102. A extinção da concessão transmitirá automaticamente à União a posse dos bens reversíveis.

Parágrafo único. A reversão dos bens, antes de expirado o prazo contratual, importará pagamento de indenização pelas parcelas de investimentos a eles vinculados, ainda não amortizados ou depreciados, que tenham sido realizados com o objetivo de garantir a continuidade e atualidade do serviço concedido.

SEÇÃO IV
DAS TARIFAS

Art. 103. Compete à Agência estabelecer a estrutura tarifária para cada modalidade de serviço.

§ 1º A fixação, o reajuste e a revisão das tarifas poderão basear-se em valor que corresponda à média ponderada dos valores dos itens tarifários.

§ 2º São vedados os subsídios entre modalidades de serviços e segmentos de usuários, ressalvado o disposto no parágrafo único do art. 81 desta Lei.

§ 3º As tarifas serão fixadas no contrato de concessão, consoante edital ou proposta apresentada na licitação.

§ 4º Em caso de outorga sem licitação, as tarifas serão fixadas pela Agência e constarão do contrato de concessão.

Art. 104. Transcorridos ao menos três anos da celebração do contrato, a Agência poderá, se existir ampla e efetiva competição entre as prestadoras do serviço, submeter a concessionária ao regime de liberdade tarifária.

§ 1º No regime a que se refere o *caput*, a concessionária poderá determinar suas próprias tarifas, devendo comunicá-las à Agência com antecedência de sete dias de sua vigência.

§ 2º Ocorrendo aumento arbitrário dos lucros ou práticas prejudiciais à competição, a Agência restabelecerá o regime tarifário anterior, sem prejuízo das sanções cabíveis.

Art. 105. Quando da implantação de novas prestações, utilidades ou comodidades relativas ao objeto da concessão, suas tarifas serão previamente levadas à Agência, para aprovação, com os estudos correspondentes.

Parágrafo único. Considerados os interesses dos usuários, a Agência poderá decidir por fixar as tarifas ou por submetê-las ao regime de liberdade tarifária, sendo vedada qualquer cobrança antes da referida aprovação.

Art. 106. A concessionária poderá cobrar tarifa inferior à fixada desde que a redução se baseie em critério objetivo e favoreça indistintamente todos os usuários, vedado o abuso do poder econômico.

Art. 107. Os descontos de tarifa somente serão admitidos quando extensíveis a todos os usuários que se enquadrem nas condições, precisas e isonômicas, para sua fruição.

Art. 108. Os mecanismos para reajuste e revisão das tarifas serão previstos nos contratos de concessão, observando-se, no que couber, a legislação específica.

§ 1º A redução ou o desconto de tarifas não ensejará revisão tarifária.

§ 2º Serão compartilhados com os usuários, nos termos regulados pela Agência, os ganhos econômicos decorrentes da modernização, expansão ou racionalização dos serviços, bem como de novas receitas alternativas.

§ 3º Serão transferidos integralmente aos usuários os ganhos econômicos que não decorram diretamente da eficiência empresarial, em casos como os de diminuição de tributos ou encargos legais e de novas regras sobre os serviços.

§ 4º A oneração causada por novas regras sobre os serviços, pela álea econômica extraordinária, bem como pelo aumento dos encargos legais ou tributos, salvo o imposto sobre a renda, implicará a revisão do contrato.

Art. 109. A Agência estabelecerá:

I – os mecanismos para acompanhamento das tarifas praticadas pela concessionária, inclusive a antecedência a ser observada na comunicação de suas alterações;
II – os casos de serviço gratuito, como os de emergência;
III – os mecanismos para garantir a publicidade das tarifas.

SEÇÃO V
DA INTERVENÇÃO

Art. 110. Poderá ser decretada intervenção na concessionária, por ato da Agência, em caso de:

I – paralisação injustificada dos serviços;
II – inadequação ou insuficiência dos serviços prestados, não resolvidas em prazo razoável;
III – desequilíbrio econômico-financeiro decorrente de má administração que coloque em risco a continuidade dos serviços;
IV – prática de infrações graves;
V – inobservância de atendimento das metas de universalização;
VI – recusa injustificada de interconexão;
VII – infração da ordem econômica nos termos da legislação própria.

Art. 111. O ato de intervenção indicará seu prazo, seus objetivos e limites, que serão determinados em função das razões que a ensejaram, e designará o interventor.

§ 1º A decretação da intervenção não afetará o curso regular dos negócios da concessionária nem seu normal funcionamento e produzirá, de imediato, o afastamento de seus administradores.

§ 2º A intervenção será precedida de procedimento administrativo instaurado pela Agência, em que se assegure a ampla defesa da concessionária, salvo quando decretada cautelarmente, hipótese em que o procedimento será instaurado na data da intervenção e concluído em até cento e oitenta dias.

§ 3º A intervenção poderá ser exercida por um colegiado ou por uma empresa, cuja remuneração será paga com recursos da concessionária.

§ 4º Dos atos do interventor caberá recurso à Agência.

§ 5º Para os atos de alienação e disposição do patrimônio da concessionária, o interventor necessitará de prévia autorização da Agência.

§ 6º O interventor prestará contas e responderá pelos atos que praticar.

Seção VI
DA EXTINÇÃO

Art. 112. A concessão extinguir-se-á por advento do termo contratual, encampação, caducidade, rescisão e anulação.

Parágrafo único. A extinção devolve à União os direitos e deveres relativos à prestação do serviço.

Art. 113. Considera-se encampação a retomada do serviço pela União durante o prazo da concessão, em face de razão extraordinária de interesse público, mediante lei autorizativa específica e após o pagamento de prévia indenização.

Art. 114. A caducidade da concessão será decretada pela Agência nas hipóteses:

I – de infração do disposto no art. 97 desta Lei ou de dissolução ou falência da concessionária;
II – de transferência irregular do contrato;
III – de não cumprimento do compromisso de transferência a que se refere o art. 87 desta Lei;
IV – em que a intervenção seria cabível, mas sua decretação for inconveniente, inócua, injustamente benéfica ao concessionário ou desnecessária.

§ 1º Será desnecessária a intervenção quando a demanda pelos serviços objeto da concessão puder ser atendida por outras prestadoras de modo regular e imediato.

§ 2º A decretação da caducidade será precedida de procedimento administrativo instaurado pela Agência, em que se assegure a ampla defesa da concessionária.

Art. 115. A concessionária terá direito à rescisão quando, por ação ou omissão do Poder Público, a execução do contrato se tornar excessivamente onerosa.

Parágrafo único. A rescisão poderá ser realizada amigável ou judicialmente.

Art. 116. A anulação será decretada pela Agência em caso de irregularidade insanável e grave do contrato de concessão.

Art. 117. Extinta a concessão antes do termo contratual, a Agência, sem prejuízo de outras medidas cabíveis, poderá:

I – ocupar, provisoriamente, bens móveis e imóveis e valer-se de pessoal empregado na prestação dos serviços, necessários à sua continuidade;
II – manter contratos firmados pela concessionária com terceiros, com fundamento nos incisos I e II do art. 94 desta Lei, pelo prazo e nas condições inicialmente ajustadas.

Parágrafo único. Na hipótese do inciso II deste artigo, os terceiros que não cumprirem com as obrigações assumidas responderão pelo inadimplemento.

Capítulo III
DA PERMISSÃO

Art. 118. Será outorgada permissão, pela Agência, para prestação de serviço de telecomunicações em face de situação excepcional comprometedora do funcionamento do serviço que, em virtude de suas peculiaridades, não possa ser atendida, de forma conveniente ou em prazo adequado, mediante intervenção na empresa concessionária ou mediante outorga de nova concessão.

Parágrafo único. Permissão de serviço de telecomunicações é o ato administrativo pelo qual se atribui a alguém o dever de prestar serviço de telecomunicações no regime público e em caráter transitório, até que seja normalizada a situação excepcional que a tenha ensejado.

Art. 119. A permissão será precedida de procedimento licitatório simplificado, instaurado pela Agência, nos termos por ela regulados, ressalvados os casos de inexigibilidade previstos no art. 91, observado o disposto no art. 92, desta Lei.

Art. 120. A permissão será formalizada mediante assinatura de termo, que indicará:

I – o objeto e a área da permissão, bem como os prazos mínimo e máximo de vigência estimados;
II – modo, forma e condições da prestação do serviço;
III – as tarifas a serem cobradas dos usuários, critérios para seu reajuste e revisão e as possíveis fontes de receitas alternativas;
IV – os direitos, as garantias e as obrigações dos usuários, do permitente e do permissionário;
V – as condições gerais de interconexão;
VI – a forma da prestação de contas e da fiscalização;
VII – os bens entregues pelo per-mitente à administração do permissionário;
VIII – as sanções;
IX – os bens reversíveis, se houver;
X – o foro e o modo para solução extrajudicial das divergências.

Parágrafo único. O termo de permissão será publicado resumidamente no *Diário Oficial da União*, como condição de sua eficácia.

Art. 121. Outorgada permissão em decorrência de procedimento licitatório, a recusa injustificada pelo outorgado em assinar o respectivo termo sujeitá-lo-á às sanções previstas no instrumento convocatório.

Art. 122. A permissão extinguir-se-á pelo decurso do prazo máximo de vigência estimado, observado o disposto no art. 124 desta Lei, bem como por revogação, caducidade e anulação.

Art. 123. A revogação deverá basear-se em razões de conveniência e oportunidade relevantes e supervenientes à permissão.

§ 1º A revogação, que poderá ser feita a qualquer momento, não dará direito a indenização.

§ 2º O ato revocatório fixará o prazo para o permissionário devolver o serviço, que não será inferior a sessenta dias.

Art. 124. A permissão poderá ser mantida, mesmo vencido seu prazo máximo, se persistir a situação excepcional que a motivou.

Art. 125. A Agência disporá sobre o regime da permissão, observados os princípios e objetivos desta Lei.

TÍTULO III – DOS SERVIÇOS PRESTADOS EM REGIME PRIVADO

Capítulo I
DO REGIME GERAL DA EXPLORAÇÃO

Art. 126. A exploração de serviço de telecomunicações no regime privado será baseada nos princípios constitucionais da atividade econômica.

Art. 127. A disciplina da exploração dos serviços no regime privado terá por objetivo viabilizar o cumprimento das leis, em especial das relativas às telecomunicações, à ordem econômica e aos direitos dos consumidores, destinando-se a garantir:

I – a diversidade de serviços, o incremento de sua oferta e sua qualidade;
II – a competição livre, ampla e justa;
III – o respeito aos direitos dos usuários;
IV – a convivência entre as modalidades de serviço e entre prestadoras em regime privado e público, observada a prevalência do interesse público;
V – o equilíbrio das relações entre prestadoras e usuários dos serviços;
VI – a isonomia de tratamento às prestadoras;
VII – o uso eficiente do espectro de radiofrequências;
VIII – o cumprimento da função social do serviço de interesse coletivo, bem como dos encargos dela decorrentes;
IX – o desenvolvimento tecnológico e industrial do setor;
X – a permanente fiscalização.

Art. 128. Ao impor condicionamentos administrativos ao direito de exploração das diversas modalidades de serviço no regime privado, sejam eles limites, encargos ou sujeições, a Agência observará a exigência de mínima intervenção na vida privada, assegurando que:

I – a liberdade será a regra, constituindo exceção as proibições, restrições e interferências do Poder Público;
II – nenhuma autorização será negada, salvo por motivo relevante;
III – os condicionamentos deverão ter vínculos, tanto de necessidade como de adequação, com finalidades públicas específicas e relevantes;
IV – o proveito coletivo gerado pelo condicionamento deverá ser proporcional à privação que ele impuser;
V – haverá relação de equilíbrio entre os deveres impostos às prestadoras e os direitos a elas reconhecidos.

Art. 129. O preço dos serviços será livre, ressalvado o disposto no § 2º do art. 136 desta Lei, reprimindo-se toda prática prejudicial à competição, bem como o abuso do poder econômico, nos termos da legislação própria.

Art. 130. A prestadora de serviço em regime privado não terá direito adquirido à permanência das condições vigentes quando da expedição da autorização ou do início das atividades, devendo observar os novos condicionamentos impostos por lei e pela regulamentação.

Parágrafo único. As normas concederão prazos suficientes para adaptação aos novos condicionamentos.

Capítulo II
DA AUTORIZAÇÃO DE SERVIÇO DE TELECOMUNICAÇÕES

Seção I
DA OBTENÇÃO

Art. 131. A exploração de serviço no regime privado dependerá de prévia autorização da Agência, que acarretará direito de uso das radiofrequências necessárias.

§ 1º Autorização de serviço de telecomunicações é o ato administrativo vinculado que faculta a exploração, no regime privado, de modalidade de serviço de telecomunicações, quando preenchidas as condições objetivas e subjetivas necessárias.

§ 2º A Agência definirá os casos que independerão de autorização.

§ 3º A prestadora de serviço que independa de autorização comunicará previamente à Agência o início de suas atividades, salvo nos casos previstos nas normas correspondentes.

§ 4º A eficácia da autorização dependerá da publicação de extrato no *Diário Oficial da União*.

Art. 132. São condições objetivas para obtenção de autorização de serviço:

I – disponibilidade de radiofrequência necessária, no caso de serviços que a utilizem;
II – apresentação de projeto viável tecnicamente e compatível com as normas aplicáveis.

Art. 133. São condições subjetivas para obtenção de autorização de serviço de interesse coletivo pela empresa:

I – estar constituída segundo as leis brasileiras, com sede e administração no País;
II – não estar proibida de licitar ou contratar com o Poder Público, não ter sido declarada inidônea ou não ter sido punida, nos dois anos anteriores, com a decretação da caducidade de concessão, permissão ou autorização de serviço de telecomunicações, ou da caducidade de direito de uso de radiofrequência;
III – dispor de qualificação técnica para bem prestar o serviço, capacidade econômico-financeira, regularidade fiscal e estar em situação regular com a Seguridade Social;
IV – não ser, na mesma região, localidade ou área, encarregada de prestar a mesma modalidade de serviço.

Art. 134. A Agência disporá sobre as condições subjetivas para obtenção de autorização de serviço de interesse restrito.

Art. 135. A Agência poderá, excepcionalmente, em face de relevantes razões de caráter coletivo, condicionar a expedição de autorização à aceitação, pelo interessado, de compromissos de interesse da coletividade.

Parágrafo único. Os compromissos a que se refere o *caput* serão objeto de regulamentação, pela Agência, observados os princípios da razoabilidade, proporcionalidade e igualdade.

Art. 136. Não haverá limite ao número de autorizações de serviço, salvo em caso de impossibilidade técnica ou, excepcionalmente, quando o excesso de competidores puder comprometer a prestação de uma modalidade de serviço de interesse coletivo.

§ 1º A Agência determinará as regiões, localidades ou áreas abrangidas pela limitação e disporá sobre a possibilidade de a prestadora atuar em mais de uma delas.

§ 2º As prestadoras serão selecionadas mediante procedimento licitatório, na forma estabelecida nos arts. 88 a 92, sujeitando-se a transferência da autorização às mesmas condições estabelecidas no art. 98, desta Lei.

► Art. 129 desta Lei.

§ 3º Dos vencedores da licitação será exigida contrapartida proporcional à vantagem econômica que usufruírem, na forma de compromissos de interesse dos usuários.

Art. 137. O descumprimento de condições ou de compromissos assumidos, associados à autorização, sujeitará a prestadora às sanções de multa, suspensão temporária ou caducidade.

SEÇÃO II

DA EXTINÇÃO

Art. 138. A autorização de serviço de telecomunicações não terá sua vigência sujeita a termo final, extinguindo-se somente por cassação, caducidade, de-caimento, renúncia ou anulação.

Art. 139. Quando houver perda das condições indispensáveis à expedição ou manutenção da autorização, a Agência poderá extingui-la mediante ato de cassação.

Parágrafo único. Importará em cassação da autorização do serviço a extinção da autorização de uso da radiofrequência respectiva.

Art. 140. Em caso de prática de infrações graves, de transferência irregular da autorização ou de descumprimento reiterado de compromissos assumidos, a Agência poderá extinguir a autorização decretando-lhe a caducidade.

Art. 141. O decaimento será decretado pela Agência, por ato administrativo, se, em face de razões de excepcional relevância pública, as normas vierem a vedar o tipo de atividade objeto da autorização ou a suprimir a exploração no regime privado.

§ 1º A edição das normas de que trata o caput não justificará o decaimento senão quando a preservação das autorizações já expedidas for efetivamente incompatível com o interesse público.

§ 2º Decretado o decaimento, a prestadora terá o direito de manter suas próprias atividades regulares por prazo mínimo de cinco anos, salvo desapropriação.

Art. 142. Renúncia é o ato formal unilateral, irrevogável e irretratável, pelo qual a prestadora manifesta seu desinteresse pela autorização.

Parágrafo único. A renúncia não será causa para punição do autorizado, nem o desonerará de suas obrigações com terceiros.

Art. 143. A anulação da autorização será decretada, judicial ou administrativamente, em caso de irregularidade insanável do ato que a expediu.

Art. 144. A extinção da autorização mediante ato administrativo dependerá de procedimento prévio, garantidos o contraditório e a ampla defesa do interessado.

TÍTULO IV – DAS REDES DE TELECOMUNICAÇÕES

Art. 145. A implantação e o funcionamento de redes de telecomunicações destinadas a dar suporte à prestação de serviços de interesse coletivo, no regime público ou privado, observarão o disposto neste Título.

► Art. 156 desta Lei.

Parágrafo único. As redes de telecomunicações destinadas à prestação de serviço em regime privado poderão ser dispensadas do disposto no caput, no todo ou em parte, na forma da regulamentação expedida pela Agência.

Art. 146. As redes serão organizadas como vias integradas de livre circulação, nos termos seguintes:

I – é obrigatória a interconexão entre as redes, na forma da regulamentação;

II – deverá ser assegurada a operação integrada das redes, em âmbito nacional e internacional;

III – o direito de propriedade sobre as redes é condicionado pelo dever de cumprimento de sua função social.

Parágrafo único. Interconexão é a ligação entre redes de telecomunicações funcionalmente compatíveis, de modo que os usuários de serviços de uma das redes possam comunicar-se com usuários de serviços de outra ou acessar serviços nela disponíveis.

Art. 147. É obrigatória a interconexão às redes de telecomunicações a que se refere o art. 145 desta Lei, solicitada por prestadora de serviço no regime privado, nos termos da regulamentação.

Art. 148. É livre a interconexão entre redes de suporte à prestação de serviços de telecomunicações no regime privado, observada a regulamentação.

Art. 149. A regulamentação estabelecerá as hipóteses e condições de interconexão a redes internacionais.

Art. 150. A implantação, o funcionamento e a interconexão das redes obedecerão à regulamentação editada pela Agência, assegurando a compatibilidade das redes das diferentes prestadoras, visando à sua harmonização em âmbito nacional e internacional.

Art. 151. A Agência disporá sobre os planos de numeração dos serviços, assegurando sua administração de forma não discriminatória e em estímulo à competição, garantindo o atendimento aos compromissos internacionais.

Parágrafo único. A Agência disporá sobre as circunstâncias e as condições em que a prestadora de serviço de telecomunicações cujo usuário transferir-se para outra prestadora será obrigada a, sem ônus, interceptar as ligações dirigidas ao antigo código de acesso do usuário e informar o seu novo código.

Art. 152. O provimento da interconexão será realizado em termos não discriminatórios, sob condições técnicas adequadas, garantindo preços isonômicos e justos, atendendo ao estritamente necessário à prestação do serviço.

Art. 153. As condições para a interconexão de redes serão objeto de livre negociação entre os interessados, mediante acordo, observado o disposto nesta Lei e nos termos da regulamentação.

§ 1º O acordo será formalizado por contrato, cuja eficácia dependerá de homologação pela Agência, arquivando-se uma de suas vias na Biblioteca para consulta por qualquer interessado.

§ 2º Não havendo acordo entre os interessados, a Agência, por provocação de um deles, arbitrará as condições para a interconexão.

Art. 154. As redes de telecomunicações poderão ser, secundariamente, utilizadas como suporte de serviço a ser prestado por outrem, de interesse coletivo ou restrito.

Art. 155. Para desenvolver a competição, as empresas prestadoras de serviços de telecomunicações de interesse coletivo deverão, nos casos e condições fixados pela Agência, disponibilizar suas redes a outras prestadoras de serviços de telecomunicações de interesse coletivo.

Art. 156. Poderá ser vedada a conexão de equipamentos terminais sem certificação, expedida ou aceita pela Agência, no caso das redes referidas no art. 145 desta Lei.

§ 1º Terminal de telecomunicações é o equipamento ou aparelho que possibilita o acesso do usuário a serviço de telecomunicações, podendo incorporar estágio de transdução, estar incorporado a equipamento destinado a exercer outras funções ou, ainda, incorporar funções secundárias.

§ 2º Certificação é o reconhecimento da compatibilidade das especificações de determinado produto com as características técnicas do serviço a que se destina.

TÍTULO V – DO ESPECTRO E DA ÓRBITA

CAPÍTULO I

DO ESPECTRO DE RADIOFREQUÊNCIAS

Art. 157. O espectro de radiofrequências é um recurso limitado, constituindo-se em bem público, administrado pela Agência.

Art. 158. Observadas as atribuições de faixas segundo tratados e acordos internacionais, a Agência manterá plano com a atribuição, distribuição e destinação de radiofrequências, e detalhamento necessário ao uso das radiofrequências associadas aos diversos serviços e atividades de telecomunicações, atendidas suas necessidades específicas e as de suas expansões.

§ 1º O plano destinará faixas de radiofrequência para:

I – fins exclusivamente militares;
II – serviços de telecomunicações a serem prestados em regime público e em regime privado;
III – serviços de radiodifusão;
IV – serviços de emergência e de segurança pública;
V – outras atividades de telecomunicações.

§ 2º A destinação de faixas de radiofrequência para fins exclusivamente militares será feita em articulação com as Forças Armadas.

Art. 159. Na destinação de faixas de radiofrequência serão considerados o emprego racional e econômico do espectro, bem como as atribuições, distribuições e consignações existentes, objetivando evitar interferências prejudiciais.

Parágrafo único. Considera-se interferência prejudicial qualquer emissão, irradiação ou indução que obstrua, degrade seriamente ou interrompa repetidamente a telecomunicação.

Art. 160. A Agência regulará a utilização eficiente e adequada do espectro, podendo restringir o emprego de determinadas radiofrequências ou faixas, considerado o interesse público.

Parágrafo único. O uso da radiofrequência será condicionado à sua compatibilidade com a atividade ou o serviço a ser prestado, particularmente no tocante à potência, à faixa de transmissão e à técnica empregada.

Art. 161. A qualquer tempo, poderá ser modificada a destinação de radiofrequências ou faixas, bem como ordenada a alteração de potências ou de outras características técnicas, desde que o interesse público ou o cumprimento de convenções ou tratados internacionais assim o determine.

Parágrafo único. Será fixado prazo adequado e razoável para a efetivação da mudança.

Art. 162. A operação de estação transmissora de radiocomunicação está sujeita à licença de funcionamento prévia e à fiscalização permanente, nos termos da regulamentação.

§ 1º Radiocomunicação é a telecomunicação que utiliza frequências radioelétricas não confinadas a fios, cabos ou outros meios físicos.

§ 2º É vedada a utilização de equipamentos emissores de radiofrequência sem certificação expedida ou aceita pela Agência.

§ 3º A emissão ou extinção da licença relativa à estação de apoio à navegação marítima ou aeronáutica, bem como à estação de radiocomunicação marítima ou aeronáutica, dependerá de parecer favorável dos órgãos competentes para a vistoria de embarcações e aeronaves.

CAPÍTULO II

DA AUTORIZAÇÃO DE USO DE RADIOFREQUÊNCIA

Art. 163. O uso de radiofrequência, tendo ou não caráter de exclusividade, dependerá de prévia outorga da Agência, mediante autorização, nos termos da regulamentação.

§ 1º Autorização de uso de radiofrequência é o ato administrativo vinculado, associado à concessão, permissão ou autorização para prestação de serviço de telecomunicações, que atribui a interessado, por prazo determinado, o direito de uso de radiofrequência, nas condições legais e regulamentares.

§ 2º Independerão de outorga:

I – o uso de radiofrequência por meio de equipamentos de radiação restrita definidos pela Agência;
II – o uso, pelas Forças Armadas, de radiofrequências nas faixas destinadas a fins exclusivamente militares.

§ 3º A eficácia da autorização de uso de radiofrequência dependerá de publicação de extrato no *Diário Oficial* da União.

Art. 164. Havendo limitação técnica ao uso de radiofrequência e ocorrendo o interesse na sua utilização, por parte de mais de um interessado, para fins de expansão de serviço e, havendo ou não, concomitantemente, outros interessados em prestar a mesma modalidade de serviço, observar-se-á:

I – a autorização de uso de radiofrequência dependerá de licitação, na forma e condições estabelecidas nos arts. 88 a 90 desta Lei e será sempre onerosa;

II – o vencedor da licitação receberá, conforme o caso, a autorização para uso da radiofrequência, para fins de expansão do serviço, ou a autorização para a prestação do serviço.

Art. 165. Para fins de verificação da necessidade de abertura ou não da licitação prevista no artigo anterior, observar-se-á o disposto nos arts. 91 e 92 desta Lei.

Art. 166. A autorização de uso de radiofrequência terá o mesmo prazo de vigência da concessão ou permissão de prestação de serviço de telecomunicações à qual esteja vinculada.

Art. 167. No caso de serviços autorizados, o prazo de vigência será de até vinte anos, prorrogável uma única vez por igual período.

§ 1º A prorrogação, sempre onerosa, poderá ser requerida até três anos antes do vencimento do prazo original, devendo o requerimento ser decidido em, no máximo, doze meses.

§ 2º O indeferimento somente ocorrerá se o interessado não estiver fazendo uso racional e adequado da radiofrequência, se houver cometido infrações reiteradas em suas atividades ou se for necessária a modificação de destinação do uso da radiofrequência.

Art. 168. É intransferível a autorização de uso de radiofrequências sem a correspondente transferência da concessão, permissão ou autorização de prestação do serviço a elas vinculada.

Art. 169. A autorização de uso de radiofrequências extinguir-se-á pelo advento de seu termo final ou no caso de sua transferência irregular, bem como por caducidade, decaimento, renúncia ou anulação da autorização para prestação do serviço de telecomunicações que dela se utiliza.

Capítulo III

DA ÓRBITA E DOS SATÉLITES

Art. 170. A Agência disporá sobre os requisitos e critérios específicos para execução de serviço de telecomunicações que utilize satélite, geoestacionário ou não, independentemente de o acesso a ele ocorrer a partir do território nacional ou do exterior.

Art. 171. Para a execução de serviço de telecomunicações via satélite regulado por esta Lei, deverá ser dada preferência ao emprego de satélite brasileiro, quando este propiciar condições equivalentes às de terceiros.

§ 1º O emprego de satélite estrangeiro somente será admitido quando sua contratação for feita com empresa constituída segundo as leis brasileiras e com sede e administração no País, na condição de representante legal do operador estrangeiro.

§ 2º Satélite brasileiro é o que utiliza recursos de órbita e espectro radioelétrico notificados pelo País, ou a ele distribuídos ou consignados, e cuja estação de controle e monitoração seja instalada no território brasileiro.

Art. 172. O direito de exploração de satélite brasileiro para transporte de sinais de telecomunicações assegura a ocupação da órbita e o uso das radiofrequências destinadas ao controle e monitoração do satélite e à telecomunicação via satélite, por prazo de até quinze anos, podendo esse prazo ser prorrogado, uma única vez, nos termos da regulamentação.

§ 1º Imediatamente após um pedido para exploração de satélite que implique utilização de novos recursos de órbita ou espectro, a Agência avaliará as informações e, considerando-as em conformidade com a regulamentação, encaminhará à União Internacional de Telecomunicações a correspondente notificação, sem que isso caracterize compromisso de outorga ao requerente.

§ 2º Se inexigível a licitação, conforme disposto nos arts. 91 e 92 desta Lei, o direito de exploração será conferido mediante processo administrativo estabelecido pela Agência.

§ 3º Havendo necessidade de licitação, observar-se-á o procedimento estabelecido nos arts. 88 a 90 desta Lei, aplicando-se, no que couber, o disposto neste artigo.

§ 4º O direito será conferido a título oneroso, podendo o pagamento, conforme dispuser a Agência, fazer-se na forma de quantia certa, em uma ou várias parcelas, bem como de parcelas anuais ou, complementarmente, de cessão de capacidade, conforme dispuser a regulamentação.

TÍTULO VI – DAS SANÇÕES

Capítulo I

DAS SANÇÕES ADMINISTRATIVAS

Art. 173. A infração desta Lei ou das demais normas aplicáveis, bem como a inobservância dos deveres decorrentes dos contratos de concessão ou dos atos de permissão, autorização de serviço ou autorização de uso de radiofrequência, sujeitará os infratores às seguintes sanções, aplicáveis pela Agência, sem prejuízo das de natureza civil e penal:

I – advertência;
II – multa;
III – suspensão temporária;
IV – caducidade;
V – declaração de inidoneidade.

Art. 174. Toda acusação será circunstanciada, permanecendo em sigilo até sua completa apuração.

Art. 175. Nenhuma sanção será aplicada sem a oportunidade de prévia e ampla defesa.

Parágrafo único. Apenas medidas cautelares urgentes poderão ser tomadas antes da defesa.

Art. 176. Na aplicação de sanções, serão consideradas a natureza e a gravidade da infração, os danos dela resultantes para o serviço e para os usuários, a vantagem auferida pelo infrator, as circunstâncias agravantes, os antecedentes do infrator e a reincidência específica.

Parágrafo único. Entende-se por reincidência específica a repetição de falta de igual natureza após o recebimento de notificação anterior.

Art. 177. Nas infrações praticadas por pessoa jurídica, também serão punidos com a sanção de multa seus administradores ou controladores, quando tiverem agido de má-fé.

Art. 178. A existência de sanção anterior será considerada como agravante na aplicação de outra sanção.

Art. 179. A multa poderá ser imposta isoladamente ou em conjunto com outra sanção, não devendo ser superior a R$ 50.000.000,00 (cinquenta milhões de reais) para cada infração cometida.

§ 1º Na aplicação de multa serão considerados a condição econômica do infrator e o princípio da proporcionalidade entre a gravidade da falta e a intensidade da sanção.

§ 2º A imposição, a prestadora de serviço de telecomunicações, de multa decorrente de infração da ordem econômica, observará os limites previstos na legislação específica.

Art. 180. A suspensão temporária será imposta, em relação à autorização de serviço ou de uso de radiofrequência, em caso de infração grave cujas circunstâncias não justifiquem a decretação de caducidade.

Parágrafo único. O prazo da suspensão não será superior a trinta dias.

Art. 181. A caducidade importará na extinção de concessão, permissão, autorização de serviço ou autorização de uso de radiofrequência, nos casos previstos nesta Lei.

Art. 182. A declaração de inidoneidade será aplicada a quem tenha praticado atos ilícitos visando frustrar os objetivos de licitação.

Parágrafo único. O prazo de vigência da declaração de inidoneidade não será superior a cinco anos.

Capítulo II

DAS SANÇÕES PENAIS

Art. 183. Desenvolver clandestinamente atividades de telecomunicação:

Pena – detenção de dois a quatro anos, aumentada da metade se houver dano a terceiro, e multa de R$ 10.000,00 (dez mil reais).

Parágrafo único. Incorre na mesma pena quem, direta ou indiretamente, concorrer para o crime.

Art. 184. São efeitos da condenação penal transitada em julgado:

I – tornar certa a obrigação de indenizar o dano causado pelo crime;

II – a perda, em favor da Agência, ressalvado o direito do lesado ou de terceiros de boa-fé, dos bens empregados na atividade clandestina, sem prejuízo de sua apreensão cautelar.

Parágrafo único. Considera-se clandestina a atividade desenvolvida sem a competente concessão, permissão ou autorização de serviço, de uso de radiofrequência e de exploração de satélite.

Art. 185. O crime definido nesta Lei é de ação penal pública, incondicionada, cabendo ao Ministério Público promovê-la.

▶ Art. 129, II, da CF.
▶ Arts. 100 a 106 do CP.

Livro IV – Da Reestruturação e da Desestatização Das Empresas Federais de Telecomunicações

Art. 186. A reestruturação e a desestatização das empresas federais de telecomunicações têm como objetivo conduzir ao cumprimento dos deveres constantes do art. 2º desta Lei.

Art. 187. Fica o Poder Executivo autorizado a promover a reestruturação e a desestatização das seguintes empresas controladas, direta ou indiretamente, pela União, e supervisionadas pelo Ministério das Comunicações:

I – Telecomunicações Brasileiras S.A. – TELEBRÁS;
II – Empresa Brasileira de Telecomunicações – EMBRATEL;
III – Telecomunicações do Maranhão S.A. – TELMA;
IV – Telecomunicações do Piauí S.A. – TELEPISA;
V – Telecomunicações do Ceará – TELECEARÁ;
VI – Telecomunicações do Rio Grande do Norte S.A. – TELERN;
VII – Telecomunicações da Paraíba S.A. – TELPA;
VIII – Telecomunicações de Pernambuco S.A. – TELPE;
IX – Telecomunicações de Alagoas S.A. – TELASA;
X – Telecomunicações de Sergipe S.A. – TELERGIPE;
XI – Telecomunicações da Bahia S.A. – TELEBAHIA;
XII – Telecomunicações de Mato Grosso do Sul S.A. – TELEMS;
XIII – Telecomunicações de Mato Grosso S.A. – TELEMAT;
XIV – Telecomunicações de Goiás S.A. – TELEGOIÁS;
XV – Telecomunicações de Brasília S.A. – TELEBRASÍLIA;
XVI – Telecomunicações de Rondônia S.A. – TELERON;
XVII – Telecomunicações do Acre S.A. – TELEACRE;
XVIII – Telecomunicações de Roraima S.A. – TELAIMA;
XIX – Telecomunicações do Amapá S.A. – TELEAMAPÁ;
XX – Telecomunicações do Amazonas S.A. – TELAMAZON;
XXI – Telecomunicações do Pará S.A. – TELEPARÁ;
XXII – Telecomunicações do Rio de Janeiro S.A. – TELERJ;
XXIII – Telecomunicações de Minas Gerais S.A. – TELEMIG;
XXIV – Telecomunicações do Espírito Santo S.A. – TELEST;
XXV – Telecomunicações de São Paulo S.A. – TELESP;
XXVI – Companhia Telefônica da Borda do Campo – CTBC;
XXVII – Telecomunicações do Paraná S.A. – TELEPAR;
XXVIII – Telecomunicações de Santa Catarina S.A. – TELESC;
XXIX – Companhia Telefônica Melhoramento e Resistência – CTMR.

Parágrafo único. Incluem-se na autorização a que se refere o *caput* as empresas subsidiárias exploradoras do serviço móvel celular, constituídas nos termos do art. 5º da Lei nº 9.295, de 19 de julho de 1996.

► Lei nº 9.295, de 19-7-1996, dispõe sobre os Serviços de Telecomunicações e sua Organização, e sobre o Órgão Regulador.

Art. 188. A reestruturação e a desestatização deverão compatibilizar as áreas de atuação das empresas com o plano geral de outorgas, o qual deverá ser previamente editado, na forma do art. 84 desta Lei, bem como observar as restrições, limites ou condições estabelecidas com base no art. 71.

Art. 189. Para a reestruturação das empresas enumeradas no art. 187, fica o Poder Executivo autorizado a adotar as seguintes medidas:

I – cisão, fusão e incorporação;
II – dissolução de sociedade ou desativação parcial de seus empreendimentos;
III – redução de capital social.

Art. 190. Na reestruturação e desestatização da Telecomunicações Brasileiras S.A. – TELEBRÁS deverão ser previstos mecanismos que assegurem a preservação da capacidade em pesquisa e desenvolvimento tecnológico existente na empresa.

Parágrafo único. Para o cumprimento do disposto no caput, fica o Poder Executivo autorizado a criar entidade, que incorporará o Centro de Pesquisa e Desenvolvimento da TELEBRÁS, sob uma das seguintes formas:

I – empresa estatal de economia mista ou não, inclusive por meio da cisão a que se refere o inciso I do artigo anterior;
II – fundação governamental, pública ou privada.

Art. 191. A desestatização caracteriza-se pela alienação onerosa de direitos que asseguram à União, direta ou indiretamente, preponderância nas deliberações sociais e o poder de eleger a maioria dos administradores da sociedade, podendo ser realizada mediante o emprego das seguintes modalidades operacionais:

I – alienação de ações;
II – cessão do direito de preferência à subscrição de ações em aumento de capital.

Parágrafo único. A desestatização não afetará as concessões, permissões e autorizações detidas pela empresa.

Art. 192. Na desestatização das empresas a que se refere o art. 187, parte das ações poderá ser reservada a seus empregados e ex-empregados aposentados, a preços e condições privilegiados, inclusive com a utilização do Fundo de Garantia por Tempo de Serviço – FGTS.

Art. 193. A desestatização de empresas ou grupo de empresas citadas no art. 187 implicará a imediata abertura à competição, na respectiva área, dos serviços prestados no regime público.

Art. 194. Poderão ser objeto de alienação conjunta o controle acionário de empresas prestadoras de serviço telefônico fixo comutado e o de empresas prestadoras do serviço móvel celular.

Parágrafo único. Fica vedado ao novo controlador promover a incorporação ou fusão de empresa prestadora do serviço telefônico fixo comutado com empresa prestadora do serviço móvel celular.

Art. 195. O modelo de reestruturação e desestatização das empresas enumeradas no art. 187, após submetido a consulta pública, será aprovado pelo Presidente da República, ficando a coordenação e o acompanhamento dos atos e procedimentos decorrentes a cargo de Comissão Especial de Supervisão, a ser instituída pelo Ministro de Estado das Comunicações.

§ 1º A execução de procedimentos operacionais necessários à desestatização poderá ser cometida, mediante contrato, a instituição financeira integrante da Administração Federal, de notória experiência no assunto.

§ 2º A remuneração da contratada será paga com parte do valor líquido apurado nas alienações.

Art. 196. Na reestruturação e na desestatização poderão ser utilizados serviços especializados de terceiros, contratados mediante procedimento licitatório de rito próprio, nos termos seguintes:

I – o Ministério das Comunicações manterá cadastro organizado por especialidade, aberto a empresas e instituições nacionais ou internacionais, de notória especialização na área de telecomunicações e na avaliação e auditoria de empresas, no planejamento e execução de venda de bens e valores mobiliários e nas questões jurídicas relacionadas;
II – para inscrição no cadastro, os interessados deverão atender aos requisitos definidos pela Comissão Especial de Supervisão, com a aprovação do Ministro de Estado das Comunicações;
III – poderão participar das licitações apenas os cadastrados, que serão convocados mediante carta, com a especificação dos serviços objeto do certame;
IV – os convocados, isoladamente ou em consórcio, apresentarão suas propostas em trinta dias, contados da convocação;
V – além de outros requisitos previstos na convocação, as propostas deverão conter o detalhamento dos serviços, a metodologia de execução, a indicação do pessoal técnico a ser empregado e o preço pretendido;
VI – o julgamento das propostas será realizado pelo critério de técnica e preço;
VII – o contratado, sob sua exclusiva responsabilidade e com a aprovação do contratante, poderá subcontratar parcialmente os serviços objeto do contrato;
VIII – o contratado será obrigado a aceitar, nas mesmas condições contratuais, os acréscimos ou reduções que se fizerem necessários nos serviços, de até vinte e cinco por cento do valor inicial do ajuste.

Art. 197. O processo especial de desestatização obedecerá aos princípios de legalidade, impessoalidade, moralidade e publicidade, podendo adotar a forma de leilão ou concorrência ou, ainda, de venda de ações em oferta pública, de acordo com o estabelecido pela Comissão Especial de Supervisão.

Parágrafo único. O processo poderá comportar uma etapa de pré-qualificação, ficando restrita aos qualificados a participação em etapas subsequentes.

Art. 198. O processo especial de desestatização será iniciado com a publicação, no *Diário Oficial da União* e em jornais de grande circulação nacional, de avisos referentes ao edital, do qual constarão, obrigatoriamente:

I – as condições para qualificação dos pretendentes;
II – as condições para aceitação das propostas;
III – os critérios de julgamento;
IV – minuta do contrato de concessão;
V – informações relativas às empresas objeto do processo, tais como seu passivo de curto e longo prazo e sua situação econômica e financeira, especificando-se lucros, prejuízos e endividamento interno e externo, no último exercício;
VI – sumário dos estudos de avaliação;
VII – critério de fixação do valor mínimo de alienação, com base nos estudos de avaliação;
VIII – indicação, se for o caso, de que será criada, no capital social da empresa objeto da desestatização, ação de classe especial, a ser subscrita pela União, e dos poderes especiais que lhe serão conferidos, os quais deverão ser incorporados ao estatuto social.

§ 1º O acesso à integralidade dos estudos de avaliação e a outras informações confidenciais poderá ser restrito aos qualificados, que assumirão compromisso de confidencialidade.

§ 2º A alienação do controle acionário, se realizada mediante venda de ações em oferta pública, dispensará a inclusão, no edital, das informações relacionadas nos incisos I a III deste artigo.

Art. 199. Visando à universalização dos serviços de telecomunicações, os editais de desestatização deverão conter cláusulas de compromisso de expansão do atendimento à população, consoantes com o disposto no art. 80.

Art. 200. Para qualificação, será exigida dos pretendentes comprovação de capacidade técnica, econômica e financeira, podendo ainda haver exigências quanto a experiência na prestação de serviços de telecomunicações, guardada sempre a necessária compatibilidade com o porte das empresas objeto do processo.

Parágrafo único. Será admitida a participação de consórcios, nos termos do edital.

Art. 201. Fica vedada, no decurso do processo de desestatização, a aquisição, por um mesmo acionista ou grupo de acionistas, do controle, direto ou indireto, de empresas atuantes em áreas distintas do plano geral de outorgas.

Art. 202. A transferência do controle acionário ou da concessão, após a desestatização, somente poderá efetuar-se quando transcorrido o prazo de cinco anos, observado o disposto nos incisos II e III do art. 98 desta Lei.

§ 1º Vencido o prazo referido no *caput*, a transferência de controle ou de concessão que resulte no controle, direto ou indireto, por um mesmo acionista ou grupo de acionistas, de concessionárias atuantes em áreas distintas do plano geral de outorgas, não poderá ser efetuada enquanto tal impedimento for considerado, pela Agência, necessário ao cumprimento do plano.

§ 2º A restrição à transferência da concessão não se aplica quando efetuada entre empresas atuantes em uma mesma área do plano geral de outorgas.

Art. 203. Os preços de aquisição serão pagos exclusivamente em moeda corrente, admitido o parcelamento, nos termos do edital.

Art. 204. Em até trinta dias após o encerramento de cada processo de desestatização, a Comissão Especial de Supervisão publicará relatório circunstanciado a respeito.

Art. 205. Entre as obrigações da instituição financeira contratada para a execução de atos e procedimentos da desestatização, poderá ser incluído o fornecimento de assistência jurídica integral aos membros da Comissão Especial de Supervisão e aos demais responsáveis pela condução da desestatização, na hipótese de serem demandados pela prática de atos decorrentes do exercício de suas funções.

Art. 206. Os administradores das empresas sujeitas à desestatização são responsáveis pelo fornecimento, no prazo fixado pela Comissão Especial de Supervisão ou pela instituição financeira contratada, das informações necessárias à instrução dos respectivos processos.

DISPOSIÇÕES FINAIS E TRANSITÓRIAS

Art. 207. No prazo máximo de sessenta dias a contar da publicação desta Lei, as atuais prestadoras do serviço telefônico fixo comutado destinado ao uso do público em geral, inclusive as referidas no art. 187 desta Lei, bem como do serviço dos troncos e suas conexões internacionais, deverão pleitear a celebração de contrato de concessão, que será efetivada em até vinte e quatro meses a contar da publicação desta Lei.

§ 1º A concessão, cujo objeto será determinado em função do plano geral de outorgas, será feita a título gratuito, com termo final fixado para o dia 31 de dezembro de 2005, assegurado o direito à prorrogação única por vinte anos, a título oneroso, desde que observado o disposto no Título II do Livro III desta Lei.

§ 2º À prestadora que não atender ao disposto no caput deste artigo aplicar-se-ão as seguintes disposições:

I – se concessionária, continuará sujeita ao contrato de concessão atualmente em vigor, o qual não poderá ser transferido ou prorrogado;
II – se não for concessionária, o seu direito à exploração do serviço extinguir-se-á em 31 de dezembro de 1999.

§ 3º Em relação aos demais serviços prestados pelas entidades a que se refere o *caput*, serão expedidas as respectivas autorizações ou, se for o caso, concessões, observado o disposto neste artigo, no que couber, e no art. 208 desta Lei.

Art. 208. As concessões das empresas prestadoras de serviço móvel celular abrangidas pelo art. 4º da Lei nº 9.295, de 19 de julho de 1996, serão outorgadas na forma e condições determinadas pelo referido artigo e seu parágrafo único.

Art. 209. Ficam autorizadas as transferências de concessão, parciais ou totais, que forem necessárias para compatibilizar as áreas de atuação das atuais prestadoras com o plano geral de outorgas.

Art. 210. As concessões, permissões e autorizações de serviço de telecomunicações e de uso de radiofrequência e as respectivas licitações regem-se exclusivamente por esta Lei, a elas não se aplicando as Leis nº 8.666, de 21 de junho de 1993, nº 8.987, de 13 de fevereiro de 1995, nº 9.074, de 7 de julho de 1995, e suas alterações.

Art. 211. A outorga dos serviços de radiodifusão sonora e de sons e imagens fica excluída da jurisdição da Agência, permanecendo no âmbito de competências do Poder Executivo, devendo a Agência elaborar e manter os respectivos planos de distribuição de canais, levando em conta, inclusive, os aspectos concernentes à evolução tecnológica.

Parágrafo único. Caberá à Agência a fiscalização, quanto aos aspectos técnicos, das respectivas estações.

Art. 212. O serviço de TV a Cabo, inclusive quanto aos atos, condições e procedimentos de outorga, continuará regido pela Lei nº 8.977, de 6 de janeiro de 1995, ficando transferidas à Agência as competências atribuídas pela referida Lei ao Poder Executivo.

Art. 213. Será livre a qualquer interessado a divulgação, por qualquer meio, de listas de assinantes do serviço telefônico fixo comutado destinado ao uso do público em geral.

§ 1º Observado o disposto nos incisos VI e IX do art. 3º desta Lei, as prestadoras do serviço serão obrigadas a fornecer, em prazos e a preços razoáveis e de forma não discriminatória, a relação de seus assinantes a quem queira divulgá-la.

§ 2º É obrigatório e gratuito o fornecimento, pela prestadora, de listas telefônicas aos assinantes dos serviços, diretamente ou por meio de terceiros, nos termos em que dispuser a Agência.

Art. 214. Na aplicação desta Lei, serão observadas as seguintes disposições:

I – os regulamentos, normas e demais regras em vigor serão gradativamente substituídos por regulamentação a ser editada pela Agência, em cumprimento a esta Lei;

► Dec. nº 3.896, de 23-8-2001, dispõe que os serviços de telecomunicações, qualquer que seja o regime jurídico ou o interesse, regem-se exclusivamente pelos regulamentos e pelas normas editadas pela ANATEL, não se lhes aplicando a regulamentação anteriormente vigente, excetuada a hipótese prevista neste inciso.

II – enquanto não for editada a nova regulamentação, as concessões, permissões e autorizações continuarão regidas pelos atuais regulamentos, normas e regras;

► Dec. nº 3.896, de 23-8-2001, dispõe que os serviços de telecomunicações, qualquer que seja o regime jurídico ou o interesse, regem-se exclusivamente pelos regulamentos e pelas normas editadas pela ANATEL, não se lhes aplicando a regulamentação anteriormente vigente, excetuada a hipótese prevista neste inciso.

III – até a edição da regulamentação decorrente desta Lei, continuarão regidos pela Lei nº 9.295, de 19 de julho de 1996, os serviços por ela disciplinados e os respectivos atos e procedimentos de outorga;

► Dec. nº 2.338, de 7-10-1997, aprova o regulamento da ANATEL.

IV – as concessões, permissões e autorizações feitas anteriormente a esta Lei, não reguladas no seu art. 207, permanecerão válidas pelos prazos nelas previstos;

V – com a aquiescência do interessado, poderá ser realizada a adaptação dos instrumentos de concessão, permissão e autorização a que se referem os incisos III e IV deste artigo aos preceitos desta Lei;

VI – a renovação ou prorrogação, quando prevista nos atos a que se referem os incisos III e IV deste artigo, somente poderá ser feita quando tiver havido a adaptação prevista no inciso anterior.

Art. 215. Ficam revogados:

I – a Lei nº 4.117, de 27 de agosto de 1962, salvo quanto à matéria penal não tratada nesta Lei e quanto aos preceitos relativos à radiodifusão;
II – a Lei nº 6.874, de 3 de dezembro de 1980;
III – a Lei nº 8.367, de 30 de dezembro de 1991;
IV – os arts. 1º, 2º, 3º, 7º, 9º, 10, 12 e 14, bem como o *caput* e os §§ 1º e 4º do art. 8º, da Lei nº 9.295, de 19 de julho de 1996;
V – o inciso I do art. 16 da Lei nº 8.029, de 12 de abril de 1990.

► Art. 16 da Lei nº 8.029, de 12-4-1990, renumerado para art. 19 pela Lei nº 8.154, de 28-12-1990.

Art. 216. Esta Lei entra em vigor na data de sua publicação.

Brasília, 16 de julho de 1997;
176º da Independência e
109º da República.

Fernando Henrique Cardoso

LEI Nº 9.478,
DE 6 DE AGOSTO DE 1997

Dispõe sobre a política energética nacional, as atividades relativas ao monopólio do petróleo, institui o Conselho Nacional de Política Energética e a Agência Nacional do Petróleo e dá outras providências.

► Publicada no *DOU* de 7-8-1997.
► Lei nº 12.304, de 2-8-2010, autoriza o Poder Executivo a criar a empresa pública denominada Empresa Brasileira de Administração de Petróleo e Gás Natural S.A. – Pré-Sal Petróleo S.A. (PPSA).
► Dec. nº 2.455, de 14-1-1998, implanta a Agência Nacional do Petróleo – ANP.

CAPÍTULO I

DOS PRINCÍPIOS E OBJETIVOS DA POLÍTICA ENERGÉTICA NACIONAL

Art. 1º As políticas nacionais para o aproveitamento racional das fontes de energia visarão aos seguintes objetivos:

I – preservar o interesse nacional;
II – promover o desenvolvimento, ampliar o mercado de trabalho e valorizar os recursos energéticos;
III – proteger os interesses do consumidor quanto a preço, qualidade e oferta dos produtos;
IV – proteger o meio ambiente e promover a conservação de energia;
V – garantir o fornecimento de derivados de petróleo em todo o território nacional, nos termos do § 2º do art. 177 da Constituição Federal;
VI – incrementar, em bases econômicas, a utilização do gás natural;
VII – identificar as soluções mais adequadas para o suprimento de energia elétrica nas diversas regiões do País;

VIII – utilizar fontes alternativas de energia, mediante o aproveitamento econômico dos insumos disponíveis e das tecnologias aplicáveis;
IX – promover a livre concorrência;
X – atrair investimentos na produção de energia;
XI – ampliar a competitividade do País no mercado internacional;
XII – incrementar, em bases econômicas, sociais e ambientais, a participação dos biocombustíveis na matriz energética nacional;

► Inciso XII acrescido pela Lei nº 11.097, de 13-1-2005.
► Lei nº 10.453, de 13-5-2002, dispõe sobre subvenções ao preço e ao transporte do álcool combustível e subsídios ao preço do gás liquefeito de petróleo – GLP.

XIII – garantir o fornecimento de biocombustíveis em todo o território nacional;

► Inciso XIII com a redação dada pela Lei nº 12.490, de 16-9-2011.

XIV – incentivar a geração de energia elétrica a partir da biomassa e de subprodutos da produção de biocombustíveis, em razão do seu caráter limpo, renovável e complementar à fonte hidráulica;
XV – promover a competitividade do País no mercado internacional de biocombustíveis;
XVI – atrair investimentos em infraestrutura para transporte e estocagem de biocombustíveis;
XVII – fomentar a pesquisa e o desenvolvimento relacionados à energia renovável;
XVIII – mitigar as emissões de gases causadores de efeito estufa e de poluentes nos setores de energia e de transportes, inclusive com o uso de biocombustíveis.

► Incisos XIV a XVIII acrescidos pela Lei nº 12.490, de 16-9-2011.

Capítulo II

DO CONSELHO NACIONAL DE POLÍTICA ENERGÉTICA

► Dec. nº 3.520, de 21-6-2000, dispõe sobre a estrutura e o funcionamento do Conselho Nacional de Política Energética – CNPE.

Art. 2º Fica criado o Conselho Nacional de Política Energética – CNPE, vinculado à Presidência da República e presidido pelo Ministro de Estado de Minas e Energia, com a atribuição de propor ao Presidente da República políticas nacionais e medidas específicas destinadas a:

I – promover o aproveitamento racional dos recursos energéticos do País, em conformidade com os princípios enumerados no capítulo anterior e com o disposto na legislação aplicável;
II – assegurar, em função das características regionais, o suprimento de insumos energéticos às áreas mais remotas ou de difícil acesso do País, submetendo as medidas específicas ao Congresso Nacional, quando implicarem criação de subsídios;
III – rever periodicamente as matrizes energéticas aplicadas às diversas regiões do País, considerando as fontes convencionais e alternativas e as tecnologias disponíveis;
IV – estabelecer diretrizes para programas específicos, como os de uso do gás natural, do carvão, da energia termonuclear, dos biocombustíveis, da energia solar, da energia eólica e da energia proveniente de outras fontes alternativas;

► Inciso IV com a redação dada pela Lei nº 11.097, de 13-1-2005.

V – estabelecer diretrizes para a importação e exportação, de maneira a atender às necessidades de consumo interno de petróleo e seus derivados, biocombustíveis, gás natural e condensado, e assegurar o adequado funcionamento do Sistema Nacional de Estoques de Combustíveis e o cumprimento do Plano Anual de Estoques Estratégicos de Combustíveis, de que trata o art. 4º da Lei nº 8.176, de 8 de fevereiro de 1991;

► Inciso V com a redação dada pela Lei nº 12.490, de 16-9-2011.

VI – sugerir a adoção de medidas necessárias para garantir o atendimento à demanda nacional de energia elétrica, considerando o planejamento de longo, médio e curto prazos, podendo indicar empreendimentos que devam ter prioridade de licitação e implantação, tendo em vista seu caráter estratégico e de interesse público, de forma que tais projetos venham assegurar a otimização do binômio modicidade tarifária e confiabilidade do Sistema Elétrico;

► Inciso VI com a redação dada pela Lei nº 10.848, de 12-3-2004.

VII – estabelecer diretrizes para o uso de gás natural como matéria-prima em processos produtivos industriais, mediante a regulamentação de condições e critérios específicos, que visem a sua utilização eficiente e compatível com os mercados interno e externos;

► Inciso VII acrescido pela Lei nº 11.909, de 4-3-2009.

VIII – definir os blocos a serem objeto de concessão ou partilha de produção;

► Inciso VIII acrescido pela Lei nº 12.351, de 22-12-2010.

IX – definir a estratégia e a política de desenvolvimento econômico e tecnológico da indústria de petróleo, de gás natural, de outros hidrocarbonetos fluidos e de biocombustíveis, bem como da sua cadeia de suprimento;

► Inciso IX com a redação dada pela Lei nº 12.490, de 16-9-2011.

X – induzir o incremento dos índices mínimos de conteúdo local de bens e serviços, a serem observados em licitações e contratos de concessão e de partilha de produção, observado o disposto no inciso IX.

► Inciso X acrescido pela Lei nº 12.351, de 22-12-2010.

§ 1º Para o exercício de suas atribuições, o CNPE contará com o apoio técnico dos órgãos reguladores do setor energético.

§ 2º O CNPE será regulamentado por decreto do Presidente da República, que determinará sua composição e a forma de seu funcionamento.

Capítulo III

DA TITULARIDADE E DO MONOPÓLIO DO PETRÓLEO E DO GÁS NATURAL

Seção I

DO EXERCÍCIO DO MONOPÓLIO

Art. 3º Pertencem à União os depósitos de petróleo, gás natural e outros hidrocarbonetos fluidos existentes no território nacional, nele compreendidos a parte terrestre, o mar territorial, a plataforma continental e a zona econômica exclusiva.

Art. 4º Constituem monopólio da União, nos termos do art. 177 da Constituição Federal, as seguintes atividades:

I – a pesquisa e lavra das jazidas de petróleo e gás natural e outros hidrocarbonetos fluidos;
II – a refinação de petróleo nacional ou estrangeiro;
III – a importação e exportação dos produtos e derivados básicos resultantes das atividades previstas nos incisos anteriores;
IV – o transporte marítimo do petróleo bruto de origem nacional ou de derivados básicos de petróleo produzidos no País, bem como o transporte, por meio de conduto, de petróleo bruto, seus derivados e de gás natural.

Art. 5º As atividades econômicas de que trata o art. 4º desta Lei serão reguladas e fiscalizadas pela União e poderão ser exercidas, mediante concessão, autorização ou contratação sob o regime de partilha da produção, por empresas constituídas sob as leis brasileiras, com sede e administração no País.

▶ Artigo com a redação dada pela Lei nº 12.351, de 22-12-2010.

Seção II

DAS DEFINIÇÕES TÉCNICAS

Art. 6º Para os fins desta Lei e de sua regulamentação, ficam estabelecidas as seguintes definições:

I – Petróleo: todo e qualquer hidrocarboneto líquido em seu estado natural, a exemplo do óleo cru e condensado;
II – Gás Natural ou Gás: todo hidrocarboneto que permaneça em estado gasoso nas condições atmosféricas normais, extraído diretamente a partir de reservatórios petrolíferos ou gaseíferos, incluindo gases úmidos, secos, residuais e gases raros;
III – Derivados de Petróleo: produtos decorrentes da transformação do petróleo;
IV – Derivados Básicos: principais derivados de petróleo, referidos no art. 177 da Constituição Federal, a serem classificados pela Agência Nacional do Petróleo;
V – Refino ou Refinação: conjunto de processos destinados a transformar o petróleo em derivados de petróleo;
VI – Tratamento ou Processamento de Gás Natural: conjunto de operações destinadas a permitir o seu transporte, distribuição e utilização;
VII – Transporte: movimentação de petróleo, seus derivados, biocombustíveis ou gás natural em meio ou percurso considerado de interesse geral;
VIII – Transferência: movimentação de petróleo, seus derivados, biocombustíveis ou gás natural em meio ou percurso considerado de interesse específico e exclusivo do proprietário ou explorador das facilidades;

▶ Incisos VII e VIII com a redação dada pela Lei nº 12.490, de 16-9-2011.

IX – Bacia Sedimentar: depressão da crosta terrestre onde se acumulam rochas sedimentares que podem ser portadoras de petróleo ou gás, associados ou não;
X – Reservatório ou Depósito: configuração geológica dotada de propriedades específicas, armazenadora de petróleo ou gás, associados ou não;
XI – Jazida: reservatório ou depósito já identificado e possível de ser posto em produção;
XII – Prospecto: feição geológica mapeada como resultado de estudos geofísicos e de interpretação geológica, que justificam a perfuração de poços exploratórios para a localização de petróleo ou gás natural;
XIII – Bloco: parte de uma bacia sedimentar, formada por um prisma vertical de profundidade indeterminada, com superfície poligonal definida pelas coordenadas geográficas de seus vértices, onde são desenvolvidas atividades de exploração ou produção de petróleo e gás natural;
XIV – Campo de Petróleo ou de Gás Natural: área produtora de petróleo ou gás natural, a partir de um reservatório contínuo ou de mais de um reservatório, a profundidades variáveis, abrangendo instalações e equipamentos destinados à produção;
XV – Pesquisa ou Exploração: conjunto de operações ou atividades destinadas a avaliar áreas, objetivando a descoberta e a identificação de jazidas de petróleo ou gás natural;
XVI – Lavra ou Produção: conjunto de operações coordenadas de extração de petróleo ou gás natural de uma jazida e de preparo para sua movimentação;
XVII – Desenvolvimento: conjunto de operações e investimentos destinados a viabilizar as atividades de produção de um campo de petróleo ou gás;
XVIII – Descoberta Comercial: descoberta de petróleo ou gás natural em condições que, a preços de mercado, tornem possível o retorno dos investimentos no desenvolvimento e na produção;
XIX – Indústria do Petróleo: conjunto de atividades econômicas relacionadas com a exploração, desenvolvimento, produção, refino, processamento, transporte, importação e exportação de petróleo, gás natural e outros hidrocarbonetos fluidos e seus derivados;
XX – Distribuição: atividade de comercialização por atacado com a rede varejista ou com grandes consumidores de combustíveis, lubrificantes, asfaltos e gás liquefeito envasado, exercida por empresas especializadas, na forma das leis e regulamentos aplicáveis;
XXI – Revenda: atividade de venda a varejo de combustíveis, lubrificantes e gás liquefeito envasado, exercida por postos de serviços ou revendedores, na forma das leis e regulamentos aplicáveis;
XXII – Distribuição de Gás Canalizado: serviços locais de comercialização de gás canalizado, junto aos usuários finais, explorados com exclusividade pelos Estados, diretamente ou mediante concessão, nos termos do § 2º do art. 25 da Constituição Federal;
XXIII – Estocagem de Gás Natural: armazenamento de gás natural em reservatórios próprios, formações naturais ou artificiais;
XXIV – Biocombustível: substância derivada de biomassa renovável, tal como biodiesel, etanol e outras substâncias estabelecidas em regulamento da ANP, que pode ser empregada diretamente ou mediante alterações em motores a combustão interna ou para outro tipo de geração de energia, podendo substituir parcial ou totalmente combustíveis de origem fóssil;

▶ Inciso XXIV com a redação dada pela Lei nº 12.490, de 16-9-2011.

XXV – Biodiesel: biocombustível derivado de biomassa renovável para uso em motores a combustão interna com ignição por compressão ou, conforme regulamento, para geração de outro tipo de energia, que possa substituir parcial ou totalmente combustíveis de origem fóssil;

▶ Inciso XXV acrescido pela Lei nº 11.097, de 13-1-2005.

XXVI – Indústria Petroquímica de Primeira e Segunda Geração: conjunto de indústrias que fornecem produtos petroquímicos básicos, a exemplo do eteno, do propeno e de resinas termoplásticas;

▶ Inciso XXVI acrescido pela Lei nº 11.921, de 13-4-2009.

XXVII – cadeia produtiva do petróleo: sistema de produção de petróleo, gás natural e outros hidrocarbonetos fluidos e seus derivados, incluindo a distribuição, a revenda e a estocagem, bem como o seu consumo;

▶ Inciso XXVII acrescido pela Lei nº 12.114, de 9-12-2009, e retificado no *DOU* de 11-12-2009.

XXVIII – Indústria de Biocombustível: conjunto de atividades econômicas relacionadas com produção, importação, exportação, transferência, transporte, armazenagem, comercialização, distribuição, avaliação de conformidade e certificação de qualidade de biocombustíveis;
XXIX – Produção de Biocombustível: conjunto de operações industriais para a transformação de biomassa renovável, de origem vegetal ou animal, em combustível;

▶ Incisos XXVIII e XXIX com a redação dada pela Lei nº 12.490, de 16-9-2011.

XXX – Etanol: biocombustível líquido derivado de biomassa renovável, que tem como principal componente o álcool etílico, que pode ser utilizado, diretamente ou mediante alterações, em motores a combustão interna com ignição por centelha, em outras formas de geração de energia ou em indústria petroquímica, podendo ser obtido por rotas tecnológicas distintas, conforme especificado em regulamento; e
XXXI – Bioquerosene de Aviação: substância derivada de biomassa renovável que pode ser usada em turborreatores e turbopropulsores aeronáuticos ou, conforme regulamento, em outro tipo de aplicação que possa substituir parcial ou totalmente combustível de origem fóssil.

▶ Incisos XXX e XXXI acrescidos pela Lei nº 12.490, de 16-9-2011.

Capítulo IV

DA AGÊNCIA NACIONAL DO PETRÓLEO, GÁS NATURAL E BIOCOMBUSTÍVEIS

▶ Capítulo IV com a denominação dada pela Lei nº 11.097, de 13-1-2005.
▶ Dec. nº 2.455, de 14-1-1998, implanta a Agência Nacional do Petróleo – ANP.

Seção I

DA INSTITUIÇÃO E DAS ATRIBUIÇÕES

Art. 7º Fica instituída a Agência Nacional do Petróleo, Gás Natural e Biocombustíves – ANP, entidade integrante da Administração Federal Indireta, submetida ao regime autárquico especial, como órgão regulador da indústria do petróleo, gás natural, seus derivados e biocombustíveis, vinculada ao Ministério de Minas e Energia.

▶ *Caput* com a redação dada pela Lei nº 11.097, de 13-1-2005.

Parágrafo único. A ANP terá sede e foro no Distrito Federal e escritórios centrais na cidade do Rio de Janeiro, podendo instalar unidades administrativas regionais.

Art. 8º A ANP terá como finalidade promover a regulação, a contratação e a fiscalização das atividades econômicas integrantes da indústria do petróleo, do gás natural e dos biocombustíveis, cabendo-lhe:

▶ *Caput* com a redação dada pela Lei nº 11.097, de 13-1-2005.

I – implementar, em sua esfera de atribuições, a política nacional de petróleo, gás natural e biocombustíveis, contida na política energética nacional, nos termos do Capítulo I desta Lei, com ênfase na garantia do suprimento de derivados de petróleo, gás natural e seus derivados, e de biocombustíveis, em todo o território nacional, e na proteção dos interesses dos consumidores quanto a preço, qualidade e oferta dos produtos;

▶ Inciso I com a redação dada pela Lei nº 11.097, de 13-1-2005.

II – promover estudos visando à delimitação de blocos, para efeito de concessão ou contratação sob o regime de partilha de produção das atividades de exploração, desenvolvimento e produção;

▶ Inciso II com a redação dada pela Lei nº 12.351, de 22-12-2010.

III – regular a execução de serviços de geologia e geofísica aplicados à prospecção petrolífera, visando ao levantamento de dados técnicos, destinados à comercialização, em bases não exclusivas;
IV – elaborar os editais e promover as licitações para a concessão de exploração, desenvolvimento e produção, celebrando os contratos delas decorrentes e fiscalizando a sua execução;
V – autorizar a prática das atividades de refinação, liquefação, regaseificação, carregamento, processamento, tratamento, transporte, estocagem e acondicionamento;

▶ Inciso V com a redação dada pela Lei nº 11.909, de 4-3-2009.

VI – estabelecer critérios para o cálculo de tarifas de transporte dutoviário e arbitrar seus valores, nos casos e da forma previstos nesta Lei;
VII – fiscalizar diretamente e de forma concorrente nos termos da Lei nº 8.078, de 11 de setembro de 1990, ou mediante convênios com órgãos dos Estados e do Distrito Federal as atividades integrantes da indústria do petróleo, do gás natural e dos biocombustíveis, bem como aplicar as sanções administrativas e pecuniárias previstas em lei, regulamento ou contrato;

▶ Inciso VII com a redação dada pela Lei nº 11.909, de 4-3-2009.

VIII – instruir processo com vistas à declaração de utilidade pública, para fins de desapropriação e instituição de servidão administrativa, das áreas necessárias à exploração, desenvolvimento e produção de petróleo e gás natural, construção de refinarias, de dutos e de terminais;
IX – fazer cumprir as boas práticas de conservação e uso racional do petróleo, gás natural, seus derivados e biocombustíveis e de preservação do meio ambiente;

▶ Inciso IX com a redação dada pela Lei nº 11.097, de 13-1-2005.

X – estimular a pesquisa e a adoção de novas tecnologias na exploração, produção, transporte, refino e processamento;

XI – organizar e manter o acervo das informações e dados técnicos relativos às atividades reguladas da indústria do petróleo, do gás natural e dos biocombustíveis;
▶ Inciso XI com a redação dada pela Lei nº 11.097, de 13-1-2005.

XII – consolidar anualmente as informações sobre as reservas nacionais de petróleo e gás natural transmitidas pelas empresas, responsabilizando-se por sua divulgação;
XIII – fiscalizar o adequado funcionamento do Sistema Nacional de Estoques de Combustíveis e o cumprimento do Plano Anual de Estoques Estratégicos de Combustíveis, de que trata o art. 4º da Lei nº 8.176, de 8 de fevereiro de 1991;
XIV – articular-se com os outros órgãos reguladores do setor energético sobre matérias de interesse comum, inclusive para efeito de apoio técnico ao CNPE;
XV – regular e autorizar as atividades relacionadas com o abastecimento nacional de combustíveis, fiscalizando-as diretamente ou mediante convênios com outros órgãos da União, Estados, Distrito Federal ou Municípios;
XVI – regular e autorizar as atividades relacionadas à produção, à importação, à exportação, à armazenagem, à estocagem, ao transporte, à transferência, à distribuição, à revenda e à comercialização de biocombustíveis, assim como avaliação de conformidade e certificação de sua qualidade, fiscalizando-as diretamente ou mediante convênios com outros órgãos da União, Estados, Distrito Federal ou Municípios;
▶ Inciso XVI com a redação dada pela Lei nº 12.490, de 16-9-2011.

XVII – exigir dos agentes regulados o envio de informações relativas às operações de produção, importação, exportação, refino, beneficiamento, tratamento, processamento, transporte, transferência, armazenagem, estocagem, distribuição, revenda, destinação e comercialização de produtos sujeitos à sua regulação;
XVIII – especificar a qualidade dos derivados de petróleo, gás natural e seus derivados e dos biocombustíveis;
▶ Incisos XVII e XVIII acrescidos pela Lei nº 11.097, de 13-1-2005.

XIX – regular e fiscalizar o acesso à capacidade dos gasodutos;
XX – promover, direta ou indiretamente, as chamadas públicas para a contratação de capacidade de transporte de gás natural, conforme as diretrizes do Ministério de Minas e Energia;
XXI – registrar os contratos de transporte e de interconexão entre instalações de transporte, inclusive as procedentes do exterior, e os contratos de comercialização, celebrados entre os agentes de mercado;
XXII – informar a origem ou a caracterização das reservas do gás natural contratado e a ser contratado entre os agentes de mercado;
XXIII – regular e fiscalizar o exercício da atividade de estocagem de gás natural, inclusive no que se refere ao direito de acesso de terceiros às instalações concedidas;
XXIV – elaborar os editais e promover as licitações destinadas à contratação de concessionários para a exploração das atividades de transporte e de estocagem de gás natural;
XXV – celebrar, mediante delegação do Ministério de Minas e Energia, os contratos de concessão para a exploração das atividades de transporte e estocagem de gás natural sujeitas ao regime de concessão;
XXVI – autorizar a prática da atividade de comercialização de gás natural, dentro da esfera de competência da União;
XXVII – estabelecer critérios para a aferição da capacidade dos gasodutos de transporte e de transferência;
XXVIII – articular-se com órgãos reguladores estaduais e ambientais, objetivando compatibilizar e uniformizar as normas aplicáveis à indústria e aos mercados de gás natural.
▶ Incisos XIX a XXVIII acrescidos pela Lei nº 11.909, de 4-3-2009.

Parágrafo único. No exercício das atribuições de que trata este artigo, com ênfase na garantia do abastecimento nacional de combustíveis, desde que em bases econômicas sustentáveis, a ANP poderá exigir dos agentes regulados, conforme disposto em regulamento:

I – a manutenção de estoques mínimos de combustíveis e de biocombustíveis, em instalação própria ou de terceiro;

II – garantias e comprovação de capacidade para atendimento ao mercado de combustíveis e biocombustíveis, mediante a apresentação de, entre outros mecanismos, contratos de fornecimento entre os agentes regulados.
▶ Parágrafo único acrescido pela Lei nº 12.490, de 16-9-2011.

Art. 8º-A. Caberá à ANP supervisionar a movimentação de gás natural na rede de transporte e coordená-la em situações caracterizadas como de contingência.

§ 1º O Comitê de Contingenciamento definirá as diretrizes para a coordenação das operações da rede de movimentação de gás natural em situações caracterizadas como de contingência, reconhecidas pelo Presidente da República, por meio de decreto.

§ 2º No exercício das atribuições referidas no *caput* deste artigo, caberá à ANP, sem prejuízo de outras funções que lhe forem atribuídas na regulamentação:

I – supervisionar os dados e as informações dos centros de controle dos gasodutos de transporte;
II – manter banco de informações relativo ao sistema de movimentação de gás natural permanentemente atualizado, subsidiando o Ministério de Minas e Energia com as informações sobre necessidades de reforço ao sistema;
III – monitorar as entradas e saídas de gás natural das redes de transporte, confrontando os volumes movimentados com os contratos de transporte vigentes;
IV – dar publicidade às capacidades de movimentação existentes que não estejam sendo utilizadas e às modalidades possíveis para sua contratação; e
V – estabelecer padrões e parâmetros para a operação e manutenção eficientes do sistema de transporte e estocagem de gás natural.

§ 3º Os parâmetros e informações relativos ao transporte de gás natural necessários à supervisão, controle e coordenação da operação dos gasodutos deverão ser disponibilizados pelos transportadores à ANP, conforme regulação específica.
▶ Art. 8º-A acrescido pela Lei nº 11.909, de 4-3-2009.

Art. 9º Além das atribuições que lhe são conferidas no artigo anterior, caberá à ANP exercer, a partir de sua implantação, as atribuições do Departamento Nacional de Combustíveis – DNC, relacionadas com as atividades de distribuição e revenda de derivados de petróleo e álcool, observado o disposto no art. 78.

▶ Art. 8º, XVI, desta Lei.

Art. 10. Quando, no exercício de suas atribuições, a ANP tomar conhecimento de fato que possa configurar indício de infração da ordem econômica, deverá comunicá-lo imediatamente ao Conselho Administrativo de Defesa Econômica – CADE e à Secretaria de Direito Econômico do Ministério da Justiça, para que estes adotem as providências cabíveis, no âmbito da legislação pertinente.

Parágrafo único. Independentemente da comunicação prevista no *caput* deste artigo, o Conselho Administrativo de Defesa Econômica – CADE notificará a ANP do teor da decisão que aplicar sanção por infração da ordem econômica cometida por empresas ou pessoas físicas no exercício de atividades relacionadas com o abastecimento nacional de combustíveis, no prazo máximo de vinte e quatro horas após a publicação do respectivo acórdão, para que esta adote as providências legais de sua alçada.

▶ Art. 10 com a redação dada pela Lei nº 10.202, de 20-2-2001.

Seção II
DA ESTRUTURA ORGANIZACIONAL DA AUTARQUIA

Art. 11. A ANP será dirigida, em regime de colegiado, por uma Diretoria composta de um Diretor-Geral e quatro Diretores.

§ 1º Integrará a estrutura organizacional da ANP um Procurador-Geral.

§ 2º Os membros da Diretoria serão nomeados pelo Presidente da República, após aprovação dos respectivos nomes pelo Senado Federal, nos termos da alínea *f* do inciso III do art. 52 da Constituição Federal.

§ 3º Os membros da Diretoria cumprirão mandatos de quatro anos, não coincidentes, permitida a recondução, observado o disposto no art. 75 desta Lei.

Art. 12. VETADO.

Art. 13. *Revogado.* Lei nº 9.986, de 18-7-2000.

Art. 14. *Terminado o mandato, ou uma vez exonerado do cargo, o ex-Diretor da ANP ficará impedido, por um período de 12 (doze) meses, contado da data de sua exoneração, de prestar, direta ou indiretamente, qualquer tipo de serviço a empresa integrante das indústrias do petróleo e dos biocombustíveis ou de distribuição.*

▶ *Caput* com a redação dada pela Lei nº 12.490, de 16-9-2011.

§ 1º Durante o impedimento, o ex-Diretor que não tiver sido exonerado nos termos do art. 12 poderá continuar prestando serviço à ANP, ou a qualquer órgão da Administração Direta da União, mediante remuneração equivalente à do cargo de direção que exerceu.

§ 2º Incorre na prática de advocacia administrativa, sujeitando-se às penas da lei, o ex-Diretor que violar o impedimento previsto neste artigo.

Seção III
DAS RECEITAS E DO ACERVO DA AUTARQUIA

Art. 15. Constituem receitas da ANP:

I – as dotações consignadas no Orçamento Geral da União, créditos especiais, transferências e repasses que lhe forem conferidos;
II – parcela das participações governamentais referidas nos incisos I e III do art. 45 desta Lei, de acordo com as necessidades operacionais da ANP, consignadas no orçamento aprovado;
III – os recursos provenientes de convênios, acordos ou contratos celebrados com entidades, organismos ou empresas, excetuados os referidos no inciso anterior;
IV – as doações, legados, subvenções e outros recursos que lhe forem destinados;
V – o produto dos emolumentos, taxas e multas previstos na legislação específica, os valores apurados na venda ou locação dos bens móveis e imóveis de sua propriedade, bem como os decorrentes da venda de dados e informações técnicas, inclusive para fins de licitação, ressalvados os referidos no § 2º do art. 22 desta Lei.

Art. 16. Os recursos provenientes da participação governamental prevista no inciso IV do art. 45, nos termos do art. 51, destinar-se-ão ao financiamento das despesas da ANP para o exercício das atividades que lhe são conferidas nesta Lei.

Seção IV
DO PROCESSO DECISÓRIO

Art. 17. O processo decisório da ANP obedecerá aos princípios da legalidade, impessoalidade, moralidade e publicidade.

Art. 18. *As sessões deliberativas da Diretoria da ANP que se destinem a resolver pendências entre agentes econômicos e entre esses e consumidores e usuários de bens e serviços da indústria de petróleo, de gás natural ou de biocombustíveis serão públicas, permitida a sua gravação por meios eletrônicos e assegurado aos interessados o direito de delas obter transcrições.*

Art. 19. *As iniciativas de projetos de lei ou de alteração de normas administrativas que impliquem afetação de direito dos agentes econômicos ou de consumidores e usuários de bens e serviços das indústrias de petróleo, de gás natural ou de biocombustíveis serão precedidas de audiência pública convocada e dirigida pela ANP.*

▶ Artigos 18 e 19 com a redação dada pela Lei nº 12.490, de 16-9-2011.

Art. 20. O regimento interno da ANP disporá sobre os procedimentos a serem adotados para a solução de conflitos entre agentes econômicos, e entre estes e usuários e consumidores, com ênfase na conciliação e no arbitramento.

Capítulo V
DA EXPLORAÇÃO E DA PRODUÇÃO

Seção I
DAS NORMAS GERAIS

Art. 21. Todos os direitos de exploração e produção de petróleo, de gás natural e de outros hidrocarbonetos fluidos em território nacional, nele compreendidos a parte terrestre, o mar territorial, a plataforma continental e a zona econômica exclusiva, pertencem à União, cabendo sua administração à ANP, ressalvadas as competências de outros órgãos e entidades expressamente estabelecidas em lei.

▶ Artigo com a redação dada pela Lei nº 12.351, de 22-12-2010.

Art. 22. O acervo técnico constituído pelos dados e informações sobre as bacias sedimentares brasileiras é também considerado parte integrante dos recursos petrolíferos nacionais, cabendo à ANP sua coleta, manutenção e administração.

§ 1º A Petróleo Brasileiro S.A. – PETROBRAS transferirá para a ANP as informações e dados de que dispuser sobre as bacias sedimentares brasileiras, assim como sobre as atividades de pesquisa, exploração e produção de petróleo ou gás natural, desenvolvidas em função da exclusividade do exercício do monopólio até a publicação desta Lei.

§ 2º A ANP estabelecerá critérios para remuneração à PETROBRAS pelos dados e informações referidos no parágrafo anterior e que venham a ser utilizados pelas partes interessadas, com fiel observância ao disposto no art. 117 da Lei nº 6.404, de 15 de dezembro de 1976, com as alterações procedidas pela Lei nº 9.457, de 5 de maio de 1997.

▶ Lei nº 6.404, de 15-12-1976 (Lei das Sociedades por Ações).

§ 3º O Ministério de Minas e Energia terá acesso irrestrito e gratuito ao acervo a que se refere o *caput* deste artigo, com o objetivo de realizar estudos e planejamento setorial, mantido o sigilo a que esteja submetido, quando for o caso.

▶ § 3º acrescido pela Lei nº 12.351, de 22-12-2010.

Art. 23. As atividades de exploração, desenvolvimento e produção de petróleo e de gás natural serão exercidas mediante contratos de concessão, precedidos de licitação, na forma estabelecida nesta Lei, ou sob o regime de partilha de produção nas áreas do pré-sal e nas áreas estratégicas, conforme legislação específica.

▶ *Caput* com a redação dada pela Lei nº 12.351, de 22-12-2010.

§ 1º *Revogado*. Lei nº 12.351, de 22-12-2010.

§ 2º A ANP poderá outorgar diretamente ao titular de direito de lavra ou de autorização de pesquisa de depósito de carvão mineral concessão para o aproveitamento do gás metano que ocorra associado a esse depósito, dispensada a licitação prevista no *caput* deste artigo.

▶ § 2º acrescido pela Lei nº 11.909, de 4-3-2009.

Art. 24. Os contratos de concessão deverão prever duas fases: a de exploração e a de produção.

§ 1º Incluem-se na fase de exploração as atividades de avaliação de eventual descoberta de petróleo ou gás natural, para determinação de sua comercialidade.

§ 2º A fase de produção incluirá também as atividades de desenvolvimento.

Art. 25. Somente poderão obter concessão para a exploração e produção de petróleo ou gás natural as empresas que atendam aos requisitos técnicos, econômicos e jurídicos estabelecidos pela ANP.

Art. 26. A concessão implica, para o concessionário, a obrigação de explorar, por sua conta e risco e, em caso de êxito, produzir petróleo ou gás natural em determinado bloco, conferindo-lhe a propriedade desses bens, após extraídos, com os encargos relativos ao pagamento dos tributos incidentes e das participações legais ou contratuais correspondentes.

§ 1º Em caso de êxito na exploração, o concessionário submeterá à aprovação da ANP os planos e projetos de desenvolvimento e produção.

§ 2º A ANP emitirá seu parecer sobre os planos e projetos referidos no parágrafo anterior no prazo máximo de cento e oitenta dias.

§ 3º Decorrido o prazo estipulado no parágrafo anterior sem que haja manifestação da ANP, os planos e projetos considerar-se-ão automaticamente aprovados.

Art. 27. *Revogado*. Lei nº 12.351, de 22-12-2010.

Art. 28. As concessões extinguir-se-ão:

I – pelo vencimento do prazo contratual;
II – por acordo entre as partes;
III – pelos motivos de rescisão previstos em contrato;
IV – ao término da fase de exploração, sem que tenha sido feita qualquer descoberta comercial, conforme definido no contrato;
V – no decorrer da fase de produção, se o concessionário exercer a opção de desistência e de devolução das áreas em que, a seu critério, não se justifiquem investimentos em desenvolvimento.

§ 1º A devolução de áreas, assim como a reversão de bens, não implicará ônus de qualquer natureza para a União ou para a ANP, nem conferirá ao concessionário qualquer direito de indenização pelos serviços, poços, imóveis e bens reversíveis, os quais passarão à propriedade da União e à administração da ANP, na forma prevista no inciso VI do art. 43.

§ 2º Em qualquer caso de extinção da concessão, o concessionário fará, por sua conta exclusiva, a remoção dos equipamentos e bens que não sejam objeto de reversão, ficando obrigado a reparar ou indenizar os danos decorrentes de suas atividades e praticar os atos de recuperação ambiental determinados pelos órgãos competentes.

Art. 29. É permitida a transferência do contrato de concessão, preservando-se seu objeto e as condições contratuais, desde que o novo concessionário atenda aos requisitos técnicos, econômicos e jurídicos estabelecidos pela ANP, conforme o previsto no art. 25.

Parágrafo único. A transferência do contrato só poderá ocorrer mediante prévia e expressa autorização da ANP.

Art. 30. O contrato para exploração, desenvolvimento e produção de petróleo ou gás natural não se estende a nenhum outro recurso natural, ficando o concessionário obrigado a informar a sua descoberta, prontamente e em caráter exclusivo, à ANP.

Seção II

DAS NORMAS ESPECÍFICAS PARA AS ATIVIDADES EM CURSO

Art. 31. A PETROBRAS submeterá à ANP, no prazo de três meses da publicação desta Lei, seu programa de exploração, desenvolvimento e produção, com informações e dados que propiciem:

I – o conhecimento das atividades de produção em cada campo, cuja demarcação poderá incluir uma área de segurança técnica;

II – o conhecimento das atividades de exploração e desenvolvimento, registrando, neste caso, os custos incorridos, os investimentos realizados e o cronograma dos investimentos a realizar, em cada bloco onde tenha definido prospectos.

Art. 32. A PETROBRAS terá ratificados seus direitos sobre cada um dos campos que se encontrem em efetiva produção na data de início de vigência desta Lei.

Art. 33. Nos blocos em que, quando do início da vigência desta Lei, tenha a PETROBRAS realizado descobertas comerciais ou promovido investimentos na exploração, poderá ela, observada sua capacidade de investir, inclusive por meio de financiamentos, prosseguir nos trabalhos de exploração e desenvolvimento pelo prazo de três anos e, nos casos de êxito, prosseguir nas atividades de produção.

Parágrafo único. Cabe à ANP, após a avaliação da capacitação financeira da PETROBRAS e dos dados e informações de que trata o art. 31, aprovar os blocos em que os trabalhos referidos neste artigo terão continuidade.

Art. 34. Cumprido o disposto no art. 31 e dentro do prazo de um ano a partir da data de publicação desta Lei, a ANP celebrará com a PETROBRAS, dispensada a licitação prevista no art. 23, contratos de concessão dos blocos que atendam às condições estipuladas nos arts. 32 e 33, definindo-se, em cada um desses contratos, as participações devidas, nos termos estabelecidos na Seção VI.

Parágrafo único. Os contratos de concessão referidos neste artigo serão regidos, no que couber, pelas normas gerais estabelecidas na Seção anterior e obedecerão ao disposto na Seção V deste Capítulo.

Art. 35. Os blocos não contemplados pelos contratos de concessão mencionados no artigo anterior e aqueles em que tenha havido insucesso nos trabalhos de exploração, ou não tenham sido ajustados com a ANP, dentro dos prazos estipulados, serão objeto de licitação pela ANP para a outorga de novos contratos de concessão, regidos pelas normas gerais estabelecidas na Seção anterior.

Seção III

DO EDITAL DE LICITAÇÃO

Art. 36. A licitação para outorga dos contratos de concessão referidos no art. 23 obedecerá ao disposto nesta Lei, na regulamentação a ser expedida pela ANP e no respectivo edital.

Art. 37. O edital da licitação será acompanhado da minuta básica do respectivo contrato e indicará, obrigatoriamente:

I – o bloco objeto da concessão, o prazo estimado para a duração da fase de exploração, os investimentos e programas exploratórios mínimos;

II – os requisitos exigidos dos concorrentes, nos termos do art. 25, e os critérios de pré-qualificação, quando este procedimento for adotado;

III – as participações governamentais mínimas, na forma do disposto no art. 45, e a participação dos superficiários prevista no art. 52;

IV – a relação de documentos exigidos e os critérios a serem seguidos para aferição da capacidade técnica, da idoneidade financeira e da regularidade jurídica dos interessados, bem como para o julgamento técnico e econômico-financeiro da proposta;

V – a expressa indicação de que caberá ao concessionário o pagamento das indenizações devidas por desapropriações ou servidões necessárias ao cumprimento do contrato;

VI – o prazo, local e horário em que serão fornecidos, aos interessados, os dados, estudos e demais elementos e informações necessários à elaboração das propostas, bem como o custo de sua aquisição.

Parágrafo único. O prazo de duração da fase de exploração, referido no inciso I deste artigo, será estimado pela ANP, em função do nível de informações disponíveis, das características e da localização de cada bloco.

Art. 38. Quando permitida a participação de empresas em consórcio, o edital conterá as seguintes exigências:

I – comprovação de compromisso, público ou particular, de constituição do consórcio, subscrito pelas consorciadas;

II – indicação da empresa líder, responsável pelo consórcio e pela condução das operações, sem prejuízo da responsabilidade solidária das demais consorciadas;

III – apresentação, por parte de cada uma das empresas consorciadas, dos documentos exigidos para efeito de avaliação da qualificação técnica e econômico-financeira do consórcio;

IV – proibição de participação de uma mesma empresa em outro consórcio, ou isoladamente, na licitação de um mesmo bloco;

V – outorga de concessão ao consórcio vencedor da licitação condicionada ao registro do instrumento constitutivo do consórcio, na forma do disposto no parágrafo único do art. 279 da Lei nº 6.404, de 15 de dezembro de 1976.

Art. 39. O edital conterá a exigência de que a empresa estrangeira que concorrer isoladamente ou em consórcio deverá apresentar, juntamente com sua proposta e em envelope separado:

I – prova de capacidade técnica, idoneidade financeira e regularidade jurídica e fiscal, nos termos da regulamentação a ser editada pela ANP;

II – inteiro teor dos atos constitutivos e prova de encontrar-se organizada e em funcionamento regular, conforme a lei de seu país;

III – designação de um representante legal junto à ANP, com poderes especiais para a prática de atos e assunção de responsabilidades relativamente à licitação e à proposta apresentada;

IV – compromisso de, caso vencedora, constituir empresa segundo as leis brasileiras, com sede e administração no Brasil.

Parágrafo único. A assinatura do contrato de concessão ficará condicionada ao efetivo cumprimento do compromisso assumido de acordo com o inciso IV deste artigo.

Seção IV

DO JULGAMENTO DA LICITAÇÃO

Art. 40. O julgamento da licitação identificará a proposta mais vantajosa, segundo critérios objetivos, estabelecidos no instrumento convocatório, com fiel observância dos princípios da legalidade, impessoalidade, moralidade, publicidade e igualdade entre os concorrentes.

Art. 41. No julgamento da licitação, além de outros critérios que o edital expressamente estipular, serão levados em conta:

I – o programa geral de trabalho, as propostas para as atividades de exploração, os prazos, os volumes mínimos de investimentos e os cronogramas físico-financeiros;
II – as participações governamentais referidas no art. 45.

Art. 42. Em caso de empate, a licitação será decidida em favor da PETROBRAS, quando esta concorrer não consorciada com outras empresas.

SEÇÃO V
DO CONTRATO DE CONCESSÃO

Art. 43. O contrato de concessão deverá refletir fielmente as condições do edital e da proposta vencedora e terá como cláusulas essenciais:

I – a definição do bloco objeto da concessão;
II – o prazo de duração da fase de exploração e as condições para sua prorrogação;
III – o programa de trabalho e o volume do investimento previsto;
IV – as obrigações do concessionário quanto às participações, conforme o disposto na Seção VI;
V – a indicação das garantias a serem prestadas pelo concessionário quanto ao cumprimento do contrato, inclusive quanto à realização dos investimentos ajustados para cada fase;
VI – a especificação das regras sobre devolução e desocupação de áreas, inclusive retirada de equipamentos e instalações, e reversão de bens;
VII – os procedimentos para acompanhamento e fiscalização das atividades de exploração, desenvolvimento e produção, e para auditoria do contrato;
VIII – a obrigatoriedade de o concessionário fornecer à ANP relatórios, dados e informações relativos às atividades desenvolvidas;
IX – os procedimentos relacionados com a transferência do contrato, conforme o disposto no art. 29;
X – as regras sobre solução de controvérsias, relacionadas com o contrato e sua execução, inclusive a conciliação e a arbitragem internacional;
XI – os casos de rescisão e extinção do contrato;
XII – as penalidades aplicáveis na hipótese de descumprimento pelo concessionário das obrigações contratuais.

Parágrafo único. As condições contratuais para prorrogação do prazo de exploração, referidas no inciso II deste artigo, serão estabelecidas de modo a assegurar a devolução de um percentual do bloco, a critério da ANP, e o aumento do valor do pagamento pela ocupação da área, conforme disposto no parágrafo único do art. 51.

Art. 44. O contrato estabelecerá que o concessionário estará obrigado a:

I – adotar, em todas as suas operações, as medidas necessárias para a conservação dos reservatórios e de outros recursos naturais, para a segurança das pessoas e dos equipamentos e para a proteção do meio ambiente;
II – comunicar à ANP, imediatamente, a descoberta de qualquer jazida de petróleo, gás natural ou outros hidrocarbonetos ou de outros minerais;
III – realizar a avaliação da descoberta nos termos do programa submetido à ANP, apresentando relatório de comercialidade e declarando seu interesse no desenvolvimento do campo;
IV – submeter à ANP o plano de desenvolvimento de campo declarado comercial, contendo o cronograma e a estimativa de investimento;
V – responsabilizar-se civilmente pelos atos de seus prepostos e indenizar todos e quaisquer danos decorrentes das atividades de exploração, desenvolvimento e produção contratadas, devendo ressarcir à ANP ou à União os ônus que venham a suportar em consequência de eventuais demandas motivadas por atos de responsabilidade do concessionário;
VI – adotar as melhores práticas da indústria internacional do petróleo e obedecer às normas e procedimentos técnicos e científicos pertinentes, inclusive quanto às técnicas apropriadas de recuperação, objetivando a racionalização da produção e o controle do declínio das reservas.

SEÇÃO VI
DAS PARTICIPAÇÕES

▶ Dec. nº 2.705, de 3-8-1998, define critérios para cálculo e cobrança das participações governamentais de que trata esta Seção.

Art. 45. O contrato de concessão disporá sobre as seguintes participações governamentais, previstas no edital de licitação:

I – bônus de assinatura;
II – *royalties*;
III – participação especial;
IV – pagamento pela ocupação ou retenção de área.

§ 1º As participações governamentais constantes dos incisos II e IV serão obrigatórias.

§ 2º As receitas provenientes das participações governamentais definidas no *caput*, alocadas para órgãos da administração pública federal, de acordo com o disposto nesta Lei, serão mantidas na Conta Única do Governo Federal, enquanto não forem destinadas para as respectivas programações.

§ 3º O superávit financeiro dos órgãos da administração pública federal referidos no parágrafo anterior, apurado em balanço de cada exercício financeiro, será transferido ao Tesouro Nacional.

Art. 46. O bônus de assinatura terá seu valor mínimo estabelecido no edital e corresponderá ao pagamento ofertado na proposta para obtenção da concessão, devendo ser pago no ato da assinatura do contrato.

Art. 47. Os *royalties* serão pagos mensalmente, em moeda nacional, a partir da data de início da produção comercial de cada campo, em montante correspondente a dez por cento da produção de petróleo ou gás natural.

§ 1º Tendo em conta os riscos geológicos, as expectativas de produção e outros fatores pertinentes, a ANP poderá prever, no edital de licitação correspondente, a redução do valor dos *royalties* estabelecido no *caput* deste artigo para um montante correspondente a, no mínimo, cinco por cento da produção.

§ 2º Os critérios para o cálculo do valor dos *royalties* serão estabelecidos por decreto do Presidente da República, em função dos preços de mercado do petróleo, gás natural ou condensado, das especificações do produto e da localização do campo.

§ 3º A queima de gás em *flares*, em prejuízo de sua comercialização, e a perda de produto ocorrida sob a responsabilidade do concessionário serão incluídas no volume total da produção a ser computada para cálculo dos *royalties* devidos.

Art. 48. A parcela do valor do *royalty*, previsto no contrato de concessão, que representar cinco por cento da produção, correspondente ao montante mínimo referido no § 1º do artigo anterior, será distribuída segundo os critérios estipulados pela Lei nº 7.990, de 28 de dezembro de 1989.

Art. 49. A parcela do valor do *royalty* que exceder a cinco por cento da produção terá a seguinte distribuição:

I – quando a lavra ocorrer em terra ou em lagos, rios, ilhas fluviais e lacustres:

a) cinquenta e dois inteiros e cinco décimos por cento aos Estados onde ocorrer a produção;
b) quinze por cento aos Municípios onde ocorrer a produção;
c) sete inteiros e cinco décimos por cento aos Municípios que sejam afetados pelas operações de embarque e desembarque de petróleo e gás natural, na forma e critério estabelecidos pela ANP;
d) 25% (vinte e cinco por cento) ao Ministério da Ciência e Tecnologia para financiar programas de amparo à pesquisa científica e ao desenvolvimento tecnológico aplicados à indústria do petróleo, do gás natural, dos biocombustíveis e à indústria petroquímica de primeira e segunda geração, bem como para programas de mesma natureza que tenham por finalidade a prevenção e a recuperação de danos causados ao meio ambiente por essas indústrias;

▶ Alínea *d* com a redação dada pela Lei nº 11.921, de 13-4-2009.

II – quando a lavra ocorrer na plataforma continental:

a) vinte e dois inteiros e cinco décimos por cento aos Estados produtores confrontantes;
b) vinte e dois inteiros e cinco décimos por cento aos Municípios produtores confrontantes;
c) quinze por cento ao Ministério da Marinha, para atender aos encargos de fiscalização e proteção das áreas de produção;
d) sete inteiros e cinco décimos por cento aos Municípios que sejam afetados pelas operações de embarque e desembarque de petróleo e gás natural, na forma e critério estabelecidos pela ANP;
e) sete inteiros e cinco décimos por cento para constituição de um Fundo Especial, a ser distribuído entre todos os Estados, Territórios e Municípios;
f) 25% (vinte e cinco por cento) ao Ministério da Ciência e Tecnologia para financiar programas de amparo à pesquisa científica e ao desenvolvimento tecnológico aplicados à indústria do petróleo, do gás natural, dos biocombustíveis e à indústria petroquímica de primeira e segunda geração, bem como para programas de mesma natureza que tenham por finalidade a prevenção e a recuperação de danos causados ao meio ambiente por essas indústrias.

▶ Alínea *f* com a redação dada pela Lei nº 11.921, de 13-4-2009.

§ 1º Do total de recursos destinados ao Ministério da Ciência e Tecnologia serão aplicados, no mínimo, 40% (quarenta por cento) em programas de fomento à capacitação e ao desenvolvimento científico e tecnológico das regiões Norte e Nordeste, incluindo as respectivas áreas de abrangência das Agências de Desenvolvimento Regional.

▶ § 1º com a redação dada pela Lei nº 11.540, de 12-11-2007.

§ 2º O Ministério da Ciência e Tecnologia administrará os programas de amparo à pesquisa científica e ao desenvolvimento tecnológico previstos no *caput* deste artigo, com o apoio técnico da ANP, no cumprimento do disposto no inciso X do art. 8º, e mediante convênios com as universidades e os centros de pesquisa do País, segundo normas a serem definidas em decreto do Presidente da República.

▶ Dec. nº 2.851, de 30-11-1998, dispõe sobre programas de amparo à pesquisa científica e tecnológica aplicados à indústria do petróleo.

§ 3º Nas áreas localizadas no pré-sal contratadas sob o regime de concessão, a parcela dos *royalties* que cabe à administração direta da União será destinada integralmente ao fundo de natureza contábil e financeira, criado por lei específica, com a finalidade de constituir fonte de recursos para o desenvolvimento social e regional, na forma de programas e projetos nas áreas de combate à pobreza e de desenvolvimento da educação, da cultura, do esporte, da saúde pública, da ciência e tecnologia, do meio ambiente e de mitigação e adaptação às mudanças climáticas, vedada sua destinação aos órgãos específicos de que trata este artigo.

▶ § 3º acrescido pela Lei nº 12.351, de 22-12-2010.

Art. 50. O edital e o contrato estabelecerão que, nos casos de grande volume de produção, ou de grande rentabilidade, haverá o pagamento de uma participação especial, a ser regulamentada em decreto do Presidente da República.

§ 1º A participação especial será aplicada sobre a receita bruta da produção, deduzidos os *royalties*, os investimentos na exploração, os custos operacionais, a depreciação e os tributos previstos na legislação em vigor.

§ 2º Os recursos da participação especial serão distribuídos na seguinte proporção:

I – quarenta por cento ao Ministério de Minas e Energia, sendo setenta por cento para o financiamento de estudos e serviços de geologia e geofísica aplicados à prospecção de combustíveis fósseis, a serem promovidos pela ANP, nos termos dos incisos II e III do art. 8º desta Lei, e pelo MME, quinze por cento para o custeio dos estudos de planejamento da expansão do sistema energético e quinze por cento para o financiamento de estudos, pesquisas, projetos, atividades e serviços de levantamentos geológicos básicos no território nacional;

▶ Inciso I com a redação dada pela Lei nº 10.848, de 12-3-2004.

II – 10% (dez por cento) ao Ministério do Meio Ambiente, destinados, preferencialmente, ao desenvolvimento das seguintes atividades de gestão ambiental relacionadas à cadeia produtiva do petróleo, incluindo as consequências de sua utilização:

▶ *Caput* do inciso II com a redação dada pela Lei nº 12.114, de 9-12-2009.
▶ Art. 3º, I, da Lei nº 12.114, de 9-12-2009, estabelece que até 60% (sessenta por cento) dos recursos de que trata este inciso, constituem recursos do FNMC.

a) modelos e instrumentos de gestão, controle (fiscalização, monitoramento, licenciamento e instrumentos voluntários), planejamento e ordenamento do uso sustentável dos espaços e dos recursos naturais;

b) estudos e estratégias de conservação ambiental, uso sustentável dos recursos naturais e recuperação de danos ambientais;
c) novas práticas e tecnologias menos poluentes e otimização de sistemas de controle de poluição, incluindo eficiência energética e ações consorciadas para o tratamento de resíduos e rejeitos oleosos e outras substâncias nocivas e perigosas;
d) definição de estratégias e estudos de monitoramento ambiental sistemático, agregando o estabelecimento de padrões de qualidade ambiental específicos, na escala das bacias sedimentares;
e) sistemas de contingência que incluam prevenção, controle e combate e resposta à poluição por óleo;
f) mapeamento de áreas sensíveis a derramamentos de óleo nas águas jurisdicionais brasileiras;
g) estudos e projetos de prevenção de emissões de gases de efeito estufa para a atmosfera, assim como para mitigação da mudança do clima e adaptação à mudança do clima e seus efeitos, considerando-se como mitigação a redução de emissão de gases de efeito estufa e o aumento da capacidade de remoção de carbono pelos sumidouros e, como adaptação as iniciativas e medidas para reduzir a vulnerabilidade dos sistemas naturais e humanos frente aos efeitos atuais e esperados da mudança do clima;
h) estudos e projetos de prevenção, controle e remediação relacionados ao desmatamento e à poluição atmosférica;
i) iniciativas de fortalecimento do Sistema Nacional do Meio Ambiente – SISNAMA;

▸ Alíneas a a i acrescidas pela Lei nº 12.114, de 9-12-2009.

III – quarenta por cento para o Estado onde ocorrer a produção em terra, ou confrontante com a plataforma continental onde se realizar a produção;
IV – dez por cento para o Município onde ocorrer a produção em terra, ou confrontante com a plataforma continental onde se realizar a produção.

§ 3º *Revogado*. Lei nº 12.114, de 9-12-2009.

§ 4º Nas áreas localizadas no pré-sal contratadas sob o regime de concessão, a parcela da participação especial que cabe à administração direta da União será destinada integralmente ao fundo de natureza contábil e financeira, criado por lei específica, com a finalidade de constituir fonte de recursos para o desenvolvimento social e regional, na forma de programas e projetos nas áreas de combate à pobreza e de desenvolvimento da educação, da cultura, do esporte, da saúde pública, da ciência e tecnologia, do meio ambiente e de mitigação e adaptação às mudanças climáticas, vedada sua destinação aos órgãos específicos de que trata este artigo.

▸ § 4º acrescido pela Lei nº 12.351, de 22-12-2010.

Art. 51. O edital e o contrato disporão sobre o pagamento pela ocupação ou retenção de área, a ser feito anualmente, fixado por quilômetro quadrado ou fração da superfície do bloco, na forma da regulamentação por decreto do Presidente da República.

Parágrafo único. O valor do pagamento pela ocupação ou retenção de área será aumentado em percentual a ser estabelecido pela ANP, sempre que houver prorrogação do prazo de exploração.

Art. 52. Constará também do contrato de concessão de bloco localizado em terra cláusula que determine o pagamento aos proprietários da terra de participação equivalente, em moeda corrente, a um percentual variável entre cinco décimos por cento e um por cento da produção de petróleo ou gás natural, a critério da ANP.

Parágrafo único. A participação a que se refere este artigo será distribuída na proporção da produção realizada nas propriedades regularmente demarcadas na superfície do bloco.

CAPÍTULO VI

DO REFINO DE PETRÓLEO E DO PROCESSAMENTO DE GÁS NATURAL

Art. 53. Qualquer empresa ou consórcio de empresas que atenda ao disposto no art. 5º desta Lei poderá submeter à ANP proposta, acompanhada do respectivo projeto, para a construção e operação de refinarias e de unidades de processamento, de liquefação, de regaseificação e de estocagem de gás natural, bem como para a ampliação de sua capacidade.

▸ *Caput* com a redação dada pela Lei nº 11.909, de 4-3-2009.

§ 1º A ANP estabelecerá os requisitos técnicos, econômicos e jurídicos a serem atendidos pelos proponentes e as exigências de projeto quanto à proteção ambiental e à segurança industrial e das populações.

§ 2º Atendido o disposto no parágrafo anterior, a ANP outorgará a autorização a que se refere o inciso V do art. 8º, definindo seu objeto e sua titularidade.

Art. 54. É permitida a transferência da titularidade da autorização, mediante prévia e expressa aprovação pela ANP, desde que o novo titular satisfaça os requisitos expressos no § 1º do artigo anterior.

Art. 55. No prazo de cento e oitenta dias, a partir da publicação desta Lei, a ANP expedirá as autorizações relativas às refinarias e unidades de processamento de gás natural existentes, ratificando sua titularidade e seus direitos.

Parágrafo único. As autorizações referidas neste artigo obedecerão ao disposto no art. 53 quanto à transferência da titularidade e à ampliação da capacidade das instalações.

CAPÍTULO VII

DO TRANSPORTE DE PETRÓLEO, SEUS DERIVADOS E GÁS NATURAL

Art. 56. Observadas as disposições das leis pertinentes, qualquer empresa ou consórcio de empresas que atender ao disposto no art. 5º poderá receber autorização da ANP para construir instalações e efetuar qualquer modalidade de transporte de petróleo, seus derivados e gás natural, seja para suprimento interno ou para importação e exportação.

▸ Lei nº 11.909, de 4-3-2009, dispõe sobre as atividades relativas à importação, exportação, transporte por meio de condutos, tratamento, processamento, estocagem, liquefação, regaseificação e comercialização de gás natural.

Parágrafo único. A ANP baixará normas sobre a habilitação dos interessados e as condições para a autorização e para transferência de sua titularidade, observado o atendimento aos requisitos de proteção ambiental e segurança de tráfego.

Art. 57. No prazo de cento e oitenta dias, a partir da publicação desta Lei, a PETROBRAS e as demais empresas proprietárias de equipamentos e instalações de transporte marítimo e dutoviário receberão da ANP as respectivas autorizações, ratificando sua titularidade e seus direitos.

Parágrafo único. As autorizações referidas neste artigo observarão as normas de que trata o parágrafo único do artigo anterior, quanto à transferência da titularidade e à ampliação da capacidade das instalações.

Art. 58. Será facultado a qualquer interessado o uso dos dutos de transporte e dos terminais marítimos existentes ou a serem construídos, com exceção dos terminais de Gás Natural Liquefeito – GNL, mediante remuneração adequada ao titular das instalações ou da capacidade de movimentação de gás natural, nos termos da lei e da regulamentação aplicável.

▶ *Caput* com a redação dada pela Lei nº 11.909, de 4-3-2009.

§ 1º A ANP fixará o valor e a forma de pagamento da remuneração adequada com base em critérios previamente estabelecidos, caso não haja acordo entre as partes, cabendo-lhe também verificar se o valor acordado é compatível com o mercado.

▶ § 1º com a redação dada pela Lei nº 11.909, de 4-3-2009.

§ 2º A ANP regulará a preferência a ser atribuída ao proprietário das instalações para movimentação de seus próprios produtos, com o objetivo de promover a máxima utilização da capacidade de transporte pelos meios disponíveis.

§ 3º A receita referida no *caput* deste artigo deverá ser destinada a quem efetivamente estiver suportando o custo da capacidade de movimentação de gás natural.

▶ § 3º acrescido pela Lei nº 11.909, de 4-3-2009.

Art. 59. Os dutos de transferência serão reclassificados pela ANP como dutos de transporte, caso haja comprovado interesse de terceiros em sua utilização, observadas as disposições aplicáveis deste Capítulo.

Capítulo VIII
DA IMPORTAÇÃO E EXPORTAÇÃO DE PETRÓLEO, SEUS DERIVADOS E GÁS NATURAL

▶ Dec. nº 2.926, de 7-1-1999, estabelece diretrizes para a exportação de petróleo e seus derivados, de gás natural e condensado.

Art. 60. Qualquer empresa ou consórcio de empresas que atender ao disposto no art. 5º poderá receber autorização da ANP para exercer a atividade de importação e exportação de petróleo e seus derivados, de gás natural e condensado.

▶ Lei nº 11.909, de 4-3-2009, dispõe sobre as atividades relativas à importação, exportação, transporte por meio de condutos, tratamento, processamento, estocagem, liquefação, regaseificação e comercialização de gás natural.

Parágrafo único. O exercício da atividade referida no *caput* deste artigo observará as diretrizes do CNPE, em particular as relacionadas com o cumprimento das disposições do art. 4º da Lei nº 8.176, de 8 de fevereiro de 1991, e obedecerá às demais normas legais e regulamentares pertinentes.

▶ Lei nº 8.176, de 8-2-1991 (Lei dos Crimes Contra a Ordem Econômica).

Capítulo IX
DA PETROBRAS

Art. 61. A Petróleo Brasileiro S.A. – PETROBRAS é uma sociedade de economia mista vinculada ao Ministério de Minas e Energia, que tem como objeto a pesquisa, a lavra, a refinação, o processamento, o comércio e o transporte de petróleo proveniente de poço, de xisto ou de outras rochas, de seus derivados, de gás natural e de outros hidrocarbonetos fluidos, bem como quaisquer outras atividades correlatas ou afins, conforme definidas em lei.

§ 1º As atividades econômicas referidas neste artigo serão desenvolvidas pela PETROBRAS em caráter de livre competição com outras empresas, em função das condições de mercado, observados o período de transição previsto no Capítulo X e os demais princípios e diretrizes desta Lei.

§ 2º A PETROBRAS, diretamente ou por intermédio de suas subsidiárias, associada ou não a terceiros, poderá exercer, fora do território nacional, qualquer uma das atividades integrantes de seu objeto social.

Art. 62. A União manterá o controle acionário da PETROBRAS com a propriedade e posse de, no mínimo, cinquenta por cento das ações, mais uma ação, do capital votante.

Parágrafo único. O capital social da PETROBRAS é dividido em ações ordinárias, com direito de voto, e ações preferenciais, estas sempre sem direito de voto, todas escriturais, na forma do art. 34 da Lei nº 6.404, de 15 de dezembro de 1976.

Art. 63. A PETROBRAS e suas subsidiárias ficam autorizadas a formar consórcios com empresas nacionais ou estrangeiras, na condição ou não de empresa líder, objetivando expandir atividades, reunir tecnologias e ampliar investimentos aplicados à indústria do petróleo.

Art. 64. Para o estrito cumprimento de atividades de seu objeto social que integrem a indústria do petróleo, fica a PETROBRAS autorizada a constituir subsidiárias, as quais poderão associar-se, majoritária ou minoritariamente, a outras empresas.

Art. 65. A PETROBRAS deverá constituir uma subsidiária com atribuições específicas de operar e construir seus dutos, terminais marítimos e embarcações para transporte de petróleo, seus derivados e gás natural, ficando facultado a essa subsidiária associar-se, majoritária ou minoritariamente, a outras empresas.

Art. 66. A PETROBRAS poderá transferir para seus ativos os títulos e valores recebidos por qualquer subsidiária, em decorrência do Programa Nacional de Desestatização, mediante apropriada redução de sua participação no capital social da subsidiária.

Art. 67. Os contratos celebrados pela PETROBRAS, para aquisição de bens e serviços, serão precedidos de procedimento licitatório simplificado, a ser definido em decreto do Presidente da República.

▶ Dec. nº 2.745, de 24-8-1998, aprova o Regulamento do Procedimento Licitatório Simplificado da Petróleo Brasileiro S.A. – PETROBRAS previsto neste artigo.

Art. 68. Com o objetivo de compor suas propostas para participar das licitações que precedem as concessões de que trata esta Lei, a PETROBRAS poderá assinar pré-contratos, mediante a expedição de cartas-convites, assegurando preços e compromissos de fornecimento de bens e serviços.

Parágrafo único. Os pré-contratos conterão cláusula resolutiva de pleno direito, a ser exercida, sem penalidade ou indenização, no caso de outro licitante ser declarado vencedor, e serão submetidos, *a posteriori*, à apreciação dos órgãos de controle externo e fiscalização.

CAPÍTULO IX-A
DAS ATIVIDADES ECONÔMICAS DA INDÚSTRIA DE BIOCOMBUSTÍVEIS

► Capítulo IX-A acrescido pela Lei nº 12.490, de 16-9-2011.

Art. 68-A. Qualquer empresa ou consórcio de empresas constituídas sob as leis brasileiras com sede e administração no País poderá obter autorização da ANP para exercer as atividades econômicas da indústria de biocombustíveis.

§ 1º As autorizações de que trata o caput destinam-se a permitir a exploração das atividades econômicas em regime de livre iniciativa e ampla competição, nos termos da legislação específica.

§ 2º A autorização de que trata o caput deverá considerar a comprovação, pelo interessado, quando couber, das condições previstas em lei específica, além das seguintes, conforme regulamento:

I – estar constituído sob as leis brasileiras, com sede e administração no País;

II – estar regular perante as fazendas federal, estadual e municipal, bem como demonstrar a regularidade de débitos perante a ANP;

III – apresentar projeto básico da instalação, em conformidade às normas e aos padrões técnicos aplicáveis à atividade;

IV – apresentar licença ambiental, ou outro documento que a substitua, expedida pelo órgão competente;

V – apresentar projeto de controle de segurança das instalações aprovado pelo órgão competente;

VI – deter capital social integralizado ou apresentar outras fontes de financiamento suficientes para o empreendimento.

§ 3º A autorização somente poderá ser revogada por solicitação do próprio interessado ou por ocasião do cometimento de infrações passíveis de punição com essa penalidade, conforme previsto em lei.

§ 4º A autorização será concedida pela ANP em prazo a ser estabelecido na forma do regulamento.

§ 5º A autorização não poderá ser concedida se o interessado, nos 5 (cinco) anos anteriores ao requerimento, teve autorização para o exercício de atividade regulamentada pela ANP revogada em decorrência de penalidade aplicada em processo administrativo com decisão definitiva.

§ 6º Não são sujeitas à regulação e à autorização pela ANP a produção agrícola, a fabricação de produtos agropecuários e alimentícios e a geração de energia elétrica, quando vinculadas ao estabelecimento no qual se construirá, modificará ou ampliará a unidade de produção de biocombustível.

§ 7º A unidade produtora de biocombustível que produzir ou comercializar energia elétrica deverá atender às normas e aos regulamentos estabelecidos pelos órgãos e entidades competentes.

§ 8º São condicionadas à prévia aprovação da ANP a modificação ou a ampliação de instalação relativas ao exercício das atividades econômicas da indústria de biocombustíveis.

► Art. 68-A acrescido pela Lei nº 12.490, de 16-9-2011.

CAPÍTULO X
DAS DISPOSIÇÕES FINAIS E TRANSITÓRIAS

Seção I

DO PERÍODO DE TRANSIÇÃO

Art. 69. Durante o período de transição, que se estenderá, no máximo, até o dia 31 de dezembro de 2001, os reajustes e revisões de preços dos derivados básicos de petróleo e gás natural, praticados pelas unidades produtoras ou de processamento, serão efetuados segundo diretrizes e parâmetros específicos estabelecidos, em ato conjunto, pelos Ministros de Estado da Fazenda e de Minas e Energia.

► Artigo com a redação dada pela Lei nº 9.990, de 21-7-2000.

► Conforme art. 7º da Lei nº 10.453, de 13-5-2002, que dispõe sobre subvenções ao preço e ao transporte do álcool combustível e subsídios ao preço do gás liquefeito de petróleo – GLP e altera o sistema de deliberação do Conselho Interministerial do Açúcar e do Álcool – CIMA, para os efeitos do art. 74 desta Lei, o período de transição definido neste art. 69 fica prorrogado em seis meses, admitida nova prorrogação, por igual período, mediante ato do Poder Executivo. Referido prazo foi novamente prorrogado pelo Dec. nº 4.292, de 28-6-2002, até o dia 31-12-2002.

► Dec. nº 4.267, de 12-6-2002, regulamenta os arts. 7º e 8º da Lei nº 10.453, de 13-5-2002.

Art. 70. Durante o período de transição de que trata o artigo anterior, a ANP estabelecerá critérios para as importações de petróleo, de seus derivados básicos e de gás natural, os quais serão compatíveis com os critérios de desregulamentação de preços, previstos no mesmo dispositivo.

Art. 71. Os derivados de petróleo e de gás natural que constituam insumos para a indústria petroquímica terão o tratamento previsto nos arts. 69 e 70, objetivando a competitividade do setor.

Art. 72. Durante o prazo de cinco anos, contados a partir da data de publicação desta Lei, a União assegurará, por intermédio da ANP, às refinarias em funcionamento no país, excluídas do monopólio da União, nos termos do art. 45 do Ato das Disposições Constitucionais Transitórias, condições operacionais e econômicas, com base nos critérios em vigor, aplicados à atividade de refino.

Parágrafo único. No prazo previsto neste artigo, observar-se-á o seguinte:

I – VETADO;

II – as refinarias se obrigam a submeter à ANP plano de investimentos na modernização tecnológica e na expansão da produtividade de seus respectivos parques de refino, com vistas ao aumento da produção e à consequente redução dos subsídios a elas concedidos;

III – a ANP avaliará, periodicamente, o grau de competitividade das refinarias, a realização dos respectivos planos de investimentos e a consequente redução dos subsídios relativos a cada uma delas.

Art. 73. Até que se esgote o período de transição estabelecido no art. 69, os preços dos derivados básicos praticados pela PETROBRAS poderão considerar os encargos resultantes de subsídios incidentes sobre as atividades por ela desenvolvidas.

Parágrafo único. À exceção das condições e do prazo estabelecidos no artigo anterior, qualquer subsídio incidente sobre os preços dos derivados básicos, transcorrido o período previsto no art. 69, deverá ser proposto pelo CNPE e submetido à aprovação do Congresso Nacional, nos termos do inciso II do art. 2º.

Art. 74. A Secretaria do Tesouro Nacional procederá ao levantamento completo de todos os créditos e débitos recíprocos da União e da PETROBRAS, abrangendo as diversas contas de obrigações recíprocas e subsídios, inclusive os relativos à denominada Conta Petróleo, Derivados e Álcool, instituída pela Lei nº 4.452, de 5 de novembro de 1964, e legislação complementar, ressarcindo-se o Tesouro dos dividendos mínimos legais que tiverem sido pagos a menos desde a promulgação da Lei nº 6.404, de 15 de dezembro de 1976.

▶ Conforme art. 7º da Lei nº 10.453, de 13-5-2002, que dispõe sobre subvenções ao preço e ao transporte do álcool combustível e subsídios ao preço do gás liquefeito de petróleo – GLP e altera o sistema de deliberação do Conselho Interministerial do Açúcar e do Álcool – CIMA, para os efeitos deste art. 74, o período de transição definido no art. 69 desta Lei fica prorrogado em seis meses, admitida nova prorrogação, por igual período, mediante ato do Poder Executivo. Referido prazo foi novamente prorrogado pelo Dec. nº 4.292, de 28-6-2002, até o dia 31-12-2002.

▶ Conforme art. 11 da Lei nº 10.742, de 6-10-2003, a realização do encontro de contas entre a União e a PETROBRAS, prevista neste art. 74, deverá ocorrer até 30-6-2004.

▶ Dec. nº 4.267, de 12-6-2002, regulamenta os arts. 7º e 8º da Lei nº 10.453, de 13-5-2002.

Parágrafo único. Até que se esgote o período de transição, o saldo credor desse encontro de contas deverá ser liquidado pela parte devedora, ficando facultado à União, caso seja a devedora, liquidá-lo em títulos do Tesouro Nacional.

Seção II

DAS DISPOSIÇÕES FINAIS

Art. 75. Na composição da primeira Diretoria da ANP, visando implementar a transição para o sistema de mandatos não coincidentes, o Diretor-Geral e dois Diretores serão nomeados pelo Presidente da República, por indicação do Ministro de Estado de Minas e Energia, respectivamente com mandatos de três, dois e um ano, e dois Diretores serão nomeados conforme o disposto nos §§ 2º e 3º do art. 11.

Art. 76. A ANP poderá contratar especialistas para a execução de trabalhos nas áreas técnica, econômica e jurídica, por projetos ou prazos limitados, com dispensa de licitação nos casos previstos na legislação aplicável.

Parágrafo único. *Revogado*. Lei nº 10.871, de 20-5-2004.

Art. 77. O Poder Executivo promoverá a instalação do CNPE e implantará a ANP, mediante a aprovação de sua estrutura regimental, em até cento e vinte dias, contados a partir da data de publicação desta Lei.

§ 1º A estrutura regimental da ANP incluirá os cargos em comissão e funções gratificadas existentes no DNC.

§ 2º VETADO.

§ 3º Enquanto não implantada a ANP, as competências a ela atribuídas por esta Lei serão exercidas pelo Ministro de Estado de Minas e Energia.

Art. 78. Implantada a ANP, ficará extinto o DNC.

Parágrafo único. Serão transferidos para a ANP o acervo técnico-patrimonial, as obrigações, os direitos e as receitas do DNC.

Art. 79. Fica o Poder Executivo autorizado a remanejar, transferir ou utilizar os saldos orçamentários do Ministério de Minas e Energia, para atender às despesas de estruturação e manutenção da ANP, utilizando como recursos as dotações orçamentárias destinadas às atividades finalísticas e administrativas, observados os mesmos subprojetos, subatividades e grupos de despesa previstos na Lei Orçamentária em vigor.

Art. 80. As disposições desta Lei não afetam direitos anteriores de terceiros, adquiridos mediante contratos celebrados com a PETROBRAS, em conformidade com as leis em vigor, e não invalidam os atos praticados pela PETROBRAS e suas subsidiárias, de acordo com seus estatutos, os quais serão ajustados, no que couber, a esta Lei.

Art. 81. Não se incluem nas regras desta Lei os equipamentos e instalações destinados a execução de serviços locais de distribuição de gás canalizado, a que se refere o § 2º do art. 25 da Constituição Federal.

Art. 82. Esta Lei entra em vigor na data de sua publicação.

Art. 83. Revogam-se as disposições em contrário, inclusive a Lei nº 2.004, de 3 de outubro de 1953.

Brasília, 6 de agosto de 1997;
176º da Independência e
109º da República.

Fernando Henrique Cardoso

LEI Nº 9.507,
DE 12 DE NOVEMBRO DE 1997

Regula o direito de acesso a informações e disciplina o rito processual do habeas data.

▶ Publicada no *DOU* de 13-11-1997.
▶ Arts. 5º, XXXIII, LXXII e LXXVII, 102, I, *d*, e II, a, 105, I, *b*, 108, I, c, 109, VIII, e 121, § 4º, V, da CF.
▶ Súm. nº 368 do STJ.

Art. 1º VETADO.

Parágrafo único. Considera-se de caráter público todo registro ou banco de dados contendo informações que sejam ou que possam ser transmitidas a terceiros ou que não sejam de uso privativo do órgão ou entidade produtora ou depositária das informações.

Art. 2º O requerimento será apresentado ao órgão ou entidade depositária do registro ou banco de dados e será deferido ou indeferido no prazo de quarenta e oito horas.

Parágrafo único. A decisão será comunicada ao requerente em vinte e quatro horas.

Art. 3º Ao deferir o pedido, o depositário do registro ou do banco de dados marcará dia e hora para que o requerente tome conhecimento das informações.

Parágrafo único. VETADO.

Art. 4º Constatada a inexatidão de qualquer dado a seu respeito, o interessado, em petição acompanhada de documentos comprobatórios, poderá requerer sua retificação.

§ 1º Feita a retificação em, no máximo, dez dias após a entrada do requerimento, a entidade ou órgão depositário do registro ou da informação dará ciência ao interessado.

§ 2º Ainda que não se constate a inexatidão do dado, se o interessado apresentar explicação ou contestação sobre o mesmo, justificando possível pendência sobre o fato objeto do dado, tal explicação será anotada no cadastro do interessado.

Arts. 5º e 6º VETADOS.

Art. 7º Conceder-se-á *habeas data*:

▶ Súm. nº 2 do STJ.

I – para assegurar o conhecimento de informações relativas à pessoa do impetrante, constantes de registro ou banco de dados de entidades governamentais ou de caráter público;
II – para a retificação de dados, quando não se prefira fazê-lo por processo sigiloso, judicial ou administrativo;
III – para a anotação nos assentamentos do interessado, de contestação ou explicação sobre dado verdadeiro mas justificável e que esteja sob pendência judicial ou amigável.

Art. 8º A petição inicial, que deverá preencher os requisitos dos artigos 282 a 285 do Código de Processo Civil, será apresentada em duas vias, e os documentos que instruírem a primeira serão reproduzidos por cópia na segunda.

Parágrafo único. A petição inicial deverá ser instruída com prova:

I – da recusa ao acesso às informações ou do decurso de mais de dez dias sem decisão;

▶ Súm. nº 2 do STJ.

II – da recusa em fazer-se a retificação ou do decurso de mais de quinze dias, sem decisão; ou
III – da recusa em fazer-se a anotação a que se refere o § 2º do artigo 4º ou do decurso de mais de quinze dias sem decisão.

Art. 9º Ao despachar a inicial, o juiz ordenará que se notifique o coator do conteúdo da petição, entregando-lhe a segunda via apresentada pelo impetrante, com as cópias dos documentos, a fim de que, no prazo de dez dias, preste as informações que julgar necessárias.

Art. 10. A inicial será desde logo indeferida, quando não for o caso de *habeas data*, ou se lhe faltar algum dos requisitos previstos nesta Lei.

Parágrafo único. Do despacho de indeferimento caberá recurso previsto no artigo 15.

Art. 11. Feita a notificação, o serventuário em cujo cartório corra o feito, juntará aos autos cópia autêntica do ofício endereçado ao coator, bem como a prova da sua entrega a este ou da recusa, seja de recebê-lo, seja de dar recibo.

Art. 12. Findo o prazo a que se refere o artigo 9º, e ouvido o representante do Ministério Público dentro de cinco dias, os autos serão conclusos ao juiz para decisão a ser proferida em cinco dias.

Art. 13. Na decisão, se julgar procedente o pedido, o juiz marcará data e horário para que o coator:

I – apresente ao impetrante as informações a seu respeito, constantes de registros ou bancos de dados; ou
II – apresente em juízo a prova da retificação ou da anotação feita nos assentamentos do impetrante.

Art. 14. A decisão será comunicada ao coator, por correio, com aviso de recebimento, ou por telegrama, radiograma ou telefonema, conforme o requerer o impetrante.

Parágrafo único. Os originais, no caso de transmissão telegráfica, radiofônica ou telefônica, deverão ser apresentados à agência expedidora, com a firma do juiz devidamente reconhecida.

Art. 15. Da sentença que conceder ou negar o *habeas data* cabe apelação.

▶ Arts. 513 a 521 do CPC.

Parágrafo único. Quando a sentença conceder o *habeas data*, o recurso terá efeito meramente devolutivo.

Art. 16. Quando o *habeas data* for concedido e o Presidente do Tribunal ao qual competir o conhecimento do recurso ordenar ao juiz a suspensão da execução da sentença, desse seu ato caberá agravo para o Tribunal a que presida.

Art. 17. Nos casos de competência do Supremo Tribunal Federal e dos demais Tribunais caberá ao relator a instrução do processo.

Art. 18. O pedido de *habeas data* poderá ser renovado se a decisão denegatória não lhe houver apreciado o mérito.

Art. 19. Os processos de *habeas data* terão prioridade sobre todos os atos judiciais, exceto *habeas corpus* e mandado de segurança. Na instância superior, deverão ser levados a julgamento na primeira sessão que se seguir à data em que, feita a distribuição, forem conclusos ao relator.

Parágrafo único. O prazo para a conclusão não poderá exceder de vinte e quatro horas, a contar da distribuição.

Art. 20. O julgamento do *habeas data* compete:

I – originariamente:

a) ao Supremo Tribunal Federal, contra atos do Presidente da República, das Mesas da Câmara dos Deputados e do Senado Federal, do Tribunal de Contas da União, do Procurador-Geral da República e do próprio Supremo Tribunal Federal;
b) ao Superior Tribunal de Justiça, contra atos de Ministro de Estado ou do próprio Tribunal;
c) aos Tribunais Regionais Federais contra atos do próprio Tribunal ou de juiz federal;
d) a juiz federal, contra ato de autoridade federal, excetuados os casos de competência dos tribunais federais;
e) a tribunais estaduais, segundo o disposto na Constituição do Estado;
f) a juiz estadual, nos demais casos;

II – em grau de recurso:

a) ao Supremo Tribunal Federal, quando a decisão denegatória for proferida em única instância pelos Tribunais Superiores;
b) ao Superior Tribunal de Justiça, quando a decisão for proferida em única instância pelos Tribunais Regionais Federais;
c) aos Tribunais Regionais Federais, quando a decisão for proferida por juiz federal;
d) aos Tribunais Estaduais e ao do Distrito Federal e Territórios, conforme dispuserem a respectiva Constituição e a lei que organizar a Justiça do Distrito Federal;

III – mediante recurso extraordinário ao Supremo Tribunal Federal, nos casos previstos na Constituição.

Art. 21. São gratuitos o procedimento administrativo para acesso a informações e retificação de dados e para anotação de justificação, bem como a ação de *habeas data*.

Art. 22. Esta Lei entra em vigor na data de sua publicação.

Art. 23. Revogam-se as disposições em contrário.

Brasília, 12 de novembro de 1997;
176º da Independência e
109º da República.

Fernando Henrique Cardoso

LEI Nº 9.636, DE 15 DE MAIO DE 1998

Dispõe sobre a regularização, administração, aforamento e alienação de bens imóveis de domínio da União, altera dispositivos dos Decretos-Leis nºs 9.760, de 5 de setembro de 1946, e 2.398, de 21 de dezembro de 1987, regulamenta o § 2º do art. 49 do Ato das Disposições Constitucionais Transitórias, e dá outras providências.

▶ Publicada no *DOU* de 18-5-1998.
▶ Dec.-lei nº 9.760, de 5-9-1946 (Lei dos Bens Imóveis da União).
▶ Dec.-lei nº 2.398, de 21-12-1987, dispõe sobre foros, laudêmios e taxas de ocupação relativas a imóveis de propriedade da União.
▶ Dec. nº 3.725, de 10-1-2001, regulamenta esta Lei.

CAPÍTULO I
DA REGULARIZAÇÃO E UTILIZAÇÃO ORDENADA

Art. 1º É o Poder Executivo autorizado, por intermédio da Secretaria do Patrimônio da União do Ministério do Planejamento, Orçamento e Gestão, a executar ações de identificação, demarcação, cadastramento, registro e fiscalização dos bens imóveis da União, bem como a regularização das ocupações nesses imóveis, inclusive de assentamentos informais de baixa renda, podendo, para tanto, firmar convênios com os Estados, Distrito Federal e Municípios em cujos territórios se localizem e, observados os procedimentos licitatórios previstos em lei, celebrar contratos com a iniciativa privada.

▶ Artigo com a redação dada pela Lei nº 11.481, de 31-5-2007.
▶ Art. 11, § 3º, desta Lei.

Art. 2º Concluído, na forma da legislação vigente, o processo de identificação e demarcação das terras de domínio da União, a SPU lavrará, em livro próprio, com força de escritura pública, o termo competente, incorporando a área ao patrimônio da União.

Parágrafo único. O termo a que se refere este artigo, mediante certidão de inteiro teor, acompanhado de plantas e outros documentos técnicos que permitam a correta caracterização do imóvel, será registrado no Cartório de Registro de Imóveis competente.

Art. 3º A regularização dos imóveis de que trata esta Lei, junto aos órgãos municipais e aos Cartórios de Registro de Imóveis, será promovida pela SPU e pela Procuradoria-Geral da Fazenda Nacional – PGFN, com o concurso, sempre que necessário, da Caixa Econômica Federal – CEF.

Parágrafo único. Os órgãos públicos federais, estaduais e municipais e os Cartórios de Registro de Imóveis darão preferência ao atendimento dos serviços de regularização de que trata este artigo.

Art. 3º-A. Caberá ao Poder Executivo organizar e manter sistema unificado de informações sobre os bens de que trata esta Lei, que conterá, além de outras informações relativas a cada imóvel:

I – a localização e a área;
II – a respectiva matrícula no registro de imóveis competente;
III – o tipo de uso;
IV – a indicação da pessoa física ou jurídica à qual, por qualquer instrumento, o imóvel tenha sido destinado; e
V – o valor atualizado, se disponível.

Parágrafo único. As informações do sistema de que trata o *caput* deste artigo deverão ser disponibilizadas na internet, sem prejuízo de outras formas de divulgação.

▶ Art. 3º-A acrescido pela Lei nº 11.481, de 31-5-2007.

SEÇÃO I
DA CELEBRAÇÃO DE CONVÊNIOS E CONTRATOS

Art. 4º Os Estados, Municípios e a iniciativa privada, a juízo e a critério do Ministério da Fazenda, observadas as instruções que expedir sobre a matéria, poderão ser habilitados, mediante convênios ou contratos a serem celebrados com a SPU, para executar a identificação, demarcação, cadastramento e fiscalização de áreas do patrimônio da União, assim como o planejamento e a execução do parcelamento e da urbanização de áreas vagas, com base em projetos elaborados na forma da legislação pertinente.

▶ Arts. 5º e 11, § 3º, desta Lei.

§ 1º Na elaboração e execução dos projetos de que trata este artigo, serão sempre respeitados a preservação e o livre acesso às praias marítimas, fluviais e lacustres e a outras áreas de uso comum do povo.

§ 2º Como retribuição pelas obrigações assumidas, os Estados, Municípios e a iniciativa privada farão jus a parte das receitas provenientes da:

I – arrecadação anual das taxas de ocupação e foros, propiciadas pelos trabalhos que tenham executado;

II – venda do domínio útil ou pleno dos lotes resultantes dos projetos urbanísticos por eles executados.

▶ Art. 45 desta Lei.

§ 3º A participação nas receitas de que trata o parágrafo anterior será ajustada nos respectivos convênios ou contratos, observados os limites previstos em regulamento e as instruções a serem baixadas pelo Ministro de Estado da Fazenda, que considerarão a complexidade, o volume e o custo dos trabalhos de identificação, demarcação, cadastramento, recadastramento e fiscalização das áreas vagas existentes, bem como de elaboração e execução dos projetos de parcelamento e urbanização e, ainda, o valor de mercado dos imóveis na região e, quando for o caso, a densidade de ocupação local.

§ 4º A participação dos Estados e Municípios nas receitas de que tratam os incisos I e II poderá ser realizada mediante repasse de recursos financeiros.

▶ Art. 45 desta Lei.

§ 5º Na contratação, por intermédio da iniciativa privada, da elaboração e execução dos projetos urbanísticos de que trata este artigo, observados os procedimentos licitatórios previstos em lei, quando os serviços contratados envolverem, também, a cobrança e o recebimento das receitas deles decorrentes, poderá ser admitida a dedução prévia, pela contratada, da participação acordada.

Art. 5º A demarcação de terras, o cadastramento e os loteamentos, realizados com base no disposto no art. 4º, somente terão validade depois de homologados pela SPU.

SEÇÃO II

DO CADASTRAMENTO

▶ Seção II com a denominação dada pela Lei nº 11.481, de 31-5-2007.

Art. 6º Para fins do disposto no art. 1º desta Lei, as terras da União deverão ser cadastradas, nos termos do regulamento.

▶ *Caput* com a redação dada pela Lei nº 11.481, de 31-5-2007.

▶ Dec.-lei nº 1.876, de 15-7-1981, dispensa do pagamento de foros e laudêmios os titulares do domínio útil dos bens imóveis da União, nos casos que especifica.

§ 1º Nas áreas urbanas, em imóveis possuídos por população carente ou de baixa renda para sua moradia, onde não for possível individualizar as posses, poderá ser feita a demarcação da área a ser regularizada, cadastrando-se o assentamento, para posterior outorga de título de forma individual ou coletiva.

▶ § 1º com a redação dada pela Lei nº 11.481, de 31-5-2007.

§§ 2º a 4º *Revogados*. Lei nº 11.481, de 31-5-2007.

Art. 6º-A. No caso de cadastramento de ocupações para fins de moradia cujo ocupante seja considerado carente ou de baixa renda, na forma do § 2º do art. 1º do Decreto-Lei nº 1.876, de 15 de julho de 1981, a União poderá proceder à regularização fundiária da área, utilizando, entre outros, os instrumentos previstos no art. 18, no inciso VI do art. 19 e nos arts. 22-A e 31 desta Lei.

▶ Art. 6º-A acrescido pela Lei nº 11.481, de 31-5-2007.

▶ Dec.-lei nº 1.876, de 15-7-1981, dispensa do pagamento de foros e laudêmios os titulares do domínio útil dos bens imóveis da União, nos casos que especifica.

SEÇÃO II-A

DA INSCRIÇÃO DA OCUPAÇÃO

▶ Seção II-A acrescida pela Lei nº 11.481, de 31-5-2007.

Art. 7º A inscrição de ocupação, a cargo da Secretaria do Patrimônio da União, é ato administrativo precário, resolúvel a qualquer tempo, que pressupõe o efetivo aproveitamento do terreno pelo ocupante, nos termos do regulamento, outorgada pela administração depois de analisada a conveniência e oportunidade, e gera obrigação de pagamento anual da taxa de ocupação.

▶ *Caput* com a redação dada pela Lei nº 11.481, de 31-5-2007.

§ 1º É vedada a inscrição de ocupação sem a comprovação do efetivo aproveitamento de que trata o *caput* deste artigo.

§ 2º A comprovação do efetivo aproveitamento será dispensada nos casos de assentamentos informais definidos pelo Município como área ou zona especial de interesse social, nos termos do seu plano diretor ou outro instrumento legal que garanta a função social da área, exceto na faixa de fronteira ou quando se tratar de imóveis que estejam sob a administração do Ministério da Defesa e dos Comandos da Marinha, do Exército e da Aeronáutica.

§ 3º A inscrição de ocupação de imóvel dominial da União, a pedido ou de ofício, será formalizada por meio de ato da autoridade local da Secretaria do Patrimônio da União em processo administrativo específico.

§ 4º Será inscrito o ocupante do imóvel, tornando-se este o responsável no cadastro dos bens dominiais da União, para efeito de administração e cobrança de receitas patrimoniais.

§ 5º As ocupações anteriores à inscrição, sempre que identificadas, serão anotadas no cadastro a que se refere o § 4º deste artigo para efeito de cobrança de receitas patrimoniais dos respectivos responsáveis, não incidindo, em nenhum caso, a multa de que trata o § 5º do art. 3º do Decreto-Lei nº 2.398, de 21 de dezembro de 1987.

▶ A multa estabelecida no art. 3º, § 5º, do Dec.-lei nº 2.398, de 21-12-1987, é de 0,05 (cinco centésimos por cento), por mês ou fração, sobre o valor do terreno ou benfeitorias nele existentes.

§ 6º Os créditos originados em receitas patrimoniais decorrentes da ocupação de imóvel da União serão lançados após concluído o processo administrativo correspondente, observadas a decadência e a inexigibilidade previstas no art. 47 desta Lei.

§ 7º Para efeito de regularização das ocupações ocorridas até 27 de abril de 2006 nos registros cadastrais da Secretaria do Patrimônio da União, as transferências de posse na cadeia sucessória do imóvel serão anotadas no cadastro dos bens dominiais da União para o fim de cobrança de receitas patrimoniais dos respectivos responsáveis, não dependendo do prévio recolhimento do laudêmio.

▶ §§ 1º a 7º acrescidos pela Lei nº 11.481, de 31-5-2007.

Art. 8º Na realização do cadastramento ou recadastramento de ocupantes, serão observados os procedimentos previstos no art. 128 do Decreto-Lei nº 9.760, de 5 de setembro de 1946, com as alterações desta Lei.

Art. 9º É vedada a inscrição de ocupações que:

I – ocorreram após 27 de abril de 2006;

II – estejam concorrendo ou tenham concorrido para comprometer a integridade das áreas de uso comum do povo, de segurança nacional, de preservação ambiental ou necessárias à preservação dos ecossistemas naturais e de implantação de programas ou ações de regularização fundiária de interesse social ou habitacionais das reservas indígenas, das áreas ocupadas por comunidades remanescentes de quilombos, das vias federais de comunicação e das áreas reservadas para construção de hidrelétricas ou congêneres, ressalvados os casos especiais autorizados na forma da lei.

▶ Incisos I e II com a redação dada pela Lei nº 11.481, de 31-5-2007.

Art. 10. Constatada a existência de posses ou ocupações em desacordo com o disposto nesta Lei, a União deverá imitir-se sumariamente na posse do imóvel, cancelando-se as inscrições eventualmente realizadas.

Parágrafo único. Até a efetiva desocupação, será devida à União indenização pela posse ou ocupação ilícita, correspondente a 10% (dez por cento) do valor atualizado do domínio pleno do terreno, por ano ou fração de ano em que a União tenha ficado privada da posse ou ocupação do imóvel, sem prejuízo das demais sanções cabíveis.

Seção III
DA FISCALIZAÇÃO E CONSERVAÇÃO

Art. 11. Caberá à SPU a incumbência de fiscalizar e zelar para que sejam mantidas a destinação e o interesse público, o uso e a integridade física dos imóveis pertencentes ao patrimônio da União, podendo, para tanto, por intermédio de seus técnicos credenciados, embargar serviços e obras, aplicar multas e demais sanções previstas em lei e, ainda, requisitar força policial federal e solicitar o necessário auxílio de força pública estadual.

§ 1º Para fins do disposto neste artigo, quando necessário, a SPU poderá, na forma do regulamento, solicitar a cooperação de força militar federal.

§ 2º A incumbência de que trata o presente artigo não implicará prejuízo para:

I – as obrigações e responsabilidades previstas nos arts. 70 e 79, § 2º, do Decreto-Lei nº 9.760, de 1946;

II – as atribuições dos demais órgãos federais, com área de atuação direta ou indiretamente relacionada, nos termos da legislação vigente, com o patrimônio da União.

§ 3º As obrigações e prerrogativas previstas neste artigo poderão ser repassadas, no que couber, às entidades conveniadas ou contratadas na forma dos arts. 1º e 4º.

§ 4º Constitui obrigação do Poder Público federal, estadual e municipal, observada a legislação específica vigente, zelar pela manutenção das áreas de preservação ambiental, das necessárias à proteção dos ecossistemas naturais e de uso comum do povo, independentemente da celebração de convênio para esse fim.

Seção IV
DO AFORAMENTO

Art. 12. Observadas as condições previstas no § 1º do art. 23 e resguardadas as situações previstas no inciso I do art. 5º do Decreto-Lei nº 2.398, de 1987, os imóveis dominiais da União, situados em zonas sujeitas ao regime enfitêutico, poderão ser aforados, mediante leilão ou concorrência pública, respeitado, como preço mínimo, o valor de mercado do respectivo domínio útil, estabelecido em avaliação de precisão, realizada, especificamente para esse fim, pela SPU ou, sempre que necessário, pela Caixa Econômica Federal, com validade de seis meses a contar da data de sua publicação.

▶ Arts. 15 a 17, 25 e 29 desta Lei.

§ 1º Na impossibilidade, devidamente justificada, de realização de avaliação de precisão, será admitida a avaliação expedita.

§ 2º Para realização das avaliações de que trata este artigo, a SPU e a CEF poderão contratar serviços especializados de terceiros, devendo os respectivos laudos, para os fins previstos nesta Lei, ser homologados por quem os tenha contratado, quanto à observância das normas técnicas pertinentes.

§ 3º Não serão objeto de aforamento os imóveis que, por sua natureza e em razão de norma especial, são ou venham a ser considerados indisponíveis e inalienáveis.

Art. 13. Na concessão do aforamento será dada preferência a quem, comprovadamente, em 15 de fevereiro de 1997, já ocupava o imóvel há mais de um ano e esteja, até a data da formalização do contrato de alienação do domínio útil, regularmente inscrito como ocupante e em dia com suas obrigações junto à SPU.

▶ Art. 29 desta Lei.

§ 1º Previamente à publicação do edital de licitação, dar-se-á conhecimento do preço mínimo para venda do domínio útil ao titular da preferência de que trata este artigo, que poderá adquiri-lo por esse valor, devendo, para este fim, sob pena de decadência, manifestar o seu interesse na aquisição e apresentar a documentação exigida em lei na forma e nos prazos previstos em regulamento e, ainda, celebrar o contrato de aforamento de que trata o art. 14 no prazo de seis meses, a contar da data da notificação.

§ 2º O prazo para celebração do contrato de que trata o parágrafo anterior poderá ser prorrogado, a pedido do interessado e observadas as condições previstas em regulamento, por mais seis meses, situação em que, havendo variação significativa no mercado imobiliário local, será feita nova avaliação, correndo os custos de sua realização por conta do respectivo ocupante.

§ 3º A notificação de que trata o § 1º será feita por edital publicado no *Diário Oficial da União* e, sempre que possível, por carta registrada a ser enviada ao ocupante do imóvel que se encontre inscrito na SPU.

§ 4º O edital especificará o nome do ocupante, a localização do imóvel e a respectiva área, o valor de avaliação, bem como o local e horário de atendimento aos interessados.

§ 5º No aforamento com base no exercício da preferência de que trata este artigo, poderá ser dispensada, na forma do regulamento, a homologação da concessão pelo Secretário do Patrimônio da União, de que tratam os arts. 108 e 109 do Decreto-Lei nº 9.760, de 1946.

Art. 14. O domínio útil, quando adquirido mediante o exercício da preferência de que tratam os arts. 13 e 17, § 3º, poderá ser pago:

I – à vista, no ato da assinatura do contrato de aforamento;

II – a prazo, mediante pagamento, no ato da assinatura do contrato de aforamento, de entrada mínima de 10% (dez por cento) do preço, a título de sinal e princípio de pagamento, e do saldo em até cento e vinte prestações mensais e consecutivas, devidamente atualizadas, observando-se, neste caso, que o término do parcelamento não poderá ultrapassar a data em que o adquirente completar oitenta anos de idade.

▶ Arts. 29 e 34 desta Lei.

Parágrafo único. As vendas a prazo serão formalizadas mediante contrato de compra e venda em que estarão previstas, entre outras, as condições de que trata o art. 27.

Art. 15. A SPU promoverá, mediante licitação, o aforamento dos terrenos de domínio da União, situados em zonas sujeitas ao regime enfitêutico, que estiverem vagos ou ocupados há até um ano em 15 de fevereiro de 1997, bem assim daqueles cujos ocupantes não tenham exercido a preferência ou a opção de que tratam os arts. 13 e 17 desta Lei e o inciso I do art. 5º do Decreto-Lei nº 2.398, de 1987.

▶ Art. 29 desta Lei.

§ 1º O domínio pleno das benfeitorias incorporadas ao imóvel, independentemente de quem as tenha realizado, será também objeto de alienação.

§ 2º Os ocupantes com até um ano de ocupação em 15 de fevereiro de 1997, que continuem ocupando o imóvel e estejam regularmente inscritos e em dia com suas obrigações junto à SPU na data da realização da licitação, poderão adquirir o domínio útil do imóvel, em caráter preferencial, pelo preço, abstraído o valor correspondente às benfeitorias por eles realizadas, e nas mesmas condições oferecidas pelo vencedor da licitação, desde que manifestem seu interesse no ato do pregão ou no prazo de quarenta e oito horas, contado da publicação do resultado do julgamento da concorrência.

▶ Art. 16 desta Lei.

§ 3º O edital de licitação especificará, com base na proporção existente entre os valores apurados no laudo de avaliação, o percentual a ser subtraído da proposta ou do lance vencedor, correspondente às benfeitorias realizadas pelo ocupante, caso este exerça a preferência de que trata o parágrafo anterior.

§ 4º Ocorrendo a venda, na forma deste artigo, do domínio útil do imóvel a terceiros, será repassado ao ocupante, exclusivamente neste caso, o valor correspondente às benfeitorias por ele realizadas calculado com base no percentual apurado na forma do parágrafo anterior, sendo vedada a extensão deste benefício a outros casos, mesmo que semelhantes.

§ 5º O repasse de que trata o parágrafo anterior será realizado nas mesmas condições de pagamento, pelo adquirente, do preço do domínio útil.

§ 6º Caso o domínio útil do imóvel não seja vendido no primeiro certame, serão promovidas, após a reintegração sumária da União na posse do imóvel, novas licitações, nas quais não será dada nenhuma preferência ao ocupante.

§ 7º Os ocupantes que não exercerem, conforme o caso, as preferências de que tratam os arts. 13 e 15, § 2º, e a opção de que trata o art. 17, nos termos e condições previstos nesta Lei e em seu regulamento, terão o prazo de sessenta dias para desocupar o imóvel, findo o qual ficarão sujeitos ao pagamento de indenização pela ocupação ilícita, correspondente a 10% (dez por cento) do valor atualizado do domínio pleno do terreno, por ano ou fração de ano, até que a União seja reintegrada na posse do imóvel.

Art. 16. Constatado, no processo de habilitação, que os adquirentes prestaram declaração falsa sobre pré-requisitos necessários ao exercício da preferência de que tratam os arts. 13, 15, § 2º, e 17, § 3º, desta Lei, e o inciso I do art. 5º do Decreto-Lei nº 2.398, de 1987, os respectivos contratos de aforamento serão nulos de pleno direito, sem prejuízo das sanções penais aplicáveis, independentemente de notificação judicial ou extrajudicial, retornando automaticamente o imóvel ao domínio pleno da União e perdendo os compradores o valor correspondente aos pagamentos eventualmente já efetuados.

▶ Art. 29 desta Lei.

Seção V

DOS DIREITOS DOS OCUPANTES REGULARMENTE INSCRITOS ATÉ 5 DE OUTUBRO DE 1988

Art. 17. Os ocupantes regularmente inscritos até 5 de outubro de 1988, que não exercerem a preferência de que trata o art. 13, terão os seus direitos e obrigações assegurados mediante a celebração de contratos de cessão de uso onerosa, por prazo indeterminado.

▶ Art. 15 desta Lei.

§ 1º A opção pela celebração do contrato de cessão de que trata este artigo deverá ser manifestada e formalizada, sob pena de decadência, observando-se os mesmos prazos previstos no art. 13 para exercício da preferência ao aforamento.

§ 2º Havendo interesse do serviço público, a União poderá, a qualquer tempo, revogar o contrato de cessão e reintegrar-se na posse do imóvel, após o decurso do prazo de noventa dias da notificação administrativa que para esse fim expedir, em cada caso, não sendo reconhecidos ao cessionário quaisquer direitos sobre o terreno ou a indenização por benfeitorias realizadas.

§ 3º A qualquer tempo, durante a vigência do contrato de cessão, poderá o cessionário pleitear novamente a preferência à aquisição, exceto na hipótese de haver sido declarado o interesse do serviço público, na forma do art. 5º do Decreto-Lei nº 2.398, de 1987.

▶ Arts. 14, 16 e 29 desta Lei.

Seção VI
DA CESSÃO

Art. 18. A critério do Poder Executivo poderão ser cedidos, gratuitamente ou em condições especiais, sob qualquer dos regimes previstos no Decreto-Lei nº 9.760, de 1946, imóveis da União a:

I – Estados, Distrito Federal, Municípios e entidades sem fins lucrativos das áreas de educação, cultura, assistência social ou saúde;

II – pessoas físicas ou jurídicas, em se tratando de interesse público ou social ou de aproveitamento econômico de interesse nacional.

▶ Incisos I e II com a redação dada pela Lei nº 11.481, de 31-5-2007.

▶ Art. 22, § 2º, desta Lei.

§ 1º A cessão de que trata este artigo poderá ser realizada, ainda, sob o regime de concessão de direito real de uso resolúvel, previsto no art. 7º do Decreto-Lei nº 271, de 28 de fevereiro de 1967, aplicando-se, inclusive, em terrenos de marinha e acrescidos, dispensando-se o procedimento licitatório para associações e cooperativas que se enquadrem no inciso II do *caput* deste artigo.

▶ § 1º com a redação dada pela Lei nº 11.481, de 31-5-2007.

§ 2º O espaço aéreo sobre bens públicos, o espaço físico em águas públicas, as áreas de álveo de lagos, rios e quaisquer correntes d'água, de vazantes, da plataforma continental e de outros bens do domínio da União, insusceptíveis de transferência de direitos reais a terceiros, poderão ser objeto de cessão de uso, nos termos deste artigo, observadas as prescrições legais vigentes.

§ 3º A cessão será autorizada em ato do Presidente da República e se formalizará mediante termo ou contrato, do qual constarão expressamente as condições estabelecidas, entre as quais a finalidade da sua realização e o prazo para seu cumprimento, e tornar-se-á nula, independentemente de ato especial, se ao imóvel, no todo ou em parte, vier a ser dada aplicação diversa da prevista no ato autorizativo e consequente termo ou contrato.

§ 4º A competência para autorizar a cessão de que trata este artigo poderá ser delegada ao Ministro de Estado da Fazenda, permitida a subdelegação.

§ 5º A cessão, quando destinada à execução de empreendimento de fim lucrativo, será onerosa e, sempre que houver condições de competitividade, deverão ser observados os procedimentos licitatórios previstos em lei.

§ 6º Fica dispensada de licitação a cessão prevista no *caput* deste artigo relativa a:

I – bens imóveis residenciais construídos, destinados ou efetivamente utilizados no âmbito de programas de provisão habitacional ou de regularização fundiária de interesse social desenvolvidos por órgãos ou entidades da administração pública;

II – bens imóveis de uso comercial de âmbito local com área de até 250 m² (duzentos e cinquenta metros quadrados), inseridos no âmbito de programas de regularização fundiária de interesse social desenvolvidos por órgãos ou entidades da administração pública e cuja ocupação se tenha consolidado até 27 de abril de 2006.

▶ § 6º acrescido pela Lei nº 11.481, de 31-5-2007.

§ 7º Além das hipóteses previstas nos incisos I e II do *caput* e no § 2º deste artigo, o espaço aéreo sobre bens públicos, o espaço físico em águas públicas, as áreas de álveo de lagos, rios e quaisquer correntes d'água, de vazantes e de outros bens do domínio da União, contíguos a imóveis da União afetados ao regime de aforamento ou ocupação, poderão ser objeto de cessão de uso.

▶ § 7º acrescido pela Lei nº 12.058, de 13-10-2009.

Art. 19. O ato autorizativo da cessão de que trata o artigo anterior poderá:

I – permitir a alienação do domínio útil ou de direitos reais de uso de frações do terreno cedido mediante regime competente, com a finalidade de obter recursos para execução dos objetivos da cessão, inclusive para construção de edificações que pertencerão, no todo ou em parte, ao cessionário;

II – permitir a hipoteca do domínio útil ou de direitos reais de uso de frações do terreno cedido, mediante regime competente, e de benfeitorias eventualmente aderidas, com as finalidades referidas no inciso anterior;

III – permitir a locação ou o arrendamento de partes do imóvel cedido e benfeitorias eventualmente aderidas, desnecessárias ao uso imediato do cessionário;

▶ Art. 40, V, desta Lei.

IV – isentar o cessionário do pagamento de foro, enquanto o domínio útil do terreno fizer parte do seu patrimônio, e de laudêmios, nas transferências de domínio útil de que trata este artigo;

V – conceder prazo de carência para início de pagamento das retribuições devidas, quando:

a) for necessária a viabilização econômico-financeira do empreendimento;
b) houver interesse em incentivar atividade pouco ou ainda não desenvolvida no País ou em alguma de suas regiões; ou
c) for necessário ao desenvolvimento de microempresas, cooperativas e associações de pequenos produtores e de outros segmentos da economia brasileira que precisem ser incrementados.

VI – permitir a cessão gratuita de direitos enfitêuticos relativos a frações de terrenos cedidos quando se tratar de regularização fundiária ou provisão habitacional para famílias carentes ou de baixa renda.

▶ Inciso VI acrescido pela Lei nº 11.481, de 31-5-2007.

Art. 20. Não será considerada utilização em fim diferente do previsto no termo de entrega, a que se refere o § 2º do art. 79 do Decreto-Lei nº 9.760, de 1946, a cessão de uso a terceiros, a título gratuito ou oneroso, de áreas para exercício de atividade de apoio, definidas em regulamento, necessárias ao desempenho da atividade do órgão a que o imóvel foi entregue.

▶ Art. 40, IV, desta Lei.

Parágrafo único. A cessão de que trata este artigo será formalizada pelo chefe da repartição, estabelecimento ou serviço público federal a que tenha sido entregue o imóvel, desde que aprovada sua realização pelo Secretário-Geral da Presidência da República, respectivos Ministros de Estado ou autoridades com competência equivalente nos Poderes Legislativo ou Judiciário, conforme for o caso, e tenham sido observadas as condições previstas no regulamento e os procedimentos licitatórios previstos em lei.

Art. 21. Quando o projeto envolver investimentos cujo retorno, justificadamente, não possa ocorrer dentro do prazo máximo de 20 (vinte) anos, a cessão sob o regime de arrendamento poderá ser realizada por prazo superior, observando-se, nesse caso, como prazo de vigência, o tempo seguramente necessário à viabilização econômico-financeira do empreendimento, não ultrapassando o período da possível renovação.

▶ Artigo com a redação dada pela Lei nº 11.314, de 3-7-2006.

Seção VII
DA PERMISSÃO DE USO

Art. 22. A utilização, a título precário, de áreas de domínio da União para a realização de eventos de curta duração, de natureza recreativa, esportiva, cultural, religiosa ou educacional, poderá ser autorizada, na forma do regulamento, sob o regime de permissão de uso, em ato do Secretário do Patrimônio da União, publicado no *Diário Oficial da União*.

§ 1º A competência para autorizar a permissão de uso de que trata este artigo poderá ser delegada aos titulares das Delegacias do Patrimônio da União nos Estados.

§ 2º Em áreas específicas, devidamente identificadas, a competência para autorizar a permissão de uso poderá ser repassada aos Estados e Municípios, devendo, para tal fim, as áreas envolvidas lhes serem cedidas sob o regime de cessão de uso, na forma do art. 18.

Seção VIII
DA CONCESSÃO DE USO ESPECIAL PARA FINS DE MORADIA

▶ Seção VIII acrescida pela Lei nº 11.481, de 31-5-2007.

Art. 22-A. A concessão de uso especial para fins de moradia aplica-se às áreas de propriedade da União, inclusive aos terrenos de marinha e acrescidos, e será conferida aos possuidores ou ocupantes que preencham os requisitos legais estabelecidos na Medida Provisória nº 2.220, de 4 de setembro de 2001.

§ 1º O direito de que trata o *caput* deste artigo não se aplica a imóveis funcionais.

§ 2º Os imóveis sob administração do Ministério da Defesa ou dos Comandos da Marinha, do Exército e da Aeronáutica são considerados de interesse da defesa nacional para efeito do disposto no inciso III do *caput* do art. 5º da Medida Provisória nº 2.220, de 4 de setembro de 2001, sem prejuízo do estabelecido no § 1º deste artigo.

▶ Art. 22-A acrescido pela Lei nº 11.481, de 31-5-2007.
▶ MP nº 2.220, de 4-9-2001, dispõe sobre a concessão de uso especial de que trata o § 1º do art. 183 da CF e cria o Conselho Nacional de Desenvolvimento Urbano – CNDU.

Capítulo II
DA ALIENAÇÃO

Art. 23. A alienação de bens imóveis da União dependerá de autorização, mediante ato do Presidente da República, e será sempre precedida de parecer da SPU quanto à sua oportunidade e conveniência.

▶ Arts. 30 e 31 desta Lei.
▶ Arts. 6º, §§ 1º e 2º, e 14 da Lei nº 11.483, de 21-1-2007, que dispõe sobre a revitalização do setor ferroviário.

§ 1º A alienação ocorrerá quando não houver interesse público, econômico ou social em manter o imóvel no domínio da União, nem inconveniência quanto à preservação ambiental e à defesa nacional, no desaparecimento do vínculo de propriedade.

▶ Art. 12 desta Lei.

§ 2º A competência para autorizar a alienação poderá ser delegada ao Ministro de Estado da Fazenda, permitida a subdelegação.

Seção I
DA VENDA

Art. 24. A venda de bens imóveis da União será feita mediante concorrência ou leilão público, observadas as seguintes condições:

I – na venda por leilão público, a publicação do edital observará as mesmas disposições legais aplicáveis à concorrência pública;

II – os licitantes apresentarão propostas ou lances distintos para cada imóvel;

III – a caução de participação, quando realizada licitação na modalidade de concorrência, corresponderá a 10% (dez por cento) do valor de avaliação;

IV – no caso de leilão público, o arrematante pagará, no ato do pregão, sinal correspondente a, no mínimo, 10% (dez por cento) do valor da arrematação, complementando o preço no prazo e nas condições previstas no edital, sob pena de perder, em favor da União, o valor correspondente ao sinal e, em favor do leiloeiro, se for o caso, a respectiva comissão;

V – o leilão público será realizado por leiloeiro oficial ou por servidor especialmente designado;

VI – quando o leilão público for realizado por leiloeiro oficial, a respectiva comissão será, na forma do regulamento, de até 5% (cinco por cento) do valor da arrematação e será paga pelo arrematante, juntamente com o sinal;

VII – o preço mínimo de venda será fixado com base no valor de mercado do imóvel, estabelecido em avaliação de precisão feita pela SPU, cuja validade será de seis meses;

VIII – demais condições previstas no regulamento e no edital de licitação.

§ 1º Na impossibilidade, devidamente justificada, de realização de avaliação de precisão, será admitida avaliação expedita.

§ 2º Para realização das avaliações de que trata o inciso VII, poderão ser contratados serviços especializados de terceiros, devendo os respectivos laudos, para os fins previstos nesta Lei, ser homologados pela SPU, quanto à observância das normas técnicas pertinentes.

§ 3º Poderá adquirir o imóvel, em condições de igualdade com o vencedor da licitação, o cessionário de direito real ou pessoal, o locatário ou arrendatário que esteja em dia com suas obrigações junto à SPU, bem como o expropriado.

§ 4º A venda, em qualquer das modalidades previstas neste artigo, poderá ser parcelada, mediante pagamento de sinal correspondente a, no mínimo, 10% (dez por cento) do valor de aquisição e o restante em até quarenta e oito prestações mensais e consecutivas, observadas as condições previstas nos arts. 27 e 28.

§ 5º Em se tratando de remição devidamente autorizada na forma do art. 123 do Decreto-Lei nº 9.760, de 5 de setembro de 1946, o respectivo montante poderá ser parcelado, mediante pagamento de sinal correspondente a, no mínimo, dez por cento do valor de aquisição, e o restante em até cento e vinte prestações mensais e consecutivas, observadas as condições previstas nos arts. 27 e 28.

▶ § 5º acrescido pela Lei nº 9.821, de 23-8-1999.

Art. 25. A preferência de que trata o art. 13, exceto com relação aos imóveis sujeitos aos regimes dos arts. 80 a 85 do Decreto-Lei nº 9.760, de 1946, e da Lei nº 8.025, de 12 de abril de 1990, poderá, a critério da Administração, ser estendida, na aquisição do domínio útil ou pleno de imóveis residenciais de propriedade da União, que venham a ser colocados à venda, àqueles que, em 15 de fevereiro de 1997, já os ocupavam, na qualidade de locatários, independentemente do tempo de locação, observadas, no que couber, as demais condições estabelecidas para os ocupantes.

Parágrafo único. A preferência de que trata este artigo poderá, ainda, ser estendida àquele que, atendendo as demais condições previstas neste artigo, esteja regularmente cadastrado como locatário, independentemente da existência de contrato locativo.

Art. 26. Em se tratando de projeto de caráter social para fins de moradia, a venda do domínio pleno ou útil observará os critérios de habilitação e renda familiar fixados em regulamento, podendo o pagamento ser efetivado mediante um sinal de, no mínimo, 5% (cinco por cento) do valor da avaliação, permitido o seu parcelamento em até 2 (duas) vezes e do saldo em até 300 (trezentas) prestações mensais e consecutivas, observando-se, como mínimo, a quantia correspondente a 30% (trinta por cento) do valor do salário mínimo vigente.

▶ *Caput* com a redação dada pela Lei nº 11.481, de 31-5-2007.

§§ 1º e 2º *Revogados*. Lei nº 11.481, de 31-5-2007.

§ 3º Nas vendas de que trata este artigo, aplicar-se-ão, no que couber, as condições previstas no art. 27 desta Lei, não sendo exigido, a critério da administração, o pagamento de prêmio mensal de seguro nos projetos de assentamento de famílias carentes ou de baixa renda.

▶ § 3º com a redação dada pela Lei nº 11.481, de 31-5-2007.

Art. 27. As vendas a prazo serão formalizadas mediante contrato de compra e venda ou promessa de compra e venda em que estarão previstas, dentre outras, as seguintes condições:

I – garantia, mediante hipoteca do domínio pleno ou útil, em primeiro grau e sem concorrência, quando for o caso;

II – valor da prestação de amortização e juros calculados pela Tabela *Price*, com taxa nominal de juros de 10% (dez por cento) ao ano, exceto para as alienações de que trata o artigo anterior, cuja taxa de juros será de 7% (sete por cento) ao ano;

III – atualização mensal do saldo devedor e das prestações de amortização e juros e dos prêmios de seguros, no dia do mês correspondente ao da assinatura do contrato, com base no coeficiente de atualização aplicável ao depósito em caderneta de poupança com aniversário na mesma data;

IV – pagamento de prêmio mensal de seguro contra morte e invalidez permanente e, quando for o caso, contra danos físicos ao imóvel;

▶ Art. 34, § 3º, desta Lei.

V – na amortização ou quitação antecipada da dívida, o saldo devedor será atualizado, *pro rata die*, com base no último índice de atualização mensal aplicado ao contrato, no período compreendido entre a data do último reajuste do saldo devedor e o dia do evento;

VI – ocorrendo impontualidade na satisfação de qualquer obrigação de pagamento, a quantia devida corresponderá ao valor da obrigação, em moeda corrente nacional, atualizado pelo índice de remuneração básica dos depósitos de poupança com aniversário no primeiro dia de cada mês, desde a data do vencimento até a do efetivo pagamento, acrescido de multa de mora de 2% (dois por cento) bem como de juros de 0,033% (trinta e três milésimos por cento) por dia de atraso ou fração;

VII – a falta de pagamento de três prestações importará o vencimento antecipado da dívida e a imediata execução do contrato;

VIII – obrigação de serem pagos, pelo adquirente, taxas, emolumentos e despesas referentes à venda.

▶ Arts. 14, parágrafo único, 24, § 4º, 28 e 34 desta Lei.

Parágrafo único. Os contratos de compra e venda de que trata este artigo deverão prever, ainda, a possibilidade, a critério da Administração, da atualização da prestação ser realizada em periodicidade superior à prevista no inciso III, mediante recálculo do seu valor com base no saldo devedor à época existente.

Art. 28. O término dos parcelamentos de que tratam os arts. 24, §§ 4º e 5º, 26, *caput*, e 27 não poderá ultrapassar a data em que o adquirente completar oitenta anos de idade e o valor de cada parcela não poderá ser inferior a um salário mínimo, resguardado o disposto no art. 26.

▶ Artigo com a redação dada pela Lei nº 9.821, de 23-8-1999.

Art. 29. As condições de que tratam os arts. 12 a 16 e 17, § 3º, poderão, a critério da Administração, ser aplicadas, no que couber, na venda do domínio pleno de imóveis de propriedade da União situados em zonas não submetidas ao regime enfitêutico.

§ 1º Sem prejuízo do disposto no *caput* deste artigo, no caso de venda do domínio pleno de imóveis, os ocupantes de boa-fé de áreas da União para fins de moradia não abrangidos pelo disposto no inciso I do § 6º do art. 18 desta Lei poderão ter preferência na aquisição dos imóveis por eles ocupados, nas mesmas condições oferecidas pelo vencedor da licitação, observada a legislação urbanística local e outras disposições legais pertinentes.

§ 2º A preferência de que trata o § 1º deste artigo aplica-se aos imóveis ocupados até 27 de abril de 2006, exigindo-se que o ocupante:

I – esteja regularmente inscrito e em dia com suas obrigações para com a Secretaria do Patrimônio da União;
II – ocupe continuamente o imóvel até a data da publicação do edital de licitação.

▶ §§ 1º e 2º acrescidos pela Lei nº 11.481, de 31-5-2007.

Seção II

DA PERMUTA

Art. 30. Poderá ser autorizada, na forma do art. 23, a permuta de imóveis de qualquer natureza, de propriedade da União, por imóveis edificados ou não, ou por edificações a construir.

▶ Art. 39 desta Lei.

§ 1º Os imóveis permutados com base neste artigo não poderão ser utilizados para fins residenciais funcionais, exceto nos casos de residências de caráter obrigatório, de que tratam os arts. 80 a 85 do Decreto-Lei nº 9.760, de 1946.

§ 2º Na permuta, sempre que houver condições de competitividade, deverão ser observados os procedimentos licitatórios previstos em lei.

Seção III

DA DOAÇÃO

Art. 31. Mediante ato do Poder Executivo e a seu critério, poderá ser autorizada a doação de bens imóveis de domínio da União, observado o disposto no art. 23 desta Lei, a:

▶ *Caput* com a redação dada pela Lei nº 11.481, de 31-5-2007.

I – Estados, Distrito Federal, Municípios, fundações públicas e autarquias públicas federais, estaduais e municipais;
II – empresas públicas federais, estaduais e municipais;
III – fundos públicos nas transferências destinadas à realização de programas de provisão habitacional ou de regularização fundiária de interesse social;
IV – sociedades de economia mista voltadas à execução de programas de provisão habitacional ou de regularização fundiária de interesse social; ou
V – beneficiários, pessoas físicas ou jurídicas, de programas de provisão habitacional ou de regularização fundiária de interesse social desenvolvidos por órgãos ou entidades da administração pública, para cuja execução seja efetivada a doação.

▶ Incisos I a V acrescidos pela Lei nº 11.481, de 31-5-2007.

§ 1º No ato autorizativo e no respectivo termo constarão a finalidade da doação e o prazo para seu cumprimento.

§ 2º O encargo de que trata o parágrafo anterior será permanente e resolutivo, revertendo automaticamente o imóvel à propriedade da União, independentemente de qualquer indenização por benfeitorias realizadas, se:

I – não for cumprida, dentro do prazo, a finalidade da doação;
II – cessarem as razões que justificaram a doação; ou
III – ao imóvel, no todo ou em parte, vier a ser dada aplicação diversa da prevista.

§ 3º Nas hipóteses de que tratam os incisos I a IV do *caput* deste artigo, é vedada ao beneficiário a possibilidade de alienar o imóvel recebido em doação, exceto quando a finalidade for a execução, por parte do donatário, de projeto de assentamento de famílias carentes ou de baixa renda, na forma do art. 26 desta Lei, e desde que, no caso de alienação onerosa, o produto da venda seja destinado à instalação de infraestrutura, equipamentos básicos ou de outras melhorias necessárias ao desenvolvimento do projeto.

▶ § 3º com a redação dada pela Lei nº 11.481, de 31-5-2007.

§ 4º Na hipótese de que trata o inciso V do *caput* deste artigo:

I – não se aplica o disposto no § 2º deste artigo para o beneficiário pessoa física, devendo o contrato dispor sobre eventuais encargos e conter cláusula de inalienabilidade por um período de 5 (cinco) anos; e
II – a pessoa jurídica que receber o imóvel em doação só poderá utilizá-lo no âmbito do respectivo programa habitacional ou de regularização fundiária e deverá observar, nos contratos com os beneficiários finais, o requisito de inalienabilidade previsto no inciso I deste parágrafo.

§ 5º Nas hipóteses de que tratam os incisos II a V do *caput* deste artigo, o beneficiário final pessoa física deve atender aos seguintes requisitos:

I – possuir renda familiar mensal não superior a 5 (cinco) salários mínimos;
II – não ser proprietário de outro imóvel urbano ou rural.

▶ §§ 4º e 5º acrescidos pela Lei nº 11.481, de 31-5-2007.

Capítulo III

DAS DISPOSIÇÕES FINAIS

Art. 32. Os arts. 79, 81, 82, 101, 103, 104, 110, 118, 123 e 128 do Decreto-Lei nº 9.760, de 1946, passam a vigorar com as seguintes alterações:

▶ Alterações inseridas no texto do referido Decreto-lei.

Art. 33. Os arts. 3º, 5º e 6º do Decreto-Lei nº 2.398, de 1987, passam a vigorar com as seguintes alterações:

▶ Alterações inseridas no texto do referido Decreto-lei.

Art. 34. A Caixa Econômica Federal representará a União na celebração dos contratos de que tratam os arts. 14 e 27, cabendo-lhe, ainda, administrá-los no tocante à venda do domínio útil ou pleno, efetuando a cobrança e o recebimento do produto da venda.

§ 1º Os contratos celebrados pela Caixa Econômica Federal, mediante instrumento particular, terão força de escritura pública.

§ 2º Em se tratando de aforamento, as obrigações enfitêuticas, inclusive a cobrança e o recebimento de foros e laudêmios, continuarão a ser administradas pela SPU.

§ 3º O seguro de que trata o inciso IV do art. 27 será realizado por intermédio de seguradora a ser providenciada pela Caixa Econômica Federal.

Art. 35. A Caixa Econômica Federal fará jus a parte da taxa de juros, equivalente a 3,15% (três inteiros e quinze centésimos por cento) ao ano, nas vendas a prazo de que trata o artigo anterior, como retribuição pelos serviços prestados à União, de que dispõe esta Lei.

▶ Art. 45 desta Lei.

Art. 36. Nas vendas de que trata esta Lei, quando realizadas mediante licitação, os adquirentes poderão, a critério da Administração, utilizar, para pagamento à vista do domínio útil ou pleno de imóveis de propriedade da União, créditos securitizados ou títulos da dívida pública de emissão do Tesouro Nacional.

Art. 37. É instituído o Programa de Administração Patrimonial Imobiliária da União – PROAP, destinado ao incentivo à regularização, administração, aforamento, alienação e fiscalização de bens imóveis do domínio da União, ao incremento das receitas patrimoniais, bem como à modernização e informatização dos métodos e processos inerentes à Secretaria do Patrimônio da União.

Parágrafo único. Comporão o Fundo instituído pelo Decreto-Lei nº 1.437, de 17 de dezembro de 1975, e integrarão subconta especial destinada a atender às despesas com o Programa instituído neste artigo, que será gerida pelo Secretário do Patrimônio da União, as receitas patrimoniais decorrentes de:

I – multas; e

II – parcela do produto das alienações de que trata esta Lei, nos percentuais adiante indicados, observado o limite de R$ 25.000.000,00 (vinte e cinco milhões de reais) ao ano:

▶ Art. 45 desta Lei.

a) vinte por cento, nos anos 1998 e 1999;
b) quinze por cento, no ano 2000;
c) dez por cento, no ano 2001;
d) cinco por cento, nos anos 2002 e 2003.

▶ Inciso II com a redação dada pela Lei nº 9.821, de 23-8-1999.

Art. 38. No desenvolvimento do PROAP, a SPU priorizará ações no sentido de desobrigar-se de tarefas operacionais, recorrendo, sempre que possível, à execução indireta, mediante convênio com outros órgãos públicos federais, estaduais e municipais e contrato com a iniciativa privada, ressalvadas as atividades típicas de Estado e resguardados os ditames do interesse público e as conveniências da segurança nacional.

▶ Art. 40 desta Lei.

Art. 39. As disposições previstas no art. 30 aplicam-se, no que couber, às entidades da Administração Pública Federal indireta, inclusive às autarquias e fundações públicas e às sociedades sob controle direto ou indireto da União.

Parágrafo único. A permuta que venha a ser realizada com base no disposto neste artigo deverá ser previamente autorizada pelo conselho de administração, ou órgão colegiado equivalente, das entidades de que trata o *caput*, ou ainda, na inexistência destes ou de respectiva autorização, pelo Ministro de Estado a cuja Pasta se vinculem, dispensando-se autorização legislativa para a correspondente alienação.

▶ Parágrafo único acrescido pela Lei nº 9.821, de 23-8-1999.

Art. 40. Será de competência exclusiva da SPU, observado o disposto no art. 38 e sem prejuízo das competências da Procuradoria-Geral da Fazenda Nacional, previstas no Decreto-Lei nº 147, de 3 de fevereiro de 1967, a realização de aforamentos, concessões de direito real de uso, locações, arrendamentos, entregas e cessões a qualquer título, de imóveis de propriedade da União, exceto nos seguintes casos:

I – cessões, locações e arrendamentos especialmente autorizados nos termos de entrega, observadas as condições fixadas em regulamento;

II – locações de imóveis residenciais de caráter obrigatório, de que tratam os arts. 80 a 85 do Decreto-Lei nº 9.760, de 1946;

III – locações de imóveis residenciais sob o regime da Lei nº 8.025, de 1990;

▶ Lei nº 8.025, de 12-4-1990, dispõe sobre a alienação de bens imóveis residenciais de propriedade da União.

IV – cessões de que trata o art. 20; e

V – as locações e arrendamentos autorizados nos termos do inciso III do art. 19.

Art. 41. Será observado como valor mínimo para efeito de aluguel, arrendamento, cessão de uso onerosa, foro e taxa de ocupação, aquele correspondente ao custo de processamento da respectiva cobrança.

▶ Art. 26, § 1º, desta Lei.

Art. 42. Serão reservadas, na forma do regulamento, áreas necessárias à gestão ambiental, à implantação de projetos demonstrativos de uso sustentável de recursos naturais e dos ecossistemas costeiros, de compensação por impactos ambientais, relacionados com instalações portuárias, marinas, complexos navais e outros complexos náuticos, desenvolvimento do turismo, de atividades pesqueiras, da aquicultura, da exploração de petróleo e gás natural, de recursos hídricos e minerais, aproveitamento de energia hidráulica e outros empreendimentos considerados de interesse nacional.

Parágrafo único. Quando o empreendimento necessariamente envolver áreas originariamente de uso comum do povo, poderá ser autorizada a utilização dessas áreas, mediante cessão de uso na forma do art. 18, condicionada, quando for o caso, à apresentação do Estudo de Impacto Ambiental e respectivo relatório, devidamente aprovados pelos órgãos competentes, observadas as demais disposições legais pertinentes.

Art. 43. Nos aterros realizados até 15 de fevereiro de 1997, sem prévia autorização, a aplicação das penalidades de que tratam os incisos I e II do art. 6º do Decreto-Lei nº 2.398, de 1987, com a redação dada por esta Lei, será suspensa a partir do mês seguinte ao da sua aplicação, desde que o interessado solicite, junto ao Ministério da Fazenda, a regularização e a compra à vista do domínio útil do terreno acrescido, acompanhado do comprovante de recolhimento das multas até então incidentes, cessando a suspensão trinta dias após a ciência do eventual indeferimento.

Parágrafo único. O deferimento do pleito dependerá da prévia audiência dos órgãos técnicos envolvidos.

Art. 44. As condições previstas nesta Lei aplicar-se-ão às ocupações existentes nas terras de propriedade da União situadas na Área de Proteção Ambiental – APA da Bacia do Rio São Bartolomeu, no Distrito Federal, que se tornarem passíveis de regularização, após o rezoneamento de que trata a Lei nº 9.262, de 12 de janeiro de 1996.

Parágrafo único. A alienação dos imóveis residenciais da União, localizados nas Vilas Operárias de Nossa Senhora das Graças e Santa Alice, no Conjunto Residencial Salgado Filho, em Xerém, no Município de Duque de Caxias (RJ), e na Vila Portuária Presidente Dutra, na Rua da América nº 31, no Bairro da Gamboa, no Município do Rio de Janeiro (RJ), observará, também, o disposto nesta Lei.

Art. 45. As receitas líquidas provenientes da alienação de bens imóveis de domínio da União, de que trata esta Lei, deverão ser integralmente utilizadas na amortização da dívida pública de responsabilidade do Tesouro Nacional, sem prejuízo para o disposto no inciso II do § 2º e § 4º do art. 4º, no art. 35 e no inciso II do parágrafo único do art. 37 desta Lei, bem como no inciso VII do *caput* do art. 8º da Lei nº 11.124, de 16 de junho de 2005.

▶ Art. 45 com a redação dada pela Lei nº 11.481, de 31-5-2007.

▶ Lei nº 11.124, de 16-6-2005, dispõe sobre o Sistema Nacional de Habitação de Interesse Social – SNHIS, cria o Fundo Nacional de Habitação de Interesse Social – FNHIS e institui o Conselho Gestor do FNHIS.

Art. 46. O disposto nesta Lei não se aplica à alienação do domínio útil ou pleno dos terrenos interiores de domínio da União, situados em ilhas oceânicas e costeiras de que trata o inciso IV do art. 20 da Constituição Federal, onde existam sedes de municípios, que será disciplinada em lei específica, ressalvados os terrenos de uso especial que vierem a ser desafetados.

Art. 47. O crédito originado de receita patrimonial será submetido aos seguintes prazos:

▶ *Caput* com a redação dada pela Lei nº 10.852, de 29-3-2004.

I – decadencial de dez anos para sua constituição, mediante lançamento; e
II – prescricional de cinco anos para sua exigência, contados do lançamento.

▶ Incisos I e II acrescidos pela Lei nº 10.852, de 29-3-2004.

§ 1º O prazo de decadência de que trata o *caput* conta-se do instante em que o respectivo crédito poderia ser constituído, a partir do conhecimento por iniciativa da União ou por solicitação do interessado das circunstâncias e fatos que caracterizam a hipótese de incidência da receita patrimonial, ficando limitada a cinco anos a cobrança de créditos relativos a período anterior ao conhecimento.

§ 2º Os débitos cujos créditos foram alcançados pela prescrição serão considerados apenas para o efeito da caracterização da ocorrência de caducidade de que trata o parágrafo único do art. 101 do Decreto-Lei nº 9.760, de 1946, com a redação dada pelo art. 32 desta Lei.

▶ §§ 1º e 2º acrescidos pela Lei nº 9.821, de 23-8-1999.

Art. 48. VETADO.

Art. 49. O Poder Executivo regulamentará esta Lei no prazo de noventa dias, contado da sua publicação.

Art. 50. O Poder Executivo fará publicar no *Diário Oficial da União*, no prazo de noventa dias, contado da publicação desta Lei, texto consolidado do Decreto-Lei nº 9.760, de 1946, e legislação superveniente.

Art. 51. São convalidados os atos praticados com base na Medida Provisória nº 1.647-14, de 24 de março de 1998.

Art. 52. Esta Lei entra em vigor na data da sua publicação.

Art. 53. São revogados os arts. 65, 66, 125, 126 e 133, e os itens 5º, 8º, 9º e 10 do art. 105 do Decreto-Lei nº 9.760, de 5 de setembro de 1946, o Decreto-Lei nº 178, de 16 de fevereiro de 1967, o art. 195 do Decreto-Lei nº 200, de 25 de fevereiro de 1967, o art. 4º do Decreto-Lei nº 1.561, de 13 de julho de 1977, a Lei nº 6.609, de 7 de dezembro de 1978, o art. 90 da Lei nº 7.450, de 23 de dezembro de 1985, o art. 4º do Decreto-Lei nº 2.398, de 21 de dezembro de 1987, e a Lei nº 9.253, de 28 de dezembro de 1995.

Brasília, 15 de maio de 1998;
177º da Independência e
110º da República.

Fernando Henrique Cardoso

LEI Nº 9.782, DE 26 DE JANEIRO DE 1999

Define o Sistema Nacional de Vigilância Sanitária, cria a Agência Nacional de Vigilância Sanitária, e dá outras providências.

▶ Publicada no *DOU* de 27-1-1999.

▶ Dec. nº 3.029, de 16-4-1999, aprova o Regulamento da Agência Nacional de Vigilância Sanitária.

CAPÍTULO I

DO SISTEMA NACIONAL DE VIGILÂNCIA SANITÁRIA

Art. 1º O Sistema Nacional de Vigilância Sanitária compreende o conjunto de ações definido pelo § 1º do art. 6º e pelos arts. 15 a 18 da Lei nº 8.080, de 19 de setembro de 1990, executado por instituições da Administração Pública direta e indireta da União, dos Estados, do Distrito Federal e dos Municípios, que exerçam atividades de regulação, normatização, controle e fiscalização na área de vigilância sanitária.

▶ Lei nº 8.080, de 19-9-1990, dispõe sobre as condições para a promoção, proteção e recuperação da saúde, a organização e o funcionamento dos serviços correspondentes.

Art. 2º Compete à União no âmbito do Sistema Nacional de Vigilância Sanitária:

I – definir a política nacional de vigilância sanitária;
II – definir o Sistema Nacional de Vigilância Sanitária;
III – normatizar, controlar e fiscalizar produtos, substâncias e serviços de interesse para a saúde;
IV – exercer a vigilância sanitária de portos, aeroportos e fronteiras, podendo essa atribuição ser supletivamente exercida pelos Estados, pelo Distrito Federal e pelos Municípios;
V – acompanhar e coordenar as ações estaduais, distrital e municipais de vigilância sanitária;
VI – prestar cooperação técnica e financeira aos Estados, ao Distrito Federal e aos Municípios;
VII – atuar em circunstâncias especiais de risco à saúde; e
VIII – manter sistema de informações em vigilância sanitária, em cooperação com os Estados, o Distrito Federal e os Municípios.

§ 1º A competência da União será exercida:

I – pelo Ministério da Saúde, no que se refere à formulação, ao acompanhamento e à avaliação da política nacional de vigilância sanitária e das diretrizes gerais do Sistema Nacional de Vigilância Sanitária;
II – pela Agência Nacional de Vigilância Sanitária – ANVS, em conformidade com as atribuições que lhe são conferidas por esta Lei; e
III – pelos demais órgãos e entidades do Poder Executivo Federal, cujas áreas de atuação se relacionem com o sistema.

§ 2º O Poder Executivo Federal definirá a alocação, entre os seus órgãos e entidades, das demais atribuições e atividades executadas pelo Sistema Nacional de Vigilância Sanitária, não abrangidas por esta Lei.

§ 3º Os Estados, o Distrito Federal e os Municípios fornecerão, mediante convênio, as informações solicitadas pela coordenação do Sistema Nacional de Vigilância Sanitária.

Capítulo II
DA CRIAÇÃO E DA COMPETÊNCIA DA AGÊNCIA NACIONAL DE VIGILÂNCIA SANITÁRIA

Art. 3º Fica criada a Agência Nacional de Vigilância Sanitária – ANVISA, autarquia sob regime especial, vinculada ao Ministério da Saúde, com sede e foro no Distrito Federal, prazo de duração indeterminado e atuação em todo território nacional.

▶ *Caput* com a redação dada pela MP nº 2.190-34, de 23-8-2001, que até o encerramento desta edição não havia sido convertida em Lei.

Parágrafo único. A natureza de autarquia especial conferida à Agência é caracterizada pela independência administrativa, estabilidade de seus dirigentes e autonomia financeira.

Art. 4º A Agência atuará como entidade administrativa independente, sendo-lhe assegurada, nos termos desta Lei, as prerrogativas necessárias ao exercício adequado de suas atribuições.

Art. 5º Caberá ao Poder Executivo instalar a Agência, devendo o seu regulamento, aprovado por decreto do Presidente da República, fixar-lhe a estrutura organizacional.

Parágrafo único. *Revogado.* MP nº 2.190-34, de 23-8-2001, que até o encerramento desta edição não havia sido convertida em Lei. Tinha a seguinte redação: *"A edição do regulamento marcará a instalação da Agência, investindo-a, automaticamente, no exercício de suas atribuições."*

Art. 6º A Agência terá por finalidade institucional promover a proteção da saúde da população, por intermédio do controle sanitário da produção e da comercialização de produtos e serviços submetidos à vigilância sanitária, inclusive dos ambientes, dos processos, dos insumos e das tecnologias a eles relacionados, bem como o controle de portos, aeroportos e de fronteiras.

Art. 7º Compete à Agência proceder à implementação e à execução do disposto nos incisos II a VII do art. 2º desta Lei, devendo:

I – coordenar o Sistema Nacional de Vigilância Sanitária;
II – fomentar e realizar estudos e pesquisas no âmbito de suas atribuições;
III – estabelecer normas, propor, acompanhar e executar as políticas, as diretrizes e as ações de vigilância sanitária;
IV – estabelecer normas e padrões sobre limites de contaminantes, resíduos tóxicos, desinfetantes, metais pesados e outros que envolvam risco à saúde;
V – intervir, temporariamente, na administração de entidades produtoras, que sejam financiadas, subsidiadas ou mantidas com recursos públicos, assim como nos prestadores de serviços e ou produtores exclusivos ou estratégicos para o abastecimento do mercado nacional, obedecido o disposto no art. 5º da Lei nº 6.437, de 20 de agosto de 1977, com a redação que lhe foi dada pelo art. 2º da Lei nº 9.695, de 20 de agosto de 1998;

▶ Lei nº 6.437, de 20-8-1977, configura infrações à legislação sanitária federal e estabelece as sanções respectivas.

VI – administrar e arrecadar a taxa de fiscalização de vigilância sanitária, instituída pelo art. 23 desta Lei;
VII – autorizar o funcionamento de empresas de fabricação, distribuição e importação dos produtos mencionados no art. 8º desta Lei e de comercialização de medicamentos;

▶ Inciso VII com a redação dada pela MP nº 2.190-34, de 23-8-2001, que até o encerramento desta edição não havia sido convertida em Lei.

VIII – anuir com a importação e exportação dos produtos mencionados no art. 8º desta Lei;
IX – conceder registros de produtos, segundo as normas de sua área de atuação;
X – conceder e cancelar o certificado de cumprimento de boas práticas de fabricação;
XI a XIII – *Revogados.* MP nº 2.190-34, de 23-8-2001, que até o encerramento desta edição não havia sido convertida em Lei. Tinham a seguinte redação: *"XI – exigir, mediante regulamentação específica, a certificação de conformidade no âmbito do Sistema Brasileiro de Certificação – SBC, de produtos e serviços sob o regime de vigilância sanitária segundo sua classe de risco; XII – exigir o credenciamento, no âmbito do SINMETRO, dos laboratórios de serviços de*

apoio diagnóstico e terapêutico e outros de interesse para o controle de riscos à saúde da população, bem como daqueles que impliquem a incorporação de novas tecnologias; XIII – exigir o credenciamento dos laboratórios públicos de análise fiscal no âmbito do SINMETRO";
XIV – interditar, como medida de vigilância sanitária, os locais de fabricação, controle, importação, armazenamento, distribuição e venda de produtos e de prestação de serviços relativos à saúde, em caso de violação da legislação pertinente ou de risco iminente à saúde;
XV – proibir a fabricação, a importação, o armazenamento, a distribuição e a comercialização de produtos e insumos, em caso de violação da legislação pertinente ou de risco iminente à saúde;
XVI – cancelar a autorização de funcionamento e a autorização especial de funcionamento de empresas, em caso de violação da legislação pertinente ou de risco iminente à saúde;
XVII – coordenar as ações de vigilância sanitária realizadas por todos os laboratórios que compõem a rede oficial de laboratórios de controle de qualidade em saúde;
XVIII – estabelecer, coordenar e monitorar os sistemas de vigilância toxicológica e farmacológica;
XIX – promover a revisão e atualização periódica da farmacopeia;
XX – manter sistema de informação contínuo e permanente para integrar suas atividades com as demais ações de saúde, com prioridade às ações de vigilância epidemiológica e assistência ambulatorial e hospitalar;
XXI – monitorar e auditar os órgãos e entidades estaduais, distrital e municipais que integram o Sistema Nacional de Vigilância Sanitária, incluindo-se os laboratórios oficiais de controle de qualidade em saúde;
XXII – coordenar e executar o controle da qualidade de bens e produtos relacionados no art. 8º desta Lei, por meio de análises previstas na legislação sanitária, ou de programas especiais de monitoramento da qualidade em saúde;
XXIII – fomentar o desenvolvimento de recursos humanos para o sistema e a cooperação técnico-científica nacional e internacional;
XXIV – autuar e aplicar as penalidades previstas em lei;
XXV – monitorar a evolução dos preços de medicamentos, equipamentos, componentes, insumos e serviços de saúde, podendo para tanto:

a) requisitar, quando julgar necessário, informações sobre produção, insumos, matérias-primas, vendas e quaisquer outros dados, em poder de pessoas de direito público ou privado que se dediquem às atividades de produção, distribuição e comercialização dos bens e serviços previstos neste inciso, mantendo o sigilo legal quando for o caso;
b) proceder ao exame de estoques, papéis e escritas de quaisquer empresas ou pessoas de direito público ou privado que se dediquem às atividades de produção, distribuição e comercialização dos bens e serviços previstos neste inciso, mantendo o sigilo legal quando for o caso;
c) quando for verificada a existência de indícios da ocorrência de infrações previstas nos incisos III ou IV do art. 20 da Lei nº 8.884, de 11 de junho de 1994, mediante aumento injustificado de preços ou imposição de preços excessivos, dos bens e serviços referidos nesses incisos, convocar os responsáveis para, no prazo máximo de dez dias úteis, justificar a respectiva conduta;

▶ Lei nº 12.529, de 30-11-2011 (Lei do Sistema Brasileiro de Defesa da Concorrência) publicada no DOU de 1º-12-2011, para vigorar 180 dias após a data de sua publicação, quando ficará revogada a Lei nº 8.884, de 11-6-1994.

d) aplicar a penalidade prevista no art. 26 da Lei nº 8.884, de 1994;

▶ Lei nº 12.529, de 30-11-2011 (Lei do Sistema Brasileiro de Defesa da Concorrência) publicada no DOU de 1º-12-2011, para vigorar 180 dias após a data de sua publicação, quando ficará revogada a Lei nº 8.884, de 11-6-1994.

XXVI – controlar, fiscalizar e acompanhar, sob o prisma da legislação sanitária, a propaganda e publicidade de produtos submetidos ao regime de vigilância sanitária;
XXVII – definir, em ato próprio, os locais de entrada e saída de entorpecentes, psicotrópicos e precursores no País, ouvido o Departamento de Polícia Federal e a Secretaria da Receita Federal;

▶ Incisos XXV a XXVII acrescidos pela MP nº 2.190-34, de 23-8-2001, que até o encerramento desta edição não havia sido convertida em Lei.

XXVIII – fiscalizar a constituição das Comissões de Cadastro, Vigilância e Acompanhamento das Gestantes e Puérperas de Risco no âmbito do Sistema Nacional de Cadastro, Vigilância e Acompanhamento da Gestante e Puérpera para Prevenção da Mortalidade Materna pelos estabelecimentos de saúde, públicos e privados, conveniados ou não ao Sistema Único de Saúde – SUS.

▶ Inciso XXVIII acrescido pela MP nº 557, de 26-12-2011, que até o encerramento desta edição não havia sido convertida em Lei.

§ 1º A Agência poderá delegar aos Estados, ao Distrito Federal e aos Municípios a execução de atribuições que lhe são próprias, excetuadas as previstas nos incisos I, V, VIII, IX, XV, XVI, XVII, XVIII e XIX deste artigo.

§ 2º A Agência poderá assessorar, complementar ou suplementar as ações estaduais, municipais e do Distrito Federal para o exercício do controle sanitário.

§ 3º As atividades de vigilância epidemiológica e de controle de vetores relativas a portos, aeroportos e fronteiras, serão executadas pela Agência, sob orientação técnica e normativa do Ministério da Saúde.

§ 4º A Agência poderá delegar a órgão do Ministério da Saúde a execução de atribuições previstas neste artigo relacionadas a serviços médico-ambulatorial-hospitalares, previstos nos §§ 2º e 3º do art. 8º, observadas as vedações definidas no § 1º deste artigo.

§ 5º A Agência deverá pautar sua atuação sempre em observância das diretrizes estabelecidas pela Lei nº 8.080, de 19 de setembro de 1990, para dar seguimento ao processo de descentralização da execução de atividades para Estados, Distrito Federal e Municípios, observadas as vedações relacionadas no § 1º deste artigo.

▶ Lei nº 8.080, de 19-9-1990, dispõe sobre as condições para a promoção, proteção e recuperação da saúde, a organização e o funcionamento dos serviços correspondentes.

§ 6º A descentralização de que trata o § 5º será efetivada somente após manifestação favorável dos respectivos Conselhos Estaduais, Distrital e Municipais de Saúde.

▶ §§ 4º a 6º acrescidos pela MP nº 2.190-34, de 23-8-2001, que até o encerramento desta edição não havia sido convertida em Lei.

Art. 8º Incumbe à Agência, respeitada a legislação em vigor, regulamentar, controlar e fiscalizar os produtos e serviços que envolvam risco à saúde pública.

§ 1º Consideram-se bens e produtos submetidos ao controle e fiscalização sanitária pela Agência:

I – medicamentos de uso humano, suas substâncias ativas e demais insumos, processos e tecnologias;
II – alimentos, inclusive bebidas, águas envasadas, seus insumos, suas embalagens, aditivos alimentares, limites de contaminantes orgânicos, resíduos de agrotóxicos e de medicamentos veterinários;
III – cosméticos, produtos de higiene pessoal e perfumes;
IV – saneantes destinados à higienização, desinfecção ou desinfestação em ambientes domiciliares, hospitalares e coletivos;
V – conjuntos, reagentes e insumos destinados a diagnóstico;
VI – equipamentos e materiais médico-hospitalares, odontológicos e hemoterápicos e de diagnóstico laboratorial e por imagem;
VII – imunobiológicos e suas substâncias ativas, sangue e hemoderivados;
VIII – órgãos, tecidos humanos e veterinários para uso em transplantes ou reconstituições;
IX – radioisótopos para uso diagnóstico *in vivo* e radiofármacos e produtos radioativos utilizados em diagnóstico e terapia;
X – cigarros, cigarrilhas, charutos e qualquer outro produto fumígero, derivado ou não do tabaco;
XI – quaisquer produtos que envolvam a possibilidade de risco à saúde, obtidos por engenharia genética, por outro procedimento ou ainda submetidos a fontes de radiação.

§ 2º Consideram-se serviços submetidos ao controle e fiscalização sanitária pela Agência, aqueles voltados para a atenção ambulatorial, seja de rotina ou de emergência, os realizados em regime de internação, os serviços de apoio diagnóstico e terapêutico, bem como aqueles que impliquem a incorporação de novas tecnologias.

▶ Art. 7º, § 4º, desta Lei.

§ 3º Sem prejuízo do disposto nos §§ 1º e 2º deste artigo, submetem-se ao regime de vigilância sanitária as instalações físicas, equipamentos, tecnologias, ambientes e procedimentos envolvidos em todas as fases dos processos de produção dos bens e produtos submetidos ao controle e fiscalização sanitária, incluindo a destinação dos respectivos resíduos.

▶ Art. 7º, § 4º, desta Lei.

§ 4º A Agência poderá regulamentar outros produtos e serviços de interesse para o controle de riscos à saúde da população, alcançados pelo Sistema Nacional de Vigilância Sanitária.

§ 5º A Agência poderá dispensar de registro os imunobiológicos, inseticidas, medicamentos e outros insumos estratégicos quando adquiridos por intermédio de organismos multilaterais internacionais, para uso em programas de saúde pública pelo Ministério da Saúde e suas entidades vinculadas.

§ 6º O Ministro de Estado da Saúde poderá determinar a realização de ações previstas nas competências da Agência Nacional de Vigilância Sanitária, em casos específicos e que impliquem risco à saúde da população.

§ 7º O ato de que trata o § 6º deverá ser publicado no *Diário Oficial da União*.

§ 8º Consideram-se serviços e instalações submetidos ao controle e fiscalização sanitária aqueles relacionados com as atividades de portos, aeroportos e fronteiras e nas estações aduaneiras e terminais alfandegados, serviços de transportes aquáticos, terrestres e aéreos.

▶ §§ 5º a 8º acrescidos pela MP nº 2.190-34, de 23-8-2001, que até o encerramento desta edição não havia sido convertida em Lei.

Capítulo III
DA ESTRUTURA ORGANIZACIONAL DA AUTARQUIA

Seção I
DA ESTRUTURA BÁSICA

Art. 9º A Agência será dirigida por uma Diretoria Colegiada, devendo contar, também, com um Procurador, um Corregedor e um Ouvidor, além de unidades especializadas incumbidas de diferentes funções.

Parágrafo único. A Agência contará, ainda, com um Conselho Consultivo, que deverá ter, no mínimo, representantes da União, dos Estados, do Distrito Federal, dos Municípios, dos produtores, dos comerciantes, da comunidade científica e dos usuários, na forma do regulamento.

▶ Parágrafo único com a redação dada pela MP nº 2.190-34, de 23-8-2001, que até o encerramento desta edição não havia sido convertida em Lei.

Seção II
DA DIRETORIA COLEGIADA

Art. 10. A gerência e a administração da Agência serão exercidas por uma Diretoria Colegiada, composta por até cinco membros, sendo um deles o seu Diretor-Presidente.

Parágrafo único. Os Diretores serão brasileiros, indicados e nomeados pelo Presidente da República após aprovação prévia do Senado Federal nos termos do art. 52, III, *f*, da Constituição Federal, para cumprimento de mandato de três anos, admitida uma única recondução.

Art. 11. O Diretor-Presidente da Agência será nomeado pelo Presidente da República, dentre os membros da Diretoria Colegiada, e investido na função por três anos, ou pelo prazo restante de seu mandato, admitida uma única recondução por três anos.

Art. 12. A exoneração imotivada de Diretor da Agência somente poderá ser promovida nos quatro meses iniciais do mandato, findos os quais será assegurado seu pleno e integral exercício, salvo nos casos de prática de ato de improbidade administrativa, de condenação penal transitada em julgado e de descumprimento injustificado do contrato de gestão da autarquia.

Art. 13. Aos dirigentes da Agência é vedado o exercício de qualquer outra atividade profissional, empresarial, sindical ou de direção político-partidária.

§ 1º É vedado aos dirigentes, igualmente, ter interesse direto ou indireto, em empresa relacionada com a área de atuação da Vigilância Sanitária, prevista nesta Lei, conforme dispuser o regulamento.

§ 2º A vedação de que trata o *caput* deste artigo não se aplica aos casos em que a atividade profissional decorra de vínculo contratual mantido com entidades públicas destinadas ao ensino e à pesquisa, inclusive com as de direito privado a elas vinculadas.

§ 3º No caso de descumprimento da obrigação prevista no *caput* e no § 1º deste artigo, o infrator perderá o cargo, sem prejuízo de responder as ações cíveis e penais cabíveis.

Art. 14. Até um ano após deixar o cargo, é vedado ao ex-dirigente representar qualquer pessoa ou interesse perante a Agência.

Parágrafo único. Durante o prazo estabelecido no *caput* é vedado, ainda, ao ex-dirigente, utilizar em benefício próprio informações privilegiadas obtidas em decorrência do cargo exercido, sob pena de incorrer em ato de improbidade administrativa.

Art. 15. Compete à Diretoria Colegiada:

I – definir as diretrizes estratégicas da Agência;
II – propor ao Ministro de Estado da Saúde as políticas e diretrizes governamentais destinadas a permitir à Agência o cumprimento de seus objetivos;
III – editar normas sobre matérias de competência da Agência;
IV – cumprir e fazer cumprir as normas relativas à vigilância sanitária;
V – elaborar e divulgar relatórios periódicos sobre suas atividades;
VI – julgar, em grau de recurso, as decisões da Agência, mediante provocação dos interessados;
VII – encaminhar os demonstrativos contábeis da Agência aos órgãos competentes.

§ 1º A Diretoria reunir-se-á com a presença de, pelo menos, três Diretores, dentre eles o Diretor-Presidente ou seu substituto legal, e deliberará por maioria simples.

§ 2º Dos atos praticados pela Agência caberá recurso à Diretoria Colegiada, com efeito suspensivo, como última instância administrativa.

Art. 16. Compete ao Diretor-Presidente:

I – representar a Agência em juízo ou fora dele;
II – presidir as reuniões da Diretoria Colegiada;
III – decidir *ad referendum* da Diretoria Colegiada as questões de urgência;
IV – decidir em caso de empate nas deliberações da Diretoria Colegiada;
V – nomear e exonerar servidores, provendo os cargos efetivos, em comissão e funções de confiança, e exercer o poder disciplinar, nos termos da legislação em vigor;
VI – encaminhar ao Conselho Consultivo os relatórios periódicos elaborados pela Diretoria Colegiada;
VII – assinar contratos, convênios e ordenar despesas;
VIII – elaborar, aprovar e promulgar o regimento interno, definir a área de atuação das unidades organizacionais e a estrutura executiva da Agência;
IX – exercer a gestão operacional da Agência.

▶ Arts. 15 e 16 com a redação dada pela MP nº 2.190-34, de 23-8-2001, que até o encerramento desta edição não havia sido convertida em Lei.

Seção III

DOS CARGOS EM COMISSÃO E DAS FUNÇÕES COMISSIONADAS

Art. 17. Ficam criados os Cargos em Comissão de Natureza Especial e do Grupo de Direção e Assessoramento Superiores – DAS, com a finalidade de integrar a estrutura da Agência, relacionados no Anexo I desta Lei.

Parágrafo único. Os cargos em Comissão do Grupo de Direção e Assessoramento Superior serão exercidos, preferencialmente, por integrantes do quadro de pessoal da autarquia.

Art. 18. *Revogado*. Lei nº 9.986, de 18-7-2000.

Capítulo IV

DO CONTRATO DE GESTÃO

Art. 19. A Administração da Agência será regida por um contrato de gestão, negociado entre o seu Diretor-Presidente e o Ministro de Estado da Saúde, ouvidos previamente os Ministros de Estado da Fazenda e do Planejamento, Orçamento e Gestão, no prazo máximo de cento e vinte dias seguintes à nomeação do Diretor-Presidente da autarquia.

▶ *Caput* com a redação dada pela MP nº 2.190-34, de 23-8-2001, que até o encerramento desta edição não havia sido convertida em Lei.

Parágrafo único. O contrato de gestão é o instrumento de avaliação da atuação administrativa da autarquia e de seu desempenho, estabelecendo os parâmetros para a administração interna da autarquia bem como os indicadores que permitam quantificar, objetivamente, a sua avaliação periódica.

Art. 20. O descumprimento injustificado do contrato de gestão implicará a exoneração do Diretor-Presidente, pelo Presidente da República, mediante solicitação do Ministro de Estado da Saúde.

Capítulo V

DO PATRIMÔNIO E RECEITAS

Seção I

DAS RECEITAS DA AUTARQUIA

Art. 21. Constituem patrimônio da Agência os bens e direitos de sua propriedade, os que lhe forem conferidos ou que venha adquirir ou incorporar.

Art. 22. Constituem receita da Agência:

I – o produto resultante da arrecadação da taxa de fiscalização de vigilância sanitária, na forma desta Lei;
II – a retribuição por serviços de quaisquer natureza prestados a terceiros;
III – o produto da arrecadação das receitas das multas resultantes das ações fiscalizadoras;
IV – o produto da execução de sua dívida ativa;
V – as dotações consignadas no Orçamento Geral da União, créditos especiais, créditos adicionais e transferências e repasses que lhe forem conferidos;
VI – os recursos provenientes de convênios, acordos ou contratos celebrados com entidades e organismos nacionais e internacionais;
VII – as doações, legados, subvenções e outros recursos que lhe forem destinados;
VIII – os valores apurados na venda ou aluguel de bens móveis e imóveis de sua propriedade; e
IX – o produto da alienação de bens, objetos e instrumentos utilizados para a prática de infração, assim como do patrimônio dos infratores, apreendidos em decorrência do exercício do poder de polícia e incorporados ao patrimônio da Agência nos termos de decisão judicial;
X – os valores apurados em aplicações no mercado financeiro das receitas previstas nos incisos I a IV e VI a IX deste artigo.

▶ Inciso X acrescido pela MP nº 2.190-34, de 23-8-2001, que até o encerramento desta edição não havia sido convertida em Lei.

Parágrafo único. Os recursos previstos nos incisos I, II e VII deste artigo, serão recolhidos diretamente à Agência, na forma definida pelo Poder Executivo.

Art. 23. Fica instituída a Taxa de Fiscalização de Vigilância Sanitária.

§ 1º Constitui fato gerador da Taxa de Fiscalização de Vigilância Sanitária a prática dos atos de competência da Agência Nacional de Vigilância Sanitária constantes do Anexo II.

§ 2º São sujeitos passivos da taxa a que se refere o *caput* deste artigo as pessoas físicas e jurídicas que exercem atividades de fabricação, distribuição e venda de produtos e a prestação de serviços mencionados no art. 8º desta Lei.

§ 3º A taxa será devida em conformidade com o respectivo fato gerador, valor e prazo a que refere a tabela que constitui o Anexo II desta Lei.

§ 4º A taxa deverá ser recolhida nos termos dispostos em ato próprio da ANVISA.

▶ § 4º com a redação dada pela MP nº 2.190-34, de 23-8-2001, que até o encerramento desta edição não havia sido convertida em Lei.

§ 5º A arrecadação e a cobrança da taxa a que se refere este artigo poderá ser delegada aos Estados, ao Distrito Federal e aos Municípios, a critério da Agência, nos casos em que por eles estejam sendo realizadas ações de vigilância, respeitado o disposto no § 1º do art. 7º desta Lei.

§ 6º Os laboratórios instituídos ou controlados pelo Poder Público, produtores de medicamentos e insumos sujeitos à Lei nº 6.360, de 23 de setembro de 1976, à vista do interesse da saúde pública, estão isentos do pagamento da Taxa de Fiscalização de Vigilância Sanitária.

▶ Lei nº 6.360, de 23-9-1976, dispõe sobre a vigilância sanitária a que ficam sujeitos os medicamentos, as drogas, os insumos farmacêuticos e correlatos, cosméticos, saneantes e outros produtos.

§ 7º Às renovações de registros, autorizações e certificados aplicam-se as periodicidades e os valores estipulados para os atos iniciais na forma prevista no Anexo.

§ 8º O disposto no § 7º aplica-se ao contido nos §§ 1º a 8º do art. 12 e parágrafo único do art. 50 da Lei nº 6.360, de 1976, no § 2º do art. 3º do Decreto-Lei nº 986, de 21 de outubro de 1969, e § 3º do art. 41 desta Lei.

▶ §§ 6º a 8º acrescidos pela MP nº 2.190-34, de 23-8-2001, que até o encerramento desta edição não havia sido convertida em Lei.

▶ Dec.-lei nº 986, de 21-10-1969, institui normas básicas sobre alimentos.

Art. 24. A Taxa não recolhida nos prazos fixados em regulamento, na forma do artigo anterior, será cobrada com os seguintes acréscimos:

I – juros de mora, na via administrativa ou judicial, contados do mês seguinte ao do vencimento, à razão de 1% ao mês, calculados na forma da legislação aplicável aos tributos federais;

II – multa de mora de 20%, reduzida a 10% se o pagamento for efetuado até o último dia útil do mês subsequente ao do seu vencimento;

III – encargos de 20%, substitutivo da condenação do devedor em honorários de advogado, calculado sobre o total do débito inscrito como Dívida Ativa, que será reduzido para 10%, se o pagamento for efetuado antes do ajuizamento da execução.

§ 1º Os juros de mora não incidem sobre o valor da multa de mora.

§ 2º Os débitos relativos à Taxa poderão ser parcelados, a juízo da Agência Nacional de Vigilância Sanitária, de acordo com os critérios fixados na legislação tributária.

Art. 25. A Taxa de Fiscalização de Vigilância Sanitária será devida a partir de 1º de janeiro de 1999.

Art. 26. A Taxa de Fiscalização de Vigilância Sanitária será recolhida em conta bancária vinculada à Agência.

SEÇÃO II

DA DÍVIDA ATIVA

Art. 27. Os valores cuja cobrança seja atribuída por lei à Agência e apurados administrativamente, não recolhidos no prazo estipulado, serão inscritos em dívida ativa própria da Agência e servirão de título executivo para cobrança judicial, na forma da Lei.

Art. 28. A execução fiscal da dívida ativa será promovida pela Procuradoria da Agência.

CAPÍTULO VI

DAS DISPOSIÇÕES FINAIS E TRANSITÓRIAS

Art. 29. Na primeira gestão da Autarquia, visando implementar a transição para o sistema de mandatos não coincidentes:

I – três diretores da Agência serão nomeados pelo Presidente da República, por indicação do Ministro de Estado da Saúde;

II – dois diretores serão nomeados na forma do parágrafo único, do art. 10, desta Lei.

Parágrafo único. Dos três diretores referidos no inciso I deste artigo, dois serão nomeados para mandato de quatro anos e um para dois anos.

Art. 30. Constituída a Agência Nacional de Vigilância Sanitária, com a publicação de seu regimento interno pela Diretoria Colegiada, ficará a Autarquia, automaticamente, investida no exercício de suas atribuições, e extinta a Secretaria de Vigilância Sanitária.

▶ Art. 30 com a redação dada pela MP nº 2.190-34, de 23-8-2001, que até o encerramento desta edição não havia sido convertida em Lei.

Art. 31. Fica o Poder Executivo autorizado a:

I – transferir para a Agência o acervo técnico e patrimonial, obrigações, direitos e receitas do Ministério da Saúde e de seus órgãos, necessários ao desempenho de suas funções;

II – remanejar, transferir ou utilizar os saldos orçamentários do Ministério da Saúde para atender as despesas de estruturação e manutenção da Agência, utilizando como recursos as dotações orçamentárias destinadas às atividades finalísticas e administrativas, observados os mesmos subprojetos, subatividades e grupos de despesas previstos na Lei Orçamentária em vigor.

Art. 32. *Revogado*. MP nº 2.190-34, de 23-8-2001, que até o encerramento desta edição não havia sido convertida em Lei. Tinha a seguinte redação: "*Fica trans-*

ferido da Fundação Oswaldo Cruz, para a Agência Nacional de Vigilância Sanitária, o Instituto Nacional de Controle de Qualidade em Saúde, bem como suas atribuições institucionais, acervo patrimonial e dotações, orçamentárias Parágrafo único. A Fundação Oswaldo Cruz dará todo o suporte necessário à manutenção das atividades do Instituto Nacional de Controle de Qualidade em Saúde, até a organização da Agência".

Art. 32-A. A Agência Nacional de Vigilância Sanitária poderá, mediante celebração de convênios de cooperação técnica e científica, solicitar a execução de trabalhos técnicos e científicos, inclusive os de cunho econômico e jurídico, dando preferência às instituições de ensino superior e de pesquisa mantidas pelo poder público e organismos internacionais com os quais o Brasil tenha acordos de cooperação técnica.

▶ Artigo acrescido pela Lei nº 12.090, de 11-11-2009.

Art. 33. A Agência poderá contratar especialistas para a execução de trabalhos nas áreas técnica, científica, econômica e jurídica, por projetos ou prazos limitados, observada a legislação em vigor.

Art. 34. Revogado. Lei nº 9.986, de 18-7-2000.

Art. 35. É vedado à ANVS contratar pessoal com vínculo empregatício ou contratual junto a entidades sujeitas à ação da Vigilância Sanitária, bem como os respectivos proprietários ou responsáveis, ressalvada a participação em comissões de trabalho criadas com fim específico, duração determinada e não integrantes da sua estrutura organizacional.

Art. 36. Revogado. Lei nº 10.871, de 21-5-2004.

Art. 37. Revogado. Lei nº 9.986, de 18-7-2000.

Art. 38. Em prazo não superior a cinco anos, o exercício da fiscalização de produtos, serviços, produtores, distribuidores e comerciantes, inseridos no Sistema Nacional de Vigilância Sanitária, poderá ser realizado por servidor requisitado ou pertencente ao quadro da ANVS, mediante designação da Diretoria, conforme regulamento.

Art. 39. Revogado. MP nº 2.190-34, de 23-8-2001, que até o encerramento desta edição não havia sido convertida em Lei. Tinha a seguinte redação: *"Os ocupantes dos cargos efetivos de nível superior das carreiras de Pesquisa em Ciência e Tecnologia, de Desenvolvimento Tecnológico e de Gestão, Planejamento e Infraestrutura em Ciência e Tecnologia, criadas pela Lei nº 8.691, de 28 de julho de 1993, em exercício de atividades inerentes às respectivas atribuições na Agência, fazem jus à Gratificação de Desempenho de Atividade de Ciência e Tecnologia – GDCT, criada pela Lei nº 9.638, de 20 de maio de 1998. § 1º A gratificação referida no caput também será devida aos ocupantes dos cargos efetivos de nível intermediário da carreira de Desenvolvimento Tecnológico em exercício de atividades inerentes às suas atribuições na Agência. § 2º A Gratificação de Desempenho de Atividade de Ciência e Tecnologia – GDCT, para os ocupantes dos cargos efetivos de nível intermediário da carreira de Gestão, Planejamento e Infraestrutura em Ciência e Tecnologia, criada pela Lei nº 9.647, de 26 de maio de 1998, será devida a esses servidores em exercício de atividades inerentes às atribuições dos respectivos cargos na Agência. § 3º Para fins de percepção das gratificações referidas neste artigo serão observados os demais critérios e regras estabelecidos na legislação em vigor. § 4º O disposto neste artigo aplica-se apenas aos servidores da Fundação Oswaldo Cruz lotados no Instituto Nacional de Controle de Qualidade em Saúde em 31 de dezembro de 1998, e que venham a ser redistribuídos para a Agência".*

Art. 40. A Advocacia Geral da União e o Ministério da Saúde, por intermédio de sua Consultoria Jurídica, mediante comissão conjunta, promoverão, no prazo de cento e oitenta dias, levantamento das ações judiciais em curso, envolvendo matéria cuja competência tenha sido transferida à Agência, a qual substituirá a União nos respectivos processos.

§ 1º A substituição a que se refere o *caput*, naqueles processos judiciais, será requerida mediante petição subscrita pela Advocacia-Geral da União, dirigida ao Juízo ou Tribunal competente, requerendo a intimação da Procuradoria da Agência para assumir o feito.

§ 2º Enquanto não operada a substituição na forma do parágrafo anterior, a Advocacia-Geral da União permanecerá no feito, praticando todos os atos processuais necessários.

Art. 41. O registro dos produtos de que trata a Lei nº 6.360, de 1976, e o Decreto-Lei nº 986, de 21 de outubro de 1969, poderá ser objeto de regulamentação pelo Ministério da Saúde e pela Agência visando a desburocratização e a agilidade nos procedimentos, desde que isto não implique riscos à saúde da população ou à condição de fiscalização das atividades de produção e circulação.

§ 1º A Agência poderá conceder autorização de funcionamento a empresas e registro a produtos que sejam aplicáveis apenas a plantas produtivas e a mercadorias destinadas a mercados externos, desde que não acarretem riscos à saúde pública.

▶ Parágrafo único transformado em § 1º pela MP nº 2.190-34, de 23-8-2001, que até o encerramento desta edição não havia sido convertida em Lei.

§ 2º A regulamentação a que se refere o *caput* deste artigo atinge inclusive a isenção de registro.

§ 3º As empresas sujeitas ao Decreto-Lei nº 986, de 1969, ficam, também, obrigadas a cumprir o art. 2º da Lei nº 6.360, de 1976, no que se refere à autorização de funcionamento pelo Ministério da Saúde e ao licenciamento pelos órgãos sanitários das Unidades Federativas em que se localizem.

▶ §§ 2º e 3º acrescidos pela MP nº 2.190-34, de 23-8-2001, que até o encerramento desta edição não havia sido convertida em Lei.

▶ Art. 23, § 8º, desta Lei.

Art. 41-A. O registro de medicamentos com denominação exclusivamente genérica terá prioridade sobre o dos demais, conforme disposto em ato da Diretoria Colegiada da Agência Nacional de Vigilância Sanitária.

▶ Art. 41-A acrescido pela MP nº 2.190-34, de 23-8-2001, que até o encerramento desta edição não havia sido convertida em Lei.

Art. 41-B. Quando ficar comprovada a comercialização de produtos sujeitos à vigilância sanitária, impróprios para o consumo, ficará a empresa responsável obrigada a veicular publicidade contendo alerta à população, no prazo e nas condições indicados pela autoridade sanitária, sujeitando-se ao pagamento de taxa correspondente ao exame e à anuência prévia do conteúdo informativo pela Agência Nacional de Vigilância Sanitária.

▶ Art. 41-B acrescido pela MP nº 2.190-34, de 23-8-2001, que até o encerramento desta edição não havia sido convertida em Lei.

Art. 42. O art. 57 do Decreto-Lei nº 986, de 21 de outubro de 1969, passa a vigorar com a seguinte redação:

"Art. 57. A importação de alimentos, de aditivos para alimentos e de substâncias destinadas a serem empregadas no fabrico de artigos, utensílios e equipamentos destinados a entrar em contato com alimentos, fica sujeita ao disposto neste Decreto-Lei e em seus Regulamentos sendo a análise de controle efetuada por amostragem, a critério da autoridade sanitária, no momento de seu desembarque no país."

Art. 43. A Agência poderá apreender bens, equipamentos, produtos e utensílios utilizados para a prática de crime contra a saúde pública, e a promover a respectiva alienação judicial, observado, no que couber, o disposto no art. 34 da Lei nº 6.368, de 21 de outubro de 1976, bem como requerer, em juízo, o bloqueio de contas bancárias de titularidade da empresa e de seus proprietários e dirigentes, responsáveis pela autoria daqueles delitos.

Art. 44. Os arts. 20 e 21 da Lei nº 6.360, de 23 de setembro de 1976, passam a vigorar com a seguinte redação:

"Art. 20. ....
Parágrafo único. Não poderá ser registrado o medicamento que não tenha em sua composição substância reconhecidamente benéfica do ponto de vista clínico ou terapêutico."

"Art. 21. Fica assegurado o direito de registro de medicamentos similares a outros já registrados, desde que satisfaçam as exigências estabelecidas nesta Lei."

§ 1º Os medicamentos similares a serem fabricados no País, consideram-se registrados após decorrido o prazo de cento e vinte dias, contado da apresentação do respectivo requerimento, se até então não tiver sido indeferido.

§ 2º A contagem do prazo para registro será interrompida até a satisfação, pela empresa interessada, de exigência da autoridade sanitária, não podendo tal prazo exceder a cento e oitenta dias.

§ 3º O registro, concedido nas condições dos parágrafos anteriores, perderá a sua validade, independentemente de notificação ou interpelação, se o produto não for comercializado no prazo de um ano após a data de sua concessão, prorrogável por mais seis meses, a critério da autoridade sanitária, mediante justificação escrita de iniciativa da empresa interessada.

§ 4º O pedido de novo registro do produto poderá ser formulado dois anos após a verificação do fato que deu causa à perda da validade do anteriormente concedido, salvo se não for imputável à empresa interessada.

§ 5º As disposições deste artigo aplicam-se aos produtos registrados e fabricados em Estado-Parte integrante do Mercado Comum do Sul – MERCOSUL, para efeito de sua comercialização no País, se corresponderem a similar nacional já registrado."

Art. 45. Esta Lei entra em vigor na data de sua publicação.

Art. 46. Fica revogado o art. 58 do Decreto-Lei nº 986, de 21 de outubro de 1969.

Congresso Nacional, 26 de janeiro de 1999;
178º da Independência e
111º da República.

Antonio Carlos Magalhães

▶ Optamos por não publicar o anexo nesta edição.

LEI Nº 9.784, DE 29 DE JANEIRO DE 1999

Regula o processo administrativo no âmbito da Administração Pública Federal.

▶ Publicada no *DOU* de 1º-2-1999 e retificada no *DOU* de 11-3-1999.

CAPÍTULO I

DAS DISPOSIÇÕES GERAIS

Art. 1º Esta Lei estabelece normas básicas sobre o processo administrativo no âmbito da Administração Federal direta e indireta, visando, em especial, à proteção dos direitos dos administrados e ao melhor cumprimento dos fins da Administração.

§ 1º Os preceitos desta Lei também se aplicam aos órgãos dos Poderes Legislativo e Judiciário da União, quando no desempenho de função administrativa.

§ 2º Para os fins desta Lei, consideram-se:

I – órgão – a unidade de atuação integrante da estrutura da Administração direta e da estrutura da Administração indireta;

II – entidade – a unidade de atuação dotada de personalidade jurídica;

III – autoridade – o servidor ou agente público dotado de poder de decisão.

Art. 2º A Administração Pública obedecerá, dentre outros, aos princípios da legalidade, finalidade, motivação, razoabilidade, proporcionalidade, moralidade, ampla defesa, contraditório, segurança jurídica, interesse público e eficiência.

▶ Art. 37 da CF.
▶ Súm. nº 3 do STF.

Parágrafo único. Nos processos administrativos serão observados, entre outros, os critérios de:

I – atuação conforme a lei e o Direito;

II – atendimento a fins de interesse geral, vedada a renúncia total ou parcial de poderes ou competências, salvo autorização em lei;

III – objetividade no atendimento do interesse público, vedada a promoção pessoal de agentes ou autoridades;

IV – atuação segundo padrões éticos de probidade, decoro e boa-fé;

V – divulgação oficial dos atos administrativos, ressalvadas as hipóteses de sigilo previstas na Constituição;

VI – adequação entre meios e fins, vedada a imposição de obrigações, restrições e sanções em medida superior àquelas estritamente necessárias ao atendimento do interesse público;

VII – indicação dos pressupostos de fato e de direito que determinarem a decisão;

VIII – observância das formalidades essenciais à garantia dos direitos dos administrados;
IX – adoção de formas simples, suficientes para propiciar adequado grau de certeza, segurança e respeito aos direitos dos administrados;
X – garantia dos direitos à comunicação, à apresentação de alegações finais, à produção de provas e à interposição de recursos, nos processos de que possam resultar sanções e nas situações de litígio;
XI – proibição de cobrança de despesas processuais, ressalvadas as previstas em lei;
XII – impulsão, de ofício, do processo administrativo, sem prejuízo da atuação dos interessados;
XIII – interpretação da norma administrativa da forma que melhor garanta o atendimento do fim público a que se dirige, vedada aplicação retroativa de nova interpretação.

Capítulo II

DOS DIREITOS DOS ADMINISTRADOS

Art. 3º O administrado tem os seguintes direitos perante a Administração, sem prejuízo de outros que lhe sejam assegurados:

► Art. 4º desta Lei.

I – ser tratado com respeito pelas autoridades e servidores, que deverão facilitar o exercício de seus direitos e o cumprimento de suas obrigações;
II – ter ciência da tramitação dos processos administrativos em que tenha a condição de interessado, ter vista dos autos, obter cópias de documentos neles contidos e conhecer as decisões proferidas;
III – formular alegações e apresentar documentos antes da decisão, os quais serão objeto de consideração pelo órgão competente;
IV – fazer-se assistir, facultativamente, por advogado, salvo quando obrigatória a representação, por força de lei.

Capítulo III

DOS DEVERES DO ADMINISTRADO

Art. 4º São deveres do administrado perante a Administração, sem prejuízo de outros previstos em ato normativo:

I – expor os fatos conforme a verdade;
II – proceder com lealdade, urbanidade e boa-fé;
III – não agir de modo temerário;
IV – prestar as informações que lhe forem solicitadas e colaborar para o esclarecimento dos fatos.

Capítulo IV

DO INÍCIO DO PROCESSO

Art. 5º O processo administrativo pode iniciar-se de ofício ou a pedido de interessado.

Art. 6º O requerimento inicial do interessado, salvo casos em que for admitida solicitação oral, deve ser formulado por escrito e conter os seguintes dados:

I – órgão ou autoridade administrativa a que se dirige;
II – identificação do interessado ou de quem o representa;
III – domicílio do requerente ou local para recebimento de comunicações;
IV – formulação do pedido, com exposição dos fatos e de seus fundamentos;

V – data e assinatura do requerente ou de seu representante.

Parágrafo único. É vedada à Administração a recusa imotivada de recebimento de documentos, devendo o servidor orientar o interessado quanto ao suprimento de eventuais falhas.

Art. 7º Os órgãos e entidades administrativas deverão elaborar modelos ou formulários padronizados para assuntos que importem pretensões equivalentes.

Art. 8º Quando os pedidos de uma pluralidade de interessados tiverem conteúdo e fundamentos idênticos, poderão ser formulados em um único requerimento, salvo preceito legal em contrário.

Capítulo V

DOS INTERESSADOS

Art. 9º São legitimados como interessados no processo administrativo:

I – pessoas físicas ou jurídicas que o iniciem como titulares de direitos ou interesses individuais ou no exercício do direito de representação;
II – aqueles que, sem terem iniciado o processo, têm direitos ou interesses que possam ser afetados pela decisão a ser adotada;
III – as organizações e associações representativas, no tocante a direitos e interesses coletivos;
IV – as pessoas ou as associações legalmente constituídas quanto a direitos ou interesses difusos.

Art. 10. São capazes, para fins de processo administrativo, os maiores de dezoito anos, ressalvada previsão especial em ato normativo próprio.

Capítulo VI

DA COMPETÊNCIA

Art. 11. A competência é irrenunciável e se exerce pelos órgãos administrativos a que foi atribuída como própria, salvo os casos de delegação e avocação legalmente admitidos.

Art. 12. Um órgão administrativo e seu titular poderão, se não houver impedimento legal, delegar parte da sua competência a outros órgãos ou titulares, ainda que estes não lhe sejam hierarquicamente subordinados, quando for conveniente, em razão de circunstâncias de índole técnica, social, econômica, jurídica ou territorial.

Parágrafo único. O disposto no *caput* deste artigo aplica-se à delegação de competência dos órgãos colegiados aos respectivos presidentes.

Art. 13. Não podem ser objeto de delegação:

► LC nº 64, de 18-5-1990 (Lei dos Casos de Inelegibilidade).

I – a edição de atos de caráter normativo;
II – a decisão de recursos administrativos;
III – as matérias de competência exclusiva do órgão ou autoridade.

Art. 14. O ato de delegação e sua revogação deverão ser publicados no meio oficial.

§ 1º O ato de delegação especificará as matérias e poderes transferidos, os limites da atuação do delegado, a duração e os objetivos da delegação e o recurso cabível, podendo conter ressalva de exercício da atribuição delegada.

§ 2º O ato de delegação é revogável a qualquer tempo pela autoridade delegante.

§ 3º As decisões adotadas por delegação devem mencionar explicitamente esta qualidade e considerar-se-ão editadas pelo delegado.

Art. 15. Será permitida, em caráter excepcional e por motivos relevantes devidamente justificados, a avocação temporária de competência atribuída a órgão hierarquicamente inferior.

Art. 16. Os órgãos e entidades administrativas divulgarão publicamente os locais das respectivas sedes e, quando conveniente, a unidade fundacional competente em matéria de interesse especial.

Art. 17. Inexistindo competência legal específica, o processo administrativo deverá ser iniciado perante a autoridade de menor grau hierárquico para decidir.

CAPÍTULO VII

DOS IMPEDIMENTOS E DA SUSPEIÇÃO

Art. 18. É impedido de atuar em processo administrativo o servidor ou autoridade que:

I – tenha interesse direto ou indireto na matéria;
II – tenha participado ou venha a participar como perito, testemunha ou representante, ou se tais situações ocorrem quanto ao cônjuge, companheiro ou parente e afins até o terceiro grau;
III – esteja litigando judicial ou administrativamente com o interessado ou respectivo cônjuge ou companheiro.

Art. 19. A autoridade ou servidor que incorrer em impedimento deve comunicar o fato à autoridade competente, abstendo-se de atuar.

Parágrafo único. A omissão do dever de comunicar o impedimento constitui falta grave, para efeitos disciplinares.

Art. 20. Pode ser arguida a suspeição de autoridade ou servidor que tenha amizade íntima ou inimizade notória com algum dos interessados ou com os respectivos cônjuges, companheiros, parentes e afins até o terceiro grau.

Art. 21. O indeferimento de alegação de suspeição poderá ser objeto de recurso, sem efeito suspensivo.

CAPÍTULO VIII

DA FORMA, TEMPO E LUGAR DOS ATOS DO PROCESSO

Art. 22. Os atos do processo administrativo não dependem de forma determinada senão quando a lei expressamente a exigir.

§ 1º Os atos do processo devem ser produzidos por escrito, em vernáculo, com a data e o local de sua realização e a assinatura da autoridade responsável.

§ 2º Salvo imposição legal, o reconhecimento de firma somente será exigido quando houver dúvida de autenticidade.

§ 3º A autenticação de documentos exigidos em cópia poderá ser feita pelo órgão administrativo.

§ 4º O processo deverá ter suas páginas numeradas sequencialmente e rubricadas.

Art. 23. Os atos do processo devem realizar-se em dias úteis, no horário normal de funcionamento da repartição na qual tramitar o processo.

Parágrafo único. Serão concluídos depois do horário normal os atos já iniciados, cujo adiamento prejudique o curso regular do procedimento ou cause dano ao interessado ou à Administração.

Art. 24. Inexistindo disposição específica, os atos do órgão ou autoridade responsável pelo processo e dos administrados que dele participem devem ser praticados no prazo de cinco dias, salvo motivo de força maior.

Parágrafo único. O prazo previsto neste artigo pode ser dilatado até o dobro, mediante comprovada justificação.

Art. 25. Os atos do processo devem realizar-se preferencialmente na sede do órgão, cientificando-se o interessado se outro for o local de realização.

CAPÍTULO IX

DA COMUNICAÇÃO DOS ATOS

Art. 26. O órgão competente perante o qual tramita o processo administrativo determinará a intimação do interessado para ciência de decisão ou a efetivação de diligências.

§ 1º A intimação deverá conter:

I – identificação do intimado e nome do órgão ou entidade administrativa;
II – finalidade da intimação;
III – data, hora e local em que deve comparecer;
IV – se o intimado deve comparecer pessoalmente, ou fazer-se representar;
V – informação da continuidade do processo independentemente do seu comparecimento;
VI – indicação dos fatos e fundamentos legais pertinentes.

§ 2º A intimação observará a antecedência mínima de três dias úteis quanto à data de comparecimento.

§ 3º A intimação pode ser efetuada por ciência no processo, por via postal com aviso de recebimento, por telegrama ou outro meio que assegure a certeza da ciência do interessado.

§ 4º No caso de interessados indeterminados, desconhecidos ou com domicílio indefinido, a intimação deve ser efetuada por meio de publicação oficial.

§ 5º As intimações serão nulas quando feitas sem observância das prescrições legais, mas o comparecimento do administrado supre sua falta ou irregularidade.

Art. 27. O desatendimento da intimação não importa o reconhecimento da verdade dos fatos, nem a renúncia a direito pelo administrado.

Parágrafo único. No prosseguimento do processo, será garantido direito de ampla defesa ao interessado.

Art. 28. Devem ser objeto de intimação os atos do processo que resultem para o interessado em imposição de deveres, ônus, sanções ou restrição ao exercício de direitos e atividades e os atos de outra natureza, de seu interesse.

Capítulo X
DA INSTRUÇÃO

Art. 29. As atividades de instrução destinadas a averiguar e comprovar os dados necessários à tomada de decisão realizam-se de ofício ou mediante impulsão do órgão responsável pelo processo, sem prejuízo do direito dos interessados de propor atuações probatórias.

§ 1º O órgão competente para a instrução fará constar dos autos os dados necessários à decisão do processo.

§ 2º Os atos de instrução que exijam a atuação dos interessados devem realizar-se do modo menos oneroso para estes.

Art. 30. São inadmissíveis no processo administrativo as provas obtidas por meios ilícitos.

Art. 31. Quando a matéria do processo envolver assunto de interesse geral, o órgão competente poderá, mediante despacho motivado, abrir período de consulta pública para manifestação de terceiros, antes da decisão do pedido, se não houver prejuízo para a parte interessada.

§ 1º A abertura da consulta pública será objeto de divulgação pelos meios oficiais, a fim de que pessoas físicas ou jurídicas possam examinar os autos, fixando-se prazo para oferecimento de alegações escritas.

§ 2º O comparecimento à consulta pública não confere, por si, a condição de interessado do processo, mas confere o direito de obter da Administração resposta fundamentada, que poderá ser comum a todas as alegações substancialmente iguais.

Art. 32. Antes da tomada de decisão, a juízo da autoridade, diante da relevância da questão, poderá ser realizada audiência pública para debates sobre a matéria do processo.

Art. 33. Os órgãos e entidades administrativas, em matéria relevante, poderão estabelecer outros meios de participação de administrados, diretamente ou por meio de organizações e associações legalmente reconhecidas.

Art. 34. Os resultados da consulta e audiência pública e de outros meios de participação de administrados deverão ser apresentados com a indicação do procedimento adotado.

Art. 35. Quando necessária à instrução do processo, a audiência de outros órgãos ou entidades administrativas poderá ser realizada em reunião conjunta, com a participação de titulares ou representantes dos órgãos competentes, lavrando-se a respectiva ata, a ser juntada aos autos.

Art. 36. Cabe ao interessado a prova dos fatos que tenha alegado, sem prejuízo do dever atribuído ao órgão competente para a instrução e do disposto no art. 37 desta Lei.

Art. 37. Quando o interessado declarar que fatos e dados estão registrados em documentos existentes na própria Administração responsável pelo processo ou em outro órgão administrativo, o órgão competente para a instrução proverá, de ofício, à obtenção dos documentos ou das respectivas cópias.

Art. 38. O interessado poderá, na fase instrutória e antes da tomada da decisão, juntar documentos e pareceres, requerer diligências e perícias, bem como aduzir alegações referentes à matéria objeto do processo.

§ 1º Os elementos probatórios deverão ser considerados na motivação do relatório e da decisão.

§ 2º Somente poderão ser recusadas, mediante decisão fundamentada, as provas propostas pelos interessados quando sejam ilícitas, impertinentes, desnecessárias ou protelatórias.

Art. 39. Quando for necessária a prestação de informações ou a apresentação de provas pelos interessados ou terceiros, serão expedidas intimações para esse fim, mencionando-se data, prazo, forma e condições de atendimento.

Parágrafo único. Não sendo atendida a intimação, poderá o órgão competente, se entender relevante a matéria, suprir de ofício a omissão, não se eximindo de proferir a decisão.

Art. 40. Quando dados, atuações ou documentos solicitados ao interessado forem necessários à apreciação de pedido formulado, o não atendimento no prazo fixado pela Administração para a respectiva apresentação implicará arquivamento do processo.

Art. 41. Os interessados serão intimados de prova ou diligência ordenada, com antecedência mínima de três dias úteis, mencionando-se data, hora e local de realização.

Art. 42. Quando deva ser obrigatoriamente ouvido um órgão consultivo, o parecer deverá ser emitido no prazo máximo de quinze dias, salvo norma especial ou comprovada necessidade de maior prazo.

§ 1º Se um parecer obrigatório e vinculante deixar de ser emitido no prazo fixado, o processo não terá seguimento até a respectiva apresentação, responsabilizando-se quem der causa ao atraso.

§ 2º Se um parecer obrigatório e não vinculante deixar de ser emitido no prazo fixado, o processo poderá ter prosseguimento e ser decidido com sua dispensa, sem prejuízo da responsabilidade de quem se omitiu no atendimento.

Art. 43. Quando por disposição de ato normativo devam ser previamente obtidos laudos técnicos de órgãos administrativos e estes não cumprirem o encargo no prazo assinalado, o órgão responsável pela instrução deverá solicitar laudo técnico de outro órgão dotado de qualificação e capacidade técnica equivalentes.

Art. 44. Encerrada a instrução, o interessado terá o direito de manifestar-se no prazo máximo de dez dias, salvo se outro prazo for legalmente fixado.

Art. 45. Em caso de risco iminente, a Administração Pública poderá motivadamente adotar providências acauteladoras sem a prévia manifestação do interessado.

Art. 46. Os interessados têm direito à vista do processo e a obter certidões ou cópias reprográficas dos dados e documentos que o integram, ressalvados os dados e documentos de terceiros protegidos por sigilo ou pelo direito à privacidade, à honra e à imagem.

Art. 47. O órgão de instrução que não for competente para emitir a decisão final elaborará relatório indicando o pedido inicial, o conteúdo das fases do procedimento e formulará proposta de decisão, objetivamente justificada, encaminhando o processo à autoridade competente.

Capítulo XI
DO DEVER DE DECIDIR

Art. 48. A Administração tem o dever de explicitamente emitir decisão nos processos administrativos e sobre solicitações ou reclamações, em matéria de sua competência.

Art. 49. Concluída a instrução de processo administrativo, a Administração tem o prazo de até trinta dias para decidir, salvo prorrogação por igual período expressamente motivada.

Capítulo XII
DA MOTIVAÇÃO

Art. 50. Os atos administrativos deverão ser motivados, com indicação dos fatos e dos fundamentos jurídicos, quando:

I – neguem, limitem ou afetem direitos ou interesses;
II – imponham ou agravem deveres, encargos ou sanções;
III – decidam processos administrativos de concurso ou seleção pública;
IV – dispensem ou declarem a inexigibilidade de processo licitatório;
V – decidam recursos administrativos;
VI – decorram de reexame de ofício;
VII – deixem de aplicar jurisprudência firmada sobre a questão ou discrepem de pareceres, laudos, propostas e relatórios oficiais;
VIII – importem anulação, revogação, suspensão ou convalidação de ato administrativo.

§ 1º A motivação deve ser explícita, clara e congruente, podendo consistir em declaração de concordância com fundamentos de anteriores pareceres, informações, decisões ou propostas, que, neste caso, serão parte integrante do ato.

§ 2º Na solução de vários assuntos da mesma natureza, pode ser utilizado meio mecânico que reproduza os fundamentos das decisões, desde que não prejudique direito ou garantia dos interessados.

§ 3º A motivação das decisões de órgãos colegiados e comissões ou de decisões orais constará da respectiva ata ou de termo escrito.

Capítulo XIII
DA DESISTÊNCIA E OUTROS CASOS DE EXTINÇÃO DO PROCESSO

Art. 51. O interessado poderá, mediante manifestação escrita, desistir total ou parcialmente do pedido formulado ou, ainda, renunciar a direitos disponíveis.

§ 1º Havendo vários interessados, a desistência ou renúncia atinge somente quem a tenha formulado.

§ 2º A desistência ou renúncia do interessado, conforme o caso, não prejudica o prosseguimento do processo, se a Administração considerar que o interesse público assim o exige.

Art. 52. O órgão competente poderá declarar extinto o processo quando exaurida sua finalidade ou o objeto da decisão se tornar impossível, inútil ou prejudicado por fato superveniente.

Capítulo XIV
DA ANULAÇÃO, REVOGAÇÃO E CONVALIDAÇÃO

Art. 53. A Administração deve anular seus próprios atos, quando eivados de vício de legalidade, e pode revogá-los por motivo de conveniência ou oportunidade, respeitados os direitos adquiridos.

Art. 54. O direito da Administração de anular os atos administrativos de que decorram efeitos favoráveis para os destinatários decai em cinco anos, contados da data em que foram praticados, salvo comprovada má-fé.

§ 1º No caso de efeitos patrimoniais contínuos, o prazo de decadência contar-se-á da percepção do primeiro pagamento.

§ 2º Considera-se exercício do direito de anular qualquer medida de autoridade administrativa que importe impugnação à validade do ato.

Art. 55. Em decisão na qual se evidencie não acarretarem lesão ao interesse público nem prejuízo a terceiros, os atos que apresentarem defeitos sanáveis poderão ser convalidados pela própria Administração.

Capítulo XV
DO RECURSO ADMINISTRATIVO E DA REVISÃO

Art. 56. Das decisões administrativas cabe recurso, em face de razões de legalidade e de mérito.

§ 1º O recurso será dirigido à autoridade que proferiu a decisão, a qual, se não a reconsiderar no prazo de cinco dias, o encaminhará à autoridade superior.

§ 2º Salvo exigência legal, a interposição de recurso administrativo independe de caução.

▶ Súm. nº 373 do STJ.

§ 3º Se o recorrente alegar que a decisão administrativa contraria enunciado da súmula vinculante, caberá à autoridade prolatora da decisão impugnada, se não a reconsiderar, explicitar, antes de encaminhar o recurso à autoridade superior, as razões da aplicabilidade ou inaplicabilidade da súmula, conforme o caso.

▶ § 3º acrescido pela Lei nº 11.417, de 19-12-2006.

Art. 57. O recurso administrativo tramitará no máximo por três instâncias administrativas, salvo disposição legal diversa.

Art. 58. Têm legitimidade para interpor recurso administrativo:

I – os titulares de direitos e interesses que forem parte no processo;
II – aqueles cujos direitos ou interesses forem indiretamente afetados pela decisão recorrida;
III – as organizações e associações representativas, no tocante a direitos e interesses coletivos;
IV – os cidadãos ou associações, quanto a direitos ou interesses difusos.

Art. 59. Salvo disposição legal específica, é de dez dias o prazo para interposição de recurso administrativo, contado a partir da ciência ou divulgação oficial da decisão recorrida.

§ 1º Quando a lei não fixar prazo diferente, o recurso administrativo deverá ser decidido no prazo máximo de trinta dias, a partir do recebimento dos autos pelo órgão competente.

§ 2º O prazo mencionado no parágrafo anterior poderá ser prorrogado por igual período, ante justificativa explícita.

Art. 60. O recurso interpõe-se por meio de requerimento no qual o recorrente deverá expor os fundamentos do pedido de reexame, podendo juntar os documentos que julgar convenientes.

Art. 61. Salvo disposição legal em contrário, o recurso não tem efeito suspensivo.

Parágrafo único. Havendo justo receio de prejuízo de difícil ou incerta reparação decorrente da execução, a autoridade recorrida ou a imediatamente superior poderá, de ofício ou a pedido, dar efeito suspensivo ao recurso.

Art. 62. Interposto o recurso, o órgão competente para dele conhecer deverá intimar os demais interessados para que, no prazo de cinco dias úteis, apresentem alegações.

Art. 63. O recurso não será conhecido quando interposto:

I – fora do prazo;
II – perante órgão incompetente;
III – por quem não seja legitimado;
IV – após exaurida a esfera administrativa.

§ 1º Na hipótese do inciso II, será indicada ao recorrente a autoridade competente, sendo-lhe devolvido o prazo para recurso.

§ 2º O não conhecimento do recurso não impede a Administração de rever de ofício o ato ilegal, desde que não ocorrida preclusão administrativa.

Art. 64. O órgão competente para decidir o recurso poderá confirmar, modificar, anular ou revogar, total ou parcialmente, a decisão recorrida, se a matéria for de sua competência.

Parágrafo único. Se da aplicação do disposto neste artigo puder decorrer gravame à situação do recorrente, este deverá ser cientificado para que formule suas alegações antes da decisão.

Art. 64-A. Se o recorrente alegar violação de enunciado da súmula vinculante, o órgão competente para decidir o recurso explicitará as razões da aplicabilidade ou inaplicabilidade da súmula, conforme o caso.

Art. 64-B. Acolhida pelo Supremo Tribunal Federal a reclamação fundada em violação de enunciado da súmula vinculante, dar-se-á ciência à autoridade prolatora e ao órgão competente para o julgamento do recurso, que deverão adequar as futuras decisões administrativas em casos semelhantes, sob pena de responsabilização pessoal nas esferas cível, administrativa e penal.

▶ Arts. 64-A e 64-B acrescidos pela Lei nº 11.417, de 19-12-2006.

Art. 65. Os processos administrativos de que resultem sanções poderão ser revistos, a qualquer tempo, a pedido ou de ofício, quando surgirem fatos novos ou circunstâncias relevantes suscetíveis de justificar a inadequação da sanção aplicada.

Parágrafo único. Da revisão do processo não poderá resultar agravamento da sanção.

CAPÍTULO XVI

DOS PRAZOS

Art. 66. Os prazos começam a correr a partir da data da cientificação oficial, excluindo-se da contagem o dia do começo e incluindo-se o do vencimento.

§ 1º Considera-se prorrogado o prazo até o primeiro dia útil seguinte se o vencimento cair em dia em que não houver expediente ou este for encerrado antes da hora normal.

§ 2º Os prazos expressos em dias contam-se de modo contínuo.

§ 3º Os prazos fixados em meses ou anos contam-se de data a data. Se no mês do vencimento não houver o dia equivalente àquele do início do prazo, tem-se como termo o último dia do mês.

Art. 67. Salvo motivo de força maior devidamente comprovado, os prazos processuais não se suspendem.

CAPÍTULO XVII

DAS SANÇÕES

Art. 68. As sanções, a serem aplicadas por autoridade competente, terão natureza pecuniária ou consistirão em obrigação de fazer ou de não fazer, assegurado sempre o direito de defesa.

CAPÍTULO XVIII

DAS DISPOSIÇÕES FINAIS

Art. 69. Os processos administrativos específicos continuarão a reger-se por lei própria, aplicando-se-lhes apenas subsidiariamente os preceitos desta Lei.

Art. 69-A. Terão prioridade na tramitação, em qualquer órgão ou instância, os procedimentos administrativos em que figure como parte ou interessado:

I – pessoa com idade igual ou superior a 60 (sessenta) anos;
II – pessoa portadora de deficiência, física ou mental;
III – VETADO. Lei nº 12.008, de 29-7-2009;
IV – pessoa portadora de tuberculose ativa, esclerose múltipla, neoplasia maligna, hanseníase, paralisia irreversível e incapacitante, cardiopatia grave, doença de Parkinson, espondiloartrose anquilosante, nefropatia grave, hepatopatia grave, estados avançados da doença de Paget (osteíte deformante), contaminação por radiação, síndrome de imunodeficiência adquirida, ou outra doença grave, com base em conclusão da medicina especializada, mesmo que a doença tenha sido contraída após o início do processo.

§ 1º A pessoa interessada na obtenção do benefício, juntando prova de sua condição, deverá requerê-lo à autoridade administrativa competente, que determinará as providências a serem cumpridas.

§ 2º Deferida a prioridade, os autos receberão identificação própria que evidencie o regime de tramitação prioritária.

§§ 3º e 4º VETADOS. Lei nº 12.008, de 29-7-2009.

▶ Art. 69-A acrescido pela Lei nº 12.008, de 29-7-2009.

Art. 70. Esta Lei entra em vigor na data de sua publicação.

Brasília, 29 de janeiro de 1999;
178º da Independência e
111º da República.

Fernando Henrique Cardoso

LEI Nº 9.790,
DE 23 DE MARÇO DE 1999

Dispõe sobre a qualificação de pessoas jurídicas de direito privado, sem fins lucrativos, como Organizações da Sociedade Civil de Interesse Público, institui e disciplina o Termo de Parceria, e dá outras providências.

▶ Publicada no *DOU* de 24-3-1999.
▶ Dec. nº 3.100, de 30-6-1999, regulamenta esta Lei.

CAPÍTULO I
DA QUALIFICAÇÃO COMO ORGANIZAÇÃO DA SOCIEDADE CIVIL DE INTERESSE PÚBLICO

Art. 1º Podem qualificar-se como Organizações da Sociedade Civil de Interesse Público as pessoas jurídicas de direito privado, sem fins lucrativos, desde que os respectivos objetivos sociais e normas estatutárias atendam aos requisitos instituídos por esta Lei.

§ 1º Para os efeitos desta Lei, considera-se sem fins lucrativos a pessoa jurídica de direito privado que não distribui, entre os seus sócios ou associados, conselheiros, diretores, empregados ou doadores, eventuais excedentes operacionais, brutos ou líquidos, dividendos, bonificações, participações ou parcelas do seu patrimônio, auferidos mediante o exercício de suas atividades, e que os aplica integralmente na consecução do respectivo objeto social.

§ 2º A outorga da qualificação prevista neste artigo é ato vinculado ao cumprimento dos requisitos instituídos por esta Lei.

Art. 2º Não são passíveis de qualificação como Organizações da Sociedade Civil de Interesse Público, ainda que se dediquem de qualquer forma às atividades descritas no art. 3º desta Lei:

I – as sociedades comerciais;
II – os sindicatos, as associações de classe ou de representação de categoria profissional;
III – as instituições religiosas ou voltadas para a disseminação de credos, cultos, práticas e visões devocionais e confessionais;
IV – as organizações partidárias e assemelhadas, inclusive suas fundações;
V – as entidades de benefício mútuo destinadas a proporcionar bens ou serviços a um círculo restrito de associados ou sócios;
VI – as entidades e empresas que comercializam planos de saúde e assemelhados;
VII – as instituições hospitalares privadas não gratuitas e suas mantenedoras;
VIII – as escolas privadas dedicadas ao ensino formal não gratuito e suas mantenedoras;
IX – as organizações sociais;
X – as cooperativas;
XI – as fundações públicas;
XII – as fundações, sociedades civis ou associações de direito privado criadas por órgão público ou por fundações públicas;
XIII – as organizações creditícias que tenham quaisquer tipo de vinculação com o sistema financeiro nacional a que se refere o art. 192 da Constituição Federal.

Art. 3º A qualificação instituída por esta Lei, observado em qualquer caso, o princípio da universalização dos serviços, no respectivo âmbito de atuação das Organizações, somente será conferida às pessoas jurídicas de direito privado, sem fins lucrativos, cujos objetivos sociais tenham pelo menos uma das seguintes finalidades:

▶ Art. 4º desta Lei.

I – promoção da assistência social;
II – promoção da cultura, defesa e conservação do patrimônio histórico e artístico;
III – promoção gratuita da educação, observando-se a forma complementar de participação das organizações de que trata esta Lei;
IV – promoção gratuita da saúde, observando-se a forma complementar de participação das organizações de que trata esta Lei;
V – promoção da segurança alimentar e nutricional;
VI – defesa, preservação e conservação do meio ambiente e promoção do desenvolvimento sustentável;
VII – promoção do voluntariado;
VIII – promoção do desenvolvimento econômico e social e combate à pobreza;
IX – experimentação, não lucrativa, de novos modelos sócio-produtivos e de sistemas alternativos de produção, comércio, emprego e crédito;
X – promoção de direitos estabelecidos, construção de novos direitos e assessoria jurídica gratuita de interesse suplementar;
XI – promoção da ética, da paz, da cidadania, dos direitos humanos, da democracia e de outros valores universais;
XII – estudos e pesquisas, desenvolvimento de tecnologias alternativas, produção e divulgação de informações e conhecimentos técnicos e científicos que digam respeito às atividades mencionadas neste artigo.

Parágrafo único. Para os fins deste artigo, a dedicação às atividades nele previstas configura-se mediante a execução direta de projetos, programas, planos de ações correlatas, por meio da doação de recursos físicos, humanos e financeiros, ou ainda pela prestação de serviços intermediários de apoio a outras organizações sem fins lucrativos e a órgãos do setor público que atuem em áreas afins.

Art. 4º Atendido o disposto no artigo 3º, exige-se ainda, para qualificarem-se como Organizações da Sociedade Civil de Interesse Público, que as pessoas jurídicas interessadas sejam regidas por estatutos cujas normas expressamente disponham sobre:

I – a observância dos princípios da legalidade, impessoalidade, moralidade, publicidade, economicidade e da eficiência;
II – a adoção de práticas de gestão administrativa, necessárias e suficientes a coibir a obtenção, de forma individual ou coletiva, de benefícios ou vantagens

pessoais, em decorrência da participação no respectivo processo decisório;

III – a constituição de conselho fiscal ou órgão equivalente, dotado de competência para opinar sobre os relatórios de desempenho financeiro e contábil, e sobre as operações patrimoniais realizadas, emitindo pareceres para os organismos superiores da entidade;

IV – a previsão de que, em caso de dissolução da entidade, o respectivo patrimônio líquido será transferido a outra pessoa jurídica qualificada nos termos desta Lei, preferencialmente que tenha o mesmo objeto social da extinta;

V – a previsão de que, na hipótese de a pessoa jurídica perder a qualificação instituída por esta Lei, o respectivo acervo patrimonial disponível, adquirido com recursos públicos durante o período em que perdurou aquela qualificação, será transferido a outra pessoa jurídica qualificada nos termos desta Lei, preferencialmente que tenha o mesmo objeto social;

VI – a possibilidade de se instituir remuneração para os dirigentes da entidade que atuem efetivamente na gestão executiva e para aqueles que a ela prestam serviços específicos, respeitados, em ambos os casos, os valores praticados pelo mercado, na região correspondente a sua área de atuação;

VII – as normas de prestação de contas a serem observadas pela entidade, que determinarão, no mínimo:

a) a observância dos princípios fundamentais de contabilidade e das Normas Brasileiras de Contabilidade;

b) que se dê publicidade por qualquer meio eficaz, no encerramento do exercício fiscal, ao relatório de atividades e das demonstrações financeiras da entidade, incluindo-se as certidões negativas de débitos junto ao INSS e ao FGTS, colocando-os à disposição para exame de qualquer cidadão;

c) a realização de auditoria, inclusive por auditores externos independentes se for o caso, da aplicação dos eventuais recursos objeto do termo de parceria conforme previsto em regulamento;

d) a prestação de contas de todos os recursos e bens de origem pública recebidos pelas Organizações da Sociedade Civil de Interesse Público será feita conforme determina o parágrafo único do artigo 70 da Constituição Federal.

Parágrafo único. É permitida a participação de servidores públicos na composição de diretoria ou conselho de Organização da Sociedade Civil de Interesse Público, vedada a percepção de remuneração ou subsídio, a qualquer título.

▶ Parágrafo único com a redação dada pela Lei nº 10.539, de 23-9-2002.

Art. 5º Cumpridos os requisitos dos artigos 3º e 4º desta Lei, a pessoa jurídica de direito privado sem fins lucrativos, interessada em obter a qualificação instituída por esta Lei, deverá formular requerimento escrito ao Ministério da Justiça, instruído com cópias autenticadas dos seguintes documentos:

I – estatuto registrado em cartório;
II – ata de eleição de sua atual diretoria;
III – balanço patrimonial e demonstração do resultado do exercício;
IV – declaração de isenção do imposto de renda;
V – inscrição no Cadastro Geral de Contribuintes.

Art. 6º Recebido o requerimento previsto no artigo anterior, o Ministério da Justiça decidirá, no prazo de trinta dias, deferindo ou não o pedido.

§ 1º No caso de deferimento, o Ministério da Justiça emitirá, no prazo de quinze dias da decisão, certificado de qualificação da requerente como Organização da Sociedade Civil de Interesse Público.

§ 2º Indeferido o pedido, o Ministério da Justiça, no prazo do § 1º dará ciência da decisão, mediante publicação no *Diário Oficial*.

§ 3º O pedido de qualificação somente será indeferido quando:

I – a requerente enquadrar-se nas hipóteses previstas no artigo 2º desta Lei;

II – a requerente não atender aos requisitos descritos nos artigos 3º e 4º desta Lei;

III – a documentação apresentada estiver incompleta.

Art. 7º Perde-se a qualificação de Organização da Sociedade Civil de Interesse Público, a pedido ou mediante decisão proferida em processo administrativo ou judicial, de iniciativa popular ou do Ministério Público, no qual serão assegurados, ampla defesa e o devido contraditório.

Art. 8º Vedado o anonimato, e desde que amparado por fundadas evidências de erro ou fraude, qualquer cidadão, respeitadas as prerrogativas do Ministério Público, é parte legítima para requerer, judicial ou administrativamente, a perda da qualificação instituída por esta Lei.

Capítulo II

DO TERMO DE PARCERIA

Art. 9º Fica instituído o Termo de Parceria, assim considerado o instrumento passível de ser firmado entre o Poder Público e as entidades qualificadas como Organizações da Sociedade Civil de Interesse Público destinado à formação de vínculo de cooperação entre as partes, para o fomento e a execução das atividades de interesse público previstas no artigo 3º desta Lei.

▶ Art. 2º, parágrafo único, da Lei nº 8.666, de 21-6-1993 (Lei de Licitações e Contratos Administrativos).

▶ Art. 1º, § 5º, do Dec. nº 5.504, de 5-8-2005, que estabelece a exigência de utilização do pregão, preferencialmente na forma eletrônica, para entes públicos ou privados, nas contratações de bens e serviços comuns, realizadas em decorrência de transferências voluntárias de recursos públicos da União, decorrentes de convênios ou instrumentos congêneres, ou consórcios públicos.

Art. 10. O Termo de Parceria firmado de comum acordo entre o Poder Público e as Organizações da Sociedade Civil de Interesse Público discriminará direitos, responsabilidades e obrigações das partes signatárias.

§ 1º A celebração do Termo de Parceria será precedida de consulta aos Conselhos de Políticas Públicas das áreas correspondentes de atuação existentes, nos respectivos níveis de governo.

§ 2º São cláusulas essenciais do Termo de Parceria:

I – a do objeto, que conterá a especificação do programa de trabalho proposto pela Organização da Sociedade Civil de Interesse Público;

II – a de estipulação das metas e dos resultados a serem atingidos e os respectivos prazos de execução ou cronograma;
III – a de previsão expressa dos critérios objetivos de avaliação de desempenho a serem utilizados, mediante indicadores de resultado;
IV – a de previsão de receitas e despesas a serem realizadas em seu cumprimento, estipulando item por item as categorias contábeis usadas pela organização e o detalhamento das remunerações e benefícios de pessoal a serem pagos, com recursos oriundos ou vinculados ao Termo de Parceria, a seus diretores, empregados e consultores;
V – a que estabelece as obrigações da Sociedade Civil de Interesse Público, entre as quais a de apresentar ao Poder Público, ao término de cada exercício, relatório sobre a execução do objeto do Termo de Parceria, contendo comparativo específico das metas propostas com os resultados alcançados, acompanhado de prestação de contas dos gastos e receitas efetivamente realizados, independente das previsões mencionadas no inciso IV;
VI – a de publicação, na imprensa oficial do Município, do Estado ou da União, conforme o alcance das atividades celebradas entre o órgão parceiro e a Organização da Sociedade Civil de Interesse Público, de extrato do Termo de Parceria e de demonstrativo da sua execução física e financeira, conforme modelo simplificado estabelecido no regulamento desta Lei, contendo os dados principais da documentação obrigatória do inciso V, sob pena de não liberação dos recursos previstos no Termo de Parceria.

Art. 11. A execução do objeto do Termo de Parceria será acompanhada e fiscalizada por órgão do Poder Público da área de atuação correspondente à atividade fomentada, e pelos Conselhos de Políticas Públicas das áreas correspondentes de atuação existentes, em cada nível de governo.

§ 1º Os resultados atingidos com a execução do Termo de Parceria devem ser analisados por comissão de avaliação, composta de comum acordo entre o órgão parceiro e a Organização da Sociedade Civil de Interesse Público.

§ 2º A comissão encaminhará à autoridade competente relatório conclusivo sobre a avaliação procedida.

§ 3º Os Termos de Parceria destinados ao fomento de atividades nas áreas de que trata esta Lei estarão sujeitos aos mecanismos de controle social previstos na legislação.

Art. 12. Os responsáveis pela fiscalização do Termo de Parceria, ao tomarem conhecimento de qualquer irregularidade ou ilegalidade na utilização de recursos ou bens de origem pública pela organização parceira, darão imediata ciência ao Tribunal de Contas respectivo e ao Ministério Público, sob pena de responsabilidade solidária.

Art. 13. Sem prejuízo da medida a que se refere o artigo 12 desta Lei, havendo indícios fundados de malversação de bens ou recursos de origem pública, os responsáveis pela fiscalização representarão ao Ministério Público, à Advocacia-Geral da União, para que requeiram ao juízo competente a decretação da indisponibilidade dos bens da entidade e o sequestro dos bens dos seus dirigentes, bem como de agente público ou terceiro, que possam ter enriquecido ilicitamente ou causado dano ao patrimônio público, além de outras medidas consubstanciadas na Lei nº 8.429, de 2 de junho de 1992, e na Lei Complementar nº 64, de 18 de maio de 1990.

► LC nº 64, de 18-5-1990 (Lei dos Casos de Inelegibilidade).
► Lei nº 8.429, de 2-6-1992 (Lei da Improbidade Administrativa).

§ 1º O pedido de sequestro será processado de acordo com o disposto nos artigos 822 e 825 do Código de Processo Civil.

§ 2º Quando for o caso, o pedido incluirá a investigação, o exame e o bloqueio de bens, contas bancárias e aplicações mantidas pelo demandado no País e no exterior, nos termos da lei e dos tratados internacionais.

§ 3º Até o término da ação, o Poder Público permanecerá como depositário e gestor dos bens e valores sequestrados ou indisponíveis e velará pela continuidade das atividades sociais da organização parceira.

Art. 14. A organização parceira fará publicar, no prazo máximo de trinta dias, contado da assinatura do Termo de Parceria, regulamento próprio contendo os procedimentos que adotará para a contratação de obras e serviços, bem como para compras com emprego de recursos provenientes do Poder Público, observados os princípios estabelecidos no inciso I do artigo 4º desta Lei.

Art. 15. Caso a organização adquira bem imóvel com recursos provenientes da celebração do Termo de Parceria, este será gravado com cláusula de inalienabilidade.

CAPÍTULO III
DAS DISPOSIÇÕES FINAIS E TRANSITÓRIAS

Art. 16. É vedada às entidades qualificadas como Organizações da Sociedade Civil de Interesse Público a participação em campanhas de interesse político-partidário ou eleitorais, sob quaisquer meios ou formas.

Art. 17. O Ministério da Justiça permitirá, mediante requerimento dos interessados, livre acesso público a todas as informações pertinentes às Organizações da Sociedade Civil de Interesse Público.

Art. 18. As pessoas jurídicas de direito privado sem fins lucrativos, qualificadas com base em outros diplomas legais, poderão qualificar-se como Organizações da Sociedade Civil de Interesse Público, desde que atendidos aos requisitos para tanto exigidos, sendo-lhes assegurada a manutenção simultânea dessas qualificações, até cinco anos contados da data de vigência desta Lei.

► *Caput* com a redação dada pela MP nº 2.216-37, de 31-8-2001, que até o encerramento desta edição não havia sido convertida em Lei.

§ 1º Findo o prazo de cinco anos, a pessoa jurídica interessada em manter a qualificação prevista nesta Lei deverá por ela optar, fato que implicará a renúncia automática de suas qualificações anteriores.

► § 1º com a redação dada pela MP nº 2.216-37, de 31-8-2001, que até o encerramento desta edição não havia sido convertida em Lei.

§ 2º Caso não seja feita a opção prevista no parágrafo anterior, a pessoa jurídica perderá automaticamente a qualificação obtida nos termos desta Lei.

Art. 19. O Poder Executivo regulamentará esta Lei no prazo de trinta dias.

Art. 20. Esta Lei entra em vigor na data de sua publicação.

Brasília, 23 de março de 1999;
178º da Independência e
111º da República.

Fernando Henrique Cardoso

LEI Nº 9.791, DE 24 DE MARÇO DE 1999

Dispõe sobre a obrigatoriedade de as concessionárias de serviços públicos estabelecerem ao consumidor e ao usuário datas opcionais para o vencimento de seus débitos.

▶ Publicada no *DOU* de 25-3-1999.

Art. 1º Esta Lei dispõe sobre a obrigatoriedade de as concessionárias de serviços públicos estabelecerem ao consumidor e ao usuário datas opcionais para o vencimento de seus débitos.

Art. 2º O Capítulo III da Lei nº 8.987, de 13 de fevereiro de 1995 (Lei de Concessões), passa a vigorar acrescido do seguinte artigo:

▶ Alterações inseridas no texto da referida lei.

Art. 3º VETADO.

Brasília, 24 de março de 1999;
178º da Independência e
111º da República

Fernando Henrique Cardoso

LEI Nº 9.801, DE 14 DE JUNHO DE 1999

Dispõe sobre as normas gerais para perda de cargo público por excesso de despesa e dá outras providências.

▶ Publicada no *DOU* de 15-6-1999.

Art. 1º Esta Lei regula a exoneração de servidor público estável com fundamento no § 4º e seguintes do art. 169 da Constituição Federal.

Art. 2º A exoneração a que alude o art. 1º será precedida de ato normativo motivado dos Chefes de cada um dos Poderes da União, dos Estados, dos Municípios e do Distrito Federal.

§ 1º O ato normativo deverá especificar:

I – a economia de recursos e o número correspondente de servidores a serem exonerados;
II – a atividade funcional e o órgão ou a unidade administrativa objeto de redução de pessoal;
III – o critério geral impessoal escolhido para a identificação dos servidores estáveis a serem desligados dos respectivos cargos;
IV – os critérios e as garantias especiais escolhidos para identificação dos servidores estáveis que, em decorrência das atribuições do cargo efetivo, desenvolvam atividades exclusivas de Estado;
V – o prazo de pagamento da indenização devida pela perda do cargo;
VI – os créditos orçamentários para o pagamento das indenizações.

§ 2º O critério geral para identificação impessoal a que se refere o inciso III do § 1º será escolhido entre:

I – menor tempo de serviço público;
II – maior remuneração;
III – menor idade.

§ 3º O critério geral eleito poderá ser combinado com o critério complementar do menor número de dependentes para fins de formação de uma listagem de classificação.

Art. 3º A exoneração de servidor estável que desenvolva atividade exclusiva de Estado, assim definida em lei, observará as seguintes condições:

I – somente será admitida quando a exoneração de servidores dos demais cargos do órgão ou da unidade administrativa objeto da redução de pessoal tenha alcançado, pelo menos, trinta por cento do total desses cargos;
II – cada ato reduzirá em no máximo trinta por cento o número de servidores que desenvolvam atividades exclusivas de Estado.

Art. 4º Os cargos vagos em decorrência da dispensa de servidores estáveis de que trata esta Lei serão declarados extintos, sendo vedada a criação de cargo, emprego ou função com atribuições iguais ou assemelhadas pelo prazo de quatro anos.

Art. 5º Esta Lei entra vigor no prazo de noventa dias a partir da data de sua publicação.

Brasília, 14 de junho de 1999;
178º da Independência e
111º da República.

Fernando Henrique Cardoso

LEI Nº 9.868, DE 10 DE NOVEMBRO DE 1999

Dispõe sobre o processo e julgamento da ação direta de inconstitucionalidade e da ação declaratória de constitucionalidade perante o Supremo Tribunal Federal.

▶ Publicada no *DOU* de 11-11-1999.
▶ Dec. nº 2.346, de 10-10-1997, consolida normas de procedimentos a serem observadas pela Administração Pública Federal em razão de decisões judiciais e regulamenta os dispositivos legais que menciona.

CAPÍTULO I

DA AÇÃO DIRETA DE INCONSTITUCIONALIDADE E DA AÇÃO DECLARATÓRIA DE CONSTITUCIONALIDADE

Art. 1º Esta Lei dispõe sobre o processo e julgamento da ação direta de inconstitucionalidade e da ação declaratória de constitucionalidade perante o Supremo Tribunal Federal.

▶ Art. 5º, VIII e IX, do RISTF.

CAPÍTULO II

DA AÇÃO DIRETA DE INCONSTITUCIONALIDADE

Seção I

DA ADMISSIBILIDADE E DO PROCEDIMENTO DA AÇÃO DIRETA DE INCONSTITUCIONALIDADE

Art. 2º Podem propor a ação direta de inconstitucionalidade:

▶ Art. 103 da CF.
▶ Art. 12-A desta Lei.

I – o Presidente da República;
II – a Mesa do Senado Federal;
III – a Mesa da Câmara dos Deputados;
IV – a Mesa de Assembleia Legislativa ou a Mesa da Câmara Legislativa do Distrito Federal;
V – o Governador de Estado ou o Governador do Distrito Federal;
VI – o Procurador-Geral da República;

▶ Art. 169, caput e § 1º, do RISTF.

VII – o Conselho Federal da Ordem dos Advogados do Brasil;
VIII – partido político com representação no Congresso Nacional;
IX – confederação sindical ou entidade de classe de âmbito nacional.

Parágrafo único. VETADO.

Art. 3º A petição indicará:

I – o dispositivo da lei ou do ato normativo impugnado e os fundamentos jurídicos do pedido em relação a cada uma das impugnações;
II – o pedido, com suas especificações.

Parágrafo único. A petição inicial, acompanhada de instrumento de procuração, quando subscrita por advogado, será apresentada em duas vias, devendo conter cópias da lei ou do ato normativo impugnado e dos documentos necessários para comprovar a impugnação.

Art. 4º A petição inicial inepta, não fundamentada e a manifestamente improcedente serão liminarmente indeferidas pelo relator.

Parágrafo único. Cabe agravo da decisão que indeferir a petição inicial.

Art. 5º Proposta a ação direta, não se admitirá desistência.

▶ Art. 169, § 1º, do RISTF.

Parágrafo único. VETADO.

Art. 6º O relator pedirá informações aos órgãos ou às autoridades das quais emanou a lei ou o ato normativo impugnado.

▶ Art. 170 do RISTF.

Parágrafo único. As informações serão prestadas no prazo de trinta dias contado do recebimento do pedido.

▶ Art. 170, § 2º, do RISTF.

Art. 7º Não se admitirá intervenção de terceiros no processo de ação direta de inconstitucionalidade.

§ 1º VETADO.

§ 2º O relator, considerando a relevância da matéria e a representatividade dos postulantes, poderá, por despacho irrecorrível, admitir, observado o prazo fixado no parágrafo anterior, a manifestação de outros órgãos ou entidades.

Art. 8º Decorrido o prazo das informações, serão ouvidos, sucessivamente, o Advogado-Geral da União e o Procurador-Geral da República, que deverão manifestar-se, cada qual, no prazo de quinze dias.

▶ Art. 171 do RISTF.

Art. 9º Vencidos os prazos do artigo anterior, o relator lançará o relatório, com cópia a todos os Ministros, e pedirá dia para julgamento.

§ 1º Em caso de necessidade de esclarecimento de matéria ou circunstância de fato ou de notória insuficiência das informações existentes nos autos, poderá o relator requisitar informações adicionais, designar perito ou comissão de peritos para que emita parecer sobre a questão, ou fixar data para, em audiência pública, ouvir depoimentos de pessoas com experiência e autoridade na matéria.

§ 2º O relator poderá, ainda, solicitar informações aos Tribunais Superiores, aos Tribunais federais e aos Tribunais estaduais acerca da aplicação da norma impugnada no âmbito de sua jurisdição.

§ 3º As informações, perícias e audiências a que se referem os parágrafos anteriores serão realizadas no prazo de trinta dias, contado da solicitação do relator.

Seção II

DA MEDIDA CAUTELAR EM AÇÃO DIRETA DE INCONSTITUCIONALIDADE

▶ Art. 102, I, p, da CF.

Art. 10. Salvo no período de recesso, a medida cautelar na ação direta será concedida por decisão da maioria absoluta dos membros do Tribunal, observado o disposto no artigo 22, após a audiência dos órgãos ou autoridades dos quais emanou a lei ou ato normativo impugnado, que deverão pronunciar-se no prazo de cinco dias.

▶ Art. 170, § 1º, do RISTF.

§ 1º O relator, julgando indispensável, ouvirá o Advogado-Geral da União e o Procurador-Geral da República, no prazo de três dias.

§ 2º No julgamento do pedido de medida cautelar, será facultada sustentação oral aos representantes judiciais do requerente e das autoridades ou órgãos responsáveis pela expedição do ato, na forma estabelecida no Regimento do Tribunal.

§ 3º Em caso de excepcional urgência, o Tribunal poderá deferir a medida cautelar sem a audiência dos órgãos ou das autoridades das quais emanou a lei ou o ato normativo impugnado.

▶ Art. 170, caput e § 2º, do RISTF.

Art. 11. Concedida a medida cautelar, o Supremo Tribunal Federal fará publicar em seção especial do *Diário Oficial da União* e do *Diário da Justiça da União* a parte dispositiva da decisão, no prazo de dez dias, devendo solicitar as informações à autoridade da qual tiver emanado o ato, observando-se, no que couber, o procedimento estabelecido na Seção I deste Capítulo.

§ 1º A medida cautelar, dotada de eficácia contra todos, será concedida com efeito *ex nunc*, salvo se o Tribunal entender que deva conceder-lhe eficácia retroativa.

§ 2º A concessão da medida cautelar torna aplicável a legislação anterior acaso existente, salvo expressa manifestação em sentido contrário.

Art. 12. Havendo pedido de medida cautelar, o relator, em face da relevância da matéria e de seu especial significado para a ordem social e a segurança jurídica, poderá, após a prestação das informações, no prazo de dez dias, e a manifestação do Advogado-Geral da União e do Procurador-Geral da República, sucessivamente, no prazo de cinco dias, submeter o processo diretamente ao Tribunal, que terá a faculdade de julgar definitivamente a ação.

CAPÍTULO II-A
DA AÇÃO DIRETA DE INCONSTITUCIONALIDADE POR OMISSÃO

► Capítulo II-A acrescido pela Lei nº 12.063, de 27-10-2009.

SEÇÃO I
DA ADMISSIBILIDADE E DO PROCEDIMENTO DA AÇÃO DIRETA DE INCONSTITUCIONALIDADE POR OMISSÃO

Art. 12-A. Podem propor a ação direta de inconstitucionalidade por omissão os legitimados à propositura da ação direta de inconstitucionalidade e da ação declaratória de constitucionalidade.

► Art. 103 da CF.
► Arts. 2º e 13 desta Lei.

Art. 12-B. A petição indicará:

I – a omissão inconstitucional total ou parcial quanto ao cumprimento de dever constitucional de legislar ou quanto à adoção de providência de índole administrativa;

II – o pedido, com suas especificações.

Parágrafo único. A petição inicial, acompanhada de instrumento de procuração, se for o caso, será apresentada em 2 (duas) vias, devendo conter cópias dos documentos necessários para comprovar a alegação de omissão.

Art. 12-C. A petição inicial inepta, não fundamentada, e a manifestamente improcedente serão liminarmente indeferidas pelo relator.

Parágrafo único. Cabe agravo da decisão que indeferir a petição inicial.

Art. 12-D. Proposta a ação direta de inconstitucionalidade por omissão, não se admitirá desistência.

Art. 12-E. Aplicam-se ao procedimento da ação direta de inconstitucionalidade por omissão, no que couber, as disposições constantes da Seção I do Capítulo II desta Lei.

§ 1º Os demais titulares referidos no art. 2º desta Lei poderão manifestar-se, por escrito, sobre o objeto da ação e pedir a juntada de documentos reputados úteis para o exame da matéria, no prazo das informações, bem como apresentar memoriais.

§ 2º O relator poderá solicitar a manifestação do Advogado-Geral da União, que deverá ser encaminhada no prazo de 15 (quinze) dias.

§ 3º O Procurador-Geral da República, nas ações em que não for autor, terá vista do processo, por 15 (quinze) dias, após o decurso do prazo para informações.

► Arts. 12-A a 12-E acrescidos pela Lei nº 12.063, de 27-10-2009.

SEÇÃO II
DA MEDIDA CAUTELAR EM AÇÃO DIRETA DE INCONSTITUCIONALIDADE POR OMISSÃO

Art. 12-F. Em caso de excepcional urgência e relevância da matéria, o Tribunal, por decisão da maioria absoluta de seus membros, observado o disposto no art. 22, poderá conceder medida cautelar, após a audiência dos órgãos ou autoridades responsáveis pela omissão inconstitucional, que deverão pronunciar-se no prazo de 5 (cinco) dias.

§ 1º A medida cautelar poderá consistir na suspensão da aplicação da lei ou do ato normativo questionado, no caso de omissão parcial, bem como na suspensão de processos judiciais ou de procedimentos administrativos, ou ainda em outra providência a ser fixada pelo Tribunal.

§ 2º O relator, julgando indispensável, ouvirá o Procurador-Geral da República, no prazo de 3 (três) dias.

§ 3º No julgamento do pedido de medida cautelar, será facultada sustentação oral aos representantes judiciais do requerente e das autoridades ou órgãos responsáveis pela omissão inconstitucional, na forma estabelecida no Regimento do Tribunal.

Art. 12-G. Concedida a medida cautelar, o Supremo Tribunal Federal fará publicar, em seção especial do *Diário Oficial da União* e do *Diário da Justiça da União*, a parte dispositiva da decisão no prazo de 10 (dez) dias, devendo solicitar as informações à autoridade ou ao órgão responsável pela omissão inconstitucional, observando-se, no que couber, o procedimento estabelecido na Seção I do Capítulo II desta Lei.

► Arts. 12-F e 12-G acrescidos pela Lei nº 12.063, de 27-10-2009.

SEÇÃO III
DA DECISÃO NA AÇÃO DIRETA DE INCONSTITUCIONALIDADE POR OMISSÃO

Art. 12-H. Declarada a inconstitucionalidade por omissão, com observância do disposto no art. 22, será dada ciência ao Poder competente para a adoção das providências necessárias.

► Art. 103, § 2º, da CF.

§ 1º Em caso de omissão imputável a órgão administrativo, as providências deverão ser adotadas no prazo de 30 (trinta) dias, ou em prazo razoável a ser estipulado excepcionalmente pelo Tribunal, tendo em vista as circunstâncias específicas do caso e o interesse público envolvido.

§ 2º Aplica-se à decisão da ação direta de inconstitucionalidade por omissão, no que couber, o disposto no Capítulo IV desta Lei.

▶ Art. 12-H acrescido pela Lei nº 12.063, de 27-10-2009.

CAPÍTULO III
DA AÇÃO DECLARATÓRIA DE CONSTITUCIONALIDADE

Seção I

DA ADMISSIBILIDADE E DO PROCEDIMENTO DA AÇÃO DECLARATÓRIA DE CONSTITUCIONALIDADE

Art. 13. Podem propor a ação declaratória de constitucionalidade de lei ou ato normativo federal:

▶ Art. 103 da CF.
▶ Art. 12-A desta Lei.

I – o Presidente da República;
II – a Mesa da Câmara dos Deputados;
III – a Mesa do Senado Federal;
IV – o Procurador-Geral da República.

Art. 14. A petição inicial indicará:

I – o dispositivo da lei ou do ato normativo questionado e os fundamentos jurídicos do pedido;
II – o pedido, com suas especificações;
III – a existência de controvérsia judicial relevante sobre a aplicação da disposição objeto da ação declaratória.

Parágrafo único. A petição inicial, acompanhada de instrumento de procuração, quando subscrita por advogado, será apresentada em duas vias, devendo conter cópias do ato normativo questionado e dos documentos necessários para comprovar a procedência do pedido de declaração de constitucionalidade.

Art. 15. A petição inicial inepta, não fundamentada e a manifestamente improcedente serão liminarmente indeferidas pelo relator.

Parágrafo único. Cabe agravo da decisão que indeferir a petição inicial.

Art. 16. Proposta a ação declaratória, não se admitirá desistência.

▶ Art. 169, § 1º, do RISTF.

Art. 17. VETADO.

Art. 18. Não se admitirá intervenção de terceiros no processo de ação declaratória de constitucionalidade.

§§ 1º e 2º VETADOS.

Art. 19. Decorrido o prazo do artigo anterior, será aberta vista ao Procurador-Geral da República, que deverá pronunciar-se no prazo de quinze dias.

▶ Art. 171 do RISTF.

Art. 20. Vencido o prazo do artigo anterior, o relator lançará o relatório, com cópia a todos os Ministros, e pedirá dia para julgamento.

▶ Art. 172 do RISTF.

§ 1º Em caso de necessidade de esclarecimento de matéria ou circunstância de fato ou de notória insuficiência das informações existentes nos autos, poderá o relator requisitar informações adicionais, designar perito ou comissão de peritos para que emita parecer sobre a questão ou fixar data para, em audiência pública, ouvir depoimentos de pessoas com experiência e autoridade na matéria.

§ 2º O relator poderá solicitar, ainda, informações aos Tribunais Superiores, aos Tribunais federais e aos Tribunais estaduais acerca da aplicação da norma questionada no âmbito da sua jurisdição.

§ 3º As informações, perícias e audiências a que se referem os parágrafos anteriores serão realizadas no prazo de trinta dias, contado da solicitação do relator.

Seção II

DA MEDIDA CAUTELAR EM AÇÃO DECLARATÓRIA DE CONSTITUCIONALIDADE

Art. 21. O Supremo Tribunal Federal, por decisão da maioria absoluta de seus membros, poderá deferir pedido de medida cautelar na ação declaratória de constitucionalidade, consistente na determinação de que os juízes e os Tribunais suspendam o julgamento dos processos que envolvam a aplicação da lei ou do ato normativo objeto da ação até seu julgamento definitivo.

Parágrafo único. Concedida a medida cautelar, o Supremo Tribunal Federal fará publicar em seção especial do *Diário Oficial da União* a parte dispositiva da decisão, no prazo de dez dias, devendo o Tribunal proceder ao julgamento da ação no prazo de cento e oitenta dias, sob pena de perda de sua eficácia.

CAPÍTULO IV
DA DECISÃO NA AÇÃO DIRETA DE INCONSTITUCIONALIDADE E NA AÇÃO DECLARATÓRIA DE CONSTITUCIONALIDADE

Art. 22. A decisão sobre a constitucionalidade ou a inconstitucionalidade da lei ou do ato normativo somente será tomada se presentes na sessão pelo menos oito Ministros.

▶ Art. 97 da CF.
▶ Arts. 12-F e 12-H desta Lei.
▶ Art. 173, *caput*, do RISTF.

Art. 23. Efetuado o julgamento, proclamar-se-á a constitucionalidade ou a inconstitucionalidade da disposição ou da norma impugnada se num ou noutro sentido se tiverem manifestado pelo menos seis Ministros, quer se trate de ação direta de inconstitucionalidade ou de ação declaratória de constitucionalidade.

▶ Art. 173, parágrafo único, do RISTF.

Parágrafo único. Se não for alcançada a maioria necessária à declaração de constitucionalidade ou de inconstitucionalidade, estando ausentes Ministros em número que possa influir no julgamento, este será suspenso a fim de aguardar-se o comparecimento dos Ministros ausentes, até que se atinja o número necessário para prolação da decisão num ou noutro sentido.

Art. 24. Proclamada a constitucionalidade, julgar-se-á improcedente a ação direta ou procedente eventual ação declaratória; e, proclamada a inconstitucionalidade, julgar-se-á procedente a ação direta ou improcedente eventual ação declaratória.

▶ Art. 174 do RISTF.

Art. 25. Julgada a ação, far-se-á a comunicação à autoridade ou ao órgão responsável pela expedição do ato.

Art. 26. A decisão que declara a constitucionalidade ou a inconstitucionalidade da lei ou do ato normativo em ação direta ou em ação declaratória é irrecorrível, ressalvada a interposição de embargos declaratórios, não podendo, igualmente, ser objeto de ação rescisória.

Art. 27. Ao declarar a inconstitucionalidade de lei ou ato normativo, e tendo em vista razões de segurança jurídica ou de excepcional interesse social, poderá o Supremo Tribunal Federal, por maioria de dois terços de seus membros, restringir os efeitos daquela declaração ou decidir que ela só tenha eficácia a partir de seu trânsito em julgado ou de outro momento que venha a ser fixado.

Art. 28. Dentro do prazo de dez dias após o trânsito em julgado da decisão, o Supremo Tribunal Federal fará publicar em seção especial do *Diário da Justiça* e do *Diário Oficial da União* a parte dispositiva do acórdão.

Parágrafo único. A declaração de constitucionalidade ou de inconstitucionalidade, inclusive a interpretação conforme a Constituição e a declaração parcial de inconstitucionalidade sem redução de texto, têm eficácia contra todos e efeito vinculante em relação aos órgãos do Poder Judiciário e à Administração Pública federal, estadual e municipal.

▶ Art. 102 da CF.

CAPÍTULO V
DAS DISPOSIÇÕES GERAIS E FINAIS

Art. 29. O artigo 482 do Código de Processo Civil fica acrescido dos seguintes parágrafos:

"Art. 482..

§ 1º O Ministério Público e as pessoas jurídicas de direito público responsáveis pela edição do ato questionado, se assim o requererem, poderão manifestar-se no incidente de inconstitucionalidade, observados os prazos e condições fixados no Regimento Interno do Tribunal.

§ 2º Os titulares do direito de pro-positura referidos no artigo 103 da Constituição poderão manifestar-se, por escrito, sobre a questão constitucional objeto de apreciação pelo órgão especial ou pelo Pleno do Tribunal, no prazo fixado em Regimento, sendo-lhes assegurado o direito de apresentar memoriais ou de pedir a juntada de documentos.

§ 3º O relator, considerando a relevância da matéria e a representatividade dos postulantes, poderá admitir, por despacho irrecorrível, a manifestação de outros órgãos ou entidades."

Art. 30. O artigo 8º da Lei nº 8.185, de 14 de maio de 1991, passa a vigorar acrescido dos seguintes dispositivos:

▶ A Lei nº 8.185, de 14-5-1991, foi revogada pela Lei nº 11.697, de 13-6-2008.

Art. 31. Esta Lei entra em vigor na data de sua publicação.

Brasília, 10 de novembro de 1999;
178º da Independência e
111º da República.

Fernando Henrique Cardoso

LEI Nº 9.873,
DE 23 DE NOVEMBRO DE 1999

Estabelece prazo de prescrição para o exercício de ação punitiva pela Administração Pública Federal, direta e indireta, e dá outras providências.

▶ Publicada no *DOU* de 24-11-1999, Edição Extra.
▶ Dec.-lei nº 4.597, de 19-8-1942, dispõe sobre a prescrição das ações contra a Fazenda Pública.
▶ Dec. nº 20.910, de 6-1-1932, regula a prescrição quinquenal.

Art. 1º Prescreve em cinco anos a ação punitiva da Administração Pública Federal, direta e indireta, no exercício do poder de polícia, objetivando apurar infração à legislação em vigor, contados da data da prática do ato ou, no caso de infração permanente ou continuada, do dia em que tiver cessado.

§ 1º Incide a prescrição no procedimento administrativo paralisado por mais de três anos, pendente de julgamento ou despacho, cujos autos serão arquivados de ofício ou mediante requerimento da parte interessada, sem prejuízo da apuração da responsabilidade funcional decorrente da paralisação, se for o caso.

§ 2º Quando o fato objeto da ação punitiva da Administração também constituir crime, a prescrição reger-se-á pelo prazo previsto na lei penal.

▶ Arts. 109 a 119 do CP.

Art. 1º-A. Constituído definitivamente o crédito não tributário, após o término regular do processo administrativo, prescreve em 5 (cinco) anos a ação de execução da administração pública federal relativa a crédito decorrente da aplicação de multa por infração à legislação em vigor.

▶ Artigo acrescido pela Lei nº 11.941, de 27-5-de 2009.
▶ Arts. 142, 145 e 174 do CTN.
▶ Súm. nº 467 do STJ.

Art. 2º Interrompe-se a prescrição da ação punitiva:

▶ *Caput* com a redação dada pela Lei nº 11.941, de 27-5-2009.

I – pela notificação ou citação do indiciado ou acusado, inclusive por meio de edital;

▶ Inciso I com a redação dada pela Lei nº 11.941, de 27-5-2009.

II – por qualquer ato inequívoco, que importe apuração do fato;
III – pela decisão condenatória recorrível;
IV – por qualquer ato inequívoco que importe em manifestação expressa de tentativa de solução conciliatória no âmbito interno da administração pública federal.

▶ Inciso IV acrescido pela Lei nº 11.941, de 27-5-2009.
▶ Art. 174, parágrafo único, do CTN.

Art. 2º-A. Interrompe-se o prazo prescricional da ação executória:

I – pelo despacho do juiz que ordenar a citação em execução fiscal;
II – pelo protesto judicial;
III – por qualquer ato judicial que constitua em mora o devedor;

IV – por qualquer ato inequívoco, ainda que extrajudicial, que importe em reconhecimento do débito pelo devedor;
V – por qualquer ato inequívoco que importe em manifestação expressa de tentativa de solução conciliatória no âmbito interno da administração pública federal.

▶ Art. 2º-A acrescido pela Lei nº 11.941, de 27-5-de 2009.

▶ Art. 174, parágrafo único, do CTN.

Art. 3º Suspende-se a prescrição durante a vigência:

I – dos compromissos de cessação ou de desempenho, respectivamente, previstos nos arts. 53 e 58 da Lei nº 8.884, de 11 de junho de 1994;

▶ Art. 85 da Lei nº 12.529, de 30-11-2011 (Lei do Sistema Brasileiro de Defesa da Concorrência) publicada no DOU de 1º-12-2011, para vigorar 180 dias após a data de sua publicação, quando ficará revogada a Lei nº 8.884, de 11-6-1994.

II – do termo de compromisso de que trata o § 5º do art. 11 da Lei nº 6.385, de 7 de dezembro de 1976, com a redação dada pela Lei nº 9.457, de 5 de maio de 1997.

▶ Lei nº 6.385, de 7-12-1976 (Lei do Mercado de Valores Mobiliários).

Art. 4º Ressalvadas as hipóteses de interrupção previstas no art. 2º, para as infrações ocorridas há mais de três anos, contados do dia 1º de julho de 1998, a prescrição operará em dois anos, a partir dessa data.

Art. 5º O disposto nesta Lei não se aplica às infrações de natureza funcional e aos processos e procedimentos de natureza tributária.

Art. 6º Ficam convalidados os atos praticados com base na Medida Provisória nº 1.859-16, de 24 de setembro de 1999.

Art. 7º Esta Lei entra em vigor na data de sua publicação.

Art. 8º Ficam revogados o art. 33 da Lei nº 6.385, de 1976, com a redação dada pela Lei nº 9.457, de 1997, o art. 28 da Lei nº 8.884, de 1994, e demais disposições em contrário, ainda que constantes de lei especial.

▶ Lei nº 12.529, de 30-11-2011 (Lei do Sistema Brasileiro de Defesa da Concorrência) publicada no DOU de 1º-12-2011, para vigorar 180 dias após a data de sua publicação, quando ficará revogada a Lei nº 8.884, de 11-6-1994.

Congresso Nacional, 23 de novembro de 1999;
178º da Independência e
111º da República.
Senador Antonio Carlos Magalhães

LEI Nº 9.882, DE 3 DE DEZEMBRO DE 1999

Dispõe sobre o processo e julgamento da arguição de descumprimento de preceito fundamental, nos termos do § 1º do art. 102 da Constituição Federal.

▶ Publicada no DOU de 6-12-1999.

Art. 1º A arguição prevista no § 1º do artigo 102 da Constituição Federal será proposta perante o Supremo Tribunal Federal, e terá por objeto evitar ou reparar lesão a preceito fundamental, resultante de ato do Poder Público.

Parágrafo único. Caberá também arguição de descumprimento de preceito fundamental:

I – quando for relevante o fundamento da controvérsia constitucional sobre lei ou ato normativo federal, estadual ou municipal, incluídos os anteriores à Constituição;

▶ ADIn nº 2.231-8.

II – VETADO.

Art. 2º Podem propor arguição de descumprimento de preceito fundamental:

▶ Art. 103 da CF.

I – os legitimados para a ação direta de inconstitucionalidade;
II – VETADO.

§ 1º Na hipótese do inciso II, faculta-se ao interessado, mediante representação, solicitar a propositura de arguição de descumprimento de preceito fundamental ao Procurador-Geral da República, que, examinando os fundamentos jurídicos do pedido, decidirá do cabimento do seu ingresso em juízo.

§ 2º VETADO.

Art. 3º A petição inicial deverá conter:

I – a indicação do preceito fundamental que se considera violado;
II – a indicação do ato questionado;
III – a prova da violação do preceito fundamental;
IV – o pedido, com suas especificações;
V – se for o caso, a comprovação da existência de controvérsia judicial relevante sobre a aplicação do preceito fundamental que se considera violado.

Parágrafo único. A petição inicial, acompanhada de instrumento de mandato, se for o caso, será apresentada em duas vias, devendo conter cópias do ato questionado e dos documentos necessários para comprovar a impugnação.

Art. 4º A petição inicial será indeferida liminarmente, pelo relator, quando não for o caso de arguição de descumprimento de preceito fundamental, faltar algum dos requisitos prescritos nesta Lei ou for inepta.

§ 1º Não será admitida arguição de descumprimento de preceito fundamental quando houver qualquer outro meio eficaz de sanar a lesividade.

§ 2º Da decisão de indeferimento da petição inicial caberá agravo, no prazo de 5 (cinco) dias.

Art. 5º O Supremo Tribunal Federal, por decisão da maioria absoluta de seus membros, poderá deferir pedido de medida liminar na arguição de descumprimento de preceito fundamental.

§ 1º Em caso de extrema urgência ou perigo de lesão grave, ou ainda, em período de recesso, poderá o relator conceder a liminar, *ad referendum* do Tribunal Pleno.

§ 2º O relator poderá ouvir os órgãos ou autoridades responsáveis pelo ato questionado, bem como o Advogado-Geral da União ou o Procurador-Geral da República, no prazo comum de 5 (cinco) dias.

§ 3º A liminar poderá consistir na determinação de que juízes e tribunais suspendam o andamento de processo ou os efeitos de decisões judiciais, ou de qualquer outra medida que apresente relação com a matéria objeto da arguição de descumprimento de preceito fundamental, salvo se decorrentes da coisa julgada.

▶ ADIN nº 2.231-8.

§ 4º VETADO.

Art. 6º Apreciado o pedido de liminar, o relator solicitará as informações às autoridades responsáveis pela prática do ato questionado, no prazo de 10 (dez) dias.

§ 1º Se entender necessário, poderá o relator ouvir as partes nos processos que ensejaram a arguição, requisitar informações adicionais, designar perito ou comissão de peritos para que emita parecer sobre a questão, ou ainda, fixar data para declarações, em audiência pública, de pessoas com experiência e autoridade na matéria.

§ 2º Poderão ser autorizadas, a critério do relator, sustentação oral e juntada de me-moriais, por requerimento dos interessados no processo.

Art. 7º Decorrido o prazo das informações, o relator lançará o relatório, com cópia a todos os ministros, e pedirá dia para julgamento.

Parágrafo único. O Ministério Público, nas arguições que não houver formulado, terá vista do processo, por 5 (cinco) dias, após o decurso do prazo para informações.

Art. 8º A decisão sobre a arguição de descumprimento de preceito fundamental somente será tomada se presentes na sessão pelo menos 2/3 (dois terços) dos Ministros.

§§ 1º e 2º VETADOS.

Art. 9º VETADO.

Art. 10. Julgada a ação, far-se-á comunicação às autoridades ou órgãos responsáveis pela prática dos atos questionados, fixando-se as condições e o modo de interpretação e aplicação do preceito fundamental.

§ 1º O presidente do Tribunal determinará o imediato cumprimento da decisão, lavrando-se o acórdão posteriormente.

§ 2º Dentro do prazo de dez dias contado a partir do trânsito em julgado da decisão, sua parte dispositiva será publicada em seção especial do *Diário da Justiça* e do *Diário Oficial da União*.

§ 3º A decisão terá eficácia contra todos e efeito vinculante relativamente aos demais órgãos do Poder Público.

▶ Art. 102, § 1º, da CF.

Art. 11. Ao declarar a inconstitucionalidade de lei ou ato normativo, no processo de arguição de descumprimento de preceito fundamental, e tendo em vista razões de segurança jurídica ou de excepcional interesse social, poderá o Supremo Tribunal Federal, por maioria de 2/3 (dois terços) de seus membros, restringir os efeitos daquela declaração ou decidir que ela só tenha eficácia a partir de seu trânsito em julgado ou de outro momento que venha a ser fixado.

Art. 12. A decisão que julgar procedente ou improcedente o pedido em arguição de descumprimento de preceito fundamental é irrecorrível, não podendo ser objeto de ação rescisória.

Art. 13. Caberá reclamação contra o descumprimento da decisão proferida pelo Supremo Tribunal Federal, na forma do seu Regimento Interno.

Art. 14. Esta Lei entra em vigor na data de sua publicação.

Brasília, 3 de dezembro de 1999;
178º da Independência e
111º da República.

Fernando Henrique Cardoso

LEI Nº 9.961, DE 28 DE JANEIRO DE 2000

Cria a Agência Nacional de Saúde Suplementar – ANS e dá outras providências.

▶ Publicada no *DOU* de 29-1-2000, Edição Extra.

▶ Dec. nº 3.327, de 5-1-2000, aprova o Regulamento da Agência Nacional de Saúde Suplementar – ANS.

CAPÍTULO I

DA CRIAÇÃO E DA COMPETÊNCIA

Art. 1º É criada a Agência Nacional de Saúde Suplementar – ANS, autarquia sob o regime especial, vinculada ao Ministério da Saúde, com sede e foro na cidade do Rio de Janeiro – RJ, prazo de duração indeterminado e atuação em todo o território nacional, como órgão de regulação, normatização, controle e fiscalização das atividades que garantam a assistência suplementar à saúde.

Parágrafo único. A natureza de autarquia especial conferida à ANS é caracterizada por autonomia administrativa, financeira, patrimonial e de gestão de recursos humanos, autonomia nas suas decisões técnicas e mandato fixo de seus dirigentes.

Art. 2º Caberá ao Poder Executivo instalar a ANS, devendo o seu regulamento, aprovado por decreto do Presidente da República, fixar-lhe a estrutura organizacional básica.

Parágrafo único. Constituída a ANS, com a publicação de seu regimento interno, pela diretoria colegiada, ficará a autarquia, automaticamente, investida no exercício de suas atribuições.

Art. 3º A ANS terá por finalidade institucional promover a defesa do interesse público na assistência suplementar à saúde, regulando as operadoras setoriais, inclusive quanto às suas relações com prestadores e consumidores, contribuindo para o desenvolvimento das ações de saúde no País.

Art. 4º Compete à ANS:

I – propor políticas e diretrizes gerais ao Conselho Nacional de Saúde Suplementar – Consu para a regulação do setor de saúde suplementar;
II – estabelecer as características gerais dos instrumentos contratuais utilizados na atividade das operadoras;
III – elaborar o rol de procedimentos e eventos em saúde, que constituirão referência básica para os fins do disposto na Lei nº 9.656, de 3 de junho de 1998, e suas excepcionalidades;

> Lei nº 9.656, de 3-6-1998 (Lei dos Planos e Seguros Privados de Saúde).

IV – fixar critérios para os procedimentos de credenciamento e descredenciamento de prestadores de serviço às operadoras;
V – estabelecer parâmetros e indicadores de qualidade e de cobertura em assistência à saúde para os serviços próprios e de terceiros oferecidos pelas operadoras;
VI – estabelecer normas para ressarcimento ao Sistema Único de Saúde – SUS;
VII – estabelecer normas relativas à adoção e utilização, pelas operadoras de planos de assistência à saúde, de mecanismos de regulação do uso dos serviços de saúde;
VIII – deliberar sobre a criação de câmaras técnicas, de caráter consultivo, de forma a subsidiar suas decisões;
IX – normatizar os conceitos de doença e lesão preexistentes;
X – definir, para fins de aplicação da Lei nº 9.656, de 1998, a segmentação das operadoras e administradoras de planos privados de assistência à saúde, observando as suas peculiaridades;
XI – estabelecer critérios, responsabilidades, obrigações e normas de procedimento para garantia dos direitos assegurados nos arts. 30 e 31 da Lei nº 9.656, de 1998;
XII – estabelecer normas para registro dos produtos definidos no inciso I e no § 1º do art. 1º da Lei nº 9.656, de 1998;
XIII – decidir sobre o estabelecimento de subsegmentações aos tipos de planos definidos nos incisos I a IV do art. 12 da Lei nº 9.656, de 1998;
XIV – estabelecer critérios gerais para o exercício de cargos diretivos das operadoras de planos privados de assistência à saúde;
XV – estabelecer critérios de aferição e controle da qualidade dos serviços oferecidos pelas operadoras de planos privados de assistência à saúde, sejam eles próprios, referenciados, contratados ou conveniados;
XVI – estabelecer normas, rotinas e procedimentos para concessão, manutenção e cancelamento de registro dos produtos das operadoras de planos privados de assistência à saúde;
XVII – autorizar reajustes e revisões das contraprestações pecuniárias dos planos privados de assistência à saúde, ouvido o Ministério da Fazenda;

> Inciso XVII com a redação dada pela MP nº 2.177-44, de 24-8-2001, que até o encerramento desta edição não havia sido convertida em Lei.

XVIII – expedir normas e padrões para o envio de informações de natureza econômico-financeira pelas operadoras, com vistas à homologação de reajustes e revisões;
XIX – proceder à integração de informações com os bancos de dados do Sistema Único de Saúde;
XX – autorizar o registro dos planos privados de assistência à saúde;

XXI – monitorar a evolução dos preços de planos de assistência à saúde, seus prestadores de serviços, e respectivos componentes e insumos;
XXII – autorizar o registro e o funcionamento das operadoras de planos privados de assistência à saúde, bem assim sua cisão, fusão, incorporação, alteração ou transferência do controle societário, sem prejuízo do disposto na Lei nº 8.884, de 11 de junho de 1994;

> Inciso XXII com a redação dada pela MP nº 2.177-44, de 24-8-2001, que até o encerramento desta edição não havia sido convertida em Lei.
> Lei nº 12.529, de 30-11-2011 (Lei do Sistema Brasileiro de Defesa da Concorrência) publicada no DOU de 1º-12-2011, para vigorar 180 dias após a data de sua publicação, quando ficará revogada a Lei nº 8.884, de 11-6-1994.

XXIII – fiscalizar as atividades das operadoras de planos privados de assistência à saúde e zelar pelo cumprimento das normas atinentes ao seu funcionamento;
XXIV – exercer o controle e a avaliação dos aspectos concernentes à garantia de acesso, manutenção e qualidade dos serviços prestados, direta ou indiretamente, pelas operadoras de planos privados de assistência à saúde;
XXV – avaliar a capacidade técnico-operacional das operadoras de planos privados de assistência à saúde para garantir a compatibilidade da cobertura oferecida com os recursos disponíveis na área geográfica de abrangência;
XXVI – fiscalizar a atuação das operadoras e prestadores de serviços de saúde com relação à abrangência das coberturas de patologias e procedimentos;
XXVII – fiscalizar aspectos concernentes às coberturas e o cumprimento da legislação referente aos aspectos sanitários e epidemiológicos, relativos à prestação de serviços médicos e hospitalares no âmbito da saúde suplementar;
XXVIII – avaliar os mecanismos de regulação utilizados pelas operadoras de planos privados de assistência à saúde;
XXIX – fiscalizar o cumprimento das disposições da Lei nº 9.656, de 1998, e de sua regulamentação;
XXX – aplicar as penalidades pelo descumprimento da Lei nº 9.656, de 1998, e de sua regulamentação;
XXXI – requisitar o fornecimento de informações às operadoras de planos privados de assistência à saúde, bem como da rede prestadora de serviços a elas credenciadas;
XXXII – adotar as medidas necessárias para estimular a competição no setor de planos privados de assistência à saúde;
XXXIII – instituir o regime de direção fiscal ou técnica nas operadoras;
XXXIV – proceder à liquidação extrajudicial e autorizar o liquidante a requerer a falência ou insolvência civil das operadores de planos privados de assistência à saúde;
XXXV – determinar ou promover a alienação da carteira de planos privados de assistência à saúde das operadoras;

> Incisos XXXIV e XXXV com a redação dada pela MP nº 2.177-44, de 24-8-2001, que até o encerramento desta edição não havia sido convertida em Lei.

XXXVI – articular-se com os órgãos de defesa do consumidor visando a eficácia da proteção e defesa do consumidor de serviços privados de assistência à saúde, observado o disposto na Lei nº 8.078, de 11 de setembro de 1990;

XXXVII – zelar pela qualidade dos serviços de assistência à saúde no âmbito da assistência à saúde suplementar;

XXXVIII – administrar e arrecadar as taxas instituídas por esta Lei;

XXXIX – celebrar, nas condições que estabelecer, termo de compromisso de ajuste de conduta e termo de compromisso e fiscalizar os seus cumprimentos;

XL – definir as atribuições e competências do diretor técnico, diretor fiscal, do liquidante e do responsável pela alienação de carteira;

XLI – fixar as normas para constituição, organização, funcionamento e fiscalização das operadoras de produtos de que tratam o inciso I e o § 1º do art. 1º da Lei nº 9.656, de 3 de junho de 1998, incluindo:

a) conteúdos e modelos assistenciais;
b) adequação e utilização de tecnologias em saúde;
c) direção fiscal ou técnica;
d) liquidação extrajudicial;
e) procedimentos de recuperação financeira das operadoras;
f) normas de aplicação de penalidades;
g) garantias assistenciais, para cobertura dos planos ou produtos comercializados ou disponibilizados;

XLII – estipular índices e demais condições técnicas sobre investimentos e outras relações patrimoniais a serem observadas pelas operadoras de planos de assistência à saúde.

▶ Incisos XXXIX a XLII acrescidos pela MP nº 2.177-44, de 24-8-2001, que até o encerramento desta edição não havia sido convertida em Lei.

§ 1º A recusa, a omissão, a falsidade ou o retardamento injustificado de informações ou documentos solicitados pela ANS constitui infração punível com multa diária de R$ 5.000,00 (cinco mil reais), podendo ser aumentada em até vinte vezes, se necessário, para garantir a sua eficácia em razão da situação econômica da operadora ou prestadora de serviços.

▶ § 1º com a redação dada pela MP nº 2.177-44, de 24-8-2001, que até o encerramento desta edição não havia sido convertida em Lei.

§ 2º As normas previstas neste artigo obedecerão às características específicas da operadora, especialmente no que concerne à natureza jurídica de seus atos constitutivos.

§ 3º *Revogado.* MP nº 2.177-44, de 24-8-2001, que até o encerramento desta edição não havia sido convertida em Lei. Tinha a seguinte redação: *"O Presidente da República poderá determinar que os reajustes e as revisões das contraprestações pecuniárias dos planos privados de assistência à saúde, de que trata o inciso XVII, sejam autorizados em ato conjunto dos Ministros de Estado da Fazenda e da Saúde".*

Capítulo II

DA ESTRUTURA ORGANIZACIONAL

Art. 5º A ANS será dirigida por uma Diretoria Colegiada, devendo contar, também, com um Procurador, um Corregedor e um Ouvidor, além de unidades especializadas incumbidas de diferentes funções, de acordo com o regimento interno.

Parágrafo único. A ANS contará, ainda, com a Câmara de Saúde Suplementar, de caráter permanente e consultivo.

Art. 6º A gestão da ANS será exercida pela Diretoria Colegiada, composta por até cinco Diretores, sendo um deles o seu Diretor-Presidente.

Parágrafo único. Os Diretores serão brasileiros, indicados e nomeados pelo Presidente da República após aprovação prévia pelo Senado Federal, nos termos do art. 52, III, f, da Constituição Federal, para cumprimento de mandato de três anos, admitida uma única recondução.

Art. 7º O Diretor-Presidente da ANS será designado pelo Presidente da República, dentre os membros da Diretoria Colegiada, e investido na função por três anos, ou pelo prazo restante de seu mandato, admitida uma única recondução por três anos.

Art. 8º Após os primeiros quatro meses de exercício, os dirigentes da ANS somente perderão o mandato em virtude de:

I – condenação penal transitada em julgado;

II – condenação em processo administrativo, a ser instaurado pelo Ministro de Estado da Saúde, assegurados o contraditório e a ampla defesa;

III – acumulação ilegal de cargos, empregos ou funções públicas; e

IV – descumprimento injustificado de objetivos e metas acordados no contrato de gestão de que trata o Capítulo III desta Lei.

§ 1º Instaurado processo administrativo para apuração de irregularidades, poderá o Presidente da República, por solicitação do Ministro de Estado da Saúde, no interesse da Administração, determinar o afastamento provisório do dirigente, até a conclusão.

§ 2º O afastamento de que trata o § 1º não implica prorrogação ou permanência no cargo além da data inicialmente prevista para o término do mandato.

Art. 9º Até doze meses após deixar o cargo, é vedado a ex-dirigente da ANS:

I – representar qualquer pessoa ou interesse perante a Agência, exceutando-se os interesses próprios relacionados a contrato particular de assistência à saúde suplementar, na condição de contratante ou consumidor;

II – deter participação, exercer cargo ou função em organização sujeita à regulação da ANS.

Art. 10. Compete à Diretoria Colegiada:

I – exercer a administração da ANS;

II – editar normas sobre matérias de competência da ANS;

III – aprovar o regimento interno da ANS e definir a área de atuação de cada Diretor;

IV – cumprir e fazer cumprir as normas relativas à saúde suplementar;

V – elaborar e divulgar relatórios periódicos sobre suas atividades;

VI – julgar, em grau de recurso, as decisões dos Diretores, mediante provocação dos interessados;
VII – encaminhar os demonstrativos contábeis da ANS aos órgãos competentes.

§ 1º A Diretoria reunir-se-á com a presença de, pelo menos, três diretores, dentre eles o Diretor-Presidente ou seu substituto legal, e deliberará com, no mínimo, três votos coincidentes.

§ 2º Dos atos praticados pelos Diretores caberá recurso à Diretoria Colegiada como última instância administrativa.

▶ §§ 1º e 2º com a redação dada pela MP nº 2.177-44, de 24-8-2001, que até o encerramento desta edição não havia sido convertida em Lei.

§ 3º O recurso a que se refere o § 2º terá efeito suspensivo, salvo quando a matéria que lhe constituir o objeto envolver risco à saúde dos consumidores.

Art. 11. Compete ao Diretor-Presidente:

I – representar legalmente a ANS;
II – presidir as reuniões da Diretoria Colegiada;
III – cumprir e fazer cumprir as decisões da Diretoria Colegiada;
IV – decidir nas questões de urgência ad referendum da Diretoria Colegiada;
V – decidir, em caso de empate, nas deliberações da Diretoria Colegiada;
VI – nomear ou exonerar servidores, provendo os cargos efetivos, em comissão e funções de confiança, e exercer o poder disciplinar, nos termos da legislação em vigor;
VII – encaminhar ao Ministério da Saúde e ao Consu os relatórios periódicos elaborados pela Diretoria Colegiada;
VIII – assinar contratos e convênios, ordenar despesas e praticar os atos de gestão necessários ao alcance dos objetivos da ANS.

Art. 12. Revogado. Lei nº 9.986, de 18-7-2000.

Art. 13. A Câmara de Saúde Suplementar será integrada:

I – pelo Diretor-Presidente da ANS, ou seu substituto, na qualidade de Presidente;
II – por um diretor da ANS, na qualidade de Secretário;
III – por um representante de cada Ministério a seguir indicado:

a) da Fazenda;
b) da Previdência e Assistência Social;
c) do Trabalho e Emprego;
d) da Justiça;
e) da Saúde;

IV – por um representante de cada órgão e entidade a seguir indicados:

a) Conselho Nacional de Saúde;
b) Conselho Nacional dos Secretários Estaduais de Saúde;
c) Conselho Nacional dos Secretários Municipais de Saúde;
d) Conselho Federal de Medicina;
e) Conselho Federal de Odontologia;
f) Conselho Federal de Enfermagem;
g) Federação Brasileira de Hospitais;
h) Confederação Nacional de Saúde, Hospitais, Estabelecimentos e Serviços;
i) Confederação das Santas Casas de Misericórdia, Hospitais e Entidades Filantrópicas;
j) Confederação Nacional da Indústria;
l) Confederação Nacional do Comércio;
m) Central Única dos Trabalhadores;
n) Força Sindical;
o) Social Democracia Sindical;
p) Federação Nacional das Empresas de Seguros Privados e de Capitalização;
q) Associação Médica Brasileira;

▶ Alíneas p e q acrescidas pela MP nº 2.177-44, de 24-8-2001, que até o encerramento desta edição não havia sido convertida em Lei.

V – por um representante de cada entidade a seguir indicada:

a) do segmento de autogestão de assistência à saúde;
b) das empresas de medicina de grupo;
c) das cooperativas de serviços médicos que atuem na saúde suplementar;
d) das empresas de odontologia de grupo;
e) das cooperativas de serviços odontológicos que atuem na área de saúde suplementar;

▶ Alíneas a a e com a redação dada pela MP nº 2.177-44, de 24-8-2001, que até o encerramento desta edição não havia sido convertida em Lei.

f) das empresas de odontologia de grupo;
g) das cooperativas de serviços odontológicos que atuem na área de saúde suplementar;
h) das entidades de portadores de deficiência e de patologias especiais;

▶ Alíneas f a h suprimidas pela MP nº 2.177-44, de 24-8-2001, que até o encerramento desta edição não havia sido convertida em Lei.

VI – por dois representantes de entidades a seguir indicadas:

a) de defesa do consumidor;
b) de associações de consumidores de planos privados de assistência à saúde;
c) das entidades de portadores de deficiência e de patologias especiais.

▶ Inciso VI acrescido pela MP nº 2.177-44, de 24-8-2001, que até o encerramento desta edição não havia sido convertida em Lei.

§ 1º Os membros da Câmara de Saúde Suplementar serão designados pelo Diretor-Presidente da ANS.

§ 2º As entidades de que tratam as alíneas dos incisos V e VI escolherão entre si, dentro de cada categoria, os seus representantes e respectivos suplentes na Câmara de Saúde Suplementar.

▶ § 2º com a redação dada pela MP nº 2.177-44, de 24-8-2001, que até o encerramento desta edição não havia sido convertida em Lei.

CAPÍTULO III

DO CONTRATO DE GESTÃO

Art. 14. A administração da ANS será regida por um contrato de gestão, negociado entre seu Diretor-Presidente e o Ministro de Estado da Saúde e aprovado pelo Conselho de Saúde Suplementar, no prazo máximo de cento e vinte dias seguintes à designação do Diretor-Presidente da autarquia.

Parágrafo único. O contrato de gestão estabelecerá os parâmetros para a administração interna da ANS, bem assim os indicadores que permitam avaliar, objetivamente, a sua atuação administrativa e o seu desempenho.

Art. 15. O descumprimento injustificado do contrato de gestão implicará a dispensa do Diretor-Presidente, pelo Presidente da República, mediante solicitação do Ministro de Estado da Saúde.

CAPÍTULO IV

DO PATRIMÔNIO, DAS RECEITAS E DA GESTÃO FINANCEIRA

Art. 16. Constituem patrimônio da ANS os bens e direitos de sua propriedade, os que lhe forem conferidos ou os que venha a adquirir ou incorporar.

Art. 17. Constituem receitas da ANS:

I – o produto resultante da arrecadação da Taxa de Saúde Suplementar de que trata o art. 18;
II – a retribuição por serviços de quaisquer natureza prestados a terceiros;
III – o produto da arrecadação das multas resultantes das suas ações fiscalizadoras;
IV – o produto da execução da sua dívida ativa;
V – as dotações consignadas no Orçamento-Geral da União, créditos especiais, créditos adicionais, transferências e repasses que lhe forem conferidos;
VI – os recursos provenientes de convênios, acordos ou contratos celebrados com entidades ou organismos nacionais e internacionais;
VII – as doações, legados, subvenções e outros recursos que lhe forem destinados;
VIII – os valores apurados na venda ou aluguel de bens móveis e imóveis de sua propriedade;
IX – o produto da venda de publicações, material técnico, dados e informações;
X – os valores apurados em aplicações no mercado financeiro das receitas previstas neste artigo, na forma definida pelo Poder Executivo;
XI – quaisquer outras receitas não especificadas nos incisos I a X deste artigo.

Parágrafo único. Os recursos previstos nos incisos I a IV e VI a XI deste artigo serão creditados diretamente à ANS, na forma definida pelo Poder Executivo.

Art. 18. É instituída a Taxa de Saúde Suplementar, cujo fato gerador é o exercício pela ANS do poder de polícia que lhe é legalmente atribuído.

Art. 19. São sujeitos passivos da Taxa de Saúde Suplementar as pessoas jurídicas, condomínios ou consórcios constituídos sob a modalidade de sociedade civil ou comercial, cooperativa ou entidade de autogestão, que operem produto, serviço ou contrato com a finalidade de garantir a assistência à saúde visando a assistência médica, hospitalar ou odontológica.

Art. 20. A Taxa de Saúde Suplementar será devida:

I – por plano de assistência à saúde, e seu valor será o produto da multiplicação de R$ 2,00 (dois reais) pelo número médio de usuários de cada plano privado de assistência à saúde, deduzido o percentual total de descontos apurado em cada plano, de acordo com as Tabelas I e II do Anexo II desta Lei;
II – por registro de produto, registro de operadora, alteração de dados referente ao produto, alteração de dados referente à operadora, pedido de reajuste de contraprestação pecuniária, conforme os valores constantes da Tabela que constitui o Anexo III desta Lei.

§ 1º Para fins do cálculo do número médio de usuários de cada plano privado de assistência à saúde, previsto no inciso I deste artigo, não serão incluídos os maiores de sessenta anos.

§ 2º Para fins do inciso I deste artigo, a Taxa de Saúde Suplementar será devida anualmente e recolhida até o último dia útil do primeiro decêndio dos meses de março, junho, setembro e dezembro e de acordo com o disposto no regulamento da ANS.

§ 3º Para fins do inciso II deste artigo, a Taxa de Saúde Suplementar será devida quando da protocolização do requerimento e de acordo com o regulamento da ANS.

§ 4º Para fins do inciso II deste artigo, os casos de alteração de dados referentes ao produto ou à operadora que não produzam consequências para o consumidor ou o mercado de saúde suplementar, conforme disposto em resolução da Diretoria Colegiada da ANS, poderão fazer jus a isenção ou redução da respectiva Taxa de Saúde Suplementar.

§ 5º Até 31 de dezembro de 2000, os valores estabelecidos no Anexo III desta Lei sofrerão um desconto de 50% (cinquenta por cento).

§ 6º As operadoras de planos privados de assistência à saúde que se enquadram nos segmentos de autogestão por departamento de recursos humanos, ou de filantropia, ou que tenham número de usuários inferior a vinte mil, ou que despendem, em sua rede própria, mais de sessenta por cento do custo assistencial relativo aos gastos em serviços hospitalares referentes a seus Planos Privados de Assistência à Saúde e que prestam ao menos trinta por cento de sua atividade ao Sistema Único de Saúde – SUS, farão jus a um desconto de trinta por cento sobre o montante calculado na forma do inciso I deste artigo, conforme dispuser a ANS.

§ 7º As operadoras de planos privados de assistência à saúde que comercializam exclusivamente planos odontológicos farão jus a um desconto de cinquenta por cento sobre o montante calculado na forma do inciso I deste artigo, conforme dispuser a ANS.

§ 8º As operadoras com número de usuários inferior a vinte mil poderão optar pelo recolhimento em parcela única no mês de março, fazendo jus a um desconto de cinco por cento sobre o montante calculado na forma do inciso I deste artigo, além dos descontos previstos nos §§ 6º e 7º, conforme dispuser a ANS.

§ 9º Os valores constantes do Anexo III desta Lei ficam reduzidos em cinquenta por cento, no caso das empresas com número de usuários inferior a vinte mil.

§ 10. Para fins do disposto no inciso II deste artigo, os casos de alteração de dados referentes a produtos ou a operadoras, até edição da norma correspondente aos seus registros definitivos, conforme o disposto na Lei nº 9.656, de 1998, ficam isentos da respectiva Taxa de Saúde Suplementar.

§ 11. Para fins do disposto no inciso I deste artigo, nos casos de alienação compulsória de carteira, as operadoras de planos privados de assistência à saúde adquirentes ficam isentas de pagamento da respectiva Taxa de Saúde Suplementar, relativa aos beneficiários integrantes daquela carteira, pelo prazo de cinco anos.

▶ §§ 6º a 11 acrescidos pela MP nº 2.177-44, de 24-8-2001, que até o encerramento desta edição não havia sido convertida em Lei.

Art. 21. A Taxa de Saúde Suplementar não recolhida nos prazos fixados será cobrada com os seguintes acréscimos:

I – juros de mora, na via administrativa ou judicial, contados do mês seguinte ao do vencimento, à razão de 1% a.m. (um por cento ao mês) ou fração de mês;
II – multa de mora de 10% (dez por cento).

§ 1º Os débitos relativos à Taxa de Saúde Suplementar poderão ser parcelados, a juízo da ANS, de acordo com os critérios fixados na legislação tributária.

▶ Parágrafo único transformado em § 1º pela MP nº 2.177-44, de 24-8-2001, que até o encerramento desta edição não havia sido convertida em Lei.

§ 2º Além dos acréscimos previstos nos incisos I e II deste artigo, o não recolhimento da Taxa de Saúde Suplementar implicará a perda dos descontos previstos nesta Lei.

▶ § 2º acrescido pela MP nº 2.177-44, de 24-8-2001, que até o encerramento desta edição não havia sido convertida em Lei.

Art. 22. A Taxa de Saúde Suplementar será devida a partir de 1º de janeiro de 2000.

Art. 23. A Taxa de Saúde Suplementar será recolhida em conta vinculada à ANS.

Art. 24. Os valores cuja cobrança seja atribuída por lei à ANS e apurados administrativamente, não recolhidos no prazo estipulado, serão inscritos em dívida ativa da própria ANS e servirão de título executivo para cobrança judicial na forma da lei.

Art. 25. A execução fiscal da dívida ativa será promovida pela Procuradoria da ANS.

Capítulo V
DAS DISPOSIÇÕES FINAIS E TRANSITÓRIAS

Art. 26. A ANS poderá contratar especialistas para a execução de trabalhos nas áreas técnica, científica, administrativa, econômica e jurídica, por projetos ou prazos limitados, observada a legislação em vigor.

Art. 27. *Revogado.* Lei nº 9.986, de 18-7-2000.

Art. 28. *Revogado.* Lei nº 10.871, de 20-5-2004.

Art. 29. É vedado à ANS requisitar pessoal com vínculo empregatício ou contratual junto a entidades sujeitas à sua ação reguladora, bem assim os respectivos responsáveis, ressalvada a participação em comissões de trabalho criadas com fim específico, duração determinada e não integrantes da sua estrutura organizacional.

Parágrafo único. Excetuam-se da vedação prevista neste artigo os empregados de empresas públicas e sociedades de economia mista que mantenham sistema de assistência à saúde na modalidade de autogestão.

Art. 30. Durante o prazo máximo de cinco anos, contado da data de instalação da ANS, o exercício da fiscalização das operadoras de planos privados de assistência à saúde poderá ser realizado por contratado, servidor ou empregado requisitado ou pertencente ao Quadro da Agência ou do Ministério da Saúde, mediante designação da Diretoria Colegiada, conforme dispuser o regulamento.

Art. 31. Na primeira gestão da ANS, visando implementar a transição para o sistema de mandatos não coincidentes, as nomeações observarão os seguintes critérios:

I – três diretores serão nomeados pelo Presidente da República, por indicação do Ministro de Estado da Saúde;
II – dois diretores serão nomeados na forma do parágrafo único do art. 6º desta Lei.

§ 1º Dos três diretores referidos no inciso I deste artigo, dois serão nomeados para mandato de quatro anos e um, para mandato de três anos.

§ 2º Dos dois diretores referidos no inciso II deste artigo, um será nomeado para mandato de quatro anos e o outro, para mandato de três anos.

Art. 32. É o Poder Executivo autorizado a:

I – transferir para a ANS o acervo técnico e patrimonial, as obrigações, os direitos e as receitas do Ministério da Saúde e de seus órgãos, necessários ao desempenho de suas funções;
II – remanejar, transferir ou utilizar os saldos orçamentários do Ministério da Saúde e do Fundo Nacional de Saúde para atender as despesas de estruturação e manutenção da ANS, utilizando como recursos as dotações orçamentárias destinadas às atividades finalísticas e administrativas, observados os mesmos subprojetos, subatividades e grupos de despesas previstos na Lei Orçamentária em vigor;
III – sub-rogar contratos ou parcelas destes relativos à manutenção, instalação e funcionamento da ANS.

Parágrafo único. Até que se conclua a instalação da ANS, são o Ministério da Saúde e a Fundação Nacional de Saúde incumbidos de assegurar o suporte administrativo e financeiro necessário ao funcionamento da Agência.

Art. 33. A ANS designará pessoa física de comprovada capacidade e experiência, reconhecida idoneidade moral e registro em conselho de fiscalização de profissões regulamentadas, para exercer o encargo de diretor fiscal, de diretor técnico ou de liquidante de operadora de planos privados de assistência à saúde.

§ 1º A remuneração do diretor técnico, do diretor fiscal ou do liquidante deverá ser suportada pela operadora ou pela massa.

§ 2º Se a operadora ou a massa não dispuserem de recursos para custear a remuneração de que trata este artigo, a ANS poderá, excepcionalmente, promover este pagamento, em valor equivalente à do cargo em comissão de Gerência Executiva, nível III, símbolo CGE-III, ressarcindo-se dos valores despendidos com juros e correção monetária junto à operadora ou à massa, conforme o caso.

▶ Art. 33 com a redação dada pela MP nº 2.177-44, de 24-8-2001, que até o encerramento desta edição não havia sido convertida em Lei.

Art. 34. Aplica-se à ANS o disposto nos arts. 54 a 58 da Lei nº 9.472, de 16 de julho de 1997.

Art. 35. Aplica-se à ANS o disposto no art. 24, parágrafo único, da Lei nº 8.666, de 21 de junho de 1993, alterado pela Lei nº 9.648, de 27 de maio de 1998.

Art. 36. São estendidas à ANS, após a assinatura e enquanto estiver vigendo o contrato de gestão, as prerrogativas e flexibilidades de gestão previstas em lei, regulamentos e atos normativos para as Agências Executivas.

Art. 37. Até a efetiva implementação da ANS, a Taxa de Saúde Suplementar instituída por esta Lei poderá ser recolhida ao Fundo Nacional de Saúde, a critério da Diretoria Colegiada.

Art. 38. A Advocacia-Geral da União e o Ministério da Saúde, por intermédio de sua Consultoria Jurídica, mediante comissão conjunta, promoverão, no prazo de cento e oitenta dias, levantamento dos processos judiciais em curso, envolvendo matéria cuja competência tenha sido transferida à ANS, a qual substituirá a União nos respectivos processos.

§ 1º A substituição a que se refere o *caput*, naqueles processos judiciais, será requerida mediante petição subscrita pela Advocacia-Geral da União, dirigida ao Juízo ou Tribunal competente, requerendo a intimação da Procuradoria da ANS para assumir o feito.

§ 2º Enquanto não operada a substituição na forma do § 1º, a Advocacia-Geral da União permanecerá no feito, praticando todos os atos processuais necessários.

Art. 39. O disposto nesta Lei aplica-se, no que couber, aos produtos de que tratam o inciso I e o § 1º do art. 1º da Lei nº 9.656, de 1998, bem assim às suas operadoras.

Art. 40. O Poder Executivo, no prazo de 45 (quarenta e cinco) dias, enviará projeto de lei tratando da matéria objeto da presente Lei, inclusive da estrutura física e do funcionamento da ANS.

Art. 41. Esta Lei entra em vigor na data de sua publicação.

Brasília, 28 de janeiro de 2000;
179º da Independência e
112º da República.

Fernando Henrique Cardoso

LEI Nº 9.962,
DE 22 DE FEVEREIRO DE 2000

Disciplina o regime de emprego público do pessoal da Administração federal direta, autárquica e fundacional, e dá outras providências.

▶ Publicada no *DOU* de 23-2-2000.
▶ Lei nº 8.112, de 11-12-1990 (Estatuto dos Servidores Públicos Civis da União, Autarquias e Fundações Públicas Federais).

Art. 1º O pessoal admitido para emprego público na Administração federal direta, autárquica e fundacional terá sua relação de trabalho regida pela Consolidação das Leis do Trabalho, aprovada pelo Decreto-Lei nº 5.452, de 1º de maio de 1943, e legislação trabalhista correlata, naquilo que a lei não dispuser em contrário.

§ 1º Leis específicas disporão sobre a criação dos empregos de que trata esta Lei no âmbito da Administração direta, autárquica e fundacional do Poder Executivo, bem como sobre a transformação dos atuais cargos em empregos.

§ 2º É vedado:

I – submeter ao regime de que trata esta Lei:

a) VETADA;
b) cargos públicos de provimento em comissão;

II – alcançar, nas leis a que se refere o § 1º, servidores regidos pela Lei nº 8.112, de 11 de dezembro de 1990 às datas das respectivas publicações.

§ 3º Estende-se o disposto no § 2º à criação de empregos ou à transformação de cargos em empregos não abrangidas pelo § 1º.

§ 4º VETADO.

Art. 2º A contratação de pessoal para emprego público deverá ser precedida de concurso público de provas ou de provas e títulos, conforme a natureza e a complexidade do emprego.

Art. 3º O contrato de trabalho por prazo indeterminado somente será rescindido por ato unilateral da Administração pública nas seguintes hipóteses:

I – prática de falta grave, dentre as enumeradas no art. 482 da Consolidação das Leis do Trabalho – CLT;
II – acumulação ilegal de cargos, empregos ou funções públicas;
III – necessidade de redução de quadro de pessoal, por excesso de despesa, nos termos da lei complementar a que se refere o art. 169 da Constituição Federal;
IV – insuficiência de desempenho, apurada em procedimento no qual se assegurem pelo menos um recurso hierárquico dotado de efeito suspensivo, que será apreciado em trinta dias, e o prévio conhecimento dos padrões mínimos exigidos para continuidade da relação de emprego, obrigatoriamente estabelecidos de acordo com as peculiaridades das atividades exercidas.

Parágrafo único. Excluem-se da obrigatoriedade dos procedimentos previstos no *caput* as contratações de pessoal decorrentes da autonomia de gestão de que trata o § 8º do art. 37 da Constituição Federal.

Art. 4º Aplica-se às leis a que se refere o § 1º do art. 1º desta Lei o disposto no art. 246 da Constituição Federal.

Art. 5º Esta Lei entra em vigor na data de sua publicação.

Brasília, 22 de fevereiro de 2000;
179º da Independência e
112º da República.

Fernando Henrique Cardoso

LEI Nº 9.984,
DE 17 DE JULHO DE 2000

Dispõe sobre a criação da Agência Nacional de Águas – ANA, entidade federal de implementação da Política Nacional de Recursos Hídricos e de coordenação do Sistema Nacional de Gerenciamento de Recursos Hídricos, e dá outras providências.

▶ Publicada no *DOU* de 18-7-2000.
▶ Lei nº 7.754, de 14-4-1989, estabelece medidas para proteção das florestas existentes nas nascentes dos rios.
▶ Lei nº 9.433, de 8-1-1997, institui a Política Nacional de Recursos Hídricos e cria o Sistema Nacional de Gerenciamento de Recursos Hídricos.
▶ Lei nº 9.966, de 28-4-2000, dispõe sobre a prevenção, o controle e a fiscalização de poluição causada por lançamento de óleo e outras substâncias nocivas ou perigosas em águas sob jurisdição nacional.
▶ Lei nº 10.881, de 9-6-2004, dispõe sobre os contratos de gestão entre a Agência Nacional de Águas e entidades delegatárias das funções de Agências de Águas relativas à gestão de recursos hídricos e domínio da União.
▶ Lei nº 11.445, de 5-1-2007, dispõe sobre as diretrizes nacionais para o saneamento básico, regulamentada pelo Dec. nº 7.217, de 21-6-2010.
▶ Dec.-lei nº 7.841, de 8-8-1945 (Código de Águas Minerais).
▶ Dec. nº 24.643, de 10-7-1934 (Código de Águas).
▶ Dec. nº 3.692, de 19-12-2000, dispõe sobre a instalação, aprova a Estrutura Regimental e o Quadro Demonstrativo dos Cargos Comissionados e dos Cargos Comissionados Técnicos da Agência Nacional de Águas – ANA.

CAPÍTULO I

DOS OBJETIVOS

Art. 1º Esta Lei cria a Agência Nacional de Águas – ANA, entidade federal de implementação da Política Nacional de Recursos Hídricos, integrante do Sistema Nacional de Gerenciamento de Recursos Hídricos, estabelecendo regras para a sua atuação, sua estrutura administrativa e suas fontes de recursos.

CAPÍTULO II

DA CRIAÇÃO, NATUREZA JURÍDICA E COMPETÊNCIAS DA AGÊNCIA NACIONAL DE ÁGUAS – ANA

Art. 2º Compete ao Conselho Nacional de Recursos Hídricos promover a articulação dos planejamentos nacional, regionais, estaduais e dos setores usuários elaborados pelas entidades que integram o Sistema Nacional de Gerenciamento de Recursos Hídricos e formular a Política Nacional de Recursos Hídricos, nos termos da Lei nº 9.433, de 8 de janeiro de 1997.

Art. 3º Fica criada a Agência Nacional de Águas – ANA, autarquia sob regime especial, com autonomia administrativa e financeira, vinculada ao Ministério do Meio Ambiente, com a finalidade de implementar, em sua esfera de atribuições, a Política Nacional de Recursos Hídricos, integrando o Sistema Nacional de Gerenciamento de Recursos Hídricos.

Parágrafo único. A ANA terá sede e foro no Distrito Federal, podendo instalar unidades administrativas regionais.

Art. 4º A atuação da ANA obedecerá aos fundamentos, objetivos, diretrizes e instrumentos da Política Nacional de Recursos Hídricos e será desenvolvida em articulação com órgãos e entidades públicas e privadas integrantes do Sistema Nacional de Gerenciamento de Recursos Hídricos, cabendo-lhe:

I – supervisionar, controlar e avaliar as ações e atividades decorrentes do cumprimento da legislação federal pertinente aos recursos hídricos;
II – disciplinar, em caráter normativo, a implementação, a operacionalização, o controle e a avaliação dos instrumentos da Política Nacional de Recursos Hídricos;
III – VETADO;
IV – outorgar, por intermédio de autorização, o direito de uso de recursos hídricos em corpos de água de domínio da União, observado o disposto nos arts. 5º, 6º, 7º e 8º;
V – fiscalizar os usos de recursos hídricos nos corpos de água de domínio da União;
VI – elaborar estudos técnicos para subsidiar a definição, pelo Conselho Nacional de Recursos Hídricos, dos valores a serem cobrados pelo uso de recursos hídricos de domínio da União, com base nos mecanismos e quantitativos sugeridos pelos Comitês de Bacia Hidrográfica, na forma do inciso VI do art. 38 da Lei nº 9.433, de 1997;
VII – estimular e apoiar as iniciativas voltadas para a criação de Comitês de Bacia Hidrográfica;
VIII – implementar, em articulação com os Comitês de Bacia Hidrográfica, a cobrança pelo uso de recursos hídricos de domínio da União;
IX – arrecadar, distribuir e aplicar receitas auferidas por intermédio da cobrança pelo uso de recursos hídricos de domínio da União, na forma do disposto no art. 22 da Lei nº 9.433, de 1997;
X – planejar e promover ações destinadas a prevenir ou minimizar os efeitos de secas e inundações, no âmbito do Sistema Nacional de Gerenciamento de Recursos Hídricos, em articulação com o órgão central do Sistema Nacional de Defesa Civil, em apoio aos Estados e Municípios;
XI – promover a elaboração de estudos para subsidiar a aplicação de recursos financeiros da União em obras e serviços de regularização de cursos de água, de alocação e distribuição de água, e de controle da poluição hídrica, em consonância com o estabelecido nos planos de recursos hídricos;
XII – definir e fiscalizar as condições de operação de reservatórios por agentes públicos e privados, visando a garantir o uso múltiplo dos recursos hídricos, conforme estabelecido nos planos de recursos hídricos das respectivas bacias hidrográficas;
XIII – promover a coordenação das atividades desenvolvidas no âmbito da rede hidrometeorológica nacional, em articulação com órgãos e entidades públicas ou privadas que a integram, ou que dela sejam usuárias;
XIV – organizar, implantar e gerir o Sistema Nacional de Informações sobre Recursos Hídricos;
XV – estimular a pesquisa e a capacitação de recursos humanos para a gestão de recursos hídricos;
XVI – prestar apoio aos Estados na criação de órgãos gestores de recursos hídricos;

XVII – propor ao Conselho Nacional de Recursos Hídricos o estabelecimento de incentivos, inclusive financeiros, à conservação qualitativa e quantitativa de recursos hídricos;

XVIII – participar da elaboração do Plano Nacional de Recursos Hídricos e supervisionar a sua implementação;

▶ Inciso XVIII acrescido pela MP nº 2.216-37, de 31-8-2001, que até o encerramento desta edição não havia sido convertida em Lei.

XIX – regular e fiscalizar, quando envolverem corpos d'água de domínio da União, a prestação dos serviços públicos de irrigação, se em regime de concessão, e adução de água bruta, cabendo-lhe, inclusive, a disciplina, em caráter normativo, da prestação desses serviços, bem como a fixação de padrões de eficiência e o estabelecimento de tarifa, quando cabíveis, e a gestão e auditagem de todos os aspectos dos respectivos contratos de concessão, quando existentes;

▶ Inciso XIX acrescido pela Lei nº 12.058, de 12-10-2009.

XX – organizar, implantar e gerir o Sistema Nacional de Informações sobre Segurança de Barragens (SNISB);
XXI – promover a articulação entre os órgãos fiscalizadores de barragens;
XXII – coordenar a elaboração do Relatório de Segurança de Barragens e encaminhá-lo, anualmente, ao Conselho Nacional de Recursos Hídricos (CNRH), de forma consolidada.

▶ Incisos XX a XXII acrescidos pela Lei nº 12.334, de 20-9-2010.

§ 1º Na execução das competências a que se refere o inciso II deste artigo, serão considerados, nos casos de bacias hidrográficas compartilhadas com outros países, os respectivos acordos e tratados.

§ 2º As ações a que se refere o inciso X deste artigo, quando envolverem a aplicação de racionamentos preventivos, somente poderão ser promovidas mediante a observância de critérios a serem definidos em decreto do Presidente da República.

§ 3º Para os fins do disposto no inciso XII deste artigo, a definição das condições de operação de reservatórios de aproveitamentos hidrelétricos será efetuada em articulação com o Operador Nacional do Sistema Elétrico – ONS.

§ 4º A ANA poderá delegar ou atribuir a agências de água ou de bacia hidrográfica a execução de atividades de sua competência, nos termos do art. 44 da Lei nº 9.433, de 1997, e demais dispositivos legais aplicáveis.

§ 5º VETADO.

§ 6º A aplicação das receitas de que trata o inciso IX será feita de forma descentralizada, por meio das agências de que trata o Capítulo IV do Título II da Lei nº 9.433, de 1997, e, na ausência ou impedimento destas, por outras entidades pertencentes ao Sistema Nacional de Gerenciamento de Recursos Hídricos.

§ 7º Nos atos administrativos de outorga de direito de uso de recursos hídricos de cursos de água que banham o semiárido nordestino, expedidos nos termos do inciso IV deste artigo, deverão constar, explicitamente, as restrições decorrentes dos incisos III e V do art. 15 da Lei nº 9.433, de 1997.

§ 8º No exercício das competências referidas no inciso XIX deste artigo, a ANA zelará pela prestação do serviço adequado ao pleno atendimento dos usuários, em observância aos princípios da regularidade, continuidade, eficiência, segurança, atualidade, generalidade, cortesia, modicidade tarifária e utilização racional dos recursos hídricos.

▶ § 8º acrescido pela Lei nº 12.058, de 12-10-2009.

Art. 5º Nas outorgas de direito de uso de recursos hídricos de domínio da União, serão respeitados os seguintes limites de prazos, contados da data de publicação dos respectivos atos administrativos de autorização:

I – até dois anos, para início da implantação do empreendimento objeto da outorga;
II – até seis anos, para conclusão da implantação do empreendimento projetado;
III – até trinta e cinco anos, para vigência da outorga de direito de uso.

§ 1º Os prazos de vigência das outorgas de direito de uso de recursos hídricos serão fixados em função da natureza e do porte do empreendimento, levando-se em consideração, quando for o caso, o período de retorno do investimento.

§ 2º Os prazos a que se referem os incisos I e II poderão ser ampliados, quando o porte e a importância social e econômica do empreendimento o justificar, ouvido o Conselho Nacional de Recursos Hídricos.

§ 3º O prazo de que trata o inciso III poderá ser prorrogado, pela ANA, respeitando-se as prioridades estabelecidas nos Planos de Recursos Hídricos.

§ 4º As outorgas de direito de uso de recursos hídricos para concessionárias e autorizadas de serviços públicos e de geração de energia hidrelétrica vigorarão por prazos coincidentes com os dos correspondentes contratos de concessão ou atos administrativos de autorização.

Art. 6º A ANA poderá emitir outorgas preventivas de uso de recursos hídricos, com a finalidade de declarar a disponibilidade de água para os usos requeridos, observado o disposto no art. 13 da Lei nº 9.433, de 1997.

§ 1º A outorga preventiva não confere direito de uso de recursos hídricos e se destina a reservar a vazão passível de outorga, possibilitando, aos investidores, o planejamento de empreendimentos que necessitem desses recursos.

§ 2º O prazo de validade da outorga preventiva será fixado levando-se em conta a complexidade do planejamento do empreendimento, limitando-se ao máximo de três anos, findo o qual será considerado o disposto nos incisos I e II do art. 5º.

Art. 7º Para licitar a concessão ou autorizar o uso de potencial de energia hidráulica em corpo de água de domínio da União, a Agência Nacional de Energia Elétrica – ANEEL deverá promover, junto à ANA, a prévia obtenção de declaração de reserva de disponibilidade hídrica.

§ 1º Quando o potencial hidráulico localizar-se em corpo de água de domínio dos Estados ou do Distrito Federal, a declaração de reserva de disponibilidade hídrica será obtida em articulação com a respectiva entidade gestora de recursos hídricos.

§ 2º A declaração de reserva de disponibilidade hídrica será transformada automaticamente, pelo respectivo poder outorgante, em outorga de direito de uso de recursos hídricos à instituição ou empresa que receber da ANEEL a concessão ou a autorização de uso de potencial de energia hidráulica.

§ 3º A declaração de reserva de disponibilidade hídrica obedecerá ao disposto no art. 13 da Lei nº 9.433, de 1997, e será fornecida em prazos a serem regulamentados por decreto do Presidente da República.

Art. 8º A ANA dará publicidade aos pedidos de outorga de direito de uso de recursos hídricos de domínio da União, bem como aos atos administrativos que deles resultarem, por meio de publicação na imprensa oficial e em pelo menos um jornal de grande circulação na respectiva região.

CAPÍTULO III

DA ESTRUTURA ORGÂNICA DA AGÊNCIA NACIONAL DE ÁGUAS – ANA

Art. 9º A ANA será dirigida por uma Diretoria Colegiada, composta por cinco membros, nomeados pelo Presidente da República, com mandatos não coincidentes de quatro anos, admitida uma única recondução consecutiva, e contará com uma Procuradoria.

§ 1º O Diretor-Presidente da ANA será escolhido pelo Presidente da República entre os membros da Diretoria Colegiada, e investido na função por quatro anos ou pelo prazo que restar de seu mandato.

§ 2º Em caso de vaga no curso do mandato, este será completado por sucessor investido na forma prevista no *caput*, que o exercerá pelo prazo remanescente.

Art. 10. A exoneração imotivada de dirigentes da ANA só poderá ocorrer nos quatro meses iniciais dos respectivos mandatos.

§ 1º Após o prazo a que se refere o *caput*, os dirigentes da ANA somente perderão o mandato em decorrência de renúncia, de condenação judicial transitada em julgado, ou de decisão definitiva em processo administrativo disciplinar.

§ 2º Sem prejuízo do que preveem as legislações penal e relativa à punição de atos de improbidade administrativa no serviço público, será causa da perda do mandato a inobservância, por qualquer um dos dirigentes da ANA, dos deveres e proibições inerentes ao cargo que ocupa.

§ 3º Para os fins do disposto no § 2º, cabe ao Ministro de Estado do Meio Ambiente instaurar o processo administrativo disciplinar, que será conduzido por comissão especial, competindo ao Presidente da República determinar o afastamento preventivo, quando for o caso, e proferir o julgamento.

Art. 11. Aos dirigentes da ANA é vedado o exercício de qualquer outra atividade profissional, empresarial, sindical ou de direção político-partidária.

§ 1º É vedado aos dirigentes da ANA, conforme dispuser o seu regimento interno, ter interesse direto ou indireto em empresa relacionada com o Sistema Nacional de Gerenciamento de Recursos Hídricos.

§ 2º A vedação de que trata o *caput* não se aplica aos casos de atividades profissionais decorrentes de vínculos contratuais mantidos com entidades públicas ou privadas de ensino e pesquisa.

Art. 12. Compete à Diretoria Colegiada:

I – exercer a administração da ANA;
II – editar normas sobre matérias de competência da ANA;
III – aprovar o regimento interno da ANA, a organização, a estrutura e o âmbito decisório de cada diretoria;
IV – cumprir e fazer cumprir as normas relativas ao Sistema Nacional de Gerenciamento de Recursos Hídricos;
V – examinar e decidir sobre pedidos de outorga de direito de uso de recursos hídricos de domínio da União;
VI – elaborar e divulgar relatórios sobre as atividades da ANA;
VII – encaminhar os demonstrativos contábeis da ANA aos órgãos competentes;
VIII – decidir pela venda, cessão ou aluguel de bens integrantes do patrimônio da ANA; e
IX – conhecer e julgar pedidos de reconsideração de decisões de componentes da Diretoria da ANA.

§ 1º A Diretoria deliberará por maioria simples de votos, e se reunirá com a presença de, pelo menos, três diretores, entre eles o Diretor-Presidente ou seu substituto legal.

§ 2º As decisões relacionadas com as competências institucionais da ANA, previstas no art. 3º, serão tomadas de forma colegiada.

Art. 13. Compete ao Diretor-Presidente:

I – exercer a representação legal da ANA;
II – presidir as reuniões da Diretoria Colegiada;
III – cumprir e fazer cumprir as decisões da Diretoria Colegiada;
IV – decidir *ad referendum* da Diretoria Colegiada as questões de urgência;
V – decidir, em caso de empate, nas deliberações da Diretoria Colegiada;
VI – nomear e exonerar servidores, provendo os cargos em comissão e as funções de confiança;
VII – admitir, requisitar e demitir servidores, preenchendo os empregos públicos;
VIII – encaminhar ao Conselho Nacional de Recursos Hídricos os relatórios elaborados pela Diretoria Colegiada e demais assuntos de competência daquele Conselho;
IX – assinar contratos e convênios e ordenar despesas; e
X – exercer o poder disciplinar, nos termos da legislação em vigor.

Art. 14. Compete à Procuradoria da ANA, que se vincula à Advocacia-Geral da União para fins de orientação normativa e supervisão técnica:

I – representar judicialmente a ANA, com prerrogativas processuais de Fazenda Pública;
II – representar judicialmente os ocupantes de cargos e de funções de direção, inclusive após a cessação do respectivo exercício, com referência a atos praticados em decorrência de suas atribuições legais ou institucionais, adotando, inclusive, as medidas judiciais cabíveis, em nome e em defesa dos representados;
III – apurar a liquidez e certeza de créditos, de qualquer natureza, inerentes às atividades da ANA, inscrevendo-os em dívida ativa, para fins de cobrança amigável ou judicial; e
IV – executar as atividades de consultoria e de assessoramento jurídicos.

Art. 15. VETADO.

Capítulo IV
DOS SERVIDORES DA ANA

Art. 16. A ANA constituirá, no prazo de trinta e seis meses a contar da data de publicação desta Lei, o seu quadro próprio de pessoal, por meio da realização de concurso público de provas, ou de provas e títulos, ou da redistribuição de servidores de órgãos e entidades da administração federal direta, autárquica ou fundacional.

§§ 1º e 2º *Revogados*. Lei nº 10.871, de 20-5-2004.

Art. 17. A ANA poderá requisitar, com ônus, servidores de órgãos e entidades integrantes da administração pública federal direta, autárquica e fundacional, quaisquer que sejam as atribuições a serem exercidas.

▶ Artigo com eficácia suspensa por força da MP nº 2.216-37, de 31-8-2001, que até o encerramento desta edição não havia sido convertida em Lei.

§ 1º As requisições para exercício na ANA, sem cargo em comissão ou função de confiança, ficam autorizadas pelo prazo máximo de vinte e quatro meses, contado da instalação da autarquia.

§ 2º Transcorrido o prazo a que se refere o § 1º, somente serão cedidos para a ANA servidores por ela requisitados para o exercício de cargos em comissão.

§ 3º Durante os primeiros trinta e seis meses subsequentes à instalação da ANA, as requisições de que trata o *caput* deste artigo, com a prévia manifestação dos Ministros de Estado do Meio Ambiente e do Planejamento, Orçamento e Gestão, serão irrecusáveis e de pronto atendimento.

§ 4º Quando a cessão implicar redução da remuneração do servidor requisitado, fica a ANA autorizada a complementá-la até atingir o valor percebido no Órgão ou na entidade de origem.

Art. 18. Ficam criados, com a finalidade de integrar a estrutura da ANA:

▶ Artigo com eficácia suspensa por força da MP nº 2.216-37, de 31-8-2001, que até o encerramento desta edição não havia sido convertida em Lei.

I – quarenta e nove cargos em comissão, sendo cinco cargos de Natureza Especial, no valor unitário de R$ 6.400,00 (seis mil e quatrocentos reais), e quarenta e quatro cargos do Grupo Direção e Assessoramento Superiores – DAS, assim distribuídos: nove DAS 101.5; cinco DAS 102.5; dezessete DAS 101.4; um DAS 102.4; oito DAS 101.3; dois DAS 101.2; e dois DAS 102.1;

II – cento e cinquenta cargos de confiança denominados Cargos Comissionados de Recursos Hídricos – CCRH, sendo: trinta CCRH – V, no valor unitário de R$ 1.170,00 (mil, cento e setenta reais); quarenta CCRH – IV, no valor unitário de R$ 855,00 (oitocentos e cinquenta e cinco reais); trinta CCRH – III, no valor unitário de R$ 515,00 (quinhentos e quinze reais); vinte CCRH – II, no valor unitário de R$ 454,00 (quatrocentos e cinquenta e quatro reais); e trinta CCRH – I, no valor unitário de R$ 402,00 (quatrocentos e dois reais).

§ 1º O servidor investido em CCRH exercerá atribuições de assessoramento e coordenação técnica e perceberá remuneração correspondente ao cargo efetivo ou emprego permanente, acrescida do valor da função para a qual tiver sido designado.

§ 2º A designação para função de assessoramento de que trata este artigo não pode ser acumulada com a designação ou nomeação para qualquer outra forma de comissionamento, cessando o seu pagamento durante as situações de afastamento do servidor, inclusive aquelas consideradas de efetivo exercício, ressalvados os períodos a que se referem os incisos I, IV, VI e VIII e alíneas a e e do inciso X do art. 102 da Lei nº 8.112, de 11 de dezembro de 1990, e o disposto no art. 471 da Consolidação das Leis do Trabalho, aprovada pelo Decreto-Lei nº 5.452, de 1º de maio de 1943.

§ 3º A Diretoria Colegiada da ANA poderá dispor sobre a alteração de quantitativos e a distribuição dos CCRH dentro da estrutura organizacional da autarquia, observados os níveis hierárquicos, os valores da retribuição correspondente e os respectivos custos globais.

§ 4º Nos primeiros trinta e seis meses seguintes à instalação da ANA, o CCRH poderá ser ocupado por servidores ou empregados requisitados na forma do art. 3º.

Art. 18-A. Ficam criados, para exercício exclusivo na ANA:

I – cinco Cargos Comissionados de Direção – CD, sendo: um CD-I e quatro CD-II;

II – cinquenta e dois Cargos de Gerência Executiva – CGE, sendo: cinco CGE-I, treze CGE-II, trinta e três CGE-III e um CGE-IV;

III – doze Cargos Comissionados de Assessoria – CA, sendo: quatro CA-I; quatro CA-II e quatro CA-III;

IV – onze Cargos Comissionados de Assistência – CAS-I;

V – vinte e sete Cargos Comissionados Técnicos – CCT-V.

Parágrafo único. Aplicam-se aos cargos de que trata este artigo as disposições da Lei nº 9.986, de 18 de julho de 2000.

▶ Art. 18-A acrescido pela MP nº 2.216-37, de 31-8-2001, que até o encerramento desta edição não havia sido convertida em Lei.

Capítulo V
DO PATRIMÔNIO E DAS RECEITAS

Art. 19. Constituem patrimônio da ANA os bens e direitos de sua propriedade, os que lhe forem conferidos ou que venha a adquirir ou incorporar.

Art. 20. Constituem receitas da ANA:

I – os recursos que lhe forem transferidos em decorrência de dotações consignadas no Orçamento-Geral da União, créditos especiais, créditos adicionais e transferências e repasses que lhe forem conferidos;

II – os recursos decorrentes da cobrança pelo uso de água de corpos hídricos de domínio da União, respeitando-se as formas e os limites de aplicação previstos no art. 22 da Lei nº 9.433, de 1997;

III – os recursos provenientes de convênios, acordos ou contratos celebrados com entidades, organismos ou empresas nacionais ou internacionais;

IV – as doações, legados, subvenções e outros recursos que lhe forem destinados;

V – o produto da venda de publicações, material técnico, dados e informações, inclusive para fins de licitação pública, de emolumentos administrativos e de taxas de inscrições em concursos;

VI – retribuição por serviços de quaisquer natureza prestados a terceiros;

VII – o produto resultante da arrecadação de multas aplicadas em decorrência de ações de fiscalização de que tratam os arts. 49 e 50 da Lei nº 9.433, de 1997;
VIII – os valores apurados com a venda ou aluguel de bens móveis e imóveis de sua propriedade;
IX – o produto da alienação de bens, objetos e instrumentos utilizados para a prática de infrações, assim como do patrimônio dos infratores, apreendidos em decorrência do exercício do poder de polícia e incorporados ao patrimônio da autarquia, nos termos de decisão judicial;
X – os recursos decorrentes da cobrança de emolumentos administrativos;

Art. 21. As receitas provenientes da cobrança pelo uso de recursos hídricos de domínio da União serão mantidas à disposição da ANA, na Conta Única do Tesouro Nacional, enquanto não forem destinadas para as respectivas programações.

§ 1º A ANA manterá registros que permitam correlacionar as receitas com as bacias hidrográficas em que foram geradas, com o objetivo de cumprir o estabelecido no art. 22 da Lei nº 9.433, de 1997.

§ 2º As disponibilidades de que trata o *caput* deste artigo poderão ser mantidas em aplicações financeiras, na forma regulamentada pelo Ministério da Fazenda.

§ 3º VETADO.

§ 4º As prioridades de aplicação de recursos a que se refere o *caput* do art. 22 da Lei nº 9.433, de 1997, serão definidas pelo Conselho Nacional de Recursos Hídricos, em articulação com os respectivos comitês de bacia hidrográfica.

CAPÍTULO VI
DISPOSIÇÕES FINAIS E TRANSITÓRIAS

Art. 22. Na primeira gestão da ANA, um diretor terá mandato de três anos, dois diretores terão mandatos de quatro anos e dois diretores terão mandatos de cinco anos, para implementar o sistema de mandatos não coincidentes.

Art. 23. Fica o Poder Executivo autorizado a:

I – transferir para a ANA o acervo técnico e patrimonial, direitos e receitas do Ministério do Meio Ambiente e de seus órgãos, necessários ao funcionamento da autarquia;
II – remanejar, transferir ou utilizar os saldos orçamentários do Ministério do Meio Ambiente para atender às despesas de estruturação e manutenção da ANA, utilizando, como recursos, as dotações orçamentárias destinadas às atividades-fins e administrativas, observados os mesmos subprojetos, subatividades e grupos de despesas previstos na Lei Orçamentária em vigor.

Art. 24. A Consultoria Jurídica do Ministério do Meio Ambiente e a Advocacia-Geral da União prestarão à ANA, no âmbito de suas competências, a assistência jurídica necessária, até que seja provido o cargo de Procurador da autarquia.

Art. 25. O Poder Executivo implementará a descentralização das atividades de operação e manutenção de reservatórios, canais e adutoras de domínio da União, excetuada a infraestrutura componente do Sistema Interligado Brasileiro, operado pelo Operador Nacional do Sistema Elétrico – ONS.

Parágrafo único. Caberá à ANA a coordenação e a supervisão do processo de descentralização de que trata este artigo.

Art. 26. O Poder Executivo, no prazo de noventa dias, contado a partir da data de publicação desta Lei, por meio de decreto do Presidente da República, estabelecerá a estrutura regimental da ANA, determinando sua instalação.

Parágrafo único. O decreto a que se refere o *caput* estabelecerá regras de caráter transitório, para vigorarem na fase de implementação das atividades da ANA, por prazo não inferior a doze e nem superior a vinte e quatro meses, regulando a emissão temporária, pela ANEEL, das declarações de reserva de disponibilidade hídrica de que trata o art. 7º.

Art. 27. A ANA promoverá a realização de concurso público para preenchimento das vagas existentes no seu quadro de pessoal.

Art. 28. O art. 17 da Lei nº 9.648, de 27 de maio de 1998, passa a vigorar com a seguinte redação:

"Art. 17. A compensação financeira pela utilização de recursos hídricos de que trata a Lei nº 7.990, de 28 de dezembro de 1989, será de seis inteiros e setenta e cinco centésimos por cento sobre o valor da energia elétrica produzida, a ser paga por titular de concessão ou autorização para exploração de potencial hidráulico aos Estados, ao Distrito Federal e aos Municípios em cujos territórios se localizarem instalações destinadas à produção de energia elétrica, ou que tenham áreas invadidas por águas dos respectivos reservatórios, e a órgãos da administração direta da União.

§ 1º Da compensação financeira de que trata o *caput*:
I – seis por cento do valor da energia produzida serão distribuídos entre os Estados, Municípios e órgãos da administração direta da União, nos termos do art. 1º da Lei nº 8.001, de 13 de março de 1990, com a redação dada por esta Lei;
II – setenta e cinco centésimos por cento do valor da energia produzida serão destinados ao Ministério do Meio Ambiente, para aplicação na implementação da Política Nacional de Recursos Hídricos e do Sistema Nacional de Gerenciamento de Recursos Hídricos, nos termos do art. 22 da Lei nº 9.433, de 8 de janeiro de 1997, e do disposto nesta Lei.

§ 2º A parcela a que se refere o inciso II do § 1º constitui pagamento pelo uso de recursos hídricos e será aplicada nos termos do art. 22 da Lei nº 9.433, de 1997."

Art. 29. O art. 1º da Lei nº 8.001, de 13 de março de 1990, com a redação dada pela Lei nº 9.433, de 1997, passa a vigorar com a seguinte redação:

"Art. 1º A distribuição mensal da compensação financeira de que trata o inciso I do § 1º do art. 17 da Lei nº 9.648, de 27 de maio de 1998, com a redação alterada por esta Lei, será feita da seguinte forma:
I – quarenta e cinco por cento aos Estados;
II – quarenta e cinco por cento aos Municípios;
III – quatro inteiros e quatro décimos por cento ao Ministério do Meio Ambiente;
IV – três inteiros e seis décimos por cento ao Ministério de Minas e Energia;
V – dois por cento ao Ministério da Ciência e Tecnologia.

§ 1º Na distribuição da compensação financeira, o Distrito Federal receberá o montante correspondente às parcelas de Estado e de Município.

§ 2º Nas usinas hidrelétricas beneficiadas por reservatórios de montante, o acréscimo de energia por eles propiciado será considerado como geração associada a este reservatórios regularizadores, competindo à ANEEL efetuar a avaliação correspondente para determinar a proporção da compensação financeira devida aos Estados, Distrito Federal e Municípios afetados por esses reservatórios.

§ 3º A Usina de Itaipu distribuirá, mensalmente, respeitados os percentuais definidos no caput deste artigo, sem prejuízo das parcelas devidas aos órgãos da administração direta da União, aos Estados e aos Municípios por ela diretamente afetados, oitenta e cinco por cento dos royalties devidos por Itaipu Binacional ao Brasil, previstos no Anexo C, item III do Tratado de Itaipu, assinado em 26 de março de 1973, entre a República Federativa do Brasil e a República do Paraguai, bem como nos documentos interpretativos subsequentes, e quinze por cento aos Estados e Municípios afetados por reservatórios a montante da Usina de Itaipu, que contribuem para o incremento de energia nela produzida.

§ 4º A cota destinada ao Ministério do Meio Ambiente será empregada na implementação da Política Nacional de Recursos Hídricos e do Sistema Nacional de Gerenciamento de Recursos Hídricos e na gestão da rede hidrometeorológica nacional.

§ 5º Revogado."

Art. 30. O art. 33 da Lei nº 9.433, de 8 de janeiro de 1997, passa a vigorar com a seguinte redação:

"Art. 33. Integram o Sistema Nacional de Gerenciamento de Recursos Hídricos:

I – o Conselho Nacional de Recursos Hídricos;

I-A – a Agência Nacional de Águas;

II – os Conselhos de Recursos Hídricos dos Estados e do Distrito Federal;

III – os Comitês de Bacia Hidrográfica;

IV – os órgãos dos poderes públicos federal, estaduais, do Distrito Federal e municipais cujas competências se relacionem com a gestão de recursos hídricos;

V – as Agências de Água."

Art. 31. O inciso IX do art. 35 da Lei nº 9.433, de 1997, passa a vigorar com a seguinte redação:

"Art. 35. ....
....

IX – acompanhar a execução e aprovar o Plano Nacional de Recursos Hídricos e determinar as providências necessárias ao cumprimento de suas metas;

...."

Art. 32. O art. 46 da Lei nº 9.433, de 1997, passa a vigorar com a seguinte redação:

"Art. 46. Compete à Secretaria Executiva do Conselho Nacional de Recursos Hídricos:

I – prestar apoio administrativo, técnico e financeiro ao Conselho Nacional de Recursos Hídricos;

II – Revogado;

III – instruir os expedientes provenientes dos Conselhos Estaduais de Recursos Hídricos e dos Comitês de Bacia Hidrográfica;

IV – Revogado;

V – elaborar seu programa de trabalho e respectiva proposta orçamentária anual e submetê-los à aprovação do Conselho Nacional de Recursos Hídricos."

Art. 33. Esta Lei entra em vigor na data de sua publicação.

Brasília, 17 de julho de 2000;
179º da Independência e
112º da República.

Marco Antonio de Oliveira Maciel

LEI Nº 9.986,
DE 18 DE JULHO DE 2000

Dispõe sobre a gestão de recursos humanos das Agências Reguladoras e dá outras providências.

▶ Publicada no DOU de 19-7-2000.

Art. 1º Revogado. Lei nº 10.871, de 20-5-2004.

Art. 2º Ficam criados, para exercício exclusivo nas Agências Reguladoras, os cargos Comissionados de Direção – CD, de Gerência Executiva – CGE, de Assessoria – CA e de Assistência – CAS, e os Cargos Comissionados Técnicos – CCT, constantes do Anexo I desta Lei.

▶ Caput com a redação dada pela Lei nº 10.871, de 20-5-2004.

Parágrafo único. É vedado aos empregados, aos requisitados, aos ocupantes de cargos comissionados e aos dirigentes das Agências Reguladoras o exercício de outra atividade profissional, inclusive gestão operacional de empresa, ou direção político-partidária, excetuados os casos admitidos em lei.

Art. 3º Os Cargos Comissionados de Gerência Executiva, de Assessoria e de Assistência são de livre nomeação e exoneração da instância de deliberação máxima da Agência.

Art. 4º As Agências serão dirigidas em regime de colegiado, por um Conselho Diretor ou Diretoria composta por Conselheiros ou Diretores, sendo um deles o seu Presidente ou o Diretor-Geral ou o Diretor Presidente.

Art. 5º O Presidente ou o Diretor-Geral ou o Diretor Presidente (CD I) e os demais membros do Conselho Diretor ou da Diretoria (CD II) serão brasileiros, de reputação ilibada, formação universitária e elevado conceito no campo de especialidade dos cargos para os quais serão nomeados, devendo ser escolhidos pelo Presidente da República e por ele nomeados, após aprovação pelo Senado Federal, nos termos da alínea f do inciso III do art. 52 da Constituição Federal.

Parágrafo único. O Presidente ou o Diretor-Geral ou o Diretor Presidente será nomeado pelo Presidente da República dentre os integrantes do Conselho Diretor ou da Diretoria, respectivamente, e investido na função pelo prazo fixado no ato de nomeação.

Art. 6º O mandato dos Conselheiros e dos Diretores terá o prazo fixado na lei de criação de cada Agência.

Parágrafo único. Em caso de vacância no curso do mandato, este será completado por sucessor investido na forma prevista no art. 5º.

Art. 7º A lei de criação de cada Agência disporá sobre a forma da não coincidência de mandato.

Art. 8º O ex-dirigente fica impedido para o exercício de atividades ou de prestar qualquer serviço no setor regulado pela respectiva agência, por um período de quatro meses, contados da exoneração ou do término do seu mandato.

▶ *Caput* com a redação dada pela MP nº 2.216-37, de 31-8-2001, que até o encerramento desta edição não havia sido convertida em Lei.

§ 1º Inclui-se no período a que se refere o *caput* eventuais períodos de férias não gozadas.

§ 2º Durante o impedimento, o ex-dirigente ficará vinculado à agência, fazendo jus a remuneração compensatória equivalente à do cargo de direção que exerceu e aos benefícios a ele inerentes.

▶ § 2º com a redação dada pela MP nº 2.216-37, de 31-8-2001, que até o encerramento desta edição não havia sido convertida em Lei.

§ 3º Aplica-se o disposto neste artigo ao ex-dirigente exonerado a pedido, se este já tiver cumprido pelo menos seis meses do seu mandato.

§ 4º Incorre na prática de crime de advocacia administrativa, sujeitando-se às penas da lei, o ex-dirigente que violar o impedimento previsto neste artigo, sem prejuízo das demais sanções cabíveis, administrativas e civis.

▶ § 4º com a redação dada pela MP nº 2.216-37, de 31-8-2001, que até o encerramento desta edição não havia sido convertida em Lei.

§ 5º Na hipótese de o ex-dirigente ser servidor público, poderá ele optar pela aplicação do disposto no § 2º, ou pelo retorno ao desempenho das funções de seu cargo efetivo ou emprego público, desde que não haja conflito de interesse.

▶ § 5º acrescido pela MP nº 2.216-37, de 31-8-2001, que até o encerramento desta edição não havia sido convertida em Lei.

Art. 9º Os Conselheiros e os Diretores somente perderão o mandato em caso de renúncia, de condenação judicial transitada em julgado ou de processo administrativo disciplinar.

Parágrafo único. A lei de criação da Agência poderá prever outras condições para a perda do mandato.

Art. 10. O regulamento de cada Agência disciplinará a substituição dos Conselheiros e Diretores em seus impedimentos ou afastamentos regulamentares ou ainda no período de vacância que anteceder a nomeação de novo Conselheiro ou Diretor.

Art. 11. Na Agência em cuja estrutura esteja prevista a Ouvidoria, o seu titular ocupará o cargo comissionado de Gerência Executiva – CGE II.

Parágrafo único. A lei de criação da Agência definirá as atribuições do Ouvidor, assegurando-se-lhe autonomia e independência de atuação e condição plena para desempenho de suas atividades.

Arts. 12 e 13. *Revogados.* Lei nº 10.871, de 20-5-2004.

Art. 14. Os quantitativos dos empregos públicos e dos cargos comissionados de cada Agência serão estabelecidos em lei, ficando as Agências autorizadas a efetuar a alteração dos quantitativos e da distribuição dos Cargos Comissionados de Gerência Executiva, de Assessoria, de Assistência e dos Cargos Comissionados Técnicos, observados os valores de retribuição correspondentes e desde que não acarrete aumento de despesa.

Parágrafo único. *Revogado.* Lei nº 10.871, de 20-5-2004.

Art. 15. *Revogado.* Lei nº 10.871, de 20-5-2004.

Art. 16. As Agências Reguladoras poderão requisitar servidores e empregados de órgãos e entidades integrantes da administração pública.

▶ *Caput* com a redação dada pela Lei nº 11.292, de 26-4-2006.

§ 1º Durante os primeiros vinte e quatro meses subsequentes à sua instalação, as Agências poderão complementar a remuneração do servidor ou empregado público requisitado, até o limite da remuneração do cargo efetivo ou emprego permanente ocupado no órgão ou na entidade de origem, quando a requisição implicar redução dessa remuneração.

§ 2º No caso das Agências já criadas, o prazo referido no § 1º será contado a partir da publicação desta Lei.

§ 3º O quantitativo de servidores ou empregados requisitados, acrescido do pessoal dos Quadros a que se refere o *caput* do art. 19, não poderá ultrapassar o número de empregos fixado para a respectiva Agência.

§ 4º Observar-se-á, relativamente ao ressarcimento ao órgão ou à entidade de origem do servidor ou do empregado requisitado das despesas com sua remuneração e obrigações patronais, o disposto nos §§ 5º e 6º do art. 93 da Lei nº 8.112, de 11 de dezembro de 1990.

Art. 17. *Revogado.* Lei nº 11.526, de 4-10-2007.

Art. 18. O Ministério do Planejamento, Orçamento e Gestão divulgará, no prazo de trinta dias a contar da publicação desta Lei, tabela estabelecendo as equivalências entre os Cargos Comissionados e Cargos Comissionados Técnicos previstos no Anexo II e os Cargos em Comissão do Grupo Direção e Assessoramento Superiores – DAS, para efeito de aplicação de legislações específicas relativas à percepção de vantagens, de caráter remuneratório ou não, por servidores ou empregados públicos.

Art. 19. Mediante lei, poderão ser criados Quadro de Pessoal Específico, destinado, exclusivamente, à absorção de servidores públicos federais regidos pela Lei nº 8.112, de 11 de dezembro de 1990, e Quadro de Pessoal em Extinção, destinado exclusivamente à absorção de empregados de empresas públicas federais liquidadas ou em processo de liquidação, regidos pelo regime celetista, que se encontrarem exercendo atividades a serem absorvidas pelas Agências.

§ 1º A soma dos cargos ou empregos dos Quadros a que se refere este artigo não poderá exceder ao número de empregos que forem fixados para o Quadro de Pessoal Efetivo.

§ 2º Os Quadros de que trata o *caput* deste artigo têm caráter temporário, extinguindo-se as vagas neles alocadas, à medida que ocorrerem vacâncias.

§ 3º À medida que forem extintos os cargos ou empregos dos Quadros de que trata este artigo, é facultado à Agência o preenchimento de empregos de pessoal concursado para o Quadro de Pessoal Efetivo.

§ 4º Se o quantitativo de cargos ou empregos dos Quadros de que trata este artigo for inferior ao Quadro de Pessoal Efetivo, é facultada à Agência a realização de concurso para preenchimento dos empregos excedentes.

§ 5º O ingresso no Quadro de Pessoal Específico será efetuado por redistribuição.

§ 6º A absorção de pessoal celetista no Quadro de Pessoal em Extinção não caracteriza rescisão contratual.

Arts. 20 e 21. *Revogados.* Lei nº 10.871, de 20-5-2004.

Art. 22. Ficam as Agências autorizadas a custear as despesas com remoção e estada para os profissionais que, em virtude de nomeação para Cargos Comissionados de Direção, de Gerência Executiva e de Assessoria dos níveis CD I e II, CGE I, II, III e IV, CA I e II, e para os Cargos Comissionados Técnicos, nos níveis CCT V e IV, vierem a ter exercício em cidade diferente da de seu domicílio, conforme disposto em regulamento de cada Agência, observados os limites de valores estabelecidos para a Administração Pública Federal direta.

▶ Artigo com a redação dada pela MP nº 2.229-43, de 6-9-2001, que até o encerramento desta edição não havia sido convertida em Lei.

Art. 23. Os regulamentos próprios das Agências referidos nesta Lei serão aprovados por decisão da instância de deliberação superior de cada Autarquia, com ampla divulgação interna e publicação no *Diário Oficial da União*.

Art. 24. *Revogado.* Lei nº 10.871, de 20-5-2004.

Art. 25. Os Quadros de Pessoal Efetivo e os quantitativos de Cargos Comissionados da Agência Nacional de Energia Elétrica – ANEEL, da Agência Nacional de Telecomunicações – ANATEL, da Agência Nacional do Petróleo – ANP, da Agência Nacional de Vigilância Sanitária – ANVS e da Agência Nacional de Saúde Suplementar – ANS são os constantes do Anexo I desta Lei.

Art. 26. As Agências Reguladoras já instaladas poderão, em caráter excepcional, prorrogar os contratos de trabalho temporários em vigor, por prazo máximo de vinte e quatro meses além daqueles previstos na legislação vigente, a partir do vencimento de cada contrato de trabalho.

Art. 27. *Revogado.* Lei nº 10.871, de 20-5-2004.

Art. 28. Fica criado o Quadro de Pessoal Específico, integrado pelos servidores regidos pela Lei nº 8.112, de 1990, que tenham sido redistribuídos para a ANVS por força de lei.

§§ 1º a 3º *Revogados.* Lei nº 11.357, de 19-10-2006.

Art. 29. Fica criado, dentro do limite quantitativo do Quadro Efetivo da ANATEL, ANEEL, ANP e ANS, Quadro de Pessoal Específico a que se refere o art. 19, composto por servidores que tenham sido redistribuídos para as Agências até a data da promulgação desta Lei.

Art. 30. *Revogado.* Lei nº 10.871, de 20-5-2004.

Art. 31. As Agências Reguladoras, no exercício de sua autonomia, poderão desenvolver sistemas próprios de administração de recursos humanos, inclusive cadastro e pagamento, sendo obrigatória a alimentação dos sistemas de informações mantidos pelo órgão central do Sistema de Pessoal Civil – SIPEC.

Art. 32. No prazo de até noventa dias, contado da publicação desta Lei, ficam extintos os Cargos de Natureza Especial e os Cargos do Grupo Direção e Assessoramento Superiores – DAS ora alocados à ANEEL, ANATEL, ANP, ANVS e ANS, e os Cargos Comissionados de Telecomunicações, Petróleo, Energia Elétrica e Saúde Suplementar e as Funções Comissionadas de Vigilância Sanitária.

Parágrafo único. Os Cargos Comissionados e os Cargos Comissionados Técnicos de que trata esta Lei só poderão ser preenchidos após a extinção de que trata o *caput*.

Arts. 33 e 34. *Revogados.* Lei nº 10.871, de 20-5-2004.

Art. 35. VETADO.

Art. 36. O *caput* do art. 24 da Lei nº 9.472, de 16 de julho de 1997, passa a vigorar com a seguinte redação:

▶ Alteração inserida no texto da referida Lei.

Art. 37. A aquisição de bens e a contratação de serviços pelas Agências Reguladoras poderá se dar nas modalidades de consulta e pregão, observado o disposto nos arts. 55 a 58 da Lei nº 9.472, de 1997, e nos termos de regulamento próprio.

Parágrafo único. O disposto no *caput* não se aplica às contratações referentes a obras e serviços de engenharia, cujos procedimentos deverão observar as normas gerais de licitação e contratação para a Administração Pública.

Art. 38. Esta Lei entra em vigor na data de sua publicação.

Art. 39. Ficam revogados o art. 8º da Lei nº 9.427, de 26 de dezembro de 1996; os arts. 12, 13, 14, 26, 28 e 31 e os Anexos I e II da Lei nº 9.472, de 16 de julho de 1997; o art. 13 da Lei nº 9.478, de 6 de agosto de 1997; os arts. 35 e 36, o inciso II e os parágrafos do art. 37, e o art. 60 da Lei nº 9.649, de 27 de maio de 1998; os arts. 18, 34 e 37 da Lei nº 9.782, de 26 de janeiro de 1999; e os arts. 12 e 27 e o Anexo I da Lei nº 9.961, de 28 de janeiro de 2000.

Brasília, 18 de julho de 2000;
179º da Independência e
112º da República.

Marco Antonio de Oliveira Maciel

▶ Optamos por não publicar os anexos nesta edição.

LEI COMPLEMENTAR Nº 101, DE 4 DE MAIO DE 2000

Estabelece normas de finanças públicas voltadas para a responsabilidade na gestão fiscal e dá outras providências.

▶ Publicada no *DOU* de 5-5-2000.
▶ Lei nº 11.457, de 16-3-2007 (Lei da Super-Receita).

CAPÍTULO I

DISPOSIÇÕES PRELIMINARES

Art. 1º Esta Lei Complementar estabelece normas de finanças públicas voltadas para a responsabilidade na gestão fiscal, com amparo no Capítulo II do Título VI da Constituição.

§ 1º A responsabilidade na gestão fiscal pressupõe a ação planejada e transparente, em que se previnem riscos e corrigem desvios capazes de afetar o equilíbrio das contas públicas, mediante o cumprimento de metas de resultados entre receitas e despesas e a obediência a limites e condições no que tange a renúncia de receita, geração de despesas com pessoal, da seguridade social e outras, dívidas consolidada e mobiliária, operações de crédito, inclusive por antecipação de receita, concessão de garantia e inscrição em Restos a Pagar.

§ 2º As disposições desta Lei Complementar obrigam a União, os Estados, o Distrito Federal e os Municípios.

§ 3º Nas referências:

I – à União, aos Estados, ao Distrito Federal e aos Municípios, estão compreendidos:

a) o Poder Executivo, o Poder Legislativo, neste abrangidos os Tribunais de Contas, o Poder Judiciário e o Ministério Público;
b) as respectivas administrações diretas, fundos, autarquias, fundações e empresas estatais dependentes;

II – a Estados entende-se considerado o Distrito Federal;

III – a Tribunais de Contas estão incluídos: Tribunal de Contas da União, Tribunal de Contas do Estado e, quando houver, Tribunal de Contas dos Municípios e Tribunal de Contas do Município.

Art. 2º Para os efeitos desta Lei Complementar, entende-se como:

I – ente da Federação: a União, cada Estado, o Distrito Federal e cada Município;

II – empresa controlada: sociedade cuja maioria do capital social com direito a voto pertença, direta ou indiretamente, a ente da Federação;

III – empresa estatal dependente: empresa controlada que receba do ente controlador recursos financeiros para pagamento de despesas com pessoal ou de custeio em geral ou de capital, excluídos, no último caso, aqueles provenientes de aumento de participação acionária;

IV – receita corrente líquida: somatório das receitas tributárias, de contribuições, patrimoniais, industriais, agropecuárias, de serviços, transferências correntes e outras receitas também correntes, deduzidos:

a) na União, os valores transferidos aos Estados e Municípios por determinação constitucional ou legal, e as contribuições mencionadas na alínea *a* do inciso I e no inciso II do art. 195, e no art. 239 da Constituição;
b) nos Estados, as parcelas entregues aos Municípios por determinação constitucional;
c) na União, nos Estados e nos Municípios, a contribuição dos servidores para o custeio do seu sistema de previdência e assistência social e as receitas provenientes da compensação financeira citada no § 9º do art. 201 da Constituição.

§ 1º Serão computados no cálculo da receita corrente líquida os valores pagos e recebidos em decorrência da Lei Complementar nº 87, de 13 de setembro de 1996, e do fundo previsto pelo art. 60 do Ato das Disposições Constitucionais Transitórias.

§ 2º Não serão considerados na receita corrente líquida do Distrito Federal e dos Estados do Amapá e de Roraima os recursos recebidos da União para atendimento das despesas de que trata o inciso V do § 1º do art. 19.

§ 3º A receita corrente líquida será apurada somando-se as receitas arrecadadas no mês em referência e nos onze anteriores, excluídas as duplicidades.

CAPÍTULO II

DO PLANEJAMENTO

▶ Lei nº 10.180, de 6-1-2001, organiza os Sistemas de Planejamento e de Orçamento Federal, de Administração Financeira Federal, de Contabilidade Federal e de Controle Interno do Poder Executivo Federal.

SEÇÃO I

DO PLANO PLURIANUAL

Art. 3º VETADO.

SEÇÃO II

DA LEI DE DIRETRIZES ORÇAMENTÁRIAS

Art. 4º A lei de diretrizes orçamentárias atenderá o disposto no § 2º do art. 165 da Constituição e:

I – disporá também sobre:

a) equilíbrio entre receitas e despesas;
b) critérios e forma de limitação de empenho, a ser efetivada nas hipóteses previstas na alínea *b* do inciso II deste artigo, no art. 9º e no inciso II do § 1º do art. 31;

c e d) VETADOS;

e) normas relativas ao controle de custos e à avaliação dos resultados dos programas financiados com recursos dos orçamentos;
f) demais condições e exigências para transferências de recursos a entidades públicas e privadas;

II e III – VETADOS.

§ 1º Integrará o projeto de lei de diretrizes orçamentárias Anexo de Metas Fiscais, em que serão estabelecidas metas anuais, em valores correntes e constantes, relativas a receitas, despesas, resultados nominal e primário e montante da dívida pública, para o exercício a que se referirem e para os dois seguintes.

§ 2º O Anexo conterá, ainda:

I – avaliação do cumprimento das metas relativas ao ano anterior;

II – demonstrativo das metas anuais, instruído com memória e metodologia de cálculo que justifiquem os resultados pretendidos, comparando-as com as fixadas nos três exercícios anteriores, e evidenciando a consistência delas com as premissas e os objetivos da política econômica nacional;
III – evolução do patrimônio líquido, também nos últimos três exercícios, destacando a origem e a aplicação dos recursos obtidos com a alienação de ativos;
IV – avaliação da situação financeira e atuarial:

a) dos regimes geral de previdência social e próprio dos servidores públicos e do Fundo de Amparo ao Trabalhador;
b) dos demais fundos públicos e programas estatais de natureza atuarial;

V – demonstrativo da estimativa e compensação da renúncia de receita e da margem de expansão das despesas obrigatórias de caráter continuado.

§ 3º A lei de diretrizes orçamentárias conterá Anexo de Riscos Fiscais, onde serão avaliados os passivos contingentes e outros riscos capazes de afetar as contas públicas, informando as providências a serem tomadas, caso se concretizem.

§ 4º A mensagem que encaminhar o projeto da União apresentará, em anexo específico, os objetivos das políticas monetária, creditícia e cambial, bem como os parâmetros e as projeções para seus principais agregados e variáveis, e ainda as metas de inflação, para o exercício subsequente.

Seção III

DA LEI ORÇAMENTÁRIA ANUAL

Art. 5º O projeto de lei orçamentária anual, elaborado de forma compatível com o plano plurianual, com a lei de diretrizes orçamentárias e com as normas desta Lei Complementar:

I – conterá, em anexo, demonstrativo da compatibilidade da programação dos orçamentos com os objetivos e metas constantes do documento de que trata o § 1º do art. 4º;
II – será acompanhado do documento a que se refere o § 6º do art. 165 da Constituição, bem como das medidas de compensação a renúncias de receita e ao aumento de despesas obrigatórias de caráter continuado;
III – conterá reserva de contingência, cuja forma de utilização e montante, definido com base na receita corrente líquida, serão estabelecidos na lei de diretrizes orçamentárias, destinada ao:

a) VETADA;
b) atendimento de passivos contingentes e outros riscos e eventos fiscais imprevistos.

§ 1º Todas as despesas relativas à dívida pública, mobiliária ou contratual, e as receitas que as atenderão, constarão da lei orçamentária anual.

§ 2º O refinanciamento da dívida pública constará separadamente na lei orçamentária e nas de crédito adicional.

§ 3º A atualização monetária do principal da dívida mobiliária refinanciada não poderá superar a variação do índice de preços previsto na lei de diretrizes orçamentárias, ou em legislação específica.

§ 4º É vedado consignar na lei orçamentária crédito com finalidade imprecisa ou com dotação ilimitada.

§ 5º A lei orçamentária não consignará dotação para investimento com duração superior a um exercício financeiro que não esteja previsto no plano plurianual ou em lei que autorize a sua inclusão, conforme disposto no § 1º do art. 167 da Constituição.

§ 6º Integrarão as despesas da União, e serão incluídas na lei orçamentária, as do Banco Central do Brasil relativas a pessoal e encargos sociais, custeio administrativo, inclusive os destinados a benefícios e assistência aos servidores, e a investimentos.

§ 7º VETADO.

Art. 6º VETADO.

Art. 7º O resultado do Banco Central do Brasil, apurado após a constituição ou reversão de reservas, constitui receita do Tesouro Nacional, e será transferido até o décimo dia útil subsequente à aprovação dos balanços semestrais.

§ 1º O resultado negativo constituirá obrigação do Tesouro para com o Banco Central do Brasil e será consignado em dotação específica no orçamento.

§ 2º O impacto e o custo fiscal das operações realizadas pelo Banco Central do Brasil serão demonstrados trimestralmente, nos termos em que dispuser a lei de diretrizes orçamentárias da União.

§ 3º Os balanços trimestrais do Banco Central do Brasil conterão notas explicativas sobre os custos da remuneração das disponibilidades do Tesouro Nacional e da manutenção das reservas cambiais e a rentabilidade de sua carteira de títulos, destacando os de emissão da União.

Seção IV

DA EXECUÇÃO ORÇAMENTÁRIA E DO CUMPRIMENTO DAS METAS

Art. 8º Até trinta dias após a publicação dos orçamentos, nos termos em que dispuser a lei de diretrizes orçamentárias e observado o disposto na alínea c do inciso I do art. 4º, o Poder Executivo estabelecerá a programação financeira e o cronograma de execução mensal de desembolso.

Parágrafo único. Os recursos legalmente vinculados a finalidade específica serão utilizados exclusivamente para atender ao objeto de sua vinculação, ainda que em exercício diverso daquele em que ocorrer o ingresso.

Art. 9º Se verificado, ao final de um bimestre, que a realização da receita poderá não comportar o cumprimento das metas de resultado primário ou nominal estabelecidas no Anexo de Metas Fiscais, os Poderes e o Ministério Público promoverão, por ato próprio e nos montantes necessários, nos trinta dias subsequentes, limitação de empenho e movimentação financeira, segundo os critérios fixados pela lei de diretrizes orçamentárias.

§ 1º No caso de restabelecimento da receita prevista, ainda que parcial, a recomposição das dotações cujos empenhos foram limitados dar-se-á de forma proporcional às reduções efetivadas.

§ 2º Não serão objeto de limitação as despesas que constituam obrigações constitucionais e legais do ente, inclusive aquelas destinadas ao pagamento do serviço da dívida, e as ressalvadas pela lei de diretrizes orçamentárias.

§ 3º No caso de os Poderes Legislativo e Judiciário e o Ministério Público não promoverem a limitação no prazo estabelecido no *caput*, é o Poder Executivo autorizado a limitar os valores financeiros segundo os critérios fixados pela lei de diretrizes orçamentárias.

▶ O STF, por unanimidade de votos, deferiu a medida cautelar na ADIN nº 2.238-5, para suspender a eficácia deste parágrafo (*DJE* de 12-9-2008).
▶ Art. 168 da CF.

§ 4º Até o final dos meses de maio, setembro e fevereiro, o Poder Executivo demonstrará e avaliará o cumprimento das metas fiscais de cada quadrimestre, em audiência pública na comissão referida no § 1º do art. 166 da Constituição ou equivalente nas Casas Legislativas estaduais e municipais.

§ 5º No prazo de noventa dias após o encerramento de cada semestre, o Banco Central do Brasil apresentará, em reunião conjunta das comissões temáticas pertinentes do Congresso Nacional, avaliação do cumprimento dos objetivos e metas das políticas monetária, creditícia e cambial, evidenciando o impacto e o custo fiscal de suas operações e os resultados demonstrados nos balanços.

Art. 10. A execução orçamentária e financeira identificará os beneficiários de pagamento de sentenças judiciais, por meio de sistema de contabilidade e administração financeira, para fins de observância da ordem cronológica determinada no art. 100 da Constituição.

Capítulo III

DA RECEITA PÚBLICA

Seção I

DA PREVISÃO E DA ARRECADAÇÃO

Art. 11. Constituem requisitos essenciais da responsabilidade na gestão fiscal a instituição, previsão e efetiva arrecadação de todos os tributos da competência constitucional do ente da Federação.

Parágrafo único. É vedada a realização de transferências voluntárias para o ente que não observe o disposto no *caput*, no que se refere aos impostos.

Art. 12. As previsões de receita observarão as normas técnicas e legais, considerarão os efeitos das alterações na legislação, da variação do índice de preços, do crescimento econômico ou de qualquer outro fator relevante e serão acompanhadas de demonstrativo de sua evolução nos últimos três anos, da projeção para os dois seguintes àquele a que se referirem, e da metodologia de cálculo e premissas utilizadas.

▶ Arts. 29 e 30 da Lei nº 4.320, de 17-3-1964, que estatui normas gerais de direito financeiro para elaboração e controle dos orçamentos e balanços da União, dos Estados, dos Municípios e do Distrito Federal.

§ 1º Reestimativa de receita por parte do Poder Legislativo só será admitida se comprovado erro ou omissão de ordem técnica ou legal.

§ 2º O montante previsto para as receitas de operações de crédito não poderá ser superior ao das despesas de capital constantes do projeto de lei orçamentária.

▶ O STF, por unanimidade de votos, deferiu a medida cautelar na ADIN nº 2.238-5, conferindo a este parágrafo interpretação conforme ao inciso III do art. 167 da CF, em ordem a explicitar que a proibição não abrange operações de crédito autorizadas mediante créditos suplementares ou especiais com finalidade precisa, aprovados pelo Poder Legislativo (*DJE* de 12-9-2008).

§ 3º O Poder Executivo de cada ente colocará à disposição dos demais Poderes e do Ministério Público, no mínimo trinta dias antes do prazo final para encaminhamento de suas propostas orçamentárias, os estudos e as estimativas das receitas para o exercício subsequente, inclusive da corrente líquida, e as respectivas memórias de cálculo.

Art. 13. No prazo previsto no art. 8º, as receitas previstas serão desdobradas, pelo Poder Executivo, em metas bimestrais de arrecadação, com a especificação, em separado, quando cabível, das medidas de combate à evasão e à sonegação, da quantidade e valores de ações ajuizadas para cobrança da dívida ativa, bem como da evolução do montante dos créditos tributários passíveis de cobrança administrativa.

▶ Res. do SF nº 33, de 13-7-2006, autoriza a cessão, para cobrança, da dívida ativa dos municípios a instituições financeiras.

Seção II

DA RENÚNCIA DE RECEITA

Art. 14. A concessão ou ampliação de incentivo ou benefício de natureza tributária da qual decorra renúncia de receita deverá estar acompanhada de estimativa do impacto orçamentário-financeiro no exercício em que deva iniciar sua vigência e nos dois seguintes, atender ao disposto na lei de diretrizes orçamentárias e a pelo menos uma das seguintes condições:

▶ Arts. 70 e 151 da CF.

I – demonstração pelo proponente de que a renúncia foi considerada na estimativa de receita da lei orçamentária, na forma do art. 12, e de que não afetará as metas de resultados fiscais previstas no anexo próprio da lei de diretrizes orçamentárias;

II – estar acompanhada de medidas de compensação, no período mencionado no *caput*, por meio do aumento de receita, proveniente da elevação de alíquotas, ampliação da base de cálculo, majoração ou criação de tributo ou contribuição.

§ 1º A renúncia compreende anistia, remissão, subsídio, crédito presumido, concessão de isenção em caráter não geral, alteração de alíquota ou modificação de base de cálculo que implique redução discriminada de tributos ou contribuições, e outros benefícios que correspondam a tratamento diferenciado.

§ 2º Se o ato de concessão ou ampliação do incentivo ou benefício de que trata o *caput* deste artigo decorrer da condição contida no inciso II, o benefício só entrará em vigor quando implementadas as medidas referidas no mencionado inciso.

§ 3º O disposto neste artigo não se aplica:

I – às alterações das alíquotas dos impostos previstos nos incisos I, II, IV e V do art. 153 da Constituição, na forma do seu § 1º;
II – ao cancelamento de débito cujo montante seja inferior ao dos respectivos custos de cobrança.

Capítulo IV
DA DESPESA PÚBLICA
Seção I
DA GERAÇÃO DA DESPESA

Art. 15. Serão consideradas não autorizadas, irregulares e lesivas ao patrimônio público a geração de despesa ou assunção de obrigação que não atendam o disposto nos arts. 16 e 17.

▶ Art. 167, I e II e § 1º, da CF.

Art. 16. A criação, expansão ou aperfeiçoamento de ação governamental que acarrete aumento da despesa será acompanhado de:
I – estimativa do impacto orçamentário-financeiro no exercício em que deva entrar em vigor e nos dois subsequentes;
II – declaração do ordenador da despesa de que o aumento tem adequação orçamentária e financeira com a lei orçamentária anual e compatibilidade com o plano plurianual e com a lei de diretrizes orçamentárias.

§ 1º Para os fins desta Lei Complementar, considera-se:
I – adequada com a lei orçamentária anual, a despesa objeto de dotação específica e suficiente, ou que esteja abrangida por crédito genérico, de forma que somadas todas as despesas da mesma espécie, realizadas e a realizar, previstas no programa de trabalho, não sejam ultrapassados os limites estabelecidos para o exercício;
II – compatível com o plano plurianual e a lei de diretrizes orçamentárias, a despesa que se conforme com as diretrizes, objetivos, prioridades e metas previstos nesses instrumentos e não infrinja qualquer de suas disposições.

§ 2º A estimativa de que trata o inciso I do *caput* será acompanhada das premissas e metodologia de cálculo utilizadas.

§ 3º Ressalva-se do disposto neste artigo a despesa considerada irrelevante, nos termos em que dispuser a lei de diretrizes orçamentárias.

§ 4º As normas do *caput* constituem condição prévia para:
I – empenho e licitação de serviços, fornecimento de bens ou execução de obras;
II – desapropriação de imóveis urbanos a que se refere o § 3º do art. 182 da Constituição.

Subseção I
DA DESPESA OBRIGATÓRIA DE CARÁTER CONTINUADO

Art. 17. Considera-se obrigatória de caráter continuado a despesa corrente derivada de lei, medida provisória ou ato administrativo normativo que fixem para o ente a obrigação legal de sua execução por um período superior a dois exercícios.

§ 1º Os atos que criarem ou aumentarem despesa de que trata o *caput* deverão ser instruídos com a estimativa prevista no inciso I do art. 16 e demonstrar a origem dos recursos para seu custeio.

▶ Art. 37, X, da CF.

§ 2º Para efeito do atendimento do § 1º, o ato será acompanhado de comprovação de que a despesa criada ou aumentada não afetará as metas de resultados fiscais previstas no anexo referido no § 1º do art. 4º, devendo seus efeitos financeiros, nos períodos seguintes, ser compensados pelo aumento permanente de receita ou pela redução permanente de despesa.

§ 3º Para efeito do § 2º, considera-se aumento permanente de receita o proveniente da elevação de alíquotas, ampliação da base de cálculo, majoração ou criação de tributo ou contribuição.

§ 4º A comprovação referida no § 2º, apresentada pelo proponente, conterá as premissas e metodologia de cálculo utilizadas, sem prejuízo do exame de compatibilidade da despesa com as demais normas do plano plurianual e da lei de diretrizes orçamentárias.

§ 5º A despesa de que trata este artigo não será executada antes da implementação das medidas referidas no § 2º, as quais integrarão o instrumento que a criar ou aumentar.

§ 6º O disposto no § 1º não se aplica às despesas destinadas ao serviço da dívida nem ao reajustamento de remuneração de pessoal de que trata o inciso X do art. 37 da Constituição.

§ 7º Considera-se aumento de despesa a prorrogação daquela criada por prazo determinado.

Seção II
DAS DESPESAS COM PESSOAL
Subseção I
DEFINIÇÕES E LIMITES

Art. 18. Para os efeitos desta Lei Complementar, entende-se como despesa total com pessoal: o somatório dos gastos do ente da Federação com os ativos, os inativos e os pensionistas, relativos a mandatos eletivos, cargos, funções ou empregos, civis, militares e de membros de Poder, com quaisquer espécies remuneratórias, tais como vencimentos e vantagens, fixas e variáveis, subsídios, proventos da aposentadoria, reformas e pensões, inclusive adicionais, gratificações, horas extras e vantagens pessoais de qualquer natureza, bem como encargos sociais e contribuições recolhidas pelo ente às entidades de previdência.

§ 1º Os valores dos contratos de terceirização de mão de obra que se referem à substituição de servidores e empregados públicos serão contabilizados como "Outras Despesas de Pessoal".

§ 2º A despesa total com pessoal será apurada somando-se a realizada no mês em referência com as dos onze imediatamente anteriores, adotando-se o regime de competência.

Art. 19. Para os fins do disposto no *caput* do art. 169 da Constituição, a despesa total com pessoal, em cada período de apuração e em cada ente da Federação, não poderá exceder os percentuais da receita corrente líquida, a seguir discriminados:
I – União: 50% (cinquenta por cento);
II – Estados: 60% (sessenta por cento);

III – Municípios: 60% (sessenta por cento).

§ 1º Na verificação do atendimento dos limites definidos neste artigo, não serão computadas as despesas:

I – de indenização por demissão de servidores ou empregados;

II – relativas a incentivos à demissão voluntária;

III – derivadas da aplicação do disposto no inciso II do § 6º do art. 57 da Constituição;

IV – decorrentes de decisão judicial e da competência de período anterior ao da apuração a que se refere o § 2º do art. 18;

V – com pessoal, do Distrito Federal e dos Estados do Amapá e Roraima, custeadas com recursos transferidos pela União na forma dos incisos XIII e XIV do art. 21 da Constituição e do art. 31 da Emenda Constitucional nº 19;

VI – com inativos, ainda que por intermédio de fundo específico, custeadas por recursos provenientes:

a) da arrecadação de contribuições dos segurados;

▶ Arts. 29, VII, e 29-A da CF.

b) da compensação financeira de que trata o § 9º do art. 201 da Constituição;

c) das demais receitas diretamente arrecadadas por fundo vinculado a tal finalidade, inclusive o produto da alienação de bens, direitos e ativos, bem como seu superávit financeiro.

§ 2º Observado o disposto no inciso IV do § 1º, as despesas com pessoal decorrentes de sentenças judiciais serão incluídas no limite do respectivo Poder ou órgão referido no art. 20.

Art. 20. A repartição dos limites globais do art. 19 não poderá exceder os seguintes percentuais:

I – na esfera federal:

a) 2,5% (dois inteiros e cinco décimos por cento) para o Legislativo, incluído o Tribunal de Contas da União;

b) 6% (seis por cento) para o Judiciário;

c) 40,9% (quarenta inteiros e nove décimos por cento) para o Executivo, destacando-se 3% (três por cento) para as despesas com pessoal decorrentes do que dispõem os incisos XIII e XIV do art. 21 da Constituição e o art. 31 da Emenda Constitucional nº 19, repartidos de forma proporcional à média das despesas relativas a cada um destes dispositivos, em percentual da receita corrente líquida, verificadas nos três exercícios financeiros imediatamente anteriores ao da publicação desta Lei Complementar;

d) 0,6% (seis décimos por cento) para o Ministério Público da União;

II – na esfera estadual:

a) 3% (três por cento) para o Legislativo, incluído o Tribunal de Contas do Estado;

b) 6% (seis por cento) para o Judiciário;

c) 49% (quarenta e nove por cento) para o Executivo;

d) 2% (dois por cento) para o Ministério Público dos Estados;

III – na esfera municipal:

a) 6% (seis por cento) para o Legislativo, incluído o Tribunal de Contas do Município, quando houver;

▶ Arts. 29, VII, e 29-A da CF.

b) 54% (cinquenta e quatro por cento) para o Executivo.

§ 1º Nos Poderes Legislativo e Judiciário de cada esfera, os limites serão repartidos entre seus órgãos de forma proporcional à média das despesas com pessoal, em percentual da receita corrente líquida, verificadas nos três exercícios financeiros imediatamente anteriores ao da publicação desta Lei Complementar.

§ 2º Para efeito deste artigo entende-se como órgão:

I – o Ministério Público;

II – no Poder Legislativo:

a) Federal, as respectivas Casas e o Tribunal de Contas da União;

b) Estadual, a Assembleia Legislativa e os Tribunais de Contas;

c) do Distrito Federal, a Câmara Legislativa e o Tribunal de Contas do Distrito Federal;

d) Municipal, a Câmara de Vereadores e o Tribunal de Contas do Município, quando houver;

III – no Poder Judiciário:

a) Federal, os tribunais referidos no art. 92 da Constituição;

b) Estadual, o Tribunal de Justiça e outros, quando houver.

§ 3º Os limites para as despesas com pessoal do Poder Judiciário, a cargo da União por força do inciso XIII do art. 21 da Constituição, serão estabelecidos mediante aplicação da regra do § 1º.

§ 4º Nos Estados em que houver Tribunal de Contas dos Municípios, os percentuais definidos nas alíneas *a* e *c* do inciso II do *caput* serão, respectivamente, acrescidos e reduzidos em 0,4% (quatro décimos por cento).

▶ Art. 31, § 4º, da CF.

§ 5º Para os fins previstos no art. 168 da Constituição, a entrega dos recursos financeiros correspondentes à despesa total com pessoal por Poder e órgão será a resultante da aplicação dos percentuais definidos neste artigo, ou aqueles fixados na lei de diretrizes orçamentárias.

§ 6º VETADO.

SUBSEÇÃO II

DO CONTROLE DA DESPESA TOTAL COM PESSOAL

Art. 21. É nulo de pleno direito o ato que provoque aumento da despesa com pessoal e não atenda:

I – as exigências dos arts. 16 e 17 desta Lei Complementar, e o disposto no inciso XIII do art. 37 e no § 1º do art. 169 da Constituição;

II – o limite legal de comprometimento aplicado às despesas com pessoal inativo.

▶ O STF, por unanimidade de votos, deferiu a medida cautelar na ADIN nº 2.238-5, conferindo interpretação conforme a CF, para que se entenda como limite legal o previsto em Lei Complementar (*DJE* de 12-9-2008).

Parágrafo único. Também é nulo de pleno direito o ato de que resulte aumento da despesa com pessoal expedido nos cento e oitenta dias anteriores ao final do mandato do titular do respectivo Poder ou órgão referido no art. 20.

Art. 22. A verificação do cumprimento dos limites estabelecidos nos arts. 19 e 20 será realizada ao final de cada quadrimestre.

Parágrafo único. Se a despesa total com pessoal exceder a 95% (noventa e cinco por cento) do limite, são vedados ao Poder ou órgão referido no art. 20 que houver incorrido no excesso:

▶ Art. 10, X, do Dec. nº 5.683, de 24-1-2006, que dispõe sobre a competência da Secretaria Federal de Controle Interno da Controladoria-Geral da União.

I – concessão de vantagem, aumento, reajuste ou adequação de remuneração a qualquer título, salvo os derivados de sentença judicial ou de determinação legal ou contratual, ressalvada a revisão prevista no inciso X do art. 37 da Constituição;
II – criação de cargo, emprego ou função;
III – alteração de estrutura de carreira que implique aumento de despesa;
IV – provimento de cargo público, admissão ou contratação de pessoal a qualquer título, ressalvada a reposição decorrente de aposentadoria ou falecimento de servidores das áreas de educação, saúde e segurança;
V – contratação de hora extra, salvo no caso do disposto no inciso II do § 6º do art. 57 da Constituição e as situações previstas na lei de diretrizes orçamentárias.

Art. 23. Se a despesa total com pessoal, do Poder ou órgão referido no art. 20, ultrapassar os limites definidos no mesmo artigo, sem prejuízo das medidas previstas no art. 22, o percentual excedente terá de ser eliminado nos dois quadrimestres seguintes, sendo pelo menos um terço no primeiro, adotando-se, entre outras, as providências previstas nos §§ 3º e 4º do art. 169 da Constituição.

▶ Art. 10, X, do Dec. nº 5.683, de 24-1-2006, que dispõe sobre a competência da Secretaria Federal de Controle Interno da Controladoria-Geral da União.

§ 1º No caso do inciso I do § 3º do art. 169 da Constituição, o objetivo poderá ser alcançado tanto pela extinção de cargos e funções quanto pela redução dos valores a eles atribuídos.

▶ O STF, por unanimidade de votos, deferiu a medida cautelar na ADIN nº 2.238-5, para suspender a eficácia da expressão "quanto pela redução dos valores a eles atribuídos" contida neste parágrafo (*DJE* de 12-9-2008).

§ 2º É facultada a redução temporária da jornada de trabalho com adequação dos vencimentos à nova carga horária.

▶ O STF, por unanimidade de votos, deferiu a medida cautelar na ADIN nº 2.238-5, para suspender a eficácia deste parágrafo (*DJE* de 12-9-2008).

§ 3º Não alcançada a redução no prazo estabelecido, e enquanto perdurar o excesso, o ente não poderá:

▶ Art. 33, § 3º, desta Lei.

I – receber transferências voluntárias;
II – obter garantia, direta ou indireta, de outro ente;
III – contratar operações de crédito, ressalvadas as destinadas ao refinanciamento da dívida mobiliária e as que visem à redução das despesas com pessoal.

§ 4º As restrições do § 3º aplicam-se imediatamente se a despesa total com pessoal exceder o limite no primeiro quadrimestre do último ano do mandato dos titulares de Poder ou órgão referidos no art. 20.

SEÇÃO III

DAS DESPESAS COM A SEGURIDADE SOCIAL

Art. 24. Nenhum benefício ou serviço relativo à seguridade social poderá ser criado, majorado ou estendido sem a indicação da fonte de custeio total, nos termos do § 5º do art. 195 da Constituição, atendidas ainda as exigências do art. 17.

§ 1º É dispensada da compensação referida no art. 17 o aumento de despesa decorrente de:

I – concessão de benefício a quem satisfaça as condições de habilitação prevista na legislação pertinente;
II – expansão quantitativa do atendimento e dos serviços prestados;
III – reajustamento de valor do benefício ou serviço, a fim de preservar o seu valor real.

§ 2º O disposto neste artigo aplica-se a benefício ou serviço de saúde, previdência e assistência social, inclusive os destinados aos servidores públicos e militares, ativos e inativos, e aos pensionistas.

CAPÍTULO V

DAS TRANSFERÊNCIAS VOLUNTÁRIAS

Art. 25. Para efeito desta Lei Complementar, entende-se por transferência voluntária a entrega de recursos correntes ou de capital a outro ente da Federação, a título de cooperação, auxílio ou assistência financeira, que não decorra de determinação constitucional, legal ou os destinados ao Sistema Único de Saúde.

▶ Arts. 157 a 159 da CF.

§ 1º São exigências para a realização de transferência voluntária, além das estabelecidas na lei de diretrizes orçamentárias:

I – existência de dotação específica;
II – VETADO;
III – observância do disposto no inciso X do art. 167 da Constituição;
IV – comprovação, por parte do beneficiário, de:

a) que se acha em dia quanto ao pagamento de tributos, empréstimos e financiamentos devidos ao ente transferidor, bem como quanto à prestação de contas de recursos anteriormente dele recebidos;
b) cumprimento dos limites constitucionais relativos à educação e à saúde;

▶ Art. 212 da CF.

c) observância dos limites das dívidas consolidada e mobiliária, de operações de crédito, inclusive por antecipação de receita, de inscrição em Restos a Pagar e de despesa total com pessoal;
d) previsão orçamentária de contrapartida.

§ 2º É vedada a utilização de recursos transferidos em finalidade diversa da pactuada.

§ 3º Para fins da aplicação das sanções de suspensão de transferências voluntárias constantes desta Lei Complementar, excetuam-se aquelas relativas a ações de educação, saúde e assistência social.

Capítulo VI
DA DESTINAÇÃO DE RECURSOS PÚBLICOS PARA O SETOR PRIVADO

Art. 26. A destinação de recursos para, direta ou indiretamente, cobrir necessidades de pessoas físicas ou *déficits* de pessoas jurídicas deverá ser autorizada por lei específica, atender às condições estabelecidas na lei de diretrizes orçamentárias e estar prevista no orçamento ou em seus créditos adicionais.

§ 1º O disposto no *caput* aplica-se a toda a administração indireta, inclusive fundações públicas e empresas estatais, exceto, no exercício de suas atribuições precípuas, as instituições financeiras e o Banco Central do Brasil.

§ 2º Compreende-se incluída a concessão de empréstimos, financiamentos e refinanciamentos, inclusive as respectivas prorrogações e a composição de dívidas, a concessão de subvenções e a participação em constituição ou aumento de capital.

Art. 27. Na concessão de crédito por ente da Federação a pessoa física, ou jurídica que não esteja sob seu controle direto ou indireto, os encargos financeiros, comissões e despesas congêneres não serão inferiores aos definidos em lei ou ao custo de captação.

Parágrafo único. Dependem de autorização em lei específica as prorrogações e composições de dívidas decorrentes de operações de crédito, bem como a concessão de empréstimos ou financiamentos em desacordo com o *caput*, sendo o subsídio correspondente consignado na lei orçamentária.

Art. 28. Salvo mediante lei específica, não poderão ser utilizados recursos públicos, inclusive de operações de crédito, para socorrer instituições do Sistema Financeiro Nacional, ainda que mediante a concessão de empréstimos de recuperação ou financiamentos para mudança de controle acionário.

§ 1º A prevenção de insolvência e outros riscos ficará a cargo de fundos, e outros mecanismos, constituídos pelas instituições do Sistema Financeiro Nacional, na forma da lei.

§ 2º O disposto no *caput* não proíbe o Banco Central do Brasil de conceder às instituições financeiras operações de redesconto e de empréstimos de prazo inferior a trezentos e sessenta dias.

Capítulo VII
DA DÍVIDA E DO ENDIVIDAMENTO
Seção I
DEFINIÇÕES BÁSICAS

Art. 29. Para os efeitos desta Lei Complementar, são adotadas as seguintes definições:

I – dívida pública consolidada ou fundada: montante total, apurado sem duplicidade, das obrigações financeiras do ente da Federação, assumidas em virtude de leis, contratos, convênios ou tratados e da realização de operações de crédito, para amortização em prazo superior a doze meses;

▶ Art. 92 da Lei nº 4.320, de 17-3-1964, que estatui normas gerais de direito financeiro para elaboração e controle dos orçamentos e balanços da União, dos Estados, dos Municípios e do Distrito Federal.

II – dívida pública mobiliária: dívida pública representada por títulos emitidos pela União, inclusive os do Banco Central do Brasil, Estados e Municípios;

III – operação de crédito: compromisso financeiro assumido em razão de mútuo, abertura de crédito, emissão e aceite de título, aquisição financiada de bens, recebimento antecipado de valores provenientes da venda a termo de bens e serviços, arrendamento mercantil e outras operações assemelhadas, inclusive com o uso de derivativos financeiros;

IV – concessão de garantia: compromisso de adimplência de obrigação financeira ou contratual assumida por ente da Federação ou entidade a ele vinculada;

V – refinanciamento da dívida mobiliária: emissão de títulos para pagamento do principal acrescido da atualização monetária.

§ 1º Equipara-se a operação de crédito a assunção, o reconhecimento ou a confissão de dívidas pelo ente da Federação, sem prejuízo do cumprimento das exigências dos arts. 15 e 16.

§ 2º Será incluída na dívida pública consolidada da União a relativa à emissão de títulos de responsabilidade do Banco Central do Brasil.

§ 3º Também integram a dívida pública consolidada as operações de crédito de prazo inferior a doze meses cujas receitas tenham constado do orçamento.

§ 4º O refinanciamento do principal da dívida mobiliária não excederá, ao término de cada exercício financeiro, o montante do final do exercício anterior, somado ao das operações de crédito autorizadas no orçamento para este efeito e efetivamente realizadas, acrescido de atualização monetária.

Seção II
DOS LIMITES DA DÍVIDA PÚBLICA E DAS OPERAÇÕES DE CRÉDITO

Art. 30. No prazo de noventa dias após a publicação desta Lei Complementar, o Presidente da República submeterá ao:

I – Senado Federal: proposta de limites globais para o montante da dívida consolidada da União, Estados e Municípios, cumprindo o que estabelece o inciso VI do art. 52 da Constituição, bem como de limites e condições relativos aos incisos VII, VIII e IX do mesmo artigo;

▶ Res. do SF nº 40, de 20-12-2001, dispõe sobre os limites globais para o montante da dívida pública consolidada e da dívida pública mobiliária dos Estados, do Distrito Federal e dos Municípios.

II – Congresso Nacional: projeto de lei que estabeleça limites para o montante da dívida mobiliária federal a que se refere o inciso XIV do art. 48 da Constituição, acompanhado da demonstração de sua adequação aos limites fixados para a dívida consolidada da União, atendido o disposto no inciso I do § 1º deste artigo.

§ 1º As propostas referidas nos incisos I e II do *caput* e suas alterações conterão:

I – demonstração de que os limites e condições guardam coerência com as normas estabelecidas nesta Lei Complementar e com os objetivos da política fiscal;

II – estimativas do impacto da aplicação dos limites a cada uma das três esferas de governo;

III – razões de eventual proposição de limites diferenciados por esfera de governo;
IV – metodologia de apuração dos resultados primário e nominal.

§ 2º As propostas mencionadas nos incisos I e II do *caput* também poderão ser apresentadas em termos de dívida líquida, evidenciando a forma e a metodologia de sua apuração.

§ 3º Os limites de que tratam os incisos I e II do *caput* serão fixados em percentual da receita corrente líquida para cada esfera de governo e aplicados igualmente a todos os entes da Federação que a integrem, constituindo, para cada um deles, limites máximos.

§ 4º Para fins de verificação do atendimento do limite, a apuração do montante da dívida consolidada será efetuada ao final de cada quadrimestre.

§ 5º No prazo previsto no art. 5º, o Presidente da República enviará ao Senado Federal ou ao Congresso Nacional, conforme o caso, proposta de manutenção ou alteração dos limites e condições previstos nos incisos I e II do *caput*.

§ 6º Sempre que alterados os fundamentos das propostas de que trata este artigo, em razão de instabilidade econômica ou alterações nas políticas monetária ou cambial, o Presidente da República poderá encaminhar ao Senado Federal ou ao Congresso Nacional solicitação de revisão dos limites.

§ 7º Os precatórios judiciais não pagos durante a execução do orçamento em que houverem sido incluídos integram a dívida consolidada, para fins de aplicação dos limites.

Seção III
DA RECONDUÇÃO DA DÍVIDA AOS LIMITES

Art. 31. Se a dívida consolidada de um ente da Federação ultrapassar o respectivo limite ao final de um quadrimestre, deverá ser a ele reconduzida até o término dos três subsequentes, reduzindo o excedente em pelo menos 25% (vinte e cinco por cento) no primeiro.

▶ Arts. 65, I, e 66 desta Lei.
▶ Art. 10, XI, do Dec. nº 5.683, de 24-1-2006, que dispõe sobre a competência da Secretaria Federal de Controle Interno da Controladoria-Geral da União.

§ 1º Enquanto perdurar o excesso, o ente que nele houver incorrido:

I – estará proibido de realizar operação de crédito interna ou externa, inclusive por antecipação de receita, ressalvado o refinanciamento do principal atualizado da dívida mobiliária;
II – obterá resultado primário necessário à recondução da dívida ao limite, promovendo, entre outras medidas, limitação de empenho, na forma do art. 9º.

§ 2º Vencido o prazo para retorno da dívida ao limite, e enquanto perdurar o excesso, o ente ficará também impedido de receber transferências voluntárias da União ou do Estado.

§ 3º As restrições do § 1º aplicam-se imediatamente se o montante da dívida exceder o limite no primeiro quadrimestre do último ano do mandato do Chefe do Poder Executivo.

§ 4º O Ministério da Fazenda divulgará, mensalmente, a relação dos entes que tenham ultrapassado os limites das dívidas consolidada e mobiliária.

§ 5º As normas deste artigo serão observadas nos casos de descumprimento dos limites da dívida mobiliária e das operações de crédito internas e externas.

Seção IV
DAS OPERAÇÕES DE CRÉDITO

▶ Res. do SF nº 43, de 21-12-2001, dispõe sobre as operações de crédito interno e externo dos Estados, do Distrito Federal e dos Municípios, inclusive concessão de garantias, seus limites e condições de autorização.

Subseção I
DA CONTRATAÇÃO

Art. 32. O Ministério da Fazenda verificará o cumprimento dos limites e condições relativos à realização de operações de crédito de cada ente da Federação, inclusive das empresas por eles controladas, direta ou indiretamente.

§ 1º O ente interessado formalizará seu pleito fundamentando-o em parecer de seus órgãos técnicos e jurídicos, demonstrando a relação custo-benefício, o interesse econômico e social da operação e o atendimento das seguintes condições:

I – existência de prévia e expressa autorização para a contratação, no texto da lei orçamentária, em créditos adicionais ou lei específica;
II – inclusão no orçamento ou em créditos adicionais dos recursos provenientes da operação, exceto no caso de operações por antecipação de receita;
III – observância dos limites e condições fixados pelo Senado Federal;
IV – autorização específica do Senado Federal, quando se tratar de operação de crédito externo;
V – atendimento do disposto no inciso III do art. 167 da Constituição;
VI – observância das demais restrições estabelecidas nesta Lei Complementar.

§ 2º As operações relativas à dívida mobiliária federal autorizadas, no texto da lei orçamentária ou de créditos adicionais, serão objeto de processo simplificado que atenda às suas especificidades.

§ 3º Para fins do disposto no inciso V do § 1º, considerar-se-á, em cada exercício financeiro, o total dos recursos de operações de crédito nele ingressados e o das despesas de capital executadas, observado o seguinte:

I – não serão computadas nas despesas de capital as realizadas sob a forma de empréstimo ou financiamento a contribuinte, com o intuito de promover incentivo fiscal, tendo por base tributo de competência do ente da Federação, se resultar a diminuição, direta ou indireta, do ônus deste;
II – se o empréstimo ou financiamento a que se refere o inciso I for concedido por instituição financeira controlada pelo ente da Federação, o valor da operação será deduzido das despesas de capital;
III – VETADO.

§ 4º Sem prejuízo das atribuições próprias do Senado Federal e do Banco Central do Brasil, o Ministério da Fazenda efetuará o registro eletrônico centralizado e atualizado das dívidas públicas interna e externa, garantindo o acesso público às informações, que incluirão:

I – encargos e condições de contratação;
II – saldos atualizados e limites relativos às dívidas consolidada e mobiliária, operações de crédito e concessão de garantias.

§ 5º Os contratos de operação de crédito externo não conterão cláusula que importe na compensação automática de débitos e créditos.

Art. 33. A instituição financeira que contratar operação de crédito com ente da Federação, exceto quando relativa à dívida mobiliária ou à externa, deverá exigir comprovação de que a operação atende às condições e limites estabelecidos.

§ 1º A operação realizada com infração do disposto nesta Lei Complementar será considerada nula, procedendo-se ao seu cancelamento, mediante a devolução do principal, vedados o pagamento de juros e demais encargos financeiros.

§ 2º Se a devolução não for efetuada no exercício de ingresso dos recursos, será consignada reserva específica na lei orçamentária para o exercício seguinte.

§ 3º Enquanto não efetuado o cancelamento, a amortização, ou constituída a reserva, aplicam-se as sanções previstas nos incisos do § 3º do art. 23.

§ 4º Também se constituirá reserva, no montante equivalente ao excesso, se não atendido o disposto no inciso III do art. 167 da Constituição, consideradas as disposições do § 3º do art. 32.

Subseção II

DAS VEDAÇÕES

Art. 34. O Banco Central do Brasil não emitirá títulos da dívida pública a partir de dois anos após a publicação desta Lei Complementar.

▶ Art. 164, § 2º, da CF.

Art. 35. É vedada a realização de operação de crédito entre um ente da Federação, diretamente ou por intermédio de fundo, autarquia, fundação ou empresa estatal dependente, e outro, inclusive suas entidades da administração indireta, ainda que sob a forma de novação, refinanciamento ou postergação de dívida contraída anteriormente.

▶ Art. 52, IV a IX, da CF.

§ 1º Excetuam-se da vedação a que se refere o *caput* as operações entre instituição financeira estatal e outro ente da Federação, inclusive suas entidades da administração indireta, que não se destinem a:

I – financiar, direta ou indiretamente, despesas correntes;
II – refinanciar dívidas não contraídas junto à própria instituição concedente.

§ 2º O disposto no *caput* não impede Estados e Municípios de comprar títulos da dívida da União como aplicação de suas disponibilidades.

Art. 36. É proibida a operação de crédito entre uma instituição financeira estatal e o ente da Federação que a controle, na qualidade de beneficiário do empréstimo.

Parágrafo único. O disposto no *caput* não proíbe instituição financeira controlada de adquirir, no mercado, títulos da dívida pública para atender investimento de seus clientes, ou títulos da dívida de emissão da União para aplicação de recursos próprios.

▶ Art. 37 da CF.

Art. 37. Equiparam-se a operações de crédito e estão vedados:

I – captação de recursos a título de antecipação de receita de tributo ou contribuição cujo fato gerador ainda não tenha ocorrido, sem prejuízo do disposto no § 7º do art. 150 da Constituição;
II – recebimento antecipado de valores de empresa em que o Poder Público detenha, direta ou indiretamente, a maioria do capital social com direito a voto, salvo lucros e dividendos, na forma da legislação;
III – assunção direta de compromisso, confissão de dívida ou operação assemelhada, com fornecedor de bens, mercadorias ou serviços, mediante emissão, aceite ou aval de título de crédito, não se aplicando esta vedação a empresas estatais dependentes;
IV – assunção de obrigação, sem autorização orçamentária, com fornecedores para pagamento a *posteriori* de bens e serviços.

Subseção III

DAS OPERAÇÕES DE CRÉDITO POR ANTECIPAÇÃO DE RECEITA ORÇAMENTÁRIA

Art. 38. A operação de crédito por antecipação de receita destina-se a atender insuficiência de caixa durante o exercício financeiro e cumprirá as exigências mencionadas no art. 32 e mais as seguintes:

I – realizar-se-á somente a partir do décimo dia do início do exercício;
II – deverá ser liquidada, com juros e outros encargos incidentes, até o dia dez de dezembro de cada ano;

▶ Art. 10, VIII, da Lei nº 1.079, de 10-4-1950 (Lei dos Crimes de Responsabilidade).
▶ Art. 1º, XIX, do Dec.-lei nº 201, de 27-2-1967 (Lei de Responsabilidade dos Prefeitos e Vereadores).

III – não será autorizada se forem cobrados outros encargos que não a taxa de juros da operação, obrigatoriamente prefixada ou indexada à taxa básica financeira, ou à que vier a esta substituir;
IV – estará proibida:

a) enquanto existir operação anterior da mesma natureza não integralmente resgatada;
b) no último ano de mandato do Presidente, Governador ou Prefeito Municipal.

§ 1º As operações de que trata este artigo não serão computadas para efeito do que dispõe o inciso III do art. 167 da Constituição, desde que liquidadas no prazo definido no inciso II do *caput*.

§ 2º As operações de crédito por antecipação de receita realizadas por Estados ou Municípios serão efetuadas mediante abertura de crédito junto à instituição financeira vencedora em processo competitivo eletrônico promovido pelo Banco Central do Brasil.

§ 3º O Banco Central do Brasil manterá sistema de acompanhamento e controle do saldo do crédito aberto e, no caso de inobservância dos limites, aplicará as sanções cabíveis à instituição credora.

SUBSEÇÃO IV
DAS OPERAÇÕES COM O BANCO CENTRAL DO BRASIL

Art. 39. Nas suas relações com ente da Federação, o Banco Central do Brasil está sujeito às vedações constantes do art. 35 e mais às seguintes:

I – compra de título da dívida, na data de sua colocação no mercado, ressalvado o disposto no § 2º deste artigo;

II – permuta, ainda que temporária, por intermédio de instituição financeira ou não, de título da dívida de ente da Federação por título da dívida pública federal, bem como a operação de compra e venda, a termo, daquele título, cujo efeito final seja semelhante à permuta;

III – concessão de garantia.

§ 1º O disposto no inciso II, *in fine*, não se aplica ao estoque de Letras do Banco Central do Brasil, Série Especial, existente na carteira das instituições financeiras, que pode ser refinanciado mediante novas operações de venda a termo.

§ 2º O Banco Central do Brasil só poderá comprar diretamente títulos emitidos pela União para refinanciar a dívida mobiliária federal que estiver vencendo na sua carteira.

§ 3º A operação mencionada no § 2º deverá ser realizada à taxa média e condições alcançadas no dia, em leilão público.

§ 4º É vedado ao Tesouro Nacional adquirir títulos da dívida pública federal existentes na carteira do Banco Central do Brasil, ainda que com cláusula de reversão, salvo para reduzir a dívida mobiliária.

SEÇÃO V
DA GARANTIA E DA CONTRAGARANTIA

Art. 40. Os entes poderão conceder garantia em operações de crédito internas ou externas, observados o disposto neste artigo, as normas do art. 32 e, no caso da União, também os limites e as condições estabelecidos pelo Senado Federal.

§ 1º A garantia estará condicionada ao oferecimento de contragarantia, em valor igual ou superior ao da garantia a ser concedida, e à adimplência da entidade que a pleitear relativamente a suas obrigações junto ao garantidor e às entidades por este controladas, observado o seguinte:

I – não será exigida contragarantia de órgãos e entidades do próprio ente;

II – a contragarantia exigida pela União a Estado ou Município, ou pelos Estados aos Municípios, poderá consistir na vinculação de receitas tributárias diretamente arrecadadas e provenientes de transferências constitucionais, com outorga de poderes ao garantidor para retê-las e empregar o respectivo valor na liquidação da dívida vencida.

▶ Art. 359-E do CP.

§ 2º No caso de operação de crédito junto a organismo financeiro internacional, ou a instituição federal de crédito e fomento para o repasse de recursos externos, a União só prestará garantia a ente que atenda, além do disposto no § 1º, as exigências legais para o recebimento de transferências voluntárias.

§§ 3º e 4º VETADOS.

§ 5º É nula a garantia concedida acima dos limites fixados pelo Senado Federal.

§ 6º É vedado às entidades da administração indireta, inclusive suas empresas controladas e subsidiárias, conceder garantia, ainda que com recursos de fundos.

§ 7º O disposto no § 6º não se aplica à concessão de garantia por:

I – empresa controlada a subsidiária ou controlada sua, nem à prestação de contragarantia nas mesmas condições;

II – instituição financeira a empresa nacional, nos termos da lei.

§ 8º Excetua-se do disposto neste artigo a garantia prestada:

I – por instituições financeiras estatais, que se submeterão às normas aplicáveis às instituições financeiras privadas, de acordo com a legislação pertinente;

II – pela União, na forma de lei federal, a empresas de natureza financeira por ela controladas, direta e indiretamente, quanto às operações de seguro de crédito à exportação.

§ 9º Quando honrarem dívida de outro ente, em razão de garantia prestada, a União e os Estados poderão condicionar as transferências constitucionais ao ressarcimento daquele pagamento.

▶ Art. 160 da CF.

§ 10. O ente da Federação cuja dívida tiver sido honrada pela União ou por Estado, em decorrência de garantia prestada em operação de crédito, terá suspenso o acesso a novos créditos ou financiamentos até a total liquidação da mencionada dívida.

SEÇÃO VI
DOS RESTOS A PAGAR

Art. 41. VETADO.

Art. 42. É vedado ao titular de Poder ou órgão referido no art. 20, nos últimos dois quadrimestres do seu mandato, contrair obrigação de despesa que não possa ser cumprida integralmente dentro dele, ou que tenha parcelas a serem pagas no exercício seguinte sem que haja suficiente disponibilidade de caixa para este efeito.

▶ Art. 359-C do CP.

Parágrafo único. Na determinação da disponibilidade de caixa serão considerados os encargos e despesas compromissadas a pagar até o final do exercício.

CAPÍTULO VIII
DA GESTÃO PATRIMONIAL
Seção I
DAS DISPONIBILIDADES DE CAIXA

Art. 43. As disponibilidades de caixa dos entes da Federação serão depositadas conforme estabelece o § 3º do art. 164 da Constituição.

§ 1º As disponibilidades de caixa dos regimes de previdência social, geral e próprio dos servidores públicos, ainda que vinculadas a fundos específicos a que se referem os arts. 249 e 250 da Constituição, ficarão depositadas em conta separada das demais disponibilidades de cada ente e aplicadas nas condições de mercado, com observância dos limites e condições de proteção e prudência financeira.

§ 2º É vedada a aplicação das disponibilidades de que trata o § 1º em:

I – títulos da dívida pública estadual e municipal, bem como em ações e outros papéis relativos às empresas controladas pelo respectivo ente da Federação;
II – empréstimos, de qualquer natureza, aos segurados e ao Poder Público, inclusive a suas empresas controladas.

Seção II
DA PRESERVAÇÃO DO PATRIMÔNIO PÚBLICO

Art. 44. É vedada a aplicação da receita de capital derivada da alienação de bens e direitos que integram o patrimônio público para o financiamento de despesa corrente, salvo se destinada por lei aos regimes de previdência social, geral e próprio dos servidores públicos.

Art. 45. Observado o disposto no § 5º do art. 5º, a lei orçamentária e as de créditos adicionais só incluirão novos projetos após adequadamente atendidos os em andamento e contempladas as despesas de conservação do patrimônio público, nos termos em que dispuser a lei de diretrizes orçamentárias.

Parágrafo único. O Poder Executivo de cada ente encaminhará ao Legislativo, até a data do envio do projeto de lei de diretrizes orçamentárias, relatório com as informações necessárias ao cumprimento do disposto neste artigo, ao qual será dada ampla divulgação.

Art. 46. É nulo de pleno direito ato de desapropriação de imóvel urbano expedido sem o atendimento do disposto no § 3º do art. 182 da Constituição, ou prévio depósito judicial do valor da indenização.

► Art. 15, § 1º, do Dec.-lei nº 3.365, de 21-6-1941 (Lei das Desapropriações).

Seção III
DAS EMPRESAS CONTROLADAS PELO SETOR PÚBLICO

Art. 47. A empresa controlada que firmar contrato de gestão em que se estabeleçam objetivos e metas de desempenho, na forma da lei, disporá de autonomia gerencial, orçamentária e financeira, sem prejuízo do disposto no inciso II do § 5º do art. 165 da Constituição.

Parágrafo único. A empresa controlada incluirá em seus balanços trimestrais nota explicativa em que informará:

I – fornecimento de bens e serviços ao controlador, com respectivos preços e condições, comparando-os com os praticados no mercado;
II – recursos recebidos do controlador, a qualquer título, especificando valor, fonte e destinação;
III – venda de bens, prestação de serviços ou concessão de empréstimos e financiamentos com preços, taxas, prazos ou condições diferentes dos vigentes no mercado.

CAPÍTULO IX
DA TRANSPARÊNCIA, CONTROLE E FISCALIZAÇÃO
Seção I
DA TRANSPARÊNCIA DA GESTÃO FISCAL

► Dec. nº 6.976, de 7-10-2009, dispõe sobre o Sistema de Contabilidade Federal.

Art. 48. São instrumentos de transparência da gestão fiscal, aos quais será dada ampla divulgação, inclusive em meios eletrônicos de acesso público: os planos, orçamentos e leis de diretrizes orçamentárias; as prestações de contas e o respectivo parecer prévio; o Relatório Resumido da Execução Orçamentária e o Relatório de Gestão Fiscal; e as versões simplificadas desses documentos.

Parágrafo único. A transparência será assegurada também mediante:

► *Caput* do parágrafo único com a redação dada pela LC nº 131, de 27-5-2009.

I – incentivo à participação popular e realização de audiências públicas, durante os processos de elaboração e discussão dos planos, lei de diretrizes orçamentárias e orçamentos;
II – liberação ao pleno conhecimento e acompanhamento da sociedade, em tempo real, de informações pormenorizadas sobre a execução orçamentária e financeira, em meios eletrônicos de acesso público;
III – adoção de sistema integrado de administração financeira e controle, que atenda a padrão mínimo de qualidade estabelecido pelo Poder Executivo da União e ao disposto no art. 48-A.

► Incisos I a III acrescidos pela LC nº 131, de 27-5-2009.
► Dec. nº 7.185, de 27-5-2010, dispõe sobre o padrão mínimo de qualidade do sistema integrado de administração financeira e controle, no âmbito de cada ente da Federação, nos termos deste inciso.

Art. 48-A. Para os fins a que se refere o inciso II do parágrafo único do art. 48, os entes da Federação disponibilizarão a qualquer pessoa física ou jurídica o acesso a informações referentes a:

I – quanto à despesa: todos os atos praticados pelas unidades gestoras no decorrer da execução da despesa, no momento de sua realização, com a disponibilização mínima dos dados referentes ao número do correspondente processo, ao bem fornecido ou ao serviço prestado, à pessoa física ou jurídica beneficiária do pagamento e, quando for o caso, ao procedimento licitatório realizado;

II – quanto à receita: o lançamento e o recebimento de toda a receita das unidades gestoras, inclusive referente a recursos extraordinários.
▶ Art. 48-A acrescido pela LC nº 131, de 27-5-2009.

Art. 49. As contas apresentadas pelo Chefe do Poder Executivo ficarão disponíveis, durante todo o exercício, no respectivo Poder Legislativo e no órgão técnico responsável pela sua elaboração, para consulta e apreciação pelos cidadãos e instituições da sociedade.

▶ Art. 74, § 2º, da CF.

Parágrafo único. A prestação de contas da União conterá demonstrativos do Tesouro Nacional e das agências financeiras oficiais de fomento, incluído o Banco Nacional de Desenvolvimento Econômico e Social, especificando os empréstimos e financiamentos concedidos com recursos oriundos dos orçamentos fiscal e da seguridade social e, no caso das agências financeiras, avaliação circunstanciada do impacto fiscal de suas atividades no exercício.

Seção II

DA ESCRITURAÇÃO E CONSOLIDAÇÃO DAS CONTAS

Art. 50. Além de obedecer às demais normas de contabilidade pública, a escrituração das contas públicas observará as seguintes:

▶ Arts. 83 a 100 da Lei nº 4.320, de 17-3-1964, que estatui normas gerais de direito financeiro para elaboração e controle dos orçamentos e balanços da União, dos Estados, dos Municípios e do Distrito Federal.

I – a disponibilidade de caixa constará de registro próprio, de modo que os recursos vinculados a órgão, fundo ou despesa obrigatória fiquem identificados e escriturados de forma individualizada;
II – a despesa e a assunção de compromisso serão registradas segundo o regime de competência, apurando-se, em caráter complementar, o resultado dos fluxos financeiros pelo regime de caixa;
III – as demonstrações contábeis compreenderão, isolada e conjuntamente, as transações e operações de cada órgão, fundo ou entidade da administração direta, autárquica e fundacional, inclusive empresa estatal dependente;
IV – as receitas e despesas previdenciárias serão apresentadas em demonstrativos financeiros e orçamentários específicos;
V – as operações de crédito, as inscrições em Restos a Pagar e as demais formas de financiamento ou assunção de compromissos junto a terceiros, deverão ser escrituradas de modo a evidenciar o montante e a variação da dívida pública no período, detalhando, pelo menos, a natureza e o tipo de credor;
VI – a demonstração das variações patrimoniais dará destaque à origem e ao destino dos recursos provenientes da alienação de ativos.

§ 1º No caso das demonstrações conjuntas, excluir-se-ão as operações intragovernamentais.

§ 2º A edição de normas gerais para consolidação das contas públicas caberá ao órgão central de contabilidade da União, enquanto não implantado o conselho de que trata o art. 67.

§ 3º A Administração Pública manterá sistema de custos que permita a avaliação e o acompanhamento da gestão orçamentária, financeira e patrimonial.

Art. 51. O Poder Executivo da União promoverá, até o dia trinta de junho, a consolidação, nacional e por esfera de governo, das contas dos entes da Federação relativas ao exercício anterior, e a sua divulgação, inclusive por meio eletrônico de acesso público.

§ 1º Os Estados e os Municípios encaminharão suas contas ao Poder Executivo da União nos seguintes prazos:

I – Municípios, com cópia para o Poder Executivo do respectivo Estado, até trinta de abril;
II – Estados, até trinta e um de maio.

§ 2º O descumprimento dos prazos previstos neste artigo impedirá, até que a situação seja regularizada, que o ente da Federação receba transferências voluntárias e contrate operações de crédito, exceto as destinadas ao refinanciamento do principal atualizado da dívida mobiliária.

Seção III

DO RELATÓRIO RESUMIDO DA EXECUÇÃO ORÇAMENTÁRIA

Art. 52. O relatório a que se refere o § 3º do art. 165 da Constituição abrangerá todos os Poderes e o Ministério Público, será publicado até trinta dias após o encerramento de cada bimestre e composto de:

▶ Art. 182, § 3º, da CF.

I – balanço orçamentário, que especificará, por categoria econômica, as:

a) receitas por fonte, informando as realizadas e a realizar, bem como a previsão atualizada;
b) despesas por grupo de natureza, discriminando a dotação para o exercício, a despesa liquidada e o saldo;

II – demonstrativos da execução das:

a) receitas, por categoria econômica e fonte, especificando a previsão inicial, a previsão atualizada para o exercício, a receita realizada no bimestre, a realizada no exercício e a previsão a realizar;
b) despesas, por categoria econômica e grupo de natureza da despesa, discriminando dotação inicial, dotação para o exercício, despesas empenhada e liquidada, no bimestre e no exercício;
c) despesas, por função e subfunção.

§ 1º Os valores referentes ao refinanciamento da dívida mobiliária constarão destacadamente nas receitas de operações de crédito e nas despesas com amortização da dívida.

§ 2º O descumprimento do prazo previsto neste artigo sujeita o ente às sanções previstas no § 2º do art. 51.

Art. 53. Acompanharão o Relatório Resumido demonstrativos relativos a:

I – apuração da receita corrente líquida, na forma definida no inciso IV do art. 2º, sua evolução, assim como a previsão de seu desempenho até o final do exercício;

▶ Art. 36, § 2º, da Lei nº 11.457, de 16-3-2007 (Lei da Super-Receita).

II – receitas e despesas previdenciárias a que se refere o inciso IV do art. 50;
III – resultados nominal e primário;
IV – despesas com juros, na forma do inciso II do art. 4º;
V – Restos a Pagar, detalhando, por Poder e órgão referido no art. 20, os valores inscritos, os pagamentos realizados e o montante a pagar.

§ 1º O relatório referente ao último bimestre do exercício será acompanhado também de demonstrativos:
I – do atendimento do disposto no inciso III do art. 167 da Constituição, conforme o § 3º do art. 32;
II – das projeções atuariais dos regimes de previdência social, geral e próprio dos servidores públicos;
III – da variação patrimonial, evidenciando a alienação de ativos e a aplicação dos recursos dela decorrentes.

§ 2º Quando for o caso, serão apresentadas justificativas:
I – da limitação de empenho;
II – da frustração de receitas, especificando as medidas de combate à sonegação e à evasão fiscal, adotadas e a adotar, e as ações de fiscalização e cobrança.

Seção IV

DO RELATÓRIO DE GESTÃO FISCAL

Art. 54. Ao final de cada quadrimestre será emitido pelos titulares dos Poderes e órgãos referidos no art. 20 Relatório de Gestão Fiscal, assinado pelo:
I – Chefe do Poder Executivo;
II – Presidente e demais membros da Mesa Diretora ou órgão decisório equivalente, conforme regimentos internos dos órgãos do Poder Legislativo;
III – Presidente de Tribunal e demais membros de Conselho de Administração ou órgão decisório equivalente, conforme regimentos internos dos órgãos do Poder Judiciário;
IV – Chefe do Ministério Público, da União e dos Estados.

▶ Art. 10, V, do Decreto nº 5.683, de 24-1-2006, que dispõe sobre a competência da Secretaria Federal de Controle Interno da Controladoria-Geral da União.

Parágrafo único. O relatório também será assinado pelas autoridades responsáveis pela administração financeira e pelo controle interno, bem como por outras definidas por ato próprio de cada Poder ou órgão referido no art. 20.

Art. 55. O relatório conterá:
I – comparativo com os limites de que trata esta Lei Complementar, dos seguintes montantes:
a) despesa total com pessoal, distinguindo a com inativos e pensionistas;
b) dívidas consolidada e mobiliária;
c) concessão de garantias;
d) operações de crédito, inclusive por antecipação de receita;
e) despesas de que trata o inciso II do art. 4º;
II – indicação das medidas corretivas adotadas ou a adotar, se ultrapassado qualquer dos limites;
III – demonstrativos, no último quadrimestre:
a) do montante das disponibilidades de caixa em trinta e um de dezembro;

b) da inscrição em Restos a Pagar, das despesas:
1) liquidadas;
2) empenhadas e não liquidadas, inscritas por atenderem a uma das condições do inciso II do art. 41;
3) empenhadas e não liquidadas, inscritas até o limite do saldo da disponibilidade de caixa;
4) não inscritas por falta de disponibilidade de caixa e cujos empenhos foram cancelados;
c) do cumprimento do disposto no inciso II e na alínea b do inciso IV do art. 38.

§ 1º O relatório dos titulares dos órgãos mencionados nos incisos II, III e IV do art. 54 conterá apenas as informações relativas à alínea a do inciso I, e os documentos referidos nos incisos II e III.

§ 2º O relatório será publicado até trinta dias após o encerramento do período a que corresponder, com amplo acesso ao público, inclusive por meio eletrônico.

§ 3º O descumprimento do prazo a que se refere o § 2º sujeita o ente à sanção prevista no § 2º do art. 51.

§ 4º Os relatórios referidos nos arts. 52 e 54 deverão ser elaborados de forma padronizada, segundo modelos que poderão ser atualizados pelo conselho de que trata o art. 67.

Seção V

DAS PRESTAÇÕES DE CONTAS

Art. 56. As contas prestadas pelos Chefes do Poder Executivo incluirão, além das suas próprias, as dos Presidentes dos órgãos dos Poderes Legislativo e Judiciário e do Chefe do Ministério Público, referidos no art. 20, as quais receberão parecer prévio, separadamente, do respectivo Tribunal de Contas.

▶ O STF, por unanimidade de votos, deferiu medida cautelar na ADIN nº 2.238-5 (DJE de 12-9-2008).
▶ Arts. 2º e 71, I e II, da CF.

§ 1º As contas do Poder Judiciário serão apresentadas no âmbito:
I – da União, pelos Presidentes do Supremo Tribunal Federal e dos Tribunais Superiores, consolidando as dos respectivos tribunais;
II – dos Estados, pelos Presidentes dos Tribunais de Justiça, consolidando as dos demais tribunais.

§ 2º O parecer sobre as contas dos Tribunais de Contas será proferido no prazo previsto no art. 57 pela comissão mista permanente referida no § 1º do art. 166 da Constituição ou equivalente das Casas Legislativas estaduais e municipais.

§ 3º Será dada ampla divulgação dos resultados da apreciação das contas, julgadas ou tomadas.

Art. 57. Os Tribunais de Contas emitirão parecer prévio conclusivo sobre as contas no prazo de sessenta dias do recebimento, se outro não estiver estabelecido nas constituições estaduais ou nas leis orgânicas municipais.

▶ O STF, por maioria de votos, deferiu medida cautelar na ADIN nº 2.238-5 (DJE de 12-9-2008).

§ 1º No caso de Municípios que não sejam capitais e que tenham menos de duzentos mil habitantes o prazo será de cento e oitenta dias.

§ 2º Os Tribunais de Contas não entrarão em recesso enquanto existirem contas de Poder, ou órgão referido no art. 20, pendentes de parecer prévio.

Art. 58. A prestação de contas evidenciará o desempenho da arrecadação em relação à previsão, destacando as providências adotadas no âmbito da fiscalização das receitas e combate à sonegação, as ações de recuperação de créditos nas instâncias administrativa e judicial, bem como as demais medidas para incremento das receitas tributárias e de contribuições.

▶ Art. 2º, § 2º, da Lei nº 11.457, de 16-3-2007 (Lei da Super-Receita).

SEÇÃO VI
DA FISCALIZAÇÃO DA GESTÃO FISCAL

Art. 59. O Poder Legislativo, diretamente ou com o auxílio dos Tribunais de Contas, e o sistema de controle interno de cada Poder e do Ministério Público, fiscalizarão o cumprimento das normas desta Lei Complementar, com ênfase no que se refere a:

▶ Art. 74 da CF.

I – atingimento das metas estabelecidas na lei de diretrizes orçamentárias;
II – limites e condições para realização de operações de crédito e inscrição em Restos a Pagar;
III – medidas adotadas para o retorno da despesa total com pessoal ao respectivo limite, nos termos dos arts. 22 e 23;
IV – providências tomadas, conforme o disposto no art. 31, para recondução dos montantes das dívidas consolidada e mobiliária aos respectivos limites;
V – destinação de recursos obtidos com a alienação de ativos, tendo em vista as restrições constitucionais e as desta Lei Complementar;
VI – cumprimento do limite de gastos totais dos legislativos municipais, quando houver.

§ 1º Os Tribunais de Contas alertarão os Poderes ou órgãos referidos no art. 20 quando constatarem:

I – a possibilidade de ocorrência das situações previstas no inciso II do art. 4º e no art. 9º;
II – que o montante da despesa total com pessoal ultrapassou 90% (noventa por cento) do limite;
III – que os montantes das dívidas consolidada e mobiliária, das operações de crédito e da concessão de garantia se encontram acima de 90% (noventa por cento) dos respectivos limites;
IV – que os gastos com inativos e pensionistas se encontram acima do limite definido em lei;
V – fatos que comprometam os custos ou os resultados dos programas ou indícios de irregularidades na gestão orçamentária.

§ 2º Compete ainda aos Tribunais de Contas verificar os cálculos dos limites da despesa total com pessoal de cada Poder e órgão referido no art. 20.

§ 3º O Tribunal de Contas da União acompanhará o cumprimento do disposto nos §§ 2º, 3º e 4º do art. 39.

CAPÍTULO X
DISPOSIÇÕES FINAIS E TRANSITÓRIAS

Art. 60. Lei estadual ou municipal poderá fixar limites inferiores àqueles previstos nesta Lei Complementar para as dívidas consolidada e mobiliária, operações de crédito e concessão de garantias.

Art. 61. Os títulos da dívida pública, desde que devidamente escriturados em sistema centralizado de liquidação e custódia, poderão ser oferecidos em caução para garantia de empréstimos, ou em outras transações previstas em lei, pelo seu valor econômico, conforme definido pelo Ministério da Fazenda.

▶ Art. 655 do CPC.

Art. 62. Os Municípios só contribuirão para o custeio de despesas de competência de outros entes da Federação se houver:

I – autorização na lei de diretrizes orçamentárias e na lei orçamentária anual;
II – convênio, acordo, ajuste ou congênere, conforme sua legislação.

Art. 63. É facultado aos Municípios com população inferior a cinquenta mil habitantes optar por:

I – aplicar o disposto no art. 22 e no § 4º do art. 30 ao final do semestre;
II – divulgar semestralmente:

a) VETADA;
b) o Relatório de Gestão Fiscal;
c) os demonstrativos de que trata o art. 53;

III – elaborar o Anexo de Política Fiscal do plano plurianual, o Anexo de Metas Fiscais e o Anexo de Riscos Fiscais da lei de diretrizes orçamentárias e o anexo de que trata o inciso I do art. 5º a partir do quinto exercício seguinte ao da publicação desta Lei Complementar.

§ 1º A divulgação dos relatórios e demonstrativos deverá ser realizada em até trinta dias após o encerramento do semestre.

§ 2º Se ultrapassados os limites relativos à despesa total com pessoal ou à dívida consolidada, enquanto perdurar esta situação, o Município ficará sujeito aos mesmos prazos de verificação e de retorno ao limite definidos para os demais entes.

Art. 64. A União prestará assistência técnica e cooperação financeira aos Municípios para a modernização das respectivas administrações tributária, financeira, patrimonial e previdenciária, com vistas ao cumprimento das normas desta Lei Complementar.

§ 1º A assistência técnica consistirá no treinamento e desenvolvimento de recursos humanos e na transferência de tecnologia, bem como no apoio à divulgação dos instrumentos de que trata o art. 48 em meio eletrônico de amplo acesso público.

§ 2º A cooperação financeira compreenderá a doação de bens e valores, o financiamento por intermédio das instituições financeiras federais e o repasse de recursos oriundos de operações externas.

Art. 65. Na ocorrência de calamidade pública reconhecida pelo Congresso Nacional, no caso da União, ou pelas Assembleias Legislativas, na hipótese dos Estados e Municípios, enquanto perdurar a situação:

▶ Arts. 136 e 137 da CF.

I – serão suspensas a contagem dos prazos e as disposições estabelecidas nos arts. 23, 31 e 70;

II – serão dispensados o atingimento dos resultados fiscais e a limitação de empenho prevista no art. 9º.

Parágrafo único. Aplica-se o disposto no *caput* no caso de estado de defesa ou de sítio, decretado na forma da Constituição.

Art. 66. Os prazos estabelecidos nos arts. 23, 31 e 70 serão duplicados no caso de crescimento real baixo ou negativo do Produto Interno Bruto (PIB) nacional, regional ou estadual por período igual ou superior a quatro trimestres.

§ 1º Entende-se por baixo crescimento a taxa de variação real acumulada do Produto Interno Bruto inferior a 1% (um por cento), no período correspondente aos quatro últimos trimestres.

§ 2º A taxa de variação será aquela apurada pela Fundação Instituto Brasileiro de Geografia e Estatística ou outro órgão que vier a substituí-la, adotada a mesma metodologia para apuração dos PIB nacional, estadual e regional.

§ 3º Na hipótese do *caput*, continuarão a ser adotadas as medidas previstas no art. 22.

§ 4º Na hipótese de se verificarem mudanças drásticas na condução das políticas monetária e cambial, reconhecidas pelo Senado Federal, o prazo referido no *caput* do art. 31 poderá ser ampliado em até quatro quadrimestres.

Art. 67. O acompanhamento e a avaliação, de forma permanente, da política e da operacionalidade da gestão fiscal serão realizados por conselho de gestão fiscal, constituído por representantes de todos os Poderes e esferas de Governo, do Ministério Público e de entidades técnicas representativas da sociedade, visando a:

I – harmonização e coordenação entre os entes da Federação;

II – disseminação de práticas que resultem em maior eficiência na alocação e execução do gasto público, na arrecadação de receitas, no controle do endividamento e na transparência da gestão fiscal;

III – adoção de normas de consolidação das contas públicas, padronização das prestações de contas e dos relatórios e demonstrativos de gestão fiscal de que trata esta Lei Complementar, normas e padrões mais simples para os pequenos Municípios, bem como outros, necessários ao controle social;

IV – divulgação de análises, estudos e diagnósticos.

§ 1º O conselho a que se refere o *caput* instituirá formas de premiação e reconhecimento público aos titulares de Poder que alcançarem resultados meritórios em suas políticas de desenvolvimento social, conjugados com a prática de uma gestão fiscal pautada pelas normas desta Lei Complementar.

§ 2º Lei disporá sobre a composição e a forma de funcionamento do conselho.

Art. 68. Na forma do art. 250 da Constituição, é criado o Fundo do Regime Geral de Previdência Social, vinculado ao Ministério da Previdência e Assistência Social, com a finalidade de prover recursos para o pagamento dos benefícios do regime geral da previdência social.

▶ Art. 165, § 9º, II, *in fine*, da CF.
▶ Art. 36 do ADCT.
▶ Art. 43, § 1º, desta Lei Complementar.
▶ Art. 71 da Lei nº 4.320, de 17-3-1964, que estatui normas gerais de direito financeiro para elaboração e controle dos orçamentos e balanços da União, dos Estados, dos Municípios e do Distrito Federal.
▶ Art. 2º, § 1º, da Lei nº 11.457, de 16-3-2007 (Lei da Super-Receita).

§ 1º O Fundo será constituído de:

I – bens móveis e imóveis, valores e rendas do Instituto Nacional do Seguro Social não utilizados na operacionalização deste;

II – bens e direitos que, a qualquer título, lhe sejam adjudicados ou que lhe vierem a ser vinculados por força de lei;

III – receita das contribuições sociais para a seguridade social, previstas na alínea *a* do inciso I e no inciso II do art. 195 da Constituição;

IV – produto da liquidação de bens e ativos de pessoa física ou jurídica em débito com a Previdência Social;

V – resultado da aplicação financeira de seus ativos;

VI – recursos provenientes do orçamento da União.

§ 2º O Fundo será gerido pelo Instituto Nacional do Seguro Social, na forma da lei.

Art. 69. O ente da Federação que mantiver ou vier a instituir regime próprio de previdência social para seus servidores conferir-lhe-á caráter contributivo e o organizará com base em normas de contabilidade e atuária que preservem seu equilíbrio financeiro e atuarial.

▶ Art. 40 da CF.
▶ Lei nº 9.717, de 27-11-1998, dispõe sobre regras gerais para a organização e o funcionamento dos regimes próprios de previdência social dos servidores públicos da União, dos Estados, do Distrito Federal e dos Municípios, e dos militares dos Estados e do Distrito Federal.

Art. 70. O Poder ou órgão referido no art. 20 cuja despesa total com pessoal no exercício anterior ao da publicação desta Lei Complementar estiver acima dos limites estabelecidos nos arts. 19 e 20 deverá enquadrar-se no respectivo limite em até dois exercícios, eliminando o excesso, gradualmente, à razão de, pelo menos, 50% a.a. (cinquenta por cento ao ano), mediante a adoção, entre outras, das medidas previstas nos arts. 22 e 23.

Parágrafo único. A inobservância do disposto no *caput*, no prazo fixado, sujeita o ente às sanções previstas no § 3º do art. 23.

Art. 71. Ressalvada a hipótese do inciso X do art. 37 da Constituição, até o término do terceiro exercício financeiro seguinte à entrada em vigor desta Lei Complementar, a despesa total com pessoal dos Poderes e órgãos referidos no art. 20 não ultrapassará, em percentual da receita corrente líquida, a despesa verificada no exercício imediatamente anterior, acrescida de até 10% (dez por cento), se esta for inferior ao limite definido na forma do art. 20.

Art. 72. A despesa com serviços de terceiros dos Poderes e órgãos referidos no art. 20 não poderá exceder, em percentual da receita corrente líquida, a do exercício anterior à entrada em vigor desta Lei Complementar, até o término do terceiro exercício seguinte.

▶ O STF, por unanimidade de votos, na medida cautelar da ADIN nº 2.238-5, conferiu interpretação conforme a CF a este artigo, para considerar a proibição restrita aos contratos de prestação de serviços permanentes (DJE de 12-9-2008).

Art. 73. As infrações dos dispositivos desta Lei Complementar serão punidas segundo o Decreto-Lei nº 2.848, de 7 de dezembro de 1940 (Código Penal); a Lei nº 1.079, de 10 de abril de 1950; o Decreto-Lei nº 201, de 27 de fevereiro de 1967; a Lei nº 8.429, de 2 de junho de 1992; e demais normas da legislação pertinente.

▶ Arts. 359-A a 359-H do CP.

Art. 73-A. Qualquer cidadão, partido político, associação ou sindicato é parte legítima para denunciar ao respectivo Tribunal de Contas e ao órgão competente do Ministério Público o descumprimento das prescrições estabelecidas nesta Lei Complementar.

Art. 73-B. Ficam estabelecidos os seguintes prazos para o cumprimento das determinações dispostas nos incisos II e III do parágrafo único do art. 48 e do art. 48-A:

I – 1 (um) ano para a União, os Estados, o Distrito Federal e os Municípios com mais de 100.000 (cem mil) habitantes;

II – 2 (dois) anos para os Municípios que tenham entre 50.000 (cinquenta mil) e 100.000 (cem mil) habitantes;

III – 4 (quatro) anos para os Municípios que tenham até 50.000 (cinquenta mil) habitantes.

Parágrafo único. Os prazos estabelecidos neste artigo serão contados a partir da data de publicação da lei complementar que introduziu os dispositivos referidos no caput deste artigo.

Art. 73-C. O não atendimento, até o encerramento dos prazos previstos no art. 73-B, das determinações contidas nos incisos II e III do parágrafo único do art. 48 e no art. 48-A sujeita o ente à sanção prevista no inciso I do § 3º do art. 23.

▶ Arts. 73-A a 73-C acrescidos pela LC nº 131, de 27-5-2009.

Art. 74. Esta Lei Complementar entra em vigor na data da sua publicação.

Art. 75. Revoga-se a Lei Complementar nº 96, de 31 de maio de 1999.

Brasília, 4 de maio de 2000;
179º da Independência e
112º da República.
Fernando Henrique Cardoso

LEI COMPLEMENTAR Nº 103, DE 14 DE JULHO DE 2000

Autoriza os Estados e o Distrito Federal a instituir o piso salarial a que se refere o inciso V do art. 7º da Constituição Federal, por aplicação do disposto no parágrafo único do seu art. 22.

▶ Publicada no DOU de 17-7-2000.

Art. 1º Os Estados e o Distrito Federal ficam autorizados a instituir, mediante lei de iniciativa do Poder Executivo, o piso salarial de que trata o inciso V do art. 7º da Constituição Federal para os empregados que não tenham piso salarial definido em lei federal, convenção ou acordo coletivo de trabalho.

§ 1º A autorização de que trata este artigo não poderá ser exercida:

I – no segundo semestre do ano em que se verificar eleição para os cargos de Governador dos Estados e do Distrito Federal e de Deputados Estaduais e Distritais;

II – em relação à remuneração de servidores públicos municipais.

§ 2º O piso salarial a que se refere o caput poderá ser estendido aos empregados domésticos.

Art. 2º Esta Lei Complementar entra em vigor na data de sua publicação.

Brasília, 14 de julho de 2000;
179º da Independência e
112º da República.
Fernando Henrique Cardoso

DECRETO Nº 3.555, DE 8 DE AGOSTO DE 2000

Aprova o Regulamento para a modalidade de licitação denominada pregão, para aquisição de bens e serviços comuns.

▶ Publicado no DOU de 9-8-2000.
▶ Lei nº 10.520, de 17-7-2002 (Lei do Pregão).

Art. 1º Fica aprovado, na forma dos Anexos I e II a este Decreto, o Regulamento para a modalidade de licitação denominada pregão, para a aquisição de bens e serviços comuns, no âmbito da União.

Parágrafo único. Subordinam-se ao regime deste Decreto, além dos órgãos da Administração Federal direta, os fundos especiais, as autarquias, as fundações, as empresas públicas, as sociedades de economia mista e as demais entidades controladas direta ou indiretamente pela União.

Art. 2º Compete ao Ministério do Planejamento, Orçamento e Gestão estabelecer normas e orientações complementares sobre a matéria regulada por este Decreto.

Art. 3º Este Decreto entra em vigor na data de sua publicação.

Brasília, 8 de agosto de 2000;
179º da Independência e
112º da República.
Fernando Henrique Cardoso

ANEXO I
REGULAMENTO DA LICITAÇÃO NA MODALIDADE DE PREGÃO

Art. 1º Este Regulamento estabelece normas e procedimentos relativos à licitação na modalidade de pregão, destinada à aquisição de bens e serviços comuns, no âmbito da União, qualquer que seja o valor estimado.

Parágrafo único. Subordinam-se ao regime deste Regulamento, além dos órgãos da administração direta, os fundos especiais, as autarquias, as fundações, as empresas públicas, as sociedades de economia mista e as entidades controladas direta e indiretamente pela União.

Art. 2º Pregão é a modalidade de licitação em que a disputa pelo fornecimento de bens ou serviços comuns é feita em sessão pública, por meio de propostas de preços escritas e lances verbais.

Art. 3º Os contratos celebrados pela União, para a aquisição de bens e serviços comuns, serão precedidos, prioritariamente, de licitação pública na modalidade de pregão, que se destina a garantir, por meio de disputa justa entre os interessados, a compra mais econômica, segura e eficiente.

§ 1º Dependerá de regulamentação específica a utilização de recursos eletrônicos ou de tecnologia da informação para a realização de licitação na modalidade de pregão.

§ 2º Consideram-se bens e serviços comuns aqueles cujos padrões de desempenho e qualidade possam ser objetivamente definidos no edital, por meio de especificações usuais praticadas no mercado.

§ 3º Os bens e serviços de informática e automação adquiridos nesta modalidade deverão observar o disposto no art. 3º da Lei nº 8.248, de 23 de outubro de 1991, e a regulamentação específica.

▶ §§ 2º e 3º com a redação dada pelo Dec. nº 7.174, de 12-5-2010.

§ 4º Para efeito de comprovação do requisito referido no parágrafo anterior, o produto deverá estar habilitado a usufruir do incentivo de isenção do Imposto sobre Produtos Industrializados – IPI, de que trata o art. 4º da Lei nº 8.248, de 1991, nos termos da regulamentação estabelecida pelo Ministério da Ciência e Tecnologia.

§ 5º Alternativamente ao disposto no § 4º, o Ministério da Ciência e Tecnologia poderá reconhecer, mediante requerimento do fabricante, a conformidade do produto com o requisito referido no § 3º.

▶ §§ 4º e 5º acrescidos pelo Dec. nº 3.693, de 20-12-2000.

Art. 4º A licitação na modalidade de pregão é juridicamente condicionada aos princípios básicos da legalidade, da impessoalidade, da moralidade, da igualdade, da publicidade, da probidade administrativa, da vinculação ao instrumento convocatório, do julgamento objetivo, bem assim aos princípios correlatos da celeridade, finalidade, razoabilidade, proporcionalidade, competitividade, justo preço, seletividade e comparação objetiva das propostas.

Parágrafo único. As normas disciplinadoras da licitação serão sempre interpretadas em favor da ampliação da disputa entre os interessados, desde que não comprometam o interesse da Administração, a finalidade e a segurança da contratação.

Art. 5º A licitação na modalidade de pregão não se aplica às contratações de obras e serviços de engenharia, bem como às locações imobiliárias e alienações em geral, que serão regidas pela legislação geral da Administração.

Art. 6º Todos quantos participem de licitação na modalidade de pregão têm direito público subjetivo à fiel observância do procedimento estabelecido neste Regulamento, podendo qualquer interessado acompanhar o seu desenvolvimento, desde que não interfira de modo a perturbar ou impedir a realização dos trabalhos.

Art. 7º À autoridade competente, designada de acordo com as atribuições previstas no regimento ou estatuto do órgão ou da entidade, cabe:

I – determinar a abertura de licitação;

II – designar o pregoeiro e os componentes da equipe de apoio;

III – decidir os recursos contra atos do pregoeiro; e

IV – homologar o resultado da licitação e promover a celebração do contrato.

Parágrafo único. Somente poderá atuar como pregoeiro o servidor que tenha realizado capacitação específica para exercer a atribuição.

Art. 8º A fase preparatória do pregão observará as seguintes regras:

I – a definição do objeto deverá ser precisa, suficiente e clara, vedadas especificações que, por excessivas, irrelevantes ou desnecessárias, limitem ou frustrem a competição ou a realização do fornecimento, devendo estar refletida no termo de referência;

II – o termo de referência é o documento que deverá conter elementos capazes de propiciar a avaliação do custo pela Administração, diante de orçamento detalhado, considerando os preços praticados no mercado, a definição dos métodos, a estratégia de suprimento e o prazo de execução do contrato;

III – a autoridade competente ou, por delegação de competência, o ordenador de despesa ou, ainda, o agente encarregado da compra no âmbito da Administração, deverá:

a) definir o objeto do certame e o seu valor estimado em planilhas, de forma clara, concisa e objetiva, de acordo com termo de referência elaborado pelo requisitante, em conjunto com a área de compras, obedecidas as especificações praticadas no mercado;

b) justificar a necessidade da aquisição;

c) estabelecer os critérios de aceitação das propostas, as exigências de habilitação, as sanções administrativas aplicáveis por inadimplemento e as cláusulas do contrato, inclusive com fixação dos prazos e das demais condições essenciais para o fornecimento; e

d) designar, dentre os servidores do órgão ou da entidade promotora da licitação, o pregoeiro responsável pelos trabalhos do pregão e a sua equipe de apoio;

IV – constarão dos autos a motivação de cada um dos atos especificados no inciso anterior e os indispensáveis elementos técnicos sobre os quais estiverem apoiados, bem como o orçamento estimativo e o cronograma físico-financeiro de desembolso, se for o caso, elaborados pela Administração; e

V – para julgamento, será adotado o critério de menor preço, observados os prazos máximos para fornecimento, as especificações técnicas e os parâmetros mínimos de desempenho e de qualidade e as demais condições definidas no edital.

Art. 9º As atribuições do pregoeiro incluem:

I – o credenciamento dos interessados;
II – o recebimento dos envelopes das propostas de preços e da documentação de habilitação;
III – a abertura dos envelopes das propostas de preços, o seu exame e a classificação dos proponentes;
IV – a condução dos procedimentos relativos aos lances e à escolha da proposta ou do lance de menor preço;
V – a adjudicação da proposta de menor preço;
VI – a elaboração de ata;
VII – a condução dos trabalhos da equipe de apoio;
VIII – o recebimento, o exame e a decisão sobre recursos; e
IX – o encaminhamento do processo devidamente instruído, após a adjudicação, à autoridade superior, visando a homologação e a contratação;

Art. 10. A equipe de apoio deverá ser integrada em sua maioria por servidores ocupantes de cargo efetivo ou emprego da Administração, preferencialmente pertencentes ao quadro permanente do órgão ou da entidade promotora do pregão, para prestar a necessária assistência ao pregoeiro.

Parágrafo único. No âmbito do Ministério da Defesa, as funções de pregoeiro e de membro da equipe de apoio poderão ser desempenhadas por militares.

Art. 11. A fase externa do pregão será iniciada com a convocação dos interessados e observará as seguintes regras:

I – a convocação dos interessados será efetuada por meio de publicação de aviso em função dos seguintes limites:

a) para bens e serviços de valores estimados em até R$ 160.000,00 (cento e sessenta mil reais):
  1. *Diário Oficial da União*; e
  2. meio eletrônico, na Internet;

b) para bens e serviços de valores estimados acima de R$ 160.000,00 (cento e sessenta mil reais) até R$ 650.000,00 (seiscentos e cinquenta mil reais):

▶ Alínea *b* com a redação dada pelo Dec. nº 3.693, de 20-12-2000.

  1. *Diário Oficial da União*;
  2. meio eletrônico, na Internet; e
  3. jornal de grande circulação local;

c) para bens e serviços de valores estimados superiores a R$ 650.000,00 (seiscentos e cinquenta mil reais):

▶ Alínea *c* com a redação dada pelo Dec. nº 3.693, de 20-12-2000.

  1. *Diário Oficial da União*;
  2. meio eletrônico, na Internet; e
  3. jornal de grande circulação regional ou nacional;

d) em se tratando de órgão ou entidade integrante do Sistema de Serviços Gerais – SISG, a íntegra do edital deverá estar disponível em meio eletrônico, na Internet, no site www.comprasnet.gov.br, independentemente do valor estimado;

▶ Alínea *d* com a redação dada pelo Dec. nº 3.693, de 20-12-2000.

II – do edital e do aviso constarão definição precisa, suficiente e clara do objeto, bem como a indicação dos locais, dias e horários em que poderá ser lida ou obtida a íntegra do edital, e o local onde será realizada a sessão pública do pregão;

III – o edital fixará prazo não inferior a oito dias úteis, contados da publicação do aviso, para os interessados prepararem suas propostas;

IV – no dia, hora e local designados no edital, será realizada sessão pública para recebimento das propostas e da documentação de habilitação, devendo o interessado ou seu representante legal proceder ao respectivo credenciamento, comprovando, se for o caso, possuir os necessários poderes para formulação de propostas e para a prática de todos os demais atos inerentes ao certame;

V – aberta a sessão, os interessados ou seus representantes legais entregarão ao pregoeiro, em envelopes separados, a proposta de preços e a documentação de habilitação;

VI – o pregoeiro procederá à abertura dos envelopes contendo as propostas de preços e classificará o autor da proposta de menor preço e aqueles que tenham apresentado propostas em valores sucessivos e superiores em até dez por cento, relativamente à de menor preço;

VII – quando não forem verificadas, no mínimo, três propostas escritas de preços nas condições definidas no inciso anterior, o pregoeiro classificará as melhores propostas subsequentes, até o máximo de três, para que seus autores participem dos lances verbais, quaisquer que sejam os preços oferecidos nas propostas escritas;

VIII – em seguida, será dado início à etapa de apresentação de lances verbais pelos proponentes, que deverão ser formulados de forma sucessiva, em valores distintos e decrescentes;

IX – o pregoeiro convidará individualmente os licitantes classificados, de forma sequencial, a apresentar lances verbais, a partir do autor da proposta classificada de maior preço e os demais, em ordem decrescente de valor;

X – a desistência em apresentar lance verbal, quando convocado pelo pregoeiro, implicará a exclusão do licitante da etapa de lances verbais e na manutenção do último preço apresentado pelo licitante, para efeito de ordenação das propostas;

▶ Inciso X com a redação dada pelo Dec. nº 3.693, de 20-12-2000.

XI – caso não se realizem lances verbais, será verificada a conformidade entre a proposta escrita de menor preço e o valor estimado para a contratação;

XII – declarada encerrada a etapa competitiva e ordenadas as propostas, o pregoeiro examinará a aceitabilidade da primeira classificada, quanto ao objeto e valor, decidindo motivadamente a respeito;

XIII – sendo aceitável a proposta de menor preço, será aberto o envelope contendo a documentação de habilitação do licitante que a tiver formulado, para confirmação das suas condições habilitatórias, com base no Sistema de Cadastramento Unificado de Fornecedores – SICAF, ou nos dados cadastrais da Administração, assegurado ao já cadastrado o direito de apresentar a documentação atualizada e regularizada na própria sessão;

XIV – constatado o atendimento das exigências fixadas no edital, o licitante será declarado vencedor, sendo-lhe adjudicado o objeto do certame;

XV – se a oferta não for aceitável ou se o licitante desatender às exigências habilitatórias, o pregoeiro examinará a oferta subsequente, verificando a sua aceitabilidade e procedendo à habilitação do proponente, na ordem de classificação, e assim sucessivamente, até a apuração de uma proposta que atenda ao edital, sendo o respectivo licitante declarado vencedor e a ele adjudicado o objeto do certame;

XVI – nas situações previstas nos incisos XI, XII e XV, o pregoeiro poderá negociar diretamente com o proponente para que seja obtido preço melhor;

XVII – a manifestação da intenção de interpor recurso será feita no final da sessão, com registro em ata da síntese das suas razões, podendo os interessados juntar memoriais no prazo de três dias úteis;

XVIII – o recurso contra decisão do pregoeiro não terá efeito suspensivo;

XIX – o acolhimento de recurso importará a invalidação apenas dos atos insuscetíveis de aproveitamento;

XX – decididos os recursos e constatada a regularidade dos atos procedimentais, a autoridade competente homologará a adjudicação para determinar a contratação;

XXI – como condição para celebração do contrato, o licitante vencedor deverá manter as mesmas condições de habilitação;

XXII – quando o proponente vencedor não apresentar situação regular, no ato da assinatura do contrato, será convocado outro licitante, observada a ordem de classificação, para celebrar o contrato, e assim sucessivamente, sem prejuízo da aplicação das sanções cabíveis, observado o disposto nos incisos XV e XVI deste artigo;

XXIII – se o licitante vencedor recusar-se a assinar o contrato, injustificadamente, será aplicada a regra estabelecida no inciso XXII;

► Inciso XXIII com a redação dada pelo Dec. nº 3.693, de 20-12-2000.

XXIV – o prazo de validade das propostas será de sessenta dias, se outro não estiver fixado no edital.

Art. 12. Até dois dias úteis antes da data fixada para recebimento das propostas, qualquer pessoa poderá solicitar esclarecimentos, providências ou impugnar o ato convocatório do pregão.

§ 1º Caberá ao pregoeiro decidir sobre a petição no prazo de vinte e quatro horas.

§ 2º Acolhida a petição contra o ato convocatório, será designada nova data para a realização do certame.

Art. 13. Para habilitação dos licitantes, será exigida, exclusivamente, a documentação prevista na legislação geral para a Administração, relativa à:

I – habilitação jurídica;

II – qualificação técnica;
III – qualificação econômico-financeira;
IV – regularidade fiscal; e
V – cumprimento do disposto no inciso XXXIII do art. 7º da Constituição e na Lei nº 9.854, de 27 de outubro de 1999.

Parágrafo único. A documentação exigida para atender ao disposto nos incisos I, III e IV deste artigo deverá ser substituída pelo registro cadastral do SICAF ou, em se tratando de órgão ou entidade não abrangido pelo referido Sistema, por certificado de registro cadastral que atenda aos requisitos previstos na legislação geral.

Art. 14. O licitante que ensejar o retardamento da execução do certame, não mantiver a proposta, falhar ou fraudar na execução do contrato, comportar-se de modo inidôneo, fizer declaração falsa ou cometer fraude fiscal, garantido o direito prévio da citação e da ampla defesa, ficará impedido de licitar e contratar com a Administração, pelo prazo de até cinco anos, enquanto perdurarem os motivos determinantes da punição ou até que seja promovida a reabilitação perante a própria autoridade que aplicou a penalidade.

Parágrafo único. As penalidades serão obrigatoriamente registradas no SICAF, e no caso de suspensão de licitar, o licitante deverá ser descredenciado por igual período, sem prejuízo das multas previstas no edital e no contrato e das demais cominações legais.

Art. 15. É vedada a exigência de:

I – garantia de proposta;

II – aquisição do edital pelos licitantes, como condição para participação no certame; e

III – pagamento de taxas e emolumentos, salvo os referentes a fornecimento do edital, que não serão superiores ao custo de sua reprodução gráfica, e aos custos de utilização de recursos de tecnologia da informação, quando for o caso.

Art. 16. Quando permitida a participação de empresas estrangeiras na licitação, as exigências de habilitação serão atendidas mediante documentos equivalentes, autenticados pelos respectivos consulados e traduzidos por tradutor juramentado.

Parágrafo único. O licitante deverá ter procurador residente e domiciliado no País, com poderes para receber citação, intimação e responder administrativa e judicialmente por seus atos, juntando os instrumentos de mandato com os documentos de habilitação.

Art. 17. Quando permitida a participação de empresas reunidas em consórcio, serão observadas as seguintes normas:

I – deverá ser comprovada a existência de compromisso público ou particular de constituição de consórcio, com indicação da empresa-líder, que deverá atender às condições de liderança estipuladas no edital e será a representante das consorciadas perante a União;

II – cada empresa consorciada deverá apresentar a documentação de habilitação exigida no ato convocatório;

III – a capacidade técnica do consórcio será representada pela soma da capacidade técnica das empresas consorciadas;

IV – para fins de qualificação econômico-financeira, cada uma das empresas deverá atender aos índices contábeis definidos no edital, nas mesmas condições estipuladas no SICAF;

V – as empresas consorciadas não poderão participar, na mesma licitação, de mais de um consórcio ou isoladamente;

VI – as empresas consorciadas serão solidariamente responsáveis pelas obrigações do consórcio nas fases de licitação e durante a vigência do contrato; e

VII – no consórcio de empresas brasileiras e estrangeiras, a liderança caberá, obrigatoriamente, à empresa brasileira, observado o disposto no inciso I deste artigo.

Parágrafo único. Antes da celebração do contrato, deverá ser promovida a constituição e o registro do consórcio, nos termos do compromisso referido no inciso I deste artigo.

Art. 18. A autoridade competente para determinar a contratação poderá revogar a licitação em face de razões de interesse público, derivadas de fato superveniente devidamente comprovado, pertinente e suficiente para justificar tal conduta, devendo anulá-la por ilegalidade, de ofício ou por provocação de qualquer pessoa, mediante ato escrito e fundamentado.

§ 1º A anulação do procedimento licitatório induz à do contrato.

§ 2º Os licitantes não terão direito à indenização em decorrência da anulação do procedimento licitatório, ressalvado o direito do contratado de boa-fé de ser ressarcido pelos encargos que tiver suportado no cumprimento do contrato.

Art. 19. Nenhum contrato será celebrado sem a efetiva disponibilidade de recursos orçamentários para pagamento dos encargos, dele decorrentes, no exercício financeiro em curso.

Art. 20. A União publicará, no Diário Oficial da União, o extrato dos contratos celebrados, no prazo de até vinte dias da data de sua assinatura, com indicação da modalidade de licitação e de seu número de referência.

Parágrafo único. O descumprimento do disposto neste artigo sujeitará o servidor responsável a sanção administrativa.

Art. 21. Os atos essenciais do pregão, inclusive os decorrentes de meios eletrônicos, serão documentados ou juntados no respectivo processo, cada qual oportunamente, compreendendo, sem prejuízo de outros, o seguinte:

I – justificativa da contratação;
II – termo de referência, contendo descrição detalhada do objeto, orçamento estimativo de custos e cronograma físico-financeiro de desembolso, se for o caso;
III – planilhas de custo;
IV – garantia de reserva orçamentária, com a indicação das respectivas rubricas;
V – autorização de abertura da licitação;
VI – designação do pregoeiro e equipe de apoio;
VII – parecer jurídico;
VIII – edital e respectivos anexos, quando for o caso;
IX – minuta do termo do contrato ou instrumento equivalente, conforme o caso;
X – originais das propostas escritas, da documentação de habilitação analisada e dos documentos que a instruírem;

XI – ata da sessão do pregão, contendo, sem prejuízo de outros, o registro dos licitantes credenciados, das propostas escritas e verbais apresentadas, na ordem de classificação, da análise da documentação exigida para habilitação e dos recursos interpostos; e

XII – comprovantes da publicação do aviso do edital, do resultado da licitação, do extrato do contrato e dos demais atos relativos a publicidade do certame, conforme o caso.

Art. 22. Os casos omissos neste Regulamento serão resolvidos pelo Ministério do Planejamento, Orçamento e Gestão.

▶ O anexo II foi revogado pelo Dec. nº 7.174, de 12-5-2010.

LEI Nº 10.028, DE 19 DE OUTUBRO DE 2000

Altera o Decreto-Lei nº 2.848, de 7 de dezembro de 1940 – Código Penal, a Lei nº 1.079, de 10 de abril de 1950, e o Decreto-lei nº 201, de 27 de fevereiro de 1967.

▶ Publicada no *DOU* de 20-10-2000.

Art. 1º O artigo 339 do Decreto-lei nº 2.848, de 7 de dezembro de 1940, passa a vigorar com a seguinte redação:

"Art. 339. Dar causa à instauração de investigação policial, de processo judicial, instauração de investigação administrativa, inquérito civil ou ação de improbidade administrativa contra alguém, imputando-lhe crime de que o sabe inocente:"

"Pena – ....

.... "

"§ 1º ....

.... "

"§ 2º ....

.... "

Art. 2º O Título XI do Decreto-lei nº 2.848, de 1940, passa a vigorar acrescido do seguinte capítulo e artigos:

"Capítulo IV

Dos crimes contra as finanças públicas"

"Contratação de operação de crédito"

"Art. 359-A. Ordenar, autorizar ou realizar operação de crédito, interno ou externo, sem prévia autorização legislativa:"

"Pena – reclusão, de um a dois anos."

"Parágrafo único. Incide na mesma pena quem ordena, autoriza ou realiza operação de crédito, interno ou externo:"

"I – com inobservância de limite, condição ou montante estabelecido em lei ou em resolução do Senado Federal;"

"II – quando o montante da dívida consolidada ultrapassa o limite máximo autorizado por lei."

"Inscrição de despesas não empenhadas em restos a pagar"

"Art. 359-B. Ordenar ou autorizar a inscrição em restos a pagar, de despesa que não tenha sido previamente empenhada ou que exceda limite estabelecido em lei:"

"Pena – detenção, de seis meses a dois anos."

"Assunção de obrigação no último ano do mandato ou legislatura"

"Art. 359-C. Ordenar ou autorizar a assunção de obrigação, nos dois últimos quadrimestres do último ano do mandato ou legislatura, cuja despesa não possa ser paga no mesmo exercício financeiro ou, caso reste parcela a ser paga no exercício seguinte, que não tenha contrapartida suficiente de disponibilidade de caixa:"

"Pena – reclusão, de um a quatro anos."

"Ordenação de despesa não autorizada"

"Art. 359-D. Ordenar despesa não autorizada por lei:"

"Pena – reclusão, de um a quatro anos."

"Prestação de garantia graciosa"

"Art. 359-E. Prestar garantia em operação de crédito sem que tenha sido constituída contragarantia em valor igual ou superior ao valor da garantia prestada, na forma da lei:"

"Pena – detenção, de três meses a um ano."

"Não cancelamento de restos a pagar"

"Art. 359-F. Deixar de ordenar, de autorizar ou de promover o cancelamento do montante de restos a pagar inscrito em valor superior ao permitido em lei:"

"Pena – detenção, de seis meses a dois anos."

"Aumento de despesa total com pessoal no último ano do mandato ou legislatura"

"Art. 359-G. Ordenar, autorizar ou executar ato que acarrete aumento de despesa total com pessoal, nos cento e oitenta dias anteriores ao final do mandato ou da legislatura:"

"Pena – reclusão, de um a quatro anos."

"Oferta pública ou colocação de títulos no mercado"

"Art. 359-H. Ordenar, autorizar ou promover a oferta pública ou a colocação no mercado financeiro de títulos da dívida pública sem que tenham sido criados por lei ou sem que estejam registrados em sistema centralizado de liquidação e de custódia:"

"Pena – reclusão, de um a quatro anos."

Art. 3º A Lei nº 1.079, de 10 de abril de 1950, passa a vigorar com as seguintes alterações:

▶ Alterações inseridas no texto da referida Lei.

Art. 4º O artigo 1º do Decreto-lei nº 201, de 27 de fevereiro de 1967, passa a vigorar com a seguinte redação:

▶ Alterações inseridas no texto da referida Lei.

Art. 5º Constitui infração administrativa contra as leis de finanças públicas:

I – deixar de divulgar ou de enviar ao Poder Legislativo e ao Tribunal de Contas o relatório de gestão fiscal, nos prazos e condições estabelecidos em lei;

II – propor lei de diretrizes orçamentárias anual que não contenha as metas fiscais na forma da lei;

III – deixar de expedir ato determinando limitação de empenho e movimentação financeira, nos casos e condições estabelecidos em lei;

IV – deixar de ordenar ou de promover, na forma e nos prazos da lei, a execução de medida para a redução do montante da despesa total com pessoal que houver excedido a repartição por Poder do limite máximo.

§ 1º A infração prevista neste artigo é punida com multa de trinta por cento dos vencimentos anuais do agente que lhe der causa, sendo o pagamento da multa de sua responsabilidade pessoal.

§ 2º A infração a que se refere este artigo será processada e julgada pelo Tribunal de Contas a que competir a fiscalização contábil, financeira e orçamentária da pessoa jurídica de direito público envolvida.

Art. 6º Esta Lei entra em vigor na data de sua publicação.

Brasília, 19 de outubro de 2000;
179º da Independência e
112º da República.

Fernando Henrique Cardoso

DECRETO Nº 3.722, DE 9 DE JANEIRO DE 2001

Regulamenta o art. 34 da Lei nº 8.666, de 21 de junho de 1993, e dispõe sobre o Sistema de Cadastramento Unificado de Fornecedores – SICAF.

▶ Publicado no *DOU* de 10-1-2001.

Art. 1º O Sistema de Cadastramento Unificado de Fornecedores – SICAF constitui o registro cadastral do Poder Executivo Federal, na forma definida neste Decreto, mantido pelos órgãos e entidades que compõem o Sistema de Serviços Gerais – SISG, nos termos do Decreto nº 1.094, de 13 de março de 1994.

▶ Artigo com a redação dada pelo Dec. nº 4.485, de 25-11-2002.

§ 1º A habilitação dos fornecedores em licitação, dispensa, inexigibilidade e nos contratos administrativos pertinentes à aquisição de bens e serviços, inclusive de obras e publicidade, e a alienação e locação poderá ser comprovada por meio de prévia e regular inscrição cadastral no SICAF:

I – como condição necessária para emissão de nota de empenho, cada administração deverá realizar prévia consulta ao SICAF, para identificar possível proibição de contratar com o Poder Público; e

II – nos casos em que houver necessidade de assinatura do instrumento de contrato, e o proponente homologado não estiver inscrito no SICAF, o seu cadastramento deverá ser feito pela Administração, sem ônus para o proponente, antes da contratação, com base no reexame da documentação apresentada para habilitação, devidamente atualizada.

§ 2º O SICAF deverá conter os registros dos interessados diante da habilitação jurídica, a regularidade fiscal e qualificação econômico-financeira, bem como das sanções aplicadas pela Administração Pública relativas ao impedimento para contratar com o Poder Público, conforme previsto na legislação.

§ 3º Excetuam-se das exigências para habilitação prévia no SICAF as relativas à qualificação técnica da interessada, as quais somente serão demandadas quando a situação o exigir.

Art. 2º O processamento das informações cadastrais, apresentadas pelos interessados, será realizado por meio da utilização de recursos de tecnologia da informação, para constituição de base de dados permanente e centralizada, que conterá os elementos essenciais previstos na legislação vigente.

Art. 3º Os editais de licitação para as contratações referidas no § 1º do art. 1º deverão conter cláusula permitindo a comprovação da regularidade fiscal, da qualificação econômico-financeira e da habilitação jurídica por meio de cadastro no SICAF, definindo dia, hora e local para verificação *on line*, no Sistema.

▶ Artigo com a redação dada pelo Dec. nº 4.485, de 25-11-2002.

Parágrafo único. Para a habilitação regulamentada neste Decreto, o interessado deverá atender às condições exigidas para cadastramento no SICAF, até o terceiro dia útil anterior à data prevista para recebimento das propostas.

Art. 4º O registro de fornecedor no SICAF terá vigência de um ano, ressalvado o prazo de validade da documentação apresentada para fins de atualização no Sistema, a qual deverá ser reapresentada, periodicamente, à vista de norma específica, objetivando sua regularidade cadastral.

Art. 5º *Revogado*. Dec. nº 4.485, de 25-11-2002.

Art. 6º Compete ao Ministério do Planejamento, Orçamento e Gestão a adoção das medidas que se fizerem necessárias à regulamentação, à operacionalização e à coordenação do SICAF, nos termos deste Decreto.

Art. 7º Este Decreto entra em vigor na data de sua publicação.

Brasília, 9 de janeiro de 2001;
180º Independência e
113º da República.

Fernando Henrique Cardoso

LEI Nº 10.192, DE 14 DE FEVEREIRO DE 2001

Dispõe sobre medidas complementares ao Plano Real e dá outras providências.

(EXCERTOS)

▶ Publicada no *DOU* de 16-2-2001.
▶ Lei nº 9.069, de 29-06-1995, dispõe sobre o Plano Real.
▶ Dec.-lei nº 857, de 11-9-1969, consolida e altera a legislação sobre moeda de pagamento de obrigações exequíveis no Brasil.

Art. 1º As estipulações de pagamento de obrigações pecuniárias exequíveis no território nacional deverão ser feitas em Real, pelo seu valor nominal.

Parágrafo único. São vedadas, sob pena de nulidade, quaisquer estipulações de:

I – pagamento expressas em, ou vinculadas a ouro ou moeda estrangeira, ressalvado o disposto nos arts. 2º e 3º do Decreto-Lei nº 857, de 11 de setembro de 1969, e na parte final do art. 6º da Lei nº 8.880, de 27 de maio de 1994;

II – reajuste ou correção monetária expressas em, ou vinculadas a unidade monetária de conta de qualquer natureza;

III – correção monetária ou de reajuste por índices de preços gerais, setoriais ou que reflitam a variação dos custos de produção ou dos insumos utilizados, ressalvado o disposto no artigo seguinte.

Art. 2º É admitida estipulação de correção monetária ou de reajuste por índices de preços gerais, setoriais ou que reflitam a variação dos custos de produção ou dos insumos utilizados nos contratos de prazo de duração igual ou superior a um ano.

§ 1º É nula de pleno direito qualquer estipulação de reajuste ou correção monetária de periodicidade inferior a um ano.

§ 2º Em caso de revisão contratual, o termo inicial do período de correção monetária ou reajuste, ou de nova revisão, será a data em que a anterior revisão tiver ocorrido.

§ 3º Ressalvado o disposto no § 7º do art. 28 da Lei nº 9.069, de 29 de junho de 1995, e no parágrafo seguinte, são nulos de pleno direito quaisquer expedientes que, na apuração do índice de reajuste, produzam efeitos financeiros equivalentes aos de reajuste de periodicidade inferior à anual.

§ 4º Nos contratos de prazo de duração igual ou superior a três anos, cujo objeto seja a produção de bens para entrega futura ou a aquisição de bens ou direitos a eles relativos, as partes poderão pactuar a atualização das obrigações, a cada período de um ano, contado a partir da contratação, e no seu vencimento final, considerada a periodicidade de pagamento das prestações, e abatidos os pagamentos, atualizados da mesma forma, efetuados no período.

§ 5º O disposto no parágrafo anterior aplica-se aos contratos celebrados a partir de 28 de outubro de 1995 até 11 de outubro de 1997.

§ 6º O prazo a que alude o parágrafo anterior poderá ser prorrogado mediante ato do Poder Executivo.

▶ Mantivemos a redação anterior à MP nº 2.223, de 4-9-2001, pois esta foi revogada pela Lei nº 10.931, de 2-8-2004.

Art. 3º Os contratos em que seja parte órgão ou entidade da Administração Pública direta ou indireta da União, dos Estados, do Distrito Federal e dos Municípios, serão reajustados ou corrigidos monetariamente de acordo com as disposições desta Lei, e, no que com ela não conflitarem, da Lei nº 8.666, de 21 de junho de 1993.

§ 1º A periodicidade anual nos contratos de que trata o *caput* deste artigo será contada a partir da data limite para apresentação da proposta ou do orçamento a que essa se referir.

§ 2º O Poder Executivo regulamentará o disposto neste artigo.

Art. 4º Os contratos celebrados no âmbito dos mercados referidos no § 5º do art. 27 da Lei nº 9.069, de 1995, inclusive as condições de remuneração da poupança financeira, bem assim no da previdência privada fechada, permanecem regidos por legislação própria.

Art. 5º Fica instituída Taxa Básica Financeira – TBF, para ser utilizada exclusivamente como base de remuneração de operações realizadas no mercado financeiro, de prazo de duração igual ou superior a sessenta dias.

Parágrafo único. O Conselho Monetário Nacional expedirá as instruções necessárias ao cumprimento do disposto neste artigo, podendo, inclusive, ampliar o prazo mínimo previsto no *caput*.

Art. 6º A Unidade Fiscal de Referência – UFIR, criada pela Lei nº 8.383, de 30 de dezembro de 1991, será reajustada:

I – semestralmente, durante o ano-calendário de 1996;
II – anualmente, a partir de 1º de janeiro de 1997.

Parágrafo único. A reconversão, para Real, dos valores expressos em UFIR, extinta em 27 de outubro de 2000, será efetuada com base no valor dessa Unidade fixado para o exercício de 2000.

▶ O art. 29, § 3º, da Lei nº 10.522, de 19-7-2002, que dispõe sobre o Cadastro Informativo dos créditos não quitados de órgãos e entidades federais, extinguiu a UFIR.

Art. 7º Observado o disposto no artigo anterior, ficam extintas, a partir de 1º de julho de 1995, as unidades monetárias de conta criadas ou reguladas pelo Poder Público, exceto as unidades monetárias de conta fiscais estaduais, municipais e do Distrito Federal, que serão extintas a partir de 1º de janeiro de 1996.

▶ Súm. nº 643 do STF.

§ 1º Em 1º de julho de 1995 e em 1º de janeiro de 1996, os valores expressos, respectivamente, nas unidades monetárias de conta extintas na forma do *caput* deste artigo serão convertidos em Real, com observância do disposto no art. 44 da Lei nº 9.069, de 1995, no que couber.

§ 2º Os Estados, o Distrito Federal e os Municípios poderão utilizar a UFIR nas mesmas condições e periodicidade adotadas pela União, em substituição às respectivas unidades monetárias de conta fiscais extintas.

▶ O art. 29, § 3º, da Lei nº 10.522, de 19-7-2002, que dispõe sobre o Cadastro Informativo dos critérios não quitados de órgãos e entidades federais, extinguiu a UFIR.

Art. 8º A partir de 1º de julho de 1995, a Fundação Instituto Brasileiro de Geografia e Estatística – IBGE deixará de calcular e divulgar o IPC-r.

§ 1º Nas obrigações e contratos em que haja estipulação de reajuste pelo IPC-r, este será substituído, a partir de 1º de julho de 1995, pelo índice previsto contratualmente para este fim.

§ 2º Na hipótese de não existir previsão de índice de preços substituto, e caso não haja acordo entre as partes, deverá ser utilizada média de índices de preços de abrangência nacional, na forma de regulamentação a ser baixada pelo Poder Executivo.

....

Art. 15. Permanecem em vigor as disposições legais relativas a correção monetária de débitos trabalhistas, de débitos resultantes de decisão judicial, de débitos relativos a ressarcimento em virtude de inadimplemento de obrigações contratuais e do passivo de empresas e instituições sob os regimes de concordata, falência, intervenção e liquidação extrajudicial.

▶ Lei nº 11.101, de 9-2-2005 (Lei de Recuperação de Empresas e Falências).

Art. 16. Ficam convalidados os atos praticados com base na Medida Provisória nº 2.074-72, de 27 de dezembro de 2000.

Art. 17. Esta Lei entra em vigor na data de sua publicação.

Art. 18. Revogam-se os §§ 1º e 2º do art. 947 do Código Civil, os §§ 1º e 2º do art. 1º da Lei nº 8.542, de 23 de dezembro de 1992, e o art. 14 da Lei nº 8.177, de 1º de março de 1991.

Congresso Nacional, 14 de fevereiro de 2001;
180º da Independência e
113º da República.

Senador Antonio Carlos Magalhães
Presidente

LEI Nº 10.233,
DE 5 DE JUNHO DE 2001

Dispõe sobre a reestruturação dos transportes aquaviário e terrestre, cria o Conselho Nacional de Integração de Políticas de Transporte, a Agência Nacional de Transportes Terrestres, a Agência Nacional de Transportes Aquaviários e o Departamento Nacional de Infraestrutura de Transportes, e dá outras providências.

▶ Publicada no *DOU* de 6-6-2001.
▶ Lei nº 9.432, de 8-1-1997, dispõe sobre a ordenação do transporte aquaviário.
▶ Res. da ANTAQ nº 1.864, de 4-11-2010, aprova a norma para disciplinar o afretamento de embarcação para operar na navegação interior.

Capítulo I
DO OBJETO

Art. 1º Constituem o objeto desta Lei:

I – criar o Conselho Nacional de Integração de Políticas de Transporte;

II – dispor sobre a ordenação dos transportes aquaviário e terrestre, nos termos do art. 178 da Constituição Federal, reorganizando o gerenciamento do Sistema Federal de Viação e regulando a prestação de serviços de transporte;

III – criar a Agência Nacional de Transportes Terrestres;

IV – criar a Agência Nacional de Transportes Aquaviários;

V – criar o Departamento Nacional de Infraestrutura de Transportes.

Capítulo II
DO SISTEMA NACIONAL DE VIAÇÃO

Art. 2º O Sistema Nacional de Viação – SNV é constituído pela infraestrutura viária e pela estrutura operacional dos diferentes meios de transporte de pessoas e bens, sob jurisdição da União, dos Estados, do Distrito Federal e dos Municípios.

Parágrafo único. O SNV será regido pelos princípios e diretrizes estabelecidos em consonância com o disposto nos incisos XII, XX e XXI do art. 21 da Constituição Federal.

Art. 3º O Sistema Federal de Viação – SFV, sob jurisdição da União, abrange a malha arterial básica do Sistema Nacional de Viação, formada por eixos e terminais relevantes do ponto de vista da demanda de transporte, da integração nacional e das conexões internacionais.

Parágrafo único. O SFV compreende os elementos físicos da infraestrutura viária existente e planejada, definidos pela legislação vigente.

Art. 4º São objetivos essenciais do Sistema Nacional de Viação:

I – dotar o País de infraestrutura viária adequada;
II – garantir a operação racional e segura dos transportes de pessoas e bens;
III – promover o desenvolvimento social e econômico e a integração nacional.

§ 1º Define-se como infraestrutura viária adequada a que torna mínimo o custo total do transporte, entendido como a soma dos custos de investimentos, de manutenção e de operação dos sistemas.

§ 2º Entende-se como operação racional e segura a que se caracteriza pela gerência eficiente das vias, dos terminais, dos equipamentos e dos veículos, objetivando tornar mínimos os custos operacionais e, consequentemente, os fretes e as tarifas, e garantir a segurança e a confiabilidade do transporte.

Capítulo III
DO CONSELHO NACIONAL DE INTEGRAÇÃO DE POLÍTICAS DE TRANSPORTE

Art. 5º Fica criado o Conselho Nacional de Integração de Políticas de Transporte – CONIT, vinculado à Presidência da República, com a atribuição de propor ao Presidente da República políticas nacionais de integração dos diferentes modos de transporte de pessoas e bens, em conformidade com:

I – as políticas de desenvolvimento nacional, regional e urbano, de defesa nacional, de meio ambiente e de segurança das populações, formuladas pelas diversas esferas de governo;

▶ Inciso I com a redação dada pela MP nº 2.217-3, de 4-9-2001, que até o encerramento desta edição não havia sido convertida em Lei.

II – as diretrizes para a integração física e de objetivos dos sistemas viários e das operações de transporte sob jurisdição da União, dos Estados, do Distrito Federal e dos Municípios;
III – a promoção da competitividade, para redução de custos, tarifas e fretes, e da descentralização, para melhoria da qualidade dos serviços prestados;
IV – as políticas de apoio à expansão e ao desenvolvimento tecnológico da indústria de equipamentos e veículos de transporte;
V – a necessidade da coordenação de atividades pertinentes ao Sistema Federal de Viação e atribuídas pela legislação vigente aos Ministérios dos Transportes, da Defesa, da Justiça, das Cidades e à Secretaria Especial de Portos da Presidência da República.

▶ Inciso V com a redação dada pela Lei nº 11.518, de 5-9-2007.

Art. 6º No exercício da atribuição prevista no art. 5º, caberá ao CONIT:

I – propor medidas que propiciem a integração dos transportes aéreo, aquaviário e terrestre e a harmonização das respectivas políticas setoriais;
II – definir os elementos de logística do transporte multimodal a serem implementados pelos órgãos reguladores dos transportes terrestre e aquaviário vinculados ao Ministério dos Transportes, conforme estabelece esta Lei, pela Secretaria Especial de Portos e pela Agência Nacional de Aviação Civil – ANAC;

▶ Inciso II com a redação dada pela Lei nº 11.518, de 5-9-2007.

III – harmonizar as políticas nacionais de transporte com as políticas de transporte dos Estados, do Distrito Federal e dos Municípios, visando à articulação dos órgãos encarregados do gerenciamento dos sistemas viários e da regulação dos transportes interestaduais, intermunicipais e urbanos;
IV – aprovar, em função das características regionais, as políticas de prestação de serviços de transporte às áreas mais remotas ou de difícil acesso do País, submetendo ao Presidente da República e ao Congresso Nacional as medidas específicas que implicarem a criação de subsídios;
V – aprovar as revisões periódicas das redes de transporte que contemplam as diversas regiões do País, propondo ao Poder Executivo e ao Congresso Nacional as reformulações do Sistema Nacional de Viação que atendam ao interesse nacional.

Art. 7º VETADO.

Art. 7º-A. O CONIT será presidido pelo Ministro de Estado dos Transportes e terá como membros os Ministros de Estado da Justiça, da Defesa, da Fazenda, do Planejamento, Orçamento e Gestão, do Desenvolvimento, Indústria e Comércio Exterior, das Cidades e o Secretário Especial de Portos da Presidência da República.

▶ Caput com a redação dada pela Lei nº 11.518, de 5-9-2007.

Parágrafo único. O Poder Executivo disporá sobre o funcionamento do CONIT.

Arts. 8º a 10. VETADOS.

Capítulo IV
DOS PRINCÍPIOS E DIRETRIZES PARA OS TRANSPORTES AQUAVIÁRIO E TERRESTRE

Seção I

DOS PRINCÍPIOS GERAIS

Art. 11. O gerenciamento da infraestrutura e a operação dos transportes aquaviário e terrestre serão regidos pelos seguintes princípios gerais:

I – preservar o interesse nacional e promover o desenvolvimento econômico e social;
II – assegurar a unidade nacional e a integração regional;
III – proteger os interesses dos usuários quanto à qualidade e oferta de serviços de transporte e dos consumidores finais quanto à incidência dos fretes nos preços dos produtos transportados;
IV – assegurar, sempre que possível, que os usuários paguem pelos custos dos serviços prestados em regime de eficiência;
V – compatibilizar os transportes com a preservação do meio ambiente, reduzindo os níveis de poluição sonora e de contaminação atmosférica, do solo e dos recursos hídricos;
VI – promover a conservação de energia, por meio da redução do consumo de combustíveis automotivos;
VII – reduzir os danos sociais e econômicos decorrentes dos congestionamentos de tráfego;
VIII – assegurar aos usuários liberdade de escolha da forma de locomoção e dos meios de transporte mais adequados às suas necessidades;

IX – estabelecer prioridade para o deslocamento de pedestres e o transporte coletivo de passageiros, em sua superposição com o transporte individual, particularmente nos centros urbanos;
X – promover a integração física e operacional do Sistema Nacional de Viação com os sistemas viários dos países limítrofes;
XI – ampliar a competitividade do País no mercado internacional;
XII – estimular a pesquisa e o desenvolvimento de tecnologias aplicáveis ao setor de transportes.

SEÇÃO II

DAS DIRETRIZES GERAIS

Art. 12. Constituem diretrizes gerais do gerenciamento da infraestrutura e da operação dos transportes aquaviário e terrestre:

I – descentralizar as ações, sempre que possível, promovendo sua transferência a outras entidades públicas, mediante convênios de delegação, ou a empresas públicas ou privadas, mediante outorgas de autorização, concessão ou permissão, conforme dispõe o inciso XII do art. 21 da Constituição Federal;
II – aproveitar as vantagens comparativas dos diferentes meios de transporte, promovendo sua integração física e a conjugação de suas operações, para a movimentação intermodal mais econômica e segura de pessoas e bens;
III – dar prioridade aos programas de ação e de investimentos relacionados com os eixos estratégicos de integração nacional, de abastecimento do mercado interno e de exportação;
IV – promover a pesquisa e a adoção das melhores tecnologias aplicáveis aos meios de transporte e à integração destes;
V – promover a adoção de práticas adequadas de conservação e uso racional dos combustíveis e de preservação do meio ambiente;
VI – estabelecer que os subsídios incidentes sobre fretes e tarifas constituam ônus ao nível de governo que os imponha ou conceda;
VII – reprimir fatos e ações que configurem ou possam configurar competição imperfeita ou infrações da ordem econômica.

Art. 13. As outorgas a que se refere o inciso I do art. 12 serão realizadas sob a forma de:

I – concessão, quando se tratar de exploração de infraestrutura de transporte público, precedida ou não de obra pública, e de prestação de serviços de transporte associados à exploração da infraestrutura;
II e III – VETADOS.
IV – permissão, quando se tratar de prestação regular de serviços de transporte terrestre coletivo de passageiros desvinculados da exploração da infraestrutura;
V – autorização, quando se tratar de prestação não regular de serviços de transporte terrestre coletivo de passageiros, de prestação de serviço de transporte aquaviário, ou de exploração de infraestrutura de uso privativo.

▶ Incisos IV e V acrescidos pela MP nº 2.217-3, de 4-9-2001, que até o encerramento desta edição não havia sido convertida em Lei.

Art. 14. O disposto no art. 13 aplica-se segundo as diretrizes:

I – depende de concessão:
a) a exploração das ferrovias, das rodovias, das vias navegáveis e dos portos organizados que compõem a infraestrutura do Sistema Nacional de Viação;
b) o transporte ferroviário de passageiros e cargas associado à exploração da infraestrutura ferroviária;
II – VETADO.
III – depende de autorização:
a) VETADA.
b) o transporte rodoviário de passageiros, sob regime de afretamento;
c) a construção e operação de terminais de uso privativo, conforme disposto na Lei nº 8.630, de 25 de fevereiro de 1993;

▶ Alínea c com a redação dada pela MP nº 2.217-3, de 4-9-2001, que até o encerramento desta edição não havia sido convertida em Lei.

d) VETADA.
e) o transporte aquaviário;

▶ Alínea e acrescida pela MP nº 2.217-3, de 4-9-2001, que até o encerramento desta edição não havia sido convertida em Lei.

f) o transporte ferroviário não regular de passageiros, não associado à exploração da infraestrutura.

▶ Alínea f acrescida pela Lei nº 11.314, de 3-7-2006.

g) a construção e exploração de Estações de Transbordo de Cargas;
h) a construção e exploração de Instalação Portuária Pública de Pequeno Porte;

▶ Alíneas g e h acrescidas pela Lei nº 11.518, de 5-9-2007.

IV – depende de permissão:

▶ Caput do Inciso IV acrescido pela MP nº 2.217-3, de 4-9-2001, que até o encerramento desta edição não havia sido convertida em Lei.

a) o transporte rodoviário coletivo regular de passageiros;

▶ Alínea a acrescida pela MP nº 2.217-3, de 4-9-2001, que até o encerramento desta edição não havia sido convertida em Lei.

b) o transporte ferroviário regular de passageiros não associado à infraestrutura.

▶ Alínea b com a redação dada pela Lei nº 11.483, de 31-5-2007.

§ 1º As outorgas de concessão ou permissão serão sempre precedidas de licitação, conforme prescreve o art. 175 da Constituição Federal.

§ 2º É vedada a prestação de serviços de transporte coletivo de passageiros, de qualquer natureza, que não tenham sido autorizados, concedidos ou permitidos pela autoridade competente.

§ 3º As outorgas de concessão a que se refere o inciso I do art. 13 poderão estar vinculadas a contratos de arrendamento de ativos e a contratos de construção, com cláusula de reversão ao patrimônio da União.

§ 4º Os procedimentos para as diferentes formas de outorga a que se refere este artigo são disciplinados pelo disposto nos arts. 28 a 51-A.

▶ § 4º com a redação dada pela MP nº 2.217-3, de 4-9-2001, que até o encerramento desta edição não havia sido convertida em Lei.

Art. 14-A. O exercício da atividade de transporte rodoviário de cargas, por conta de terceiros e mediante remuneração, depende de inscrição do transportador no Registro Nacional de Transportadores Rodoviários de Carga – RNTRC.

Parágrafo único. O transportador a que se refere o *caput* terá o prazo de um ano, a contar da instalação da ANTT, para efetuar sua inscrição.

▶ Art. 14-A acrescido pela MP nº 2.217-3, de 4-9-2001, que até o encerramento desta edição não havia sido convertida em Lei.

Capítulo V

DO MINISTÉRIO DOS TRANSPORTES

Arts. 15 a 19. VETADOS.

Capítulo VI

DAS AGÊNCIAS NACIONAIS DE REGULAÇÃO DOS TRANSPORTES TERRESTRE E AQUAVIÁRIO

Seção I

DOS OBJETIVOS, DA INSTITUIÇÃO E DAS ESFERAS DE ATUAÇÃO

Art. 20. São objetivos das Agências Nacionais de Regulação dos Transportes Terrestre e Aquaviário:

I – implementar, em suas respectivas esferas de atuação, as políticas formuladas pelo Conselho Nacional de Integração de Políticas de Transporte e pelo Ministério dos Transportes, segundo os princípios e diretrizes estabelecidos nesta Lei;

II – regular ou supervisionar, em suas respectivas esferas e atribuições, as atividades de prestação de serviços e de exploração da infraestrutura de transportes, exercidas por terceiros, com vistas a:

a) garantir a movimentação de pessoas e bens, em cumprimento a padrões de eficiência, segurança, conforto, regularidade, pontualidade e modicidade nos fretes e tarifas;

b) harmonizar, preservado o interesse público, os objetivos dos usuários, das empresas concessionárias, permissionárias, autorizadas e arrendatárias, e de entidades delegadas, arbitrando conflitos de interesses e impedindo situações que configurem competição imperfeita ou infração da ordem econômica.

Art. 21. Ficam instituídas a Agência Nacional de Transportes Terrestres – ANTT e a Agência Nacional de Transportes Aquaviários – ANTAQ, entidades integrantes da Administração Federal indireta, submetidas ao regime autárquico especial e vinculadas ao Ministério dos Transportes, nos termos desta Lei.

§ 1º A ANTT e a ANTAQ terão sede e foro no Distrito Federal, podendo instalar unidades administrativas regionais.

§ 2º O regime autárquico especial conferido à ANTT e à ANTAQ é caracterizado pela independência administrativa, autonomia financeira e funcional e mandato fixo de seus dirigentes.

Art. 22. Constituem a esfera de atuação da ANTT:

I – o transporte ferroviário de passageiros e cargas ao longo do Sistema Nacional de Viação;

II – a exploração da infraestrutura ferroviária e o arrendamento dos ativos operacionais correspondentes;
III – o transporte rodoviário interestadual e internacional de passageiros;
IV – o transporte rodoviário de cargas;
V – a exploração da infraestrutura rodoviária federal;
VI – o transporte multimodal;
VII – o transporte de cargas especiais e perigosas em rodovias e ferrovias.

§ 1º A ANTT articular-se-á com as demais Agências, para resolução das interfaces do transporte terrestre com os outros meios de transporte, visando à movimentação intermodal mais econômica e segura de pessoas e bens.

§ 2º A ANTT harmonizará sua esfera de atuação com a de órgãos dos Estados, do Distrito Federal e dos Municípios encarregados do gerenciamento de seus sistemas viários e das operações de transporte intermunicipal e urbano.

§ 3º A ANTT articular-se-á com entidades operadoras do transporte dutoviário, para resolução de interfaces intermodais e organização de cadastro do sistema de dutovias do Brasil.

Art. 23. Constituem a esfera de atuação da ANTAQ:

I – a navegação fluvial, lacustre, de travessia, de apoio marítimo, de apoio portuário, de cabotagem e de longo curso;
II – os portos organizados e as Instalações Portuárias Públicas de Pequeno Porte;
III – os terminais portuários privativos e as Estações de Transbordo de Cargas;

▶ Incisos II e III acrescidos pela Lei nº 11.518, de 5-9-2007.

IV – o transporte aquaviário de cargas especiais e perigosas;
V – a exploração da infraestrutura aquaviária federal.

▶ Inciso V acrescido pela MP nº 2.217-3, de 4-9-2001, que até o encerramento desta edição não havia sido convertida em Lei.

§ 1º A ANTAQ articular-se-á com as demais Agências, para resolução das interfaces do transporte aquaviário com as outras modalidades de transporte, visando à movimentação intermodal mais econômica e segura de pessoas e bens.

§ 2º A ANTAQ harmonizará sua esfera de atuação com a de órgãos dos Estados e dos Municípios encarregados do gerenciamento das operações de transporte aquaviário intermunicipal e urbano.

Seção II

DAS ATRIBUIÇÕES DA AGÊNCIA NACIONAL DE TRANSPORTES TERRESTRES

Art. 24. Cabe à ANTT, em sua esfera de atuação, como atribuições gerais:

I – promover pesquisas e estudos específicos de tráfego e de demanda de serviços de transporte;
II – promover estudos aplicados às definições de tarifas, preços e fretes, em confronto com os custos e os benefícios econômicos transferidos aos usuários pelos investimentos realizados;
III – propor ao Ministério dos Transportes os planos de outorgas, instruídos por estudos específicos de

viabilidade técnica e econômica, para exploração da infraestrutura e a prestação de serviços de transporte terrestre;
IV – elaborar e editar normas e regulamentos relativos à exploração de vias e terminais, garantindo isonomia no seu acesso e uso, bem como à prestação de serviços de transporte, mantendo os itinerários outorgados e fomentando a competição;
V – editar atos de outorga e de extinção de direito de exploração de infraestrutura e de prestação de serviços de transporte terrestre, celebrando e gerindo os respectivos contratos e demais instrumentos administrativos;
VI – reunir, sob sua administração, os instrumentos de outorga para exploração de infraestrutura e prestação de serviços de transporte terrestre já celebrados antes da vigência desta Lei, resguardando os direitos das partes e o equilíbrio econômico-financeiro dos respectivos contratos;
VII – proceder à revisão e ao reajuste de tarifas dos serviços prestados, segundo as disposições contratuais, após prévia comunicação ao Ministério da Fazenda;
VIII – fiscalizar a prestação dos serviços e a manutenção dos bens arrendados, cumprindo e fazendo cumprir as cláusulas e condições avençadas nas outorgas e aplicando penalidades pelo seu descumprimento;
IX – autorizar projetos e investimentos no âmbito das outorgas estabelecidas, encaminhando ao Ministro de Estado dos Transportes, se for o caso, propostas de declaração de utilidade pública;

▶ Inciso IX com a redação dada pela MP nº 2.217-3, de 4-9-2001, que até o encerramento desta edição não havia sido convertida em Lei.

X – adotar procedimentos para a incorporação ou desincorporação de bens, no âmbito dos arrendamentos contratados;
XI – promover estudos sobre a logística do transporte intermodal, ao longo de eixos ou fluxos de produção;
XII – habilitar o Operador do Transporte Multimodal, em articulação com as demais agências reguladoras de transportes;
XIII – promover levantamentos e organizar cadastro relativos ao sistema de dutovias do Brasil e às empresas proprietárias de equipamentos e instalações de transporte dutoviário;
XIV – estabelecer padrões e normas técnicas complementares relativos às operações de transporte terrestre de cargas especiais e perigosas;
XV – elaborar o seu orçamento e proceder à respectiva execução financeira.
XVI – representar o Brasil junto aos organismos internacionais e em convenções, acordos e tratados na sua área de competência, observadas as diretrizes do Ministro de Estado dos Transportes e as atribuições específicas dos demais órgãos federais;

▶ Inciso XVI acrescido pela MP nº 2.217-3, de 4-9-2001, que até o encerramento desta edição não havia sido convertida em Lei.

XVII – exercer, diretamente ou mediante convênio, as competências expressas no inciso VIII do art. 21 da Lei nº 9.503, de 23 de setembro de 1997 – Código de Trânsito Brasileiro, nas rodovias federais por ela administradas.

▶ Inciso XVII acrescido pela Lei nº 10.561, de 13-11-2002.

Parágrafo único. No exercício de suas atribuições a ANTT poderá:

I – firmar convênios de cooperação técnica e administrativa com órgãos e entidades da Administração Pública Federal, dos Estados, do Distrito Federal e dos Municípios, tendo em vista a descentralização e a fiscalização eficiente das outorgas;
II – participar de foros internacionais, sob a coordenação do Ministério dos Transportes;
III – firmar convênios de cooperação técnica com entidades e organismos internacionais.

▶ Inciso III acrescido pela MP nº 2.217-3, de 4-9-2001, que até o encerramento desta edição não havia sido convertida em Lei.

Art. 25. Cabe à ANTT, como atribuições específicas pertinentes ao Transporte Ferroviário:

I – publicar os editais, julgar as licitações e celebrar os contratos de concessão para prestação de serviços de transporte ferroviário, permitindo-se sua vinculação com contratos de arrendamento de ativos operacionais;
II – administrar os contratos de concessão e arrendamento de ferrovias celebrados até a vigência desta Lei, em consonância com o inciso VI do art. 24;
III – publicar editais, julgar as licitações e celebrar contratos de concessão para construção e exploração de novas ferrovias, com cláusulas de reversão à União dos ativos operacionais edificados e instalados;
IV – fiscalizar diretamente, com o apoio de suas unidades regionais, ou por meio de convênios de cooperação, o cumprimento das cláusulas contratuais de prestação de serviços ferroviários e de manutenção e reposição dos ativos arrendados;
V – regular e coordenar a atuação dos concessionários, assegurando neutralidade com relação aos interesses dos usuários, orientando e disciplinando o tráfego mútuo e o direito de passagem de trens de passageiros e cargas e arbitrando as questões não resolvidas pelas partes;
VI – articular-se com órgãos e instituições dos Estados, do Distrito Federal e dos Municípios para conciliação do uso da via permanente sob sua jurisdição com as redes locais de metrôs e trens urbanos destinados ao deslocamento de passageiros;
VII – contribuir para a preservação do patrimônio histórico e da memória das ferrovias, em cooperação com as instituições associadas à cultura nacional, orientando e estimulando a participação dos concessionários do setor.

Parágrafo único. No cumprimento do disposto no inciso V, a ANTT estimulará a formação de associações de usuários, no âmbito de cada concessão ferroviária, para a defesa de interesses relativos aos serviços prestados.

Art. 26. Cabe à ANTT, como atribuições específicas pertinentes ao Transporte Rodoviário:

I – publicar os editais, julgar as licitações e celebrar os contratos de permissão para prestação de serviços de transporte rodoviário interestadual e internacional de passageiros;
II – autorizar o transporte de passageiros, realizado por empresas de turismo, com a finalidade de turismo;

III – autorizar o transporte de passageiros, sob regime de fretamento;
IV – promover estudos e levantamentos relativos à frota de caminhões, empresas constituídas e operadores autônomos, bem como organizar e manter um registro nacional de transportadores rodoviários de cargas;
V – habilitar o transportador internacional de carga;
VI – publicar os editais, julgar as licitações e celebrar os contratos de concessão de rodovias federais a serem exploradas e administradas por terceiros;
VII – fiscalizar diretamente, com o apoio de suas unidades regionais, ou por meio de convênios de cooperação, o cumprimento das condições de outorga de autorização e das cláusulas contratuais de permissão para prestação de serviços ou de concessão para exploração da infraestrutura.

§ 1º VETADO.

§ 2º Na elaboração dos editais de licitação, para o cumprimento do disposto no inciso VI do *caput*, a ANTT cuidará de compatibilizar a tarifa do pedágio com as vantagens econômicas e o conforto de viagem, transferidos aos usuários em decorrência da aplicação dos recursos de sua arrecadação no aperfeiçoamento da via em que é cobrado.

§ 3º A ANTT articular-se-á com os governos dos Estados para o cumprimento do disposto no inciso VI do *caput*, no tocante às rodovias federais por eles já concedidas a terceiros, podendo avocar os respectivos contratos e preservar a cooperação administrativa avençada.

§ 4º O disposto no § 3º aplica-se aos contratos de concessão que integram rodovias federais e estaduais, firmados até a data de publicação desta Lei.

§ 5º Os convênios de cooperação administrativa, referidos no inciso VII do *caput*, poderão ser firmados com órgãos e entidades da União e dos governos dos Estados, do Distrito Federal e dos Municípios.

§ 6º No cumprimento do disposto no inciso VII do *caput*, a ANTT deverá coibir a prática de serviços de transporte de passageiros não concedidos, permitidos ou autorizados.

Seção III

DAS ATRIBUIÇÕES DA AGÊNCIA NACIONAL DE TRANSPORTES AQUAVIÁRIOS

Art. 27. Cabe à ANTAQ, em sua esfera de atuação:
I – promover estudos específicos de demanda de transporte aquaviário e de serviços portuários;
II – promover estudos aplicados às definições de tarifas, preços e fretes, em confronto com os custos e os benefícios econômicos transferidos aos usuários pelos investimentos realizados;
III – propor:
a) ao Ministério dos Transportes o plano geral de outorgas de exploração da infraestrutura aquaviária e portuária fluvial e lacustre, excluídos os portos outorgados às companhias docas, e de prestação de serviços de transporte aquaviário; e
b) à Secretaria Especial de Portos da Presidência da República o plano geral de outorgas de exploração da infraestrutura e da superestrutura dos portos e terminais portuários marítimos, bem como dos outorgados às companhias docas;

▶ Inciso III com a redação dada pela Lei nº 11.518, de 5-9-2007.

IV – elaborar e editar normas e regulamentos relativos à prestação de serviços de transporte e à exploração da infraestrutura aquaviária e portuária, garantindo isonomia no seu acesso e uso, assegurando os direitos dos usuários e fomentando a competição entre os operadores;
V – celebrar atos de outorga de permissão ou autorização de prestação de serviços de transporte pelas empresas de navegação fluvial, lacustre, de travessia, de apoio marítimo, de apoio portuário, de cabotagem e de longo curso, observado o disposto nos art. 13 e 14, gerindo os respectivos contratos e demais instrumentos administrativos;
VI – reunir, sob sua administração, os instrumentos de outorga para exploração de infraestrutura e de prestação de serviços de transporte aquaviário celebrados antes da vigência desta Lei, resguardando os direitos das partes;
VII – aprovar as propostas de revisão e de reajuste de tarifas encaminhadas pelas Administrações Portuárias, após prévia comunicação ao Ministério da Fazenda;

▶ Inciso VII com a redação dada pela MP nº 2.217-3, de 4-9-2001, que até o encerramento desta edição não havia sido convertida em Lei.

VIII – promover estudos referentes à composição da frota mercante brasileira e à prática de afretamentos de embarcações, para subsidiar as decisões governamentais quanto à política de apoio à indústria de construção naval e de afretamento de embarcações estrangeiras;
IX – VETADO.
X – representar o Brasil junto aos organismos internacionais de navegação e em convenções, acordos e tratados sobre transporte aquaviário, observadas as diretrizes do Ministro de Estado dos Transportes e as atribuições específicas dos demais órgãos federais;
XI – VETADO.
XII – supervisionar a participação de empresas brasileiras e estrangeiras na navegação de longo curso, em cumprimento aos tratados, convenções, acordos e outros instrumentos internacionais dos quais o Brasil seja signatário;
XIII – VETADO.
XIV – estabelecer normas e padrões a serem observados pelas autoridades portuárias, nos termos da Lei nº 8.630, de 25 de fevereiro de 1993;
XV – publicar os editais, julgar as licitações e celebrar os contratos de concessão para exploração dos portos organizados em obediência ao disposto na Lei nº 8.630, de 25 de fevereiro de 1993;
XVI – cumprir e fazer cumprir as cláusulas e condições avençadas nos contratos de concessão quanto à manutenção e reposição dos bens e equipamentos reversíveis à União e arrendados nos termos do inciso I do art. 4º da Lei nº 8.630, de 25 de fevereiro de 1993;
XVII – autorizar projetos e investimentos no âmbito das outorgas estabelecidas, encaminhando ao Ministro de Estado dos Transportes ou ao Secretário Especial de

Portos, conforme o caso, propostas de declaração de utilidade pública;
▶ Inciso XVII com a redação dada pela Lei nº 11.518, de 5-9-2007.

XVIII – VETADO.

XIX – estabelecer padrões e normas técnicas relativos às operações de transporte aquaviário de cargas especiais e perigosas;

XX – elaborar o seu orçamento e proceder à respectiva execução financeira;

XXI – fiscalizar o funcionamento e a prestação de serviços das empresas de navegação de longo curso, de cabotagem, de apoio marítimo, de apoio portuário, fluvial e lacustre;

XXII – autorizar a construção e a exploração de terminais portuários de uso privativo, conforme previsto na Lei nº 8.630, de 1993;

XXIII – adotar procedimentos para a incorporação ou desincorporação de bens, no âmbito das outorgas;

XXIV – autorizar as empresas brasileiras de navegação de longo curso, de cabotagem, de apoio marítimo, de apoio portuário, fluvial e lacustre, o afretamento de embarcações estrangeiras para o transporte de carga, conforme disposto na Lei nº 9.432, de 8 de janeiro de 1997;

XXV – celebrar atos de outorga de concessão para a exploração da infraestrutura aquaviária e portuária, gerindo e fiscalizando os respectivos contratos e demais instrumentos administrativos;
▶ Incisos XXI a XXV acrescidos pela MP nº 2.217-3, de 4-9-2001, que até o encerramento desta edição não havia sido convertida em Lei.

XXVI – celebrar atos de outorga de autorização para construção e exploração de Estação de Transbordo de Carga;

XXVII – celebrar atos de outorga de autorização para construção e exploração de Instalação Portuária Pública de Pequeno Porte.
▶ Incisos XXVI e XXVII acrescidos pela Lei nº 11.518, de 5-9-2007.

§ 1º No exercício de suas atribuições a ANTAQ poderá:

I – firmar convênios de cooperação técnica e administrativa com órgãos e entidades da Administração Pública Federal, dos Estados, do Distrito Federal e dos Municípios, tendo em vista a descentralização e a fiscalização eficiente das outorgas;

II – participar de foros internacionais, sob a coordenação do Ministério dos Transportes;

III – firmar convênios de cooperação técnica com entidades e organismos internacionais.
▶ Inciso III acrescido pela MP nº 2.217-3, de 4-9-2001, que até o encerramento desta edição não havia sido convertida em Lei.

§ 2º A ANTAQ observará as prerrogativas específicas do Comando da Marinha e atuará sob sua orientação em assuntos de Marinha Mercante que interessarem à defesa nacional, à segurança da navegação aquaviária e à salvaguarda da vida humana no mar, devendo ser consultada quando do estabelecimento de normas e procedimentos de segurança que tenham repercussão nos aspectos econômicos e operacionais da prestação de serviços de transporte aquaviário.

§ 3º O presidente do Conselho de Autoridade Portuária, como referido na alínea a do inciso I do art. 31 da Lei nº 8.630, de 25 de fevereiro de 1993, será indicado pela ANTAQ e a representará em cada porto organizado.

§ 4º O grau de recurso a que se refere o § 2º do art. 5º da Lei nº 8.630, de 25 de fevereiro de 1993, passa a ser atribuído à ANTAQ.

SEÇÃO IV

DOS PROCEDIMENTOS E DO CONTROLE DAS OUTORGAS

SUBSEÇÃO I

DAS NORMAS GERAIS

Art. 28. A ANTT e a ANTAQ, em suas respectivas esferas de atuação, adotarão as normas e os procedimentos estabelecidos nesta Lei para as diferentes formas de outorga previstos nos arts. 13 e 14, visando a que:

I – a exploração da infraestrutura e a prestação de serviços de transporte se exerçam de forma adequada, satisfazendo as condições de regularidade, eficiência, segurança, atualidade, generalidade, cortesia na prestação do serviço, e modicidade nas tarifas;

II – os instrumentos de concessão ou permissão sejam precedidos de licitação pública e celebrados em cumprimento ao princípio da livre concorrência entre os capacitados para o exercício das outorgas, na forma prevista no inciso I, definindo claramente:

a) VETADA.
b) limites máximos tarifários e as condições de reajustamento e revisão;
c) pagamento pelo valor das outorgas e participações governamentais, quando for o caso;
d) prazos contratuais.
▶ Alínea d acrescida pela MP nº 2.217-3, de 4-9-2001, que até o encerramento desta edição não havia sido convertida em Lei.

Art. 29. Somente poderão obter autorização, concessão ou permissão para prestação de serviços e para exploração das infraestruturas de transporte doméstico pelos meios aquaviário e terrestre as empresas ou entidades constituídas sob as leis brasileiras, com sede e administração no País, e que atendam aos requisitos técnicos, econômicos e jurídicos estabelecidos pela respectiva Agência.

Art. 30. É permitida a transferência da titularidade das outorgas de concessão ou permissão, preservando-se seu objeto e as condições contratuais, desde que o novo titular atenda aos requisitos a que se refere o art. 29.
▶ *Caput* com a redação dada pela MP nº 2.217-3, de 4-9-2001, que até o encerramento desta edição não havia sido convertida em Lei.

§ 1º A transferência da titularidade da outorga só poderá ocorrer mediante prévia e expressa autorização da respectiva Agência de Regulação, observado o disposto na alínea *b* do inciso II do art. 20.

§ 2º Para o cumprimento do disposto no *caput* e no § 1º, serão também consideradas como transferência de titularidade as transformações societárias decorrentes de cisão, fusão, incorporação e formação de consórcio de empresas concessionárias ou permissionárias.

▶ § 2º com a redação dada pela MP nº 2.217-3, de 4-9-2001, que até o encerramento desta edição não havia sido convertida em Lei.

Art. 31. A Agência, ao tomar conhecimento de fato que configure ou possa configurar infração da ordem econômica, deverá comunicá-lo ao Conselho Administrativo de Defesa Econômica – CADE, à Secretaria de Direito Econômico do Ministério da Justiça ou à Secretaria de Acompanhamento Econômico do Ministério da Fazenda, conforme o caso.

Art. 32. As Agências acompanharão as atividades dos operadores estrangeiros que atuam no transporte internacional com o Brasil, visando a identificar práticas operacionais, legislações e procedimentos, adotados em outros países, que restrinjam ou conflitem com regulamentos e acordos internacionais firmados pelo Brasil.

§ 1º Para os fins do disposto no *caput*, a Agência poderá solicitar esclarecimentos e informações e, ainda, notificar os agentes e representantes legais dos operadores que estejam sob análise.

▶ § 1º com a redação dada pela MP nº 2.217-3, de 4-9-2001, que até o encerramento desta edição não havia sido convertida em Lei.

§ 2º Identificada a existência de legislação, procedimento ou prática prejudiciais aos interesses nacionais, a Agência instruirá o processo respectivo e proporá, ou aplicará, conforme o caso, sanções, na forma prevista na legislação brasileira e nos regulamentos e acordos internacionais.

Art. 33. Os atos de outorga de autorização, concessão ou permissão a serem editados e celebrados pela ANTT e pela ANTAQ obedecerão ao disposto na Lei nº 8.987, de 13 de fevereiro de 1995, nas subseções II, III, IV e V desta Seção e nas regulamentações complementares a serem editadas pelas Agências.

Subseção II

DAS CONCESSÕES

Art. 34. VETADO.

Art. 34-A. As concessões a serem outorgadas pela ANTT e pela ANTAQ para a exploração de infraestrutura, precedidas ou não de obra pública, ou para prestação de serviços de transporte ferroviário associado à exploração de infraestrutura, terão caráter de exclusividade quanto a seu objeto e serão precedidas de licitação disciplinada em regulamento próprio, aprovado pela Diretoria da Agência e no respectivo edital.

§ 1º As condições básicas do edital de licitação serão submetidas à prévia consulta pública.

§ 2º O edital de licitação indicará obrigatoriamente:

I – o objeto da concessão, o prazo estimado para sua vigência, as condições para sua prorrogação, os programas de trabalho, os investimentos mínimos e as condições relativas à reversibilidade dos bens e às responsabilidades pelos ônus das desapropriações;

II – os requisitos exigidos dos concorrentes, nos termos do art. 29, e os critérios de pré-qualificação, quando este procedimento for adotado;

III – a relação dos documentos exigidos e os critérios a serem seguidos para aferição da capacidade técnica, da idoneidade financeira e da regularidade jurídica dos interessados, bem como para a análise técnica e econômico-financeira da proposta;

IV – os critérios para o julgamento da licitação, assegurando a prestação de serviços adequados, e considerando, isolada ou conjugadamente, a menor tarifa e a melhor oferta pela outorga;

V – as exigências quanto à participação de empresas em consórcio.

▶ Art. 34-A acrescido pela MP nº 2.217-3, de 4-9-2001, que até o encerramento desta edição não havia sido convertida em Lei.

Art. 35. O contrato de concessão deverá refletir fielmente as condições do edital e da proposta vencedora e terá como cláusulas essenciais as relativas a:

I – definições do objeto da concessão;

II – prazo de vigência da concessão e condições para sua prorrogação;

III – modo, forma e condições de exploração da infra-estrutura e da prestação dos serviços, inclusive quanto à segurança das populações e à preservação do meio ambiente;

IV – deveres relativos a exploração da infraestrutura e prestação dos serviços, incluindo os programas de trabalho, o volume dos investimentos e os cronogramas de execução;

V – obrigações dos concessionários quanto às participações governamentais e ao valor devido pela outorga, se for o caso;

VI – garantias a serem prestadas pelo concessionário quanto ao cumprimento do contrato, inclusive quanto à realização dos investimentos ajustados;

VII – tarifas;

VIII – critérios para reajuste e revisão das tarifas;

IX – receitas complementares ou acessórias e receitas provenientes de projetos associados;

X – direitos, garantias e obrigações dos usuários, da Agência e do concessionário;

XI – critérios para reversibilidade de ativos;

XII – procedimentos e responsabilidades relativos à declaração de utilidade pública, para fins de desapropriação ou instituição de servidão, de bens imóveis necessários à prestação do serviço ou execução de obra pública;

XIII – procedimentos para acompanhamento e fiscalização das atividades concedidas e para auditoria do contrato;

XIV – obrigatoriedade de o concessionário fornecer à Agência relatórios, dados e informações relativas às atividades desenvolvidas;

XV – procedimentos relacionados com a transferência da titularidade do contrato, conforme o disposto no art. 30;

XVI – regras sobre solução de controvérsias relacionadas com o contrato e sua execução, inclusive a conciliação e a arbitragem;

XVII – sanções de advertência, multa e suspensão da vigência do contrato e regras para sua aplicação, em função da natureza, da gravidade e da reincidência da infração;

XVIII – casos de rescisão, caducidade, cassação, anulação e extinção do contrato, de intervenção ou encampação, e casos de declaração de inidoneidade.

§ 1º Os critérios para revisão das tarifas a que se refere o inciso VIII do *caput* deverão considerar:

a) os aspectos relativos a redução ou desconto de tarifas;
b) a transferência aos usuários de perdas ou ganhos econômicos decorrentes de fatores que afetem custos e receitas e que não dependam do desempenho e da responsabilidade do concessionário.

§ 2º A sanção de multa a que se refere o inciso XVII do *caput* poderá ser aplicada isoladamente ou em conjunto com outras sanções e terá valores estabelecidos em regulamento aprovado pela Diretoria da Agência, obedecidos os limites previstos em legislação específica.

§ 3º A ocorrência de infração grave que implicar sanção prevista no inciso XVIII do *caput* será apurada em processo regular, instaurado na forma do regulamento, garantindo-se a prévia e ampla defesa ao interessado.

§ 4º O contrato será publicado por extrato, no *Diário Oficial da União*, como condição de sua eficácia.

Art. 36. VETADO.

Art. 37. O contrato estabelecerá que o concessionário estará obrigado a:

I – adotar, em todas as suas operações, as medidas necessárias para a conservação dos recursos naturais, para a segurança das pessoas e dos equipamentos e para a preservação do meio ambiente;
II – responsabilizar-se civilmente pelos atos de seus prepostos e indenizar todos e quaisquer danos decorrentes das atividades contratadas, devendo ressarcir à Agência ou à União os ônus que estas venham a suportar em consequência de eventuais demandas motivadas por atos de responsabilidade do concessionário;
III – adotar as melhores práticas de execução de projetos e obras e de prestação de serviços, segundo normas e procedimentos técnicos e científicos pertinentes, utilizando, sempre que possível, equipamentos e processos recomendados pela melhor tecnologia aplicada ao setor.

Subseção III

DAS PERMISSÕES

Art. 38. As permissões a serem outorgadas pela ANTT e pela ANTAQ aplicar-se-ão à prestação regular de serviços de transporte de passageiros que independam da exploração da infraestrutura utilizada e não tenham caráter de exclusividade ao longo das rotas percorridas, devendo também ser precedidas de licitação regida por regulamento próprio, aprovado pela Diretoria da Agência, e pelo respectivo edital.

§ 1º O edital de licitação obedecerá igualmente às prescrições do § 1º e dos incisos II a V do § 2º do art. 34-A.

▶ § 1º com a redação dada pela MP nº 2.217-3, de 4-9-2001, que até o encerramento desta edição não havia sido convertida em Lei.

§ 2º O edital de licitação indicará obrigatoriamente:

I – o objeto da permissão;
II – o prazo de vigência e as condições para prorrogação da permissão;
III – o modo, a forma e as condições de adaptação da prestação dos serviços à evolução da demanda;
IV – as características essenciais e a qualidade da frota a ser utilizada; e
V – as exigências de prestação de serviços adequados.

Art. 39. O contrato de permissão deverá refletir fielmente as condições do edital e da proposta vencedora e terá como cláusulas essenciais as relativas a:

I – objeto da permissão, definindo-se as rotas e itinerários;
II – prazo de vigência e condições para sua prorrogação;
III – modo, forma e condições de prestação dos serviços, em função da evolução da demanda;
IV – obrigações dos permissionários quanto às participações governamentais e ao valor devido pela outorga, se for o caso;
V – tarifas;
VI – critérios para reajuste e revisão de tarifas;
VII – direitos, garantias e obrigações dos usuários, da Agência e do permissionário;
VIII – procedimentos para acompanhamento e fiscalização das atividades permitidas e para auditoria do contrato;
IX – obrigatoriedade de o permissionário fornecer à Agência relatórios, dados e informações relativas às atividades desenvolvidas;
X – procedimentos relacionados com a transferência da titularidade do contrato, conforme o disposto no art. 30;
XI – regras sobre solução de controvérsias relacionadas com o contrato e sua execução, incluindo conciliação e arbitragem;
XII – sanções de advertência, multa e suspensão da vigência do contrato e regras para sua aplicação, em função da natureza, da gravidade e da reincidência da infração;
XIII – casos de rescisão, caducidade, cassação, anulação e extinção do contrato, de intervenção ou encampação, e casos de declaração de inidoneidade.

§ 1º Os critérios a que se refere o inciso VI do *caput* deverão considerar:

a) os aspectos relativos a redução ou desconto de tarifas;
b) a transferência aos usuários de perdas ou ganhos econômicos decorrentes de fatores que afetem custos e receitas e que não dependam do desempenho e da responsabilidade do concessionário.

§ 2º A sanção de multa a que se refere o inciso XII do *caput* poderá ser aplicada isoladamente ou em conjunto com outras sanções e terá valores estabelecidos em regulamento aprovado pela Diretoria da Agência, obedecidos os limites previstos em legislação específica.

§ 3º A ocorrência de infração grave que implicar sanção prevista no inciso XIII do *caput* será apurada em processo regular, instaurado na forma do regulamento, garantindo-se a prévia e ampla defesa ao interessado.

§ 4º O contrato será publicado por extrato, no *Diário Oficial da União*, como condição de sua eficácia.

Art. 40. VETADO.

Art. 41. Em função da evolução da demanda, a Agência poderá autorizar a utilização de equipamentos de maior capacidade e novas frequências e horários, nos termos da permissão outorgada, conforme estabelece o inciso III do § 2º do art. 38.

Parágrafo único. VETADO.

Art. 42. O contrato estabelecerá que o permissionário estará obrigado a:

I – adotar, em todas as suas operações, as medidas necessárias para a segurança das pessoas e dos equipamentos e para a preservação do meio ambiente;
II – responsabilizar-se civilmente pelos atos de seus prepostos e indenizar todos e quaisquer danos decorrentes das atividades contratadas, devendo ressarcir à Agência ou à União os ônus que venham a suportar em consequência de eventuais demandas motivadas por atos de responsabilidade do permissionário;
III – adotar as melhores práticas de prestação de serviços, segundo normas e procedimentos técnicos e científicos pertinentes, utilizando, sempre que possível, equipamentos e processos recomendados pela melhor tecnologia aplicada ao setor.

Subseção IV

DAS AUTORIZAÇÕES

Art. 43. A autorização aplica-se segundo as diretrizes estabelecidas nos arts. 13 e 14 e apresenta as seguintes características:

I – independe de licitação;
II – é exercida em liberdade de preços dos serviços, tarifas e fretes, e em ambiente de livre e aberta competição;
III – não prevê prazo de vigência ou termo final, extinguindo-se pela sua plena eficácia, por renúncia, anulação ou cassação.

Art. 44. A autorização será disciplinada em regulamento próprio pela Agência e será outorgada mediante termo que indicará:

I – o objeto da autorização;
II – as condições para sua adequação às finalidades de atendimento ao interesse público, à segurança das populações e à preservação do meio ambiente;
III – as condições para anulação ou cassação;
IV – *Revogado*. MP nº 2.217-3, de 4-9-2001, que até o encerramento desta edição não havia sido convertida em Lei. Tinha a seguinte redação: "as condições para a transferência de sua titularidade, segundo o disposto no art. 30."
V – sanções pecuniárias.

▶ Inciso V acrescido pela MP nº 2.217-3, de 4-9-2001, que até o encerramento desta edição não havia sido convertida em Lei.

Art. 45. Os preços dos serviços autorizados serão livres, reprimindo-se toda prática prejudicial à competição, bem como o abuso do poder econômico, adotando-se nestes casos as providências previstas no art. 31.

Art. 46. As autorizações para prestação de serviços de transporte internacional de cargas obedecerão ao disposto nos tratados, convenções e outros instrumentos internacionais de que o Brasil é signatário, nos acordos entre os respectivos países e nas regulamentações complementares das Agências.

Art. 47. A empresa autorizada não terá direito adquirido à permanência das condições vigentes quando da outorga da autorização ou do início das atividades, devendo observar as novas condições impostas por lei e pela regulamentação, que lhe fixará prazo suficiente para adaptação.

Art. 48. Em caso de perda das condições indispensáveis ao cumprimento do objeto da autorização, ou de sua transferência irregular, a Agência extingui-la-á mediante cassação.

Art. 49. É facultado à Agência autorizar a prestação de serviços de transporte sujeitos a outras formas de outorga, em caráter especial e de emergência.

§ 1º A autorização em caráter de emergência vigorará por prazo máximo e improrrogável de cento e oitenta dias, não gerando direitos para continuidade de prestação dos serviços.

§ 2º A liberdade de preços referida no art. 45 não se aplica à autorização em caráter de emergência, sujeitando-se a empresa autorizada, nesse caso, ao regime de preços estabelecido pela Agência para as demais outorgas.

Subseção V

DAS NORMAS ESPECÍFICAS PARA AS ATIVIDADES EM CURSO

Art. 50. As empresas que, na data da instalação da ANTT ou da ANTAQ, forem detentoras de outorgas expedidas por entidades públicas federais do setor dos transportes, terão, por meio de novos instrumentos de outorga, seus direitos ratificados e adaptados ao que dispõem os arts. 13 e 14.

Parágrafo único. Os novos instrumentos de outorga serão aplicados aos mesmos objetos das outorgas anteriores e serão regidos, no que couber, pelas normas gerais estabelecidas nas Subseções I, II, III e IV desta Seção.

Art. 51. VETADO.

Art. 51-A. Fica atribuída à ANTAQ a competência de supervisão e de fiscalização das atividades desenvolvidas pelas Administrações Portuárias nos portos organizados, respeitados os termos da Lei nº 8.630, de 1993.

§ 1º Na atribuição citada no *caput* deste artigo incluem-se as administrações dos portos objeto de convênios de delegação celebrados pelo Ministério dos Transportes nos termos da Lei nº 9.277, de 10 de maio de 1996.

§ 2º A ANTAQ prestará ao Ministério dos Transportes todo apoio necessário à celebração dos convênios de delegação.

▶ Art. 51-A acrescido pela MP nº 2.217-3, de 4-9-2001, que até o encerramento desta edição não havia sido convertida em Lei.

Seção V

DA ESTRUTURA ORGANIZACIONAL DAS AGÊNCIAS

Art. 52. A ANTT e a ANTAQ terão Diretorias atuando em regime de colegiado como órgãos máximos de suas estruturas organizacionais, as quais contarão também com um Procurador-Geral, um Ouvidor e um Corregedor.

Art. 53. A Diretoria da ANTT será composta por um Diretor-Geral e quatro Diretores e a Diretoria da ANTAQ será composta por um Diretor-Geral e dois Diretores.

§ 1º Os membros da Diretoria serão brasileiros, de reputação ilibada, formação universitária e elevado conceito no campo de especialidade dos cargos a serem exercidos, e serão nomeados pelo Presidente da República, após aprovação pelo Senado Federal, nos termos da alínea f do inciso III do art. 52 da Constituição Federal.

§ 2º O Diretor-Geral será nomeado pelo Presidente da República dentre os integrantes da Diretoria, e investido na função pelo prazo fixado no ato de nomeação.

Art. 54. Os membros da Diretoria cumprirão mandatos de quatro anos, não coincidentes, admitida uma recondução.

Parágrafo único. Em caso de vacância no curso do mandato, este será completado pelo sucessor investido na forma prevista no § 1º do art. 53.

Art. 55. Para assegurar a não coincidência, os mandatos dos primeiros membros da Diretoria da ANTT serão de dois, três, quatro, cinco e seis anos, e os mandatos dos primeiros membros da Diretoria da ANTAQ serão de dois, três e quatro anos, a serem estabelecidos no decreto de nomeação.

Art. 56. Os membros da Diretoria perderão o mandato em virtude de renúncia, condenação judicial transitada em julgado, processo administrativo disciplinar, ou descumprimento manifesto de suas atribuições.

Parágrafo único. Cabe ao Ministro de Estado dos Transportes instaurar o processo administrativo disciplinar, competindo ao Presidente da República determinar o afastamento preventivo, quando for o caso, e proferir o julgamento.

Art. 57. Aos membros das Diretorias das Agências é vedado o exercício de qualquer outra atividade profissional, empresarial, sindical ou de direção político-partidária.

Art. 58. Está impedida de exercer cargo de direção na ANTT e na ANTAQ a pessoa que mantenha, ou tenha mantido, nos doze meses anteriores à data de início do mandato, um dos seguintes vínculos com empresa que explore qualquer das atividades reguladas pela respectiva Agência:

I – participação direta como acionista ou sócio;
II – administrador, gerente ou membro do Conselho Fiscal;
III – empregado, ainda que com contrato de trabalho suspenso, inclusive de sua instituição controladora, ou de fundação de previdência de que a empresa ou sua controladora seja patrocinadora ou custeadora.

Parágrafo único. Também está impedido de exercer cargo de direção o membro de conselho ou diretoria de associação, regional ou nacional, representativa de interesses patronais ou trabalhistas ligados às atividades reguladas pela respectiva Agência.

Art. 59. Até um ano após deixar o cargo, é vedado ao ex-Diretor representar qualquer pessoa ou interesse perante a Agência de cuja Diretoria tiver participado.

Parágrafo único. É vedado, ainda, ao ex-Diretor utilizar informações privilegiadas, obtidas em decorrência do cargo exercido, sob pena de incorrer em improbidade administrativa.

Art. 60. Compete à Diretoria exercer as atribuições e responder pelos deveres que são conferidos por esta Lei à respectiva Agência.

Parágrafo único. A Diretoria aprovará o regimento interno da Agência.

Art. 61. Cabe ao Diretor-Geral a representação da Agência e o comando hierárquico sobre pessoal e serviços, exercendo a coordenação das competências administrativas, bem como a presidência das reuniões da Diretoria.

Art. 62. Compete à Procuradoria-Geral exercer a representação judicial da respectiva Agência, com as prerrogativas processuais da Fazenda Pública.

Parágrafo único. O Procurador-Geral deverá ser bacharel em Direito com experiência no efetivo exercício da advocacia e será nomeado pelo Presidente da República, atendidos os pré-requisitos legais e as instruções normativas da Advocacia-Geral da União.

Art. 63. O Ouvidor será nomeado pelo Presidente da República, para mandato de três anos, admitida uma recondução.

Parágrafo único. São atribuições do Ouvidor:

I – receber pedidos de informações, esclarecimentos e reclamações afetos à respectiva Agência, e responder diretamente aos interessados;
II – produzir semestralmente, ou quando a Diretoria da Agência julgar oportuno, relatório circunstanciado de suas atividades.

Art. 64. À Corregedoria compete fiscalizar as atividades funcionais da respectiva Agência e a instauração de processos administrativos e disciplinares, excetuado o disposto no art. 56.

Parágrafo único. Os Corregedores serão nomeados pelo Presidente da República.

Art. 65. VETADO.

Seção VI
DO PROCESSO DECISÓRIO DAS AGÊNCIAS

Art. 66. O processo decisório da ANTT e da ANTAQ obedecerá aos princípios da legalidade, impessoalidade, moralidade e publicidade.

Art. 67. As decisões das Diretorias serão tomadas pelo voto da maioria absoluta de seus membros, cabendo ao Diretor-Geral o voto de qualidade, e serão registradas em atas que ficarão disponíveis para conhecimento geral, juntamente com os documentos que as instruam.

Parágrafo único. Quando a publicidade colocar em risco a segurança do País, ou violar segredo protegido, os registros correspondentes serão mantidos em sigilo.

Art. 68. As iniciativas de projetos de lei, alterações de normas administrativas e decisões da Diretoria para resolução de pendências que afetem os direitos de agentes econômicos ou de usuários de serviços de transporte serão precedidas de audiência pública.

§ 1º Na invalidação de atos e contratos, será previamente garantida a manifestação dos interessados.

§ 2º Os atos normativos das Agências somente produzirão efeitos após publicação no *Diário Oficial*, e aqueles de alcance particular, após a correspondente notificação.

§ 3º Qualquer pessoa, desde que seja parte interessada, terá o direito de peticionar ou de recorrer contra atos das Agências, no prazo máximo de trinta dias da sua oficialização, observado o disposto em regulamento.

SEÇÃO VII

DOS QUADROS DE PESSOAL

Art. 69. *Revogado.* Lei nº 10.871, de 20-5-2004.

Art. 70. Para constituir os quadros de pessoal efetivo e de cargos comissionados da ANTT e da ANTAQ, ficam criados:

I e II – *Revogados*. Lei nº 10.871, de 20-5-2004.

III – os cargos efetivos de nível superior de Procurador;
IV – os Cargos Comissionados de Direção – CD, de Gerência Executiva – CGE, de Assessoria – CA e de Assistência – CAS;
V – os Cargos Comissionados Técnicos – CCT.

§ 1º Os quantitativos dos diferentes níveis de cargos comissionados da ANTT e da ANTAQ encontram-se estabelecidos nas Tabelas II e IV do Anexo I desta Lei.

▶ § 1º com a redação dada pela Lei nº 10.871, de 20-5-2004.

§ 2º *Revogado*. Lei nº 10.871, de 20-5-2004.

§ 3º É vedado aos ocupantes de cargos efetivos, aos requisitados, aos ocupantes de cargos comissionados e aos dirigentes das Agências o exercício regular de outra atividade profissional, inclusive gestão operacional de empresa ou direção político-partidária, excetuados os casos admitidos em lei.

▶ § 3º com a redação dada pela Lei nº 10.871, de 20-5-2004.

Art. 71. *Revogado.* Lei nº 10.871, de 20-5-2004.

Art. 72. Os Cargos Comissionados de Gerência Executiva, de Assessoria e de Assistência são de livre nomeação e exoneração da Diretoria da Agência.

Art. 73. *Revogado*. Lei nº 11.526, de 4-10-2007.

Art. 74. Os Cargos Comissionados Técnicos a que se refere o inciso V do art. 70 desta Lei são de ocupação privativa de ocupantes de cargos efetivos do Quadro de Pessoal Efetivo e dos Quadros de Pessoal Específico e em Extinção de que tratam os arts. 113 e 114-A desta Lei e de requisitados de outros órgãos e entidades da Administração Pública.

▶ *Caput* com a redação dada pela Lei nº 10.871, de 20-5-2004.

Parágrafo único. *Revogado.* Lei nº 11.526, de 4-10-2007.

Art. 75. O Ministério do Planejamento, Orçamento e Gestão divulgará, no prazo de trinta dias a contar da data de publicação desta Lei, tabela estabelecendo as equivalências entre os Cargos Comissionados e Cargos Comissionados Técnicos previstos nas Tabelas II e IV do Anexo I e os Cargos em Comissão do Grupo Direção e Assessoramento Superior – DAS, para efeito de aplicação de legislações específicas relativas à percepção de vantagens, de caráter remuneratório ou não, por servidores ou empregados públicos.

Art. 76. *Revogado.* Lei nº 11.526, de 4-10-2007.

SEÇÃO VIII

DAS RECEITAS E DO ORÇAMENTO

Art. 77. Constituem receitas da ANTT e da ANTAQ:

I – dotações que forem consignadas no Orçamento Geral da União para cada Agência, créditos especiais, transferências e repasses;

▶ Inciso I com a redação dada pela MP nº 2.217-3, de 4-9-2001, que até o encerramento desta edição não havia sido convertida em Lei.

II – recursos provenientes dos instrumentos de outorga e arrendamento administrados pela respectiva Agência, excetuados os provenientes dos contratos de arrendamento originários da extinta Rede Ferroviária Federal S.A. – RFFSA não adquiridos pelo Tesouro Nacional com base na autorização contida na Medida Provisória nº 2.181-45, de 24 de agosto de 2001;

▶ Inciso II com a redação dada pela Lei nº 11.483, de 31-5-2007.

III – os produtos das arrecadações de taxas de fiscalização da prestação de serviços e de exploração de infraestrutura atribuídas a cada Agência;

▶ Inciso III com a redação dada pela MP nº 2.217-3, de 4-9-2001, que até o encerramento desta edição não havia sido convertida em Lei.

IV – recursos provenientes de acordos, convênios e contratos, inclusive os referentes à prestação de serviços técnicos e fornecimento de publicações, material técnico, dados e informações;
V – o produto das arrecadações de cada Agência, decorrentes da cobrança de emolumentos e multas;
VI – outras receitas, inclusive as resultantes de aluguel ou alienação de bens, da aplicação de valores patrimoniais, de operações de crédito, de doações, legados e subvenções.

§§ 1º e 2º VETADOS.

Art. 78. A ANTT e a ANTAQ submeterão ao Ministério dos Transportes suas propostas orçamentárias anuais, nos termos da legislação em vigor.

Parágrafo único. O superávit financeiro anual apurado pela ANTT ou pela ANTAQ, relativo aos incisos II a V do art. 77, deverá ser incorporado ao respectivo orçamento do exercício seguinte, de acordo com a Lei nº 4.320, de 17 de março de 1964, não se aplicando o disposto no art. 1º da Lei nº 9.530, de 10 de dezembro de 1997, podendo ser utilizado no custeio de despesas de manutenção e funcionamento de ambas as Agências, em projetos de estudos e pesquisas no campo dos transportes, ou na execução de projetos de infraestrutura a cargo do DNIT, desde que devidamente programados no Orçamento Geral da União.

SEÇÃO IX

DAS SANÇÕES

▶ Seção IX acrescida pela MP nº 2.217-3, de 4-9-2001, que até o encerramento desta edição não havia sido convertida em Lei.

Art. 78-A. A infração a esta Lei e o descumprimento dos deveres estabelecidos no contrato de concessão, no termo de permissão e na autorização sujeitará o responsável às seguintes sanções, aplicáveis pela ANTT e pela ANTAQ, sem prejuízo das de natureza civil e penal:

I – advertência;
II – multa;
III – suspensão;
IV – cassação;
V – declaração de inidoneidade.

Parágrafo único. Na aplicação das sanções referidas no *caput*, a ANTAQ observará o disposto na Lei nº 8.630, de 1993, inclusive no que diz respeito às atribuições da Administração Portuária e do Conselho de Autoridade Portuária.

Art. 78-B. O processo administrativo para a apuração de infrações e aplicação de penalidades será circunstanciado e permanecerá em sigilo até decisão final.

Art. 78-C. No processo administrativo de que trata o art. 78-B, serão assegurados o contraditório e a ampla defesa, permitida a adoção de medidas cautelares de necessária urgência.

Art. 78-D. Na aplicação de sanções serão consideradas a natureza e a gravidade da infração, os danos dela resultantes para o serviço e para os usuários, a vantagem auferida pelo infrator, as circunstâncias agravantes e atenuantes, os antecedentes do infrator e a reincidência genérica ou específica.

Parágrafo único. Entende-se por reincidência específica a repetição de falta de igual natureza.

Art. 78-E. Nas infrações praticadas por pessoa jurídica, também serão punidos com sanção de multa seus administradores ou controladores, quando tiverem agido com dolo ou culpa.

Art. 78-F. A multa poderá ser imposta isoladamente ou em conjunto com outra sanção e não deve ser superior a R$ 10.000.000,00 (dez milhões de reais).

§ 1º O valor das multas será fixado em regulamento aprovado pela Diretoria de cada Agência, e em sua aplicação será considerado o princípio da proporcionalidade entre a gravidade da falta e a intensidade da sanção.

§ 2º A imposição, ao prestador de serviço de transporte, de multa decorrente de infração à ordem econômica observará os limites previstos na legislação específica.

Art. 78-G. A suspensão, que não terá prazo superior a cento e oitenta dias, será imposta em caso de infração grave cujas circunstâncias não justifiquem a cassação.

Art. 78-H. Na ocorrência de infração grave, apurada em processo regular instaurado na forma do regulamento, a ANTT e a ANTAQ poderão cassar a autorização.

Art. 78-I. A declaração de inidoneidade será aplicada a quem tenha praticado atos ilícitos visando frustrar os objetivos de licitação ou a execução de contrato.

Parágrafo único. O prazo de vigência da declaração de inidoneidade não será superior a cinco anos.

Art. 78-J. Não poderá participar de licitação ou receber outorga de concessão ou permissão, e bem assim ter deferida autorização, a empresa proibida de licitar ou contratar com o Poder Público, que tenha sido declarada inidônea ou tenha sido punida nos cinco anos anteriores com a pena de cassação ou, ainda, que tenha sido titular de concessão ou permissão objeto de caducidade no mesmo período.

▶ Arts. 78-A a 78-J acrescidos pela MP nº 2.217-3, de 4-9-2001, que até o encerramento desta edição não havia sido convertida em Lei.

CAPÍTULO VII

DO DEPARTAMENTO NACIONAL DE INFRAESTRUTURA DE TRANSPORTES – DNIT

SEÇÃO I

DA INSTITUIÇÃO, DOS OBJETIVOS E DAS ATRIBUIÇÕES

Art. 79. Fica criado o Departamento Nacional de Infraestrutura de Transportes – DNIT, pessoa jurídica de direito público, submetido ao regime de autarquia, vinculado ao Ministério dos Transportes.

Parágrafo único. O DNIT terá sede e foro no Distrito Federal, podendo instalar unidades administrativas regionais.

Art. 80. Constitui objetivo do DNIT implementar, em sua esfera de atuação, a política formulada para a administração da infraestrutura do Sistema Federal de Viação, compreendendo sua operação, manutenção, restauração ou reposição, adequação de capacidade, e ampliação mediante construção de novas vias e terminais, segundo os princípios e diretrizes estabelecidos nesta Lei.

Art. 81. A esfera de atuação do DNIT corresponde à infraestrutura do Sistema Federal de Viação, sob a jurisdição do Ministério dos Transportes, constituída de:

I – vias navegáveis;
II – ferrovias e rodovias federais;
III – instalações e vias de transbordo e de interface intermodal;
IV – instalações portuárias fluviais e lacustres, excetuadas as outorgadas às companhias docas.

▶ Inciso IV com a redação dada pela Lei nº 11.518, de 5-9-2007.

Art. 82. São atribuições do DNIT, em sua esfera de atuação:

I – estabelecer padrões, normas e especificações técnicas para os programas de segurança operacional, sinalização, manutenção ou conservação, restauração ou reposição de vias, terminais e instalações;
II – estabelecer padrões, normas e especificações técnicas para a elaboração de projetos e execução de obras viárias;
III – fornecer ao Ministério dos Transportes informações e dados para subsidiar a formulação dos planos gerais de outorga e de delegação dos segmentos da infraestrutura viária;
IV – administrar, diretamente ou por meio de convênios de delegação ou cooperação, os programas de operação, manutenção, conservação, restauração e reposição de rodovias, ferrovias, vias navegáveis, terminais e instalações portuárias fluviais e lacustres, excetuadas as outorgadas às companhias docas;
V – gerenciar, diretamente ou por meio de convênios de delegação ou cooperação, projetos e obras de construção e ampliação de rodovias, ferrovias, vias navegáveis, terminais e instalações portuárias fluviais

e lacustres, excetuadas as outorgadas às companhias docas, decorrentes de investimentos programados pelo Ministério dos Transportes e autorizados pelo Orçamento Geral da União;
▶ Incisos IV e V com a redação dada pela Lei nº 11.518, de 5-9-2007.

VI – participar de negociações de empréstimos com entidades públicas e privadas, nacionais e internacionais, para financiamento de programas, projetos e obras de sua competência, sob a coordenação do Ministério dos Transportes;
VII – realizar programas de pesquisa e de desenvolvimento tecnológico, promovendo a cooperação técnica com entidades públicas e privadas;
VIII – firmar convênios, acordos, contratos e demais instrumentos legais, no exercício de suas atribuições;
IX – declarar a utilidade pública de bens e propriedades a serem desapropriados para implantação do Sistema Federal de Viação;
X – elaborar o seu orçamento e proceder à execução financeira;
XI – adquirir e alienar bens, adotando os procedimentos legais adequados para efetuar sua incorporação e desincorporação;
XII – administrar pessoal, patrimônio, material e serviços gerais;
XIII – desenvolver estudos sobre transporte ferroviário ou multimodal envolvendo estradas de ferro;
XIV – projetar, acompanhar e executar, direta ou indiretamente, obras relativas a transporte ferroviário ou multimodal, envolvendo estradas de ferro do Sistema Federal de Viação, excetuadas aquelas relacionadas com os arrendamentos já existentes;
XV – estabelecer padrões, normas e especificações técnicas para a elaboração de projetos e execução de obras viárias relativas às estradas de ferro do Sistema Federal de Viação;
XVI – aprovar projetos de engenharia cuja execução modifique a estrutura do Sistema Federal de Viação, observado o disposto no inciso IX do *caput* deste artigo;
▶ Incisos XIII a XVI acrescidos pela Lei nº 11.314, de 3-7-2006.

XVII – exercer o controle patrimonial e contábil dos bens operacionais na atividade ferroviária, sobre os quais será exercida a fiscalização pela Agência Nacional de Transportes Terrestres – ANTT, conforme disposto no inciso IV do art. 25 desta Lei, bem como dos bens não operacionais que lhe forem transferidos;
XVIII – implementar medidas necessárias à destinação dos ativos operacionais devolvidos pelas concessionárias, na forma prevista nos contratos de arrendamento; e
XIX – propor ao Ministério dos Transportes, em conjunto com a ANTT, a destinação dos ativos operacionais ao término dos contratos de arrendamento.
▶ Incisos XVII a XIX acrescidos pela Lei nº 11.483, de 31-5-2007.

§ 1º As atribuições a que se refere o *caput* não se aplicam aos elementos da infraestrutura concedidos ou arrendados pela ANTT e pela ANTAQ.
▶ § 1º com a redação dada pela Lei nº 10.561, de 13-11-2002.

§ 2º No exercício das atribuições previstas neste artigo e relativas a vias navegáveis e instalações portuárias, o DNIT observará as prerrogativas específicas da Autoridade Marítima.
▶ § 2º com a redação dada pela MP nº 2.217-3, de 4-9-2001, que até o encerramento desta edição não havia sido convertida em Lei.

§ 3º É, ainda, atribuição do DNIT, em sua esfera de atuação, exercer, diretamente ou mediante convênio, as competências expressas no art. 21 da Lei nº 9.503, de 1997, observado o disposto no inciso XVII do art. 24 desta Lei.
▶ § 3º acrescido pela Lei nº 10.561, de 13-11-2002.

§ 4º O DNIT e a ANTT celebrarão, obrigatoriamente, instrumento para execução das atribuições de que trata o inciso XVII do *caput* deste artigo, cabendo à ANTT a responsabilidade concorrente pela execução do controle patrimonial e contábil dos bens operacionais recebidos pelo DNIT vinculados aos contratos de arrendamento referidos nos incisos II e IV do *caput* do art. 25 desta Lei.
▶ § 4º acrescido pela Lei nº 11.483, de 31-5-2007.

SEÇÃO II

DAS CONTRATAÇÕES E DO CONTROLE

Art. 83. Na contratação de programas, projetos e obras decorrentes do exercício direto das atribuições de que trata o art. 82, o DNIT deverá zelar pelo cumprimento das boas normas de concorrência, fazendo com que os procedimentos de divulgação de editais, julgamento de licitações e celebração de contratos se processem em fiel obediência aos preceitos da legislação vigente, revelando transparência e fomentando a competição, em defesa do interesse público.
▶ *Caput* com a redação dada pela MP nº 2.217-3, de 4-9-2001, que até o encerramento desta edição não havia sido convertida em Lei.

Parágrafo único. O DNIT fiscalizará o cumprimento das condições contratuais, quanto às especificações técnicas, aos preços e seus reajustamentos, aos prazos e cronogramas, para o controle da qualidade, dos custos e do retorno econômico dos investimentos.

Art. 84. No exercício das atribuições previstas nos incisos IV e V do art. 82, o DNIT poderá firmar convênios de delegação ou cooperação com órgãos e entidades da Administração Pública Federal, dos Estados, do Distrito Federal e dos Municípios, buscando a descentralização e a gerência eficiente dos programas e projetos.

§ 1º Os convênios deverão conter compromisso de cumprimento, por parte das entidades delegatárias, dos princípios e diretrizes estabelecidos nesta Lei, particularmente quanto aos preceitos do art. 83.

§ 2º O DNIT supervisionará os convênios de delegação, podendo denunciá-los ao verificar o descumprimento de seus objetivos e preceitos.
▶ § 2º com a redação dada pela MP nº 2.217-3, de 4-9-2001, que até o encerramento desta edição não havia sido convertida em Lei.

Seção III
DA ESTRUTURA ORGANIZACIONAL DO DNIT

Art. 85. O DNIT será dirigido por um Conselho de Administração e uma Diretoria composta por um Diretor-Geral e pelas Diretorias Executiva, de Infraestrutura Ferroviária, de Infraestrutura Rodoviária, de Administração e Finanças, de Planejamento e Pesquisa, e de Infraestrutura Aquaviária.

► *Caput* com a redação dada pela Lei nº 11.314, de 3-7-2006.

Parágrafo único. VETADO.

§ 2º Às Diretorias compete:

I – Diretoria Executiva:

a) orientar, coordenar e supervisionar as atividades das Diretorias setoriais e dos órgãos regionais; e
b) assegurar o funcionamento eficiente e harmônico do DNIT;

II – Diretoria de Infraestrutura Ferroviária:

a) administrar e gerenciar a execução de programas e projetos de construção, manutenção, operação e restauração da infraestrutura ferroviária;
b) gerenciar a revisão de projetos de engenharia na fase de execução de obras; e
c) exercer o poder normativo relativo à utilização da infraestrutura de transporte ferroviário, observado o disposto no art. 82 desta Lei;

III – Diretoria de Infraestrutura Rodoviária:

a) administrar e gerenciar a execução de programas e projetos de construção, operação, manutenção e restauração da infraestrutura rodoviária;
b) gerenciar a revisão de projetos de engenharia na fase de execução de obras;
c) exercer o poder normativo relativo à utilização da infraestrutura de transporte rodoviário, observado o disposto no art. 82 desta Lei;

IV – Diretoria de Administração e Finanças: planejar, administrar, orientar e controlar a execução das atividades relacionadas com os Sistemas Federais de Orçamento, de Administração Financeira, de Contabilidade, de Organização e Modernização Administrativa, de Recursos Humanos e Serviços Gerais;

V – Diretoria de Planejamento e Pesquisa:

a) planejar, coordenar, supervisionar e executar ações relativas à gestão e à programação de investimentos anual e plurianual para a infraestrutura do Sistema Federal de Viação;
b) promover pesquisas e estudos nas áreas de engenharia de infraestrutura de transportes, considerando, inclusive, os aspectos relativos ao meio ambiente; e
c) coordenar o processo de planejamento estratégico do DNIT;

VI – Diretoria de Infraestrutura Aquaviária:

a) administrar e gerenciar a execução de programas e projetos de construção, operação, manutenção e restauração da infraestrutura aquaviária;
b) gerenciar a revisão de projetos de engenharia na fase de execução de obras; e
c) exercer o poder normativo relativo à utilização da infraestrutura de transporte aquaviário.

► § 2º acrescido pela Lei nº 11.314, de 7-6-2006.

Art. 85-A. Integrará a estrutura organizacional do DNIT uma Procuradoria-Geral, uma Ouvidoria, uma Corregedoria e uma Auditoria.

Art. 85-B. À Procuradoria-Geral do DNIT compete exercer a representação judicial da autarquia.

Art. 85-C. À Auditoria do DNIT compete fiscalizar a gestão orçamentária, financeira e patrimonial da autarquia.

Parágrafo único. O auditor do DNIT será indicado pelo Ministro de Estado dos Transportes e nomeado pelo Presidente da República.

Art. 85-D. À Ouvidoria do DNIT compete:

I – receber pedidos de informações, esclarecimentos e reclamações afetos à autarquia e responder diretamente aos interessados;

II – produzir, semestralmente e quando julgar oportuno, relatório circunstanciado de suas atividades e encaminhá-lo à Diretoria-Geral e ao Ministério dos Transportes.

► Arts. 85-A a 85-D acrescidos pela MP nº 2.217-3, de 4-9-2001, que até o encerramento desta edição não havia sido convertida em Lei.

Art. 86. Compete ao Conselho de Administração:

I – aprovar o regimento interno do DNIT;

II – definir parâmetros e critérios para elaboração dos planos e programas de trabalho e de investimentos do DNIT, em conformidade com as diretrizes e prioridades estabelecidas;

► Inciso II com a redação dada pela MP nº 2.217-3, de 4-9-2001, que até o encerramento desta edição não havia sido convertida em Lei.

III – aprovar e supervisionar a execução dos planos e programas a que se refere o inciso anterior.

Parágrafo único. VETADO.

Art. 87. Comporão o Conselho de Administração do DNIT:

I – o Secretário-Executivo do Ministério dos Transportes;
II – o seu Diretor-Geral;
III – dois representantes do Ministério dos Transportes;
IV – um representante do Ministério do Planejamento, Orçamento e Gestão;
V – um representante do Ministério da Fazenda.

§ 1º A presidência do Conselho de Administração do DNIT será exercida pelo Secretário-Executivo do Ministério dos Transportes.

§ 2º A participação como membro do Conselho de Administração do DNIT não ensejará remuneração de qualquer espécie.

Art. 88. Os Diretores deverão ser brasileiros, ter idoneidade moral e reputação ilibada, formação universitária, experiência profissional compatível com os objetivos, atribuições e competências do DNIT e elevado conceito no campo de suas especialidades, e serão indicados pelo Ministro de Estado dos Transportes e nomeados pelo Presidente da República.

Parágrafo único. As nomeações dos Diretores do DNIT serão precedidas, individualmente, de aprovação pelo Senado Federal, nos termos da alínea f do inciso III do art. 52 da Constituição.

▶ Parágrafo único acrescido pela MP nº 2.217-3, de 4-9-2001, que até o encerramento desta edição não havia sido convertida em Lei.

Art. 89. Compete à Diretoria do DNIT:

I – VETADO.

II – editar normas e especificações técnicas sobre matérias da competência do DNIT;

III – aprovar editais de licitação e homologar adjudicações;

IV – autorizar a celebração de convênios, acordos, contratos e demais instrumentos legais;

V – resolver sobre a aquisição e alienação de bens;

VI – autorizar a contratação de serviços de terceiros;

VII – submeter à aprovação do Conselho de Administração as propostas de modificação do regimento interno do DNIT.

▶ Inciso VII acrescido pela MP nº 2.217-3, de 4-9-2001, que até o encerramento desta edição não havia sido convertida em Lei.

§ 1º Cabe ao Diretor-Geral a representação do DNIT e o comando hierárquico sobre pessoal e serviços, exercendo a coordenação das competências administrativas, bem como a presidência das reuniões da Diretoria.

§ 2º O processo decisório do DNIT obedecerá aos princípios da legalidade, impessoalidade, moralidade e publicidade.

§ 3º As decisões da Diretoria serão tomadas pelo voto da maioria absoluta de seus membros, cabendo ao Diretor-Geral o voto de qualidade, e serão registradas em atas que ficarão disponíveis para conhecimento geral, juntamente com os documentos que as instruam.

Art. 90. O Procurador-Geral do DNIT deverá ser bacharel em Direito com experiência no efetivo exercício da advocacia, será indicado pelo Ministro de Estado dos Transportes e nomeado pelo Presidente da República, atendidos os pré-requisitos legais e as instruções normativas da Advocacia-Geral da União.

§§ 1º e 2º VETADOS.

Art. 91. O Ouvidor será indicado pelo Ministro de Estado dos Transportes e nomeado pelo Presidente da República.

Parágrafo único. VETADO.

I e II – VETADOS.

Art. 92. À Corregedoria do DNIT compete fiscalizar as atividades funcionais e a instauração de processos administrativos e disciplinares.

§ 1º O Corregedor será indicado pelo Ministro de Estado dos Transportes e nomeado pelo Presidente da República.

§ 2º A instauração de processos administrativos e disciplinares relativos a atos da Diretoria ou de seus membros será da competência do Ministro de Estado dos Transportes.

Seção IV
DO QUADRO DE PESSOAL DO DNIT

Arts. 93 e 94. Revogados. Lei nº 10.871, de 20-5-2004.

Art. 95. VETADO.

Art. 96. O DNIT poderá efetuar, nos termos do art. 37, IX, da Constituição Federal, e observado o disposto na Lei nº 8.745, de 9 de dezembro de 1993, contratação por tempo determinado, pelo prazo de 12 (doze) meses, do pessoal técnico imprescindível ao exercício de suas competências institucionais.

▶ Caput com a redação dada pela Lei nº 10.871, de 20-5-2004.

§ 1º A contratação de pessoal de que trata o caput deste artigo dar-se-á mediante processo seletivo simplificado, compreendendo, obrigatoriamente, prova escrita e, facultativamente, análise de curriculum vitae sem prejuízo de outras modalidades que, a critério da entidade, venham a ser exigidas.

▶ § 1º com a redação dada pela Lei nº 10.871, de 20-5-2004.

§ 2º VETADO.

§ 3º Às contratações referidas no caput deste artigo aplica-se o disposto nos arts. 5º e 6º da Lei nº 8.745, de 9 de dezembro de 1993.

§ 4º As contratações referidas no caput deste artigo poderão ser prorrogadas, desde que sua duração total não ultrapasse o prazo de 24 (vinte e quatro) meses, ficando limitada sua vigência, em qualquer caso, a 31 de dezembro de 2005.

§ 5º A remuneração do pessoal contratado nos termos referidos no caput deste artigo terá como referência os valores definidos em ato conjunto da Agência e do órgão central do Sistema de Pessoal Civil da Administração Federal – SIPEC.

§ 6º Aplica-se ao pessoal contratado por tempo determinado pelo DNIT o disposto no § 1º do art. 7º, nos arts. 8º, 9º, 10, 11, 12 e 16 da Lei nº 8.745, de 9 de dezembro de 1993.

▶ §§ 3º a 6º com a redação dada pela Lei nº 10.871, de 20-5-2004.

Seção V
DAS RECEITAS E DO ORÇAMENTO

Art. 97. Constituem receitas do DNIT:

I – dotações consignadas no Orçamento Geral da União, créditos especiais, transferências e repasses;

II – remuneração pela prestação de serviços;

III – recursos provenientes de acordos, convênios e contratos;

IV – produto da cobrança de emolumentos, taxas e multas;

V – outras receitas, inclusive as resultantes da alienação de bens e da aplicação de valores patrimoniais, operações de crédito, doações, legados e subvenções.

Art. 98. O DNIT submeterá anualmente ao Ministério dos Transportes a sua proposta orçamentária, nos termos da legislação em vigor.

Capítulo VIII
DISPOSIÇÕES TRANSITÓRIAS, GERAIS E FINAIS
Seção I
DA INSTALAÇÃO DOS ÓRGÃOS

Art. 99. O Poder Executivo promoverá a instalação do CONIT, da ANTT, da ANTAQ e do DNIT, mediante a aprovação de seus regulamentos e de suas estruturas regimentais, em até noventa dias, contados a partir da data de publicação desta Lei.

Parágrafo único. A publicação dos regulamentos e das estruturas regimentais marcará a instalação dos órgãos referidos no *caput* e o início do exercício de suas respectivas atribuições.

Art. 100. Fica o Poder Executivo autorizado a realizar as despesas e os investimentos necessários à implantação e ao funcionamento da ANTT, da ANTAQ e do DNIT, podendo remanejar, transpor, transferir ou utilizar as dotações orçamentárias aprovadas na Lei nº 10.171, de 5 de janeiro de 2001, consignadas em favor do Ministério dos Transportes e suas Unidades Orçamentárias vinculadas, cujas atribuições tenham sido transferidas ou absorvidas pelo Ministério dos Transportes ou pelas entidades criadas por esta Lei, mantida a mesma classificação orçamentária, expressa por categoria de programação em seu menor nível, conforme definida no § 2º do art. 3º da Lei nº 9.995, de 25 de julho de 2000, assim como o respectivo detalhamento por esfera orçamentária, grupos de despesa, fontes de recursos, modalidades de aplicação e identificadores de uso e da situação primária ou financeira da despesa.

▶ Artigo com a redação dada pela MP nº 2.217-3, de 4-9-2001, que até o encerramento desta edição não havia sido convertida em Lei.

Art. 101. Decreto do Presidente da República reorganizará a estrutura administrativa do Ministério dos Transportes, mediante proposta do respectivo Ministro de Estado, em função das transferências de atribuições instituídas por esta Lei.

Seção II
DA EXTINÇÃO E DISSOLUÇÃO DE ÓRGÃOS

Art. 102. VETADO.

Art. 102-A. Instaladas a ANTT, a ANTAQ e o DNIT, ficam extintos a Comissão Federal de Transportes Ferroviários – COFER e o Departamento Nacional de Estradas de Rodagem – DNER e dissolvida a Empresa Brasileira de Planejamento de Transportes – GEIPOT.

§ 1º A dissolução e liquidação do GEIPOT observarão, no que couber, o disposto na Lei nº 8.029, de 12 de abril de 1990.

§ 2º Decreto do Presidente da República disciplinará a transferência e a incorporação dos direitos, das obrigações e dos bens móveis e imóveis do DNER.

§ 3º Caberá ao inventariante do DNER adotar as providências cabíveis para o cumprimento do decreto a que se refere o § 2º.

§ 4º Decreto do Presidente da República disciplinará o processo de liquidação do GEIPOT e a transferência do pessoal a que se refere o art. 114-A.

▶ Art. 102-A acrescido pela MP nº 2.217-3, de 4-9-2001, que até o encerramento desta edição não havia sido convertida em Lei.

Art. 103. A Companhia Brasileira de Trens Urbanos – CBTU e a Empresa de Transportes Urbanos de Porto Alegre S.A. – TRENSURB transferirão para os Estados e Municípios a administração dos transportes ferroviários urbanos e metropolitanos de passageiros, conforme disposto na Lei nº 8.693, de 3 de agosto de 1993.

Parágrafo único. No exercício das atribuições referidas nos incisos V e VI do art. 25, a ANTT coordenará os acordos a serem celebrados entre os concessionários arrendatários das malhas ferroviárias e as sociedades sucessoras da CBTU, em cada Estado ou Município, para regular os direitos de passagem e os planos de investimentos, em áreas comuns, de modo a garantir a continuidade e a expansão dos serviços de transporte ferroviário de passageiros e cargas nas regiões metropolitanas.

Art. 103-A. Para efetivação do processo de descentralização dos transportes ferroviários urbanos e metropolitanos de passageiros, a União destinará à CBTU os recursos necessários ao atendimento dos projetos constantes dos respectivos convênios de transferência desses serviços, podendo a CBTU:

I – executar diretamente os projetos;

II – transferir para os Estados e Municípios, ou para sociedades por eles constituídas, os recursos necessários para a implementação do processo de descentralização.

Parágrafo único. Para o disposto neste artigo, o processo de descentralização compreende a transferência, a implantação, a modernização, a ampliação e a recuperação dos serviços.

Art. 103-B. Após a descentralização dos transportes ferroviários urbanos e metropolitanos de passageiros, a União destinará à CBTU, para repasse ao Estado de Minas Gerais, por intermédio da empresa Trem Metropolitano de Belo Horizonte S.A., os recursos necessários ao pagamento das despesas com a folha de pessoal, encargos sociais, benefícios e contribuição à Fundação Rede Ferroviária de Seguridade Social – REFER, dos empregados transferidos, por sucessão trabalhista, na data da transferência do Sistema de Trens Urbanos de Belo Horizonte para o Estado de Minas Gerais, Município de Belo Horizonte e Município de Contagem, de acordo com a Lei nº 8.693, de 3 de agosto de 1993.

§ 1º Os recursos serão repassados mensalmente a partir da data da efetiva assunção do Sistema de Trens Urbanos de Belo Horizonte até 30 de junho de 2003, devendo ser aplicados exclusivamente nas despesas referenciadas neste artigo.

§ 2º A autorização de que trata este artigo fica limitada ao montante das despesas acima referidas, corrigidas de acordo com os reajustes salariais praticados pela Companhia Brasileira de Trens Urbanos – CBTU correndo à conta de sua dotação orçamentária.

Art. 103-C. As datas limites a que se referem o § 1º do art. 1º da Lei nº 9.600, de 19 de janeiro de 1998, e o

§ 1º do art. 1º da Lei nº 9.603, de 22 de janeiro de 1998, passam, respectivamente, para 30 de junho de 2003 e 31 de dezembro de 2005.

Art. 103-D. Caberá à CBTU analisar, acompanhar e fiscalizar, em nome da União, a utilização dos recursos supramencionados, de acordo com o disposto nesta Lei e na legislação vigente.

▶ Arts. 103-A a 103-D acrescidos pela MP nº 2.217-3, de 4-9-2001, que até o encerramento desta edição não havia sido convertida em Lei.

Art. 104. Atendido o disposto no *caput* do art. 103, ficará dissolvida a CBTU, na forma do disposto no § 6º do art. 3º da Lei nº 8.693, de 3 de agosto de 1993.

Parágrafo único. As atribuições da CBTU que não tiverem sido absorvidas pelos Estados e Municípios serão transferidas para a ANTT ou para o DNIT, conforme sua natureza.

Art. 105. Fica o Poder Executivo autorizado a promover a transferência das atividades do Serviço Social das Estradas de Ferro – SESEF para entidades de serviço social autônomas ou do setor privado com atuação congênere.

Arts. 106 e 107. VETADOS.

Art. 108. Para cumprimento de suas atribuições, particularmente no que se refere ao inciso VI do art. 24 e ao inciso VI do art. 27, serão transferidos para a ANTT ou para a ANTAQ, conforme se trate de transporte terrestre ou aquaviário, os contratos e os acervos técnicos, incluindo registros, dados e informações, detidos por órgãos e entidades do Ministério dos Transportes encarregados, até a vigência desta Lei, da regulação da prestação de serviços e da exploração da infraestrutura de transportes.

Parágrafo único. Excluem-se do disposto no *caput* os contratos firmados pelas Autoridades Portuárias no âmbito de cada porto organizado.

Art. 109. Para o cumprimento de suas atribuições, serão transferidos para o DNIT os contratos, os convênios e os acervos técnicos, incluindo registros, dados e informações detidos por órgãos do Ministério dos Transportes e relativos à administração direta ou delegada de programas, projetos e obras pertinentes à infraestrutura viária.

Parágrafo único. Ficam transferidas para o DNIT as funções do órgão de pesquisas hidroviárias da Companhia Docas do Rio de Janeiro – CDRJ, e as funções das administrações hidroviárias vinculadas às Companhias Docas, juntamente com os respectivos acervos técnicos e bibliográficos, bens e equipamentos utilizados em suas atividades.

Arts. 110 e 111. VETADOS.

Seção III
DAS REQUISIÇÕES E TRANSFERÊNCIAS DE PESSOAL

Art. 112. VETADO.

Art. 113. Ficam criados os quadros de Pessoal Específico na ANTT, na ANTAQ e no DNIT, com a finalidade de absorver servidores do Regime Jurídico Único, dos quadros de pessoal do Departamento Nacional de Estradas de Rodagem – DNER e do Ministério dos Transportes.

Parágrafo único. VETADO.

Art. 113-A. O ingresso nos cargos de que trata o art. 113 será feito por redistribuição do cargo, na forma do disposto na Lei nº 9.986, de 18 de julho de 2000.

Parágrafo único. Em caso de demissão, dispensa, aposentadoria ou falecimento do servidor, fica extinto o cargo por ele ocupado.

▶ Art. 113-A acrescido pela MP nº 2.217-3, de 4-9-2001, que até o encerramento desta edição não havia sido convertida em Lei.

Art. 114. VETADO.

Art. 114-A. *Revogado*. Lei nº 11.483, de 31-5-2007.

Art. 115. *Revogado*. Lei nº 11.483, de 31-5-2007.

Art. 116. VETADO.

Art. 116-A. Fica o Ministério do Planejamento, Orçamento e Gestão autorizado a aprovar a realização de programa de desligamento voluntário para os empregados da Rede Ferroviária Federal S.A., em liquidação.

▶ Artigo acrescido pela MP nº 2.217-3, de 4-9-2001, que até o encerramento desta edição não havia sido convertida em Lei.

Seção IV
DAS RESPONSABILIDADES SOBRE INATIVOS E PENSIONISTAS

Art. 117. Fica transferida para o Ministério dos Transportes a responsabilidade pelo pagamento dos inativos e pensionistas oriundos do DNER, mantidos os vencimentos, direitos e vantagens adquiridos.

Parágrafo único. O Ministério dos Transportes utilizará as unidades regionais do DNIT para o exercício das medidas administrativas decorrentes do disposto no *caput*.

Art. 118. Ficam transferidas da extinta RFFSA para o Ministério do Planejamento, Orçamento e Gestão:

I – a gestão da complementação de aposentadoria instituída pelas Leis nºs 8.186, de 21 de maio de 1991, e 10.478, de 28 de junho de 2002; e

II – a responsabilidade pelo pagamento da parcela sob o encargo da União relativa aos proventos de inatividade e demais direitos de que tratam a Lei nº 2.061, de 13 de abril de 1953, do Estado do Rio Grande do Sul, e o Termo de Acordo sobre as condições de reversão da Viação Férrea do Rio Grande do Sul à União, aprovado pela Lei nº 3.887, de 8 de fevereiro de 1961.

§ 1º A paridade de remuneração prevista na legislação citada nos incisos I e II do *caput* deste artigo terá como referência os valores previstos no plano de cargos e salários da extinta RFFSA, aplicados aos empregados cujos contratos de trabalho foram transferidos para quadro de pessoal especial da VALEC – Engenharia, Construções e Ferrovias S.A., com a respectiva gratificação adicional por tempo de serviço.

§ 2º O Ministério do Planejamento, Orçamento e Gestão poderá, mediante celebração de convênio, utilizar as unidades regionais do DNIT e da Inventariança da extinta RFFSA para adoção das medidas administrativas decorrentes do disposto no *caput* deste artigo.

▶ Art. 118 com a redação dada pela Lei nº 11.483, de 31-5-2007.

Art. 119. Ficam a ANTT, a ANTAQ e o DNIT autorizados a atuarem como patrocinadores do Instituto GEIPREV de Seguridade Social, da Fundação Rede Ferroviária de Seguridade Social – REFER e do PORTUS – Instituto de Seguridade Social, na condição de sucessoras das entidades às quais estavam vinculados os empregados que absorverem, nos termos do art. 114-A, observada a exigência de paridade entre a contribuição da patrocinadora e a contribuição do participante.

▶ *Caput* com a redação dada pela MP nº 2.217-3, de 4-9-2001, que até o encerramento desta edição não havia sido convertida em Lei.

Parágrafo único. O disposto no *caput* aplica-se unicamente aos empregados absorvidos, cujo conjunto constituirá massa fechada.

SEÇÃO V

DISPOSIÇÕES GERAIS E FINAIS

Art. 120. VETADO.

Art. 121. *Revogado.* Lei nº 10.871, de 20-5-2004.

Art. 122. A ANTT, a ANTAQ e o DNIT poderão contratar especialistas ou empresas especializadas, inclusive consultores independentes e auditores externos, para execução de trabalhos técnicos, por projetos ou por prazos determinados, nos termos da legislação em vigor.

Art. 123. As disposições desta Lei não alcançam direitos adquiridos, bem como não invalidam atos legais praticados por quaisquer das entidades da Administração Pública Federal direta ou indiretamente afetadas, os quais serão ajustados, no que couber, às novas disposições em vigor.

Art. 124. Esta Lei entra em vigor na data de sua publicação.

Brasília, 5 de junho de 2001;
180º da Independência e
113º da República.

Fernando Henrique Cardoso

▶ Optamos por não publicar os anexos nesta edição.

LEI Nº 10.257, DE 10 DE JULHO DE 2001

Regulamenta os arts. 182 e 183 da Constituição Federal, estabelece diretrizes gerais da política urbana e dá outras providências.

▶ Publicada no *DOU* de 11-7-2001 e retificada no *DOU* de 17-7-2001.
▶ Lei nº 11.977, de 7-7-2009, dispõe sobre o Programa Minha Casa, Minha Vida – PMCMV e a regularização fundiária de assentamentos localizados em áreas urbanas.
▶ MP nº 2.220, de 4-9-2001, dispõe sobre a concessão de uso especial de que trata o § 1º do art. 183 da CF e cria o Conselho Nacional de Desenvolvimento Urbano – CNDU, e até o encerramento desta edição não havia sido convertida em Lei.
▶ Dec. nº 5.790, de 25-5-2006, dispõe sobre a composição, estruturação, competência e funcionamento do Conselho das Cidades – ConCidades.
▶ Res. do CONAMA nº 369, de 28-3-2006, dispõe sobre os casos excepcionais, de utilidade pública, interesse social ou baixo impacto ambiental, que possibilitam a intervenção ou supressão de vegetação em Área de Preservação Permanente – APP.

CAPÍTULO I

DIRETRIZES GERAIS

Art. 1º Na execução da política urbana, de que tratam os artigos 182 e 183 da Constituição Federal, será aplicado o previsto nesta Lei.

Parágrafo único. Para todos os efeitos, esta Lei, denominada Estatuto da Cidade, estabelece normas de ordem pública e interesse social que regulam o uso da propriedade urbana em prol do bem coletivo, da segurança e do bem-estar dos cidadãos, bem como do equilíbrio ambiental.

Art. 2º A política urbana tem por objetivo ordenar o pleno desenvolvimento das funções sociais da cidade e da propriedade urbana, mediante as seguintes diretrizes gerais:

I – garantia do direito a cidades sustentáveis, entendido como o direito à terra urbana, à moradia, ao saneamento ambiental, à infraestrutura urbana, ao transporte e aos serviços públicos, ao trabalho e ao lazer, para as presentes e futuras gerações;

II – gestão democrática por meio da participação da população e de associações representativas dos vários segmentos da comunidade na formulação, execução e acompanhamento de planos, programas e projetos de desenvolvimento urbano;

III – cooperação entre os governos, a iniciativa privada e os demais setores da sociedade no processo de urbanização, em atendimento ao interesse social;

IV – planejamento do desenvolvimento das cidades, da distribuição espacial da população e das atividades econômicas do Município e do território sob sua área de influência, de modo a evitar e corrigir as distorções do crescimento urbano e seus efeitos negativos sobre o meio ambiente;

V – oferta de equipamentos urbanos e comunitários, transporte e serviços públicos adequados aos interesses e necessidades da população e às características locais;

VI – ordenação e controle do uso do solo, de forma a evitar:

a) a utilização inadequada dos imóveis urbanos;
b) a proximidade de usos incompatíveis ou inconvenientes;
c) o parcelamento do solo, a edificação ou o uso excessivos ou inadequados em relação à infraestrutura urbana;
d) a instalação de empreendimentos ou atividades que possam funcionar como polos geradores de tráfego, sem a previsão da infraestrutura correspondente;
e) a retenção especulativa de imóvel urbano, que resulte na sua subutilização ou não utilização;
f) a deterioração das áreas urbanizadas;
g) a poluição e a degradação ambiental;
h) *a exposição da população a riscos de desastres naturais;*

▶ Alínea *h* acrescida pela MP nº 547, de 11-10-2011, que até o encerramento desta edição não havia sido convertida em Lei (publicada no *DOU* de 13-10-2011 e retificada no *DOU* de 13-10-2011 – Edição Extra).

VII – integração e complementaridade entre as atividades urbanas e rurais, tendo em vista o desenvolvimento socioeconômico do Município e do território sob sua área de influência;
VIII – adoção de padrões de produção e consumo de bens e serviços e de expansão urbana compatíveis com os limites da sustentabilidade ambiental, social e econômica do Município e do território sob sua área de influência;
IX – justa distribuição dos benefícios e ônus decorrentes do processo de urbanização;
X – adequação dos instrumentos de política econômica, tributária e financeira e dos gastos públicos aos objetivos do desenvolvimento urbano, de modo a privilegiar os investimentos geradores de bem-estar geral e a fruição dos bens pelos diferentes segmentos sociais;
XI – recuperação dos investimentos do Poder Público de que tenha resultado a valorização de imóveis urbanos;
XII – proteção, preservação e recuperação do meio ambiente natural e construído, do patrimônio cultural, histórico, artístico, paisagístico e arqueológico;
XIII – audiência do Poder Público municipal e da população interessada nos processos de implantação de empreendimentos ou atividades com efeitos potencialmente negativos sobre o meio ambiente natural ou construído, o conforto ou a segurança da população;
XIV – regularização fundiária e urbanização de áreas ocupadas por população de baixa renda mediante o estabelecimento de normas especiais de urbanização, uso e ocupação do solo e edificação, consideradas a situação socioeconômica da população e as normas ambientais;
XV – simplificação da legislação de parcelamento, uso e ocupação do solo e das normas edilícias, com vistas a permitir a redução dos custos e o aumento da oferta dos lotes e unidades habitacionais;
XVI – isonomia de condições para os agentes públicos e privados na promoção de empreendimentos e atividades relativos ao processo de urbanização, atendido o interesse social.

Art. 3º Compete à União, entre outras atribuições de interesse da política urbana:
I – legislar sobre normas gerais de direito urbanístico;
II – legislar sobre normas para a cooperação entre a União, os Estados, o Distrito Federal e os Municípios em relação à política urbana, tendo em vista o equilíbrio do desenvolvimento e do bem-estar em âmbito nacional;
III – promover, por iniciativa própria e em conjunto com os Estados, o Distrito Federal e os Municípios, programas de construção de moradias e a melhoria das condições habitacionais e de saneamento básico;
IV – instituir diretrizes para o desenvolvimento urbano, inclusive habitação, saneamento básico e transportes urbanos;
V – elaborar e executar planos nacionais e regionais de ordenação do território e de desenvolvimento econômico e social.

CAPÍTULO II
DOS INSTRUMENTOS DA POLÍTICA URBANA

Seção I

DOS INSTRUMENTOS EM GERAL

Art. 4º Para os fins desta Lei, serão utilizados, entre outros instrumentos:

I – planos nacionais, regionais e estaduais de ordenação do território e de desenvolvimento econômico e social;
II – planejamento das regiões metropolitanas, aglomerações urbanas e microrregiões;
III – planejamento municipal, em especial:
a) plano diretor;
b) disciplina do parcelamento, do uso e da ocupação do solo;
c) zoneamento ambiental;
d) plano plurianual;
e) diretrizes orçamentárias e orçamento anual;
f) gestão orçamentária participativa;
g) planos, programas e projetos setoriais;
h) planos de desenvolvimento econômico e social;

IV – institutos tributários e financeiros:
a) imposto sobre a propriedade predial e territorial urbana – IPTU;
b) contribuição de melhoria;
c) incentivos e benefícios fiscais e financeiros;

V – institutos jurídicos e políticos:
a) desapropriação;
b) servidão administrativa;
c) limitações administrativas;
d) tombamento de imóveis ou do mobiliário urbano;
e) instituição de unidades de conservação;
f) instituição de zonas especiais de interesse social;
g) concessão de direito real de uso;
h) concessão de uso especial para fins de moradia;
i) parcelamento, edificação ou utilização compulsórios;
j) usucapião especial de imóvel urbano;
l) direito de superfície;
m) direito de preempção;
n) outorga onerosa do direito de construir e de alteração de uso;
o) transferência do direito de construir;
p) operações urbanas consorciadas;
q) regularização fundiária;
r) assistência técnica e jurídica gratuita para as comunidades e grupos sociais menos favorecidos;
s) referendo popular e plebiscito;
t) demarcação urbanística para fins de regularização fundiária;
u) legitimação de posse.

▶ Alíneas *t* e *u* com a redação dada pela Lei nº 11.977, de 7-7-2009.

VI – estudo prévio de impacto ambiental (EIA) e estudo prévio de impacto de vizinhança (EIV).

§ 1º Os instrumentos mencionados neste artigo regem-se pela legislação que lhes é própria, observado o disposto nesta Lei.

§ 2º Nos casos de programas e projetos habitacionais de interesse social, desenvolvidos por órgãos ou entidades da Administração Pública com atuação específica nessa área, a concessão de direito real de uso de imóveis públicos poderá ser contratada coletivamente.

§ 3º Os instrumentos previstos neste artigo que demandam dispêndio de recursos por parte do Poder Público municipal devem ser objeto de controle social, garantida a participação de comunidades, movimentos e entidades da sociedade civil.

Seção II

DO PARCELAMENTO, EDIFICAÇÃO OU UTILIZAÇÃO COMPULSÓRIOS

Art. 5º Lei municipal específica para área incluída no plano diretor poderá determinar o parcelamento, a edificação ou a utilização compulsórios do solo urbano não edificado, subutilizado ou não utilizado, devendo fixar as condições e os prazos para implementação da referida obrigação.

§ 1º Considera-se subutilizado o imóvel:

I – cujo aproveitamento seja inferior ao mínimo definido no plano diretor ou em legislação dele decorrente;
II – VETADO.

§ 2º O proprietário será notificado pelo Poder Executivo municipal para o cumprimento da obrigação, devendo a notificação ser averbada no cartório de registro de imóveis.

§ 3º A notificação far-se-á:

I – por funcionário do órgão competente do Poder Público municipal, ao proprietário do imóvel ou, no caso de este ser pessoa jurídica, a quem tenha poderes de gerência geral ou administração;
II – por edital quando frustrada, por três vezes, a tentativa de notificação na forma prevista pelo inciso I.

§ 4º Os prazos a que se refere o *caput* não poderão ser inferiores a:

I – um ano, a partir da notificação, para que seja protocolado o projeto no órgão municipal competente;
II – dois anos, a partir da aprovação do projeto, para iniciar as obras do empreendimento.

§ 5º Em empreendimentos de grande porte, em caráter excepcional, a lei municipal específica a que se refere o *caput* poderá prever a conclusão em etapas, assegurando-se que o projeto aprovado compreenda o empreendimento como um todo.

Art. 6º A transmissão do imóvel, por ato *inter vivos* ou *causa mortis*, posterior à data da notificação, transfere as obrigações de parcelamento, edificação ou utilização previstas no artigo 5º desta Lei, sem interrupção de quaisquer prazos.

Seção III

DO IPTU PROGRESSIVO NO TEMPO

Art. 7º Em caso de descumprimento das condições e dos prazos previstos na forma do *caput* do artigo 5º desta Lei, ou não sendo cumpridas as etapas previstas no § 5º do artigo 5º desta Lei, o Município procederá à aplicação do imposto sobre a propriedade predial e territorial urbana (IPTU) progressivo no tempo, mediante a majoração da alíquota pelo prazo de cinco anos consecutivos.

§ 1º O valor da alíquota a ser aplicado a cada ano será fixado na lei específica a que se refere o *caput* do artigo 5º desta Lei e não excederá a duas vezes o valor referente ao ano anterior, respeitada a alíquota máxima de quinze por cento.

§ 2º Caso a obrigação de parcelar, edificar ou utilizar não esteja atendida em cinco anos, o Município manterá a cobrança pela alíquota máxima, até que se cumpra a referida obrigação, garantida a prerrogativa prevista no artigo 8º.

§ 3º É vedada a concessão de isenções ou de anistia relativas à tributação progressiva de que trata este artigo.

Seção IV

DA DESAPROPRIAÇÃO COM PAGAMENTO EM TÍTULOS

Art. 8º Decorridos cinco anos de cobrança do IPTU progressivo sem que o proprietário tenha cumprido a obrigação de parcelamento, edificação ou utilização, o Município poderá proceder à desapropriação do imóvel, com pagamento em títulos da dívida pública.

§ 1º Os títulos da dívida pública terão prévia aprovação pelo Senado Federal e serão resgatados no prazo de até dez anos, em prestações anuais, iguais e sucessivas, assegurados o valor real da indenização e os juros legais de seis por cento ao ano.

§ 2º O valor real da indenização:

I – refletirá o valor da base de cálculo do IPTU, descontado o montante incorporado em função de obras realizadas pelo Poder Público na área onde o mesmo se localiza após a notificação de que trata o § 2º do artigo 5º desta Lei;
II – não computará expectativas de ganhos, lucros cessantes e juros compensatórios.

§ 3º Os títulos de que trata este artigo não terão poder liberatório para pagamento de tributos.

§ 4º O Município procederá ao adequado aproveitamento do imóvel no prazo máximo de cinco anos, contado a partir da sua incorporação ao patrimônio público.

§ 5º O aproveitamento do imóvel poderá ser efetivado diretamente pelo Poder Público ou por meio de alienação ou concessão a terceiros, observando-se, nesses casos, o devido procedimento licitatório.

§ 6º Ficam mantidas para o adquirente de imóvel nos termos do § 5º as mesmas obrigações de parcelamento, edificação ou utilização previstas no artigo 5º desta Lei.

Seção V

DA USUCAPIÃO ESPECIAL DE IMÓVEL URBANO

Art. 9º Aquele que possuir como sua área ou edificação urbana de até duzentos e cinquenta metros quadrados, por cinco anos, ininterruptamente e sem oposição, utilizando-a para sua moradia ou de sua família, adquirir-lhe-á o domínio, desde que não seja proprietário de outro imóvel urbano ou rural.

§ 1º O título de domínio será conferido ao homem ou à mulher, ou a ambos, independentemente do estado civil.

§ 2º O direito de que trata este artigo não será reconhecido ao mesmo possuidor mais de uma vez.

§ 3º Para os efeitos deste artigo, o herdeiro legítimo continua, de pleno direito, a posse de seu antecessor, desde que já resida no imóvel por ocasião da abertura da sucessão.

Art. 10. As áreas urbanas com mais de duzentos e cinquenta metros quadrados, ocupadas por população de baixa renda para sua moradia, por cinco anos, ininterruptamente e sem oposição, onde não for possível identificar os terrenos ocupados por cada possuidor, são susceptíveis de serem usucapidas coletivamente, desde que os possuidores não sejam proprietários de outro imóvel urbano ou rural.

§ 1º O possuidor pode, para o fim de contar o prazo exigido por este artigo, acrescentar sua posse à de seu antecessor, contanto que ambas sejam contínuas.

§ 2º A usucapião especial coletiva de imóvel urbano será declarada pelo juiz, mediante sentença, a qual servirá de título para registro no cartório de registro de imóveis.

§ 3º Na sentença, o juiz atribuirá igual fração ideal de terreno a cada possuidor, independentemente da dimensão do terreno que cada um ocupe, salvo hipótese de acordo escrito entre os condôminos, estabelecendo frações ideais diferenciadas.

§ 4º O condomínio especial constituído é indivisível, não sendo passível de extinção, salvo deliberação favorável tomada por, no mínimo, dois terços dos condôminos, no caso de execução de urbanização posterior à constituição do condomínio.

§ 5º As deliberações relativas à administração do condomínio especial serão tomadas por maioria de votos dos condôminos presentes, obrigando também os demais, discordantes ou ausentes.

Art. 11. Na pendência da ação de usucapião especial urbana, ficarão sobrestadas quaisquer outras ações, petitórias ou possessórias, que venham a ser propostas relativamente ao imóvel usucapiendo.

Art. 12. São partes legítimas para a propositura da ação de usucapião especial urbana:

I – o possuidor, isoladamente ou em litisconsórcio originário ou superveniente;
II – os possuidores, em estado de composse;
III – como substituto processual, a associação de moradores da comunidade, regularmente constituída, com personalidade jurídica, desde que explicitamente autorizada pelos representantes.

§ 1º Na ação de usucapião especial urbana é obrigatória a intervenção do Ministério Público.

§ 2º O autor terá os benefícios da justiça e da assistência judiciária gratuita, inclusive perante o cartório de registro de imóveis.

Art. 13. A usucapião especial de imóvel urbano poderá ser invocada como matéria de defesa, valendo a sentença que a reconhecer como título para registro no cartório de registro de imóveis.

Art. 14. Na ação judicial de usucapião especial de imóvel urbano, o rito processual a ser observado é o sumário.

Seção VI

DA CONCESSÃO DE USO ESPECIAL PARA FINS DE MORADIA

▶ Medida Provisória nº 2.220, de 4-9-2001, que até o encerramento desta edição não havia sido convertida em Lei, dispõe sobre a concessão de uso especial de que trata o § 1º do art. 183 da Constituição Federal, cria o Conselho Nacional de Desenvolvimento Urbano – CNDU.

Arts. 15 a 20. VETADOS.

Seção VII

DO DIREITO DE SUPERFÍCIE

Art. 21. O proprietário urbano poderá conceder a outrem o direito de superfície do seu terreno, por tempo determinado ou indeterminado, mediante escritura pública registrada no cartório de registro de imóveis.

§ 1º O direito de superfície abrange o direito de utilizar o solo, o subsolo ou o espaço aéreo relativo ao terreno, na forma estabelecida no contrato respectivo, atendida a legislação urbanística.

§ 2º A concessão do direito de superfície poderá ser gratuita ou onerosa.

§ 3º O superficiário responderá integralmente pelos encargos e tributos que incidirem sobre a propriedade superficiária, arcando, ainda, proporcionalmente à sua parcela de ocupação efetiva, com os encargos e tributos sobre a área objeto da concessão do direito de superfície, salvo disposição em contrário do contrato respectivo.

§ 4º O direito de superfície pode ser transferido a terceiros, obedecidos os termos do contrato respectivo.

§ 5º Por morte do superficiário, os seus direitos transmitem-se a seus herdeiros.

Art. 22. Em caso de alienação do terreno, ou do direito de superfície, o superficiário e o proprietário, respectivamente, terão direito de preferência, em igualdade de condições à oferta de terceiros.

Art. 23. Extingue-se o direito de superfície:

I – pelo advento do termo;
II – pelo descumprimento das obrigações contratuais assumidas pelo superficiário.

Art. 24. Extinto o direito de superfície, o proprietário recuperará o pleno domínio do terreno, bem como das acessões e benfeitorias introduzidas no imóvel, independentemente de indenização, se as partes não houverem estipulado o contrário no respectivo contrato.

§ 1º Antes do termo final do contrato, extinguir-se-á o direito de superfície se o superficiário der ao terreno destinação diversa daquela para a qual for concedida.

§ 2º A extinção do direito de superfície será averbada no cartório de registro de imóveis.

Seção VIII
DO DIREITO DE PREEMPÇÃO

Art. 25. O direito de preempção confere ao Poder Público municipal preferência para aquisição de imóvel urbano objeto de alienação onerosa entre particulares.

§ 1º Lei municipal, baseada no plano diretor, delimitará as áreas em que incidirá o direito de preempção e fixará prazo de vigência, não superior a cinco anos, renovável a partir de um ano após o decurso do prazo inicial de vigência.

§ 2º O direito de preempção fica assegurado durante o prazo de vigência fixado na forma do § 1º, independentemente do número de alienações referentes ao mesmo imóvel.

Art. 26. O direito de preempção será exercido sempre que o Poder Público necessitar de áreas para:

I – regularização fundiária;
II – execução de programas e projetos habitacionais de interesse social;
III – constituição de reserva fundiária;
IV – ordenamento e direcionamento da expansão urbana;
V – implantação de equipamentos urbanos e comunitários;
VI – criação de espaços públicos de lazer e áreas verdes;
VII – criação de unidades de conservação ou proteção de outras áreas de interesse ambiental;
VIII – proteção de áreas de interesse histórico, cultural ou paisagístico;
IX – VETADO;

Parágrafo único. A lei municipal prevista no § 1º do artigo 25 desta Lei deverá enquadrar cada área em que incidirá o direito de preempção em uma ou mais das finalidades enumeradas por este artigo.

Art. 27. O proprietário deverá notificar sua intenção de alienar o imóvel, para que o Município, no prazo máximo de trinta dias, manifeste por escrito seu interesse em comprá-lo.

§ 1º À notificação mencionada no *caput* será anexada proposta de compra assinada por terceiro interessado na aquisição do imóvel, da qual constarão preço, condições de pagamento e prazo de validade.

§ 2º O Município fará publicar, em órgão oficial e em pelo menos um jornal local ou regional de grande circulação, edital de aviso da notificação recebida nos termos do *caput* e da intenção de aquisição do imóvel nas condições da proposta apresentada.

§ 3º Transcorrido o prazo mencionado no *caput* sem manifestação, fica o proprietário autorizado a realizar a alienação para terceiros, nas condições da proposta apresentada.

§ 4º Concretizada a venda a terceiro, o proprietário fica obrigado a apresentar ao Município, no prazo de trinta dias, cópia do instrumento público de alienação do imóvel.

§ 5º A alienação processada em condições diversas da proposta apresentada é nula de pleno direito.

§ 6º Ocorrida a hipótese prevista no § 5º o Município poderá adquirir o imóvel pelo valor da base de cálculo do IPTU ou pelo valor indicado na proposta apresentada, se este for inferior àquele.

Seção IX
DA OUTORGA ONEROSA DO DIREITO DE CONSTRUIR

Art. 28. O plano diretor poderá fixar áreas nas quais o direito de construir poderá ser exercido acima do coeficiente de aproveitamento básico adotado, mediante contrapartida a ser prestada pelo beneficiário.

§ 1º Para os efeitos desta Lei, coeficiente de aproveitamento é a relação entre a área edificável e a área do terreno.

§ 2º O plano diretor poderá fixar coeficiente de aproveitamento básico único para toda a zona urbana ou diferenciado para áreas específicas dentro da zona urbana.

§ 3º O plano diretor definirá os limites máximos a serem atingidos pelos coeficientes de aproveitamento, considerando a proporcionalidade entre a infraestrutura existente e o aumento de densidade esperado em cada área.

Art. 29. O plano diretor poderá fixar áreas nas quais poderá ser permitida alteração de uso do solo, mediante contrapartida a ser prestada pelo beneficiário.

Art. 30. Lei municipal específica estabelecerá as condições a serem observadas para a outorga onerosa do direito de construir e de alteração de uso, determinando:

I – a fórmula de cálculo para a cobrança;
II – os casos passíveis de isenção do pagamento da outorga;
III – a contrapartida do beneficiário.

Art. 31. Os recursos auferidos com a adoção da outorga onerosa do direito de construir e de alteração de uso serão aplicados com as finalidades previstas nos incisos I a IX do artigo 26 desta Lei.

Seção X
DAS OPERAÇÕES URBANAS CONSORCIADAS

Art. 32. Lei municipal específica, baseada no plano diretor, poderá delimitar área para aplicação de operações consorciadas.

§ 1º Considera-se operação urbana consorciada o conjunto de intervenções e medidas coordenadas pelo Poder Público municipal, com a participação dos proprietários, moradores, usuários permanentes e investidores privados, com o objetivo de alcançar em uma área transformações urbanísticas estruturais, melhorias sociais e a valorização ambiental.

§ 2º Poderão ser previstas nas operações urbanas consorciadas, entre outras medidas:

I – a modificação de índices e características de parcelamento, uso e ocupação do solo e subsolo, bem como alterações das normas edilícias, considerado o impacto ambiental delas decorrente;
II – a regularização de construções, reformas ou ampliações executadas em desacordo com a legislação vigente.

Art. 33. Da lei específica que aprovar a operação urbana consorciada constará o plano de operação urbana consorciada, contendo, no mínimo:

I – definição da área a ser atingida;
II – programa básico de ocupação da área;
III – programa de atendimento econômico e social para a população diretamente afetada pela operação;
IV – finalidades da operação;
V – estudo prévio de impacto de vizinhança;
VI – contrapartida a ser exigida dos proprietários, usuários permanentes e investidores privados em função da utilização dos benefícios previstos nos incisos I e II do § 2º do artigo 32 desta Lei;
VII – forma de controle da operação, obrigatoriamente compartilhado com representação da sociedade civil.

§ 1º Os recursos obtidos pelo Poder Público municipal na forma do inciso VI deste artigo serão aplicados exclusivamente na própria operação urbana consorciada.

§ 2º A partir da aprovação da lei específica de que trata o *caput*, são nulas as licenças e autorizações a cargo do Poder Público municipal expedidas em desacordo com o plano de operação urbana consorciada.

Art. 34. A lei específica que aprovar a operação urbana consorciada poderá prever a emissão pelo Município de quantidade determinada de certificados de potencial adicional de construção, que serão alienados em leilão ou utilizados diretamente no pagamento das obras necessárias à própria operação.

§ 1º Os certificados de potencial adicional de construção serão livremente negociados, mas conversíveis em direito de construir unicamente na área objeto da operação.

§ 2º Apresentado pedido de licença para construir, o certificado de potencial adicional será utilizado no pagamento da área de construção que supere os padrões estabelecidos pela legislação de uso e ocupação do solo, até o limite fixado pela lei específica que aprovar a operação urbana consorciada.

Seção XI

DA TRANSFERÊNCIA DO DIREITO DE CONSTRUIR

Art. 35. Lei municipal, baseada no plano diretor, poderá autorizar o proprietário de imóvel urbano, privado ou público, a exercer em outro local, ou alienar, mediante escritura pública, o direito de construir previsto no plano diretor ou em legislação urbanística dele decorrente, quando o referido imóvel for considerado necessário para fins de:

I – implantação de equipamentos urbanos e comunitários;
II – preservação, quando o imóvel for considerado de interesse histórico, ambiental, paisagístico, social ou cultural;
III – servir a programas de regularização fundiária, urbanização de áreas ocupadas por população de baixa renda e habitação de interesse social.

§ 1º A mesma faculdade poderá ser concedida ao proprietário que doar ao Poder Público seu imóvel, ou parte dele, para os fins previstos nos incisos I a III do *caput*.

§ 2º A lei municipal referida no *caput* estabelecerá as condições relativas à aplicação da transferência do direito de construir.

Seção XII

DO ESTUDO DE IMPACTO DE VIZINHANÇA

Art. 36. Lei municipal definirá os empreendimentos e atividades privados ou públicos em área urbana que dependerão de elaboração de estudo prévio de impacto de vizinhança (EIV) para obter as licenças ou autorizações de construção, ampliação ou funcionamento a cargo do Poder Público municipal.

Art. 37. O EIV será executado de forma a contemplar os efeitos positivos e negativos do empreendimento ou atividade quanto à qualidade de vida da população residente na área e suas proximidades, incluindo a análise, no mínimo, das seguintes questões:

I – adensamento populacional;
II – equipamentos urbanos e comunitários;
III – uso e ocupação do solo;
IV – valorização imobiliária;
V – geração de tráfego e demanda por transporte público;
VI – ventilação e iluminação;
VII – paisagem urbana e patrimônio natural e cultural.

Parágrafo único. Dar-se-á publicidade aos documentos integrantes do EIV, que ficarão disponíveis para consulta, no órgão competente do Poder Público municipal, por qualquer interessado.

Art. 38. A elaboração do EIV não substitui a elaboração e a aprovação de estudo prévio de impacto ambiental (EIA), requeridas nos termos da legislação ambiental.

Capítulo III

DO PLANO DIRETOR

Art. 39. A propriedade urbana cumpre sua função social quando atende às exigências fundamentais de ordenação da cidade expressas no plano diretor, assegurando o atendimento às necessidades dos cidadãos quanto à qualidade de vida, à justiça social e ao desenvolvimento das atividades econômicas, respeitadas as diretrizes previstas no artigo 2º desta Lei.

Art. 40. O plano diretor, aprovado por lei municipal, é o instrumento básico da política de desenvolvimento e expansão urbana.

§ 1º O plano diretor é parte integrante do processo de planejamento municipal, devendo o plano plurianual, as diretrizes orçamentárias e o orçamento anual incorporar as diretrizes e as prioridades nele contidas.

§ 2º O plano diretor deverá englobar o território do Município como um todo.

§ 3º A lei que instituir o plano diretor deverá ser revista, pelo menos, a cada dez anos.

§ 4º No processo de elaboração do plano diretor e na fiscalização de sua implementação, os Poderes Legislativo e Executivo municipais garantirão:

I – a promoção de audiências públicas e debates com a participação da população e de associações representativas dos vários segmentos da comunidade;

II – a publicidade quanto aos documentos e informações produzidos;
III – o acesso de qualquer interessado aos documentos e informações produzidos.

§ 5º VETADO.

Art. 41. O plano diretor é obrigatório para cidades:

I – com mais de vinte mil habitantes;
II – integrantes de regiões metropolitanas e aglomerações urbanas;
III – onde o Poder Público municipal pretenda utilizar os instrumentos previstos no § 4º do artigo 182 da Constituição Federal;
IV – integrantes de áreas de especial interesse turístico;
V – inseridas na área de influência de empreendimentos ou atividades com significativo impacto ambiental de âmbito regional ou nacional.

§ 1º No caso da realização de empreendimentos ou atividades enquadrados no inciso V do caput, os recursos técnicos e financeiros para a elaboração do plano diretor estarão inseridos entre as medidas de compensação adotadas.

§ 2º No caso de cidades com mais de quinhentos mil habitantes, deverá ser elaborado um plano de transporte urbano integrado, compatível com o plano diretor ou nele inserido.

Art. 42. O plano diretor deverá conter no mínimo:

I – a delimitação das áreas urbanas onde poderá ser aplicado o parcelamento, edificação ou utilização compulsórios, considerando a existência de infraestrutura e de demanda para utilização, na forma do art. 5º desta Lei;
II – disposições requeridas pelos artigos 25, 28, 29, 32 e 35 desta Lei;
III – sistema de acompanhamento e controle.

Art. 42-A. *Os municípios que possuam áreas de expansão urbana deverão elaborar Plano de Expansão Urbana no qual constarão, no mínimo:*

▶ Artigo acrescido pela MP nº 547, de 11-10-2011, que até o encerramento desta edição não havia sido convertida em Lei (publicada no *DOU* de 13-10-2011 e retificada no *DOU* de 13-10-2011 – Edição Extra).

I – demarcação da área de expansão urbana;
II – delimitação dos trechos com restrições à urbanização e dos trechos sujeitos a controle especial em função de ameaça de desastres naturais;
III – definição de diretrizes específicas e de áreas que serão utilizadas para infraestrutura, sistema viário, equipamentos e instalações públicas, urbanas e sociais;
IV – definição de parâmetros de parcelamento, uso e ocupação do solo, de modo a promover a diversidade de usos e contribuir para a geração de emprego e renda;
V – a previsão de áreas para habitação de interesse social por meio da demarcação de zonas especiais de interesse social e de outros instrumentos de política urbana, quando o uso habitacional for permitido;
VI – definição de diretrizes e instrumentos específicos para proteção ambiental e do patrimônio histórico e cultural; e
VII – definição de mecanismos para garantir a justa distribuição dos ônus e benefícios decorrentes do processo de urbanização do território de expansão urbana e a recuperação para a coletividade da valorização imobiliária resultante da ação do Poder Público.

▶ Incisos I a VII acrescidos pela MP nº 547, de 11-10-2011, que até o encerramento desta edição não havia sido convertida em Lei (publicada no *DOU* de 13-10-2011 e retificada no *DOU* de 13-10-2011 – Edição Extra).

§ 1º Consideram-se áreas de expansão urbana aquelas destinadas pelo Plano Diretor ou lei municipal ao crescimento ordenado das cidades, vilas e demais núcleos urbanos, bem como aquelas que forem incluídas no perímetro urbano a partir da publicação desta Medida Provisória.

§ 2º O Plano de Expansão Urbana deverá atender às diretrizes do Plano Diretor, quando houver.

▶ §§ 1º e 2º acrescidos pela MP nº 547, de 11-10-2011, que até o encerramento desta edição não havia sido convertida em Lei (publicada no *DOU* de 13-10-2011 e retificada no *DOU* de 13-10-2011 – Edição Extra).

§ 3º A aprovação de projetos de parcelamento do solo urbano em áreas de expansão urbana ficará condicionada à existência do Plano de Expansão Urbana.

▶ § 3º acrescido pela MP nº 547, de 11-10-2011, que até o encerramento desta edição não havia sido convertida em Lei, para vigorar 2 anos após a data de publicação (publicada no *DOU* de 13-10-2011 e retificada no *DOU* de 13-10-2011 – Edição Extra).

§ 4º Quando o Plano Diretor contemplar as exigências estabelecidas no caput, o Município ficará dispensado da elaboração do Plano de Expansão Urbana.

▶ § 4º acrescido pela MP nº 547, de 11-10-2011, que até o encerramento desta edição não havia sido convertida em Lei (publicada no *DOU* de 13-10-2011 e retificada no *DOU* de 13-10-2011 – Edição Extra).

Capítulo IV
DA GESTÃO DEMOCRÁTICA DA CIDADE

Art. 43. Para garantir a gestão democrática da cidade, deverão ser utilizados, entre outros, os seguintes instrumentos:

I – órgãos colegiados de política urbana, nos níveis nacional, estadual e municipal;
II – debates, audiências e consultas públicas;
III – conferências sobre assuntos de interesse urbano, nos níveis nacional, estadual e municipal;
IV – iniciativa popular de projeto de lei e de planos, programas e projetos de desenvolvimento urbano;
V – VETADO.

Art. 44. No âmbito municipal, a gestão orçamentária participativa de que trata a alínea *f* do inciso III do artigo 4º desta Lei incluirá a realização de debates, audiências e consultas públicas sobre as propostas do plano plurianual, da lei de diretrizes orçamentárias e do orçamento anual, como condição obrigatória para sua aprovação pela Câmara Municipal.

Art. 45. Os organismos gestores das regiões metropolitanas e aglomerações urbanas incluirão obrigatória e significativa participação da população e de associações representativas dos vários segmentos da comunidade, de modo a garantir o controle direto de suas atividades e o pleno exercício da cidadania.

CAPÍTULO V

DISPOSIÇÕES GERAIS

Art. 46. O Poder Público municipal poderá facultar ao proprietário de área atingida pela obrigação de que trata o *caput* do artigo 5º desta Lei, a requerimento deste, o estabelecimento de consórcio imobiliário como forma de viabilização financeira do aproveitamento do imóvel.

§ 1º Considera-se consórcio imobiliário a forma de viabilização de planos de urbanização ou edificação por meio da qual o proprietário transfere ao Poder Público municipal seu imóvel e, após a realização das obras, recebe, como pagamento, unidades imobiliárias devidamente urbanizadas ou edificadas.

§ 2º O valor das unidades imobiliárias a serem entregues ao proprietário será correspondente ao valor do imóvel antes da execução das obras, observado o disposto no § 2º do artigo 8º desta Lei.

Art. 47. Os tributos sobre imóveis urbanos, assim como as tarifas relativas a serviços públicos urbanos, serão diferenciados em função do interesse social.

Art. 48. Nos casos de programas e projetos habitacionais de interesse social, desenvolvidos por órgãos ou entidades da Administração Pública com atuação específica nessa área, os contratos de concessão de direito real de uso de imóveis públicos:

I – terão, para todos os fins de direito, caráter de escritura pública, não se aplicando o disposto no inciso II do artigo 134 do Código Civil;

▶ Refere-se ao CC/1916. Art. 108 do CC.

II – constituirão título de aceitação obrigatória em garantia de contratos de financiamentos habitacionais.

Art. 49. Os Estados e Municípios terão o prazo de noventa dias, a partir da entrada em vigor desta Lei, para fixar prazos, por lei, para a expedição de diretrizes de empreendimentos urbanísticos, aprovação de projetos de parcelamento e de edificação, realização de vistorias e expedição de termo de verificação e conclusão de obras.

Parágrafo único. Não sendo cumprida a determinação do *caput*, fica estabelecido o prazo de sessenta dias para a realização de cada um dos referidos atos administrativos, que valerá até que os Estados e Municípios disponham em lei de forma diversa.

Art. 50. Os Municípios que estejam enquadrados na obrigação prevista nos incisos I e II do *caput* do art. 41 desta Lei e que não tenham plano diretor aprovado na data de entrada em vigor desta Lei deverão aprová-lo até 30 de junho de 2008.

▶ Artigo com a redação dada pela Lei nº 11.673, de 8-5-2008.

Art. 51. Para os efeitos desta Lei, aplicam-se ao Distrito Federal e ao Governador do Distrito Federal as disposições relativas, respectivamente, a Município e a Prefeito.

Art. 52. Sem prejuízo da punição de outros agentes públicos envolvidos e da aplicação de outras sanções cabíveis, o Prefeito incorre em improbidade administrativa, nos termos da Lei nº 8.429, de 2 de junho de 1992, quando:

I – VETADO;

II – deixar de proceder, no prazo de cinco anos, o adequado aproveitamento do imóvel incorporado ao patrimônio público, conforme o disposto no § 4º do artigo 8º desta Lei;

III – utilizar áreas obtidas por meio do direito de preempção em desacordo com o disposto no artigo 26 desta Lei;

IV – aplicar os recursos auferidos com a outorga onerosa do direito de construir e de alteração de uso em desacordo com o previsto no artigo 31 desta Lei;

V – aplicar os recursos auferidos com operações consorciadas em desacordo com o previsto no § 1º do artigo 33 desta Lei;

VI – impedir ou deixar de garantir os requisitos contidos nos incisos I a III do § 4º do artigo 40 desta Lei;

VII – deixar de tomar as providências necessárias para garantir a observância do disposto no § 3º do artigo 40 e no artigo 50 desta Lei;

VIII – adquirir imóvel objeto de direito de preempção, nos termos dos artigos 25 a 27 desta Lei, pelo valor da proposta apresentada, se este for, comprovadamente, superior ao de mercado.

Art. 53. *Revogado.* MP nº 2.180-35, de 24-8-2001, que até o encerramento desta edição não havia sido convertida em Lei. Tinha a seguinte redação: *"O artigo 1º da Lei nº 7.347, de 24 de julho de 1985, passa a vigorar acrescido de novo inciso III, renumerando o atual inciso III e os subsequentes: 'Art. 1º ....
III – à ordem urbanística; ....'"*

Art. 54. O artigo 4º da Lei nº 7.347, de 1985, passa a vigorar com a seguinte redação:

▶ Alteração inserida no texto da referida Lei.

Art. 55. O artigo 167, inciso I, item 28, da Lei nº 6.015, de 31 de dezembro de 1973, alterado pela Lei nº 6.216, de 30 de junho de 1975, passa a vigorar com a seguinte redação:

▶ Alteração inserida no texto da referida Lei.

Art. 56. O artigo 167, inciso I, da Lei nº 6.015, de 1973, passa a vigorar acrescido dos seguintes itens 37, 38 e 39:

▶ Alterações inseridas no texto da referida Lei.

Art. 57. O artigo 167, inciso II, da Lei nº 6.015, de 1973, passa a vigorar acrescido dos seguintes itens 18, 19 e 20:

▶ Alterações inseridas no texto da referida Lei.

Art. 58. Esta Lei entra em vigor após decorridos noventa dias de sua publicação.

Brasília, 10 de julho de 2001;
180º da Independência e
113º da República.
Fernando Henrique Cardoso

MEDIDA PROVISÓRIA Nº 2.228-1, DE 6 DE SETEMBRO DE 2001

Estabelece princípios gerais da Política Nacional do Cinema, cria o Conselho Superior do Cinema e a Agência Nacional do Cinema – ANCINE, institui o Programa de Apoio ao Desenvolvimento do Cinema Nacional – PRODECINE, autoriza a criação de Fundos de Financiamento da Indústria Cinematográfica Nacional – FUNCINES, altera a legislação sobre a Contribuição para o Desenvolvimento da Indústria Cinematográfica Nacional e dá outras providências.

▶ Publicada no *DOU* de 10-9-2001.

CAPÍTULO I

DAS DEFINIÇÕES

Art. 1º Para fins desta Medida Provisória entende-se como:

I – obra audiovisual: produto da fixação ou transmissão de imagens, com ou sem som, que tenha a finalidade de criar a impressão de movimento, independentemente dos processos de captação, do suporte utilizado inicial ou posteriormente para fixá-las ou transmiti-las, ou dos meios utilizados para sua veiculação, reprodução, transmissão ou difusão;

II – obra cinematográfica: obra audiovisual cuja matriz original de captação é uma película com emulsão fotossensível ou matriz de captação digital, cuja destinação e exibição seja prioritariamente e inicialmente o mercado de salas de exibição;

III – obra videofonográfica: obra audiovisual cuja matriz original de captação é um meio magnético com capacidade de armazenamento de informações que se traduzem em imagens em movimento, com ou sem som;

IV – obra cinematográfica e videofonográfica de produção independente: aquela cuja empresa produtora, detentora majoritária dos direitos patrimoniais sobre a obra, não tenha qualquer associação ou vínculo, direto ou indireto, com empresas de serviços de radiodifusão de sons e imagens ou operadoras de comunicação eletrônica de massa por assinatura;

V – obra cinematográfica brasileira ou obra videofonográfica brasileira: aquela que atende a um dos seguintes requisitos:

▶ *Caput* do inciso V com a redação dada pela Lei nº 10.454, de 13-5-2002.

a) ser produzida por empresa produtora brasileira, observado o disposto no § 1º, registrada na ANCINE, ser dirigida por diretor brasileiro ou estrangeiro residente no País há mais de 3 (três) anos, e utilizar para sua produção, no mínimo, 2/3 (dois terços) de artistas e técnicos brasileiros ou residentes no Brasil há mais de 5 (cinco) anos;

▶ Alínea *a* com a redação dada pela Lei nº 10.454, de 13-5-2002.

b) ser realizada por empresa produtora brasileira registrada na ANCINE, em associação com empresas de outros países com os quais o Brasil mantenha acordo de coprodução cinematográfica e em consonância com os mesmos;

c) ser realizada, em regime de coprodução, por empresa produtora brasileira registrada na ANCINE, em associação com empresas de outros países com os quais o Brasil não mantenha acordo de coprodução, assegurada a titularidade de, no mínimo, 40% (quarenta por cento) dos direitos patrimoniais da obra à empresa produtora brasileira e utilizar para sua produção, no mínimo, 2/3 (dois terços) de artistas e técnicos brasileiros ou residentes no Brasil há mais de 3 (três) anos.

▶ Alínea *c* acrescida pela Lei nº 10.454, de 13-5-2002.

VI – segmento de mercado: mercados de salas de exibição, vídeo doméstico em qualquer suporte, radiodifusão de sons e imagens, comunicação eletrônica de massa por assinatura, mercado publicitário audiovisual ou quaisquer outros mercados que veiculem obras cinematográficas e videofonográficas;

VII – obra cinematográfica ou videofonográfica de curta metragem: aquela cuja duração é igual ou inferior a quinze minutos;

VIII – obra cinematográfica ou videofonográfica de média metragem: aquela cuja duração é superior a quinze minutos e igual ou inferior a setenta minutos;

IX – obra cinematográfica ou videofonográfica de longa metragem: aquela cuja duração é superior a setenta minutos;

X – obra cinematográfica ou videofonográfica seriada: aquela que, sob o mesmo título, seja produzida em capítulos;

XI – telefilme: obra documental, ficcional ou de animação, com no mínimo cinquenta e no máximo cento e vinte minutos de duração, produzida para primeira exibição em meios eletrônicos;

XII – minissérie: obra documental, ficcional ou de animação produzida em película ou matriz de captação digital ou em meio magnético com, no mínimo, 3 (três) e no máximo 26 (vinte e seis) capítulos, com duração máxima de 1.300 (um mil e trezentos) minutos;

XIII – programadora: empresa que oferece, desenvolve ou produz conteúdo, na forma de canais ou de programações isoladas, destinado às empresas de serviços de comunicação eletrônica de massa por assinatura ou de quaisquer outros serviços de comunicação, que transmitam sinais eletrônicos de som e imagem que sejam gerados e transmitidos por satélite ou por qualquer outro meio de transmissão ou veiculação;

XIV – programação internacional: aquela gerada, disponibilizada e transmitida diretamente do exterior para o Brasil, por satélite ou por qualquer outro meio de transmissão ou veiculação, pelos canais, programadoras ou empresas estrangeiras, destinada às empresas de serviços de comunicação eletrônica de massa por assinatura ou de quaisquer outros serviços de comunicação que transmitam sinais eletrônicos de som e imagem;

XV – programação nacional: aquela gerada e disponibilizada, no território brasileiro, pelos canais ou programadoras, incluindo obras audiovisuais brasileiras ou estrangeiras, destinada às empresas de serviços de comunicação eletrônica de massa por assinatura ou de quaisquer outros serviços de comunicação que transmitam sinais eletrônicos de som e imagem, que seja gerada e transmitida diretamente no Brasil por empresas sediadas no Brasil, por satélite ou por qualquer outro meio de transmissão ou veiculação;

XVI – obra cinematográfica ou videofonográfica publicitária: aquela cuja matriz original de captação é uma película com emulsão fotossensível ou matriz de captação digital, cuja destinação é a publicidade e propaganda, exposição ou oferta de produtos, serviços, empresas, instituições públicas ou privadas, partidos políticos, associações, administração pública, assim como de bens materiais e imateriais de qualquer natureza;

XVII – obra cinematográfica ou videofonográfica publicitária brasileira: aquela que seja produzida por empresa produtora brasileira registrada na ANCINE, observado o disposto no § 1º, realizada por diretor brasileiro ou estrangeiro residente no País há mais de 3 (três) anos, e que utilize para sua produção, no mínimo, 2/3 (dois terços) de artistas e técnicos brasileiros ou residentes no Brasil há mais de 5 (cinco) anos;

XVIII – obra cinematográfica ou videofonográfica publicitária brasileira filmada no exterior: aquela, realizada no exterior, produzida por empresa produtora brasileira registrada na ANCINE, observado o disposto no § 1º, realizada por diretor brasileiro ou estrangeiro residente no Brasil há mais de 3 (três) anos, e que utilize para sua produção, no mínimo, 1/3 (um terço) de artistas e técnicos brasileiros ou residentes no Brasil há mais de 5 (cinco) anos;

▶ Incisos XII a XVIII acrescidos pela Lei nº 10.454, de 13-5-2002.

XIX – obra cinematográfica ou videofonográfica publicitária estrangeira: aquela que não atende o disposto nos incisos XVII e XVIII do caput;

▶ Inciso XIX com a redação dada pela MP nº 545, de 29-9-2011, que até o encerramento desta edição não havia sido convertida em Lei.

XX – obra cinematográfica ou videofonográfica publicitária brasileira de pequena veiculação: aquela que seja produzida por empresa produtora brasileira registrada na ANCINE, observado o disposto no § 1º, realizada por diretor brasileiro ou estrangeiro residente no País há mais de 3 (três) anos, e que utilize para sua produção, no mínimo, 2/3 (dois terços) de artistas e técnicos brasileiros ou residentes no Brasil há mais de 3 (três) anos e cuja veiculação esteja restrita a Municípios que totalizem um número máximo de habitantes a ser definido em regulamento;

XXI – claquete de identificação: imagem fixa ou em movimento inserida no início da obra cinematográfica ou videofonográfica contendo as informações necessárias à sua identificação, de acordo com o estabelecido em regulamento.

▶ Incisos XX e XXI acrescidos pela Lei nº 10.454, de 13-5-2002.

§ 1º Para os fins do inciso V deste artigo, entende-se por empresa brasileira aquela constituída sob as leis brasileiras, com sede e administração no País, cuja maioria do capital total e votante seja de titularidade direta ou indireta, de brasileiros natos ou naturalizados há mais de 10 (dez) anos, os quais devem exercer de fato e de direito o poder decisório da empresa.

▶ Parágrafo único renumerado para § 1º pela Lei nº 10.454, de 13-5-2002.

§ 2º Para os fins do disposto nos incisos XVII, XVIII e XX deste artigo, entende-se por empresa brasileira aquela constituída sob as leis brasileiras, com sede e administração no País, cuja maioria do capital seja de titularidade direta ou indireta de brasileiros natos ou naturalizados há mais de 5 (cinco) anos, os quais devem exercer de fato e de direito o poder decisório da empresa.

§ 3º Considera-se versão de obra publicitária cinematográfica ou videofonográfica, a edição ampliada ou reduzida em seu tempo de duração, realizada a partir do conteúdo original de uma mesma obra cinematográfica ou videofonográfica publicitária, e realizada sob o mesmo contrato de produção.

▶ §§ 2º e 3º acrescidos pela Lei nº 10.454, de 13-5-2002.

§ 4º Para os fins desta Medida Provisória, entende-se por:

I – serviço de comunicação eletrônica de massa por assinatura: serviço de acesso condicionado de que trata a lei específica sobre a comunicação audiovisual de acesso condicionado;

II – programadoras de obras audiovisuais para o segmento de mercado de serviços de comunicação eletrônica de massa por assinatura: empresas programadoras de que trata a lei específica sobre a comunicação audiovisual de acesso condicionado.

▶ § 4º acrescido pela Lei nº 12.485, de 12-9-2011.

Capítulo II

DA POLÍTICA NACIONAL DO CINEMA

Art. 2º A política nacional do cinema terá por base os seguintes princípios gerais:

I – promoção da cultura nacional e da língua portuguesa mediante o estímulo ao desenvolvimento da indústria cinematográfica e audiovisual nacional;

II – garantia da presença de obras cinematográficas e videofonográficas nacionais nos diversos segmentos de mercado;

III – programação e distribuição de obras audiovisuais de qualquer origem nos meios eletrônicos de comunicação de massa sob obrigatória e exclusiva responsabilidade, inclusive editorial, de empresas brasileiras, qualificadas na forma do § 1º do art. 1º da Medida Provisória nº 2.228-1, de 6 de setembro de 2001, com a redação dada por esta Lei;

▶ Inciso III com a redação dada pela Lei nº 10.454, de 13-5-2002.

IV – respeito ao direito autoral sobre obras audiovisuais nacionais e estrangeiras.

Capítulo III

DO CONSELHO SUPERIOR DO CINEMA

Art. 3º Fica criado o Conselho Superior do Cinema, órgão colegiado integrante da estrutura da Casa Civil da Presidência da República, a que compete:

I – definir a política nacional do cinema;

II – aprovar políticas e diretrizes gerais para o desenvolvimento da indústria cinematográfica nacional, com vistas a promover sua autossustentabilidade;

III – estimular a presença do conteúdo brasileiro nos diversos segmentos de mercado;

IV – acompanhar a execução das políticas referidas nos incisos I, II e III;

V – estabelecer a distribuição da Contribuição para o Desenvolvimento da Indústria Cinematográfica – CONDECINE para cada destinação prevista em lei.

Art. 4º O Conselho Superior do Cinema será integrado:

I – pelos Ministros de Estado:
a) da Justiça;
b) das Relações Exteriores;
c) da Fazenda;
d) da Cultura;
e) do Desenvolvimento, Indústria e Comércio Exterior;
f) das Comunicações; e
g) Chefe da Casa Civil da Presidência da República, que o presidirá.

II – por cinco representantes da indústria cinematográfica e videofonográfica nacional, que gozem de elevado conceito no seu campo de especialidade, a serem designados por decreto, para mandato de dois anos, permitida uma recondução.

§ 1º O regimento interno do Conselho Superior do Cinema será aprovado por resolução.

§ 2º O Conselho reunir-se-á sempre que for convocado por seu Presidente.

§ 3º O Conselho deliberará mediante resoluções, por maioria simples de votos, presentes, no mínimo, cinco membros referidos no inciso I deste artigo, dentre eles o seu Presidente, que exercerá voto de qualidade no caso de empate, e três membros referidos no inciso II deste artigo.

§ 4º Nos casos de urgência e relevante interesse, o Presidente poderá deliberar ad referendum dos demais membros.

§ 5º O Presidente do Conselho poderá convidar para participar das reuniões técnicos, personalidades e representantes de órgãos e entidades públicos e privados.

CAPÍTULO IV

DA AGÊNCIA NACIONAL DO CINEMA – ANCINE

SEÇÃO I

DOS OBJETIVOS E COMPETÊNCIAS

Art. 5º Fica criada a Agência Nacional do Cinema – ANCINE, autarquia especial, vinculada ao Ministério do Desenvolvimento, Indústria e Comércio Exterior, observado o disposto no art. 62 desta Medida Provisória, órgão de fomento, regulação e fiscalização da indústria cinematográfica e videofonográfica, dotada de autonomia administrativa e financeira.

§ 1º A Agência terá sede e foro no Distrito Federal e escritório central na cidade do Rio de Janeiro, podendo estabelecer escritórios regionais.

§ 2º O Ministério do Desenvolvimento, Indústria e Comércio Exterior supervisionará as atividades da ANCINE, podendo celebrar contrato de gestão, observado o disposto no art. 62.

Art. 6º A ANCINE terá por objetivos:

I – promover a cultura nacional e a língua portuguesa mediante o estímulo ao desenvolvimento da indústria cinematográfica e videofonográfica nacional em sua área de atuação;

II – promover a integração programática, econômica e financeira de atividades governamentais relacionadas à indústria cinematográfica e videofonográfica;

III – aumentar a competitividade da indústria cinematográfica e videofonográfica nacional por meio do fomento à produção, à distribuição e à exibição nos diversos segmentos de mercado;

IV – promover a autossustentabilidade da indústria cinematográfica nacional visando o aumento da produção e da exibição das obras cinematográficas brasileiras;

V – promover a articulação dos vários elos da cadeia produtiva da indústria cinematográfica nacional;

VI – estimular a diversificação da produção cinematográfica e videofonográfica nacional e o fortalecimento da produção independente e das produções regionais com vistas ao incremento de sua oferta e à melhoria permanente de seus padrões de qualidade;

VII – estimular a universalização do acesso às obras cinematográficas e videofonográficas, em especial as nacionais;

VIII – garantir a participação diversificada de obras cinematográficas e videofonográficas estrangeiras no mercado brasileiro;

IX – garantir a participação das obras cinematográficas e videofonográficas de produção nacional em todos os segmentos do mercado interno e estimulá-la no mercado externo;

X – estimular a capacitação dos recursos humanos e o desenvolvimento tecnológico da indústria cinematográfica e videofonográfica nacional;

XI – zelar pelo respeito ao direito autoral sobre obras audiovisuais nacionais e estrangeiras.

Art. 7º A ANCINE terá as seguintes competências:

I – executar a política nacional de fomento ao cinema, definida na forma do art. 3º;

II – fiscalizar o cumprimento da legislação referente à atividade cinematográfica e videofonográfica nacional e estrangeira nos diversos segmentos de mercados, na forma do regulamento;

III – promover o combate à pirataria de obras audiovisuais;

IV – aplicar multas e sanções, na forma da lei;

V – regular, na forma da lei, as atividades de fomento e proteção à indústria cinematográfica e videofonográfica nacional, resguardando a livre manifestação do pensamento, da criação, da expressão e da informação;

VI – coordenar as ações e atividades governamentais referentes à indústria cinematográfica e videofonográfica, ressalvadas as competências dos Ministérios da Cultura e das Comunicações;

VII – articular-se com os órgãos competentes dos entes federados com vistas a otimizar a consecução dos seus objetivos;

VIII – gerir programas e mecanismos de fomento à indústria cinematográfica e videofonográfica nacional;

IX – estabelecer critérios para a aplicação de recursos de fomento e financiamento à indústria cinematográfica e videofonográfica nacional;

X – promover a participação de obras cinematográficas e videofonográficas nacionais em festivais internacionais;

XI – aprovar e controlar a execução de projetos de coprodução, produção, distribuição, exibição e infraestrutura técnica a serem realizados com recursos públicos e incentivos fiscais, ressalvadas as competências dos Ministérios da Cultura e das Comunicações;

XII – fornecer os Certificados de Produto Brasileiro às obras cinematográficas e videofonográficas;

XIII – fornecer Certificados de Registro dos contratos de produção, coprodução, distribuição, licenciamento, cessão de direitos de exploração, veiculação e exibição de obras cinematográficas e videofonográficas;

XIV – gerir o sistema de informações para o monitoramento das atividades da indústria cinematográfica e videofonográfica nos seus diversos meios de produção, distribuição, exibição e difusão;

XV – articular-se com órgãos e entidades voltados ao fomento da produção, da programação e da distribuição de obras cinematográficas e videofonográficas dos Estados membros do Mercosul e demais membros da comunidade internacional;

XVI – prestar apoio técnico e administrativo ao Conselho Superior do Cinema;

XVII – atualizar, em consonância com a evolução tecnológica, as definições referidas no art. 1º desta Medida Provisória;

XVIII – regular e fiscalizar o cumprimento dos princípios da comunicação audiovisual de acesso condicionado, das obrigações de programação, empacotamento e publicidade e das restrições ao capital total e votante das produtoras e programadoras fixados pela lei que dispõe sobre a comunicação audiovisual de acesso condicionado;

XIX – elaborar e tornar público plano de trabalho como instrumento de avaliação da atuação administrativa do órgão e de seu desempenho, estabelecendo os parâmetros para sua administração, bem como os indicadores que permitam quantificar, objetivamente, a sua avaliação periódica, inclusive com relação aos recursos aplicados em fomento à produção de audiovisual;

XX – enviar relatório anual de suas atividades ao Ministério da Cultura e, por intermédio da Presidência da República, ao Congresso Nacional;

XXI – tomar dos interessados compromisso de ajustamento de sua conduta às exigências legais no âmbito de suas competências, nos termos do § 6º do art. 5º da Lei nº 7.347, de 24 de julho de 1985.

► Incisos XVIII a XXI acrescidos pela Lei nº 12.485, de 12-9-2011.

XXII – zelar pela distribuição equilibrada das obras audiovisuais, regulando as relações de comercialização entre os agentes econômicos e combatendo as práticas comerciais abusivas;

XXIII – promover interação com administrações do cinema e do audiovisual dos Estados-membros do MERCOSUL e demais membros da comunidade internacional, com vistas à consecução de objetivos de interesse comum; e

XXIV – estabelecer critérios e procedimentos administrativos para a garantia do princípio da reciprocidade no território brasileiro em relação às condições de produção e exploração de obras audiovisuais brasileiras em territórios estrangeiros.

► Incisos XXII a XXIV acrescidos pela MP nº 545, de 29-9-2011, que até o encerramento desta edição não havia sido convertida em Lei.

Parágrafo único. A organização básica e as competências das unidades da ANCINE serão estabelecidas em ato do Poder Executivo.

SEÇÃO II
DA ESTRUTURA

Art. 8º A ANCINE será dirigida em regime de colegiado por uma diretoria composta de um Diretor-Presidente e três Diretores, com mandatos não coincidentes de quatro anos.

§ 1º Os membros da Diretoria serão brasileiros, de reputação ilibada e elevado conceito no seu campo de especialidade, escolhidos pelo Presidente da República e por ele nomeados após aprovação pelo Senado Federal, nos termos da alínea f do inciso III do art. 52 da Constituição Federal.

§ 2º O Diretor-Presidente da ANCINE será escolhido pelo Presidente da República entre os membros da Diretoria Colegiada.

§ 3º Em caso de vaga no curso do mandato de membro da Diretoria Colegiada, este será completado por sucessor investido na forma prevista no § 1º deste artigo, que o exercerá pelo prazo remanescente.

§ 4º Integrarão a estrutura da ANCINE uma Procuradoria-Geral, que a representará em juízo, uma Ouvidoria-Geral e uma Auditoria.

§ 5º A substituição dos dirigentes em seus impedimentos será disciplinada em regulamento.

Art. 9º Compete à Diretoria Colegiada da ANCINE:

I – exercer sua administração;
II – editar normas sobre matérias de sua competência;
III – aprovar seu regimento interno;
IV – cumprir e fazer cumprir as políticas e diretrizes aprovadas pelo Conselho Superior de Cinema;
V – deliberar sobre sua proposta de orçamento;
VI – determinar a divulgação de relatórios semestrais sobre as atividades da Agência;
VII – decidir sobre a venda, cessão ou aluguel de bens integrantes do seu patrimônio;
VIII – notificar e aplicar as sanções previstas na legislação;
IX – julgar recursos interpostos contra decisões de membros da Diretoria;
X – autorizar a contratação de serviço de terceiros na forma da legislação vigente;
XI – autorizar a celebração de contratos, convênios e acordos.

Parágrafo único. A Diretoria Colegiada reunir-se-á com a presença de, pelo menos, três diretores, dentre eles o Diretor-Presidente, e deliberará por maioria simples de votos.

Art. 10. Compete ao Diretor-Presidente da ANCINE:

I – exercer a representação legal da agência;
II – presidir as reuniões da Diretoria Colegiada;
III – cumprir e fazer cumprir as decisões da Diretoria Colegiada;
IV – exercer o voto de qualidade, em caso de empate nas deliberações da Diretoria Colegiada;
V – nomear, exonerar e demitir servidores e empregados;

VI – prover os cargos em comissão e as funções de confiança;
VII – aprovar editais de licitação e homologar adjudicações;
VIII – encaminhar ao órgão supervisor a proposta de orçamento da ANCINE;
IX – assinar contratos, acordos e convênios, previamente aprovados pela Diretoria Colegiada;
X – ordenar despesas e praticar os atos de gestão necessários ao alcance dos objetivos da ANCINE;
XI – sugerir a propositura de ação civil pública pela ANCINE, nos casos previstos em lei;
XII – exercer a função de Secretário-Executivo do Conselho Superior do Cinema;
XIII – exercer outras atividades necessárias à gestão da ANCINE e à implementação das decisões do Conselho Superior do Cinema.

SEÇÃO III

DAS RECEITAS E DO PATRIMÔNIO

Art. 11. Constituem receitas da ANCINE:

I e II – *Revogados*. Lei nº 11.437, de 28-12-2006.
III – o produto da arrecadação das multas resultantes do exercício de suas atribuições;
IV – *Revogado*. Lei nº 11.437, de 28-12-2006.
V – o produto da execução da sua dívida ativa;
VI – as dotações consignadas no Orçamento-Geral da União, créditos especiais, créditos adicionais, transferências e repasses que lhe forem conferidos;
VII – as doações, legados, subvenções e outros recursos que lhe forem destinados;
VIII – os valores apurados na venda ou aluguel de bens móveis e imóveis de sua propriedade;
IX – os valores apurados em aplicações no mercado financeiro das receitas previstas neste artigo;
X – produto da cobrança de emolumentos por serviços prestados;
XI – recursos provenientes de acordos, convênios ou contratos celebrados com entidades, organismos ou empresas, públicos ou privados, nacionais e internacionais;
XII – produto da venda de publicações, material técnico, dados e informações, inclusive para fins de licitação pública;
XIII – *Revogado*. Lei nº 11.437, de 28-12-2006.

Art. 12. Fica a ANCINE autorizada a alienar bens móveis ou imóveis do seu patrimônio que não se destinem ao desempenho das funções inerentes à sua missão institucional.

SEÇÃO IV

DOS RECURSOS HUMANOS

Art. 13. *Revogado*. Lei nº 10.871, de 20-5-2004.

Art. 14. A ANCINE poderá contratar especialistas para a execução de trabalhos nas áreas técnica, administrativa, econômica e jurídica, por projetos ou prazos limitados, observando-se a legislação em vigor.

Art. 15. A ANCINE poderá requisitar, com ônus, servidores de órgãos e entidades integrantes da administração pública federal direta, autárquica e fundacional, quaisquer que sejam as atribuições a serem exercidas.

CAPÍTULO V

DO SISTEMA DE INFORMAÇÕES E MONITORAMENTO DA INDÚSTRIA CINEMATOGRÁFICA E VIDEOFONOGRÁFICA

Art. 16. Fica criado o Sistema de Informações e Monitoramento da Indústria Cinematográfica e Videofonográfica, de responsabilidade da ANCINE, podendo para sua elaboração e execução ser conveniada ou contratada entidade ou empresa legalmente constituída.

Art. 17. Toda sala ou espaço de exibição pública destinada à exploração de obra cinematográfica em qualquer suporte deverá utilizar o sistema de controle de receitas de bilheteria, conforme definido em regulamento pela ANCINE.

Art. 18. As empresas distribuidoras, as programadoras de obras audiovisuais para o segmento de mercado de serviços de comunicação eletrônica de massas por assinatura, as programadoras de obras audiovisuais para outros mercados, conforme assinalado na alínea e do Anexo I desta Medida Provisória, assim como as locadoras de vídeo doméstico e as empresas de exibição, devem fornecer relatórios periódicos sobre a oferta e o consumo de obras audiovisuais e as receitas auferidas pela exploração delas no período, conforme normas expedidas pela Ancine.

▶ Artigo com a redação dada pela Lei nº 11.437, de 28-12-2006.

Art. 19. As empresa distribuidoras e locadoras de obras cinematográficas para vídeo, doméstico ou para venda direta ao consumidor, em qualquer suporte, deverão emitir semestralmente relatório enumerando as obras cinematográficas brasileiras distribuídas no período, número de obras estrangeiras e sua relação, número de cópias distribuídas por título, conforme definido em regulamento, devendo estas informações serem remetidas à ANCINE.

Art. 20. Poderá ser estabelecida, por lei, a obrigatoriedade de fornecimento periódico de informações sobre veiculação ou difusão de obras cinematográficas e videofonográficas para empresas operantes em outros segmentos de mercado além daqueles indicados nos arts. 18 e 19.

Art. 21. As cópias das obras cinematográficas e videofonográficas destinadas à venda, cessão, empréstimo, permuta, locação, exibição, com ou sem fins lucrativos, bem como as obras cinematográficas e videofonográficas publicitárias deverão conter em seu suporte marca indelével e irremovível com a identificação do detentor do direito autoral no Brasil, com todas as informações que o identifiquem, conforme modelo aprovado pela ANCINE e pela Secretaria da Receita Federal do Ministério da Fazenda, sem prejuízo do que trata a Lei nº 9.610, de 19 de fevereiro de 1998, e o Decreto nº 2.894, 22 de dezembro de 1998.

Parágrafo único. No caso de obras cinematográficas e videofonográficas publicitárias, a marca indelével e irremovível de que trata o *caput* e nas finalidades ali previstas deverá constar na claquete de identificação.

▶ Parágrafo único com a redação dada pela Lei nº 10.454, de 13-5-2002.

Art. 22. É obrigatório o registro das empresas de produção, distribuição, exibição de obras cinematográficas e videofonográficas nacionais ou estrangeiras na ANCINE, conforme disposto em regulamento.

Parágrafo único. Para se beneficiar de recursos públicos ou incentivos fiscais destinados à atividade cinematográfica ou videofonográfica a empresa deve estar registrada na ANCINE.

Art. 23. A produção no Brasil de obra cinematográfica ou videofonográfica estrangeira deverá ser comunicada à ANCINE.

Parágrafo único. A produção e a adaptação de obra cinematográfica ou videofonográfica estrangeira, no Brasil, deverão realizar-se mediante contrato com empresa produtora brasileira, que será a responsável pela produção perante as leis brasileiras.

Art. 24. Os serviços técnicos de cópia e reprodução de matrizes de obras cinematográficas e videofonográficas que se destinem à exploração comercial no mercado brasileiro deverão ser executados em laboratórios instalados no País.

Parágrafo único. As obras cinematográficas e videofonográficas estrangeiras estão dispensadas de copiagem obrigatória no País até o limite de 6 (seis) cópias, bem como seu material de promoção e divulgação nos limites estabelecidos em regulamento.

▶ Parágrafo único com a redação dada pela Lei nº 10.454, de 13-5-2002.

Art. 25. *Toda e qualquer obra cinematográfica ou videofonográfica publicitária estrangeira só poderá ser veiculada ou transmitida no País, em qualquer segmento de mercado, devidamente adaptada ao idioma português e após pagamento da CONDECINE, de que trata o art. 32.*

Parágrafo único. A adaptação de obra cinematográfica ou videofonográfica publicitária deverá ser realizada por empresa produtora brasileira registrada na ANCINE, conforme normas por ela expedidas.

▶ Art. 25 com a redação dada pela MP nº 545, de 29-9-2011, que até o encerramento desta edição não havia sido convertida em Lei.

Art. 26. A empresa produtora de obra cinematográfica ou videofonográfica com recursos públicos ou provenientes de renúncia fiscal deverá depositar na Cinemateca Brasileira ou entidade credenciada pela ANCINE uma cópia de baixo contraste, interpositivo ou matriz digital da obra, para sua devida preservação.

Art. 27. As obras cinematográficas e videofonográficas produzidas com recursos públicos ou renúncia fiscal, após decorridos dez anos de sua primeira exibição comercial, poderão ser exibidas em canais educativos mantidos com recursos públicos nos serviços de radiodifusão de sons e imagens e nos canais referidos nas alíneas *b* a *g* do inciso I do art. 23 da Lei nº 8.977, de 6 de janeiro de 1995, e em estabelecimentos públicos de ensino, na forma definida em regulamento, respeitados os contratos existentes.

Art. 28. Toda obra cinematográfica e videofonográfica brasileira deverá, antes de sua exibição ou comercialização, requerer à ANCINE o registro do título e o Certificado de Produto Brasileiro – CPB.

▶ *Caput* com a redação dada pela Lei nº 10.454, de 13-5-2002.

§ 1º No caso de obra cinematográfica ou obra videofonográfica publicitária brasileira, após a solicitação do registro do título, a mesma poderá ser exibida ou comercializada, devendo ser retirada de exibição ou ser suspensa sua comercialização, caso seja constatado o não pagamento da CONDECINE ou o fornecimento de informações incorretas.

▶ § 1º acrescido pela Lei nº 10.454, de 13-5-2002.

§ 2º As versões, as adaptações, as vinhetas e as chamadas realizadas a partir da obra cinematográfica e videofonográfica publicitária original, brasileira ou estrangeira, até o limite máximo de cinco, devem ser consideradas um só título, juntamente com a obra original, para efeito do pagamento da CONDECINE.

▶ § 2º com a redação dada pela MP nº 545, de 29-9-2011, que até o encerramento desta edição não havia sido convertida em Lei.

§ 3º As versões, as adaptações, as vinhetas e as chamadas realizadas a partir da obra cinematográfica e videofonográfica publicitária original destinada à publicidade de varejo, até o limite máximo de cinquenta, devem ser consideradas um só título, juntamente com a obra original, para efeito do pagamento da CONDECINE.

§ 4º Ultrapassado o limite de que trata o § 2º ou o § 3º, deverá ser solicitado novo registro do título de obra cinematográfica e videofonográfica publicitária original.

▶ §§ 3º e 4º acrescidos pela MP nº 545, de 29-9-2011, que até o encerramento desta edição não havia sido convertida em Lei.

Art. 29. A contratação de direitos de exploração comercial, de licenciamento, produção, coprodução, exibição, distribuição, comercialização, importação e exportação de obras cinematográficas e videofonográficas em qualquer suporte ou veículo no mercado brasileiro, deverá ser informada à ANCINE, previamente à comercialização, exibição ou veiculação da obra, com a comprovação do pagamento da CONDECINE para o segmento de mercado em que a obra venha a ser explorada comercialmente.

▶ *Caput* com a redação dada pela Lei nº 10.454, de 13-5-2002.

Parágrafo único. No caso de obra cinematográfica ou videofonográfica publicitária, deverá ser enviado à ANCINE, o resumo do contrato firmado entre as partes, conforme modelo a ser estabelecido em regulamento.

▶ Parágrafo único acrescido pela Lei nº 10.454, de 13-5-2002.

Art. 30. Para concessão da classificação etária indicativa de obras cinematográficas e videofonográficas será exigida pelo órgão responsável a comprovação do pagamento da CONDECINE no segmento de mercado a que a classificação etária indicativa se referir.

Art. 31. Revogado. *Lei nº 12.485, de 12-9-2011.*

CAPÍTULO VI

DA CONTRIBUIÇÃO PARA O DESENVOLVIMENTO DA INDÚSTRIA CINEMATOGRÁFICA NACIONAL – CONDECINE

Art. 32. A Contribuição para o Desenvolvimento da Indústria Cinematográfica Nacional – CONDECINE terá por fato gerador a veiculação, a produção, o licenciamento e a distribuição de obras cinematográficas e videofonográficas com fins comerciais, por segmento de mercado a que forem destinadas.

Parágrafo único. A CONDECINE também incidirá sobre o pagamento, o crédito, o emprego, a remessa ou a entrega, aos produtores, distribuidores ou intermediários no exterior, de importâncias relativas a rendimento decorrente da exploração de obras cinematográficas e videofonográficas ou por sua aquisição ou importação, a preço fixo.

Art. 33. A CONDECINE será devida uma única vez a cada cinco anos para cada segmento de mercado, por:

I – título ou capítulo de obra cinematográfica ou videofonográfica destinada aos seguintes segmentos de mercado:
a) salas de exibição;
b) vídeo doméstico, em qualquer suporte;
c) serviço de radiodifusão de sons e imagens;
d) serviços de comunicação eletrônica de massa por assinatura;
e) outros mercados, conforme anexo.

II – título de obra publicitária cinematográfica ou videofonográfica, para cada segmento de mercado a que se destinar;

§ 1º A CONDECINE corresponderá aos valores das tabelas constantes do Anexo I a esta Medida Provisória.

§ 2º Na hipótese do parágrafo único do art. 32, a CONDECINE será determinada mediante a aplicação de alíquota de onze por cento sobre as importâncias ali referidas.

§ 3º A CONDECINE referente às obras cinematográficas e videofonográficas publicitárias será devida uma vez a cada 12 (doze) meses para cada segmento de mercado em que a obra seja efetivamente veiculada.

▶ § 3º acrescido pela Lei nº 10.454, de 13-5-2002.

Art. 34. O produto da arrecadação da Condecine será destinado ao Fundo Nacional da Cultura – FNC e alocado em categoria de programação específica denominada Fundo Setorial do Audiovisual, para aplicação nas atividades de fomento relativas aos Programas de que trata o art. 47 desta Medida Provisória.

▶ *Caput* com a redação dada pela Lei nº 11.437, de 28-12-2006.

I a III – *Revogados.* Lei nº 11.437, de 28-12-2006.

Art. 35. A CONDECINE será devida pelos seguintes sujeitos passivos:

I – detentor dos direitos de exploração comercial ou de licenciamento no País, conforme o caso, para os segmentos de mercado previstos nas alíneas "a" a "e" do inciso I do art. 33;

II – empresa produtora, no caso de obra nacional, ou detentor do licenciamento para exibição, no caso de obra estrangeira, na hipótese do inciso II do art. 33;

III – o responsável pelo pagamento, crédito, emprego, remessa ou entrega das importâncias referidas no parágrafo único do art. 32.

Art. 36. A CONDECINE deverá ser recolhida à ANCINE, na forma do regulamento:

▶ *Caput* com a redação dada pela Lei nº 10.454, de 13-5-2002.

I – na data do registro do título para os mercados de salas de exibição e de vídeo doméstico em qualquer suporte, e serviços de comunicação eletrônica de massa por assinatura para as programadoras referidas no inciso XV do art. 1º da Medida Provisória nº 2.228-1, de 6 de setembro de 2001, em qualquer suporte, conforme Anexo I;

II – na data do registro do título para o mercado de serviços de radiodifusão de sons e imagens e outros mercados, conforme Anexo I;

▶ Incisos I e II com a redação dada Lei nº 10.454, de 13-5-2002.

III – na data do registro do título ou até o primeiro dia útil seguinte à sua solicitação, para obra cinematográfica ou videofonográfica publicitária brasileira, brasileira filmada no exterior ou estrangeira para cada segmento de mercado, conforme Anexo I;

▶ Inciso III com a redação dada pela MP nº 545, de 29-9-2011, que até o encerramento desta edição não havia sido convertida em Lei.

IV – na data do registro do título, para o mercado de serviços de radiodifusão de sons e imagens e de comunicação eletrônica de massa por assinatura, para obra cinematográfica e videofonográfica nacional, conforme Anexo I;

V – na data do pagamento, crédito, emprego ou remessa das importâncias referidas no parágrafo único do art. 32;

VI – na data da concessão do certificado de classificação indicativa, nos demais casos, conforme Anexo I.

▶ Incisos IV a VI com a redação dada pela Lei nº 10.454, de 13-5-2002.

Art. 37. O não recolhimento da CONDECINE no prazo sujeitará o contribuinte às penalidades e acréscimos moratórios previstos nos arts. 44 e 61 da Lei nº 9.430, de 27 de dezembro de 1996.

§ 1º A pessoa física ou jurídica que promover a exibição, transmissão, difusão ou veiculação de obra cinematográfica ou videofonográfica que não tenha sido objeto do recolhimento da CONDECINE responde solidariamente por essa contribuição.

▶ Parágrafo único renumerado para § 1º pela Lei nº 10.454, de 13-5-2002.

§ 2º A solidariedade de que trata o § 1º não se aplica à hipótese prevista no parágrafo único do art. 32.

▶ § 2º acrescido pela Lei nº 10.454, de 13-5-2002.

Art. 38. A administração da CONDECINE, inclusive as atividades de arrecadação, tributação e fiscalização, compete à:

▶ *Caput* com a redação dada pela Lei nº 10.454, de 13-5-2002.

I – Secretaria da Receita Federal, na hipótese do parágrafo único do art. 32;
II – ANCINE, nos demais casos.

▶ Incisos I e II acrescidos pela Lei nº 10.454, de 13-5-2002.

Parágrafo único. Aplicam-se à CONDECINE, na hipótese de que trata o inciso I do *caput*, as normas do Decreto nº 70.235, de 6 de março de 1972.

▶ Parágrafo único com a redação dada pela Lei nº 10.454, de 13-5-2002.

Art. 39. São isentos da CONDECINE:

I – a obra cinematográfica e videofonográfica destinada à exibição exclusiva em festivais e mostras, desde que previamente autorizada pela ANCINE;
II – a obra cinematográfica e videofonográfica jornalística, bem assim os eventos esportivos;
III – as chamadas dos programas e a publicidade de obras cinematográficas e videofonográficas veiculadas nos serviços de radiodifusão de sons e imagens, nos serviços de comunicação eletrônica de massa por assinatura e nos segmentos de mercado de salas de exibição e de vídeo doméstico em qualquer suporte;

▶ Inciso III com a redação dada pela MP nº 545, de 29-9-2011, que até o encerramento desta edição não havia sido convertida em Lei.

IV – as obras cinematográficas ou videofonográficas publicitárias veiculadas em Municípios que totalizem um número de habitantes a ser definido em regulamento;

▶ Inciso IV com a redação dada pela Lei nº 10.454, de 13-5-2002.

V – a exportação de obras cinematográficas e videofonográficas brasileiras e a programação brasileira transmitida para o exterior;
VI – as obras audiovisuais brasileiras, produzidas pelas empresas de serviços de radiodifusão de sons e imagens e empresas de serviços de comunicação eletrônica de massa por assinatura, para exibição no seu próprio segmento de mercado ou quando transmitida por força de lei ou regulamento em outro segmento de mercado, observado o disposto no parágrafo único, exceto as obras audiovisuais publicitárias;

▶ Inciso VI com a redação dada pela Lei nº 10.454, de 13-5-2002.

VII – o pagamento, o crédito, o emprego, a remessa ou a entrega aos produtores, distribuidores ou intermediários no exterior, das importâncias relativas a rendimentos decorrentes da exploração de obras cinematográficas ou videofonográficas ou por sua aquisição ou importação a preço fixo, bem como qualquer montante referente a aquisição ou licenciamento de qualquer forma de direitos, referentes à programação, conforme definição constante do inciso XV do art. 1º;
VIII – obras cinematográficas e videofonográficas publicitárias brasileiras de caráter beneficente, filantrópico e de propaganda política;
IX – as obras cinematográficas e videofonográficas incluídas na programação internacional de que trata o inciso XIV do art. 1º, quanto à CONDECINE prevista no inciso I, alínea *d* do art. 33;
X – a CONDECINE de que trata o parágrafo único do art. 32, referente à programação internacional, de que trata o inciso XIV do art. 1º, desde que a programadora beneficiária desta isenção opte por aplicar o valor correspondente a 3% (três por cento) do valor do pagamento, do crédito, do emprego, da remessa ou da entrega aos produtores, distribuidores ou intermediários no exterior, das importâncias relativas a rendimentos ou remuneração decorrentes da exploração de obras cinematográficas ou videofonográficas ou por sua aquisição ou importação a preço fixo, bem como qualquer montante referente a aquisição ou licenciamento de qualquer forma de direitos, em projetos de produção de obras cinematográficas e videofonográficas brasileiras de longa, média e curta metragens de produção independente, de coprodução de obras cinematográficas e videofonográficas brasileiras de produção independente, de telefilmes, minisséries, documentais, ficcionais, animações e de programas de televisão de caráter educativo e cultural, brasileiros de produção independente, aprovados pela ANCINE.

▶ Incisos VII a X acrescidos pela Lei nº 10.454, de 13-5-2002.

§ 1º As obras audiovisuais brasileiras, produzidas pelas empresas de serviços de radiodifusão de sons e imagens e empresas de serviços de comunicação eletrônica de massa por assinatura, estarão sujeitas ao pagamento da CONDECINE se vierem a ser comercializadas em outros segmentos de mercado.

▶ Parágrafo único renumerado para § 1º pela Lei nº 10.454, de 13-5-2002.

§ 2º Os valores correspondentes aos 3% (três por cento) previstos no inciso X do *caput* deste artigo deverão ser depositados na data do pagamento, do crédito, do emprego, da remessa ou da entrega aos produtores, distribuidores ou intermediários no exterior das importâncias relativas a rendimentos decorrentes da exploração de obras cinematográficas e videofonográficas ou por sua aquisição ou importação a preço fixo, em conta de aplicação financeira especial em instituição financeira pública, em nome do contribuinte.

§ 3º Os valores não aplicados na forma do inciso X do *caput* deste artigo, após 270 (duzentos e setenta) dias de seu depósito na conta de que trata o § 2º deste artigo, destinar-se-ão ao FNC e serão alocados em categoria de programação específica denominada Fundo Setorial do Audiovisual.

§ 4º Os valores previstos no inciso X do *caput* deste artigo não poderão ser aplicados em obras audiovisuais de natureza publicitária.

▶ §§ 2º, 3º e 4º com a redação dada pela Lei nº 11.437, de 28-12-2006.

§ 5º A liberação dos valores depositados na conta de aplicação financeira especial fica condicionada à integralização de pelo menos 50% (cinquenta por cento) dos recursos aprovados para a realização do projeto.

▶ § 5º acrescido pela Lei nº 10.454, de 13-5-2002.

§ 6º Os projetos produzidos com os recursos de que trata o inciso X do *caput* deste artigo poderão utilizar-se dos incentivos previstos na Lei nº 8.685, de 20 de julho de 1993, e na Lei nº 8.313, de 23 de dezembro de 1991, limitados a 95% (noventa e cinco por cento) do total do orçamento aprovado pela Ancine para o projeto.

▶ § 6º com a redação dada pela Lei nº 11.437, de 28-12-2006.

Art. 40. Os valores da CONDECINE ficam reduzidos a:

I – vinte por cento, quando se tratar de obra cinematográfica ou videofonográfica não publicitária brasileira;
II – trinta por cento, quando se tratar de:

a) obras audiovisuais destinadas ao segmento de mercado de salas de exibição que sejam exploradas com até 6 (seis) cópias;

▶ Alínea *a* com a redação dada pela Lei nº 10.454, de 13-5-2002.

b) obras cinematográficas e videofonográficas destinadas à veiculação em serviços de radiodifusão de sons e imagens e cuja produção tenha sido realizada mais de vinte anos antes do registro do contrato no ANCINE;

III – *Revogado*. Lei nº 10.454, de 13-5-2002.

Capítulo VII
DOS FUNDOS DE FINANCIAMENTO DA INDÚSTRIA CINEMATOGRÁFICA NACIONAL – FUNCINES

Art. 41. Os Fundos de Financiamento da Indústria Cinematográfica Nacional – FUNCINES serão constituídos sob a forma de condomínio fechado, sem personalidade jurídica, e administrados por instituição financeira autorizada a funcionar pelo Banco Central do Brasil ou por agências e bancos de desenvolvimento.

▶ *Caput* com a redação dada pela Lei nº 11.437, de 28-12-2006.

§ 1º O patrimônio dos FUNCINES será representado por quotas emitidas sob a forma escritural, alienadas ao público com a intermediação da instituição administradora do Fundo.

§ 2º A administradora será responsável por todas as obrigações do Fundo, inclusive as de caráter tributário.

Art. 42. Compete à Comissão de Valores Mobiliários autorizar, disciplinar e fiscalizar a constituição, o funcionamento e a administração dos FUNCINES, observadas as disposições desta Medida Provisória e as normas aplicáveis aos fundos de investimento.

Parágrafo único. A Comissão de Valores Mobiliários comunicará a constituição dos FUNCINES, bem como as respectivas administradoras à ANCINE.

Art. 43. Os recursos captados pelos FUNCINES serão aplicados, na forma do regulamento, em projetos e programas que, atendendo aos critérios e diretrizes estabelecidos pela ANCINE, sejam destinados a:

I – projetos de produção de obras audiovisuais brasileiras independentes realizadas por empresas produtoras brasileiras;
II – construção, reforma e recuperação das salas de exibição de propriedade de empresas brasileiras;
III – aquisição de ações de empresas brasileiras para produção, comercialização, distribuição e exibição de obras audiovisuais brasileiras de produção independente, bem como para prestação de serviços de infraestrutura cinematográficos e audiovisuais;
IV – projetos de comercialização e distribuição de obras audiovisuais cinematográficas brasileiras de produção independente realizados por empresas brasileiras; e

▶ Incisos I a IV com a redação dada pela Lei nº 11.437, de 28-12-2006.

V – projetos de infraestrutura realizados por empresas brasileiras.

▶ Inciso V acrescido pela Lei nº 11.437, de 28-12-2006.

§ 1º Para efeito da aplicação dos recursos dos Funcines, as empresas de radiodifusão de sons e imagens e as prestadoras de serviços de telecomunicações não poderão deter o controle acionário das empresas referidas no inciso III do *caput* deste artigo.

§ 2º Os Funcines deverão manter, no mínimo, 90% (noventa por cento) do seu patrimônio aplicados em empreendimentos das espécies enumeradas neste artigo, observados, em relação a cada espécie de destinação, os percentuais mínimos a serem estabelecidos em regulamento.

▶ §§ 1º e 2º com a redação dada pela Lei nº 11.437, de 28-12-2006.

§ 3º A parcela do patrimônio do Fundo não comprometida com as aplicações de que trata este artigo, será constituída por títulos emitidos pelo Tesouro Nacional ou pelo Banco Central do Brasil.

§ 4º É vedada a aplicação de recursos de FUNCINES em projetos que tenham participação majoritária de quotista do próprio Fundo.

§ 5º As obras audiovisuais de natureza publicitária, esportiva ou jornalística não podem se beneficiar de recursos dos Funcines ou do FNC alocados na categoria de programação específica Fundo Setorial do Audiovisual.

▶ § 5º com a redação dada pela Lei nº 11.437, de 28-12-2996.

§ 6º As obras cinematográficas e videofonográficas produzidas com recursos dos FUNCINES terão seu corte e edição finais aprovados para exibição pelo seu diretor e produtor responsável principal.

§ 7º Nos casos do inciso I do *caput* deste artigo, o projeto deverá contemplar a garantia de distribuição ou difusão das obras.

▶ § 7º com a redação dada pela Lei nº 11.437, de 28-12-2006.

§ 8º Para os fins deste artigo, aplica-se a definição de empresa brasileira constante no § 1º do art. 1º desta Medida Provisória.

▶ § 8º acrescido pela Lei nº 11.437, de 28-12-2006.

Art. 44. Até o período de apuração relativo ao ano-calendário de 2016, inclusive, as pessoas físicas e jurídicas tributadas pelo lucro real poderão deduzir do imposto de renda devido as quantias aplicadas na aquisição de cotas dos Funcines.

▶ *Caput* com a redação dada pela Lei nº 11.437, de 28-12-2006.

§ 1º A dedução referida no *caput* deste artigo pode ser utilizada de forma alternativa ou conjunta com a referida nos arts. 1º e 1º-A da Lei nº 8.685, de 20 de julho de 1993.

▶ Parágrafo único renumerado para § 1º pela Lei nº 11.437, de 28-12-2006.

§ 2º No caso das pessoas físicas, a dedução prevista no *caput* deste artigo fica sujeita ao limite de 6% (seis por cento) conjuntamente com as deduções de que trata o art. 22 da Lei nº 9.532, de 10 de dezembro de 1997.

§ 3º Somente são dedutíveis do imposto devido as quantias aplicadas na aquisição de cotas dos FUNCINES:

I – pela pessoa física, no ano-calendário a que se referir a declaração de ajuste anual;

II – pela pessoa jurídica, no respectivo período de apuração de imposto.

▶ §§ 2º e 3º acrescidos pela Lei nº 11.437, de 28-12-2006.

Art. 45. A dedução de que trata o art. 44 incidirá sobre o imposto devido:

I – no trimestre a que se referirem os investimentos, para as pessoas jurídicas que apuram o lucro real trimestral;

II – no ano-calendário, para as pessoas jurídicas que, tendo optado pelo recolhimento do imposto por estimativa, apuram o lucro real anual;

III – no ano-calendário, conforme ajuste em declaração anual de rendimentos para a pessoa física.

▶ Inciso III acrescido pela Lei nº 11.437, de 28-12-2006.

§ 1º Em qualquer hipótese, não será dedutível a perda apurada na alienação das cotas dos FUNCINES.

§ 2º A dedução prevista neste artigo está limitada a 3% (três por cento) do imposto devido pelas pessoas jurídicas e deverá observar o limite previsto no inciso II do *caput* do art. 6º da Lei nº 9.532, de 10 de dezembro de 1997.

▶ §§ 1º e 2º com a redação dada pela Lei nº 11.437, de 28-12-2006.

§ 3º *Revogado*. Lei nº 11.437, de 28-12-2006.

§ 4º A pessoa jurídica que alienar as cotas dos Funcines somente poderá considerar como custo de aquisição, na determinação do ganho de capital, os valores deduzidos na forma do *caput* deste artigo na hipótese em que a alienação ocorra após 5 (cinco) anos da data de sua aquisição.

▶ § 4º com a redação dada pela Lei nº 11.437, de 28-12-2006.

§ 5º Em qualquer hipótese, não será dedutível a perda apurada na alienação das quotas dos FUNCINES.

§ 6º *Revogado*. Lei nº 11.437, de 28-12-2006.

Art. 46. Os rendimentos e ganhos líquidos e de capital auferidos pela carteira de FUNCINES ficam isentos do imposto de renda.

§ 1º Os rendimentos, os ganhos de capital e os ganhos líquidos decorrentes de aplicação em FUNCINES sujeitam-se às normas tributárias aplicáveis aos demais valores mobiliários no mercado de capitais.

§ 2º Ocorrendo resgate de quotas de FUNCINES, em decorrência do término do prazo de duração ou da liquidação do fundo, sobre o rendimento do quotista, constituído pela diferença positiva entre o valor de resgate e o custo de aquisição das quotas, incidirá imposto de renda na fonte à alíquota de vinte por cento.

Capítulo VIII
DOS DEMAIS INCENTIVOS

Art. 47. Como mecanismos de fomento de atividades audiovisuais, ficam instituídos, conforme normas a serem expedidas pela Ancine:

▶ *Caput* com a redação dada pela Lei nº 11.437, de 28-12-2006.

I – o Programa de Apoio ao Desenvolvimento do Cinema Brasileiro – PRODECINE, destinado ao fomento de projetos de produção independente, distribuição, comercialização e exibição por empresas brasileiras;

II – o Programa de Apoio ao Desenvolvimento do Audiovisual Brasileiro – PRODAV, destinado ao fomento de projetos de produção, programação, distribuição, comercialização e exibição de obras audiovisuais brasileiras de produção independente;

III – o Programa de Apoio ao Desenvolvimento da Infraestrutura do Cinema e do Audiovisual – PRÓ-INFRA, destinado ao fomento de projetos de infraestrutura técnica para a atividade cinematográfica e audiovisual e de desenvolvimento, ampliação e modernização dos serviços e bens de capital de empresas brasileiras e profissionais autônomos que atendam às necessidades tecnológicas das produções audiovisuais brasileiras.

▶ Incisos I, II e III acrescidos pela Lei nº 11.437, de 28-12-2006.

§ 1º Os recursos do PRODECINE poderão ser objeto de aplicação a fundo perdido, nos casos específicos previstos no regulamento.

§ 2º A Ancine estabelecerá critérios e diretrizes gerais para a aplicação e a fiscalização dos recursos dos Programas referidos no *caput* deste artigo.

▶ § 2º com a redação dada pela Lei nº 11.437, de 28-12-2006.

Art. 48. São fontes de recursos dos Programas de que trata o art. 47 desta Medida Provisória:

▶ *Caput* com a redação dada pela Lei nº 11.437, de 28-12-2006.

I – percentual do produto da arrecadação da Contribuição para o Desenvolvimento da Indústria Cinematográfica Nacional – CONDECINE;

II – o produto da arrecadação de multas e juros, decorrentes do descumprimento das normas de financiamento pelos beneficiários dos recursos do PRODECINE;

III – a remuneração dos financiamentos concedidos;
IV – as doações e outros aportes não especificados;
V – as dotações consignadas nos orçamentos da União, dos Estados, do Distrito Federal e dos Municípios.

Art. 49. O abatimento do imposto de renda na fonte, de que o trata art. 3º da Lei nº 8.685, de 1993, aplicar-se-á, exclusivamente, a projetos previamente aprovados pela ANCINE, na forma do regulamento, observado o disposto no art. 67.

Parágrafo único. A opção pelo benefício previsto no *caput* afasta a incidência do disposto no § 2º do art. 33 desta Medida Provisória.

Art. 50. As deduções previstas no art. 1º da Lei nº 8.685, de 20 de julho de 1993, ficam prorrogadas até o exercício de 2016, inclusive, devendo os projetos a serem beneficiados por esses incentivos ser previamente aprovados pela ANCINE.

▶ Artigo com a redação dada pela Lei nº 12.375, de 30-12-2010.

Art. 51. *Revogado.* Lei nº 11.437, de 28-12-2006.

Art. 52. A partir de 1º de janeiro de 2007, a alínea a do inciso II do art. 3º da Lei nº 8.313, de 23 de dezembro de 1991, passará a vigorar com a seguinte redação:

"a) produção de discos, vídeos, obras cinematográficas de curta e média metragem e filmes documentais, preservação do acervo cinematográfico bem assim de outras obras de reprodução videofonográfica de caráter cultural;"

Parágrafo único. O Conselho Superior do Cinema poderá antecipar a entrada em vigor do disposto neste artigo.

Art. 53. O § 3º do art. 18 da Lei nº 8.313, de 1991, passa a vigorar com a seguinte redação:

"Art. 18. ....
....

§ 3º As doações e os patrocínios na produção cultural, a que se refere o § 1º, atenderão exclusivamente aos seguintes segmentos:
a) artes cênicas;
b) livros de valor artístico, literário ou humanístico;
c) música erudita ou instrumental;
d) exposições de artes visuais;
e) doações de acervos para bibliotecas públicas, museus, arquivos públicos e cinematecas, bem como treinamento de pessoal e aquisição de equipamentos para a manutenção desses acervos;
f) produção de obras cinematográficas e videofonográficas de curta e média metragem e preservação e difusão do acervo audiovisual; e
g) preservação do patrimônio cultural material e imaterial."

Art. 54. Fica instituído o Prêmio Adicional de Renda, calculado sobre as rendas de bilheterias auferidas pela obra cinematográfica de longa metragem brasileira de produção independente, que será concedido a produtores, distribuidores e exibidores, na forma que dispuser o regulamento.

Art. 55. Por um prazo de vinte anos, contados a partir de 5 de setembro de 2001, as empresas proprietárias, locatárias ou arrendatárias de salas, espaços ou locais de exibição pública comercial exibirão obras cinematográficas brasileiras de longa metragem, por um número de dias fixado, anualmente, por decreto, ouvidas as entidades representativas dos produtores, distribuidores e exibidores.

§ 1º A exibição de obras cinematográficas brasileiras far-se-á proporcionalmente, no semestre, podendo o exibidor antecipar a programação do semestre seguinte.

§ 2º A ANCINE aferirá, semestralmente, o cumprimento do disposto neste artigo.

§ 3º As obras cinematográficas e os telefilmes que forem exibidos em meios eletrônicos antes da exibição comercial em salas não serão computados para fins do cumprimento do disposto no *caput*.

Art. 56. Por um prazo de vinte anos, contados a partir de 5 de setembro de 2001, as empresas de distribuição de vídeo doméstico deverão ter um percentual anual de obras brasileiras cinematográficas e videofonográficas entre seus títulos, obrigando-se a lançá-las comercialmente.

Parágrafo único. O percentual de lançamentos e títulos a que se refere este artigo será fixado anualmente por decreto, ouvidas as entidades de caráter nacional representativas das atividades de produção, distribuição e comercialização de obras cinematográficas e videofonográficas.

Art. 57. Poderá ser estabelecido, por lei, a obrigatoriedade de veiculação de obras cinematográficas e videofonográficas brasileiras de produção independente em outros segmentos de mercado além daqueles indicados nos arts. 55 e 56.

CAPÍTULO IX

DAS PENALIDADES

Art. 58. As empresas exibidoras, as distribuidoras e locadoras de vídeo, deverão ser autuadas pela ANCINE nos casos de não cumprimento das disposições desta Medida Provisória.

Parágrafo único. Constitui embaraço à fiscalização, sujeitando o infrator à pena do caput do art. 60:

I – a imposição de obstáculos ao livre acesso dos agentes da ANCINE às entidades fiscalizadas; e

II – o não atendimento da requisição de contratos, livros, sistemas, arquivos ou documentos.

▶ Parágrafo único acrescido pela MP nº 545, de 29-9-2011, que até o encerramento desta edição não havia sido convertida em Lei.

Art. 59. O descumprimento da obrigatoriedade de que trata o art. 55 sujeitará o infrator a multa correspondente a cinco por cento da receita bruta média diária de bilheteria do complexo, apurada no ano da infração, multiplicada pelo número de dias do descumprimento.

▶ *Caput* com a redação dada pela MP nº 545, de 29-9-2011, que até o encerramento desta edição não havia sido convertida em Lei.

§ 1º Se a receita bruta de bilheteria do complexo não puder ser apurada, será aplicada multa no valor de R$ 100,00 (cem reais) por dia de descum-

primento, multiplicado pelo número de salas do complexo.

▶ Antigo parágrafo único transformado em § 1º e com a redação dada pela MP nº 545, de 29-9-2011, que até o encerramento desta edição não havia sido convertida em Lei.

§ 2º A multa prevista neste artigo deverá respeitar o limite máximo estabelecido no caput *do art. 60.*

▶ § 2º acrescido pela MP nº 545, de 29-9-2011, que até o encerramento desta edição não havia sido convertida em Lei.

Art. 60. O descumprimento ao disposto nos arts. 17 a 19, 21, 24 a 26, 28, 29, 31 e 56 desta Medida Provisória sujeita os infratores a multas de R$ 2.000,00 (dois mil reais) a R$ 2.000.000,00 (dois milhões de reais), na forma do regulamento.

§ 1º *Revogado.* Lei nº 11.437, de 28-12-2006.

§ 2º Caso não seja possível apurar o valor da receita bruta referido no *caput* por falta de informações, a ANCINE arbitrá-lo-á na forma do regulamento, que observará, isolada ou conjuntamente, dentre outros, os seguintes critérios:

I – a receita bruta referente ao último período em que a pessoa jurídica manteve escrituração de acordo com as leis comerciais e fiscais, atualizado monetariamente;
II – a soma dos valores do ativo circulante, realizável a longo prazo e permanente, existentes no último balanço patrimonial conhecido, atualizado monetariamente;
III – o valor do capital constante do último balanço patrimonial conhecido ou registrado nos atos de constituição ou alteração da sociedade, atualizado monetariamente;
IV – o valor do patrimônio líquido constante do último balanço patrimonial conhecido, atualizado monetariamente;
V – o valor das compras de mercadorias efetuadas no mês;
VI – a soma, em cada mês, dos valores da folha de pagamento dos empregados e das compras de matérias-primas, produtos intermediários e materiais de embalagem;
VII – a soma dos valores devidos no mês a empregados; e
VIII – o valor mensal do aluguel devido.

§ 3º Aplica-se, subsidiariamente, ao disposto neste artigo, as normas de arbitramento de lucro previstas no âmbito da legislação tributária federal.

§ 4º Os veículos de comunicação que veicularem cópia ou original de obra cinematográfica ou obra videofonográfica publicitária, sem que conste na claquete de identificação o número do respectivo registro do título, pagarão multa correspondente a 3 (três) vezes o valor do contrato ou da veiculação.

▶ § 4º acrescido pela Lei nº 10.454, de 13-5-2002.

Art. 61. O descumprimento dos projetos executados com recursos recebidos do FNC alocados na categoria de programação específica denominada Fundo Setorial do Audiovisual e dos Funcines, a não efetivação do investimento ou a sua realização em desacordo com o estatuído implica a devolução dos recursos acrescidos de:

▶ *Caput* com a redação dada pela Lei nº 11.437, de 28-12-2006.

I – juros moratórios equivalentes à taxa referencial do Sistema especial de Liquidação e Custódia – SELIC, para títulos federais, acumulados mensalmente, calculados a partir do primeiro dia do mês subsequente ao do recebimento dos recursos até o mês anterior ao do pagamento e de um por cento no mês do pagamento;
II – multa de vinte por cento calculada sobre o valor total dos recursos.

Capítulo X
DISPOSIÇÕES TRANSITÓRIAS

Art. 62. Durante os primeiros doze meses, contados a partir de 5 de setembro de 2001, a ANCINE ficará vinculada à Casa Civil da Presidência da República, que responderá pela sua supervisão durante esse período.

Art. 63. A ANCINE constituirá, no prazo de vinte e quatro meses, a contar da data da sua implantação, o seu quadro próprio de pessoal, por meio da realização de concurso público de provas, ou de provas e títulos.

Art. 64. Durante os primeiros vinte e quatro meses subsequentes à sua instalação, a ANCINE poderá requisitar, com ônus, servidores e empregados de órgãos e entidades integrantes da administração pública.

§ 1º Transcorrido o prazo a que se refere o *caput*, somente serão cedidos para a ANCINE servidores por ela requisitados para o exercício de cargos em comissão.

§ 2º Durante os primeiros vinte e quatro meses subsequentes à sua instalação, a ANCINE poderá complementar a remuneração do servidor ou empregado público requisitado, até o limite da remuneração do cargo efetivo ou emprego permanente ocupado no órgão ou na entidade de origem, quando a requisição implicar em redução dessa remuneração.

Art. 65. A ANCINE poderá efetuar, nos termos do art. 37, IX, da Constituição, e observado o disposto na Lei nº 8.745, de 9 de dezembro de 1993, contratação por tempo determinado, pelo prazo de doze meses, do pessoal técnico imprescindível ao exercício de suas competências institucionais.

▶ *Caput* com a redação dada pela Lei nº 10.682, de 28-5-2003.

§ 1º As contratações referidas no *caput* poderão ser prorrogadas, desde que sua duração total não ultrapasse o prazo de vinte e quatro meses, ficando limitada sua vigência, em qualquer caso, a 5 de setembro de 2005.

▶ § 1º com a redação dada pela Lei nº 10.682, de 28-5-2003.

§ 2º A remuneração do pessoal contratado temporariamente, terá como referência os valores definidos em ato conjunto da Agência e do órgão central do Sistema de Pessoal Civil da Administração Federal – SIPEC.

§ 3º Aplica-se ao pessoal contratado temporariamente pela Agência, o disposto nos arts. 5º e 6º, no parágrafo único do art. 7º, nos arts. 8º, 9º, 10, 11,12 e 16 da Lei nº 8.745, de 9 de dezembro de 1993.

Art. 66. Fica o Poder Executivo autorizado a:

I – transferir para a ANCINE os acervos técnico e patrimonial, as obrigações e os direitos da Divisão de Registro da Secretaria para Desenvolvimento do Audiovisual do Ministério da Cultura, bem como aqueles correspondentes a outras atividades atribuídas à Agência por esta Medida Provisória;

II – remanejar, transpor, transferir, ou utilizar, a partir da instalação da ANCINE, as dotações orçamentárias aprovadas na Lei Orçamentária de 2001, consignadas ao Ministério da Cultura, referentes às atribuições transferidas para aquela autarquia, mantida a mesma classificação orçamentária, expressa por categoria de programação em seu menor nível, observado o disposto no § 2º do art. 3º da Lei nº 9.995, de 25 de julho de 2000, assim como o respectivo detalhamento por esfera orçamentária, grupos de despesa, fontes de recursos, modalidades de aplicação e identificadores de uso.

Art. 67. No prazo máximo de um ano, contado a partir de 5 de setembro de 2001, deverá ser editado regulamento dispondo sobre a forma de transferência para a ANCINE, dos processos relativos à aprovação de projetos com base nas Lei nº 8.685, de 1993, e Lei nº 8.313, de 1991, inclusive os já aprovados.

Parágrafo único. Até que os processos referidos no *caput* sejam transferidos para a ANCINE, a sua análise e acompanhamento permanecerão a cargo do Ministério da Cultura.

Art. 68. Na primeira gestão da ANCINE, um diretor terá mandato de dois anos, um de três anos, um de quatro anos e um de cinco anos, para implementar o sistema de mandatos não coincidentes.

Art. 69. Cabe à Advocacia-Geral da União a representação nos processos judiciais em que a ANCINE seja parte ou interessada, até a implantação da sua Procuradoria-Geral.

Parágrafo único. O Ministério da Cultura, por intermédio de sua Consultoria Jurídica, promoverá, no prazo de cento e oitenta dias, contados a partir de 5 de setembro de 2001, levantamento dos processos judiciais em curso envolvendo matéria cuja competência tenha sido transferida para a ANCINE, a qual o substituirá nos respectivos processos.

Art. 70. A instalação da ANCINE dar-se-á em até cento e vinte dias, a partir de 5 de setembro de 2001 e o início do exercício de suas competências a partir da publicação de sua estrutura regimental em ato do Presidente da República.

CAPÍTULO XI

DISPOSIÇÕES GERAIS E FINAIS

Art. 71. É vedado aos empregados, aos requisitados, aos ocupantes de cargos comissionados e aos dirigentes da ANCINE o exercício de outra atividade profissional, inclusive gestão operacional de empresa, ou direção político-partidária, excetuados os casos admitidos em lei.

Parágrafo único. No caso de o dirigente da ANCINE ser sócio-controlador de empresa relacionada com a indústria cinematográfica e videofonográfica, fica a mesma impedida de utilizar-se de recursos públicos ou incentivos fiscais durante o período em que o dirigente estiver no exercício de suas funções.

Art. 72. Ficam criados para exercício na ANCINE os cargos comissionados dispostos no Anexo II desta Medida Provisória.

Art. 73. *Revogado*. Lei nº 11.314, de 3-7-2006.

Art. 74. O Poder Executivo estimulará a associação de capitais nacionais e estrangeiros, inclusive por intermédio dos mecanismos de conversão da dívida externa, para o financiamento a empresas e a projetos voltados às atividades de que trata esta Medida Provisória, na forma do regulamento.

Parágrafo único. Os depósitos em nome de credores estrangeiros à ordem do Banco Central do Brasil serão liberados pelo seu valor de face, em montante a ser fixado por aquele Banco.

Art. 75. Esta Medida Provisória será regulamentada pelo Poder Executivo.

Art. 76. Ficam convalidados os atos praticados com base na Medida Provisória nº 2.219, de 4 de setembro de 2001.

Art. 77. Ficam revogados o inciso II do art. 11 do Decreto-Lei nº 43, de 18 de novembro de 1966, o Decreto-Lei nº 1.900, de 21 de dezembro de 1981, a Lei nº 8.401, de 8 de janeiro de 1992, e a Medida Provisória nº 2.219, de 4 de setembro de 2001.

Art. 78. Esta Medida Provisória entra em vigor na data de sua publicação.

Brasília, 6 de setembro de 2001;
180º da Independência e
113º da República.

Fernando Henrique Cardoso

▶ Optamos por não publicar os anexos nesta edição.

DECRETO Nº 3.931,
DE 19 DE SETEMBRO DE 2001

Regulamenta o Sistema de Registro de Preços previsto no art. 15 da Lei nº 8.666, de 21 de junho de 1993, e dá outras providências.

▶ Publicada no *DOU* de 20-9-2001.

Art. 1º As contratações de serviços e a aquisição de bens, quando efetuadas pelo Sistema de Registro de Preços, no âmbito da Administração Federal direta, autárquica e fundacional, fundos especiais, empresas públicas, sociedades de economia mista e demais entidades controladas, direta ou indiretamente pela União, obedecerão ao disposto neste Decreto.

▶ *Caput* com a redação dada pelo Dec. nº 4.342, de 23-8-2002.

Parágrafo único. Para os efeitos deste Decreto, são adotadas as seguintes definições:

I – Sistema de Registro de Preços – SRP – conjunto de procedimentos para registro formal de preços relativos à prestação de serviços e aquisição de bens, para contratações futuras;

▶ Inciso I com a redação dada pelo Dec. nº 4.342, de 23-8-2002.

II – Ata de Registro de Preços – documento vinculativo, obrigacional, com característica de compromisso para futura contratação, onde se registram os preços, fornecedores, órgãos participantes e condições a serem praticadas, conforme as disposições contidas no instrumento convocatório e propostas apresentadas;

III – Órgão Gerenciador – órgão ou entidade da Administração Pública responsável pela condução do conjunto de procedimentos do certame para registro de preços e gerenciamento da Ata de Registro de Preços dele decorrente; e

IV – Órgão Participante – órgão ou entidade que participa dos procedimentos iniciais do SRP e integra a Ata de Registro de Preços.

Art. 2º Será adotado, preferencialmente, o SRP nas seguintes hipóteses:

I – quando, pelas características do bem ou serviço, houver necessidade de contratações frequentes;

II – quando for mais conveniente a aquisição de bens com previsão de entregas parceladas ou contratação de serviços necessários à Administração para o desempenho de suas atribuições;

III – quando for conveniente a aquisição de bens ou a contratação de serviços para atendimento a mais de um órgão ou entidade, ou a programas de governo; e

IV – quando pela natureza do objeto não for possível definir previamente o quantitativo a ser demandado pela Administração.

Parágrafo único. Poderá ser realizado registro de preços para contratação de bens e serviços de informática, obedecida a legislação vigente, desde que devidamente justificada e caracterizada a vantagem econômica.

Art. 3º A licitação para registro de preços será realizada na modalidade de concorrência ou de pregão, do tipo menor preço, nos termos das Leis nºs 8.666, de 21 de julho de 1993, e 10.520, de 17 de julho de 2002, e será precedida de ampla pesquisa de mercado.

▶ *Caput* com a redação dada pelo Dec. nº 4.342, de 23-8-2002.

§ 1º Excepcionalmente poderá ser adotado, na modalidade de concorrência, o tipo técnica e preço, a critério do órgão gerenciador e mediante despacho devidamente fundamentado da autoridade máxima do órgão ou entidade.

▶ § 1º com a redação dada pelo Dec. nº 4.342, de 23-8-2002.

§ 2º Caberá ao órgão gerenciador a prática de todos os atos de controle e administração do SRP, e ainda o seguinte:

I – convidar, mediante correspondência eletrônica ou outro meio eficaz, os órgãos e entidades para participarem do registro de preços;

II – consolidar todas as informações relativas à estimativa individual e total de consumo, promovendo a adequação dos respectivos projetos básicos encaminhados para atender aos requisitos de padronização e racionalização;

III – promover todos os atos necessários à instrução processual para a realização do procedimento licitatório pertinente, inclusive a documentação das justificativas nos casos em que a restrição à competição for admissível pela lei;

IV – realizar a necessária pesquisa de mercado com vistas à identificação dos valores a serem licitados;

V – confirmar junto aos órgãos participantes a sua concordância com o objeto a ser licitado, inclusive quanto aos quantitativos e projeto básico;

VI – realizar todo o procedimento licitatório, bem como os atos dele decorrentes, tais como a assinatura da Ata e o encaminhamento de sua cópia aos demais órgãos participantes;

VII – gerenciar a Ata de Registro de Preços, providenciando a indicação, sempre que solicitado, dos fornecedores, para atendimento às necessidades da Administração, obedecendo a ordem de classificação e os quantitativos de contratação definidos pelos participantes da Ata;

VIII – conduzir os procedimentos relativos a eventuais renegociações dos preços registrados e a aplicação de penalidades por descumprimento do pactuado na Ata de Registro de Preços; e

IX – realizar, quando necessário, prévia reunião com licitantes, visando informá-los das peculiaridades do SRP e coordenar, com os órgãos participantes, a qualificação mínima dos respectivos gestores indicados.

§ 3º O órgão participante do registro de preços será responsável pela manifestação de interesse em participar do registro de preços, providenciando o encaminhamento, ao órgão gerenciador, de sua estimativa de consumo, cronograma de contratação e respectivas especificações ou projeto básico, nos termos da Lei nº 8.666, de 1993, adequado ao registro de preço do qual pretende fazer parte, devendo ainda:

I – garantir que todos os atos inerentes ao procedimento para sua inclusão no registro de preços a ser realizado estejam devidamente formalizados e aprovados pela autoridade competente;

II – manifestar, junto ao órgão gerenciador, sua concordância com o objeto a ser licitado, antes da realização do procedimento licitatório; e

III – tomar conhecimento da Ata de Registros de Preços, inclusive as respectivas alterações porventura ocorridas, com o objetivo de assegurar, quando de seu uso, o correto cumprimento de suas disposições, logo após concluído o procedimento licitatório.

§ 4º Cabe ao órgão participante indicar o gestor do contrato, ao qual, além das atribuições previstas no art. 67 da Lei nº 8.666, de 1993, compete:

I – promover consulta prévia junto ao órgão gerenciador, quando da necessidade de contratação, a fim de obter a indicação do fornecedor, os respectivos quantitativos e os valores a serem praticados, encaminhando, posteriormente, as informações sobre a contratação efetivamente realizada;

II – assegurar-se, quando do uso da Ata de Registro de Preços, que a contratação a ser procedida atenda aos seus interesses, sobretudo quanto aos valores praticados, informando ao órgão gerenciador eventual desvantagem, quanto à sua utilização;

III – zelar, após receber a indicação do fornecedor, pelos demais atos relativos ao cumprimento, pelo mesmo, das obrigações contratualmente assumidas, e também, em coordenação com o órgão gerenciador, pela aplicação de eventuais penalidades decorrentes do descumprimento de cláusulas contratuais; e

IV – informar ao órgão gerenciador, quando de sua ocorrência, a recusa do fornecedor em atender às condições estabelecidas em edital, firmadas na Ata de

Registro de Preços, as divergências relativas à entrega, as características e origem dos bens licitados e a recusa do mesmo em assinar contrato para fornecimento ou prestação de serviços.

Art. 4º O prazo de validade da Ata de Registro de Preço não poderá ser superior a um ano, computadas neste as eventuais prorrogações.

§ 1º Os contratos decorrentes do SRP terão sua vigência conforme as disposições contidas nos instrumentos convocatórios e respectivos contratos, obedecido o disposto no art. 57 da Lei nº 8.666, de 1993.

▶ § 1º com a redação dada pelo Dec. nº 4.342, de 23-8-2002.

§ 2º É admitida a prorrogação da vigência da Ata, nos termos do art. 57, § 4º, da Lei nº 8.666, de 1993, quando a proposta continuar se mostrando mais vantajosa, satisfeitos os demais requisitos desta norma.

Art. 5º A Administração, quando da aquisição de bens ou contratação de serviços, poderá subdividir a quantidade total do item em lotes, sempre que comprovado técnica e economicamente viável, de forma a possibilitar maior competitividade, observado, neste caso, dentre outros, a quantidade mínima, o prazo e o local de entrega ou de prestação dos serviços.

Parágrafo único. No caso de serviços, a subdivisão se dará em função da unidade de medida adotada para aferição dos produtos e resultados esperados, e será observada a demanda específica de cada órgão ou entidade participante do certame. Nestes casos, deverá ser evitada a contratação, num mesmo órgão e entidade, de mais de uma empresa para a execução de um mesmo serviço em uma mesma localidade, com vistas a assegurar a responsabilidade contratual e o princípio da padronização.

Art. 6º Ao preço do primeiro colocado poderão ser registrados tantos fornecedores quantos necessários para que, em função das propostas apresentadas, seja atingida a quantidade total estimada para o item ou lote, observando-se o seguinte:

I – o preço registrado e a indicação dos respectivos fornecedores serão divulgados em órgão oficial da Administração e ficarão disponibilizados durante a vigência da Ata de Registro de Preços;

II – quando das contratações decorrentes do registro de preços deverá ser respeitada a ordem de classificação das empresas constantes da Ata; e

III – os órgãos participantes do registro de preços deverão, quando da necessidade de contratação, recorrerem ao órgão gerenciador da Ata de Registro de Preços, para que este proceda a indicação do fornecedor e respectivos preços a serem praticados.

Parágrafo único. Excepcionalmente, a critério do órgão gerenciador, quando a quantidade do primeiro colocado não for suficiente para as demandas estimadas, desde que se trate de objetos de qualidade ou desempenho superior, devidamente justificada e comprovada a vantagem, e as ofertas sejam em valor inferior ao máximo admitido, poderão ser registrados outros preços.

Art. 7º A existência de preços registrados não obriga a Administração a firmar as contratações que deles poderão advir, facultando-se a realização de licitação específica para a aquisição pretendida, sendo assegurado ao beneficiário do registro a preferência de fornecimento em igualdade de condições.

Art. 8º A Ata de Registro de Preços, durante sua vigência, poderá ser utilizada por qualquer órgão ou entidade da Administração que não tenha participado do certame licitatório, mediante prévia consulta ao órgão gerenciador, desde que devidamente comprovada a vantagem.

§ 1º Os órgãos e entidades que não participaram do registro de preços, quando desejarem fazer uso da Ata de Registro de Preços, deverão manifestar seu interesse junto ao órgão gerenciador da Ata, para que este lhe indique os possíveis fornecedores e respectivos preços a serem praticados, obedecida a ordem de classificação.

§ 2º Caberá ao fornecedor beneficiário da Ata de Registro de Preços, observadas as condições nela estabelecidas, optar pela aceitação ou não do fornecimento, independentemente dos quantitativos registrados em Ata, desde que este fornecimento não prejudique as obrigações anteriormente assumidas.

§ 3º As aquisições ou contratações adicionais a que se refere este artigo não poderão exceder, por órgão ou entidade, a cem por cento dos quantitativos registrados na Ata de Registro de Preços.

▶ § 3º acrescido pelo Dec. nº 4.342, de 23-8-2002.

Art. 9º O edital de licitação para registro de preços contemplará, no mínimo:

▶ *Caput* com a redação dada pelo Dec. nº 4.342, de 23-8-2002.

I – a especificação/descrição do objeto, explicitando o conjunto de elementos necessários e suficientes, com nível de precisão adequado, para a caracterização do bem ou serviço, inclusive definindo as respectivas unidades de medida usualmente adotadas;

II – a estimativa de quantidades a serem adquiridas no prazo de validade do registro;

III – o preço unitário máximo que a Administração se dispõe a pagar, por contratação, consideradas as regiões e as estimativas de quantidades a serem adquiridas;

IV – a quantidade mínima de unidades a ser cotada, por item, no caso de bens;

V – as condições quanto aos locais, prazos de entrega, forma de pagamento e, complementarmente, nos casos de serviços, quando cabíveis, a frequência, periodicidade, características do pessoal, materiais e equipamentos a serem fornecidos e utilizados, procedimentos a serem seguidos, cuidados, deveres, disciplina e controles a serem adotados;

VI – o prazo de validade do registro de preço;

VII – os órgãos e entidades participantes do respectivo registro de preço;

VIII – os modelos de planilhas de custo, quando cabíveis, e as respectivas minutas de contratos, no caso de prestação de serviços; e

IX – as penalidades a serem aplicadas por descumprimento das condições estabelecidas.

§ 1º O edital poderá admitir, como critério de adjudicação, a oferta de desconto sobre tabela de preços praticados no mercado, nos casos de peças de veículos, medicamentos, passagens aéreas, manutenções e outros similares.

§ 2º Quando o edital prever o fornecimento de bens ou prestação de serviços em locais diferentes, é facultada a exigência de apresentação de proposta diferenciada por região, de modo que aos preços sejam acrescidos os respectivos custos, variáveis por região.

Art. 10. Homologado o resultado da licitação, o órgão gerenciador, respeitada a ordem de classificação e a quantidade de fornecedores a serem registrados, convocará os interessados para assinatura da Ata de Registro de Preços que, após cumpridos os requisitos de publicidade, terá efeito de compromisso de fornecimento nas condições estabelecidas.

Art. 11. A contratação com os fornecedores registrados, após a indicação pelo órgão gerenciador do registro de preços, será formalizada pelo órgão interessado, por intermédio de instrumento contratual, emissão de nota de empenho de despesa, autorização de compra ou outro instrumento similar, conforme o disposto no art. 62 da Lei nº 8.666, de 1993.

Art. 12. A Ata de Registro de Preços poderá sofrer alterações, obedecidas as disposições contidas no art. 65 da Lei nº 8.666, de 1993.

§ 1º O preço registrado poderá ser revisto em decorrência de eventual redução daqueles praticados no mercado, ou de fato que eleve o custo dos serviços ou bens registrados, cabendo ao órgão gerenciador da Ata promover as necessárias negociações junto aos fornecedores.

§ 2º Quando o preço inicialmente registrado, por motivo superveniente, tornar-se superior ao preço praticado no mercado o órgão gerenciador deverá:

I – convocar o fornecedor visando a negociação para redução de preços e sua adequação ao praticado pelo mercado;
II – frustrada a negociação, o fornecedor será liberado do compromisso assumido; e
III – convocar os demais fornecedores visando igual oportunidade de negociação.

§ 3º Quando o preço de mercado tornar-se superior aos preços registrados e o fornecedor, mediante requerimento devidamente comprovado, não puder cumprir o compromisso, o órgão gerenciador poderá:

I – liberar o fornecedor do compromisso assumido, sem aplicação da penalidade, confirmando a veracidade dos motivos e comprovantes apresentados, e se a comunicação ocorrer antes do pedido de fornecimento; e
II – convocar os demais fornecedores visando igual oportunidade de negociação.

§ 4º Não havendo êxito nas negociações, o órgão gerenciador deverá proceder à revogação da Ata de Registro de Preços, adotando as medidas cabíveis para obtenção da contratação mais vantajosa.

Art. 13. O fornecedor terá seu registro cancelado quando:

I – descumprir as condições da Ata de Registro de Preços;
II – não retirar a respectiva nota de empenho ou instrumento equivalente, no prazo estabelecido pela Administração, sem justificativa aceitável;
III – não aceitar reduzir o seu preço registrado, na hipótese de este se tornar superior àqueles praticados no mercado; e
IV – tiver presentes razões de interesse público.

§ 1º O cancelamento de registro, nas hipóteses previstas, assegurados o contraditório e a ampla defesa, será formalizado por despacho da autoridade competente do órgão gerenciador.

§ 2º O fornecedor poderá solicitar o cancelamento do seu registro de preço na ocorrência de fato superveniente que venha comprometer a perfeita execução contratual, decorrentes de caso fortuito ou de força maior devidamente comprovados.

Art. 14. Poderão ser utilizados recursos de tecnologia da informação na operacionalização das disposições de que trata este Decreto, bem assim na automatização dos procedimentos inerentes aos controles e atribuições dos órgãos gerenciador e participante.

▶ Artigo com a redação dada pelo Dec. nº 4.342, de 23-8-2002.

Art. 15. O Ministério do Planejamento, Orçamento e Gestão poderá editar normas complementares a este Decreto.

Art. 16. Este Decreto entra em vigor na data de sua publicação.

Art. 17. Revoga-se o Decreto nº 2.743, de 21 de agosto de 1998.

Brasília, 19 de setembro de 2001;
180º da Independência e
113º da República.

Fernando Henrique Cardoso

LEI Nº 10.520, DE 17 DE JULHO DE 2002

Institui, no âmbito da União, Estados, Distrito Federal e Municípios, nos termos do art. 37, inciso XXI, da Constituição Federal, modalidade de licitação denominada pregão, para aquisição de bens e serviços comuns, e dá outras providências.

▶ Publicada no *DOU* de 18-7-2002.
▶ Dec. nº 3.555, de 8-8-2000, aprova o regulamento para a modalidade de licitação denominada pregão, para aquisição de bens e serviços comuns.
▶ Dec. nº 5.450, de 31-5-2005, regulamenta o pregão, na forma eletrônica.
▶ Dec. nº 5.504, de 5-8-2005, estabelece a exigência de utilização do pregão, preferencialmente na forma eletrônica.

Art. 1º Para aquisição de bens e serviços comuns, poderá ser adotada a licitação na modalidade de pregão, que será regida por esta Lei.

▶ Art. 37, XXI, da CF.
▶ Lei nº 8.666, de 21-6-1993 (Lei de Licitações e Contratos Administrativos).
▶ Dec. nº 5.450, de 31-5-2005, regulamenta o pregão, na forma eletrônica, para aquisição de bens e serviços comuns.

Parágrafo único. Consideram-se bens e serviços comuns, para os fins e efeitos deste artigo, aqueles cujos padrões de desempenho e qualidade possam ser objetivamente definidos pelo edital, por meio de especificações usuais no mercado.

Art. 2º VETADO.

§ 1º Poderá ser realizado o pregão por meio da utilização de recursos de tecnologia da informação, nos termos de regulamentação específica.

▶ Dec. nº 5.450, de 31-5-2005, regulamenta o pregão, na forma eletrônica, para aquisição de bens e serviços comuns.

§ 2º Será facultado, nos termos de regulamentos próprios da União, Estados, Distrito Federal e Municípios, a participação de bolsas de mercadorias no apoio técnico e operacional aos órgãos e entidades promotores da modalidade de pregão, utilizando-se de recursos de tecnologia da informação.

§ 3º As bolsas a que se referem o § 2º deverão estar organizadas sob a forma de sociedades civis sem fins lucrativos e com a participação plural de corretoras que operem sistemas eletrônicos unificados de pregões.

Art. 3º A fase preparatória do pregão observará o seguinte:

I – a autoridade competente justificará a necessidade de contratação e definirá o objeto do certame, as exigências de habilitação, os critérios de aceitação das propostas, as sanções por inadimplemento e as cláusulas do contrato, inclusive com fixação dos prazos para fornecimento;

II – a definição do objeto deverá ser precisa, suficiente e clara, vedadas especificações que, por excessivas, irrelevantes ou desnecessárias, limitem a competição;

III – dos autos do procedimento constarão a justificativa das definições referidas no inciso I deste artigo e os indispensáveis elementos técnicos sobre os quais estiverem apoiados, bem como o orçamento, elaborado pelo órgão ou entidade promotora da licitação, dos bens ou serviços a serem licitados; e

IV – a autoridade competente designará, dentre os servidores do órgão ou entidade promotora da licitação, o pregoeiro e respectiva equipe de apoio, cuja atribuição inclui, dentre outras, o recebimento das propostas e lances, a análise de sua aceitabilidade e sua classificação, bem como a habilitação e a adjudicação do objeto do certame ao licitante vencedor.

§ 1º A equipe de apoio deverá ser integrada em sua maioria por servidores ocupantes de cargo efetivo ou emprego da administração, preferencialmente pertencentes ao quadro permanente do órgão ou entidade promotora do evento.

§ 2º No âmbito do Ministério da Defesa, as funções de pregoeiro e de membro da equipe de apoio poderão ser desempenhadas por militares.

Art. 4º A fase externa do pregão será iniciada com a convocação dos interessados e observará as seguintes regras:

I – a convocação dos interessados será efetuada por meio de publicação de aviso em diário oficial do respectivo ente federado ou, não existindo, em jornal de circulação local, e facultativamente, por meios eletrônicos e conforme o vulto da licitação, em jornal de grande circulação, nos termos do regulamento de que trata o art. 2º;

II – do aviso constarão a definição do objeto da licitação, a indicação do local, dias e horários em que poderá ser lida ou obtida a íntegra do edital;

III – do edital constarão todos os elementos definidos na forma do inciso I do art. 3º, as normas que disciplinarem o procedimento e a minuta do contrato, quando for o caso;

IV – cópias do edital e do respectivo aviso serão colocadas à disposição de qualquer pessoa para consulta e divulgadas na forma da Lei nº 9.755, de 16 de dezembro de 1998;

▶ A Lei nº 9.755, de 16-12-1998, dispõe sobre a criação de *homepage* na *Internet*, pelo Tribunal de Contas da União, para divulgação dos dados e informações.

V – o prazo fixado para a apresentação das propostas, contado a partir da publicação do aviso, não será inferior a 8 (oito) dias úteis;

VI – no dia, hora e local designados, será realizada sessão pública para recebimento das propostas, devendo o interessado, ou seu representante, identificar-se e, se for o caso, comprovar a existência dos necessários poderes para formulação de propostas e para a prática de todos os demais atos inerentes ao certame;

VII – aberta a sessão, os interessados ou seus representantes, apresentarão declaração dando ciência de que cumprem plenamente os requisitos de habilitação e entregarão os envelopes contendo a indicação do objeto e do preço oferecidos, procedendo-se à sua imediata abertura e à verificação da conformidade das propostas com os requisitos estabelecidos no instrumento convocatório;

VIII – no curso da sessão, o autor da oferta de valor mais baixo e os das ofertas com preços até 10% (dez por cento) superiores àquela poderão fazer novos lances verbais e sucessivos, até a proclamação do vencedor;

IX – não havendo pelo menos 3 (três) ofertas nas condições definidas no inciso anterior, poderão os autores das melhores propostas, até o máximo de 3 (três), oferecer novos lances verbais e sucessivos, quaisquer que sejam os preços oferecidos;

X – para julgamento e classificação das propostas, será adotado o critério de menor preço, observados os prazos máximos para fornecimento, as especificações técnicas e parâmetros mínimos de desempenho e qualidade definidos no edital;

XI – examinada a proposta classificada em primeiro lugar, quanto ao objeto e valor, caberá ao pregoeiro decidir motivadamente a respeito da sua aceitabilidade;

XII – encerrada a etapa competitiva e ordenadas as ofertas, o pregoeiro procederá à abertura do invólucro contendo os documentos de habilitação do licitante que apresentou a melhor proposta, para verificação do atendimento das condições fixadas no edital;

XIII – a habilitação far-se-á com a verificação de que o licitante está em situação regular perante a Fazenda Nacional, a Seguridade Social e o Fundo de Garantia do Tempo de Serviço – FGTS, e as Fazendas Estaduais e Municipais, quando for o caso, com a comprovação de que atende às exigências do edital quanto à habilitação jurídica e qualificações técnica e econômico-financeira;

XIV – os licitantes poderão deixar de apresentar os documentos de habilitação que já constem do Sistema de Cadastramento Unificado de Fornecedores – SICAF e sistemas semelhantes mantidos por Estados, Distrito Federal ou Municípios, assegurado aos demais licitantes o direito de acesso aos dados nele constantes;

▶ Art. 32, § 2º, da Lei nº 8.666, de 21-6-1993 (Lei de Licitações e Contratos Administrativos).

▶ Dec. nº 3.722, de 9-1-2001, dispõe sobre o Sistema de Cadastramento Unificado de Fornecedores – SICAF.

XV – verificado o atendimento das exigências fixadas no edital, o licitante será declarado vencedor;

XVI – se a oferta não for aceitável ou se o licitante desatender às exigências habilitatórias, o pregoeiro examinará as ofertas subsequentes e a qualificação dos licitantes, na ordem de classificação, e assim sucessivamente, até a apuração de uma que atenda ao edital, sendo o respectivo licitante declarado vencedor;

XVII – nas situações previstas nos incisos XI e XVI, o pregoeiro poderá negociar diretamente com o proponente para que seja obtido preço melhor;

XVIII – declarado o vencedor, qualquer licitante poderá manifestar imediata e motivadamente a intenção de recorrer, quando lhe será concedido o prazo de 3 (três) dias para apresentação das razões do recurso, ficando os demais licitantes desde logo intimados para apresentar contrarrazões em igual número de dias, que começarão a correr do término do prazo do recorrente, sendo-lhes assegurada vista imediata dos autos;

XIX – o acolhimento de recurso importará a invalidação apenas dos atos insuscetíveis de aproveitamento;

XX – a falta de manifestação imediata e motivada do licitante importará a decadência do direito de recurso e a adjudicação do objeto da licitação pelo pregoeiro ao vencedor;

XXI – decididos os recursos, a autoridade competente fará a adjudicação do objeto da licitação ao licitante vencedor;

XXII – homologada a licitação pela autoridade competente, o adjudicatário será convocado para assinar o contrato no prazo definido em edital; e

XXIII – se o licitante vencedor, convocado dentro do prazo de validade da sua proposta, não celebrar o contrato, aplicar-se-á o disposto no inciso XVI.

Art. 5º É vedada a exigência de:

I – garantia de proposta;

II – aquisição do edital pelos licitantes, como condição para participação no certame; e

III – pagamento de taxas e emolumentos, salvo os referentes a fornecimento do edital, que não serão superiores ao custo de sua reprodução gráfica, e aos custos de utilização de recursos de tecnologia da informação, quando for o caso.

Art. 6º O prazo de validade das propostas será de 60 (sessenta) dias, se outro não estiver fixado no edital.

Art. 7º Quem, convocado dentro do prazo de validade da sua proposta, não celebrar o contrato, deixar de entregar ou apresentar documentação falsa exigida para o certame, ensejar o retardamento da execução de seu objeto, não mantiver a proposta, falhar ou fraudar na execução do contrato, comportar-se de modo inidôneo ou cometer fraude fiscal, ficará impedido de licitar e contratar com a União, Estados, Distrito Federal ou Municípios e, será descredenciado no SICAF, ou nos sistemas de cadastramento de fornecedores a que se refere o inciso XIV do art. 4º desta Lei, pelo prazo de até 5 (cinco) anos, sem prejuízo das multas previstas em edital e no contrato e das demais cominações legais.

Art. 8º Os atos essenciais do pregão, inclusive os decorrentes de meios eletrônicos, serão documentados no processo respectivo, com vistas à aferição de sua regularidade pelos agentes de controle, nos termos do regulamento previsto no art. 2º.

Art. 9º Aplicam-se subsidiariamente, para a modalidade de pregão, as normas da Lei nº 8.666, de 21 de junho de 1993.

Art. 10. Ficam convalidados os atos praticados com base na Medida Provisória nº 2.182-18, de 23 de agosto de 2001.

Art. 11. As compras e contratações de bens e serviços comuns, no âmbito da União, dos Estados, do Distrito Federal e dos Municípios, quando efetuadas pelo sistema de registro de preços previsto no art. 15 da Lei nº 8.666, de 21 de junho de 1993, poderão adotar a modalidade de pregão, conforme regulamento específico.

Art. 12. A Lei nº 10.191, de 14 de fevereiro de 2001, passa a vigorar acrescida do seguinte artigo:

"Art. 2º-A. A União, os Estados, o Distrito Federal e os Municípios poderão adotar, nas licitações de registro de preços destinadas à aquisição de bens e serviços comuns da área da saúde, a modalidade do pregão, inclusive por meio eletrônico, observando-se o seguinte:

I – são considerados bens e serviços comuns da área da saúde, aqueles necessários ao atendimento dos órgãos que integram o Sistema Único de Saúde, cujos padrões de desempenho e qualidade possam ser objetivamente definidos no edital, por meio de especificações usuais do mercado.

II – quando o quantitativo total estimado para a contratação ou fornecimento não puder ser atendido pelo licitante vencedor, admitir-se-á a convocação de tantos licitantes quantos forem necessários para o atingimento da totalidade do quantitativo, respeitada a ordem de classificação, desde que os referidos licitantes aceitem praticar o mesmo preço da proposta vencedora.

III – na impossibilidade do atendimento ao disposto no inciso II, excepcionalmente, poderão ser registrados outros preços diferentes da proposta vencedora, desde que se trate de objetos de qualidade ou desempenho superior, devidamente justificada e comprovada a vantagem, e que as ofertas sejam em valor inferior ao limite máximo admitido."

Art. 13. Esta Lei entra em vigor na data de sua publicação.

Brasília, 17 de julho de 2002;
181º da Independência e
114º da República.

Fernando Henrique Cardoso

DECRETO Nº 4.334, DE 12 DE AGOSTO DE 2002

Dispõe sobre as audiências concedidas a particulares por agentes públicos em exercício na Administração Pública Federal direta, nas autarquias e fundações públicas federais.

▶ Publicado no *DOU* de 13-8-2002.

Art. 1º Este Decreto disciplina as audiências concedidas a particulares por agentes públicos em exercício na Administração Pública Federal direta, nas autarquias e nas fundações públicas federais.

Parágrafo único. Para os fins deste Decreto, considera-se:

I – agente público todo aquele, civil ou militar, que por força de lei, contrato ou qualquer outro ato jurídico detenha atribuição de se manifestar ou decidir sobre ato ou fato sujeito à sua área de atuação; e

II – particular todo aquele que, mesmo ocupante de cargo ou função pública, solicite audiência para tratar de interesse privado seu ou de terceiros.

Art. 2º O pedido de audiência efetuado por particular deverá ser dirigido ao agente público, por escrito, por meio de fax ou meio eletrônico, indicando:

I – a identificação do requerente;
II – data e hora em que pretende ser ouvido e, quando for o caso, as razões da urgência;
III – o assunto a ser abordado; e
IV – a identificação de acompanhantes, se houver, e seu interesse no assunto.

Art. 3º As audiências de que trata este Decreto terão sempre caráter oficial, ainda que realizadas fora do local de trabalho, devendo o agente público:

I – estar acompanhado nas audiências de pelo menos um outro servidor público ou militar; e
II – manter registro específico das audiências, com a relação das pessoas presentes e os assuntos tratados.

Parágrafo único. Na audiência a se realizar fora do local de trabalho, o agente público pode dispensar o acompanhamento de servidor público ou militar, sempre que reputar desnecessário, em função do tema a ser tratado.

Art. 4º As normas deste Decreto não geram direito a audiência.

Art. 5º Este Decreto não se aplica:

I – às audiências realizadas para tratar de matérias relacionadas à administração tributária, à supervisão bancária, à segurança e a outras sujeitas a sigilo legal; e
II – às hipóteses de atendimento aberto ao público.

Art. 6º Este Decreto entra em vigor trinta dias após sua publicação.

Art. 7º Ficam revogados os Decretos nº 4.232, de 14 de maio de 2002, 4.268, de 12 de junho de 2002, e o parágrafo único do art. 12 do Decreto nº 4.081, de 11 de janeiro de 2002.

Brasília, 12 de agosto de 2002;
181º da Independência e
141º da República.

Fernando Henrique Cardoso

LEI Nº 11.079, DE 30 DE DEZEMBRO DE 2004

Institui normas gerais para licitação e contratação de parceria público-privada no âmbito da administração pública.

▶ Publicada no *DOU* de 31-12-2004.

CAPÍTULO I

DISPOSIÇÕES PRELIMINARES

Art. 1º Esta Lei institui normas gerais para licitação e contratação de parceria público-privada no âmbito dos Poderes da União, dos Estados, do Distrito Federal e dos Municípios.

▶ Art. 37, *caput*, da CF.
▶ Lei nº 8.666, de 21-6-1993 (Lei de Licitações e Contratos Administrativos).

Parágrafo único. Esta Lei se aplica aos órgãos da Administração Pública direta, aos fundos especiais, às autarquias, às fundações públicas, às empresas públicas, às sociedades de economia mista e às demais entidades controladas direta ou indiretamente pela União, Estados, Distrito Federal e Municípios.

Art. 2º Parceria público-privada é o contrato administrativo de concessão, na modalidade patrocinada ou administrativa.

▶ Lei nº 8.666, de 21-6-1993 (Lei de Licitações e Contratos Administrativos).
▶ Lei nº 8.987, de 13-2-1995, dispõe sobre o regime de concessão e permissão da prestação de serviços públicos.

§ 1º Concessão patrocinada é a concessão de serviços públicos ou de obras públicas de que trata a Lei nº 8.987, de 13 de fevereiro de 1995, quando envolver, adicionalmente à tarifa cobrada dos usuários contraprestação pecuniária do parceiro público ao parceiro privado.

§ 2º Concessão administrativa é o contrato de prestação de serviços de que a Administração Pública seja a usuária direta ou indireta, ainda que envolva execução de obra ou fornecimento e instalação de bens.

§ 3º Não constitui parceria público-privada a concessão comum, assim entendida a concessão de serviços públicos ou de obras públicas de que trata a Lei nº 8.987, de 13 de fevereiro de 1995, quando não envolver contraprestação pecuniária do parceiro público ao parceiro privado.

§ 4º É vedada a celebração de contrato de parceria público-privada:

I – cujo valor do contrato seja inferior a R$ 20.000.000,00 (vinte milhões de reais);
II – cujo período de prestação do serviço seja inferior a 5 (cinco) anos; ou
III – que tenha como objeto único o fornecimento de mão de obra, o fornecimento e instalação de equipamentos ou a execução de obra pública.

Art. 3º As concessões administrativas regem-se por esta Lei, aplicando-se-lhes adicionalmente o disposto nos arts. 21, 23, 25 e 27 a 39 da Lei nº 8.987, de 13 de fevereiro de 1995, e no art. 31 da Lei nº 9.074, de 7 de julho de 1995.

▶ Dec. nº 5.977, de 1º-12-2006, regulamenta o *caput* deste artigo.

§ 1º As concessões patrocinadas regem-se por esta Lei, aplicando-se-lhes subsidiariamente o disposto na Lei nº 8.987, de 13 de fevereiro de 1995, e nas leis que lhe são correlatas.

▶ Dec. nº 5.977, de 1º-12-2006, regulamenta este parágrafo.

§ 2º As concessões comuns continuam regidas pela Lei nº 8.987, de 13 de fevereiro de 1995, e pelas leis que lhe são correlatas, não se lhes aplicando o disposto nesta Lei.

§ 3º Continuam regidos exclusivamente pela Lei nº 8.666, de 21 de junho de 1993, e pelas leis que lhe são correlatas os contratos administrativos que não caracterizem concessão comum, patrocinada ou administrativa.

Art. 4º Na contratação de parceria público-privada serão observadas as seguintes diretrizes:

I – eficiência no cumprimento das missões de Estado e no emprego dos recursos da sociedade;

▶ Art. 37, *caput*, da CF.

II – respeito aos interesses e direitos dos destinatários dos serviços e dos entes privados incumbidos da sua execução;
III – indelegabilidade das funções de regulação, jurisdicional, do exercício do poder de polícia e de outras atividades exclusivas do Estado;
IV – responsabilidade fiscal na celebração e execução das parcerias;

▶ LC nº 101, de 4-5-2000 (Lei de Responsabilidade Fiscal).

V – transparência dos procedimentos e das decisões;
VI – repartição objetiva de riscos entre as partes;
VII – sustentabilidade financeira e vantagens socioeconômicas dos projetos de parceria.

CAPÍTULO II

DOS CONTRATOS DE PARCERIA PÚBLICO-PRIVADA

Art. 5º As cláusulas dos contratos de parceria público-privada atenderão ao disposto no art. 23 da Lei nº 8.987, de 13 de fevereiro de 1995, no que couber, devendo também prever:

I – o prazo de vigência do contrato, compatível com a amortização dos investimentos realizados, não inferior a 5 (cinco), nem superior a 35 (trinta e cinco) anos, incluindo eventual prorrogação;
II – as penalidades aplicáveis à Administração Pública e ao parceiro privado em caso de inadimplemento contratual, fixadas sempre de forma proporcional à gravidade da falta cometida, e às obrigações assumidas;
III – a repartição de riscos entre as partes, inclusive os referentes a caso fortuito, força maior, fato do príncipe e álea econômica extraordinária;
IV – as formas de remuneração e de atualização dos valores contratuais;
V – os mecanismos para a preservação da atualidade da prestação dos serviços;
VI – os fatos que caracterizem a inadimplência pecuniária do parceiro público, os modos e o prazo de regularização e, quando houver, a forma de acionamento da garantia;
VII – os critérios objetivos de avaliação do desempenho do parceiro privado;
VIII – a prestação, pelo parceiro privado, de garantias de execução suficientes e compatíveis com os ônus e riscos envolvidos, observados os limites dos §§ 3º e 5º do art. 56 da Lei nº 8.666, de 21 de junho de 1993, e, no que se refere às concessões patrocinadas, o disposto no inciso XV do art. 18 da Lei nº 8.987, de 13 de fevereiro de 1995;
IX – o compartilhamento com a Administração Pública de ganhos econômicos efetivos do parceiro privado decorrentes da redução do risco de crédito dos financiamentos utilizados pelo parceiro privado;
X – a realização de vistoria dos bens reversíveis, podendo o parceiro público reter os pagamentos ao parceiro privado, no valor necessário para reparar as irregularidades eventualmente detectadas.

§ 1º As cláusulas contratuais de atualização automática de valores baseadas em índices e fórmulas matemáticas, quando houver, serão aplicadas sem necessidade de homologação pela Administração Pública, exceto se esta publicar, na imprensa oficial, onde houver, até o prazo de 15 (quinze) dias após apresentação da fatura, razões fundamentadas nesta Lei ou no contrato para a rejeição da atualização.

§ 2º Os contratos poderão prever adicionalmente:

I – os requisitos e condições em que o parceiro público autorizará a transferência do controle da sociedade de propósito específico para os seus financiadores, com o objetivo de promover a sua reestruturação financeira e assegurar a continuidade da prestação dos serviços, não se aplicando para este efeito o previsto no inciso I do parágrafo único do art. 27 da Lei nº 8.987, de 13 de fevereiro de 1995;
II – a possibilidade de emissão de empenho em nome dos financiadores do projeto em relação às obrigações pecuniárias da Administração Pública;
III – a legitimidade dos financiadores do projeto para receber indenizações por extinção antecipada do contrato, bem como pagamentos efetuados pelos fundos e empresas estatais garantidores de parcerias público-privadas.

Art. 6º A contraprestação da Administração Pública nos contratos de parceria público-privada poderá ser feita por:

I – ordem bancária;
II – cessão de créditos não tributários;
III – outorga de direitos em face da Administração Pública;
IV – outorga de direitos sobre bens públicos dominicais;
V – outros meios admitidos em lei.

Parágrafo único. O contrato poderá prever o pagamento ao parceiro privado de remuneração variável vinculada ao seu desempenho, conforme metas e padrões de qualidade e disponibilidade definidos no contrato.

Art. 7º A contraprestação da Administração Pública será obrigatoriamente precedida da disponibilização do serviço objeto do contrato de parceria público-privada.

▶ Art. 3º da Lei nº 9.791, de 24-3-1999, dispõe sobre a obrigatoriedade de as concessionárias de serviços públicos estabelecerem ao consumidor e ao usuário datas opcionais para o vencimento de seus débitos.

Parágrafo único. É facultado à Administração Pública, nos termos do contrato, efetuar o pagamento da contraprestação relativa a parcela fruível de serviço objeto do contrato de parceria público-privada.

Capítulo III

DAS GARANTIAS

Art. 8º As obrigações pecuniárias contraídas pela Administração Pública em contrato de parceria público-privada poderão ser garantidas mediante:

I – vinculação de receitas, observado o disposto no inciso IV do art. 167 da Constituição Federal;

II – instituição ou utilização de fundos especiais previstos em lei;

III – contratação de seguro-garantia com as companhias seguradoras que não sejam controladas pelo Poder Público;

IV – garantia prestada por organismos internacionais ou instituições financeiras que não sejam controladas pelo Poder Público;

▶ Art. 167 da CF.

V – garantias prestadas por fundo garantidor ou empresa estatal criada para essa finalidade;

VI – outros mecanismos admitidos em lei.

Capítulo IV

DA SOCIEDADE DE PROPÓSITO ESPECÍFICO

Art. 9º Antes da celebração do contrato, deverá ser constituída sociedade de propósito específico, incumbida de implantar e gerir o objeto da parceria.

§ 1º A transferência do controle da sociedade de propósito específico estará condicionada à autorização expressa da Administração Pública, nos termos do edital e do contrato, observado o disposto no parágrafo único do art. 27 da Lei nº 8.987, de 13 de fevereiro de 1995.

§ 2º A sociedade de propósito específico poderá assumir a forma de companhia aberta, com valores mobiliários admitidos a negociação no mercado.

▶ Arts. 1.088 e 1.089 do CC.
▶ Lei nº 6.404, de 15-12-1976 (Lei das Sociedades por Ações).

§ 3º A sociedade de propósito específico deverá obedecer a padrões de governança corporativa e adotar contabilidade e demonstrações financeiras padronizadas, conforme regulamento.

§ 4º Fica vedado à Administração Pública ser titular da maioria do capital votante das sociedades de que trata este Capítulo.

§ 5º A vedação prevista no § 4º deste artigo não se aplica à eventual aquisição da maioria do capital votante da sociedade de propósito específico por instituição financeira controlada pelo Poder Público em caso de inadimplemento de contratos de financiamento.

Capítulo V

DA LICITAÇÃO

Art. 10. A contratação de parceria público-privada será precedida de licitação na modalidade de concorrência, estando a abertura do processo licitatório condicionada a:

▶ Lei nº 8.666, de 21-6-1993 (Lei de Licitações e Contratos Administrativos).

I – autorização da autoridade competente, fundamentada em estudo técnico que demonstre:

a) a conveniência e a oportunidade da contratação, mediante identificação das razões que justifiquem a opção pela forma de parceria público-privada;

b) que as despesas criadas ou aumentadas não afetarão as metas de resultados fiscais previstas no Anexo referido no § 1º do art. 4º da Lei Complementar nº 101, de 4 de maio de 2000, devendo seus efeitos financeiros, nos períodos seguintes, ser compensados pelo aumento permanente de receita ou pela redução permanente de despesa; e

c) quando for o caso, conforme as normas editadas na forma do art. 25 desta Lei, a observância dos limites e condições decorrentes da aplicação dos arts. 29, 30 e 32 da Lei Complementar nº 101, de 4 de maio de 2000, pelas obrigações contraídas pela Administração Pública relativas ao objeto do contrato;

II – elaboração de estimativa do impacto orçamentário-financeiro nos exercícios em que deva vigorar o contrato de parceria público-privada;

III – declaração do ordenador da despesa de que as obrigações contraídas pela Administração Pública no decorrer do contrato são compatíveis com a lei de diretrizes orçamentárias e estão previstas na lei orçamentária anual;

IV – estimativa do fluxo de recursos públicos suficientes para o cumprimento, durante a vigência do contrato e por exercício financeiro, das obrigações contraídas pela Administração Pública;

V – seu objeto estar previsto no plano plurianual em vigor no âmbito onde o contrato será celebrado;

VI – submissão da minuta de edital e de contrato à consulta pública, mediante publicação na imprensa oficial, em jornais de grande circulação e por meio eletrônico, que deverá informar a justificativa para a contratação, a identificação do objeto, o prazo de duração do contrato, seu valor estimado, fixando-se prazo mínimo de 30 (trinta) dias para recebimento de sugestões, cujo termo dar-se-á pelo menos 7 (sete) dias antes da data prevista para a publicação do edital; e

VII – licença ambiental prévia ou expedição das diretrizes para o licenciamento ambiental do empreendimento, na forma do regulamento, sempre que o objeto do contrato exigir.

§ 1º A comprovação referida nas alíneas b e c do inciso I do caput deste artigo conterá as premissas e metodologia de cálculo utilizadas, observadas as normas gerais para consolidação das contas públicas, sem prejuízo do exame de compatibilidade das despesas com as demais normas do plano plurianual e da lei de diretrizes orçamentárias.

§ 2º Sempre que a assinatura do contrato ocorrer em exercício diverso daquele em que for publicado o edital, deverá ser precedida da atualização dos estudos e demonstrações a que se referem os incisos I a IV do *caput* deste artigo.

§ 3º As concessões patrocinadas em que mais de 70% (setenta por cento) da remuneração do parceiro privado for paga pela Administração Pública dependerão de autorização legislativa específica.

Art. 11. O instrumento convocatório conterá minuta do contrato, indicará expressamente a submissão da licitação às normas desta Lei e observará, no que couber, os §§ 3º e 4º do art. 15, os arts. 18, 19 e 21 da Lei nº 8.987, de 13 de fevereiro de 1995, podendo ainda prever:

▶ Lei nº 8.666, de 21-6-1993 (Lei de Licitações e Contratos Administrativos).

I – exigência de garantia de proposta do licitante, observado o limite do inciso III do art. 31 da Lei nº 8.666, de 21 de junho de 1993;

II – VETADO.

III – o emprego dos mecanismos privados de resolução de disputas, inclusive a arbitragem, a ser realizada no Brasil e em língua portuguesa, nos termos da Lei nº 9.307, de 23 de setembro de 1996, para dirimir conflitos decorrentes ou relacionados ao contrato.

Parágrafo único. O edital deverá especificar, quando houver, as garantias da contraprestação do parceiro público a serem concedidas ao parceiro privado.

Art. 12. O certame para a contratação de parcerias público-privadas obedecerá ao procedimento previsto na legislação vigente sobre licitações e contratos administrativos e também ao seguinte:

▶ Lei nº 8.666, de 21-6-1993 (Lei de Licitações e Contratos Administrativos).

I – o julgamento poderá ser precedido de etapa de qualificação de propostas técnicas, desclassificando-se os licitantes que não alcançarem a pontuação mínima, os quais não participarão das etapas seguintes;

II – o julgamento poderá adotar como critérios, além dos previstos nos incisos I e V do art. 15 da Lei nº 8.987, de 13 de fevereiro de 1995, os seguintes:

a) menor valor da contraprestação a ser paga pela Administração Pública;
b) melhor proposta em razão da combinação do critério da alínea a com o de melhor técnica, de acordo com os pesos estabelecidos no edital;

III – o edital definirá a forma de apresentação das propostas econômicas, admitindo-se:

a) propostas escritas em envelopes lacrados; ou
b) propostas escritas, seguidas de lances em viva voz;

IV – o edital poderá prever a possibilidade de saneamento de falhas, de complementação de insuficiências ou ainda de correções de caráter formal no curso do procedimento, desde que o licitante possa satisfazer as exigências dentro do prazo fixado no instrumento convocatório.

§ 1º Na hipótese da alínea *b* do inciso III do *caput* deste artigo:

I – os lances em viva voz serão sempre oferecidos na ordem inversa da classificação das propostas escritas, sendo vedado ao edital limitar a quantidade de lances;

II – o edital poderá restringir a apresentação de lances em viva voz aos licitantes cuja proposta escrita for no máximo 20% (vinte por cento) maior que o valor da melhor proposta.

§ 2º O exame de propostas técnicas, para fins de qualificação ou julgamento, será feito por ato motivado, com base em exigências, parâmetros e indicadores de resultado pertinentes ao objeto, definidos com clareza e objetividade no edital.

Art. 13. O edital poderá prever a inversão da ordem das fases de habilitação e julgamento, hipótese em que:

I – encerrada a fase de classificação das propostas ou o oferecimento de lances, será aberto o invólucro com os documentos de habilitação do licitante mais bem classificado, para verificação do atendimento das condições fixadas no edital;

II – verificado o atendimento das exigências do edital, o licitante será declarado vencedor;

III – inabilitado o licitante melhor classificado, serão analisados os documentos habilitatórios do licitante com a proposta classificada em 2º (segundo) lugar, e assim, sucessivamente, até que um licitante classificado atenda às condições fixadas no edital;

IV – proclamado o resultado final do certame, o objeto será adjudicado ao vencedor nas condições técnicas e econômicas por ele ofertadas.

CAPÍTULO VI
DISPOSIÇÕES APLICÁVEIS À UNIÃO

Art. 14. Será instituído, por decreto, órgão gestor de parcerias público-privadas federais, com competência para:

▶ Dec. nº 5.385, de 4-3-2005, instituiu o Comitê Gestor de Parceria Público-Privada Federal – CGP.

I – definir os serviços prioritários para execução no regime de parceria público-privada;
II – disciplinar os procedimentos para celebração desses contratos;
III – autorizar a abertura da licitação e aprovar seu edital;
IV – apreciar os relatórios de execução dos contratos.

§ 1º O órgão mencionado no *caput* deste artigo será composto por indicação nominal de um representante titular e respectivo suplente de cada um dos seguintes órgãos:

I – Ministério do Planejamento, Orçamento e Gestão, ao qual cumprirá a tarefa de coordenação das respectivas atividades;
II – Ministério da Fazenda;
III – Casa Civil da Presidência da República.

§ 2º Das reuniões do órgão a que se refere o *caput* deste artigo para examinar projetos de parceria público-privada participará um representante do órgão da Administração Pública direta cuja área de competência seja pertinente ao objeto do contrato em análise.

§ 3º Para deliberação do órgão gestor sobre a contratação de parceria público-privada, o expediente deverá estar instruído com pronunciamento prévio e fundamentado:

I – do Ministério do Planejamento, Orçamento e Gestão, sobre o mérito do projeto;

II – do Ministério da Fazenda, quanto à viabilidade da concessão da garantia e à sua forma, relativamente aos riscos para o Tesouro Nacional e ao cumprimento do limite de que trata o art. 22 desta Lei.

§ 4º Para o desempenho de suas funções, o órgão citado no *caput* deste artigo poderá criar estrutura de apoio técnico com a presença de representantes de instituições públicas.

§ 5º O órgão de que trata o *caput* deste artigo remeterá ao Congresso Nacional e ao Tribunal de Contas da União, com periodicidade anual, relatórios de desempenho dos contratos de parceria público-privada.

§ 6º Para fins do atendimento do disposto no inciso V do art. 4º desta Lei, ressalvadas as informações classificadas como sigilosas, os relatórios de que trata o § 5º deste artigo serão disponibilizados ao público, por meio de rede pública de transmissão de dados.

Art. 15. Compete aos Ministérios e às Agências Reguladoras, nas suas respectivas áreas de competência, submeter o edital de licitação ao órgão gestor, proceder à licitação, acompanhar e fiscalizar os contratos de parceria público-privada.

Parágrafo único. Os Ministérios e Agências Reguladoras encaminharão ao órgão a que se refere o *caput* do art. 14 desta Lei, com periodicidade semestral, relatórios circunstanciados acerca da execução dos contratos de parceria público-privada, na forma definida em regulamento.

Art. 16. *Ficam a União, seus fundos especiais, suas autarquias, suas fundações públicas e suas empresas estatais dependentes autorizadas a participar, no limite global de R$ 6.000.000.000,00 (seis bilhões de reais), em Fundo Garantidor de Parcerias Público-Privadas – FGP, que terá por finalidade prestar garantia de pagamento de obrigações pecuniárias assumidas pelos parceiros públicos federais em virtude das parcerias de que trata esta Lei.*

▶ *Caput* com a redação dada pela Lei nº 12.409, de 25-5-2011.

▶ Dec. nº 5.411, de 6-4-2005, autoriza a integralização de cotas no Fundo Garantidor de Parcerias Público-Privadas – FGP.

§ 1º O FGP terá natureza privada e patrimônio próprio separado do patrimônio dos cotistas, e será sujeito a direitos e obrigações próprios.

§ 2º O patrimônio do Fundo será formado pelo aporte de bens e direitos realizado pelos cotistas, por meio da integralização de cotas e pelos rendimentos obtidos com sua administração.

§ 3º Os bens e direitos transferidos ao Fundo serão avaliados por empresa especializada, que deverá apresentar laudo fundamentado, com indicação dos critérios de avaliação adotados e instruído com os documentos relativos aos bens avaliados.

§ 4º A integralização das cotas poderá ser realizada em dinheiro, títulos da dívida pública, bens imóveis dominicais, bens móveis, inclusive ações de sociedade de economia mista federal excedentes ao necessário para manutenção de seu controle pela União, ou outros direitos com valor patrimonial.

§ 5º O FGP responderá por suas obrigações com os bens e direitos integrantes de seu patrimônio, não respondendo os cotistas por qualquer obrigação do Fundo, salvo pela integralização das cotas que subscreverem.

§ 6º A integralização com bens a que se refere o § 4º deste artigo será feita independentemente de licitação, mediante prévia avaliação e autorização específica do Presidente da República, por proposta do Ministro da Fazenda.

§ 7º O aporte de bens de uso especial ou de uso comum no FGP será condicionado a sua desafetação de forma individualizada.

§ 8º A capitalização do FGP, quando realizada por meio de recursos orçamentários, dar-se-á por ação orçamentária específica para esta finalidade, no âmbito de Encargos Financeiros da União.

▶ § 8º com a redação dada pela Lei nº 12.409, de 25-5-2011.

Art. 17. O FGP será criado, administrado, gerido e representado judicial e extrajudicialmente por instituição financeira controlada, direta ou indiretamente, pela União, com observância das normas a que se refere o inciso XXII do art. 4º da Lei nº 4.595, de 31 de dezembro de 1964.

§ 1º O estatuto e o regulamento do FGP serão aprovados em assembleia dos cotistas.

§ 2º A representação da União na assembleia dos cotistas dar-se-á na forma do inciso V do art. 10 do Decreto-Lei nº 147, de 3 de fevereiro de 1967.

§ 3º Caberá à instituição financeira deliberar sobre a gestão e alienação dos bens e direitos do FGP, zelando pela manutenção de sua rentabilidade e liquidez.

Art. 18. *O estatuto e o regulamento do FGP devem deliberar sobre a política de concessão de garantias, inclusive no que se refere à relação entre ativos e passivos do Fundo.*

▶ *Caput* com a redação dada pela Lei nº 12.409, de 25-5-2011.

§ 1º A garantia será prestada na forma aprovada pela assembleia dos cotistas, nas seguintes modalidades:

I – fiança, sem benefício de ordem para o fiador;

II – penhor de bens móveis ou de direitos integrantes do patrimônio do FGP, sem transferência da posse da coisa empenhada antes da execução da garantia;

III – hipoteca de bens imóveis do patrimônio do FGP;

IV – alienação fiduciária, permanecendo a posse direta dos bens com o FGP ou com agente fiduciário por ele contratado antes da execução da garantia;

V – outros contratos que produzam efeito de garantia, desde que não transfiram a titularidade ou posse direta dos bens ao parceiro privado antes da execução da garantia;

VI – garantia, real ou pessoal, vinculada a um patrimônio de afetação constituído em decorrência da separação de bens e direitos pertencentes ao FGP.

§ 2º O FGP poderá prestar contra-garantias a seguradoras, instituições financeiras e organismos internacionais que garantirem o cumprimento das obrigações pecuniárias dos cotistas em contratos de parceria público-privadas.

§ 3º A quitação pelo parceiro público de cada parcela de débito garantido pelo FGP importará exoneração proporcional da garantia.

§ 4º No caso de crédito líquido e certo, constante de título exigível aceito e não pago pelo parceiro público, a garantia poderá ser acionada pelo parceiro privado a partir do 45º (quadragésimo quinto) dia do seu vencimento.

§ 5º O parceiro privado poderá acionar a garantia relativa a débitos constantes de faturas emitidas e ainda não aceitas pelo parceiro público, desde que, transcorridos mais de 90 (noventa) dias de seu vencimento, não tenha havido sua rejeição expressa por ato motivado.

§ 6º A quitação de débito pelo FGP importará sua sub-rogação nos direitos do parceiro privado.

§ 7º Em caso de inadimplemento, os bens e direitos do Fundo poderão ser objeto de constrição judicial e alienação para satisfazer as obrigações garantidas.

§ 8º *O FGP poderá usar parcela da cota da União para prestar garantia aos seus fundos especiais, às suas autarquias, às suas fundações públicas e às suas empresas estatais dependentes.*

▶ § 8º com a redação dada pela Lei nº 12.409, de 25-5-2011.

Art. 19. O FGP não pagará rendimentos a seus cotistas, assegurando-se a qualquer deles o direito de requerer o resgate total ou parcial de suas cotas, correspondente ao patrimônio ainda não utilizado para a concessão de garantias, fazendo-se a liquidação com base na situação patrimonial do Fundo.

Art. 20. A dissolução do FGP, deliberada pela assembleia dos cotistas, ficará condicionada à prévia quitação da totalidade dos débitos garantidos ou liberação das garantias pelos credores.

Parágrafo único. Dissolvido o FGP, o seu patrimônio será rateado entre os cotistas, com base na situação patrimonial à data da dissolução.

Art. 21. É facultada a constituição de patrimônio de afetação que não se comunicará com o restante do patrimônio do FGP, ficando vinculado exclusivamente à garantia em virtude da qual tiver sido constituído, não podendo ser objeto de penhora, arresto, sequestro, busca e apreensão ou qualquer ato de constrição judicial decorrente de outras obrigações do FGP.

Parágrafo único. A constituição do patrimônio de afetação será feita por registro em Cartório de Registro de Títulos e Documentos ou, no caso de bem imóvel, no Cartório de Registro Imobiliário correspondente.

Art. 22. A União somente poderá contratar parceria público-privada quando a soma das despesas de caráter continuado derivadas do conjunto das parcerias já contratadas não tiver excedido, no ano anterior, a 1% (um por cento) da receita corrente líquida do exercício, e as despesas anuais dos contratos vigentes, nos 10 (dez) anos subsequentes, não excedam a 1% (um por cento) da receita corrente líquida projetada para os respectivos exercícios.

CAPÍTULO VII

DISPOSIÇÕES FINAIS

Art. 23. Fica a União autorizada a conceder incentivo, nos termos do Programa de Incentivo à Implementação de Projetos de Interesse Social – PIPS, instituído pela Lei nº 10.735, de 11 de setembro de 2003, às aplicações em fundos de investimento, criados por instituições financeiras, em direitos creditórios provenientes dos contratos de parcerias público-privadas.

Art. 24. O Conselho Monetário Nacional estabelecerá, na forma da legislação pertinente, as diretrizes para a concessão de crédito destinado ao financiamento de contratos de parcerias público-privadas, bem como para participação de entidades fechadas de previdência complementar.

Art. 25. A Secretaria do Tesouro Nacional editará, na forma da legislação pertinente, normas gerais relativas à consolidação das contas públicas aplicáveis aos contratos de parceria público-privada.

Art. 26. O inciso I do § 1º do art. 56 da Lei nº 8.666, de 21 de junho de 1993, passa a vigorar com a seguinte redação:

▶ Alteração inserida no texto da referida Lei.

Art. 27. As operações de crédito efetuadas por empresas públicas ou sociedades de economia mista controladas pela União não poderão exceder a 70% (setenta por cento) do total das fontes de recursos financeiros da sociedade de propósito específico, sendo que para as áreas das regiões Norte, Nordeste e Centro-Oeste, onde o Índice de Desenvolvimento Humano – IDH seja inferior à média nacional, essa participação não poderá exceder a 80% (oitenta por cento).

§ 1º Não poderão exceder a 80% (oitenta por cento) do total das fontes de recursos financeiros da sociedade de propósito específico ou 90% (noventa por cento) nas áreas das regiões Norte, Nordeste e Centro-Oeste, onde o Índice de Desenvolvimento Humano – IDH seja inferior à média nacional, as operações de crédito ou contribuições de capital realizadas cumulativamente por:

I – entidades fechadas de previdência complementar;
II – empresas públicas ou sociedades de economia mista controladas pela União.

§ 2º Para fins do disposto neste artigo, entende-se por fonte de recursos financeiros as operações de crédito e contribuições de capital à sociedade de propósito específico.

Art. 28. A União não poderá conceder garantia e realizar transferência voluntária aos Estados, Distrito Federal e Municípios se a soma das despesas de caráter continuado derivadas do conjunto das parcerias já contratadas por esses entes tiver excedido, no ano anterior, a 3% (três por cento) da receita corrente líquida do exercício ou se as despesas anuais dos contratos vigentes nos 10 (dez) anos subsequentes excederem a 3% (três por cento) da receita corrente líquida projetada para os respectivos exercícios.

▶ *Caput* com a redação dada pela Lei nº 12.024, de 27-8-2009.

§ 1º Os Estados, o Distrito Federal e os Municípios que contratarem empreendimentos por intermédio de parcerias público-privadas deverão encaminhar ao Senado Federal e à Secretaria do Tesouro Nacional, previamente à contratação, as informações necessárias para cumprimento do previsto no *caput* deste artigo.

§ 2º Na aplicação do limite previsto no *caput* deste artigo, serão computadas as despesas derivadas de contratos de parceria celebrados pela administração pública direta, autarquias, fundações públicas, empresas públicas, sociedades de economia mista e demais entidades controladas, direta ou indiretamente, pelo respectivo ente, excluídas as empresas estatais não dependentes.

▶ § 2º com a redação dada pela Lei nº 12.024, de 27-8-2009.

§ 3º VETADO.

Art. 29. Serão aplicáveis, no que couber, as penalidades previstas no Decreto-Lei nº 2.848, de 7 de dezembro de 1940 – Código Penal, na Lei nº 8.429, de 2 de junho de 1992 – Lei de Improbidade Administrativa, na Lei nº 10.028, de 19 de outubro de 2000 – Lei dos Crimes Fiscais, no Decreto-Lei nº 201, de 27 de fevereiro de 1967, e na Lei nº 1.079, de 10 de abril de 1950, sem prejuízo das penalidades financeiras previstas contratualmente.

Art. 30. Esta Lei entra em vigor na data de sua publicação.

Brasília, 30 de dezembro de 2004; 183º da Independência e 116º da República.

Luiz Inácio Lula da Silva

LEI Nº 11.107, DE 6 DE ABRIL DE 2005

Dispõe sobre normas gerais de contratação de consórcios públicos e dá outras providências.

▶ Publicada no *DOU* de 7-4-2005.
▶ Dec. nº 6.017, de 17-1-2007, regulamenta esta Lei.
▶ Art. 8º da Lei nº 11.445, de 5-1-2007, que estabelece diretrizes nacionais para o saneamento básico.

Art. 1º Esta Lei dispõe sobre normas gerais para a União, os Estados, o Distrito Federal e os Municípios contratarem consórcios públicos para a realização de objetivos de interesse comum e dá outras providências.

§ 1º O consórcio público constituirá associação pública ou pessoa jurídica de direito privado.

§ 2º A União somente participará de consórcios públicos em que também façam parte todos os Estados em cujos territórios estejam situados os Municípios consorciados.

§ 3º Os consórcios públicos, na área de saúde, deverão obedecer aos princípios, diretrizes e normas que regulam o Sistema Único de Saúde – SUS.

▶ Lei nº 8.080, de 19-9-1990, dispõe sobre as condições para a promoção, proteção e recuperação da saúde, a organização e o funcionamento dos serviços correspondentes.

Art. 2º Os objetivos dos consórcios públicos serão determinados pelos entes da Federação que se consorciarem, observados os limites constitucionais.

§ 1º Para o cumprimento de seus objetivos, o consórcio público poderá:

I – firmar convênios, contratos, acordos de qualquer natureza, receber auxílios, contribuições e subvenções sociais ou econômicas de outras entidades e órgãos do governo;

▶ Art. 112 da Lei nº 8.666, de 21-6-1993 (Lei de Licitações e Contratos Administrativos).

II – nos termos do contrato de consórcio de direito público, promover desapropriações e instituir servidões nos termos de declaração de utilidade ou necessidade pública, ou interesse social, realizada pelo Poder Público; e

▶ Dec.-lei nº 3.365, de 21-6-1941 (Lei das Desapropriações).

III – ser contratado pela administração direta ou indireta dos entes da Federação consorciados, dispensada a licitação.

§ 2º Os consórcios públicos poderão emitir documentos de cobrança e exercer atividades de arrecadação de tarifas e outros preços públicos pela prestação de serviços ou pelo uso ou outorga de uso de bens públicos por eles administrados ou, mediante autorização específica, pelo ente da Federação consorciado.

▶ Art. 24, XXVI, da Lei nº 8.666, de 21-6-1993 (Lei de Licitações e Contratos Administrativos).

§ 3º Os consórcios públicos poderão outorgar concessão, permissão ou autorização de obras ou serviços públicos mediante autorização prevista no contrato de consórcio público, que deverá indicar de forma específica o objeto da concessão, permissão ou autorização e as condições a que deverá atender, observada a legislação de normas gerais em vigor.

▶ Lei nº 8.987, de 13-2-1995 (Lei da Concessão e Permissão da Prestação de Serviços Públicos).

Art. 3º O consórcio público será constituído por contrato cuja celebração dependerá da prévia subscrição de protocolo de intenções.

▶ Lei nº 8.666, de 21-6-1993 (Lei de Licitações e Contratos Administrativos).

Art. 4º São cláusulas necessárias do protocolo de intenções as que estabeleçam:

I – a denominação, a finalidade, o prazo de duração e a sede do consórcio;

II – a identificação dos entes da Federação consorciados;

III – a indicação da área de atuação do consórcio;

IV – a previsão de que o consórcio público é associação pública ou pessoa jurídica de direito privado sem fins econômicos;

V – os critérios para, em assuntos de interesse comum, autorizar o consórcio público a representar os entes da Federação consorciados perante outras esferas de governo;

VI – as normas de convocação e funcionamento da assembleia-geral, inclusive para a elaboração, aprovação e modificação dos estatutos do consórcio público;

VII – a previsão de que a assembleia-geral é a instância máxima do consórcio público e o número de votos para as suas deliberações;

VIII – a forma de eleição e a duração do mandato do representante legal do consórcio público que, obrigatoriamente, deverá ser Chefe do Poder Executivo de ente da Federação consorciado;

IX – o número, as formas de provimento e a remuneração dos empregados públicos, bem como os casos de contratação por tempo determinado para atender a necessidade temporária de excepcional interesse público;

X – as condições para que o consórcio público celebre contrato de gestão ou termo de parceria;

XI – a autorização para a gestão associada de serviços públicos, explicitando:

a) as competências cujo exercício se transferiu ao consórcio público;
b) os serviços públicos objeto da gestão associada e a área em que serão prestados;
c) a autorização para licitar ou outorgar concessão, permissão ou autorização da prestação dos serviços;
d) as condições a que deve obedecer o contrato de programa, no caso de a gestão associada envolver também a prestação de serviços por órgão ou entidade de um dos entes da Federação consorciados;
e) os critérios técnicos para cálculo do valor das tarifas e de outros preços públicos, bem como para seu reajuste ou revisão; e

XII – o direito de qualquer dos contratantes, quando adimplente com suas obrigações, de exigir o pleno cumprimento das cláusulas do contrato de consórcio público.

§ 1º Para os fins do inciso III do *caput* deste artigo, considera-se como área de atuação do consórcio público, independentemente de figurar a União como consorciada, a que corresponde à soma dos territórios:

I – dos Municípios, quando o consórcio público for constituído somente por Municípios ou por um Estado e Municípios com territórios nele contidos;
II – dos Estados ou dos Estados e do Distrito Federal, quando o consórcio público for, respectivamente, constituído por mais de 1 (um) Estado ou por 1 (um) ou mais Estados e o Distrito Federal;
III – VETADO;
IV – dos Municípios e do Distrito Federal, quando o consórcio for constituído pelo Distrito Federal e os Municípios; e
V – VETADO.

§ 2º O protocolo de intenções deve definir o número de votos que cada ente da Federação consorciado possui na assembleia-geral, sendo assegurado 1 (um) voto a cada ente consorciado.

§ 3º É nula a cláusula do contrato de consórcio que preveja determinadas contribuições financeiras ou econômicas de ente da Federação ao consórcio público, salvo a doação, destinação ou cessão do uso de bens móveis ou imóveis e as transferências ou cessões de direitos operadas por força de gestão associada de serviços públicos.

§ 4º Os entes da Federação consorciados, ou os com eles conveniados, poderão ceder-lhe servidores, na forma e condições da legislação de cada um.

§ 5º O protocolo de intenções deverá ser publicado na imprensa oficial.

Art. 5º O contrato de consórcio público será celebrado com a ratificação, mediante lei, do protocolo de intenções.

§ 1º O contrato de consórcio público, caso assim preveja cláusula, pode ser celebrado por apenas 1 (uma) parcela dos entes da Federação que subscreveram o protocolo de intenções.

§ 2º A ratificação pode ser realizada com reserva que, aceita pelos demais entes subscritores, implicará consorciamento parcial ou condicional.

§ 3º A ratificação realizada após 2 (dois) anos da subscrição do protocolo de intenções dependerá de homologação da assembleia-geral do consórcio público.

§ 4º É dispensado da ratificação prevista no *caput* deste artigo o ente da Federação que, antes de subscrever o protocolo de intenções, disciplinar por lei a sua participação no consórcio público.

Art. 6º O consórcio público adquirirá personalidade jurídica:

I – de direito público, no caso de constituir associação pública, mediante a vigência das leis de ratificação do protocolo de intenções;
II – de direito privado, mediante o atendimento dos requisitos da legislação civil.

§ 1º O consórcio público com personalidade jurídica de direito público integra a administração indireta de todos os entes da Federação consorciados.

§ 2º No caso de se revestir de personalidade jurídica de direito privado, o consórcio público observará as normas de direito público no que concerne à realização de licitação, celebração de contratos, prestação de contas e admissão de pessoal, que será regido pela Consolidação das Leis do Trabalho – CLT.

Art. 7º Os estatutos disporão sobre a organização e o funcionamento de cada um dos órgãos constitutivos do consórcio público.

Art. 8º Os entes consorciados somente entregarão recursos ao consórcio público mediante contrato de rateio.

§ 1º O contrato de rateio será formalizado em cada exercício financeiro e seu prazo de vigência não será superior ao das dotações que o suportam, com exceção dos contratos que tenham por objeto exclusivamente projetos consistentes em programas e ações contemplados em plano plurianual ou a gestão associada de serviços públicos custeados por tarifas ou outros preços públicos.

§ 2º É vedada a aplicação dos recursos entregues por meio de contrato de rateio para o atendimento de despesas genéricas, inclusive transferências ou operações de crédito.

§ 3º Os entes consorciados, isolados ou em conjunto, bem como o consórcio público, são partes legítimas para exigir o cumprimento das obrigações previstas no contrato de rateio.

§ 4º Com o objetivo de permitir o atendimento dos dispositivos da Lei Complementar nº 101, de 4 de maio de 2000, o consórcio público deve fornecer as informações necessárias para que sejam consolidadas, nas contas dos entes consorciados, todas as despesas realizadas com os recursos entregues em virtude de contrato de rateio, de forma que possam ser contabilizadas nas contas de cada ente da Federação na conformidade dos elementos econômicos e das atividades ou projetos atendidos.

§ 5º Poderá ser excluído do consórcio público, após prévia suspensão, o ente consorciado que não consignar, em sua lei orçamentária ou em créditos adicionais, as dotações suficientes para suportar as despesas assumidas por meio de contrato de rateio.

Art. 9º A execução das receitas e despesas do consórcio público deverá obedecer às normas de direito financeiro aplicáveis às entidades públicas.

Parágrafo único. O consórcio público está sujeito à fiscalização contábil, operacional e patrimonial pelo

Tribunal de Contas competente para apreciar as contas do Chefe do Poder Executivo representante legal do consórcio, inclusive quanto à legalidade, legitimidade e economicidade das despesas, atos, contratos e renúncia de receitas, sem prejuízo do controle externo a ser exercido em razão de cada um dos contratos de rateio.

Art. 10. VETADO.

Parágrafo único. Os agentes públicos incumbidos da gestão de consórcio não responderão pessoalmente pelas obrigações contraídas pelo consórcio público, mas responderão pelos atos praticados em desconformidade com a lei ou com as disposições dos respectivos estatutos.

Art. 11. A retirada do ente da Federação do consórcio público dependerá de ato formal de seu representante na assembleia-geral, na forma previamente disciplinada por lei.

§ 1º Os bens destinados ao consórcio público pelo consorciado que se retira somente serão revertidos ou retrocedidos no caso de expressa previsão no contrato de consórcio público ou no instrumento de transferência ou de alienação.

§ 2º A retirada ou a extinção do consórcio público não prejudicará as obrigações já constituídas, inclusive os contratos de programa, cuja extinção dependerá do prévio pagamento das indenizações eventualmente devidas.

Art. 12. A alteração ou a extinção de contrato de consórcio público dependerá de instrumento aprovado pela assembleia-geral, ratificado mediante lei por todos os entes consorciados.

§ 1º Os bens, direitos, encargos e obrigações decorrentes da gestão associada de serviços públicos custeados por tarifas ou outra espécie de preço público serão atribuídos aos titulares dos respectivos serviços.

§ 2º Até que haja decisão que indique os responsáveis por cada obrigação, os entes consorciados responderão solidariamente pelas obrigações remanescentes, garantindo o direito de regresso em face dos entes beneficiados ou dos que deram causa à obrigação.

Art. 13. Deverão ser constituídas e reguladas por contrato de programa, como condição de sua validade, as obrigações que um ente da Federação constituir para com outro ente da Federação ou para com consórcio público no âmbito de gestão associada em que haja a prestação de serviços públicos ou a transferência total ou parcial de encargos, serviços, pessoal ou de bens necessários à continuidade dos serviços transferidos.

§ 1º O contrato de programa deverá:

I – atender à legislação de concessões e permissões de serviços públicos e, especialmente no que se refere ao cálculo de tarifas e de outros preços públicos, à de regulação dos serviços a serem prestados; e

II – prever procedimentos que garantam a transparência da gestão econômica e financeira de cada serviço em relação a cada um de seus titulares.

§ 2º No caso de a gestão associada originar a transferência total ou parcial de encargos, serviços, pessoal e bens essenciais à continuidade dos serviços transferidos, o contrato de programa, sob pena de nulidade, deverá conter cláusulas que estabeleçam:

I – os encargos transferidos e a responsabilidade subsidiária da entidade que os transferiu;

II – as penalidades no caso de inadimplência em relação aos encargos transferidos;

III – o momento de transferência dos serviços e os deveres relativos a sua continuidade;

IV – a indicação de quem arcará com o ônus e os passivos do pessoal transferido;

V – a identificação dos bens que terão apenas a sua gestão e administração transferidas e o preço dos que sejam efetivamente alienados ao contratado;

VI – o procedimento para o levantamento, cadastro e avaliação dos bens reversíveis que vierem a ser amortizados mediante receitas de tarifas ou outras emergentes da prestação dos serviços.

§ 3º É nula a cláusula de contrato de programa que atribuir ao contratado o exercício dos poderes de planejamento, regulação e fiscalização dos serviços por ele próprio prestados.

§ 4º O contrato de programa continuará vigente mesmo quando extinto o consórcio público ou o convênio de cooperação que autorizou a gestão associada de serviços públicos.

§ 5º Mediante previsão do contrato de consórcio público, ou de convênio de cooperação, o contrato de programa poderá ser celebrado por entidades de direito público ou privado que integrem a administração indireta de qualquer dos entes da Federação consorciados ou conveniados.

§ 6º O contrato celebrado na forma prevista no § 5º deste artigo será automaticamente extinto no caso de o contratado não mais integrar a administração indireta do ente da Federação que autorizou a gestão associada de serviços públicos por meio de consórcio público ou de convênio de cooperação.

§ 7º Excluem-se do previsto no *caput* deste artigo as obrigações cujo descumprimento não acarrete qualquer ônus, inclusive financeiro, a ente da Federação ou a consórcio público.

Art. 14. A União poderá celebrar convênios com os consórcios públicos, com o objetivo de viabilizar a descentralização e a prestação de políticas públicas em escalas adequadas.

Art. 15. No que não contrariar esta Lei, a organização e funcionamento dos consórcios públicos serão disciplinados pela legislação que rege as associações civis.

Art. 16. O inciso IV do art. 41 da Lei nº 10.406, de 10 de janeiro de 2002 – Código Civil, passa a vigorar com a seguinte redação:

Art. 41. ....

IV – as autarquias, inclusive as associações públicas;
....

Art. 17. Os arts. 23, 24, 26 e 112 da Lei nº 8.666, de 21 de junho de 1993, passam a vigorar com a seguinte redação:

▶ Alterações inseridas no texto da referida Lei.

Art. 18. O art. 10 da Lei nº 8.429, de 2 de junho de 1992, passa a vigorar acrescido dos seguintes incisos:

▶ Alterações inseridas no texto da referida Lei.

Art. 19. O disposto nesta Lei não se aplica aos convênios de cooperação, contratos de programa para gestão associada de serviços públicos ou instrumentos congêneres, que tenham sido celebrados anteriormente a sua vigência.

Art. 20. O Poder Executivo da União regulamentará o disposto nesta Lei, inclusive as normas gerais de contabilidade pública que serão observadas pelos consórcios públicos para que sua gestão financeira e orçamentária se realize na conformidade dos pressupostos da responsabilidade fiscal.

Art. 21. Esta Lei entra em vigor na data de sua publicação.

Brasília, 6 de abril de 2005;
184º da Independência e
117º da República.

Luiz Inácio Lula da Silva

LEI Nº 11.111,
DE 5 DE MAIO DE 2005

Regulamenta a parte final do disposto no inciso XXXIII do caput do art. 5º da Constituição Federal e dá outras providências.

▶ Publicada no *DOU* de 6-5-2005.
▶ Lei nº 8.159, de 8-1-1991, dispõe sobre a política nacional de arquivos públicos e privados.
▶ *Lei nº 12.527, de 18-11-2011 (Lei do Acesso à Informação) DOU de 18-11-2011, edição extra, para vigorar 180 dias após a data de sua publicação, quando ficará revogada a Lei nº 11.111, de 5-5-2005.*
▶ Dec. nº 5.301, de 9-12-2004, regulamenta a MP nº 228, de 9-12-2004, que foi convertida nesta Lei.
▶ Port. do MJ nº 417, de 5-4-2011, regulamenta o procedimento de acesso aos documentos produzidos e acumulados por órgãos e entidades integrantes, direta ou indiretamente, do extinto Sistema Nacional de Informações e Contrainformação – SISNI, relacionados ao regime militar que vigorou entre os anos de 1964 e 1985, que estejam sob a guarda do Arquivo Nacional.

Art. 1º Esta Lei regulamenta a parte final do disposto no inciso XXXIII do *caput* do art. 5º da Constituição Federal.

Art. 2º O acesso aos documentos públicos de interesse particular ou de interesse coletivo ou geral será ressalvado exclusivamente nas hipóteses em que o sigilo seja ou permaneça imprescindível à segurança da sociedade e do Estado, nos termos do disposto na parte final do inciso XXXIII do *caput* do art. 5º da Constituição Federal.

Art. 3º Os documentos públicos que contenham informações cujo sigilo seja imprescindível à segurança da sociedade e do Estado poderão ser classificados no mais alto grau de sigilo, conforme regulamento.

Art. 4º O Poder Executivo instituirá, no âmbito da Casa Civil da Presidência da República, Comissão de Averiguação e Análise de Informações Sigilosas, com a finalidade de decidir sobre a aplicação da ressalva ao acesso de documentos, em conformidade com o disposto nos parágrafos do art. 6º desta Lei.

Art. 5º Os Poderes Legislativo e Judiciário, o Ministério Público da União e o Tribunal de Contas da União disciplinarão internamente sobre a necessidade de manutenção da proteção das informações por eles produzidas, cujo sigilo seja imprescindível à segurança da sociedade e do Estado, bem como a possibilidade de seu acesso quando cessar essa necessidade, observada a Lei nº 8.159, de 8 de janeiro de 1991, e o disposto nesta Lei.

Art. 6º O acesso aos documentos públicos classificados no mais alto grau de sigilo poderá ser restringido pelo prazo e prorrogação previstos no § 2º do art. 23 da Lei nº 8.159, de 8 de janeiro de 1991.

▶ Lei nº 8.159, de 8-1-1991, dispõe sobre a política nacional de arquivos públicos e privados.

§ 1º Vencido o prazo ou sua prorrogação de que trata o *caput* deste artigo, os documentos classificados no mais alto grau de sigilo tornar-se-ão de acesso público.

§ 2º Antes de expirada a prorrogação do prazo de que trata o *caput* deste artigo, a autoridade competente para a classificação do documento no mais alto grau de sigilo poderá provocar, de modo justificado, a manifestação da Comissão de Averiguação e Análise de Informações Sigilosas para que avalie se o acesso ao documento ameaçará a soberania, a integridade territorial nacional ou as relações internacionais do País, caso em que a Comissão poderá manter a permanência da ressalva ao acesso do documento pelo tempo que estipular.

§ 3º Qualquer pessoa que demonstre possuir efetivo interesse poderá provocar, no momento que lhe convier, a manifestação da Comissão de Averiguação e Análise de Informações Sigilosas para que reveja a decisão de ressalva a acesso de documento público classificado no mais alto grau de sigilo.

§ 4º Na hipótese a que se refere o § 3º deste artigo, a Comissão de Averiguação e Análise de Informações Sigilosas decidirá pela:

I – autorização de acesso livre ou condicionado ao documento; ou

II – permanência da ressalva ao seu acesso.

Art. 7º Os documentos públicos que contenham informações relacionadas à intimidade, vida privada, honra e imagem de pessoas, e que sejam ou venham a ser de livre acesso poderão ser franqueados por meio de certidão ou cópia do documento, que expurgue ou oculte a parte sobre a qual recai o disposto no inciso X do *caput* do art. 5º da Constituição Federal.

Parágrafo único. As informações sobre as quais recai o disposto no inciso X do *caput* do art. 5º da Constituição Federal terão o seu acesso restrito à pessoa diretamente interessada ou, em se tratando de morto ou ausente, ao seu cônjuge, ascendentes ou descendentes, no prazo de que trata o § 3º do art. 23 da Lei nº 8.159, de 8 de janeiro de 1991.

▶ Lei nº 8.159, de 8-1-1991, dispõe sobre a política nacional de arquivos públicos e privados.

Art. 8º Esta Lei entra em vigor na data de sua publicação.

Brasília, 5 de maio de 2005;
184º da Independência e
117º da República.

Luiz Inácio Lula da Silva

DECRETO Nº 5.450, DE 31 DE MAIO DE 2005

Regulamenta o pregão, na forma eletrônica, para aquisição de bens e serviços comuns, e dá outras providências.

► Publicado no *DOU* de 1º-6-2005.

Art. 1º A modalidade de licitação pregão, na forma eletrônica, de acordo com o disposto no § 1º do Art. 2º da Lei nº 10.520, de 17 de julho de 2002, destina-se à aquisição de bens e serviços comuns, no âmbito da União, e submete-se ao regulamento estabelecido neste Decreto.

Parágrafo único. Subordinam-se ao disposto neste Decreto, além dos órgãos da administração pública federal direta, os fundos especiais, as autarquias, as fundações públicas, as empresas públicas, as sociedades de economia mista e as demais entidades controladas direta ou indiretamente pela União.

Art. 2º O pregão, na forma eletrônica, como modalidade de licitação do tipo menor preço, realizar-se-á quando a disputa pelo fornecimento de bens ou serviços comuns for feita à distância em sessão pública, por meio de sistema que promova a comunicação pela internet.

§ 1º Consideram-se bens e serviços comuns, aqueles cujos padrões de desempenho e qualidade possam ser objetivamente definidos pelo edital, por meio de especificações usuais do mercado.

§ 2º Para o julgamento das propostas, serão fixados critérios objetivos que permitam aferir o menor preço, devendo ser considerados os prazos para a execução do contrato e do fornecimento, as especificações técnicas, os parâmetros mínimos de desempenho e de qualidade e as demais condições definidas no edital.

§ 3º O sistema referido no caput será dotado de recursos de criptografia e de autenticação que garantam condições de segurança em todas as etapas do certame.

§ 4º O pregão, na forma eletrônica, será conduzido pelo órgão ou entidade promotora da licitação, com apoio técnico e operacional da Secretaria de Logística e Tecnologia da Informação do Ministério do Planejamento, Orçamento e Gestão, que atuará como provedor do sistema eletrônico para os órgãos integrantes do Sistema de Serviços Gerais – SISG.

§ 5º A Secretaria de Logística e Tecnologia da Informação poderá ceder o uso do seu sistema eletrônico a órgão ou entidade dos Poderes da União, Estados, Distrito Federal e Municípios, mediante celebração de termo de adesão.

Art. 3º Deverão ser previamente credenciados perante o provedor do sistema eletrônico a autoridade competente do órgão promotor da licitação, o pregoeiro, os membros da equipe de apoio e os licitantes que participam do pregão na forma eletrônica.

§ 1º O credenciamento dar-se-á pela atribuição de chave de identificação e de senha, pessoal e intransferível, para acesso ao sistema eletrônico.

§ 2º No caso de pregão promovido por órgão integrante do SISG, o credenciamento do licitante, bem assim a sua manutenção, dependerá de registro atualizado no Sistema de Cadastramento Unificado de Fornecedores – SICAF.

§ 3º A chave de identificação e a senha poderão ser utilizadas em qualquer pregão na forma eletrônica, salvo quando cancelada por solicitação do credenciado ou em virtude de seu descadastramento perante o SICAF.

§ 4º A perda da senha ou a quebra de sigilo deverá ser comunicada imediatamente ao provedor do sistema, para imediato bloqueio de acesso.

§ 5º O uso da senha de acesso pelo licitante é de sua responsabilidade exclusiva, incluindo qualquer transação efetuada diretamente ou por seu representante, não cabendo ao provedor do sistema ou ao órgão promotor da licitação responsabilidade por eventuais danos decorrentes de uso indevido da senha, ainda que por terceiros.

§ 6º O credenciamento junto ao provedor do sistema implica a responsabilidade legal do licitante e a presunção de sua capacidade técnica para realização das transações inerentes ao pregão na forma eletrônica.

Art. 4º Nas licitações para aquisição de bens e serviços comuns será obrigatória a modalidade pregão, sendo preferencial a utilização da sua forma eletrônica.

§ 1º O pregão deve ser utilizado na forma eletrônica, salvo nos casos de comprovada inviabilidade, a ser justificada pela autoridade competente.

§ 2º Na hipótese de aquisições por dispensa de licitação, fundamentadas no inciso II do Art. 24 da Lei nº 8.666, de 21 de junho de 1993, as unidades gestoras integrantes do SISG deverão adotar, preferencialmente, o sistema de cotação eletrônica, conforme disposto na legislação vigente.

Art. 5º A licitação na modalidade de pregão é condicionada aos princípios básicos da legalidade, impessoalidade, moralidade, igualdade, publicidade, eficiência, probidade administrativa, vinculação ao instrumento convocatório e do julgamento objetivo, bem como aos princípios correlatos da razoabilidade, competitividade e proporcionalidade.

Parágrafo único. As normas disciplinadoras da licitação serão sempre interpretadas em favor da ampliação da disputa entre os interessados, desde que não comprometam o interesse da administração, o princípio da isonomia, a finalidade e a segurança da contratação.

Art. 6º A licitação na modalidade de pregão, na forma eletrônica, não se aplica às contratações de obras de engenharia, bem como às locações imobiliárias e alienações em geral.

Art. 7º Os participantes de licitação na modalidade de pregão, na forma eletrônica, têm direito público subjetivo à fiel observância do procedimento estabelecido neste Decreto, podendo qualquer interessado acompanhar o seu desenvolvimento em tempo real, por meio da internet.

Art. 8º À autoridade competente, de acordo com as atribuições previstas no regimento ou estatuto do órgão ou da entidade, cabe:

I – designar e solicitar, junto ao provedor do sistema, o credenciamento do pregoeiro e dos componentes da equipe de apoio;
II – indicar o provedor do sistema;
III – determinar a abertura do processo licitatório;
IV – decidir os recursos contra atos do pregoeiro quando este mantiver sua decisão;
V – adjudicar o objeto da licitação, quando houver recurso;
VI – homologar o resultado da licitação; e
VII – celebrar o contrato.

Art. 9º Na fase preparatória do pregão, na forma eletrônica, será observado o seguinte:

I – elaboração de termo de referência pelo órgão requisitante, com indicação do objeto de forma precisa, suficiente e clara, vedadas especificações que, por excessivas, irrelevantes ou desnecessárias, limitem ou frustrem a competição ou sua realização;
II – aprovação do termo de referência pela autoridade competente;
III – apresentação de justificativa da necessidade da contratação;
IV – elaboração do edital, estabelecendo critérios de aceitação das propostas;
V – definição das exigências de habilitação, das sanções aplicáveis, inclusive no que se refere aos prazos e às condições que, pelas suas particularidades, sejam consideradas relevantes para a celebração e execução do contrato e o atendimento das necessidades da administração; e
VI – designação do pregoeiro e de sua equipe de apoio.

§ 1º A autoridade competente motivará os atos especificados nos incisos II e III, indicando os elementos técnicos fundamentais que o apoiam, bem como quanto aos elementos contidos no orçamento estimativo e no cronograma físico-financeiro de desembolso, se for o caso, elaborados pela administração.

§ 2º O termo de referência é o documento que deverá conter elementos capazes de propiciar avaliação do custo pela administração diante de orçamento detalhado, definição dos métodos, estratégia de suprimento, valor estimado em planilhas de acordo com o preço de mercado, cronograma físico-financeiro, se for o caso, critério de aceitação do objeto, deveres do contratado e do contratante, procedimentos de fiscalização e gerenciamento do contrato, prazo de execução e sanções, de forma clara, concisa e objetiva.

Art. 10. As designações do pregoeiro e da equipe de apoio devem recair nos servidores do órgão ou entidade promotora da licitação, ou de órgão ou entidade integrante do SISG.

§ 1º A equipe de apoio deverá ser integrada, em sua maioria, por servidores ocupantes de cargo efetivo ou emprego da administração pública, pertencentes, preferencialmente, ao quadro permanente do órgão ou entidade promotora da licitação.

§ 2º No âmbito do Ministério da Defesa, as funções de pregoeiro e de membro da equipe de apoio poderão ser desempenhadas por militares.

§ 3º A designação do pregoeiro, a critério da autoridade competente, poderá ocorrer para período de um ano, admitindo-se reconduções, ou para licitação específica.

§ 4º Somente poderá exercer a função de pregoeiro o servidor ou o militar que reúna qualificação profissional e perfil adequados, aferidos pela autoridade competente.

Art. 11. Caberá ao pregoeiro, em especial:

I – coordenar o processo licitatório;
II – receber, examinar e decidir as impugnações e consultas ao edital, apoiado pelo setor responsável pela sua elaboração;
III – conduzir a sessão pública na internet;
IV – verificar a conformidade da proposta com os requisitos estabelecidos no instrumento convocatório;
V – dirigir a etapa de lances;
VI – verificar e julgar as condições de habilitação;
VII – receber, examinar e decidir os recursos, encaminhando à autoridade competente quando mantiver sua decisão;
VIII – indicar o vencedor do certame;
IX – adjudicar o objeto, quando não houver recurso;
X – conduzir os trabalhos da equipe de apoio; e
XI – encaminhar o processo devidamente instruído à autoridade superior e propor a homologação.

Art. 12. Caberá à equipe de apoio, dentre outras atribuições, auxiliar o pregoeiro em todas as fases do processo licitatório.

Art. 13. Caberá ao licitante interessado em participar do pregão, na forma eletrônica:

I – credenciar-se no SICAF para certames promovidos por órgãos da administração pública federal direta, autárquica e fundacional, e de órgão ou entidade dos demais Poderes, no âmbito da União, Estados, Distrito Federal e Municípios, que tenham celebrado termo de adesão;
II – remeter, no prazo estabelecido, exclusivamente por meio eletrônico, via internet, a proposta e, quando for o caso, seus anexos;
III – responsabilizar-se formalmente pelas transações efetuadas em seu nome, assumindo como firmes e verdadeiras suas propostas e lances, inclusive os atos praticados diretamente ou por seu representante, não cabendo ao provedor do sistema ou ao órgão promotor da licitação responsabilidade por eventuais danos decorrentes de uso indevido da senha, ainda que por terceiros;
IV – acompanhar as operações no sistema eletrônico durante o processo licitatório, responsabilizando-se pelo ônus decorrente da perda de negócios diante da inobservância de quaisquer mensagens emitidas pelo sistema ou de sua desconexão;
V – comunicar imediatamente ao provedor do sistema qualquer acontecimento que possa comprometer o sigilo ou a inviabilidade do uso da senha, para imediato bloqueio de acesso;
VI – utilizar-se da chave de identificação e da senha de acesso para participar do pregão na forma eletrônica; e
VII – solicitar o cancelamento da chave de identificação ou da senha de acesso por interesse próprio.

Parágrafo único. O fornecedor descredenciado no SICAF terá sua chave de identificação e senha suspensas automaticamente.

Art. 14. Para habilitação dos licitantes, será exigida, exclusivamente, a documentação relativa:

I – à habilitação jurídica;
II – à qualificação técnica;
III – à qualificação econômico-financeira;
IV – à regularidade fiscal com a Fazenda Nacional, o sistema da seguridade social e o Fundo de Garantia do Tempo de Serviço – FGTS;
V – à regularidade fiscal perante as Fazendas Estaduais e Municipais, quando for o caso; e
VI – ao cumprimento do disposto no inciso XXXIII do art. 7º da Constituição e no inciso XVIII do art. 78 da Lei nº 8.666, de 1993.

Parágrafo único. A documentação exigida para atender ao disposto nos incisos I, III, IV e V deste artigo poderá ser substituída pelo registro cadastral no SICAF ou, em se tratando de órgão ou entidade não abrangida pelo referido Sistema, por certificado de registro cadastral que atenda aos requisitos previstos na legislação geral.

Art. 15. Quando permitida a participação de empresas estrangeiras na licitação, as exigências de habilitação serão atendidas mediante documentos equivalentes, autenticados pelos respectivos consulados ou embaixadas e traduzidos por tradutor juramentado no Brasil.

Art. 16. Quando permitida a participação de consórcio de empresas, serão exigidos:

I – comprovação da existência de compromisso público ou particular de constituição de consórcio, com indicação da empresa-líder, que deverá atender às condições de liderança estipuladas no edital e será a representante das consorciadas perante a União;
II – apresentação da documentação de habilitação especificada no instrumento convocatório por empresa consorciada;
III – comprovação da capacidade técnica do consórcio pelo somatório dos quantitativos de cada consorciado, na forma estabelecida no edital;
IV – demonstração, por empresa consorciada, do atendimento aos índices contábeis definidos no edital, para fins de qualificação econômico-financeira;
V – responsabilidade solidária das empresas consorciadas pelas obrigações do consórcio, nas fases de licitação e durante a vigência do contrato;
VI – obrigatoriedade de liderança por empresa brasileira no consórcio formado por empresas brasileiras e estrangeiras, observado o disposto no inciso I; e
VII – constituição e registro do consórcio antes da celebração do contrato.

Parágrafo único. Fica impedida a participação de empresa consorciada, na mesma licitação, por intermédio de mais de um consórcio ou isoladamente.

Art. 17. A fase externa do pregão, na forma eletrônica, será iniciada com a convocação dos interessados por meio de publicação de aviso, observados os valores estimados para contratação e os meios de divulgação a seguir indicados:

I – até R$ 650.000,00 (seiscentos e cinquenta mil reais):
a) *Diário Oficial da União*; e
b) meio eletrônico, na internet;

II – acima de R$ 650.000,00 (seiscentos e cinquenta mil reais) até R$ 1.300.000,00 (um milhão e trezentos mil reais):
a) *Diário Oficial da União*;
b) meio eletrônico, na internet; e
c) jornal de grande circulação local;

III – superiores a R$ 1.300.000,00 (um milhão e trezentos mil reais):
a) *Diário Oficial da União*;
b) meio eletrônico, na internet; e
c) jornal de grande circulação regional ou nacional.

§ 1º Os órgãos ou entidades integrantes do SISG e os que aderirem ao sistema do Governo Federal disponibilizarão a íntegra do edital, em meio eletrônico, no Portal de Compras do Governo Federal – COMPRASNET, sítio www.comprasnet.gov.br.

§ 2º O aviso do edital conterá a definição precisa, suficiente e clara do objeto, a indicação dos locais, dias e horários em que poderá ser lida ou obtida a íntegra do edital, bem como o endereço eletrônico onde ocorrerá a sessão pública, a data e hora de sua realização e a indicação de que o pregão, na forma eletrônica, será realizado por meio da internet.

§ 3º A publicação referida neste artigo poderá ser feita em sítios oficiais da administração pública, na internet, desde que certificado digitalmente por autoridade certificadora credenciada no âmbito da Infraestrutura de Chaves Públicas Brasileira – ICP-Brasil.

§ 4º O prazo fixado para a apresentação das propostas, contado a partir da publicação do aviso, não será inferior a oito dias úteis.

§ 5º Todos os horários estabelecidos no edital, no aviso e durante a sessão pública observarão, para todos os efeitos, o horário de Brasília, Distrito Federal, inclusive para contagem de tempo e registro no sistema eletrônico e na documentação relativa ao certame.

§ 6º Na divulgação de pregão realizado para o sistema de registro de preços, independentemente do valor estimado, será adotado o disposto no inciso III.

Art. 18. Até dois dias úteis antes da data fixada para abertura da sessão pública, qualquer pessoa poderá impugnar o ato convocatório do pregão, na forma eletrônica.

§ 1º Caberá ao pregoeiro, auxiliado pelo setor responsável pela elaboração do edital, decidir sobre a impugnação no prazo de até vinte e quatro horas.

§ 2º Acolhida a impugnação contra o ato convocatório, será definida e publicada nova data para realização do certame.

Art. 19. Os pedidos de esclarecimentos referentes ao processo licitatório deverão ser enviados ao pregoeiro, até três dias úteis anteriores à data fixada para abertura da sessão pública, exclusivamente por meio eletrônico via internet, no endereço indicado no edital.

Art. 20. Qualquer modificação no edital exige divulgação pelo mesmo instrumento de publicação em que se deu o texto original, reabrindo-se o prazo inicialmente estabelecido, exceto quando, inquestionavelmente, a alteração não afetar a formulação das propostas.

Art. 21. Após a divulgação do edital no endereço eletrônico, os licitantes deverão encaminhar proposta com a descrição do objeto ofertado e o preço e, se for o caso, o respectivo anexo, até a data e hora marcadas para abertura da sessão, exclusivamente por meio do sistema eletrônico, quando, então, encerrar-se-á, automaticamente, a fase de recebimento de propostas.

§ 1º A participação no pregão eletrônico dar-se-á pela utilização da senha privativa do licitante.

§ 2º Para participação no pregão eletrônico, o licitante deverá manifestar, em campo próprio do sistema eletrônico, que cumpre plenamente os requisitos de habilitação e que sua proposta está em conformidade com as exigências do instrumento convocatório.

§ 3º A declaração falsa relativa ao cumprimento dos requisitos de habilitação e proposta sujeitará o licitante às sanções previstas neste Decreto.

§ 4º Até a abertura da sessão, os licitantes poderão retirar ou substituir a proposta anteriormente apresentada.

Art. 22. A partir do horário previsto no edital, a sessão pública na internet será aberta por comando do pregoeiro com a utilização de sua chave de acesso e senha.

§ 1º Os licitantes poderão participar da sessão pública na internet, devendo utilizar sua chave de acesso e senha.

§ 2º O pregoeiro verificará as propostas apresentadas, desclassificando aquelas que não estejam em conformidade com os requisitos estabelecidos no edital.

§ 3º A desclassificação de proposta será sempre fundamentada e registrada no sistema, com acompanhamento em tempo real por todos os participantes.

§ 4º As propostas contendo a descrição do objeto, valor e eventuais anexos estarão disponíveis na internet.

§ 5º O sistema disponibilizará campo próprio para troca de mensagens entre o pregoeiro e os licitantes.

Art. 23. O sistema ordenará, automaticamente, as propostas classificadas pelo pregoeiro, sendo que somente estas participarão da fase de lance.

Art. 24. Classificadas as propostas, o pregoeiro dará início à fase competitiva, quando então os licitantes poderão encaminhar lances exclusivamente por meio do sistema eletrônico.

§ 1º No que se refere aos lances, o licitante será imediatamente informado do seu recebimento e do valor consignado no registro.

§ 2º Os licitantes poderão oferecer lances sucessivos, observados o horário fixado para abertura da sessão e as regras estabelecidas no edital.

§ 3º O licitante somente poderá oferecer lance inferior ao último por ele ofertado e registrado pelo sistema.

§ 4º Não serão aceitos dois ou mais lances iguais, prevalecendo aquele que for recebido e registrado primeiro.

§ 5º Durante a sessão pública, os licitantes serão informados, em tempo real, do valor do menor lance registrado, vedada a identificação do licitante.

§ 6º A etapa de lances da sessão pública será encerrada por decisão do pregoeiro.

§ 7º O sistema eletrônico encaminhará aviso de fechamento iminente dos lances, após o que transcorrerá período de tempo de até trinta minutos, aleatoriamente determinado, findo o qual será automaticamente encerrada a recepção de lances.

§ 8º Após o encerramento da etapa de lances da sessão pública, o pregoeiro poderá encaminhar, pelo sistema eletrônico, contraproposta ao licitante que tenha apresentado lance mais vantajoso, para que seja obtida melhor proposta, observado o critério de julgamento, não se admitindo negociar condições diferentes daquelas previstas no edital.

§ 9º A negociação será realizada por meio do sistema, podendo ser acompanhada pelos demais licitantes.

§ 10. No caso de desconexão do pregoeiro, no decorrer da etapa de lances, se o sistema eletrônico permanecer acessível aos licitantes, os lances continuarão sendo recebidos, sem prejuízo dos atos realizados.

§ 11. Quando a desconexão do pregoeiro persistir por tempo superior a dez minutos, a sessão do pregão na forma eletrônica será suspensa e reiniciada somente após comunicação aos participantes, no endereço eletrônico utilizado para divulgação.

Art. 25. Encerrada a etapa de lances, o pregoeiro examinará a proposta classificada em primeiro lugar quanto à compatibilidade do preço em relação ao estimado para contratação e verificará a habilitação do licitante conforme disposições do edital.

§ 1º A habilitação dos licitantes será verificada por meio do SICAF, nos documentos por ele abrangidos, quando dos procedimentos licitatórios realizados por órgãos integrantes do SISG ou por órgãos ou entidades que aderirem ao SICAF.

§ 2º Os documentos exigidos para habilitação que não estejam contemplados no SICAF, inclusive quando houver necessidade de envio de anexos, deverão ser apresentados inclusive via fax, no prazo definido no edital, após solicitação do pregoeiro no sistema eletrônico.

§ 3º Os documentos e anexos exigidos, quando remetidos via fax, deverão ser apresentados em original ou por cópia autenticada, nos prazos estabelecidos no edital.

§ 4º Para fins de habilitação, a verificação pelo órgão promotor do certame nos sítios oficiais de órgãos e entidades emissores de certidões constitui meio legal de prova.

§ 5º Se a proposta não for aceitável ou se o licitante não atender às exigências habilitatórias, o pregoeiro examinará a proposta subsequente e, assim sucessivamente, na ordem de classificação, até a apuração de uma proposta que atenda ao edital.

§ 6º No caso de contratação de serviços comuns em que a legislação ou o edital exija apresentação de planilha de composição de preços, esta deverá ser encaminhada de imediato por meio eletrônico, com os respectivos valores readequados ao lance vencedor.

§ 7º No pregão, na forma eletrônica, realizado para o sistema de registro de preços, quando a proposta do licitante vencedor não atender ao quantitativo total estimado para a contratação, respeitada a ordem de classificação, poderão ser convocados tantos licitantes quantos forem necessários para alcançar o total estimado, observado o preço da proposta vencedora.

§ 8º Os demais procedimentos referentes ao sistema de registro de preços ficam submetidos à norma específica que regulamenta o art. 15 da Lei nº 8.666, de 1993.

§ 9º Constatado o atendimento às exigências fixadas no edital, o licitante será declarado vencedor.

Art. 26. Declarado o vencedor, qualquer licitante poderá, durante a sessão pública, de forma imediata e motivada, em campo próprio do sistema, manifestar sua intenção de recorrer, quando lhe será concedido o prazo de três dias para apresentar as razões de recurso, ficando os demais licitantes, desde logo, intimados para, querendo, apresentarem contrarrazões em igual prazo, que começará a contar do término do prazo do recorrente, sendo-lhes assegurada vista imediata dos elementos indispensáveis à defesa dos seus interesses.

§ 1º A falta de manifestação imediata e motivada do licitante quanto à intenção de recorrer, nos termos do caput, importará na decadência desse direito, ficando o pregoeiro autorizado a adjudicar o objeto ao licitante declarado vencedor.

§ 2º O acolhimento de recurso importará na invalidação apenas dos atos insuscetíveis de aproveitamento.

§ 3º No julgamento da habilitação e das propostas, o pregoeiro poderá sanar erros ou falhas que não alterem a substância das propostas, dos documentos e sua validade jurídica, mediante despacho fundamentado, registrado em ata e acessível a todos, atribuindo-lhes validade e eficácia para fins de habilitação e classificação.

Art. 27. Decididos os recursos e constatada a regularidade dos atos praticados, a autoridade competente adjudicará o objeto e homologará o procedimento licitatório.

§ 1º Após a homologação referida no caput, o adjudicatário será convocado para assinar o contrato ou a ata de registro de preços no prazo definido no edital.

§ 2º Na assinatura do contrato ou da ata de registro de preços, será exigida a comprovação das condições de habilitação consignadas no edital, as quais deverão ser mantidas pelo licitante durante a vigência do contrato ou da ata de registro de preços.

§ 3º O vencedor da licitação que não fizer a comprovação referida no § 2º ou quando, injustificadamente, recusar-se a assinar o contrato ou a ata de registro de preços, poderá ser convocado outro licitante, desde que respeitada a ordem de classificação, para, após comprovados os requisitos habilitatórios e feita a negociação, assinar o contrato ou a ata de registro de preços, sem prejuízo das multas previstas em edital e no contrato e das demais cominações legais.

§ 4º O prazo de validade das propostas será de sessenta dias, salvo disposição específica do edital.

Art. 28. Aquele que, convocado dentro do prazo de validade de sua proposta, não assinar o contrato ou ata de registro de preços, deixar de entregar documentação exigida no edital, apresentar documentação falsa, ensejar o retardamento da execução de seu objeto, não mantiver a proposta, falhar ou fraudar na execução do contrato, comportar-se de modo inidôneo, fizer declaração falsa ou cometer fraude fiscal, garantido o direito à ampla defesa, ficará impedido de licitar e de contratar com a União, e será descredenciado no SICAF, pelo prazo de até cinco anos, sem prejuízo das multas previstas em edital e no contrato e das demais cominações legais.

Parágrafo único. As penalidades serão obrigatoriamente registradas no SICAF.

Art. 29. A autoridade competente para aprovação do procedimento licitatório somente poderá revogá-lo em face de razões de interesse público, por motivo de fato superveniente devidamente comprovado, pertinente e suficiente para justificar tal conduta, devendo anulá-lo por ilegalidade, de ofício ou por provocação de qualquer pessoa, mediante ato escrito e fundamentado.

§ 1º A anulação do procedimento licitatório induz à do contrato ou da ata de registro de preços.

§ 2º Os licitantes não terão direito à indenização em decorrência da anulação do procedimento licitatório, ressalvado o direito do contratado de boa-fé de ser ressarcido pelos encargos que tiver suportado no cumprimento do contrato.

Art. 30. O processo licitatório será instruído com os seguintes documentos:

I – justificativa da contratação;
II – termo de referência;
III – planilhas de custo, quando for o caso;
IV – previsão de recursos orçamentários, com a indicação das respectivas rubricas;
V – autorização de abertura da licitação;
VI – designação do pregoeiro e equipe de apoio;
VII – edital e respectivos anexos, quando for o caso;
VIII – minuta do termo do contrato ou instrumento equivalente, ou minuta da ata de registro de preços, conforme o caso;
IX – parecer jurídico;
X – documentação exigida para a habilitação;
XI – ata contendo os seguintes registros:

a) licitantes participantes;
b) propostas apresentadas;
c) lances ofertados na ordem de classificação;
d) aceitabilidade da proposta de preço;
e) habilitação; e
f) recursos interpostos, respectivas análises e decisões;

XII – comprovantes das publicações:

a) do aviso do edital;
b) do resultado da licitação;
c) do extrato do contrato; e
d) dos demais atos em que seja exigida a publicidade, conforme o caso.

§ 1º O processo licitatório poderá ser realizado por meio de sistema eletrônico, sendo que os atos e documentos referidos neste artigo constantes dos arquivos e registros digitais serão válidos para todos os efeitos legais, inclusive para comprovação e prestação de contas.

§ 2º Os arquivos e registros digitais, relativos ao processo licitatório, deverão permanecer à disposição das auditorias internas e externas.

§ 3º A ata será disponibilizada na internet para acesso livre, imediatamente após o encerramento da sessão pública.

Art. 31. O Ministério do Planejamento, Orçamento e Gestão estabelecerá instruções complementares ao disposto neste Decreto.

Art. 32. Este Decreto entra em vigor em 1º de julho de 2005.

Art. 33. Fica revogado o Decreto nº 3.697, de 21 de dezembro de 2000.

Brasília, 31 de maio de 2005;
184º da Independência e
117º da República.

Luiz Inácio Lula da Silva

LEI Nº 11.182, DE 27 DE SETEMBRO DE 2005

Cria a Agência Nacional de Aviação Civil – ANAC, e dá outras providências.

▶ Publicada no *DOU* de 28-9-2005.

CAPÍTULO I

DA AGÊNCIA NACIONAL DE AVIAÇÃO CIVIL – ANAC

Art. 1º Fica criada a Agência Nacional de Aviação Civil – ANAC, entidade integrante da Administração Pública Federal indireta, submetida a regime autárquico especial, vinculada ao Ministério da Defesa, com prazo de duração indeterminado.

Parágrafo único. A ANAC terá sede e foro no Distrito Federal, podendo instalar unidades administrativas regionais.

Art. 2º Compete à União, por intermédio da ANAC e nos termos das políticas estabelecidas pelos Poderes Executivo e Legislativo, regular e fiscalizar as atividades de aviação civil e de infraestrutura aeronáutica e aeroportuária.

Art. 3º *A ANAC, no exercício de suas competências, deverá observar e implementar as orientações, diretrizes e políticas estabelecidas pelo governo federal, especialmente no que se refere a:*

▶ *Caput* com a redação dada pela Lei nº 12.462, de 4-8-2011.

I – a representação do Brasil em convenções, acordos, tratados e atos de transporte aéreo internacional com outros países ou organizações internacionais de aviação civil;
II – o estabelecimento do modelo de concessão de infraestrutura aeroportuária, a ser submetido ao Presidente da República;
III – a outorga de serviços aéreos;
IV – a suplementação de recursos para aeroportos de interesse estratégico, econômico ou turístico; e
V – a aplicabilidade do instituto da concessão ou da permissão na exploração comercial de serviços aéreos.

Art. 4º A natureza de autarquia especial conferida à ANAC é caracterizada por independência administrativa, autonomia financeira, ausência de subordinação hierárquica e mandato fixo de seus dirigentes.

Art. 5º A ANAC atuará como autoridade de aviação civil, assegurando-se-lhe, nos termos desta Lei, as prerrogativas necessárias ao exercício adequado de sua competência.

Art. 6º Com o objetivo de harmonizar suas ações institucionais na área da defesa e promoção da concorrência, a ANAC celebrará convênios com os órgãos e entidades do Governo Federal, competentes sobre a matéria.

Parágrafo único. Quando, no exercício de suas atribuições, a ANAC tomar conhecimento de fato que configure ou possa configurar infração contra a ordem econômica, ou que comprometa a defesa e a promoção da concorrência, deverá comunicá-lo aos órgãos e entidades referidos no *caput* deste artigo, para que adotem as providências cabíveis.

Art. 7º O Poder Executivo instalará a ANAC, mediante a aprovação de seu regulamento e estrutura organizacional, por decreto, no prazo de até 180 (cento e oitenta) dias a partir da publicação desta Lei.

Parágrafo único. A edição do regulamento investirá a ANAC no exercício de suas atribuições.

Art. 8º Cabe à ANAC adotar as medidas necessárias para o atendimento do interesse público e para o desenvolvimento e fomento da aviação civil, da infraestrutura aeronáutica e aeroportuária do País, atuando com independência, legalidade, impessoalidade e publicidade, competindo-lhe:

I – implementar, em sua esfera de atuação, a política de aviação civil;
II – representar o País junto aos organismos internacionais de aviação civil, exceto nos assuntos relativos ao sistema de controle do espaço aéreo e ao sistema de investigação e prevenção de acidentes aeronáuticos;
III – elaborar relatórios e emitir pareceres sobre acordos, tratados, convenções e outros atos relativos ao transporte aéreo internacional, celebrados ou a ser celebrados com outros países ou organizações internacionais;
IV – realizar estudos, estabelecer normas, promover a implementação das normas e recomendações internacionais de aviação civil, observados os acordos, tratados e convenções internacionais de que seja parte a República Federativa do Brasil;
V – negociar o estabelecimento de acordos e tratados sobre transporte aéreo internacional, observadas as diretrizes do CONAC;
VI – negociar, realizar intercâmbio e articular-se com autoridades aeronáuticas estrangeiras, para validação recíproca de atividades relativas ao sistema de segurança de voo, inclusive quando envolvam certificação de produtos aeronáuticos, de empresas prestadoras de serviços e fabricantes de produtos aeronáuticos, para a aviação civil;
VII – regular e fiscalizar a operação de serviços aéreos prestados, no País, por empresas estrangeiras, observados os acordos, tratados e convenções internacionais de que seja parte a República Federativa do Brasil;
VIII – promover, junto aos órgãos competentes, o cumprimento dos atos internacionais sobre aviação civil ratificados pela República Federativa do Brasil;
IX – regular as condições e a designação de empresa aérea brasileira para operar no exterior;

X – regular e fiscalizar os serviços aéreos, os produtos e processos aeronáuticos, a formação e o treinamento de pessoal especializado, os serviços auxiliares, a segurança da aviação civil, a facilitação do transporte aéreo, a habilitação de tripulantes, as emissões de poluentes e o ruído aeronáutico, os sistemas de reservas, a movimentação de passageiros e carga e as demais atividades de aviação civil;
XI – expedir regras sobre segurança em área aeroportuária e a bordo de aeronaves civis, porte e transporte de cargas perigosas, inclusive o porte ou transporte de armamento, explosivos, material bélico ou de quaisquer outros produtos, substâncias ou objetos que possam pôr em risco os tripulantes ou passageiros, ou a própria aeronave ou, ainda, que sejam nocivos à saúde;
XII – regular e fiscalizar as medidas a serem adotadas pelas empresas prestadoras de serviços aéreos, e exploradoras de infraestrutura aeroportuária, para prevenção quanto ao uso por seus tripulantes ou pessoal técnico de manutenção e operação que tenha acesso às aeronaves, de substâncias entorpecentes ou psicotrópicas, que possam determinar dependência física ou psíquica, permanente ou transitória;
XIII – regular e fiscalizar a outorga de serviços aéreos;
XIV – conceder, permitir ou autorizar a exploração de serviços aéreos;
XV – promover a apreensão de bens e produtos aeronáuticos de uso civil, que estejam em desacordo com as especificações;
XVI – fiscalizar as aeronaves civis, seus componentes, equipamentos e serviços de manutenção, com o objetivo de assegurar o cumprimento das normas de segurança de voo;
XVII – proceder à homologação e emitir certificados, atestados, aprovações e autorizações, relativos às atividades de competência do sistema de segurança de voo da aviação civil, bem como licenças de tripulantes e certificados de habilitação técnica e de capacidade física e mental, observados os padrões e normas por ela estabelecidos;
XVIII – administrar o Registro Aeronáutico Brasileiro;
XIX – regular as autorizações de horários de pouso e decolagem de aeronaves civis, observadas as condicionantes do sistema de controle do espaço aéreo e da infraestrutura aeroportuária disponível;
XX – compor, administrativamente, conflitos de interesses entre prestadoras de serviços aéreos e de infraestrutura aeronáutica e aeroportuária;
XXI – regular e fiscalizar a infraestrutura aeronáutica e aeroportuária, com exceção das atividades e procedimentos relacionados com o sistema de controle do espaço aéreo e com o sistema de investigação e prevenção de acidentes aeronáuticos;
XXII – aprovar os planos diretores dos aeroportos;
▶ Inciso XXII com a redação dada pela Lei nº 12.462, de 4-8-2011.

XXIII – Revogado. Lei nº 12.462, de 4-8-2011;
XXIV – conceder ou autorizar a exploração da infraestrutura aeroportuária, no todo ou em parte;
XXV – estabelecer o regime tarifário da exploração da infraestrutura aeroportuária, no todo ou em parte;
XXVI – homologar, registrar e cadastrar os aeródromos;
XXVII – Revogado. Lei nº 12.462, de 4-8-2011;

XXVIII – fiscalizar a observância dos requisitos técnicos na construção, reforma e ampliação de aeródromos e aprovar sua abertura ao tráfego;
▶ Inciso XXVIII com a redação dada pela Lei nº 12.462, de 4-8-2011.

XXIX – expedir normas e padrões que assegurem a compatibilidade, a operação integrada e a interconexão de informações entre aeródromos;
XXX – expedir normas e estabelecer padrões mínimos de segurança de voo, de desempenho e eficiência, a serem cumpridos pelas prestadoras de serviços aéreos e de infraestrutura aeronáutica e aeroportuária, inclusive quanto a equipamentos, materiais, produtos e processos que utilizarem e serviços que prestarem;
XXXI – expedir certificados de aeronavegabilidade;
XXXII – regular, fiscalizar e autorizar os serviços aéreos prestados por aeroclubes, escolas e cursos de aviação civil;
XXXIII – expedir, homologar ou reconhecer a certificação de produtos e processos aeronáuticos de uso civil, observados os padrões e normas por ela estabelecidos;
XXXIV – integrar o Sistema de Investigação e Prevenção de Acidentes Aeronáuticos – SIPAER;
XXXV – reprimir infrações à legislação, inclusive quanto aos direitos dos usuários, e aplicar as sanções cabíveis;
XXXVI – arrecadar, administrar e aplicar suas receitas;
XXXVII – contratar pessoal por prazo determinado, de acordo com a legislação aplicável;
XXXVIII – adquirir, administrar e alienar seus bens;
XXXIX – apresentar ao Ministro de Estado Chefe da Secretaria de Aviação Civil da Presidência da República proposta de orçamento;
XL – elaborar e enviar o relatório anual de suas atividades à Secretaria de Aviação Civil da Presidência da República e, por intermédio da Presidência da República, ao Congresso Nacional;
▶ Incisos XXXIX e XL com a redação dada pela Lei nº 12.462, de 4-8-2011.

XLI – aprovar o seu regimento interno;
XLII – administrar os cargos efetivos, os cargos comissionados e as gratificações de que trata esta Lei;
▶ Inciso XLII com a redação dada pela Lei nº 11.292, de 26-4-2006.

XLIII – decidir, em último grau, sobre as matérias de sua competência;
XLIV – deliberar, na esfera administrativa, quanto à interpretação da legislação, sobre serviços aéreos e de infraestrutura aeronáutica e aeroportuária, inclusive casos omissos, quando não houver orientação normativa da Advocacia-Geral da União;
XLV – deliberar, na esfera técnica, quanto à interpretação das normas e recomendações internacionais relativas ao sistema de segurança de voo da aviação civil, inclusive os casos omissos;
XLVI – editar e dar publicidade às instruções e aos regulamentos necessários à aplicação desta Lei;
XLVII – Revogado. Lei nº 12.462, de 4-8-2011;
XLVIII – firmar convênios de cooperação técnica e administrativa com órgãos e entidades governamentais, nacionais ou estrangeiros, tendo em vista a descentralização e fiscalização eficiente dos setores de aviação civil e infraestrutura aeronáutica e aeroportuária; e

XLIX – contribuir para a preservação do patrimônio histórico e da memória da aviação civil e da infraestrutura aeronáutica e aeroportuária, em cooperação com as instituições dedicadas à cultura nacional, orientando e incentivando a participação das empresas do setor.

§ 1º A ANAC poderá credenciar, nos termos estabelecidos em norma específica, pessoas físicas ou jurídicas, públicas ou privadas, de notória especialização, de acordo com padrões internacionalmente aceitos para a aviação civil, para expedição de laudos, pareceres ou relatórios que demonstrem o cumprimento dos requisitos necessários à emissão de certificados ou atestados relativos às atividades de sua competência.

§ 2º A ANAC observará as prerrogativas específicas da Autoridade Aeronáutica, atribuídas ao Comandante da Aeronáutica, devendo ser previamente consultada sobre a edição de normas e procedimentos de controle do espaço aéreo que tenham repercussão econômica ou operacional na prestação de serviços aéreos e de infraestrutura aeronáutica e aeroportuária.

§ 3º Quando se tratar de aeródromo compartilhado, de aeródromo de interesse militar ou de aeródromo administrado pelo Comando da Aeronáutica, o exercício das competências previstas nos incisos XXII, XXIII, XXIV, XXVI, XXVIII e XXIX do *caput* deste artigo, dar-se-á em conjunto com o Comando da Aeronáutica.

§ 4º Sem prejuízo do disposto no inciso X do *caput* deste artigo, a execução dos serviços aéreos de aerolevantamento dependerá de autorização emitida pelo Ministério da Defesa.

§ 5º Sem prejuízo do disposto no inciso XI do *caput* deste artigo, a autorização para o transporte de explosivo e material bélico em aeronaves civis que partam ou se destinem a aeródromo brasileiro ou com sobrevoo do território nacional é de competência do Comando da Aeronáutica.

§ 6º Para os efeitos previstos nesta Lei, o Sistema de Controle do Espaço Aéreo Brasileiro será explorado diretamente pela União, por intermédio do Comando da Aeronáutica, ou por entidade a quem ele delegar.

§ 7º As expressões infraestrutura aeronáutica e infraestrutura aeroportuária, mencionadas nesta Lei, referem-se às infraestruturas civis, não se aplicando o disposto nela às infraestruturas militares.

§ 8º O exercício das atribuições da ANAC, na esfera internacional, dar-se-á em coordenação com o Ministério das Relações Exteriores.

Capítulo II
DA ESTRUTURA ORGANIZACIONAL DA ANAC

Seção I
DA ESTRUTURA BÁSICA

Art. 9º A ANAC terá como órgão de deliberação máxima a Diretoria, contando, também, com uma Procuradoria, uma Corregedoria, um Conselho Consultivo e uma Ouvidoria, além das unidades especializadas.

Art. 10. A Diretoria atuará em regime de colegiado e será composta por 1 (um) Diretor-Presidente e 4 (quatro) Diretores, que decidirão por maioria absoluta, cabendo ao Diretor-Presidente, além do voto ordinário, o voto de qualidade.

§ 1º A Diretoria reunir-se-á com a maioria de seus membros.

§ 2º Revogado. *Lei nº 12.462, de 4-8-2011.*

§ 3º As decisões da Diretoria serão fundamentadas.

§ 4º As sessões deliberativas da Diretoria que se destinem a resolver pendências entre agentes econômicos, ou entre estes e usuários da aviação civil, serão públicas.

Art. 11. Compete à Diretoria:

I – propor, por intermédio do Ministro de Estado Chefe da Secretaria de Aviação Civil da Presidência da República, ao Presidente da República, alterações do regulamento da ANAC;

▶ Inciso I com a redação dada pela Lei nº 12.462, de 4-8-2011.

II – aprovar procedimentos administrativos de licitação;
III – conceder, permitir ou autorizar a prestação de serviços aéreos;
IV – conceder ou autorizar a exploração da infraestrutura aeronáutica e aeroportuária;
V – exercer o poder normativo da Agência;
VI – aprovar minutas de editais de licitação, homologar adjudicações, transferência e extinção de contratos de concessão e permissão, na forma do regimento interno;
VII – aprovar o regimento interno da ANAC;
VIII – apreciar, em grau de recurso, as penalidades impostas pela ANAC; e
IX – aprovar as normas relativas aos procedimentos administrativos internos da Agência.

Parágrafo único. É vedado à Diretoria delegar a qualquer órgão ou autoridade as competências previstas neste artigo.

Art. 12. Os diretores serão brasileiros, de reputação ilibada, formação universitária e elevado conceito no campo de especialidade dos cargos para os quais serão nomeados pelo Presidente da República, após serem aprovados pelo Senado Federal, nos termos da alínea *f* do inciso III do art. 52 da Constituição Federal.

Art. 13. O mandato dos diretores será de 5 (cinco) anos.

§ 1º Os mandatos dos 1ºˢ (primeiros) membros da Diretoria serão, respectivamente, 1 (um) diretor por 3 (três) anos, 2 (dois) diretores por 4 (quatro) anos e 2 (dois) diretores por 5 (cinco) anos, a serem estabelecidos no decreto de nomeação.

§ 2º Em caso de vacância no curso do mandato, este será completado por sucessor investido na forma prevista no art. 12 desta Lei.

Art. 14. Os diretores somente perderão o mandato em virtude de renúncia, de condenação judicial transitada em julgado, ou de pena demissória decorrente de processo administrativo disciplinar.

§ 1º VETADO.

§ 2º Cabe ao Ministro de Estado Chefe da Secretaria de Aviação Civil da Presidência da República instaurar o processo administrativo disciplinar, que será conduzido por comissão especial constituída por servidores públicos federais estáveis, competindo ao Presidente da República determi-

nar o afastamento preventivo, quando for o caso, e proferir julgamento.

▶ § 2º com a redação dada pela Lei nº 12.462, de 4-8-2011.

Art. 15. O regulamento disciplinará a substituição dos diretores em seus impedimentos.

Art. 16. Cabe ao Diretor-Presidente a representação da ANAC, o comando hierárquico sobre o pessoal e o serviço, exercendo todas as competências administrativas correspondentes, bem como a presidência das reuniões da Diretoria.

Art. 17. A representação judicial da ANAC, com prerrogativas processuais de Fazenda Pública, será exercida pela Procuradoria.

Art. 18. O Ouvidor será nomeado pelo Presidente da República para mandato de 2 (dois) anos.

§ 1º Cabe ao Ouvidor receber pedidos de informações, esclarecimentos, reclamações e sugestões, respondendo diretamente aos interessados e encaminhando, quando julgar necessário, seus pleitos à Diretoria da ANAC.

§ 2º O Ouvidor deverá produzir, semestralmente ou quando a Diretoria da ANAC julgar oportuno, relatório circunstanciado de suas atividades.

Art. 19. A Corregedoria fiscalizará a legalidade e a efetividade das atividades funcionais dos servidores e das unidades da ANAC, sugerindo as medidas corretivas necessárias, conforme disposto em regulamento.

Art. 20. O Conselho Consultivo da ANAC, órgão de participação institucional da comunidade de aviação civil na Agência, é órgão de assessoramento da diretoria, tendo sua organização, composição e funcionamento estabelecidos em regulamento.

SEÇÃO II
DOS CARGOS EFETIVOS E COMISSIONADOS E DAS GRATIFICAÇÕES

Art. 21. Ficam criados, para exercício exclusivo na ANAC, os Cargos Comissionados de Direção – CD, de Gerência Executiva – CGE, de Assessoria – CA e de Assistência – CAS, e os Cargos Comissionados Técnicos – CCT, nos quantitativos constantes da Tabela B do Anexo I desta Lei.

▶ Artigo com a redação dada pela Lei nº 11.292, de 26-4-2006.

Art. 22. Ficam criadas as Gratificações de Exercício em Cargo de Confiança e de Representação pelo Exercício de Função, privativas dos militares da Aeronáutica a que se refere o art. 46 desta Lei, nos quantitativos e valores previstos no Anexo II desta Lei.

▶ Caput com a redação dada pela Lei nº 11.292, de 26-4-2006.

Parágrafo único. As gratificações a que se refere o caput deste artigo serão pagas àqueles militares designados pela Diretoria da ANAC para o exercício das atribuições dos cargos de Gerência Executiva, de Assessoria, de Assistência e Cargos Comissionados Técnicos da estrutura da ANAC e extinguir-se-ão gradualmente na forma do § 1º do art. 46 desta Lei.

▶ Parágrafo único acrescido pela Lei nº 11.292, de 26-4-2006.

Art. 23. VETADO.

Art. 24. Na estrutura dos cargos da ANAC, o provimento por um servidor civil, de Cargo Comissionado de Gerência Executiva, de Assessoria, de Assistência e de Técnico, implicará o bloqueio, para um militar, da concessão de uma correspondente Gratificação de Exercício em Cargo de Confiança e de Gratificação de Representação pelo Exercício de Função, e vice-versa.

Art. 25. Os Cargos Comissionados Técnicos são de ocupação privativa de servidores e empregados do Quadro de Pessoal Efetivo, do Quadro de Pessoal Específico e de requisitados de outros órgãos e entidades da Administração Pública.

Parágrafo único. Ao ocupante de Cargo Comissionado Técnico será pago um valor acrescido ao salário ou vencimento, conforme tabela constante do Anexo I desta Lei.

CAPÍTULO III
DO PROCESSO DECISÓRIO

Art. 26. O processo decisório da ANAC obedecerá aos princípios da legalidade, impessoalidade, eficiência, moralidade e publicidade, assegurado o direito ao contraditório e à ampla defesa.

Art. 27. As iniciativas ou alterações de atos normativos que afetem direitos de agentes econômicos, inclusive de trabalhadores do setor ou de usuários de serviços aéreos, serão precedidas de audiência pública convocada e dirigida pela ANAC.

Art. 28. Ressalvados os documentos e autos cuja divulgação possa violar a segurança do País, o segredo protegido ou a intimidade de alguém, todos os demais permanecerão abertos à consulta pública.

CAPÍTULO IV
DA REMUNERAÇÃO POR SERVIÇOS PRESTADOS E PELA OUTORGA DE EXPLORAÇÃO DE INFRAESTRUTURA AEROPORTUÁRIA

Art. 29. Fica instituída a Taxa de Fiscalização da Aviação Civil – TFAC.

▶ Caput com a redação dada pela Lei nº 11.292, de 26-4-2006.

§ 1º O fato gerador da TFAC é o exercício do poder de polícia decorrente das atividades de fiscalização, homologação e registros, nos termos do previsto na Lei nº 7.565, de 19 de dezembro de 1986 – Código Brasileiro de Aeronáutica.

§ 2º São sujeitos passivos da TFAC as empresas concessionárias, permissionárias e autorizatárias de prestação de serviços aéreos comerciais, os operadores de serviços aéreos privados, as exploradoras de infraestrutura aeroportuária, as agências de carga aérea, pessoas jurídicas que explorem atividades de fabricação, manutenção, reparo ou revisão de produtos aeronáuticos e demais pessoas físicas e jurídicas que realizem atividades fiscalizadas pela ANAC.

▶ §§ 1º e 2º com a redação dada pela Lei nº 11.292, de 26-4-2006.

§ 3º Os valores da TFAC são os fixados no Anexo III desta Lei.

▶ § 3º acrescido pela Lei nº 11.292, de 26-4-2006.

Art. 29-A. A TFAC não recolhida no prazo e na forma estabelecida em regulamento será cobrada com os seguintes acréscimos:

I – juros de mora calculados na forma da legislação aplicável aos tributos federais;

II – multa de mora de 20% (vinte por cento), reduzida a 10% (dez por cento) caso o pagamento seja efetuado até o último dia do mês subsequente ao do seu vencimento; e

III – encargo de 20% (vinte por cento), substitutivo da condenação do devedor em honorários advocatícios, calculado sobre o total do débito inscrito em Dívida Ativa, que será reduzido para 10% (dez por cento) caso o pagamento seja efetuado antes do ajuizamento da execução.

Parágrafo único. Os débitos de TFAC poderão ser parcelados na forma da legislação aplicável aos tributos federais.

▶ Art. 29-A acrescido pela Lei nº 11.292, de 26-4-2006.

Art. 30. VETADO.

CAPÍTULO V
DAS RECEITAS

Art. 31. Constituem receitas da ANAC:

I – dotações, créditos adicionais e especiais e repasses que lhe forem consignados no Orçamento Geral da União;

II – recursos provenientes de convênios, acordos ou contratos celebrados com órgãos ou entidades federais, estaduais e municipais, empresas públicas ou privadas, nacionais ou estrangeiras, e organismos internacionais;

III – recursos do Fundo Aeroviário;

IV – recursos provenientes de pagamentos de taxas;

V – recursos provenientes da prestação de serviços de natureza contratual, inclusive pelo fornecimento de publicações, material técnico, dados e informações, ainda que para fins de licitação;

VI – valores apurados no aluguel ou alienação de bens móveis ou imóveis;

VII – produto das operações de crédito que contratar, no País e no exterior, e rendimentos de operações financeiras que realizar;

VIII – doações, legados e subvenções;

IX – rendas eventuais; e

X – outros recursos que lhe forem destinados.

CAPÍTULO VI
DISPOSIÇÕES FINAIS E TRANSITÓRIAS

Art. 32. São transferidos à ANAC o patrimônio, o acervo técnico, as obrigações e os direitos de organizações do Comando da Aeronáutica, correspondentes às atividades a ela atribuídas por esta Lei.

Art. 33. O Fundo Aeroviário, fundo de natureza contábil e de interesse da defesa nacional, criado pelo Decreto-Lei nº 270, de 28 de fevereiro de 1967, alterado pela Lei nº 5.989, de 17 de dezembro de 1973, incluídos seu saldo financeiro e seu patrimônio existentes nesta data, passa a ser administrado pela Agência Nacional de Aviação Civil.

Parágrafo único. O Diretor-Presidente da ANAC passa a ser o gestor do Fundo Aeroviário.

Art. 33-A. Até a instalação da Agência Nacional de Aviação Civil, o Diretor do Departamento de Aviação Civil será o gestor do Fundo Aeroviário.

▶ Artigo acrescido pela Lei nº 11.204, de 5-12-2005.

Art. 34. A alínea a do parágrafo único do art. 2º, o inciso I do art. 5º e o art. 11 da Lei nº 6.009, de 26 de dezembro de 1973, passam a vigorar com a seguinte redação:

"Art. 2º ....

Parágrafo único. ....

a) por tarifas aeroportuárias, aprovadas pela Agência Nacional de Aviação Civil, para aplicação em todo o território nacional;

.... "

"Art. 5º ....

I – do Fundo Aeronáutico, nos casos dos aeroportos diretamente administrados pelo Comando da Aeronáutica; ou

.... "

"Art. 11. O produto de arrecadação da tarifa a que se refere o art. 8º desta Lei constituirá receita do Fundo Aeronáutico."

Art. 35. O Poder Executivo regulamentará a distribuição dos recursos referidos no inciso I do art. 1º da Lei nº 8.399, de 7 de janeiro de 1992, entre os órgãos e entidades integrantes do Sistema de Aviação Civil na proporção dos custos correspondentes às atividades realizadas.

Art. 36. Fica criado o Quadro de Pessoal Específico, integrado por servidores regidos pela Lei nº 8.112, de 11 de dezembro de 1990.

§ 1º O Quadro de que trata o *caput* deste artigo tem caráter temporário, ficando extintos os cargos nele alocados, à medida que ocorrerem vacâncias.

§ 2º O ingresso no quadro de que trata este artigo será feito mediante redistribuição, sendo restrito aos servidores que, em 31 de dezembro de 2004, se encontravam em exercício nas unidades do Ministério da Defesa cujas competências foram transferidas para a ANAC.

▶ § 2º com a redação dada Lei nº 11.292, de 26-4-2006.

§ 3º VETADO.

§ 4º Aos servidores das Carreiras da Área de Ciência e Tecnologia redistribuídos na forma do § 2º deste artigo será devida a Gratificação de Desempenho de Atividade de Ciência e Tecnologia – GDACT, prevista na Medida Provisória nº 2.229-43, de 6 de setembro de 2001, como se em exercício estivessem nos órgãos ou entidades a que se refere o § 1º do art. 1º da Lei nº 8.691, de 28 de julho de 1993.

▶ § 4º acrescido pela Lei nº 11.292, de 26-4-2006.

Art. 37. A ANAC poderá requisitar, com ônus, servidores e empregados de órgãos e entidades integrantes da Administração Pública.

§ 1º Durante os primeiros 24 (vinte e quatro) meses subsequentes a sua instalação, a ANAC poderá complementar a remuneração do servidor ou empregado público requisitado até o limite da remuneração do cargo efetivo ou emprego permanente ocupado no órgão ou na entidade de origem, quando a requisição implicar redução dessa remuneração.

▶ Parágrafo único renumerado para § 1º pela Lei nº 11.292, de 26-4-2006.

§ 2º Os empregados das entidades integrantes da administração pública que na data da publicação desta Lei estejam em exercício nas unidades do Ministério da Defesa cujas competências foram transferidas para a ANAC poderão permanecer nessa condição, inclusive no exercício de funções comissionadas, salvo devolução do empregado à entidade de origem ou por motivo de rescisão ou extinção do contrato de trabalho.

§ 3º Os empregados e servidores de órgãos e entidades integrantes da administração pública requisitados até o término do prazo de que trata o § 1º deste artigo poderão exercer funções comissionadas e cargos comissionados técnicos, salvo devolução do empregado à entidade de origem ou por motivo de rescisão ou extinção do contrato de trabalho.

▶ §§ 2º e 3º acrescidos pela Lei nº 11.292, de 26-4-2006.

Art. 38. VETADO.

Art. 38-A. O quantitativo de servidores ocupantes dos cargos do Quadro de Pessoal Específico, acrescido dos servidores ou empregados requisitados, não poderá exceder o número de cargos efetivos.

▶ Artigo acrescido pela Lei nº 11.292, de 26-4-2006.

Art. 39. Nos termos do inciso IX do art. 37 da Constituição Federal, fica a ANAC autorizada a efetuar a contratação temporária do pessoal imprescindível à implantação de suas atividades, por prazo não excedente a 36 (trinta e seis) meses, a contar de sua instalação.

§ 1º VETADO.

§ 2º As contratações temporárias serão feitas por tempo determinado, observado o prazo máximo de 12 (doze) meses, podendo ser prorrogadas, desde que sua duração não ultrapasse o termo final da autorização de que trata o caput deste artigo.

Art. 40. Aplica-se à ANAC o disposto no art. 22 da Lei nº 9.986, de 18 de julho de 2000.

▶ Artigo com a redação dada pela Lei nº 11.292, de 26-4-2006.

Art. 41. Ficam criados 50 (cinquenta) cargos de Procurador Federal na ANAC, observado o disposto na legislação específica.

Art. 42. Instalada a ANAC, fica o Poder Executivo autorizado a extinguir o Departamento de Aviação Civil – DAC e demais organizações do Comando da Aeronáutica que tenham tido a totalidade de suas atribuições transferidas para a ANAC, devendo remanejar para o Ministério do Planejamento, Orçamento e Gestão todos os cargos comissionados e gratificações, alocados aos órgãos extintos e atividades absorvidas pela Agência.

Art. 43. Aprovado seu regulamento, a ANAC passará a ter o controle sobre todas as atividades, contratos de concessão e permissão, e autorizações de serviços aéreos, celebrados por órgãos ou entidades da Administração direta ou indireta da União.

Art. 44. VETADO.

Art. 44-A. Fica o Poder Executivo autorizado a remanejar, transpor, transferir e utilizar para a ANAC as dotações orçamentárias aprovadas em favor das unidades orçamentárias do Ministério da Defesa, na lei orçamentária vigente no exercício financeiro da instalação da ANAC, relativas às funções por ela absorvidas, desde que mantida a mesma classificação orçamentária, expressa por categoria de programação em seu menor nível, conforme definido na lei de diretrizes orçamentárias, inclusive os títulos, descritores, metas e objetivos, assim como o respectivo detalhamento por esfera orçamentária, grupos de despesas, fontes de recursos, modalidades de aplicação e identificadores de uso.

▶ Artigo acrescido pela Lei nº 11.292, de 26-4-2006.

Art. 45. O Comando da Aeronáutica prestará os serviços de que a ANAC necessitar, com ônus limitado, durante 180 (cento e oitenta dias) após sua instalação, devendo ser celebrados convênios para a prestação dos serviços após este prazo.

Art. 46. Os militares da Aeronáutica da ativa em exercício nos órgãos do Comando da Aeronáutica correspondentes às atividades atribuídas à ANAC passam a ter exercício na ANAC, na data de sua instalação, sendo considerados como em serviço de natureza militar.

▶ Caput com a redação dada pela Lei nº 11.292, de 26-4-2006.

§ 1º Os militares da Aeronáutica a que se refere o caput deste artigo deverão retornar àquela Força, no prazo máximo de 60 (sessenta) meses, a contar daquela data, à razão mínima de 20% (vinte por cento) a cada 12 (doze) meses.

§ 2º O Comando da Aeronáutica poderá substituir, a seu critério, os militares em exercício na ANAC.

§ 3º Os militares de que trata este artigo somente poderão ser movimentados no interesse da ANAC, a expensas da Agência e com autorização do Comandante da Aeronáutica.

Art. 47. Na aplicação desta Lei, serão observadas as seguintes disposições:

I – os regulamentos, normas e demais regras em vigor serão gradativamente substituídos por regulamentação a ser editada pela ANAC, sendo que as concessões, permissões e autorizações pertinentes à prestação de serviços aéreos e a exploração de áreas e instalações aeroportuárias continuarão regidas pelos atuais regulamentos, normas e regras, enquanto não for editada nova regulamentação;

II – os contratos de concessão ou convênios de delegação, relativos à administração e exploração de aeródromos, celebrados pela União com órgãos ou entidades da Administração Federal, direta ou indireta, dos Estados, do Distrito Federal e dos Municípios, devem ser adaptados no prazo de 180 (cento e oitenta) dias contados da data de instalação da ANAC às disposições desta Lei; e

III – as atividades de administração e exploração de aeródromos exercidas pela Empresa Brasileira de Infraestrutura Aeroportuária – INFRAERO passarão a ser reguladas por atos da ANAC.

Art. 48. VETADO.

§ 1º Fica assegurada às empresas concessionárias de serviços aéreos domésticos a exploração de quaisquer linhas aéreas, mediante prévio registro na ANAC, observada exclusivamente a capacidade operacional de cada aeroporto e as normas regulamentares de prestação de serviço adequado expedidas pela ANAC.

§ 2º VETADO.

Art. 49. Na prestação de serviços aéreos regulares, prevalecerá o regime de liberdade tarifária.

§ 1º No regime de liberdade tarifária, as concessionárias ou permissionárias poderão determinar suas próprias tarifas, devendo comunicá-las à ANAC, em prazo por esta definido.

§ 2º VETADO.

§ 3º A ANAC estabelecerá os mecanismos para assegurar a fiscalização e a publicidade das tarifas.

Art. 50. As despesas decorrentes da aplicação desta Lei correrão à conta do Orçamento da ANAC.

Art. 51. Esta Lei entra em vigor na data de sua publicação.

Brasília, 27 de setembro de 2005;
184º da Independência e
117º da República.

Luiz Inácio Lula da Silva

▶ Optamos por não publicar os Anexos nesta edição.

LEI COMPLEMENTAR Nº 123, DE 14 DE DEZEMBRO DE 2006

Institui o Estatuto Nacional da Microempresa e da Empresa de Pequeno Porte; altera dispositivos das Leis nºs 8.212 e 8.213, ambas de 24 de julho de 1991, da Consolidação das Leis do Trabalho – CLT, aprovada pelo Decreto-Lei nº 5.452, de 1º de maio de 1943, da Lei nº 10.189, de 14 de fevereiro de 2001, da Lei Complementar nº 63, de 11 de janeiro de 1990; e revoga as Leis nºs 9.317, de 5 de dezembro de 1996, e 9.841, de 5 de outubro de 1999.

(EXCERTOS)

▶ Publicada no *DOU* de 15-12-2006 e republicada no *DOU* de 31-1-2009, Edição Extra, consolidando as alterações determinadas pelas Leis Complementares nºs 127, de 14-8-2007, e 128, de 19-12-2008.

▶ Arts. 146, parágrafo único, e 179 da CF.

▶ Arts. 47, I, e 94 do ADCT.

▶ Lei nº 11.488, de 15-6-2007, cria o Regime Especial de Incentivos para o Desenvolvimento da Infraestrutura – REIDI; reduz para 24 (vinte e quatro) meses o prazo mínimo para utilização dos créditos da Contribuição para o PIS/PASEP e da Contribuição para o Financiamento da Seguridade Social – COFINS decorrentes da aquisição de edificações; e amplia o prazo para pagamento de impostos e contribuições.

▶ Dec. nº 6.038, de 7-2-2007, institui o Comitê Gestor de Tributação das Microempresas e Empresas de Pequeno Porte.

Capítulo I
DISPOSIÇÕES PRELIMINARES

Art. 1º Esta Lei Complementar estabelece normas gerais relativas ao tratamento diferenciado e favorecido a ser dispensado às microempresas e empresas de pequeno porte no âmbito dos Poderes da União, dos Estados, do Distrito Federal e dos Municípios, especialmente no que se refere:

I – à apuração e recolhimento dos impostos e contribuições da União, dos Estados, do Distrito Federal e dos Municípios, mediante regime único de arrecadação, inclusive obrigações acessórias;

II – ao cumprimento de obrigações trabalhistas e previdenciárias, inclusive obrigações acessórias;

III – ao acesso a crédito e ao mercado, inclusive quanto à preferência nas aquisições de bens e serviços pelos Poderes Públicos, à tecnologia, ao associativismo e às regras de inclusão.

§ 1º Cabe ao Comitê Gestor do SIMPLES Nacional (CGSN) apreciar a necessidade de revisão, a partir de 1º de janeiro de 2015, dos valores expressos em moeda nesta Lei Complementar.

▶ § 1º com a redação dada pela LC nº 139, de 10-11-2011.

§ 2º VETADO.

Art. 2º O tratamento diferenciado e favorecido a ser dispensado às microempresas e empresas de pequeno porte de que trata o art. 1º desta Lei Complementar será gerido pelas instâncias a seguir especificadas:

I – Comitê Gestor do Simples Nacional, vinculado ao Ministério da Fazenda, composto por 4 (quatro) representantes da Secretaria da Receita Federal do Brasil, como representantes da União, 2 (dois) dos Estados e do Distrito Federal e 2 (dois) dos Municípios, para tratar dos aspectos tributários; e

II – Fórum Permanente das Microempresas e Empresas de Pequeno Porte, com a participação dos órgãos federais competentes e das entidades vinculadas ao setor, para tratar dos demais aspectos, ressalvado o disposto no inciso III do *caput* deste artigo;

▶ Incisos I e II com a redação dada pela LC nº 128, de 19-12-2008.

III – Comitê para Gestão da Rede Nacional para a Simplificação do Registro e da Legalização de Empresas e Negócios, vinculado ao Ministério do Desenvolvimento, Indústria e Comércio Exterior, composto por representantes da União, dos Estados e do Distrito Federal, dos Municípios e demais órgãos de apoio e de registro empresarial, na forma definida pelo Poder Executivo, para tratar do processo de registro e de legalização de empresários e de pessoas jurídicas.

▶ Inciso III acrescido pela LC nº 128, de 19-12-2008.

§ 1º Os Comitês de que tratam os incisos I e III do *caput* deste artigo serão presididos e coordenados por representantes da União.

§ 2º Os representantes dos Estados e do Distrito Federal nos Comitês referidos nos incisos I e III do *caput* deste artigo serão indicados pelo Conselho Nacional de Política Fazendária – CONFAZ e os dos Municípios serão indicados, um pela entidade representativa das

Secretarias de Finanças das Capitais e outro pelas entidades de representação nacional dos Municípios brasileiros.

§ 3º As entidades de representação referidas no inciso III do *caput* e no § 2º deste artigo serão aquelas regularmente constituídas há pelo menos 1 (um) ano antes da publicação desta Lei Complementar.

§ 4º Os Comitês de que tratam os incisos I e III do *caput* deste artigo elaborarão seus regimentos internos mediante resolução.

▶ §§ 1º a 4º com a redação dada pela LC nº 128, de 19-12-2008.

§ 5º O Fórum referido no inciso II do *caput* deste artigo, que tem por finalidade orientar e assessorar a formulação e coordenação da política nacional de desenvolvimento das microempresas e empresas de pequeno porte, bem como acompanhar e avaliar a sua implantação, será presidido e coordenado pelo Ministério do Desenvolvimento, Indústria e Comércio Exterior.

§ 6º Ao Comitê de que trata o inciso I do *caput* deste artigo compete regulamentar a opção, exclusão, tributação, fiscalização, arrecadação, cobrança, dívida ativa, recolhimento e demais itens relativos ao regime de que trata o art. 12 desta Lei Complementar, observadas as demais disposições desta Lei Complementar.

§ 7º Ao Comitê de que trata o inciso III do *caput* deste artigo compete, na forma da lei, regulamentar a inscrição, cadastro, abertura, alvará, arquivamento, licenças, permissão, autorização, registros e demais itens relativos à abertura, legalização e funcionamento de empresários e de pessoas jurídicas de qualquer porte, atividade econômica ou composição societária.

§ 8º Os membros dos Comitês de que tratam os incisos I e III do *caput* deste artigo serão designados, respectivamente, pelos Ministros de Estado da Fazenda e do Desenvolvimento, Indústria e Comércio Exterior, mediante indicação dos órgãos e entidades vinculados.

▶ §§ 6º a 8º acrescidos pela LC nº 128, de 19-12-2008.

CAPÍTULO II

DA DEFINIÇÃO DE MICROEMPRESA E DE EMPRESA DE PEQUENO PORTE

Art. 3º Para os efeitos desta Lei Complementar, consideram-se microempresas ou empresas de pequeno porte a sociedade empresária, a sociedade simples, a empresa individual de responsabilidade limitada e o empresário a que se refere o art. 966 da Lei nº 10.406, de 10 de janeiro de 2002 (Código Civil), devidamente registrados no Registro de Empresas Mercantis ou no Registro Civil de Pessoas Jurídicas, conforme o caso, desde que:

▶ Caput com a redação dada pela LC nº 139, de 10-11-2011.

I – no caso da microempresa, aufira, em cada ano-calendário, receita bruta igual ou inferior a R$ 360.000,00 (trezentos e sessenta mil reais); e
II – no caso da empresa de pequeno porte, aufira, em cada ano-calendário, receita bruta superior a R$ 360.000,00 (trezentos e sessenta mil reais) e igual ou inferior a R$ 3.600.000,00 (três milhões e seiscentos mil reais).

▶ Incisos I e II com a redação dada pela LC nº 139, de 10-11-2011.
▶ Art. 16, § 1º, desta Lei Complementar.

§ 1º Considera-se receita bruta, para fins do disposto no *caput* deste artigo, o produto da venda de bens e serviços nas operações de conta própria, o preço dos serviços prestados e o resultado nas operações em conta alheia, não incluídas as vendas canceladas e os descontos incondicionais concedidos.

§ 2º No caso de início de atividade no próprio ano-calendário, o limite a que se refere o *caput* deste artigo será proporcional ao número de meses em que a microempresa ou a empresa de pequeno porte houver exercido atividade, inclusive as frações de meses.

§ 3º O enquadramento do empresário ou da sociedade simples ou empresária como microempresa ou empresa de pequeno porte bem como o seu desenquadramento não implicarão alteração, denúncia ou qualquer restrição em relação a contratos por elas anteriormente firmados.

§ 4º Não poderá se beneficiar do tratamento jurídico diferenciado previsto nesta Lei Complementar, incluído o regime de que trata o art. 12 desta Lei Complementar, para nenhum efeito legal, a pessoa jurídica:

▶ Caput do § 4º com a redação dada pela LC nº 128, de 19-12-2008.

I – de cujo capital participe outra pessoa jurídica;
II – que seja filial, sucursal, agência ou representação, no País, de pessoa jurídica com sede no exterior;
III – de cujo capital participe pessoa física que seja inscrita como empresário ou seja sócia de outra empresa que receba tratamento jurídico diferenciado nos termos desta Lei Complementar, desde que a receita bruta global ultrapasse o limite de que trata o inciso II do *caput* deste artigo;
IV – cujo titular ou sócio participe com mais de 10% (dez por cento) do capital de outra empresa não beneficiada por esta Lei Complementar, desde que a receita bruta global ultrapasse o limite de que trata o inciso II do *caput* deste artigo;
V – cujo sócio ou titular seja administrador ou equiparado de outra pessoa jurídica com fins lucrativos, desde que a receita bruta global ultrapasse o limite de que trata o inciso II do *caput* deste artigo;
VI – constituída sob a forma de cooperativas, salvo as de consumo;
VII – que participe do capital de outra pessoa jurídica;
VIII – que exerça atividade de banco comercial, de investimentos e de desenvolvimento, de caixa econômica, de sociedade de crédito, financiamento e investimento ou de crédito imobiliário, de corretora ou de distribuidora de títulos, valores mobiliários e câmbio, de empresa de arrendamento mercantil, de seguros privados e de capitalização ou de previdência complementar;
IX – resultante ou remanescente de cisão ou qualquer outra forma de desmembramento de pessoa jurídica que tenha ocorrido em um dos 5 (cinco) anos-calendário anteriores;
X – constituída sob a forma de sociedade por ações.

§ 5º O disposto nos incisos IV e VII do § 4º deste artigo não se aplica à participação no capital de cooperativas de crédito, bem como em centrais de compras, bolsas de subcontratação, no consórcio referido no art. 50 desta Lei Complementar e na sociedade de propósito específico prevista no art. 56 desta Lei Complementar, e em associações assemelhadas, sociedades de interesse econômico, sociedades de garantia solidária e outros tipos de sociedade, que tenham como objetivo social a defesa exclusiva dos interesses econômicos das microempresas e empresas de pequeno porte.

▶ § 5º com a redação dada pela LC nº 128, de 19-12-2008.

§ 6º Na hipótese de a microempresa ou empresa de pequeno porte incorrer em alguma das situações previstas nos incisos do § 4º, será excluída do tratamento jurídico diferenciado previsto nesta Lei Complementar, bem como do regime de que trata o art. 12, com efeitos a partir do mês seguinte ao que incorrida a situação impeditiva.

▶ § 6º com a redação dada pela LC nº 139, de 10-11-2011.

§ 7º Observado o disposto no § 2º deste artigo, no caso de início de atividades, a microempresa que, no ano-calendário, exceder o limite de receita bruta anual previsto no inciso I do *caput* deste artigo passa, no ano-calendário seguinte, à condição de empresa de pequeno porte.

§ 8º Observado o disposto no § 2º deste artigo, no caso de início de atividades, a empresa de pequeno porte que, no ano-calendário, não ultrapassar o limite de receita bruta anual previsto no inciso I do *caput* deste artigo passa, no ano-calendário seguinte, à condição de microempresa.

§ 9º A empresa de pequeno porte que, no ano-calendário, exceder o limite de receita bruta anual previsto no inciso II do caput fica excluída, no mês subsequente à ocorrência do excesso, do tratamento jurídico diferenciado previsto nesta Lei Complementar, incluído o regime de que trata o art. 12, para todos os efeitos legais, ressalvado o disposto nos §§ 9º-A, 10 e 12.

▶ § 9º com a redação dada pela LC nº 139, de 10-11-2011.

§ 9º-A. Os efeitos da exclusão prevista no § 9º dar-se-ão no ano-calendário subsequente se o excesso verificado em relação à receita bruta não for superior a 20% (vinte por cento) do limite referido no inciso II do caput.

▶ § 9º-A acrescido pela LC nº 139, de 10-11-2011.

§ 10. A empresa de pequeno porte que no decurso do ano-calendário de início de atividade ultrapassar o limite proporcional de receita bruta de que trata o § 2º estará excluída do tratamento jurídico diferenciado previsto nesta Lei Complementar, bem como do regime de que trata o art. 12 desta Lei Complementar, com efeitos retroativos ao início de suas atividades.

▶ Art. 31, III, *b*, desta Lei Complementar.

§ 11. Na hipótese de o Distrito Federal, os Estados e os respectivos Municípios adotarem um dos limites previstos nos incisos I e II do caput do art. 19 e no art. 20, caso a receita bruta auferida pela empresa durante o ano-calendário de início de atividade ultrapasse 1/12 (um doze avos) do limite estabelecido multiplicado pelo número de meses de funcionamento nesse período, a empresa não poderá recolher o ICMS e o ISS na forma do SIMPLES Nacional, relativos ao estabelecimento localizado na unidade da federação que os houver adotado, com efeitos retroativos ao início de suas atividades.

§ 12. A exclusão de que trata o § 10 não retroagirá ao início das atividades se o excesso verificado em relação à receita bruta não for superior a 20% (vinte por cento) do respectivo limite referido naquele parágrafo, hipótese em que os efeitos da exclusão dar-se-ão no ano-calendário subsequente.

▶ §§ 10 a 12 com a redação dada pela LC nº 139, de 10-11-2011.

§ 13. O impedimento de que trata o § 11 não retroagirá ao início das atividades se o excesso verificado em relação à receita bruta não for superior a 20% (vinte por cento) dos respectivos limites referidos naquele parágrafo, hipótese em que os efeitos do impedimento ocorrerão no ano-calendário subsequente.

§ 14. Para fins de enquadramento como empresa de pequeno porte, poderão ser auferidas receitas no mercado interno até o limite previsto no inciso II do caput ou no § 2º, conforme o caso, e, adicionalmente, receitas decorrentes da exportação de mercadorias, inclusive quando realizada por meio de comercial exportadora ou da sociedade de propósito específico prevista no art. 56 desta Lei Complementar, desde que as receitas de exportação também não excedam os referidos limites de receita bruta anual.

§ 15. Na hipótese do § 14, para fins de determinação da alíquota de que trata o § 1º do art. 18, da base de cálculo prevista em seu § 3º e das majorações de alíquotas previstas em seus §§ 16, 16-A, 17 e 17-A, será considerada a receita bruta total da empresa nos mercados interno e externo.

▶ §§ 13 a 15 acrescidos pela LC nº 139, de 10-11-2011.

CAPÍTULO III

DA INSCRIÇÃO E DA BAIXA

Art. 4º Na elaboração de normas de sua competência, os órgãos e entidades envolvidos na abertura e fechamento de empresas, dos 3 (três) âmbitos de governo, deverão considerar a unicidade do processo de registro e de legalização de empresários e de pessoas jurídicas, para tanto devendo articular as competências próprias com aquelas dos demais membros, e buscar, em conjunto, compatibilizar e integrar procedimentos, de modo a evitar a duplicidade de exigências e garantir a linearidade do processo, da perspectiva do usuário.

§ 1º O processo de abertura, registro, alteração e baixa do Microempreendedor Individual (MEI) de que trata o art. 18-A desta Lei Complementar, bem como qualquer exigência para o início de seu funcionamento, deverão ter trâmite especial e simplificado, preferencialmente eletrônico, op-

cional para o empreendedor na forma a ser disciplinada pelo CGSIM, observado o seguinte:

▶ Caput do § 1º com a redação dada pela LC nº 139, de 10-11-2011.

I – poderão ser dispensados o uso da firma, com a respectiva assinatura autógrafa, o capital, requerimentos, demais assinaturas, informações relativas ao estado civil e regime de bens, bem como remessa de documentos, na forma estabelecida pelo CGSIM; e
II – o cadastro fiscal estadual ou municipal poderá ser simplificado ou ter sua exigência postergada, sem prejuízo da possibilidade de emissão de documentos fiscais de compra, venda ou prestação de serviços, vedada, em qualquer hipótese, a imposição de custos pela autorização para emissão, inclusive na modalidade avulsa.

▶ Incisos I e II acrescidos pela LC nº 139, de 10-11-2011.

§ 2º Revogado. *LC nº 139, de 10-11-2011.*

§ 3º Ficam reduzidos a 0 (zero) os valores referentes a taxas, emolumentos e demais custos relativos à abertura, à inscrição, ao registro, ao alvará, à licença, ao cadastro e aos demais itens relativos ao disposto nos §§ 1º e 2º deste artigo.

▶ § 3º acrescido pela LC nº 128, de 19-12-2008.

Art. 5º Os órgãos e entidades envolvidos na abertura e fechamento de empresas, dos 3 (três) âmbitos de governo, no âmbito de suas atribuições, deverão manter à disposição dos usuários, de forma presencial e pela rede mundial de computadores, informações, orientações e instrumentos, de forma integrada e consolidada, que permitam pesquisas prévias às etapas de registro ou inscrição, alteração e baixa de empresários e pessoas jurídicas, de modo a prover ao usuário certeza quanto à documentação exigível e quanto à viabilidade do registro ou inscrição.

Parágrafo único. As pesquisas prévias à elaboração de ato constitutivo ou de sua alteração deverão bastar a que o usuário seja informado pelos órgãos e entidades competentes:

I – da descrição oficial do endereço de seu interesse e da possibilidade de exercício da atividade desejada no local escolhido;
II – de todos os requisitos a serem cumpridos para obtenção de licenças de autorização de funcionamento, segundo a atividade pretendida, o porte, o grau de risco e a localização; e
III – da possibilidade de uso do nome empresarial de seu interesse.

Art. 6º Os requisitos de segurança sanitária, metrologia, controle ambiental e prevenção contra incêndios, para os fins de registro e legalização de empresários e pessoas jurídicas, deverão ser simplificados, racionalizados e uniformizados pelos órgãos envolvidos na abertura e fechamento de empresas, no âmbito de suas competências.

§ 1º Os órgãos e entidades envolvidos na abertura e fechamento de empresas que sejam responsáveis pela emissão de licenças e autorizações de funcionamento somente realizarão vistorias após o início de operação do estabelecimento, quando a atividade, por sua natureza, comportar grau de risco compatível com esse procedimento.

§ 2º Os órgãos e entidades competentes definirão, em 6 (seis) meses, contados da publicação desta Lei Complementar, as atividades cujo grau de risco seja considerado alto e que exigirão vistoria prévia.

Art. 7º Exceto nos casos em que o grau de risco da atividade seja considerado alto, os Municípios emitirão Alvará de Funcionamento Provisório, que permitirá o início de operação do estabelecimento imediatamente após o ato de registro.

Parágrafo único. Nos casos referidos no *caput* deste artigo, poderá o Município conceder Alvará de Funcionamento Provisório para o microempreendedor individual, para microempresas e para empresas de pequeno porte:

I – instaladas em áreas desprovidas de regulação fundiária legal ou com regulamentação precária; ou
II – em residência do microempreendedor individual ou do titular ou sócio da microempresa ou empresa de pequeno porte, na hipótese em que a atividade não gere grande circulação de pessoas.

▶ Parágrafo único acrescido pela LC nº 128, de 19-12-2008.

Art. 8º Será assegurado aos empresários entrada única de dados cadastrais e de documentos, resguardada a independência das bases de dados e observada a necessidade de informações por parte dos órgãos e entidades que as integrem.

Art. 9º O registro dos atos constitutivos, de suas alterações e extinções (baixas), referentes a empresários e pessoas jurídicas em qualquer órgão envolvido no registro empresarial e na abertura da empresa, dos 3 (três) âmbitos de governo, ocorrerá independentemente da regularidade de obrigações tributárias, previdenciárias ou trabalhistas, principais ou acessórias, do empresário, da sociedade, dos sócios, dos administradores ou de empresas de que participem, sem prejuízo das responsabilidades do empresário, dos sócios ou dos administradores por tais obrigações, apuradas antes ou após o ato de extinção.

§ 1º O arquivamento, nos órgãos de registro, dos atos constitutivos de empresários, de sociedades empresárias e de demais equiparados que se enquadrarem como microempresa ou empresa de pequeno porte bem como o arquivamento de suas alterações são dispensados das seguintes exigências:

I – certidão de inexistência de condenação criminal, que será substituída por declaração do titular ou administrador, firmada sob as penas da lei, de não estar impedido de exercer atividade mercantil ou a administração de sociedade, em virtude de condenação criminal;
II – prova de quitação, regularidade ou inexistência de débito referente a tributo ou contribuição de qualquer natureza.

§ 2º Não se aplica às microempresas e às empresas de pequeno porte o disposto no § 2º do art. 1º da Lei nº 8.906, de 4 de julho de 1994.

§ 3º No caso de existência de obrigações tributárias, previdenciárias ou trabalhistas referidas no caput, o titular, o sócio ou o administrador da mi-

croempresa e da empresa de pequeno porte que se encontre sem movimento há mais de 12 (doze) meses poderá solicitar a baixa nos registros dos órgãos públicos federais, estaduais e municipais independentemente do pagamento de débitos tributários, taxas ou multas devidas pelo atraso na entrega das respectivas declarações nesses períodos, observado o disposto nos §§ 4º e 5º.

§ 4º A baixa referida no § 3º não impede que, posteriormente, sejam lançados ou cobrados impostos, contribuições e respectivas penalidades, decorrentes da simples falta de recolhimento ou da prática comprovada e apurada em processo administrativo ou judicial de outras irregularidades praticadas pelos empresários, pelas microempresas, pelas empresas de pequeno porte ou por seus titulares, sócios ou administradores.

▶ §§ 3º e 4º com a redação dada pela LC nº 139, de 10-11-2011.

§ 5º A solicitação de baixa na hipótese prevista no § 3º deste artigo importa responsabilidade solidária dos titulares, dos sócios e dos administradores do período de ocorrência dos respectivos fatos geradores.

§ 6º Os órgãos referidos no *caput* deste artigo terão o prazo de 60 (sessenta) dias para efetivar a baixa nos respectivos cadastros.

§ 7º Ultrapassado o prazo previsto no § 6º deste artigo sem manifestação do órgão competente, presumir-se-á a baixa dos registros das microempresas e a das empresas de pequeno porte.

§ 8º Excetuado o disposto nos §§ 3º a 5º deste artigo, na baixa de microempresa ou de empresa de pequeno porte aplicar-se-ão as regras de responsabilidade previstas para as demais pessoas jurídicas.

§ 9º Para os efeitos do § 3º deste artigo, considera-se sem movimento a microempresa ou a empresa de pequeno porte que não apresente mutação patrimonial e atividade operacional durante todo o ano-calendário.

▶ §§ 5º a 9º acrescidos pela LC nº 128, de 19-12-2008.

§ 10. No caso de existência de obrigações tributárias, previdenciárias ou trabalhistas, principais ou acessórias, o MEI poderá, a qualquer momento, solicitar a baixa nos registros independentemente do pagamento de débitos tributários, taxas ou multas devidas pelo atraso na entrega das respectivas declarações nesses períodos, observado o disposto nos §§ 1º e 2º.

§ 11. A baixa referida no § 10 não impede que, posteriormente, sejam lançados ou cobrados do titular impostos, contribuições e respectivas penalidades, decorrentes da simples falta de recolhimento ou da prática comprovada e apurada em processo administrativo ou judicial de outras irregularidades praticadas pela empresa ou por seu titular.

§ 12. A solicitação de baixa na hipótese prevista no § 10 importa assunção pelo titular das obrigações ali descritas.

▶ §§ 10 a 12 acrescidos pela LC nº 139, de 10-11-2011.

Art. 10. Não poderão ser exigidos pelos órgãos e entidades envolvidos na abertura e fechamento de empresas, dos 3 (três) âmbitos de governo:

I – excetuados os casos de autorização prévia, quaisquer documentos adicionais aos requeridos pelos órgãos executores do Registro Público de Empresas Mercantis e Atividades Afins e do Registro Civil de Pessoas Jurídicas;

II – documento de propriedade ou contrato de locação do imóvel onde será instalada a sede, filial ou outro estabelecimento, salvo para comprovação do endereço indicado;

III – comprovação de regularidade de prepostos dos empresários ou pessoas jurídicas com seus órgãos de classe, sob qualquer forma, como requisito para deferimento de ato de inscrição, alteração ou baixa de empresa, bem como para autenticação de instrumento de escrituração.

Art. 11. Fica vedada a instituição de qualquer tipo de exigência de natureza documental ou formal, restritiva ou condicionante, pelos órgãos envolvidos na abertura e fechamento de empresas, dos 3 (três) âmbitos de governo, que exceda o estrito limite dos requisitos pertinentes à essência do ato de registro, alteração ou baixa da empresa.

CAPÍTULO V

DO ACESSO AOS MERCADOS

SEÇÃO ÚNICA

DAS AQUISIÇÕES PÚBLICAS

Art. 42. Nas licitações públicas, a comprovação de regularidade fiscal das microempresas e empresas de pequeno porte somente será exigida para efeito de assinatura do contrato.

▶ Lei nº 8.666, de 21-6-1993 (Lei de Licitações e Contratos Administrativos).
▶ Dec. nº 6.204, de 5-9-2007, regulamenta o tratamento favorecido, diferenciado e simplificado para as microempresas e empresas de pequeno porte nas contratações públicas de bens, serviços e obras, no âmbito da administração pública federal.

Art. 43. As microempresas e empresas de pequeno porte, por ocasião da participação em certames licitatórios, deverão apresentar toda a documentação exigida para efeito de comprovação de regularidade fiscal, mesmo que esta apresente alguma restrição.

§ 1º Havendo alguma restrição na comprovação da regularidade fiscal, será assegurado o prazo de 2 (dois) dias úteis, cujo termo inicial corresponderá ao momento em que o proponente for declarado o vencedor do certame, prorrogáveis por igual período, a critério da Administração Pública, para a regularização da documentação, pagamento ou parcelamento do débito, e emissão de eventuais certidões negativas ou positivas com efeito de certidão negativa.

§ 2º A não regularização da documentação, no prazo previsto no § 1º deste artigo, implicará decadência do direito à contratação, sem prejuízo das sanções previstas no art. 81 da Lei nº 8.666, de 21 de junho de 1993, sendo facultado à Administração convocar os licitantes remanescentes, na ordem de classificação, para a assinatura do contrato, ou revogar a licitação.

▶ Lei nº 8.666, de 21-6-1993 (Lei de Licitações e Contratos Administrativos).

Art. 44. Nas licitações será assegurada, como critério de desempate, preferência de contratação para as microempresas e empresas de pequeno porte.

§ 1º Entende-se por empate aquelas situações em que as propostas apresentadas pelas microempresas e empresas de pequeno porte sejam iguais ou até 10% (dez por cento) superiores à proposta mais bem classificada.

§ 2º Na modalidade de pregão, o intervalo percentual estabelecido no § 1º deste artigo será de até 5% (cinco por cento) superior ao melhor preço.

▶ Art. 3º da Lei nº 8.666, de 21-6-1993 (Lei de Licitações e Contratos Administrativos).

Art. 45. Para efeito do disposto no art. 44 desta Lei Complementar, ocorrendo o empate, proceder-se-á da seguinte forma:

I – a microempresa ou empresa de pequeno porte mais bem classificada poderá apresentar proposta de preço inferior àquela considerada vencedora do certame, situação em que será adjudicado em seu favor o objeto licitado;

II – não ocorrendo a contratação da microempresa ou empresa de pequeno porte, na forma do inciso I do *caput* deste artigo, serão convocadas as remanescentes que porventura se enquadrem na hipótese dos §§ 1º e 2º do art. 44 desta Lei Complementar, na ordem classificatória, para o exercício do mesmo direito;

III – no caso de equivalência dos valores apresentados pelas microempresas e empresas de pequeno porte que se encontrem nos intervalos estabelecidos nos §§ 1º e 2º do art. 44 desta Lei Complementar, será realizado sorteio entre elas para que se identifique aquela que primeiro poderá apresentar melhor oferta.

§ 1º Na hipótese da não contratação nos termos previstos no *caput* deste artigo, o objeto licitado será adjudicado em favor da proposta originalmente vencedora do certame.

§ 2º O disposto neste artigo somente se aplicará quando a melhor oferta inicial não tiver sido apresentada por microempresa ou empresa de pequeno porte.

§ 3º No caso de pregão, a microempresa ou empresa de pequeno porte mais bem classificada será convocada para apresentar nova proposta no prazo máximo de 5 (cinco) minutos após o encerramento dos lances, sob pena de preclusão.

Art. 46. A microempresa e a empresa de pequeno porte titular de direitos creditórios decorrentes de empenhos liquidados por órgãos e entidades da União, Estados, Distrito Federal e Município não pagos em até 30 (trinta) dias contados da data de liquidação poderão emitir cédula de crédito microempresarial.

Parágrafo único. A cédula de crédito microempresarial é título de crédito regido, subsidiariamente, pela legislação prevista para as cédulas de crédito comercial, tendo como lastro o empenho do poder público, cabendo ao Poder Executivo sua regulamentação no prazo de 180 (cento e oitenta) dias a contar da publicação desta Lei Complementar.

▶ Lei nº 6.840, de 3-11-1980, dispõe sobre títulos de crédito comercial.

Art. 47. Nas contratações públicas da União, dos Estados e dos Municípios, poderá ser concedido tratamento diferenciado e simplificado para as microempresas e empresas de pequeno porte objetivando a promoção do desenvolvimento econômico e social no âmbito municipal e regional, a ampliação da eficiência das políticas públicas e o incentivo à inovação tecnológica, desde que previsto e regulamentado na legislação do respectivo ente.

▶ Arts. 48 e 49 desta Lei Complementar.

Art. 48. Para o cumprimento do disposto no art. 47 desta Lei Complementar, a administração pública poderá realizar processo licitatório:

▶ Art. 49 desta Lei Complementar.

I – destinado exclusivamente à participação de microempresas e empresas de pequeno porte nas contratações cujo valor seja de até R$ 80.000,00 (oitenta mil reais);

II – em que seja exigida dos licitantes a subcontratação de microempresa ou de empresa de pequeno porte, desde que o percentual máximo do objeto a ser subcontratado não exceda a 30% (trinta por cento) do total licitado;

III – em que se estabeleça cota de até 25% (vinte e cinco por cento) do objeto para a contratação de microempresas e empresas de pequeno porte, em certames para a aquisição de bens e serviços de natureza divisível.

§ 1º O valor licitado por meio do disposto neste artigo não poderá exceder a 25% (vinte e cinco por cento) do total licitado em cada ano civil.

§ 2º Na hipótese do inciso II do *caput* deste artigo, os empenhos e pagamentos do órgão ou entidade da administração pública poderão ser destinados diretamente às microempresas e empresas de pequeno porte subcontratadas.

Art. 49. Não se aplica o disposto nos arts. 47 e 48 desta Lei Complementar quando:

I – os critérios de tratamento diferenciado e simplificado para as microempresas e empresas de pequeno porte não forem expressamente previstos no instrumento convocatório;

II – não houver um mínimo de 3 (três) fornecedores competitivos enquadrados como microempresas ou empresas de pequeno porte sediados local ou regionalmente e capazes de cumprir as exigências estabelecidas no instrumento convocatório;

III – o tratamento diferenciado e simplificado para as microempresas e empresas de pequeno porte não for vantajoso para a administração pública ou representar prejuízo ao conjunto ou complexo do objeto a ser contratado;

IV – a licitação for dispensável ou inexigível, nos termos dos arts. 24 e 25 da Lei nº 8.666, de 21 de junho de 1993.

▶ Lei nº 8.666, de 21-6-1993 (Lei de Licitações e Contratos Administrativos).

Art. 88. Esta Lei Complementar entra em vigor na data de sua publicação, ressalvado o regime de tributação das microempresas e empresas de pequeno porte, que entra em vigor em 1º de julho de 2007.

Art. 89. Ficam revogadas, a partir de 1º de julho de 2007, a Lei nº 9.317, de 5 de dezembro de 1996, e a Lei nº 9.841, de 5 de outubro de 1999.

Brasília, 14 de dezembro de 2006;
185º da Independência e
118º da República.

Luiz Inácio Lula da Silva

▶ Optamos por não publicar os anexos nesta edição.

LEI Nº 11.417, DE 19 DE DEZEMBRO DE 2006

Regulamenta o art. 103-A da Constituição Federal e altera a Lei nº 9.784, de 29 de janeiro de 1999, disciplinando a edição, a revisão e o cancelamento de enunciado de súmula vinculante pelo Supremo Tribunal Federal, e dá outras providências.

▶ Publicada no *DOU* de 20-12-2006.

Art. 1º Esta Lei disciplina a edição, a revisão e o cancelamento de enunciado de súmula vinculante pelo Supremo Tribunal Federal e dá outras providências.

Art. 2º O Supremo Tribunal Federal poderá, de ofício ou por provocação, após reiteradas decisões sobre matéria constitucional, editar enunciado de súmula que, a partir de sua publicação na imprensa oficial, terá efeito vinculante em relação aos demais órgãos do Poder Judiciário e à administração pública direta e indireta, nas esferas federal, estadual e municipal, bem como proceder à sua revisão ou cancelamento, na forma prevista nesta Lei.

§ 1º O enunciado da súmula terá por objeto a validade, a interpretação e a eficácia de normas determinadas, acerca das quais haja, entre órgãos judiciários ou entre esses e a administração pública, controvérsia atual que acarrete grave insegurança jurídica e relevante multiplicação de processos sobre idêntica questão.

§ 2º O Procurador-Geral da República, nas propostas que não houver formulado, manifestar-se-á previamente à edição, revisão ou cancelamento de enunciado de súmula vinculante.

§ 3º A edição, a revisão e o cancelamento de enunciado de súmula com efeito vinculante dependerão de decisão tomada por 2/3 (dois terços) dos membros do Supremo Tribunal Federal, em sessão plenária.

§ 4º No prazo de 10 (dez) dias após a sessão em que editar, rever ou cancelar enunciado de súmula com efeito vinculante, o Supremo Tribunal Federal fará publicar, em seção especial do *Diário da Justiça* e do *Diário Oficial da União*, o enunciado respectivo.

Art. 3º São legitimados a propor a edição, a revisão ou o cancelamento de enunciado de súmula vinculante:

I – o Presidente da República;
II – a Mesa do Senado Federal;
III – a Mesa da Câmara dos Deputados;
IV – o Procurador-Geral da República;
V – o Conselho Federal da Ordem dos Advogados do Brasil;
VI – o Defensor Público-Geral da União;
VII – partido político com representação no Congresso Nacional;
VIII – confederação sindical ou entidade de classe de âmbito nacional;
IX – a Mesa de Assembleia Legislativa ou da Câmara Legislativa do Distrito Federal;
X – o Governador de Estado ou do Distrito Federal;
XI – os Tribunais Superiores, os Tribunais de Justiça de Estados ou do Distrito Federal e Territórios, os Tribunais Regionais Federais, os Tribunais Regionais do Trabalho, os Tribunais Regionais Eleitorais e os Tribunais Militares.

§ 1º O Município poderá propor, incidentalmente ao curso de processo em que seja parte, a edição, a revisão ou o cancelamento de enunciado de súmula vinculante, o que não autoriza a suspensão do processo.

§ 2º No procedimento de edição, revisão ou cancelamento de enunciado da súmula vinculante, o relator poderá admitir, por decisão irrecorrível, a manifestação de terceiros na questão, nos termos do Regimento Interno do Supremo Tribunal Federal.

Art. 4º A súmula com efeito vinculante tem eficácia imediata, mas o Supremo Tribunal Federal, por decisão de 2/3 (dois terços) dos seus membros, poderá restringir os efeitos vinculantes ou decidir que só tenha eficácia a partir de outro momento, tendo em vista razões de segurança jurídica ou de excepcional interesse público.

Art. 5º Revogada ou modificada a lei em que se fundou a edição de enunciado de súmula vinculante, o Supremo Tribunal Federal, de ofício ou por provocação, procederá à sua revisão ou cancelamento, conforme o caso.

Art. 6º A proposta de edição, revisão ou cancelamento de enunciado de súmula vinculante não autoriza a suspensão dos processos em que se discuta a mesma questão.

Art. 7º Da decisão judicial ou do ato administrativo que contrariar enunciado de súmula vinculante, negar-lhe vigência ou aplicá-lo indevidamente caberá reclamação ao Supremo Tribunal Federal, sem prejuízo dos recursos ou outros meios admissíveis de impugnação.

§ 1º Contra omissão ou ato da administração pública, o uso da reclamação só será admitido após esgotamento das vias administrativas.

§ 2º Ao julgar procedente a reclamação, o Supremo Tribunal Federal anulará o ato administrativo ou cassará a decisão judicial impugnada, determinando que outra seja proferida com ou sem aplicação da súmula, conforme o caso.

Art. 8º O art. 56 da Lei nº 9.784, de 29 de janeiro de 1999, passa a vigorar acrescido do seguinte § 3º:

"Art. 56...
....

§ 3º Se o recorrente alegar que a decisão administrativa contrariar enunciado da súmula vinculante, caberá à autoridade prolatora da decisão impugnada, se não a reconsiderar, explicitar, antes de encaminhar o recurso à autoridade superior, as razões da aplicabilidade ou inaplicabilidade da súmula, conforme o caso."

Art. 9º A Lei nº 9.784, de 29 de janeiro de 1999, passa a vigorar acrescida dos seguintes arts. 64-A e 64-B:

"Art. 64-A. Se o recorrente alegar violação de enunciado da súmula vinculante, o órgão competente para decidir o recurso explicitará as razões da aplicabilidade ou inaplicabilidade da súmula, conforme o caso."

"Art. 64-B. Acolhida pelo Supremo Tribunal Federal a reclamação fundada em violação de enunciado da súmula vinculante, dar-se-á ciência à autoridade prolatora e ao órgão competente para o julgamento do recurso, que deverão adequar as futuras decisões administrativas em casos semelhantes, sob pena de responsabilização pessoal nas esferas cível, administrativa e penal."

Art. 10. O procedimento de edição, revisão ou cancelamento de enunciado de súmula com efeito vinculante obedecerá, subsidiariamente, ao disposto no Regimento Interno do Supremo Tribunal Federal.

Art. 11. Esta Lei entra em vigor 3 (três) meses após a sua publicação.

Brasília, 19 de dezembro de 2006;
185º da Independência e
118º da República.

Luiz Inácio Lula da Silva

DECRETO Nº 6.204, DE 5 DE SETEMBRO DE 2007

Regulamenta o tratamento favorecido, diferenciado e simplificado para as microempresas e empresas de pequeno porte nas contratações públicas de bens, serviços e obras, no âmbito da administração pública federal.

▶ Publicado no *DOU* de 6-9-2007.

Art. 1º Nas contratações públicas de bens, serviços e obras, deverá ser concedido tratamento favorecido, diferenciado e simplificado para as microempresas e empresas de pequeno porte, objetivando:

I – a promoção do desenvolvimento econômico e social no âmbito municipal e regional;
II – ampliação da eficiência das políticas públicas; e
III – o incentivo à inovação tecnológica.

Parágrafo único. Subordinam-se ao disposto neste Decreto, além dos órgãos da administração pública federal direta, os fundos especiais, as autarquias, as fundações públicas, as empresas públicas, as sociedades de economia mista e as demais entidades controladas direta ou indiretamente pela União.

Art. 2º Para a ampliação da participação das microempresas e empresas de pequeno porte nas licitações, os órgãos ou entidades contratantes deverão, sempre que possível:

I – instituir cadastro próprio, de acesso livre, ou adequar os eventuais cadastros existentes, para identificar as microempresas e empresas de pequeno porte sediadas regionalmente, com as respectivas linhas de fornecimento, de modo a possibilitar a notificação das licitações e facilitar a formação de parcerias e subcontratações;

II – estabelecer e divulgar um planejamento anual das contratações públicas a serem realizadas, com a estimativa de quantitativo e de data das contratações;
III – padronizar e divulgar as especificações dos bens e serviços contratados, de modo a orientar as microempresas e empresas de pequeno porte para que adequem os seus processos produtivos; e
IV – na definição do objeto da contratação, não utilizar especificações que restrinjam, injustificadamente, a participação das microempresas e empresas de pequeno porte sediadas regionalmente.

Parágrafo único. O disposto nos incisos I e III poderá ser realizado de forma centralizada para os órgãos e entidades integrantes do SISG – Sistema de Serviços Gerais e conveniados, conforme dispõe o Decreto nº 1.094, de 23 de março de 1994.

Art. 3º Na habilitação em licitações para o fornecimento de bens para pronta entrega ou para a locação de matérias, não será exigido da microempresa ou da empresa de pequeno porte a apresentação de balanço patrimonial do último exercício social.

Art. 4º A comprovação de regularidade fiscal das microempresas e empresas de pequeno porte somente será exigida para efeito de contratação, e não como condição para participação na licitação.

§ 1º Na fase de habilitação, deverá ser apresentada e conferida toda a documentação e, havendo alguma restrição na comprovação da regularidade fiscal, será assegurado o prazo de dois dias úteis, cujo termo inicial corresponderá ao momento em que o proponente for declarado vencedor do certame, prorrogável por igual período, para a regularização da documentação, pagamento ou parcelamento do débito, e emissão de eventuais certidões negativas ou positivas com efeito de certidão negativa.

§ 2º A declaração do vencedor de que trata o § 1º acontecerá no momento imediatamente posterior à fase de habilitação, no caso do pregão, conforme estabelece o art. 4º, inciso XV, da Lei nº 10.520, de 17 de julho de 2002, e no caso das demais modalidades de licitação, no momento posterior ao julgamento das propostas, aguardando-se os prazos de regularização fiscal para a abertura da fase recursal.

§ 3º A prorrogação do prazo previsto no § 1º deverá sempre ser concedida pela administração quando requerida pelo licitante, a não ser que exista urgência na contratação ou prazo insuficiente para o empenho, devidamente justificados.

§ 4º A não regularização da documentação no prazo previsto no § 1º implicará decadência do direito à contratação, sem prejuízo das sanções previstas no art. 81 da Lei nº 8.666, de 21 de junho de 1993, sendo facultado à administração convocar os licitantes remanescentes, na ordem de classificação, ou revogar a licitação.

Art. 5º Nas licitações do tipo menor preço, será assegurada, como critério de desempate, preferência de contratação para as microempresas e empresas de pequeno porte.

§ 1º Entende-se por empate aquelas situações em que as ofertas apresentadas pelas microempresas e empresas de pequeno porte sejam iguais ou até dez por cento superiores ao menor preço.

§ 2º Na modalidade de pregão, o intervalo percentual estabelecido no § 1º será de até cinco por cento superior ao menor preço.

§ 3º O disposto neste artigo somente se aplicará quando a melhor oferta válida não tiver sido apresentada por microempresa ou empresa de pequeno porte.

§ 4º A preferência de que trata este artigo será concedida da seguinte forma:

I – ocorrendo o empate, a microempresa ou empresa de pequeno porte melhor classificada poderá apresentar proposta de preço inferior àquela considerada vencedora do certame, situação em que será adjudicado o objeto em seu favor;
II – na hipótese da não contratação da microempresa ou empresa de pequeno porte, com base no inciso I, serão convocadas as remanescentes que porventura se enquadrem em situação de empate, na ordem classificatória, para o exercício do mesmo direito; e
III – no caso de equivalência dos valores apresentados pelas microempresas e empresas de pequeno porte que se encontrem em situação de empate, será realizado sorteio entre elas para que se identifique aquela que primeiro poderá apresentar melhor oferta.

§ 5º Não se aplica o sorteio disposto no inciso III do § 4º quando, por sua natureza, o procedimento não admitir o empate real, como acontece na fase de lances do pregão, em que os lances equivalentes não são considerados iguais, sendo classificados conforme a ordem de apresentação pelos licitantes.

§ 6º No caso de pregão, após o encerramento dos lances, a microempresa ou empresa de pequeno porte melhor classificada será convocada para apresentar nova proposta no prazo máximo de cinco minutos por item em situação de empate, sob pena de preclusão.

§ 7º Nas demais modalidades de licitação, o prazo para os licitantes apresentarem nova proposta deverá ser estabelecido pelo órgão ou entidade contratante, e estar previsto no instrumento convocatório.

Art. 6º Os órgãos e entidades contratantes deverão realizar processo licitatório destinado exclusivamente à participação de microempresas e empresas de pequeno porte nas contratações cujo valor seja de até R$ 80.000,00 (oitenta mil reais).

Parágrafo único. Não se aplica o disposto neste artigo quando ocorrerem as situações previstas no art. 9º, devidamente justificadas.

Art. 7º Nas licitações para fornecimento de bens, serviços e obras, os órgãos e entidades contratantes poderão estabelecer, nos instrumentos convocatórios, a exigência de subcontratação de microempresas ou empresas de pequeno porte, sob pena de desclassificação, determinando:

I – o percentual de exigência de subcontratação, de até trinta por cento do valor total licitado, facultada à empresa a subcontratação em limites superiores, conforme o estabelecido no edital;
II – que as microempresas e empresas de pequeno porte a serem subcontratadas deverão estar indicadas e qualificadas pelos licitantes com a descrição dos bens e serviços a serem fornecidos e seus respectivos valores;
III – que, no momento da habilitação, deverá ser apresentada a documentação da regularidade fiscal e trabalhista das microempresas e empresas de pequeno porte subcontratadas, bem como ao longo da vigência contratual, sob pena de rescisão, aplicando-se o prazo para regularização previsto no § 1º do art. 4º;
IV – que a empresa contratada compromete-se a substituir a subcontratada, no prazo máximo de trinta dias, na hipótese de extinção da subcontratação, mantendo o percentual originalmente subcontratado até a sua execução total, notificando o órgão ou entidade contratante, sob pena de rescisão, sem prejuízo das sanções cabíveis, ou demonstrar a inviabilidade da substituição, em que ficará responsável pela execução da parcela originalmente subcontratada; e
V – que a empresa contratada responsabiliza-se pela padronização, compatibilidade, gerenciamento centralizado e qualidade da subcontratação.

§ 1º Deverá constar ainda do instrumento convocatório que a exigência de subcontratação não será aplicável quando o licitante for:

I – microempresa ou empresa de pequeno porte;
II – consórcio composto em sua totalidade por microempresas e empresas de pequeno porte, respeitado o disposto no art. 33 da Lei nº 8.666, de 1993; e
III – consórcio composto parcialmente por microempresas ou empresas de pequeno porte com participação igual ou superior ao percentual exigido de subcontratação.

§ 2º Não se admite a exigência de subcontratação para o fornecimento de bens, exceto quando estiver vinculado à prestação de serviços acessórios.

§ 3º O disposto no inciso II do *caput* deste artigo deverá ser comprovado no momento da aceitação, quando a modalidade de licitação for pregão, ou no momento da habilitação nas demais modalidades.

§ 4º Não deverá ser exigida a subcontratação quando esta for inviável, não for vantajosa para a administração pública ou representar prejuízo ao conjunto ou complexo do objeto a ser contratado, devidamente justificada.

§ 5º É vedada a exigência no instrumento convocatório de subcontratação de itens ou parcelas determinadas ou de empresas específicas.

§ 6º Os empenhos e pagamentos referentes às parcelas subcontratadas serão destinados diretamente às microempresas e empresas de pequeno porte subcontratadas.

Art. 8º Nas licitações para a aquisição de bens, serviços e obras de natureza divisível, e desde que não haja prejuízo para o conjunto ou complexo do objeto, os órgãos e entidades contratantes poderão reservar cota de até vinte e cinco por cento do objeto, para a contratação de microempresas e empresas de pequeno porte.

§ 1º O disposto neste artigo não impede a contratação das microempresas ou empresas de pequeno porte na totalidade do objeto.

§ 2º O instrumento convocatório deverá prever que, não havendo vencedor para a cota reservada, esta poderá ser adjudicada ao vencedor da cota principal, ou, diante de sua recusa, aos licitantes remanescentes, desde que pratiquem o preço do primeiro colocado.

§ 3º Se a mesma empresa vencer a cota reservada e a cota principal, a contratação da cota reservada deverá ocorrer pelo preço da cota principal, caso este tenha sido menor do que o obtido na cota reservada.

Art. 9º Não se aplica o disposto nos arts. 6º ao 8º quando:

I – não houver um mínimo de três fornecedores competitivos enquadrados como microempresas ou empresas de pequeno porte sediados local ou regionalmente e capazes de cumprir as exigências estabelecidas no instrumento convocatório;
II – o tratamento diferenciado e simplificado para as microempresas e empresas de pequeno porte não for vantajoso para a administração ou representar prejuízo ao conjunto ou complexo do objeto a ser contratado;
III – a licitação for dispensável ou inexigível, nos termos dos arts. 24 e 25 da Lei nº 8.666, de 1993;
IV – a soma dos valores licitados nos termos do disposto nos arts. 6º a 8º ultrapassar vinte e cinco por cento do orçamento disponível para contratações em cada ano civil; e
V – o tratamento diferenciado e simplificado não for capaz de alcançar os objetivos previstos no art. 1º, justificadamente.

Parágrafo único. Para o disposto no inciso II, considera-se não vantajosa a contratação quando resultar em preço superior ao valor estabelecido como referência.

Art. 10. Os critérios de tratamento diferenciado e simplificado para as microempresas e empresas de pequeno porte deverão estar expressamente previstos no instrumento convocatório.

Art. 11. Para fins do disposto neste Decreto, o enquadramento como microempresa ou empresa de pequeno porte dar-se-á nas condições do Estatuto Nacional da Microempresa e Empresa de Pequeno Porte, instituído pela Lei Complementar nº 123, de 14 de dezembro de 2006, em especial quanto ao seu art. 3º, devendo ser exigido dessas empresas a declaração, sob as penas da lei, de que cumprem os requisitos legais para a qualificação como microempresa ou empresa de pequeno porte, estando aptas a usufruir do tratamento favorecido estabelecido nos arts. 42 a 49 daquela Lei Complementar.

Parágrafo único. A identificação das microempresas ou empresas de pequeno porte na sessão pública do pregão eletrônico só deve ocorrer após o encerramento dos lances, de modo a dificultar a possibilidade de conluio ou fraude no procedimento.

Art. 12. O Ministério do Planejamento, Orçamento e Gestão poderá expedir normas complementares para a execução deste Decreto.

Art. 13. Este Decreto entra em vigor em trinta dias após a data de sua publicação.

Brasília, 5 de setembro de 2007;
186º da Independência e
119º da República.
Luiz Inácio Lula da Silva

LEI Nº 11.770, DE 9 DE SETEMBRO DE 2008

Cria o Programa Empresa Cidadã, destinado à prorrogação da licença-maternidade mediante concessão de incentivo fiscal, e altera a Lei nº 8.212, de 24 de julho de 1991.

▶ Publicada no *DOU* de 10-9-2008.
▶ Art. 7º, XVIII, da CF.
▶ Arts. 392 e 392-A da CLT.
▶ Dec. nº 6.690, de 11-12-2008, institui o Programa de Prorrogação da Licença à Gestante e à Adotante no âmbito da Administração Pública Federal.
▶ Dec. nº 7.052, de 23-12-2009, regulamenta esta Lei.

Art. 1º É instituído o Programa Empresa Cidadã, destinado a prorrogar por 60 (sessenta) dias a duração da licença-maternidade prevista no inciso XVIII do *caput* do art. 7º da Constituição Federal.

§ 1º A prorrogação será garantida à empregada da pessoa jurídica que aderir ao Programa, desde que a empregada a requeira até o final do primeiro mês após o parto, e concedida imediatamente após a fruição da licença-maternidade de que trata o inciso XVIII do *caput* do art. 7º da Constituição Federal.

§ 2º A prorrogação será garantida, na mesma proporção, também à empregada que adotar ou obtiver guarda judicial para fins de adoção de criança.

Art. 2º É a administração pública, direta, indireta e fundacional, autorizada a instituir programa que garanta prorrogação da licença-maternidade para suas servidoras, nos termos do que prevê o art. 1º desta Lei.

Art. 3º Durante o período de prorrogação da licença-maternidade, a empregada terá direito à sua remuneração integral, nos mesmos moldes devidos no período de percepção do salário-maternidade pago pelo regime geral de previdência social.

▶ Art. 71 da Lei nº 8.213, de 24-7-1991 (Lei dos Planos de Benefícios da Previdência Social).

Art. 4º No período de prorrogação da licença-maternidade de que trata esta Lei, a empregada não poderá exercer qualquer atividade remunerada e a criança não poderá ser mantida em creche ou organização similar.

Parágrafo único. Em caso de descumprimento do disposto no *caput* deste artigo, a empregada perderá o direito à prorrogação.

Art. 5º A pessoa jurídica tributada com base no lucro real poderá deduzir do imposto devido, em cada período de apuração, o total da remuneração integral da empregada pago nos 60 (sessenta) dias de prorrogação de sua licença-maternidade, vedada a dedução como despesa operacional.

Parágrafo único. VETADO.

Art. 6º VETADO.

Art. 7º O Poder Executivo, com vistas no cumprimento do disposto no inciso II do *caput* do art. 5º e nos arts. 12 e 14 da Lei Complementar nº 101, de 4 de maio de 2000, estimará o montante da renúncia fiscal decorrente do disposto nesta Lei e o incluirá no demonstrativo a que se refere o § 6º do art. 165 da Constituição Federal, que acompanhará o projeto de lei orçamentária cuja apresentação se der após decorridos 60 (sessenta) dias da publicação desta Lei.

Art. 8º Esta Lei entra em vigor na data de sua publicação, produzindo efeitos a partir do primeiro dia do exercício subsequente àquele em que for implementado o disposto no seu art. 7º.

Brasília, 9 de setembro de 2008;
187º da Independência e
120º da República.

Luiz Inácio Lula da Silva

LEI Nº 12.007, DE 29 DE JULHO DE 2009

Dispõe sobre a emissão de declaração de quitação anual de débitos pelas pessoas jurídicas prestadoras de serviços públicos ou privados.

▶ Publicada no *DOU* de 30-7-2009.

Art. 1º As pessoas jurídicas prestadoras de serviços públicos ou privados são obrigadas a emitir e a encaminhar ao consumidor declaração de quitação anual de débitos.

Art. 2º A declaração de quitação anual de débitos compreenderá os meses de janeiro a dezembro de cada ano, tendo como referência a data do vencimento da respectiva fatura.

§ 1º Somente terão direito à declaração de quitação anual de débitos os consumidores que quitarem todos os débitos relativos ao ano em referência.

§ 2º Caso o consumidor não tenha utilizado os serviços durante todos os meses do ano anterior, terá ele o direito à declaração de quitação dos meses em que houve faturamento dos débitos.

§ 3º Caso exista algum débito sendo questionado judicialmente, terá o consumidor o direito à declaração de quitação dos meses em que houve faturamento dos débitos.

Art. 3º A declaração de quitação anual deverá ser encaminhada ao consumidor por ocasião do encaminhamento da fatura a vencer no mês de maio do ano seguinte ou no mês subsequente à completa quitação dos débitos do ano anterior ou dos anos anteriores, podendo ser emitida em espaço da própria fatura.

Art. 4º Da declaração de quitação anual deverá constar a informação de que ela substitui, para a comprovação do cumprimento das obrigações do consumidor, as quitações dos faturamentos mensais dos débitos do ano a que se refere e dos anos anteriores.

Art. 5º O descumprimento do disposto nesta Lei sujeitará os infratores às sanções previstas na Lei nº 8.987, de 13 de fevereiro de 1995, sem prejuízo daquelas determinadas pela legislação de defesa do consumidor.

Art. 6º Esta Lei entra em vigor na data de sua publicação.

Brasília, 29 de julho de 2009;
188º da Independência e
121º da República.

Luiz Inácio Lula da Silva

LEI Nº 12.016, DE 7 DE AGOSTO DE 2009

Disciplina o mandado de segurança individual e coletivo e dá outras providências.

▶ Publicada no *DOU* de 10-8-2009.
▶ Arts. 5º, LXIX e LXX, 102, I, *d*, e II, *a*, 105, I, *b*, e II, *b*, 108, I, *c*, 109, VIII, e 121, § 4º, V, da CF.
▶ Lei nº 8.437, de 30-6-1992 (Lei de Medidas Cautelares).
▶ Lei nº 9.494, de 10-9-1997, dispõe sobre a aplicação da tutela antecipada contra a Fazenda Pública.
▶ Súmulas nºs 622 a 632 do STF.
▶ Súmulas nºs 41 e 460 do STJ.

Art. 1º Conceder-se-á mandado de segurança para proteger direito líquido e certo, não amparado por *habeas corpus* ou *habeas data*, sempre que, ilegalmente ou com abuso de poder, qualquer pessoa física ou jurídica sofrer violação ou houver justo receio de sofrê-la por parte de autoridade, seja de que categoria for e sejam quais forem as funções que exerça.

▶ Art. 5º, LXIX, da CF.
▶ Súm. nº 625 do STF.

§ 1º Equiparam-se às autoridades, para os efeitos desta Lei, os representantes ou órgãos de partidos políticos e os administradores de entidades autárquicas, bem como os dirigentes de pessoas jurídicas ou as pessoas naturais no exercício de atribuições do poder público, somente no que disser respeito a essas atribuições.

§ 2º Não cabe mandado de segurança contra os atos de gestão comercial praticados pelos administradores de empresas públicas, de sociedade de economia mista e de concessionárias de serviço público.

§ 3º Quando o direito ameaçado ou violado couber a várias pessoas, qualquer delas poderá requerer o mandado de segurança.

Art. 2º Considerar-se-á federal a autoridade coatora se as consequências de ordem patrimonial do ato contra o qual se requer o mandado houverem de ser suportadas pela União ou entidade por ela controlada.

Art. 3º O titular de direito líquido e certo decorrente de direito, em condições idênticas, de terceiro poderá impetrar mandado de segurança a favor do direito originário, se o seu titular não o fizer, no prazo de 30 (trinta) dias, quando notificado judicialmente.

Parágrafo único. O exercício do direito previsto no *caput* deste artigo submete-se ao prazo fixado no art. 23 desta Lei, contado da notificação.

Art. 4º Em caso de urgência, é permitido, observados os requisitos legais, impetrar mandado de segurança por telegrama, radiograma, fax ou outro meio eletrônico de autenticidade comprovada.

§ 1º Poderá o juiz, em caso de urgência, notificar a autoridade por telegrama, radiograma ou outro meio que assegure a autenticidade do documento e a imediata ciência pela autoridade.

▶ Art. 11 desta Lei.

§ 2º O texto original da petição deverá ser apresentado nos 5 (cinco) dias úteis seguintes.

§ 3º Para os fins deste artigo, em se tratando de documento eletrônico, serão observadas as regras da Infraestrutura de Chaves Públicas Brasileira – ICP-Brasil.

Art. 5º Não se concederá mandado de segurança quando se tratar:

I – de ato do qual caiba recurso administrativo com efeito suspensivo, independentemente de caução;

► Art. 5º, XXXV, da CF.
► Súm. nº 429 do STF.

II – de decisão judicial da qual caiba recurso com efeito suspensivo;

► Súm. nº 267 do STF.
► Súm. nº 202 do STJ.

III – de decisão judicial transitada em julgado.

► Súm. nº 268 do STF.

Parágrafo único. VETADO.

Art. 6º A petição inicial, que deverá preencher os requisitos estabelecidos pela lei processual, será apresentada em 2 (duas) vias com os documentos que instruírem a primeira reproduzidos na segunda e indicará, além da autoridade coatora, a pessoa jurídica que esta integra, à qual se acha vinculada ou da qual exerce atribuições.

§ 1º No caso em que o documento necessário à prova do alegado se ache em repartição ou estabelecimento público ou em poder de autoridade que se recuse a fornecê-lo por certidão ou de terceiro, o juiz ordenará, preliminarmente, por ofício, a exibição desse documento em original ou em cópia autêntica e marcará, para o cumprimento da ordem, o prazo de 10 (dez) dias. O escrivão extrairá cópias do documento para juntá-las à segunda via da petição.

► Art. 399 do CPC.

§ 2º Se a autoridade que tiver procedido dessa maneira for a própria coatora, a ordem far-se-á no próprio instrumento da notificação.

§ 3º Considera-se autoridade coatora aquela que tenha praticado o ato impugnado ou da qual emane a ordem para a sua prática.

► Súm. nº 627 do STF.

§ 4º VETADO.

§ 5º Denega-se o mandado de segurança nos casos previstos pelo art. 267 da Lei nº 5.869, de 11 de janeiro de 1973 – Código de Processo Civil.

§ 6º O pedido de mandado de segurança poderá ser renovado dentro do prazo decadencial, se a decisão denegatória não lhe houver apreciado o mérito.

► Art. 23 desta Lei.

Art. 7º Ao despachar a inicial, o juiz ordenará:

I – que se notifique o coator do conteúdo da petição inicial, enviando-lhe a segunda via apresentada com as cópias dos documentos, a fim de que, no prazo de 10 (dez) dias, preste as informações;

► Art. 12 desta Lei.

II – que se dê ciência do feito ao órgão de representação judicial da pessoa jurídica interessada, enviando-lhe cópia da inicial sem documentos, para que, querendo, ingresse no feito;

III – que se suspenda o ato que deu motivo ao pedido, quando houver fundamento relevante e do ato impugnado puder resultar a ineficácia da medida, caso seja finalmente deferida, sendo facultado exigir do impetrante caução, fiança ou depósito, com o objetivo de assegurar o ressarcimento à pessoa jurídica.

► Art. 151, IV, do CTN.
► Súm. nº 405 do STF.

§ 1º Da decisão do juiz de primeiro grau que conceder ou denegar a liminar caberá agravo de instrumento, observado o disposto na Lei nº 5.869, de 11 de janeiro de 1973 – Código de Processo Civil.

§ 2º Não será concedida medida liminar que tenha por objeto a compensação de créditos tributários, a entrega de mercadorias e bens provenientes do exterior, a reclassificação ou equiparação de servidores públicos e a concessão de aumento ou a extensão de vantagens ou pagamento de qualquer natureza.

► Art. 170-A do CTN.
► Lei nº 2.770, de 4-5-1956, suprime a concessão de medidas liminares nas ações e procedimentos judiciais de qualquer natureza que visem à liberação de bens, mercadorias ou coisas de procedência estrangeira.
► Art. 1º, § 4º, da Lei nº 8.437, de 30-6-1992 (Lei de Medidas Cautelares).
► Art. 2º-B da Lei nº 9.494, de 10-9-1997, que disciplina a aplicação da tutela antecipada contra a Fazenda Pública.
► Súmulas nºs 212 e 213 do STJ.

§ 3º Os efeitos da medida liminar, salvo se revogada ou cassada, persistirão até a prolação da sentença.

§ 4º Deferida a medida liminar, o processo terá prioridade para julgamento.

§ 5º As vedações relacionadas com a concessão de liminares previstas neste artigo se estendem à tutela antecipada a que se referem os arts. 273 e 461 da Lei nº 5.869, de 11 de janeiro de 1973 – Código de Processo Civil.

Art. 8º Será decretada a perempção ou caducidade da medida liminar *ex officio* ou a requerimento do Ministério Público quando, concedida a medida, o impetrante criar obstáculo ao normal andamento do processo ou deixar de promover, por mais de 3 (três) dias úteis, os atos e as diligências que lhe cumprirem.

► Súm. nº 631 do STF.

Art. 9º As autoridades administrativas, no prazo de 48 (quarenta e oito) horas da notificação da medida liminar, remeterão ao Ministério ou órgão a que se acham subordinadas e ao Advogado-Geral da União ou a quem tiver a representação judicial da União, do Estado, do Município ou da entidade apontada como coatora cópia autenticada do mandado notificatório, assim como indicações e elementos outros necessários às providências a serem tomadas para a eventual suspensão da medida e defesa do ato apontado como ilegal ou abusivo de poder.

Art. 10. A inicial será desde logo indeferida, por decisão motivada, quando não for o caso de mandado de segurança ou lhe faltar algum dos requisitos legais ou quando decorrido o prazo legal para a impetração.

§ 1º Do indeferimento da inicial pelo juiz de primeiro grau caberá apelação e, quando a competência para o julgamento do mandado de segurança couber originariamente a um dos tribunais, do ato do relator caberá agravo para o órgão competente do tribunal que integre.

► Arts. 513 a 521 do CPC.
► Súm. nº 41 do STJ.

§ 2º O ingresso de litisconsorte ativo não será admitido após o despacho da petição inicial.

Art. 11. Feitas as notificações, o serventuário em cujo cartório corra o feito juntará aos autos cópia autêntica dos ofícios endereçados ao coator e ao órgão de representação judicial da pessoa jurídica interessada, bem como a prova da entrega a estes ou da sua recusa em aceitá-los ou dar recibo e, no caso do art. 4º desta Lei, a comprovação da remessa.

Art. 12. Findo o prazo a que se refere o inciso I do *caput* do art. 7º desta Lei, o juiz ouvirá o representante do Ministério Público, que opinará, dentro do prazo improrrogável de 10 (dez) dias.

Parágrafo único. Com ou sem o parecer do Ministério Público, os autos serão conclusos ao juiz, para a decisão, a qual deverá ser necessariamente proferida em 30 (trinta) dias.

Art. 13. Concedido o mandado, o juiz transmitirá em ofício, por intermédio do oficial do juízo, ou pelo correio, mediante correspondência com aviso de recebimento, o inteiro teor da sentença à autoridade coatora e à pessoa jurídica interessada.

Parágrafo único. Em caso de urgência, poderá o juiz observar o disposto no art. 4º desta Lei.

Art. 14. Da sentença, denegando ou concedendo o mandado, cabe apelação.

► Arts. 513 a 521 do CPC.
► Súm. nº 405 do STF.
► Súmulas nºs 169 e 177 do STJ.

§ 1º Concedida a segurança, a sentença estará sujeita obrigatoriamente ao duplo grau de jurisdição.

► Art. 475 do CPC.

§ 2º Estende-se à autoridade coatora o direito de recorrer.

§ 3º A sentença que conceder o mandado de segurança pode ser executada provisoriamente, salvo nos casos em que for vedada a concessão da medida liminar.

► Art. 7, § 2º, desta Lei.
► Arts. 475-I, § 1º, e 475-O do CPC.

§ 4º O pagamento de vencimentos e vantagens pecuniárias assegurados em sentença concessiva de mandado de segurança a servidor público da administração direta ou autárquica federal, estadual e municipal somente será efetuado relativamente às prestações que se vencerem a contar da data do ajuizamento da inicial.

Art. 15. Quando, a requerimento de pessoa jurídica de direito público interessada ou do Ministério Público e para evitar grave lesão à ordem, à saúde, à segurança e à economia públicas, o presidente do tribunal ao qual couber o conhecimento do respectivo recurso suspender, em decisão fundamentada, a execução da liminar e da sentença, dessa decisão caberá agravo, sem efeito suspensivo, no prazo de 5 (cinco) dias, que será levado a julgamento na sessão seguinte à sua interposição.

► Art. 25 da Lei nº 8.038, de 28-5-1990, que institui normas procedimentais para os processos que especifica, perante o STJ e o STF.
► Art. 4º da Lei nº 8.437, de 30-6-1992 (Lei de Medidas Cautelares).
► Súm. nº 626 do STF.

§ 1º Indeferido o pedido de suspensão ou provido o agravo a que se refere o *caput* deste artigo, caberá novo pedido de suspensão ao presidente do tribunal competente para conhecer de eventual recurso especial ou extraordinário.

§ 2º É cabível também o pedido de suspensão a que se refere o § 1º deste artigo, quando negado provimento a agravo de instrumento interposto contra a liminar a que se refere este artigo.

§ 3º A interposição de agravo de instrumento contra liminar concedida nas ações movidas contra o poder público e seus agentes não prejudica nem condiciona o julgamento do pedido de suspensão a que se refere este artigo.

§ 4º O presidente do tribunal poderá conferir ao pedido efeito suspensivo liminar se constatar, em juízo prévio, a plausibilidade do direito invocado e a urgência na concessão da medida.

§ 5º As liminares cujo objeto seja idêntico poderão ser suspensas em uma única decisão, podendo o presidente do tribunal estender os efeitos da suspensão a liminares supervenientes, mediante simples aditamento do pedido original.

Art. 16. Nos casos de competência originária dos tribunais, caberá ao relator a instrução do processo, sendo assegurada a defesa oral na sessão do julgamento.

► Súm. nº 624 do STF.

Parágrafo único. Da decisão do relator que conceder ou denegar a medida liminar caberá agravo ao órgão competente do tribunal que integre.

Art. 17. Nas decisões proferidas em mandado de segurança e nos respectivos recursos, quando não publicado, no prazo de 30 (trinta) dias, contado da data do julgamento, o acórdão será substituído pelas respectivas notas taquigráficas, independentemente de revisão.

Art. 18. Das decisões em mandado de segurança proferidas em única instância pelos tribunais cabe recurso especial e extraordinário, nos casos legalmente previstos, e recurso ordinário, quando a ordem for denegada.

► Arts. 102, III, e 105, III, da CF.
► Arts. 539 a 546 do CPC.
► Arts. 33 a 35 da Lei nº 8.038, de 28-5-1990, que institui normas procedimentais para os processos que especifica, perante o STJ e o STF.

Art. 19. A sentença ou o acórdão que denegar mandado de segurança, sem decidir o mérito, não impedirá que o requerente, por ação própria, pleiteie os seus direitos e os respectivos efeitos patrimoniais.

► Súmulas nºs 271 e 304 do STF.

Art. 20. Os processos de mandado de segurança e os respectivos recursos terão prioridade sobre todos os atos judiciais, salvo *habeas corpus*.

§ 1º Na instância superior, deverão ser levados a julgamento na primeira sessão que se seguir à data em que forem conclusos ao relator.

§ 2º O prazo para a conclusão dos autos não poderá exceder de 5 (cinco) dias.

Art. 21. O mandado de segurança coletivo pode ser impetrado por partido político com representação no Congresso Nacional, na defesa de seus interesses legítimos relativos a seus integrantes ou à finalidade partidária, ou por organização sindical, entidade de classe ou associação legalmente constituída e em funcionamento há, pelo menos, 1 (um) ano, em defesa de direitos líquidos e certos da totalidade, ou de parte, dos seus membros ou associados, na forma dos seus estatutos e desde que pertinentes às suas finalidades, dispensada, para tanto, autorização especial.

▶ Art. 5º, LXX, da CF.
▶ Súmulas nº 629 e 630 do STF.

Parágrafo único. Os direitos protegidos pelo mandado de segurança coletivo podem ser:

I – coletivos, assim entendidos, para efeito desta Lei, os transindividuais, de natureza indivisível, de que seja titular grupo ou categoria de pessoas ligadas entre si ou com a parte contrária por uma relação jurídica básica;

II – individuais homogêneos, assim entendidos, para efeito desta Lei, os decorrentes de origem comum e da atividade ou situação específica da totalidade ou de parte dos associados ou membros do impetrante.

▶ Art. 2º-A da Lei nº 9.494, de 10-9-1997, que dispõe sobre a aplicação da tutela antecipada contra a Fazenda Pública.
▶ Súm. nº 630 do STF.

Art. 22. No mandado de segurança coletivo, a sentença fará coisa julgada limitadamente aos membros do grupo ou categoria substituídos pelo impetrante.

▶ Art. 2º-A da Lei nº 9.494, de 10-9-1997, que disciplina a aplicação da tutela antecipada contra a Fazenda Pública.

§ 1º O mandado de segurança coletivo não induz litispendência para as ações individuais, mas os efeitos da coisa julgada não beneficiarão o impetrante a título individual se não requerer a desistência de seu mandado de segurança no prazo de 30 (trinta) dias a contar da ciência comprovada da impetração da segurança coletiva.

§ 2º No mandado de segurança coletivo, a liminar só poderá ser concedida após a audiência do representante judicial da pessoa jurídica de direito público, que deverá se pronunciar no prazo de 72 (setenta e duas) horas.

▶ Art. 2º da Lei nº 8.437, de 30-6-1992 (Lei de Medidas Cautelares).

Art. 23. O direito de requerer mandado de segurança extinguir-se-á decorridos 120 (cento e vinte) dias, contados da ciência, pelo interessado, do ato impugnado.

▶ Art. 6º, § 6º, desta Lei.

▶ Súm. nº 632 do STF.

Art. 24. Aplicam-se ao mandado de segurança os arts. 46 a 49 da Lei nº 5.869, de 11 de janeiro de 1973 – Código de Processo Civil.

▶ Súm. nº 631 do STF.

Art. 25. Não cabem, no processo de mandado de segurança, a interposição de embargos infringentes e a condenação ao pagamento dos honorários advocatícios, sem prejuízo da aplicação de sanções no caso de litigância de má-fé.

▶ Súmulas nºs 294, 512 e 597 do STF.
▶ Súmulas nºs 105 e 169 do STJ.

Art. 26. Constitui crime de desobediência, nos termos do art. 330 do Decreto-Lei nº 2.848, de 7 de dezembro de 1940, o não cumprimento das decisões proferidas em mandado de segurança, sem prejuízo das sanções administrativas e da aplicação da Lei nº 1.079, de 10 de abril de 1950, quando cabíveis.

Art. 27. Os regimentos dos tribunais e, no que couber, as leis de organização judiciária deverão ser adaptados às disposições desta Lei no prazo de 180 (cento e oitenta) dias, contado da sua publicação.

Art. 28. Esta Lei entra em vigor na data de sua publicação.

Art. 29. Revogam-se as Leis nºs 1.533, de 31 de dezembro de 1951, 4.166, de 4 de dezembro de 1962, 4.348, de 26 de junho de 1964, 5.021, de 9 de junho de 1966; o art. 3º da Lei nº 6.014, de 27 de dezembro de 1973, o art. 1º da Lei nº 6.071, de 3 de julho de 1974, o art. 12 da Lei nº 6.978, de 19 de janeiro de 1982, e o art. 2º da Lei nº 9.259, de 9 de janeiro de 1996.

Brasília, 7 de agosto de 2009;
188º da Independência e
121º da República.

Luiz Inácio Lula da Silva

DECRETO Nº 7.153, DE 9 DE ABRIL DE 2010

Dispõe sobre a representação e a defesa extrajudicial dos órgãos e entidades da administração federal junto ao Tribunal de Contas da União, por intermédio da Advocacia-Geral da União.

▶ Publicado no *DOU* de 12-4-2010.

Art. 1º A Advocacia-Geral da União exercerá a representação e a defesa extrajudicial dos órgãos e entidades da administração federal perante o Tribunal de Contas da União, nos processos em que houver interesse da União, declarado expressamente pelo Advogado-Geral da União, sem prejuízo do exercício do direito de defesa por parte dos agentes públicos sujeitos à sua jurisdição.

▶ Art. 131 da CF.
▶ LC nº 73, de 10-2-1993 (Lei Orgânica da Advocacia-Geral da União).

§ 1º A Consultoria-Geral da União da Advocacia-Geral da União será a responsável por exercer a orientação da representação e da defesa extrajudicial da União e dos órgãos e entidades da administração federal direta e indireta perante o Tribunal de Contas da União.

§ 2º A assunção da representação e da defesa extrajudicial, nos termos do *caput*, dar-se-á de forma gradativa, conforme ato a ser editado pelo Advogado-Geral da União, e não exime os gestores de suas responsabilidades.

§ 3º A defesa dos gestores pela Advocacia-Geral da União, perante o Tribunal de Contas da União, dar-se-á na ocorrência de:

I – atos praticados no exercício de suas atribuições constitucionais, legais ou regulamentares, no interesse público, especialmente da União e de suas entidades da administração indireta; e

II – atos praticados em observância dos princípios elencados no *caput* do art. 37 da Constituição.

§ 4º A representação e a defesa extrajudicial de que trata o *caput* não se confundem com o exercício das competências do Sistema de Controle Interno do Poder Executivo Federal.

Art. 2º Fica instituído o Comitê Interministerial – TCU (CI-TCU), que será responsável pela coordenação da representação e da defesa extrajudicial da União e dos órgãos e entidades da administração federal direta e indireta perante o Tribunal de Contas da União, composto por um representante, titular e suplente, de cada órgão a seguir indicado:

I – Advocacia-Geral da União, que o coordenará;
II – Casa Civil da Presidência de República;
III – Ministério da Fazenda;
IV – Ministério do Planejamento, Orçamento e Gestão; e
V – Controladoria-Geral da União.

§ 1º Os representantes do CI-TCU serão indicados pelos respectivos Ministros de Estado, no prazo de quinze dias contado da publicação deste Decreto, e designados pelo Advogado-Geral da União.

§ 2º O CI-TCU reunir-se-á mediante convocação do seu coordenador.

§ 3º O CI-TCU poderá convidar para participar das reuniões representantes de outros órgãos ou entidades da administração federal, para prestarem informações e emitirem pareceres.

§ 4º Poderão ser instituídos, nos termos definidos pelo CI-TCU, comitês de articulação estaduais, integrados por representantes de órgãos e entidades da administração federal.

§ 5º O CI-TCU, com a colaboração de representantes da área técnica e jurídica dos órgãos e entidades diretamente relacionados com o objeto do processo em curso no Tribunal de Contas da União, será responsável pela coordenação da respectiva atuação processual junto ao Tribunal de Contas da União.

Art. 3º A Advocacia-Geral da União, diretamente ou por intermédio de seus órgãos vinculados, poderá requisitar junto aos órgãos e entidades da administração federal os elementos de fato e de direito necessários para desempenhar as representações previstas neste Decreto.

Parágrafo único. As requisições objeto deste artigo terão tratamento preferencial e serão atendidas no prazo nelas assinalado.

Art. 4º Para os fins de execução da representação e da defesa extrajudicial previstas neste Decreto, os órgãos e entidades da administração federal direta e indireta envolvidos poderão delegar competências entre si, bem como firmar convênios, acordos de cooperação, ajustes ou outros instrumentos congêneres.

Art. 5º O Advogado-Geral da União editará normas complementares para execução do disposto neste Decreto.

Art. 6º Este Decreto entra em vigor em trinta dias a contar da sua publicação, exceto o art. 5º, que terá vigência a partir da data de sua publicação.

Brasília, 9 de abril de 2010;
189º da Independência e
122º da República.

Luiz Inácio Lula da Silva

LEI Nº 12.232,
DE 29 DE ABRIL DE 2010

Dispõe sobre as normas gerais para licitação e contratação pela administração pública de serviços de publicidade prestados por intermédio de agências de propaganda e dá outras providências.

▶ Publicada no *DOU* de 30-4-2010.
▶ Lei nº 4.680, de 18-6-1965, dispõe sobre o exercício da profissão de publicitário e de agenciador de propaganda.
▶ Lei nº 8.666, de 21-6-1993 (Lei de Licitações e Contratos Administrativos).

CAPÍTULO I

DISPOSIÇÕES GERAIS

Art. 1º Esta Lei estabelece normas gerais sobre licitações e contratações pela administração pública de serviços de publicidade prestados necessariamente por intermédio de agências de propaganda, no âmbito da União, dos Estados, do Distrito Federal e dos Municípios.

§ 1º Subordinam-se ao disposto nesta Lei os órgãos do Poder Executivo, Legislativo e Judiciário, as pessoas da administração indireta e todas as entidades controladas direta ou indiretamente pelos entes referidos no *caput* deste artigo.

§ 2º As Leis nºs 4.680, de 18 de junho de 1965, e 8.666, de 21 de junho de 1993, serão aplicadas aos procedimentos licitatórios e aos contratos regidos por esta Lei, de forma complementar.

Art. 2º Para fins desta Lei, considera-se serviços de publicidade o conjunto de atividades realizadas integradamente que tenham por objetivo o estudo, o planejamento, a conceituação, a concepção, a criação, a execução interna, a intermediação e a supervisão da execução externa e a distribuição de publicidade aos veículos e demais meios de divulgação, com o objetivo de promover a venda de bens ou serviços de qualquer natureza, difundir ideias ou informar o público em geral.

§ 1º Nas contratações de serviços de publicidade, poderão ser incluídos como atividades complementares os serviços especializados pertinentes:

I – ao planejamento e à execução de pesquisas e de outros instrumentos de avaliação e de geração de conhecimento sobre o mercado, o público-alvo, os meios de

divulgação nos quais serão difundidas as peças e ações publicitárias ou sobre os resultados das campanhas realizadas, respeitado o disposto no art. 3º desta Lei;
II – à produção e à execução técnica das peças e projetos publicitários criados;
III – à criação e ao desenvolvimento de formas inovadoras de comunicação publicitária, em consonância com novas tecnologias, visando à expansão dos efeitos das mensagens e das ações publicitárias.

§ 2º Os contratos de serviços de publicidade terão por objeto somente as atividades previstas no *caput* e no § 1º deste artigo, vedada a inclusão de quaisquer outras atividades, em especial as de assessoria de imprensa, comunicação e relações públicas ou as que tenham por finalidade a realização de eventos festivos de qualquer natureza, as quais serão contratadas por meio de procedimentos licitatórios próprios, respeitado o disposto na legislação em vigor.

§ 3º Na contratação dos serviços de publicidade, faculta-se a adjudicação do objeto da licitação a mais de uma agência de propaganda, sem a segregação em itens ou contas publicitárias, mediante justificativa no processo de licitação.

▶ Art. 11, § 4º, XIV, desta Lei.

§ 4º Para a execução das ações de comunicação publicitária realizadas no âmbito dos contratos decorrentes das licitações previstas no § 3º deste artigo, o órgão ou a entidade deverá, obrigatoriamente, instituir procedimento de seleção interna entre as contratadas, cuja metodologia será aprovada pela administração e publicada na imprensa oficial.

Art. 3º As pesquisas e avaliações previstas no inciso I do § 1º do art. 2º desta Lei terão a finalidade específica de aferir o desenvolvimento estratégico, a criação e a veiculação e de possibilitar a mensuração dos resultados das campanhas publicitárias realizadas em decorrência da execução do contrato.

Parágrafo único. É vedada a inclusão nas pesquisas e avaliações de matéria estranha ou que não guarde pertinência temática com a ação publicitária ou com o objeto do contrato de prestação de serviços de publicidade.

Art. 4º Os serviços de publicidade previstos nesta Lei serão contratados em agências de propaganda cujas atividades sejam disciplinadas pela Lei nº 4.680, de 18 de junho de 1965, e que tenham obtido certificado de qualificação técnica de funcionamento.

▶ Lei nº 4.680, de 18-6-1965, dispõe sobre o exercício da profissão de Publicitário e de Agenciador de Propaganda.

§ 1º O certificado de qualificação técnica de funcionamento previsto no *caput* deste artigo poderá ser obtido perante o Conselho Executivo das Normas-Padrão – CENP, entidade sem fins lucrativos, integrado e gerido por entidades nacionais que representam veículos, anunciantes e agências, ou por entidade equivalente, legalmente reconhecida como fiscalizadora e certificadora das condições técnicas de agências de propaganda.

§ 2º A agência contratada nos termos desta Lei só poderá reservar e comprar espaço ou tempo publicitário de veículos de divulgação, por conta e por ordem dos seus clientes, se previamente os identificar e tiver sido por eles expressamente autorizada.

Capítulo II
DOS PROCEDIMENTOS LICITATÓRIOS

Art. 5º As licitações previstas nesta Lei serão processadas pelos órgãos e entidades responsáveis pela contratação, respeitadas as modalidades definidas no art. 22 da Lei nº 8.666, de 21 de junho de 1993, adotando-se como obrigatórios os tipos "melhor técnica" ou "técnica e preço".

▶ Lei nº 8.666, de 21-6-1993 (Lei de Licitações e Contratos Administrativos).

Art. 6º A elaboração do instrumento convocatório das licitações previstas nesta Lei obedecerá às exigências do art. 40 da Lei nº 8.666, de 21 de junho de 1993, com exceção das previstas nos incisos I e II do seu § 2º, e às seguintes:

I – os documentos de habilitação serão apresentados apenas pelos licitantes classificados no julgamento final das propostas, nos termos do inciso XI do art. 11 desta Lei;
II – as informações suficientes para que os interessados elaborem propostas serão estabelecidas em um *briefing*, de forma precisa, clara e objetiva;
III – a proposta técnica será composta de um plano de comunicação publicitária, pertinente às informações expressas no *briefing*, e de um conjunto de informações referentes ao proponente;
IV – o plano de comunicação publicitária previsto no inciso III deste artigo será apresentado em 2 (duas) vias, uma sem a identificação de sua autoria e outra com a identificação;
V – a proposta de preço conterá quesitos representativos das formas de remuneração vigentes no mercado publicitário;
VI – o julgamento das propostas técnicas e de preços e o julgamento final do certame serão realizados exclusivamente com base nos critérios especificados no instrumento convocatório;
VII – a subcomissão técnica prevista no § 1º do art. 10 desta Lei reavaliará a pontuação atribuída a um quesito sempre que a diferença entre a maior e a menor pontuação for superior a 20% (vinte por cento) da pontuação máxima do quesito, com o fim de restabelecer o equilíbrio das pontuações atribuídas, de conformidade com os critérios objetivos postos no instrumento convocatório;
VIII – serão fixados critérios objetivos e automáticos de identificação da proposta mais vantajosa para a administração, no caso de empate na soma de pontos das propostas técnicas, nas licitações do tipo "melhor técnica";
IX – o formato para apresentação pelos proponentes do plano de comunicação publicitária será padronizado quanto a seu tamanho, a fontes tipográficas, a espaçamento de parágrafos, a quantidades e formas dos exemplos de peças e a outros aspectos pertinentes, observada a exceção prevista no inciso XI deste artigo;
X – para apresentação pelos proponentes do conjunto de informações de que trata o art. 8º desta Lei, poderão ser fixados o número máximo de páginas de texto, o número de peças e trabalhos elaborados para seus clientes e as datas a partir das quais devam ter sido

elaborados os trabalhos, e veiculadas, distribuídas, exibidas ou expostas as peças;

XI – na elaboração das tabelas, planilhas e gráficos integrantes do plano de mídia e não mídia, os proponentes poderão utilizar as fontes tipográficas que julgarem mais adequadas para sua apresentação;

XII – será vedada a aposição, a qualquer parte da via não identificada do plano de comunicação publicitária, de marca, sinal ou palavra que possibilite a identificação do seu proponente antes da abertura do invólucro de que trata o § 2º do art. 9º desta Lei;

XIII – será vedada a aposição ao invólucro destinado às informações de que trata o art. 8º desta Lei, assim como dos documentos nele contidos, de informação, marca, sinal, etiqueta ou qualquer outro elemento que identifique a autoria do plano de comunicação publicitária, em qualquer momento anterior à abertura dos invólucros de que trata o § 2º do art. 9º desta Lei;

XIV – será desclassificado o licitante que descumprir o disposto nos incisos XII e XIII deste artigo e demais disposições do instrumento convocatório.

§ 1º No caso do inciso VII deste artigo, persistindo a diferença de pontuação prevista após a reavaliação do quesito, os membros da subcomissão técnica, autores das pontuações consideradas destoantes, deverão registrar em ata as razões que os levaram a manter a pontuação atribuída ao quesito reavaliado, que será assinada por todos os membros da subcomissão e passará a compor o processo da licitação.

§ 2º Se houver desclassificação de alguma proposta técnica por descumprimento de disposições do instrumento convocatório, ainda assim será atribuída pontuação a seus quesitos, a ser lançada em planilhas que ficarão acondicionadas em invólucro fechado e rubricado no fecho pelos membros da subcomissão técnica prevista no § 1º do art. 10 desta Lei, até que expirem os prazos para interposição de recursos relativos a essa fase da licitação, exceto nos casos em que o descumprimento resulte na identificação do proponente antes da abertura do invólucro de que trata o § 2º do art. 9º desta Lei.

Art. 7º O plano de comunicação publicitária de que trata o inciso III do art. 6º desta Lei será composto dos seguintes quesitos:

I – raciocínio básico, sob a forma de texto, que apresentará um diagnóstico das necessidades de comunicação publicitária do órgão ou entidade responsável pela licitação, a compreensão do proponente sobre o objeto da licitação e os desafios de comunicação a serem enfrentados;

II – estratégia de comunicação publicitária, sob a forma de texto, que indicará e defenderá as linhas gerais da proposta para suprir o desafio e alcançar os resultados e metas de comunicação desejadas pelo órgão ou entidade responsável pela licitação;

III – ideia criativa, sob a forma de exemplos de peças publicitárias, que corresponderão à resposta criativa do proponente aos desafios e metas por ele explicitados na estratégia de comunicação publicitária;

IV – estratégia de mídia e não mídia, em que o proponente explicitará e justificará a estratégia e as táticas recomendadas, em consonância com a estratégia de comunicação publicitária por ela sugerida e em função da verba disponível indicada no instrumento convocatório, apresentada sob a forma de textos, tabelas, gráficos, planilhas e por quadro resumo que identificará as peças a serem veiculadas ou distribuídas e suas respectivas quantidades, inserções e custos nominais de produção e de veiculação.

Art. 8º O conjunto de informações a que se refere o inciso III do art. 6º desta Lei será composto de quesitos destinados a avaliar a capacidade de atendimento do proponente e o nível dos trabalhos por ele realizados para seus clientes.

▶ Art. 11, § 4º, I e V, desta Lei.

Art. 9º As propostas de preços serão apresentadas em 1 (um) invólucro e as propostas técnicas em 3 (três) invólucros distintos, destinados um para a via não identificada do plano de comunicação publicitária, um para a via identificada do plano de comunicação publicitária e outro para as demais informações integrantes da proposta técnica.

§ 1º O invólucro destinado à apresentação da via não identificada do plano de comunicação publicitária será padronizado e fornecido previamente pelo órgão ou entidade responsável pela licitação, sem nenhum tipo de identificação.

§ 2º A via identificada do plano de comunicação publicitária terá o mesmo teor da via não identificada, sem os exemplos de peças referentes à ideia criativa.

Art. 10. As licitações previstas nesta Lei serão processadas e julgadas por comissão permanente ou especial, com exceção da análise e julgamento das propostas técnicas.

§ 1º As propostas técnicas serão analisadas e julgadas por subcomissão técnica, constituída por, pelo menos, 3 (três) membros que sejam formados em comunicação, publicidade ou *marketing* ou que atuem em uma dessas áreas, sendo que, pelo menos, 1/3 (um terço) deles não poderão manter nenhum vínculo funcional ou contratual, direto ou indireto, com o órgão ou a entidade responsável pela licitação.

▶ Art. 6º, VII, desta Lei.

§ 2º A escolha dos membros da subcomissão técnica dar-se-á por sorteio, em sessão pública, entre os nomes de uma relação que terá, no mínimo, o triplo do número de integrantes da subcomissão, previamente cadastrados, e será composta por, pelo menos, 1/3 (um terço) de profissionais que não mantenham nenhum vínculo funcional ou contratual, direto ou indireto, com o órgão ou entidade responsável pela licitação.

§ 3º Nas contratações de valor estimado em até 10 (dez) vezes o limite previsto na alínea *a* do inciso II do art. 23 da Lei nº 8.666, de 21 de junho de 1993, a relação prevista no § 2º deste artigo terá, no mínimo, o dobro do número de integrantes da subcomissão técnica e será composta por, pelo menos, 1/3 (um terço) de profissionais que não mantenham nenhum vínculo funcional ou contratual, direto ou indireto, com o órgão ou entidade responsável pela licitação.

§ 4º A relação dos nomes referidos nos §§ 2º e 3º deste artigo será publicada na imprensa oficial, em prazo não inferior a 10 (dez) dias da data em que será realizada a sessão pública marcada para o sorteio.

§ 5º Para os fins do cumprimento do disposto nesta Lei, até 48 (quarenta e oito) horas antes da sessão pública destinada ao sorteio, qualquer interessado poderá impugnar pessoa integrante da relação a que se referem os §§ 2º, 3º e 4º deste artigo, mediante fundamentos jurídicos plausíveis.

§ 6º Admitida a impugnação, o impugnado terá o direito de abster-se de atuar na subcomissão técnica, declarando-se impedido ou suspeito, antes da decisão da autoridade competente.

§ 7º A abstenção do impugnado ou o acolhimento da impugnação, mediante decisão fundamentada da autoridade competente, implicará, se necessário, a elaboração e a publicação de nova lista, sem o nome impugnado, respeitado o disposto neste artigo.

§ 8º A sessão pública será realizada após a decisão motivada da impugnação, em data previamente designada, garantidos o cumprimento do prazo mínimo previsto no § 4º deste artigo e a possibilidade de fiscalização do sorteio por qualquer interessado.

§ 9º O sorteio será processado de modo a garantir o preenchimento das vagas da subcomissão técnica, de acordo com a proporcionalidade do número de membros que mantenham ou não vínculo com o órgão ou entidade responsável pela licitação, nos termos dos §§ 1º, 2º e 3º deste artigo.

§ 10 Nas licitações previstas nesta Lei, quando processadas sob a modalidade de convite, a subcomissão técnica, excepcionalmente, nas pequenas unidades administrativas e sempre que for comprovadamente impossível o cumprimento do disposto neste artigo, será substituída pela comissão permanente de licitação ou, inexistindo esta, por servidor formalmente designado pela autoridade competente, que deverá possuir conhecimentos na área de comunicação, publicidade ou *marketing*.

Art. 11. Os invólucros com as propostas técnicas e de preços serão entregues à comissão permanente ou especial na data, local e horário determinados no instrumento convocatório.

§ 1º Os integrantes da subcomissão técnica não poderão participar da sessão de recebimento e abertura dos invólucros com as propostas técnicas e de preços.

§ 2º Os invólucros padronizados com a via não identificada do plano de comunicação publicitária só serão recebidos pela comissão permanente ou especial se não apresentarem marca, sinal, etiqueta ou qualquer outro elemento capaz de identificar a licitante.

§ 3º A comissão permanente ou especial não lançará nenhum código, sinal ou marca nos invólucros padronizados nem nos documentos que compõem a via não identificada do plano de comunicação publicitária.

§ 4º O processamento e o julgamento da licitação obedecerão ao seguinte procedimento:

I – abertura dos 2 (dois) invólucros com a via não identificada do plano de comunicação e com as informações de que trata o art. 8º desta Lei, em sessão pública, pela comissão permanente ou especial;
II – encaminhamento das propostas técnicas à subcomissão técnica para análise e julgamento;
III – análise individualizada e julgamento do plano de comunicação publicitária, desclassificando-se as que desatenderem as exigências legais ou estabelecidas no instrumento convocatório, observado o disposto no inciso XIV do art. 6º desta Lei;
IV – elaboração de ata de julgamento do plano de comunicação publicitária e encaminhamento à comissão permanente ou especial, juntamente com as propostas, as planilhas com as pontuações e a justificativa escrita das razões que as fundamentaram em cada caso;
V – análise individualizada e julgamento dos quesitos referentes às informações de que trata o art. 8º desta Lei, desclassificando-se as que desatenderem quaisquer das exigências legais ou estabelecidas no instrumento convocatório;
VI – elaboração de ata de julgamento dos quesitos mencionados no inciso V deste artigo e encaminhamento à comissão permanente ou especial, juntamente com as propostas, as planilhas com as pontuações e a justificativa escrita das razões que as fundamentaram em cada caso;
VII – realização de sessão pública para apuração do resultado geral das propostas técnicas, com os seguintes procedimentos:

a) abertura dos invólucros com a via identificada do plano de comunicação publicitária;
b) cotejo entre as vias identificadas e não identificadas do plano de comunicação publicitária, para identificação de sua autoria;
c) elaboração de planilha geral com as pontuações atribuídas a cada um dos quesitos de cada proposta técnica;
d) proclamação do resultado do julgamento geral da proposta técnica, registrando-se em ata as propostas desclassificadas e a ordem de classificação;

VIII – publicação do resultado do julgamento da proposta técnica, com a indicação dos proponentes desclassificados e da ordem de classificação organizada pelo nome dos licitantes, abrindo-se prazo para interposição de recurso, conforme disposto na alínea *b* do inciso I do art. 109 da Lei nº 8.666, de 21 de junho de 1993;

▶ Lei nº 8.666, de 21-6-1993 (Lei de Licitações e Contratos Administrativos).

IX – abertura dos invólucros com as propostas de preços, em sessão pública, obedecendo-se ao previsto nos incisos II, III e IV do § 1º do art. 46 da Lei nº 8.666, de 21 de junho de 1993, nas licitações do tipo "melhor técnica", e ao disposto no § 2º do art. 46 da mesma Lei, nas licitações do tipo "técnica e preço";
X – publicação do resultado do julgamento final das propostas, abrindo-se prazo para interposição de recurso, conforme disposto na alínea *b* do inciso I do art. 109 da Lei nº 8.666, de 21 de junho de 1993;
XI – convocação dos licitantes classificados no julgamento final das propostas para apresentação dos documentos de habilitação;
XII – recebimento e abertura do invólucro com os documentos de habilitação dos licitantes previstos no inciso XI deste artigo, em sessão pública, para análise

da sua conformidade com as condições estabelecidas na legislação em vigor e no instrumento convocatório;

XIII – decisão quanto à habilitação ou inabilitação dos licitantes previstos no inciso XI deste artigo e abertura do prazo para interposição de recurso, nos termos da alínea *a* do inciso I do art. 109 da Lei nº 8.666, de 21 de junho de 1993;

XIV – reconhecida a habilitação dos licitantes, na forma dos incisos XI, XII e XIII deste artigo, será homologado o procedimento e adjudicado o objeto licitado, observado o disposto no § 3º do art. 2º desta Lei.

Art. 12. O descumprimento, por parte de agente do órgão ou entidade responsável pela licitação, dos dispositivos desta Lei destinados a garantir o julgamento do plano de comunicação publicitária sem o conhecimento de sua autoria, até a abertura dos invólucros de que trata a alínea *a* do inciso VII do § 4º do art. 11 desta Lei, implicará a anulação do certame, sem prejuízo da apuração de eventual responsabilidade administrativa, civil ou criminal dos envolvidos na irregularidade.

Capítulo III

DOS CONTRATOS DE SERVIÇOS DE PUBLICIDADE E DA SUA EXECUÇÃO

Art. 13. A definição do objeto do contrato de serviços previsto nesta Lei e das cláusulas que o integram dar-se-á em estrita vinculação ao estabelecido no instrumento convocatório da licitação e aos termos da legislação em vigor.

Parágrafo único. A execução do contrato dar-se-á em total conformidade com os termos e condições estabelecidas na licitação e no respectivo instrumento contratual.

Art. 14. Somente pessoas físicas ou jurídicas previamente cadastradas pelo contratante poderão fornecer ao contratado bens ou serviços especializados relacionados com as atividades complementares da execução do objeto do contrato, nos termos do § 1º do art. 2º desta Lei.

§ 1º O fornecimento de bens ou serviços especializados na conformidade do previsto no *caput* deste artigo exigirá sempre a apresentação pelo contratado ao contratante de 3 (três) orçamentos obtidos entre pessoas que atuem no mercado do ramo do fornecimento pretendido.

§ 2º No caso do § 1º deste artigo, o contratado procederá à coleta de orçamentos de fornecedores em envelopes fechados, que serão abertos em sessão pública, convocada e realizada sob fiscalização do contratante, sempre que o fornecimento de bens ou serviços tiver valor superior a 0,5% (cinco décimos por cento) do valor global do contrato.

§ 3º O fornecimento de bens ou serviços de valor igual ou inferior a 20% (vinte por cento) do limite previsto na alínea a do inciso II do art. 23 da Lei nº 8.666, de 21 de junho de 1993, está dispensado do procedimento previsto no § 2º deste artigo.

Art. 15. Os custos e as despesas de veiculação apresentados ao contratante para pagamento deverão ser acompanhados da demonstração do valor devido ao veículo, de sua tabela de preços, da descrição dos descontos negociados e dos pedidos de inserção correspondentes, bem como de relatório de checagem de veiculação, a cargo de empresa independente, sempre que possível.

Parágrafo único. Pertencem ao contratante as vantagens obtidas em negociação de compra de mídia diretamente ou por intermédio de agência de propaganda, incluídos os eventuais descontos e as bonificações na forma de tempo, espaço ou reaplicações que tenham sido concedidos pelo veículo de divulgação.

Art. 16. As informações sobre a execução do contrato, com os nomes dos fornecedores de serviços especializados e veículos, serão divulgadas em sítio próprio aberto para o contrato na rede mundial de computadores, garantido o livre acesso às informações por quaisquer interessados.

Parágrafo único. As informações sobre valores pagos serão divulgadas pelos totais de cada tipo de serviço de fornecedores e de cada meio de divulgação.

Art. 17. As agências contratadas deverão, durante o período de, no mínimo, 5 (cinco) anos após a extinção do contrato, manter acervo comprobatório da totalidade dos serviços prestados e das peças publicitárias produzidas.

Capítulo IV

DISPOSIÇÕES FINAIS E TRANSITÓRIAS

Art. 18. É facultativa a concessão de planos de incentivo por veículo de divulgação e sua aceitação por agência de propaganda, e os frutos deles resultantes constituem, para todos os fins de direito, receita própria da agência e não estão compreendidos na obrigação estabelecida no parágrafo único do art. 15 desta Lei.

§ 1º A equação econômico-financeira definida na licitação e no contrato não se altera em razão da vigência ou não de planos de incentivo referidos no *caput* deste artigo, cujos frutos estão expressamente excluídos dela.

§ 2º As agências de propaganda não poderão, em nenhum caso, sobrepor os planos de incentivo aos interesses dos contratantes, preterindo veículos de divulgação que não os concedam ou priorizando os que os ofereçam, devendo sempre conduzir-se na orientação da escolha desses veículos de acordo com pesquisas e dados técnicos comprovados.

§ 3º O desrespeito ao disposto no § 2º deste artigo constituirá grave violação aos deveres contratuais por parte da agência contratada e a submeterá a processo administrativo em que, uma vez comprovado o comportamento injustificado, implicará a aplicação das sanções previstas no *caput* do art. 87 da Lei nº 8.666, de 21 de junho de 1993.

▶ Lei nº 8.666, de 21-6-1993 (Lei de Licitações e Contratos Administrativos).

Art. 19. Para fins de interpretação da legislação de regência, valores correspondentes ao desconto-padrão de agência pela concepção, execução e distribuição de propaganda, por ordem e conta de clientes anunciantes, constituem receita da agência de publicidade e, em consequência, o veículo de divulgação não pode, para quaisquer fins, faturar e contabilizar tais valores como receita própria, inclusive quando o repasse do desconto-padrão à agência de publicidade for efetivado por meio de veículo de divulgação.

Parágrafo único. VETADO.

Art. 20. O disposto nesta Lei será aplicado subsidiariamente às empresas que possuem regulamento próprio de contratação, às licitações já abertas, aos contratos em fase de execução e aos efeitos pendentes dos contratos já encerrados na data de sua publicação.

Art. 21. Serão discriminadas em categorias de programação específicas no projeto e na lei orçamentária anual as dotações orçamentárias destinadas às despesas com publicidade institucional e com publicidade de utilidade pública, inclusive quando for produzida ou veiculada por órgão ou entidade integrante da administração pública.

Art. 22. Esta Lei entra em vigor na data da sua publicação.

Brasília, 29 de abril de 2010;
189º da Independência e
122º da República.

Luiz Inácio Lula da Silva

DECRETO Nº 7.203, DE 4 DE JUNHO DE 2010

Dispõe sobre a vedação do nepotismo no âmbito da administração pública federal.

▶ Publicado no *DOU* de 7-6-2010.
▶ Art. 37, II, da CF.
▶ Art. 117, VIII, da Lei nº 8.112, de 11-12-1990 (Estatuto dos Servidores Públicos Civis da União, Autarquias e Fundações Públicas Federais).
▶ Res. do CNJ nº 7, de 18-10-2005, disciplina o exercício de cargos, empregos e funções por parentes, cônjuges e companheiros de magistrados e de servidores investidos em cargos de direção e assessoramento, no âmbito dos órgãos do Poder Judiciário.
▶ Súm. Vinc. nº 13 do STF.

Art. 1º A vedação do nepotismo no âmbito dos órgãos e entidades da administração pública federal direta e indireta observará o disposto neste Decreto.

Art. 2º Para os fins deste Decreto considera-se:

I – órgão:
a) a Presidência da República, compreendendo a Vice-Presidência, a Casa Civil, o Gabinete Pessoal e a Assessoria Especial;
b) os órgãos da Presidência da República comandados por Ministro de Estado ou autoridade equiparada; e
c) os Ministérios;

II – entidade: autarquia, fundação, empresa pública e sociedade de economia mista; e

III – familiar: o cônjuge, o companheiro ou o parente em linha reta ou colateral, por consanguinidade ou afinidade, até o terceiro grau.

Parágrafo único. Para fins das vedações previstas neste Decreto, serão consideradas como incluídas no âmbito de cada órgão as autarquias e fundações a ele vinculadas.

Art. 3º No âmbito de cada órgão e de cada entidade, são vedadas as nomeações, contratações ou designações de familiar de Ministro de Estado, familiar da máxima autoridade administrativa correspondente ou, ainda, familiar de ocupante de cargo em comissão ou função de confiança de direção, chefia ou assessoramento, para:

I – cargo em comissão ou função de confiança;
II – atendimento a necessidade temporária de excepcional interesse público, salvo quando a contratação tiver sido precedida de regular processo seletivo; e
III – estágio, salvo se a contratação for precedida de processo seletivo que assegure o princípio da isonomia entre os concorrentes.

§ 1º Aplicam-se as vedações deste Decreto também quando existirem circunstâncias caracterizadoras de ajuste para burlar as restrições ao nepotismo, especialmente mediante nomeações ou designações recíprocas, envolvendo órgão ou entidade da administração pública federal.

§ 2º As vedações deste artigo estendem-se aos familiares do Presidente e do Vice-Presidente da República e, nesta hipótese, abrangem todo o Poder Executivo Federal.

§ 3º É vedada também a contratação direta, sem licitação, por órgão ou entidade da administração pública federal de pessoa jurídica na qual haja administrador ou sócio com poder de direção, familiar de detentor de cargo em comissão ou função de confiança que atue na área responsável pela demanda ou contratação ou de autoridade a ele hierarquicamente superior no âmbito de cada órgão e de cada entidade.

Art. 4º Não se incluem nas vedações deste Decreto as nomeações, designações ou contratações:

I – de servidores federais ocupantes de cargo de provimento efetivo, bem como de empregados federais permanentes, inclusive aposentados, observada a compatibilidade do grau de escolaridade do cargo ou emprego de origem, ou a compatibilidade da atividade que lhe seja afeta e a complexidade inerente ao cargo em comissão ou função comissionada a ocupar, além da qualificação profissional do servidor ou empregado;
II – de pessoa, ainda que sem vinculação funcional com a administração pública, para a ocupação de cargo em comissão de nível hierárquico mais alto que o do agente público referido no art. 3º;
III – realizadas anteriormente ao início do vínculo familiar entre o agente público e o nomeado, designado ou contratado, desde que não se caracterize ajuste prévio para burlar a vedação do nepotismo; ou
IV – de pessoa já em exercício no mesmo órgão ou entidade antes do início do vínculo familiar com o agente público, para cargo, função ou emprego de nível hierárquico igual ou mais baixo que o anteriormente ocupado.

Parágrafo único. Em qualquer caso, é vedada a manutenção de familiar ocupante de cargo em comissão ou função de confiança sob subordinação direta do agente público.

Art. 5º Cabe aos titulares dos órgãos e entidades da administração pública federal exonerar ou dispensar agente público em situação de nepotismo, de que tenham conhecimento, ou requerer igual providência à autoridade encarregada de nomear, designar ou contratar, sob pena de responsabilidade.

Parágrafo único. Cabe à Controladoria-Geral da União notificar os casos de nepotismo de que tomar conhecimento às autoridades competentes, sem prejuízo da responsabilidade permanente delas de zelar pelo cumprimento deste Decreto, assim como de apurar situações irregulares, de que tenham conhecimento, nos órgãos e entidades correspondentes.

Art. 6º Serão objeto de apuração específica os casos em que haja indícios de influência dos agentes públicos referidos no art. 3º:

I – na nomeação, designação ou contratação de familiares em hipóteses não previstas neste Decreto;

II – na contratação de familiares por empresa prestadora de serviço terceirizado ou entidade que desenvolva projeto no âmbito de órgão ou entidade da administração pública federal.

Art. 7º Os editais de licitação para a contratação de empresa prestadora de serviço terceirizado, assim como os convênios e instrumentos equivalentes para contratação de entidade que desenvolva projeto no âmbito de órgão ou entidade da administração pública federal, deverão estabelecer vedação de que familiar de agente público preste serviços no órgão ou entidade em que este exerça cargo em comissão ou função de confiança.

Art. 8º Os casos omissos ou que suscitem dúvidas serão disciplinados e dirimidos pela Controladoria-Geral da União.

Art. 9º Este Decreto entra em vigor na data de sua publicação.

Brasília, 4 de junho de 2010;
189º da Independência e
122º da República.

Luiz Inácio Lula da Silva

LEI Nº 12.353, DE 28 DE DEZEMBRO DE 2010

Dispõe sobre a participação de empregados nos conselhos de administração das empresas públicas e sociedades de economia mista, suas subsidiárias e controladas e demais empresas em que a União, direta ou indiretamente, detenha a maioria do capital social com direito a voto e dá outras providências.

▶ Publicada no *DOU* de 29-12-2010.

Art. 1º Esta Lei dispõe sobre a participação de representante dos empregados nos conselhos de administração das empresas públicas e sociedades de economia mista, suas subsidiárias e controladas e demais empresas em que a União, direta ou indiretamente, detenha a maioria do capital social com direito a voto.

Art. 2º Os estatutos das empresas públicas e sociedades de economia mista de que trata esta Lei deverão prever a participação nos seus conselhos de administração de representante dos trabalhadores, assegurado o direito da União de eleger a maioria dos seus membros.

§ 1º O representante dos trabalhadores será escolhido dentre os empregados ativos da empresa pública ou sociedade de economia mista, pelo voto direto de seus pares, em eleição organizada pela empresa em conjunto com as entidades sindicais que os representem.

§ 2º O representante dos empregados está sujeito a todos os critérios e exigências para o cargo de conselheiro de administração previstos em lei e no estatuto da respectiva empresa.

§ 3º Sem prejuízo da vedação aos administradores de intervirem em qualquer operação social em que tiverem interesse conflitante com o da empresa, o conselheiro de administração representante dos empregados não participará das discussões e deliberações sobre assuntos que envolvam relações sindicais, remuneração, benefícios e vantagens, inclusive matérias de previdência complementar e assistenciais, hipóteses em que fica configurado o conflito de interesse.

Art. 3º No caso de os representantes do acionista majoritário deixarem de totalizar a maioria dos membros do conselho de administração, em razão da modificação da composição do colegiado para fins de cumprimento ao disposto nesta Lei, fica autorizado o aumento suficiente do número de conselheiros para assegurar o direito do acionista controlador de eleger a maioria dos conselheiros.

Art. 4º Para os fins do disposto nesta Lei, fica autorizada a alteração do número máximo de membros dos conselhos de administração das empresas públicas e sociedades de economia mista federais.

Art. 5º O disposto nesta Lei não se aplica às empresas que tenham um número inferior a 200 (duzentos) empregados próprios.

Art. 6º Observar-se-á, quanto aos direitos e deveres dos membros dos conselhos de que trata esta Lei e ao respectivo funcionamento, o disposto na Lei nº 6.404, de 15 de dezembro de 1976, no que couber.

Art. 7º O Poder Executivo, por intermédio do Ministério do Planejamento, Orçamento e Gestão, editará as instruções necessárias ao cumprimento do disposto nesta Lei.

Art. 8º Observar-se-á, quanto aos requisitos e impedimentos para a participação nos conselhos de que trata esta Lei, além do disposto na legislação sobre conflitos de interesse no âmbito da administração pública federal, subsidiariamente, o disposto na Lei nº 6.404, de 15 de dezembro de 1976.

Art. 9º Esta Lei entra em vigor na data de sua publicação.

Brasília, 28 de dezembro de 2010;
189º da Independência e
122º da República.

Luiz Inácio Lula da Silva

LEI Nº 12.408, DE 25 DE MAIO DE 2011

Altera o art. 65 da Lei nº 9.605, de 12 de fevereiro de 1998, para descriminalizar o ato de grafitar, e dispõe sobre a proibição de comercialização de tintas em embalagens do tipo aerossol a menores de 18 (dezoito) anos.

▶ Publicada no *DOU* de 26-5-2011.

Art. 1º Esta Lei altera o art. 65 da Lei nº 9.605, de 12 de fevereiro de 1998, dispondo sobre a proibição de comercialização de tintas em embalagens do tipo aerossol a menores de 18 (dezoito) anos, e dá outras providências.

Art. 2º Fica proibida a comercialização de tintas em embalagens do tipo aerossol em todo o território nacional a menores de 18 (dezoito) anos.

Art. 3º O material citado no art. 2º desta Lei só poderá ser vendido a maiores de 18 (dezoito) anos, mediante apresentação de documento de identidade.

Parágrafo único. Toda nota fiscal lançada sobre a venda desse produto deve possuir identificação do comprador.

Art. 4º As embalagens dos produtos citados no art. 2º desta Lei deverão conter, de forma legível e destacada, as expressões "PICHAÇÃO É CRIME (ART. 65 DA LEI Nº 9.605/1998). PROIBIDA A VENDA A MENORES DE 18 ANOS."

Art. 5º Independentemente de outras cominações legais, o descumprimento do disposto nesta Lei sujeita o infrator às sanções previstas no art. 72 da Lei nº 9.605, de 12 de fevereiro de 1998.

Art. 6º O art. 65 da Lei nº 9.605, de 12 de fevereiro de 1998, passa a vigorar com a seguinte redação:

> "Art. 65. Pichar ou por outro meio conspurcar edificação ou monumento urbano:
>
> Pena – detenção, de 3 (três) meses a 1 (um) ano, e multa.
>
> § 1º Se o ato for realizado em monumento ou coisa tombada em virtude do seu valor artístico, arqueológico ou histórico, a pena é de 6 (seis) meses a 1 (um) ano de detenção e multa.
>
> § 2º Não constitui crime a prática de grafite realizada com o objetivo de valorizar o patrimônio público ou privado mediante manifestação artística, desde que consentida pelo proprietário e, quando couber, pelo locatário ou arrendatário do bem privado e, no caso de bem público, com a autorização do órgão competente e a observância das posturas municipais e das normas editadas pelos órgãos governamentais responsáveis pela preservação e conservação do patrimônio histórico e artístico nacional."

Art. 7º Os fabricantes, importadores ou distribuidores dos produtos terão um prazo de 180 (cento e oitenta) dias, após a regulamentação desta Lei, para fazer as alterações nas embalagens mencionadas no art. 2º desta Lei.

Art. 8º Os produtos envasados dentro do prazo constante no art. 7º desta Lei poderão permanecer com seus rótulos sem as modificações aqui estabelecidas, podendo ser comercializados até o final do prazo de sua validade.

Art. 9º Esta Lei entra em vigor na data de sua publicação.

Brasília, 25 de maio de 2011;
190º da Independência e
123º da República.

Dilma Rousseff

LEI Nº 12.527, DE 18 DE NOVEMBRO DE 2011

Regula o acesso a informações previsto no inciso XXXIII do art. 5º, no inciso II do § 3º do art. 37 e no § 2º do art. 216 da Constituição Federal; altera a Lei nº 8.112, de 11 de dezembro de 1990; revoga a Lei nº 11.111, de 5 de maio de 2005, e dispositivos da Lei nº 8.159, de 8 de janeiro de 1991; e dá outras providências.

▶ Publicada no *DOU* de 18-11-2011, edição extra.
▶ Lei nº 8.159, de 8-1-1991, dispõe sobre a Política Nacional de Arquivos Públicos e Privados.

CAPÍTULO I

DISPOSIÇÕES GERAIS

Art. 1º Esta Lei dispõe sobre os procedimentos a serem observados pela União, Estados, Distrito Federal e Municípios, com o fim de garantir o acesso a informações previsto no inciso XXXIII do art. 5º, no inciso II do § 3º do art. 37 e no § 2º do art. 216 da Constituição Federal.

Parágrafo único. Subordinam-se ao regime desta Lei:

I – os órgãos públicos integrantes da administração direta dos Poderes Executivo, Legislativo, incluindo as Cortes de Contas, e Judiciário e do Ministério Público;
II – as autarquias, as fundações públicas, as empresas públicas, as sociedades de economia mista e demais entidades controladas direta ou indiretamente pela União, Estados, Distrito Federal e Municípios.

Art. 2º Aplicam-se as disposições desta Lei, no que couber, às entidades privadas sem fins lucrativos que recebam, para realização de ações de interesse público, recursos públicos diretamente do orçamento ou mediante subvenções sociais, contrato de gestão, termo de parceria, convênios, acordo, ajustes ou outros instrumentos congêneres.

Parágrafo único. A publicidade a que estão submetidas as entidades citadas no *caput* refere-se à parcela dos recursos públicos recebidos e à sua destinação, sem prejuízo das prestações de contas a que estejam legalmente obrigadas.

Art. 3º Os procedimentos previstos nesta Lei destinam-se a assegurar o direito fundamental de acesso à informação e devem ser executados em conformidade com os princípios básicos da administração pública e com as seguintes diretrizes:

I – observância da publicidade como preceito geral e do sigilo como exceção;
II – divulgação de informações de interesse público, independentemente de solicitações;
III – utilização de meios de comunicação viabilizados pela tecnologia da informação;

IV – fomento ao desenvolvimento da cultura de transparência na administração pública;
V – desenvolvimento do controle social da administração pública.

Art. 4º Para os efeitos desta Lei, considera-se:

I – informação: dados, processados ou não, que podem ser utilizados para produção e transmissão de conhecimento, contidos em qualquer meio, suporte ou formato;
II – documento: unidade de registro de informações, qualquer que seja o suporte ou formato;
III – informação sigilosa: aquela submetida temporariamente à restrição de acesso público em razão de sua imprescindibilidade para a segurança da sociedade e do Estado;
IV – informação pessoal: aquela relacionada à pessoa natural identificada ou identificável;
V – tratamento da informação: conjunto de ações referentes à produção, recepção, classificação, utilização, acesso, reprodução, transporte, transmissão, distribuição, arquivamento, armazenamento, eliminação, avaliação, destinação ou controle da informação;
VI – disponibilidade: qualidade da informação que pode ser conhecida e utilizada por indivíduos, equipamentos ou sistemas autorizados;
VII – autenticidade: qualidade da informação que tenha sido produzida, expedida, recebida ou modificada por determinado indivíduo, equipamento ou sistema;
VIII – integridade: qualidade da informação não modificada, inclusive quanto à origem, trânsito e destino;
IX – primariedade: qualidade da informação coletada na fonte, com o máximo de detalhamento possível, sem modificações.

Art. 5º É dever do Estado garantir o direito de acesso à informação, que será franqueada, mediante procedimentos objetivos e ágeis, de forma transparente, clara e em linguagem de fácil compreensão.

CAPÍTULO II

DO ACESSO A INFORMAÇÕES E DA SUA DIVULGAÇÃO

Art. 6º Cabe aos órgãos e entidades do poder público, observadas as normas e procedimentos específicos aplicáveis, assegurar a:

I – gestão transparente da informação, propiciando amplo acesso a ela e sua divulgação;
II – proteção da informação, garantindo-se sua disponibilidade, autenticidade e integridade; e
III – proteção da informação sigilosa e da informação pessoal, observada a sua disponibilidade, autenticidade, integridade e eventual restrição de acesso.

Art. 7º O acesso à informação de que trata esta Lei compreende, entre outros, os direitos de obter:

I – orientação sobre os procedimentos para a consecução de acesso, bem como sobre o local onde poderá ser encontrada ou obtida a informação almejada;
II – informação contida em registros ou documentos, produzidos ou acumulados por seus órgãos ou entidades, recolhidos ou não a arquivos públicos;
III – informação produzida ou custodiada por pessoa física ou entidade privada decorrente de qualquer vínculo com seus órgãos ou entidades, mesmo que esse vínculo já tenha cessado;
IV – informação primária, íntegra, autêntica e atualizada;
V – informação sobre atividades exercidas pelos órgãos e entidades, inclusive as relativas à sua política, organização e serviços;
VI – informação pertinente à administração do patrimônio público, utilização de recursos públicos, licitação, contratos administrativos; e
VII – informação relativa:

a) à implementação, acompanhamento e resultados dos programas, projetos e ações dos órgãos e entidades públicas, bem como metas e indicadores propostos;
b) ao resultado de inspeções, auditorias, prestações e tomadas de contas realizadas pelos órgãos de controle interno e externo, incluindo prestações de contas relativas a exercícios anteriores.

§ 1º O acesso à informação previsto no *caput* não compreende as informações referentes a projetos de pesquisa e desenvolvimento científicos ou tecnológicos cujo sigilo seja imprescindível à segurança da sociedade e do Estado.

§ 2º Quando não for autorizado acesso integral à informação por ser ela parcialmente sigilosa, é assegurado o acesso à parte não sigilosa por meio de certidão, extrato ou cópia com ocultação da parte sob sigilo.

§ 3º O direito de acesso aos documentos ou às informações neles contidas utilizados como fundamento da tomada de decisão e do ato administrativo será assegurado com a edição do ato decisório respectivo.

§ 4º A negativa de acesso às informações objeto de pedido formulado aos órgãos e entidades referidas no art. 1º, quando não fundamentada, sujeitará o responsável a medidas disciplinares, nos termos do art. 32 desta Lei.

§ 5º Informado do extravio da informação solicitada, poderá o interessado requerer à autoridade competente a imediata abertura de sindicância para apurar o desaparecimento da respectiva documentação.

§ 6º Verificada a hipótese prevista no § 5º deste artigo, o responsável pela guarda da informação extraviada deverá, no prazo de 10 (dez) dias, justificar o fato e indicar testemunhas que comprovem sua alegação.

Art. 8º É dever dos órgãos e entidades públicas promover, independentemente de requerimentos, a divulgação em local de fácil acesso, no âmbito de suas competências, de informações de interesse coletivo ou geral por eles produzidas ou custodiadas.

§ 1º Na divulgação das informações a que se refere o *caput*, deverão constar, no mínimo:

I – registro das competências e estrutura organizacional, endereços e telefones das respectivas unidades e horários de atendimento ao público;
II – registros de quaisquer repasses ou transferências de recursos financeiros;
III – registros das despesas;
IV – informações concernentes a procedimentos licitatórios, inclusive os respectivos editais e resultados, bem como a todos os contratos celebrados;
V – dados gerais para o acompanhamento de programas, ações, projetos e obras de órgãos e entidades; e
VI – respostas a perguntas mais frequentes da sociedade.

§ 2º Para cumprimento do disposto no *caput*, os órgãos e entidades públicas deverão utilizar todos os meios e instrumentos legítimos de que dispuserem, sendo obrigatória a divulgação em sítios oficiais da rede mundial de computadores (internet).

§ 3º Os sítios de que trata o § 2º deverão, na forma de regulamento, atender, entre outros, aos seguintes requisitos:
I – conter ferramenta de pesquisa de conteúdo que permita o acesso à informação de forma objetiva, transparente, clara e em linguagem de fácil compreensão;
II – possibilitar a gravação de relatórios em diversos formatos eletrônicos, inclusive abertos e não proprietários, tais como planilhas e texto, de modo a facilitar a análise das informações;
III – possibilitar o acesso automatizado por sistemas externos em formatos abertos, estruturados e legíveis por máquina;
IV – divulgar em detalhes os formatos utilizados para estruturação da informação;
V – garantir a autenticidade e a integridade das informações disponíveis para acesso;
VI – manter atualizadas as informações disponíveis para acesso;
VII – indicar local e instruções que permitam ao interessado comunicar-se, por via eletrônica ou telefônica, com o órgão ou entidade detentora do sítio; e
VIII – adotar as medidas necessárias para garantir a acessibilidade de conteúdo para pessoas com deficiência, nos termos do art. 17 da Lei nº 10.098, de 19 de dezembro de 2000, e do art. 9º da Convenção sobre os Direitos das Pessoas com Deficiência, aprovada pelo Decreto Legislativo nº 186, de 9 de julho de 2008.

§ 4º Os Municípios com população de até 10.000 (dez mil) habitantes ficam dispensados da divulgação obrigatória na internet a que se refere o § 2º, mantida a obrigatoriedade de divulgação, em tempo real, de informações relativas à execução orçamentária e financeira, nos critérios e prazos previstos no art. 73-B da Lei Complementar nº 101, de 4 de maio de 2000 (Lei de Responsabilidade Fiscal).

Art. 9º O acesso a informações públicas será assegurado mediante:

I – criação de serviço de informações ao cidadão, nos órgãos e entidades do poder público, em local com condições apropriadas para:

a) atender e orientar o público quanto ao acesso a informações;
b) informar sobre a tramitação de documentos nas suas respectivas unidades;
c) protocolizar documentos e requerimentos de acesso a informações; e

II – realização de audiências ou consultas públicas, incentivo à participação popular ou a outras formas de divulgação.

Capítulo III
DO PROCEDIMENTO DE ACESSO À INFORMAÇÃO

Seção I
DO PEDIDO DE ACESSO

Art. 10. Qualquer interessado poderá apresentar pedido de acesso a informações aos órgãos e entidades referidos no art. 1º desta Lei, por qualquer meio legítimo, devendo o pedido conter a identificação do requerente e a especificação da informação requerida.

§ 1º Para o acesso a informações de interesse público, a identificação do requerente não pode conter exigências que inviabilizem a solicitação.

§ 2º Os órgãos e entidades do poder público devem viabilizar alternativa de encaminhamento de pedidos de acesso por meio de seus sítios oficiais na internet.

§ 3º São vedadas quaisquer exigências relativas aos motivos determinantes da solicitação de informações de interesse público.

Art. 11. O órgão ou entidade pública deverá autorizar ou conceder o acesso imediato à informação disponível.

§ 1º Não sendo possível conceder o acesso imediato, na forma disposta no *caput*, o órgão ou entidade que receber o pedido deverá, em prazo não superior a 20 (vinte) dias:

I – comunicar a data, local e modo para se realizar a consulta, efetuar a reprodução ou obter a certidão;
II – indicar as razões de fato ou de direito da recusa, total ou parcial, do acesso pretendido; ou
III – comunicar que não possui a informação, indicar, se for do seu conhecimento, o órgão ou a entidade que a detém, ou, ainda, remeter o requerimento a esse órgão ou entidade, cientificando o interessado da remessa de seu pedido de informação.

§ 2º O prazo referido no § 1º poderá ser prorrogado por mais 10 (dez) dias, mediante justificativa expressa, da qual será cientificado o requerente.

§ 3º Sem prejuízo da segurança e da proteção das informações e do cumprimento da legislação aplicável, o órgão ou entidade poderá oferecer meios para que o próprio requerente possa pesquisar a informação de que necessitar.

§ 4º Quando não for autorizado o acesso por se tratar de informação total ou parcialmente sigilosa, o requerente deverá ser informado sobre a possibilidade de recurso, prazos e condições para sua interposição, devendo, ainda, ser-lhe indicada a autoridade competente para sua apreciação.

§ 5º A informação armazenada em formato digital será fornecida nesse formato, caso haja anuência do requerente.

§ 6º Caso a informação solicitada esteja disponível ao público em formato impresso, eletrônico ou em qualquer outro meio de acesso universal, serão informados ao requerente, por escrito, o lugar e a forma pela qual se poderá consultar, obter ou reproduzir a referida informação, procedimento esse que desonerará o órgão ou entidade pública da obrigação de seu fornecimento direto, salvo se o requerente declarar não dispor de meios para realizar por si mesmo tais procedimentos.

Art. 12. O serviço de busca e fornecimento da informação é gratuito, salvo nas hipóteses de reprodução de documentos pelo órgão ou entidade pública consultada, situação em que poderá ser cobrado exclusivamente o valor necessário ao ressarcimento do custo dos serviços e dos materiais utilizados.

Parágrafo único. Estará isento de ressarcir os custos previstos no *caput* todo aquele cuja situação econômica não lhe permita fazê-lo sem prejuízo do sustento próprio ou da família, declarada nos termos da Lei nº 7.115, de 29 de agosto de 1983.

Art. 13. Quando se tratar de acesso à informação contida em documento cuja manipulação possa prejudicar sua integridade, deverá ser oferecida a consulta de cópia, com certificação de que esta confere com o original.

Parágrafo único. Na impossibilidade de obtenção de cópias, o interessado poderá solicitar que, a suas expensas e sob supervisão de servidor público, a reprodução seja feita por outro meio que não ponha em risco a conservação do documento original.

Art. 14. É direito do requerente obter o inteiro teor de decisão de negativa de acesso, por certidão ou cópia.

Seção II

DOS RECURSOS

Art. 15. No caso de indeferimento de acesso a informações ou às razões da negativa do acesso, poderá o interessado interpor recurso contra a decisão no prazo de 10 (dez) dias a contar da sua ciência.

Parágrafo único. O recurso será dirigido à autoridade hierarquicamente superior à que exarou a decisão impugnada, que deverá se manifestar no prazo de 5 (cinco) dias.

Art. 16. Negado o acesso a informação pelos órgãos ou entidades do Poder Executivo Federal, o requerente poderá recorrer à Controladoria-Geral da União, que deliberará no prazo de 5 (cinco) dias se:

I – o acesso à informação não classificada como sigilosa for negado;

II – a decisão de negativa de acesso à informação total ou parcialmente classificada como sigilosa não indicar a autoridade classificadora ou a hierarquicamente superior a quem possa ser dirigido pedido de acesso ou desclassificação;

III – os procedimentos de classificação de informação sigilosa estabelecidos nesta Lei não tiverem sido observados; e

IV – estiverem sendo descumpridos prazos ou outros procedimentos previstos nesta Lei.

§ 1º O recurso previsto neste artigo somente poderá ser dirigido à Controladoria-Geral da União depois de submetido à apreciação de pelo menos uma autoridade hierarquicamente superior àquela que exarou a decisão impugnada, que deliberará no prazo de 5 (cinco) dias.

§ 2º Verificada a procedência das razões do recurso, a Controladoria-Geral da União determinará ao órgão ou entidade que adote as providências necessárias para dar cumprimento ao disposto nesta Lei.

§ 3º Negado o acesso à informação pela Controladoria-Geral da União, poderá ser interposto recurso à Comissão Mista de Reavaliação de Informações, a que se refere o art. 35.

Art. 17. No caso de indeferimento de pedido de desclassificação de informação protocolado em órgão da administração pública federal, poderá o requerente recorrer ao Ministro de Estado da área, sem prejuízo das competências da Comissão Mista de Reavaliação de Informações, previstas no art. 35, e do disposto no art. 16.

§ 1º O recurso previsto neste artigo somente poderá ser dirigido às autoridades mencionadas depois de submetido à apreciação de pelo menos uma autoridade hierarquicamente superior à autoridade que exarou a decisão impugnada e, no caso das Forças Armadas, ao respectivo Comando.

§ 2º Indeferido o recurso previsto no *caput* que tenha como objeto a desclassificação de informação secreta ou ultrassecreta, caberá recurso à Comissão Mista de Reavaliação de Informações prevista no art. 35.

Art. 18. Os procedimentos de revisão de decisões denegatórias proferidas no recurso previsto no art. 15 e de revisão de classificação de documentos sigilosos serão objeto de regulamentação própria dos Poderes Legislativo e Judiciário e do Ministério Público, em seus respectivos âmbitos, assegurado ao solicitante, em qualquer caso, o direito de ser informado sobre o andamento de seu pedido.

Art. 19. VETADO.

§ 1º VETADO.

§ 2º Os órgãos do Poder Judiciário e do Ministério Público informarão ao Conselho Nacional de Justiça e ao Conselho Nacional do Ministério Público, respectivamente, as decisões que, em grau de recurso, negarem acesso a informações de interesse público.

Art. 20. Aplica-se subsidiariamente, no que couber, a Lei nº 9.784, de 29 de janeiro de 1999, ao procedimento de que trata este Capítulo.

▶ Lei nº 9.784, de 29-1-1999 (Lei do Processo Administrativo Federal).

CAPÍTULO IV
DAS RESTRIÇÕES DE ACESSO À INFORMAÇÃO

Seção I

DISPOSIÇÕES GERAIS

Art. 21. Não poderá ser negado acesso à informação necessária à tutela judicial ou administrativa de direitos fundamentais.

Parágrafo único. As informações ou documentos que versem sobre condutas que impliquem violação dos direitos humanos praticada por agentes públicos ou a mando de autoridades públicas não poderão ser objeto de restrição de acesso.

Art. 22. O disposto nesta Lei não exclui as demais hipóteses legais de sigilo e de segredo de justiça nem as hipóteses de segredo industrial decorrentes da exploração direta de atividade econômica pelo Estado ou por pessoa física ou entidade privada que tenha qualquer vínculo com o poder público.

Seção II

DA CLASSIFICAÇÃO DA INFORMAÇÃO QUANTO AO GRAU E PRAZOS DE SIGILO

Art. 23. São consideradas imprescindíveis à segurança da sociedade ou do Estado e, portanto, passíveis de classificação as informações cuja divulgação ou acesso irrestrito possam:

I – pôr em risco a defesa e a soberania nacionais ou a integridade do território nacional;

II – prejudicar ou pôr em risco a condução de negociações ou as relações internacionais do País, ou as que

tenham sido fornecidas em caráter sigiloso por outros Estados e organismos internacionais;
III – pôr em risco a vida, a segurança ou a saúde da população;
IV – oferecer elevado risco à estabilidade financeira, econômica ou monetária do País;
V – prejudicar ou causar risco a planos ou operações estratégicos das Forças Armadas;
VI – prejudicar ou causar risco a projetos de pesquisa e desenvolvimento científico ou tecnológico, assim como a sistemas, bens, instalações ou áreas de interesse estratégico nacional;
VII – pôr em risco a segurança de instituições ou de altas autoridades nacionais ou estrangeiras e seus familiares; ou
VIII – comprometer atividades de inteligência, bem como de investigação ou fiscalização em andamento, relacionadas com a prevenção ou repressão de infrações.

Art. 24. A informação em poder dos órgãos e entidades públicas, observado o seu teor e em razão de sua imprescindibilidade à segurança da sociedade ou do Estado, poderá ser classificada como ultrassecreta, secreta ou reservada.

§ 1º Os prazos máximos de restrição de acesso à informação, conforme a classificação prevista no *caput*, vigoram a partir da data de sua produção e são os seguintes:
I – ultrassecreta: 25 (vinte e cinco) anos;
II – secreta: 15 (quinze) anos; e
III – reservada: 5 (cinco) anos.

§ 2º As informações que puderem colocar em risco a segurança do Presidente e Vice-Presidente da República e respectivos cônjuges e filhos(as) serão classificadas como reservadas e ficarão sob sigilo até o término do mandato em exercício ou do último mandato, em caso de reeleição.

§ 3º Alternativamente aos prazos previstos no § 1º, poderá ser estabelecida como termo final de restrição de acesso a ocorrência de determinado evento, desde que este ocorra antes do transcurso do prazo máximo de classificação.

§ 4º Transcorrido o prazo de classificação ou consumado o evento que defina o seu termo final, a informação tornar-se-á, automaticamente, de acesso público.

§ 5º Para a classificação da informação em determinado grau de sigilo, deverá ser observado o interesse público da informação e utilizado o critério menos restritivo possível, considerados:
I – a gravidade do risco ou dano à segurança da sociedade e do Estado; e
II – o prazo máximo de restrição de acesso ou o evento que defina seu termo final.

Seção III

DA PROTEÇÃO E DO CONTROLE DE INFORMAÇÕES SIGILOSAS

Art. 25. É dever do Estado controlar o acesso e a divulgação de informações sigilosas produzidas por seus órgãos e entidades, assegurando a sua proteção.

§ 1º O acesso, a divulgação e o tratamento de informação classificada como sigilosa ficarão restritos a pessoas que tenham necessidade de conhecê-la e que sejam devidamente credenciadas na forma do regulamento, sem prejuízo das atribuições dos agentes públicos autorizados por lei.

§ 2º O acesso à informação classificada como sigilosa cria a obrigação para aquele que a obteve de resguardar o sigilo.

§ 3º Regulamento disporá sobre procedimentos e medidas a serem adotados para o tratamento de informação sigilosa, de modo a protegê-la contra perda, alteração indevida, acesso, transmissão e divulgação não autorizados.

Art. 26. As autoridades públicas adotarão as providências necessárias para que o pessoal a elas subordinado hierarquicamente conheça as normas e observe as medidas e procedimentos de segurança para tratamento de informações sigilosas.

Parágrafo único. A pessoa física ou entidade privada que, em razão de qualquer vínculo com o poder público, executar atividades de tratamento de informações sigilosas adotará as providências necessárias para que seus empregados, prepostos ou representantes observem as medidas e procedimentos de segurança das informações resultantes da aplicação desta Lei.

Seção IV

DOS PROCEDIMENTOS DE CLASSIFICAÇÃO, RECLASSIFICAÇÃO E DESCLASSIFICAÇÃO

Art. 27. A classificação do sigilo de informações no âmbito da administração pública federal é de competência:

I – no grau de ultrassecreto, das seguintes autoridades:
a) Presidente da República;
b) Vice-Presidente da República;
c) Ministros de Estado e autoridades com as mesmas prerrogativas;
d) Comandantes da Marinha, do Exército e da Aeronáutica; e
e) Chefes de Missões Diplomáticas e Consulares permanentes no exterior;

II – no grau de secreto, das autoridades referidas no inciso I, dos titulares de autarquias, fundações ou empresas públicas e sociedades de economia mista; e
III – no grau de reservado, das autoridades referidas nos incisos I e II e das que exerçam funções de direção, comando ou chefia, nível DAS 101.5, ou superior, do Grupo-Direção e Assessoramento Superiores, ou de hierarquia equivalente, de acordo com regulamentação específica de cada órgão ou entidade, observado o disposto nesta Lei.

§ 1º A competência prevista nos incisos I e II, no que se refere à classificação como ultrassecreta e secreta, poderá ser delegada pela autoridade responsável a agente público, inclusive em missão no exterior, vedada a subdelegação.

§ 2º A classificação de informação no grau de sigilo ultrassecreto pelas autoridades previstas nas alíneas *d* e *e* do inciso I deverá ser ratificada pelos respectivos Ministros de Estado, no prazo previsto em regulamento.

§ 3º A autoridade ou outro agente público que classificar informação como ultrassecreta deverá encaminhar a decisão de que trata o art. 28 à Comissão Mista de

Reavaliação de Informações, a que se refere o art. 35, no prazo previsto em regulamento.

Art. 28. A classificação de informação em qualquer grau de sigilo deverá ser formalizada em decisão que conterá, no mínimo, os seguintes elementos:

I – assunto sobre o qual versa a informação;
II – fundamento da classificação, observados os critérios estabelecidos no art. 24;
III – indicação do prazo de sigilo, contado em anos, meses ou dias, ou do evento que defina o seu termo final, conforme limites previstos no art. 24; e
IV – identificação da autoridade que a classificou.

Parágrafo único. A decisão referida no caput será mantida no mesmo grau de sigilo da informação classificada.

Art. 29. A classificação das informações será reavaliada pela autoridade classificadora ou por autoridade hierarquicamente superior, mediante provocação ou de ofício, nos termos e prazos previstos em regulamento, com vistas à sua desclassificação ou à redução do prazo de sigilo, observado o disposto no art. 24.

§ 1º O regulamento a que se refere o caput deverá considerar as peculiaridades das informações produzidas no exterior por autoridades ou agentes públicos.

§ 2º Na reavaliação a que se refere o caput, deverão ser examinadas a permanência dos motivos do sigilo e a possibilidade de danos decorrentes do acesso ou da divulgação da informação.

§ 3º Na hipótese de redução do prazo de sigilo da informação, o novo prazo de restrição manterá como termo inicial a data da sua produção.

Art. 30. A autoridade máxima de cada órgão ou entidade publicará, anualmente, em sítio à disposição na internet e destinado à veiculação de dados e informações administrativas, nos termos de regulamento:

I – rol das informações que tenham sido desclassificadas nos últimos 12 (doze) meses;
II – rol de documentos classificados em cada grau de sigilo, com identificação para referência futura;
III – relatório estatístico contendo a quantidade de pedidos de informação recebidos, atendidos e indeferidos, bem como informações genéricas sobre os solicitantes.

§ 1º Os órgãos e entidades deverão manter exemplar da publicação prevista no caput para consulta pública em suas sedes.

§ 2º Os órgãos e entidades manterão extrato com a lista de informações classificadas, acompanhadas da data, do grau de sigilo e dos fundamentos da classificação.

Seção V

DAS INFORMAÇÕES PESSOAIS

Art. 31. O tratamento das informações pessoais deve ser feito de forma transparente e com respeito à intimidade, vida privada, honra e imagem das pessoas, bem como às liberdades e garantias individuais.

§ 1º As informações pessoais, a que se refere este artigo, relativas à intimidade, vida privada, honra e imagem:

I – terão seu acesso restrito, independentemente de classificação de sigilo e pelo prazo máximo de 100 (cem) anos a contar da sua data de produção, a agentes públicos legalmente autorizados e à pessoa a que elas se referirem; e
II – poderão ter autorizada sua divulgação ou acesso por terceiros diante de previsão legal ou consentimento expresso da pessoa a que elas se referirem.

§ 2º Aquele que obtiver acesso às informações de que trata este artigo será responsabilizado por seu uso indevido.

§ 3º O consentimento referido no inciso II do § 1º não será exigido quando as informações forem necessárias:

I – à prevenção e diagnóstico médico, quando a pessoa estiver física ou legalmente incapaz, e para utilização única e exclusivamente para o tratamento médico;
II – à realização de estatísticas e pesquisas científicas de evidente interesse público ou geral, previstos em lei, sendo vedada a identificação da pessoa a que as informações se referirem;
III – ao cumprimento de ordem judicial;
IV – à defesa de direitos humanos; ou
V – à proteção do interesse público e geral preponderante.

§ 4º A restrição de acesso à informação relativa à vida privada, honra e imagem de pessoa não poderá ser invocada com o intuito de prejudicar processo de apuração de irregularidades em que o titular das informações estiver envolvido, bem como em ações voltadas para a recuperação de fatos históricos de maior relevância.

§ 5º Regulamento disporá sobre os procedimentos para tratamento de informação pessoal.

Capítulo V

DAS RESPONSABILIDADES

Art. 32. Constituem condutas ilícitas que ensejam responsabilidade do agente público ou militar:

I – recusar-se a fornecer informação requerida nos termos desta Lei, retardar deliberadamente o seu fornecimento ou fornecê-la intencionalmente de forma incorreta, incompleta ou imprecisa;
II – utilizar indevidamente, bem como subtrair, destruir, inutilizar, desfigurar, alterar ou ocultar, total ou parcialmente, informação que se encontre sob sua guarda ou a que tenha acesso ou conhecimento em razão do exercício das atribuições de cargo, emprego ou função pública;
III – agir com dolo ou má-fé na análise das solicitações de acesso à informação;
IV – divulgar ou permitir a divulgação ou acessar ou permitir acesso indevido à informação sigilosa ou informação pessoal;
V – impor sigilo à informação para obter proveito pessoal ou de terceiro, ou para fins de ocultação de ato ilegal cometido por si ou por outrem;
VI – ocultar da revisão de autoridade superior competente informação sigilosa para beneficiar a si ou a outrem, ou em prejuízo de terceiros; e
VII – destruir ou subtrair, por qualquer meio, documentos concernentes a possíveis violações de direitos humanos por parte de agentes do Estado.

§ 1º Atendido o princípio do contraditório, da ampla defesa e do devido processo legal, as condutas descritas no caput serão consideradas:

I – para fins dos regulamentos disciplinares das Forças Armadas, transgressões militares médias ou graves, segundo os critérios neles estabelecidos, desde que não tipificadas em lei como crime ou contravenção penal; ou

II – para fins do disposto na Lei nº 8.112, de 11 de dezembro de 1990, e suas alterações, infrações administrativas, que deverão ser apenadas, no mínimo, com suspensão, segundo os critérios nela estabelecidos.

§ 2º Pelas condutas descritas no caput, poderá o militar ou agente público responder, também, por improbidade administrativa, conforme o disposto nas Leis nºˢ 1.079, de 10 de abril de 1950, e 8.429, de 2 de junho de 1992.

Art. 33. A pessoa física ou entidade privada que detiver informações em virtude de vínculo de qualquer natureza com o poder público e deixar de observar o disposto nesta Lei estará sujeita às seguintes sanções:

I – advertência;
II – multa;
III – rescisão do vínculo com o poder público;
IV – suspensão temporária de participar em licitação e impedimento de contratar com a administração pública por prazo não superior a 2 (dois) anos; e
V – declaração de inidoneidade para licitar ou contratar com a administração pública, até que seja promovida a reabilitação perante a própria autoridade que aplicou a penalidade.

§ 1º As sanções previstas nos incisos I, III e IV poderão ser aplicadas juntamente com a do inciso II, assegurado o direito de defesa do interessado, no respectivo processo, no prazo de 10 (dez) dias.

§ 2º A reabilitação referida no inciso V será autorizada somente quando o interessado efetivar o ressarcimento ao órgão ou entidade dos prejuízos resultantes e após decorrido o prazo da sanção aplicada com base no inciso IV.

§ 3º A aplicação da sanção prevista no inciso V é de competência exclusiva da autoridade máxima do órgão ou entidade pública, facultada a defesa do interessado, no respectivo processo, no prazo de 10 (dez) dias da abertura de vista.

Art. 34. Os órgãos e entidades públicas respondem diretamente pelos danos causados em decorrência da divulgação não autorizada ou utilização indevida de informações sigilosas ou informações pessoais, cabendo a apuração de responsabilidade funcional nos casos de dolo ou culpa, assegurado o respectivo direito de regresso.

Parágrafo único. O disposto neste artigo aplica-se à pessoa física ou entidade privada que, em virtude de vínculo de qualquer natureza com órgãos ou entidades, tenha acesso a informação sigilosa ou pessoal e a submeta a tratamento indevido.

Capítulo VI
DISPOSIÇÕES FINAIS E TRANSITÓRIAS

Art. 35. VETADO.

§ 1º É instituída a Comissão Mista de Reavaliação de Informações, que decidirá, no âmbito da administração pública federal, sobre o tratamento e a classificação de informações sigilosas e terá competência para:

I – requisitar a autoridade que classificar informação como ultrassecreta e secreta esclarecimento ou conteúdo, parcial ou integral da informação;

II – rever a classificação de informações ultrassecretas ou secretas, de ofício ou mediante provocação de pessoa interessada, observado o disposto no art. 7º e demais dispositivos desta Lei; e

III – prorrogar o prazo de sigilo de informação classificada como ultrassecreta, sempre por prazo determinado, enquanto o seu acesso ou divulgação puder ocasionar ameaça externa à soberania nacional ou à integridade do território nacional ou grave risco às relações internacionais do País, observado o prazo previsto no § 1º do art. 24.

§ 2º O prazo referido no inciso III é limitado a uma única renovação.

§ 3º A revisão de ofício a que se refere o inciso II do § 1º deverá ocorrer, no máximo, a cada 4 (quatro) anos, após a reavaliação prevista no art. 39, quando se tratar de documentos ultrassecretos ou secretos.

§ 4º A não deliberação sobre a revisão pela Comissão Mista de Reavaliação de Informações nos prazos previstos no § 3º implicará a desclassificação automática das informações.

§ 5º Regulamento disporá sobre a composição, organização e funcionamento da Comissão Mista de Reavaliação de Informações, observado o mandato de 2 (dois) anos para seus integrantes e demais disposições desta Lei.

Art. 36. O tratamento de informação sigilosa resultante de tratados, acordos ou atos internacionais atenderá às normas e recomendações constantes desses instrumentos.

Art. 37. É instituído, no âmbito do Gabinete de Segurança Institucional da Presidência da República, o Núcleo de Segurança e Credenciamento (NSC), que tem por objetivos:

I – promover e propor a regulamentação do credenciamento de segurança de pessoas físicas, empresas, órgãos e entidades para tratamento de informações sigilosas; e

II – garantir a segurança de informações sigilosas, inclusive aquelas provenientes de países ou organizações internacionais com os quais a República Federativa do Brasil tenha firmado tratado, acordo, contrato ou qualquer outro ato internacional, sem prejuízo das atribuições do Ministério das Relações Exteriores e dos demais órgãos competentes.

Parágrafo único. Regulamento disporá sobre a composição, organização e funcionamento do NSC.

Art. 38. Aplica-se, no que couber, a Lei nº 9.507, de 12 de novembro de 1997, em relação à informação de pessoa, física ou jurídica, constante de registro ou banco de dados de entidades governamentais ou de caráter público.

▶ Lei nº 9.507, de 12-11-1997 (Lei do *Habeas Data*).

Art. 39. Os órgãos e entidades públicas deverão proceder à reavaliação das informações classificadas como ultrassecretas e secretas no prazo máximo de 2 (dois) anos, contado do termo inicial de vigência desta Lei.

§ 1º A restrição de acesso a informações, em razão da reavaliação prevista no *caput*, deverá observar os prazos e condições previstos nesta Lei.

§ 2º No âmbito da administração pública federal, a reavaliação prevista no *caput* poderá ser revista, a qualquer tempo, pela Comissão Mista de Reavaliação de Informações, observados os termos desta Lei.

§ 3º Enquanto não transcorrido o prazo de reavaliação previsto no *caput*, será mantida a classificação da informação nos termos da legislação precedente.

§ 4º As informações classificadas como secretas e ultrassecretas não reavaliadas no prazo previsto no *caput* serão consideradas, automaticamente, de acesso público.

Art. 40. No prazo de 60 (sessenta) dias, a contar da vigência desta Lei, o dirigente máximo de cada órgão ou entidade da administração pública federal direta e indireta designará autoridade que lhe seja diretamente subordinada para, no âmbito do respectivo órgão ou entidade, exercer as seguintes atribuições:

I – assegurar o cumprimento das normas relativas ao acesso a informação, de forma eficiente e adequada aos objetivos desta Lei;
II – monitorar a implementação do disposto nesta Lei e apresentar relatórios periódicos sobre o seu cumprimento;
III – recomendar as medidas indispensáveis à implementação e ao aperfeiçoamento das normas e procedimentos necessários ao correto cumprimento do disposto nesta Lei; e
IV – orientar as respectivas unidades no que se refere ao cumprimento do disposto nesta Lei e seus regulamentos.

Art. 41. O Poder Executivo Federal designará órgão da administração pública federal responsável:

I – pela promoção de campanha de abrangência nacional de fomento à cultura da transparência na administração pública e conscientização do direito fundamental de acesso à informação;
II – pelo treinamento de agentes públicos no que se refere ao desenvolvimento de práticas relacionadas à transparência na administração pública;
III – pelo monitoramento da aplicação da lei no âmbito da administração pública federal, concentrando e consolidando a publicação de informações estatísticas relacionadas no art. 30;
IV – pelo encaminhamento ao Congresso Nacional de relatório anual com informações atinentes à implementação desta Lei.

Art. 42. O Poder Executivo regulamentará o disposto nesta Lei no prazo de 180 (cento e oitenta) dias a contar da data de sua publicação.

Art. 43. O inciso VI do art. 116 da Lei nº 8.112, de 11 de dezembro de 1990, passa a vigorar com a seguinte redação:

▶ Alterações inseridas no texto da referida Lei.

Art. 44. O Capítulo IV do Título IV da Lei nº 8.112, de 1990, passa a vigorar acrescido do seguinte art. 126-A:

▶ Alterações inseridas no texto da referida Lei.

Art. 45. Cabe aos Estados, ao Distrito Federal e aos Municípios, em legislação própria, obedecidas as normas gerais estabelecidas nesta Lei, definir regras específicas, especialmente quanto ao disposto no art. 9º e na Seção II do Capítulo III.

Art. 46. Revogam-se:

I – a Lei nº 11.111, de 5 de maio de 2005; e
II – os arts. 22 a 24 da Lei nº 8.159, de 8 de janeiro de 1991.

Art. 47. Esta Lei entra em vigor 180 (cento e oitenta) dias após a data de sua publicação.

Brasília, 18 de novembro de 2011;
190º da Independência e
123º da República.

Dilma Rousseff

LEI Nº 12.528, DE 18 DE NOVEMBRO DE 2011

Cria a Comissão Nacional da Verdade no âmbito da Casa Civil da Presidência da República.

▶ Publicada no *DOU* de 18-11-2011, edição extra.

Art. 1º É criada, no âmbito da Casa Civil da Presidência da República, a Comissão Nacional da Verdade, com a finalidade de examinar e esclarecer as graves violações de direitos humanos praticadas no período fixado no art. 8º do Ato das Disposições Constitucionais Transitórias, a fim de efetivar o direito à memória e à verdade histórica e promover a reconciliação nacional.

Art. 2º A Comissão Nacional da Verdade, composta de forma pluralista, será integrada por 7 (sete) membros, designados pelo Presidente da República, dentre brasileiros, de reconhecida idoneidade e conduta ética, identificados com a defesa da democracia e da institucionalidade constitucional, bem como com o respeito aos direitos humanos.

§ 1º Não poderão participar da Comissão Nacional da Verdade aqueles que:

I – exerçam cargos executivos em agremiação partidária, com exceção daqueles de natureza honorária;
II – não tenham condições de atuar com imparcialidade no exercício das competências da Comissão;
III – estejam no exercício de cargo em comissão ou função de confiança em quaisquer esferas do poder público.

§ 2º Os membros serão designados para mandato com duração até o término dos trabalhos da Comissão Nacional da Verdade, a qual será considerada extinta após a publicação do relatório mencionado no art. 11.

§ 3º A participação na Comissão Nacional da Verdade será considerada serviço público relevante.

Art. 3º São objetivos da Comissão Nacional da Verdade:

I – esclarecer os fatos e as circunstâncias dos casos de graves violações de direitos humanos mencionados no *caput* do art. 1º;
II – promover o esclarecimento circunstanciado dos casos de torturas, mortes, desaparecimentos forçados, ocultação de cadáveres e sua autoria, ainda que ocorridos no exterior;
III – identificar e tornar públicos as estruturas, os locais, as instituições e as circunstâncias relacionadas à prática de violações de direitos humanos mencionadas no *caput* do art. 1º e suas eventuais ramificações nos diversos aparelhos estatais e na sociedade;
IV – encaminhar aos órgãos públicos competentes toda e qualquer informação obtida que possa auxiliar na localização e identificação de corpos e restos mortais de desaparecidos políticos, nos termos do art. 1º da Lei nº 9.140, de 4 de dezembro de 1995;
V – colaborar com todas as instâncias do poder público para apuração de violação de direitos humanos;
VI – recomendar a adoção de medidas e políticas públicas para prevenir violação de direitos humanos, assegurar sua não repetição e promover a efetiva reconciliação nacional; e
VII – promover, com base nos informes obtidos, a reconstrução da história dos casos de graves violações de direitos humanos, bem como colaborar para que seja prestada assistência às vítimas de tais violações.

Art. 4º Para execução dos objetivos previstos no art. 3º, a Comissão Nacional da Verdade poderá:
I – receber testemunhos, informações, dados e documentos que lhe forem encaminhados voluntariamente, assegurada a não identificação do detentor ou depoente, quando solicitada;
II – requisitar informações, dados e documentos de órgãos e entidades do poder público, ainda que classificados em qualquer grau de sigilo;
III – convocar, para entrevistas ou testemunho, pessoas que possam guardar qualquer relação com os fatos e circunstâncias examinados;
IV – determinar a realização de perícias e diligências para coleta ou recuperação de informações, documentos e dados;
V – promover audiências públicas;
VI – requisitar proteção aos órgãos públicos para qualquer pessoa que se encontre em situação de ameaça em razão de sua colaboração com a Comissão Nacional da Verdade;
VII – promover parcerias com órgãos e entidades, públicos ou privados, nacionais ou internacionais, para o intercâmbio de informações, dados e documentos; e
VIII – requisitar o auxílio de entidades e órgãos públicos.

§ 1º As requisições previstas nos incisos II, VI e VIII serão realizadas diretamente aos órgãos e entidades do poder público.

§ 2º Os dados, documentos e informações sigilosos fornecidos à Comissão Nacional da Verdade não poderão ser divulgados ou disponibilizados a terceiros, cabendo a seus membros resguardar seu sigilo.

§ 3º É dever dos servidores públicos e dos militares colaborar com a Comissão Nacional da Verdade.

§ 4º As atividades da Comissão Nacional da Verdade não terão caráter jurisdicional ou persecutório.

§ 5º A Comissão Nacional da Verdade poderá requerer ao Poder Judiciário acesso a informações, dados e documentos públicos ou privados necessários para o desempenho de suas atividades.

§ 6º Qualquer cidadão que demonstre interesse em esclarecer situação de fato revelada ou declarada pela Comissão terá a prerrogativa de solicitar ou prestar informações para fins de estabelecimento da verdade.

Art. 5º As atividades desenvolvidas pela Comissão Nacional da Verdade serão públicas, exceto nos casos em que, a seu critério, a manutenção de sigilo seja relevante para o alcance de seus objetivos ou para resguardar a intimidade, a vida privada, a honra ou a imagem de pessoas.

Art. 6º Observadas as disposições da Lei nº 6.683, de 28 de agosto de 1979, a Comissão Nacional da Verdade poderá atuar de forma articulada e integrada com os demais órgãos públicos, especialmente com o Arquivo Nacional, a Comissão de Anistia, criada pela Lei nº 10.559, de 13 de novembro de 2002, e a Comissão Especial sobre mortos e desaparecidos políticos, criada pela Lei nº 9.140, de 4 de dezembro de 1995.

Art. 7º Os membros da Comissão Nacional da Verdade perceberão o valor mensal de R$ 11.179,36 (onze mil, cento e setenta e nove reais e trinta e seis centavos) pelos serviços prestados.

§ 1º O servidor ocupante de cargo efetivo, o militar ou o empregado permanente de qualquer dos Poderes da União, dos Estados, dos Municípios ou do Distrito Federal, designados como membros da Comissão, manterão a remuneração que percebem no órgão ou entidade de origem acrescida da diferença entre esta, se de menor valor, e o montante previsto no *caput*.

§ 2º A designação de servidor público federal da administração direta ou indireta ou de militar das Forças Armadas implicará a dispensa das suas atribuições do cargo.

§ 3º Além da remuneração prevista neste artigo, os membros da Comissão receberão passagens e diárias para atender aos deslocamentos, em razão do serviço, que exijam viagem para fora do local de domicílio.

Art. 8º A Comissão Nacional da Verdade poderá firmar parcerias com instituições de ensino superior ou organismos internacionais para o desenvolvimento de suas atividades.

Art. 9º São criados, a partir de 1º de janeiro de 2011, no âmbito da administração pública federal, para exercício na Comissão Nacional da Verdade, os seguintes cargos em comissão do Grupo-Direção e Assessoramento Superiores:

I – 1 (um) DAS-5;
II – 10 (dez) DAS-4; e
III – 3 (três) DAS-3.

Parágrafo único. Os cargos previstos neste artigo serão automaticamente extintos após o término do prazo dos trabalhos da Comissão Nacional da Verdade, e os seus ocupantes, exonerados.

Art. 10. A Casa Civil da Presidência da República dará o suporte técnico, administrativo e financeiro necessário ao desenvolvimento das atividades da Comissão Nacional da Verdade.

Art. 11. A Comissão Nacional da Verdade terá prazo de 2 (dois) anos, contado da data de sua instalação, para a conclusão dos trabalhos, devendo apresentar, ao final, relatório circunstanciado contendo as atividades realizadas, os fatos examinados, as conclusões e recomendações.

Parágrafo único. Todo o acervo documental e de multimídia resultante da conclusão dos trabalhos da Comissão Nacional da Verdade deverá ser encaminhado ao Arquivo Nacional para integrar o Projeto Memórias Reveladas.

Art. 12. O Poder Executivo regulamentará o disposto nesta Lei.

Art. 13. Esta Lei entra em vigor na data de sua publicação.

Brasília, 18 de novembro de 2011;
190º da Independência e
123º da República.

Dilma Rousseff

Súmulas

SÚMULAS VINCULANTES DO SUPREMO TRIBUNAL FEDERAL

1. Ofende a garantia constitucional do ato jurídico perfeito a decisão que, sem ponderar as circunstâncias do caso concreto, desconsidera a validez e a eficácia de acordo constante de termo de adesão instituído pela Lei Complementar nº 110/2001.

- Publicada no *DOU* de 6-6-2007.
- Art. 5º, XXXVI, da CF.
- LC nº 110, de 29-6-2001, institui contribuições sociais, autoriza créditos de complementos de atualização monetária em contas vinculadas do FGTS.

2. É inconstitucional a lei ou ato normativo estadual ou distrital que disponha sobre sistemas de consórcios e sorteios, inclusive bingos e loterias.

- Publicada no *DOU* de 6-6-2007.
- Art. 22, XX, da CF.

3. Nos processos perante o Tribunal de Contas da União asseguram-se o contraditório e a ampla defesa quando da decisão puder resultar anulação ou revogação de ato administrativo que beneficie o interessado, excetuada a apreciação da legalidade do ato de concessão inicial de aposentadoria, reforma e pensão.

- Publicada no *DOU* de 6-6-2007.
- Arts. 5º, LIV, LV, e 71, III, da CF.
- Art. 2º da Lei nº 9.784, de 29-1-1999 (Lei do Processo Administrativo Federal).

4. Salvo nos casos previstos na Constituição, o salário mínimo não pode ser usado como indexador de base de cálculo de vantagem de servidor público ou de empregado, nem ser substituído por decisão judicial.

- Publicada no *DOU* de 9-5-2008.
- Arts. 7º, XXIII, 39, *caput*, § 1º, 42, § 1º, e 142, X, da CF.

5. A falta de defesa técnica por advogado no processo administrativo disciplinar não ofende a Constituição.

- Publicada no *DOU* de 16-5-2008.
- Art. 5º, LV, da CF.

6. Não viola a Constituição o estabelecimento de remuneração inferior ao salário mínimo para as praças prestadoras de serviço militar inicial.

- Publicada no *DOU* de 16-5-2008.
- Arts. 1º, III, 7º, IV, e 142, § 3º, VIII, da CF.

7. A norma do § 3º do artigo 192 da Constituição, revogada pela Emenda Constitucional nº 40/2003, que limitava a taxa de juros reais a 12% ao ano, tinha sua aplicação condicionada à edição de lei complementar.

- Publicada no *DOU* de 20-6-2008.
- Art. 591 do CC.
- MP nº 2.172-32, de 23-8-2001, que até o encerramento desta edição não havia sido convertida em lei, estabelece a nulidade das disposições contratuais que menciona e inverte, nas hipóteses que prevê, o ônus da prova nas ações intentadas para sua declaração.

8. São inconstitucionais o parágrafo único do artigo 5º do Decreto-Lei nº 1.569/1977 e os artigos 45 e 46 da Lei nº 8.212/1991, que tratam de prescrição e decadência de crédito tributário.

- Publicada no *DOU* de 20-6-2008.
- Art. 146, III, *b*, da CF.
- Arts. 173 e 174 do CTN.
- Art. 2º, § 3º, da Lei nº 6.830, de 22-9-1980 (Lei das Execuções Fiscais).
- Art. 348 do Dec. nº 3.048, de 6-5-1999 (Regulamento da Previdência Social).

9. O disposto no artigo 127 da Lei nº 7.210/1984 (Lei de Execução Penal) foi recebido pela ordem constitucional vigente, e não se lhe aplica o limite temporal previsto no *caput* do artigo 58.

- Publicada no *DOU* de 20-6-2008 e republicada no *DOU* de 27-6-2008.
- Art. 5º, XXXVI, da CF.

10. Viola a cláusula de reserva de plenário (CF, artigo 97) a decisão de órgão fracionário de Tribunal que, embora não declare expressamente a inconstitucionalidade de lei ou ato normativo do poder público, afasta sua incidência, no todo ou em parte.

- Publicada no *DOU* de 27-6-2008.
- Art. 97 da CF.

11. Só é lícito o uso de algemas em casos de resistência e de fundado receio de fuga ou de perigo à integridade física própria ou alheia, por parte do preso ou de terceiros, justificada a excepcionalidade por escrito, sob pena de responsabilidade disciplinar, civil e penal do agente ou da autoridade e de nulidade da prisão ou do ato processual a que se refere, sem prejuízo da responsabilidade civil do Estado.

- Publicada no *DOU* de 22-8-2008.
- Art. 5º, XLIX, da CF.
- Arts. 23, III, 329 a 331 e 352 do CP.
- Arts. 284 e 292 do CPP.
- Arts. 42, 177, 180, 298 a 301 do CPM.
- Arts. 234 e 242 do CPPM.
- Arts. 3º, *i*, e 4º, *b*, da Lei nº 4.898, de 9-12-1965 (Lei do Abuso de Autoridade).
- Art. 40 da LEP.

12. A cobrança de taxa de matrícula nas universidades públicas viola o disposto no art. 206, IV, da Constituição Federal.

- Publicada no *DOU* de 22-8-2008.

13. A nomeação de cônjuge, companheiro ou parente em linha reta, colateral ou por afinidade, até o terceiro grau, inclusive, da autoridade nomeante ou de servidor da mesma pessoa jurídica investido em cargo de direção, chefia ou assessoramento, para o exercício de cargo em comissão ou de confiança ou, ainda, de função gratificada na administração pública direta e indireta em qualquer dos Poderes da União, dos Estados, do Distrito Federal e dos Municípios, compreendido o ajuste mediante designações recíprocas, viola a Constituição Federal.

- Publicada no *DOU* de 29-8-2008.
- Art. 37, *caput*, da CF.
- Dec. nº 7.203, de 4-6-2010, dispõe sobre a vedação do nepotismo no âmbito da administração pública federal.

14. É direito do defensor, no interesse do representado, ter acesso amplo aos elementos de prova que, já

documentados em procedimento investigatório realizado por órgão com competência de polícia judiciária, digam respeito ao exercício do direito de defesa.
▶ Publicada no *DOU* de 9-2-2009.
▶ Art. 5º, XXXIII, LIV e LV, da CF.
▶ Art. 9º do CPP.
▶ Arts. 6º, parágrafo único, e 7º, XIII e XIV, da Lei nº 8.906, de 4-7-1994 (Estatuto da Advocacia e da OAB).

15. O cálculo de gratificações e outras vantagens do servidor público não incide sobre o abono utilizado para se atingir o salário mínimo.
▶ Publicada no *DOU* de 1º-7-2009.
▶ Art. 7º, IV, da CF.

16. Os artigos 7º, IV, e 39, § 3º (redação da EC nº 19/1998), da Constituição, referem-se ao total da remuneração percebida pelo servidor público.
▶ Publicada no *DOU* de 1º-7-2009.

17. Durante o período previsto no § 1º do artigo 100 da Constituição, não incidem juros de mora sobre os precatórios que nele sejam pagos.
▶ Publicada no *DOU* de 10-11-2009.
▶ Refere-se ao art. 100, § 5º, com a redação dada pela EC nº 62, de 9-12-2009.

18. A dissolução da sociedade ou do vínculo conjugal, no curso do mandato, não afasta a inelegibilidade prevista no § 7º do artigo 14 da Constituição Federal.
▶ Publicada no *DOU* de 10-11-2009.

19. A taxa cobrada exclusivamente em razão dos serviços públicos de coleta, remoção e tratamento ou destinação de lixo ou resíduos provenientes de imóveis, não viola o artigo 145, II, da Constituição Federal.
▶ Publicada no *DOU* de 10-11-2009.

20. A Gratificação de Desempenho de Atividade Técnico-Administrativa – GDATA, instituída pela Lei nº 10.404/2002, deve ser deferida aos inativos nos valores correspondentes a 37,5 (trinta e sete vírgula cinco) pontos no período de fevereiro a maio de 2002 e, nos termos do artigo 5º, parágrafo único, da Lei nº 10.404/2002, no período de junho de 2002 até a conclusão dos efeitos do último ciclo de avaliação a que se refere o artigo 1º da Medida Provisória nº 198/2004, a partir da qual passa a ser de 60 (sessenta) pontos.
▶ Publicada no *DOU* de 10-11-2009.
▶ Art. 40, § 8º, da CF.

21. É inconstitucional a exigência de depósito ou arrolamento prévios de dinheiro ou bens para admissibilidade de recurso administrativo.
▶ Publicada no *DOU* de 10-11-2009.
▶ Art. 5º, XXXIV, *a*, e LV, da CF.
▶ Art. 33, § 2º, do Dec. nº 70.235, de 6-3-1972 (Lei do Processo Administrativo Fiscal).

22. A Justiça do Trabalho é competente para processar e julgar as ações de indenização por danos morais e patrimoniais decorrentes de acidente de trabalho propostas por empregado contra empregador, inclusive aquelas que ainda não possuíam sentença de mérito em primeiro grau quando da promulgação da Emenda Constitucional nº 45/2004.
▶ Publicada no *DOU* de 11-12-2009.
▶ Arts. 7º, XXVIII, 109, I, e 114 da CF.

▶ Súm. nº 235 do STF.

23. A Justiça do Trabalho é competente para processar e julgar ação possessória ajuizada em decorrência do exercício do direito de greve pelos trabalhadores da iniciativa privada.
▶ Publicada no *DOU* de 11-12-2009.
▶ Art. 114, II, da CF.

24. Não se tipifica crime material contra a ordem tributária, previsto no art. 1º, incisos I a IV, da Lei nº 8.137/1990, antes do lançamento definitivo do tributo.
▶ Publicada no *DOU* de 11-12-2009.
▶ Art. 5º, LV, da CF.
▶ Art. 142, *caput*, do CTN.
▶ Lei nº 8.137, de 27-12-1990 (Lei dos Crimes Contra a Ordem Tributária, Econômica e Contra as Relações de Consumo).
▶ Art. 83 da Lei nº 9.430, de 27-12-1996, que dispõe sobre a legislação tributária federal, as contribuições para a seguridade social e o processo administrativo de consulta.
▶ Art. 9º, § 2º, da Lei nº 10.684, de 30-5-2003, que dispõe sobre parcelamento de débitos junto à Secretaria da Receita Federal, à Procuradoria-Geral da Fazenda Nacional e ao Instituto Nacional do Seguro Social.

25. É ilícita a prisão civil de depositário infiel, qualquer que seja a modalidade do depósito.
▶ Publicada no *DOU* de 23-12-2009.
▶ Art. 5º, § 2º, da CF.
▶ Art. 7º, 7, do Pacto de São José da Costa Rica.
▶ Súmulas nºs 304, 305 e 419 do STJ.

26. Para efeito de progressão de regime no cumprimento de pena por crime hediondo, ou equiparado, o juízo da execução observará a inconstitucionalidade do art. 2º da Lei nº 8.072, de 25 de julho de 1990, sem prejuízo de avaliar se o condenado preenche, ou não, os requisitos objetivos e subjetivos do benefício, podendo determinar, para tal fim, de modo fundamentado, a realização de exame criminológico.
▶ Publicada no *DOU* de 23-12-2009.
▶ Art. 5º, XLVI e XLVII, da CF.
▶ Arts. 33, § 3º, e 59 do CP.
▶ Art. 66, III, *b*, da LEP.
▶ Lei nº 8.072, de 25-7-1990 (Lei dos Crimes Hediondos).
▶ Súmulas nºs 439 e 471 do STJ.

27. Compete à Justiça estadual julgar causas entre consumidor e concessionária de serviço público de telefonia, quando a ANATEL não seja litisconsorte passiva necessária, assistente, nem opoente.
▶ Publicada no *DOU* de 23-12-2009.
▶ Arts. 98, I, e 109, I, da CF.

28. É inconstitucional a exigência de depósito prévio como requisito de admissibilidade de ação judicial na qual se pretenda discutir a exigibilidade de crédito tributário.
▶ Publicada no *DOU* de 17-2-2010.
▶ Art. 5º, XXXV, da CF.
▶ Súm. nº 112 do STJ.

29. É constitucional a adoção, no cálculo do valor de taxa, de um ou mais elementos da base de cálculo

própria de determinado imposto, desde que não haja integral identidade entre uma base e outra.
▶ Publicada no DOU de 17-2-2010.
▶ Art. 145, § 2º, da CF.

30. ....
▶ O STF decidiu suspender a publicação da Súmula Vinculante nº 30, em razão de questão de ordem levantada pelo Ministro José Antonio Dias Toffoli, em 4-2-2010.

31. É inconstitucional a incidência do Imposto sobre Serviços de Qualquer Natureza – ISS sobre operações de locação de bens móveis.
▶ Publicada no DOU de 17-2-2010.
▶ Art. 156, III, da CF.
▶ LC nº 116, de 31-4-2003 (Lei do ISS).

32. O ICMS não incide sobre alienação de salvados de sinistro pelas seguradoras.
▶ Publicada no DOU de 24-2-2011.
▶ Art. 153, V, da CF.
▶ Art. 3º, IX, da LC nº 87, de 13-9-1996 (Lei Kandir – ICMS).
▶ Art. 73 do Dec.-lei nº 73, de 21-11-1966, que dispõe sobre o Sistema Nacional de Seguros Privados, e regula as operações de seguros e resseguros.

SÚMULAS DO SUPREMO TRIBUNAL FEDERAL

6. A revogação ou anulação, pelo Poder Executivo, de aposentadoria, ou qualquer outro ato aprovado pelo Tribunal de Contas, não produz efeitos antes de aprovada por aquele Tribunal, ressalvada a competência revisora do Judiciário.

7. Sem prejuízo de recurso para o congresso, não é exequível contrato administrativo a que o tribunal de contas houver negado registro.

8. Diretor de sociedade de economia mista pode ser destituído no curso do mandato.

11. A Vitaliciedade não impede a extinção do cargo, ficando o funcionário em disponibilidade, com todos os vencimentos.

13. A equiparação de extranumerário a funcionário efetivo, determinada pela Lei nº 2.284, de 9-8-1954, não envolve reestruturação, não compreendendo, portanto, os vencimentos.
▶ Lei nº 2.284, de 9-8-1954, regula a estabilidade do pessoal extranumerário mensalista da União e das autarquias.

15. Dentro do prazo de validade do concurso, o candidato aprovado tem o direito à nomeação, quando o cargo for preenchido sem observância da classificação.

17. A nomeação de funcionário sem concurso pode ser desfeita antes da posse.

18. Pela falta residual, não compreendida na absolvição pelo juízo criminal, é admissível a punição administrativa do servidor público.
▶ Arts. 63 a 68 e 92 a 94 do CPP.

19. É inadmissível segunda punição de servidor público, baseada no mesmo processo em que se fundou a primeira.

20. É necessário processo administrativo, com ampla defesa, para demissão de funcionário admitido por concurso.

21. Funcionário em estágio probatório não pode ser exonerado nem demitido sem inquérito ou sem as formalidades legais de apuração de sua capacidade.

22. O estágio probatório não protege o funcionário contra a extinção do cargo.

23. Verificados os pressupostos legais para o licenciamento da obra, não o impede a declaração de utilidade pública para desapropriação do imóvel, mas o valor da obra não se incluirá na indenização, quando a desapropriação for efetivada.
▶ Arts. 7º, 10 e 26 do Dec.-lei nº 3.365, de 21-6-1941 (Lei das Desapropriações).

24. Funcionário interino substituto é demissível, mesmo antes de cessar a causa da substituição.

25. A nomeação a termo não impede a livre demissão, pelo Presidente da República, de ocupante de cargo dirigente de autarquia.

27. Os servidores públicos não têm vencimentos irredutíveis, prerrogativa dos membros do poder judiciário e dos que lhes são equiparados.

29. Gratificação devida a servidores do "sistema fazendário" não se estende aos dos tribunais de contas.

30. Servidores de coletorias não têm direito a percentagem pela cobrança de contribuições destinadas à PETROBRAS.

31. Para aplicação da Lei nº 1.741, de 22-11-1952, soma-se o tempo de serviço ininterrupto em mais de um cargo em comissão.
▶ Lei nº 1.741, de 22-11-1952, assegura ao ocupante de cargo de caráter permanente e de provimento em comissão, o direito de continuar a perceber o vencimento do mesmo cargo.

32. Para aplicação da Lei nº 1.741, de 22-11-1952, soma-se o tempo de serviço ininterrupto em cargo em comissão e em função gratificada.

33. A Lei nº 1.741, de 22-11-1952, é aplicável às autarquias federais.

36. Servidor vitalício está sujeito à aposentadoria compulsória, em razão da idade.

37. Não tem direito de se aposentar pelo tesouro nacional o servidor que não satisfazer as condições estabelecidas na legislação do serviço público federal, ainda que aposentado pela respectiva instituição previdenciária, com direito em tese, a duas aposentadorias.

38. Reclassificação posterior à aposentadoria não aproveita ao servidor aposentado.

39. À falta de lei, funcionário em disponibilidade não pode exigir, judicialmente, o seu aproveitamento, que fica subordinado ao critério de conveniência da administração.

42. É legítima a equiparação de juízes do Tribunal de Contas, em direitos e garantias, aos membros do poder judiciário.

46. Desmembramento de serventia de justiça não viola o princípio da vitaliciedade do serventuário.

47. Reitor de universidade não é livremente demissível pelo Presidente da República durante o prazo de sua investidura.

50. A lei pode estabelecer condições para a demissão de extranumerário.

75. Sendo vendedora uma autarquia, a sua imunidade fiscal não compreende o imposto de transmissão *inter vivos*, que é encargo do comprador.

76. As sociedades de economia mista não estão protegidas pela imunidade fiscal do artigo 31, V, *a*, da Constituição Federal.

101. O mandado de segurança não substitui a ação popular.

157. É necessária prévia autorização do Presidente da República para desapropriação, pelos Estados, de empresa de energia elétrica.

164. No processo de desapropriação, são devidos juros compensatórios desde a antecipada imissão de posse, ordenada pelo juiz, por motivo de urgência.

218. É competente o Juízo da Fazenda Nacional da Capital do Estado, e não o da situação da coisa, para a desapropriação promovida por empresa de energia elétrica, se a União Federal intervém como assistente.

235. É competente para a ação de acidente do trabalho a justiça cível comum, inclusive em segunda instância, ainda que seja parte autarquia seguradora.

▶ O STF, no julgamento do Conflito de Competência nº 7.204, definiu a competência da justiça trabalhista, a partir da EC nº 45/2004, para julgamento das ações de indenização por danos morais e patrimoniais decorrentes de acidente do trabalho.
▶ Art. 114, VI, da CF.
▶ Súm. Vinc. nº 22 do STF.
▶ Súm. nº 501 do STF.
▶ Súm. nº 15 do STJ.

236. Em ação de acidente do trabalho, a autarquia seguradora não tem isenção de custas.

238. Em caso de acidente do trabalho, a multa pelo retardamento da liquidação é exigível do segurador sub-rogado, ainda que autarquia.

240. O depósito para recorrer, em ação de acidente do trabalho, é exigível do segurador sub-rogado, ainda que autarquia.

248. É competente, originariamente, o Supremo Tribunal Federal, para o mandado de segurança contra o ato do Tribunal de Contas da União.

▶ Art. 102, I, *d*, da CF.

251. Responde a Rede Ferroviária Federal S.A. perante o foro comum e não perante o juízo especial da Fazenda Nacional, a menos que a União intervenha na causa.

266. Não cabe mandado de segurança contra lei em tese.

267. Não cabe mandado de segurança contra ato judicial passível de recurso ou correição.

▶ Art. 5º, II da Lei nº 12.016, de 7-8-2009 (Lei do Mandado de Segurança Individual e Coletivo).

268. Não cabe mandado de segurança contra decisão judicial com trânsito em julgado.

▶ Art. 5º, III da Lei nº 12.016, de 7-8-2009 (Lei do Mandado de Segurança Individual e Coletivo).

269. O mandado de segurança não é substitutivo de ação de cobrança.

▶ Súm. nº 271 do STF.

270. Não cabe mandado de segurança para impugnar enquadramento da Lei nº 3.780, de 12 de julho de 1960, que envolva exame de prova ou de situação funcional complexa.

271. Concessão de mandado de segurança não produz efeitos patrimoniais em relação a período pretérito, os quais devem ser reclamados administrativamente ou pela via judicial própria.

▶ Súm. nº 269 do STF.

294. São inadmissíveis embargos infringentes contra decisão do Supremo Tribunal Federal em mandado de segurança.

▶ Art. 25 da Lei nº 12.016, de 7-8-2009 (Lei do Mandado de Segurança Individual e Coletivo).
▶ Súm. nº 597 do STF.
▶ Súm. nº 169 do STJ.

304. Decisão denegatória de mandado de segurança, não fazendo coisa julgada contra o impetrante, não impede o uso da ação própria.

330. O Supremo Tribunal Federal não é competente para conhecer de mandado de segurança contra atos dos Tribunais de Justiça dos Estados.

▶ Súm. nº 624 do STF.
▶ Súm. nº 41 do STJ.

336. A imunidade da autarquia financiadora, quanto ao contrato de financiamento, não se estende à compra e venda entre particulares, embora constantes os dois atos de um só instrumento.

339. Não cabe ao Poder Judiciário, que não tem função legislativa, aumentar vencimentos de servidores públicos sob fundamento de isonomia.

340. Desde a vigência do Código Civil, os bens dominicais, como os demais bens públicos, não podem ser adquiridos por usucapião.

▶ Refere-se ao CC/1916. Art. 100 do CC.

344. Sentença de primeira instância concessiva de *habeas corpus*, em caso de crime praticado em detrimento de bens, serviços ou interesses da União, está sujeita a recurso *ex officio*.

▶ Art. 574, I, do CPP.

345. Na chamada desapropriação indireta, os juros compensatórios são devidos a partir da perícia, desde que tenha atribuído valor atual ao imóvel.

▶ Súmula superada. Súmulas nºs 164, 628 do STF e 114 do STJ; RE nº 74.803/SP.

346. A Administração Pública pode declarar a nulidade dos seus próprios atos.

347. O Tribunal de Contas, no exercício de suas atribuições, pode apreciar a constitucionalidade das leis e dos atos do poder público.

358. O servidor público em disponibilidade tem direito aos vencimentos integrais do cargo.

365. Pessoa jurídica não tem legitimidade para propor ação popular.

371. Ferroviário, que foi admitido como servidor autárquico, não tem direito a dupla aposentadoria.

372. A Lei nº 2.752, de 10-4-1956, sobre dupla aposentadoria, aproveita, quando couber, a servidores aposentados antes de sua publicação.

374. Na retomada para construção mais útil, não é necessário que a obra tenha sido ordenada pela autoridade pública.

378. Na indenização por desapropriação incluem-se honorários do advogado do expropriado.

383. A prescrição em favor da Fazenda Pública recomeça a correr, por dois anos e meio, a partir do ato interruptivo, mas não fica reduzida aquém de cinco anos, embora o titular do direito a interrompa durante a primeira metade do prazo.

384. A demissão de extranumerário do serviço público federal, equiparado a funcionário de provimento efetivo para efeito de estabilidade, é da competência do Presidente da República.

392. O prazo para recorrer de acórdão concessivo de segurança conta-se da publicação oficial de suas conclusões, e não da anterior ciência à autoridade para cumprimento da decisão.

▶ Lei nº 12.016, de 7-8-2009 (Lei do Mandado de Segurança Individual e Coletivo).

396. Para a ação penal por ofensa à honra, sendo admissível a exceção da verdade quanto ao desempenho de função pública, prevalece a competência especial por prerrogativa de função, ainda que já tenha cessado o exercício funcional do ofendido.

▶ Arts. 138, § 3º, e 139, parágrafo único, do CP.

405. Denegado o mandado de segurança pela sentença, ou no julgamento do agravo, dela interposto, fica sem efeito a liminar concedida, retroagindo os efeitos da decisão contrária.

408. Os servidores fazendários não têm direito a percentagem pela arrecadação de receita federal destinada ao Banco Nacional de Desenvolvimento Econômico.

416. Pela demora no pagamento do preço da desapropriação não cabe indenização complementar além dos juros.

419. Os Municípios têm competência para regular o horário do comércio local, desde que não infrinjam leis estaduais ou federais válidas.

429. A existência de recurso administrativo com efeito suspensivo não impede o uso do mandado de segurança contra omissão da autoridade.

▶ Art. 5º, I, da Lei nº 12.016, de 7-8-2009 (Lei do Mandado de Segurança Individual e Coletivo).

430. Pedido de reconsideração na via administrativa não interrompe o prazo para o mandado de segurança.

443. A prescrição das prestações anteriores ao período previsto em lei não ocorre, quando não tiver sido negado, antes daquele prazo, o próprio direito reclamado, ou a situação jurídica de que ele resulta.

451. A competência especial por prerrogativa de função não se estende ao crime cometido após a cessação definitiva do exercício funcional.

473. A administração pode anular seus próprios atos, quando eivados de vícios que os tornam ilegais, porque deles não se originam direitos; ou revogá-los, por motivo de conveniência ou oportunidade, respeitados os direitos adquiridos, e ressalvada, em todos os casos, a apreciação judicial.

474. Não há direito líquido e certo, amparado pelo mandado de segurança, quando se escuda em lei cujos efeitos foram anulados por outra, declarada constitucional pelo Supremo Tribunal Federal.

475. A Lei nº 4.686, de 21 de junho de 1965, tem aplicação imediata aos processos em curso, inclusive em grau de recurso extraordinário.

476. Desapropriadas as ações de uma sociedade, o poder desapropriante, imitido na posse, pode exercer, desde logo, todos os direitos inerentes aos respectivos títulos.

477. As concessões de terras devolutas situadas na faixa de fronteira, feitas pelos Estados, autorizam, apenas, o uso, permanecendo o domínio com a União, ainda que se mantenha inerte ou tolerante, em relação aos possuidores.

479. As margens dos rios navegáveis são de domínio público, insuscetíveis de expropriação e, por isso mesmo, excluídas de indenização.

501. Compete à Justiça ordinária estadual o processo e o julgamento, em ambas as instâncias, das causas de acidente do trabalho, ainda que promovidas contra a União, suas autarquias, empresas públicas ou sociedades de economia mista.

▶ Art. 114, I, da CF.

506. *Revogada.* SS (AgRg no AgRg no AgRg) nº 1.945-7/AL.

508. Compete à Justiça Estadual, em ambas as instâncias, processar e julgar as causas que for parte o Banco do Brasil S.A.

▶ Súmulas nºs 251 e 517 do STF.

510. Praticado o ato por autoridade, no exercício de competência delegada, contra ela cabe o mandado de segurança ou a medida judicial.

511. Compete à Justiça Federal, em ambas as instâncias, processar e julgar as causas entre autarquias federais e entidades públicas locais, inclusive mandados de segurança, ressalvada a ação fiscal, nos termos da Constituição Federal de 1967, artigo 119, § 3º.

▶ Art. 109 da CF.

512. Não cabe condenação em honorários de advogados na ação de mandado de segurança.

▶ Art. 25 da Lei nº 12.016, de 7-8-2009 (Lei do Mandado de Segurança Individual e Coletivo).

▶ Súm. nº 105 do STJ.

517. As sociedades de economia mista só têm fórum na Justiça Federal, quando a União intervém como assistente ou oponente.

▶ Súmulas nºs 251 e 508 do STF.

556. É competente a Justiça Comum para julgar as causas em que é parte sociedade de economia mista.

557. É competente a Justiça Federal para julgar as causas em que são partes a COBAL e a CIBRAZEM.

561. Em desapropriação, é devida a correção monetária até a data do efetivo pagamento da indenização, devendo proceder-se à atualização do cálculo, ainda que por mais de uma vez.

▶ Súm. nº 67 do STJ.

566. Enquanto pendente, o pedido de readaptação fundado em desvio funcional não gera direitos para o servidor, relativamente ao cargo pleiteado.

583. Promitente-comprador de imóvel residencial transcrito em nome de autarquia é contribuinte do Imposto Predial e Territorial Urbano.

▶ Súmulas nºs 73, 74, 75 e 336 do STF.

597. Não cabem embargos infringentes de acórdão que, em mandado de segurança, decidiu, por maioria de votos, a apelação.

▶ Art. 25 da Lei nº 12.016, de 7-8-2009 (Lei do Mandado de Segurança Individual e Coletivo).
▶ Súm. nº 281 do STF.
▶ Súm. nº 169 do STJ.

617. A base de cálculo dos honorários de advogado em desapropriação é a diferença entre a oferta e a indenização, corrigidas ambas monetariamente.

▶ Súmulas nºs 131 e 141 do STJ.

618. Na desapropriação, direta ou indireta, a taxa dos juros compensatórios é de 12% (doze por cento) ao ano.

▶ Súm. nº 408 do STJ.

622. Não cabe agravo regimental contra decisão do relator que concede ou indefere liminar em mandado de segurança.

▶ Art. 16 da Lei nº 12.016, de 7-8-2009 (Lei do Mandado de Segurança Individual e Coletivo).

623. Não gera por si só a competência originária do Supremo Tribunal Federal para conhecer do mandado de segurança com base no art. 102, I, n, da Constituição, dirigir-se o pedido contra deliberação administrativa do tribunal de origem, da qual haja participado a maioria ou a totalidade de seus membros.

624. Não compete ao Supremo Tribunal Federal conhecer originariamente de mandado de segurança contra atos de outros tribunais.

▶ Súm. nº 330 do STF.

625. Controvérsia sobre matéria de direito não impede concessão de mandado de segurança.

626. A suspensão da liminar em mandado de segurança, salvo determinação em contrário da decisão que a deferir, vigorará até o trânsito em julgado da decisão definitiva de concessão da segurança ou, havendo recurso, até a sua manutenção pelo Supremo Tribunal Federal, desde que o objeto da liminar deferida coincida, total ou parcialmente, com o da impetração.

▶ Art. 15 da Lei nº 12.016, de 7-8-2009 (Lei do Mandado de Segurança Individual e Coletivo).

627. No mandado de segurança contra a nomeação de magistrado da competência do Presidente da República, este é considerado autoridade coatora, ainda que o fundamento da impetração seja nulidade ocorrida em fase anterior do procedimento.

628. Integrante de lista de candidatos a determinada vaga da composição de tribunal é parte legítima para impugnar a validade da nomeação de concorrente.

631. Extingue-se o processo de mandado de segurança se o impetrante não promove, no prazo assinado, a citação do litisconsorte passivo necessário.

▶ Art. 47 do CPC.

632. É constitucional lei que fixa o prazo de decadência para a impetração de mandado de segurança.

▶ Art. 23 da Lei nº 12.016, de 7-8-2009 (Lei do Mandado de Segurança Individual e Coletivo).

644. Ao titular do cargo de procurador de autarquia não se exige a apresentação de instrumento de mandato para representá-la em juízo.

▶ Súmula retificada. DJU de 9-12-2003.

645. É competente o Município para fixar o horário de funcionamento de estabelecimento comercial.

647. Compete privativamente à União legislar sobre vencimentos dos membros das polícias civil e militar do Distrito Federal.

652. Não contraria a Constituição o art. 15, § 1º, do Decreto-Lei nº 3.365/1941 (Lei da Desapropriação por utilidade pública).

653. No Tribunal de Contas estadual, composto por sete conselheiros, quatro devem ser escolhidos pela Assembleia Legislativa e três pelo chefe do Poder Executivo estadual, cabendo a este indicar um dentre auditores e outro dentre membros do Ministério Público, e um terceiro à sua livre escolha.

654. A garantia da irretroatividade da lei, prevista no art. 5º, XXXVI, da Constituição da República, não é invocável pela entidade estatal que a tenha editado.

655. A exceção prevista no art. 100, caput, da Constituição, em favor dos créditos de natureza alimentícia, não dispensa a expedição de precatório, limitando-se a isentá-los da observância da ordem cronológica dos precatórios decorrentes de condenações de outra natureza.

▶ Res. do CNJ nº 92, de 13-10-2009, dispõe sobre a Gestão de Precatórios no âmbito do Poder Judiciário.

671. Os servidores públicos e os trabalhadores em geral têm direito, no que concerne à URP de abril/maio de 1988, apenas ao valor correspondente a 7/30 de 16,19% sobre os vencimentos e salários pertinentes aos meses de abril e maio de 1988, não cumulativamente, devidamente corrigido até o efetivo pagamento.

672. O reajuste de 28,86%, concedido aos servidores militares pelas Leis nºs 8.622/1993 e 8.627/1993, estende-se aos servidores civis do Poder Executivo, observadas as eventuais compensações decorrentes dos reajustes diferenciados concedidos pelos mesmos diplomas legais.

▶ Súmula retificada. DJU de 1º-6-2004.

673. O art. 125, § 4º, da Constituição, não impede a perda da graduação de militar mediante procedimento administrativo.

674. A anistia prevista no art. 8º do ADCT não alcança os militares expulsos com base em legislação disciplinar ordinária, ainda que em razão de atos praticados por motivação política.

678. São inconstitucionais os incisos I e III do art. 7º da Lei nº 8.162/1991, que afastam, para efeito de anuênio e de licença-prêmio, a contagem do tempo de serviço regido pela CLT dos servidores que passaram a submeter-se ao regime jurídico único.

679. A fixação de vencimentos dos servidores públicos não pode ser objeto de convenção coletiva.

680. O direito ao auxílio-alimentação não se estende aos servidores inativos.

681. É inconstitucional a vinculação do reajuste de vencimentos de servidores estaduais ou municipais a índices federais de correção monetária.

682. Não ofende a Constituição a correção monetária no pagamento com atraso dos vencimentos de servidores públicos.

683. O limite de idade para a inscrição em concurso público só se legitima em face do art. 7º, XXX, da Constituição, quando possa ser justificado pela natureza das atribuições do cargo a ser preenchido.

684. É inconstitucional o veto não motivado à participação de candidato a concurso público.

▶ Art. 5º, XXXVI, da CF.
▶ Art. 27 da Lei nº 10.741, de 1º-10-2003 (Estatuto do Idoso).

685. É inconstitucional toda modalidade de provimento que propicie ao servidor investir-se, sem prévia aprovação em concurso público destinado ao seu provimento, em cargo que não integra a carreira na qual anteriormente investido.

686. Só por lei se pode sujeitar a exame psicotécnico a habilitação de candidato a cargo público.

703. A extinção do mandato do prefeito não impede a instauração de processo pela prática dos crimes previstos no art.1º do Decreto-Lei nº 201/1967.

▶ Art. 29, X, da CF.
▶ Dec.-lei nº 201, de 27-2-1967 (Lei de Responsabilidade dos Prefeitos e Vereadores).

722. São da competência legislativa da União a definição dos crimes de responsabilidade e o estabelecimento das respectivas normas de processo e julgamento.

▶ Arts. 22, I, e 85, parágrafo único, da CF.

726. Para efeito de aposentadoria especial de professores, não se computa o tempo de serviço prestado fora da sala de aula.

▶ Art. 40, § 5º, da CF.

731. Para fim da competência originária do Supremo Tribunal Federal, é de interesse geral da magistratura a questão de saber se, em face da LOMAN, os juízes têm direito à licença-prêmio.

733. Não cabe recurso extraordinário contra decisão proferida no processamento de precatórios.

735. Não cabe recurso extraordinário contra acórdão que defere medida liminar.

▶ Art. 5º, XXXVIII, *d*, da CF.

SÚMULAS DO TRIBUNAL FEDERAL DE RECURSOS

▶ As Súmulas abaixo foram publicadas antes da Constituição Federal de 1988, que extinguiu o TFR. Foram mantidas nesta edição por sua importância histórica.

107. A ação de cobrança do crédito previdenciário contra a Fazenda Pública está sujeita à prescrição quinquenal estabelecida no Decreto nº 20.910, de 1932.

108. A constituição do crédito previdenciário está sujeita ao prazo de decadência de cinco anos.

118. Na ação expropriatória, a revelia do expropriado não implica em aceitação do valor da oferta e, por isso, não autoriza a dispensa da avaliação.

SÚMULAS DO SUPERIOR TRIBUNAL DE JUSTIÇA

2. Não cabe *habeas data* (Constituição Federal, artigo 5º, LXXII, a) se não houve recusa de informações por parte da autoridade administrativa.

11. A presença da União ou de qualquer de seus entes, na ação de usucapião especial, não afasta a competência do foro da situação do imóvel.

▶ Art. 109, § 3º, da CF.
▶ Art. 4º, § 1º, da Lei nº 6.969, de 10-12-1981 (Lei da Usucapião Especial).

12. Em desapropriação, são cumuláveis juros compensatórios e moratórios.

19. A fixação do horário bancário, para atendimento ao público, é da competência da União.

▶ Art. 4º, VIII, da Lei nº 4.595, de 31-12-1964 (Lei do Sistema Financeiro Nacional).

39. Prescreve em vinte anos a ação para haver indenização, por responsabilidade civil, de sociedade de economia mista.

41. O Superior Tribunal de Justiça, não tem competência para processar e julgar, originariamente, mandado de segurança contra ato de outros tribunais ou dos respectivos órgãos.

▶ Art. 105, I, *b*, da CF.
▶ Lei nº 12.016, de 7-8-2009 (Lei do Mandado de Segurança Individual e Coletivo).

42. Compete à Justiça Comum Estadual processar e julgar as causas cíveis em que é parte sociedade de economia mista e os crimes praticados em seu detrimento.

▶ Art. 109, I e IV, da CF.

56. Na desapropriação para instituir servidão administrativa são devidos os juros compensatórios pela limitação de uso da propriedade.

67. Na desapropriação, cabe a atualização monetária, ainda que por mais de uma vez, independente do decurso de prazo superior a um ano entre o cálculo e o efetivo pagamento da indenização.

69. Na desapropriação direta, os juros compensatórios são devidos desde a antecipada imissão na posse e, na desapropriação indireta, a partir da efetiva ocupação do imóvel.

70. Os juros moratórios, na desapropriação direta ou indireta, contam-se desde o trânsito em julgado da sentença.

85. Nas relações jurídicas de trato sucessivo em que a Fazenda Pública figure como devedora, quando não tiver sido negado o próprio direito reclamado, a prescrição atinge apenas as prestações vencidas antes do quinquênio anterior à propositura da ação.

89. A ação acidentária prescinde de exaurimento da via administrativa.

97. Compete à Justiça do Trabalho processar e julgar reclamação de servidor público relativamente a vantagens trabalhistas anteriores à instituição do regime jurídico único.

▶ Art. 114 da CF.

102. A incidência dos juros moratórios sobre os compensatórios, nas ações expropriatórias, não constitui anatocismo vedado em lei.

103. Incluem-se entre os imóveis funcionais que podem ser vendidos os administrados pelas Forças Armadas e ocupados pelos servidores civis.

105. Na ação de mandado de segurança não se admite condenação em honorários advocatícios.

▶ Art. 25 da Lei nº 12.016, de 7-8-2009 (Lei do Mandado de Segurança Individual e Coletivo).
▶ Súm. nº 512 do STF.

107. Compete à Justiça Comum estadual processar e julgar crime de estelionato praticado mediante falsificação das guias de recolhimento das contribuições previdenciárias, quando não ocorrente lesão à autarquia federal.

▶ Art. 171 do CP.

113. Os juros compensatórios, na desapropriação direta, incidem a partir da imissão na posse, calculados sobre o valor da indenização, corrigido monetariamente.

▶ Art. 182, § 3º, da CF.

114. Os juros compensatórios, na desapropriação indireta, incidem a partir da ocupação, calculados sobre o valor da indenização, corrigido monetariamente.

▶ Art. 182, § 3º, da CF.

119. A ação de desapropriação indireta prescreve em vinte anos.

127. É ilegal condicionar a renovação da licença de veículo ao pagamento de multa, da qual o infrator não foi notificado.

131. Nas ações de desapropriação incluem-se no cálculo da verba advocatícia as parcelas relativas aos juros compensatórios e moratórios, devidamente corrigidos.

137. Compete à Justiça Comum Estadual processar e julgar ação de servidor público municipal, pleiteando direitos relativos a vínculo estatutário.

141. Os honorários de advogado em desapropriação direta são calculados sobre a diferença entre a indenização e a oferta, corrigidos monetariamente.

147. Compete à Justiça Federal processar e julgar os crimes praticados contra funcionário público federal, quando relacionados com o exercício da função.

▶ Art. 109, IV, da CF.

150. Compete à Justiça Federal decidir sobre a existência de interesse jurídico, que justifique a presença, no processo, da União, suas autarquias ou empresas públicas.

▶ Art. 109 da CF.
▶ Súm. nº 254 do STJ.

164. O prefeito municipal, após a extinção do mandato, continua sujeito a processo por crime previsto no artigo 1º do Decreto-Lei nº 201, de 27 de fevereiro de 1967.

169. São inadmissíveis embargos infringentes no processo de mandado de segurança.

▶ Art. 25 da Lei nº 12.016, de 7-8-2009 (Lei do Mandado de Segurança Individual e Coletivo).
▶ Art. 260 do RISTJ.
▶ Súmulas nºs 294 e 597 do STF.

170. Compete ao Juízo onde primeiro for intentada a ação envolvendo acumulação de pedidos, trabalhista e estatuário, decidi-la nos limites da sua jurisdição, sem prejuízo do ajuizamento de nova causa, com o pedido remanescente, no juízo próprio.

173. Compete à Justiça Federal processar e julgar o pedido de reintegração em cargo público federal, ainda que o servidor tenha sido dispensado antes da instituição do Regime Jurídico único.

▶ Art. 109, I, da CF.
▶ Art. 28 da Lei nº 8.112, de 11-12-1990 (Estatuto dos Servidores Públicos Civis da União, Autarquias e Fundações Públicas Federais).

177. O Superior Tribunal de Justiça é incompetente para processar e julgar, originariamente, mandado de segurança contra ato de órgão colegiado presidido por Ministro de Estado.

▶ Art. 105, I, b, da CF.

202. A impetração de segurança por terceiro, contra ato judicial, não se condiciona à interposição de recurso.

▶ Art. 499, § 1º, do CPC.

208. Compete à Justiça Federal processar e julgar prefeito municipal por desvio de verba sujeita a prestação de contas perante órgão federal.

209. Compete à Justiça Estadual processar e julgar prefeito por desvio de verba transferida e incorporada ao patrimônio municipal.

▶ Art. 29, X, da CF.

218. Compete à Justiça dos Estados processar e julgar ação de servidor estadual decorrente de direitos e vantagens estatutários no exercício de cargo em comissão.

266. O diploma ou habilitação legal para o exercício do cargo deve ser exigido na posse e não na inscrição para o concurso público.

▶ Art. 37, I e II, da CF.

279. É cabível execução por título extrajudicial contra a Fazenda Pública.

280. O art. 35 do Decreto-Lei nº 7.661, de 1945, que estabelece a prisão administrativa, foi revogado pelos incisos LXI e LXVII do art. 5º da Constituição Federal de 1988.

▶ Dec.-lei nº 7.661, de 21-6-1945, revogado pela Lei nº 11.101, de 9-2-2005 (Lei de Recuperação de Empresas e Falências).

312. No processo administrativo para imposição de multa de trânsito, são necessárias as notificações da autuação e da aplicação da pena decorrente da infração.

▶ Art. 5º, LV, da CF.
▶ Arts. 280, 281 e 282 do CTB.

324. Compete à Justiça Federal processar e julgar ações de que participa a Fundação Habitacional do Exército, equiparada à entidade autárquica federal, supervisionada pelo Ministério do Exército.

329. O Ministério Público tem legitimidade para propor ação civil pública em defesa do patrimônio público.

▶ Art. 129, III, da CF.
▶ Lei nº 7.347, de 24-7-1985 (Lei da Ação Civil Pública).

333. Cabe mandado de segurança contra ato praticado em licitação promovida por sociedade de economia mista ou empresa pública.

▶ Arts. 37, XXI, e 173, § 1º, III, da CF.
▶ Lei nº 8.666, de 21-6-1993 (Lei de Licitações e Contratos Administrativos).
▶ Lei nº 12.016, de 7-8-2009 (Lei do Mandado de Segurança Individual e Coletivo).

345. São devidos honorários advocatícios pela Fazenda Pública nas execuções individuais de sentença proferida em ações coletivas, ainda que não embargadas.

▶ Art. 20, § 4º, do CPC.
▶ Art. 1º-D da Lei nº 9.494, de 10-9-1997, que disciplina a aplicação da tutela antecipada contra a Fazenda Pública.

346. É vedada aos militares temporários, para aquisição de estabilidade, a contagem em dobro de férias e licenças não gozadas.

354. A invasão do imóvel é causa de suspensão do processo expropriatório para fins de reforma agrária.

356. É legítima a cobrança da tarifa básica pelo uso dos serviços de telefonia fixa.

▶ Lei nº 9.472, de 16-7-1997, dispõe sobre a organização dos serviços de telecomunicações.

357. *Revogada*. REsp. nº 1.074.799/MG (*DJE* DE 22-6-2009).

365. A intervenção da União como sucessora da Rede Ferroviária Federal S/A (RFFSA) desloca a competência para a Justiça Federal ainda que a sentença tenha sido proferida por Juízo estadual.

▶ Art. 109, I, da CF.

373. É ilegítima a exigência de depósito prévio para admissibilidade de recurso administrativo.

▶ Art. 5º, XXXIV, a, e LV, da CF.
▶ Art. 151, III, do CTN.

377. O portador de visão monocular tem direito de concorrer, em concurso público, às vagas reservadas aos deficientes.

▶ Art. 37, VIII, da CF.

378. Reconhecido o desvio de função, o servidor faz jus às diferenças salariais decorrentes.

391. O ICMS incide sobre o valor da tarifa de energia elétrica correspondente à demanda de potência efetivamente utilizada.

401. O prazo decadencial da ação rescisória só se inicia quando não for cabível qualquer recurso do último pronunciamento judicial.

▶ Art. 495 do CPC.

405. A ação de cobrança de seguro obrigatório (DPVAT) prescreve em três anos.

▶ Art. 206, § 3º, IX, do CC.
▶ Art. 8º da Lei nº 6.194, de 19-12-1974 (Lei do Seguro Obrigatório).

406. A Fazenda Pública pode recusar a substituição do bem penhorado por precatório.

▶ Arts. 655, XI, e 656 do CPC.
▶ Art. 15 da Lei nº 6.830, de 22-9-1980 (Lei das Execuções Fiscais).

407. É legítima a cobrança da tarifa de água fixada de acordo com as categorias de usuários e as faixas de consumo.

▶ Art. 175, parágrafo único, III, da CF.
▶ Lei nº 8.987, de 13-2-1995 (Lei da Concessão e Permissão da Prestação de Serviços Públicos).

408. Nas ações de desapropriação, os juros compensatórios incidentes após a Medida Provisória nº 1.577, de 11-6-1997, devem ser fixados em 6% ao ano até 13-9-2001 e, a partir de então, em 12% ao ano, na forma da Súmula nº 618 do Supremo Tribunal Federal.

▶ Dec.-lei nº 3.365, de 21-6-1941 (Lei das Desapropriações).

409. Em execução fiscal, a prescrição ocorrida antes da propositura da ação pode ser decretada de ofício (art. 219, § 5º, do CPC).

412. A ação de repetição de indébito de tarifas de água e esgoto sujeita-se ao prazo prescricional estabelecido no Código Civil.

▶ Art. 205 do CC.

414. A citação por edital na execução fiscal é cabível quando frustradas as demais modalidades.

▶ Art. 8º, IV, da Lei nº 6.830, de 22-9-1980 (Lei das Execuções Fiscais).

418. É inadmissível o recurso especial interposto antes da publicação do acórdão dos embargos de declaração, sem posterior ratificação.

▶ Art. 105, III, da CF.
▶ Art. 538 do CPC.
▶ Súm. nº 211 do STJ.

421. Os honorários advocatícios não são devidos à Defensoria Pública quando ela atua contra a pessoa jurídica de direito público à qual pertença.

▶ Art. 134, § 1º, da CF.
▶ Art. 381 do CC.
▶ LC nº 80, de 12-1-1994 (Lei da Defensoria Pública).

426. Os juros de mora na indenização do seguro DPVAT fluem a partir da citação.

- Arts. 405, 757 e 772 do CC.
- Art. 219 do CPC.
- Lei nº 6.194, de 19-12-1974 (Lei do Seguro Obrigatório).
- Súmulas nºs 246 e 257 do STJ.

428. Compete ao Tribunal Regional Federal decidir os conflitos de competência entre juizado especial federal e juízo federal da mesma seção judiciária.

- Art. 109, I, e, da CF.
- Lei nº 10.259, de 12-7-2001 (Lei dos Juizados Especiais Federais).

434. O pagamento da multa por infração de trânsito não inibe a discussão judicial do débito.

- Arts. 286, § 2º, e 288 do CTB.

447. Os Estados e o Distrito Federal são partes legítimas na ação de restituição de imposto de renda retido na fonte proposta por seus servidores.

- Art. 157, I, da CF.
- Art. 43 do CTN.

452. A extinção das ações de pequeno valor é faculdade da Administração Federal, vedada a atuação judicial de ofício.

- Arts. 1º e 1º-A da Lei nº 9.469, de 10-7-1997, que dispõe sobre a intervenção da União nas causas em que figurarem, como autores ou réus, entes da administração indireta e regula os pagamentos devidos pela Fazenda Pública em virtude de sentença judiciária.

460. É incabível o mandado de segurança para convalidar a compensação tributária realizada pelo contribuinte.

- Art. 170 do CTN.
- Lei nº 12.016, de 7-8-2009 (Lei do Mandado de Segurança Individual e Coletivo).

466. O titular da conta vinculada ao FGTS tem o direito de sacar o saldo respectivo quando declarado nulo seu contrato de trabalho por ausência de prévia aprovação em concurso público.

- Art. 37, § 2º, da CF.
- Art. 19-A da Lei nº 8.036, de 11-5-1990 (Lei do FGTS).

467. Prescreve em cinco anos, contados do término do processo administrativo, a pretensão da Administração Pública de promover a execução da multa por infração ambiental.

- Art. 1º-A da Lei nº 9.873, de 23-11-1999, que estabelece prazo de prescrição para o exercício de ação punitiva pela Administração Pública Federal, direta e indireta.
- Art. 1º do Dec. nº 20.910, de 6-1-1932, que regula a prescrição quinquenal.
- Art. 21 do Dec. nº 6.514, de 22-7-2008, que dispõe sobre as infrações e sanções administrativas ao meio ambiente e estabelece o processo administrativo federal para apuração destas infrações.

470. O Ministério Público não tem legitimidade para pleitear, em ação civil pública, a indenização decorrente do DPVAT em benefício do segurado.

- Lei nº 6.194, de 19-12-1974, dispõe sobre Seguro Obrigatório de Danos Pessoais causados por veículos automotores de via terrestre, ou por sua carga, a pessoas transportadas ou não.

Índice por Assuntos

Índice por Assuntos da Legislação de Direito Administrativo

A

ABUSO DE AUTORIDADE
- responsabilidade administrativa, civil e penal: Lei nº 4.898/1965

AÇÃO CIVIL POPULAR
- responsabilidade em danos causados ao meio ambiente, ao consumidor, a bens e direitos de valor artístico, estético, turístico: Lei nº 7.347/1985

AÇÃO DIRETA DE INCONSTITUCIONALIDADE
- processo de julgamento: Lei nº 9.868/1999

AÇÃO POPULAR
- Lei nº 4.717/1965

ACESSO AOS DOCUMENTOS PÚBLICOS: Lei nº 12.527, de 18-11-2011

ADMINISTRAÇÃO PÚBLICA
- licitações e contratos: Lei nº 8.666/1993
- organização: Dec.-Lei nº 200/1967

ADVOCACIA-GERAL DA UNIÃO
- representação e defesa extrajudicial junto ao Tribunal de Contas da União: Dec. nº 7.153/2010

AEROSSOL
- embalagens do tipo; proibição de venda a menores de 18 anos: Lei nº 12.408/2011

AGÊNCIA
- nacional aviação civil – ANAC: Lei nº 11.182/2005
- nacional do cinema – ANCINE: MP nº 2.228-1/2001

AGÊNCIAS REGULADORAS
- Agência Nacional de Energia Elétrica – ANEEL: Lei nº 9.427/1996
- Agência Nacional de Saúde Suplementar – ANS: Lei nº 9.961/2000
- Agência Nacional de Telecomunicações: Lei nº 9.472/1997
- Agência Nacional de Vigilância Sanitária: Lei nº 9.782/1999
- Agência Nacional do Petróleo – ANP: Lei nº 9.478/1997
- gestão de recursos humanos das: Lei nº 9.986/2000

AGENTES PÚBLICOS
- audiências concedidas a particulares: Dec. nº 4.334/2002
- enriquecimento ilícito; sanções: Lei nº 8.429/1992

B

BENS PÚBLICOS
- declaração para o exercício de cargos, empregos e funções nos Poderes Executivo, Legislativo: Lei nº 8.730/1993
- denominação de logradouros, obras, serviços e monumentos: Lei nº 6.454/1977
- imóveis da União: Dec.-Lei nº 9.760/1946
- imóveis da União; regularização, administração, aforamento e alienação: Lei nº 9.636/1998
- imóveis possuídos pela União; procedimento para registro de propriedade: Lei nº 5.972/1973
- mar territorial, zona contígua, zona econômica exclusiva e plataforma continental: Lei nº 8.617/1993
- terras devolutas da União; discriminação: Lei nº 6.383/1976

C

CARGO PÚBLICO
- perda por excesso de despesa: Lei nº 9.801/1999

CERTIDÕES
- expedição: Lei nº 9.051/1995
- negativa de débitos trabalhistas: art. 29, V, da Lei nº 8.666/1993

CIDADE
- Estatuto da: Lei nº 10.257/2007

CIDADANIA
- atos necessários ao exercício; regulamentação: Lei nº 9.265/1996

CÓDIGOS
- alterações: Lei nº 10.028/2000
- penal: Dec.-lei nº 2.848/1940
- processo penal: Dec.-lei nº 3.689/1941

COMISSÃO
- nacional da verdade: Lei nº 12.528/2011

COMISSÕES PARLAMENTARES DE INQUÉRITO
- Lei nº 1.579/1952

CONSELHO
- de administração das empresas públicas e sociedades de economia mista; participação de empregados: Lei nº 12.353/2010

CONCESSÃO
- da prestação de serviços públicos: Lei nº 8.987/1995
- de serviços públicos de energia elétrica: Lei nº 9.427/1996

CONCESSÃO REAL DE USO
- do espaço aéreo: Dec.-Lei nº 271/1967
- serviços públicos; outorga e prorrogação da: Lei nº 9.074/1995

CONSÓRCIOS PÚBLICOS
- normas gerais de contratação: Lei nº 11.107/2005

CONTRATOS ADMINISTRATIVOS
- normas: Lei nº 8.666/1993
- Sistema de Cadastramento Unificado de Fornecedores – SICAF: Dec. nº 3.722/2001
- Sistema de Registro de Preços: Dec. nº 3.931/2001

CRIMES DE RESPONSABILIDADE
- definição; processo e julgamento: Lei nº 1.079/1950

D

DÉBITOS
- declaração de quitação anual; emissão: Lei nº 12.007/2009

DECLARAÇÃO DE BENS
- obrigatoriedade para exercício de cargos, empregos e funções: Lei nº 8.730/1993

DESAPROPRIAÇÃO
- imissão de posse: Dec.-Lei nº 1.075/1970
- para reforma agrária; procedimento especial: Lei Complementar nº 76/1993
- por interesse social: Lei nº 4.132/1962
- por utilidade pública: Dec.-Lei nº 3.365/1941

DESPESA
- de direitos; certidões: Lei nº 9.051/1995
- excesso de; perda de cargo público: Lei nº 9.801/1999

DIREITO FINANCEIRO
- normas gerais: Lei nº 4.320/1964
- responsabilidade fiscal: Lei Complementar nº 101/2000

DIREITO REAL DE USO
- do espaço aéreo: Dec.-Lei nº 271/1967

DOCUMENTOS
- públicos; acesso: Lei nº 12.527, de 18-11-2011

DOMÍNIO ECONÔMICO
- intervenção para assegurar livre distribuição de produtos necessários ao consumo do povo: Lei Delegada nº 4/1962

E

EMPREGO PÚBLICO
- regime na Administração Federal: Lei nº 9.962/2000

EMPRESA CIDADÃ
- Lei nº 11.770/2008

EMPRESA DE PEQUENO PORTE
- Lei Complementar nº 123/2006

ENRIQUECIMENTO ILÍCITO
- de agentes públicos; sanções: Lei nº 8.429/1992

ESTATUTO
- da cidade: Lei nº 10.257/2001

EXERCÍCIO
- da cidadania; gratuidade aos atos necessários: Lei nº 9.265/1996

F

FAZENDA PÚBLICA
- prescrição das ações contra a: Dec.-Lei nº 4.597/1942

FINANÇAS PÚBLICAS
- normas gerais: Lei nº 4.320/1964
- responsabilidade fiscal: Lei Complementar nº 101/2000

FRAUDE(S)
- certames de interesse público: art. 311-A do Dec.-lei nº 2.848/1940

H

HABEAS DATA
- procedimento: Lei nº 9.507/1997

I

IMISSÃO DE POSSE
- em imóveis residenciais urbanos: Dec.-Lei nº 1.075/1970

IMÓVEIS
- da União: Dec.-Lei nº 9.760/1946 e Lei nº 9.636/1998
- residenciais urbanos; posse *initio litis*: Dec.-Lei nº 1.075/1970
- rural; procedimento especial de desapropriação por interesse social: Lei Complementar nº 76/1993
- terras devolutas: Lei nº 6.383/1976

IMPROBIDADE ADMINISTRATIVA
- atos; sanções: Lei nº 8.429/1992

INFORMAÇÕES
- direito de acesso: Lei nº 9.507/1997
- sigilosa; acesso: Lei nº 12.527, de 18-11-2011

INTERESSE PÚBLICO
- Organizações da Sociedade Civil de: Lei nº 9.790/1999

INTERESSE SOCIAL
- desapropriação por: Lei nº 4.132/1962

L

LEI DE INTRODUÇÃO ÀS NORMAS DO DIREITO BRASILEIRO
- Dec.-lei nº 4.657/1942

LICENÇA-MATERNIDADE
- prorrogação: Lei nº 11.770/2008

LICITAÇÃO
- alienação de bens imóveis da União: Lei nº 9.636/1998
- denominada pregão: Lei nº 10.520/2002
- normas: Lei nº 8.666/1993
- parceria público-privada: Lei nº 11.079/2004
- registro de preços: Dec. nº 3.931/2001
- Sistema de Cadastramento Unificado de Fornecedores – SICAF: Dec. nº 3.722/2001

LOGRADOUROS
- denominação: Lei nº 6.454/1977

LOTEAMENTO URBANO
- Dec.-Lei nº 271/1967

M

MANDADO DE SEGURANÇA
- individual e coletivo: Lei nº 12.016/2009
- normas processuais: Lei nº 4.348/1964

MAR TERRITORIAL
- Lei nº 8.617/1993

MICROEMPRESA E EMPRESA DE PEQUENO PORTE
- contratações públicas; tratamento favorecido: Dec. nº 6.204/2007
- Estatuto da: Lei Complementar nº 123/2006
- Lei Complementar nº 123/2006

MONUMENTOS PÚBLICOS
- denominação: Lei nº 6.454/1977

N

NEPOTISMO
- administração pública federal: Dec. nº 7.203, de 4-6-2010

O

OBRAS PÚBLICAS
- denominação: Lei nº 6.454/1977

ORÇAMENTOS
- normas gerais: Lei nº 4.320/1964

ORGANIZAÇÕES DA SOCIEDADE CIVIL DE INTERESSE PÚBLICO
- qualificação de pessoas jurídicas: Lei nº 9.790/1999

P

PATRIMÔNIO
- histórico e artístico nacional: Dec.-lei nº 25/1937

PERMISSÃO
- da prestação de serviços públicos: Lei nº 8.987/1995
- de serviços públicos; outorga e prorrogação da: Lei nº 9.074/1995

PETRÓLEO
- Conselho Nacional e Agência Nacional: Lei nº 9.478/1997

PISO SALARIAL
- instituição; autorização: Lei Complementar nº 103/2000

PLANO REAL
- medidas complementares; contrato; revisão; correção monetária; estipulação; salário; reajuste; taxa básica financeira: Lei nº 10.192/2001

PLATAFORMA CONTINENAL
- Lei nº 8.617/1993

PODER DE POLÍCIA
- ação punitiva pela Administração Federal; prescrição: Lei nº 9.873/1999
- definição: Lei nº 5.172/1966

POLÍTICA ENERGÉTICA NACIONAL
- Lei nº 9.478/1997

POLÍTICA NACIONAL
- de arquivos públicos e privados: Lei nº 8.159/1991

POSSE
- imissão em imóveis residenciais urbanos: Dec.-Lei nº 1.075/1970

PRECEITO FUNDAMENTAL
- arguição de descumprimento; processo de julgamento: Lei nº 9.882/1999

PREGÃO
- aquisição de bens e serviços comuns: Lei nº 10.520/2002
- regulamento: Dec. nº 3.555/2001

- forma eletrônica; regulamento: Dec. nº 5.450/2005

PRESCRIÇÃO
- ação punitiva pela Administração Federal: Lei nº 9.873/1999
- das ações contra a Fazenda Pública: Dec.-Lei nº 4.597/1942
- quinquenal: Dec. nº 20.910/1932

PROCESSO ADMINISTRATIVO
- de responsabilidade civil e penal, nos casos de abuso de autoridade: Lei nº 4.898/1965
- na Administração Pública Federal: Lei nº 9.784/1999

PROCESSO DISCRIMINATÓRIO
- de terras devolutas: Lei nº 6.383/1976

PUBLICIDADE
- licitação e contratação pela administração pública de serviços de: Lei nº 12.232/2010

R

RECURSOS FEDERAIS
- obrigatoriedade de notificação das Câmaras Municipais para liberação: Lei nº 9.452/1997

REFORMA ADMINISTRATIVA
- Decretos-Leis nºs 200/1967 e 900/1969

REFORMA AGRÁRIA
- regulamentação: Lei nº 8.629/1993

REGIME DE EMPREGO PÚBLICO
- na Administração Federal: Lei nº 9.962/2000

REGIME JURÍDICO DOS SERVIDORES PÚBLICOS
- Lei nº 8.112/1990

REGISTRO DE PREÇOS
- regulamentação: Dec. nº 3.931/2001

REMUNERAÇÃO
- piso salarial; instituição: Lei Complementar nº 103/2000

RESPONSABILIDADE
- administrativa, civil e penal por abuso de autoridade: Lei nº 4.898/1965
- crimes de; processo e julgamento: Lei nº 1.079/1950
- dos prefeitos e vereadores; disposições: Dec.-Lei nº 201/1967
- fiscal: Lei Complementar nº 101/2000

S

SAÚDE
- Agência Nacional: Lei nº 9.961/2000

SERVIÇOS PÚBLICOS
- concessionárias; obrigatoriedade de datas opcionais para vencimento de débitos: Lei nº 9.791/1999
- de energia elétrica: Lei nº 9.427/1996
- denominação: Lei nº 6.454/1977
- de telecomunicações: Lei nº 9.472/1997
- regime de concessão e permissão da prestação de: Lei nº 8.987/1995

- taxas; definição: Lei nº 5.172/1966

SERVIDORES PÚBLICOS
- civis da União, das autarquias e das fundações públicas federais; regime jurídico: Lei nº 8.112/1990
- normas para concessões e permissões de: Lei nº 9.074/1995
- perda de cargo público: Lei nº 9.801/1999
- piso salarial; instituição: Lei Complementar nº 103/2000
- prestação; concessão e permissão: Leis nºs 8.987/1995 e 9.074/1995
- regime de emprego público: Lei nº 9.962/2000

SISTEMA DE REGISTRO DE PREÇOS
- regulamentação: Dec. nº 3.931/2001

SISTEMA INTEGRADO DE PAGAMENTO DE IMPOSTOS E CONTRIBUIÇÕES DAS MICROEMPRESAS E DAS EMPRESAS DE PEQUENO PORTE – SIMPLES
- Lei Complementar nº 123/2006

SISTEMA NACIONAL DE VIGILÂNCIA SANITÁRIA
- definição: Lei nº 9.782/1999

SÚMULA VINCULANTE
- Lei nº 11.417/2006

T

TAXAS
- definição: Lei nº 5.172/1966

TELECOMUNICAÇÕES
- serviços de: Lei nº 9.472/1997

TERMO DE PARCERIA
- instituição e disciplina: Lei nº 9.790/1999

TERRAS DEVOLUTAS
- processo discriminatório: Lei nº 6.383/1976

TRANSPORTE
- aquaviário e terrestre: Lei nº 10.233/2001

U

URBANISMO
- zona urbana; requisitos mínimos: Lei nº 5.172/1966

UTILIDADE PÚBLICA
- desapropriações por: Dec.-Lei nº 3.365/1941

V

VIGILÂNCIA SANITÁRIA
- Sistema Nacional; Agência Nacional: Lei nº 9.782/1999

Z

ZONA CONTÍGUA
- Lei nº 8.617/1993

ZONA ECONÔMICA EXCLUSIVA
- Lei nº 8.617/1993